新版

コンメンタール

不正競争防止法

編著 小倉 秀夫／高瀬 亜富
金井 重彦／山口 三惠子

第一法規

はしがき

『著作権法コンメンタール〈改訂版〉』に続き，『不正競争防止法コンメンタール』も，改訂版を第一法規から出版することとなった。ただし，『著作権法コンメンタール〈改訂版〉』とは異なり，『新版　不正競争防止法コンメンタール』では，大きな改革を行うこととなった。

一つは，編者の一人として，高瀬亜富弁護士に参加していただくことにしたことである。高瀬弁護士は，知的財産権法について論文生産力の高い若手弁護士として著名であり，その編著への参加は，新しい条文，新しい論点が多い不正競争防止法のコンメンタールの制作にプラスになることは疑う余地がなかったからである。

一つは，裁判例や学説等をできるだけ網羅的に取り上げるようにしたことである。前回の版までは，コンパクトさを重視した作りになっていた。しかし，小野昌延先生の『新・注解不正競争防止法〔第3版〕』が発行されたのが2012年であり，その後本格的な注釈書が発行されない状態が続いていた。このため，現時点でできる限り，裁判例や学説を網羅した注釈書のニーズは高まっていた。このため，本コンメンタールの改訂を機に，これをそのような重厚なものとする必要を感じたのである。

実務家に対する情報提供という観点から，最新の裁判例，文献・論文，論点に漏れがないか，充実化を図る中で，新たな論点が生じていたり，従前の議論が深化している論点がある場合は，積極的に追記することとした。書籍に限らず，判例評釈・論文の数も増えてきているため，それらについても言及することとした。

これに伴い，一部の執筆陣を刷新し，知財実務の前線を担う実務家に参加いただいた。とりわけ，技術の発展に伴い一層クローズアップされるようになった条項については，若手の実務家に担当していただくのが適任だからである。さらに，刑事法に関する特則規定に関する注釈を充実させることとした。不正競争防止法は，営業秘密の保護を担う法律であるために，他の知的財産権法と比べて刑罰法規が詳細であり，また，刑事訴訟手続上の特則も多

（2）　　はしがき

い。本書では，実務上は重要であろうと考えられる条項であるが，これまで類書では十分な説明がなされてこなかった条項（21条等）の充実化に務めた。

　基本的な編集方針は，『著作権法コンメンタール〈改訂版〉』と同様，条文の文言に沿って解説をしていき，必要な裁判例や学説を可不足なく引用していくというものである。知的財産権紛争を担当することが多い法律実務家にとって有益な注釈書というのはそういうものだとの信念があるからである。その分，比較法的な観点は弱いが，実務法曹主体の注釈書なので，ご容赦いただきたい。

　最後に，本書が無事出版に漕ぎ着けたことについては，執筆者の先生方のご尽力なしには考えられない。初版から執筆いただいている先生方には，通常の改訂作業の程度を超え既存の解説を一から見直し，裁判例や文献等の拡充をご検討いただいた。新任の先生方には短い執筆期間にもかかわらず力のこもった論考をお寄せいただいた。皆様のご尽力に心より感謝を申し上げたい。本書の編集・出版を引き受けていただいた第一法規の皆様にも感謝を申し上げたい。

2024年11月

編　者

(3)

凡　　例

1　条文ごとの解説を基本としたが，一部は項，号を独立させて解説した。

2　解説の内容は【趣旨】（立法趣旨），【解説】（条文逐語解説）を柱とした。

3　各解説の冒頭に掲載した不正競争防止法の条文は，令和6年10月1日公布現在の内容に拠った。令和5年法律第51号改正前の条文は適宜解説中に掲げた。なお，「民事訴訟法等の一部を改正する法律」（令和4年法律48号。施行日は公布から4年以内の政令で定める日）に係る未施行条文は現行条文と併記した。

4　本文中で引用した判例は，巻末に判例索引として掲載した。

5　本文中で引用される主要文献等について，以下のように略語で掲載した。

《文献略語》

経産省・逐条解説（令和5年改正版）

　　経済産業省知的財産政策室編『逐条解説　不正競争防止法（令和6年4月1日施行版)』

　　https://www.meti.go.jp/policy/economy/chizai/chiteki/pdf/Chikujo.pdf

　　経済産業省知的財産政策室編『逐条解説　不正競争防止法〔第3版〕』（商事法務，2024年）

経産省・逐条解説（平成30年改正版）

　　経済産業省知的財産政策室編『逐条解説　不正競争防止法（令和元年7月1日施行版)』

　　https://www.meti.go.jp/policy/economy/chizai/chiteki/pdf/20190701
　　Chikujyou.pdf

経産省・逐条解説（平成27年改正版）

　　経済産業省知的財産政策室編『逐条解説　不正競争防止法』（商事法務，2016年）

経産省・逐条解説（平成23・24年改正版）

　　経済産業省知的財産政策室編著『逐条解説不正競争防止法（平成23・24年改正版)』（有斐閣，2012年）

経産省・逐条解説（平成21年改正版）

　　経済産業省知的財産政策室編著『逐条解説不正競争防止法（平成21年改

(4)　　凡例

正版)』（有斐閣，2010年）

経産省・逐条解説（平成18年改正版）

　　経済産業省知的財産政策室編著『逐条解説不正競争防止法（平成18年改
　　正版)』（有斐閣，2007年）

経産省・逐条解説（平成16・17年改正版）

　　経済産業省知的財産政策室編著『逐条解説不正競争防止法（平成16・17
　　年改正版)』（有斐閣，2005年）

経産省・逐条解説（平成15年改正版）

　　経済産業省知的財産政策室編著『逐条解説不正競争防止法（平成15年改
　　正版)』（有斐閣，2003年）

経産省・限定提供データ指針

　　経済産業省「限定提供データに関する指針（平成31年1月23日（最終改
　　訂：令和6年2月))」

　　https://www.meti.go.jp/policy/economy/chizai/chiteki/guideline/
　　h31pd.pdf

経産省・営業秘密管理指針

　　経済産業省「営業秘密管理指針（平成15年1月30日（最終改訂：平成31
　　年1月23日))」

　　https://www.meti.go.jp/policy/economy/chizai/chiteki/guideline/
　　h31ts.pdf

通産省・逐条解説

　　通商産業省知的財産政策室監修『逐条解説不正競争防止法』（有斐閣，
　　1994年）

通産省・逐条解説営業秘密

　　通商産業省知的財産政策室監修『営業秘密　逐条解説改正不正競争防止
　　法』（有斐閣，1990年）

本書改訂版

　　金井重彦＝山口三惠子＝小倉秀夫編著『不正競争防止法コンメンタール
　　＜改訂版＞』（レクシスネクシス・ジャパン，2014年）

小野・新・注解3版

　　小野昌延編著『新・注解不正競争防止法』〔第3版〕（上・下巻）（青林
　　書院，2012年）

小野＝松村・新・概説3版

　　小野昌延＝松村信夫『新・不正競争防止法概説』〔第3版〕（上・下巻）
　　（青林書院，2020年）

凡例　　(5)

小野＝松村・新・概説 2 版
　　小野昌延＝松村信夫『新・不正競争防止法概説』〔第 2 版〕（青林書院，2015年）

小野＝松村・新・概説
　　小野昌延＝松村信夫『新・不正競争防止法概説』（青林書院，2011年）

小野・概説
　　小野昌延『不正競争防止法概説』（有斐閣，1994年）

小野編・注解商標法〔新版〕
　　小野昌延編『注解　商標法』〔新版〕（上・下巻）（青林書院，2005年）

小野＝三山編・新・注解商標法
　　小野昌延＝三山峻司 編『新・注解 商標法』（上・下巻）（青林書院，2016年）

小野＝山上＝松村編・法律相談 I
　　小野昌延＝山上和則＝松村信夫編『不正競争の法律相談 I』（青林書院，2016年）

小野＝山上＝松村編・法律相談 II
　　小野昌延＝山上和則＝松村信夫編『不正競争の法律相談 II』（青林書院，2016年）

渋谷・講義III
　　渋谷達紀『知的財産法講義III　不正競争防止法・独占禁止法上の私人による差止請求制度・商標法・半導体集積回路配置法』〔第 2 版〕（有斐閣，2008年）

渋谷・不競法
　　渋谷達紀『不正競争防止法』（発明推進協会，2014年）

髙部・実務詳説
　　髙部眞規子『実務詳説 不正競争訴訟』（金融財政事情研究会，2020年）

田村・概説 2 版
　　田村善之『不正競争法概説』〔第 2 版〕（有斐閣，2003年）

茶園編・不競法 2 版
　　茶園成樹編『不正競争防止法』〔第 2 版〕（有斐閣，2019年）

茶園ほか編・百選 2 版
　　茶園成樹＝田村善之＝宮脇正晴＝横山久芳編『商標・意匠・不正競争判例百選』〔第 2 版〕別冊ジュリスト248（有斐閣，2020年）

豊崎ほか・コンメンタール
　　豊崎光衛＝松尾和子＝渋谷達紀『特別法コンメンタール20　不正競争防

(6)　　凡例

　　止法』（第一法規，1982年）
中山編著・注解
　　中山信弘編著『注解 特許法』〔第3版〕（上・下巻）（青林書院，2000
　　年）
中山＝小泉編・新注解
　　中山信弘＝小泉直樹編『新・注解 特許法』〔第2版〕（上・中・下巻）
　　（青林書院，2017年）
中山ほか編・百選
　　中山信弘＝大渕哲也＝茶園成樹＝田村善之編『商標・意匠・不正競争判
　　例百選』別冊ジュリストNo.188（有斐閣，2007年）
山本・要説4版
　　山本庸幸『要説 不正競争防止法』〔第4版〕（発明協会，2006年）
山本・要説3版
　　山本庸幸『要説 不正競争防止法』〔第3版〕（発明協会，2002年）

《法令名等略語》

民訴法	民事訴訟法
民訴規則	民事訴訟規則
刑訴法	刑事訴訟法
組織的犯罪処罰法	組織的な犯罪の処罰及び犯罪収益の規制等に関する法律
独占禁止法	私的独占の禁止及び公正取引の確保に関する法律
不正アクセス禁止法	不正アクセス行為の禁止等に関する法律
麻薬特例法	国際的な協力の下に規制薬物に係る不正行為を助長する行為等の防止を図るための麻薬及び向精神薬取締法等の特例等に関する法律

《判例集・雑誌等略語》

民録	大審院民事判決録
刑録	大審院刑事判決録
民集	大審院民事判例集、最高裁判所民事判例集
刑集	大審院刑事判例集、最高裁判所刑事判例集
判タ	判例タイムズ

判時	判例時報
高民	高等裁判所民事判例集
高刑	高等裁判所刑事判例集
下民	下級裁判所民事裁判例集
下刑	下級裁判所刑事裁判例集
刑月	刑事裁判月報
無体集	無体財産権関係民事・行政裁判例集
知的集	知的財産関係民事・行政裁判例集
金商	金融・商事判例
東高刑時報	東京高等裁判所（刑事）判決時報
高刑速報	高等裁判所刑事判例速報集
行集	行政事件裁判例集
労民集	労働関係民事裁判例集
労判	労働判例
労経速	労働経済判例速報
判工	判例工業所有権法
判例不競法	判例不正競業法
不競判	不正競業法判例集
最高裁HP	裁判所ホームページ
最判解	最高裁判所判例解説
重判解	重要判例解説（ジュリスト臨時増刊）
コピ	コピライト
ジュリ	ジュリスト
曹時	法曹時報
民商	民商法雑誌
NBL	NBL
L & T	月刊Law & Technology
特企	月刊特許と企業

目　　次

はしがき

凡　例

第1章　総　則

1条（目的）……………………………………………………………… 2
〔金井　重彦・高瀬　亜富〕

2条1項柱書・2条1項1号（定義）―周知表示混同惹起行為……… 8
〔金井　重彦・山本　真祐子〕

2条1項2号（定義）―著名表示冒用行為…………………………… 53
〔永島　太郎〕

2条1項3号（定義）―商品形態模倣行為…………………………… 98
〔伊藤　真・平井　佑希〕

2条1項4号（定義）―営業秘密に係る不正競争行為……………… 122
〔山口　三惠子・西川　喜裕〕

2条1項5号（定義）―営業秘密に係る不正競争行為……………… 138
〔山口　三惠子・西川　喜裕〕

2条1項6号（定義）―営業秘密に係る不正競争行為……………… 147
〔山口　三惠子・西川　喜裕〕

2条1項7号（定義）―営業秘密に係る不正競争行為……………… 153
〔山口　三惠子・西川　喜裕〕

2条1項8号（定義）―営業秘密に係る不正競争行為……………… 178
〔山口　三惠子・西川　喜裕〕

2条1項9号（定義）―営業秘密に係る不正競争行為……………… 188
〔山口　三惠子・西川　喜裕〕

2条1項10号（定義）―営業秘密に係る不正競争行為……………… 193
〔上沼　紫野〕

2条1項11号（定義）―限定提供データに係る不正競争行為……… 197
〔高瀬　亜富〕

2条1項12号（定義）―限定提供データに係る不正競争行為……… 204
〔高瀬　亜富〕

2条1項13号（定義）―限定提供データに係る不正競争行為……… 210
〔高瀬　亜富〕

2条1項14号（定義）―限定提供データに係る不正競争行為……… 212
〔高瀬　亜富〕

2条1項15号（定義）―限定提供データに係る不正競争行為……… 220
〔高瀬　亜富〕

2条1項16号（定義）―限定提供データに係る不正競争行為……… 223
〔高瀬　亜富〕

2条1項17号（定義）―技術的制限手段に対する不正競争行為…… 226
〔小倉　秀夫〕

2条1項18号（定義）―技術的制限手段に対する不正競争行為…… 247
〔小倉　秀夫〕

2条1項19号（定義）―ドメイン名に係る不正競争行為…………… 251
〔小倉　秀夫〕

2条1項20号（定義）―原産地等誤認惹起行為…………………… 279
〔高瀬　亜富〕

2条1項21号（定義）―信用毀損行為……………………………… 303
〔町田　健一〕

2条1項22号（定義）―代理人等の商標冒用行為………………… 331
〔町田　健一〕

2条2項（定義）―商標………………………………………………… 344
〔金井　重彦〕

2条3項（定義）―標章………………………………………………… 347
〔金井　重彦〕

2条4項（定義）―商品の形態………………………………………… 347
〔伊藤　真・平井　佑希〕

2条5項（定義）―模倣………………………………………………… 363
〔伊藤　真・平井　佑希〕

2条6項（定義）―営業秘密…………………………………………… 383
〔山口　三惠子・阿久津　匡美〕

2条7項（定義）―限定提供データ…………………………………… 496
〔高瀬　亜富〕

2条8項（定義）―技術的制限手段…………………………………… 508

〔小倉　秀夫〕

2条9項（定義）―プログラム………………………………… 518

〔小倉　秀夫〕

2条10項（定義）―ドメイン名………………………………… 522

〔小倉　秀夫〕

2条11項（定義）―物…………………………………………… 526

〔小倉　秀夫〕

第2章　差止請求，損害賠償等

3条（差止請求権）……………………………………………… 530

〔岩谷　敏昭〕

4条（損害賠償）………………………………………………… 550

〔岩谷　敏昭〕

5条（損害の額の推定等）……………………………………… 560

〔岩谷　敏昭〕

5条の2（技術上の秘密を取得した者の当該技術上の秘密を使用
する行為等の推定）……………………………………… 618

〔小倉　秀夫〕

6条（具体的態様の明示義務）………………………………… 637

〔岩谷　敏昭〕

7条（書類の提出等）…………………………………………… 642

〔高瀬　亜富〕

8条（損害計算のための鑑定）………………………………… 665

〔高瀬　亜富〕

9条（相当な損害額の認定）…………………………………… 668

〔高瀬　亜富〕

10条（秘密保持命令）…………………………………………… 671

〔辻　淳子〕

11条（秘密保持命令の取消し）………………………………… 685

〔辻　淳子〕

12条（訴訟記録の閲覧等の請求の通知等）…………………… 691

〔松井　保仁〕

13条（当事者尋問等の公開停止）……………………………… 697

目次　　(11)

〔松井　保仁〕

14条（信用回復の措置）……………………………………………… 704

〔岩谷　敏昭〕

15条（消滅時効）……………………………………………………… 709

〔岩谷　敏昭〕

第3章　国際約束に基づく禁止行為

16条（外国の国旗等の商業上の使用禁止）………………………… 716

〔杉山　一郎〕

17条（国際機関の標章の商業上の使用禁止）……………………… 728

〔杉山　一郎〕

18条（外国公務員等に対する不正の利益の供与等の禁止）……… 735

〔内山　美穂子〕

第4章　雑　則

19条1項1号（適用除外等）………………………………………… 766

〔杉山　一郎〕

19条1項2号（適用除外等）………………………………………… 780

〔髙橋　淳・宮川　利彰〕

19条1項3号（適用除外等）………………………………………… 787

〔宮川　利彰〕

19条1項4号（適用除外等）………………………………………… 791

〔宮川　利彰〕

19条1項5号（適用除外等）………………………………………… 806

〔宮川　利彰〕

19条1項6号イ（適用除外等）……………………………………… 809

〔町田　健一〕

19条1項6号ロ（適用除外等）……………………………………… 822

〔町田　健一〕

19条1項7号（適用除外等）………………………………………… 827

〔高瀬　亜富〕

19条1項8号（適用除外等）………………………………………… 833

〔小倉　秀夫〕

(12) 目次

19条1項9号イ（適用除外等）……………………………… 836
〔高瀬　亜富〕

19条1項9号ロ（適用除外等）……………………………… 841
〔高瀬　亜富〕

19条1項10号（適用除外等）……………………………… 846
〔小倉　秀夫〕

19条2項（適用除外等）……………………………………… 850
〔岩谷　敏昭〕

19条の2（営業秘密に関する訴えの管轄権）……………… 856
〔山口　三惠子〕

19条の3（適用範囲）………………………………………… 862
〔山口　三惠子〕

19条の4（政令等への委任）………………………………… 867
〔小倉　秀夫〕

20条（経過措置）……………………………………………… 878
〔石井　藤次郎〕

第5章　罰　則

21条（罰則）…………………………………………………… 882
〔小倉　秀夫〕

22条………………………………………………………………… 1026
〔石井　藤次郎〕

第6章　刑事訴訟手続の特例

23条1項・23条2項（営業秘密の秘匿決定等）…………… 1056
〔桑野　雄一郎〕

23条3項（営業秘密の秘匿決定等）………………………… 1065
〔桑野　雄一郎〕

23条4項（営業秘密の秘匿決定等）………………………… 1069
〔桑野　雄一郎〕

23条5項（営業秘密の秘匿決定等）………………………… 1071
〔桑野　雄一郎〕

24条（起訴状の朗読方法の特例）…………………………… 1074

目次　(13)

〔桑野　雄一郎〕

25条（尋問等の制限）……………………………………………… 1080

〔桑野　雄一郎〕

26条（公判期日外の証人尋問等）……………………………… 1085

〔桑野　雄一郎〕

27条（尋問等に係る事項の要領を記載した書面の提示命令）…… 1094

〔桑野　雄一郎〕

28条（証拠書類の朗読方法の特例）…………………………… 1096

〔桑野　雄一郎〕

29条（公判前整理手続等における決定）……………………… 1098

〔桑野　雄一郎〕

30条（証拠開示の際の営業秘密の秘匿要請）……………… 1100

〔桑野　雄一郎〕

31条（最高裁判所規則への委任）……………………………… 1105

〔桑野　雄一郎〕

第7章　没収に関する手続等の特例

32条（第三者の財産の没収手続等）…………………………… 1108

〔小倉　秀夫〕

33条（没収された債権等の処分等）…………………………… 1125

〔小倉　秀夫〕

34条（刑事補償の特例）………………………………………… 1130

〔小倉　秀夫〕

第8章　保全手続

35条（没収保全命令）…………………………………………… 1134

〔小倉　秀夫〕

36条（追徴保全命令）…………………………………………… 1149

〔小倉　秀夫〕

第9章　没収及び追徴の裁判の執行及び保全についての国際共助手続等

37条（共助の実施）……………………………………………… 1162

(14) 目次

〔小倉　秀夫〕

38条（追徴とみなす没収）………………………………………… 1172

〔小倉　秀夫〕

39条（要請国への共助の実施に係る財産等の譲与）……………… 1175

〔小倉　秀夫〕

40条（組織的犯罪処罰法による共助等の例）……………………… 1178

〔小倉　秀夫〕

参考資料……………………………………………………………… 1185

事項索引……………………………………………………………… 1189

判例索引……………………………………………………………… 1197

編著者・著者略歴

第1章　総則

（目的）
1条 この法律は，事業者間の公正な競争及びこれに関する国際約束の的確な実施を確保するため，不正競争の防止及び不正競争に係る損害賠償に関する措置等を講じ，もって国民経済の健全な発展に寄与することを目的とする。

趣　旨

　本条は，本法の目的を定める規定である。具体的には，本条は，本法の究極的・最終的な目的を「国民経済の健全な発展に寄与すること」と定めつつ，この究極的・最終的な目的を達成するために，直接的な目的として，「事業者間の公正な競争の促進」および「国際約束の的確な実施」の確保を定め，当該直接的な目的を達成するために「不正競争の防止」および「不正競争に係る損害賠償」に関する措置等を講じるものとしている。本条の構造を図示すると，以下のとおりである[1]。

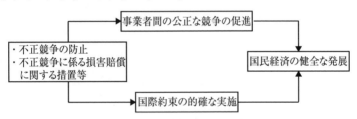

　本条のような目的規定は，法律の制定目的を簡潔に表現したものであり，それ自体は具体的な権利や義務を定めるものではないが，他の規定の解釈運用の指針となりうる[2]。たとえば，天理教豊文教会事件・最判平18・1・20民集60巻1号137頁〔28110343〕は，本条に言及し，以下のとおり不正競争が防止される趣旨を明らかにしたうえで，2条1項1号および2号の「営業」に関する解釈論を展開している（詳細は同各号の解説を参照されたい）。

　「不正競争防止法は，営業の自由の保障の下で自由競争が行われる取引社会を前提に，経済活動を行う事業者間の競争が自由競争の範囲を逸脱して濫用的に行われ，あるいは，社会全体の公正な競争秩序を破壊するものである場合に，これを不正競争として防止しようとするものにほかならないと解される。」

本条所定の法目的に関連して，本法の保護法益については議論がある。この点，本法は，「事業者間の公正な競争の促進」を目的にしており，この意味における公益が保護法益であることに疑いの余地はない。また，本法は，不正競争により「営業上の利益」を侵害された者に対して差止請求権（3条）や損害賠償請求権（4条）を認めており，事業者の私益をも保護法益としているものと解される。なお，学説の中には，これらに加えて，消費者の利益も本法の保護法益であると説くものもあるが[3]，本条所定の法目的や本法の各規定にはかかる解釈の手がかりや根拠となるものはなく，立法論としてはともかく，解釈論としては採用し難いと思われる。立法過程においても，本法の保護法益は事業者の営業上の利益という私益と，公正な競争秩序という公益であると整理されている[4]。

なお，本条と類似の目的を有する法律として，私的独占の禁止及び公正取引の確保に関する法律（独占禁止法）があるが，同法は，「公正且つ自由」な競争の促進を目的とするものであるのに対し，本法は，「公正」な競争を確保することを目的とする点で異なる。この法目的の違いは，規制対象となる行為の類型や，法目的達成手段の相違として顕れている。

解　　説

1　「この法律は」

本条は，「この法律」，すなわち，不正競争防止法の目的を規定するものである。

2　「事業者間の公正な競争及びこれに関する国際約束の的確な実施を確保するため」

2.1　「事業者間の公正な競争……を確保するため」

本法の1つ目の直接的な目的は，「事業者間の公正な競争」の確保である。「事業」とは，一定の目的をもって反復継続的に遂行される同種の行為の総体を意味する[5]。営利目的のものに限られず，広く経済収支上の計算の上に立って行われるものであればよい[6]。「事業者」とは，かかる「事業」を行う者をいう[7]。

4　　第1章　総則

「公正」とは，社会的に妥当なものとして一般的秩序に合致し，かつ，道徳観念にも反しないものと評価されることをいう[8]。なお，一般論としては，「公正」とは，公平で，かつ，誤りがないことを意味すると説明されているが[9]，「不公平」なものは道徳観念に反すると解しうるし，「誤り」があるものは一般的秩序に合致しないものと解しうる。さらにいえば，何が「公平」で何が「誤り」かは，そのときどきの一般的秩序や道徳観念により定まるものともいえる。これらの点に鑑みると，少なくとも本条の「公正」については，前者のように定義するのが妥当と思われる。

「競争」とは，他の事業者と自己の提供する商品や役務等の優劣を競い合い，その事業の成長発展を図る行為をいう[10]。なお，「競争」とは，複数の事業者が第三者との取引を行うために互いに競い合うことを意味すると説明されることもあるが[11]，実質的にはほぼ同義といえよう。

2.2　「これに関する国際約束の的確な実施を確保するため」

本法の2つ目の直接的な目的は，「これに関する国際約束の的確な実施を確保する」ことである。

「これ」とは，直前にある「事業者間の公正な競争」を意味する。その具体的な意味については2.1の解説を参照されたい。

「国際約束」とは，国際的な取極である条約や協定等でわが国がその履行を約束したものを意味する。パリ条約，マドリッド協定（虚偽のまたは誤認を生じさせる原産地表示の防止に関するマドリッド協定），TRIPS協定，商標法条約および国際商取引における外国公務員に対する贈賄の防止に関する条約等が含まれる[12]。

本法の規定に即して説明すると，2条1項各号，3条等による「不正競争」の防止は，パリ条約および同条約の特別取極であるマドリッド協定によってパリ条約同盟国の国際約束を実施するためのものである。また，本法の第3章（国際約束に基づく禁止行為）の16条（外国の国旗等の商業上の使用禁止）および17条（国際機関の標章の商業上の使用禁止）は，パリ条約，TRIPS協定等の規定を，18条（外国公務員等に対する不正の利益の供与等の禁止）は，国際商取引における外国公務員に対する贈賄の防止に関する条約の規定を実施するための規定である。

3 「不正競争の防止及び不正競争に係る損害賠償に関する措置等を講じ」

3.1 「不正競争の防止……に関する措置等を講じ」

　本法は，前記目的を達成するため，「不正競争の防止」のための措置を講じるものとしている。本法が禁止する「不正競争」は，2条1項各号で限定列挙・定義されている[13]。詳細は同項各号の規定を参照されたい。その「防止……に関する措置」としては，不正競争に関する差止請求権（3条），罰則（21条，22条）が規定されている[14]。

3.2 「不正競争に係る損害賠償に関する措置等を講じ」

　本法は，前記目的を達成するため，「不正競争に関する損害賠償に関する措置等」を講じるものとしている。「不正競争」の意義については2条1項各号を参照されたい。「損害賠償に関する措置等」としては，4条（損害賠償），5条（損害の額の推定等）ないし9条（相当な損害額の認定），10条（秘密保持命令）から13条（営業秘密に関する秘密保持命令）および14条（信用の回復）などがある[15]。

　なお，本法第3章（国際約束に基づく禁止行為）は，不正競争を規定するものではないが，「不正競争に係る損害賠償に関する措置等」の「等」に含まれる[16]。

4 「もって国民経済の健全な発展に寄与することを目的とする。」

　本法の究極的・最終的な目的は，「国民経済の健全な発展に寄与すること」である[17]。各文言について精緻に定義する必要・実益は乏しいと思われるが，辞書的な意義は次のとおりである。「国民経済」とは，国家成員の営む経済活動の総体を意味する[18]。「健全」とは，ものごとに欠陥やかたよりがないことを意味する[19]。「発展」とは，さかえゆくことを意味する[20]。「寄与」とは，国家や社会に対して役に立つことを行うことを意味する[21]。

　なお，本法と同様，「国民経済の健全な発展に寄与」することを目的として掲げる法律として，エネルギーの使用の合理化及び非化石エネルギーへの転換等に関する法律，消費者契約法，公認会計士法，特定商取引に関する法律，半導体集積回路の回路配置に関する法律，民間資金等の活用による公共

6   第1章　総則

施設等の整備等の促進に関する法律，使用済自動車の再資源化等に関する法律，資源の有効な利用の促進に関する法律，産業競争力強化法，容器包装に係る分別収集及び再商品化の促進等に関する法律，製造物責任法，電子署名及び認証業務に関する法律，電気事業者による再生可能エネルギー電気の調達に関する特別措置法，土地基本法，生産性向上特別措置法，アルコール事業法，消費者の財産的被害等の集団的な回復のための民事の裁判手続の特例に関する法律，最低賃金法，官民データ活用推進基本法，使用済小型電子機器等の再資源化の促進に関する法律，公共工事の品質確保の促進に関する法律，情報通信技術を活用した行政の推進等に関する法律，住生活基本法特定デジタルプラットフォームの透明性及び公正性の向上に関する法律などがある。

【注】
1）　経産省・逐条解説（令和5年改正版）35頁より引用。
2）　参議院法制局HP「目的規定と趣旨規定」https://houseikyoku.sangiin.go.jp/column/column078.html
3）　松村信夫『新・不正競業訴訟の法理と実務』15頁-16頁（民事法研究会，2014）
4）　経産省・逐条解説（令和5年改正版）34頁および35頁（注1）。産業構造審議会知的財産政策部会「不正競争防止法の見直しの方向」（平成4年12月中間答申）も参照。なお，本条の解釈論として説かれているものではないが，不正競争防止法を含む知的財産関係の諸法を，市場に事実として存在するインセンティブを支援するインセンティブ支援型と，成果開発のインセンティブを人工的に創設するインセンティブ創設型に分類したうえで，不正競争防止法は前者に該当すると説く見解も有力である（田村善之『知的財産法』〔第5版〕16頁-21頁（有斐閣，2010）。渋谷・不競法13頁も，「不正競争防止法が維持しようとしているのは，市場における成果競争の機能である」と説いている。裁判例では，エアソフトガン事件控訴審判決・東京高判平14・1・31判時1815号123頁〔28070287〕や加湿器事件・知財高判平28・11・30判時2338号96頁〔28244450〕等が，本条にも言及しつつ，上記学説とほぼ同旨を説いている。
5）　法令用語研究会編『有斐閣法律用語辞典』第5版480頁（有斐閣，2020）
6）　山本・要説4版28頁。なお，「経済収支上の計算の上に立って行われるもの」か否かという定義は，かつては2条1項1号および2号の「営業」についても使用されていた，前掲最判平18・1・20により否定されたとも評されている（宮坂昌利「判解」最判解民事篇　平成18年度（上）137頁（2009））。もっとも，同各号の「営業」と本条その他の「事業」を同義に解する必要はなく，少なくとも「事業」に関する限り，前記定義は現在も妥当するものと解する。同最判

も，「『営業』は，宗教法人の本来的な宗教活動及びこれと密接不可分の関係にある事業を含まないと解するのが相当である。」などと判示しており，「事業」は「営業」よりも広い概念であることを前提としている。この意味では，「事業」と「営業」を同列に論じた原々審東京地判平16・3・30判タ1162号276頁〔28091124〕，原審東京高判平16・12・16判時1900号142頁〔28100123〕は，その前提自体が不適切であった。

7） 大阪地判平21・4・23最高裁HP（平成19年（ワ）8023号）〔28153444〕。山本・要説4版28頁は，「商業，製造業，電気ガス業，サービス業，農林水産業等といった『事業』を行う者をいう」とする。

8） 山本・要説4版28頁

9） 法令用語研究会編・前掲注5）355頁

10） 山本・要説4版28頁

11） 法令用語研究会編・前掲注5）231頁

12） 経産省・逐条解説（令和5年改正版）35頁

13） なお，高性能ALPS事件控訴審判決・知財高判令元・9・20最高裁HP（平成30年（ネ）10049号）〔28274614〕は，「『営業秘密』に該当しない情報の利用行為は，同法が規律の対象とする営業秘密の使用による利益とは異なる法的に保護された利益を侵害するなどの特段の事情がない限り，民法709条の不法行為を構成するものではない……。」と判示しているが，この判示に先立ち，本条所定の不正競争防止法の目的に言及したうえで，2条1項が「営業秘密」について禁止される不正競争行為を規定していることを指摘している。

14） 山本・要説4版27頁

15） 山本・要説4版27頁

16） 山本・要説4版33頁

17） 山本・要説4版33頁

18） 新村出編『広辞苑』〔第7版〕1035頁（岩波書店，2018）

19） 新村出編・前掲注18）947頁

20） 新村出編・前掲注18）2364頁

21） 新村出編・前掲注18）763頁

〔金井　重彦・高瀬　亜富〕

8　第1章　総則

> **（定義）—周知表示混同惹起行為**
> **2条1項柱書・2条1項1号**
> 　この法律において「不正競争」とは，次に掲げるものをいう。
> 一　他人の商品等表示（人の業務に係る氏名，商号，商標，標章，商品の容器若しくは包装その他の商品又は営業を表示するものをいう。以下同じ。）として需要者の間に広く認識されているものと同一若しくは類似の商品等表示を使用し，又はその商品等表示を使用した商品を譲渡し，引き渡し，譲渡若しくは引渡しのために展示し，輸出し，輸入し，若しくは電気通信回線を通じて提供して，他人の商品又は営業と混同を生じさせる行為

趣　　旨

1　1項柱書

　2条1項柱書は，不正競争防止法上の不正競争行為を類型別に22類型列挙しており，「不正競争防止法上の不正競争行為」が限定列挙されたものに限られること（「限定列挙主義」の採用）を明らかにしている。

2　1項1号

　本号は，周知の他人の商品ないし営業表示と同一または類似する表示を用いることにより，混同を生ぜしめる行為を規律する。かような行為によって，表示に化体した他人の信用（グッドウィル）にフリー・ライドして顧客を獲得しようとする行為を許容したのでは，商品ないし営業の質を改善して信用を化体する努力をなすインセンティヴが失われるばかりでなく，表示が特定の者を示す機能を失い取引秩序の維持が図られなくなるためである[1]。同様に混同行為を防止する商標法とは異なり，信用が化体した限度で保護を享受するにすぎないため，商標登録による公示は不要であり，また，かような表示につき，登録の欠如を理由に保護を否定してまでして，登録商標を受ける出願のインセンティヴを確保する必要はないとの価値判断に基づくものである[2]。

解　説

1　「他人の」

1.1　他人性と「営業上の利益を侵害」される者（請求主体性）

「他人」といえるためには，「需要者の間に広く認識されている」「商品等表示」の主体であると評価される必要がある[3]。

そして，「他人」に該当すれば，「営業上の利益を侵害」される者（3条1項，4条）に当たり，差止・損害賠償請求の主体となることができるが[4]，「他人」に該当しない場合は，請求主体とならないと解される[5]。

1.2　特定性

後述のとおり，本号は，商品等表示が「他人」の商品ないし営業を示すものとして周知であることを要件としているため，表示が特定の者の商品ないし営業を識別するものであることを要件としていると解される[6]。そのため，あまりに多くの者に使われており，「他人」を特定できない場合には，「他人」性を欠くこととなろう[7]。

もっとも，識別された商品や営業の主体の具体的名称までもが周知である必要はないと解されている[8]。

さらに，「他人」は必ずしも単一の主体である必要もない[9]。判例も，「特定の表示に関する商品化契約によって結束した同表示の使用許諾者，使用権者及び再使用権者のグループのように，同表示の持つ出所識別機能，品質保証機能及び顧客吸引力を保護発展させるという共通の目的のもとに結束しているものと評価することができるようなグループも含まれる」ものと解している（フットボールシンボルマーク事件最高裁判決・最判昭59・5・29民集38巻7号920頁〔27000012〕）。

そのため，表示を用いている者が複数であるとしても，それらの者の間にある程度緊密な関係があれば[10]，当該表示はそのグループを識別している表示として周知であると認定されうる。例えば，旧財閥系の企業グループ[11]や親会社と系列会社のグループ[12]や，ライセンサーとライセンシーからなる商品化事業グループ[13]，フランチャイザー，フランチャイジーから構成さ

10 第1章 総則

れるフランチャイズ・システム[14] についても,「他人」性は認められる。また,創始発売元たる外国法人のみならず,その販売努力により日本における周知性獲得に寄与した独占輸入販売業者にも「他人」性を肯定しうる[15]。

もっとも,限界はあり,最終需要者において,特定の統一的企業体群の商品であることが広く認識されているとはおよそ考えられないとされたものとして,籾袋事件第一審判決・大阪地判平4・1・30判時1466号136頁〔27815143〕,同控訴審判決・大阪高判平5・7・20知的集25巻2号249頁〔27825722〕,「日本拳法」を営業表示とする緊密な結束のあるグループ関係が否定されたものとして,全日本拳法連盟事件控訴審判決・大阪高判平23・2・17最高裁HP（平成22年（ネ）2247号）〔28170510〕がある[16]。

1.3 分業体制と内部分裂

商品や営業の提供に至るまでの過程において分業体制が敷かれている場合（製造元と販売元が異なる場合等）において,それが内部分裂したという場合に,商品等表示の主体として認められる者は誰であるか。

裁判例は,商品等の製造販売の態様を決定する者を「他人」とする対内的なアプローチを採用するタイプのもの[17] と,需要者の認識を重視して「他人」該当性を判断する対外的なアプローチを採用するタイプのもの[18],両者を総合衡量する折衷的なもの[19] に大別されることが指摘されている[20]。対外的アプローチまたは総合考慮アプローチが趨勢であるが,1.2で前述のとおり,「他人」に当たるために,具体的名称までもが周知である必要はないと解されることからすると,対内的アプローチのほうが,平仄がとれるであろう[21]。また,商品等の製造販売の態様につき決定権限のあるものを「他人」とすることで,需要者における当該商品等にかかる出所についての信頼を保護できると考えられるため,やはり前者のアプローチが適切と解される[22]。

以上のいずれかの基準によって,単独の者に商品等表示が帰属する場合は問題ないが,複数の者に帰属する場合には,いずれの者が当該表示を使用できるかという問題もある。

裁判例の趨勢は,商品等表示が帰属する者の間では,誰もが「自己の」商品等表示を使用するものである以上,「他人の」商品等表示には該当しないとして,いずれの者も継続使用できる帰結を導いている[23]。

これに対して，学説では，需要者が当初の表示の下で認識していた体制（商品等表示の主体）と異なる者から商品や営業が提供されることになるために，出所の混同が生じるとして，いずれもが他の商品等主体の許諾を得ずに当該周知商品等表示を使用できないとすべきとするもの[24]，内部的には一人の者に請求権を認めることが望ましいとするもの[25]，互いの行為が本号に該当することを前提としつつ，例外的に，分裂前と実質的に同一の品質管理に服する商品の販売等については混同のおそれを否定するもの[26]，互いの行為が本号に該当することを前提としつつ，例外的に，自らの表示使用の正当性（従前と同様の事業に，従前と同様の表示を誠実に使用していること）を主張立証できた場合に，営業上の利益侵害要件の充足を否定し，表示の使用を認めるとするもの[27] 等がある。

2　「商品等表示」

「商品等表示」とは，「商品又は営業を表示するもの」，すなわち，商品の出所，または営業の出所を表示するものである。

前者を「商品表示」，後者を「営業表示」と呼んで区別することもある。

2.1　「商品」

2.1.1　流通性

流通性を欠く場合，「商品」に該当しないとして，店内で飲食に供され即時に消費される料理の「商品」該当性を否定する裁判例がある[28]。提供された場所で消費されるため出所との結びつきが強固であり，他人の商品との識別を要しないということをその理由とする。

しかし，チェーン店が数多く存在する現代においては，個別の店舗を超えて，料理に付された標章を契機に，他の飲食店で提供される同種の料理との間で混同が生じるおそれがある。そのため，流通性を「商品」性の要件とすべきではなく，混同のおそれの有無にて判断すべき事情に過ぎないと考えるべきであろう[29]。

2.1.2　有体物性

有体物性が必要とする旧法下の裁判例が存在する[30]。旧法1条1号の文言上，「商品」は「販売，拡布若ハ輸出」という行為の対象となるものである

から，有体物であることが前提となっていることをその理由とする[31]。もっとも，「電気通信回線を通じて提供」する行為が対象となっている現行法下においては，かかる理由付けは妥当しない。また，法は，無体物を業として取引する行為については，混同を放置してよいという前提を採用しておらず[32]，またいずれにせよ，それを本号にいう「営業」に当たると解することを否定することは困難であるように思われる。

したがって，独立して取引の対象とされている無体物は「商品」に該当すると解すべきである[33]。なお，2003（平15）年改正において，コンピュータプログラムについては，明示的に「商品」に該当することが明記されるに至った（本条11項）。

2.1.3 不動産

「有体物性」にかかる以上の理は，不動産についても当てはまるであろう[34]。実際，不動産たるマンションにつき，市場における流通が予定されており，表示により出所が識別されうることを理由に，「商品」該当性を肯定する裁判例[35]が登場している。プレハブ住宅，建売り住宅，集合住宅も，それが独立して取引の対象とされているのならば，商品に含まれるであろう[36]。

2.1.4 禁制品

麻薬等の禁制品には，その取引に公正な取引秩序をという守るべき法益がないから商品には該当しないと解される[37]。国家が麻薬等の取引秩序を守るなど論理矛盾の極みであろう。

しかし，禁制品といってもわいせつ文書については検討の余地がある。わいせつ概念は時とともに変化し，また，麻薬や武器に対するほどに取引の禁圧が必要であるか，疑問を投げかけうる。実際，裁判例には，刑法175条でわいせつ文書とされた図書（D.H.ローレンスの「チャタレイ夫人の恋人」）の邦訳の海賊版（デットコピー）について，他人の商号を使用したとして，不正競争防止法違反の罪を認めたものがある[38]。

2.2 「営業」

天理教豊文教会事件・最判平18・1・20民集60巻1号137頁〔28110343〕

は，取引社会における事業活動でありさえすれば，営利事業でなくとも「営業」に当たるが，「取引社会における事業活動」と評価しえないものについてまで同法の規律は及ばないとする（具体的に，宗教法人の本来的な宗教活動およびこれと密接不可分の関係にある事業は，「営業」に含まないとされた）[39]。

他方，「営業」に該当するとされたものとして，例えば，学校経営[40]，病院経営[41]，社団法人・公益法人・財団法人[42]，家元[43]，心身障がい者施設[44]がある。営業該当性を否定したものとして，JOC（日本オリンピック委員会[45]）があるが，前述の判例の説示に従うと，現在は通用していないものと考えることができる。

2.3 「人の業務に係る氏名，商号，商標，標章，商品の容器若しくは包装その他の商品又は営業を表示するもの」

2.3.1 氏名

「氏名」は「商品等表示」の一例にすぎず，「氏名」該当性が認められることによって，本号において，独自の法的効果が生じるものではない。したがって，本号において，「氏名」の外延を画する意義はないであろう（19条1項2号の「氏名」該当性については，同号の解説を参照）。

2.3.2 商号

「氏名」と同様に，「商号」についても，「商品等表示」の一例にすぎないため，その外延を画する意義はないように思われる[46]。

ところで，商号の保護については，商法12条についても規定があるところ，同規定との関係性が問題となる。

商法12条は，商人において，不正の目的をもって，他の商人であると誤認されるおそれのある名称または商号の使用禁止を求めることができるとするものである。このように，本号とは異なり，不正の目的が要件とされているが，本号のように，後述する周知性までは要求されていない。かような違いゆえに，請求人の商号に周知性は認められないが，被疑違反者の目的に悪質性が認められる場合[47]や，被疑違反者において譲渡料取得目的で商号が取得されたものの，実際の使用がなされない場合[48]等において，商法12条独自の意義が認められうることが指摘されている[49]。

14   第1章　総則

2.3.3　商標

　商標は商標法上の商標をいう（不競法2条2項）。すなわち，「人の知覚によつて認識することができるもののうち，文字，図形，記号，立体的形状若しくは色彩又はこれらの結合，音その他政令で定めるもの（以下「標章」という。）」であって，「業として商品を生産し，証明し，又は譲渡する者がその商品について使用をするもの」または「業として役務を提供し，又は証明する者がその役務について使用をするもの」である（商標法2条1項）。商標は登録したものに限らず，未登録の商標をも包含する。

　もっとも，その外延を画する意義がないことは，「氏名」等と同様である。

2.3.4　標章

　標章は，商標法2条1項にいう標章のことである（不競法2条3項）。すなわち，2.3.3において前述したように，「人の知覚によつて認識することができるもののうち，文字，図形，記号，立体的形状若しくは色彩又はこれらの結合，音その他政令で定めるもの」をいう。

　もっとも，その外延を画する意義がないことは，「氏名」等と同様である。

2.3.5　商品の容器・包装

　本号により保護が肯定された容器の事例として，バター飴のステンレス製の缶[50]，複数の色彩を組み合わせた香辛料の缶[51]，粉末ミルクティーの缶容器[52]，ペットボトル飲料の容器[53]，包装の事例として，インスタントタンメンの包装[54]，容器および包装につき，マスカラ[55]や化粧水[56]のもの等がある。

2.3.6　その他，他人の商品又は営業を表示するもの

(1)　商品の形態

ア　「商品等表示」該当性

　商品の形態は，ブランドネーム等と異なり本来的には商品の出所表示を目的とするものではない。そのため，いかなる場合に「商品等表示」に該当するのかについて，様々な議論がなされている。

　学説では，商品形態が特定の出所を示す表示として周知であれば，当該形態は商品等表示に該当するとして，条文上の周知性要件と区別して商品等表

２条１項柱書・２条１項１号　定義—周知表示混同惹起行為　　15

示性を論じないものがある[57]。かつては，裁判例においても，形態の特徴性
と，周知性の獲得度合いを総合考慮して，当該形態が出所表示として機能す
るに至っているかを判断するものも存在した[58]。

　しかし，近年では，①商品の形態が客観的に他の同種商品とは異なる顕著
な特徴を有しており（特別顕著性），かつ②その形態が特定の事業者によっ
て長期間独占的に使用され，または極めて強力な宣伝広告や爆発的な販売実
績等により（周知性），需要者においてその形態を有する商品が特定の事業
者の出所を表示するものとして周知になっていることという２要件を要求す
るものが主流を占めている[59]。

　かような抽象論を前提に，商品の形態について本号による保護を肯定する
裁判例は，少なからず存在する[60]。

　商品形態が本号により保護されるためには，実務上周知性の立証が重要と
なるところ，必要な周知性立証は，その形態の独創性の程度に応じて決まる
旨が指摘されている[61]。すなわち，独創的な形態については，展示や広告等
において形態を一応印象付ける事情があれば，反証のない限り周知性を認め
てよいが，ありふれた部分の組み合わせのような場合は，原告商品の形態上
の特徴を強く印象付ける宣伝広告がなされている必要があるとされる[62]。宣
伝広告資料における立証をなす場合には，宣伝広告資料において，商品等表
示が需要者に認識される態様で掲載されていることが必要である[63]（請求人
が主張する商品形態の特徴等，その具体的な形態が認識されない宣伝・広告
態様であったことが指摘され，周知性が否定されたものとして，吸水パイプ
事件・東京地判平27・12・10最高裁HP（平成27年（ワ）2587号／平成27年
（ワ）7096号）〔28234469〕，同控訴審判決・知財高判平29・2・23最高裁HP
（平成28年（ネ）10009号／平成28年（ネ）10033号）〔28250742〕がある。他
方，請求人の商品形態を一見して認識しうる状態の宣伝広告がなされていた
事案で周知性を肯定したものとして，ユニットシェルフ事件第一審判決・東
京地判平29・8・31最高裁HP（平成28年（ワ）25472号）〔28253106〕，同控
訴審判決・知財高判平30・3・29最高裁HP（平成29年（ネ）10083号）
〔28261677〕がある）。

　なお，「発売当初商品の形態に特別顕著性があっても，同一又は類似の形
態が複数の業者により複数の同種商品について使用され，そのような状態が
長期間継続した場合には，希釈化（ダイリューション）により当該商品の形

16　　第1章　総則

態を特定の出所の表示として認識することができなくなり」，本号にいう周知商品表示といえなくなる場合もあるとして，実際に同一・類似形態の商品が多数流通し，これが20年以上にわたり放置された事案で請求を棄却したものとして，ギブソン・ギター事件・東京地判平10・2・27判タ974号215頁〔28032546〕[64] がある[65]。

イ　技術形態または競争上似ざるをえない表示の除外

　商品形態が特定の出所を識別するに至ったとしても，その形態が当該商品の技術的機能に由来する必然的な結果である場合や，競争上似ざるをえない表示である場合には，商品等表示としての保護をすることはできない旨を判示する一連の裁判例がある。これらの裁判例の具体的内容には，変遷があることが指摘されている[66]。

　まず，工業所有権との調整を図ることを目的とする技術的形態除外説を提唱する組立式押入たんすセット事件・東京地判昭41・11・22判時476号45頁〔27486046〕が登場した。同判決は，技術的形態を商品等表示から除外する理由について，「技術は万人共有の財産であり，ただそのうち新規独創的なものに特許権，実用新案権が附与され，特定の人に存続期間を限って独占を許すことがあるにすぎない……いまもし技術的機能に由来する商品の形態を商品表示と目して不正競争防止法の名の下に保護を与えるときは，この技術を特許権，実用新案権以上の権利として，すなわち一種の永久権として特定の人に独占を許す結果を招来し，不合理な結果が生ずる。」と述べている。同旨のものとして，伝票会計用伝票事件・東京地判昭52・12・23判タ364号292頁〔27486088〕がある。しかし，同事件の控訴審（東京高判昭58・11・15判タ514号243頁〔27486140〕）は，原審の考え方に異を唱え，工業所有権との調整は不要である旨を説いた（ただし，特徴的形状を具備しないことを理由に，結論として商品等表示該当性を否定している[67]）。

　他方，機能的な商品の形態につき，技術的形態除外説のように定型的に保護を否定しないものの，競争への影響を踏まえつつ，相手方が混同のおそれを解消する適切な措置がなされていない場合に限り，その保護を肯定する裁判例も存在した[68]。なお，当該事案では，適切な措置がなされているとして，保護が否定されている。

　かような混迷期を打開する契機を与えたものとして，競争上似ざるをえない表示除外説を採用する裁判例（嚆矢となったものとして，折りたたみコン

テナⅢ事件・東京地判平 6 ・ 9 ・21判タ874号273頁〔27826256〕）が登場したことが指摘されている[69]。同判決は,「商品の実質的機能を達成するための構成に由来する形態を商品表示と認め,旧法 1 条 1 項 1 号に該当するとして,その使用を差止め,当該商品の販売等そのものを差止める場合は,商品表示に化体された他人の営業上の信用を保護するというに止まらず,当該商品本体が本来有している形態,構成やそれによって達成される実質的機能,効用を,他者が商品として利用することを許さず,差止請求権者に独占利用させることとなり,同一商品についての業者間の競争それ自体を制約する結果を生ずる。」等と述べたうえで,「商品の実質的機能を達成するための構成に由来する形態は……商品表示には該当しない」とした（結論としても,保護を否定する）。なお,同判決は,他の形態,構成を採用しうる場合においても,同様の理が妥当する旨を指摘している[70]。

そのようななか,技術的形態除外説を唱える裁判例が,再び増加するに至った[71]（嚆矢となったルービックキューブ事件・東京地判平12・10・31最高裁HP（平成 9 年（ワ）12191号）〔28052277〕は,「商品の形態が当該商品の機能ないし効果と必然的に結びつき,これを達成するために他の形態を採用できない場合」につき,「商品等表示」に該当しない旨を述べる）。

その後,技術的形態除外説に分類しうる抽象論をとりつつも,理由付けにおいて,工業所有権との調整のみならず,事業者間の公正な競争の制約を回避にも言及し,商品の形態が商品の技術的な機能および効用を実現するために他の形態を選択する余地のない不可避的な構成を除外する旨の抽象論を展開する裁判例も登場し,その数を増やしている[72]。なお,同様の抽象論を展開しながら,事案への当てはめにおいて,需要者にとっての選択肢の有無に焦点を当てるという,競争上似ざるをえない表示除外説のようなアプローチを採用する異色の裁判例として,不規則充填物事件控訴審判決・知財高判平30・ 2 ・28最高裁HP（平成29年（ネ）10068号／平成29年（ネ）10084号）〔28262445〕[73]がある。

このように,裁判例には変遷があり,いまだ確立した立場があるとは言い難い状況にあるが,学説上においても,技術的形態除外説[74]と,競争上似ざるをえない表示除外説[75]が大きく対立している[76]。両者の実質的な相違は,保護対象から除外されるべき形態をどのように確定するかというところにある。すなわち,技術的除外説は,これを技術的観点から画定するのに対

18　第1章　総則

し，競争上似ざるをえない表示除外説は，これを市場の観点から画定するものである[77]。

　なお，特許権等の知的財産権による独占期間に獲得した周知性のみによっては，本号により要求される周知性の獲得を認めないという形で，特許権等の知的財産権による保護との調整を図る裁判例・学説については，3.3において後述する。

(2)　模様

　商品の模様も，それが一事業者の継続使用，あるいは強力な広告宣伝によって出所識別機能を有するに至った場合，商品等表示に該当する場合がある。

　例えば，ハンドバッグに付される図柄[78]や模様[79]，ジーンズの後ろポケットに縫い付けられた特色あるステッチ[80]，独創的・印象的意匠的特徴を有する帯[81]などについて，商品等表示性を認めた裁判例がある。

(3)　色彩

　ごくありふれて親しまれてきた色彩（具体的には伝統色である濃紺色）について，原告にその独占を認めると，他の者は自らの商品に付する色彩がなくなってしまうこと（色彩枯渇論）を1つの理由として，濃紺色を家電のシリーズ製品に用いることについて，商品表示性を否定した裁判例がある[82]。これは，濃紺色等の一般的な色彩は独占できないという考え方に基づくものであろう。実際には，商品と色彩が結合して，自他識別力を有することがないわけではない[83]。しかし，仮に自他識別力を有していても，大まかな特定（例えば，「オレンジ色」[84]「赤色」[85]等）で色彩の保護を認めてしまうと，色彩利用の自由が失われてしまうため，独占は認められないと解するのが妥当である[86]。

　他方，色彩の組合せの場合は，そこに自他識別力が認められれば，商品等表示として保護の対象となるであろう[87]。また，色彩を一つの要素としつつ，他の要素も併せたものについても，同様である[88]。

(4)　シリーズ商品に共通する形態

　本項3号の「商品の形態」とは異なり，商品の部分の形態であっても，商品等表示として認められうる[89]。そのため，単一の商品形態ではなく，シリーズ商品に共通する形態であっても，商品等表示に該当しうる。

　ただし，近時，かような形態を商品等表示として認める場合につき，前述

の2要件（特別顕著性と周知性）のみならず，付加的要件を課す裁判例が現れている。すなわち，スーツケース事件・大阪地判平28・5・24判タ1437号216頁〔28243391〕は，「単体ではない，原告製の商品群に共通する，ある商品形態が周知商品等表示となったというためには，その商品群が原告製の商品のうちでも販売実績が多く，また宣伝広告の頻度の多いもの，すなわち，需要者が原告製の商品として認識する機会が多い商品群であることを明らかにした上で，これら商品群の商品全体を観察して需要者が認識し得る商品形態の特徴を把握し，これと同種商品の商品形態とを比較して，上記商品形態の特徴が特別顕著性を有し，かつ，販売実績や宣伝広告の実態から出所表示機能を獲得して周知となったといえることが主張立証されるべき」としたうえで，スーツケース以外をも捕捉する請求人の主張を退けている[90]。また，シリーズ商品に共通する形態に限らず，抽象的な請求原因の特定を問題視するルブタンレッドソール事件・東京地判令4・3・11判タ1505号231頁〔28300662〕[91]とTRIPP TRAPPⅢ事件・東京地判令5・9・28最高裁HP（令和3年（ワ）31529号）〔28313104〕もある。これらの判決は，「商品に関する表示が複数の商品形態を含む場合において，その一部の商品形態が商品等表示に該当しないときは，上記商品に関する表示は，全体として不競法2条1項1号にいう商品等表示に該当しない」として，様々な請求人の商品形態や，請求人の商品形態と異なる被疑違反者商品の形態等を含む主張を排斥する説示をなし，実際に，当該説示にしたがい商品等表示該当性を否定している[92]。

　シリーズ商品に共通する形態につき，商品等表示性としての保護が肯定されたものとして，例えば，様々な衣服に共通して施されたプリーツにかかる形態につき，PLEATS PLEASE事件・東京地判平11・6・29判タ1008号250頁〔28041466〕[93]（ただし，類似性判断等は，対応する商品ごとに判断されている），腕時計のシリーズ商品に共通する形態につきパネライ事件・東京地判平16・7・28判タ1167号284頁〔28092139〕，鞄のシリーズ商品に共通する形態につきBAO BAO事件・東京地判令元・6・18最高裁HP（平成29年（ワ）31572号）〔28273424〕[94]等がある。

　他方，保護が否定されたものとして，ロレックス腕時計事件・東京地判平18・7・26判タ1241号306頁〔28111646〕（ただし，各商品個別の形態については，類似性を否定した商品8を除き，結論として保護を肯定している），

20　　第1章　総則

前掲スーツケース事件，レッグウォーマー事件第一審判決・東京地判平30・
12・20最高裁HP（平成29年（ワ）40178号）〔28265557〕，同控訴審判決・知
財高判令元・6・27最高裁HP（平成31年（ネ）10004号）〔28272975〕等が
ある。

(5)　店舗外観・内装

　店舗の外観の商品等表示性肯定例として，コメダ珈琲事件・東京地決平
28・12・19最高裁HP（平成27年（ヨ）22042号）〔28253553〕[95]，否定例とし
て寿司居酒屋事件・名古屋地判平30・9・13判時2407号53頁〔28264428〕が
ある[96]。

　店舗の内装について商品等表示該当性が主張されることもあるが，需要者
において内装をもって出所を識別することは稀であり，店舗外観以上に本号
による保護を受けるハードルは高いと考えられる[97]。裁判例には，否定例と
して，商品陳列デザイン事件・大阪地判平22・12・16判時2118号120頁
〔28170010〕[98]，CDレンタル関連商品事件・大阪地判平3・9・30判時1417
号115頁〔27811308〕[99]がある。他方で，店舗外観との組み合わせにおいて
商品等表示性を認めたものとして，前掲コメダ珈琲事件がある。

(6)　営業方法

　請求人の営業方法自体につき，本号に基づく請求を認容するものとして，
通信販売カタログ事件控訴審判決・大阪高判昭58・3・3判時1084号122頁
〔27412184〕（同上告審も上告を棄却する）がある[100]。

　これに対して，営業方法につき本号による保護を否定する裁判例[101]もあ
り，学説においても，営業方法の保護を否定するものがある[102]。

3　「需要者の間に広く認識されているもの」（周知性）

3.1　需要者

　本号は，具体の信用が化体した商品等表示について，その信用の限度で保
護を与え，需要者における混同を防止するものである。周知性要件は，具体
の信用が化体した商品等表示について，その信用の限度で保護を与えるため
に要求されたものと考えられる[103]。そうすると，被疑違反者の需要者にお
いて，具体の信用が化体されているか否かが問題とされるべきということに
なろう[104]。

したがって，周知性は，一定地域および一定の顧客層におけるもので足り，具体的には，被疑違反者の営業地域（地理的範囲）[105]，および顧客層[106]において必要とされることになる[107]。

もっとも，地理的範囲について，特定地域に偏ることなく薄く広く商品が販売されている場合や，営業が展開されていたりするために，最低限の周知性を満たしている地域がどこにもない場合には[108]，周知性が否定されることになる[109]。かような事案を扱った最高裁判例として，エマックス事件・最判平29・2・28民集71巻2号221頁〔28250741〕[110]がある。同最判については，事例判断であり，一般的に本号が全国的な周知性を要求するものではないことが指摘されている[111]。

3.2 周知性の程度

裁判例において，周知性について特に具体的な基準が示されることは少ない。もっとも，周知性立証においてアンケート調査が用いられ，需要者の認知度について具体的な数値が示された貴重な判決も存在する。

まず，LEVI'S弓形ステッチ事件・東京地判平12・6・28判タ1032号281頁〔28051467〕においては，原告であるリーバイストラウスアンドカンパニー（以下「リーバイス」という）のジーンズのバックポケットに施されている弓形のステッチが「商品等表示」であると主張された事案であった。同事案においては，一般消費者を対象とした調査で，かかるステッチのみを示されてリーバイスと正しくブランド名を答えた者の割合が，18.3％に上るといった調査結果等が存在したところ，裁判所は，同ステッチを周知な商品等表示であると認め，その保護を肯定した。

他方，hummel事件・大阪地判平20・1・24最高裁HP（平成18年（ワ）11437号）〔28140406〕においては，デンマーク王国法人であるHummel A/S（以下「ヒュンメル」という）の製品（スポーツシューズ等）の日本における独占販売店である原告において，ヒュンメルの短靴に施されている図柄模様が「商品等表示」であると主張した事案であった。同事案においては，一般需要者を対象とした調査で，原告商品のブランドを「知っている」と回答した人が3％または6％であり，ブランド名がヒュンメルであると正確に認識していた人はそのうちの3分の1または6分の1に過ぎないという調査結果が存在したところ，裁判所は，これを周知な商品等表示であるとは認め

22 第1章 総則

ず，保護を否定した。

以上2つの裁判例を踏まえ，必要な周知性の程度について，10％ではないかとの指摘がなされている[112]。

3.3 特許権等の知的財産権の存在による独占状態下で獲得した周知性

2.3.6(1)イで述べたとおり，特許権等の知的財産権の存在により独占状態が生じ，これに伴って獲得された周知性だけを根拠に，本号が要求する周知性の獲得を認めず，知的財産権を有していたことに基づく独占状態の影響が払拭された後における周知性の獲得を要求する裁判例が，少数ながら存在する[113]。

他方，裁判例の趨勢は，特許権等の知的財産権が存在した事案において，かような周知性の獲得態様に着目しない判断をなしている[114]。

学説においては，特許権等の知的財産権による独占状態に伴って獲得された周知性の払拭を要求することを肯定するように思われるもの[115]と，かような要求をすべきでないとするもの[116]がある。また，特許権および実用新案権の存続期間満了後の本号による保護を，特許等のクレームを充足する代替の形態の選択肢が確保されていることを立証しない限り一切認めないとして，前述の裁判例[117]の立場よりも保護に謙抑的な立場を示しつつ，意匠権については別論とする見解も存在する[118]。

3.4 周知性の判断時期

差止請求については事実審の口頭弁論終結時点で，損害賠償については損害賠償の対象とされる商品等表示の使用等をなした時点で，それぞれ周知性を具備していることをもって足りるというのが判例の考え方[119]であり，異論をみない。

なお，善意の先使用の抗弁については，19条1項4号の解説を参照されたい。

3.5 周知性の立証方法[120]

周知性立証の程度については，事案によってその必要性が異なることが指摘されている[121]。

まず，原告と被告の顧客層に重なりがある場合は，請求人が通常の営業を

行っていれば周知性を肯定することが可能である[122]。例えば，特段大きな売上・宣伝広告といった立証なくして，東京都江東区，墨田区およびこれらの周辺地域で周知性を肯定したものとして，酒類五分利屋事件・東京地判平17・3・23公刊物未登載（平成16年（ワ）20488号）〔28100672〕，同控訴審判決・知財高判平17・10・13公刊物未登載（平成17年（ネ）10074号）〔28102079〕がある。また，需要者が一般消費者ではない事案において，宣伝広告規模が大きくなくとも，一定の企業規模，業務実績等に基づき周知性を肯定するものもあるアーゼオン事件・東京地判平11・12・28最高裁HP（平成10年（ワ）28675号）〔28050007〕，同控訴審判決・東京高判平12・9・28最高裁HP（平成12年（ネ）646号）〔28052098〕。

　他方，原告と被告の顧客層に重なりがない場合（地域，業種の相違がある事案）においては，宣伝広告の立証が重要であるとされる[123]。例えば，ミキハウス事件・大阪地判平3・10・30知的集23巻3号775頁〔27813202〕において，原告は子供服の製造販売をする者であり，被告は不動産の売買，賃貸の仲介等不動産に関する業務全般を行う者であったところ，原告の売上・店舗展開のみならず，宣伝広告等も勘案されて，周知性が肯定されている[124]。

　また，識別力が弱い表示の場合にも，宣伝広告やアンケート調査[125]による立証が重要となることがある[126]。かような事例で周知性が肯定されたものとして，例えば，多数の新聞・雑誌における広告掲載や，多数の新聞で取り上げられていたこと等を参酌する日本車両リサイクル事件控訴審判決・知財高判平25・3・28最高裁HP（平成24年（ネ）10067号）〔28211169〕)[127]がある。また，アンケート調査結果を参酌して周知性を肯定したものとして，LEVI'S弓形ステッチ事件第一審判決・東京地判平12・6・28判タ1032号281頁〔28051467〕，同控訴審判決・東京高判平13・12・26判時1788号103頁〔28070080〕)がある。なお，商品形態の商品等表示性について必要な周知性立証は，2.3.6(1)アで前述のとおりである。

　ただし，対象の独占適応性がない場合には，アンケート調査による周知性立証を行っても奏功しない旨も指摘されている[128]。

24 第1章 総則

4 「同一若しくは類似の商品等表示」（類似性）

4.1 判断基準

　類似性の判断手法については，日本ウーマン・パワー事件最高裁判決・最判昭58・10・7民集37巻8号1082頁〔27000035〕が「取引の実情のもとにおいて，取引者，需要者が，両者の外観，称呼，又は観念に基づく印象，記憶，連想等から両者を全体的に類似のものとして受け取るおそれがあるか否か」を基準とするとしている。

　同事件では，事務処理請負業を営む原告の表示「マンパワー・ジャパン株式会社」と，同事業を営む被告の表示「日本ウーマン・パワー株式会社」の類似性が問題になったところ，同最判は，各表示の要部「マンパワー」と「ウーマン・パワー」を比較し，「マン」が「ウーマン」を包摂する語として知られていること等を勘案したうえで類似性を肯定した。そうすると，類似性判断において，原告の商品等表示が被告の商品等表示を包摂しているか否かが問題になるようにも思われる[129]。

　しかし，同判断手法については，包摂関係が問題なのではなく，観念の相違に基づき表示自体を混同するおそれはないとしても，かように似ている表示を用いることによって，両者の営業主体が同一であるか，同一でなくとも関連企業ではないかという形で，需要者に営業主体の誤認のおそれがあるために，類似性が肯定される旨の指摘がされている[130]。これは，類似性要件がネックとなって混同状態が放置される帰結は原則として回避すべきであるため，「混同するおそれがある程度に類似しているかどうかということを問題にすべき」との有力な学説に基づくものであり[131]，同様の論理を用いる下級審裁判例も現れている[132]。同説による場合，問題となっている商品等表示間に包摂関係がなくとも，例えばシリーズ商品であるとの誤認のおそれがあるような場合にも，類似性を肯定することができることとなろう[133]。

4.2 対比方法

　需要者においては，必ずしも，被疑違反者の商品等を，「他人」の商品等と見比べるわけではない。そのため，類似性は，対比的にではなく，離隔的に考察しなければならないと解される（SEA LAND事件・東京地判平6・

４・８判例不競法220ノ785頁〔28021913〕，ビューラック事件・神戸地尼崎支決平６・12・６判例不競法680ノ１頁等）。

4.3　具体例

　共通する部分が独占適応性を欠く場合[134)]，共通部分が要部でない場合，共通部分のみでは識別力がない場合等には，類似性が否定されることが指摘されている[135)]。

　例えば，共通する部分が地名，国名等にすぎない場合[136)]，その他，共通部分が極めて一般的な用語にすぎない場合[137)]，問題となっている商品等について一般的な用語にすぎない場合[138)]等に，類似性が否定されている。他方，「たま」と「多摩」という地名のみならず，「しん」と「信」の共通性も存在した事案（「たましん」と「多摩信住宅販売株式会社」）については，類似性が肯定されている（多摩信住宅販売事件・東京高判平10・３・31判時1649号159頁〔28032949〕）。

　パッケージデザインについては，類似性の分水嶺を探る好例として，黒烏龍茶事件・東京地判平20・12・26判タ1293号254頁〔28150738〕[139)]がある。同事件では，色の組み合わせや色調まで似ていた被告表示Ａとの関係では類似性が肯定され，そのような共通性のない被告表示Ｂとの間では類似性を否定されている[140)]。

　商品形態については，類否判断において，共通する部分は独占になじまないものと評しうる事案につき，類似性を否定するものがある[141)]。他方，需要者が認識する形態がいかなるものであるかが検討され，需要者が着目する部分の共通性を重視して類似性を肯定する裁判例もある。例えば，１種類の二等辺三角形のピースを規則的・連続的に敷き詰めることなどからなる鞄の形態につき，需要者が観察するのは，原告商品の形態を荷物を入れた状態であって，ピースの継ぎ目が折れ曲り，鞄の表面に，様々な角度に傾いた相当多数の三角形を面とした多様な立体形状が現れる点が需要者に強い印象を与える等として，かような点における共通性を重視して類似性を肯定したBAO BAO事件・東京地判令元・６・18最高裁HP（平成29年（ワ）31572号）〔28273424〕がある。また，需要者が主として視認する方向から類否判断をしたものとして，ハンドバッグの上部・側面部の相違にかかわらず類似性を肯定したバーキン立体商標事件・東京地判平26・５・21最高裁HP（平

26　第1章　総則

成25年（ワ）31446号）〔28222307〕がある。なお，前提として商品等表示性
を否定するため傍論ながら，類似性を否定した近時の裁判例として，
TRIPP TRAPPⅢ事件第一審判決・東京地判令5・9・28最高裁HP（令和
3年（ワ）31529号）〔28313104〕，同控訴審判決・知財高判令6・9・25最
高裁HP（令和5年（ネ）10111号）〔28323101〕がある。

5　「使用し，又はその商品等表示を使用した商品を譲渡し，引き渡し，譲渡若しくは引渡しのために展示し，輸出し，輸入し，若しくは電気通信回線を通じて提供して」

　「使用」とは，「商品等表示……として」使用すること，自他商品・営業識
別標識として使用することを意味する[142]。商品等表示としての「使用」が
否定された近時の裁判例として，フォクシー事件第一審判決・東京地判平
30・3・13最高裁HP（平成28年（ワ）43757号）〔28261306〕，同控訴審判
決・知財高判平30・10・11最高裁HP（平成30年（ネ）10028号）〔28264388〕
（「被告Aが原告の元デザイナーであった」とか「同人が原告においてデザイ
ンを担当していた」旨の被告Aの経歴を説明する際に原告名を用いたにすぎ
ない事案），SAPIX事件第一審判決・東京地判平30・5・11最高裁HP（平
成28年（ワ）30183号）〔28262159〕，同控訴審判決・知財高判平30・12・6
最高裁HP（平成30年（ネ）10050号）〔28265294〕[143]（目立つ部分に「塾
別！今週の戦略ポイント」「SAPIX・日能研・四谷早稲アカの授業の要点を
毎週解説！」などと記載されているため，被告が原告学習塾のみならず他の
大手学習塾の授業の解説を行っていることは容易に理解しうるという前提状
況がある事案）等がある[144]。また，香りのタイプまたは調子が，有名な香
水のそれと同じであることを示すにすぎないとして，本号による請求が棄却
された事案として，香りのタイプ事件第一審判決・東京地判昭55・1・28無
体集12巻1号1頁〔27486107〕[145]がある。他方，商品等表示とされたコス
チュームを営業において貸与するという行為につき，本号所定の行為である
とされた事案として，マリカー事件・東京地判平30・9・27最高裁HP（平
成29年（ワ）6293号）〔28264575〕がある。また，タイトルタグおよびメタ
タグの記載によって，検索結果を表示するウェブサイトにおいて，一定の表
示がなされる場合につき，当該タグへの記載について「使用」該当性を認め
たものとして，タカギ浄水器事件第一審判決・東京地判平30・7・26最高裁

HP（平成29年（ワ）14637号）〔28263807〕，同控訴審判決・知財高判令元・10・10最高裁HP（平成30年（ネ）10064号／平成31年（ネ）10025号）〔28274696〕がある。

　表示を使用した商品の「譲渡」，「引渡し」については，有償，無償を問わず，一切の取引行為に加え，現実に占有が移転する行為の一切を含むと解すべきである[146]。そのような態様であれば，新たな混同を引き起こす可能性があるためである[147]。裁判例には，OEM製造の請負に基づく商品の納入につき，「所有権の移転としての譲渡に当たるかどうかはともかく……物に対する物理的支配としての占有の移転があったことは明らかであるから，少なくとも……『引渡し』に当たる」とするものがある（マスカラ事件・大阪地判平20・10・14判タ1317号253頁〔28142146〕）。

　「輸出」については，サウディ・アラビア等における周知性を認定し[148]，中東地域への輸出等を不正競争とした裁判例がある[149]。

　「電気通信回線を通じて提供して」という文言は，平成15年改正（平成15年法律46号）で追加されたものである。

6　「混同を生じさせる行為」（混同のおそれ）

6.1　混同の意味

　混同とは，商品等自体の混同を意味するのか，それとも出所の混同を意味するのかが問題になる。

　フットボールシンボルマーク事件最高裁判決・最判昭59・5・29民集38巻7号920頁〔27000012〕は，米国NFLに加盟するプロフットボールチームの名称およびシンボルマークからなる30種の表示につき商品化事業を営む被上告人らが，同表示のマークを多数配列したビニールシートを用いた組立ロッカーを販売する上告人に対し，周知表示の使用規制に基づく差止・損害賠償等を請求した。当該事案において最判は，「上告人の本件ロッカーを販売する行為は，右グループと上告人との間に同一の商品化事業を営むグループに属する関係が存すると誤信させるものと認められるから，右各号所定の他人の商品又は営業活動と混同を生ぜしめる行為に該当する」等と判断した。そのため，周知表示の使用規制における混同は，商品の混同のみならず，出所の混同を意味すると考えられる。

28   第1章　総則

　また，かかる出所の混同は，同一の商品化事業を営むグループに属する関係が存すると誤信するおそれ（前掲フットボールシンボルマーク事件最高裁判決）等，緊密な営業上の関係（スナックシャネル事件・最判平10・9・10判タ986号181頁〔28032719〕）が存すると誤信するおそれ（広義の混同のおそれ）があれば認められると解されている。広義の混同において，使用許諾を受けている関係があると誤診するおそれも含むかどうかについては，争いがある[150]。これを否定する学説においては，仮にこれを肯定すると混同が無限定に広がりかねないことや，権利範囲を決めるときに，権利があることを前提として結ばれるはずの使用許諾関係を措定することの問題点が指摘されている[151]。

　以上のとおり，混同とは，出所の混同かつ広義の混同を意味するものである。

　なお，学説においては，混同のおそれには，購買後の混同（購買後に第三者がこれを見て原告の商品等表示であると混同するような場合）のおそれも含まれるのではないかということが議論されているが[152]，日本の裁判例においては，購買後の混同を考慮して混同のおそれを肯定したものは，管見の限り存在しない[153]。

6.2　裁判例の傾向

　従来裁判例については，周知性，類似性が認められる場合には，原則として混同のおそれもそのまま肯定されるとの分析がなされていた[154]。もっとも，例外的に，識別力が強くなく，業種も異なるような場合には，混同のおそれが否定されうる（よつ葉事件・大阪高判平6・6・29判例不競法720ノ134頁〔28021960〕，泉岳寺事件第一審判決・東京地判平6・10・28判タ863号71頁〔27826232〕，同控訴審判決・東京高判平8・7・24判時1597号129頁〔28031310〕参照）[155]。なお，打消し表示によって混同のおそれが否定される可能性はないとはいえないが，打消し表示があるとの一事のみをもって混同のおそれが否定されるとは言い難い[156]。例えば，「当製品はメーカー純正品ではございません。」との打消し表示があった事案において，なお混同のおそれを肯定した近時の裁判例として，タカギ浄水器事件第一審判決・東京地判平30・7・26最高裁HP（平成29年（ワ）14637号）〔28263807〕，同控訴審判決・知財高判令元・10・10最高裁HP（平成30年（ネ）10064号／平成31

年（ネ）10025号）〔28274696〕がある。

　以上の状況は，商品形態が問題となる場合も，基本的には同様である[157]。例えば，商品形態に付されている商品・ブランド名にすら共通性がある事案において混同のおそれが肯定されるのはもちろんのこと[158]，両商品のブランド名や商品名に共通性を見出し難い事案においても，なお混同のおそれが肯定されている[159]。また，商品形態につき周知商品等表示性と類似性が肯定される場合には，価格差が存在する場合にも混同のおそれは否定されていない[160]。さらに，基本的には，より具体的な取引の実情（商品特性，販売方法，需要者特性等）に踏み込んで混同のおそれが否定されることもなかった[161]。

　しかしながら，近時，商品形態に関し，傍論ではなく混同のおそれを否定することによりその保護を否定する裁判例も登場しており（携帯用ディスポーザブル低圧持続吸引器事件第一審判決，ルブタンレッドソール事件控訴審判決，シーメンス事件控訴審判決），混同のおそれ要件に独自の意義が生じつつある可能性が存在する[162]。

　これらのうち，まず，携帯用ディスポーザブル低圧持続吸引器事件第一審判決・東京地判平30・12・26最高裁HP（平成30年（ワ）13381号）〔28270267〕は，需要者が専門家である医療従事者であり，その具体的取引態様は，医療機器の製造販売業者等の担当者からの説明に基づき委員会を通じて発注する等といったプロセスをたどり，しかも多くの医療機関では一増一減のルール（「医療機器の使用について，医療機関が医療機器を採用するにあたっては，同種の医療機器については，一種類のみを採用するという原則的な取扱い」）が採用されているという取引の実情のもと，原被告商品にはそれぞれの商品名および会社名が記載され，それぞれ別々のパンフレットが作成されて別々に販売されるとの事案において，周知商品等表示性・類似性を認めつつ，混同のおそれを否定した。

　つぎに，ルブタンレッドソール事件控訴審判決・知財高判令4・12・26最高裁HP（令和4年（ネ）10051号）〔28312172〕は，原被告商品の価格帯が大きく異なるために市場種別が異なること，および女性用ハイヒールの需要者の多くは，実店舗で靴を手に取り試着のうえで購入しているところ，実店舗では商品のブランドが明確に表示されているうえ，それぞれの靴の中敷きにはブランドロゴが付されていること等に基づき，端的に混同のおそれを否

30 　第 1 章　総則

定した。

　さらに，シーメンス事件控訴審判決・知財高判令 5・9・13最高裁HP
（令和 5 年（ネ）10014号）〔28312874〕は，問題となっている商品（中圧 B
のガス遮断弁）の性質上，その安全性および信頼性を重視されるために，需
要者たるボイラーまたはバーナーの販売等をなす専門事業者は，製品の製造
元および販売元やその信用，購入後のサポート体制等も熟慮したうえで購入
を決定する等といった取引の実情のもと，「仮に，需要者が，製品の形態か
ら特定の出所を想起しうるとしても」「製品の形態から想起しうる出所自体
が需要者の購買行動に与える影響は極めて限定的」などとしたうえで，端的
に混同のおそれを否定した[163]。

　これら一連の裁判例は，いずれも，商品等表示であると主張された対象が
商品の形態や商品の部分に付される色彩であり，そもそも周知性を欠く，あ
るいは機能的形態の除外や競争上似ざるをえない表示除外であるとすること
もできた事案であった可能性があり，周知性・類似性が認められ，機能的形
態や競争上似ざるをえない表示でもないといった事案にまで射程が及ぶもの
であるかは定かではないように思われる[164]。

【注】
1 ）　田村・概説 2 版35頁。愛知靖之ほか『知的財産法〔第 2 版〕』（有斐閣，2023）
　　431頁〔金子敏哉〕も参照。周知な商品等表示に化体された営業上の信用を保護
　　し，もって事業者間の公正な競争を確保しようとするものとする，経産省・逐
　　条解説（令和 5 年改正版）69頁，茶園編・不競法 2 版18頁-19頁も参照。公正か
　　つ自由な競争原理に支配された経済秩序を乱す行為を禁止することとする，竹
　　田稔＝服部誠『知的財産権訴訟要論（不正競業・商標編）〔第 4 版〕』24頁（発
　　明推進協会，2018）等も参照。なお，本号が規律する成果競争を歪曲する行為
　　の具体的内容として，出所表示機能を害する行為のみならず，品質保証機能，
　　宣伝広告機能を害する行為についても言及するものとして，渋谷・講義III24頁-
　　25頁，渋谷・不競法21頁がある。
2 ）　田村・概説 2 版35頁
3 ）　田村・概説 2 版73頁，同「分業体制下における不正競争防止法 2 条 1 項 1
　　号・ 2 号の請求権者―対内関係的アプローチと対外関係的アプローチの相剋―」
　　知的財産法政策学研究40号76頁（2012），鈴木將文「不正競争防止法上の請求権
　　者」高林龍＝三村量一＝竹中俊子編集代表『現代知的財産法講座 I　知的財産
　　法の理論的探究』433頁-434頁（日本評論社，2012）。茶園編・不競法 2 版40頁，
　　金子・前掲注 1 ）434頁も参照。

2条1項柱書・2条1項1号　定義—周知表示混同惹起行為　31

4）　田村・概説2版192頁-195頁，同・前掲注3）76頁，鈴木・前掲注3）433頁，茶園編・不競法2版40頁，金子・前掲注1）434頁。経産省・逐条解説（令和5年改正版）69頁，西田昌吾「請求主体」牧野利秋ほか編集委員『知的財産訴訟実務大系Ⅱ』416頁-417頁（青林書院，2014）も参照。

5）　田村・概説2版193頁，同・前掲注3）76頁-78頁，茶園編・不競法2版40頁，金子・前掲注1）441頁，横山久芳「不正競争防止法2条1項1号における『混同』と『営業上の利益』の関係性」パテント76巻12号（別冊29号）13頁（2023）。鈴木・前掲注3）433頁-434頁も参照（同445頁では，請求権者の拡張可能性が示唆されている）。アースベルト事件・最判昭63・7・19民集42巻6号489頁〔27802571〕（商品の考案者にすぎない者の請求主体性を否定），タイポス書体事件第一審判決・東京地判昭55・3・10無体集12巻1号47頁〔27486108〕，同控訴審判決・東京高判昭57・4・28判タ499号161頁〔27423861〕（書体の文字盤にかかる書体デザイナーの商品主体性を否定），アメ横事件・名古屋地判平2・3・16判タ730号227頁〔27806802〕（「不正競争防止法に基づいて商号の使用差止めを求めるためには，原則として，当該表示が自己の営業の表示として周知されていることを要する」としたうえで，「アメ横」が一定地域に存在する約500の卸売業者および小売業者を会員として構成される社団たる原告の営業の表示として周知になったものではないとする）等参照。

　　これに対して，商品等表示の主体に限らず請求主体性を認める学説もある（山本・要説4版250頁，前掲タイポス書体事件の解釈に疑問を呈しつつ，渋谷・講義Ⅲ56頁-57頁，渋谷・不競法66頁-67頁。前掲アースベルト事件につき，商品の考案者にすぎない者について，積極的に営業上の利益を侵害されるおそれのある者該当性が主張立証されていなかった事案であり，仮に使用許諾の事実を具体的に主張立証すれば，結論は異なった可能性があるとし，前掲タイポス書体事件については疑問を呈しつつ，西田・前掲注4）419頁-420頁・430頁）。髙部眞規子「営業上の利益」牧野利秋＝飯村敏明編『新・裁判実務大系4／知的財産関係訴訟法』429頁-433頁（青林書院，2001）も参照。「他人」よりも請求権者を限定する文脈のものとして，山上和則「判批」中山ほか編・百選159頁も参照。

6）　田村・概説2版69頁-70頁

7）　同上。同206頁は，業者選定や品質管理の程度が高くない商品化事業において，その本部ではない一業者の「他人」性を否定する仮面ライダー事件・東京地判昭51・4・28無体集8巻1号144頁〔27486077〕につき，特定性に問題があったと捉えるべきとする。前掲注5）アメ横事件・名古屋地判も参照。

8）　ロンシャン図柄事件・大阪地判昭56・1・30無体集13巻1号22頁〔27486113〕，キーホルダー事件・東京高判平3・11・28判例不競法220ノ661頁〔27816316〕。天津甘栗チョコレート事件・大阪地判平14・12・19最高裁HP（平成13年（ワ）1059号）〔28080609〕（傍論）も参照。

　　学説として，田村・概説2版39頁・43頁，茶園編・不競法2版40頁，井上由

32　第1章　総則

里子ほか「標識関係訴訟における《需要者アンケート》（1）『混同のおそれ』に関する実証研究」知的財産法政策学研究63号7頁-8頁（2022），同「不正競争防止法上の諸要件立証のための需要者アンケート—セカンダリー・ミーニング，混同のおそれ，普通名称化—」パテント76号（29号）4頁。島村和行「Q8『他人』と『人の業務』の意義」小野＝山上＝松村編・法律相談Ⅰ60頁-61頁も参照。

9）　田村・概説2版70頁，同・前掲注3）78頁-80頁，山本・要説4版55頁，鈴木・前掲注3）434頁，茶園編・不競法2版29頁等。

10）　グループ性の程度についての学説は，山上・前掲注5）158頁-159頁，裁判例については，田村・前掲注3）78頁-80頁，同『ライブ講義知的財産法』562頁-565頁（弘文堂，2012），同「判批」茶園ほか編・百選2版139頁が詳しい。

11）　三菱建設事件・大阪高判昭41・4・5判時451号41頁〔27486044〕

12）　積水開発事件・大阪地判昭46・6・28無体集3巻1号245頁〔27486059〕

13）　前掲フットボールシンボルマーク事件最高裁判決，ポパイⅠ事件第一審判決・東京地判平2・2・19判タ723号127頁〔27806199〕，同控訴審判決・東京高判平4・5・14判時1431号62頁〔27813299〕，ポパイⅡ事件・東京地判平6・10・17判タ879号254頁〔27826816〕，ミッキーマウスのキャラクター事件・東京地判平2・2・28判タ724号252頁〔27806309〕，ピーターラビット事件・東京地判平14・12・27判タ1136号237頁〔28080659〕，エニイワイヤ事件・大阪高判平17・6・21最高裁HP（平成16年（ネ）3846号）〔28101317〕（傍論）。

　　独占ライセンシーについても「他人」性を認めたものとして，ホーキンスサンダル事件・大阪地決平8・3・29知的集28巻1号140頁〔28021466〕，STUSSY事件・京都地判平10・7・16判例不競法874ノ560頁〔28041569〕も参照。BIRKIN 7事件・大阪地判平7・9・28判タ901号245頁〔28010298〕（傍論），MOSCHINO CAMERIO ITALY事件・東京地判平10・2・27判例不競法1162ノ2ノ12頁〔28032928〕（2条1項2号の事件）も参照。

　　なお，非独占ライセンシーについては，商品表示主体性を否定する前掲注7）仮面ライダー事件があるが，同事件については，特定性の問題とすべきであったという指摘があることは注7）で前述のとおりである。学説においては，肯定説（渋谷・講義Ⅲ56頁等）と否定説（髙部・前掲注5）430頁-431頁等）が存在する。

14）　札幌ラーメンどさん子事件・東京地判昭47・11・27判タ298号435頁〔27486062〕，8番ラーメン事件・金沢地小松支判昭48・10・30判時734号91頁〔27411549〕，ほっかほか弁当事件・福岡高宮崎支判昭59・1・30判タ530号225頁〔27490513〕，コンピュータランド北海道事件・札幌地判昭59・3・28判タ536号284頁〔27490783〕，THE RITZ SHOP事件・東京地判平4・4・27判タ819号178頁〔27815675〕，ホテル・ゴーフル・リッツ事件・大阪高判平11・12・16判例不競法810ノ351頁〔28042871〕。のれん分けに関する重盛の人形焼事件・東京地判平10・5・29判例不競法810ノ330頁〔28033401〕も参照。

2条1項柱書・2条1項1号　定義―周知表示混同惹起行為　33

15)　かような独占輸入販売業者の出所表示主体性を肯定としたものとして，前掲注8）ロンシャン図柄事件がある。

16)　その他，大口の販売業者にすぎない者につき「他人」該当性を否定するものとして，エジソンのお箸Ⅱ事件第一審判決・東京地判平28・2・5判時2320号117頁〔28240670〕がある。もっとも，同事件は，そもそも，別の理由によりいずれにせよ棄却されるべき事案であったことには注意が必要である。すなわち，当該訴訟は，原告が共通の目的の下に結束したグループの一員と主張する製造・販売業者が，同様の請求原因に基づき同一被告を訴えた別訴（エジソンのお箸Ⅰ事件第一審判決・大阪地判平25・10・31最高裁HP（平成25年（ワ）2464号）〔28213537〕，同控訴審判決・知財高判平26・4・24最高裁HP（平成25年（ネ）10110号）〔28221980〕）において，商品等表示性が否定されてその請求が棄却された後に提訴されたものであるため，同事件の控訴審判決（エジソンのお箸Ⅱ事件控訴審判決・知財高判平28・7・27判タ1432号126頁〔28242833〕においては，「他人」性の問題ではなく，商品等表示性の問題としたうえでこれを否定し，そもそもその請求自体，別訴との関係で「訴訟上の信義則の観点から問題がある」と指摘されている事案である。

　　傍論ながら，OEM契約に基づく製造者につき商品表示主体性を否定するものとして，トレンチャー事件・東京地判平5・1・29判例不競法676ノ101頁〔28022324〕，アン事件・東京地判昭51・1・28判時836号73頁〔27486075〕も参照。

17)　ファイアーエムブレム事件第一審判決・東京地判平14・11・14最高裁HP（平成13年（ワ）15594号）〔28080274〕，チェンジリテーナー事件・東京地判平15・1・30最高裁HP（平成13年（ワ）14488号）〔28080927〕，撃事件第一審判決・東京地判平16・12・15判タ1213号300頁〔28100127〕，同控訴審判決・知財高判平17・9・15最高裁HP（平成17年（ネ）10022号）〔28101828〕，麗姿事件第一審判決・東京地判平12・10・31判タ1073号207頁〔28052276〕，同控訴審判決・東京高判平13・5・15最高裁HP（平成12年（ネ）5798号）〔28061005〕。FWGPA事件地裁判決・東京地判平16・1・19判タ1155号281頁〔28090627〕，アザレ化粧品Ⅱ事件控訴審判決・東京高判平17・3・16最高裁HP（平成16年（ネ）2000号）〔28100631〕，ローズ形チョコレート事件・東京地判平7・2・27判タ890号240頁〔27827917〕，イーグル事件・大阪地判平19・2・15最高裁HP（平成18年（ワ）1080号）〔28130530〕も参照。

18)　ファイアーエムブレム事件控訴審判決・東京高判平16・11・24最高裁HP（平成14年（ネ）6311号）〔28100049〕，HAND BOXER事件第一審判決・大阪地判平6・3・24公刊物未登載（平成3年（ワ）6924号）〔28022049〕，同控訴審判決・大阪高判平7・12・21判例不競法504ノ34ノ8頁〔28022432〕，リズシャルメル事件・東京地判平12・7・18判タ1044号217頁〔28051624〕，天津甘栗チョコレート事件・大阪地判平14・12・19最高裁HP（平成13年（ワ）1059号）〔28080609〕，AEROBATICS MODE事件・東京高判平16・11・22最高裁HP（平

成16年（ネ）3658号）〔28100028〕，MST-30XL事件・東京地判平25・4・12最高裁HP（平成23年（ワ）29260号）〔28211622〕。傍論ながら，セラール300 CERAL事件・大阪地判平12・2・8最高裁HP（平成8年（ワ）9425号）〔28050323〕も参照。奈須野太『不正競争防止法による知財防衛戦略』74頁-75頁（日経新聞社，2005）も参照。

19) アザレ化粧品Ⅱ事件地裁判決・東京地判平16・3・11最高裁HP（平成13年（ワ）21187号）〔28090983〕，FWGPA事件控訴審判決・東京高判平16・5・27最高裁HP（平成16年（ネ）833号）〔28091677〕，アザレ化粧品Ⅰ事件第一審判決・大阪地判平15・5・1最高裁HP（平成12年（ワ）5120号）〔28090901〕，同控訴審判決・大阪高判平17・6・21最高裁HP（平成15年（ネ）1823号）〔28101319〕，常温快冷枕事件・東京地判平23・7・20最高裁HP（平成21年（ワ）40693号）〔28174700〕，GOLD Glitter事件・大阪地判平23・12・15最高裁HP（平成19年（ワ）11489号／平成19年（ワ）15110号／平成22年（ワ）7740号）〔28180083〕，FUKI事件・東京地判平26・1・20最高裁HP（平成25年（ワ）3832号）〔28220582〕（評釈として，村井麻衣子「判批」茶園ほか編・百選2版172頁-173頁がある），エジソンのお箸Ⅱ事件第一審判決・東京地判平28・2・5判時2320号117頁〔28240670〕，ゼンシングループ事件第一審判決・大阪地判平28・7・21最高裁HP（平成27年（ワ）2505号／平成27年（ワ）6189号）〔28242916〕，空調服事件・東京地判令元・9・5最高裁HP（平成29年（ワ）9335号）〔28274629〕。傍論ながら，元気健康本舗genki21事件・東京地判平22・4・23最高裁HP（平成21年（ワ）16809号）〔28161093〕も参照。

20) 田村・前掲注3）82頁-95頁，宮脇正晴「判批」L＆T69号86頁-87頁（2013）。村井・前掲注19）172頁-173頁も参照。

21) 田村・前掲注3）99頁参照。

22) 同上。宮脇・前掲注20）87頁-88頁，「表示を使用する営業の在り方を主体的に決定する者」と解する横山・前掲注5）11頁も参照。

23) 前掲注17）麗姿事件（傍論），前掲注19）アザレ化粧品Ⅰ事件・アザレ化粧品Ⅱ事件，マクロスゼロ事件・東京地決平15・11・11最高裁HP（平成14年（ヨ）22155号）〔28090175〕，東京地判平成16・7・1最高裁HP（平成15年（ワ）19435号）〔28091950〕，前掲注19）GOLD Glitter事件，ゼンシングループ事件第一審判決，同控訴審判決・大阪高判平29・1・26最高裁HP（平成28年（ネ）2241号）〔28250409〕も参照。原告の周知な商品等表示ではないとして請求を棄却する前掲注19）空調服事件も参照。

24) イーグル事件・大阪地判平19・2・15最高裁HP（平成18年（ワ）1080号）〔28130530〕が，共同して商品等主体とされたうちの一方が使用を許諾したとしても，なお本号の商品等主体混同行為に該当するという立場を採用していることを指摘しつつ，田村・前掲注3）97頁-98頁，100頁-102頁。

25) 才原慶道「内部分裂と不正競争防止法2条1項1号の請求権者」知的財産法政策学研究18号198頁。対して，「分家のほうが知名度で勝れば，本家や元祖，

家元を乗り越えることもあり得る」とするものとして，奈須野・前掲注18）75頁も参照。

26） 宮脇・前掲注20）89頁-90頁

27） 横山・前掲注5）11頁

28） 中納言事件・大阪地判昭61・12・25判タ630号202頁〔27754330〕。評釈として，田村善之「判批」ジュリ975号113頁（1991），木棚昭一「判批」小野昌延先生還暦記念論文集刊行会編『判例不正競争法』27頁（発明協会，1992）。

29） 田村・概説2版66頁-67頁，田倉整＝元木伸編『実務相談不正競争防止法』90頁〔飯村敏明〕（商事法務研究会，1989）

30） タイポス書体事件第一審判決・東京地判昭55・3・10無体集12巻1号47頁〔27486108〕，同控訴審判決・東京高判昭57・4・28判タ499号161頁〔27423861〕，リュウミンL-KL事件・東京地決平5・6・25判時1505号144頁〔27825810〕。修理の時代事件・大阪地判昭58・10・14判タ514号272頁〔27424134〕参照。

31） 同上

32） 田村・概説2版67頁

33） モリサワタイプフェイス事件・東京高決平5・12・24判時1505号136頁〔27825809〕。ビジネスソフトウェアの表示画面につき，「商品等表示」に該当する可能性がある旨の抽象論を述べるものとして，Book Answer 3事件第一審判決・東京地判令3・9・17最高裁HP（平成30年（ワ）28215号）〔28300695〕も参照（ただし，結論として，「商品等表示」性は否定する。同控訴審判決・知財高判令4・3・23最高裁HP（令和3年（ネ）10083号）〔28300693〕も同旨）。

34） 田村・概説2版67頁

35） ラヴォーグ南青山事件・東京地判平16・7・2判タ1177号304頁〔28091949〕。結論として保護を認めるものではないが，フランクフェイスⅠ事件・東京地判平26・10・17最高裁HP（平成25年（ワ）22468号）〔28231575〕，フランクフェイスⅡ事件・東京地判令2・11・30最高裁HP（平成30年（ワ）26166号）〔28291065〕も参照。

36） 豊崎ほか・コンメンタール134頁，田倉＝元木・前掲注29）90頁〔飯村敏明〕

37） 田村・概説2版74頁，山本・要説4版58頁

38） 「チャタレー夫人の恋人」偽本版事件第一審判決・東京地判昭29・7・22判時146号6頁〔28224241〕，同控訴審判決・東京高判昭30・7・22判時146号6頁〔27486019〕，同最高裁判決・最判昭33・3・27判時146号5頁〔28224240〕（刑事事件）

39） 評釈として，鈴木將文「判批」ジュリ1332号265頁-266頁（2007），五十嵐清「判批」知的財産法政策学研究14号1頁-43頁（2007），宮脇正晴「判批」小松陽一郎先生還暦『最新判例知財法』477頁-489頁（青林書院，2008），茶園成樹「判批」茶園ほか編・百選2版170頁-171頁等がある。田村・概説2版68頁等も参照。

36   第1章　総則

40)　京都芸術大学事件・大阪地判令2・8・27判時2521号99頁〔28282663〕（ただ
　　　し，類似性を否定する）。2条1項2号違反事件であるが，呉青山学院中学校事
　　　件・東京地判平13・7・19判タ1123号271頁〔28061527〕も参照。

41)　京橋中央病院事件・東京地判昭37・11・28判タ139号123頁〔27486029〕

42)　少林寺拳法事件・大阪地判昭55・3・18判時969号95頁〔27486109〕，都山流
　　　尺八協会事件・大阪高決昭54・8・29判タ396号138頁〔27486105〕。

43)　花柳流名取事件・大阪地決昭56・3・30判時1028号83頁〔27486118〕。音羽流
　　　事件第一審判決・大阪地判平7・9・28判タ896号231頁〔27829071〕も参照。

44)　ひまわり園事件・大阪地判平10・2・26公刊物未登載（平成8年（ワ）10947
　　　号）〔28032927〕

45)　五輪マーク事件・東京地決昭39・9・25判タ165号181頁〔27421272〕。予備校
　　　経営につき，東京研数学館事件・東京地判昭36・7・15判時268号4頁
　　　〔27486025〕も参照（ただし，結論として，法文上の根拠が不明確ながら類似の
　　　名称の使用を禁止する）。

46)　なお，商号の抹消登記請求が認められたものとして，ミキハウス事件・大阪
　　　地判平3・10・30知的集23巻3号775頁〔27813202〕，日本ウーマン・パワー事
　　　件控訴審判決・東京高判昭57・3・25無体集14巻1号158頁〔27200064〕（同最
　　　高裁判決・最判昭58・10・7民集37巻8号1082頁〔27000035〕も、これを是認
　　　する），杏林ファルマ事件・東京地判平19・1・26判タ1240号320頁
　　　〔28130303〕、同控訴審判決・知財高判平19・6・28最高裁HP（平成19年（ネ）
　　　10014号）〔28131588〕，日本車両リサイクル事件控訴審判決・知財高判平25・
　　　3・28最高裁HP（平成24年（ネ）10067号）〔28211169〕（評釈として，三山峻
　　　司「判批」知財管理64巻9号1435頁-1445頁（2014）がある）等がある。近時の
　　　ものとしては、トラステイル事件・東京地判平28・1・29最高裁HP（平成27年
　　　（ワ）27735号）〔28240512〕がある（ただし，擬制自白によって請求が認容され
　　　た事案である）。

47)　araisara事件・東京地判平23・7・21最高裁HP（平成22年（ワ）46918号）
　　　〔28173823〕参照。同事件の評釈として，弥永真生「判批」ジュリ1430号28頁
　　　（2011），高瀬亜富「判批」茶園ほか編・百選2版232頁-233頁がある。

48)　東京瓦斯事件・最判昭36・9・29民集15巻8号2256号〔27002253〕参照

49)　青木大也＝清水真希子「商法12条の現代化に向けた一試論」法学教室502号82
　　　頁-83頁。西村雅子「商号を巡る商標問題—関連法規と判例からの考察」知財管
　　　理60巻4号567頁（2010）、三山・前掲注46)1443頁-1444頁も参照。詳細は，田
　　　村善之「商号等の不正使用行為に対する規律（商法12条・会社法8条）をめぐ
　　　る一考察」大塚龍児先生古稀『民商法の課題と展望』5頁-28頁（信山社，
　　　2018）を参照。

50)　バター飴缶事件・札幌地判昭51・12・8判時865号79頁〔27486082〕

51)　香辛料缶事件・大阪地判昭55・4・18判工2585の267頁〔27752479〕

52)　粉末ミルクティーの缶事件・大阪地判平9・1・30知的集29巻1号112頁

2条1項柱書・2条1項1号　定義─周知表示混同惹起行為　　37

〔28030675〕

53) 黒烏龍茶事件・東京地判平20・12・26判タ1293号254頁〔28150738〕。評釈として，比良友佳理「判批」知的財産法政策学研究35号383頁-429頁（2011），木村耕太郎「判批」茶園ほか編・百選2版178頁-179頁等がある。

54) 長崎タンメン事件・東京高判昭45・4・28判タ254号299頁〔27486055〕

55) マスカラ事件・大阪地判平20・10・14判タ1317号253頁〔28142146〕

56) 化粧水外箱事件・東京地判令2・11・11最高裁HP（平成30年（ワ）29036号）〔28291060〕

57) 競合する同種の商品の間ではどの商品も概ね同様の形態をとることが少なくなく，かかる場合にはそのなかの特定の商品の形態が，特定の出所を識別する機能を発揮することはほとんどないことに留意しつつ，この理を述べるものとして田村・概説2版120頁-123頁，周知表示の使用規制により保護される形態は，結局，商品等表示として需要者の間に広く認識されているものにほかならないとする松尾和子「商品形態をめぐる訴訟の審理の特徴及び効率的な審理のための留意点」牧野利秋ほか編『知的財産法の理論と実務3　商標法・不正競争防止法』231頁（新日本法規，2007）等。特別顕著性は，かかる要素があると周知になることが多いくらいの要素にとどめておくべきとする田村善之「意匠登録がない商品デザインの保護の可能性～著作権・不正競争防止法の交錯～」コピ676巻57号18頁-31頁も参照。同趣旨と思われるものとして，特別顕著性に「ありふれた形態でないこと」以上の意味を持たせるべきではないとする宮脇正晴「商品形態が商品等表示に該当するための要件と，それに関連する証拠」L&T 82号25頁-27頁（2019），その他松村信夫「商品形態等の冒用・模倣にみる創作法と標識法の交錯」知的財産紛争の最前線（L&T別冊1号）120頁（2015）も参照。

　　なお，商品等表示該当性において，特別顕著性と周知性を相関的に判断する旨述べるものとして，横山久芳「商品形態の標識法上の保護」パテント69巻4号（別冊14号）78頁（2016），谷有恒「周知商品等表示混同惹起行為(1)」牧野利秋ほか編集委員『知的財産訴訟実務大系II』354頁-357頁（青林書院，2014），森崎英二「混同惹起行為」髙部眞規子編著『最新裁判実務大系第11巻　知的財産訴訟II』814頁（青林書院，2018）等。宮川美津子「商品等表示性の認定・判断について（不正競争防止法2条1項1号）」牧野利秋ほか編『知的財産法の理論と実務3　商標法・不正競争防止法』243頁（新日本法規，2007）も参照。

58) 組立式押入たんすセット事件・東京地判昭41・11・22判時476号45頁〔27486046〕，ナイロール眼鏡枠事件・東京地判昭48・3・9判タ295号361頁〔27486064〕，薬品瓶事件・大阪高決昭56・4・27無体集13巻1号454頁〔27486119〕，ラチェットギア事件・大阪高判平9・10・21公刊物未登載（平成7年（ネ）2648号）〔28060038〕，電路支持材パイラック控訴審判決・東京高判平14・5・31判時1819号121頁〔28071944〕，ロレックス腕時計事件・東京地判平18・7・26判タ1241号306頁〔28111646〕等。

59) マンホール用ステップ事件・東京地判平17・2・15判タ1199号269頁
〔28100430〕，マンホール用足掛具事件・東京地判平17・5・24判タ1196号294頁
〔28101056〕，ルーペ事件・知財高判平24・12・26判タ1408号235頁〔28210049〕，
空気清浄加湿器事件・東京地判平25・3・27最高裁HP（平成23年（ワ）30566
号）〔28211162〕，フランクフェイス事件・東京地判平26・10・17最高裁HP（平
成25年（ワ）22468号）〔28231575〕，バケツ事件・東京地判平26・12・26最高裁
HP（平成25年（ワ）23579号）〔28230070〕，TRIPP TRAPPⅡ事件・知財高判
平27・4・14判時2267号91頁〔28231431〕，防災用キャリーバッグ事件・東京地
判平27・11・11最高裁HP（平成26年（ワ）25645号）〔28234662〕，エジソンの
お箸Ⅱ事件第一審判決・東京地判平28・2・5判時2320号117頁〔28240670〕，
同控訴審判決・知財高判平28・7・27判タ1432号126頁〔28242833〕，不規則充
填物事件・東京地判平29・6・28最高裁HP（平成27年（ワ）24688号）
〔28252224〕，折り畳み傘事件・東京地判平30・2・27最高裁HP（平成28年（ワ）
10736号）〔28261062〕）。実際，特別顕著性の欠如のみをもって商品等表示性を
否定するものも少なくない。パイプおよびジョイント事件・東京高判平15・
1・31最高裁HP（平成14年（ネ）1292号）〔28080918〕，ポリプロピレン製収納
ケース事件第一審判決・東京地判平16・7・14最高裁HP（平成15年（ワ）
28377号）〔28092073〕，同控訴審判決・東京高判平17・1・31最高裁HP（平成
16年（ネ）4018号）〔28100323〕，ミニプレイ・イン事件・東京地判平16・8・
23最高裁HP（平成15年（ワ）16294号）〔28092276〕，女性ドール用素体事件第
一審判決・東京地判平16・11・24判タ1189号309頁〔28100030〕，同控訴審判
決・知財高判平18・1・25最高裁HP（平成17年（ネ）10060号／平成17年（ネ）
10064号）〔28110331〕，ルーペ事件・知財高判平24・12・26判タ1408号235頁
〔28210049〕，バケツ事件・東京地判平26・12・26最高裁HP（平成25年（ワ）
23579号）〔28230070〕等。

60) ナイロール眼鏡枠事件・東京地判昭48・3・9判タ295号361頁〔27486064〕，
投げ釣り用天秤事件・東京地判昭53・10・30無体集10巻2号509頁〔27486098〕，
ハンドリベッター事件・大阪地判昭62・10・7判例不競法494ノ118頁
〔29013073〕，にっくねえむキーホルダー事件第一審判決・東京地判平3・5・
31判例不競法220ノ621頁〔27816195〕，同控訴審判決・東京高判平4・3・26判
例不競法220ノ694頁〔27824569〕，無線操縦用模型飛行機部品事件・大阪地判平
4・7・23判時1438号131頁〔27814142〕，ウォーターマシンガン事件・東京地
判平6・12・26判例不競法224ノ88ノ6頁〔28032447〕，ローズ形チョコレート
本案事件・東京地判平7・2・27判タ890号240頁〔27827917〕，わんぱくシャベ
ル事件・東京地判平9・2・21判時1617号120頁〔28022398〕，床下換気口事
件・新潟地三条支判平9・3・21判例不競法504ノ41頁〔28032268〕，ニュータ
マゴウォッチ事件・東京地判平10・2・25判タ973号238頁〔28032175〕，iMac事
件・東京地決平11・9・20判タ1018号144頁〔28050385〕，LEVI's弓形ステッチ事
件控訴審判決・東京高判平13・12・26判時1788号103頁〔28070074〕，マグライト

事件・大阪地判平14・12・19最高裁HP（平成13年（ワ）10905号）〔28080608〕，
パネライ腕時計事件・東京地判平16・7・28判タ1167号284頁〔28092139〕，前
掲注58）ロレックス腕時計事件，ファスナ保持体事件・大阪地判平19・4・26
判時2006号118頁〔28131147〕，家庭用医療機器事件・東京地判平19・12・26最
高裁HP（平成18年（ワ）27454号）〔28140278〕，角質除去具事件第一審判決・
東京地判平22・9・17最高裁HP（平成20年（ワ）25956号）〔28162588〕，同控
訴審判決・知財高判平23・3・24最高裁HP（平成22年（ネ）10077号）
〔28170712〕，TRIPP TRAPP I 事件・東京地判平22・11・18最高裁HP（平成21
年（ワ）1193号）〔28163415〕，バーキン立体商標事件・東京地判平26・5・21
最高裁HP（平成25年（ワ）31446号）〔28222307〕，不規則充填物事件・東京地
判平29・6・28最高裁HP（平成27年（ワ）24688号）〔28252224〕，同控訴審判
決・知財高判平30・2・28最高裁HP（平成29年（ネ）10068号／平成29年（ネ）
10084号）〔28262445〕，ユニットシェルフ事件第一審判決・東京地判平29・8・
31最高裁HP（平成28年（ワ）25472号）〔28253106〕，同控訴審判決・知財高判
平30・3・29最高裁HP（平成29年（ネ）10083号）〔28261677〕，折り畳み傘事
件・東京地判平30・2・27最高裁HP（平成28年（ワ）10736号）〔28261062〕，
BAO BAO事件・東京地判令元・6・18最高裁HP（平成29年（ワ）31572号）
〔28273424〕，LEDペンライト事件・東京地判令元・12・18最高裁HP（平成30年
（ワ）8414号）〔28280737〕等。

61) 宮脇正晴「商品形態が商品等表示に該当するための要件と，それに関連する
証拠」L＆T82巻28頁-29頁（2019）

62) 宮脇・前掲注61）28頁-29頁

63) 宮脇・前掲注61）27頁-29頁

64) 同控訴審判決・東京高判平12・2・24判時1719号122頁〔28050426〕も同旨。
評釈として，松尾和子「判批」知財管理51巻7号1089頁-1094頁（2001），茶園
成樹「判批」判時1758号195頁-202頁（2001）がある。

65) その他，営業方法に直結する商品形態であるため背後に独占適応性に対する懸
念があった事案ではあるが，CDレンタル関連商品事件・大阪地判平3・9・30
判時1417号115頁〔27811308〕も参照。同様に，機能性の強い商品であるため，
背後に独占適応性に対する懸念があった可能性はあり，また，販売後すぐ（約
4か月時点）に多数の類似品等が出回った事案であるが，類似品が出回った時
点以降につき，商品形態のみで出所を識別するだけの周知性を獲得するには至
らなかったとして保護を否定するヌーブラ事件第二訴訟・大阪地判平17・9・
8判時1927号134頁〔28101755〕，同控訴審判決・大阪高判平18・4・19最高裁
HP（平成17年（ネ）2866号）〔28111014〕も参照。

66) 叶鵬「判批」知的財産法政策学研究59号266頁-277頁（2001）

67) 同様に，技術的形態除外説を採用しないながら，結論として保護を否定する
ものとして，第二次会計用伝票事件・福岡地判昭60・3・15判タ566号299頁
〔27486809〕，折りたたみコンテナI事件・東京地判平5・12・22公刊物未登載

40　第1章　総則

（平成4年（ワ）15115号）〔28021424〕，折りたたみコンテナⅡ事件・東京地判
平5・12・22判夕846号262頁〔27818366〕がある。

68)　コイルマット事件控訴審判決・東京高判平6・3・23判時1507号156頁
〔27825948〕

69)　叶・前掲注66) 271頁。その他，同旨の裁判例として，システム什器事件・東
京地判平13・3・27判夕1083号269頁〔28060652〕，ルービックキューブ事件控
訴審判決・東京高判平13・12・19判時1781号142頁〔28070010〕，ダニ捕獲器事
件・神戸地判平18・8・4判夕1241号284頁〔28131093〕，水切りざる事件・大
阪地判平23・10・3判夕1380号212頁〔28174346〕，前掲注16) エジソンのお箸
Ⅱ事件がある。

70)　具体的には，「他の形態，構成を採用することによって類似機能の同種商品を
製造することが可能な場合」であっても，「使い勝手，当該商品との互換性等を
考慮すれば同一商品ではない」ために，同様の理が妥当することが指摘されて
いる。ただし，他の形態を採用しうる場合においても本号の保護を否定する裁
判例は，少数派であるように思われる（同様に，他の形態を採用しうるにもか
かわらずその保護を否定したものとして，前掲注69) 水切りざる事件を参照)。
代替形態の選択肢にかかる学説として，宮脇正晴「不正競争防止法の商品等表
示の規制におけるパブリック・ドメインの確保」同志社大学知的財産法研究会
編『知的財産法の挑戦Ⅱ』319頁-325頁（弘文堂，2020)，同「産業上の創作に
関するパブリック・ドメインと不正競争防止法上の商品等表示としての保護」
田村善之編著『知財とパブリック・ドメイン3』36頁-44頁（勁草書房，2023)，
小嶋崇弘「標識法における機能性法理」日本工業所有権法学会年報42号72頁-76
頁（2018)，谷有恒「形態の商品等表示性再考」日本工業所有権法学会年報46号
195頁-196頁・198頁-199頁（2022) 等を参照。

71)　跳ね上げ式アームレスト事件・名古屋高判平13・11・30最高裁HP（平成12年
（ネ）801号）〔28071098〕，PCフレーム事件・東京地判平14・12・19判夕1133号
257頁〔28080606〕，スパイラルヘッド耳かき事件・東京地判平18・9・28判夕
1226号311頁〔28112107〕等。

72)　前掲注59) マンホール用ステップ事件。これに続くものとして，エジソンの
お箸Ⅱ事件控訴審判決・知財高判平28・7・27判夕1432号126頁〔28242833〕，
前掲注59) 不規則充填物事件，携帯用ディスポーザブル低圧持続吸引器事
件・東京地判平30・12・26最高裁HP（平成30年（ワ）13381号）〔28270267〕
等。

73)　評釈として，叶・前掲注66) 255頁-313頁がある。宮脇・前掲注70) 307頁-
325頁も参照。

74)　牧野利秋監修＝飯村敏明編『座談会不正競争防止法をめぐる実務的課題と理
論』（青林書院，2005) 24頁-25頁〔三村量一発言〕，松村信夫「不正競争防止法
と産業財産権法の交錯領域に関する若干の検討」牧野利秋先生傘寿記念論文集
『知的財産権法理と提言』928頁（青林書院，2013) 等。

2条1項柱書・2条1項1号　定義—周知表示混同惹起行為　41

75)　田村・概説2版126頁-130頁，宮脇正晴「商品形態の商品等表示該当性」パテント67巻4号（別冊11号）17頁（2014），小嶋・前掲注70）67頁-70頁等。宮脇・前掲注70）307頁-325頁も参照。

76)　その他，「混同惹起の不正競争行為が成立するかは，形態の識別力と，競業者の識別表示の相関関係によって決すべき」とするものとして，谷有恒「周知商品等表示混同惹起行為(1)」牧野利秋ほか編集委員『知的財産訴訟実務体系Ⅱ』371頁（青林書院，2014）がある。

77)　田村・前掲注57）コピ34頁，叶・前掲注66）288頁-294頁を参照。

78)　前掲注8）ロンシャン図柄事件

79)　ルイヴィトンエピ事件・大阪地判平成10・2・19公刊物未登載（平成8年（ワ）1984号／平成9年（ワ）4912号）〔28032929〕

80)　LEVI'S弓形ステッチ事件第一審判決・東京地判平12・6・28判タ1032号281頁〔28051467〕

81)　龍村美術織物事件・東京地判平9・3・31判タ949号207頁〔28021546〕

82)　it'sシリーズ事件・大阪地判平7・5・30判時1545号84頁〔27828428〕（評釈として，横山久芳「判批」ジュリ1177号199頁-202頁がある）。ローソク包装箱事件・大阪地判平9・11・27判例不競法224ノ467頁〔28032841〕も参照。なお，控訴審である大阪高判平9・3・27知的集29巻1号368頁〔28030676〕は，色彩とそれが施された商品との結びつきが強度なものであることを前提に，①当該色彩をその商品に使用することの新規性，特異性，②当該色彩使用の継続性，③当該色彩の使用に関する宣伝広告とその浸透度，④取引者や需要者である消費者が商品を識別，選択する際に当該色彩が果たす役割の大きさ等も考慮した上で決するのであれば，色彩の枯渇は大きな問題にならないとしている（ただし，結論として商品等表示性は否定する）。

83)　山本・要説4版46頁参照

84)　オレンジ戸車事件・大阪地判昭41・6・29下民17巻5＝6号562頁〔27486045〕

85)　LEVI'S弓形ステッチ事件控訴審判決・東京高判平13・12・26判時1788号103頁〔28070080〕

86)　田村・概説2版129頁。高部・実務詳説120頁-121頁も参照。
　　　保護を肯定しうるのは中間色のみであり，白・黒・三原色（色光：赤・緑・青，色料：藍・紅・黄），基本色名と観念されている色彩（白，灰，黒，茶（褐），赤（紅），桃，橙，黄，黄緑，緑，水色，青（藍），紫）については保護を否定すべきとるものとして，三村量一「判批」中山ほか編・百選135頁がある。松村信夫「判批」知財管理46巻9号1442頁-1443頁（1996）も参照。
　　　以上に対して，具体的な出所識別力を有しているならばその保護を肯定してもよいとするものとして，渋谷・不競法52頁-53頁がある。

87)　保護肯定例として，香辛料の缶の配色につき前掲注51）香辛料缶事件，ウエットスーツの配色につきトロピカルライン事件・大阪地判昭58・12・23判タ

42　第1章　総則

536号273頁〔27490696〕がある。ワインレッド色のマスカラ容器及びキャップ
の銀色に，目の絵柄を併せたものにつき，前掲注55）マスカラ事件も参照。

88)　ドクターマーチン事件第一審判決・東京地判令5・3・24判時2583号34頁
〔28310958〕，同控訴審判決・知財高判令5・11・9最高裁HP（令和5年（ネ）
10048号）〔28313442〕。他方，女性用ハイヒールの靴底に付される特定の赤色に
つき，商品等表示性を否定したものとして，ルブタンレッドソール事件第一審
判決・東京地判令4・3・11判タ1505号231頁〔28300662〕がある（なお，同控
訴審判決・知財高判令4・12・26最高裁HP（令和4年（ネ）10051号）
〔28312172〕）は，後述のとおり，混同のおそれを否定することによりその保護
を否定する。）。否定例として，PTP事件第一審判決・東京地判平18・1・13判
タ1219号299頁〔28110275〕，同控訴審判決・知財高判平18・9・28最高裁HP
（平成18年（ネ）10009号）〔28112075〕等も参照。

89)　シリーズ商品に共通するデザインの保護につき高部・前掲注86）119頁-120
頁，山本真祐子「シリーズ商品に共通するデザインの商品等表示としての保護
―商品等表示の特定方法に関する一試論―」田村善之先生還暦『知的財産法政
策学の旅』22頁-43頁（弘文堂，2023）等を参照。

90)　もっとも，原告商品群のなかでは相対的に需要者が認識しうる機会が低いと
しても，絶対値として需要者が認識しうる機会が高く周知性を満たすのであれ
ば，需要者における有意な混同が生じうるため，その保護を肯定してよいよう
に思われる。かかる抽象論一人歩きすると，有意な混同が放置される可能性が
あるように思われるため，疑問がある（山本・前掲注89）25頁注7）。

91)　評釈として，黒田薫「判批」ジュリ1574号8頁-9頁（2022），辻村和彦「判
批」知財ぷりずむ236号41頁-51頁（2022），石井美緒「判批」特許研究74号60頁
-77頁（2022），青木大也「判批」L&T 99号98頁-106頁（2023），山本真祐子
「判批」重判解令和4年度249頁-250頁（2023）がある。

92)　かような判断手法には，「被告商品が商品等表示に該当するが，原告表示がそ
れ以外の商品形態をも含み，かつそれが商品等表示には該当しない」場合に，
全体として商品等表示該当性を否定して請求を棄却しかねず（青木・前掲注91）
103頁参照），有意な混同が放置されるおそれがあるように思われる点で問題が
あるであろう。

93)　評釈として，蘆立順美「判批」ジュリ1227号160頁-163頁（2022）がある。

94)　評釈として，森本純「不正競争防止法2条1項1号・2号について判断した
令和元年（平成31年）上半期の裁判例」パテント72巻13号55頁（2019），大住洋
「判批」知財ぷりずむ206号49頁（2019），小林利明「判批」ジュリ1539号8頁
（2019），青木大也「判批」重判解令和元年度264頁（2020），山本真祐子「判批」
ジュリ1556号111頁-114頁（2021）等がある。関真也「ニューフロンティアとし
てのファッション・ロー」法学セミナー64巻11号43頁（2019）も参照。

95)　評釈として，井口加奈子「判批」NBL1097号18頁（2017），宮脇正晴「判批」
重判解平成29年度282頁-283頁（2018）等がある。

2条1項柱書・2条1項1号　定義—周知表示混同惹起行為　　43

96)　商品等表示性に立ち入らず，類似性を否定するものとして，まいどおおきに食堂事件第一審判決・大阪地判平19・7・3判時2003号130頁〔28131695〕（評釈として，井口加奈子「判批」NBL892号7頁（2008）），同控訴審判決・大阪高判平19・12・4最高裁HP（平成19年（ネ）2261号）〔28140071〕（評釈として，奥邨弘司「判批」知財管理59巻7号873頁（2009））も参照。

97)　張鵬「判批」知的財産法政策学研究40号126頁-128頁（2012）

98)　評釈として，張・前掲注97）109頁-134頁がある。

99)　類似性を否定するものとして，前掲注96）まいどおおきに食堂事件控訴審判決を参照。

100)　通信販売カタログ事件最高裁判決・最判昭60・4・9最新企業秘密・ノウハウ関係判例集45頁。抽象論として，その保護可能性を認めつつ，結論としては請求を棄却する。完全チケット制事件・神戸地判昭61・12・22判例不競法874ノ136頁，うどん店の営業方法事件・知財高判平29・9・27最高裁HP（平成29年（ネ）10032号）〔28253800〕も参照。

101)　リスティング広告事件・東京地判平28・4・21最高裁HP（平成27年（ワ）31898号）〔28241325〕，前掲注96）まいどおおきに食堂事件第一審判決・同控訴審判決，商品陳列デザイン事件・大阪地判平22・12・16判時2118号120頁〔28170010〕，前掲注65）CDレンタル関連商品事件も参照）

102)　田村・概説2版135頁-136頁等

103)　田村・概説2版38頁。経産省・逐条解説（令和5年改正版）75頁も参照。

104)　田村・概説2版37頁-44頁，奈須野・前掲注18）77頁，愛知靖之「判批」AIPPI63巻9号833頁-834頁，井上ほか・前掲注8）7頁，同・前掲注8）4頁。青木博通『新しい商標と商標権侵害—色彩，音からキャッチフレーズまで』149頁（青林書院，2015）も参照。

　　対して，SHIPS事件・東京地判令2・3・18最高裁HP（令和元年（ワ）19889号）〔28282760〕は，被疑違反者たる被告の需要者に対して行われた周知性に関するアンケート調査につき，「被告の行ったアンケート調査調査〔原文ママ〕は，その対象者が被告サイトの利用者であり，被告サイトにより提供されるサービスの性質，内容等に照らすと，その利用者層は一定の限定された範囲にとどまるものと考えられ，その調査結果が必ずしも原告ブランドに係る商品の需要者の認識を反映しているとはいい難い。」として，同調査を参酌していないが，同アンケート調査は，母集団の設定自体に問題はないように思われる。

105)　旧法下の裁判例であるが，アマモト事件・最決昭34・5・20刑集13巻5号755頁〔27486021〕，京橋中央病院事件・東京地判昭37・11・28判タ139号123頁〔27486029〕，松前屋事件・大阪高判昭38・2・28判時335号43頁〔27410828〕，山縣西部駐車場事件・長崎地佐世保支判昭41・2・21判例不競法843頁，勝烈庵事件・東京地判昭51・3・31判タ344号291頁〔27486076〕，ピオビタンA事件・大阪地判昭51・4・30無体集8巻1号161頁〔27486078〕，紙なべ事件・大阪地判昭58・2・25判タ499号184頁〔27486132〕，勝烈庵II事件・横浜地判昭58・

12・9判タ514号259頁〔27486142〕，中納言事件・大阪地判昭61・12・25判タ630号202頁〔27754330〕，天一事件・東京地判昭62・4・27判時1229号138頁〔27801634〕，かに看板事件・大阪地判昭62・5・27判タ639号259頁〔27800025〕，湯本スプリングスカントリークラブ事件・福島地いわき支判平2・2・27判例不競法874ノ316ノ1頁，総本家田辺屋幸春事件・大阪地判平4・5・26判例不競法1500ノ4ノ12頁，POWER STATION事件・東京地判平5・6・23判例不競法874ノ407頁〔28031965〕等参照。なお，旧法（「本法施行ノ地域内ニ於テ広ク認識セラルル」）下の裁判例が，現行法下においても通用することにつき，田村・概説2版37頁を参照。

　現行法下の裁判例として，越乃立山控訴審事件・名古屋高金沢支判平9・3・19判例不競法1160ノ334頁〔28051219〕，スマイル事件・大阪地判平9・6・26判例不競法810ノ287頁〔28032481〕，リズムハウス事件・東京地判平12・1・28最高裁HP（平成11年（ワ）23548号）〔28050276〕，SPARK-S事件・大阪地判平12・8・29最高裁HP（平成12年（ワ）2435号）〔28051898〕，酒類五分利屋事件・東京地判平17・3・23公刊物未登載（平成16年（ワ）20488号）〔28100672〕，GrandRaffine事件・東京地判平29・6・22最高裁HP（平成28年（ワ）37209号）〔28252199〕等参照。

　もっとも，営業活動が成立するためには，最小限の地域的範囲の単位というものがあることにつき，シェピエール事件・東京地判平21・5・14最高裁HP（平成20年（ワ）2305号）〔28153411〕（評釈として，時井真「判批」知的財産法政策学研究26号293頁-350頁（2010））を参照。リヴェール事件・東京高判平8・9・12判例不競法874ノ465頁〔28031359〕も参照。

106）　旧法下の裁判例であるが，チキン・ラーメン事件・神戸地判昭36・7・24不競判434頁，アマンド事件・東京地判昭42・9・27判タ218号236頁〔27486047〕，札幌ラーメンどさん子事件・東京地判昭47・11・27判タ298号435頁〔27486062〕，ナイロール眼鏡枠事件・東京地判昭48・3・9判タ295号361頁〔27486064〕，ユアサ事件・東京地判昭49・1・30判タ308号274頁〔27411560〕，中部機械商事事件・名古屋地判昭51・4・27判タ344号304頁〔27411692〕，投げ釣り用天秤事件・東京地判昭53・10・30無体集10巻2号509頁〔27486098〕，フットボールシンボルマーク事件第一審判決・大阪地判昭55・7・15無体集12巻2号321頁〔27200021〕，コンピュータランド北海道事件・札幌地判昭59・3・28判タ536号284頁〔27490783〕，キーホルダー事件・東京地判平2・8・31判例不競法220ノ578頁〔27813562〕，モリトジャパン事件・大阪地判平4・12・24判例不競法1038ノ36頁〔27824693〕等参照。

　現行法下の裁判例として，粉末ミルクティーの缶事件・大阪地判平9・1・30知的集29巻1号112頁〔28030675〕，龍村美術織物事件・東京地判平9・3・31判タ949号207頁〔28021546〕，ホテル・ゴーフル・リッツ事件・大阪高判平11・12・16判例不競法810ノ351頁〔28042871〕，ヘルシーロースター事件第一審判決・東京地判平27・3・26公刊物未登載（平成26年（ワ）21163号）

2条1項柱書・2条1項1号　定義—周知表示混同惹起行為　45

〔28262932〕等参照。

107)　奈須野・前掲注18）77頁参照

108)　他方，当然のことながら，全国的にも十分な認知度が肯定される場合には，周知性が肯定される（傍論ながら，KITAMURA MACHINE WORKS事件・東京地判平16・5・28判タ1173号300頁〔28091778〕等を参照）。

109)　スーパーフレックス事件第一審判決・東京地判平16・12・10最高裁HP（平成15年（ワ）24414号）〔28100099〕（傍論），同控訴審判決・知財高判平17・6・30最高裁HP（平成17年（ネ）100061号）〔28101371〕（傍論），バイオセリシン美容石鹸事件・大阪地判平17・9・26最高裁HP（平成16年（ワ）12713号／平成17年（ワ）2470号）〔28101982〕，元気健康本舗genki21事件・東京地判平22・4・23最高裁HP（平成21年（ワ）16809号／平成21年（ワ）33956号）〔28161093〕（傍論），郵便受け事件第一審判決・大阪地判平24・4・19最高裁HP（平成23年（ワ）10113号）〔28181186〕，同控訴審判決・大阪高判平24・12・7最高裁HP（平成24年（ネ）1719号）〔28210061〕，前掲106）ヘルシーロースター事件第一審判決，同控訴審判決・知財高判平27・12・8最高裁HP（平成27年（ネ）10070号）〔28234379〕，プロフェッショナルバンク事件・東京地判平17・6・15最高裁HP（平成16年（ワ）24574号）〔28101290〕（評釈として，川村明日香「判批」知的財産法政策学研究11号231頁-246頁（2006）がある）等。

110)　同判例の評釈である田村善之「判批」WLJ判例コラム115号9頁-10頁（2017），同「判批」知的財産法政策学研究52号264頁-265頁（2018）。愛知・前掲注104）822頁-837頁なども参照。

111)　田村・前掲注110）WLJ10頁-11頁，同・前掲注110）知的財産法政策学研究52号265頁-266頁，愛知・前掲注104）834頁

112)　田村・概説2版46頁。なお，2条1項1号に基づく請求について，請求人である被控訴人の商品形態の周知性立証を減殺する趣旨で，被疑違反者たる控訴人から提出されたアンケート調査結果（約98％もの一般消費者が被控訴人の商品形態を見ても被控訴人の商品として識別できなかったとの結果が示されている）について「対象者は，控訴人の主張によっても単に20代から40代の一般消費者であるというにとどまるところ，控訴人商品及び被控訴人商品が金属製のユニットシェルフの家具であって，一般消費者が卒然と購入に至るような性質の商品でないことを考慮すると，少なくともこれらの商品を含む家具一般について何らかの関心を有する者を，上記にいう需要者と解すべきものである」として，当該アンケート調査を参酌しなかったものとしてユニットシェルフ事件控訴審判決・知財高判平成30・3・29最高裁HP（平成29年（ネ）10083号）〔28261677〕があるが，同判決に対しては立証責任の観点から疑問が呈されている（宮脇・前掲注61）31頁-32頁）。すなわち，商品等表示性や周知性の立証責任は請求人側にあるのであって，被疑違反者から提出されたアンケート調査結果は，請求人の主張を真偽不明とする程度の役割は果たせていたとの指摘がなされている（同31頁）。

46 第1章 総則

113) PCフレーム事件控訴審判決・東京高判平15・5・22最高裁HP（平成15年
（ネ）366号）〔28090926〕，前掲注60）不規則充填物事件（同事件の評釈として，
長谷川遼「判批」茶園ほか編・百選2版162頁-163頁、叶・前掲注66）255頁-
313頁がある），アストラゼネカ事件控訴審判決・知財高判令5・10・4最高裁
HP（令和5年（ネ）10012号）〔28321783〕，ベグ事件・東京地判令6・7・5
最高裁HP（令和2年（ワ）28384号）〔28323469〕。配線カバー事件控訴審判
決・東京高判平5・2・25知的集25巻1号33頁〔27817732〕も参照。商標権に
関するが，杭事件・知財高判平30・1・15判タ1454号91頁〔28260211〕も参照。

114) 伝票会計用伝票事件・東京地判昭61・1・24判タ608号122頁〔27800813〕，
梯形筒状体コードプロテクター事件・大阪地判昭60・3・20判タ566号286頁
〔27486810〕，ポパイエ事件控訴審判決・東京高判平4・5・14判時1431号62頁
〔27813299〕，電路支持材パイラック控訴審判決・東京高判平14・5・31判時
1819号121頁〔28071944〕，低圧持続吸引器控訴審判決・知財高判令元・8・29
最高裁HP（平成31年（ネ）10002号）〔28273562〕等。

115) 松村信夫「不正競争防止法と産業財産権法の交錯領域に関する若干の検討」
牧野利秋先生傘寿記念論文集『知的財産権法理と提言』928頁（青林書院，
2013）

116) 叶・前掲注66）309頁-313頁。長谷川・前掲注113）163頁も参照。小嶋・前
掲注70）26頁注57も参照。

117) 前掲注113）PCフレーム事件控訴審判決，前掲注60）不規則充填物事件，前
掲注113）アストラゼネカ事件控訴審判決，前掲注113）配線カバー事件控訴審
判決も参照。商標権に関するが，前掲注113）杭事件も参照。

118) 宮脇正晴「産業上の創作に関するパブリック・ドメインと不正競争防止法上
の商品等表示としての保護」田村善之編著『知財とパブリック・ドメイン3』
（勁草書房，2023）36頁-42頁。宮脇・前掲注70）320頁・323頁-325頁も参照。

119) 前掲注5）アースベルト事件

120) 本項目で引用するもののほか，小野・新・注解3版上巻306頁-313頁〔三山
俊司〕も参照。

121) 田村善之「裁判例にみる不正競争防止法2条1項1号における規範的判断の
浸食」相澤英孝＝大渕哲也＝小泉直樹＝田村善之編集代表『中山信弘先生還暦
記念論文集・知的財産法の理論と現代的課題』（弘文堂，2005）403頁-409頁。
井上・前掲注8）4頁-5頁も参照。

122) 田村・前掲注121）404頁。田村・概説2版37頁-46頁，井上・前掲注8）4
頁も参照。

123) 田村・前掲注121）405頁-406頁。田村・概説2版45頁，井上・前掲注8）4
頁も参照。

124) ニッショー事件・大阪地判平9・9・30判例不競法874ノ499頁〔28032679〕
も参照。

125) アンケート調査の手法については，井上由里子「『混同のおそれ』の立証と

アンケート調査」『知的財産の潮流（知的財産研究所５周年）』34頁-65頁（信山社，1995），同「判批」茶園ほか編・百選２版135頁，同「Q32『混同のおそれ』の立証とアンケート調査」小野＝山上＝松村編・法律相談245頁-257頁，同ほか・前掲注８）１頁-66頁，同・前掲注８）１頁-22頁，青木博通「商標不正競争事件における証拠としてのアンケート調査」同『知的財産権としてのブランドとデザイン』（有斐閣，2007）250頁-281頁，同・本注釈）147頁-165頁，小野・新・注解３版上巻310頁-428頁〔芹田幸子＝三山峻司〕，三山峻司「表示法の係争事件におけるアンケート調査の実践的な利用法についての検討」産大法学50巻３＝４号293頁-316頁（2017）等が詳しい。小野昌延「商標事件におけるアンケート調査」牧野敏明判事退官記念『知的財産法と現代社会』419頁-446頁（信山社，1999）も参照。宮脇正晴「商品形態が商品等表示に該当するための要件と，それに関連する証拠」Ｌ＆Ｔ82巻29頁-32頁（2019）も参照。

126) 田村・前掲注121）406頁-407頁。田村・概説２版44頁-45頁・119頁-124頁、井上・前掲注８）５頁も参照。

127) メガネセンター事件・山形地決平７・６・27判例不競法810ノ252ノ１頁も参照。

128) ふりかけパッケージ事件・東京地判平13・６・15判例不競法680ノ65頁〔28061255〕を例に挙げつつ、田村・前掲注121）408頁。井上・前掲注８）５頁も参照。

129) 田村・概説２版77頁-78頁

130) 田村・概説２版77頁-79頁

131) 田村・概説２版78頁-79頁，宮脇正晴「商標法，意匠法及び不正競争防止法における同一性と類似性」パテント69巻４号（別冊14号）18頁（2016），横山久芳「商品形態の標識法上の保護」パテント69巻４号（別冊14号）82頁（2016）等。山本真祐子「判批」ジュリ1556号111頁-114頁（2021）も参照。

　　ただし，以上の学説は，類似性要件を混同のおそれに完全に解消させるものではなく，共通する部分が独占適応性を欠く場合，共通部分が要部でない場合，共通部分のみでは識別力がない場合等には，類似性要件を活用して，これを否定するものである（田村・概説２版80頁-82頁。宮脇・本注釈）18頁，横山・本注釈）82頁（1962）も参照）。

　　これに対して，類似性要件を混同のおそれ要件に完全に解消するものとして，渋谷「判批」判例評論303号45頁，紋谷暢男「判批」重判解昭和58年度242頁（1984）がある。

132) 高麗貿易東京事件・大阪地判平13・６・12最高裁HP（平成11年（ワ）364号）〔28061258〕。強力シンセン事件・東京地判昭39・12・26判タ172号183頁〔27440859〕，池袋明治屋事件・東京地判昭36・11・15判時289号34頁〔27410710〕，東阪急ホテル事件・大阪地判昭46・２・26判時621号８頁〔27486058〕等も参照。

133) 田村・概説２版78頁。山本・前掲注131）114頁，同「シリーズ商品に共通するデザインの商品等表示としての保護—商品等表示の特定方法に関する一試論

48　第1章　総則

　　　　―」田村善之先生還暦『知的財産法政策学の旅』39頁-40頁（弘文堂，2023）も
　　　　参照。
134）　商品形態につき，宮脇・前掲注131）18頁，横山・前掲注131）82頁を参照。
135）　田村・概説2版80頁-82頁
136）　「潮見温泉旅館」と「潮見観光ホテル」（潮見観光ホテル事件・松山地判昭
　　　　40・7・16不競判759頁），「火の国観光ホテル」と「ニュー火の国ホテル」
　　　　（ニュー火の国ホテル事件・熊本地判昭52・4・26判タ368号214頁〔28172622〕
　　　　参照），「柏皮膚科」と「柏東口皮膚科・内科」（柏東口皮膚科・内科事件・東京
　　　　地判平13・2・26判例不競法874ノ688頁〔28072690〕），「セイジョウ」と「成城
　　　　調剤薬局」（成城調剤薬局事件・東京地判平16・3・5判タ1160号259頁
　　　　〔28090938〕），「日本印相学会」と「日本印相協会」（日本印相協会事件・東京高
　　　　判昭56・3・30判時1005号109頁〔27486117〕），「ニッポン放送」と「ラジオ日
　　　　本」（ラジオ日本事件・東京地判平2・8・31判タ743号222頁〔27807231〕）等。
　　　　「日本拳法会」「日本拳法全国連盟」と「全日本拳法連盟」（全日本拳法連盟事件
　　　　第一審判決・大阪地判平22・6・17最高裁HP（平成21年（ワ）2948号）
　　　　〔28161772〕，同控訴審判決・大阪高判平23・2・17最高裁HP（平成22年（ネ）
　　　　2247号）〔28170510〕），「日本遺体衛生保全会」と「全国遺体保全協会」（全国
　　　　遺体保全協会事件・東京地判平28・11・24最高裁HP（平成27年（ワ）36973号）
　　　　〔28244530〕）や，「京都市立芸術大学」等と「京都芸術大学」（京都芸術大学事
　　　　件・大阪地判令2・8・27判時2521号99頁〔28282663〕）等も参照。
137）　「ワールド」と「ワールドファイナンス」（ワールドファイナンス事件第一
　　　　審判決・東京地判平5・2・24判タ808号242頁〔27814609〕，同控訴審判決・東京
　　　　高判平7・2・22知的集27巻1号60頁〔27828973〕），「官公庁ファミリークラ
　　　　ブ」と「官公庁ブライダルセンター」（官公庁ブライダルセンター事件・大阪地
　　　　判平5・11・11判例不競法1038ノ72頁〔28021434〕），「アーバンイン伏見」と
　　　　「アーバンホテル京都」（アーバンホテル京都事件・京都地判平7・6・22判タ
　　　　893号277頁〔27828848〕）等。原被告の業種が異なるものとして，識別力が強く
　　　　なく，業種も異なる事例につき，よつ葉事件・大阪高判平6・6・29判例不競
　　　　法720ノ134頁〔28021960〕，泉岳寺事件第一審判決・東京地判平6・10・28判タ
　　　　863号71頁〔27826232〕，同控訴審判決・東京高判平8・7・24判時1597号129頁
　　　　〔28031310〕も参照。
138）　「アイデア料理井出」と「アイデア料理の店うまいもんや童子」（アイデア料
　　　　理の店事件・大阪地判平5・1・28判タ832号208頁〔27817086〕），
　　　　「ENOTECA」と「ENOTECA KIORA」（ENOTECA KIORA事件第一審判
　　　　決・東京地判平15・8・29判タ1196号255頁〔28082521〕，同控訴審判決・東京
　　　　高判平16・3・18最高裁HP（平成15年（ネ）4925号）〔28091028〕），SAKE
　　　　CUP事件・大阪高判平10・5・22判タ986号289頁〔28040130〕等。
139）　同事件の評釈として，比良・前掲注53）383頁-429頁等がある。
140）　その他、その種の商品において一般的な部分が共通しているにすぎない事例

についても、類似性が否定されている（ふりかけパッケージ事件・東京地判平13・6・15判例不競法680ノ65頁〔28061255〕，お酒に合うアンチョビポテト事件第一審判決・東京地判平28・4・28最高裁HP（平成27年（ワ）28027号）〔28241544〕，同控訴審判決・知財高判平28・10・31最高裁HP（平成28年（ネ）10058号）〔28243918〕等。前掲注138) SAKE CUP事件も参照)。詳細は，比良・前掲注53) 417頁-428頁

141)　ぺんたくん事件第一審判決・東京地判平元・3・27判タ708号238頁〔27804130〕，同控訴審判決・東京高判平元・12・25無体集21巻3号1066頁〔27808905〕，顕微鏡事件・東京地判平4・4・27判タ793号251頁〔27812040〕。田村・概説2版130頁参照。

142)　清水節ほか編著『Q＆A商標・意匠・不正競争防止法の知識100問』337頁〔三井大有〕（日本加除出版，2016)，経産省・逐条解説（令和5年改正版）78頁，茶園・不競法2版35頁等。混同を招来せしめる原因となるような態様で使用することをいうとするものと解する，田村・概説2版82頁-83頁も参照。

143)　評釈として，田中浩之「判批」ジュリ1525号8頁（2018）がある。

144)　その他，香りのタイプ事件控訴審判決・東京高判昭56・2・25無体集13巻1号134頁〔27486115〕，モデルガン事件・東京地判平12・6・29判タ1044号234頁〔28051462〕，タカラ本みりん事件・東京地判平13・1・22判タ1053号261頁〔28060160〕，mp3事件・東京地判平14・7・15判タ1099号291頁〔28072158〕，初動負荷トレーニング事件・大阪地判平17・7・12最高裁HP（平成16年（ワ）5130号）〔28101482〕，福の神仙臺喜四郎事件・仙台地判平19・10・2判時2029号153頁〔28150379〕，つつみ人形事件・仙台地判平20・1・31判タ1299号283頁〔28152092〕等。ドーナッククッション事件・知財高判平23・3・28判時2120号103頁〔28170706〕も参照。

145)　香りのタイプ事件第一審判決・東京地判昭55・1・28無体集12巻1号1頁〔27486107〕，前掲注144) 香りのタイプ事件控訴審判決

146)　田村・概説2版94頁-95頁。簡易の引渡しのような観念的な占有の移転を含まないとするものとして，小野＝松村・新・概説3版上巻91頁も参照。

147)　田村・概説2版95頁

148)　2条1項3号の事案にかかる評釈であるが，田村善之「判批」国際私法判例百選〔第3版〕別冊ジュリ256号73頁（2021）を参照。不正競争防止法にかかる準拠法については，駒田泰土「不正競争の準拠法に関する一考察　裁判例の批判的検討を中心として」同志社大学知的財産法研究会編『知的財産法の挑戦Ⅱ』346頁-361頁（弘文堂，2020)。

149)　SPARK-S事件・大阪地判平12・8・29最高裁HP（平成12年（ワ）2435号）〔28051898〕。NAKAYA事件・知財高判平20・3・27最高裁HP（平成19年（ネ）10067号／平成19年（ネ）10093号）〔28140768〕も参照。

150)　否定説として、田村・概説2版89頁-90頁、才原慶道「判批」知的財産法政策学研究12号314頁-315頁等（2006)、肯定説として、茶園成樹「混同要件」高

林龍＝三村量一＝竹中俊子編集代表『現代知的財産法講座Ⅰ知的財産法の理論的探究』421頁-424頁（日本評論社，2012）（ただし，品質管理の誤信が必要とする）がある。裁判例においても，肯定説を採用するものが存在する（高知東急事件・東京地判平10・3・13判タ966号257頁〔28030882〕，前掲注35）ラヴォーグ南青山事件，マリカー事件・東京地判平30・9・27最高裁HP（平成29年（ワ）6293号）〔28264575〕等。やや限定的なものとして，BERETTA事件・東京高判平15・10・29最高裁HP（平成12年（ネ）3780号／平成12年（ネ）3781号／平成12年（ネ）3810号）〔28090044〕も参照。

151)　田村・概説2版89頁，才原・前掲注25）314頁。

152)　主として商標権侵害に関するが，議論の詳細は，田村善之＝小嶋崇弘「商標法上の混同概念の時的拡張とその限界」第二東京弁護士会知的財産権法研究会編『ブランドと法』235頁-430頁（商事法務，2010）等を参照。なお，田村＝小嶋・同は，購入者ではなく，購入者がこれを着用する等した状態を見る第三者，すなわち「直接使用者でない者に出所と品質が誤認される可能性がある類型」について，「見た感じで変な品質の商品を売っていると思われてしま」い，「信用が下がるということがありうる」ため，「それを見た人が次に……商品を購入するか否かを決定する場面に影響が出る」という場合，すなわち「直接使用しなくても例外的に品質が伝わるような場合（たとえば，アパレル商品）には，購買後の混同を認めてよいとする（同269頁-270頁）。松村信夫『新・不正競業訴訟の法理と実務—最新の判例・学説に基づく実務解説』243頁-245頁（民事法研究会，2014）も参照。

153)　LEVI'S弓形ステッチ一審では，原告が購買時の混同の存在に不安を覚えたためか，購買後の混同も混同のおそれに含まれるとの趣旨の主張がなされ，被告からはこれに対する反論がなされていたにもかかわらず，裁判所は，原告標章1・2と被告標章1・2についてはその類似性の強さ等に鑑み，購買時の混同を認めている（なお，原告標章1・2と被告標章3・4については，弓形ステッチが大きく異なるとの理由で類似性が否定されている）。

　　商標権侵害訴訟である「ELLE」等事件・東京地判平19・5・16最高裁HP（平成18年（ワ）4029号）〔28131262〕は，商標権侵害を肯定するに当たり購買後の混同理論が用いたが，同控訴審判決・知財高判平20・3・19判タ1269号288頁〔28140736〕は，かかる理論の導入の是非については明確にせず，事実認定の問題として，少なくとも本件において購買後の混同はみられないという形でこれを退けている（詳細は，小嶋崇弘「判批」知的財産法政策学研究21号279頁-343頁（2009）を参照）。

154)　田村・概説2版84頁，同「裁判例にみる不正競争防止法2条1項1号における規範的判断の浸食」相澤英孝＝大渕哲也＝小泉直樹＝田村善之編集代表『中山信弘先生還暦記念論文集　知的財産法の理論と現代的課題』410頁-414頁（弘文堂，2005）。これに対して，混同とは具体的な混同であるとする学説として，茶園成樹「混同要件」高林龍＝三村量一＝竹中俊子編集代表『現代知的財産法

2条1項柱書・2条1項1号　定義—周知表示混同惹起行為　　51

　　講座Ⅰ　知的財産法の理論的探究』411頁（日本評論社，2012）がある。

155)　田村・概説2版84頁-85頁，同「裁判例にみる不正競争防止法2条1項1号における規範的判断の浸食」中山信弘先生還暦記念論文集『知的財産法の理論と現代的課題』411頁-413頁（弘文堂，2005）。

156)　田村・概説2版85頁等参照

157)　朱子音「判批」知的財産法政策学研究58号215頁-294頁（2021），山本真祐子「判批」特許研究75号72頁-82頁（2023）を参照。

158)　大きな価格差が存在したにもかかわらず，前掲注79）ルイヴィトンエピ事件，前掲注60）パネライ腕時計事件等。混同のおそれを肯定する方向の他の事情も存在したものとして，需要者層に低年齢のものが含まれていた前掲注60）ニュータマゴウォッチ事件，販売方法や陳列方法，価格帯における共通性もあったPLEATS PLEASE事件・東京地判平11・6・29判タ1008号250頁〔28041466〕等も参照。商品名の共通性が高いとまではいえないが，前掲注62）わんぱくシャベル事件，前掲注58）ロレックス腕時計事件も参照。商品・ブランド名の共通性ではないが，パッケージ，宣伝チラシ，商品マニュアル等における共通性が存在した事案として，前掲注60）家庭用医療機器事件も参照。

159)　前掲注60）iMac事件，前掲注60）マグライト事件，前掲注60）ユニットシェルフ事件，同控訴審判決，前掲注60）折り畳み傘事件，前掲注60）LEDペンライト事件。価格差や上部および側面方向から見た形態の相違にかかわらず前掲注60）バーキン立体商標事件。価格差や質感等の形態の相違にもかかわらずエルメスバーキン事件控訴審判決・知財高判令2・12・17最高裁HP（令和2年（ネ）10040号）〔28284244〕。価格やパッケージ形態の相違にかかわらず前掲注60）角質除去具事件，同控訴審判決。価格，形態，販売店舗の相違にかかわらず前掲注60）BAO BAO事件。他方，需要者や価格帯は共通するものとして前掲注60）TRIPP TRAPPⅠ事件。

160)　被疑違反商品の価格が請求人の5-6割程度（前掲注60）角質除去具事件，同控訴審判決）である場合はもちろんのこと，約2-4割（前掲注79）ルイヴィトンエピ事件），約0.4割-1割（前掲注60）BAO BAO事件），2割を下回る金額（前掲注88）ドクターマーチン事件），1割を下回る金額（約0.6割-1.5割程度の前掲注58）ロレックス腕時計事件等。被告の主張に基づくが，前掲注60）パネライ腕時計事件も参照。著名性を肯定しているため傍論ながら，前掲注159）エルメスバーキン事件控訴審判決も参照）であっても，混同のおそれが認められている（ただし，前掲注60）BAO BAO事件や前掲注58）ロレックス腕時計事件では，5条における推定の覆滅事由として，価格差が考慮されている）。

161)　商品特性や販売方法につき前掲注60）iMac事件，需要者特性につき前掲注60）LEDペンライト事件，前掲注60）家庭用医療機器事件，販売活動につき前掲注60）ユニットシェルフ事件第一審判決，同控訴審判決，販売店舗につき前掲注60）BAO BAO事件等。なお，専門家である玩具の卸しおよび小売業者における混同のおそれは大きくないとも言えるとしつつ，一般消費者の混同する

52 第1章 総則

おそれは充分に認められるとするものとして前掲注60) わんぱくシャベル事件がある。

162) 傍論ながら，前掲113) アストラゼネカ事件控訴審判決も参照。なお，原審（東京地判令4・12・20最高裁HP（令和2年（ワ）19198号）〔28312186〕）は，医療医薬品の取引実情に鑑み，「一定程度周知性があるとしても，取引の際に出所表示機能を有するものではない」として，商品等表示性を否定する。

163) なお，原審（東京地判令4・12・23判タ1511号231頁〔28312183〕）は，「製品の形態自体に着目して本件製品を購入するものとはいえない」という取引実情に鑑み，「一定程度の周知性があるとしても，出所表示機能を有するものではな」いことを理由に，商品等表示性を否定し，傍論として混同のおそれも否定する。

164) 前掲注88) ルブタンレッドソール事件控訴審判決につき，山本・前掲注91) 85頁，泉克幸〔判批〕法学セミナー増刊33号4頁，シーメンス事件控訴審判決・知財高判令5・9・13最高裁HP（令和5年（ネ）10014号）〔28312874〕等も含め，宮脇正晴「不正競争防止法2条1項1号における『混同』の判断手法」L&T102号30頁-31頁を参照。

〔金井　重彦・山本　真祐子〕

2条1項2号　定義―著名表示冒用行為　53

（定義）―著名表示冒用行為
2条1項2号

　二　自己の商品等表示として他人の著名な商品等表示と同一若しくは類似のもの
　　を使用し，又はその商品等表示を使用した商品を譲渡し，引き渡し，譲渡若し
　　くは引渡しのために展示し，輸出し，輸入し，若しくは電気通信回線を通じて
　　提供する行為

趣　　旨

1　本号の趣旨

1.1　総論

　2条1項2号（以下，単に「本号」という）は，平成5年の不正競争防止
法改正時に新たに導入された規定であり，他人の著名な商品等表示の冒用行
為を不正競争として定めるものである。

　本号が新設されたねらいは，「著名なブランド・マークなどの無断使用，
需要者のブランド志向の高まりを背景に，各社ともブランドの知名度，イ
メージの向上に努めているが，有名ブランドの無断使用により，ブランドイ
メージの維持に係る企業努力が大きく害されている」[1] という認識の下，他
人の著名な商品等表示の冒用について，「混同」を要件とすることなく不正
競争行為として位置付けることにある（「混同」要件に関する歴史的背景に
ついては，後記3参照）。そして，このような冒用行為からの著名な商品等
表示（以下，単に「著名表示」ということがある）の保護の目的は，一般的
に，「フリーライド（ただ乗り）」，「ダイリューション（希釈化）」および
「ポリューション（汚染）」の防止にあるとされる[2]。

1.2　フリーライド，ダイリューションおよびポリューションの意義

　「フリーライド（ただ乗り）」とは，著名表示を利用することにより需要者
の目を引きつける行為をいう。フリーライド規制により，著名表示につい
て，その著名性に由来する財産的価値を無断利用から保護することができ
る。

　「ダイリューション（希釈化）」とは，他人にフリーライドされる結果とし

54　第1章　総則

て，著名表示の本来の使用者との結びつきが薄められ，著名表示の本来のイメージが弱くなる現象を指す。ダイリューション規制により，著名表示について，顧客吸引力やイメージの減殺から保護することができる[3]。

　「ポリューション（汚染）」とは，他人にフリーライドされ，別の好ましくないイメージに利用される結果，著名表示の本来のイメージが低下，悪化することを指す。ダイリューションの一類型と位置付けることもできるが，著名表示について，イメージの毀損からの保護ともいいうる[4]。

1.3　裁判例

　裁判例でも，本号の趣旨について，上記一般的理解と同様に，「著名な商品等表示について，その顧客吸引力を利用するただ乗りを防止すると共に，その出所表示機能及び品質表示機能が希釈化により害されることを防止するところにあることによるものである。」などと説明されている（LOUIS VUITTON事件・知財高判平30・10・23最高裁HP（平成30年（ネ）10042号）〔28264782〕[5]）。

2　2条1項1号および19号との相違点等

2.1　2条1項1号と本号との相違点等

　本号は，2条1項1号（以下，単に「1号」という）とは異なり，何らかの混同を排除すること目的とした規定ではなく，ある獲得された地位を侵害から保護することを目的とした規定といえる[6]。

　本号と1号の違いについて，要件という観点からみれば，本号は，1号の「周知性」よりさらに知名度の高い「著名性」を要件とする代わりに，「混同」を要件としていない点が異なる。

　実務的には，原告が1号の不正競争行為について差止請求等を行う場合で，混同の要件の充足性が微妙であるときに，本号の不正競争行為についての請求も併せて行うことが考えられる[7]。ただし，この場合，上述のとおり，混同要件の主張立証は不要となるが，周知よりさらにハードルが高い著名について主張立証を行う必要が生じる。

2条1項2号　定義—著名表示冒用行為　　55

2.2　2条1項19号と本号との相違点等

　2条1項19号（以下，単に「19号」という）は，不正の利益を得る目的
で，または他人に損害を加える目的で，他人の特定商品等表示と同一もしく
は類似のドメイン名を使用する権利を取得し，もしくは保有し，またはその
ドメイン名を使用する行為を不正競争行為として規制する。他方で，後記
5.1のとおり，ドメイン名の使用行為が本号の不正競争行為に該当すると判
断した裁判例も存在する。

　本号と19号の主な要件面の違いとして，19号では主観的要件である目的要
件の充足が必要となるのに対し，本号ではそのような主観的要件がないこと
が挙げられる。係る目的要件の立証が必ずしも容易ではない場合で，著名性
が認められる可能性があるときには，19号と併せて，本号についても請求を
行うことになろう。

3　本号新設の経緯

3.1　旧法の規定の内容

　最後に本号新設の経緯について確認しておく。平成5年の法改正前におい
て，現行法1号に相当する旧法1条1号および2号の各規定の内容は次のと
おりであり，いずれも「混同」を要件としていた。

　「第1条　左ノ各号の1ニ該当スル行為ヲ為ス者アルトキハ之ニ因リテ営
業上ノ利益ヲ害セラルル虞アル者ハ其ノ行為ヲ止ムベキコトヲ請求スルコト
ヲ得

一　本法施行ノ地域内ニ於テ広ク認識セラルル他人ノ氏名，商号，商標，商
　　品ノ容器包装其ノ他他人ノ商品タルコトヲ示ス表示ト同一若ハ類似ノモノ
　　ヲ使用シ又ハ之ヲ使用シタル商品ヲ販売，拡布若ハ輸出シテ他人ノ商品ト
　　<u>混同ヲ生ゼシムル行為</u>

二　本法施行ノ地域内ニ於テ広ク認識セラルル他人ノ氏名，商号，標章其ノ
　　他他人ノ営業タルコトヲ示ス表示ト同一又ハ類似ノモノヲ使用シテ他人ノ
　　営業上ノ施設又ハ活動ト<u>混同ヲ生ゼシムル行為</u>」

56　第1章　総則

3.2　狭義の混同と広義の混同

「混同」の概念には，「狭義の混同」と「広義の混同」が存在する。他人の商品等表示の冒用者と被冒用者との間に同種の営業に関する競業関係が存在することが前提となっているのが，「狭義の混合」である[8]。他方で，現代における経営の多角化，企業の系列化・グループ化等の傾向に伴い，被冒用者と冒用者との間にこのような直接の競業関係がなくても，両者間に取引上，経済上または組織上何らかの関係があるのではないかとの誤信が生ずる場合がある。このような場合に認められる混同が「広義の混同」である[9]。

　裁判例も，不正競争防止法上の「混同」の概念に広義の混同が含まれることを認めてきた。例えば，日本ウーマン・パワー事件最高裁判決・最判昭58・10・7民集37巻8号1082頁〔27000035〕では，「不正競争防止法1条1項2号にいう『混同ヲ生ゼシムル行為』は，他人の周知の営業表示と同一又は類似のものを使用する者が同人と右他人とを同一営業主体として誤信させる行為のみならず，<u>両者間にいわゆる親会社，子会社の関係や系列関係などの緊密な営業上の関係が存するものと誤信させる行為をも包含するものと解</u>するのが相当である。」と判示している。また，フットボールシンボルマーク事件最高裁判決・最判昭59・5・29民集38巻7号920頁〔27000012〕[10]では「混同を生ぜしめる行為には，周知の他人の商品表示又は営業表示と同一又は類似のものを使用する者が，自己と右他人とを同一の商品主体又は営業主体と誤信させる行為のみならず，<u>自己と右他人との間に同一の商品化事業を営むグループに属する関係が存するものと誤信させる行為をも包含し，混同を生ぜしめる行為というためには両者間に競争関係があることを要しない</u>と解するのが相当である。」と判示している。

3.3　裁判所による文言解釈の限界を超えた判示

　さらに，旧法下の裁判例には，狭義の混同はもとより，広義の混同が生じているとは言い難い事例においても，「混同」要件の充足を認定して商品等表示の保有者を保護するものがある。

　例えば，被告が「ホテルシャネル」という名称で，いわゆるラブホテルを経営したホテルシャネル事件・神戸地判昭62・3・25判タ653号166頁〔27820931〕では，裁判所は，次のように判示している。すなわち，「原告の

属するシヤネルグループの取扱商品は，香料類，化粧品と婦人服，ハンドバッグ等のいわゆるブティック商品に限られており，右各証言によれば，シヤネルグループは，現在までのところこれ以外の分野に進出したことはなく，目下ホテルの経営に乗り出す計画もないというのであるから，原告と被告とはその業種を全く異にし，当面競業関係に立つことはないものと認められる。しかしながら，原告の属するファッション関連業界においても経営が多角化する傾向にあり，著名なデザイナーの名を冠したいわゆるブランド商品が多数出回つている現状に思いを致すとき，<u>少なくとも一般消費者において本件ホテルが原告らシヤネルグループと業務上，経済上又は組織上何らかの連携関係のある企業の経営に係るものと誤認する虞を否定することはできず</u>，したがつて，『ホテルシヤネル』の名称を使用して本件ホテルの経営をした被告の行為は，原告の営業上の施設又は活動と混同を生じさせるものと認められる。」。

　しかし，一般消費者において，「ホテルシヤネル」という名称が，高級ブランドの代表ともいえるシヤネルグループによるラブホテル運営を想起させ，「業務上，経済上又は組織上何らかの連携関係のある企業の経営に係るものと誤認する虞」を生じさせるといえるのかは，疑問であろう[11]。

　裁判所がこのような（苦しい）判断を行っていた背景には，企業の長年の経営努力により，高い名声と信用，顧客吸引力といった独自のブランド力を持った著名な商品等表示が形成されてきたことが挙げられる。実際には，需要者層に狭義の混同も広義の混同も生じていなかったとしても，先に挙げたような，フリーライド，ダイリューションおよびポリューションの危険から著名な商品等表示を保護すべきとの価値判断が働いたことは想像に難くない。しかし，このような価値判断の妥当性が認められるとしても，「混同」という用語の解釈論の限界を超えているとの指摘もされていたところである[12]。そして，このような指摘等を踏まえ，「端的に，著名表示の冒用行為については，混同を要件としない新たな不正競争行為類型として位置づけることが適切である」[13] として，本号が新設されるに至った。

3.4　本号新設による「混同」の解釈への影響

　本号の新設が1号の「混同を生じさせる行為」の解釈に影響を与えるかどうかについて，スナックシヤネル事件・最判平10・9・10判タ986号181頁

58　第1章　総則

〔28032719〕では，次のように判示してこれを否定する。すなわち，「新法2条1項1号に規定する『混同を生じさせる行為』は，右判例[14]が旧法1条1項2号の『混同ヲ生ゼシムル行為』について判示するのと同様，広義の混同惹起行為をも包含するものと解するのが相当である。」とする。そして，その理由の一つとして，「新たに設けられた新法2条1項2号の規定は，他人の著名な営業表示の保護を旧法よりも徹底しようとするもので，この規定が新設されたからといって，周知の営業表示が保護されるべき場合を限定的に解すべき理由とはならないからである。」[15]。

解　説

1　要件

本号の不正競争行為は，以下の2つの行為からなる。
① 「自己の商品等表示」として
② 「他人」の「著名」な商品等表示と
③ 「同一若しくは類似」の表示を
④ 「使用」する行為
および
① 「自己の商品等表示」として
② 「他人」の「著名」な商品等表示と
③ 「同一若しくは類似」の表示を
④' 「使用した商品を譲渡」等する行為
である。

便宜上，②，③，④④'，①の順に説明する。

2　「他人の著名な商品等表示」

2.1　「商品等表示」

2.1.1　総論

本号の保護対象は，著名な「商品等表示」である。この「商品等表示」については，1号に「人の業務に係る氏名，商号，商標，標章，商品の容器若しくは包装その他の商品又は営業を表示するもの」と定義されており，本号

の意義もこれと同じである。

商品等表示は，それが何人から出たものであるかを示し，他の商品または役務との出所を区別させる認識手段である。この認識の内容については，「特定の出所より出たこと」を弁別させることをもって足り，出所の正式名称などを想起させるものである必要はないとされる（1号と同じである）[16]。

2.1.2　商品形態と商品等表示

商品の形態は，商標等と異なり，本来的には商品の出所を表示する目的を有するものではないため，通常は，商品等表示性が認められない。また，例外的に商品等表示に該当する場合でも，商品等表示としての著名性を認めることは一般には困難であるとされている[17]。

他方で，商品の形態自体が，特定の出所を表示する二次的意味（Secondary meaning）を有するに至る場合があり，この場合には商品等表示性が認められる。そのための要件として，1号の文脈においては，①商品の形態が客観的に他の同種商品とは異なる顕著な特徴を有していること（特別顕著性），および，②その形態が特定の事業者によって長期間独占的に使用され，または極めて強力な宣伝広告や爆発的な販売実績等により，需要者においてその形態を有する商品が特定の事業者の出所を表示するものとして周知になっていること（周知性）が必要であるとされる[18]。この特別顕著性と周知性の2要件について，商品等表示性を認めるうえでは，両者は「相関的な関係」にあるとされる[19]。

商品の形態と本号の商品等表示該当性に関する事件として，エルメスバーキン事件・知財高判令2・12・17最高裁HP（令和2年（ネ）10040号）〔28284244〕[20]がある。同事件では，第1審および控訴審とも，本号の不正競争行為を理由とする原告（被控訴人）の主張が認められたが，裁判所はその商品等表示該当性に関して上記2要件には言及していない。

すなわち，同事件の控訴審では，「被控訴人商品の形態には，原判決別紙3原告商品目録記載①ないし⑤の特徴があり，これらを兼ね備えることにより，他の商品と識別し得るものと認められる。……そうすると，被控訴人商品の形態は，被控訴人による販売，広告宣伝活動を通じて，遅くとも，平成21年までには，被控訴人がその出所であることを示す表示として著名となり，被控訴人の著名な商品等表示（不競法2条1項2号）に該当するに至っ

60　第1章　総則

たものと認められる。」とのみ判示している[21]。

　商品形態の周知商品等表示性を認めるための要件である特別顕著性と周知性は相関的な関係にあるとの見解を紹介したが，前掲エルメスバーキン事件は，周知よりも知名度の高い著名が認められれば，代わりに特別顕著性までは要求されないことを示唆するものと考えられる。他方で，巻くだけダイエット事件・東京地判平26・8・29最高裁HP（平成25年（ワ）28860号）〔28223786〕は，商品の形態が本号の著名商品等表示に該当すると主張された事件であるが，上記の前掲エルメスバーキン事件とは異なり，商品等表示に該当するためには，特別顕著性および周知性を要すると判示している。もっとも，両事件の判旨は，商品形態が著名であれば他商品との識別性で足り，周知性しか認められなければ特別顕著性が必要と整合的に理解可能であり，矛盾するものではないと考えられる。

2.1.3　書籍の題号と商品等表示

　書籍の題号が商品等表示に該当するか否かについて，題号は商品等表示に当たり，題号としての使用は商品等表示としての使用に当たるとする見解と，題号を商品等表示であるとすると，不適切な結果を生じさせる場合があることを理由に，題号の商品等表示性を否定する見解がある[22]。

　前掲巻くだけダイエット事件では，裁判所は，書籍の題号の商品等表示性について，次のように判示して，原則として，書籍の題号には商品等表示性は認められないとする。すなわち，「『商品等表示』とは，人の業務に係る氏名，商号，商標，標章，商品の容器若しくは包装その他の商品又は営業を表示するものをいい（不正競争防止法2条1項1号），自他識別力又は出所表示機能を有するものでなければならないと解される。書籍の題号は，普通は，出所の識別表示として用いられるものではなく，その書籍の内容を表示するものとして用いられるものである。そして，需要者も，普通の場合は，書籍の題号を，その書籍の内容を表示するものとして認識するが，出所の識別表示としては認識しないものと解される。もっとも，書籍の題号として用いられている表示であっても，使用された結果，需要者が何人かの業務に係る商品又は営業であることを認識することができるような自他識別力又は出所識別機能を備えるに至ったと認められるような特段の事情がある場合については，商品等表示性を認めることができることもあり得ると解される」

（結論として，商品等表示性を否定）。その他，書籍題号につき，本号についての請求がされ，上記事件と同様の判断が示されたものとして，朝バナナ事件・東京地判平21・11・12最高裁HP（平成21年（ワ）657号）〔28153605〕および時効の管理事件・大阪高判平20・10・8最高裁HP（平成20年（ネ）1700号）〔28142144〕がある。

2.1.4 商品陳列デザインと商品等表示

商品陳列デザインの商品等表示性が論点となった商品陳列デザイン事件・大阪地判平22・12・16判時2118号120頁〔28170010〕の判示がされるまでは当該論点について明示的に言及し，肯定する学説はほとんど見当たらなかったようである[23]。

同事件で裁判所は，「もし商品陳列デザインだけで営業表示性を取得するような場合があるとするなら，それは商品陳列デザインそのものが，本来的な営業表示である看板やサインマークと同様，それだけでも売場の他の視覚的要素から切り離されて認識記憶されるような極めて特徴的なものであることが少なくとも必要であると考えられる。」と判示している（結論として，「原告独自の特徴が認められないわけではないが，それだけでは，顧客にさほど強い印象をもたらすものではない」等として，商品等表示該当性を否定）[24]。

加えて，同事件では，「なお仮に，原告商品陳列デザインが，それ自体で売場の他の構成要素から切り離されて認識記憶される対象であると認められる余地があったとしても」と述べたうえで，「（著者ら注：「原告商品陳列デザインは，原告独自の営業方法ないしノウハウの一端が具体化したもの」との）性質を有する原告商品陳列デザインを不正競争防止法によって保護するということは，その実質において，原告の営業方法ないしアイデアそのものを原告に独占させる結果を生じさせることになりかねないのであって，そのような結果は，公正な競争を確保するという不正競争防止法の立法目的に照らして相当でないといわなければならない。」とも判示している（この点については，後記2.1.7「独占適応性」も参照）。

2.1.5 店舗外観・店舗デザインと商品等表示

店舗外観の商品等表示性について，学説上，識別性のあるものについては

62 第1章 総則

商品等表示性が認められるとする見解が多数ではないかと考えられるが[25]，裁判例において，実際に商品等表示性が認められた例は少ない。

コメダ珈琲事件・東京地決平28・12・19最高裁HP（平成27年（ヨ）22042号）〔28253553〕では，店舗外観（店舗の外装，店内構造および内装）が債権者の周知または著名な商品等表示に該当すると主張された。裁判所は，「店舗の外観（店舗の外装，店内構造及び内装）は，通常それ自体は営業主体を識別させること（営業の出所の表示）を目的として選択されるものではないが，場合によっては営業主体の店舗イメージを具現することを一つの目的として選択されることがある上，①店舗の外観が客観的に他の同種店舗の外観とは異なる顕著な特徴を有しており，②当該外観が特定の事業者（その包括承継人を含む。）によって継続的・独占的に使用された期間の長さや，当該外観を含む営業の態様等に関する宣伝の状況などに照らし，需要者において当該外観を有する店舗における営業が特定の事業者の出所を表示するものとして広く認識されるに至ったと認められる場合には，店舗の外観全体が特定の営業主体を識別する（出所を表示する）営業表示性を獲得し，不競法2条1項1号及び2号にいう『商品等表示』に該当する」と述べ，結論として，債権者の店舗外観の商品等表示性を認めている[26]（他に「商品（飲食物）と容器（食器）」の組合せによる表示も主張されたが，これは商品等表示性が否定されている）。

2.1.6　キャラクターと商品等表示

キャラクターについては，キャラクターとして周知・著名であることが，商品等の出所（商品化事業を行う主体・グループ）を示す表示として周知・著名であることを常に意味するものではないとされる[27]。

マリカー事件・知財高中間判令元・5・30最高裁HP（平成30年（ネ）10081号／平成30年（ネ）10091号）〔28272451〕では，一審原告のゲームシリーズである「マリオ」シリーズのキャラクターの商品等表示該当性が争点の一つとなった。一審被告らが，キャラクターが商品等表示足りうるためには特別顕著性および周知性が必要と主張したのに対し，裁判所は，「本来的に商品の出所表示機能を有さない商品の形態とは異なり，キャラクターが商品等表示足り得るためには，その性質上，特別顕著性は必ずしも必要ない」と判示した。

2.1.7 独占適応性

2.1.7.1 学説

商品等表示として著名性が認められた場合，当該商品等表示には，分野等を問わず広く独占が認められ，第三者は同一および類似の表示の使用が制約される。しかも，同じく標識法である商標法と異なり登録は不要であるほか，その独占による保護の期間は半永久的であり，強力な効果を有する。特に，当該商品等表示が一般的またはありふれた表示であればあるほど，このような制約の範囲も広くなるため，逆に弊害が生じるような場合もありえよう。混同のおそれを要件とすることなく広範な保護を与える本号の保護を正当化する要件である著名性を満足するためには，表示が高度に認知されているばかりでなく，表示が特別に顕著であること，すなわち，独占に適するものであることが必要であると解すべきとの見解が存在する[28]。

2.1.7.2 裁判例

前掲コメダ珈琲事件において，債務者は，「切妻屋根や出窓，レンガ壁等は通常用いられる建築方式にすぎないことなどから，債権者表示1に見られる建築物の一般的な外観を債権者に独占させるべきではなく，債権者表示1を不競法2条1項1号・2号による保護の対象とすることは相当でない」と主張し，表示の「独占適応性」を争っている[29]。また，前掲商品陳列デザイン事件でも，裁判所においてこの独占適応性の点が考慮されていることが示唆されている。

商品等表示の該当性を争う被告側としては，表示の独占による弊害を主張する余地がないかを検討すべきと考えられる。他方，商品等表示に基づく主張を行う原告側としては，文字やロゴなどと異なり，その表示の外延が必ずしも明確に特定できるものではない場合[30]，自己が主張する表示の範囲が不必要に広いものとなっていないか，また，訴訟戦略として，少なくとも被告の商品をカバーできる内容としたうえで独占適応性が問題とされない程度に限定を付す必要がないか，十分に検討すべきであろう。

2.2 「他人の」

2.2.1 学説

「他人の著名な商品等表示」における「他人」とは，自然人，法人などの

64 第1章 総則

商品等表示の主体となるものをいい，法人格の有無は問題とならない。また，特定の表示の使用許諾者，使用権者および再使用権者のグループのように，同表示の持つ出所識別機能および顧客吸引力等を保護発展させるという共通の目的のもとに結束しているグループ等も含まれる[31]。

　商品・営業の提供を複数の事業者が分担していた場合において，その関係が解消されたときに，いずれの事業者が「他人」であるかが争われることがある。グループの体内関係において，商品・役務の提供の態様を決定する者とする見解と，需要者が商品・営業の出所と認識する者と解する見解があり，裁判例も分かれている[32]。

2.2.2　裁判例

　2ちゃんねる事件・知財高判令5・1・26最高裁HP（令和2年（ネ）10009号／令和2年（ネ）10037号）〔28310338〕は，この「他人」性が争われた事案である。同事件第一審[33]では，この「他人」性について，次のように判示している。

　「営業表示における不競法1条1項1号又は2号の規定は，営業表示についていえば，当該他人の営業と混同を生じさせる行為等を防止することによって当該表示により示される営業の主体の信用等を保護するものである。上記各規定により保護される者には，当該表示の持つ出所識別機能，品質保証機能及び顧客吸引力を保護発展させるために共同して役務を提供した者や上記の目的のもとに結束していると評価することのできるグループに属する者も含まれ得るところ，上記各規定の上記趣旨等に照らせば，上記の複数の者の間で紛争が生じた後であっても，少なくとも，主体的に自己の役務として役務を提供して当該表示の持つ出所，品質等について信用を蓄積するために主要な役割を果たしたといえる者が，紛争後も提供した役務が従前と同様のものであった場合，関係する契約等があるなどの事情がない限り，その者は，引き続き，上記役務について上記各号による保護を受けることができるほか，上記紛争後のその者による上記役務についての当該表示の使用が，紛争前に結束等していた他の者との関係で上記各号所定の不正競争行為になることはないと解するのが相当である。」

2.3 「著名な」

2.3.1 「著名」性の意義および検討の観点

2.3.1.1 総論

本号は需要者の「混同」を要件とせずに不正競争の成立を認めるものであり，本号の「著名」は，1号の「周知」以上に世間一般に広く認識されていることを要求するものである。なぜなら，「著名」商品等表示として本号の保護対象となる場合，狭義の混同のみならず，広義の混同さえも認められない場合のような，業務上何らの関わりもない場合をも規制対象として包含するものであるため，「著名」性の要件で絞りをかける必要があるからである[34]。

問題は，どのような地理的範囲および人的属性において，どのような内容および程度の知名度を獲得すれば，「著名」性の要件を充足するといえるのかである。

裁判例では，特段，「著名」性の意義について言及することなく，商品等表示が付された商品の売上金額や広告宣伝費など，当該商品等表示に係る事実関係を指摘したうえで，「著名」性を肯定あるいは否定するものが多い[35]。実務上の観点からは，裁判所が「著名」性の認定において重視する事実関係を理解したうえで，自らの主張を組み立て，あるいは，相手方の主張を否定することになる（著名性を認定した近時の裁判例がどのような事実を認定しているかについては，後記2.3.2を参照）。

本号の「著名」性については，学説上，主に，①著名の地理的範囲[36]，②著名性の認識の程度，および，③その認識主体[37]という各観点から議論されることが多い。以下では，関連する裁判例を紹介しつつ，これらの各観点から「著名」性について検討することとする。

2.3.1.2 著名の地理的範囲

2.3.1.2.1 日本国内と外国における著名の地理的範囲

著名の地理的範囲については，まず，日本国内と外国という視点でみたときに，原則は，日本国内で判断される。外国製品の商品等表示であってもよいが，国外のみで著名である場合は，本号の著名には該当しないとされる[38]。

66 第1章 総則

1号の事件であるが，ギブソン・ギター事件・東京地判平10・2・27判タ
974号215頁〔28032546〕では，「不正競争防止法2条1項1号にいう『周知
性』とは，わが国において広く認識されていることをいい，海外でのみ周知
の商品等表示は，それがわが国において周知になった場合でなければ直ちに
はこれに当たらないものと解すべきであるところ，原告が主張する『国際著
名』が，わが国を含まない，せいぜいアメリカ合衆国やイギリスにおける著
名性を指すものであることは明らかであり，また，このような海外でのみ著
名な商品等表示が直ちにわが国において周知性を獲得すると解することはで
きない。」と判示されている。この判示は，1号と本号の趣旨等の違いが影
響するとも考えにくいため，本号においても妥当するものと考えられる。

2.3.1.2.2　日本国内における著名の地理的範囲

日本国内における著名の地理的範囲については，学説上，争いがある。

①まず，「本号は，混同を要件とすることなく不正競争とするものである
から，対象となる表示は単に広く認識されている以上のものとすべき」と
し，「具体的にどの程度知られていれば『著名』といえるかについては，個
別具体の事例に応じて判断される問題であるが，著名表示の保護が広義の混
同さえ認められない全く無関係な分野にまで及ぶものであることから，通常
の経済活動において，相当の注意を払うことによりその表示の使用を避ける
ことができる程度にその表示が知られていることが必要であり，具体的には
全国的に知られているようなものを想定している」との説がある[39]。

②次に，本号にいう著名性は，必ずしも全国的に著名であることを要せ
ず，周知性と同様に，被告が類似表示を使用している地域を含む一定地域
（ただし，商標法4条1項10号の広知性に該当する程度の広範囲の地域―数
県以上―と解される）において著名であれば足りるとする説がある[40]。

③3つ目に，著名性の地理的範囲は，本号の趣旨からみて，1号よりも相
当広い全国的なものであることを要するとしつつ，全国的という意味を形式
的・機械的に解すべきではないとする説がある。この説は，例外的に，当該
商品が地理的に全国的に取引される種類のものか，地理的には相当広範囲に
取引されるが限定されざるをえないものか，商品の性格や，取引対象者など
によって，地理的な全国土にこだわらず，社会通念上全国的に有名といいう
るような，広範囲の地域の全部に販売や広告などで活動の及んでいるような

表示で，その対象需要者以外にもある程度知られている表示は，全国的表示といってよく，地域は地方的ではないというくらいの相対的にゆるやかな意味で考えてよいのではないかと述べる[41]。

このように，著名性の地理的範囲の解釈が分かれる原因としては，後記2.3.1.5でも述べるとおり，本号の文言により著名であれば使用者の不正の目的を問うことなく絶対的な保護が付与されることになるのに対し，その趣旨はフリーライド，ダイリューションおよびポリューションの防止であり，両者が必ずしも一致していないことが指摘されている[42]。趣旨を重視すれば，一地域における著名表示であっても，表示の価値の侵害行為からは保護されるべきであり，また，逆に全国的に著名な表示であっても，これを使用する行為がその表示の価値の侵害に当たらない場合は，不正競争行為とすべきはないとの解釈が成り立つ。その解釈を導くための法的構成としては，上記のような行為が，①そもそも本号に該当しない，②形式上，本号に該当するが本号の予定する違法性がない，または，③著名商品等表示主体の「営業上の利益」（3条，4条）の侵害に該当しない，などと整理することが考えられる[43]。

なお，著名性の地理的範囲は，現実の使用地域のみではなく，旧法1条1号および2号での判例・通説と同様に，広告などによって認知の形成された地域も入るとされる[44]。

2.3.1.2.3 裁判例

裁判例において著名性が認められた事例では，問題となった商品等表示が全国的にも知られた商品表示や営業表示であるため，著名の地理的範囲に関する論点について，裁判所の姿勢は必ずしも明らかではない[45]。

もっとも，京都芸術大学事件・大阪地判令2・8・27判時2521号99頁〔28282663〕では，「不正競争防止法2条1項2号の前記趣旨に鑑みると，『著名』な商品等表示といえるためには，当該商品等表示が，単に広く認識されているという程度にとどまらず，全国又は特定の地域を超えた相当広範囲の地域において，取引者及び一般消費者いずれにとっても高い知名度を有するものであることを要すると解される。」としたうえで，商品等表示に係る営業の性質から，具体的に地理的範囲を決定するとの検討手法を採用している。ここまで具体的に著名の地理的範囲を検討する裁判例は稀なため，か

68 第1章 総則

かる検討手法が裁判所の主流とまでいえるかは微妙であるが，一つの参考になる裁判例といえる。

2.3.1.3 著名性の認識の主体および認識の程度
2.3.1.3.1 学説

「著名」について，次に議論されるのは，その「認識の主体」および「著名性の認識の程度」である。これは，どのような主体において，どの程度の知名度が必要かという視点である。これらの視点は密接に関連しているため，併せて取り上げることとする。

著名性の認識主体に該当しうる主な類型としては，国民全体，一般消費者，需要者および取引者などが考えられる。このうち，当該主体には，取引者または一般消費者のいずれもが入るとされるが，国民全体，取引者および消費者の全てが知っている必要はなく，取引者または一般消費者のある範囲，ある顧客層が知っているという事実で，著名性は決定できるとの見解がある。著名な商品等表示の冒用行為により生じうるダイリューションやポリューションは，取引者または一般消費者のいずれに生じることからも保護する必要があるが，全国民や全消費者を対象とするのでは，著名性の確立は極めて難しいことになるからである[46]。他方で，基本的には，商品や役務の分野に関する一般的な需要者層（その商品や役務の性格により一般消費者であったり取引者であったりする）全般にわたってかなり広く知られていることで足りるとする見解もある[47]。その他，表示が付された商品の需要者の枠を超えて，需要者以外にもある程度知られているような表示が著名と認められる，との見解もある[48]。

著名性の認識の程度については，商品等表示の帰属主体とその冒用者が同業種か異業種かで事情が異なるとされる。すなわち，商品等表示の冒用者がその帰属主体と同業種である場合は，同業者に対して本号の要件を満たすことで，一応，原告の請求原因を満たすと考えられる。逆に，このような冒用者が商品等表示の帰属主体と異業種である場合は，この商品等表示が同業種以外でもある程度知られ，特に，冒用者の業種において全国的に知られているくらいの知名度を必要とすべきとされる。具体的には，当該業種において，冒用者が通常の注意を払っていれば，この商品等表示の選択を避けうる程度にまで知名度があり，当該選択によって，フリーライドのほか，ダイ

2条1項2号　定義─著名表示冒用行為　69

リューションやポリューションのいずれかが生ずる程度に高い知名度がある場合が該当するとされる[49]。

2.3.1.3.2　裁判例
2.3.1.3.2.1　著名性の認識主体に関する裁判例

　まず，著名性の認識主体に関して，大学の名称の著名性が争点の一つとなった呉青山学院中学校事件・東京地判平13・7・19判タ1123号271頁〔28061527〕では，「原告名称（※著者ら注：青山学院）は，遅くとも平成11年3月までには，原告が行う教育事業及び原告が運営する各学校を表す名称として，学校教育及びこれと関連する分野において著名なものになっていたものと認めることができる。」として，著名性の認識主体が含まれる対象を「学校教育及びこれと関連する分野」としている。他方で，同じく大学の名称の著名性が争点の一つとなった前掲京都芸術大学事件では，一般論として，「『著名』な商品等表示といえるためには，……取引者及び一般消費者いずれにとっても高い知名度を有するものであることを要する」としたうえで，大学の「営業」に地理的な限定がないことを理由として，「芸術分野に関心を持つ者に限らず一般に知られている必要がある」としている。

　また，虎屋事件・東京地判平12・12・21最高裁HP（平成11年（ワ）29234号）〔28060064〕では，「原告は創業以来の長い歴史を経て日本を代表する和菓子の老舗となっているものであり，原告が自己の営業を示すものとして用いている表示である『虎屋』及び『虎屋黒川』は，平成11年5月25日の時点では，和菓子を中心とする食品の製造・販売の分野において著名であったと認められる。」と判示している。

　さらに，「2ちゃんねる」および「2ch.net」の商品等表示等の著名性等が争点となった2ちゃんねる事件・知財高判令5・1・26最高裁HP（令和2年（ネ）10009号／令和2年（ネ）10037号）〔28310338〕では，「控訴人の商品等表示として需要者に著名であったと認められる。」として，「需要者」を著名性の認識主体として位置付けている[50]。

2.3.1.3.2.2　著名性の認識の程度に関する裁判例

　次に，著名性が認められるための認識の程度を検討する材料として，1号と本号の双方の不正競争行為の主張がされ，1号の周知性は認定し，本号の

70　第1章　総則

著名性を否定した事案として，3つの裁判例を紹介する。

　まず，アーク事件・大阪地判平21・4・23最高裁HP（平成19年（ワ）8023号）〔28153444〕では，「原告の活動は阪神大震災以降，関東等の全国に広がっており，前記の新聞，雑誌等には全国的な報道等であることが推測されるものもあるが，新聞による報道の頻度は著名性を獲得するまでの頻度とはいい難く，それ以外の媒体の記事に接する読者の数がさほど多いとも思えないことからしても，取引者又は需要者の間において，著名性を獲得していると認めるに足りない。」と判示されており，著名の認識の程度に達したといえるためには，一定以上の報道の頻度や，一定以上の読者が存在する媒体での掲載が必要と考えられる。

　また，前掲京都芸術大学事件では，原告の正式名称である「京都市立芸術大学」について，「原告はもちろん原告大学の関係者によっても，原告大学の営業表示として長年にわたり数多く使用されてきたものといってよい。また，その地域的範囲も，書籍やウェブページに記載されたものは全国的に使用されたものということができるし，原告大学の在校生及び卒業生等の活動範囲は国内外にわたっている」としながらも，「原告大学関係者の肩書又は経歴等としての使用の多くは，そもそも原告の営業表示として使用されたものとはいい難い」また「芸術家の名や作品名等が大きく表示され，こうした経歴等はこれらと同程度又はより小さな記載により付記されるという程度にとどまることが通常であり，殊更に注目を惹く形で表示される場合は限られる」等とし，表示の態様等から著名性を否定した。

　さらに，LIVI'S弓形ステッチ事件・東京地判平12・6・28判タ1032号281頁〔28051467〕では，ジーンズの弓形ステッチの出所をリーバイスと回答した者が15歳から29歳までのジーンズ購入者の46％，一般消費者で18.3％であったという調査結果をもって，周知性は認めたものの，著名性は否定している。アンケート調査をもって著名性の立証を図る場合，これらの数字以上の調査結果が要求される可能性があるといえよう。

2.3.1.4　著名性獲得における時間経過の要否

　黒烏龍茶事件・東京地判平20・12・26判タ1293号254頁〔28150738〕では，著名性の要件につき，「ある商品の表示が取引者又は需要者の間に浸透し，混同の要件（不正競争防止法2条1項1号）を充足することなくして法的保

護を受け得る，著名の程度に到達するためには，<u>特段の事情が存する場合を除き，一定程度の時間の経過を要すると解すべきである。</u>」と判示した。そして，その当てはめにおいて，「原告商品については，上記の平成18年7月下旬の時点において，いまだ発売後2か月半程度しか経過しておらず，かつ，原告商品表示がそのような短期間で著名性を獲得し得る特段の事情を認めるに足りる証拠もないのであるから原告商品表示は同時点において著名性を有していたものと認めることはできない。」として，原告商品表示の著名性を否定している[51]。

2.3.1.5 その他の観点

本号の趣旨は，フリーライド，ダイリューションおよびポリューションの防止にある。しかし，本号が規定する不正競争行為は，「他人の著名な商品等表示の使用」であり，必ずしも上記の趣旨を反映した文言とはなっておらず，著名であれば使用者の不正の目的を問うことなく保護が与えられるものとなっている。このため，実質的には不正競業性のない行為であっても，形式的に本号に該当する可能性がある。かかる行為を本号の適用対象からどのように除外するのかについて，検討の必要性が指摘されている[52]。

例えば，①表示の独自性（または使用による独自性），②唯一性（1つでなくとも，あまりありふれていないこと），③広告力（良いイメージを持っていることなど），④好評性などの要素も考慮されるべきと指摘されている[53]。この論者は，例えば，ダイリューションを例にとれば，ダイリューションが認められるためには，著名性以外にも，上記の各要素を相関的，総合的に判断する必要があるとし，上記の各要素が立証された場合には，むやみに広い対象範囲の著名性の要求は不要とする。他方で，著名概念は知名度の高さに関する概念であって，上記の各要件を本号の「著名」概念のなかに解釈的に包含させることは，ある程度以上は無理があるとし，著名表示側・使用側いずれかの条件に，著名表示に関する不正競業性のない場合には，違法性がないものとするのが妥当であるとしている。

その他，著名の意義につき，その不正競争性から論じる見解もある[54]。

72   第1章　総則

2.3.2　裁判例にみる著名性認定の際の考慮要素

2.3.2.1　著名性を判断する際の考慮要素等

　裁判所が1号の周知性および2号の著名性を認定する際に指摘する事実の類型としては，①表示の構成の顕著性（独自性），②表示の使用期間，使用地域および使用状態，③営業規模，④商品の生産量および販売量，⑤宣伝期間，宣伝地域および宣伝態様，⑥マスメディアの報道，⑦取引の実情，ならびに，⑧市場における同種製品の有無，類似表示の存否および第三者の使用態様等がある[55]。

　そして，商品等表示の著名性を立証するには，その使用態様を明らかにしたうえ，まず，商品の販売状況（売上げの金額，数量，シェア，期間，販売地域等），広告宣伝の状況（広告媒体，広告回数，宣伝費用，マスメディアでの紹介状況等）等について，整理して証拠提出する必要がある。この際，主張する地理的範囲や需要者層との関連において，いかなる事実が認定されるべきであると主張するものかを明らかにすることが肝要である[56]。

なお，著名性を立証するための証拠として，アンケート結果が提出される場合もあるが，質問の方法及び選択肢の内容はもとより，調査対象者の選定等に留意した上でなければ採用されない可能性がある[57]。

2.3.2.2　著名性を肯定した裁判例及びその考慮要素

　著名性を肯定した主な裁判例と，そこでの著名性を肯定するにあたって認定された事実関係の概要については，以下の表のとおりである。具体的にどのような事実関係が指摘されているかについては，各裁判例の判旨をご確認いただきたい。なお，被告が著名性を認めている裁判例（擬制自白が成立しているものを含む）は，対象から除外している。

	裁判所および判決日 原告の商品等表示 著名性認定の際の考慮要素
ア	知的財産高等裁判所；知財高判令2・12・17最高裁HP（令和2年（ネ）10040号）〔28284244〕（エルメスバーキン事件） バーキンと呼ばれるハンドバッグの形態 ファッション誌等に多数掲載。雑誌広告等に多額の広告宣伝費を費やしたこと。そのほとんどが1個100万円を超える高級バッグであるにもかかわらず，平成21年までの期間を見ても，その販売数は年々増加する傾向にあること。

イ	東京地方裁判所；(上記アの原審)東京地判令2・6・3最高裁HP平成31年(ワ)9997号〔28282753〕 上記アと同様 上記アと同様
ウ	知的財産高等裁判所；知財高中間判令元・5・30最高裁HP(平成30年(ネ)10081号／平成30年(ネ)10091号)〔28272451〕(マリカー事件) 「マリオカート」,「MARIO KART」,マリオシリーズに登場するキャラクターである「マリオ」,「ルイージ」,「ヨッシー」および「クッパ」等 商品の種類およびその累計出荷本数。雑誌の人気ランキングにおける順位など,雑誌の掲載。テレビコマーシャルの放送回数。ゲームとの関連性が薄い他社とのライセンス契約。マンガでの掲載。ツイッターでの投稿数。テレビ番組に出演したタレントの発言。商品の累計販売本数。ギネス世界記録の掲載。過去の首相によるコスチューム着用。日本商品化権大賞の受賞。
エ	知的財産高等裁判所：知財高判平30・10・23最高裁HP(平成30年(ネ)10042号)〔28264782〕(LOUIS VUITTON事件)  「　　　　　」(裁判所ウェブサイトより引用) 日本での販売実績。多額の広告宣伝費の支出。多数のファッション誌や全国紙等における原告標章の広告宣伝の掲載依頼。雑誌発行者側からの依頼により原告標章に関する特集・紹介記事が掲載される場合の掲載状況も多数に上ること。テレビコマーシャルによる広告宣伝費用にも多額の費用が支出されていること。多数のコマーシャルが放映されていること。
オ	東京地方裁判所：東京地判平30・9・12最高裁HP(平成29年(ワ)43698号)〔28264175〕(JAL事件)  「　　　　　」(裁判所ウェブサイトより引用) 日本政府も原告の株式を保有。国内線および国際線でのジェット旅客機での使用。旅客機の機体のほか,乗降用のタラップの上部側面の目立つ位置に付されて使用。原告グループが多様な事業を展開し,グループ全体の営業収益の金額が大きいこと。

カ	大阪地方裁判所：大阪地判平30・4・17最高裁HP（平成28年（ワ）6074号）〔28262096〕（堂島ロール事件）（※ただし，原告は1号についての請求のみ行っており，本号についての請求は行っていない） 「堂島ロール」 新聞や雑誌等の記事やテレビ番組で取り上げられたこと。販売店舗の急速な全国展開および売上の伸びと，雑誌，テレビ等のマスコミで取り上げられる機会の増加の相乗効果。
キ	東京地方裁判所：（エの原審）東京地判平30・3・26最高裁HP（平成29年（ワ）5423号）〔28262111〕 上記エと同様 上記エと同様
ク	東京地方裁判所：東京地判平26・5・21最高裁HP（平成25年（ワ）31446号）〔28222307〕（バーキン立体商標事件） バーキンと呼ばれるハンドバッグの形態 全国に専門店および特約店を展開。雑誌での紹介（原告の商品のみを特集した女性誌の存在）。日本での販売個数。多数の雑誌を通じた販売促進。広告宣伝費の金額。
ケ	大阪高等裁判所：大阪高判平25・9・26最高裁HP（平成24年（ネ）2928号）〔28213121〕（セイロガン糖衣A事件） 「セイロガン糖衣A」 大量販売。長期にわたる強力な広告宣伝。他に同種の商品名を持つ有力な競合商品も存在せず。全国での販売。抜群の市場占有率を維持。
コ	東京地方裁判所：東京地判平22・1・29最高裁HP（平成21年（ワ）9129号）〔28160696〕（三菱信販事件） 「三菱」 明治3年創業。多角的な事業展開。日本の産業界における中核的な企業グループを形成。数多くのグループ企業と各企業は全国各地に本店，支店を有すること。グループ企業の多くはその社名や営業表示に「三菱」の名称を使用。
サ	東京地方裁判所：東京地判平19・5・16最高裁HP（平成18年（ワ）4029号）〔28131262〕（「ELLE」等事件） 「ELLE」等 商標を付した各種商品の製造，販売および各種役務の提供を全世界で展開。多数の商標登録。雑誌の発行国，年間発行部数および全世界の購読者数。積極的な広告宣伝活動。全世界のライセンシー数。多数のライセンス商品。年間売上高。防護標章として登録の登録。特許庁の日本国周知・著名商標リストにも掲載。
シ	大阪地方裁判所：大阪地判平16・7・15最高裁HP（平成15年（ワ）11512号）〔28092074〕（マクセル事件） 「マクセル」，「MAXELL」及び「maxell」 標登録および防護標章登録。財団法人日本国際知的財産保護協会発行が平成10年に発行した「FAMOUS TRADEMARKS IN JAPAN 日本有名商標集」や，特許

	庁の電子図書館における「日本国周知・著名商標検索」でも，「maxell」が原告の商標として掲載および登録。原告の売上高。各種製品における原告のシェア。広告宣伝費。広告塔，新聞雑誌広告，駅貼りポスター等における広告宣伝。テレビコマーシャルの全国放映。
ス	東京地方裁判所：東京地判平14・4・25最高裁HP（平成14年（ワ）3764号）〔28070850〕（三菱事件） 「三菱」 三菱グループの由来。三菱グループの構成等。
セ	東京地方裁判所：東京地判平13・4・24判タ1066号290頁〔28060816〕（J-PHONE事件） 「J-PHONE」 集中的かつ全国的な広告宣伝（新聞広告，雑誌広告，テレビコマーシャル，ラジオコマーシャル）。タレントの藤原紀香を起用した広告宣伝の好評。携帯電話サービスの累計契約数。
ソ	東京地方裁判所：東京地判平13・7・19判タ1123号271頁〔28061527〕（呉青山学院中学校事件） 「青山学院」，「Aoyama Gakuin」 明治27年以来の使用，全国からの入学志願者。全国規模での進学相談会および入試に関する広報。多数の卒業生が全国・各界で活躍。全国希望での支援・交流体制。全国から多岐にわたる産業分野に及ぶ求人。各県への就職を志向する卒業生。アンケート調査結果。全国放送，雑誌，新聞を通じて建学の精神，総合的な教育事業の内容，キャンパス紹介等について積極的に広報活動。商標登録および管理。
タ	東京地方裁判所：東京地判平12・12・21最高裁HP（平成11年（ワ）29234号）〔28060064〕（虎屋事件） 「虎屋」，「虎屋黒川」 原告の前身である菓子舗が室町時代末期の創業以来，「虎屋」の屋号を使用し，明治二年以来，「虎屋黒川」を原告の営業表示として使用。包装，手提げ袋，社用封筒，しおり，包装紙などでの使用。各店舗における暖簾や表札での使用。店舗を国内外に展開していること。ホームページでの多数のアクセス。定期的な和菓子に関する展示会及び講演会の開催と，これらへの多数の来場者および入場者があること。広辞苑において原告の名称との説明があること。少なからぬ文学作品に登場。全国的に出版される雑誌，新聞を含む各種媒体において積極的な宣伝広告活動を実施。幅広い分野の雑誌等の記事での採用。
チ	大阪地方裁判所：大阪地判平11・9・16判タ1044号246頁〔28042190〕（アリナミンA25事件） 「アリナミンA25」 原告商品群における全国の99％以上の薬局での取扱い，および，その販売金額が店頭向け医薬品の第4位であること。原告商品の販売実績。全国紙，ブロック紙，地方紙の各新聞紙上および雑誌における広告。テレビ，ラジオの各媒体における広告。多額の宣伝費。

ツ	富山地方裁判所：富山地判平12・12・6判タ1047号297頁〔28052556〕（JACCS事件） 「JACCS」 全国における支社，支店および営業所の数。原告の発行するクレジットカード，新聞広告・パンフレット・テレビコマーシャルおよび原告従業員の名刺等において必ず使用されていたこと。原告が上場していること。全国ネットのテレビコマーシャル放映およびそこでの「ジャックス」または「ジャックスカード」という音声が流れること。商標登録を受けたこと。
テ	東京地方裁判所：東京地判平10・2・27判例不競法1162ノ2ノ12頁〔28032928〕（MOSCHINO CAMERIO ITALY事件） 「MOSCHINO」，「FRANCO MOSCHINO」等 「世界の特選品'91（別冊家庭画報）」等における世界的なブランドとしての紹介。新聞，ファッション雑誌の紹介記事および広告での掲載。

2.3.3　第三者が商品等表示を使用していた場合

　原告が著名な商品等表示と主張する表示について，被告とは別の第三者がすでに使用していた場合に，著名性認定の妨げとなるであろうか。

　三菱事件・東京地判平14・4・25最高裁HP（平成14年（ワ）3764号）〔28070850〕は，三菱商事など，いわゆる三菱グループが「三菱」の名称およびスリーダイヤのマークと同一乃至類似する表示を使用する被告に対し，その使用の差止めを求めた事案である。同事件において，被告は，「三菱鉛筆株式会社のように，三菱グループに属さない企業でも『三菱』の名を冠しスリーダイヤのマークを使用している会社があるのであるから，三菱の名称とスリーダイヤのマークが，三菱グループ及びこれに属する企業を表すものとして著名であるとはいえない」と主張した。これに対し，裁判所は，「同社は，たまたま鉛筆等が三菱グループに属する企業の扱っていない商品分野であったことから商標権を取得したものであり，また上記商号を名乗るに至ったのも，戦後の混乱期であったことがその理由であり，このような企業はきわめて例外的な存在であると認められる。前記……において認定の各事実に照らせば，たとえこのような例外が存在したとしても，『三菱』の名称及びスリーダイヤのマークを，三菱グループ及びこれに属す企業を表すものとして著名であると認める妨げになるものではない。」として，上記主張を排斥した。

　なお，同事件の被告は，著名性を否定する根拠として，第三者による商品

等表示の使用の事実を主張している。しかし，このような事実は，当該商品
等表示の自他識別力を否定する要素であり，著名性ではなく，商品等表示性
を否定する事情ではないかと考えられる。

2.3.4　自ら使用せずに著名性を獲得した場合

営業主体自らは使用していないが，需要者等の間で使用されている表示に
ついて著名性を肯定することができるであろうか。

1号の周知性については，アメックス事件・最判平5・12・16集民170号
775頁〔27816963〕において，裁判所は「営業主体がこれを使用ないし宣伝
した結果，当該営業主体の営業であることを示す表示として広く認識される
に至った表示だけでなく，第三者により特定の営業主体の営業であることを
示す表示として用いられ，右表示として広く認識されるに至ったものも含ま
れる」とし，これを肯定している。また，前掲マリカー事件においても，
「マリカー」との表示につき，「一審原告自身が『マリオカート』シリーズを
表すものとして用いていたものではないものの……一審原告のカートレーシ
ングゲームシリーズである『マリオカート』を示すものとして，遅くとも平
成22年頃には，日本国内のゲームに関心を有する需要者，すなわち日本国内
の本件需要者の間で，広く知られていたと認められる。」と判示されている。

もっとも，本号については，著名となったとはいえ，混同もないところ，
他者の標章選定の自由を害してまで，自らは使用していない表示，したがっ
て財産的利益をそこから享受していない表示について保護を認める必要はな
いとして，別異に取り扱う必要があるとの見解がある[58]。

2.3.5　知的財産権による独占が著名性の形成に影響を与えた場合

特許権等の知的財産権[59]の存在により独占状態が生じ，これに伴って著
名性が生じた場合において，当該知的財産権の存続期間が経過後に本号の適
用を認めることは，事実上，当該知的財産権の存続期間を延長するに等し
く，不当ではないかとも考えられる[60]。

1号の事案かつ商品の形態が商品等表示に該当すると主張された事案であ
るが，不規則充填物事件・東京地判平29・6・28最高裁HP（平成27年（ワ）
24688号）〔28252224〕の第1審では「特許権や実用新案権等の知的財産権の
存在により独占状態が生じ，これに伴って周知性ないし著名性が生じるのは

78   第1章　総則

ある意味では当然のことであり，これに基づき生じた周知性だけを根拠に不
競法の適用を認めることは，結局，知的財産権の存続期間経過後も，第三者
によるその利用を妨げてしまうことに等しく，そのような事態が，価値ある
情報の提供に対する対価として，その利用の一定期間の独占を認め，期間経
過後は万人にその利用を認めることにより，産業の発達に寄与するという，
特許法等の目的に反することは明らかである。もっとも，このように，周知
性ないし著名性が知的財産権に基づく独占により生じた場合でも，知的財産
権の存続期間が経過した後相当期間が経過して，第三者が同種競合製品を
もって市場に参入する機会があったと評価し得る場合など，知的財産権を有
していたことに基づく独占状態の影響が払拭された後で，なお原告製品の形
状が出所を表示するものとして周知ないし著名であるとの事情が認められる
場合であれば，何ら上記特許法等の目的に反することにはならないから，不
競法2条1項1号の適用がある」と判示している[61]。

2.3.6　他法令における「著名」との相違

「著名」性については，本号のほか，商標法4条1項8号，10号，15号お
よび19号，同法26条1項1号，ならびに，同法64条1項および2項において
も，問題となる。もっとも，これらの法条における「著名」の意義について
は，その目的に応じて解釈されており，統一的な解釈が存在するわけではな
い。このため，本号の「著名」も，これまで説明してきた本号の立法趣旨等
に照らして，その内容等が決定されることとなる[62]。

3　同一もしくは類似

3.1　総論

本号の規制対象は，「他人の著名な商品等表示と同一……のもの」のみな
らず，「類似のもの」が含まれる。「同一若しくは類似」の要件における主な
論点は，この「類似」に関するものであって，具体的にどのような基準を用
いて「類似」性を判断するのか，また，その判断方法などである。

3.2 類似性の判断基準

3.2.1 学説

本号における「他人の著名な商品等表示と……類似のもの（表示）」とは，当該表示が「著名な商品等表示」を認識させるかどうか，容易に著名表示を想起させるほど似ている表示であるとする見解がある[63]。この理由は，1号では，混同が生じる可能性があるのか否かが重視されるべきであるのに対し，本号では，法の趣旨がフリーライド，ダイリューションおよびポリューションの防止にあることから，著名な商品等表示とその帰属主体との一対一の対応関係を崩し，希釈化を引き起こすような程度に類似している表示か否かが検討されるべきだからである[64]。

他方で，1号にいう「類似」と「混同」とを明確に区別する見解からすれば，1号と2号の「類似」で異なるところはないとする見解もある[65]。

3.2.2 裁判例

DHC事件・東京地判平27・11・13判時2313号100頁〔28234170〕では，本号における類似性の判断基準について，次のように判示している（LOUIS VUITTON事件・知財高判平30・10・23最高裁HP（平成30年（ネ）10042号）〔28264782〕も同旨）。すなわち，「不正競争防止法2条1項2号における類似性の判断基準も，同項1号におけるそれと基本的には同様であるが，両規定の趣旨に鑑み，<u>同項1号においては，混同が発生する可能性があるのか否かが重視されるべきであるのに対し，同項2号にあっては，著名な商品等表示とそれを有する著名な事業主との一対一の対応関係を崩し，希釈化を引き起こすような程度に類似しているような表示か否か，すなわち，容易に著名な商品等表示を想起させるほど類似しているような表示か否かを検討すべきもの</u>と解するのが相当である。」。

他方で，セイロガン糖衣Ａ事件控訴審判決・大阪高判平25・9・26最高裁HP（平成24年（ネ）2928号）〔28213121〕では，類似性の判断方法について，「特定の商品表示が法2条1項1号又は2号にいう他人の商品表示と類似のものか否かを判断するに当たっては，取引の実情の下において，取引者，需要者が，両者の外観，称呼，又は観念に基づく印象，記憶，連想等から<u>両者を全体的に類似のものとして受け取るおそれがあるか否かを基準とし</u>

80　第1章　総則

て判断するのが相当である。」と判示し，1号で用いられる判断基準をそのまま使用している。

3.3　類似性の判断方法

3.3.1　学説

類似性の「判断方法」は，著名な商品等表示と主張される表示と，冒用を主張された商品等表示の外観，称呼または観念に基づく印象，記憶，連想等をもとに取引の実情を定型的に考慮しつつ全体的観察によってこれを行い，またその際の方法は離隔的観察（異なる時間，空間において見聞きした状況を基に両者の類否を判断する方法）であって，一般人の平均的注意力によるものであり，これらはすべて1号の場合と同じとされる[66]。

他方，上記3.2.2で述べたとおり，類似性の「判断基準」については，1号が両表示を全体的に類似のものと受け取るおそれがあるか否かが基準になるとされているのに対し，本号では，希釈化を引き起こすような程度に類似しているような表示か否かが基準になるとする見解があり，1号とは異なりうる。

また，本号の類似性判断において想起容易性を前提とした場合，表示の客観的な近似度だけでなく，不正競争行為者の表示から被侵害者の表示が容易に連想されるか否かも判断基準となることから，場合によっては，1号の類似性判断より類似の範囲が広くなる場合もあるとされる。逆に，表示が外形上近似している場合にも，侵害表示から著名表示が想起されない場合や，フリーライド，ダイリューションおよびポリューションが生じない場合には，本号の類似性はないので，1号の類似性より狭い場合もあるとされる[67]。

上記の判断方法は，商標法のそれと基本的な点において共通する。他方で，本号の下での類似性の判断においては，背景の取引事情も十分に勘案することも必要であるとされる。両表示の地理的位置，従前の関係，表示選択動機，表示に現れた悪意，両営業の対比等，商標法の類似性判断では考慮されるべきでないところの要素も参酌されるべきとされる[68]。

3.3.2　裁判例

前掲セイロガン糖衣A事件では，類似性の判断方法について，「特定の商品表示が法2条1項1号又は2号にいう他人の商品表示と類似のものか否か

を判断するに当たっては，取引の実情の下において，取引者，需要者が，両者の外観，称呼，又は観念に基づく印象，記憶，連想等から両者を全体的に類似のものとして受け取るおそれがあるか否かを基準として判断するのが相当である。」と判示しているほか（JAL事件・東京地判平30・9・12最高裁HP（平成29年（ワ）43698号）〔28264175〕および前掲LOUIS VUITTON事件でも同様），判断主体の点につき，「類似性の判断は，対象となっている両当事者の商品（本件医薬品のうち糖衣錠型）に係る取引者又は需要者の中の平均人を主体とし，具体的な取引の実情の下で，その者が取引社会において通常使用する注意力ないし判断力をもって基準とすることになると解される。」とも判示している。

3.4 強いマークと弱いマーク

3.4.1 学説

　類似性の判断において，容易に著名表示を想起させるほど似ているか否かという上述の判断基準に加え，著名な商品等表示と主張される表示の「強さ」と「弱さ」も考慮するのが，「強いマーク」と「弱いマーク」に関する議論である[69]。この議論の問題意識は，単に上記の判断基準のみで類似の表示を一律に規制することは，他者における表示の選択の自由という観点から問題があるのではないかという点にある[70]。

　この議論は，上記の問題意識の下，商品および役務の普通名称のほか，商標法3条ならびに同法26条1項2号および3号のような「識別力」の観点から，表示に階層構造を観念する。そして，階層構造の上にある表示（造語商品のようにその構成に特異性があり識別力が強い標章・表示：強いマーク）についてダイリューション等が生じたと認められる場合には，例えば，異種類の商品であっても広く救済を認めるが，階層構造の下にある表示（品質や性能を暗示する表示やありふれた文字や図形等から構成され，識別力等の機能が弱い表示：弱いマーク）については，二次的意味（Secondary meaning）が立証されない限り救済されない等，表示の強弱に応じて救済の程度に差を設けるというものである。両者の間では，表示に対する希釈化の度合いや希釈化に対する保護の必要性においても違いがあるからである[71]。例えば，「朝日新聞」，「アサヒビール」，「あさひ銀行」という各表示を例にとると，これらは「朝日」という点で共通するが，独特のロゴマークが模倣

82　　第1章　総則

された場合は除き，その表示の弱さから，即座に「類似性」を肯定すべきではないということになる[72]。もっとも，上記の議論は，著名性の強弱と類似性の判断が相関関係に立つことを指摘するとの限度では正しいものの，結局は，結論の妥当性や波及効にも十分に留意しながら判断する必要があるのではないか，とする見解もある[73]。

なお，普通名称のように，そもそも識別力すら認められない場合には，商品等表示性が否定されることになる。

3.4.2　裁判例

プルデンシャル事件・東京地判平10・4・24公刊物未登載（平成9年（ワ）21840号）〔28033148〕は，プルデンシャル生命保険株式会社の原告表示（「Prudential」，「プルデンシャル」等）と，プルデンシャルライフツアージャパン株式会社の被告表示（「プルデンシャルライフツアージャパン株式会社」，「プルデンシャルライフツアー」，「プルデンシャルライフツアージャパン」，「Prudentialife」，「Prudentialife Tours Japan, Inc.」）の類似性が争点の一つとなった事案である。裁判所は，被告表示の要部は「プルデンシャル」等にあると認定した上で，その「『Prudential』，『プルデンシャル』との英語の本来の意味は我が国では一般に広く認識されておらず，原告と米国会社の使用するもの以外に『プルデンシャル』の語が商品等表示として使用され，社会的に認識されているものがあるとは認められないことを考慮すると，『プルデンシャル』，『Prudential』，『プルデンシャルライフ』，『Prudentialife』の各文字を含んだ表示は，原告表示と類似すると認めるのが相当である。」と判示した。

類似性の判断において，マークの強さが考慮されている点（上記引用中の下線部）が重要である。本号の類似性の基準である「想起容易性」という観点からみれば，強いマークはこれを冒用された場合でも容易に当該表示を想起しやすいが，弱いマークは他に冒用されたとしても，直ちに当該表示を想起することになるか否かは慎重に考慮する必要がある[74]。

3.5　全体としての識別力の獲得

強いマークと弱いマークについて，複数の語の組合せからなる表示であって，各語を個別にみれば識別力を有しない場合（弱いマーク）でも，組合せ

の特殊性や取引の実情や使用態様によって，全体として識別力を獲得することもある。

セイロガン糖衣Ａ事件第一審判決・大阪地判平11・3・11判タ1023号257頁〔28050907〕では，「セイロガン糖衣Ａ」との原告表示一について，被告らは，「セイロガン」，「糖衣」および「Ａ」という「自他識別性に欠ける普通名称を単に組み合わせただけであり，デザインも特徴性に乏しく，医薬品の包装としてはありふれたものであり，全体としても自他識別性に欠けるので，商品表示たり得ない。」と主張した。これに対し，裁判所は，「自他識別力の有無は表示の構成のみによって生じるのではなく，取引の実情に応じて獲得され喪失されるものであるから，普通名称を本来の意味のとおりに使用した場合であっても，使用の態様や取引の実情から自他識別力を獲得する場合があり得ることは当然である。そして，右に述べたように，原告表示一は，多年にわたる販売・広告の状況により，その本来の意味内容を超えて，原告製品を指し示す表示として著名なものとなっていると認められる……」と判示している。

4 「使用し」，「又は……使用した商品を譲渡し，引き渡し，譲渡若しくは引渡しのために展示し，輸出し，輸入し，若しくは電気通信回線を通じて提供する行為」

4.1 他人の著名商品等表示の使用

本号の不正競争行為となる行為の一つは，他人の著名商品等表示を「使用」することである。

「使用」とは，商品等表示を商品または営業に用いることをいう。商品には，その容器，包装および広告を含む。この要件該当性や判断基準は，1号のそれとは異なるものではないとされている[75]。詳細は，1号の解説をご覧いただきたい。

法文に明示されていない行為が本号の規制対象となるかについて，マリカー事件・知財高中間判令元・5・30最高裁HP（平成30年（ネ）10081号／平成30年（ネ）10091号）〔28272451〕では，コスチュームの「貸与」行為が本号の規制対象となるか否かが争点の一つとなった。

一審被告らは，「不競法2条1項1，2号が，『使用』と『譲渡』等を区別

84　第1章　総則

していること，同項4号～10号，10条1項が『使用』と『開示』を分けていて，同法2条1項3号も『貸し渡し』を明示していることからすると，不競法2条1項1，2号の『使用』には，商品に関する占有や支配関係が移転する『貸与』は含まれない」と主張したが，裁判所は，「使用」には「貸与」も含まれると判断した。

4.2　他人の著名商品等表示を使用した商品の譲渡等

　本号の不正競争行為となる行為の一つは，他人の著名商品等表示と同一または類似する商品等表示が「使用された商品」を譲渡し，引き渡し，譲渡もしくは引渡しのために展示し，輸出し，輸入し，もしくは電気通信回線を通じて提供することである。これらの行為の要件該当性についても，一般に，1号の場合と同様に解されているとされる[76]。

4.2.1　商品等表示が使用された商品

「商品等表示を使用した商品」について，他人の商品等表示を自他識別機能または出所表示機能を果たす態様で使用していない場合には，商品等表示の使用には該当しない。

4.2.2　譲渡

「譲渡」とは，有償または無償で物の所有権を移転することをいう。

4.2.3　引渡し

「引渡し」とは，有償または無償で商品の現実的支配を移転することをいう。

4.2.4　譲渡又は引渡しのための展示

「譲渡又は引渡しのための展示」とは，譲渡または引渡しを目的として，店頭に陳列したり，物産展に出品したりして，そのものを一般に示すことをいう。

4.2.5　輸入

「輸入」とは，国外から国内に到着した貨物または輸出の許可を受けた貨

物を国内に搬入することをいう。輸入の時期については，①陸揚説（商品を船舶から陸揚げし，または航空機から取り下ろした時点），②領海説（商品が領海内または領空内に搬入された時点），および，③通関線突破説（商品が保税地域等，税関の実力的管理支配が及んでいる地域を経由する場合は通関線を突破した時点）などがあるとされる。

不正競争行為による危害発生の危険性の発生時を重視するのであれば，刑事の事案であるが，覚醒剤等の薬物の輸入時期について最高裁[77]が採用する①の陸揚説が妥当ということになろう。

4.2.6 輸出

「輸出」とは，国内から国外に物を搬出する行為をいう。輸出の前段階である国内での製造または譲渡行為が捕捉できなかった場合でも，対象行為に輸出が含まれることにより，輸出者が判明した場合には，輸出の段階で差止め等の措置を講じることが可能である。

4.2.7 電気通信回線を通じて提供する行為

「電気通信回線を通じて提供する行為」とは，有線または無線を問わず，商品やプログラムの情報をインターネットを介してダウンロードし，電子情報として提供する行為をいう。

5 「自己の商品等表示として」

5.1 自己の商品等表示としての使用

本号は，1号と異なり，明示的に，冒用者が著名な商品等表示と同一または類似の表示を「自己の商品等表示として」使用等する行為を不正競争行為と規定する。このように，冒用者による自己の商品等表示としての使用等に該当しないケースとして，他人の著名な商品等表示を自己の商品または役務の広告中に記述的に使用する行為が挙げられる[78]。

食べログ事件・札幌高判平27・6・23公刊物未登載（平成26年（ネ）365号）〔28232603〕[79]は，被告の「食べログ」と称するウェブサイトでの原告の店舗に関する情報の掲載が，「自己の商品等表示として」の要件を満たすかが争点となった。裁判所は，「自己の商品等表示として他人の著名な商品

86 第1章 総則

等表示と同一又は類似のものを使用したというためには，単に他人の商品等表示（類似のものを含む。）が何らかの形で自己の商品等に付されていれば足りるというものではなく，それが商品等の出所を表示し，自他の商品等を識別する機能を有する態様で用いられていることを要するというべきである。」と判示している[80]。

　その他，ドメイン名の使用が商品等表示の使用に当たるか否かが争われたJACCS事件・富山地判平12・12・6判タ1047号297頁〔28052556〕では，「ドメイン名の使用が商品や役務の出所を識別する機能を有するか否か，すなわち不正競争防止法2条1項1号，2号所定の『商品等表示』の『使用』に当たるか否かは，当該ドメイン名の文字列が有する意味（一般のインターネット利用者が通常そこから読みとるであろう意味）と当該ドメイン名により到達するホームページの表示内容を総合して判断するのが相当である。」と判示している（結論として，商品等表示の使用を肯定）[81]。

5.2　規範的行為主体

　「自己の商品等表示」との要件については，商品等の生産，流通，消費の各段階で高度に分業化が進んだ現代の取引社会において，どのような範囲の冒用行為を本号に基づく「自己の商品等表示」としての使用行為といいうるのかとの問題も生じるとされている[82]。

　この問題意識は，差止請求の被請求者として本法3条1項に規定される「その営業上の利益を侵害する者又は侵害するおそれがある者」の解釈と密接に関係しているように思われる。一般論として，差止請求訴訟では，物理的な侵害行為をした者あるいはそれに準ずる者が直接侵害者として侵害主体となる。ただ，特に著作権法の分野において，裁判所は，侵害者の範囲を規範的に判断して物理的な行為者以外の者も侵害主体に取り込んでいる[83]。また，特許法の分野でも，同様に規範的に実施行為者を判断した裁判例がある[84]。本号の使用行為についても，著作権法や特許法に関する裁判所の判断と同様に，物理的な侵害行為を行う者という観点のほか，規範的に行為主体が判断される可能性もあろう[85]。なお，マリカー事件・知財高中間判令元・5・30最高裁HP（平成30年（ネ）10081号／平成30年（ネ）10091号）〔28272451〕では，一審原告が予備的に「一審被告会社は，同事業の具体的な内容及び手順等を実質的に管理・支配することにより，これら関係団体を

自らの手足又は道具として侵害行為を行っているにすぎないから，侵害行為の実質的又は規範的な主体と評価されるべきである」との主張を行った。しかし，裁判所は「一審被告会社は，……自ら又は関係団体と共同して，後記認定の不正競争行為を行っていると認められる。」として，一審被告会社の物理的な侵害行為を認定しており，上記の点は判断されていない。

6　請求権者

6.1　請求権者として想定される当事者

どのような主体が本号の不正競争行為に対して不正競争防止法3条に基づく差止請求権，また，4条に基づく損害賠償請求権の請求権を行使できるであろうか。

当然のことながら，著名な商品等表示の保有者は，請求権を有する。

また，著名な商品等表示を用いて，同一の信用または名声の下に営業を行っている各当事者は，その冒用行為により，フリーライド，ダイリューションまたはポリューションにより損害を受けるおそれがある。このような各当事者は，いずれも請求権を有すると解するべきであろう。このような関係としては，同一の著名商品等表示を使用する，グループ会社，ライセンスグループおよびフランチャイズグループ等がありうる[86]。

6.2　裁判例

リズシャンメル事件・東京地判平12・7・18判タ1044号217頁〔28051624〕では，請求権者について，次のように判示し，「単に流通業者として当該著名商品等表示の付された商品の流通に関与しただけの者」を除外する。「同号所定の不正競争行為に対して同法3条，4条に基づき差止め及び損害賠償を求め得る主体については，当該著名商品等表示に化体された信用・名声を自らの信用・名声とする者，すなわち当該著名商品等表示により取引者又は需要者から当該商品の製造者若しくは販売元又は当該営業の主宰者として認識される者と解するのが，相当である。けだし，著名商品等表示の冒用により，信用・名声の希釈化等により損害を受けるのは，右の者であるからである。著名表示が企業グループとしての表示である場合には，中核企業はもちろんのこと，当該企業グループに属する企業であれば，不正競争防止法上の

88　第1章　総則

請求の主体となり得るし，フランチャイズ契約により結束した企業グループにおいては，フランチャイズチェーンの主宰者たるフランチャイザー及びその傘下のフランチャイジーが，請求の主体となり得る。しかし，<u>単に流通業者として当該著名商品等表示の付された商品の流通に関与しただけの者は，これに含まれないというべきである。</u>」。

7　フリーライドについて不法行為による救済の可否

　仮に本号の不正競争行為に該当しない場合に，別途，不法行為（民法709条）による救済が認められるであろうか。

　北朝鮮事件・最判平23・12・8民集65巻9号3275頁〔28175901〕において，最高裁は，著作権法6「条各号所定の著作物に該当しない著作物の利用行為は，同法が規律の対象とする著作物の利用による利益とは異なる法的に保護された利益を侵害するなどの特段の事情がない限り，不法行為を構成するものではないと解するのが相当である。」と判示し，著作権法による保護が及ばない場合における不法行為の救済場面を限定している。

　セイロガン糖衣A事件控訴審判決・大阪高判平25・9・26最高裁HP（平成24年（ネ）2928号）〔28213121〕においては，「控訴人が主張するフリーライドというような事象は，法2条1項1号又は2号の不正競争該当性の問題として，法によって救済されるべき事柄であり，前記のとおり，<u>被控訴人の行為が不正競争に当たるとはいえず，控訴人の法に基づく請求が認められない以上，特段の事情がなければ，これと別個に不法行為が成立するとはいえない。</u>」と判示して，本号の不正競争行為に非該当の場合は，原則として，不法行為による救済は認められないとしている。

【注】
1)　平成5年改正法案提出理由
2)　高部・実務詳説96頁，小野・松村・新・概説3版上巻233頁，経産省・逐条解説（令和5年改正版）83頁，雨宮沙耶花「Q33著名表示冒用行為と混同惹起行為の異同」小野＝山上＝松村編・法律相談Ⅰ259頁-261頁，小野・新・注解3版上巻431頁-435頁〔山名美加＝重富貴光〕，松村信夫『新・不正競業訴訟の法理と実務―最新の判例・学説に基づく実務解説』252頁（民事法研究会，2014），山本・要説4版98頁-99頁，田村・概説2版239頁，渋谷・不競法113頁-118頁，藤田・本書改訂版46頁等。なお，論者によってはポリューションに言及しないものもある。

2条1項2号　定義―著名表示冒用行為　　89

3）　渋谷・不競法114頁は，「著名表示の冒用行為は，表示の具体的識別力を希釈化させ，正当な使用者が獲得した競争の成果を毀損するところに不正競争性が認められる。……混同招来行為の場合は，他人の周知表示が具える具体的識別力と認識度に，混同により只乗りするところに不正競争性が認められる。」とする。

4）　ただし，フリーライド，ダイリューション及びポリューションの関係に関して，ダイリューションとポリューションの区別につき，江口順一「現行不正競争防止法の基本問題」日本工業所有権法学会年報8号133頁（1985），フリーライド，ダイリューションおよびポリューションの違いに関する考察として，小野・松村・新・概説上巻3版243頁-244頁，また，当該違いにより損害賠償請求における損害の性質が異なるとするものとして，渋谷・不競法123頁-125頁。

5）　また，マリカー事件・知財高中間判令元・5・30最高裁HP（平成30年（ネ）10081号／平成30年（ネ）10091号）〔28272451〕では，「不競法2条1項2号は，著名表示をフリーライドやダイリューションから保護するために設けられた規定」と判示する。

その他，京都芸術大学事件・大阪地判令2・8・27判時2521号99頁〔28282663〕では，「不正競争防止法2条1項2号は，そのような表示を第三者が冒用することにより，たとえ本来の表示主体である事業者の商品等との間に混同を生じない場合であっても，当該第三者による当該表示の持つ顧客吸引力へのただ乗り（フリーライド），当該表示とその本来の表示主体である事業者との結びつきの希釈化（ダイリューション），当該表示の持つブランドイメージの毀損（ポリューション）といった事態の生じることを抑止し，本来の表示主体である事業者を保護することをその趣旨とする。」と判示する。

6）　土肥一史「他人の信用・名声の利用と不正競争防止法」特許研究4号15頁（1986）

7）　例えば，低圧持続吸引器事件の第1審では，周知性と類似性は認めたものの，混同要件を否定して原告の請求を棄却したが，控訴人（一審原告）は，控訴審において，被控訴人（一審被告）の行為が（混同要件が問題とならない）本号の不正競争に当たる旨の主張を追加した（第一審：東京地判平30・12・26最高裁HP（平成30年（ワ）13381号）〔28270267〕。控訴審：知財高判令元・8・29最高裁HP（平成31年（ネ）10002号）〔28273562〕。

8）　永大産業事件・東京地判昭40・12・21不競判826頁

9）　経産省・逐条解説（令和5年改正版）82頁

10）　その他，三菱建設事件・大阪高判昭39・1・30判タ157号178頁〔27486034〕など。

11）　藤田・本書改訂版44頁等

12）　小野＝松村・新・概説3版上巻231頁

13）　「産業構造審議会知的財産政策部会報告書」（不正競争防止法の見直しの方向）（平成4年12月14日）6頁

14）　※著者ら注：以下の2つの判例を指す。日本ウーマン・パワー事件最高裁判

90　第1章　総則

決・最判昭58・10・7民集37巻8号1082頁〔27000035〕，フットボールシンボル
マーク事件最高裁判決・最判昭59・5・29民集38巻7号920頁〔27000012〕

15) 本判決に肯定的な意見として，潮海久雄「広義の混同のおそれと著名標識の
保護—スナックシャネル事件」ジュリ1157号272頁（1999）

16) 小野＝松村・新・概説3版上巻245頁以下

17) 経産省・逐条解説（令和5年改正版）85頁，西田昌吾『知的財産権訴訟Ⅱ』
824頁（青林書院，2018）。

18) 1号の事案であるが，このことを判示した近時の裁判例として，お箸事件・
知財高判平28・7・27判タ1432号126頁〔28242833〕がある。

19) 髙部・実務詳説115頁，森崎英二『知的財産権訴訟Ⅱ』814頁（青林書院，
2018）。なお，1号の説明ではあるが，商品等表示性取得の要件としての「周知
性」と，1号の要件と定められた「広く知られた」（周知性）の要件の関係につ
き，森崎・前掲814頁では，「あえて別要件として認定することはなく一体的に
判断を示すものが多い。要件の整理として分けることができるものの，事実認
定の上で区別することは困難であり，また区別することのメリットは見出し難
いから，現行の実務の処理は肯定されてよいと考える。」と述べる。この見解か
らすれば，2号との関係では，著名性が認められれば，通常は，自動的に商品
等表示取得の要件としての周知性は認められることになろう。

20) 原審は東京地判令2・6・3最高裁HP（平成31年（ワ）9997号）〔28282753〕。

21) 原審では，次のように判示されている。「原告商品の形態には，別紙3原告商
品目録記載①ないし⑤の特徴があり，その組合せにより，他の商品と識別し得
る特徴を有しているといえる。……以上によれば，原告商品の形態は，原告に
よる販売，広告宣伝活動を通じて，遅くとも，平成21年までには，原告の出所
標識として，著名なものとして，独立して出所識別力を獲得したというべきで
ある。したがって，原告商品の形態は，原告の著名性のある商品等表示（不競
法2条1項2号）に該当するというべきである。」

22) 三浦正広「判批」茶園ほか編・百選2版56頁-57頁，野村豊弘＝牧野利秋編集
代表『現代社会と著作権法・斉藤博先生御退職記念論集』379頁（弘文堂，
2006），「「村林隆一先生傘寿記念・知的財産権侵害訴訟の今日的課題」編集委員
会編（青林書院，2011）知的財産権侵害訴訟の今日的課題」337頁。

23) 泉克幸「ベビー服・子供服の陳列のための商品陳列デザインが不正競争防止
法2条1項1号または2号における営業表示に該当しないとされた事例」
L＆T55号58頁（2012），井口加奈子「店舗外観の保護の新たな可能性—東京地
裁平成28・12・19決定の実務的検討」NBL1097号19頁-20頁（2017）など。

24) 「極めて特徴的なものであること」を要するとの判示部分については，批判的
な見解と肯定的な見解の双方が存在する（批判的なものとして，泉・前掲注23）
59頁，松村信夫「商品陳列方法の「商品等表示」該当性—商品陳列デザイン事
件について—」知財管理62巻5号661頁（2012）など。肯定的なものとして，張
鵬「商品陳列デザインについての営業表示該当性の判断」知的財産法政策学研

究〔北海道大学大学院〕40号122頁（2012），田中伸一郎＝渡辺光「チュッパチャップス事件」中村合同特許法律事務所編「知的財産訴訟の現在―訴訟代理人による判例評釈」439頁（有斐閣，2014）など）。

25）　横山久芳「店舗デザインの不正競争防止法2条1項1号による保護」L＆T81号77頁（2018），井口・前掲注23）19頁-20頁，高部・実務詳説123頁-124頁など。

26）　店舗の外観といった建築物の商品等表示該当性については，1号の事件であるが，過去にフランクフェイスⅠ事件において，コメダ珈琲事件と同様に商品等表示に該当するためには特別顕著性と周知性を要するとされた上で，商品等表示性が否定されている（東京地判平26・10・17最高裁HP（平成25年（ワ）22468号）〔28231575〕）。なお，コメダ珈琲事件において，裁判所は，店舗の外観について周知性は認めたが，著名性については判断していない。

27）　金子敏哉「キャラクターの保護―商標法・不正競争防止法・著作権法を巡る諸論点」別冊パテント11号62頁（2014）

28）　田村・概説2版242頁

29）　ただし，裁判所は，「店舗イメージを具現するための装飾的な要素を多分に含んだ表示」であること，「需要者に広く認識されていたといえること」，および，「限定が付され条件が幾重にも絞られていること（したがって，これに類似するとして禁止されるのは，建築に当たっての必要性も低いのに殊更外観を模倣した場合に限られるものとみられること）」を理由に「店舗外観の独占による弊害は極めて小さい」と判断している。

30）　商品等表示性が否定された事案であるが，ルブタンレッドソール事件・東京地判令4・3・11判タ1505号231頁〔28300662〕では，原告の周知または著名な商品等表示として「女性用ハイヒールの靴底にパントン社が提供する色見本『PANTONE 18―1663TPG』……を付したもの」という極めて広範囲の商品等表示が主張されている。裁判所において，独占適応性に問題があると判断された可能性が否定できない。

31）　フットボールシンボルマーク事件最高裁判決・最判昭59・5・29民集38巻7号920頁〔27000012〕，経産省・逐条解説（令和5年改正版）69頁，高部眞規子編『著作権・商標・不競法関係訴訟の実務〔第2版〕』454頁（商事法務，2018）

32）　1号の説明ではあるが，森崎・前掲注19）807頁，田村善之「分業体制下における不正競争防止法2条1項1号・2号の請求権者―体内関係的アプローチと対外関係的アプローチの相剋」知的財産法政策学40号75頁以下（2012）。

33）　2ちゃんねる事件第一審判決・東京地判令元・12・24最高裁HP（平成29年（ワ）3428号）〔28281084〕

34）　藤田・本書改訂版51頁。田村・概説2版240頁は，「他者の表示選定の自由を害してまでも絶対的な保護を享受させるためには，ダイリューション等から保護されるべき表示の識別力が強度のものとして通用していることが必要となるといえよう」と述べる。

35）　もっとも，著名性の意義について判示する裁判例も存在する。例えば，前掲

92　　第1章　総則

注5）京都芸術大学事件・大阪地判令2・8・27判時2521号99頁〔28282663〕
　　では，「不正競争防止法2条1項2号の前記趣旨に鑑みると，『著名』な商品等
　　表示といえるためには，当該商品等表示が，単に広く認識されているという程
　　度にとどまらず，全国又は特定の地域を超えた相当広範囲の地域において，取
　　引者及び一般消費者いずれにとっても高い知名度を有するものであることを要
　　すると解される。これを本件について見るに，大学の『営業』には学区制等の
　　地理的な限定がないことに鑑みると，地理的な範囲としては京都府及びその隣
　　接府県にとどまらず，全国又はこれに匹敵する広域において，芸術分野に関心
　　を持つ者に限らず一般に知られている必要があるというべきである。」と判示し
　　ており，商品等表示に係る営業の性質から，著名性に係る知名度の検討対象と
　　なる地理的範囲や人的属性を設定するものである。
　　　　また，フォクシー事件・東京地判平30・3・13最高裁HP（平成28年（ワ）
　　43757号）〔28261306〕）では，傍論ではあるが，本条1項「2号所定の『著名』
　　とは，混同の有無を問わずに保護に値するものとして，全国的に広く知られて
　　いるようなものを意味すると解すべき」と述べている。
36）　本条1項1号の「周知性」については，「地域」内において周知であれば必ず
　　しも全国的でなくともよいと解されている（松村信夫『不正競争訴訟の上手な
　　対処法―最新の判例・学説に基づく訴訟の実務』〔新訂版〕172頁（民事法研究
　　会，1998））。
37）　本条1項1号の「周知性」については，商品等表示が付された商品または役
　　務の需要者（取引者または消費者）を基準として，その需要者の相当数が知っ
　　ておればよいとされている（松村・前掲注36）176頁）。
38）　小野＝松村・新・概説3版上巻234頁，小野・新・注解3版上巻439頁〔山名
　　美加＝重富貴光〕。なお，山本・要説4版102頁は，「世界的に非常に良く知られ
　　ているものであれば，国内的にある程度知られてさえいるならたとえ全国的に
　　知られるに至っていなくともやはり著名なものと認めて本号による保護の対象
　　とすべきである」とし，松村・前掲注36）175頁も，「世界的に著名であっても，
　　我が国において全く知られていないものは著名とはいえないが，我が国におい
　　ても，異業種の国内の業界人でも通常の注意を払って，表示の選択において抵
　　触を避ける程度にある程度知られていれば，著名性を認めてよいであろう」と
　　する（小野・新・注解3版上巻439頁〔山名美加＝重富貴光〕も同旨）。また，
　　輸出の場面において，山本・要説4版102頁は，「たとえば輸出専用品の商品等
　　表示のように国内ではほとんど知られていないが，世界的にはその名声等のゆ
　　えに非常によく知られているようなものであるならば，本号でいう著名なもの
　　と認めるべきであり，このような商品等表示に類似にするものを商品に付して
　　輸出するような行為も本号の対象となると解される。」と述べる。
39）　経産省・逐条解説（平成30年改正版）78頁，山本・要説4版101頁。山本・要
　　説4版103頁は，「著名な商品等表示と言えるためには，……第1に一般需要者
　　又は取引者の間で全国的に広く知られていること（地理的範囲），第2に高い名

声，信用及び評価（優れたブランド力）を獲得したものでなければならない」
とする。また，①説の見解を支持し，以下の②および③の見解に疑問を投げか
けるものとして，西田・前掲注17）822頁がある。

40)　田村・概説 2 版243頁。渋谷・不競法121頁も，「理論的には周知性の場合と同
じく，表示冒用者の提供する商品役務などの需要者にまで及んでいること，地
理的には，表示の冒用地域にまで及んでいることで足りる。」とする。また，こ
の②説乃至次の③説が相当とするものとして，松村・前掲注 2 ）256頁。

41)　小野＝松村・新・概説 3 版上巻236頁。藤田昌子・本書改訂版63頁。ただし，
山本・要説 4 版105頁。

42)　小野・新・注解 3 版上巻435頁，441頁〔山名美加＝重富貴光〕，松村・前掲注
2 ）253頁，田村・概説 2 版239頁-240頁。これに対し，山本・要説 4 版105頁
は，「著名な商品等表示の要件として，（ダイリューション，ポリューション，
フリーライドなどの標的となるほどの）優れたブランド・イメージのあるもの
でなければならないと端的に解釈すれば，それで必要かつ十分なのではないだ
ろうか」と述べる。

43)　小野・新・注解 3 版上巻441頁〔山名美加＝重富貴光〕，松村・前掲注37）174頁。

44)　小野＝松村・新・概説 3 版上巻237頁

45)　渋谷・不競法122頁は，呉青山事件を引き合いに，裁判所は著名性が全国民に
及んでいることは要求していないとし，上記①説は裁判例では採用されていな
いと述べる。

46)　小野＝松村・新・概説 3 版上巻239頁，小野・新・注解 3 版上巻443頁〔山名
美加＝重富貴光〕。

47)　松村・前掲注36）258頁

48)　髙部・実務詳説131頁

49)　小野・新・注解 3 版上巻442頁以下

50)　なお，同事件の控訴人（第一審原告）は，第一審の段階から「全国の需要者」
を著名性の認識主体と主張しており，控訴審を含め，被控訴人（第一審被告）
は特段この点は争っていないようである。前掲注33） 2 ちゃんねる事件第一審
判決。

51)　同事件の後，著名性の要件として，一定程度の時間の経過を明示的に判示し
たものはないと考えられる。もっとも，著名性の認定にあたり，一定程度の時
間の経過の有無は，他の事件においても，一つの事情として，当然に考慮され
ているのではないであろうか。同事件の判決があえてこの点に言及したのは，
周知性は認めつつ，著名性を否定するための規範を定立するためであったのか
もしれない。

52)　小野・新・注解 3 版上巻435頁，441頁〔山名美加＝重富貴光〕

53)　小野＝松村・新・概説 3 版上巻233頁，236頁

54)　渋谷・不競法120頁-121頁は，著名性の意義は，著名表示の冒用行為の不正競
争性を何によって求めるかによって異なるとし，①不正競争性を表示の具体的

94　第1章　総則

識別力の希釈化に求めるときは，著名とは，表示の具体的識別力と認識度の複合概念，②不正競争性を表示の良質感の汚染に求めるときは，著名とは，表示の具体的識別力認識度にその良質感を加えた複合概念，また，③不正競争性を宣伝力への只乗りに求めるときは，著名とは，具体的識別力と認識度に，宣伝力を加えた複合概念であるとする。

55)　土肥一史「周知性・著名性」日本弁理士会中央知的財産研究所研究報告書12号19頁（2004）

56)　髙部・前掲注31）468頁では，周知性立証の文脈ではあるが，「例えば，原告表示に係る広告の掲載された宣伝広告を書証として提出する場合には，当該宣伝広告の媒体の種類（新聞広告，雑誌広告，チラシ類，フリーペーパー等），配布地域や配布（発行）部数，配布時期といった点を明確にした上で，当該宣伝広告が掲載された箇所や掲載サイズの把握が可能な形で書証として提出すべきであろう。また，テレビやラジオでのCM放送を証拠とする場合には，放送がされていた時期や放送地域などを明確にして証拠提出すべきであるし，テレビ番組等で取り上げられた映像を書証として提出する場合にも，同様に，放送がされた時期や時間帯，放送地域，番組内での取り上げられ方を明らかにして，証拠提出すべきであろう。……上記のような点が明確にされていないと，当該書証からの事実認定に困難をきたすことにもなりかねない」と述べる。

　　もっとも，西田・前掲注17）821頁は，「通常は，裁判所にとっても，当該商品等表示が『著名』であることについて，特段の立証を要さずとも認定できるものと考えられる。『これまで著名と認定された商品等表示は，普通の社会人なら知っているような有名ブランド，有名商標であって，著名であることは公知の事実であり，認定に使用された資料は確認的に用いられていたのかもしれない。』という指摘のとおりであろう。」と述べる。

57)　髙部・実務詳説128頁，西田・前掲注17）826頁。なお，呉青山学院中学校事件・東京地判平13・7・19判タ1123号271頁〔28061527〕では，著名性の認定において，「知名度が高い」また「社会的に有名であること」とのアンケート調査結果が考慮されている。しかし，係るアンケートの回答者は，青山学院大学の入学志願者，および，青山学院大学在学生であり，調査対象として適切といえるのか疑問がある。

58)　田村・概説2版63頁

59)　知的財産基本法（平成14年法律122号）2条2項は，「この法律で『知的財産権』とは，特許権，実用新案権，育成者権，意匠権，著作権，商標権その他の知的財産に関して法令により定められた権利又は法律上保護される利益に係る権利をいう。」と定義している。

60)　1号に関するものであるが，この論点について詳細に論じるものとして，叶鵬「技術的形態につき他に選択の余地があり知的財産権の独占状態の影響が払拭されたことを理由に不正競争防止法2条1項1号の保護を認めた事例［不規則充填物事件］」知的財産法政策学研究59号255頁以下（2021）がある。

2条1項2号　定義―著名表示冒用行為　　95

61)　控訴審（知財高判平30・2・28最高裁HP（平成29年（ネ）10068号／平成29年（ネ）10084号）〔28262445〕）では，控訴人の「仮に第三者が同種競合製品をもって市場に参入する機会があったとしても，現実に参入者との間で競争が生じない限り，知的財産権による独占状態の影響が払拭されたと評価することはできない」との主張に対し，裁判所は，第1審の判示を前提としたうえで，「知的財産権の存在による独占状態は，知的財産権の存続期間が経過することにより解消し，知的財産権の存続期間中の独占状態に基づき生じた周知性も，存続期間満了後の期間の経過に伴って漸減し，存続期間満了後相当期間が経過した後は，知的財産権を有していたことに基づく独占状態の影響は払拭されたものと評価することができる。」としている。

62)　小野・新・注解3版上巻438頁〔山名美加＝重富貴光〕，松村・前掲注36）171頁。商標法4条1項10号および同法64条よりも，本号の著名性の方が知名度の高度さの要求が高いとするものとして，小野＝松村・新・概説3版上巻241頁。

63)　髙部・実務詳説133頁，小野＝松村・新・概説3版上巻247頁，渋谷・不競法116頁，小野・新・注解3版上巻452頁〔山名美加＝重富貴光〕，松村・前掲注2）261頁。

64)　髙部・実務詳説133頁

65)　小松一雄編『不正競業訴訟の実務』275頁（新日本法規，2005），安永武央「周知表示・著名」牧野利秋＝飯村敏明編『新・裁判実務大系4　知的財産関係訴訟法』450頁（青林書院，2001）。同様の解釈を前提とする裁判例として，正露丸糖衣S事件・大阪地判平24・9・20判タ1394号330頁〔28182047〕。

66)　髙部・実務詳説133頁，小野・新・注解3版上巻108頁〔山名美加＝重富貴光〕，山本・要説4版108頁。

67)　松村・前掲注36）179頁

68)　小野・新・注解3版上巻452頁〔山名美加＝重富貴光〕。藤田・本書改訂版69頁。小野＝松村・新・概説3版上巻250頁は，本号の「性格からみて，表示における欺罔的な配列や，不正競争意図の現れた構成の表示に対しては，類似の判断において，不正競争者に厳しく考えていかなければならない。また，背景の取引事情も十分に勘案することが必要である」とする。

69)　江口順一「アメリカ商標法における強い（strong）マーク・弱い（weak）マークの法理について」大阪大学法学部創立三十周年記念論文集219頁以下（1982）

70)　田村・概説2版247頁

71)　松村・前掲注36）180頁

72)　これに対し，「朝日」といった表示は，「それ自体識別力が弱いのではなく，長年多数の企業によって使用された結果，特定表示主体との一対一の関係が弱くなったか，あるいは有しなくなった表示というべきである」とする見解として，小野＝松村・新・概説3版上巻249頁。

73)　西田・前掲注17）826頁

96　第1章　総則

74）　松村・前掲注36）180頁

75）　西田・前掲注17）827頁

76）　西田・前掲注17）828頁

77）　最高裁は，覚醒剤等の薬物の輸入に関して，「無許可輸入罪の既遂時期は，覚せい剤を携帯して通関線を突破した時であると解されるが，覚せい剤輸入罪は，これと異なり，覚せい剤を船舶から保税地域に陸揚げし，あるいは税関空港に着陸した航空機から覚せい剤を取りおろすことによつて既遂に達するものと解するのが相当である。けだし，関税法と覚せい剤取締法とでは，外国からわが国に持ち込まれる覚せい剤に対する規制の趣旨・目的を異にし，覚せい剤取締法は，覚せい剤の濫用による保健衛生上の危害を防止するため必要な取締を行うことを目的とするものであるところ（同法一条参照），右危害発生の危険性は，右陸揚げあるいは取りおろしによりすでに生じており，通関線の内か外かは，同法の取締の趣旨・目的からはとくに重要な意味をもつものではないと解されるからである。」と判示している（最判昭58・9・29刑集37巻7号1110頁〔21078671〕）。

78）　茶園編・不競法2版45頁

79）　原審：札幌地判平26・9・4最高裁HP（平成25年（ワ）886号）〔28223772〕

80）　具体的な当てはめでは，「被告が本件サイト内に本件ページを掲載して一般に公開することにより行っている本件名称を表示する行為は，ユーザー会員が本件店舗の評価等に関する口コミを投稿し，一般消費者が本件サイトを利用するに当たって，本件店舗を本件サイト内において特定したり，本件ページのガイドや口コミが本件店舗に関するものであることを示したりするために用いているもので，本件サイトの内容の一部を構成するにすぎないものといえる。したがって，被告による本件ページへの本件名称の掲載は，被告の商品等の出所を表示したり，被告の商品等を識別したりする機能を有する態様で本件名称を使用しているということはできず，被告が自己の商品等表示として原告の商品等表示と同一又は類似のものを使用していると認めることはできない。」としている。

　また，ドーナツクッション事件・知財高判平23・3・28判時2120号103頁〔28170706〕でも，「『ドーナツクッション』の語は，これに接した需要者等において，中央部分に穴のあいた円形，輪形の形状の物あるいはこのような円形，輪形に似たドーナツ様の形状をしたクッションを指すものと認識し，特定の出所を表示するものとして認識することはないと解するのが相当である」として，「被告の商品であることを示す『商品等表示』（不競法2条1項1号，2号）にも当たらないというべきである」と判示されている。

　さらに，徳島地判平30・6・20判タ1457号232頁〔28263032〕では，「ある商品に特定の寺院名が付記されることがあったとしても，そのことのみをもって，常に当該商品の出所が当該寺院であることを示すものであるとはいえない。」と判示されている。

　その他，「自己の商品等表示」という要件ではなく，「使用」の要件の解釈の

文脈での説明であるが，前掲注35）フォクシー事件では，「不正競争防止法２条
１項１号ないし２号は，周知ないし著名な商品等表示が有する出所表示機能や
自他商品識別機能の保護を目的とするものであるから，上記各号所定の不正競
争行為が成立するためには，単に他人の周知ないし著名な商品等表示と同一又
は類似の表示を商品に付したり広告に用いるだけでなく，それが商品の出所を
表示し，自他商品を識別する機能を果たす態様で用いられることを要するとい
うべきである。しかるに，上記認定できる告知は，『被告Ａが原告の元デザイ
ナーであった』とか『同人が原告においてデザインを担当していた』旨の被告
Ａの経歴を説明する際に原告名を用いたものにすぎず，被告会社の商品の出所
を表示し，自他商品を識別する機能を果たす態様で用いたものではないから，
被告会社の上記行為によって，『FOXEY』ないし『フォクシー』との表示（本
件表示）が有する出所表示機能や自他商品識別機能は何ら害されておらず，被
告会社が本件表示を「使用」（不正競争防止法２条１項１号ないし２号）したも
のとは認められない。」と判示されている。

81)　同じくドメイン名の使用が商品等表示の使用に該当するか否かが争われたＪ－
PHONE事件・東京地判平13・４・24判時1755号43頁〔28060816〕でも，「ドメ
イン名の登録者がその開設するウェブサイト上で商品の販売や役務の提供につ
いて需要者たる閲覧者に対して広告等による情報を提供し，あるいは注文を受
け付けているような場合には，ドメイン名が当該ウェブサイトにおいて表示さ
れている商品や役務の出所を識別する機能をも有する場合があり得ることにな
り，そのような場合においては，ドメイン名が，不正競争防止法２条１項１号，
２号にいう『商品等表示』に該当することになる。そして，個別の具体的事案
においてドメイン名の使用が『商品等表示』の『使用』に該当するかどうかは，
当該ドメイン名が使用されている状況やウェブサイトに表示されたページの内
容等から，総合的に判断するのが相当である。」と判示している（結論として，
商品等表示の使用を肯定）。

82)　藤田・本書改訂版50頁

83)　クラブ・キャッツアイ事件・最判昭63・３・15民集42巻３号199頁
〔27801652〕，ロクラクⅡ事件・最判平23・１・20民集65巻１号399頁
〔28170101〕など。

84)　東京地判平29・４・27最高裁HP（平成27年（ワ）556号／平成27年（ワ）
20109号）〔28251368〕

85)　例えば，雇用契約等の密接な支配関係によって，他者による物理的な商品等
表示の使用等を行わせているなど，いわゆる道具理論が適用されるケースでは，
本法においても，その支配者が行為者と判断されやすいであろう。仮に，そこ
までの支配関係が認められない場合であっても，商品等表示の使用等が誰の名
義および計算で行われているといえるか，また，管理・支配性などの観点から，
物理的な行為者以外の者が規範的な行為主体と判断されることもありえよう。

86)　小野＝松村・新・概説３版上巻252頁

〔永島　太郎〕

98　第1章　総則

（定義）―商品形態模倣行為

2条1項3号

　三　他人の商品の形態（当該商品の機能を確保するために不可欠な形態を除く。）
　を模倣した商品を譲渡し，貸し渡し，譲渡若しくは貸渡しのために展示し，輸
　出し，輸入し，又は電気通信回線を通じて提供する行為

趣　　旨

1　創設の理由

　本号に定められている商品形態の模倣に関する不正競争行為は，平成5年
の不正競争防止法の全面改正（平成5年法律47号）で初めて創設されたもの
である。

　1号，2号の商品等表示の規制が商品等の出所標識の保護を目的とする点
で標識法たる商標法に対応するのに対し，本号の形態模倣の規制は，商品形
態の保護を目的とする点で創作法たる意匠法に対応するものといえる。

　本号の創設の理由については，全面改正の方向を示した産業構造審議会知
的財産政策部会報告書「不正競争防止法の見直しの方向」（平成4年12月14
日）[1]において以下のように述べられている。

　「先行者の成果を学び，その上に新たな成果を築くことは社会の健全かつ
持続的な発展に資することであり，あらゆる模倣を一般的に禁止すること
は，自由な競争を阻害し，かかる発展を妨げることになる。他方，すべての
模倣を放任することは，先行者の開発へのインセンティブを阻害することに
なり，妥当ではない。

　どのような模倣を禁止し，社会の健全かつ持続的な発展の確保と先行者へ
のインセンティブの付与とのバランスをとるかは，経済の発達状況，社会意
識の状況などに応じ，判断されることとなる。このような観点から，個別の
知的財産権法においては，客体の創作性に着目し，客体に対し権利を付与す
るという形で，模倣に対する一定の制限が加えられているところである。他
方，不正競争防止法は，行為の不正性に着目し行為規制の観点から，不正な
競争行為に対し民事的な規制（差止請求，損害賠償請求）を行うことによ
り，公正な競争秩序の維持を図るものである。

　特に，近年の複製技術の発達，商品ライフサイクルの短縮化，流通機構の

発達等により，他人が市場において商品化するために資金，労力を投下した成果の模倣が極めて容易に行い得る場合も生じており，模倣者は商品化のためのコストやリスクを大幅に軽減することができる一方で，先行者の市場先行のメリットは著しく減少し，模倣者と先行者の間には競争上著しい不公正が生じ，個性的な商品開発，市場開拓への意欲が阻害されることになる。このような状況を放置すれば，公正な競業秩序を崩壊させることにもなりかねない。

　このような状況を踏まえれば，個別の知的財産権の有無に係わらず，他人が商品化のために資金，労力を投下した成果を他に選択肢があるにもかかわらずことさら完全に模倣して，何らの改変を加えることなく自らの商品として市場に提供し，その他人と競争する行為（デッドコピー）は，競争上，不正な行為として位置付ける必要があるのではないかと考えられる。」

　判決においても，例えば，加湿器事件・知財高判平28・11・30判時2338号96頁〔28244450〕は，本号の趣旨について「商品開発者が商品化に当たって資金又は労力を投下した成果が模倣されたならば，商品開発者の市場先行の利益は著しく減少し，一方，模倣者は，開発，商品化に伴う危険負担を大幅に軽減して市場に参入でき，これを放置すれば，商品開発，市場開拓の意欲が阻害されることから，先行開発者の商品の創作性や権利登録の有無を問うことなく，簡易迅速な保護手段を先行開発者に付与することにより，事業者間の公正な商品開発競争を促進し，もって，同法1条の目的である，国民経済の健全な発展を図ろうとしたところにあると認められる。」と判示している。

　また，シーリングライト事件・知財高判令5・3・23最高裁HP（令和4年（ネ）10098号）〔28310870〕は，本号の趣旨について「他人の商品の形態を模倣した商品を譲渡し，貸し渡し，輸入する行為等が不正競争行為に当たる旨規定するところ，その趣旨は，費用及び労力を投下して商品を開発し，これを市場に置いた者が，一定期間，投下した費用等を回収することを容易にして商品化の誘因を高めるため，費用及び労力を投下することなく商品の形態を模倣する行為を規制することにあるものと解される」と判示している。

　このように，表現ぶりは若干異なるとしても，本号の趣旨は，商品開発の際に費用や労力を投資した成果の保護にあるものと説明されている。

100　第1章　総則

　商品の形態の模倣に対しては，4の箇所で後述するとおり，意匠法，著作権法による保護，また，その形態が商品等表示性を獲得していれば混同惹起行為等として規制されていた。また，これらの保護を受けることが困難な商品形態においても，その模倣行為が競業秩序の観点から看過できないものとして不法行為に当たると判断されたものもある[2]。しかしながら，これらの法による規制では競争秩序の維持としては不十分であり，本号が設けられた意味がある。時代背景として，技術の進歩により模倣が低廉，容易かつ短時間で行うことができるようになってきたこと，その一方で，デザイン性を重視し，そのはじめから少数量しか生産をしないことを予定している（希少性を重視する）商品や，商品ライフサイクルの短縮化が進行してきた点がある。意匠による保護は，あらかじめ意匠出願を行い意匠権が付与されている必要があるが，それにはある程度の費用が必要となる。したがって，意匠権獲得に要する費用をまかなえるだけの売上額が予定されている商品でなければ，意匠出願することは経済合理性に合わない。また，意匠出願から審査を経て登録に至るまでには一定の時間を要するため，例えば，毎年デザイン変更されるような季節性の高いファッション商品では，意匠権を取得したときには販売当該年の販売は既に終了しており，翌年度の商戦では別の商品形態の商品が主力商品になる。模倣者は，売れ筋になりそうな商品の形態を模倣したうえで模倣技術の進歩により当該年の販売商戦に模倣商品を投入してくるので，意匠権による保護は期待できないことになる。このような商品の形態を模倣行為から保護するためには，無審査で商品形態を保護することが必要となるのである[3]。実際，近年では婦人服をはじめとするファッション商品の分野での裁判例が多く見られる。

2　平成17年改正

　本号は，平成17年改正（平成17年法律75号）によって，大きく書き換えられている。改正前の規定は，

> 2条1項3号
> 　他人の商品（最初に販売された日から起算して3年を経過したものを除く。）の形態（当該他人の商品と同種の商品（同種の商品がない場合にあっては，当該他人の商品とその機能及び効用が同一又は類似の商品）が通常

有する形態を除く。）を模倣した商品を譲渡し，貸し渡し，譲渡若しくは貸渡しのために展示し，輸出し，若しくは輸入する行為

というものであった。

平成17年改正においては，改正前にかっこ書で規定されていた適用除外の「最初に販売された日から起算して3年を経過したものを除く。」について，19条1項5号イ（現19条1項6号イ）に移動させるとともに，起算点となる「販売」の場所について「日本国内において」と明確にした。また，「商品の形態」と「模倣する」についての定義規定が本条4項，5項に設けられるとともに，改正前にかっこ書で規定されていた「当該他人の商品と同種の商品（同種の商品がない場合にあっては，当該他人の商品とその機能及び効用が同一又は類似の商品）が通常有する形態を除く。」との複雑な文言が，「当該商品の機能を確保するために不可欠な形態を除く。」と簡潔な文言に整理された。

この改正は，定義が不明確との批判があった文言の明確化を図ったものと説明されている。これは，平成17年改正において形態模倣による不正競争行為についても刑事罰（21条2項（現21条3項3号））が導入されるのに伴い，罪刑法定主義の観点から刑事罰の構成要件を明確化する目的もあったところである[4]。

この改正における定義などの文言の明確化は，「今まで積み重ねられてきた判例の趣旨に沿った明確化」[5]にすぎないとされているが，改正による刑事罰の導入を急いだためか，十分な検討がなされていないと思われるところもある。

例えば，保護期間の終期の起算点となる販売の場所について，学説上は，国内外を問わず販売開始から起算されるとの説と日本国内における販売開始から起算されるとの説[6]があり，これについて具体的な裁判例は存しないところであった。改正法は「日本国内において最初に販売に開始された日」としている。その趣旨は，「販売開始時期の調査が国内のみで済み，保護の終期が客観的に把握しやすくなることのみならず，国内企業，国外企業を問わず，日本国内の需要者において公平に扱われるようにするためである」と説明されているが[7]，具体的な適用に当たって，例えば①「日本国内における販売」には，インターネットなどによる通信販売により，日本国内からの申込みにより海外から商品を販売している行為を含むか否か，②海外でのみ販売されている商品を，並行輸入業者が国内で販売している場合を含むのか

102 第1章 総則

（海外の事業者等は並行輸入販売の存在を知らないことも多い一方，第三者
は，その国内販売が並行輸入によるものかは知りえないことも多い），③日
本国外で販売されているがいまだ日本国内では販売されていない商品につい
てまで，その商品形態の保護を認めるのか（認めるとすれば結果として，そ
の商品が日本国内で販売されない限り日本国内において永遠に保護されう
る），④そもそも日本国外で長期間販売されていた商品についてまで，日本
国内で販売が開始したのが3年以内であるだけで形態模倣を禁止するのが適
切なのか，などについては従来から裁判例がなかったところであり，また立
法に当たり十分な議論もされていないようであり，結論は不明である[8]。

　また，本条4項における商品の形態の定義については，ドレンホース事
件・大阪地判平8・11・28知的集28巻4号720頁〔28021548〕，小型ショル
ダーバック事件・東京地判平13・1・30判タ1061号255頁〔28060205〕（一
審）[9]などの従前の裁判例を念頭に，それらと整合するように「需要者が通
常の用法に従った使用に際して知覚によって認識することができる」との要
件を設けている。しかしながら，ドレンホース事件判決については有力な批
判[10]も少なからず存在しているところであり，その当否や保護範囲などに
ついて改めた検討が必要であると思われるところである。

3　令和5年改正

　本号は，令和5年改正（法律第51号）によって，商品形態の電気通信回線
を通じて提供する行為が不正競争行為と記載された。改正前の規定は，

> 2条1項3号
> 　他人の商品の形態（当該商品の機能を確保するために不可欠な形態を除
> く。）を模倣した商品を譲渡し，貸し渡し，譲渡若しくは貸渡しのために展
> 示し，輸出し，又は輸入する行為

というものであった。

　この改正は，知的財産の分野におけるデジタル化や国際化の更なる進展な
どの環境変化を踏まえ，デジタル空間における模倣行為の防止の観点から，
商品形態の模倣行為について，デジタル空間における他人の商品形態を模倣
した商品の提供行為も不正競争行為の対象とし，差止請求権等を行使できる
ようにしたものである。

2条1項3号　定義─商品形態模倣行為　　103

　改正にあたっては，本号に関し，①フィジカル／デジタルを交錯する模倣事例に対応できるか，②「商品」に無体物を含むかということについて検討が行われ，改正前の法律においても，フィジカル／デジタルを交錯する模倣事例に対応することも可能，「商品」に無体物を含むと解釈することも可能であるが，疑義を解消するために明確化すべきであるとの指摘がなされた[11]。

　明確化の方法として，「商品」の定義規定を定め，無体物が含まれることを明記するなどの方法も検討されたが，不正競争防止法における他の「商品」の規定への影響なども考慮し，逐条解説等に「商品」に無体物が含まれると記載するなどして，解釈の明確化を図るとともに，不正競争としても「電気通信回線を通じて提供」する行為を追加し，ネットワーク上の形態模倣商品の提供行為も本号の適用対象であることを明確化することとした。

4　他の法律による商品形態の保護

4.1　他の法律による商品形態の保護

　商品形態の保護を求める他の主な法制度としては，以下に説明するように，著作権法，意匠法，不正競争防止法上の商品等表示の保護，特許法，実用新案法，そして民法上の一般不法行為がある。それらは，要件・効果が異なっているが，要件を満たす限り重複して主張することが可能であり，実際の裁判例においても複数の法主張がなされることが多く存する[12][13]。

　これらの諸法の中での商品形態の保護の特徴は，登録が不要であり，広く保護の対象とされる（形態が必ずしも独創的なものであることを要せず，ありふれた形態や商品の機能を確保するために不可欠な形態でなければ保護の対象になる）一方で，その保護範囲は，実質的に同一の範囲に限られ（本条5項），保護期間も日本国内において最初に販売された日から起算して3年に限定される（19条1項6号イ）。広く商品の形態を保護の対象とする代わり，幅広い長期の保護は，他の法制度に委ねているということである。販売開始から3年あれば，意匠権を取得したり，商品表示性を獲得したりできるはずであるという考えであり，その意味で，商品形態の保護は「暫定的な保護」と説明されることがある。

104　第1章　総則

4.2　著作権法による保護

　著作権は，著作物を「思想又は感情を創作的に表現したものであつて，文芸，学術，美術又は音楽の範囲に属するものをいう。」（著作権法2条1項1号）と定義している。そして，「この法律にいう『美術の著作物』には，美術工芸品を含むものとする。」（著作権法2条2項）としており，「産業用に大量生産される工芸品あるいはその他の実用品については，美術の著作物という概念に入れないということ」と理解されている[14]。一般に「応用美術の著作物性」といわれる問題であり，近時の裁判例では，幼児用椅子（TRIPP TRAPP II 事件・知財高判平27・4・14判時2267号91頁〔28231431〕），加湿器（加湿器事件控訴審判決・知財高判平28・11・30判時2338号96頁〔28244450〕），タコを模した滑り台（タコの滑り台事件・知財高判令3・12・8知財ぷりずむ233号47頁）などがある。裁判例では，「独立して美的鑑賞の対象となるだけの美術性を有するに至っているか」，「純粋美術と同視しうる程度の美的創作性を具備していると評価されるか」，「純粋美術や美術工芸品と同視することができるような美術性を備えているか」，「実用目的を達成するために必要な機能に係る構成と分離して，美的鑑賞の対象となり得る美的特性である創作的表現を備えている部分を把握できるか」等の語をメルクマールとして，著作物性を判断しているようである。したがって，商品やパッケージに描かれた絵画のようなデザインについては著作物と認められる可能性があるものの，例えば椅子の商品形態などのような実用品の商品の形態そのものが著作物と認められることは極めて例外的な場合に限られよう[15]。

　なお，著作物と認められた場合には，表現の本質的特徴を直接感得できる場合には副政権侵害または翻案権侵害が認められることになり，また，保護期間も著作者の死後70年（法人その他の団体名義の著作物は，公表後70年）を経過するまでの間存続するのが原則である（著作権法51条および53条1項）ので，本号に比して格段に厚い保護が認められることになる[16]。

4.3　意匠法による保護

　前記のとおり，意匠権による保護は，出願・登録の手続を経て権利を有していることが前提となるため，登録のためのコストの問題と登録までに発生

した模倣には対処できないという問題がある[17]。

　意匠とは，「物品（物品の部分を含む。以下同じ。）の形状，模様若しくは色彩若しくはこれらの結合（以下「形状等」という。），建築物（建築物の部分を含む。以下同じ。）の形状等又は画像（機器の操作の用に供されるもの又は機器がその機能を発揮した結果として表示されるものに限り，画像の部分を含む。次条第2項，第37条第2項，第38条第7号及び第8号，第44条の3第2項第6号並びに第55条第2項第6号を除き，以下同じ。）であつて，視覚を通じて美感を起こさせるものをいう。」（意匠法2条1項）と定義され，不正競争防止法の「商品の形態」の定義（「需要者が通常の用法に従った使用に際して知覚によって認識することができる商品の外部及び内部の形状並びにその形状に結合した模様，色彩，光沢及び質感」（本条4項）とは，若干の相違がある。

　意匠権は，新規性・創作困難性が登録要件とされ（意匠法3条），意匠権が付与される対象は商品形態の保護に比べて明らかに狭いが，他方，意匠権の効力は，「登録意匠及びこれに類似する意匠の実施」にまで及ぶので（意匠法23条），「実質的に同一の形態の商品」（本条5項）からの保護に限られる不正競争防止法の形態模倣の保護に比して保護の範囲は広い。また，意匠権の保護期間は，意匠登録出願の日から25年であり（意匠法21条1項），不正競争防止法の形態模倣の規制が「日本国内において最初に販売された日から起算して3年」（19条1項6号イ）しか保護されないのに比し，格段に長い。

4.4　不正競争法上の商品等表示（本条1項1号，同2号）としての保護

　商品の形態それ自体も，商品等表示として保護される場合があるが，そのためには，周知性（1号），著名性（2号）を獲得していることが必要である。一定の販売期間を経て周知性が獲得されるのが一般的であり，それゆえ，販売開始後短期間で模倣商品が出回る場合には対処が困難である[18]。また，本条1項1号，2号に基づき商品の形態の保護を求める場合には，周知性を獲得しているか否かについて裁判で争いになることが多いが，同項3号に基づき商品形態の保護を求める場合においては，当該商品の商品化が完了している事実があれば足りるため，通常は争いにならない。

　商品等表示として保護されるのは，商品の形態に限らず，商品を表示する

106　第1章　総則

ものであれば限定されないのに対し，商品形態の保護においては，商品形態
自体しか保護されない（ただし，本条4項の解説において説明するとおり，
包装，容器が含まれる余地がある）。

　商品等表示の保護期間は，当該商品等表示の周知性，著名性が維持されて
いる限り，限定はない。

4.5　特許法・実用新案法による保護

　特許，実用新案においても，商品の形状自体が発明・考案の技術思想を構
成する場合がある。このような場合，当該形状を模倣すると，同時に特許権
や実用新案権の侵害になる。ただし，当該発明の技術思想を実施するうえで
必要となる形状自体は「当該商品の機能を確保するために不可欠な形態」に
該当し，商品形態の保護から除外される（技術形態除外論）。したがって，
このような場合における本号の請求においては，当該技術思想の実施上必然
的な形態ではなく，それを実現している具体的形状の実質的同一が必要であ
ろう[19]。

4.6　民法上の一般不法行為による保護

　商品形態の模倣行為が，他人の権利又は法律上保護される利益を侵害した
として民法上の不法行為責任が認められる場合がある。木目化粧紙事件・東
京高判平3・12・17判時1418号120頁〔27811375〕[20] では，「公正かつ自由な
競争原理によって成り立つ取引社会において，著しく不公正な手段を用いて
他人の法的保護に値する営業活動上の利益を侵害する」として，不法行為の
成立を肯定する。同様に不法行為が成立するとされたものとしては，ヨミウ
リ・オンライン事件・知財高判平17・10・6最高裁HP（平成17年（ネ）
10049号）〔28102000〕，翼システム事件・東京地中間判平13・5・25判タ
1081号267頁〔28061081〕[21] 等などがある。

　ただし，北朝鮮映画事件の最高裁判決・最判平23・12・8民集65巻9号
3275頁〔28175901〕が，著作権法6条各号所定の著作物（保護を受ける著作
物）に該当しない著作物の利用行為について，「同法が規律の対象とする著
作物の利用による利益とは異なる法的に保護された利益を侵害するなどの特
段の事情がない限り，不法行為を構成するものではないと解するのが相当で
ある。」と判示して以降，下級審判決においては，他の知的財産権の侵害に

あたらない行為について，不法行為の成立を認めることには謙抑的な傾向が見られ，商品形態開発の保護とは別の法的利益の侵害が認められる場合に限られていることから，実際に認められる場合はかなり限定されると考えられる。

なお，不法行為による保護においては，販売等の差止請求は認められない。

5　税関における輸出入の差止め

形態模倣による不正競争行為についても，本条1号，2号などと同様に関税法69条の13に基づいて税関長に輸入の差止めの手続をとることを求めることができる（輸入差止制度）。申立てには，特許権侵害物などとは異なり，経済産業大臣の意見書を添付することが必要である。

なお，輸出差止めについても，同様の制度が存在する（同法69条の4）。

解　説

1　「他人の」

1.1　この「他人」が商品形態を模倣された被害者であり，本号の不正競争行為についての請求権者となる者である。本号の他人は，「当該商品を自ら資金や労力を投下して開発し，商品化して市場に置いた者に限られる」とされる[22]。商品化のために資金・労力を投下した者を，商品形態の模倣から保護する趣旨[23]であるから，第三者の開発した商品を市場に投入し，単に市場開拓だけをした者は，本号の請求権者たりえない[24]。また，単に開発資金の提供自体を行ったにすぎない者も開発を行った者ではなく請求権者たりえないとされる[25)26]。

商品形態のアイディアを出したり，企画発案を行った者，デザイナーや設計者などは，商品を市場に置いた者ではなく，模倣した商品を市場に提供している者と競業関係に立つ者ではないので，この「他人」には該当しない[27]。また，デザインを指示され，その指示どおりに商品を製造しただけの製造業者は，デザインの創作に関与した者ではなく，「他人」に該当しない[28]。

108　第1章　総則

　なお，商品形態の開発は行ったが製造販売を行っていない者も，競業関係
に立つ者ではなく，本号の請求主体にはなりえないと考えられる。

　1.2　複数の者が共同して商品形態を開発した場合，共同開発者は，いず
れもが請求権者となりうる。例えば，シチズン腕時計事件・東京地判平11・
6・29判時1692号129頁〔28041464〕は，販売業者シチズン商事が企画提案
し，それに基づいて製造業者であるシチズン時計が具体的な形態・仕様を創
作しているとして，両者を請求権者と認めてそれぞれに損害賠償請求を認め
ている[29]。

　1.3　日本国内における独占的販売権者など，商品開発自体は行っていない
者が請求主体になりうるかについては，争いがあるところである[30]。

　スーパーラップ型キャディバッグの形態を模倣した商品についての東京地
裁判決（キャディバッグ事件・東京地判平11・1・28判タ1001号236頁
〔28041258〕）は，「不正競争防止法2条1項3号所定の不正競争行為につき
差止めないし損害賠償を請求することができる者は，形態模倣の対象とされ
た商品を，自ら開発・商品化して市場に置いた者に限られるというべきであ
る。」として，これを否定した。これに対し，水切りざる事件・大阪地判平
23・10・3判タ1380号212頁〔28174346〕は，「法2条1項3号による保護の
主体は，自ら資金，労力を投下して商品化した先行者のみならず，先行者か
ら独占的な販売権を与えられている独占的販売権者のように，自己の利益を
守るために，模倣による不正競争を阻止して先行者の商品形態の独占を維持
することが必要であり，商品形態の独占について強い利害関係を有する者も
含まれる。」と述べて，独占的販売権者を請求主体と認めている。ヌーブラ
事件第一訴訟・大阪地判平16・9・13判タ1168号267頁〔28092413〕も，単
なる販売業者については保護の主体となりえないとしつつも，独占的な販売
権を与えられている者は，商品形態の独占について強い利害関係を有し，本
号による保護の主体となりうると判示している。

　1.4　共同開発者の間では，相互に「他人」には該当しないので，本号の
不正競争行為を他の共同開発者に対しては主張しえない。例えば，ワイヤー
ブラシセット事件・大阪地判平14・4・9判時1826号132頁〔28070629〕[31]
では，第三者の模倣行為に対しては両者とも保護を受けうる立場にあるが，
相互間では「他人の商品」に当たらないため，不正競争行為には該当しない
旨を正面から述べている。常温快冷枕事件・東京地判平23・7・20最高裁

HP（平成21年（ワ）40693号）〔28174700〕，リングピン事件・東京地判令3・12・23最高裁HP（令和元年（ワ）18374号）〔28300059〕[32]や空調服事件・東京地判令元・9・5最高裁HP（平成29年（ワ）9335号）〔28274629〕[33]も同様の判断をしている。ただし，常温快冷枕事件においては，両者の間の信義則上の義務に反する行為であるとして，契約違反として損害賠償を認めている。

1.5 本号の他人は，「当該商品を自ら資金や労力を投下して開発し，商品化して市場に置いた者」と解されているが，この「市場」とは，商品の流通の具体的な態様に応じ，海外の市場も含まれうる。婦人用トレンチコート事件・大阪地判令2・12・3最高裁HP（令和元年（ワ）5462号）〔28284308〕は，「女性向け衣類は，欧米での新作商品や流行等の影響を受けると共に，中国及び韓国の製造業者ないし仲介業者と日本の販売業者等との間で多くの取引が行われていると認められる」としたうえで，「これらの事情に鑑みると，上記『市場』は，本件の場合，日本国内に限定されず，少なくとも欧米，中国及び韓国の市場を含むものと解される。」と判示している。

2 「商品の形態」

「商品の形態」については，平成17年改正により本条4項に定義規定が設けられた。詳しくは同項の解説を参照されたい。

3 「当該商品の機能を確保するために不可欠な形態を除く。」

3.1 平成17年改正

本号は「他人の商品の形態（当該商品の機能を確保するために不可欠な形態を除く。）を模倣した商品を譲渡し，貸し渡し，譲渡若しくは貸渡しのために展示し，輸出し，又は輸入する行為」を不正競争と規定しており，当該商品の機能を確保するために不可欠な形態の模倣を不正競争行為から除外している。

この点は，平成17年改正前においては「同種の商品……が通常有する形態」が除外される旨規定されていたところ，規定が不明確であるとの指摘を受け，平成17年法改正において，裁判例の蓄積等をふまえて，文言の明確化を図るために設けられたものであると説明されている[34]。

110 第1章 総則

3.2 平成17年改正前の「通常有する形態」

産業構造審議会知的財産政策部会不正競争防止小委員会「不正競争防止法の見直しの方向性について」（平成17年2月）[35]では，平成17年改正前の「通常有する形態」として保護が及ばない形態として，「ありふれた形態」，「標準的な形態」，「既存の形態」，「互換性を確保するための形態」または「当該商品の機能を確保するために不可欠の形態」が該当すると整理したうえで，これらが「通常有する形態」の一義的解釈として，すべて包含されるかについては必ずしも明らかではないため，より具体的に明確にすることが望ましいとされている。

3.3 標準的な形態，ありふれた形態

平成17年改正前の「通常有する形態」として保護が及ばない形態のうち，標準的な形態については，抽象化された商品形態としての「標準的な形態」の再製は，もとより個別の「他人の商品の形態」の「模倣」には該当しないとされている[36]。

ありふれた形態についても，平成17年改正後の裁判例（タッチペン事件・東京地判平24・12・25判タ1407号308頁〔28210063〕）[37]において，本号によって保護される商品の形態について「その形態は必ずしも独創的なものであることを要しないが，他方で，商品全体の形態が同種の商品と比べて何の特徴もないありふれた形態である場合には，特段の資金や労力をかけることなく作り出すことができるものであるから，このようなありふれた形態は，同号により保護される『商品の形態』に該当しないと解すべきである。」と判示されている。

ありふれた形態に当たるか否かの判断は，商品全体の形態を同種商品と比較して行われる。

従来の裁判例では各部の商品形態の組合せの容易性を論じるものも一部見られたが[38]，このような判断手法は，カットソー事件控訴審判決・知財高判平17・12・5最高裁HP（平成17年（ネ）10083号）〔28110066〕[39]において，「全体としての形態を構成する個々の部分的形状を取り出して個別にそれがありふれたものかどうかを判断した上で，各形状を組み合わせることが容易かどうかを問題にするというような手法により判断すべきものではない。」

と明確に否定されており，近時の裁判例[40]でも全体的観察によるものとされている。商品の形態が，その全体の形態をもって把握されるという裁判例の立場に照らせば，全体的観察によるのが一貫した解釈であると思われる。

　ありふれた形態かどうかを判断する基礎として，事業者が販売していた商品だけではなく，一般消費者が自作した作品が備えている形態を考慮することも許される[41]。ありふれた形態が商品形態から除外されるのは，特段の資金や労力をかけることなく作り出すことができる点にあることから，当該作品の形態を大量生産される商品として再現する際に特段の資金や労力を要するような例外的な場合を除き，一般消費者が自作した作品の形態も参酌してありふれた形態であるか否かを判断することも許されよう。

　一方，平成17年改正前の「同種の商品が通常有する形態」に関する判断であるが，ヌーブラ事件第二訴訟控訴審判決・大阪高判平18・4・19最高裁HP（平成17年（ネ）2866号）〔28111014〕は，「不正競争防止法2条1項3号は，先行者が資金や労力を投下して開発・商品化した新たな商品の形態について，後行者がこれを模倣して先行者の開発成果にただ乗りするのを防止する趣旨に出るものであるから，『同種の商品が通常有する形態』であるか否かは，実際に商品化されたものに基づいて判断すべきであり，単に特許公報に図面が記載されているだけでは足りないというべきである。」と判示している。

　また，少し特殊な事例として，海外ではよく見られるが，日本ではあまり知られていない商品形態を，当該外国で開発し日本に輸入したという事案において，そのような商品形態は「『当該商品の機能を確保するための不可欠な形態』とまではいえないとしても，原告商品及び被告商品がいずれも韓国で開発製造され日本国内に輸入された商品であることを考慮するならば，先行開発者の開発利益を保護するという不正競争防止法2条1項3号の趣旨に照らし，そのような形態の特徴の共通性に重きをおいて両商品の形態が酷似していると評価して原告商品の形態に保護を与えることは相当ではないというべきである。」と判断したものがある[42]。

3.4　既存の形態

　平成17年改正前の「通常有する形態」として保護が及ばない形態のうち，既存の形態については，不正競争防止法19条6号イが，日本国内において最

112 第1章 総則

初に販売された日から起算して3年を経過した商品について本号の適用除外
としており，この適用除外の規定を通じて，商品形態の保護から除かれるこ
とになる。

3.5 互換性を確保するための形態，当該商品の機能を確保するために不可欠の形態

平成17年改正以前の裁判例において，互換性を確保するための形態，当該
商品の機能を確保するために不可欠の形態は「通常有する形態」として除外
されていた。

例えば，換気口用フィルタの形態模倣が問題となった換気口用フィルタ事
件・東京地判平15・10・31判タ1145号240頁〔28090045〕[43]は，「商品の形態
が，当該商品の機能及び効用と必然的に結びつき，当該商品の機能及び効用
を発揮させるために不可避的に採らざるを得ない部分において同一又は実質
的に同一であるにすぎない場合は，同種の商品が『通常有する形態』とし
て，これに該当しないというべきである。」としたうえで，「原告商品及び被
告商品が，その裏蓋をマンション等の給気口に固定することにより取り付け
て使用される換気口用フィルタであり，いずれも開口部からフィルタを視認
することによって，フィルタの汚れの状態を確認するという機能ないし効用
を有するものであり，給気口の多くが円形であることからすれば，本体の形
状が正円形であって，正面開口部を有することは，商品の機能及び効用を発
揮させるために不可避的に採らざるを得ない形態であり，通常有する形態と
いうべきである。」と判示している。

これに対し，水切りざる事件・大阪地判平23・10・3判タ1380号212頁
〔28174346〕では，変形自在な水切りざるに関する形態模倣が問題となった
が，「ざるの素材を変形自在なものにしたとしても，ざるとしての基本的形
態だけを取っても，材質の選択，肉厚幅，底面突起の数，底面突起の有無及
び数，表面上の穴の大きさ及び数など，その形態選択には無数の選択肢があ
ることからすれば，原告商品の形態を全体として評価したときに，それが商
品の機能を発揮するために不可欠な形態のものであるということはできな
い。」として，形態選択の選択肢があることから不可欠形態には当たらない
と判示されている。

経産省・逐条解説（令和5年改正版）93頁においては，「平成17年改正前

に，『商品の形態』から除外されていた形態については，改正後も除外されることになる」として，その具体例として「①端末機とプリンター等の間の接続用コードのプラグは，本体側の端子とかみあうようになっており，そのかみあう部分の形態は，プラグの商品の機能を確保するために不可欠な形態であり，この部分を模倣しても「不正競争」には当たらない。」，「②コップの形態として，中に液体を入れるためには側面と底面を有しているのは商品の機能を確保するために不可欠な形態である。しかし，コップの縁の形状や側面の模様が特徴的であるような場合，このような特徴的な部分まで模倣することは「不正競争」に該当する。」と説明されている。このうち①が平成17年改正前の「通常有する形態」として除かれていた「互換性を確保するための形態」，②が同「当該商品の機能を確保するために不可欠の形態」の類型に対応するものと言える。

3.6 除外された形態の取扱い

以上のように「商品形態」に当たらないまたは「当該商品の機能を確保するために不可欠の形態」として除外されることとなった商品形態は，模倣の有無（特に，その客観面である商品形態の実質的同一性）の判断の中でどのように位置付けられるか。

この点については，裁判例の中には，認定された両商品形態が実質的同一と評価できるか否かを判断し，実質的同一性を肯定した後に原告商品の形態が「機能を確保するために不可欠な形態」に当たるかを判断しているもの[44]や，まず原告商品の形態が「ありふれた形態」であるかを判断し，ありふれたものに当たらないとしたうえで，両商品の形態が実質的同一であるかの判断を行うもの[45]がある。

これに対して，実質的同一性の判断の中で，ありふれた形態等として除外された形態部分を捨象してその残部を比較したり，あるいはありふれた形態等に当たらないとして捨象せずに両商品形態を比較するという手法を採用するもの，商品形態を比較したうえで，その共通点がありふれた形態であるなどと述べる裁判例もある[46]。

商品の形態が，その全体の形態をもって把握されるという裁判例の立場に照らせば，商品全体の形態からありふれた形態等として除外される部分を捨象して対比を行ったり，商品形態の共通点を抜き出してそこがありふれてい

114　第1章　総則

るか否かを検討するというのは不自然であり，一貫性を欠く。したがって，ありふれた形態等として除外されるものであるか否かの判断は，商品形態全体を捉えて，実質的同一性の判断の判断とは別に，その前あるいは後に，行われるべきものと考える。その意味で，著作物の翻案に関する濾過テスト[47]とは判断手法を異にする。

　ただし，両商品形態の一致点がありふれた形態であることが，実質的同一性の判断とまったく無関係であるというわけではなく，両商品形態の相違点が商品形態に与える影響を評価する際に，（共通部分がありふれているがゆえに）比較的軽微な相違点によっても相応の形態的特徴がもたらされ，当該相違点が商品全体の形態の対比のうえで無視できないと評価されることは，ありうると思われる[48]。

4　「模倣した商品」

　「模倣」の意義については，平成17年改正により本条5項に模倣の定義規定が設けられた。詳しくは，本条5項の解説を参照されたい。

5　「譲渡し，貸し渡し，譲渡若しくは貸渡しのために展示し，輸出し，輸入し，又は電気通信回線を通じて提供する行為」

　本項1号，2号では，広く「引渡し」行為が禁止されているのに対し，本号では，「貸渡し」行為に限って禁止されている。それゆえ，模倣品の専有が単に移転しただけでは本号の対象とはならず，賃貸借契約などに基づいた専有の移転が禁止される。この違いは，本条1号および2号の保護法益は，営業上の利益という私益に加え一般公衆の混同を防ぐという公益も含んでいるからであると説明されている[49]。

　模倣した商品を製造するだけの行為は含まれない。「模倣行為自体を対象とすると試験研究のための模倣行為まで対象とされる等規制が過度になり，妥当ではないことから，模倣行為自体を『不正競争』とはせず，模倣した商品を譲渡等する行為のみを『不正競争』とすることとしている」と理解されている。ただし，製作された模倣品がその後に譲渡されることが確実視できるようなケースであれば，当該譲渡行為の予防措置として，差止請求が可能な場合もありうるとされている[50]。

　また，製造するだけの行為は含まれないので，製造工程等で使用する機器

や部材などについて，他人が市場で販売している商品を模倣した商品を大量に製造し使用しても，自社内での利用にとどまる限り，不正競争行為には該当しないことになる[51]。

　令和5年法改正で，他人の商品形態を，電気通信回線[52]を通じて提供する行為が不正競争とされた。令和5年改正前から，本条1項1号および2号の不正競争については，電気通信回線を通じて提供する行為も不正競争とされていたが，昨今，フィジカル／デジタルを交錯するような模倣事例が現れ始めていることを受け，形態模倣商品提供行為にも「電気通信回線を通じて提供」する行為を対象行為に追加し，ネットワーク上の形態模倣商品提供行為も適用対象であることが明確化されたものである。しかし，「模倣」の定義は改正されず，フィジカル／デジタルを交錯する場合において，具体的にどのような行為が模倣の対象となるかについては，逐条解説等において明確化していくとされた[53]。

　これを受けて，令和5年改正版の経産省・逐条解説では，「リアル空間上の商品同士の実質的同一性の判断枠組みは，デジタル空間上の商品同士や，デジタル空間上の商品とリアル空間の商品の『模倣』にも同様に適用される旨。」としたうえで，「リアルの商品をデジタル空間上で模倣したとしても，デフォルメが全く無いものは，『模倣』に該当し得る。」と説明されている[54]。

　この点従来より，学説上は，例えば自動車とミニカーの関係において，「他人の新車のミニカーを作る行為など，デフォルメに独自の労力，費用が必要であろう」と述べ，そのような場合には商品形態の模倣に当たらないとする見解がある[55]。本号の趣旨が，他人が商品化のために資金，労力を投下した成果をことさらに模倣して，デッドコピーを提供する行為を不正な行為として位置付けることにあることからすれば，他人の商品形態をベースとしつつも，これに相応の資金，労力を投下した結果生じた商品の提供が，直ちに本号の模倣に当たると解することはできないように思われる。精密な再現をすることに向けられた資金・労力の投下それ自体を保護すべきではないという議論はありうるとしても，フィジカルとデジタルの場では（物理的な制約の有無などの相違もあり），商品形態の再現にあたり取捨選択や創意工夫が必要となる場面も想定されるところであり，そのような場合には本号の模倣には当たらないと解釈される[56]。

116 第1章 総則

【注】

1) 通商産業省知的財産政策室監修「逐条解説不正競争防止法」（有斐閣，1994）
123頁以下に全文が収録されている

2) 形態模倣行為について不法行為を認めた例として，木目化粧紙事件・東京高
判平3・12・17判時1418号120頁〔27811375〕，タイプフェイス事件・大阪地判
平元・3・8判タ700号229頁〔27804288〕などがある。他に，データなど対象
が有体物ではないものの模倣行為について不法行為の成立を認めたものとして，
翼システム事件・東京地中間判平13・5・25判タ1081号267頁〔28061081〕やヨ
ミウリ・オンライン事件・知財高判平17・10・6最高裁HP（平成17年（ネ）
10049号）〔28102000〕等もある。

3) デザイン性を重視した少量生産を予定した商品の保護の例としては，シチズ
ン腕時計事件・東京地判平11・6・29判時1692号129頁〔28041464〕，ペンダン
トランプ事件・知財高判平25・12・26最高裁HP（平成25年（ネ）10062号／平
成25年（ネ）10083号）〔28220180〕がある。また季節性の高いファッション商
品について本号の保護が問題となった近時の裁判例として，東京地判平27・
7・16最高裁HP（平成25年（ワ）28365号〔28232786〕）［婦人服］，大阪地判平
29・1・19最高裁HP（平成27年（ワ）9648号／平成27年（ワ）10930号）
〔28253637〕［婦人服］，東京地判平30・7・30最高裁HP（平成29年（ワ）30499
号）〔28263649〕［婦人用ブラウス］，知財高判平31・2・14最高裁HP（平成30
年（ネ）10058号）〔28271276〕［婦人服］，大阪地判令2・12・3最高裁HP（令
和元年（ワ）5462号）〔28284308〕［婦人用トレンチコート］，大阪地判令4・
6・13最高裁HP（令和3年（ワ）4467号）〔28312624〕［婦人用スプリングコー
ト］，大阪地判令5・10・31最高裁HP（令和4年（ワ）6582号）〔28313402〕
［婦人服］などがある。

4) 産業構造審議会知的財産政策部会不正競争防止小委員会「不正競争防止法の
見直しの方向性について」（平成17年2月）47頁。小野・新・注解3版上巻467
頁〔泉〕。

5) 産業構造審議会知的財産政策部会不正競争防止小委員会・前掲注4）47頁。

6) 国内外を問わない説として，小野・新・注解新版上巻337頁〔芹田幸子・三山
峻司〕，山本・要説3版133頁，小野昌延＝山上和則編『不正競争の法律相談
〔改訂版〕』246頁〔伊藤〕（青林書院，2002），日本国内における販売に限る説と
して，渋谷達紀「商品形態の模倣禁止」マックス・プランク知的財産・競争法
研究所編『知的財産と競争法の理論　F.K.バイヤー教授古稀記念日本版論文集』
384頁（第一法規出版，1996），田村・概説2版312頁があった。

7) 経産省・逐条解説（令和5年改正版）253頁注7

8) 産業構造審議会知的財産政策部会不正競争防止小委員会・前掲注4）49頁-50
頁を参照。この報告書では，「インターネットによる販売については，仕向地が
日本国内であること等を勘案して実質的に判断することになると考えられる。」
としている。この点，経済産業省経済産業政策局知的財産政策室編著『一問一

答不正競争防止法（平成17年改正版）』32頁（商事法務，2005）では，「仕向地が日本国内であることや広告が日本語でされていること等の事情を勘案し，国内市場に向けた販売といえるか否かが判断される」と説明している。

9）　小型ショルダーバッグ事件・東京高判平13・9・26判時1770号136頁〔28062014〕（控訴審）。

10）　山本・要説3版137頁，田村・概説2版299頁，渋谷・前掲注6）364頁，角田政芳「外観に現れない内部構造と商品形態の保護」三枝英司先生・小谷悦司先生還暦記念論文集刊行会編『三枝英二先生・小谷悦司先生選暦記念論文集・判例意匠法』1007頁（発明協会，1999），小野・新・注解3版上巻476頁〔泉〕。

11）　産業構造審議会知的財産分科会不正競争防止小委員会「デジタル化に伴うビジネスの多様化を踏まえた不正競争防止法の在り方」（令和5年3月）7頁

12）　例えば，加湿器事件（控訴審）・知財高判平28・11・30判時2338号96頁〔28244450〕では形態模倣及び著作権侵害の主張が，100円グッズ事件・東京地判平26・4・17最高裁HP（平成25年（ワ）18665号）〔28221985〕では，形態模倣，周知商品等表示および不法行為の主張が行われている。

13）　特許，実用新案においても，商品の形状自体が発明・考案の技術思想を構成する場合がある。このような場合，当該形状を模倣すると，同時に特許権や実用新案権侵害になる。ただし，当該発明の技術思想を実施するうえで必要となる形状の多くは「当該商品の機能を確保するために不可欠な形態」に該当することになるので商品形態の保護から除外される（技術形態除外論）。このような場合，本号の請求においては，当該技術思想の実施上必然的な形態ではなく，それを実現している具体的形状の実質的同一が必要であろう。ヌーブラ事件第二訴訟・大阪地判平17・9・8判時1927号134頁〔28101755〕を参照。

14）　加戸守行『著作権法逐条講義』〔6訂新版〕（著作権情報センター，2013）68頁

15）　応用美術の著作権による保護に関しては上野達弘「応用美術の著作権保護」パテント67巻4号96頁（2014）など。特に近時のファッションデザインの著作権法による保護の可能性を検討するものとして，中川隆太郎「ファッションデザインの著作物性―Chamois事件」著作権研究45号191頁（2018）。

16）　ニーチェア事件・最判平3・3・28公刊物未登載（平成2年（オ）706号）〔27815254〕，松尾和子「判批」斎藤博＝半田正夫編『著作権判例百選』〔第2版〕別冊ジュリ128号30頁（有斐閣，1994）

17）　意匠権による保護の限界と本号などの周辺法による保護の関係性を論じたものとして，五味飛鳥「不正競争防止法2条1項3号による保護と意匠法による保護―デッド・コピー規制を非登録型デザイン保護制度としてみた場合の可能性と課題」パテント69巻4号6頁（2016）

18）　時には，集中的な宣伝広告や爆発的ヒットにより，短期間で周知性を獲得する場合も存する。例えば，ニュータマゴウォッチ事件・東京地判平10・2・25判タ973号238頁〔28032175〕では，遅くとも発売後約6ヵ月の時点においては

118 第1章 総則

周知の状態になっていたことを認定している。

19) 前掲注13) ヌーブラ事件第二訴訟では、ヌーブラの基本的な商品形態について特許出願がなされていた（ただし、審査請求は行われなかった）ことからこの点が問題となっている。ただし、判決は、「『同種の商品が通常有する形態』であるか否かは、実際に商品化されたものに基づいて判断すべきであり、単に特許公報に図面が記載されているだけでは足りないというべきである。」として、商品形態から除外していない（そのうえで、被告商品は「ラバー製品のような艶のある硬い質感を感じさせる点で形態的印象を異にしている。」として、実質的同一性を否定している）。

20) 前掲注2) 木目化粧紙事件において、判決は、「民法第709条にいう不法行為の成立要件としての権利侵害は、必ずしも厳密な法律上の具体的権利の侵害であることを要せず、法的保護に値する利益の侵害をもって足りるというべきである。そして、人が物品に創作的な模様を施しその創作的要素によって商品としての価値を高め、この物品を製造販売することによって営業活動を行っている場合において、該物品と同一の物品に実質的に同一の模様を付し、その者の販売地域と競合する地域においてこれを廉価で販売することによってその営業活動を妨害する行為は、公正かつ自由な競争原理によって成り立つ取引社会において、著しく不公正な手段を用いて他人の法的保護に値する営業活動上の利益を侵害するものとして、不法行為を構成するというべきである。」と述べている。

21) 翼システム事件・東京地判平14・3・28判タ1104号209頁（終局判決）〔28070547〕。

22) 山本・要説4版115頁

23) 小野・新・注解3版上巻457頁〔泉克幸〕

24) ウェストバッグ事件・東京地判平18・4・26判タ1246号311頁〔28111122〕は、原告商品と基本的形態および細部形態の重要な点において実質的に同一である商品が中国および米国の市場において販売されていたという事案において、これを日本国内で販売している原告は原告商品を自ら開発・商品化したものということはできないとして、本号の不正競争に当たるとして、損害賠償を請求することができないと判示している。婦人用トレンチコート事件・大阪地判令2・12・3最高裁HP（令和元年（ワ）5462号）〔28284308〕も同旨。

　　また、真空マグボトル事件・大阪地判平21・6・4最高裁HP（平成20年（ワ）15970号）〔28153371〕は、「模倣」についての判断であるが、同一の商品が既に中国国内で販売されており、これを輸入し日本国内の市場に置く行為について、「市場に置く行為を同項の『同一の形態の商品を作り出すこと』に含めることは『作り出す』の語義から乖離する上、そもそも同条1項、3号が『他人の商品の形態……を模倣した商品を譲渡し、貸し渡し、譲渡若しくは貸渡しのために展示し、輸出し、又は輸入する行為』を『不正競争』と定義し、模倣行為と輸入等の行為とを分けて規定した上で、後者のみを『不正競争』として

規制対象としていることに照らし，輸入等の市場に置く行為を『模倣』に含めることは，同号の規定の構造からしても採用することのできない解釈である。」と判示している。このことからすれば，単に市場に置いただけの者は，商品化をした者とは言えないであろう。

25) 猫砂事件・東京地判平16・2・24最高裁HP（平成13年（ワ）26431号）〔28090896〕

26) 携帯アンテナ事件・東京地判平14・7・30最高裁HP（平成13年（ワ）1057号）〔28072409〕

27) 田村・概説2版195頁

28) 婦人服事件・東京地判平23・3・31判タ1399号335頁〔28171229〕

29) 前掲注3）シチズン腕時計事件

30) 通常，独占販売権設定の契約において，侵害品の排除義務などについて定めるのが一般的であり，独占販売権設定者（ライセンサー）が排除義務を負わない場合には，独占販売権を取得したもの（ライセンシー）が行う排除行為に対しての協力義務を定めるのが通常であろう。そして，実務においては，裁判手続による場合には，ライセンシーが選任し，費用負担をするとしても，ライセンサーからその弁護士に委任状を出すことにより，ライセンサーが原告などになって対応することが多い（仮に，そのような対応すら拒むとすれば，独占権を与えていないのに等しいことになり，ライセンサーは独占販売権設定契約違反になろう）。その意味で，独占的販売権者が原告などにならざるをえなかった後掲の3判例は特殊な事情が存する場合ともいえよう。

31) 判決は，「原告のみがその費用や労力を負担したということはできず，被告においても一定の労力，リスクを負担したものと評価できるから，原告及び被告のそれぞれが費用や労力を分担したものというべきである。そうすると，原告商品A，Bは，被告にとって不正競争防止法2条1項3号の『他人の商品』に該当しないというべきである」とする。

32) リングピン事件は，被告が原告商品の形態の開発について，自ら費用，労力等を負担したといえるとして，原告商品について，少なくとも共同開発者であったと認定したうえで，共同開発者である場合には「他人」の商品ではないと判示した。

33) 空調服事件は，被告が原告商品の商品化に当たり，費用および労力を投下して，その制作に関与した者に当たるとしたうえで，原告商品の形態は，被告にとって「他人の商品の形態」に当たらないと判示した。

34) 産業構造審議会知的財産政策部会不正競争防止小委員会・前掲注4）47頁

35) 産業構造審議会知的財産政策部会不正競争防止小委員会・前掲注4）

36) 産業構造審議会知的財産政策部会不正競争防止小委員会・前掲注4）

37) 同判決は，ありふれた形態を除外する根拠として「当該商品の機能を確保するために不可欠な形態」に当たるとは判示していない。フェイスマスク事件第一審判決・東京地判平28・7・19判時2319号106頁〔28242836〕も「同種の商品

120　第1章　総則

にしばしば見られるありふれた形態は，特段の資金や労力を投下することなく
作り出すことができるから，同号の保護対象となる『商品の形態』には当たら
ないと解すべきである。」と判示している。

38）　カットソー事件第一審判決・東京地判平17・3・30判タ1188号335頁
　　〔28100762〕

39）　前掲注38）カットソー事件第一審判決の控訴審である。

40）　婦人服事件・知財高判平20・1・17最高裁HP（平成19年（ネ）10063号／平
　　成19年（ネ）10064号）〔28140368〕，タッチペン事件・東京地判平24・12・25判
　　タ1407号308頁〔28210063〕，ショルダーバッグ事件・大阪地判平25・5・30最
　　高裁HP（平成24年（ワ）8972号）〔28211984〕など。

41）　前掲注40）タッチペン事件

42）　草刈機保護カバー事件・大阪地判平27・10・29最高裁HP（平成25年（ワ）
　　11486号）〔28233902〕

43）　控訴審である東京高判平16・5・31最高裁HP（平成15年（ネ）6117号）
　　〔28091772〕も同旨。

44）　水切りざる事件・大阪地判平23・10・3判タ1380号212頁〔28174346〕，包丁
　　研ぎ器事件・大阪地判平23・8・25判タ1379号227頁〔28173927〕およびその控
　　訴審である大阪高判平25・4・18最高裁HP（平成23年（ネ）2651号）
　　〔28211436〕。

45）　東京地判平25・7・19最高裁HP（平成23年（ワ）28857号）〔28212471〕

46）　金属管継手事件・大阪地判平19・2・1判タ1271号238頁〔28141689〕は，原
　　告商品の機能を確保するために不可欠な形態を除いて，原告商品と被告商品の
　　形態の共通点を認定したうえで，当該共通点の一部はありふれた形態であると
　　認定する。その後両形態の相違点を認定し，当該相違点の存在により，両商品
　　が異なる印象を与えるとして，形態の実質的同一性を否定している。また，前
　　掲注3）婦人服事件・大阪地判令5・10・31（令和4年（ワ）6582号）は，商
　　品形態の相違点を指摘して実質的同一性を否定したうえで，仮に両商品形態が
　　実質的に同一であるとしても，という仮定的な判断の中で，商品形態の共通点
　　はありふれた形態であると判断している。前掲注40）タッチペン事件など。

47）　最判平13・6・28民集55巻4号837頁〔28061406〕

48）　フェイスマスク事件控訴審判決・知財高判平28・12・22最高裁HP（平成28年
　　（ネ）10084号）〔28250129〕は，控訴人商品と被控訴人商品の各外面包装の形状
　　については，立方体を採用するなどいずれも同種の商品が採用するありふれた
　　形態にすぎないものと認められるのに対し，当該各外面包装に結合した模様等
　　については，明らかに異なるという事案において，「控訴人商品と被控訴人商品
　　において，需要者に対し強い印象を与える部分は，商品の外部及び内部の形状
　　よりも，むしろこれに結合した模様等であると認めるのが相当である。」と判示
　　している。この判断は，ありふれた形態を捨象して，両商品形態を比較してい
　　るというよりも，類否の判断において，ありふれた形態であることを参酌して

いるものと思われる。前掲注3）で挙げた婦人服事件・大阪地判令5・10・31（令和4年（ワ）6582号）〔28313402〕も，共通点がありふれているがゆえに，商品形態全体の印象に与える影響が小さいと評価したということであれば，首肯できる。

49）　山本・要説4版131頁

50）　小野・概説173頁-174頁，山本・要説4版131頁を参照。小野・新・注解3版上巻516頁〔泉〕，経産省・逐条解説（令和5年改正版）94頁。

51）　例えば，使いやすい形状の工具を模倣して大量に製造し，自社の作業員に使用させる場合，自社商品の配送用に使いやすい形状のラックを大量に製造して使用する行為などが考えられる。

52）　「電気通信回線」は，インターネットや企業内LANなどの情報通信網を意味し，有線であるか無線であるかを問わない。また，光ファイバーによる通信網も含まれる。ただし，「回線」については，両方向からの通信を伝送するための無線又は有線と解されており，一方向にしか情報を送信できない放送網は「電気通信回線」には含まれないとされている（経産省・逐条解説（令和5年改正版）80頁）。

53）　産業構造審議会知的財産分科会不正競争防止小委員会・前掲注11）8頁

54）　経産省・逐条解説（令和5年改正版）43頁，45頁注8

55）　田村・概説2版302頁

56）　関真也「メタバースにおけるオブジェクトのデザイン保護と創作活動への影響—意匠法及び不正競争防止法2条1項3号を中心に」特許研究75号31-46頁（2023）は，に，フィジカルの商品形態をデジタルで再現する場合に，再現の方法において相応の資金・労力の投下があるとしても，「あくまで商品の形態を精密に再現するための資金・労力の投下であり，元となった商品の形態とは異なる新たな商品形態の開発・商品化に向けられたものではないから，実質的同一性を否定する方向に斟酌する必要はないと考える。これを言い換えれば，再現の対象となった商品とは異なる動きその他の質感等をプログラミングによって実現した場合は，新たな形態の開発・商品化に向けた資金・労力の投下があるから，実質的同一性が否定されやすいことになろう。」と述べる。

〔伊藤　真・平井　佑希〕

122　第1章　総則

> **（定義）―営業秘密に係る不正競争行為**
> **2条1項4号**
>
> 四　窃取，詐欺，強迫その他の不正の手段により営業秘密を取得する行為（以下「営業秘密不正取得行為」という。）又は営業秘密不正取得行為により取得した営業秘密を使用し，若しくは開示する行為（秘密を保持しつつ特定の者に示すことを含む。次号から第9号まで，第19条第1項第7号，第21条及び附則第4条第1号において同じ。）

趣　旨

　本号は，不正な手段により営業秘密を取得する行為または営業秘密不正取得行為により取得した営業秘密を自ら使用もしくは開示する行為を不正競争と位置付ける規定である。

　本号立法当時，営業秘密を窃取等の正当な取引によらない不正な手段によって，保有者等から取得しようとする行為および取得後使用・開示する行為は，取得行為自体の違法性が極めて強い行為であることから，差止め等の対象としたと説明されている[1]。しかし，本号の取得行為を違法性が極めて強い行為に限定する必要はない（後述1.4「その他の不正の手段」参照）。裁判例においても，営業秘密へのアクセス権限があった者がアクセスが許されている理由とは異なる理由で複製する行為に対して本号を適用している（後述3.1.5「取得」の具体例参照）。営業秘密を不正利用行為等から保護する趣旨は，成果開発のインセンティブを保障するために，情報を秘密にすることで他の競業者に対し優位に立とうとする事業者の行動を法的に支援するところにあると考えるべきである[2]。

　不正競争防止法は，本法上の民事措置（3条に基づく差止め，4条に基づく損害賠償等）の対象となる行為を「不正競争」行為として2条1項各号に列記している。なお，刑事罰の対象となる営業秘密侵害行為は21条に規定されており（21条は自然人に対する罰則であり，法人については22条に規定されている），民事規制の対象となる「不正競争」行為と刑事罰の対象となる行為を別に規定している。刑事罰の謙抑性の観点から刑事処罰の場合は民事上の措置と比べてその構成要件が絞り込まれている[3]。

　2条1項各号に列記されている不正競争のうち，営業秘密に係る不正競争行為は本号から10号までの7類型である。この7類型の分類方法はいくつか

2条1項4号　定義―営業秘密に係る不正競争行為　123

考えられるが[4]，①「不正に取得」した営業秘密に関する行為類型（本号，以下「不正取得類型」という）と②「正当に取得」した営業秘密に関する行為類型（2条1項7号，以下「正当取得類型」という）の2類型，③これらの類型におけるその後の転得者による行為類型（不正取得の転得類型は2条1項5号および6号，正当取得の転得類型は2条1項8号および9号）および④営業秘密侵害品に関する行為類型（2条1項10号）に分けることができる。

　不正競争防止法には，不正競争行為一般を禁止するいわゆる一般条項は設けられていない。民事の不正競争行為を列記した2条1項は限定列挙であるため，民事の営業秘密侵害行為は本号から10号までに規定する行為のみであり，同じ情報を独自に開発または取得した場合など，これらの行為に該当しないものは営業秘密侵害とはならない[5]。裁判例においても，「営業秘密」に該当しない情報の利用行為は，同法が規律の対象とする営業秘密の使用による利益とは異なる法的に保護された利益を侵害するなどの特段の事情がない限り，民法709条の不法行為を構成するものではないと解するのが相当である（北朝鮮映画事件・最判平23・12・8民集65巻9号3275頁〔28175901〕

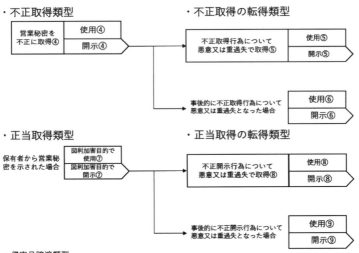

124 第1章 総則

参照）とし，原告情報について，営業秘密の使用による利益とは異なる法的に保護された利益の侵害の主張立証をしていないから，上記特段の事情は認められないと判示している[6]。また，裁判例では，2条1項各号に該当するか否かを個別に判断している例が多いが，2条1項7号または8号の不正競争行為に該当するとして択一的に認定した裁判例[7]もある。

解　説

1 「窃取，詐欺，強迫その他の不正の手段」

「窃取，詐欺，強迫その他の不正の手段」と規定され，「その他」ではなく「その他の」と記載されていることから，法令用語としては，「その他の」の前に列記された「窃取」，「詐欺」，「強迫」は「不正の手段」の一部をなすものとして，その例示である[8]。

「窃取」，「詐欺」，「強迫」は，刑法や民法でも同一文言が使用されているが，本号は営業秘密に関する民事措置（差止め，損害賠償等）の対象となる不正競争行為を定めるものであるから，刑法や民法と同一の解釈とする必要はなく，本号の目的に照らして解釈すればよい[9]。以下では，刑法や民法の解釈と比較のうえ，本号の解釈を解説する。

1.1 「窃取」

「窃取」は，刑法の窃盗罪（刑法235条）において同一文言が用いられている。刑法に定める「窃取」とは，他人が占有する財物を，占有者の意思に反して自己または第三者の占有に移転させる行為をいう[10]。刑法上の窃盗罪の客体は「財物」であるが，本号は「窃取」により営業秘密を取得する行為を対象としており，客体は営業秘密であって，営業秘密のうち営業秘密が化体した有体物たる財物に該当するものに限る必要はない。刑法にいう「占有」とは，財物に対する事実上の支配をいう[11]。また，「占有」について，民法上，占有権は，自己のためにする意思をもって物を所持することによって取得し（民法180条），「物」とは有体物をいう（民法85条）とされているが，前述のとおり，営業秘密のうち営業秘密が化体した有体物たる財物に該当するものに限る必要はないことから，「占有」ではなく，「保持」と解するべきである[12]。

したがって，本号における「窃取」による営業秘密の取得は，他人が保持する営業秘密を，保持者の意思に反して自己または第三者の保持に移転させ，営業秘密を取得する行為をいう。

1.2 「詐欺」

「詐欺」は，刑法の詐欺罪（刑法246条）および民法の詐欺（民法96条，民法747条など）において同一文言が用いられている。刑法に定める「詐欺」とは，人を欺いて財物を交付させること（刑法246条1項）である。本号は「詐欺」により営業秘密を取得する行為を対象としており，本号の客体は営業秘密であって，上記「窃取」の場合と同様に本号の客体を営業秘密のうち営業秘密が化体した有体物たる財物に該当するものに限る必要はない。また，民法96条1項における「詐欺」は，表意者を欺罔して，錯誤に陥らせ，それによって意思表示をさせる行為をいう[13]。本号においては，表意者による意思表示は不要で，営業秘密を交付させることで足りる。

したがって，本号における「詐欺」による営業秘密の取得は，人を欺いて営業秘密を取得する行為をいう。

1.3 「強迫」

「強迫」は民法の強迫（民法96条）において同一文言が用いられている。なお，刑法では「強迫」という文言は用いられておらず，脅迫罪（刑法222条）が定められている。民法における「強迫」は，相手方の自由な意思決定を害する行為を意味するのに対し，刑法における「脅迫」は，生命，身体，自由，名誉または財産に対し害を加える旨を告知すること（刑法222条）をいい，両者は異なる概念である[14]。

本号における「強迫」による営業秘密の取得は，相手方の自由な意思決定を害し，営業秘密を取得する行為をいう。

1.4 「その他の不正の手段」

前述のとおり本号の「窃取」，「詐欺」，「強迫」は典型的手段を記載したもので，不正の手段の例示にすぎず，この三手段以外にも不正な手段はありうる。本号の不正の手段に該当するか否かは，差止めや損害賠償の対象となるだけの違法性のあるものか否かを基準に判断するべきである。例えば，通信

の盗聴，未公表の新製品や部外秘の設備の盗撮による営業秘密の取得，暴行による取得，金銭による被用者買収および地位提供による雇用契約破棄の誘引のように営業秘密入手のための誘引行為は，本号の不正の手段による取得に当たるであろう[15]。

「不正の手段」を，①「窃取，詐欺，強迫その他の不正の手段」と規定されていることを踏まえ，刑罰法規に抵触するような行為および社会通念上これと同視しうる程度の高度の違法性が認められるような行為をいうとする裁判例[16]や見解[17]，②窃盗罪や詐欺罪等の刑罰法規に該当するような行為だけでなく，社会通念上，これと同等の違法性を有すると判断される公序良俗に反する手段を用いる場合も含むとする見解[18]がある（以下これらを「刑罰同等説」という）。しかし，前述のとおり刑罰法規で用いられている文言のみが例示されているわけではなく，民法で用いられている詐欺や強迫といった文言も例示されていることを踏まえると，「不正の手段」を刑罰法規と同程度の違法性が認められる行為に限定する必要はなく，社会通念上不正とされる程度の手段でよい（以下「刑罰同等不要説」という）[19]。

裁判例においても，営業秘密にアクセスする権限を付与されていた者が，競業する転職先の業務に使用するために多量のファイルをハードディスクに複製し，許可なく社外に持ち出すとの態様による情報の取得について，本号にいう「窃取，詐欺，強迫その他の不正の手段により営業秘密を取得する行為」に該当すると判示したものがある[20]。なお，営業秘密にアクセスする権限が付与されている者の行為は，2条1項7号の正当取得類型として規制されているが，営業秘密にアクセスできる者がアクセスを許されている理由とは異なる理由によって営業秘密を取得した行為について本号違反とする裁判例[21]と7号違反とする裁判例[22]があるなど，本号は7号との境界事例が多い[23]。

2 「営業秘密」

本号の対象となる「営業秘密」とは，秘密として管理されている生産方法，販売方法その他の事業活動に有用な技術上または営業上の情報であって，公然と知られていないものをいう（2条6項）。「営業秘密」の定義については2条6項の解説を参照されたい。

3 「取得する行為……又は営業秘密不正取得行為により取得した営業秘密を使用し，若しくは開示する行為」

3.1 「取得」

3.1.1 取得の定義

営業秘密の「取得」とは，営業秘密を知覚しまたは知覚できる状態に置くことをいう[24]。

営業秘密が記録されている媒体等を自己または第三者が手に入れる行為のほか，営業秘密自体を記憶するなど，営業秘密が記録されている媒体等を介さずに営業秘密を自己または第三者のものとする行為も含まれる[25]。

例えば，強迫等を用いてメールやオンラインストレージを介して営業秘密を不正取得する場合，自己のメールボックスに受信または自己のオンラインストレージにアップロードされた時点で，営業秘密を取得したといえる。不正な手段による営業秘密の取得という行為の悪性を踏まえると，メールの存在を認識していることやアップロードされたファイルを確認するなど，取得した営業秘密を認識していることまでは求められず，知覚できる状態に置くことをもって足りると解するべきである。なお，メールボックスやオンラインストレージといった自己の領域内に営業秘密が入ったのみでは足りず，メールボックス等に営業秘密があることを認識しなければ「取得」には該当しないといった見解もありうる。

3.1.2 取得の対象（本号の客体）

取得の対象となるのは営業秘密であって，営業秘密のうち営業秘密が化体した有体物（記録した紙，記録媒体など）に限らず，営業秘密そのもの（無形の情報）も含まれる。例えば営業秘密が記載・記録されている媒体（紙，ハードディスク等の記録媒体）を持ち出さなくても，そこに記載・記録されている情報を保持者に無断で複製するときは，本号の対象となる。また，コンピュータ内蔵のハードディスクに格納された磁気情報を自己のものとするためにUSBメモリ等の媒体に無断で記録し，あるいはネット経由で自己のコンピュータに転送する場合も同じである。不正アクセスにより他人のコンピュータ内に侵入し，そこにある秘密情報を覗き見て記憶することも，本号

128　第1章　総則

の対象となる。保有者の従業員を騙してまたは無理強いして営業秘密を聞き出し，記憶することは本号の「詐欺」または「強迫」による取得に当たる。

3.1.3　営業秘密を不正取得される者

　営業秘密を不正取得される者は，事実として営業秘密を知っているものであれば足り，2条1項7号のように営業秘密を保有する事業者に限定されない。営業秘密の不正取得者のところから不正の手段によって営業秘密を盗み出す行為も本号の不正取得に当たる[26]。

3.1.4　リバースエンジニアリングによる取得

　営業秘密を利用して製造された製品を市場で購入し解析することによりその営業秘密を取得すること（リバースエンジニアリング）については，営業秘密の3要件のうち，「公然と知られていないもの」（非公知性）との関係で問題となることが多い。非公知性要件の詳細については，2条6項の解説を参照されたい。

　不正競争防止法上，リバースエンジニアリングに関する明文の規定はない[27]。リバースエンジニアリングによっても非公知性を喪失せず，リバースエンジニアリングによって得られる情報が営業秘密に該当する場合，リバースエンジニアリングが「不正の手段」による取得に該当するか否かが問題となる。

　市場からリバースエンジニアリングの対象となる製品を購入した場合，当該製品の所有権，すなわち，当該製品を自由に使用，収益，処分する権利を取得したといえる。

　前述の刑罰同等説では，市場から購入した製品の解析によって営業秘密を取得するような通常のリバースエンジニアリングによる営業秘密の取得は，窃取，詐欺，強迫行為には該当せず，これらの刑事罰と同視しうるような高度な違法性を有するとは認められないことから，「その他の不正な手段」にも該当せず，不正取得行為には当たらない[28]。

　刑罰同等不要説においても，市場から適法に取得した製品の場合，当該製品を自由に使用，収益，処分する権限を取得しており，当該製品を解析する行為については，差止めまたは損害賠償の対象となる違法性を有する行為には当たらず，不正の手段に該当しない。

市場からリバースエンジニアリングの対象となる製品を購入した場合で
あっても，売買契約等にリバースエンジニアリングの禁止条項が定められて
いる場合がある。当該契約が公序良俗に反しないなど法律上有効に成立して
いれば，リバースエンジニアリングは契約違反行為となる。刑罰同等説で
は，契約違反行為であっても窃取，詐欺，強迫行為には該当せず，これらの
刑事罰と同視しうるような高度な違法性を有するとは認められないことか
ら，契約違反行為であることをもって営業秘密の不正取得と考えるのは不適
当である[29]。刑罰同等不要説では，契約違反について，不作為債務の履行の
強制として差止請求が可能であり（民事執行法171条１項２号[30]），損害賠償
請求もできる（民法414条２項）[31] ことを踏まえると，リバースエンジニア
リングの禁止条項が契約上有効なものであれば，差止めまたは損害賠償の対
象となるだけの違法性を有する行為として，営業秘密の不正な手段による取
得と評価する余地はある。もっとも，特許法69条では試験または研究のため
にする特許発明の実施には特許権の効力は及ばないとされ，リバースエンジ
ニアリング行為は特許権侵害行為とはならないこと，著作権法においては，
平成30年改正によって，リバースエンジニアリングの過程でプログラムを複
製等する行為は合法とされたこと（著作権法30条の４），リバースエンジニ
アリングの禁止条項は不公正な取引方法として独占禁止法が適用される場合
がありうることを踏まえると，行為態様等の個別事情にもよるが，リバース
エンジニアリングは不正競争防止法に基づく差止めまたは損害賠償の対象と
なるだけの違法性を有する行為とは評価できず，不正な手段による取得には
該当しないとも考えられる[32]。

公開されている裁判例を調査した限り，リバースエンジニアリングにおけ
る営業秘密の取得について，明確に判示した裁判例は見受けられず，多くの
裁判例において，営業秘密の要件である非公知性との関係でリバースエンジ
ニアリングに関する主張がなされている。

3.1.5 「取得」の具体例

裁判例では次のような行為を本号の不正取得に該当すると判示している。
なお，取得行為が直接認定されておらず，様々な間接事実の積み重ねから取
得を推認しているケースも散見される[33]。退職の意思を固めた後に，店舗に
保管されていた顧客名簿を無断で持ち出してコピーした行為[34]，値上げをす

130 第1章 総則

るための検討材料とするためとの理由で担当者に指示をして個人所有のPC
にデータを入力させる行為[35]，営業譲渡によってカートクレーンの設計図を
含む財産を譲渡した後に，無断で当該設計図をコピーする行為[36]，営業秘密
たる原告図面と被告図面が一致すること，設計には少なくとも3か月かかる
ところ，被告が原告を退社して見積もりを依頼するまでの期間が40日であっ
たこと，原告積層機と被告積層機が設計者が自由に決めることができる部分
を含めて多くの点で一致すること等を前提として，原告を退社する際に本件
電子データを原告に無断で複製する行為[37]，営業秘密である生産菌等を営業
秘密保有者に無断で持ち出す行為[38]，次長という立場を利用して正規の手段
を経ることなく，情報管理室の操作担当者に虚偽の事実を述べて顧客情報の
プリントアウトを取得した行為[39]，後に設立することを企図している競合会
社の製品の設計に用いる目的を持って，製品の設計データを大量にダウン
ロードして取得する行為[40]，原告会社と被告会社との間で業務委託契約が締
結に至らなかった以上，被告会社から承諾を得た等の事情もない状況下で，
原告会社が被告会社に無断で営業秘密であることを容易に認識できる被告作
成ソフトを取得して使用した行為[41]などである。

　本号違反として裁判で争われるケースは，元従業員や元役員による無断で
の不正行為が多い。裁判例によっては，アクセスが許されている理由とは異
なる理由で複製する行為を不正取得に該当すると判断している[42]。

　不正取得の否定例として，婦人靴の木型について，被告の本件設計情報の
取得目的が兼業禁止等違反行為の一環であったとしても，取得それ自体が
「窃取，詐欺，強迫」に匹敵するような「不正の手段」によりされたものと
まではいえないとして本号の取得を否定したもの[43]，業務手引書について，
不正に持ち出すのであれば，データを適当な外部記憶媒体にコピーすれば足
りるだけのことであって，そこで原告主張に係るようなデータの更新が起き
ることは考えられないから，原告主張に係るファイルの最終更新日が不自然
な深夜になっているからといって，被告が原告主張に係るファイルのデータ
を不正にコピーなどして取得した事実を認定することはできないとしたも
の[44]，原告Ａの顧客情報管理システムに架空人物として登録されていた
「Ｅ」に被告らのダイレクトメールが送付されたことからすれば，本件顧客
情報の少なくとも一部が何らかの形で原告らの社外へ流出していたことがう
かがわれるが，「Ｅ」の情報が本件顧客情報として登録されたのは被告Ｃが

原告A社を退社した後であり，被告Cがこれらの送付先に係るデータを原告らの顧客情報管理システムから入手する機会があったとは認められないとして本号の取得を否定したもの[45]，既知の情報であることをもって，不正取得を否定したもの[46]，工場見学において営業秘密を認識することができたとしても，これを不正に取得したと認めることはできないとしたもの[47]，自身が開拓した顧客の連絡先を，会社支給の携帯電話ではなく，私物の携帯電話に登録し，これを消去せずに保持して使用し，顧客に連絡した行為[48]などがある。

3.2 「使用」

本号の不正競争行為は，営業秘密を不正取得する行為のほか，不正取得した営業秘密を自ら使用する行為も対象となる。

営業秘密の「使用」とは，営業秘密の本来の使用目的に用いることを意味する[49]。すべての利用行為が営業秘密の「使用」に該当するわけではなく，顧客名簿を用いてあいうえお作文や俳句を作成するなど顧客名簿の本来の使用目的とは関係のない利用行為は，営業秘密の「使用」には該当しない。

また，営業秘密の「使用」とは，自らの製造，販売等の事業活動に活用することをいい，要すれば，営業秘密をその本来の経済的用途に用いることを意味するとの見解がある[50]。営業秘密の使用は事業活動に用いる場合や経済的用途に用いる場合に限らず，私的に用いる場合も考えられるところ，事業活動や経済的用途に用いることに限る必要もない。不正取得行為により取得された営業秘密の使用分野は問わない[51]。

なお，差止請求（3条）や損害賠償（4条）の対象となるのは，不正競争によって営業上の利益を侵害する場合（差止請求の場合は，侵害するおそれで足りる）であり，営業秘密を使用する行為として不正競争に該当したとしても，営業上の利益を侵害するおそれがないとして，差止請求や損害賠償請求の対象とならない場合もありうる。

自ら使用する行為の例としては，窃取した他社のノウハウを自社製品の製造に使用することがあげられる。営業秘密を使用して製造された製品を販売する行為等は，営業秘密の使用行為には該当しないことから，使用行為の差止請求の範囲外であるが，営業秘密の使用行為の差止請求を行うために必要な措置に関する請求（3条2項）として，営業秘密の使用行為により作成さ

132 第1章 総則

れた製品の廃棄請求を認めることが可能であるとする見解がある[52]。現行法では，営業秘密のうち，技術情報の秘密の使用により生じた物の譲渡等については，2条1項10号の不正競争行為となる。営業秘密の使用により生じた物の譲渡等の詳細については，2条1項10号の解説を参照されたい。

裁判例では，原告顧客情報のうち4件の取引先について，被告の営業行為を認定できるとしても，そこでした営業というのは，原告より安い料金で仕事を引き受けるなどという取引勧誘程度のことであって，これでは退職従業員が，退職後に従来の知識経験を活かして退職した会社の取引先を訪れて営業活動をしているのと何ら変わらず，これでは退職後の競業行為を問題にできるとしても，これから原告が主張するような詳細な営業情報の使用を推認することはできないとしたもの[53]，秘密保持義務違反に基づく損害賠償請求の事案において，直通電話番号を使用したという点については，代表番号に架電して同様の営業活動を行うことは容易であることを考慮すると，直通電話の番号が有用性を有する情報ということはできず，これを使用したことが本件機密情報の使用に当たると評価することはできないとしたもの[54]などがある。

3.3 「開示」

本号の不正競争行為は，営業秘密を不正取得する行為や不正取得した営業秘密を自ら使用する行為のほか，不正取得した営業秘密を他者に開示する行為も対象とする。

営業秘密の「開示」とは，営業秘密を第三者が知ることができる状態に置くことをいう[55]。

不正取得した営業秘密を，秘密を保持しつつ特定の相手に開示する場合であっても，ここにいう開示行為に当たることが条文上明記されている。なお，秘密を保持することなく営業秘密の開示が行われた場合であっても，開示を受けた者が当該営業秘密を公にすることなく，保持し続けている場合には，非公知性を喪失せずに営業秘密として保護されうる。開示によって公知となった場合，公知となった以降は非公知性の要件を満たさず，営業秘密には該当しないが[56]，開示者に対する損害賠償請求は可能である。また，開示は第三者が知ることを妨げないという秘密管理の不作為形式によってもなされうる。不正開示によって営業秘密の一部を知りうる場合であっても，当該

一部が営業秘密の要件を満たすのであれば，不正開示に該当する[57]。

他者に開示する行為の例としては，産業スパイが窃取した新製品情報をライバル会社に売り渡すことや，従業員が無断で持ち出した勤務先の顧客データを転職後の勤務先に提供することがあげられる。

なお，業務に使用したことをもって共有したと評価し，開示を認めた裁判例がある[58]。

4　主観的要件

本号の不正取得類型には主観的要件は定められていない。本号は，取得したものが営業秘密であるということの認識（主観的要件）の有無にかかわらず，不正競争に該当する[59]。なお，正当取得類型である2条1項7号では「不正の利益を得る目的で，又はその営業秘密保有者に損害を加える目的」（「図利加害目的」）という主観的要件が定められている。

差止請求（3条）では主観は要件となっていないが，損害賠償請求においては「故意又は過失」が要件となっている（4条）。例えば，本号の不正取得等において，営業秘密であることの認識がなく，故意または過失が認められない場合には損害賠償請求は認められないが，差止請求は認容される可能性がある。

5　他の条項との関係

生産方法等の技術上の秘密について，本号の不正取得行為がなされた場合，5条の2に定める推定規定の対象となりうる。具体的には，技術上の秘密（生産方法その他政令で定める情報に係るものに限る）について，本号の不正取得行為がなされ，その行為をした者が当該技術上の秘密を使用する行為により生ずる物の生産その他技術上の秘密を使用したことが明らかな行為として政令で定める行為をしたときは，その者は，営業秘密を使用する行為として生産等をしたものと推定される（5条の2）。推定規定の詳細は，5条の2の解説を参照されたい。

また，令和5年の不正競争防止法改正により，営業秘密侵害の国際裁判管轄および準拠法規定が不正競争防止法に新設された。本号は，令和5年改正法の施行後，国際裁判管轄（19条の2）および準拠法（19条の3）の対象となる不正競争であり，日本国外において本号に定める営業秘密の侵害行為が

134　第1章　総則

発生した場合であっても，以下の要件を満たす場合には，日本の裁判所に国際裁判管轄が認められ，日本の不正競争防止法が適用される。

① 日本国内において事業を行う営業秘密保有者の営業秘密であること

② 日本国内で管理されている営業秘密であること

③ 専ら日本国外において事業の用に供されるものではないこと

【注】

1） 通産省・逐条解説営業秘密77頁

2） 田村・概説2版328頁

3） 山本・要説4版147頁。なお，刑事罰では，正当取得類型の21条2項1号において，横領等による営業秘密の領得行為が処罰対象とされているのに対し，民事規制では，正当取得類型の2条1項7号において，営業秘密の取得行為は不正競争とされておらず，一部ではあるが，刑事罰の構成要件の方が民事措置に比べて対象が広い類型もある。

4） 茶園編・不競法2版74頁，経産省・逐条解説（令和5年改正版）97頁，田村・概説2版338頁，営業秘密侵害が不正競争行為とされた1990年当時の分類として鎌田薫「営業秘密の保護と民法」ジュリ962号33頁（1990）

5） 通産省・逐条解説営業秘密71頁は，営業秘密について，「改正法では，一般条項型の規定を置かず，不正行為の行為類型を個別に明確化して規定することとした」とする。田村・概説2版327頁-328頁は，不正競争防止法は，2条1項4号から9号まで（現行法では4号から10号まで）において禁止されるべき行為類型を限定しており，秘密管理された非公知の情報に対する法的保護は他の者の情報利用行為すべてに対して及ぶわけではないとしている。

6） 高性能ALPS事件控訴審判決・知財高判令元・9・20最高裁HP（平成30年（ネ）10049号）〔28274614〕

7） クロス下地コーナー材事件第一審判決・福井地判平30・4・11公刊物未登載（平成26年（ワ）140号／平成29年（ワ）15号）〔28323077〕

8） 林修三『法令用語の常識』〔第3版〕（日本評論社，1975）17頁，経産省・逐条解説（令和5年改正版）99頁

9） 田村・概説2版339頁は，「窃取，詐欺，強迫その他の不正の手段という概念はあくまで不正競争防止法上の概念であるから，本号の趣旨に沿って解釈すべきであり，刑法上の諸概念にとらわれる必要はない」とする。

10） 山口厚『刑法各論』〔第3版〕199頁（有斐閣，2024）

11） 山口・前掲注10）182頁

12） 「保持」ではなく，2条1項7号で用いられている「保有」と解することもありうるが，「保有」の解釈には争いがあることから，「保持」という文言を用いた。同号の保有者については，「営業秘密を正当な権原に基づいて保持している者」と解し，窃盗等の不正行為によって営業秘密を取得した者のように正当な

権原に基づかないで保有している者は「保有者」に含まれないとする見解（通産省・逐条解説営業秘密63頁，山本・要説4版162頁，渋谷・講義Ⅲ153頁）や，このような限定をせずに，窃盗等の不正行為によって営業秘密を取得した者のように正当な権原に基づかないで保有している者も「保有者」に該当するという見解がある（小野・新・注解3版上巻547頁〔小野昌延・平野惠稔〕，なお，赤松耕治「技術情報の『帰属』と『保有』について」関東学院25巻3・4号22頁（2016）は，保有者を「不正利用行為の対象となる営業秘密の管理をなしている者」と解している）。

13) 山本敬三『民法講義Ⅰ－総則』〔第3版〕228頁（有斐閣，2011）

14) 大島眞一『民法総則の基礎がため』41頁（新日本法規出版，2022）

15) 小野昌延『営業秘密の保護――不正競争としてのノウハウの侵害を中心として』〔増補〕586頁（信山社，2013），小野＝松村・新・概説3版上巻354頁。小野＝松村・新・概説3版上巻355頁は，「転職の誘引は従業者の職業選択の自由との関係で，その手段，方法，目的等を総合的に評価して違法性を判断すべきであろう」とする。

16) 保険契約者顧客情報事件・東京地判令2・6・11最高裁HP（平成30年（ワ）20111号）〔28300843〕

17) 山本・要説4版150頁-151頁，なお，前掲山本は，「不正の手段かどうかを判定する場合の違法性については，不正競争防止法の場合は刑法のそれと同じ意味ではなく，あくまでも民事法の立場より，公序良俗の観点（民法第90条）から判断すべきである」とする。

18) 経産省・逐条解説（令和5年改正版）99頁

19) 渋谷・講義Ⅲ135頁は，不正の手段には，刑事規定に違反する行為と同等の違法性を有する手段に限る必要はなく，取引通念上不正と観念される程度の手段でよいとする。

20) ラベラー事件・東京地判令3・6・4最高裁HP（平成27年（ワ）30656号）〔28302174〕

21) 前掲注20) ラベラー事件，男性かつら顧客名簿事件・大阪地判平8・4・16判タ920号232頁〔28011467〕，本号違反の主張を否定した裁判例としてプラスチック木型事件第一審判決・東京地判平29・2・9最高裁HP（平成26年（ワ）1397号／平成27年（ワ）34879号）〔28250692〕

22) エディオン事件・大阪地判令2・10・1最高裁HP（平成28年（ワ）4029号）〔28283762〕

23) 小野・新・注解3版上巻530頁〔小野昌延・苗村博子〕。顧客情報について，自己の担当客分に関する使用等を2条1項7号とし，他の営業員の担当分の取得等を本号の不正競争行為と認定した裁判例として医薬品配置販売業顧客名簿事件・大阪地判平30・3・5最高裁HP（平成28年（ワ）648号）〔28262621〕

24) 経産省・逐条解説（令和5年改正版）99頁は，「取得」とは，営業秘密を自己の管理下に置く行為をいうとする。

136　第1章　総則

25)　経産省・逐条解説（令和5年改正版）99頁

26)　渋谷・講義Ⅲ153頁

27)　鎌田薫「『財産的情報』の保護と差止請求権(5)」L＆T11号41頁（1990）。なお，半導体集積回路の回路配置に関する法律12条2項にはリバースエンジニアリングに対して回路配置利用権の効力は及ばないとする規定がある。

28)　経産省・逐条解説（令和5年改正版）100頁，結論において同旨なものとして，田村・概説340頁，茶園編・不競法2版75頁。

29)　通産省・逐条解説営業秘密152頁-153頁，山本・要説4版150頁

30)　従前，根拠として記載されていた民法414条3項は，民法改正（平成29年法律44号）により削除されている。

31)　茶園編・不競法2版9頁

32)　結論において同旨なものとして，小野＝松村・新・概説3版上巻355頁

33)　小松一雄編『不正競争訴訟の実務』346頁（新日本法規，2005），小野＝松村・新・概説3版上巻357頁

34)　前掲注21）男性かつら顧客名簿事件，退職を決意した後のコピーによる不正取得を認めたその他の裁判例として墓石販売業者顧客名簿事件・東京地判平12・11・13判タ1047号280頁〔28052360〕

35)　放射線測定機器具顧客名簿事件（第一審）・東京地判平12・10・31判タ1097号295頁〔28060263〕，放射線測定機器具顧客名簿事件（控訴審）・東京高判平13・6・20最高裁HP（平成12年（ネ）5926号）〔28061374〕

36)　カートクレーン設計図不正取得事件・東京高判平14・1・24最高裁HP（平成13年（ネ）3411号）〔28070236〕

37)　セラミックコンデンサー設計図不正取得事件・大阪地判平15・2・27最高裁HP（平成13年（ワ）10308号／平成14年（ワ）2833号）〔28081388〕

38)　コエンザイム事件・東京地判平22・4・28判タ1396号331頁〔28161217〕

39)　美術工芸品顧客名簿事件・東京地判平11・7・23判タ1010号296頁〔28042668〕

40)　オートフォーカス顕微鏡の組立図事件・東京地判平28・4・27最高裁HP（平成25年（ワ）30447号）〔28241422〕

41)　大阪地判平28・11・22最高裁HP（平成25年（ワ）11642号）〔28250972〕

42)　オートフォーカス顕微鏡の組立図事件・東京地判平28・4・27最高裁HP（平成25年（ワ）30447号）〔28241422〕は，従業員としてサーバーに蓄積されているデータをダウンロードし，保存する権限を与えられていたが，このような権限を付与していたのは，真に業務上の必要のある場合にのみこれを保存することを許容する趣旨に出たものであって，競合会社の製品の設計に用いる目的を持って，設計データを大量にダウンロードして取得することまでをも許容する趣旨ではなかったとして，本号の不正取得に該当すると判示している。

43)　プラスチック木型事件第一審判決・東京地判平29・2・9最高裁HP（平成26年（ワ）1397号／平成27年（ワ）34879号）〔28250692〕

44) 大阪地判平29・8・24最高裁HP（平成27年（ワ）10870号）〔28254046〕
45) 東京地判平28・9・8最高裁HP（平成27年（ワ）2690号）〔28243557〕
46) 支払督促異議申立事件・大阪地判平28・9・29最高裁HP（平成25年（ワ）10425号／平成25年（ワ）10428号）〔28253677〕
47) 大阪高判平30・11・2最高裁HP（平成30年（ネ）1317号）〔28265468〕
48) 保険契約者顧客情報事件・東京地判令2・6・11最高裁HP（平成30年（ワ）20111号）〔28300843〕
49) 経産省・逐条解説（令和5年改正版）100頁は，「使用」とは営業秘密の本来の使用目的に沿って行われ，当該営業秘密に基づいて行われる行為として具体的に特定できる行為を意味し，茶園編・不競法2版76頁は，「使用」とは，自らの事業活動において，営業秘密をその本来の経済的用途に用いることであるとする。
50) 山本・要説4版152頁
51) 渋谷・講義Ⅲ156頁。デパートの顧客名簿を盗み出して，それを金融業者が使用するような場合でも使用に該当する。
52) 通産省・逐条解説営業秘密76頁
53) 大阪地判平29・8・24最高裁HP（平成27年（ワ）10870号）〔28254046〕
54) エイシン・フーズ事件・東京地判平29・10・25最高裁HP（平成28年（ワ）7143号）〔28254072〕
55) 経産省・逐条解説（令和5年改正版）100頁，茶園編・不競法2版76頁は，「開示」とは，その営業秘密を公知のものにし，または秘密の状態を保持しつつ特定の者に示すことであるとする。
56) 小野・前掲注15）580頁，小野・松村・新・概説3版上巻356頁。
57) 小野・松村・新・概説3版上巻356頁
58) 前掲注20）ラベラー事件
59) 産業構造審議会財産的情報部会報告書（平成2年3月16日）「財産的情報に関する不正競争行為についての救済制度のあり方について」，通産省・逐条解説営業秘密資料1，185頁

〔山口　三惠子・西川　喜裕〕

138　第1章　総則

（定義）―営業秘密に係る不正競争行為
2条1項5号

　　五　その営業秘密について営業秘密不正取得行為が介在したことを知って，若し
　　　　くは重大な過失により知らないで営業秘密を取得し，又はその取得した営業秘
　　　　密を使用し，若しくは開示する行為

趣　　旨

　本号は，不正取得の転得類型のうち，営業秘密の取得時に悪意または重過
失であった類型である（各行為類型の概要については2条1項4号の【趣
旨】を参照されたい）。具体的には，2条1項4号の営業秘密不正取得行為
が介在したことを知って（悪意），もしくは重大な過失により知らないで
（重過失）営業秘密を取得する行為，またはその取得した営業秘密を使用も
しくは開示する行為を不正競争と位置付ける規定である。

　営業秘密は，情報の特質から，保有者の下から不正に取得されたとして
も，保有者の管理下から喪失するものではなく，保有者の営業秘密に関する
正当な利益はなお保護される必要がある。不正取得された営業秘密の転得者
が，営業秘密をさらに使用や開示をすると，保有者の利益を新たに侵害する
結果となることから，転得者の行為も不正競争として差止め等の対象とされ
ている。営業秘密は秘密管理されており，公示されていないことから，取引
の安全を考慮し，本号は転得者のすべての行為を規制の対象とするのではな
く，営業秘密が不正取得行為によって取得されたものであることについて悪
意または重過失でありながら，なお当該営業秘密を取得し，使用または開示
する行為といった行為自体の悪性が認められる場合に限定されている[1]。営
業秘密を不正利用行為等から保護する趣旨は，成果開発のインセンティブを
保障するために，営業活動上の情報を秘密にすることで他の競業者に対し優
位に立とうとする企業の行動を法的に支援するところにある[2]。

　本号の主観的要件は，悪意または重過失のみで，2条1項7号や刑事の営
業秘密侵害罪（21条1項）のような不正の利益を得る目的または営業秘密保
有者に損害を加える目的（図利加害目的）は要件とはなっていない。

　同じ不正取得の転得類型である2条1項6号（事後的に悪意となった類
型）や刑事罰の転得類型（21条1項7号，8号）では，営業秘密の取得行為
は不正競争または刑事罰の対象とならないが，本号は「取得」が不正競争と

されている点に注意が必要である。

解　説

1 「営業秘密について」

本号の対象となる「営業秘密」とは，秘密として管理されている生産方法，販売方法その他の事業活動に有用な技術上または営業上の情報であって，公然と知られていないものをいう（2条6項）。「営業秘密」の定義については2条6項の解説を参照されたい。

2 「営業秘密不正取得行為が介在したこと」

「営業秘密不正取得行為」の意味は，2条1項4号に定められたとおり，「窃盗，詐欺，強迫その他の不正の手段により営業秘密を取得する行為」である。「不正取得行為」の詳細は2条1項4号の解説を参照されたい。

本号の取得には，4号に定める不正取得者から直接取得する場合だけでなく，間接的に取得する場合も含まれる[3]。間接的な取得とは，営業秘密を不正取得した者（一次取得者）がこれを第三者に開示した場合に，この第三者から転得者が入手したような場合である。

転得者が悪意または重過失である限り，この転得者の前に善意・無重過失の転得者が介在した場合であっても，悪意または重過失の転得者の取得行為が本号の転得行為に該当することに変わりない[4]。

3 「知って，若しくは重大な過失により知らないで」

3.1 「知って」（悪意）

本号では2条1項7号のように「不正の利益を得る目的で，又はその営業秘密保有者に損害を加える目的」といった主観的要件は定められておらず，情を知りながら営業秘密を取得する行為が不正競争行為とされている。

「知って」とはいわゆる悪意（ある事情を知っていること[5]）のことである。

悪意の対象は，「営業秘密について営業秘密不正取得行為が介在したこと」であり，本号における「悪意」とは，営業秘密について営業秘密不正取得行

140　第1章　総則

為が介在したという事実を知りながら営業秘密を取得する場合を意味する[6]。不正取得者が誰であるかまで具体的に知る必要はなく，不正取得行為が介在していることさえ知っていればよい。

　セラミックコンデンサー設計図不正取得事件・大阪地判平15・2・27最高裁HP（平成13年（ワ）10308号／平成14年（ワ）2833号）〔28081388〕は，被告Aおよび被告Bが，被告会社代表者に対し，原告の営業秘密である本件電子データを用いて短期間に原告と同様なセラミックコンデンサー積層機および印刷機を完成し，これを原告の顧客であった者に販売することにより利益を上げられる旨申し向けて出資を要請し，被告会社代表者がそれに応じて出資をしたことが推認されることを前提に，被告会社は，本件電子データを取得するに当たり，被告Aおよび被告Bが，原告の営業秘密である本件電子データを原告に無断で複製して不正に取得したことを知っていたものと推認されると認定した。

3.2　「重大な過失により知らないで」（重過失）

　「重大な過失により知らないで」営業秘密を取得とは，取引上要求される注意義務を尽くせば，容易に不正取得行為が介在したことが判明するにもかかわらず，その義務に違反して営業秘密を取得する場合をいい，悪意の場合とほぼ同視しうるものをいう[7]。例えば，明らかに他社の未公表重大情報と思われるものが正規のルートによらず持ち込まれた場合に，何の調査もせずにこれを取得することは，重大な過失があるといってよい。

　重過失が要件とされ，容易に不正取得行為が介在したことが判明する場合に限定し，軽過失による取得は適法とされていることは，財産的情報の取得に当たっては，開示者が秘密保持義務に違反しているのではないかという点についての一般的な調査義務は課されていないということを意味している[8]。

　医薬品配置販売業顧客名簿事件・大阪地判平30・3・5最高裁HP（平成28年（ワ）648号）〔28262621〕は，被告会社の代表者である被告P2が，原告の元従業員であり，原告の営業秘密の回収廃棄が徹底されていなかったことを熟知しており，退職時においてもそれらが回収された記憶がないことを踏まえ，被告P1が原告を退職するに当たり，当該営業秘密を持ち出し，その後使用する可能性があることを認識していたものというべきであるにもか

かわらず，被告P2が被告会社の代表として被告P1に対して原告の営業秘密の破棄を命じ，被告会社の営業に使用することを禁じるなどして不正競争行為を防止するべき特段の措置を講じた事情は認められないことを踏まえ，被告P2に対して，重過失があると認定し，被告会社も同様の理由で重過失があるとした。なお，被告P2および被告P3は，被告P1によるα社のルート一覧の不正取得を認識していたとは認められないとして，悪意を否定している。

美術工芸品顧客名簿事件・東京地判平11・7・23判タ1010号296頁〔28042668〕は，インターネットを通じて被告会社の概要を知ったとする者から，顧客名簿を15万円で買い受けた被告会社について，悪意，重過失を否定した。

3.3 悪意または重過失の対象

営業秘密が窃取と詐欺によって別々のルートで流失した場合，転得者が窃取された方のルートで取得し，その際その転得者は詐欺の件については悪意であったが，窃取の件については知らず，善意であったときは，本号の対象とはならないとする見解がある[9]。この見解は，営業秘密を手に入れるまでの一連の流通過程（窃取ルートの過程）において不正取得行為が介在したことについては，善意といわざるをえないとする。実務において，別々のルートで流出し，かつ，自己が取得したルートにおける不正取得行為の介在について善意無重過失で，別ルートについて悪意であるというケースは稀有であると思われる。窃取ルートにおいて，善意であった場合，取引によって営業秘密を取得し，19条1項7号の適用除外が適用される範囲については，営業秘密侵害とはならない。もっとも，転得者が詐欺ルートによって営業秘密を取得したと認識していた場合，実際には自己が認識していない窃取ルートによる取得であったとしても，転得者としては，不正取得が介在したこと（詐欺）については悪意であり，取得した営業秘密を使用または開示してはならないことを認識しえたのであるから，「不正競争」としての違法性はあると考える見解もありうる。

また，別々のルートで流出した場合ではなく，一つのルートでの流出であるが，営業秘密を不正取得するに当たって，窃取と詐欺の両方の行為が行われていたケースで，詐欺について悪意であれば，窃取に対し善意・無重過失

142 第1章 総則

であったとしても，一連の流通過程において不正取得行為（詐欺）が介在したことについて知っていたのであるから，本号の対象となると考える。なお，保有者からAが強迫によってその営業秘密を奪い，そのAから更にBが窃取したような場合に，CがBから入手するときは，Cの悪意重過失の対象は，AとBのいずれの不正取得行為でもよいとする見解がある[10]。

4 「取得し，又はその取得した営業秘密を使用し，若しくは開示する行為」

4.1 「取得」

2条1項4号において，営業秘密の「取得」とは当該営業秘密を知覚しまたは知覚できる状態に置くことをいう。2条1項4号における「取得」の詳細は2条1項4号の解説を参照されたい。

本号における悪意または重過失の判断は営業秘密の「取得」時点において行われるところ，本号においてどの時点で営業秘密の「取得」と評価されるかは重要である。営業秘密が添付されたメールを受信した後に，営業秘密の不正取得行為の介在について説明を受け，その後にメールを開封し，添付された営業秘密を確認したというケースでは，本号の「取得」を2条1項4号と同様に解釈する見解と本号と2条1項4号で「取得」の解釈を変える見解で結論が異なりうる。

「取得」という文言は，本号に限らず，民事の営業秘密侵害に関する他の号や刑事罰を定める21条1項においても用いられている。同一の文言は統一的に整合性をもって解釈するのが合理的であるとして，本号における営業秘密の「取得」を2条1項4号と同様に考える見解（営業秘密の「取得」とは当該営業秘密を知覚しまたは知覚できる状態に置くことをいう）[11]では，営業秘密が添付されたメールを自己のメールボックスに受信した時点において，知覚できる状態になったとして取得と認められる[12]。この見解では営業秘密が添付されたメールを受信した時点において，不正取得行為の介在について悪意または重過失が判断されることになる。上記のケースでは，メールを受信した後に，不正取得行為が介在したことの説明を受けており，メールを受信した時点では不正取得行為の介在について善意または無重過失であったのであるから，取得時の悪意または重過失を満たさず，本号は適用されない。この場合は，取得後に悪意になったケースとして2条1項6号の適用の

問題となる。なお，2条1項6号（事後的に悪意または重過失になった類型）は，「取得」行為を不正競争行為としていないため，その後の「使用」または「開示」が行われない限り，不正競争行為とはならない。

　これに対し，2条1項4号は一次取得者が不正の手段によって営業秘密を「取得」する行為を対象としているが，本号は二次取得者以降の者を対象としており，対象とする者や行為態様が異なることを踏まえ，4号の「取得」と本号の「取得」を別のものとして解釈する見解も考えられる。本号における営業秘密の「取得」は，知覚できる状態に置くことに加え，営業秘密を保有していることを認識していることまで必要とする見解である。この見解では，自己のメールボックスに営業秘密が添付されたメールを受信しているだけでは足りず，当該メールを確認し，営業秘密を認識した時点をもって「取得」と考える。メールを受信した後に，不正取得行為が介在したことの説明を受けた上記ケースについては，メール開封時には不正取得行為が介在したことを知っていたとして本号の対象となる。

　この点，悪意または重過失は営業秘密の「取得」時点を基準に判断され，「取得」という文言は2条1項各号の民事規制だけではなく，営業秘密の刑事罰を定めた21条1項各号でも用いられていることを踏まえ，予見可能性確保の観点から同一の文言は統一的に解釈するべきであり，本号の「取得」は4号の「取得」と同様に解釈するべきである。

　なお，民事規制においては，2条1項5号と6号との差は，「取得」が不正競争とされているか否かの違いがある程度であるが，営業秘密侵害の刑事罰においても同様に「取得」という文言が使用されており，刑事罰においては，民事における2条1項6号（事後的悪意または重過失の類型）に対応する刑事罰は定められておらず，営業秘密の取得時点において故意および図利加害目的が必要とされていることから（21条1項7号），「取得」の意義が重要となる。刑事罰の詳細については，21条1項の解説を参照されたい。

4.2　「使用」

　本号の類型は，不正取得された営業秘密を悪意または重過失で取得する行為のほか，そのように転得した営業秘密を自ら使用する行為も対象となる。

　営業秘密の「使用」とは，営業秘密の本来の使用目的に用いることを意味する。「使用」に関する詳細な説明は2条1項4号を参照されたい。

144　第1章　総則

裁判例では，本件顧客情報が約15万件に及ぶのに対し，被告らによるダイレクトメールの送付数はこれを相当下回ると解されるうえ，本件の証拠上，これらが重複すると認められるのは10名余りにとどまることに照らし，被告らがダイレクトメールの送付その他宣伝広告活動をするに当たり本件顧客情報の使用を否定したものがある[13]。

4.3 「開示」

本号の類型は，不正取得された営業秘密を悪意または重過失で取得する行為や転得した営業秘密を自ら使用する行為のほか，そのように転得した営業秘密を他者に開示する行為も対象とする。

営業秘密の「開示」とは，営業秘密を第三者が知ることができる状態に置くことをいう。「開示」に関する詳細な説明は2条1項4号を参照されたい。

5　本号の具体例

本号の具体例としては，産業スパイが盗んだ他社の情報を，ライバル会社がそれと知って産業スパイから買うケースや，会社の従業員が勤務先から不正取得した営業秘密を，ライバル会社がそのことを知ったうえでその従業員から買うケースが挙げられる。これらの産業スパイや従業員の行為は4号の不正取得および開示行為に当たり，ライバル会社の行為は本号の不正転得行為に当たる。従業員が在職中に勤務先の営業秘密である顧客情報を不正取得し，退職して新会社を立ち上げ，新会社の営業活動にこの顧客情報を使用した場合，または他社に転職して転職先の営業活動にこの顧客情報を使用した場合，この従業員の行為は4号の不正取得・開示行為に当たる。新会社または転職した会社（従業員個人とは別個独立の法主体）がこの不正取得の事実を知っているとき（または重過失により知らないとき）は，これらの会社の行為は本号の不正転得・使用行為に当たる。従業員が自ら立ち上げた会社の場合は，不正取得の事実を知っていると見られるであろう。

裁判例では以下の行為などに本号が適用されている。

営業品密を不正取得した元従業員が退職前に設立し，当該元従業員が代表取締役となっている被告会社について，当該元従業員等が原告から不正に持ち出した顧客名簿を利用して営業活動を行ったものと認められるとして不正使用を認めた[14]。営業秘密を不正取得した元従業員等が設立した会社につい

て，営業秘密である顧客名簿に依拠してダイレクトメールを送ったことが推認できるとして，本号所定の不正競争に当たるとした[15]。半導体全自動封止機械装置等の営業秘密について，原告の元従業員が被告会社を設立し，被告会社が設立されて間もなく原告が受注していたものと同じ製品を製造するようになった事実等を踏まえ，被告会社の営業秘密の使用を認めた[16]。セラミックコンデンサー積層機および印刷機の設計図である営業秘密について，原告会社を退職した元従業員が，原告会社の営業秘密を用いて短期間に原告会社と同様なセラミックコンデンサー積層機等を完成し，これを原告会社の顧客であった者に販売することにより利益を上げられる旨申し向けて出資を要請し，被告会社代表者がそれに応じて出資をしたことが推認されるとして，原告の営業秘密を原告に無断で複製して不正に取得したことを知っていたものと推認されるとした[17]。

6 他の条項との関係

生産方法等の技術上の秘密について，本号の転得行為がなされた場合，5条の2に定める推定規定の対象となりうる。具体的には，技術上の秘密（生産方法その他政令で定める情報に係るものに限る）について，本号の転得行為がなされ，その行為をした者が当該技術上の秘密を使用する行為により生ずる物の生産その他技術上の秘密を使用したことが明らかな行為として政令で定める行為をしたときは，その者は，営業秘密を使用する行為として生産等をしたものと推定される（5条の2）。使用等の推定規定の詳細は，5条の2の解説を参照されたい。

また，令和5年の不正競争防止法改正により，営業秘密侵害の国際裁判管轄および準拠法規定が不正競争防止法に新設された。本号は，令和5年改正法の施行後，国際裁判管轄（19条の2）および準拠法（19条の3）の対象となる不正競争であり，日本国外において営業秘密の侵害が発生した場合であっても，以下の要件を満たす場合には，日本の裁判所に国際裁判管轄が認められ，日本の不正競争防止法が適用される。

① 日本国内において事業を行う営業秘密保有者の営業秘密であること
② 日本国内で管理されている営業秘密であること
③ 専ら日本国外において事業の用に供されるものではないこと

146　第 1 章　総則

【注】
1 ）　通産省・逐条解説営業秘密81頁
2 ）　田村・概説 2 版328頁
3 ）　経産省・逐条解説（令和 5 年改正版）101頁，茶園編・不競法 2 版77頁
4 ）　渋谷達紀「営業秘密の保護―不正競争防止法の解釈を中心として」曹時45巻 2 号368頁-369頁，382頁（1993），渋谷・講義Ⅲ146頁，田村・概説 2 版350頁
5 ）　吉田利宏『新法令用語の常識』〔第 2 版〕92頁（日本評論社，2022）
6 ）　茶園編・不競法 2 版76頁
7 ）　茶園編・不競法 2 版76頁，経産省・逐条解説（令和 5 年改正版）101頁は，重過失による取得とは，通常の注意義務を尽くしていれば不正取得行為の介在を知ることができたのに，漫然とこれを取得することをいい，単なる過失ではなく，重過失であるから，悪意と同視しうるほどの著しい注意義務違反がある場合をいうとする。
8 ）　鎌田薫「『財産的情報』の保護と差止請求権(5)」Ｌ＆Ｔ 11号47頁（1990）
9 ）　山本・要説 4 版159頁
10）　山本・要説 4 版158頁
11）　経産省・逐条解説（令和 5 年改正版）100頁以下では，本号の解説において，「取得」について明確な言及はなされていない。
12）　営業秘密である電子データにパスワードが付され，その内容を確認できない場合，知覚できる状態とは評価できず，パスワードを取得し，営業秘密である電子データの内容を確認できる状態をもって，「取得」したと評価する見解もありうる。
13）　東京地判平28・ 9 ・ 8 最高裁HP（平成27年（ワ）2690号）〔28243557〕
14）　墓石販売業者顧客名簿事件・東京地判平12・11・13判タ1047号280頁〔28052360〕
15）　放射線測定機械器具顧客名簿事件（第一審）・東京地判平12・10・31判タ1097号295頁〔28060263〕，放射線測定機械器具顧客名簿事件（控訴審）・東京高判平13・ 6 ・20最高裁HP（平成12年（ネ）5926号）〔28061374〕
16）　半導体全自動封止機械装置設計図事件・福岡地判平14・12・24判タ1156号225頁〔28092480〕
17）　前掲セラミックコンデンサー設計図不正取得事件・大阪地判平15・ 2 ・27最高裁HP（平成13年（ワ）10308号／平成14年（ワ）2833号）〔28081388〕

〔山口　三惠子・西川　喜裕〕

（定義）—営業秘密に係る不正競争行為

2条1項6号

六　その取得した後にその営業秘密について営業秘密不正取得行為が介在したことを知って，又は重大な過失により知らないでその取得した営業秘密を使用し，又は開示する行為

趣　　旨

　本号は，不正取得の転得類型のうち，営業秘密の取得時には善意または無重過失であったが，事後的に悪意または重過失となった類型である（各行為類型の概要については2条1項4号の【趣旨】を参照されたい）。具体的には，2条1項4号の営業秘密不正取得行為の介在について善意または無重過失で営業秘密を取得した者が，その後悪意・重過失に転じた場合，その営業秘密を使用または開示する行為を「不正競争」と位置付けたものである。

　営業秘密は，情報の特質から，保有者の下から不正に取得されたとしても，保有者の管理下から喪失するものではなく，保有者の営業秘密に関する正当な利益はなお保護される必要があり，このような観点から，不正取得された営業秘密の転得者が，営業秘密をさらに使用や開示をすると，保有者の利益を新たに侵害する結果となることから，転得者の行為も不正競争として差止め等の対象とされている。営業秘密は秘密管理されており，公示されていないことから，取引の安全を考慮し，転得者のすべての行為を規制の対象とするのではなく，営業秘密が不正取得行為によって取得されたものであることについて悪意または重過失でありながら，なお当該営業秘密を使用または開示する行為といった行為自体の悪性が認められる場合に限定されている[1]。営業秘密を不正利用行為等から保護する趣旨は，成果開発のインセンティブを保障するために，営業活動上の情報を秘密にすることで他の競業者に対し優位に立とうとする企業の行動を法的に支援するところにある[2]。

　2条1項5号とは異なり，取得行為は不正競争とされておらず，使用行為と開示行為のみが不正競争として民事措置の対象となっている点に注意が必要である。

　本号は営業秘密の取得時に善意または無重過失であった者を対象としているが，何が営業秘密であるかということは公示されていないことから，取引の安全を考慮し，取引によって営業秘密を取得した場合には適用が除外され

148　第1章　総則

ている（19条1項7号）。具体的には，取引によって営業秘密を取得し，取得時に善意または無重過失であった者は，その取引によって取得した権原の範囲内においては当該営業秘密を使用または開示することができる。適用除外の詳細については19条1項7号の解説を参照されたい。

解　説

1　「取得した後に」

　本号は，営業秘密の取得時には不正取得行為の介在につき善意または無重過失であったが，その取得した後に悪意または重過失に転じた場合の規定である。これに対し，2条1項5号は取得時に不正取得行為の介在につき悪意または重過失である場合の規定である。

　2条1項4号において，営業秘密の「取得」とは当該営業秘密を知覚しまたは知覚できる状態に置くことをいう[3]。2条1項4号における「取得」の詳細は2条1項4号の解説を参照されたい。

　本号および2条1項5号における「取得」を4号における「取得」と統一して解釈するか否かは問題となりうる。本号における「取得」は，2条1項5号における「取得」と同様に考えるべきであり，2条1項5号の「取得」の詳細については2条1項5号の説明を参照されたい。

2　「営業秘密について」

　本号の対象となる「営業秘密」とは，秘密として管理されている生産方法，販売方法その他の事業活動に有用な技術上または営業上の情報であって，公然と知られていないものをいう（2条6項）。「営業秘密」の定義については，2条6項の解説を参照されたい。

3　「営業秘密不正取得行為が介在したこと」

　「不正取得行為」の意味は，2条1項4号に定められたとおり，「窃盗，詐欺，強迫その他の不正の手段により営業秘密を取得する行為」である。「不正取得行為」の詳細は2条1項4号の解説を参照されたい。

　本号の取得には，4号に定める不正取得者から直接取得する場合だけでなく，間接的に取得する場合も含まれる[4]。間接的な取得とは，営業秘密を不

正取得した者（一次取得者）がこれを第三者に開示した場合に，この第三者から転得者が入手したような場合である。途中に善意無重過失者が含まれたとしても，転得者が悪意または重過失であれば本号の対象となる[5]。具体例等の詳細は2条1項5号の説明を参照されたい。

4 「知って，又は重大な過失により知らないで」

4.1 「知って」（悪意）

本号では，2条1項7号のように「不正の利益を得る目的で，又はその営業秘密保有者に損害を加える目的」といった主観的要件は定められておらず，情を知りながら営業秘密を取得する行為が不正競争行為とされている。

「知って」とはいわゆる悪意（ある事情を知っていること[6]）のことである。

悪意の対象は，「営業秘密について営業秘密不正取得行為が介在したこと」であり，本号における「悪意」とは，営業秘密について営業秘密不正取得行為が介在したという事実を知っている場合を意味する。不正取得者が誰であるかまで具体的に知る必要はなく，不正取得行為が介在していることさえ知っていればよい。

善意取得者が事後的に悪意に転ずる場合としては，営業秘密の保有者から警告状の送付を受けたり，営業秘密侵害に基づく差止請求等の訴えを提起された場合が考えられるが，警告状や訴状が到達しただけで直ちに善意取得者が悪意または重過失になったとされ，それ以降の使用行為等を差し控えなければならないこととなるのかという問題が指摘されている[7]。例えば，取得時に善意であった者が何ら裏付けのない一片の警告状を受け取れば，その時点以後の使用行為等が本号の対象となるのかという意見が立法時に出されている[8]。

警告状や訴状の記載の内容，善意取得者が営業秘密を取得するに至った経緯，善意取得者による調査内容やその結果等を踏まえ，個別事情を踏まえて判断するべきものと思われるが，警告状や訴状を受領した場合，営業秘密不正取得行為が介在したことについて悪意，または，重大な過失によって知らないと評価されるケースが多いと思われる[9]。

150　第1章　総則

4.2 「重大な過失により知らないで」(重過失)

　「重大な過失により知らないで」営業秘密を使用または開示とは，取引上要求される注意義務を尽くせば，容易に不正取得行為が介在したことが判明するにもかかわらず，その義務に違反して営業秘密を使用または開示する場合をいい，悪意の場合とほぼ同視しうるものをいう。例えば，明らかに他社の未公表重大情報と思われるものが正規のルートによらず持ち込まれた場合に，何の調査もせずにこれを使用または開示することは，重大な過失があるといってよい。

　「重過失」が要件とされており，容易に不正取得行為が介在したことが判明する場合に限定し，「軽過失」による使用または開示は適法とされていることは，財産的情報の使用または開示に当たっては，開示者が秘密保持義務に違反しているのではないかという点についての一般的な調査義務は課されていないということを意味している[10]。

5 「取得した営業秘密を使用し，又は開示する行為」

5.1 「取得した」

　「取得」の解釈については，上記1「取得した後に」および2条1項5号の「取得」の解説を参照されたい。

5.2 「使用」

　本号の類型では，不正取得行為が介在した営業秘密を自ら使用する行為が対象となる。

　営業秘密の「使用」とは，営業秘密の本来の使用目的に用いることを意味する。「使用」に関する詳細な説明は2条1項4号を参照されたい。

5.3 「開示」

　本号の類型は，不正取得行為が介在した営業秘密を自ら使用する行為のほか，そのように取得した営業秘密を他社に開示する行為も対象とする。

　営業秘密の「開示」とは，営業秘密を第三者が知ることができる状態に置くことをいう。「開示」に関する詳細な説明は2条1項4号を参照されたい。

6　本号の具体例

　例えば，自社が開発した技術ノウハウであると言われ，調査しても疑うべき事実が出てこなかったという状況において，その会社とライセンス契約を締結して技術ノウハウの提供を受けた者（ライセンシー）が，後日営業秘密保有者からの警告状や訴状により，その技術ノウハウはライセンサーが産業スパイから買ったものであることを知ったのに引き続きこのノウハウを使用する場合，または後日マスコミで産業スパイがその技術ノウハウを盗んだことが大々的に報じられたのに改めて調査もせず引き続きこのノウハウを使用する場合，事実関係によっては，この使用は本号の不正競争行為に当たる。

　ただし，取引の安全を守るため，このような場合でも，転得者（上記のケースではライセンシー）が取引によって取得した権原の範囲内においてその営業秘密を使用しまたは開示する行為には，本号は適用されない（19条1項7号による適用除外）。適用除外の詳細については，19条1項7号の解説を参照されたい。

　上記のケースでは，ライセンシーがライセンス契約上許された範囲において技術ノウハウを引き続き使用し，または開示をする行為に対しては，本号の適用は除外され，差止めや損害賠償の請求を受けることはなく，また刑事罰の対象となることもない。

7　裁判例

　2条1項5号の悪意重過失を認定しなかった裁判例[11]では，原告から被告会社に対して申し立てられた保全手続の際に，被告会社が本件顧客名簿を原告に返還していることを認定し，本件顧客情報を取得した後に，悪意で本件顧客情報を使用して営業したことを認めることはできないとして，本号の該当性についても否定している。

8　他の条項との関係

　本号の転得行為については，現行法では使用等の推定規定の対象外であるが（5条の2），令和5年の不正競争防止法改正により当該推定規定の対象が拡充されており，一定の要件の下，使用等の推定規定が適用されうる（5条の2第2項）。

152 第1章 総則

　また，令和5年の不正競争防止法改正により，営業秘密侵害の国際裁判管轄および準拠法規定が不正競争防止法に新設されたが，本号は，令和5年改正法の国際裁判管轄（19条の2）および準拠法（19条の3）規定の対象外である。営業秘密侵害の国際裁判管轄や準拠法規定の適用を求める場合，本号ではなく，2条1項5号を根拠とすることが考えられるが，その場合には，営業秘密の取得時における悪意または重過失を立証する必要がある。

【注】
1）　通産省・逐条解説営業秘密84頁
2）　田村・概説2版328頁
3）　経産省・逐条解説（令和5年改正版）99頁
4）　経産省・逐条解説（令和5年改正版）101頁
5）　渋谷・講義Ⅲ150頁
6）　吉田利宏『新法令用語の常識』〔第2版〕92頁（日本評論社，2022）
7）　鎌田薫「『財産的情報』の保護と差止請求権(6)」L＆T　12号11頁（1991）
8）　通産省・逐条解説営業秘密86頁注(2)
9）　訴状の到達の時から悪意とみなすべきとする見解として，通産省・逐条解説営業秘密86頁注(2)，鎌田・前掲注7）11頁。悪意・重過失に転じるきっかけとして，警告を例に挙げるものとして，茶園編・不競法2版78頁。渋谷・講義Ⅲ150頁は，「営業秘密の取得者の事後的悪意重過失の状態は，営業秘密の保有者からの警告や，不正取得行為の報道などによって生ずる」とする。
10）　鎌田・前掲注7）47頁
11）　美術工芸品顧客名簿事件・東京地判平11・7・23判タ1010号296頁〔28042668〕

〔山口　三惠子・西川　喜裕〕

（定義）―営業秘密に係る不正競争行為
2条1項7号

　　七　営業秘密を保有する事業者（以下「営業秘密保有者」という。）からその営
　　　業秘密を示された場合において，不正の利益を得る目的で，又はその営業秘密
　　　保有者に損害を加える目的で，その営業秘密を使用し，又は開示する行為

趣　　旨

　本号は，営業秘密を保有者から示された場合，すなわち，取得行為自体は正当に行われた場合の不正競争行為を規定したものであり，いわゆる正当取得の類型[1]である（各行為類型の概要については2条1項4号の【趣旨】を参照されたい）。

　本号立法当時，保有者自らが営業秘密を従業員やその他の契約の相手に対して示した場合であっても，相手方に対して常に契約により使用や開示に制限が課されているとは限らないうえ，契約がなくとも両者の信頼関係に著しく反して当該営業秘密を使用・開示する行為が行われ，これに対して法的救済を認めることが必要な場合も存在することから，差止め等の対象としたと説明されている[2]。その後の不正競争防止法の改正を経て，営業秘密の保護が強化されており，上記立法当時の説明のように契約がない場合に限らず，契約が存在する場合でも，不正競争防止法の営業秘密侵害が主張される事案が増えている。営業秘密を不正利用行為等から保護する趣旨は，成果開発のインセンティブを保障するために，営業活動上の情報を秘密にすることで他の競業者に対し優位に立とうとする企業の行動を法的に支援するところにある[3]。

　本号は，営業秘密保有者が従業者，下請企業，ライセンシー等に対して営業秘密を示した場合に，その従業者等が不正の利益を得る目的または営業秘密保有者に損害を加える目的で，その営業秘密を使用または開示する行為を「不正競争」と位置付ける規定である。

　一次取得者の取得行為自体は適法・正当なものである点が，4号の不正取得類型（一次取得者の取得行為自体が不正のものである）と異なる。

154　第1章　総則

解　説

1　「営業秘密を保有する事業者」

1.1　「営業秘密」

　本号の対象となる「営業秘密」とは，秘密として管理されている生産方法，販売方法その他の事業活動に有用な技術上または営業上の情報であって，公然と知られていないものをいう（2条6項）。「営業秘密」の詳細については，2条6項の解説を参照されたい。

1.2　「保有する事業者」

　営業秘密を「保有する事業者」（営業秘密保有者）は，営業秘密を当初から保有する事業者（例えば，自社開発のノウハウを保有する会社）に限らず，ライセンシーとしてライセンサーの営業秘密を保有する事業者も含む。したがって，ライセンシーの従業員が職務遂行の必要上ライセンシーから開示を受けた営業秘密を，自己の利益のため他者に売り渡し，あるいは退職後の競業活動において使用したときにも本号の適用がある。

　窃盗等の不正行為によって営業秘密を取得した者が，営業秘密保有者に該当するかに争いがある。

　本号の「営業秘密保有者」を限定し，「営業秘密を正当な権原に基づいて保持している者」と解する見解[4]がある。かかる見解では，窃盗等の不正行為によって営業秘密を取得した者のように正当な権原に基づかないで保有している者は「保有者」に含まれないことになる。

　これに対して，本号の条文通り「営業秘密を保有する事業者」として，事業者という要件以外に保有者を限定しない見解がある[5]。この見解では，窃盗等の不正行為によって営業秘密を取得した者のように正当な権原に基づかないで保有している者も「保有者」に該当することになる。なお，営業秘密を侵害する者が，侵害される営業秘密の保有者は，それを他の者より違法に獲得したものであると，他の者が主張もしていない事実を援用して抗弁することは許されず，他の者が主張していない状態においては，その者の黙示の承諾あるものと推定し，当面問題となっている営業秘密状態は尊重されるべ

きであるとする見解もある[6]。

　また，条文上，保有者は「事業者」とされている。非事業者は保有者として不正競争防止法上の保護を受けない。「事業者」とは，商業，工業，金融業その他の事業を行う者をいう[7]。この定義は，事業者とは事業を行う者であるという以上のことを述べていないが[8]，事業者の概念はなるべく緩やかに解釈するのが妥当という指摘がある[9]。

2　「営業秘密を示された」

　保有者から示された営業秘密が本号の対象となる。

　「営業秘密を示された」要件については，従業者自身が開発，創作した情報が使用者によって営業秘密として管理されている場合に，当該従業者が当該営業秘密を使用し，または，第三者に開示することができるのかという問題との関係で議論されている。この問題について，裁判所の判断は明らかとはいえず，また学説上もいまだ定説をみないところである[10]。

　営業秘密の「帰属」を論じる必要があるか否かを基準に，学説を2つに大別することができる[11]。以下では，帰属を論じる説をA説，帰属を考慮しない説をB説として検討する。

2.1　A説（帰属説）

　まず，本源的保有者との概念を用いて営業秘密の帰属先を決めるアプローチが立案担当者から示された。本号の「保有者」を正当な権原に基づいて情報を取得して保持している者と解釈し，例えば，自ら情報を作り出した者（本源的保有者）やライセンス契約等によって法的に有効な取引行為の結果として情報を取得した者が含まれる[12]ということを前提に，本源的保有者自身の行為は本号の対象とはならない（本源的保有者自身の行為は，「保有者」から「示された」との本号の文言に該当しない）というのが，営業秘密の保護規定を不正競争防止法に導入した平成2年当時[13]の立案担当者の見解（A−1説）である。

　A−1説と同様に「職務上開発した営業秘密が企業と従業員のいずれかに帰属しているかの点」が問題となり，営業秘密の帰属に関する一般的な規定は存しないので，当事者間の合意の内容のほか，当該営業秘密の性質，開発の際の事情等を総合的に勘案して営業秘密の帰属を判断するが，性質上，各

156　第1章　総則

種の知的財産法の趣旨を考慮に入れることが必要であり，「解釈論的には，営業秘密の内容が「発明」としての実質を備えるものであるときは，特許法35条の適用ないし類推適用があるものと解さざるをえない」とする見解（A－2説）もある[14]。

　また，本号の保有者とは，「営業秘密を正当な権原に基づいて保有する者」を意味し，正当な権原を判断する一つの基準として，「特許法の職務発明及び著作権法の職務著作物の規定を参考として，その営業秘密の生成が，当該従業者の発意に係るものであり，かつ，その事業の範囲内であって，しかも当該従業員の職務の範囲に属しているものであれば，その事業者に正当な権原があるとの推定が働くものと考える」見解（A－3説）もある[15]。

　本号の「保有者」は，営業秘密の使用権原または開示権原を有する事業者をいうとして，従業者の創作した職務発明につき特許を受ける権利を承継した雇用主は，保有者に該当すると解釈する見解（A－4説）もある[16]。そして，営業秘密を「示された者」には，営業秘密となる情報を保有者に提供（開示）したが，契約などにより，保有者に対して当該情報につき使用避止義務または不開示義務を負う者を含むと解釈している。

2.2　B説（帰属不要説）

　これに対して，営業秘密の帰属を検討するのではなく，事実の問題として「示された」かどうかを検討する見解が主張された。本号に帰属を問題とする文言がないことに加えて，営業秘密の帰属先の判断が容易ではなく，情報に接する者にとって予測可能性を欠き，従業者等の職業選択の自由を害するおそれがあるという批判には説得力があり，事実の問題として「示された」要件を考える見解が有力となった。営業秘密を「示された」かどうかを事実の問題として捉え，従業者が自ら開発したノウハウや自ら収集した情報は保有者から示された情報ではなく，たとえ営業秘密として管理していたとしても本号の対象とはならないとする。すなわち，本号の対象となるのは，使用者が従業者に開示した営業秘密のみという見解（B－1説）である[17]。

　さらに，営業秘密の帰属を前提とせずに，営業秘密たる情報の情報源が当該従業者であったとしても，使用者が当該情報を使用者の営業秘密として管理している以上，当該従業者は使用者から当該営業秘密を「示された」ものとする見解が実務家を中心に主張され[18]，研究者からも本号における条文構

造や時間軸の構造に基づいた見解が主張されるようになった。営業秘密を保有者から「示された」とは，「従業者が使用・開示する情報につき，使用者が秘密管理するに至った，あるいは使用者において現に秘密管理している情報であるということを，利用行為時前に，使用者から明確に認識可能な形で使用者から示された場合をいう」と解する見解（B－2説）である[19]。

　従業者自身が開発，創作した情報であっても，当該情報が秘密として管理され，営業秘密として管理されていることを当該従業者に示した場合には，営業秘密を「示された」に該当することになる。本号は，文言上「営業秘密を示された場合」と規定されており，「技術上又は営業上の情報」ではなく，あえて「営業秘密」と規定されているのであるから，「示された」の客体は営業秘密である。そして，営業秘密は，「秘密として管理されている生産方法，販売方法その他の事業活動に有用な技術上又は営業上の情報であって，公然と知られていないものをいう」（2条6項）と定義され，①秘密管理性，②有用性，③非公知性の3要件を満たす，一定の状態に置かれた情報を意味し，秘密として管理されて初めて営業秘密となるものである[20]。例えば，従業者がある情報を開発または創作した場合に，当該情報が直ちに営業秘密となるわけではなく，使用者によって当該情報が秘密として管理されて初めて営業秘密となるのであり，営業秘密として（特に，秘密として）管理していることを当該従業者に示すことによって，「営業秘密を示された」に該当することになる。また，従業者自身が開発，創作した情報ではなく，使用者が従業者に開示した情報についても，営業秘密として（特に，秘密として）管理される前は「営業秘密を示された」には該当せず，使用者が当該情報を営業秘密としての管理を開始し，営業秘密としての管理の事実を当該従業者に示した時点で「営業秘密を示された」に該当することになる。このように，本号は営業秘密として管理される前の事情である行為者自身が開発，創作した情報かどうかは問わない構造になっているのである[21]。

　また，「保有者」とは，「正当な権原に基づいて取得して保持している」者という意味であると解釈し[22]，事実行為として当該情報を「持っている」状態で，使用する権利を有する場合を含むという前提で，従業者が自ら開発，創作した情報であっても，当該開発，創作行為が使用者との間の信頼関係に基づいてされたと評価できる場合には，「示された」要件に該当すると考えるB－3説もある[23]。信頼関係に基づく創作，開発といえるかの判断は，A

158　第1章　総則

説のように実体法上の権利帰属規定等によることなく，営業秘密が具体的に形成・取得された一連の経緯および目的，使用者による情報の収集および管理状況，使用者・従業者間の規約・合意等の具体的状況によって判断される。具体的には，特定の情報の取得に向けた使用者の具体的指示に基づいて，従業者が取得，開発した情報など当該情報が使用者から従業者に対して直接現実に開示された場合と同視しうる場合には，両者の信頼関係に基づくといえ，「示された」に該当することになる。

2.3　本号の「示された」を肯定した裁判例

　従業者が創作した技術情報について本号を適用した裁判例として，フッ素樹脂シートライニング溶接技術事件・大阪地判平10・12・22知的集30巻4号1000頁〔28050257〕がある。

　同事件は，フッ素樹脂ライニングを施したタンクの製造について，被告Cが，誓約書に基づき秘密保持義務を原告に対して負っていたにもかかわらず，当該製造に関する営業秘密に該当する技術情報を，不正の競業の目的ないし原告に損害を加える目的で，被告Cを含む原告を退職した元従業者らが設立した会社である被告Y₁に対して開示したことにつき，本号の不正競争に，被告Y₁が当該営業秘密を用いたタンクを製造したことにつき，同項8号の不正競争にそれぞれ該当するとされた事件である。

　被告らは，本件ノウハウは，当時原告の製造課長兼工場長であった被告Cが一人で考案し，実用化したものであり，本件ノウハウに法的保護に値する秘密性があったとしても，それを考案したのは被告C自身であるから，その権利は被告Cに帰属するのであって，被告Cが使用を認めている以上，被告らが本件ノウハウを使用することに何の問題もないと主張した。

　裁判所は，「被告【C】が原告を退職するまで溶接用ノズルの加工等をしており（証人【G】），本件ノウハウの確立等に当たって被告【C】の役割が大きかったとしても，それは原告における業務の一環としてなされたものであり，しかも，同被告が一人で考案したものとまで認めるに足りる証拠はないから，本件ノウハウ自体は原告に帰属するものというべきであり，被告【C】に個人に帰属するものとは認められない」と判断し，被告らの主張は採用できないとして，裁判所は被告Cに本号を，被告Yに同項8号の違反を認めている。

　　　　　　　　　　2条1項7号　定義―営業秘密に係る不正競争行為　　159

　従来，この判決は，本号の裁判例において営業秘密の「帰属」を論じた数
少ない判決として位置付けられてきたが，本件は被告Cが本件ノウハウはC
が一人で考案し，実用化したものであるから，その権利はCに帰属すると主
張したことに対して念のため応答した結果「帰属」との文言を用いたのであ
り，一般的な規範を述べたものではないとの指摘がある[24]。

　たしかに，前記指摘のいうように，本判決は，被告らが「帰属」との言葉
を用いて主張したことに対して応答したものであり，「帰属」という言葉が
使われているからといって，この判決がA説のどれかを採用したと評価する
ことはできないと思われる。

　一人で考案したものではないにしても，被告Cの役割が大きく，被告Cの
考案部分もあったのであるから，B－1説からすると，被告Cの考案部分に
ついては「示された」に該当せず，被告Cの責任は否定されるべきである。
それにもかかわらず，裁判所は当該事案において被告Cの責任を否定してい
ないことからすると，B－1説よりもA説やB－2説に親和的な裁判例では
ないかと考える。

　従業者がその業務において創作した顧客名簿に関する営業情報について本
号を適用した裁判例として投資用マンション顧客名簿事件・知財高判平24・
7・4最高裁HP（平成23年（ネ）10084号／平成24年（ネ）10025号）
〔28181545〕がある。

　事案は，投資用マンションを中心とした不動産の売買等を業とする第一審
原告ネクストとその完全子会社で第一審原告ネクストが販売した不動産の管
理および賃貸等を業としていた第一審原告コミュニティらが保有する営業秘
密（本件顧客情報）に関して，第一審原告ネクストの元営業社員（従業員）
であった第一審被告Y_1と第一審被告Y_2が，第一審原告ネクストを退職後，
本件顧客情報を使用して，顧客らに連絡し，第一審原告コミュニティとの賃貸
管理委託契約を第一審被告Y_1によって設立された第一審被告レントレック
スに変更したことにつき，本号の不正競争に該当するとされた事件である。

　裁判所は，まず本件顧客情報の帰属先を検討し，本件顧客情報は，「1審
原告らの従業員が業務上取得した情報であるから，これを従業員が自己の所
有する携帯電話や記憶に残したか否かにかかわらず，勤務先の1審原告らに
当然に帰属するというべきである」と判示した。

　さらに，「1審原告ネクスト営業部所属の従業員は，1審原告コミュニ

ティからも本件顧客情報を開示されて所得しているものといえる。したがって，1審被告Y₁及び同Y₂が1審原告コミュニティの営業秘密である本件顧客情報を取得したのは，1審原告コミュニティから示されたことによるというべきである」と判示した。

裁判所がまず「帰属」を検討したことからすると，A説に親和的な裁判例といえる[25]。また，自ら情報を創作した従業者を除くことなく，従業者が業務上取得した情報は使用者に当然に帰属すると判示していることからすると，B－1説は採用していないと思われる。

2.4　本号の「示された」を否定した裁判例

従業者が創作，開発した情報が問題となった裁判例ではないが，「示された」要件を否定した裁判例として，ダイコク原価セール事件・東京地判平14・2・5判タ1114号279頁〔28070327〕がある。

原告は，大手製薬会社で，ドラッグストアである被告ダイコクに対して，原告発売に係る医薬品等の商品を卸売している。被告ダイコクは，原告からの仕入価格を明示してその価格による安売りセールを行ったところ，原告が，原告からの仕入価格は営業秘密であり，被告ダイコクがこれを開示して安売りセールを行うことは，不正競争防止法に違反すると主張した事件である。

裁判所は，「売買価格は，民法上の典型契約たる売買の主要な要素であり，契約当事者たる売主と買主との間での折衝を通じて形成されるものであるから，両当事者にとっては，それぞれ契約締結ないし価格の合意を通じて原始的に取得される情報というべきであり，各自が自己の固有の情報として保有するものというべきである」として，「被告ダイコクとの関係においては，原告商品の仕入価格（卸売価格）は，その保有者から示されたもの（不正競争防止法2条1項7号）ではなく，また，不正な手段により取得され（同項4号），あるいは取得に際して不正取得行為（同項5号，6号）若しくは不正開示行為（同項8号，9号）が介在等したものに該当する余地もないから，被告ダイコクが，原告商品の仕入価格（卸売価格）を上記原価セールにおいて広く消費者に開示したとしても，当該開示行為は，不正競争防止法上の不正競争行為に該当しないと解するのが相当である」と判示した。

前掲ダイコク原価セール事件は，従業者自身がなした創作，開発に関する

情報が問題となったわけではないが，情報の原始的保有者は本号における「示された」者には当たらないと判示しており，Ａ説やＢ－１説に近い考え方を採用しているように思われる。

この点，本号においては営業秘密として管理される前の事情である誰が原始的に取得したかという事情を考慮しないＢ－２説からすると，契約締結ないし価格の合意を通じて原始的に取得される情報であったとしても，原告が当該情報を営業秘密として管理していることを被告ダイコクに示すことによって，被告ダイコクは，「保有者」から「示された」者に該当する可能性があるように思われる。

前掲ダイコク原価セール事件のような考え方では，原価情報は被告だけでなく，他のドラッグストアに対する卸売価格にも影響する情報であり，むやみに開示されると卸先によって原価が異なることが明らかになってしまう。また，例えば，もっぱら卸業者を害する目的でその原価情報を公に公開してしまう行為やその原価情報リストを競業他社に開示した見返りとして金銭を受け取るといった行為を不正競争防止法の規制の対象とできないなどの問題点があるように思われる。

また，マニュアル使用差止請求事件[26]では，業務委託契約に基づき業務を履行するための具体的な手順を詳細に記載した本件マニュアルについて，最初の業務委託契約が締結された後，原告と被告の合意の下に作成されたものであり，原告と被告は，本件マニュアルという情報が成立した時に，本件マニュアルの情報をお互いに原始的に保有することになったものであって，被告は，原告から原告が保有していた本件マニュアルの情報を「示された」ものではないと判示した。

2.5 小括

従業者自らが開発，創作した営業秘密に関する裁判例を中心に本号に関する代表的な裁判例を紹介したが，いずれも，従業者自らが開発，創作した情報について，「保有者」から「示された」に該当するのかどうかを中心的な争点として争い，裁判所がそれに対する明確な判断を示したものではない[27]裁判例によっては，「帰属」との文言を用いるものも散見されるが（前掲フッ素樹脂シートライニング溶接技術事件，前掲投資用マンション顧客名簿事件），「帰属」に関する具体的な判断基準や認定は示していないことから，

当該裁判例をしてＡ説を採用したとまで評価することはできないように思われる。

　一方，裁判例にはＢ－１説に親和的な考え方を採用し，情報の原始的保有者について本号の対象とはならないと判示したもの（前掲ダイコク原価セール事件）も存在するが，従業者自身が開発，創作した情報が問題となったものではなく，契約の当事者が契約の締結ないし価格の合意を通じて取得する原価情報に関するものである。また，他の裁判例（前掲投資用マンション顧客名簿事件）では，少なくとも情報の一部は従業者自身が開発，創作したと考えられる事案において本号の適用を否定しておらず，裁判例がＢ－１説を採用しているとまでは言えない。従業者自身が開発，創作した情報について本号を適用しているという点で結論においてＢ－２説に親和的な裁判例（前掲フッ素樹脂シートライニング溶接技術事件）は存在するが，Ｂ－２説は，契約の当事者が契約の締結ないし価格の合意を通じて取得する原価情報に関するものではあるものの，情報の原始的保有者について本号の適用を否定した裁判例をどのように説明するのかが問題である。Ｂ－３説については，具体的な結論が明らかでなく，裁判例との関係は不明といわざるをえない。

　従業者自身が開発，創作した情報について，本号の営業秘密侵害が成立するかどうかは，平成２年に営業秘密の保護が不正競争防止法に導入された時から議論がなされているものであるが，これまで蓄積された裁判例をみても，この論点に対する裁判所の考えは明らかにはなっていない。

　これまでは「営業秘密を保有する事業者からその営業秘密を示された」との文言（本号）を中心に議論がなされてきた。そして，その際に留意されてきたのは，①正当な権利行使を阻害しないように著しく信義則に違反する行為に処罰範囲を限定すること，②情報に接する従業者の予見可能性を確保し，転職の際に情報の自由な利用，流通に支障を生じさせないこと，③特許法などの他の知的財産法と整合することの３点であり，そのためには「保有者」要件や「示された」要件をどのように解釈するべきかが議論されてきた。

　確かに，前記３点はいずれも本号等において斟酌されるべき事項といえるが，それを「保有者」要件や「示された」要件の解釈を通じて行おうとした結果，次のような問題点が生じている。まず，③を特に重視したと考えられるＡ説はいずれも，営業秘密が発明と著作物の双方の性格を兼有する場合に

いったい当該営業秘密はいずれに帰属するのか判断に窮する[28]。結果，情報に接する者にとって予測可能性を欠き，従業者等の職業選択の自由を害するおそれがある。加えて，Ａ－１説およびＡ－２説は本号に帰属を問題とする文言がなく，営業秘密は権利ではなく，不法行為の延長であるから「帰属」を問題にする必要がないこと[29]，本号の条文上は，示した者と示された者という相対的な関係のみが問題なのであって，本源的保有者であるとか帰属であるといった媒介項は問題とされていない[30]といった問題点がある。Ａ－３説とＡ－４説は，刑事罰の規定をどのように解釈するのか，類推解釈として許されないのではないかという問題がある。また，①と②を重視したＢ－１説は，従業者が開発，創作した情報をすべて本号の対象外と整理した結果，特許権との保護レベルのバランスを著しく欠いている[31]。そして，Ｂ－３説は，諸事情の総合考慮により「示された」要件を考える結果，どのような事情が認められる場合に「示された」に該当するのか明らかでなく，結果，Ａ説同様に従業者が利用できない営業秘密とそれ以外の自由に利用できる情報の区別が困難で，従業者の予見可能性を欠くことに加え，類推解釈であり，刑事罰の解釈としては許されないのではないかという問題がある。

　しかしながら，そもそも，前記３点は「保有者」要件や「示された」要件で考慮すべき事項であろうか。図利加害目的においては，正当な権利行使か否かが考慮要素となっており，著しく信義則に違反する行為に処罰範囲を限定するために定められている要件であり，①と③は図利加害目的でも既に考慮されている。そして，②の情報に接する従業者の予見可能性を確保することは，秘密管理性要件の趣旨そのものであり，従業者の予見可能性を欠く場合にはそもそも秘密管理性要件が否定されることになる。このように上述の目的は本号等において斟酌されるべきものではあるものの，これらの目的は他の要件で検討されており，「保有者」要件や「示された」要件で改めて検討する必要のないものである。

　以上より，「保有者」要件や「示された」要件において，Ａ－１説からＡ－４説，Ｂ－１説およびＢ－３説が採用するような特別の解釈（限定）は不要であると考える。そして，「示された」の解釈については，「従業者が使用・開示する情報につき，使用者が秘密管理するに至った，あるいは使用者において現に秘密管理している情報であるということを，利用行為時前に，使用者から明確に認識可能な形で使用者から示されていた場合をいう」と解

釈するB－2説を支持する。

3 「不正の利益を得る目的で，又はその営業秘密保有者に損害を加える目的」

　本号の使用・開示は，不正の利益を得る（図利）目的の使用・開示または営業秘密の保有者に損害を加える（加害）目的の使用・開示に限られる[32]。

　なお，平成21年改正（平成21年法律30号）前は，「不正の競業その他の不正の利益を得る目的」と規定されていた。同改正により，本号の条文から図利目的の例示である「不正の競業その他の」が削除されたが，不正の競業のための使用・開示が図利目的の使用・開示であることに変わりはないので，文言削除による実質的な変更はない[33]。平成21年改正において，刑事の営業秘密侵害罪の主観的要件が不正の競争の目的から図利加害目的に改正されたことを受け，民事においても「不正の競業」といった例示を定めておく必要がなくなり，本号の条文から図利目的の例示である「不正の競業その他の」が削除された。

　この平成21年改正前の見解であるが，図利加害目的という主観的要件を定めているのは，保有者から示された営業秘密をその信頼を裏切って無断で使用・開示する行為一般を対象とするのではなく，悪質なものだけを不正競争防止法の対象とする趣旨であるとして，「不正の競業その他の不正の利益を得る目的」を，保有者との間の信義則に著しく反する形で不当な利益を図る目的をいうとする見解がある[34]。図利加害目的は，民事規制では本号のみに定められているが，営業秘密侵害罪（21条1項）では，すべての処罰類型において図利加害目的が定められている。刑事罰である営業秘密侵害罪の議論であるが，営業秘密侵害罪の図利目的には，①背任罪における消極的動機説と同様，「主として営業秘密保有者のため」に行った行為を処罰対象から除く機能と，②「主として正当な社内活動のため」，「主として違法行為の是正のため」，「主として正当な報道のため」にされた行為を処罰対象から除く機能があるとの指摘がなされている[35]。これに対し，背任罪の消極的動機説とは異なり，「積極的に利欲的な動機があるとか，積極的に加害の動機がある場合」に限られるとする見解もある[36]。

　図利加害目的を欠く場合には不正競争行為にはならないが，契約などの秘密保持義務に違背した場合には，契約上の債務の不履行責任を問いうる[37]。

3.1 「不正の利益を得る目的」

「不正の利益を得る目的」とは，広く公序良俗または信義則に反する形で不当な利益を図る目的のことをいう[38]。そして，「不正」とは，①当事者間の信頼関係の程度，②営業秘密の保有者の利益，③営業秘密を示された者の利益，④営業秘密の態様等を勘案して判断される[39]。不正の利益を得るとは，自己が得る場合はもちろん，他者に不正の競業をさせるなどして得させる場合も含む[40]。つまり，一次取得者が契約上，法律上等何らかの根拠に基づいて保有者から開示を受けた営業秘密を，開示された本来の目的以外の目的のため使用・開示すること，しかもその別目的が不正の利益を得る目的または加害目的であるという，信義則に違反する行為が本号の対象となる。

不正の利益を得る目的のための開示・使用の例としては，ライセンス契約に基づきノウハウの提供を受けたライセンシーが，ライセンサーに無断で第三者にそのノウハウを開示してライセンサーの製品の競合品を製造させる行為（目的としては，サブライセンス料を得るため，ライセンス契約により許諾された範囲を超えてノウハウを使用するため等が考えられる）や，ライセンス契約を結ぶか否か判断するための評価目的でノウハウの開示を受け，結局ライセンス契約締結に至らなかったのに，無断でこのノウハウを使用して相手方の製品の競合品を製造販売する行為があげられる。

本号のその他の例として，従業員が職務上知りえた勤務先の営業秘密（ノウハウや顧客情報等）を，同業他社に転職または自ら起業して元の勤務先と競合する事業を行うに当たって使用する（具体的には，ノウハウを使用して製品を製造する，顧客情報を使用して営業活動を行う等）ことがあげられる[41]。ここで「勤務先の営業秘密」とは，勤務先が自社で開発・取得した営業秘密に限らず，勤務先がライセンシーとして他社から開示され保有している営業秘密も含むことは，前記のとおりである。

前記の退職従業員が元の勤務先の営業秘密を転職した同業他社や自ら起こした同業会社の活動に使用した場合は，不正の利益を得る目的が認められる。また，従業員が自己の金銭的利益のために勤務先の営業秘密を他社に売り渡す行為は，本号に定める不正の利益を得る目的で営業秘密を開示する行為に該当する。

166　第1章　総則

3.1.1　裁判例

　営業秘密の持ち出し行為を認めるに足りる証拠はないとして営業秘密侵害に関する請求を棄却しているが，労働者が雇用関係中に知りえた業務上の秘密を不当に利用してはならないという義務は，不正競争防止法の規定およびその趣旨ならびに信義則の観点からしても，雇用関係の終了後にも残存するといえようが，右を不正，不法と評価するに際しては，労働者が有する職業選択の自由および営業の自由の観点から導かれる自由競争の原理を十分斟酌しなければならないとして，雇用契約上，雇用関係終了後の競業避止義務および秘密保持義務について何らの規定がない場合において，労働者が雇用関係終了後に同種営業を開始し，開業の際の宣伝活動として，従前の顧客のみを対象とすることなく，従前の顧客をも含めて開業の挨拶をすることは，特段の事情のない限り，自由競争の原理に照らして，許されるものというべきであるとした裁判例がある[42]。

　また，被告は，原告等において長年にわたって電磁鋼板の技術開発等に従事し，退職時には原告等との間で秘密保持の契約が締結されていたのであり，背景事情や本件技術情報の重要性を知悉していたものと推認されることからすれば，被告において，原告との秘密保持の契約に反し，自ら利益を得る目的で，本件技術情報を他社に開示したものと認められるとして，本号の不正の利益を得る目的を肯定した裁判例がある[43]。

3.2　「営業秘密保有者に損害を加える目的」

　「保有者に損害を加える目的」とは，営業秘密の保有者に対し，財産上の損害，信用の失墜その他の有形無形の不当な損害を加える目的のことをいう。損害が現実に生じることは必要ではない[44]。

　なお，図利目的において上記の4要素が考慮されるのと同様に，加害目的における「損害」の解釈として同様の要素が考慮されると解するべきである[45]。

4　「使用し，又は開示する行為」

4.1　「使用」

　本号の正当取得類型は，営業秘密保有者から示された営業秘密を図利加害

目的で自ら使用する行為が対象となる。営業秘密の「使用」とは，営業秘密の本来の使用目的に用いることを意味する。「使用」に関する詳細は2条1項4号を参照されたい。

本号の「使用」を肯定した裁判例は次のとおりである。

退職するに際し，ソースコードを廃棄せず，退職後も保有したうえ，これを使用してプログラムを作成した行為[46]，顧客別の売上情報および販売価率情報を含む親密度ファイルを用いて営業活動を行う行為[47]，製造委託契約に基づく原告への納入を打ち切った後に被告が原告製品の構造に有意に類似している被告製品を販売した行為[48]，元役員の記憶に残る顧客情報を用いた取引先への営業活動行為[49]などである。

本号の「使用」を否定した裁判例は次のとおりである。

控訴人名簿等の記載内容は，住所，電話番号等の連絡先に係る情報を含まないため，これらを使用しても控訴人名簿等に記載された者に対して連絡を取ることはできず，それらの者との連絡に際しては，控訴人名簿等の有用性は極めて乏しく，その際に控訴人名簿等は使用されていないと推認されるとした裁判例[50]，介護サービスの利用者情報について，元従業員は，原告の利用者に対し，勧誘を行うことを禁止されていたわけではなく（原告の就業規則や元従業員との間の雇用契約に，退職後の競業避止義務を定めた規定は見当たらない），元従業員が，原告の利用者2名に対して，原告の事業所を退職し，被告会社を設立して介護事業を行う旨を伝えることは，利用者に対する退職の挨拶として相当なものであって，違法ということはできないとした裁判例[51]，元役員の記憶に残る顧客情報について，取引先への営業活動が被告会社による網羅的な営業活動によるものであることを認定し，記憶に残る原告の顧客情報を使用したことによるものであるとはいえないとした裁判例[52]，ソースコードが共通する類似箇所1について，一審被告らが本件ソースコードの変数定義部分を参照したことにより生じた可能性を否定できないものの，当該変数定義部分は営業秘密とはいえない以上，これのみをもって，本件ソースコードを使用したとは評価できず，本件鑑定の結果によれば，300組のソースコードのペア中，類似箇所1ないし5に該当する118行の他には本件ソースコードと被告ソフトウェアのソースコードとが一致ないし類似する部分があったとは認められず，鑑定の対象となったソースコード2万9679行（コメント，空行を除いた有効行）のうち2万9561行は非類似で

168　第1章　総則

あって，非類似部分が99%以上となることを踏まえ，類似箇所1に係る変数
定義部分を参照した可能性が否定できないことをもって，本件ソースコード
を使用したとは評価できないとした裁判例[53] などがある。

4.2　「開示」

　本号の正当取得類型は，営業秘密保有者から示された営業秘密を図利加害
目的で自ら使用する行為のほか，図利加害目的で営業秘密を他社に開示する
行為も対象とする。営業秘密の「開示」とは，営業秘密を第三者が知ること
ができる状態に置くことをいう。「開示」に関する詳細な説明は2条1項4
号を参照されたい。

　本号の「開示」を肯定した裁判例としては，製造委託契約に基づいて開示
された本件オリジナル木型を社外に持ち出して，開示した行為[54] などがあ
る。

5　契約との関係

5.1　秘密保持契約との関係

　本号の正当取得類型では，営業秘密保有者と営業秘密を示された者の間で
秘密保持契約等の契約が締結されているケースが多い[55]。秘密保持契約違反
について，不作為債務の履行の強制として差止請求が可能であり（民事執行
法171条1項2号[56]），損害賠償請求もできる（民法414条2項)[57]。例えば，
健康器具販売顧客名簿事件・東京地判平23・9・29最高裁HP（平成20年
（ワ）35836号）〔28174347〕では，労働契約（就業規則，秘密保持誓約）違
反に基づき，本件各名簿を使用した本件各商品等に関する販売業務の差止め
を認めている。

　図利加害目的を立証する必要のある本号による救済を求めるよりも，契約
上の義務の履行として差止めを請求し（民事執行法171条1項2号），あるい
は契約上の債務不履行として損害賠償を請求する（民法415条）方が容易な
ケースも想定される[58]。

　契約において秘密保持義務が定められていない場合，契約に秘密保持義務
はあるが，契約終了後にもその効力が存続するという規定（存続条項）がな
い場合，本号の救済を求める必要がある。

2条1項7号　定義―営業秘密に係る不正競争行為　　169

　本号の意義は，営業秘密を開示した相手方との間に明示の約定がない場合
に，黙示の契約を立証するまでもなく，相手方の図利加害目的による営業秘
密の利用行為を禁止しうるところにある[59]。

　秘密保持契約等の契約違反については，基本的には契約当事者に対しての
み損害賠償請求等が可能であり，第三者に対しては請求できないといった限
界がある。1次取得者からの開示等により，第三者が転得しているケースで
は，秘密保持契約等の契約違反では対応できず，不正競争防止法の営業秘密
侵害の適用を検討する必要がある[60]。

　また，不正競争行為となり，不正競争防止法に違反する場合，不正競争防
止法に定められた特別規定の適用を求めることができる。例えば，使用等の
推定規定（5条の2），損害額の推定規定（5条），具体的態様明示義務（6
条）などである。秘密保持義務違反を理由に契約責任として損害賠償請求や
差止請求を求めることも可能であるが，上記のような不正競争防止法に定め
られた特別規定の適用を受けるためには営業秘密侵害として不正競争防止法
違反を主張する必要がある。

5.2　競業避止義務契約との関係

　従業員と元の勤務先との間に退職後の競業禁止の規定を含む契約（競業避
止義務契約等）が締結されている場合，上記のように契約上の義務の履行と
して差止めを請求し（民事執行法171条1項2号），あるいは契約上の債務不
履行として損害賠償を請求（民法415条）することが考えられる。契約に基
づく請求の場合は，図利加害目的は要件とならない（したがって，図利加害
目的の立証は不要となる）ことは前記のとおりである。しかし，憲法に定め
られた職業選択の自由との兼合いにより，競業禁止の全部または一部が無効
となる可能性がある（例えば，競業禁止の地理的範囲や期間が合理的な広
さ・長さを超えている場合）。競業禁止規定の有効性を判断するに当たって
は，地理的範囲や期間のほか，その従業員の地位や俸給も考慮される。例え
ば，当該従業員が開発担当役員の地位にあり高給を得ていた場合は，期間や
地理的範囲が不当に大きくない限り競業禁止規定の有効性が認められやすい
であろう。

　競業禁止規定は，通常，競業活動において元の勤務先のノウハウ（営業秘
密）を使用するか否かにかかわらず競業自体を禁止するという内容である。

170 第1章 総則

ノウハウを使用して競業することを禁止する，という内容の規定の場合は，契約違反に基づく訴訟において原告（元の勤務先）は，元従業員が競業活動においてノウハウを使用していることを立証しなければならない。しかし，競業自体を禁止するという条項の場合，ノウハウの使用の立証は不要となり，実質的には競業に有用なノウハウの使用も禁止できることになる。このように，競業禁止規定は企業のノウハウ保護という観点からも強力な手段であるが，職業選択の自由との兼合いによりその全部または一部が無効となることがあるのは前述のとおりである。

競業禁止規定違反その他の契約違反が常に本号の不正使用・開示行為に該当するわけではない。元の勤務先のノウハウを使用しないで行う競業は競業禁止規定に違反するが，本号の不正競争行為には該当しない。会社の営業秘密を管理担当者が必要な注意義務を果たさず第三者に開示してしまった場合，雇用契約違反になることはあっても，本号の不正競争行為には該当しない。本号の不正競争行為となるためには，営業秘密の使用または開示について，図利加害目的（不正の利益を得る目的またはその保有者に損害を与える目的）という積極的な意図があることが必要だからである。

6 裁判例

下記の①チェストロン事件は，不正競争防止法に営業秘密保護の規定がおかれていなかった時代のものであるが，Y社の行為は信義則に違反するものであり，現在行われたとしたら図利加害目的が認定されると思われる。また②ポリエチレン二段階発泡法事件は，民法上の不法行為に基づく訴訟であるが，本号に基づくときは図利加害目的が認められると思われる。

① チェストロン事件・東京地判昭63・7・1判時1281号129頁〔27802098〕

X社が開発した「スピーロン」という電子楽器につき，Y社（以下「Y」）はX社（以下「X」）に独占的な販売委託契約の締結を申し入れてきた。Xは交渉に応じ，Yに「スピーロン」を引き渡した。その後Yは契約締結の意思を喪失したにもかかわらず，そのことをXに通告しないでおき，その間にXの製品を分析して模造品「チェストロン」の開発を秘密裡に進めた。Yは「チェストロン」の開発に成功するや，Xには契約締結の意思がないことを通告し，その後間もなく模造品「チェストロン」の宣伝販売を大々的に開始した。これらのYの行為が民法上の不法行為を構成するかが争われた事件。

2条1項7号　定義—営業秘密に係る不正競争行為　　171

〈裁判所の判断〉　民法上の不法行為を構成する。

　裁判所は，Yの一連の行為は，Yとの契約締結を期待して「スピーロン」の本格的販売を差し控えていたXを黙示的に欺罔し，これにより，Xが開発者として「スピーロン」を他社に先駆けて本格的に宣伝販売したであろう機会を不当に奪ったうえ，「スピーロン」の模造品「チェストロン」を大々的に販売し，それによって「スピーロン」の開発者たるXの営業上の利益を故意により違法に侵害したものというべきであるから，民法上の不法行為を構成すると判示した。

　しかし，同裁判所は，ノウハウの窃取の（民法上の）主張については，「スピーロン」において何がノウハウに該当するかの主張立証がないから，ひいて，ノウハウ窃取の事実を認定する理由はない，と判示した。

〈解説〉　この事件が現在起こったと想定すると，YがXの契約締結期待を逆手にとり，Xから提供された営業秘密を使用して競合品を製造する行為は，Xに対する重大な信義則違反であり，不正な競業行為として本号に該当するであろう。ただし，以下の主張立証を要する。まず，本号に該当するためには，「スピーロン」の製法がXの営業秘密であることをXが主張立証することが必要である。次に，XがYに引き渡した「スピーロン」をYが分析してその製法を知ったことが，XからYにその製法の開示があったといえるか否かの検討も必要である。Yが「スピーロン」を市場で購入し分析したのであればXから製法を開示されたとはいえないが，本件の場合は，XはYに「スピーロン」のボディおよびケースの製造を委託しており，またXは独占販売契約の交渉中にスピーロン本体をYに販売している。このような状況でYが「スピーロン」の製法を知ったときは，Xから適法にその開示を受けたものといえよう。

　なお，Yが当初から独占販売契約締結の意思がないのに，その意思があるかのごとく欺いてXから楽器の提供（営業秘密の提供）を受けたような場合は，営業秘密の取得そのものが不正の取得となり，Yの行為は4号の営業秘密不正取得行為に該当すると考えられる。

　②　ポリエチレン二段発泡法事件・大阪高判平6・12・26判時1553号133頁〔28010016〕

　YはX社の取締役・技術輸出業務責任者として在任中，X社の二段発泡法によるポリエチレンの生産技術および生産設備の輸出交渉を中国の某公司と

172 第1章 総則

行っていたが，テリトリーや価格の点で折り合わないでいた。その後Yは取締役を退任するとともにX社を退職し，鉄鋼会社と組んで，X社の交渉相手であった中国の某公司に対し，上記生産技術および生産設備を，X社提示の価格より低い価格で，かつテリトリーに関する制限を付することなしに輸出販売した。X社は，Yが取締役を退任すると共にX社を退職した当時，役員ないし従業員の退任，退職後の競業や秘密保持に関し特段の定めはしていなかった。これらのYの行為が民法上の不法行為責任を生じさせるかが争われた事件。

〈裁判所の判断〉　民法上の不法行為を構成する。

裁判所は，「YがX社に在職，在任中，本件技術及び生産設備の海外輸出業務の担当責任者として，本件技術が，我が国ではX社だけが有する技術で，これに関する情報がX社の事業にとって重要かつ不可欠の営業秘密であることを知悉していたばかりか，X社のためそれら営業秘密を管理する立場にあったのであって，そのような地位にあったYとしては，X社を退任，退職後もその職務上知り得た本件技術に関する営業秘密をみだりに公開する等してX社に損害を与えてはならない信義則上の義務を負っていた」として，従業員兼取締役であった者に，退職，退任後も信義則に基づく秘密保持義務ないし競業避止義務があることを認めた。そして，この者がこれらの義務に違反し，不当な対価を取得しあるいは会社に損害を与える目的から競業会社にその営業秘密を開示する等，許される自由競争の限度を超えた不正行為を行うようなときには，その行為は違法性を帯び，不法行為責任を生じさせる，との見解を示した。

〈解説〉　本件ではX社は営業秘密の主張立証をしているが，訴訟提起時には不正競争防止法に営業秘密保護の規定がなかったため，民法上の不法行為に基づく損害賠償のみを請求している。

現在の不正競争防止法に照らせば，Yの行為は，図利加害目的を含め本号の要件をすべて満たすと考えられる。

不正競争防止法に本号の営業秘密保護の規定が置かれた後に本号の該当性が争われた事件の判例（③）を以下に紹介する。

③　コピーガード事件・東京地判平25・2・13最高裁HP（平成21年（ワ）32104号）〔28211830〕

Xが保有するコピーガード技術を，XY間に締結された「DVDコピーガー

ドの実施に関する仮覚書」の解除後もYが使用してコピーガード専用プログラム（ソフトウェア）および専用DVD-Rディスクを製造・販売していた。かかる使用が本号の不正使用に該当かが争われた事件。

〈裁判所の判断〉　該当する。

本号に該当するその他の行為の例として，訴訟において，文書提出命令または検証の目的（対象物）の提示命令によって相手方当事者から提出された文書または提示された検証の目的（対象物）に含まれた営業秘密を，命令を申し立てた当事者が自己の事業に利用する行為が挙げられる。この文書または検証物は訴訟遂行のために提出・提示を命じられたものであるのに，これを奇貨として，それに含まれる営業秘密を訴訟遂行以外の自己の利益のために使用することは，不正の利益を得る目的の営業秘密の使用である（7条（書類の提出等）の解説を参照）。

7　他の条項との関係

本号の正当取得類型については，現行法では使用等の推定規定の対象外であるが（5条の2），令和5年の不正競争防止法改正により当該推定規定の対象が拡充されており，一定の要件の下，使用等の推定規定が適用されうる（5条の2第3項）。

また，令和5年の不正競争防止法改正により，営業秘密侵害の国際裁判管轄および準拠法規定が不正競争防止法に新設された。本号は，令和5年改正法の施行後は，国際裁判管轄（改正19条の2）および準拠法（改正19条の3）の対象となる不正競争であり，日本国外において営業秘密の侵害が発生した場合であっても，以下の要件を満たす場合には，日本の裁判所に国際裁判管轄が認められ，日本の不正競争防止法が適用される。

① 日本国内において事業を行う営業秘密保有者の営業秘密であること
② 日本国内で管理されている営業秘密であること
③ 専ら日本国外において事業の用に供されるものではないこと

【注】

1）　通産省・逐条解説営業秘密86頁は，「保有者自らが営業秘密を従業員やその他の契約相手に対して示した場合であっても，相手に対して常に契約により使用や開示に制限が課されているとは限らない上，契約がなくとも両者の信頼関係に著しく反して当該営業秘密を使用・開示する行為が行われ，これに対して法

174 第1章 総則

的救済を認めることが必要な場合も存在する」として，本号を信義則違反類型
と呼んでいる。

2） 通産省・逐条解説営業秘密86頁

3） 田村・概説2版328頁

4） 通産省・逐条解説営業秘密63頁，山本・要説4版162頁，渋谷・講義Ⅲ155頁

5） 小野・新・注解3版上巻547頁〔小野昌延・平野惠稔〕，赤松耕治「技術情報
の『帰属』と『保有』について」関東学院25巻3・4号22頁（2016）は，保有
者を「不正利用行為の対象となる営業秘密の管理をなしている者」と解してい
る。

6） 小野昌延『営業秘密の保護——不正競業としてのノウハウの侵害を中心とし
て』561頁（有信堂，1968）

7） 不正競争防止法上，「事業者」は定義されておらず，私的独占の禁止及び公正
取引の確保に関する法律2条1項を参照した。

8） 独占禁止法上の指摘として，白石忠志『独占禁止法』〔第4版〕167頁（有斐
閣，2023）

9） 渋谷・講義Ⅲ153頁は，非事業者として従業員を想定している。

10） 西川喜裕「従業者が自ら作出した情報を利用する行為の営業秘密侵害該当性
——オープン・クローズ戦略時代の職務発明の取り扱いに焦点を当てて」慶應
法学35号126頁（2016），学説の分類に当たっては，山根崇邦「不正競争防止法
2条1項4号・7号の規律における時間軸と行為者の認識の構造」特許研究57
号47頁-48頁（2014），山根崇邦「不正競争防止法2条1項7号の『その営業秘
密を示された場合』の再構成——投資用マンション事件を契機として」Ｌ＆
Ｔ61号56頁-57頁（2013）の分類法を踏まえつつ，大寄麻代「営業秘密をめぐる
差止請求権の帰属主体について——従業員が自ら開発・取得した営業秘密の利
用・開示を企業が差し止めることはできるか」牧野・理論と実務349頁-351頁の
見解も加味した。

11） 茶園編・不競法2版80頁

12） 通産省・逐条解説営業秘密63頁

13） Ａ－1説を提唱した立法担当者は，提唱した翌年にＢ－3説に立場を転向し
たと評価するものとして，山根・前掲注10）特許研究57号48頁。

14） 鎌田薫「『財産的情報』の保護と差止請求権(5)——不正競争防止法の一部改正
と民法理論」Ｌ＆Ｔ11号44頁（1990）

15） 山本・要説4版162頁-163頁

16） 渋谷・講義Ⅲ153頁

17） 石井美緒「従業者開発，創作の営業秘密と不正競争防止法2条1項7号の
『示された』要件」小泉直樹＝田村善之編集委員・中山信弘先生古稀記念論文集
『はばたき——21世紀の知的財産法』（弘文堂，2015）898頁，小野・新・注解3
版上巻548頁〔小野昌延・平野惠稔〕，石田晃士「不正競争防止法上保護される
秘密情報——『秘密管理性』要件と『示された』要件の検討」判タ1356号48頁

(2011)，竹田稔『知的財産権侵害要論〔不正競業編〕』〔第 3 版〕184頁（発明協会，2009)，林いづみ「営業秘密の保有をめぐる従業者・会社間の法律関係」日本弁理士会中央知的財産研究所編『不正競争防止法における営業秘密の保護について』93頁（日本弁理士会中央知的財産研究所，2006)，帖佐隆「営業秘密保護法制と従業者自身がなした情報」知的財産法研究47巻 1 号12頁（2006)，田村・概説 2 版342頁，原則としてB－1 説を支持するものの，特許法上の「発明」に該当する場合には特許法35条を類推するものとして，松村信夫『新・不正競業訴訟の法理と実務—最新の判例・学説に基づく実務解説』521頁（民事法研究会，2014)，松村信夫「『営業秘密』における秘密情報の管理と帰属」L＆T26号126頁（2005)

18) 牧野利秋監修『座談会 不正競争防止法をめぐる実務的課題と理論』181頁［尾崎英男発言]（青林書院，2005)

19) 山根・前掲注10) L＆T61号63頁

20) 山根・前掲注10) 特許研究57号48頁

21) 山根・前掲注10) 特許研究57号50頁

22) 通産省・逐条解説営業秘密63頁

23) 大寄・前掲注10) 349頁-351頁

24) 山根・前掲注10) 特許研究57号59頁

25) 山根・前掲注10) 特許研究57号58頁は，「この判決が，本件顧客情報の帰属先を論じている趣旨は定かではない。《営業秘密の本源的保有者》を決定したようにも読めるが，もしそうだとすれば，秘密管理主体とは独立に本源的保有者を決定することは妥当でないというべきである」と指摘する。

26) 東京地判平19・6・29最高裁HP（平成18年（ワ）14527号の 2／平成18年（ワ）15947号)〔28131691]

27) 大寄・前掲注10) 349頁-351頁，359頁

28) 田村・概説 2 版343頁

29) 中山信弘「営業秘密の保護に関する不正競争防止法改正の経緯と将来の課題（上)」NBL470号11頁-12頁（1991)

30) 田村・概説 2 版343頁

31) 他にB－1 説には問題点がある。

例えば，チームで共同研究している情報を持ち出した場合に，従業者自身の開発した情報については事実として「示された」情報には該当しないのであるから，営業秘密侵害と主張されている情報の中から従業者自身が創作した情報を除く必要があるが，共同研究の場合，誰がどの情報を創作したのか，後から検証困難なことが多く，実際の裁判実務では判断できない事例が容易に想定される（なお，B－1 説を支持する石井・前掲注17) 904頁では，従業者の共同創作の場合に，単独創作と異なり，事業者その他の第三者から情報を全く開示されていないのとは事情が異なり，本号適用に関する予測可能性を害しないとして「示された」に該当することもありうると説明されている。他方，本号の趣旨が

176 　第1章　総則

あくまで漏洩するリスクがありつつも，事業者が業務の必要上，その保有する
営業秘密を開示することにより，事業者と従業者との間には高度な信頼関係が
生じたということであることを重視すれば，これらの場合も本号の適用を否定
する方向に向かうであろうことも示唆されている）。

32) 不正取得行為を規定した2条1項4号等の他の民事規制では図利加害目的は
要件とされていない。なお，刑事罰については，すべての類型において図利加
害目的が要件となっているが，これは刑事罰の謙抑性の観点からの制限だと考
えられる。

33) 経産省・逐条解説（令和5年改正版）105頁，なお，改正当時の経産省・逐条
解説（平成21年改正版）69頁も同旨。

34) 山本・要説4版175頁

35) 玉井克哉「営業秘密侵害罪における図利加害の目的」警察学論集68巻12号63
頁（2015）

36) 帖佐隆「不正競争防止法21条1項3号と任務違背・図利加害目的」久留米大
学法学74号65頁-69頁（2016）

37) 田村・概説2版345頁

38) 経産省・逐条解説（令和5年改正版）104頁，茶園編・不競法2版81頁は，
「不正の利益を得る目的」とは，公序良俗または信義則に反する形で不当な利益
を図る目的のことをいうとする。

39) 通産省・逐条解説営業秘密90頁，渋谷達紀「営業秘密の保護――不正競争防止
法の解釈を中心として」曹時45巻2号26頁（1993），渋谷・講義Ⅲ156頁では，
「行為者が置かれている状況，営業秘密の保有者との関係，営業秘密の財産的価
値，その管理の態様など，客観的な事実も加味して，営業秘密の使用または開
示を禁止することが行為者の職業選択の自由を過度に制限することにならない
かどうかを基準として判断すべきである」と説明されている。

40) 茶園編・不競法2版81頁-82頁

41) フッ素樹脂シートライニング溶接技術事件・大阪地判平10・12・22知的集30
巻4号1000頁〔28050257〕

42) バイクハイ事件・仙台地判平7・12・22判タ929号237頁〔28020442〕

43) 東京地判平31・4・24最高裁HP（平成29年（ワ）29604号）〔28273457〕

44) 経産省・逐条解説（令和5年改正版）104頁，茶園編・不競法2版82頁。

45) 松村・前掲注17)『新・不正競業訴訟の法理と実務』524頁は，開示された営
業秘密の保持に関する保有者と使用者との間の信頼関係の強弱に応じて図利加
害目的が判断されるとしている。

46) 接触角計算（液滴法）プログラム事件・知財高判平28・4・27判時2321号85
頁〔28243400〕

47) 臨床検査会社事件・大阪地判平28・6・23最高裁HP（平成25年（ワ）12149
号）〔28243387〕

48) クロス下地コーナー材事件第一審判決・福井地判平30・4・11公刊物未登載

2条1項7号　定義─営業秘密に係る不正競争行為　177

（平成26年（ワ）140号／平成29年（ワ）15号）〔28323077〕

49）　採尿器具販売事件・大阪地判平30・3・15最高裁HP（平成27年（ワ）11753号）〔28262597〕。この裁判例は，使用や開示を検討する前提として，顧客情報が記録された媒体等の持ち出しの有無について検討している。原告の顧客情報を用いて請求書を発行していたとしても，被告P1は代表取締役兼営業担当者として，主要な顧客の情報の概要を記憶していたと認めるのが自然であるから，この点も被告P1が，顧客情報が記録された記憶媒体等を持ち出したと推認させるものではないとした。そして，被告らが原告の顧客に対して営業活動をしたとしても，網羅的な営業方法の結果，その対象者の中に原告の顧客が含まれていたにすぎない場合には，やはり営業秘密の不正開示・不正使用ということはできないとして，被告らが営業対象としたと原告が主張する個々の顧客ごとに，被告P1の記憶に残る原告の顧客情報を開示および使用したことによるものであるといえるのか，そうではなく，被告らが主張するような網羅的な営業活動の結果によるものであるとか，被告P1と原告の従前の顧客との間の個人的な関係等によるものであるなどといえるのかを個別に判断する必要があるとし，一部の顧客に対してのみ使用を認めた。

50）　東京地判平27・10・29最高裁HP（平成26年（ワ）16526号）〔28234659〕

51）　介護保険サービス利用者情報事件控訴審判決・大阪高判平29・7・20最高裁HP（平成29年（ネ）442号）〔28253115〕

52）　前掲注49）採尿器具販売事件・大阪地判平30・3・15

53）　字幕制作ソフトウェア事件控訴審判決・知財高判令元・8・21金商1580号24頁〔28273455〕

54）　プラスチック木型事件第一審判決・東京地判平29・2・9最高裁HP（平成26年（ワ）1397号／平成27年（ワ）34879号）〔28250692〕

55）　田村・概説2版341頁

56）　従前根拠として記載されていた民法414条3項は，民法改正により削除されている。

57）　茶園編・不競法2版79頁

58）　田村・概説2版341頁

59）　鎌田・前掲注14）42頁，茶園編・不競法2版79頁。

60）　田村・概説2版342頁は，2条1項8号は本号違反行為を利用する行為のみではなく，法律上の義務違反開示行為を利用する行為をも規制していることから，従業者の開示する秘密を利用する対第三者との関係においても，従業者の秘密開示行為を本号違反と構成しなくとも同項8号に基づいて差止めを請求することができるとする。

〔山口　三惠子・西川　喜裕〕

178　第1章　総則

> **（定義）―営業秘密に係る不正競争行為**
> **2条1項8号**
>
> 八　その営業秘密について営業秘密不正開示行為（前号に規定する場合において
> 同号に規定する目的でその営業秘密を開示する行為又は秘密を守る法律上の義
> 務に違反してその営業秘密を開示する行為をいう。以下同じ。）であること若
> しくはその営業秘密について営業秘密不正開示行為が介在したことを知って，
> 若しくは重大な過失により知らないで営業秘密を取得し，又はその取得した営
> 業秘密を使用し，若しくは開示する行為

趣　旨

　本号は，正当取得の転得類型のうち，営業秘密の取得時に悪意または重過
失であった類型である（各行為類型の概要については2条1項4号の【趣
旨】を参照されたい）。具体的には，同項7号等の営業秘密不正開示行為で
あることもしくはその不正開示行為が介在したことを知って（悪意），もし
くは重大な過失により知らないで（重過失）営業秘密を取得する行為，また
はその取得した営業秘密を使用もしくは開示する行為を不正競争と位置付け
る規定である。

　本号の趣旨は，基本的には2条1項5号と同様であり，本号立法当時，営
業秘密は，情報の特質から，不正に開示されたとしても，保有者の管理下か
ら喪失するものではなく，保有者の営業秘密に関する正当な利益はなお保護
される必要があり，このような観点から，不正開示された営業秘密の取得者
または転得者が，営業秘密をさらに使用や開示をすると，保有者の利益を新
たに侵害する結果となることから，転得者の行為も不正競争として差止め等
の対象としたと説明されている。営業秘密は秘密管理されており，公示され
ていないことから，取引の安全を考慮し，転得者のすべての行為を規制の対
象とするのではなく，営業秘密が不正開示行為等によって取得されたもので
あることについて悪意または重過失でありながら，なお当該営業秘密を取得
し，使用または開示する行為といった行為自体の悪性が認められる場合に限
定されている[1]。営業秘密を不正利用行為等から保護する趣旨は，成果開発
のインセンティブを保障するために，営業活動上の情報を秘密にすることで
他の競業者に対し優位に立とうとする企業の行動を法的に支援するところに
ある[2]。

同じ正当取得の転得類型である2条1項9号（事後的に悪意となった類型）や刑事罰の転得類型（21条1項7号，8号）では，営業秘密の取得行為は不正競争または刑事罰の対象とならないが，本号は「取得」が不正競争とされている点に注意が必要である。

解　説

1　「営業秘密について」

本号の対象となる「営業秘密」とは，秘密として管理されている生産方法，販売方法その他の事業活動に有用な技術上または営業上の情報であって，公然と知られていないものをいう（2条6項）。「営業秘密」の定義については，2条6項の解説を参照されたい。

2　「営業秘密不正開示行為（前号に規定する場合において同号に規定する目的でその営業秘密を開示する行為又は秘密を守る法律上の義務に違反してその営業秘密を開示する行為をいう。以下同じ。）であること若しくはその営業秘密について営業秘密不正開示行為が介在したこと」

「不正開示行為」は，条文に明記されているとおり，2条1項7号に規定する場合において，不正の利益を得る目的で，またはその営業秘密保有者に損害を加える目的で，営業秘密を開示する行為，または秘密を守る法律上の義務に違反してその営業秘密を開示する行為を意味する（本号）。

2条1項7号における「不正開示行為」の詳細は，同号の解説を参照されたい。

「秘密を守る法律上の義務」とは，取締役の忠実義務（会社法355条）等の法令上の義務から導かれる守秘義務だけでなく[3]，契約上の守秘義務を含む[4]。

条文上，「営業秘密不正開示であること」と「営業秘密不正開示行為が介在したこと」の双方を規定していることから明らかなとおり，2条1項7号の行為者と守秘義務違反者の開示行為の直接の相手方だけでなく，間接的に取得する場合も含まれる[5]。間接的な取得とは，営業秘密を不正開示した者（一次取得者）がこれを第三者に開示した場合に，この第三者から転得者が入手したような場合である。転々流通した結果，これを取得することになっ

た者も含む[6]。途中に善意無重過失者が含まれたとしても，転得者が悪意または重過失であれば本号の対象となる[7]。

3 「知って，若しくは重大な過失により知らないで」

3.1 「知って」（悪意）

「知って」とはいわゆる悪意（ある事情を知っていること[8]）のことである。

悪意の対象は，「営業秘密について営業秘密不正開示行為であること又は不正開示行為が介在したこと」であり，本号における「悪意」とは，営業秘密について営業秘密不正開示行為であることまたは不正開示行為が介在したという事実を知っている場合を意味する。不正開示者が誰であるかまで具体的に知る必要はなく，不正開示行為であることまたは不正開示行為が介在していることさえ知っていればよい[9]。

3.2 悪意を肯定した裁判例

悪意を肯定した裁判例としては以下のものがある。

フッ素樹脂ライニングを施したタンクの製造に関する営業秘密について，被告会社が原告の元従業員による本件ノウハウの開示が不正開示行為であることを知りながら営業秘密を取得し，タンクを製造したとして，本号の不正競争と判示した[10]。

派遣労働者の雇用契約に関する情報等に関する営業秘密について，被告会社は，設立以降，まず被告Bが代表者を務め，その後，被告Aが代表者を務めているものであり，被告会社の行為は，営業秘密について被告Bおよび被告Aによる不正開示行為があったことを知って営業秘密を取得し，これを使用して原告会社の登録派遣スタッフに対して勧誘等を行っているものであるから，本号所定の不正競争行為に該当するとした[11]。

作務衣等の販売を目的としたダイレクトメール等を送付していた顧客に関する本件顧客情報について，原告の元従業員が被告会社に転職した後，本件顧客情報に記録されている顧客と同一の顧客に対し，作務衣および作務衣仕立ての肌着等の販売カタログを送付し，実際に作務衣等の通信販売を行うようになったことを認定し，被告会社は不正開示行為が介在したことを知りな

がら営業秘密を取得してこれを使用したことが認められるとした[12]。

　ポリカーボネート樹脂製造装置に関する図面等について，被告Y2は，原告の従業員であったDあるいはその他の従業員に働きかけて，本件情報の全体を入手し，これを提供したものであるから，本件情報の全体について本号所定の不正競争行為があったというべきであるとした[13]。

3.3　「重大な過失により知らないで」（重過失）

　「重大な過失により知らないで」営業秘密を取得とは，取引上要求される注意義務を尽くせば，容易に不正取得行為が介在したことが判明するにもかかわらず，その義務に違反して営業秘密を取得する場合をいい，悪意の場合とほぼ同視しうるものをいう[14]。例えば，明らかに他社の未公表重大情報と思われるものが正規のルートによらず持ち込まれた場合に，何の調査もせずにこれを取得することは，重大な過失があるといってよい。

　裁判例においても，本号所定の「重大な過失」とは，取引上要求される注意義務を尽くせば，容易に不正開示行為等が判明するにもかかわらず，その義務に違反する場合をいうものと解すべきであると判示したものがある[15]。

　重過失が要件とされており，容易に不正取得行為が介在したことが判明する場合に限定し，「軽過失」による取得は適法とされていることは，財産的情報の取得に当たっては，開示者が秘密保持義務に違反しているのではないかという点についての一般的な調査義務は課されていないということを意味している[16]。

3.4　重過失を認定した裁判例

　販売先業者名，販売数量，販売価格，仕入れ価格，利益額が記載された営業秘密について，原告の元従業員である被告Bが被告会社に入社した後，遅くとも2，3か月内に，被告会社は，原告商品と酷似する被告商品を，他の被告会社の従前の販売先には単価450円で販売する一方で，原告が原告商品を販売していた訴外会社には当時の原告の販売単価より10円だけ安い420円での販売を開始するなどしたことを踏まえ，被告会社は，被告Bが原告に在職していた間に本件誓約書を作成してその秘密情報の保持義務を負っていたことを認識していたうえで，原告商品の販売先業者およびそこへの販売価格情報を取得し，被告商品を販売してこれを使用したものであるとして，本号

182 第1章 総則

に該当すると認められると判示した[17]。

　医薬品配置販売業顧客名簿事件・大阪地判平30・3・5最高裁HP（平成28年（ワ）648号）〔28262621〕は，被告会社の代表者である被告P2が，原告の元従業員であり，原告の営業秘密の回収廃棄が徹底されていなかったことを熟知しており，退職時においてもそれらが回収された記憶がないことを踏まえ，被告P1が原告を退職するに当たり，当該営業秘密を持ち出し，その後使用する可能性があることを認識していたものというべきであるにもかかわらず，被告P2が被告会社の代表として被告P1に対して原告の営業秘密の破棄を命じ，被告会社の営業に使用することを禁じるなどして不正競争行為を防止するべき特段の措置を講じた事情は認められないことを踏まえ，被告P2に対して，重過失があると認定し，被告会社も同様の理由で重過失があるとした。

　産業用ロボットシステムの設計図面等について，被告会社Y2は，原告の元従業員である被告Y3らの設計に基づいて被告システムを製造し，被告会社Y1は，被告システムを販売したものであるから，被告会社らは被告Y3らから原告の営業秘密の開示を受けてこれを使用したものと認められ，原告在職中の被告Y4に対し，ロボットシステムに関する設計協力を依頼し，面談を予定していた平成17年1月8日に参考図面等の資料を持参することまでを求め，被告Y4が原告を退職した後に被告Y2に1か月間常駐して被告システムの設計を担当したのであるから，被告会社らは，被告Y4が被告システムの設計の際に原告の営業秘密を使用したことを認識しており，仮に認識していなかったとしてもそのことについて重大な過失があったものと認められるから，被告会社らの行為は，本号の不正競争行為に当たるとした[18]。

　PCソースコードである営業秘密について，明示的に，原告PCソースコードを持ち出すように指示することまでしたとは認められないとしても，原告PCソースコードを持ち出し，その基本ソフトやディスプレイ画面を変更して，被告PCソフトを作成することを，少なくとも容易に認識しえたと認められることを踏まえ，営業秘密である原告PCソースコードを不正に開示していることを認識しなかったことについては，重大な過失があるというべきであると判示した[19]。

　字幕制作ソフトウェアを構成するソースコードプログラムの営業秘密について，本号にいう重過失とは，取引上要求される注意義務を尽くせば容易に

不正開示行為等が判明するにもかかわらずその義務に違反した場合をいうところ，被告ソフトウェアが原告ソフトウェアと同種の製品であり，字幕データファイル等について互換性を有するという特徴を有するものであることや，被告ソフトウェアの開発を具体的に行うBが原告ソフトウェアの開発に携わった者の一人であったことは認識していたことから，被告会社は，被告ソフトウェアの具体的な開発を委託したBによる被告ソフトウェアの開発過程等において違法行為が行われないよう特に注意を払うべき立場にあったことを踏まえ，かかる注意義務を尽くせば被告ソフトウェアの開発過程等においてBの不正開示行為が介在したことが容易に判明したといえ，被告会社は，少なくとも重過失により，原告の営業秘密を取得し，それらを被告ソフトウェアに用いて販売したと認めるのが相当であると判示した[20]。

3.5 重過失を否定した裁判例

　光配向用偏光光照射装置に関する本件各文書について，原告が訴外企業に対して原告製品を販売する目的で代理店および訴外企業に提供したこと，また，その内容も，被告が自社の製品に取り入れるなどした場合に原告に深刻な不利益を生じさせるようなものであるとは認められないこと，そして，被告は，原告の競合企業であり，同様の営業活動を行っていたものであるから，被告が営業活動の中で原告が営業している製品の情報を得ることは当然に考えられるのであり，その一環として，本件各文書を取得することは不自然とはいえず，被告が通常の営業活動の中で取得することは十分に考えられるものであること，本件各文書のConfidentialの記載をもって，直ちに契約上の守秘義務の対象文書であることが示されているものともいえないことを認定し，被告が本件各文書を取得した時点で，守秘義務違反による不正開示行為であることまたは不正開示行為が介在したことを疑うべき状況にあったと認めることはできず，被告に本号所定の重大な過失は認められないとした[21]。なお，同事件の控訴審では，被告が，本件情報の記載された本件各文書を取得するに当たって，本件各文書の内容がそれを被告人が自社の製品に取り入れるなどした場合に原告に深刻な不利益を生じさせるようなものであることは，不正開示行為等であることについて重大な疑念を抱いて調査確認すべき取引上の注意義務が発生することを根拠付ける要素の1つとなりえ，本件各文書が通常の営業活動の中で取得されたものであることは，不正開示

184　第1章　総則

行為等であることについて重大な疑念を抱いて調査確認すべき取引上の注意
義務の発生を妨げる事実に該当すると解されると判示した[22]。

　リフォーム関連商品に関する営業秘密について，被告P1は，被告会社に
おいて，その在籍中は被告会社のパッケージリフォーム商品の開発等を単独
で担当していたものであり，その際に使用する標準構成明細も，原告の標準
構成明細のデータおよび原告在籍中の被告P1の経験に基づき，他の被告会
社従業員の関与のないままに作成されたものとうかがわれることを踏まえ，
被告会社における標準構成明細について，被告会社が，被告P1の営業秘密
不正開示行為により作成されたものと知っていたことまたは知らないことに
つき重大な過失があると認めるに足りる証拠はないとして，転職従業員単独
で行った使用について，使用者の悪意または重過失を否定している[23]。

4　「取得し，又はその取得した営業秘密を使用し，若しくは開示する行為」

4.1　「取得」

　2条1項4号において，営業秘密の「取得」とは，当該営業秘密を知覚し
または知覚できる状態に置くことをいう。同号における「取得」の詳細は同
号の解説を参照されたい。

　本号における悪意または重過失の判断は営業秘密の「取得」時点において
行われるところ，本号においてどの時点で営業秘密の「取得」と評価される
かは重要である。営業秘密が添付されたメールを受信した後に，営業秘密の
不正開示行為であることについて説明を受け，その後にメールを開封し，添
付された営業秘密を確認したというケースでは，本号の「取得」を2条1項
4号と同様に解釈する見解と本号と2条1項4号で「取得」の解釈を変える
見解で結論が異なる。本号における「取得」は，2条1項5号における「取
得」と同様に考えるべきであり，同号の「取得」の詳細については2条1項
5号の解説を参照されたい。

　本号の「取得」を肯定した裁判例は次のとおりである。

　営業秘密保有者の元従業員が設立した会社について，Xが退職するに際
し，原告ソースコードを廃棄せず，退職後も保有したうえ，これを使用して
プログラムを作成したことを知りながら，当該プログラムのソースコードを
取得した行為[24] などである。

4.2 「使用」

本号の正当取得の転得類型には，不正開示された営業秘密を悪意または重過失で取得する行為のほか，そのように取得した営業秘密を自ら使用する行為も対象となる。

営業秘密の「使用」とは，営業秘密の本来の使用目的に用いることを意味する。「使用」に関する詳細な説明は2条1項4号の解説を参照されたい。

本号の「使用」を肯定した裁判例は次のとおりである。

被告P1のみならず，その余の原告からの転職者も被告会社において，本件情報を使用して営業をしていたものと認められるから，被告P1ら転職者が被告会社従業員としてした原告顧客に対する営業活動により，被告会社は，図利加害目的で開示された営業秘密であることを知って本件情報を取得して使用していたものと判示したもの[25]，本件複製木型を改造することにより本件改造木型を作成した行為[26] などである。

4.3 「開示」

本号の正当取得の転得類型は，不正開示された営業秘密を悪意または重過失で取得する行為，取得した営業秘密を自ら使用する行為のほか，そのように取得した営業秘密を他者に開示する行為も対象とする。

営業秘密の「開示」とは，営業秘密を第三者が知ることができる状態に置くことをいう。「開示」に関する詳細な説明は2条1項4号の解説を参照されたい。

5 他の条項との関係

生産方法等の技術上の秘密について，本号の転得行為がなされた場合，5条の2に定める推定規定の対象となりうる。具体的には，技術上の秘密（生産方法その他政令で定める情報に係るものに限る）について，本号の転得行為がなされ，その行為をした者が当該技術上の秘密を使用する行為により生ずる物の生産その他技術上の秘密を使用したことが明らかな行為として政令で定める行為をしたときは，その者は，営業秘密を使用する行為として生産等をしたものと推定される（5条の2）。推定規定の詳細は，5条の2の解説を参照されたい。

186　第1章　総則

　また，令和5年の不正競争防止法改正により，営業秘密侵害の国際裁判管轄および準拠法規定が不正競争防止法に新設された。本号は，令和5年改正法の施行後は，国際裁判管轄（19条の2）および準拠法（19条の3）の対象となる不正競争であり，日本国外において営業秘密の侵害が発生した場合であっても，以下の要件を満たす場合には，日本の裁判所に国際裁判管轄が認められ，日本の不正競争防止法が適用される。

① 日本国内において事業を行う営業秘密保有者の営業秘密であること
② 日本国内で管理されている営業秘密であること
③ 専ら日本国外において事業の用に供されるものではないこと

【注】

1） 通産省・逐条解説営業秘密81頁

2） 田村・概説2版328頁

3） 山本・要説4版178頁は，法律によって認められているような秘密保持に係る義務一般を含むとする。

4） 通産省・逐条解説営業秘密96頁，鎌田薫「『財産的情報』の保護と差止請求権(5)―不正競争防止法の一部改正と民法理論」L＆T11号46頁（1990），渋谷達紀「営業秘密の保護―不正競争防止法の解釈を中心として」曹時45巻2号37頁（1993），田村・概説2版349頁，茶園編・不競法2版83頁。契約上の義務に違反することを理由に本号の適用を認めた裁判例としてプラスチック木型事件第一審判決・東京地判平29・2・9最高裁HP（平成26年（ワ）1397号／平成27年（ワ）34879号）〔28250692〕

5） 経産省・逐条解説（令和5年改正版）106頁，茶園編・不競法2版83頁

6） 田村・概説2版350頁，渋谷・講義Ⅲ146頁

7） 渋谷・講義Ⅲ368頁-369頁，382頁，田村・概説2版350頁

8） 吉田利宏『新法令用語の常識』〔第2版〕（日本評論社，2022）92頁

9） ポリカーボネート樹脂製造プラント事件・知財高判平23・9・27最高裁HP（平成22年（ネ）10039号／平成22年（ネ）10056号）〔28174109〕

10） フッ素樹脂シートライニング溶接技術事件・大阪地判平10・12・22知的集30巻4号1000頁〔28050257〕

11） 人材派遣業顧客名簿東京事件中間判決・東京地中間判平14・12・26最高裁HP（平成12年（ワ）22457号）〔28080660〕

12） 作務衣販売顧客情報事件・東京地判平16・5・14判例不競法1250ノ240ノ31頁〔28091608〕

13） 前掲注9）ポリカーボネート樹脂製造プラント事件

14） 茶園編・不競法2版76頁，経産省・逐条解説（令和5年改正版）101頁

15） 光配向用偏光光照射装置事件控訴審判決・知財高判平30・1・15判タ1452号

2条1項8号　定義—営業秘密に係る不正競争行為　187

80頁〔28260455〕

16)　鎌田・前掲注4）47頁

17)　袋物製造卸業者事件・大阪高判平20・7・18最高裁HP（平成20年（ネ）245
号）〔28142001〕

18)　産業用ロボットシステム事件・名古屋地判平20・3・13判タ1289号272頁
〔28150569〕

19)　エスティーネットワーク事件・知財高判平30・3・26最高裁HP（平成29年
（ネ）10007号）〔28261326〕

20)　字幕制作ソフトウェア事件第一審判決・東京地判平30・11・29金商1580号43
頁〔28270567〕

21)　光配向用偏光光照射装置事件第一審判決・東京地判平29・7・12最高裁HP
（平成28年（ワ）35978号）〔28252430〕

22)　前掲注15）光配向用偏光光照射装置事件控訴審判決

23)　エディオン事件・大阪地判令2・10・1最高裁HP（平成28年（ワ）4029号）
〔28283762〕

24)　接触角計算（液滴法）プログラム事件・知財高判平28・4・27判時2321号85
頁〔28243400〕

25)　臨床検査会社事件・大阪地判平28・6・23最高裁HP（平成25年（ワ）12149
号）〔28243387〕

26)　プラスチック木型事件第一審判決・東京地判平29・2・9最高裁HP（平成26
年（ワ）1397号／平成27年（ワ）34879号）〔28250692〕。なお，同裁判例では，
本件オリジナル木型と本件改造木型とで形状・寸法が一致している部分につい
てのみ，本号の使用を認め，形状・寸法が一致していない部分については本号
の開示を否定した。同裁判例の該当判示部分では，「本件改造木型は，本件オリ
ジナル木型とは形状・寸法に相違があり，本件設計情報がそのまま化体したも
のではないから，本件改造木型に化体した靴の設計情報の取得・使用・開示は，
それ自体は，当然には本件設計情報の取得・使用・開示であるということはで
きない。仮に，そのように形状・寸法が多少相違しても靴の設計情報としての
同一性を認めるのだとすれば，市販された靴から再現した木型の形状・寸法が
元の設計情報と多少の誤差を生じてもそれには同一性が認められることになり，
……非公知性が否定されることになってしまうから，上記相違が，市販された
靴から木型を再現した場合に生じる誤差より狭い範囲に収まっていると認めら
れなければ，営業秘密として保護される設計情報とはいい難い。そして，（本件
オリジナル木型と本件改造木型との同一性が争われているにもかかわらず）そ
のような立証はないから，本件オリジナル木型と本件改造木型とで形状・寸法
が一致していない部分については，本件設計情報を開示したと認めることはで
きない。」と判示されている。

〔山口　三惠子・西川　喜裕〕

188　第1章　総則

（定義）―営業秘密に係る不正競争行為
2条1項9号

　九　その取得した後にその営業秘密について営業秘密不正開示行為があったこと
　　若しくはその営業秘密について営業秘密不正開示行為が介在したことを知っ
　　て，又は重大な過失により知らないでその取得した営業秘密を使用し，又は開
　　示する行為

趣　旨

　本号は，正当取得の転得類型のうち，営業秘密の取得時には善意または無
重過失であったが，事後的に悪意または重過失となった類型である（各行為
類型の概要については2条1項4号の【趣旨】を参照されたい）。具体的に
は，2条1項7号等の営業秘密不正開示行為であることもしくはその不正開
示行為の介在について善意または無重過失で営業秘密を取得した者が，その
後悪意・重過失に転じた場合，その営業秘密を使用または開示する行為を
「不正競争」と位置付けたものである。

　本号の趣旨は，基本的には2条1項6号と同様であり，本号立法当時，営
業秘密は，情報の特質から，不正に開示されたとしても，保有者の管理下か
ら喪失するものではなく，保有者の営業秘密に関する正当な利益はなお保護
される必要があり，このような観点から，不正開示された営業秘密の取得者
または転得者が，営業秘密をさらに使用や開示をすると，保有者の利益を新
たに侵害する結果となることから，転得者の行為も不正競争として差止めの
対象としたと説明されている。営業秘密は秘密管理されており，公示されて
いないことから，取引の安全を考慮し，転得者のすべての行為を規制の対象
とするのではなく，営業秘密が不正取得行為によって取得されたものである
ことについて悪意または重過失でありながら，なお当該営業秘密を使用また
は開示する行為といった行為自体の悪性が認められる場合に限定されてい
る[1]。営業秘密を不正利用行為等から保護する趣旨は，成果開発のインセン
ティブを保障するために，営業活動上の情報を秘密にすることで他の競業者
に対し優位に立とうとする企業の行動を法的に支援するところにある[2]。

　2条1項8号とは異なり，取得行為は不正競争とされておらず，使用行為
と開示行為のみが不正競争として民事措置の対象となっている点に注意が必
要である。

本号は営業秘密の取得時に善意または無過失であった者を対象としているが，取引の安全を考慮し，取引によって営業秘密を取得した場合には適用が除外されている（19条1項7号）。具体的には，取引によって営業秘密を取得し，取得時時に善意または無重過失であった者は，その取引によって取得した権原の範囲内においては当該営業秘密を使用または開示することができる。適用除外の詳細については19条1項7号の解説を参照されたい。

解　　説

1　「取得した後に」

本号は，取得時には不正開示行為があったことまたは不正開示行為の介在につき善意または無重過失であったが，その取得した後に悪意または善意・重過失に転じた場合の規定である。これに対し，同項8号は，取得時に不正開示行為があったことまたは不正開示行為の介在につき悪意または重過失の場合の規定である。

2条1項4号において，営業秘密の「取得」とは，当該営業秘密を知覚しまたは知覚できる状態に置くことをいう[3]。同号における「取得」の詳細は2条1項4号の解説を参照されたい。

本号および同項8号における「取得」を4号における「取得」と統一して解釈するか否かは問題となりうる。本号における「取得」は，2条1項5号における「取得」と同様に考えるべきであり，同号の「取得」の詳細については2条1項5号の解説を参照されたい。

2　「営業秘密について」

本号の対象となる「営業秘密」とは，秘密として管理されている生産方法，販売方法その他の事業活動に有用な技術上または営業上の情報であって，公然と知られていないものをいう（2条6項）。「営業秘密」の詳細については，2条6項の解説を参照されたい。

3　「営業秘密不正開示行為があったこと若しくはその営業秘密について営業秘密不正開示行為が介在したこと」

「不正開示行為」は，条文に明記されているとおり，不正の利益を得る目

190 第1章 総則

的で，またはその営業秘密保有者に損害を加える目的で，営業秘密を開示する行為，または秘密を守る法律上の義務に違反してその営業秘密を開示する行為を意味する（2条1項8号）。

「営業秘密不正開示行為が介在したこと」の他に「営業秘密不正開示であること」を規定しているのは，2条1項7号の行為者や守秘義務違反者の開示行為の直接の相手方となって営業秘密を取得する場合が含まれることを明確にするためである[4]。

本号の取得には，間接的に取得する場合も含まれる。間接的な取得とは，営業秘密を不正開示した者（一次取得者）がこれを第三者に開示した場合に，この第三者から転得者が入手したような場合である。途中に善意無重過失者が含まれたとしても，転得者が悪意重過失であれば本号の対象となる。

4 「知って，又は重大な過失により知らないで」

4.1 「知って」（悪意）

「知って」とは，いわゆる悪意（ある事情を知っていること[5]）のことである。

悪意の対象は，「営業秘密について営業秘密不正開示行為であることまたは不正開示行為が介在したこと」であり，本号における「悪意」とは，営業秘密について営業秘密不正開示行為であることまたは不正開示行為が介在したという事実を知っている場合を意味する。不正開示者が誰であるかまで具体的に知る必要はなく，不正開示行為であることまたは不正開示行為が介在していることさえ知っていればよい。

善意取得者が事後的に悪意に転ずる場合としては，営業秘密の保有者から警告状の送付を受けたり，営業秘密侵害に基づく差止請求等の訴えを提起された場合が考えられるが，警告状や訴状が到達しただけで直ちに善意取得者が悪意または重過失があるものとされ，それ以降の使用行為等を差し控えなければならないこととなるのかという問題が指摘されている[6]。例えば，取得時に善意であった者が何ら裏付けのない一片の警告状を受け取れば，その時点以後の使用行為等が本号の対象となるのかという意見が立法当時に出されている[7]。

警告状や訴状の記載の内容，善意取得者が営業秘密を取得するに至った経

緯，善意取得者による調査内容やその結果等を踏まえ，個別事業を踏まえて判断するべきものと思われるが，警告状や訴状を受領した場合，営業秘密不正取得行為が介在したことについて悪意，または，重大な過失によって知らないと評価されるケースが多いと思われる[8]。

4.2 「重大な過失により知らないで」（重過失）

「重大な過失により知らないで」営業秘密を使用または開示とは，取引上要求される注意義務を尽くせば，容易に不正取得行為が介在したことが判明するにもかかわらず，その義務に違反して営業秘密を使用または開示する場合をいい，悪意の場合とほぼ同視しうるものをいう。例えば，明らかに他社の未公表重大情報と思われるものが正規のルートによらず持ち込まれた場合に，何の調査もせずにこれを使用または開示することは，重大な過失があるといってよい。

「重過失」が要件とされており，容易に不正開示行為であることまたは不正開示行為が介在したことが判明する場合に限定し，「軽過失」による使用または開示は適法とされていることは，財産的情報の取得に当たっては，開示者が秘密保持義務に違反しているのではないかという点についての一般的な調査義務は課されていないということを意味している[9]。

5 「取得した営業秘密を使用し，又は開示する行為」

5.1 「取得」

「取得」の解釈については，上記1「取得した後に」および2条1項5号の「取得」の解説を参照されたい。

5.2 「使用」

本号の正当取得の転得類型には，不正開示された営業秘密を悪意または重過失で自ら使用する行為が対象となる。

営業秘密の「使用」とは，営業秘密の本来の使用目的に用いることを意味する。「使用」に関する詳細は2条1項4号の解説を参照されたい。

5.3 「開示」

本号の正当取得の転得類型は，不正開示された営業秘密を悪意または重過失で自ら使用する行為のほか，そのように転得した営業秘密を他社に開示する行為も対象とする。

営業秘密の「開示」とは，営業秘密を第三者が知ることができる状態に置くことをいう。「開示」に関する詳細は2条1項4号の解説を参照されたい。

6 裁判例

電光表示器等に関する顧客情報について，業務の遂行に本件顧客情報が許可なく使用されていることについて問い質されたにもかかわらず，本件顧客情報の使用を止めるような対策を何ら講ずることなく，使用等を継続させていたものであるから，不正開示行為によって本件顧客情報が開示されたことを知って，もしくは重大な過失により知らないで本件顧客情報を使用したものというべきであり，本号の不正競争行為に該当すると認めた裁判例がある[10]。

7 他の条項との関係

本号の転得行為については，現行法では使用等の推定規定の対象外であるが（5条の2），令和5年の不正競争防止法改正により当該推定規定の対象が拡充されており，一定の要件の下，使用等の推定規定が適用されうる（5条の2第4項）。

また，令和5年の不正競争防止法改正により，営業秘密侵害の国際裁判管轄および準拠法規定が不正競争防止法に新設されたが，本号は，令和5年改正法の国際裁判管轄（19条の2）および準拠法（19条の3）規定の対象外である。営業秘密侵害の国際裁判管轄や準拠法規定の適用を求める場合，本号ではなく，同項8号を根拠とすることが考えられるが，その場合には，営業秘密の取得時における悪意または重過失を立証する必要がある。

【注】
1）　通産省・逐条解説営業秘密99頁
2）　田村・概説2版328頁
3）　経産省・逐条解説（令和5年改正版）99頁

4） 経産省・逐条解説（令和5年改正版）106頁

5） 吉田利宏『新法令用語の常識』〔第2版〕92頁（日本評論社, 2022）

6） 鎌田薫「『財産的情報』の保護と差止請求権(6)」L&T 12号11頁（1991）

7） 通産省・逐条解説営業秘密86頁注(2)

8） 訴状の到達の時から悪意とみなすべきとする見解として, 通産省・逐条解説営業秘密86頁注(2), 鎌田・前掲注6）11頁。渋谷・講義Ⅲ164頁は, 「営業秘密の取得者の事後的悪意重過失の状態は, 営業秘密の保有者からの警告や, 不正取得行為の報道などによって生ずる」とする。

9） 鎌田薫「『財産的情報』の保護と差止請求権(5)」L&T 11号47頁（1990）

10） 東和レジスター顧客情報事件・知財高判平27・2・19最高裁HP（平成25年（ネ）10095号）〔28230877〕

〔山口 三惠子・西川 喜裕〕

（定義）―営業秘密に係る不正競争行為
2条1項10号

十 第4号から前号までに掲げる行為（技術上の秘密（営業秘密のうち, 技術上の情報であるものをいう。以下同じ。）を使用する行為に限る。以下この号において「不正使用行為」という。）により生じた物を譲渡し, 引き渡し, 譲渡若しくは引渡しのために展示し, 輸出し, 輸入し, 又は電気通信回線を通じて提供する行為（当該物を譲り受けた者（その譲り受けた時に当該物が不正使用行為により生じた物であることを知らず, かつ, 知らないことにつき重大な過失がない者に限る。）が当該物を譲渡し, 引き渡し, 譲渡若しくは引渡しのために展示し, 輸出し, 輸入し, 又は電気通信回線を通じて提供する行為を除く。）

趣 旨

本号は, (1)技術上の秘密の不正使用により製造された物品（「営業秘密侵害品」）を製造した者によるその物の譲渡・引渡し, そのための展示, 輸出入, 電気回線を通じての提供行為（「譲渡等」）, (2)当該物品を譲り受けた者が, その譲り受け時に営業秘密侵害品であることにつき悪意・重過失であった場合に当該物品を譲渡等する行為を「不正競争」とするものである。

本号は, 営業秘密保護強化の一環として, 平成27年改正により新設された規定である。改正前より, 営業秘密を不正に使用する行為は, 不正競争として規制の対象であったが, 営業秘密の使用行為は, 現実の立証・摘発が必ず

194 第1章 総則

しも容易ではなく，抑止力として十分とはいえない状態にあった。かかる状況に鑑み，米国等の諸外国の制度を踏まえ[1]，実際に製造された物品の販売を禁止することにより，営業秘密侵害行為が割に合わないものとなる制度環境を構築する必要性に基づき規定されたものである[2]。

　なお，本号には19条１項８号の適用除外規定が存在する。

解　説

1　「不正使用行為……により生じた物」

　「物」には，有体物だけではなく，プログラムも含まれる（２条11項）。

　「不正使用行為」とは，２条１項４号から９号までに掲げる行為のうち，「技術上の秘密」を使用する行為をいう。技術上の秘密とは，営業秘密のうち，技術上の情報であるものをいう，とされている。平成27年改正前の５条１項では技術上の秘密に関し，「秘密として管理されている生産方法その他の事業活動に有用な技術上の情報であって公然と知られていないものをいう。」との文言があったが，同改正により現在の文言に変更された。この変更は，文言の明確化のためのものであり，両者に実質的な差異はないとされている[3]。

　「使用する行為により生じ」るとは，当該技術上の秘密を用いることにより当該物品が製造されることを意味する[4]。

　具体例は，特定の化学物質の配合割合に関する営業秘密を用いて製造された化学物質などである。

2　「譲渡し，引き渡し，譲渡若しくは引渡しのために展示し，輸出し，輸入し，または電気通信回線を通じて提供する行為」（譲渡等する行為）

　商標の「使用」に関する商標法２条３項２号と同様の文言が用いられている。

　「譲渡」とは，有償または無償で当該物の所有権を移転することをいう。

　「引渡」しとは，物のうえの現実の支配を移転することをいう[5]。

　「展示」とは，店舗等の一定のスペースに当該物品を陳列し，第三者の閲覧に供することをいう。展示を「譲渡若しくは引渡しのために」行うとは，当該物品の譲渡・引渡しのための契約を誘引するために展示を行うことを意

味する[6]。

「輸出」とは，内外貨物を外国に送り出す行為をいい，「輸入」とは，外国から本邦に到着した貨物または輸出の許可を受けた貨物を本邦に搬入することをいう。

「電気通信回線」には，有線，無線，光ファイバーによる通信網も含まれるが[7]，両方向からの通信を伝送するものであり，一方向にしか情報を送信できない放送網はこれに含まれない[8]。プログラムをダウンロードさせる行為は，「電気通信回線を通じて提供する行為」に該当するが，サーバ等のプログラムを電気通信回線を介して第三者に使用させる行為（機能提供型ASP）は，これに該当せず[9]，別途，他の営業秘密の侵害類型での該当性を判断することになる。

3 譲受人による譲渡等

本規定の主体は，営業秘密侵害品を生産した者に限定されておらず，これを第三者から譲り受けた者による譲渡等も本号の不正競争行為に該当する。ただし，主観的要件として，営業秘密侵害品の譲受けの時点において悪意または重過失であることが要求されている[10]。これは，取引の安定性等の観点から，善意無重過失で営業秘密侵害品を譲り受けた者も規制の対象とすることが適当ではないとの配慮によるものである[11]。譲受け時点での主観が問題とされるため，譲受け後，被害者からの警告等により事情を知るに至った後に譲渡等を行っても本号の不正競争行為には当たらない。

ここでいう「重過失」とは，日本企業に求められるべき取引上の注意義務に照らし，営業秘密取得時の客観的状況から，他者の営業秘密侵害のおそれが大きいことが容易に予期できたにもかかわらず，そのおそれを払拭するための合理的努力を怠った，すなわち悪意と同視しうるほどの取引上の注意義務の懈怠があることをいう[12]。

主観的要件に関し，条文の文言としては，当該譲受人が譲受当時，当該物品が不正使用行為により生じた物であることを知らず，かつ知らないことにつき重大な過失がない場合には，不正競争行為から除外される旨の規定となっている。この規定ぶりを考慮すれば，被疑侵害行為者の悪意・重過失は，原告が主張・立証責任を負うものではなく，被告において，当該物品の譲受け時において当該物品が営業秘密侵害品であることを知らず，かつ知ら

196　第1章　総則

ないことにつき重大な過失がないことを主張・立証する責任を負うとするのが素直な解釈と思われる[13]。

【注】
1）　経産省・逐条解説（令和5年改正版）108頁
2）　産業構造審議会知的財産分科会営業秘密の保護・活用に関する小委員会「中間とりまとめ」（平成27年2月）17頁
3）　経産省・逐条解説（令和5年改正版）109頁（注1）
4）　営業秘密と製造された物品との間にどの程度の関連性を要求するかについては，同じく平成27年改正で導入された5条の2に関する解釈が参考となろう。
5）　金井重彦＝鈴木將文＝松嶋隆弘編著『商標法コンメンタール』〔新版〕27頁〔青木博通〕（勁草書房，2022）
6）　小倉秀夫『不正競争防止法　平成27年改正の全容』10頁（レクシスネクシス・ジャパン，2015）
7）　金井ほか編著・前掲注5）28頁-29頁
8）　小倉・前掲注6）9頁
9）　金井ほか・前掲注5）29頁，小倉・前掲注6）11頁
10）　営業秘密侵害品の譲渡等に対する刑事罰では故意が必要とされる（21条1項5号）
11）　金井ほか編著・前掲注5）99頁
12）　産業構造審議会・前掲注2）24頁。経産省・逐条解説（令和5年改正版）102頁は，例えば，自社製品について，営業秘密の保有者から，その内容や侵害の状況等が具体的に記載されたうえで営業秘密侵害品である旨を指摘する警告状を受理したにもかかわらず，何ら調査を行わないまま当該物品の譲渡を行う場合は，重過失が認められる可能性がある旨を指摘する。
13）　この点，産業構造審議会・前掲注2）22頁では，中小企業等が「言いがかり」的な訴訟提起を受けた場合，善意・無重過失の立証が必ずしも容易ではないことや，譲渡と輸入入を別々に不正競争行為として定義する法制上の理由が乏しいことなどを理由として，法制上は，悪意・重過失を請求原因事実として位置付けることが適当である旨を指摘している。

【参考文献】
本文中に記載したもののほか，茶園編・不競法2版。

〔上沼　紫野〕

（定義）—限定提供データに係る不正競争行為

2条1項11号

十一　窃取，詐欺，強迫その他の不正の手段により限定提供データを取得する行為（以下「限定提供データ不正取得行為」という。）又は限定提供データ不正取得行為により取得した限定提供データを使用し，若しくは開示する行為

趣　　旨

本号は，限定提供データに関する行為のうち，特に悪質性の高い手段（「窃取，詐欺，強迫その他の不正の手段」）による「限定提供データ」の取得等の行為を「不正競争」として規律するものである[1]。

解　　説

1　「窃取，詐欺，強迫その他の不正の手段により」

本号所定の不正競争行為が成立するのは，「窃取，詐欺，強迫その他の不正の手段」により限定提供データを取得する場合である。「窃取，詐欺，強迫」は，「不正の手段」の例示であり，「窃取，詐欺，強迫」以外の手段を用いた場合でも本号の適用はありうる[2]。そのため，重要なのは「不正の手段」を如何に解するかであるが，電磁的管理されている情報の不正競争を禁じる限定提供データ制度の趣旨に鑑みると，正当な権限ないし理由なく電磁的管理体制を突破する行為は広く「不正の手段」に該当すると解すべきであろう[3]。

なお，営業秘密に関する本項4号でも同一の文言が用いられているが，秘密管理されている情報の不正競争を禁じる営業秘密制度の趣旨に鑑み，同号の「不正の手段」とは，正当な権限ないし理由なく秘密管理体制を突破する行為を意味すると解すべきでる（詳細は2条1項4号の解説を参照されたい）[4]。そうすると，本項4号と本号では「不正の手段」の意義が異なることになるが，同一の文言であるからといって必ずしも同旨に解する必要は無い。制度趣旨に即して上記のとおり解釈すべきである。

本号の「不正の手段」に該当する行為としては，不正アクセス禁止法に違反する行為や，刑法上の不正指令電磁的記録を用いる行為などといった本号には明示的には掲げられていない法令違反の行為や，これらの行為に準ずる

198 第1章 総則

公序良俗に反する手段によって，ID・パスワードや暗号化等によるアクセ
ス制限を施した管理を破ることなどが含まれる[5)6)]。

　経産省・限定提供データ指針では，原則として「不正」の手段に該当する
と考えられる具体例として，以下のような行為が挙げられている[7)]。

　＜原則として「不正」の手段による取得に該当すると考えられる具体例＞

- ・　データが保存されたUSBメモリを窃取する行為
- ・　データ保有者の施設に侵入して，データを紙にプリントアウトして，
　　又は，自らのUSBメモリにコピーして保存し，持ち去る行為
- ・　正当なデータ受領者を装い，データ保有者に対して，データを自己の
　　管理するサーバに格納するよう指示するメールを送信し，権原のある者
　　からのメールであると誤解したデータ保有者に自己のサーバにデータを
　　格納させる行為
- ・　データ保有者にコンピュータ・ウイルスを送り付けて，同社管理の非
　　公開のサーバに保存されているデータを抜き取る行為
- ・　他社製品との技術的な相互互換性等を研究する過程で，自社製品の作
　　動を確認するために当該他社のパソコンにネットワークを介して無断で
　　入り込んで操作し，パスワードを無効化してデータを取得する行為
- ・　データにアクセスする正当な権原があるかのように装い，データのア
　　クセスのためのパスワードを無断で入手し，データを取得する行為

　他方で，著作権法上の権利制限規定の適用に当たって求められる目的を有
している場合など，他法においてその目的の正当性が認められている場合
は，特段の事情が存しない限り，「窃取，詐欺，強迫その他の不正の手段に
より限定提供データを取得する行為」には該当しないと考えられる[8)]。

　経産省・限定提供データ指針では，以下のような例は原則として「その他
の不正の手段」による「取得」に該当しないとされている[9)]。

　＜原則として「その他の不正の手段」による「取得」に該当しないと考えら
　れる具体例＞

- ・　ゲーム機等の修理業者が，ゲーム機や端末の保守・修理・交換の過程
　　でその機器に保存されているプロテクトの施された限定提供データを必
　　要な範囲でバックアップし，修理等の後にまた元に戻せるように，プロ

テクトを（不正アクセス禁止法に抵触しない方法で）解除する行為（ゲーム機の販売時にプロテクト解除の可否を明示的に定めていないものの，修理業者が機器の製造者の許諾等を逐一得ていないケース[10]）

・ 他社製品との技術的な相互互換性等を研究する過程で，市場で購入した当該他社製品の作動を確認するため，ネットワークにつなぐことなく（不正アクセス禁止法に抵触しない方法で）当該製品のプロテクトを解除し，必要な範囲で限定提供データを取得する行為（製品の販売時にプロテクト解除の可否を明示的に定めていないものの，相互互換性を取る必要のある企業すべてに承諾を取ることは必ずしも可能ではないケースも想定される）

・ 特定者向けに暗号化されたデータが蓄積されているサーバの滅失のおそれ（ウイルス感染，水没等の危険）が生じ，（サーバ運営者とデータ保有者が異なる場合に）サーバ運営者が，データ保有者の事前の承諾なく緊急的にその暗号鍵を解除し，他のサーバにバックアップを取る行為

・ ウイルスが混入しているなどデータ自体が有害である可能性が生じた場合に，その確認及び対策を講じる必要から，データ保有者の許可を得ずに限定提供データの取得を行う行為

・ 商品の3D形状に関するデータが限定提供データであるケースにおいて，そのデータを用いて3Dプリンタで製造した商品が販売されている場合，その商品を購入した者が3Dスキャナで商品を計測して形状のデータを取得する行為

2 「限定提供データを取得する行為……又は限定提供データ不正取得行為により取得した限定提供データを使用し，若しくは開示する行為」

2.1 「限定提供データを」

本号所定の不正競争は，「限定提供データ」を対象とする行為について成立する。データ保有者のもとでは「限定提供データ」（2条7項）といえるデータであったとしても，行為者が「取得」したデータが「限定提供データ」（同項）とはいえないような場合（例えば，「取得」等したデータが保有者において保有する限定提供データのごく一部であり，「相当量」のデータ

200　第1章　総則

とはいえない場合），本号所定の不正競争行為は成立しない。

　また，取得した限定提供データを使用して得られる成果物（例えば，データを学習させて生成された学習済みモデル，データを用いて開発された物品等）がもはや元の限定提供データとは異なるものと評価される場合には，その使用，開示等は「限定提供データ」に関するものとはいえず，やはり不正競争には該当しない[11]。

　これらの点については，2条7項の解説も参照されたい。

2.2　「取得する行為」

　「取得」とは，データを自己の管理下に置くことをいい，データが記録されている媒体等を介して自己または第三者がデータ自体を手に入れる行為や，データの映っているディスプレイを写真に撮る等，データが記録されている媒体等の移動を伴わない形で，データを自己または第三者が手に入れる行為が該当する[12]。なお，電磁的管理を回避するだけで，当該管理のかかったデータを手に入れるわけではない場合は，そもそも本号における「取得」には該当しないと考えられる[13]。

　経産省・限定提供データ指針では，以下のような例は原則として「取得」に該当すると説明されている[14]。

＜原則として「取得」に該当すると考えられる具体例＞

- サーバや媒体に保存されているデータを自分のパソコンやUSBメモリにコピーする行為
- 自己のアカウントに係るクラウド上の領域などでデータを利用できる状態になっている場合（その場合，自己のパソコンやUSBメモリにダウンロードせずとも「取得」に該当しうる）
- 社内サーバに保存されているデータを他の媒体にコピーする行為
- データが記録された電子ファイルを添付したメールを他者に依頼して送付させ，受信する行為（当該ファイルにアクセス制限等はかかっておらず，メールを開封すればデータの中身が分かることが前提），又は当該メールを第三者に転送し，受信させる行為（第三者に「取得」させる行為）
- データを紙にプリントアウトして持ち出す行為

| ・ データを開いたパソコンのディスプレイの写真やビデオを撮影する行 |
| 為 |

2.3 「限定提供データ不正取得行為により取得した限定提供データを使用し」

　本号により規制される「使用」の対象は，「限定提供データ不正取得行為により取得した限定提供データ」，すなわち，窃取，詐欺，強迫その他の不正の手段により取得した限定提供データである。

　「使用」とは，データを用いる行為であり，具体例としては，データの作成，分析等に用いる行為が該当する[15]。経産省・限定提供データ指針では，以下のような行為は原則として「使用」に該当すると説明されている[16]。

<原則として「使用」に該当すると考えられる具体例>

| ・ 取得したデータを用いて研究・開発する行為 |
| ・ 取得したデータを用いて物品を製造し，又は，プログラムを作成する |
| 　 行為 |
| ・ 取得したデータからAI技術を利用したソフトウェアの開発（学習）用 |
| 　 の学習用データセットを作成するために分析・解析する行為 |
| ・ 取得したデータをAI技術を利用したソフトウェアの開発に利用する行 |
| 　 為 |
| ・ 取得したデータを用いて新たにデータベースを作成するべく，検索し |
| 　 やすいように分類・並び替えを行う行為 |
| ・ 取得したデータに，データクレンジング等の加工を施す行為 |
| ・ 取得したデータと，別途収集した自己のデータを合わせ整理して， |
| 　 データベースを作成する行為 |
| ・ 取得したデータを用いて営業（販売）活動を行う行為 |

2.4 「限定提供データ不正取得行為により取得した限定提供データを……開示する行為」

　「使用」と同様，本号により規制される「開示」の対象は，「限定提供データ不正取得行為により取得した限定提供データ」，すなわち，窃取，詐欺，

202　第1章　総則

強迫その他の不正の手段により取得した限定提供データである。

　「開示」とは，データを第三者が知ることができる状態に置くことをいう[17]。実際に第三者が知ることまでは必要がなく，また，必ずしも「開示」の相手方が「取得」に至っていることも必要ではないと考えられる[18]。例えば，誰でも閲覧可能なホームページにデータを掲載した場合には「開示」に該当すると考えられる。取得した限定提供データ使用して生成された成果物を開示するような場合，限定提供データと成果物との間に同一性が認められない限り，本号所定の不正競争行為は成立しない。

　経産省・限定提供データ指針では，以下のような場合は原則として「開示」に該当すると説かれている[19]。

<原則として「開示」に該当すると考えられる具体例>

- 　データを記録した媒体（紙媒体を含む）を第三者に手渡す行為
- 　第三者がアクセス可能なホームページ上にデータを掲載する行為
- 　データが記録された電子ファイルを第三者にメールで送付する行為（メールが開封されるか否かは問わない）
- 　取得したエクセル形式のデータをPDFに変換して保存しているサーバにおいて，当該データへの第三者へのアクセス権を設定する行為
- 　データをサーバに保存した上で，当該サーバにアクセスするためのパスワードをそのサーバの所在とともに第三者に書面又は口頭で教示する行為
- 　大量のデータをタブレットやスマートフォン等のディスプレイやスクリーン上に表示させ，それを第三者に閲覧させる行為

【注】
1）　経産省・逐条解説（令和5年改正版）111頁，経産省・限定提供データ指針23頁。
2）　田村善之「［法改正の動き］限定提供データの不正利用行為に対する規制の新設について—平成30年不正競争防止法改正の検討」年報知的財産法2018-2019・37頁（2018），田村善之=岡村久道「＜対談＞限定提供データ制度の導入の意義と考え方」NBL1140号14頁〔田村善之発言〕（2019），経産省・限定提供データ指針24頁，髙部・実務詳説304頁
3）　田村・前掲注2）37頁，田村=岡村・前掲注2）14頁〔田村発言〕

4) 田村・概説 2 版339頁-340頁参照
5) 経産省・限定提供データ指針23頁，高部・実務詳説304頁
6) なお，ID・パスワードのみを入手したもののデータそのものは入手しておらず，いまだ「取得」には該当しないと判断される場合であっても，「取得」に対する予防的差止請求が可能となる場面はありうる。経産省・限定提供データ指針24頁参照。
7) 経産省・限定提供データ指針24頁
8) 経産省・限定提供データ指針24頁
9) 経産省・限定提供データ指針24頁-25頁
10) プロテクト解除が明示的に許容されている場合や依頼・承諾に基づいてプロテクト解除がなされている場合は，「限定提供データを示された場合」（本項14号）のデータの取得に該当する。経産省・限定提供データ指針25頁。
11) 経産省・限定提供データ指針21頁
12) 経産省・逐条解説（令和 5 年改正版）113頁，経産省・限定提供データ指針20頁，高部・実務詳説304頁。小野＝松村・新・概説第 3 版下巻14頁も参照。
13) 経産省・限定提供データ指針19頁。ただし，「取得」の蓋然性が高い場合には 3 条所定の「取得」に対する予防的差止請求を行うことができる場合もありうる。
14) 経産省・限定提供データ指針20頁
15) 経産省・逐条解説（令和 5 年改正版）113頁，経産省・限定提供データ指針20頁，高部・実務詳説304頁。なお，小野＝松村・新・概説第 3 版下巻14頁は，「使用」とは「自己の用に供すること」であるとしている。
16) 経産省・限定提供データ指針20頁-21頁
17) 経産省・逐条解説（令和 5 年改正版）114頁，経産省・限定提供データ指針21頁，高部・実務詳説304頁，小野＝松村・新・概説第 3 版下巻14頁
18) 経産省・逐条解説（令和 5 年改正版）114頁，経産省・限定提供データ指針21頁
19) 経産省・限定提供データ指針22頁

〔高瀬　亜富〕

204　第1章　総則

> **（定義）―限定提供データに係る不正競争行為**
> **2条1項12号**
> 　十二　その限定提供データについて限定提供データ不正取得行為が介在したこと
> 　　を知って限定提供データを取得し，又はその取得した限定提供データを使用
> 　　し，若しくは開示する行為

趣　　旨

　本号は，限定提供データに関する行為のうち，限定提供データ不正取得行為について悪意で限定提供データを取得する行為，および，当該限定提供データに関する行為を「不正競争」として規律するものである。

　「限定提供データ」は，その性質上，容易に複製し，移転することが可能であるため，意図しない第三者に転々流通してしまうとデータが一気に拡散してしまうおそれがあり，被害拡大防止のための救済措置を設ける必要がある。また，不正取得行為が介在したことを知りながら，データ保有者と契約関係のない第三者が限定提供データを取得し，さらに使用・開示するような行為については取引の安全の保護の必要性も認められない。

　そこで，本号は，限定提供データ不正取得行為について悪意の転得者による限定提供データの取得・使用・開示を，「不正競争」として規律するものである[1]。

解　　説

1　「その限定提供データについて」

　本号による不正競争行為の対象は，「限定提供データ」である。そのため，本号所定の不正競争行為は，行為者による行為対象が「限定提供データ」に該当する場合に初めて成立する。データ保有者のもとでは「限定提供データ」（2条7項）といえるデータであったとしても，行為者が「取得」したデータが「限定提供データ」（同項）とはいえないような場合（例えば，「取得」等したデータが保有者において保有する限定提供データのごく一部であり，「相当量」のデータとはいえない場合），本号所定の不正競争行為は成立しない。

　また，取得した限定提供データを使用して得られる成果物（例えば，デー

タを学習させて生成された学習済みモデル，データを用いて開発された物品等）がもはや元の限定提供データとは異なるものと評価される場合には，その使用，開示等は「限定提供データ」に関するものとはいえず，やはり不正競争には該当しない[2]。

これらの点については，2条7項の解説も参照されたい。

2 「限定提供データ不正取得行為が介在したこと」

本号の悪意（「知って」）の対象は，「限定提供データ不正取得行為が介在したこと」である。「限定提供データ不正取得行為」とは，窃取，詐欺，強迫その他の不正の手段により限定提供データを取得する行為をいう（本項11号かっこ書）。詳細については11号の解説を参照されたい。「介在したこと」とは，自らが取得する前のいずれかの時点で不正取得行為がなされたことを意味する。したがって，不正取得行為を行った者から直接取得する場合だけでなく，間接的に取得する場合であっても，取得時に不正取得行為があったことについて悪意であるのであれば，その取得行為，取得後の使用・開示行為は不正競争となりうる[3]。

3 「知って」

3.1 「知って」の意義

本号所定の不正競争行為が成立するのは，1および2の事実を「知って」いる場合，すなわち，「悪意」である場合に限られる。「営業秘密」においては，「悪意」に加え，重大な過失によって不正取得等が介在したことを知らなかった場合（重過失）も「不正競争」の対象としているところ（本項5号，8号），「限定提供データ」に関する不正競争は重過失による行為を含まない。したがって，限定提供データの転得者は，限定提供データ不正取得行為の有無等について注意義務や調査義務を負わないものと解される[4]。

転得するデータについての不正な取得や図利加害目的での不正な開示等の不正行為の介在等について「知って」いる状態とは，不正行為の介在等を認識していることである。不正行為の介在等についてその真偽が不明であると認識しているにとどまる状態は「知って」いるとはいえない[5]。

206 第1章 総則

3.2 「知って」の認定

「知って」いるというためには，(a)限定提供データ不正取得行為の存在と，(b)限定提供データ不正取得行為が行われたデータと転得した（転得する）データとが同一であること（データの同一性）の両者について認識していることが必要とされる[6]。以下，順に指針で挙げられている具体例を示す。

3.2.1 限定提供データ不正取得行為の存在に関する認識

経産省・限定提供データ指針では，以下のような事例は原則として不正行為（同指針において，「不正行為」は，本項15号所定の「限定提供データ不正開示行為」をも含む概念として使用されている）の介在の認識があると説かれている[7]。

<原則として不正行為の介在の認識があると考えられる例>

> ・ 外部への提供が禁じられたデータの提供を受けた正当取得者に対し，転得者が，それを知りつつ金品を贈与する見返りにデータ提供を依頼した場合
> ・ データ保有者から，不正行為が存在したことが明らかな根拠を伴った警告書を受領した場合
> ・ データ提供者が，不正行為を行ったことを認めていることを知った場合

他方，経産省・限定提供データ指針では，以下のような事例は原則として不正行為の介在の認識がないと説かれている[8]。

<原則として不正行為の介在の認識がないと考えられる例>

> ・ データの提供について正当な権原があることの根拠がデータ取得時に示されていた場合
> ・ データ保有者から，不正行為が存在したとの主張のみが記載された警告書を受領したが，その真偽が不明な場合
> ・ データ保有者から，不正取得の存在について相応の根拠を有する警告書を送付されたが，その後のデータ提供者との協議において，データ提供者からそれを覆すに足りると考えられる根拠が示されたために，不正

２条１項12号　定義―限定提供データに係る不正競争行為　207

　　　行為がなかったとの結論に至った場合
・　データ流通プラットフォームサービスを介してデータを取得した際に，
　当該データに当該サービスを提供するプラットフォーマーによる認証の
　ある来歴情報が付されておりこれを信頼した場合

3.2.2　データの同一性に関する認識

　経産省・限定提供データ指針では，以下のような事例は原則としてデータ
の同一性の認識があると考えられると説かれている[9]。

　　　　＜原則としてデータの同一性の認識があると考えられる例＞

・　データ保有者から提示を受けた電子透かし等のトレーサビリティに基
　づく検証の結果により，データが同一である旨が確認された場合
・　データ保有者から，データが同一であることが明らかな根拠を伴った
　警告書を受領した場合
・　データ提供者が自ら提供するデータについて，不正な行為が介在して
　いることを認めていることを転得者が知った場合

　他方，経産省・限定提供データ指針では，以下のような事例は原則として
原則としてデータの同一性の認識がないと説かれている[10]。

　　　　＜原則としてデータの同一性の認識がないと考えられる例＞

・　データ保有者から提示を受けた電子透かし等のトレーサビリティに基
　づく検証の結果により，データが同一であると立証されなかった場合
・　ホームページ上で掲載されている不正取得等が行われたデータの特徴
　が転得したデータの特徴（データが創出された時期等）と異なっている
　場合。
・　データ保有者から，データが同一であるとの主張のみが記載された警
　告書を受領したが，その真偽が不明な場合

4　「限定提供データを取得し，又はその取得した限定提供データを使用し，若しくは開示する行為」

　本号による規制は，１から３までの事項を知って，限定提供データを「取
得」し，またはその「取得した」限定提供データを「使用」，「開示」する行

208　第1章　総則

為である。以下，分析していく。

4.1　「限定提供データを」

本号所定の不正競争行為は，「限定提供データ」の「取得」「使用」「開示」
について成立する。詳細は上記1を参照されたい。

4.2　「(……知って) 取得し」

本号による規制は，限定提供データの「取得」に及ぶ。「取得」の意義に
ついては本項11号の解説を参照されたい。本号の「取得」は，上記1で説明
した「知って」の要件を充足する状態で行われて初めて不正競争となる。

本号の文言上，「知って」を判断する基準時は「取得」のときなので，
データ提供に関する契約締結時には善意であったとしても，実際にデータ提
供を受ける時点，すなわち，「取得」の時点で悪意になっていたような場合
には，本号の規制対象となる。

例えば，以下のよう流れの取引があった場合，行為者がデータを取得する
のは③の時点なので，このケースの行為者には取得時悪意として本号の不正
競争が成立しうる[11]。

　① データ提供者との契約締結
　② 利用者が「悪意」に転じる
　③ 送信された限定提供データの受信
　④ アクセス型のデータ取得

また，以下のよう流れの取引があった場合，行為者がデータを取得するの
は④の時点なので，このケースの利用者にも取得時悪意として本号の不正競
争が成立しうる[12]。

　① データ提供者との契約締結
　② ID・パスワードを入手 (ID・パスワードによりいつでもサーバにア
　　クセス可能)，
　③ 利用者が「悪意」に転じる，
　④ ID・パスワードを用いて提供者のサーバにアクセスし，データをダ
　　ウンロード

4.3 「その取得した限定提供データを使用し，若しくは開示する行為」

4.3.1 「その取得した限定提供データ」

「その取得した限定提供データ」とは，不正取得行為が介在したことを知って取得した限定提供データを意味する。本要件により，本号により規制される「使用」「開示」は，それに先立つデータの「取得」時に不正取得行為の介在について悪意であった場合に限られる。取得後に不正取得行為の介在について悪意になった場合，「使用」については不正競争行為が成立することはない（事後的悪意者による限定提供データの「使用」は不正競争として規定されていない）。他方，「開示」については本項13号所定の不正競争行為が成立しうる（ただし，19条1項9号イの適用除外に留意されたい）。

【注】
1） 経産省・逐条解説（令和5年改正版）115頁-116頁，経産省・限定提供データ指針37頁。
2） 経産省・限定提供データ指針21頁
3） 経産省・限定提供データ指針38頁
4） 経産省・限定提供データ指針38頁
5） 経産省・限定提供データ指針38頁
6） 経産省・限定提供データ指針38頁-39頁
7） 経産省・限定提供データ指針39頁
8） 経産省・限定提供データ指針39頁
9） 経産省・限定提供データ指針39頁
10） 経産省・限定提供データ指針40頁
11） 経産省・限定提供データ指針40頁
12） 経産省・限定提供データ指針40頁-41頁。自己のアカウントに係るクラウド上でデータを利用できる状態になっている場合など，データが実質的に自己の管理下にあるものと同義であると考えられる場合には，（自社のサーバにダウンロードせずとも）「取得」に該当する可能性がある。

〔高瀬　亜富〕

210　第1章　総則

> **（定義）―限定提供データに係る不正競争行為**
> **2条1項13号**
>
> 　十三　その取得した後にその限定提供データについて限定提供データ不正取得行
> 　　為が介在したことを知ってその取得した限定提供データを開示する行為

趣　　旨

　本号は，限定提供データに関する行為のうち，限定提供データを取得した後に限定提供データ不正取得行為の介在について悪意となった者（事後的悪意者）の行為を「不正競争」として規律するものである。

　「限定提供データ」の取得時に限定提供データ不正取得行為の介在について知らなかった（善意）としても，その後不正行為の介在等を知った（悪意）場合は，データ保有者の被害拡大防止のための救済措置が必要である。

　一方で，取得時に善意であった者が，その後悪意に転じることにより，差止請求等によって突然事業活動の停止を余儀なくされるようなことがあれば，データを使用する事業活動へ萎縮効果を与え，ひいてはデータ流通や利活用の阻害要因ともなりかねない。

　そこで，本号は，事後的悪意者の行為については，拡散により保有者が甚大な損失を被るおそれがある「開示」に限定して規律の対象としている[1]。

解　　説

1　「その取得した後に」

　本号所定の不正競争行為は，「取得」後に限定提供データ不正取得行為について悪意になった場合に成立する。「取得」時に既に悪意であった場合には本項12号の不正競争が成立しうる。「取得」の意義については本項11号の解説を参照されたい。

2　「その限定提供データについて」

　本号による不正競争行為の対象は，「限定提供データ」である。そのため，本号所定の不正競争行為は，行為者による行為対象が「限定提供データ」に該当する場合に初めて成立する。データ保有者のもとでは「限定提供データ」（2条7項）といえるデータであったとしても，行為者が「取得」した

データが「限定提供データ」(同項)とはいえないような場合(例えば,「取得」等したデータが保有者において保有する限定提供データのごく一部であり,「相当量」のデータとはいえない場合),本号所定の不正競争行為は成立しない。

また,取得した限定提供データを使用して得られる成果物(例えば,データを学習させて生成された学習済みモデル,データを用いて開発された物品等)がもはや元の限定提供データとは異なるものと評価される場合には,その使用,開示等は「限定提供データ」に関するものとはいえず,やはり不正競争には該当しない[2]。

これらの点については,2条7項の解説も参照されたい。

3 「限定提供データ不正取得行為が介在したことを知って」

本号の悪意(「知って」)の対象は,「限定提供データ不正取得行為が介在したこと」である。「限定提供データ不正取得行為」とは,窃取,詐欺,強迫その他の不正の手段により限定提供データを取得する行為をいう(本項11号かっこ書)。詳細については11号の解説を参照されたい。「介在したこと」とは,自らが取得する前のいずれかの時点で不正取得行為がなされたことを意味する。したがって,不正取得行為を行った者から直接取得する場合だけでなく,間接的に取得する場合であっても,取得時に不正取得行為があったことについて悪意であるのであれば,その取得行為,取得後の使用・開示行為は不正競争となる。

4 「その取得した限定提供データを開示する行為」

本号により規制されるのは,「開示」行為のみである。事後的に悪意になったとしても,限定提供データの「使用」が不正競争行為となることはない。また,本号所定の不正競争行為については19条1項9号イの適用除外規定も適用されうる。

【注】

1) 経産省・逐条解説(令和5年改正版)117頁-118頁,経産省・限定提供データ指針41頁-42頁。なお,田村・前掲40頁は,「使用」を規制の対象としないことについて,立法論としては議論の余地があるが,平成30年改正の際,ユーザー側に立つことが多い企業等からの取引の安全を重視する要望が強く,放任され

212 第1章 総則

ることとなった，と説明している。
2） 経産省・限定提供データ指針21頁

〔髙瀬 亜富〕

（定義）—限定提供データに係る不正競争行為
2条1項14号

十四 限定提供データを保有する事業者（以下「限定提供データ保有者」とい
う。）からその限定提供データを示された場合において，不正の利益を得る目
的で，又はその限定提供データ保有者に損害を加える目的で，その限定提供
データを使用する行為（その限定提供データの管理に係る任務に違反して行う
ものに限る。）又は開示する行為

趣　旨

　本号は，当初は保有者から正当に限定提供データの提供を受けたものの，
その後に著しく信義則に違反する悪質な態様で限定提供データを「使用」
「開示」する行為を不正競争とする規定である。正当取得者の適正な使用に
萎縮効果を与えないよう，本号の不正競争の成立には，「使用」「開示」とも
に図利加害目的のもと行われることが必要とされているほか，「使用」に関
しては，「管理に係る任務」に違反して行われることが必要とされている[1]。

解　説

1 「限定提供データを保有する事業者」

　誰がデータ保有者となるかについては，不正行為の対象とされたデータの
管理にかかる具体的ビジネスモデル等によって事案ごとに決まる[2]。

2 「その限定提供データを示された場合において」

　本号は，限定提供データを保有する事業者から限定提供データを「示され
た」場合の不正競争行為を規定するものである。「示された」とは，契約に
従って限定提供データを受けるなど不正取得以外の態様で保有者から取得す
る場合であることを意味する[3]。雇用契約や使用許諾契約などの契約に基づ

く場合や，契約に準ずるような信頼関係に基づき限定提供データが提供されたような場合がこれに当たる[4]。

3 「不正の利益を得る目的で，又はその限定提供データ保有者に損害を加える目的」（図利加害目的）

3.1 総説

限定提供データ保有者から当該データを示された者（以下「正当取得者」という）が，取得したデータを使用または開示する行為が「不正競争」となるためには，図利加害目的が備わることが必要である。

図利加害目的は，限定提供データ保有者からライセンス契約や業務委託契約等に基づき正当に取得したデータを使用または開示する行為について，適正な行為を過度に萎縮させることのないよう，単なる契約違反を超えて「不正競争」に該当する場合を限定する主観的要件である。

3.2 図利加害目的が認められる場合

「不正の利益を得る目的（図利目的）」とは，競争関係にある事業を行う目的のみならず，広く公序良俗または信義則に反する形で不当な利益を図る目的のことをいうとされているので[5]，限定提供データ保有者と競合するサービスを行うことは，図利目的を肯定する要素となりうるものの，必須の要件とはならない。「保有者に損害を加える目的（加害目的）」とは，限定提供データ保有者に対し，財産上の損害，信用の失墜，その他有形無形の不当な損害を加える目的のことを指すが，現実に損害が生じることは要しない[6]。

前記のような趣旨に鑑み，図利加害目的要件の該当性の判断に当たっては，当該使用または開示行為が限定提供データ保有者から許されていないことが当事者双方にとって明らかであって，それを正当取得者が認識していることが前提となる[7]。営業秘密の場合には契約によって示された者が契約によって許容されている範囲を超えて使用した場合に図利加害目的が認められていること[8]と比べ，要件が加重されている[9]。この前提条件（特に「明らか」）を充足させるためには，データ提供契約における明確な義務付けが重要になろう[10]。

そのうえで，自己または第三者の利益を得る目的またはデータ保有者に損

214 第1章 総則

害を加える目的をもって，取得したデータを使用または開示する場合に，図利加害目的があると考えられる。もっとも，上記前提を充足する場合には，必要となる対価を支払うことなく利用しているという意味で自己の利益を図っており（不正の利益を得る目的），その結果，収受しえたはずの対価を相手方が収受しえなくするという意味で損害を与える目的（加害目的）が充足され，別途，正当な目的があることが示されない限り図利加害目的を充足すると解すべきである[11]。

　経産省・限定提供データ指針では，以下のような例は原則として「図利加害目的」があると判断されると説かれている[12]。

　　＜原則として「図利加害目的」があると判断されると考えられる具体例＞

> ・　第三者開示禁止と規定されたライセンス契約に基づいて限定提供データを取得した者が，第三者開示禁止であることを認識しつつ，当該データの相当蓄積性を充足する一部を自社のサービスに取り込み，顧客に開示する場合
> ・　第三者開示禁止と規定されたライセンス契約に基づいて限定提供データを取得した者が，第三者開示禁止であることを認識しつつ，保有者に損害を加える目的で当該データをホームページ上に開示する場合
> ・　委託された分析業務のみに使用するという条件で取得した限定提供データを，その条件を認識しながら，無断で自社の新製品開発に使用する場合

3.3　図利加害目的がないと判断される場合

　契約上許される行為であると判断される場合には，図利加害目的は認められない。契約解釈に争いがあり，訴訟等で最終的には契約違反に該当すると判断される場合であっても，図利加害目的が否定される場合がありうる[13]。これらは，前記3.2で言及した「当該使用又は開示行為が限定提供データ保有者から許されていないことが当事者双方にとって明らかであって，それを正当取得者が認識している」という「前提」を充足しない例である。

　また，上記前提を充足する場合においても，正当な目的が認められる場合には図利加害目的が否定される。経産省・限定提供データ指針では，以下のような例は正当な目的が認められるため原則として図利加害目的が否定され

ると説かれている[14]。

<原則として「図利加害目的ではない」と考えられる具体例>

（ a ） データの保護のために緊急の必要性がある場合
 ・ データ保管設備を緊急でメンテナンスする必要が生じたが，自社内
  では他のデータ保管設備を有していなかったため，開示が許されてい
  ない子会社に一時保管目的で限定提供データを開示する場合
 ・ ウイルス感染した限定提供データを，第三者への開示が禁止されて
  いるが，感染拡散を防止する目的で，感染診断・除染会社等の専門業
  者である第三者に開示する場合
（ b ） 法令に基づく場合
 ・ 裁判官の発する令状に基づく捜査に対応するため限定提供データを
  開示する場合
 ・ 法令に基づく調査に対応するため限定提供データを開示する場合
 ・ 法令に基づく通報のために限定提供データを開示する場合
（ c ） 人命保護その他の公益上の理由等がある場合
 ・ 災害時の避難誘導の目的で，交通情報データを開示が許されていな
  い自治体に開示する場合
 ・ 人命保護の目的で，商業施設における人流データを開示の許されて
  いない第三者に開示する場合

4 「その限定提供データを使用する行為（その限定提供データの管理に係る任務に違反して行うものに限る。）又は開示する行為」

　本号所定の不正競争行為が成立する行為類型は，「使用」および「開示」である。このうち「使用」については，図利加害目的が認められることに加えて，「限定提供データの管理に係る任務に違反して」なされる場合に限り不正競争行為が成立するものとされている。

4.1 「その限定提供データを」

　本号による不正競争の対象は，「限定提供データ」である。そのため，本号所定の不正競争は，行為者による行為対象が「限定提供データ」に該当する場合に初めて成立する。データ保有者のもとでは「限定提供データ」（2

216　第1章　総則

条7項）といえるデータであったとしても，行為者が「取得」したデータが
「限定提供データ」（同項）とはいえないような場合（例えば，「取得」等し
たデータが保有者において保有する限定提供データのごく一部であり，「相
当量」のデータとはいえない場合），本号所定の不正競争は成立しない。

　また，取得した限定提供データを使用して得られる成果物（例えば，デー
タを学習させて生成された学習済みモデル，データを用いて開発された物品
等）がもはや元の限定提供データとは異なるものと評価される場合には，そ
の使用，開示等は「限定提供データ」に関するものとはいえず，やはり不正
競争には該当しない[15]。

　これらの点については，2条7項の解説も参照されたい。

4.2　「使用する行為（その限定提供データの管理に係る任務に違反して行うものに限る。）」

4.2.1　総説

　行為者が取得したデータを「使用」するにとどまる場合，本号の不正競争
は，前述した図利加害目的に加えて「限定提供データの管理に係る任務に違
反して行う」場合に初めて成立する。「営業秘密」に関する同旨の規定であ
る本項7号より要件が加重されている。

　本号の不正競争は，データの取得自体は正当に行われているため，データ
の流通を確保する観点から，取得者の事業活動への萎縮効果が及ばないよう
配慮する必要性が高い。そこで，横領・背任に相当する悪質性の高い「使
用」に限定して不正競争防止法の規律の対象とするべく，本要件が規定され
たものである[16]。

4.2.2　「使用する行為」

　「使用」の意義については本項11号の解説を参照されたい。

4.2.3　「（限定提供データの管理に係る任務に違反して行うものに限る。）」

　本号における「使用」が不正競争となるのは，「限定提供データの管理に
係る任務」に違反する行為に限られる。本要件が図利加害目的とは別に「使
用」に係る不正競争の成立を限定させるために規定されていることに鑑みる
と，「限定提供データの管理に係る任務」とは，限定提供データの保有者と

行為者との間の委託信任関係に基づき，受託者が限定提供データ保有者のために限定提供データを管理する任務のことを指すと解すべきである[17]。例えば，限定提供データ保有者のためにデータの加工を請け負う場合などは委託信任関係があり，新商品開発などの目的で専らデータ取得者のためにデータを購入した場合などは委託信任関係がないと考えられる[18]。

この「限定提供データの管理に係る任務」は契約ごとではなく，対象となるデータごとに判断される[19]。よって，あるデータについて限定提供データ保有者のためにする任務を負っていると評価されれば，他に限定提供データ保有者のために管理していないデータを扱っていたとしても，前者のデータに関しては「限定提供データの管理に係る任務」が否定されることはないと考えられる。

指針では，代表的な契約類型ごとの「限定提供データの管理に係る任務」の有無について，以下の表のとおり説かれている。

＜各種契約における「限定提供データの管理に係る任務」の有無の具体例＞

契約の種類の例	「限定提供データの管理に係る任務」があると考えられる例（「限定提供データ保有者のためにする」行為が認められる場合）	「限定提供データの管理に係る任務」がないと考えられる例
委任契約	限定提供データ保有者からの委託を受けて，限定提供データを用いて分析を行う場合（データの分析を委託されているために，委託者のためにデータ管理につき善管注意義務が発生する点で，「限定提供データの管理に係る任務」があると認められる例）	― （限定提供データに関する委託契約においては，通例，受託者が委任者のために業務を行うという信任関係が存在すると考えられるから，その場合，「限定提供データの管理に係る任務」があると認められない例を想定しにくい）
フランチャイズ契約	フランチャイズ契約に基づいて，フランチャイジーであるとともにサブ・フランチャイザーでもあるフランチャイズ支部が，フランチャイズ本部から取得したデータを使用しようして，自己のフランチャイズ事業に使用している場合（単なるフランチャイジーとしてではなく，フランチャイズ本部	フランチャイズ契約に基づいて，フランチャイジーがフランチャイザーから取得したデータを，フランチャイズ事業に使用している場合（単なるフランチャイジーとしての地位を越えて，特にフランチャイザーのために管理するということを示すような事情がなければ「限定提供データの管理

	のために自らのフランチャイジーを管理していることから「限定提供データの管理に係る任務」があると認められる例)	に係る任務」があるとは認められないという例)
コンソーシアム契約	特定の共同プロジェクトの実施を目的に組織したコンソーシアムで共同で利用しているデータについて，当該プロジェクト推進の目的で使用している場合 (自らのためだけではなく，コンソーシアムを構成する他社のためにも使用している点で，「限定提供データの管理に係る任務」があると認められる例)	業界団体加盟企業に対して提供されているデータを，加盟企業が自身のためにのみ使用しているに過ぎない場合 (会員自らのためだけに使用しているため，「限定提供データの管理に係る任務」があるとは認められない例)

4.3 「開示する行為」

「開示」も本号の規制対象である。「使用」と異なり，任務違反がなくとも本号の不正競争が成立する。「開示」の意義については11号の解説を参照されたい。

【注】
1) 田村善之「[法改正の動き]限定提供データの不正利用行為に対する規制の新設について」年報知的財産法2018-2019・38頁 (2018)
2) 経産省・限定提供データ指針33頁
3) 経産省・限定提供データ指針26頁
4) 小野＝松村・新・概説3版下巻17頁
5) 経産省・逐条解説 (令和5年改正版) 119頁-120頁，経産省・限定提供データ指針29頁，髙部・実務詳説305頁。
6) 経産省・逐条解説 (令和5年改正版) 120頁，経産省・限定提供データ指針28頁，髙部・実務詳説305頁。
7) 田村・前掲注1) 38頁，田村善之＝岡村久道「＜対談＞限定提供データ制度の導入の意義と考え方」NBL1140号15頁〔田村善之発言〕(2019)，三好豊「不正競争防止法平成30年改正によって新たに導入された限定提供データの保護について」会計・監査ジャーナル770号108頁 (2019)，経産省・限定提供データ指針28頁。
8) プラスチック木型事件第一審判決・東京地判平29・2・9最高裁HP (平成26年 (ワ) 1397号／平成27年 (ワ) 34879号)〔28250692〕，同控訴審判決・知財高判平30・1・24最高裁HP (平成29年 (ネ) 10031号)〔28260530〕

9) 重富貴光「限定提供データ保護について」別冊パテント23号71頁（2020）。岡村久道「平成30年改正不正競争防止法によるデータ保護」ジュリ1525号21頁（2018）も,「単なる契約違反にとどまらず悪質性が高い場合に限って不正競争とする趣旨である」と説いている。

10) 重富・前掲注9）71頁, 田村＝岡村・前掲注7）16頁〔田村発言〕, 経産省・限定提供データ指針29頁。

11) 田村・前掲注1）38頁

12) 経産省・限定提供データ指針28頁

13) 経産省・限定提供データ指針29頁-32頁に図利加害目的が否定される例が多く挙げられている。

14) 経産省・限定提供データ指針32頁

15) 経産省・限定提供データ指針21頁

16) 経産省・限定提供データ指針32頁-33頁, 高部・実務詳説305頁。

17) 経産省・限定提供データ指針33頁。田村・前掲注1）38頁, 田村＝岡村・前掲注1）15頁〔田村発言〕も参照。

18) 経産省・限定提供データ指針33頁。なお, 同頁では, 限定提供データ保有者のためにする目的と同時に, 正当取得者自身のためにする目的が併存する場合であっても, 保有者のためにする行為であると評価されれば,「限定提供データの管理に係る任務」が存在するとされている。

19) 田村・前掲注1）38頁

〔高瀬　亜富〕

220　第1章　総則

（定義）―限定提供データに係る不正競争行為

2条1項15号

　十五　その限定提供データについて限定提供データ不正開示行為（前号に規定する場合において同号に規定する目的でその限定提供データを開示する行為をいう。以下同じ。）であること若しくはその限定提供データについて限定提供データ不正開示行為が介在したことを知って限定提供データを取得し，又はその取得した限定提供データを使用し，若しくは開示する行為

趣　旨

　本号は，限定提供データに関する行為のうち，限定提供データ不正開示行為について悪意で取得した限定提供データに関する行為を「不正競争」として規律するものである。

　「限定提供データ」は，その性質上，容易に複製し，移転することが可能であるため，意図しない第三者に輾転流通してしまうとデータが一気に拡散してしまうおそれがあり，被害拡大防止のための救済措置を設ける必要がある。限定提供データに関する取引の安全を確保するという観点からは，不正開示行為が介在したことを知りながら（悪意），データ保有者と契約関係のない第三者が限定データを取得し，さらに使用・開示するような行為については保護の必要性がない。むしろ，悪質性の高い行為であるといえる。

　そこで，本号は，限定提供データ不正開示行為について悪意の転得者による限定提供データの取得・使用・開示を，「不正競争」と位置づけている[1]。

解　説

1　「その限定提供データについて」

　本号による不正競争の対象は，「限定提供データ」である。そのため，本号所定の不正競争は，行為者による行為対象が「限定提供データ」に該当する場合に初めて成立する。データ保有者のもとでは「限定提供データ」（2条7項）といえるデータであったとしても，被疑不正競争行為者が「取得」「使用」「開示」したデータがその一部であって「限定提供データ」（同項）とはいえないような場合（例えば，「取得」等したデータが保有者において保有する限定提供データのごく一部であり，「相当量」のデータとはいえな

い場合），本号所定の不正競争は成立しない。

2 「限定提供データ不正開示行為……であること若しくはその限定提供データについて限定提供データ不正開示行為が介在したこと」

　本号の「知って」（悪意）の対象は，「不正開示行為であること」もしくは「不正開示行為が介在したこと」である。「不正開示行為」とは，本項14号所定の図利加害目的での限定提供データの開示行為をいう（本号かっこ書）。「悪意」の対象として，不正開示行為が「介在したこと」の他に，不正開示行為で「あること」を規定しているのは，本項14号所定の不正開示行為の直接の相手方となって限定提供データを取得する場合は，その行為が不正開示行為を構成することになるためである[2]。

　本項14号の解説で説明したとおり，図利加害目的の充足性が認められるのは，「開示行為が限定提供データ保有者から許されていないことが当事者双方にとって明らかであって，それを正当取得者が認識している場合」である。よって，本号の「知って」の要件を充足するのは，当該事実を知っていたことが必要になる。単に契約違反による開示を認識するだけでは足りない[3]。

3 「知って」

　本号は，1および2の事実を「知って」以下の4で説明する行為を不正競争とする規定である。「営業秘密」においては，「悪意」に加え，重大な過失によって不正取得等が介在したことを知らなかった場合（重過失）も「不正競争」の対象としているところ（本項5号，9号），「限定提供データ」では重過失を対象としていない。したがって，限定提供データの転得者は，限定提供データ不正取得行為の有無等について注意義務や調査義務を負わないものと解される[4]。

4 「限定提供データを取得し，又はその取得した限定提供データを使用し，若しくは開示する行為」

4.1 「限定提供データを取得し」

　本号の不正競争は，まず，「限定提供データ」の取得について成立しうる。

222 第1章 総則

他の類型と同様，行為者にとっても「限定提供データ」（2条7項）といえるものを取得した場合のみ不正競争が成立しうる。「取得」の意義については本項11号の解説を参照されたい。

4.2 「その取得した限定提供データを使用し，若しくは開示する行為」

「その取得した限定提供データ」とは，不正開示行為であることまたは不正開示行為が介在したことを知って取得した限定提供データを意味する。本要件により，本号により規制される「使用」「開示」は，それに先立つデータの「取得」時に不正開示行為の介在について悪意であった場合に限られる。

限定提供データの取得後に不正開示行為であることまたは不正開示行為が介在したことについて悪意になった場合，「使用」については不正競争行為が成立することはない（事後的悪意者による限定提供データの「使用」は不正競争行為として規定されていない）。他方，「開示」については本項16号所定の不正競争行為が成立しうる（ただし，19条1項9号イの適用除外に留意されたい）。

「使用」「開示」の意義については本項11号の解説を参照されたい。

【注】
1） 経産省・限定提供データ指針37頁-38頁
2） 経産省・限定提供データ指針38頁
3） 経産省・限定提供データ指針38頁-39頁参照
4） 経産省・限定提供データ指針37頁-38頁

〔高瀬　亜富〕

（定義）―限定提供データに係る不正競争行為
2条1項16号

十六　その取得した後にその限定提供データについて限定提供データ不正開示行為があったこと又はその限定提供データについて限定提供データ不正開示行為が介在したことを知ってその取得した限定提供データを開示する行為

趣　旨

　本号は，限定提供データに関する行為のうち，限定提供データを取得した後に限定提供データ不正開示行為の介在等について悪意となった者（事後的悪意者）の行為を「不正競争」として規律するものである。

　「限定提供データ」の取得時に限定提供データ不正開示行為の介在等について知らなかった（善意）としても，その後不正行為の介在等を知った（悪意）場合は，データ保有者の被害拡大防止のための救済措置が必要である。

　一方で，取得時に善意であった者が，その後悪意に転じることにより，差止請求等によって突然事業活動の停止を余儀なくされるようなことがあれば，データを使用する事業活動へ萎縮効果を与え，ひいてはデータ流通や利活用の阻害要因ともなりかねない。

　そこで，本号は，事後的悪意者の行為については，拡散により保有者が甚大な損失を被るおそれがある「開示」に限定して規律の対象としている[1]。

解　説

1　「その取得した後に」

　本号所定の不正競争は，限定提供データの「取得」後に限定提供データ不正開示行為の介在等について悪意になった場合に成立する。「取得」の意義については本項11号の解説を，を参照されたい。

2　「その限定提供データについて」

　本号による不正競争の対象は，「限定提供データ」である。そのため，本号所定の不正競争は，行為者による行為対象が「限定提供データ」に該当する場合に初めて成立する。データ保有者のもとでは「限定提供データ」（2条7項）といえるデータであったとしても，被疑不正競争行為者が「取得」

224 第1章 総則

「使用」「開示」したデータがその一部であって「限定提供データ」（同項）
とはいえないような場合（例えば，「取得」等したデータが保有者において
保有する限定提供データのごく一部であり，「相当量」のデータとはいえな
い場合），本号所定の不正競争は成立しない。

3 「限定提供データ不正開示行為があったこと又はその限定提供データについて限定提供データ不正開示行為が介在したこと」

　本号の悪意（「知って」）の対象は，「限定提供データ不正開示行為があっ
たこと」または同行為が「介在したこと」である。「限定提供データ不正開
示行為」とは，本項14号所定の不正競争行為を意味する。また，「介在した
こと」とは，自らが取得する前のいずれかの時点で不正開示行為がなされた
ことを意味する。不正開示行為が「介在したこと」の他に，不正開示行為が
「あったこと」を規定しているのは，本項14号所定の不正開示行為の直接の
相手方となって限定提供データを取得する場合は，その行為が不正開示行為
を構成することになるためである[2]。

4 「知って」

　本号の不正競争は，上記2および3の事実を「知って」いる者，すなわ
ち，悪意者についてのみ成立する。「営業秘密」においては，「悪意」に加
え，重大な過失によって不正取得等が介在したことを知らなかった場合も
「不正競争」の対象としているところ（本項5号，9号），「限定提供データ」
では重過失を対象としていない。したがって，限定提供データの転得者は，
限定提供データ不正取得行為の有無等について注意義務や調査義務を負わな
いものと解される[3]。

5 「その取得した限定提供データを開示する行為」

　本号により規制されるのは，「開示」行為のみである。その対象が，保有
者のもとのみならず行為者のもとでも「限定提供データ」（2条7項）の要
件を充足していなければならないことについては，上記2で説明したとおり
である。事後的に悪意になったとしても，限定提供データの「使用」が不正
競争行為となることはない[4]。本号所定の不正競争行為については19条1項
9号イの適用除外規定も適用されうる。「使用」「開示」の意義については本

項11号の解説を参照されたい。

【注】
1） 経産省・限定提供データ指針41頁-42頁。なお，田村善之「［法改正の動き］限定提供データの不正利用行為に対する規制の新設について」年報知的財産法2018-2019・40頁（2018）は，「使用」を規制の対象としないことについて，立法論としては議論の余地があるが，平成30年改正の際，ユーザー側に立つことが多い企業等からの取引の安全を重視する要望が強く，放任されることとなった，と説明している。
2） 経産省・限定提供データ指針38頁参照
3） 経産省・限定提供データ指針38頁
4） 田村・前掲注1）40頁は，「立法論としては議論の余地があると考えるが，今回の改正では，ユーザー側に立つことが多い企業等からの取引の安全を重視する要望が強く，放任されることとった」としている。

〔高瀬　亜富〕

226　第1章　総則

（定義）—技術的制限手段に対する不正競争行為
2条1項17号

　十七　営業上用いられている技術的制限手段（他人が特定の者以外の者に影像若
　　しくは音の視聴，プログラムの実行若しくは情報（電磁的記録（電子的方式，
　　磁気的方式その他人の知覚によっては認識することができない方式で作られる
　　記録であって，電子計算機による情報処理の用に供されるものをいう。以下同
　　じ。）に記録されたものに限る。以下この号，次号及び第8項において同じ。）
　　の処理又は影像，音，プログラムその他の情報の記録をさせないために用いて
　　いるものを除く。）により制限されている影像若しくは音の視聴，プログラム
　　の実行若しくは情報の処理又は影像，音，プログラムその他の情報の記録（以
　　下この号において「影像の視聴等」という。）を当該技術的制限手段の効果を
　　妨げることにより可能とする機能を有する装置（当該装置を組み込んだ機器及
　　び当該装置の部品一式であって容易に組み立てることができるものを含む。），
　　当該機能を有するプログラム（当該プログラムが他のプログラムと組み合わさ
　　れたものを含む。）若しくは指令符号（電子計算機に対する指令であって，当
　　該指令のみによって一の結果を得ることができるものをいう。次号において同
　　じ。）を記録した記録媒体若しくは記憶した機器を譲渡し，引き渡し，譲渡若
　　しくは引渡しのために展示し，輸出し，若しくは輸入し，若しくは当該機能を
　　有するプログラム若しくは指令符号を電気通信回線を通じて提供する行為（当
　　該装置又は当該プログラムが当該機能以外の機能を併せて有する場合にあって
　　は，影像の視聴等を当該技術的制限手段の効果を妨げることにより可能とする
　　用途に供するために行うものに限る。）又は影像の視聴等を当該技術的制限手
　　段の効果を妨げることにより可能とする役務を提供する行為

趣　　旨

　現代の日本においては，映像作品や音楽作品やコンピュータ作品（これら
の作品は「コンテンツ」と呼ばれることがある）を作成し，これを公衆に視
聴または実行させることを業とする企業が栄えている。情報関連技術の発展
に伴って，これらの企業が，当該コンテンツから得られる利益を極大化する
ために，ユーザーの側で私的使用目的の複製をなしえないようにしたり，私
的使用目的の複製の回数を制限したりするような技術的手段を施す場合が増
えてきた。

　ところが，このような技術的手段が施されると，程なくしてこれを無効化
したり，無効化するのに便利な機器類等が提供されたりするというのが通例
となった。

わが国の立法府は，コンテンツ企業が技術的手段を施してコンテンツの視聴等を規制することを正当と認め，上記技術的手段を無効化し，または無効化するための機器類を公衆に提供する行為を「不正競争行為」に含めるものとした。

平成11年改正（平成11年法律33号）においては，「営業上用いられている技術的制限手段（他人が特定の者以外の者に影像若しくは音の視聴若しくはプログラムの実行又は影像，音若しくはプログラムの記録をさせないために用いているものを除く。）により制限されている影像若しくは音の視聴若しくはプログラムの実行又は影像，音若しくはプログラムの記録を当該技術的制限手段の効果を妨げることにより可能とする機能のみを有する装置（当該装置を組み込んだ機器を含む。）若しくは当該機能のみを有するプログラム（当該プログラムが他のプログラムと組み合わされたものを含む。）を記録した記録媒体若しくは記憶した機器を譲渡し，引き渡し，譲渡若しくは引渡しのために展示し，輸出し，若しくは輸入し，又は当該機能のみを有するプログラムを電気通信回線を通じて提供する行為」を規制の対象とした。しかし，「マジコン」と呼ばれる，携帯ゲーム機のアクセスコントロールを回避してゲーム等を動作させる装置を取り締まる必要があるとして，平成23年改正（平成23年法律62号）により，「のみ」要件を緩和して規制の対象を拡大することとなった。

さらに，平成30年改正（平成30年法律33号）においては，保護の対象を影像，音，プログラムに限定せずに，電磁的記録に記録された情報一般に拡張するとともに，規制の対象を，技術的制限手段の効果を妨げる指令符号の譲渡・提供等や，技術的制限手段の効果を妨げるサービスの提供にまで拡張することとした。

228 第1章 総則

解　説

1 「営業上用いられている技術的制限手段（他人が特定の者以外の者に影
　像若しくは音の視聴若しくはプログラムの実行若しくは情報（電磁的記
　録（電子的方式，磁気的方式その他人の知覚によっては認識することが
　できない方式で作られる記録であって，電子計算機による情報処理の用
　に供されるものをいう。）に記録されたものに限る。以下この号，次号
　及び第8項において同じ。）の処理又は影像，音，プログラムその他の
　情報の記録をさせないために用いているものを除く。）」

　本号により規制されるのは，「営業上用いられている技術的制限手段」の
うち，「他人が特定の者以外の者に影像若しくは音の視聴若しくはプログラ
ムの実行若しくは情報……の処理又は影像，音，プログラムその他の情報の
記録をさせないために用いているもの」以外のものを用いてなされた影像の
視聴等の回避である。

1.1 「営業上用いられている」

　本号の技術的制限手段は，「営業上用いられている」ものに限られる。
　「営業」とは，単に営利を直接に目的として行われる事業に限らず，経済
収支上の計算に立って行われる事業一般を含む[1]。
　ここでいう「営業」とは，適法な営業に限るのか，刑法や独占禁止法等の
法令に違反する営業をも含むのかは争いがありうる。とりわけ，市場占有率
の高い視聴等機器の提供者が，コンテンツの提供者に対して，優越的な地位
を濫用する手段として技術的制限手段が用いられている場合に，「営業上用
いられている」といいうるのかは問題である。そのような手段として用いら
れている技術的制限手段を保護することは，不正競争防止法の目的（1条）
に反するから，そのような技術的手段は「営業上用いられているもの」に含
まれないと解するべきである[2]。
　本号では「営業上用いられている」という受け身表現が用いられている
が，技術的制限手段を「用いる」主体が当該影像等に何らかの権限を有する
者に限られるのかは争いがありうる。当該技術的制限手段は，当該影像等に
用いられていなくとも何らかの影像等に用いられていればよく，したがっ

て，当該映像等の視聴等を制限する権限を有する者が用いたものに限られないとする見解も文言解釈上はありえなくはない[3]が，本号の趣旨がコンテンツ事業者を保護するために創設された規定であることに鑑みれば，当該制限手段によりその視聴等が制限されている影像等を自己の営業政策の一環として主体的に頒布しまたは公衆送信するものに限るというべきであろう。

1.2 「技術的制限手段」

「技術的制限手段」の意義については，2条8項の解説を参照されたい。

1.3 「他人が特定の者以外の者に影像若しくは音の視聴，若しくはプログラムの実行若しくは情報……の処理又は影像，音，プログラムその他の情報の記録をさせないために用いているものを除く。」

「他人が特定の者以外の者に影像若しくは音の視聴若しくはプログラムの実行若しくは情報……の処理又は影像，音，プログラムその他の情報の記録をさせないために用いている」技術的制限手段を回避する装置等については，18号が適用されるので，本号の適用が排除される。上記文言の意味については，18号の解説を参照されたい。

具体的には，マクロビジョン方式，SCMS（Serial Copy Management System）や CGMS（Copy Generation Management System），CSS（Content Scramble System）等がこれに当たる。

2 「により制限されている……影像の視聴等」

本号により譲渡等が規制されるのは，上記制限手段により制限されている「影像の視聴等」を可能とする装置等である。

2.1 「影像の視聴等」

「影像の視聴等」とは，以下の行為をいう。
① 影像または音の視聴
② プログラムの実行
③ 情報の処理
④ 影像，音またはプログラムその他の情報の記録

230　第1章　総則

　ここで「影像」とは，人が視覚により感知するものをいい，「音」とは人が聴覚により感知するものをいう[4]。「影」という文字が使用されている以上，ここでいう「影像」は，機器を通じてモニター等に無体的に再生されるものに限られ，例えばプリンター，3Dプリンター等を通じて有体物として再生されるものを含まないと解するべきである。「視聴」とは，機器を用いて再生した影像または音を意味のあるものとして感得する行為をいう。

　「プログラム」の意義については，2条9項の解説を参照されたい。プログラムの「実行」とは，プログラムの指示どおりにコンピュータを動作させることをいう。

　「情報」とは，「『影像』，『音』，『プログラム』及びこれらに該当しない電子データを含む概念」[5]である。本号かっこ書において，「情報」とは，「電磁的記録（電子的方式，磁気的方式その他人の知覚によっては認識することができない方式で作られる記録であって，電子計算機による情報処理の用に供されるものをいう。）に記録されたもの」をいうと定義されている[6]。「人の知覚によっては認識することができない」方式とは，「人の視覚，聴覚，触覚等の五感の作用によりその意味，内容を直接認識することができない」[7]方式のものをいう（「電子的方式」「磁気的方式」は単なる例示であって，特に定義をする必要はない[8]）。

　情報の「処理」とは，コンピュータの演算装置に情報を読み込ませて所定の演算をすることをいう[9][10]。情報の処理「の用に供されるもの」とは，上記コンピュータの演算に用いられるものであることをいう。したがって，フィルムやビニールレコード等にアナログ形式で記録されている影像ないし音声は，コンピュータの演算に用いられることを予定していないので，含まない。

　情報を「記録」するとは，特定の有体物（記録媒体）に他人の知覚によっては認識することができない働きかけを行うことによって，当該記録媒体を介して当該情報を電子計算機に読み込ませることができるようにすることをいう。「影像，音，プログラムその他の情報の記録」とあるので，影像および音についても，その記録が「影像の視聴等」に当たるためには，電磁的記録に記録されたものをさらに記録することが必要である。情報の「記録」といえるためには，当該記録媒体を通じて電子計算機が当該情報を読み込むことができればよいのであるから，圧縮または暗号化等の加工がなされる場合

も含む。

2.2 影像の視聴等の制限

影像の視聴等が「制限」されているとは，影像等の視聴等が十全になされえない状態が意図的に作り出されている状態をいう。この制限は，上記技術的制限手段を用いて行われる必要がある。したがって，プログラムのバグ等により意図せず影像の視聴等ができなくなっていた場合は，影像の視聴等が「制限」されているとはいえない。

3　「当該技術的制限手段の効果を妨げることにより可能とする機能」

本号による規制の対象となるのは，上記技術的制限手段により制限されている影像の視聴等を，「当該技術的制限手段の効果を妨げることにより可能とする機能」を有する装置等である。

本号による規制の対象となるのは，当該技術的制限手段の効果を妨げる，すなわち，そのような効果の発生を阻害することにより，（影像の視聴等を）可能とする機能を有する機器等である。

なお，何を以て「当該技術的制限手段の効果」とするのかについては種々の考え方がある。①当該技術的制限手段により客観的・直接的に生ずる効果に限定されるとする見解[11]，②当該技術的制限手段を施した者がいかなる効果を実現しようとしていたかという主観的意図を合理的に判断するとする見解[12]，③技術的制限手段を施す者が意図した技術的制限手段の目的（視聴等の制限）を考慮したうえで，同手段を講じることにより当該目的が達成された効果であるとする見解[13]，④技術的制限手段の効果として通常理解できる効果をいうとする見解[14]，⑤当該技術的制限手段と一体化されたプログラム等の効果をも含むとする見解[15] 等である。この点，最決令3・3・1刑集75巻3号273頁〔28290662〕[16] は，当該技術的制限手段を施した側が用意した，当該技術的制限手段が施された影像等の視聴等をするための「正規の」プログラム等に関して，当該技術的制限手段が施された影像等について当該技術的制限手段の直接的な効果を排除して当該影像等の視聴等を可能とする部分と，当該影像等の視聴等をさらに制限する部分とが不可分一体として組み合わされている場合については，その付加された制限まで「当該技術的制限手段の効果」に含めているように見える。

232　第1章　総則

　ただ，特定の技術的制限手段が施された影像等の視聴等をすることができ
るものとして正規に提供されている視聴等機器（視聴等用ソフトウェアを含
む）において当該影像等の視聴等を可能とする以外にどのような機能を付加
するかは当該視聴等機器の提供者が自由に設定することが可能でありまた変
更することが可能であること，その提供する影像等に特定の技術的制限手段
を施す旨決定する者と当該技術的制限手段に対応する正規の視聴等機器を公
衆に提供する者とは必ずしも同一人とは限らないことからすると，特定の影
像等に施された技術的制限手段自体の効果を離れて，特定の時点において当
該当該技術的制限手段に対応する正規の視聴等機器として提供されていたも
のに付加された効果をも「当該技術的制限手段の効果」に含めるのは適切さ
を欠いているように思われる。とりわけ，前掲最決令3・3・1の事案のよ
うに，特定の技術的制限手段が施された影像等の視聴等をすることができる
ものとして正規に提供されている視聴等機器（ビューアソフト）に同梱さ
れ，それがなければ視聴等機器が正常に稼働しないが，特定の技術的制限手
段が施された影像等の視聴等自体と無関係の処理をするソフトウェア等によ
り生ずる効果をも「当該技術的制限手段の効果」に含めるのは，技術的制限
手段と効果との距離が広すぎるように思われる[17]。

　「効果を妨げる」方法については特に限定はない。ただし，当該装置，機
器，プログラムまたは指令符号により直接上記効果を妨げることが必要と言
えよう（上記効果を妨げる機能を有する装置等を生成する機能を有する装置
等について，間接的に「効果を妨げる」ものであるとして本号による流通規
制の対象とするのは範囲が不明確になりすぎるといえよう）。当該機器等に
より，「検知→不可」となる信号が記録媒体に記録されるのを妨害したり，
暗号化されている影像等データを復号化したりするのが典型である。

　この点，プログラムをインストールする際に入力を求められる入力用シリ
アルナンバー（プロダクトキー）を不正に作出し，このキーを利用してプロ
ダクトID（インストールが開始されると，コンピュータの記録装置にプロ
グラムとともに生成される未認証のシリアルナンバー）を不正に生成して
ユーザー・コンピュータに記録する処理を自動的に行うプログラムを，「当
該技術的制限手段の効果を妨げることにより可能とする機能」を有するプロ
グラムと認定した裁判例がある[18]。ただし，当該プログラムが不正作出した
プロダクトキーは，当該プログラムが自動的に行うのではなく，人力で入力

することを要する以上，当該プログラム自体が直接「当該技術的制限手段の効果を妨げる」機能を有していたとは言い難いように思われる。

4　を有する「装置……プログラム……若しくは指令符号」

本号による規制の対象となるのは，当該技術的制限手段の効果を妨げることにより可能とする機能を有する「装置」または「プログラム」または「指令符号」である。

4.1　装置

「装置」とは，一定の機能を有する機器の内蔵品をいう[19]。「機器」とは，機械と器具を包括した概念[20]，すなわち，一定の仕掛けを有するものをいう。上記機能を有する装置を組み込んだ機器もまた，本号による規制の対象となる（本号かっこ書）。

また，平成23年改正においては，上記装置を製造または譲渡等の段階では完成させず，エンドユーザーの側で購入後組み立てることを前提に，部品一式を提供する場合も，組立てが容易であれば，本号による規制の対象となることとした。事業者が組立てを行って装置を譲渡等する場合には当該事業者による組立済み装置の譲渡等の規制を行えば足りるから，ここでの「組立て」の主体として想定されているのは，素人であるエンドユーザーである。したがって，ここでいう「容易」とは，義務教育を終えた者であれば特段の訓練を受けずとも通常組立てが可能な状態にあることをいうと解するべきであろう。

「部品一式」は，ひとまとまりの商品として譲渡等されていることを要するか，例えば，定期刊行物の付録として毎号その一部を譲渡等し，当該定期刊行物の刊行終了までこれを購読し続けた場合に「部品一式」がエンドユーザーに届けられるような場合も含むのかは争いとなりうる。平成23年改正に当たって製造規制があえて回避された点を考慮すれば，「部品『一式』という限定については，厳格に解釈するべき」[21]であり，すべての「部品」が一体のものとして取引されているわけではない上記の場合には，「部品一式」とはいえないと解するべきである。また，エンドユーザーの側で汎用的な部品を調達しなければ上記機能を有する装置が完成しないようにした場合も「部品一式」といえるかも争いとなりうる。ユーザー側で調達すべき部品が

234　第1章　総則

ネジ等一般のエンドユーザーにおいて通常保有しているものである場合に限り，「部品一式」性を肯定するべきであろう。

4.2　「プログラム」

「プログラム」の定義については，本条9項の解説を参照されたい。上記機能を有するプログラムだけでなく，上記機能を有するプログラムと他のプログラムが組み合わされたものも，本号による規制の対象となる。

4.3　「指令符号」

「指令符号」とは，「電子計算機に対する指令であって，当該指令のみによって一の結果を得ることができるもの」をいう。本法の起草担当者らによれば，例えば「シリアルコードや暗号解除キー」を指すようである[22]。ただし，「シリアルコードや暗号解除キー」自体は電子計算機に対する指令ではなく，それのみによっては何の結果を得ることもできない（適切なシリアルコード等が入力された場合に，技術的制限手段により制限されている影像の視聴等が可能となるのは，そのように動作する仕組みが視聴等機器ないし視聴用のプログラムに組み込まれている結果であって，「シリアルコードや暗号解除キー」という「指令」によってもたらされたものではない。

5　「譲渡し，引き渡し，譲渡若しくは引渡しのために展示し，輸出し，若しくは輸入」

本号による規制の対象となる行為は，有体物に対する行為と，無体物に対する行為とに大きく分かれる。
　①　装置
　②　プログラムまたは指令符号を記録した記録媒体
　③　プログラムまたは指令符号を記憶した機器
という有体物については，
　①　譲渡
　②　引渡し
　③　譲渡または引渡しのための展示
　④　輸出
　⑤　輸入

が規制の対象となる行為である。
である。

　プログラムまたは指令符号を「記録した記録媒体」とは，プログラムまたは指令符号を電子計算機で直接読み取ることができるようにしてある有体物をいう[23]。プログラムを「記憶した機器」とは，当該機器で使用できるようにプログラムを保持している機器をいう[24]。

　「譲渡」とは，所有権を移転させることをいう（対価の有無を問わない）。「引渡し」とは，所有権の移転を伴うかにかかわらず占有を移転させることをいう（賃貸借，使用貸借を含む）。「展示」とは，当該装置等自体を第三者が閲覧可能な状態に置くことをいう（装置の写真をカタログに収録して公衆に閲覧させ，または，装置の写真を電気通信回線を通じて提供する行為は含まない）。

6　「当該機能を有するプログラム若しくは指令符号を電気通信回線を通じて提供する行為」

　プログラムまたは指令符号という無体的なデータについては，電気通信回線を通じてこれを第三者に提供する行為も，本号の不正競争行為となる（「電気通信回線を通じての提供」に関する詳細は，2条1項1号の解説を参照）。

7　「当該装置又は当該プログラムが当該機能以外の機能を併せて有する場合にあっては，影像の視聴等を当該技術的制限手段の効果を妨げることにより可能とする用途に供するために行うものに限る」

7.1　「のみ」要件から目的要件へ

　平成23年改正以前は，技術的制限手段により制限されている影像の視聴等を当該技術的制限手段の効果を妨げることにより可能とする機能「のみ」を有する装置またはプログラムのみが本号による規制の対象となっていた。しかし，平成23年改正ではこの「のみ」要件が削除された。ただし，汎用的な機能を有する装置等について，技術的制限手段により制限されている影像の視聴等を当該技術的制限手段の効果を妨げることにより可能とする機能をも有するというだけでその譲渡等を規制するのは社会に与える影響が大きすぎ

236　第1章　総則

るので，上記機能以外の機能も合わせて有する装置等については，影像の視聴等を当該技術的制限手段の効果を妨げることにより可能とする用途に供するために装置等の譲渡等を行う場合に限り，本号による規制の対象とすることとした。

7.2　「当該装置又は当該プログラムが当該機能以外の機能を併せて有する場合」

　本号による規制が目的によって限定されるのは「当該装置又は当該プログラムが当該機能以外の機能を併せて有する場合」に限られる。したがって，当該装置または当該プログラムが「当該機能」のみ有する場合は，目的の如何にかかわらず，その譲渡等が規制される。いかなる場合に「当該機能」のみ有するとし，いかなる場合に，「当該機能」以外の機能を併せて有するとするかは問題となりうるが，実際に実行可能なものとして「当該機能」以外の機能が存する場合には，当該機能以外の機能を併せて有する場合」に当たるとするのが，文理解釈上も，制度趣旨からも，素直である[25]。また，現行法は，「当該装置又は当該プログラムが当該機能以外の機能を併せて有する場合」であっても，行為者の主観的要素次第でこれを不正競争行為となしうるのであるから，「当該装置又は当該プログラムが当該機能以外の機能を併せて有する場合」をあえて限定的に解釈する合理的な理由はない。

　本号の「当該機能」とは，「営業上用いられている技術的制限手段により制限されている影像の視聴等を当該技術的制限手段の効果を妨げることにより可能とする機能」をいう。

　特定の信号を検知すると影像の視聴等を制限する方式（「検知→不可」方式）が技術的制限手段として採用されている場合，当該信号の除去を含め当該信号を検知しないようにしたり，当該信号を検知しても影像の視聴等を制限する反応をしないようにしたりする機能がこれに当たる。特定の信号を検知することで初めて影像の視聴等が可能となる方式（「検知→可能」方式）が技術的制限手段として採用されている場合[26]，当該信号と同様の信号を付加したり，当該信号を検知しなくとも影像の視聴等を制限なく行えるようにしたりする機能がこれに当たる。また，視聴等機器が特定の変換を必要とするよう影像等を変換して記録媒体に記録・送信する方式が技術的制限手段として採用されている場合，当該影像の視聴等を制限なく行えるような変換を

可能とする機能がこれに当たる。

　ただし，「検知→可能」方式においては，コンテンツ提供者がその提供する影像の視聴等を制限する意図がない場合にも，視聴等機器に組み込まれた「特定の信号を検知しないと影像の視聴等が不可となる仕組み」を回避しなければ当該影像の視聴等ができないようになっている。すなわち，上記仕組みを回避して影像の視聴等を可能とする機能は，コンテンツ提供者が当該技術的制限手段を施した記録媒体（「検知→可能」となる信号を複製不可領域に記録した媒体）から当該コンテンツを複製した記録媒体を介した影像の視聴等を可能とするとともに，コンテンツ提供者がそもそも当該技術的制限手段を施さずに流通においた記録媒体（「検知→可能」となる信号を複製不可領域にそもそも記録していない媒体）を介した影像の視聴等を可能とするものとなる。この場合，上記機能は，営業上用いられている技術的制限手段により制限されている影像の視聴等を当該技術的制限手段の効果を妨げることにより可能とする機能「のみ」を有するものというべきか，営業上用いられている技術的制限手段により制限されていない影像の視聴等を可能とする機能をも併せて有するものというべきかが問題となりうる。知財高判平26・6・12最高裁HP（平成25年（ネ）10067号）〔28222974〕は，「旧法2条1項10号の『のみ』とは，必要最小限の規制という観点から，規制の対象となる機器等を，技術的制限手段を妨げることを専らその機能とするものとして提供されている物に限定し，他の目的で供されている装置等が偶然かかる機能を有する場合を除外している趣旨と理解できる」としたうえで，影像等の提供者が技術的制限手段の付加を意図していない影像の視聴等が可能となることも，当該機器・プログラム等が「技術的制限手段を無効化する機能を有することの結果というにすぎず」，当該機器・プログラム等が「技術的制限手段を無効化する機能以外の機能を有するというべきものではない」とする。しかし，このような解釈のもとでは，技術的制限手段が影像等のコンテンツの提供者を無断複製等から保護するものではなく，特定の視聴等機器の提供者に影像等のコンテンツの提供者をコントロールする事実上の権限を付与するものに成り下がってしまうが[27]，それは，視聴等の機器の提供者ではなく，影像等コンテンツの提供者を保護しようとした本号の趣旨に反するものである。したがって，上記各機能は互いに異なるものとみるべきであろう[28]。

　平成23年改正前においては，技術的制限手段の効果を妨げる機能「のみ」

238　第1章　総則

有するか否かの判断は,「機器」単位で判断するのではなく,「機器」を構成する各「装置」単位で判断し[29],プログラムについても,複数のプログラムが組み合わされて1つのソフトウェアを構成する場合には,個々の「プログラム」単位でこれを判断することとなるとされてきた[30]。平成23年改正後の本号においても同様に判断すべきか否かは争いとなりうる。「機器内部の処理の都合上回避装置を組み込んではいるものの,機器全体としては回避目的に用いられることがないような場合まで規制の対象になるのではないか」との懸念が平成23年改正により解消されたとされている[31]点に鑑みれば,別の機能を併有するか否かは「機器」ないし「プログラムの組合せ」単位で判断すべきように思われる。

7.3 「影像の視聴等を当該技術的制限手段の効果を妨げることにより可能とする用途に供するために行うもの」

　影像の視聴等を当該技術的制限手段の効果を妨げることにより可能とする機能以外の機能を有する装置等の譲渡等については,「影像の視聴等を当該技術的制限手段の効果を妨げることにより可能とする用途に供するために行うもの」に限り,本号による規制の対象となる。

　「用途」とは,「装置等の機能・特徴に応じた使い途」[32]をいう。技術的制限手段の回避以外の機能を有する装置において,記録や視聴等の制限を付されている信号を検知する仕組みが備わっていないがゆえに,結果的に技術的制限手段を回避する機能を有してしまっている場合がある。この「技術的制限手段の回避以外の機能」(例えば,アナログ情報をデジタル情報に変換する機能等)に用いられることを前提にそのような装置の譲渡等を行った場合には,「影像の視聴等を当該技術的制限手段の効果を妨げることにより可能とする用途に供」したことにはならない[33]。

　汎用的装置等の譲渡が広く規制されることを回避するという上記要件の趣旨ならびに「ために」という文言が用いられていることに鑑みれば,当該装置等が影像の視聴等を当該技術的制限手段の効果を妨げることにより可能とする用途に用いられるかもしれないと認識していただけでは足りず,そのような用途に用いられることを意図して当該装置の譲渡等を行うことが必要である。

　そのような意図の有無は,当該技術的制限手段の効果を妨げる機能以外の

機能の内容，および，当該装置等に係る広告および説明の内容，譲受人等の当該装置等の利用目的に関する具体的な認識等[34] によって総合的に判断すべきであろう[35]。

8 「影像の視聴等を当該技術的制限手段の効果を妨げることにより可能とする役務を提供する行為」

平成30年改正法により，「影像の視聴等を当該技術的制限手段の効果を妨げることにより可能とする役務を提供する行為」も本号の不正競争行為に加えられた。

すなわち，①技術的制限手段により視聴等が制限されている影像の視聴等を可能とする役務であって，②当該技術的制限手段の効果を妨げることにより行うものが，本号の不正競争行為に加えられたのである。素直に解釈すれば，影像の視聴等をする者のために，技術的制限手段の効果を妨げるという行為をしたものこそが，本号の行為の行為者というべきである。なお，上記行為は「役務」としてなされる必要があるので，自分自身が当該影像の視聴等をするために技術的制限手段の効果を妨げる行為をしても，本号の適用はない。

具体例としては，

① セーブデータを改造するためにプロテクト破りを代行するサービスの提供[36]

② 不正アクティベートを施したソフトウェアを内蔵するPCを提供するために，不正にアクティベートするサービスの提供[37]

③ ユーザーからゲーム機（装置）を預かり，海賊版ゲームの実行を可能とする装置（技術的制限手段の無効化を可能とする装置）に改造し，返還するサービスの提供[38]

④ ユーザーの代わりに，試用版ソフトウェアに施された技術的制限手段を装置等を用いて無効化し，正規版と同等のソフトウェアとして使用できる状態にするサービスの提供[39]

⑤ ユーザーの元へ訪問して行うゲーム機等の装置の改造するサービスの提供[40]

⑥ インターネットのリモートアクセスによるプログラムの実装等のサービスの提供[41]

240 第1章 総則

等があげられている。

　ただし，技術的制限手段の効果を妨げる行為を「役務」の内容として予定
されているので，「店舗等において，技術的制限手段を無効化した機器を利
用し，客に影像等のコンテンツの視聴等を可能とするサービス」の提供[42]
は，当該サービス提供者自らが無効化を行ったのか，既に第三者が無効化し
た機器を入手して客に提供したのかを問わず，本号の不正競争行為には含ま
れないというべきである。

9　効　果

　本号の不正競争行為については，差止請求権の対象となり，かつ，損害賠
償請求権の対象となる。さらに，平成23年改正により，不正の利益を得る目
的で，または営業上技術的制限手段を用いている者に損害を加える目的で，
本号の不正競争行為を行った場合，「5年以下の懲役若しくは500万円以下の
罰金に処し，又はこれを併科する」こととなった（21条3項4号）。

9.1　差止請求権

　3条は，「営業上の利益を侵害され，又は侵害されるおそれがある者」が
「その侵害の停止又は予防」を請求することができる（1項）とし，その際
に，「侵害の行為を組成した物（侵害の行為により生じた物を含む。……）
の廃棄，侵害の行為に供した設備の除却その他の侵害の停止又は予防に必要
な行為」を請求することができる（2項）としているが，これは本号の不正
競争行為についても妥当する。

　では，差止請求権者である「営業上の利益を侵害され，又は侵害されるお
それがある者」とは誰を指すのであろうか。この点，田村善之教授は，「迂
回された技術的制限手段を施すことにつき権限を有している者を請求権者と
捉えておけば足りるようにおもわれる」[43]とする。「権限を有している者」
という表現を用いることによって「物理的に技術的手段を施した技術者が請
求権者となることを防ぐとともに，技術的制限手段を施すことを専門業者に
委託した場合には，委託先ではなく，委託元が請求権者となるという解釈を
可能とする」という意図は理解できるが，技術的制限手段を施すか否かとい
うのは法律のコントロール範囲外であるから，「技術的制限手段を施すこと
につき権限を有している者」[44]というのはメルクマールたりえていないとも

思われる。むしろ，本号がコンテンツ事業者を保護するために創設された規定であることに鑑みれば，当該影像等のコンテンツについての自己の営業政策の一環として[45)]当該技術的保護手段を施すことを主体的に決定した者を請求権者とすればよいように思われる。

このこととの関連で，「検知→可能」方式の制限手段が採用されている場合に，特定の信号が組み込まれた媒体を介してしか影像の視聴等ができないような視聴等機器を提供する事業者が差止請求権者となりうるかが問題となる。下級審裁判例においては，本号は「使用・コピー管理技術を施して視聴等機器を提供する事業者の利益をも保護する目的を有している」としたうえで，視聴等機器を提供する事業者に差止請求権を認めたものがある[46)]。ただし，「使用・コピー管理技術を施して視聴等機器を提供する事業者の利益」としてどのような利益を想定しているのかは明らかではない。これらの裁判例は平成11年改正における文化審議会の答申等においてMODチップを規制の対象の1つとしていたことを重視するが，MODチップを規制の対象とする趣旨はあくまで違法コピーされたソフトウェアが視聴等機器を介して視聴等されることによる正規コンテンツの売上の減少を防止することにあり，視聴等機器の反競争法的な利益を守ることにはなかった。したがって，自社が提供する視聴等機器での視聴等を可能とする信号を記録媒体に組み込むことが自社しかできないことを奇貨として，影像等の記録媒体への記録や影像等が記録された記録媒体の流通等を自社に一本化させることにより得られる利益等は，差止請求権の前提たる被侵害利益に当たらないというべきである。

9.2 損害賠償請求

本号の不正競争行為により営業上の利益を侵害された者は，不正競争行為者に故意または過失がある場合には，これにより生じた損害の賠償を請求することもできる（4条）。ここでも，「使用・コピー管理技術を施して視聴等機器を提供する事業者」もまた損害賠償請求権を有するのかが争点となりうる。

損害額については，5条1項および3項のみなし損害規定の適用は排除されている。同条2項の推定規定は，文言上は本号においてもその適用を排除されてはいないが，本号の装置等と，本号の装置等により視聴等が可能となった影像等とは，1対1の代替関係には通常立たないので，5条2項の適

242　第1章　総則

用も適切とは言い難い[47]。

【注】

1) 経産省・逐条解説（令和5年改正版）130頁

2) 知財高判平26・6・12最高裁HP（平成25年（ネ）10067号）〔28222974〕は，「当該技術的制限手段は独占禁止法19条で禁止する不公正な取引方法に該当する行為を行うために用いられているから，適法な営業に当たらない」との主張に対し，「被控訴人がライセンスを締結した者にのみDS本体で利用可能なソフトウェアの製造を許すことは，ソフトウェアの品質を管理する上でも意義を有すると考えられること……，被控訴人以外にも各社が互換性のないゲーム機をそれぞれ開発して販売していることを考慮するときには，被控訴人の行為が独占禁止法19条に違反する行為であると認めるには足らず，控訴人Y²の主張は採用の限りではない」と判示しており，独占禁止法19条で禁止する不公正な取引方法に該当する行為を行うために用いられている技術的手段でも「営業上用いられている」ものといえるかどうかは明らかではない。

3) 「不正競争防止法では技術的制限手段を設けることについて，特定の者の意思に基づくことを要件としていない。」とするものとして小野＝松村・新・概説3版下巻29頁がある。「検知→可能」方式の技術的手段も2条8項の「技術的制限手段」に含める下級審判決（東京地判平25・7・9最高裁HP（平成21年（ワ）40515号／平成22年（ワ）12105号／平成22年（ワ）17265号）〔28212481〕）は，非限定説に立つものと思料される。なお，前掲注2）知財高判平26・6・12においては，控訴人の主張として「『技術的制限手段』によるプログラムの実行等の制限は，当該プログラムの流通等について一定の権限を有する者によって付されることが必要である。自主制作プログラムについては，その流通について一定の権限を有する者によって『技術的制限手段』が付されたものではないから，プログラムの実行等が技術的制限手段によって制限されているとはいえない」との主張が掲載されたが，これに対する裁判所の見解は示されていない。

4) 経産省・逐条解説（令和5年改正版）130頁

5) 経産省・逐条解説（令和5年改正版）131頁

6) 「機器の制御や不具合の解析などのために用いられるデータ」や「ゲームのセーブデータ」が想定されている（産業構造審議会知的財産分科会不正競争防止小委員会「データ利活用促進に向けた検討　中間報告」15頁（2018年1月）（https://www.meti.go.jp/poligy/economy/chizai/chiteki/h30_hukyo_shoi_report.pdf））。

7) 大塚仁ほか編『大コンメンタール刑法〔第3版〕第1巻』133頁〔古田祐紀・渡辺咲子・田寺さおり〕（青林書院，2015）

8) 強いていえば，電子的方式とは，半導体上の特定の場所に電子を蓄えたり放出したりすることでデータの記録や消去を行う方式をいい，フラッシュメモリやSSDがこれに当たる。磁気的方式とは，有体物の上に塗られた磁性体の極性

（ＳかＮか）を制御することによりデータの記録や消去を行う方式をいい，FDD
やHDDがこれに当たる。この他に一般的に使用される電磁的方式には光学的方
式がある。これは，有体物の上にレーザー光を照射した際の反射光の角度等を
制御するように微細なくぼみ等を設定することによりデータの記録を行う方式
をいい，光ディスク等がこれに当たる。

9）「機器の制御や不具合の解析などのために用いられるデータ」であれば，当該
データを当該機器を制御する演算装置に読み込んで機械の制御や不具合の分析
のための演算を行わせることをいい，「ゲームのセーブデータ」であれば，ゲー
ムソフトがインストールされ稼働しているコンピュータの演算装置に当該セー
ブデータを読み込ませて当該ゲームソフトに所定の演算をさせることをいう。

10）経産省・逐条解説（令和５年改正版）131頁は，情報の処理とは「情報自体に
働きかけて加工，消去等の変化を生ぜしめる行為」をいうとする。しかし，例
えば，「機器の制御や不具合の解析などのために用いられるデータ」であれば，
当該情報自体について「加工，消去等の変化を生ぜしめる」ことは必ずしも予
定されていない。

11）帖佐隆「判批」茶園ほか編・百選２版221頁

12）岡田好史「判批」専修法学論集135号377頁（2019）。ただし，「当該技術的制
限手段を施した者がいかなる効果を実現しようとしていたか」，その意図が合理
的なものであったのかを裁判所が事後的に判断するのも難しいが，それ以上に，
行為者がこの点を裁判所と同じように判断するのは極めて困難である。

13）山中純子「判批」刑事法ジャーナル69号428頁（2021）

14）桑島翠「判批」法時90巻13号244頁（2018）。ただし，何を以て「技術的制限
手段の効果として通常理解できる効果」と判断するのか，基準が不明である。

15）奥邨弘司「判批」ジュリ1562号９頁（2021）。ただし，「当該技術的制限手段
と一体化」されたとはどのような状態を指すのかが不明である。例えば，地上
波デジタルテレビ放送においては，影像が暗号化されて放送されており，これ
を復号するにはB-CASカードを視聴等機器に挿入することが必要となっている
ところ，B-CASカードは，「ダビング10」という別の「検知→不可」型の技術
的制限手段に対応する視聴等機器に挿入するものとしてしか提供されていない
が，この場合，「ダビング10」という複製回数制限まで，影像コンテンツの暗号
化という技術的制限手段と「一体化」された効果に含まれるのかが不明確であ
る（含まれるとした場合，中古のテレビやビデオデッキからB-CASカードを抜
き出して，「ダビング10」という「検知→不可」型の技術的制限手段に反応しな
いテレビやビデオデッキに挿入して販売することが，「影像の暗号化」という技
術的制限手段の効果を妨げるものとされることとされる危険がある。

16）最決令３・３・１刑集75巻３号273頁〔28290662〕。同事件においては，X社
が漫画等の画像コンテンツを所定の方式で暗号化して配信し，X社が提供する
ビューアソフトでこれを復号して閲覧することができるようになっていたが，
上記ビューアソフトのパッケージには，32bit版WindowsOSに標準搭載されてい

る「gdi32. dll BitBlt API」というAPIの一部を書き換えることで，指定画面の表示データを電子ファイルとして保存したり，プリンター等のデバイスにこれを転送して印刷したりすることをできなくする「CypherGuard」というソフトウェアが組み込まれており，上記ビューアソフトは，CypherGuardなくして単体では起動しないようになっており，コンテンツの視聴もできないように作られていた。

17) なお，東京地判平21・2・27最高裁HP（平成20年（ワ）20886号／平成20年（ワ）35745号）〔28153639〕，大阪地判平28・12・26最高裁HP（平成28年（ワ）10425号）〔28253702〕を紹介したうえで，前掲注16) 最決令3・3・1を不正競争防止法21条3項4号に関するものととらえる見解として，玄守道「判批」新・判例解説Watch29巻231頁（2021）がある。同氏は，先に「①技術開発に悪影響のないよう『技術的制限手段』は慎重で可能なかぎり明確に規定され，『技術的制限手段』に該当するかどうか疑わしい場合には，立法によって灼応がなされ，②『効果を妨げる』という文言は確認的規定であり，⑤刑事罰の新設において，技術開発に悪影響のないよう，一定の悪質なものだけを選択するよう慎重になされてきたのである」との見解を述べたうえで上記裁判例を紹介し，そのうえで，「これは不競法（旧）2条1項10号（ないし11号）に刑事罰を導入する際の考え方に反するし，そもそも刑法の謙抑主義にも反する」とする。

18) 前掲注17) 大阪地判平28・12・26

19) 経産省・逐条解説（令和5年改正版）133頁

20) 経産省・逐条解説（令和5年改正版）133頁

21) 奥邨弘司「不正競争防止法の意義と課題　技術的制限手段の保護について」ジュリ1432号16頁（2011）

22) 経産省・逐条解説（令和5年改正版）135頁

23) 技術的制限手段を無効化するプログラムのソースコードをプリントしたTシャツ等は，ここでいう「記録媒体」には当たらない。

24) 法務省が提供している「日本法令外国語訳データベースシステム」において，「記録」には「record」，「記憶」には「store」という語が与えられており，この両者は意識的に使い分けられている。「記録」には，もともと「のちのちに伝える必要から，事実を書きしるすこと」（新村出編『広辞苑』〔第7版〕（岩波書店，2018））という意味があることからすると，記録媒体への「記録」は，外部の電子計算機に情報を伝達するために情報を有体物に固定することを想定しているのに対し，機器への「記憶」は，当該機器自体で使用するために情報を有体物に固定するということを想定しているといえよう（ゆえに，後者の場合，当該プログラムがROMに固定されていて，外部への書き出し等ができない場合（例えば，スクランブルを解除するためのデジタルデータを記憶したICカードなど）も含むというべきであろう）。

25) 平成23年改正前の本号に関して，「平成11年改正の趣旨及び立法経緯に照らすと，旧法2条1項10号の『のみ』とは，必要最小限の規制という観点から，規

制の対象となる機器等を，技術的制限手段を妨げることを専らその機能とする
ものとして提供されている物に限定し，他の目的で供されている装置等が偶然
かかる機能を有する場合を除外している趣旨と理解できる」とする下級審裁判
例（前掲注２）知財高判平26・6・12）がある。しかし，ある機能を実装しよう
とすると，当該装置等に施された技術的制限手段により制限された影像の視聴
等を当該制限手段の効果を妨げることにより可能とする機能も必然的に有する
こととなってしまう場合に，「妨げる機能」が備わったのは「偶然」ではないと
して，そのような機能の実装を規制するのは，他の機能を併有する場合に目的
限定を付した趣旨に反するものといえよう（同様の判断をした第一審判決であ
る東京地判平21・2・27最高裁HP（平成20年（ワ）20886号／平成20年（ワ）
35745号）〔28153639〕の論理に反対するものとして，金暁特「判批」知的財産
法政策学研究44号343頁（2014）がある）。

26) 技術的制限手段として当初想定されていたのは，特定の信号を視聴等機器が
検知すると影像の再生等を停止する等の「検知→制限」方式であった。これに
対し，家庭用ゲーム機では，視聴等機器の提供者が，ソフトウェアの媒体への
複製作業を自社に発注させて高い利潤を得るために，視聴等機器の提供者が設
定した特定の信号が視聴等機器により検知されて初めて当該視聴等機器での視
聴等が可能となる方式（「検知→可能」方式）が採用されている場合がある。こ
のような「検知→可能」方式も技術的制限手段に含まれうるかについては学説
上の対立がある（詳細は，2条8項の解説を参照）。

27) 例えば，「検知→可能」とする信号を正規商品たる記録媒体に記録するために
は当該視聴等機器の提供者が指定する特定のメーカーに割高な委託料を支払っ
て記録媒体へのコンテンツの記録業務を委託しなければならないようにしてお
けば，視聴等機器の提供者は，記録媒体へのコンテンツの記録業務を通常請け
負う場合に受けることができる委託料を超える委託料の支払を受ける分超過利
潤を得ることができることになる。

28) 2条8項の「影像の視聴等」を「違法コンテンツに係る」ものに限定しつつ，
違法コンテンツに係る影像の視聴等を可能とする機能と，自主制作ソフト等適
法なコンテンツに係る影像の視聴等を可能とする機能とは互いに異なる機能で
あるとするものとして，帖佐隆「マジコンをどう考えるか　マジコン事件東京
地裁判決及び改正不正競争防止法との関連等も含めて」パテント65巻5号45頁
（2012）がある。

29) それゆえに，経産省・逐条解説（平成15年改正版）67頁は，マクロビジョ
ン・キャンセラー内蔵のビデオデッキも本号の対象になるとする。

30) さらに，モジュールないしサブルーチン単位で判断することが許されるか否
かは，モジュールないしサブルーチンも本法上の「プログラム」にあたるか否
かという論点と密接に関係する。ただし，平成23年改正前の本号もまた譲渡等
流通を規制するものであることを考えると，流通段階で除去することが困難な
モジュールないしサブルーチン単位で他の機能を併有するか否かを判断するの

246　第 1 章　総則

は，プログラムの流通を過度に阻害するように思われる。

31）　奥邨・前掲注21）15頁

32）　経産省・逐条解説（令和 5 年改正版）137頁

33）　それゆえ，いわゆる「無反応機器」については，技術的制限手段を回避させる目的で譲渡等をするのでなければ，本号の適用を免れることとなるなお，経産省・逐条解説（令和 5 年改正版）138頁は，「これら無反応機器については，通常，技術的制限手段を無効化する機能以外の機能を必ず有しており，また，その提供行為は，技術的制限手段を無効化する用途に供するためのものではないと考えられるため，規制対象にはならないと考えられる」としている。

34）　ただし，本かっこ書が設けられた趣旨に鑑みれば，「影像の視聴等を当該技術的制限手段の効果を妨げることにより可能とする用途」に用いるかもしれないという程度の認識しかない場合には，そのことをもって，そのような用途に供する目的を推認するべきではない。

35）　平成23年度不正競争防止法委員会「不正競争防止法第 2 条第 1 項第10号・11号に関する報告書」パテント65巻 6 号112頁（2012）は，この点につき，想定事例を設定し，検討を試みている。

36）　これらの装置等の開発者の多くは外国企業であり，またその販売等を行っている事業者の多くは零細な小売店であることから，ある種の偏見に基づき，これらの事業者の意図をことさら悪意に解釈する向きが実務法曹にないわけではない。

37）　経済産業省「不正競争防止法平成30年改正の概要（限定提供データ，技術的制限手段等）」16頁（https://www.meti.go.jp/policy/economy/chizai/chiteki/H30nen_fukyohoshosai.pdf）

38）　経産省・逐条解説（令和 5 年改正版）139頁。なお，原文では「変換」となっているが「返還」の誤変換だと思われる。

39）　経産省・逐条解説（令和 5 年改正版）139頁

40）　産業構造審議会知的財産分科会不正競争防止小委員会・前掲注 6 ）16頁

41）　産業構造審議会知的財産分科会不正競争防止小委員会・前掲注 6 ）16頁

42）　産業構造審議会知的財産分科会不正競争防止小委員会・前掲注 6 ）16頁

43）　田村・概説 2 版393頁

44）　田村・概説 2 版393頁

45）　したがって，コンテンツ事業者からの委託に基づき影像等を記録媒体に記録した事業者が当該記録媒体に技術的制限手段を施したとしても，コンテンツについての自己の営業政策としてそれを行ったわけではないので，差止請求権者とはなり得ない。

46）　前掲注 3 ）東京地判平25・7・9

47）　前掲注 3 ）東京地判平25・7・9

〔小倉　秀夫〕

（定義）―技術的制限手段に対する不正競争行為

2条1項18号

十八 他人が特定の者以外の者に影像若しくは音の視聴，プログラムの実行若しくは情報の処理又は影像，音，プログラムその他の情報の記録をさせないために営業上用いている技術的制限手段により制限されている影像若しくは音の視聴，プログラムの実行若しくは情報の処理又は影像，音，プログラムその他の情報の記録（以下この号において「影像の視聴等」という。）を当該技術的制限手段の効果を妨げることにより可能とする機能を有する装置（当該装置を組み込んだ機器及び当該装置の部品一式であって容易に組み立てることができるものを含む。），当該機能を有するプログラム（当該プログラムが他のプログラムと組み合わされたものを含む。）若しくは指令符号を記録した記録媒体若しくは記憶した機器を当該特定の者以外の者に譲渡し，引き渡し，譲渡若しくは引渡しのために展示し，輸出し，若しくは輸入し，若しくは当該機能を有するプログラム若しくは指令符号を電気通信回線を通じて提供する行為（当該装置又は当該プログラムが当該機能以外の機能を併せて有する場合にあっては，影像の視聴等を当該技術的制限手段の効果を妨げることにより可能とする用途に供するために行うものに限る。）又は影像の視聴等を当該技術的制限手段の効果を妨げることにより可能とする役務を提供する行為

趣　旨

現代の日本においては，映像作品や音楽作品やコンピュータ作品（これらの作品は「コンテンツ」と呼ばれることがある）を作成し，これを公衆に視聴または実行させることを業とする企業が栄えている。情報関連技術の発展に伴って，これらの企業が，コンテンツを享受する消費者から直接対価を受けられるようにするために，対価を支払わなければコンテンツをコピーしたり視聴したりできないような技術的手段を施す場合が増えてきた。

ところが，このような技術的手段が施されると，程なくしてこれを無効化したり，無効化するのに便利な機器類等が提供されたりするというのが通例となった。

わが国の立法府は，コンテンツ企業が技術的手段を施してコンテンツの視聴等を規制することを正当と認め，上記技術的手段を無効化し，または無効化するための機器類を公衆に提供する行為を「不正競争行為」に含めるものとした。

平成11年改正（平成11年法律33号）においては，「営業上用いられている

技術的制限手段（他人が特定の者以外の者に影像若しくは音の視聴若しくは
プログラムの実行又は影像，音若しくはプログラムの記録をさせないために
用いているものを除く。）により制限されている影像若しくは音の視聴若し
くはプログラムの実行又は影像，音若しくはプログラムの記録を当該技術的
制限手段の効果を妨げることにより可能とする機能のみを有する装置（当該
装置を組み込んだ機器を含む。）若しくは当該機能のみを有するプログラム
（当該プログラムが他のプログラムと組み合わされたものを含む。）を記録し
た記録媒体若しくは記憶した機器を譲渡し，引き渡し，譲渡若しくは引渡し
のために展示し，輸出し，若しくは輸入し，又は当該機能のみを有するプロ
グラムを電気通信回線を通じて提供する行為」を規制の対象とした。しか
し，「マジコン」と呼ばれる，携帯ゲーム機のアクセスコントロールを回避
してゲーム等を動作させる装置を取り締まる必要があるとして，平成23年改
正（平成23年法律62号）により，「のみ」要件を緩和して規制の対象を拡大
することとなった。

さらに，平成30年改正（平成30年法律33号）においては，保護の対象を影
像，音，プログラムに限定せずに，電磁的記録に記録された情報一般に拡張
するとともに，規制の対象を，技術的制限手段の効果を妨げる指令符号の譲
渡・提供等や，技術的制限手段の効果を妨げるサービスの提供にまで拡張す
ることとした。

解　説

1 「他人が特定の者以外の者に影像若しくは音の視聴，プログラムの実行若しくは情報の処理又は影像，音，プログラムその他の情報の記録をさせないために営業上用いている技術的制限手段」

本号により規制されるのは，「営業上用いられている技術的制限手段」の
うち，「他人が特定の者以外の者に影像若しくは音の視聴，プログラムの実
行若しくは情報の処理又は影像，音，プログラムその他の情報の記録をさせ
ないために」用いているものを用いてなされた影像の視聴等の回避である。

例えば，衛星放送におけるスクランブル方式や，地上波デジタル放送等に
おけるB-CAS方式[1]，電子書籍配信会社が電子書籍の影像を配信するに当

たり，同社が提供する映像表示・閲覧ソフトによる特定の変換を必要とするように影像を変換して送信する方式[2]，などがこれに当たる。A社が販売する電気通信機械器具である通信カラオケ機器に，同機器の使用開始後一定の期間が経過した後に，同社と情報サービス契約を締結した者以外の者が影像および音の視聴をすることを不可能とするために，同社が営業上搭載している時計機能[3]などがこれに当たる。

1.1 「他人が……営業上用いている」

本号の技術的制限手段は，「他人が……営業上用いている」ものに限られる。

ここでいう「他人」は，本号の行為者から見ての「他人」をいう。

もっとも，本号の行為者以外のものであれば誰でもよいのか，当該影像等に関して何らかの権限を有するものであることを要するのかについては争いがありうる。対価を支払わなければコンテンツをコピーしたり視聴したりできないような技術的手段を施すことによって確実にコンテンツの利用等に関して対価を徴収しようという仕組みを保護することが本号の趣旨であることに鑑みれば，コンテンツ事業者またはコンテンツ事業者から委託または許諾を受けて当該コンテンツを公衆に提供しようとする者以外の者が上記手段を用いることによって自己に対価を支払わなければ当該コンテンツを視聴することができなくなるようにしたとして，それを法が保護する必要があるか，疑問の余地があるからである。この点，「この場合の『他人』とは，主としてコンテンツ提供事業者であるとする見解がある[4]」。

「営業」とは，単に営利を直接に目的として行われる事業に限らず，経済収支上の計算に立って行われる事業一般を含む[5]。

1.2 「特定の者以外の者に影像若しくは音の視聴，プログラムの実行若しくは情報の処理又は影像，音，プログラムその他の情報の記録をさせないために」

本号の技術的制限手段は，「特定の者以外の者に影像若しくは音の視聴，プログラムの実行若しくは情報の処理又は影像，音，プログラムその他の情報の記録をさせないために」用いられるものに限定される。すなわち，本号の技術的制限手段は，それを施してもなお，「特定の者」はその影像の視聴

250   第1章　総則

等ができる者に限定される[6]。

　ここでいう「特定の者」とは，当該技術的制限手段を主体的に施した者との間に特定の関係がある者をいう。ただし，本号の趣旨に鑑みれば，当該技術的制限手段を主体的に施した者との間に個人的結合関係があるものに限定されるいわれはなく，当該影像の視聴等をするべくそのような者と所定の契約を締結した者を含むものと解するべきである[7]。

1.3　「技術的制限手段」

　「技術的制限手段」の意義については，2条8項の解説を参照されたい。

2　その他の要件・効果

　その他の要件・効果については，2条1項17号と共通しているため，同号の解説を参照されたい。

【注】
1）　東京地判平25・7・31公刊物未登載（平成25（ワ）11826号）〔28321838〕
2）　大阪高判平29・12・8判タ1451号154頁〔28261252〕
3）　岡山地判平28・2・29最高裁HP（平成27年（わ）448号）〔28241208〕。通信カラオケ事業者の専用サーバに一定期間アクセスしない場合または専用サーバにアクセスすることなく一定数の楽曲データ等を再生し，演奏した場合に楽曲データ等の再生を妨げるDAM端末の機能（演奏ロック機能）も同様である（東京地判平27・9・30最高裁HP（平成26年（ワ）24118号）〔28233538〕，東京地判平27・10・15最高裁HP（平成26年（ワ）27617号）〔28253676〕）。
4）　山本・要説4版189頁は「この場合の『他人』とは，主としてコンテンツ提供事業者であ」るとする。
5）　前号の「営業」について，経産省・逐条解説（令和5年改正版）130頁
6）　例えば，衛星放送やケーブルテレビなどにおいて契約世帯のみが番組を視聴できるように放送・有線放送するデータをスクランブル処理する場合などがこれに当たる。
7）　小野・新・注解3版下巻612頁〔小松陽一郎〕はむしろ端的に，ここでいう「特定の者」を，コンテンツ提供業者の「契約の相手方（契約で特定された者）」としている。これに対し，山本・要説4版189頁は，「その契約者などで当該コンテンツを視聴，実行又は記録することができる権限を有しているもののことである」としている。ただし，後者の定義は，様々な要素を組み入れすぎているようにも思われる。なお，前掲注1）東京地判平25・7・31は，デジタルテレビ放送にかかる「B-CAS方式」と呼ばれる限定受信システムについて，「視

聴契約者などの特定の者以外の者に有料放送番組等の視聴をさせないために用いられており」，本号の定める「他人が特定の者以外の者に影像若しくは音の視聴……をさせないために営業上用いられている技術的制限手段」に該当するとする原告の主張を受けて，「不競法２条１項11号が定める『他人が特定の者以外の者に影像若しくは音の視聴……をさせないために営業上用いられている技術的制限手段』に該当する」と認定している（ただし，上記事件は欠席判決）。

〔小倉　秀夫〕

（定義）―ドメイン名に係る不正競争行為
２条１項19号
　十九　不正の利益を得る目的で，又は他人に損害を加える目的で，他人の特定商品等表示（人の業務に係る氏名，商号，商標，標章その他の商品又は役務を表示するものをいう。）と同一若しくは類似のドメイン名を使用する権利を取得し，若しくは保有し，又はそのドメイン名を使用する行為

趣　　旨

　インターネットの商用利用が広がり，一般の企業等が自由にドメイン名を登録できるようになると，企業等は次第にその名称や商品名等と関連のあるドメイン名を登録して，そこに自社のウェブサイトを開設するようになっていった。そのようなウェブサイトが増えると，「『特定の企業等が開設するウェブサイトにアクセスするために当該企業等の名称等と関連のある文字列』＋（属性を表わすセカンドレベルドメイン＋）トップレベルドメイン」からなるドメイン名で当該企業がウェブサイトを開設しているのではないかとして，とりあえず当該ドメイン名を使用しているウェブサイトにアクセスしてみる利用者も現れるようになった。そのため，企業等においては，「『当該企業等の名称等と関連のある文字列』＋（属性を表すセカンドレベルドメイン＋）トップレベルドメイン」からなるドメイン名を登録しておく必要が生じた。

　他方，多くのドメイン名登録機関は，先に登録申請をした人に当該ドメイン名の登録を認めるのを原則としている。

　そのため，有名企業や著名な商品の名称と同一または類似する文字列を用

252 第1章 総則

いたドメイン名を登録して当該有名企業等に不当に高い価格で買い取らせよ
うとしたり，当該ドメイン名を使用して「いかがわしい」ウェブサイトを開
設して，これを閲覧した者をして，当該有名企業がそのような「いかがわし
い」ウェブサイトを開設したものと誤信させ，これにより当該有名企業等の
社会的評価を貶めようとする行為（サイバースクワッティング）を行う者が
散見されるようになった。

　このような状況の中，「周知商標の保護規則に関する共同勧告」[1] が世界
知的所有権機関（WIPO）により平成11年9月に制定されたり，「ドメイン
名紛争統一処理方針」（UDRP）が Internet Corporation for Assigned
Names and Numbers（ICANN）により平成11（1999）年10月に制定される
など，ドメイン名について生じている問題についてルールを整備しようとい
う動きが世界的にさかんになった。

　日本の国コードである「jp」ドメインについては，当初は，「一組織一ド
メイン名」「ドメイン名の移転禁止」などの原則が採用されていたため，サ
イバースクワッティングが行われることはほとんどなかった。しかし，
ICANNからその管理を委託されていた[2] 一般社団法人日本ネットワークイ
ンフォメーションセンター（JPNIC）は，これらの原則の緩和・撤廃を求め
る声に次第に抗しきれなくなっていった。ただ，これらの原則はサイバース
クワッティングを抑制する効果を有していたことから，これらを緩和・撤廃
する際には，サイバースクワッティング等をめぐるドメイン紛争に対処する
仕組みを用意する必要があった。そこで，JPNICは，平成12年7月に「JPド
メイン名紛争処理方針」（JPDRP）を制定し，ドメイン名に関する紛争処理
の基本方針と紛争処理のための手続を規定した。

　当事者の一方の申立てにより審理を開始できる裁判外紛争処理制度におい
ては，当事者はいつでも訴訟を提起して裁判による解決に切り替えることが
できるのが原則であり，JPDRPが予定していた日本知的財産仲裁センター
による裁定手続も例外ではなかった。しかし，JPDRPの紛争処理基準と実
体法の関係については議論が分かれるところであり，仲裁センターによる裁
定と裁判所の判断との間に齟齬が生ずる例が頻発する事態も予想された。そ
のため，JPDRPの処理方針にあわせる形で実体法を整備することが求めら
れた[3]。

　そのため，平成13年改正（平成13年法律81号）により，明文をもって，サ

イバースクワッティング行為を不正競争行為に含めるとともに，その範囲を明確化したのが本号の趣旨である。

　ただし，他人の商品等表示と同一または類似するドメイン名を使用する権利の取得・保有ならびにそのようなドメイン名の使用を禁止する法制度は，本号だけではない。当該商品等表示に関して商標登録がなされていれば，その指定商品・指定役務と同一または類似する商品・役務に関する事業のために当該ドメイン名を使用する行為は当該商標権の侵害となる。また，当該商品等表示が当該商品または営業を示すものとして需要者の間で周知であった場合には，営業主体につき誤認混同を生じさせる方法で当該ドメイン名を使用する行為は，2条1項1号の不正競争行為となる。また，当該商品等表示が当該商品または営業を示すものとして需要者の間で著名であった場合には，当該ドメイン名の使用が商品等表示に該当する場合には，2条1項2号の不正競争行為となる。

　そのような中で創設された本号は，①当該ドメイン名を実際に使用していなくとも，使用する権利を取得しまたは保有しているだけで不正競争行為となること，②周知性・著名性がなく，また，商標登録されていない他人の商品等表示と同一または類似しているだけで不正競争行為となること，を大きな特徴とする。この点は，要件効果論を論ずるうえでも常に意識されるべきである。

解　　説

1　「不正の利益を得る目的で，又は他人に損害を加える目的で」

　本号の不正競争行為が成立するためには，不正の利益を得る目的で，または他人に損害を加える目的でドメイン名の取得等がなされることが必要である。

　このような主観的要件を規定した理由として，起草担当者は，「保護対象に周知性又は著名性を要件としないこと，ドメイン名の使用行為に限らず取得，保有行為をも対象とすることとの関係から，『図利加害目的』に当らない主観的態様に基づく行為まで規制すべき実体上の必要性はないと考えられるためである」[4]とし，裁判所は，「(1)誰でも原則として先着順で自由に登録ができるというドメイン名登録制度の簡易迅速性及び便利性という本来の

254　第1章　総則

長所を生かす要請，(2)企業が自由にドメイン名を取得して，広範な活動をすることを保証すべき要請，(3)ドメイン名の取得又は利用態様が濫用にわたる特殊な事情が存在した場合には，その取得又は使用等を禁止すべき要請等を総合考慮して，ドメイン名の正当な使用等の範囲を画すべきであるとの趣旨からである」[5]とする。

1.1　「不正の利益を得る目的」

「不正の利益を得る目的で」とは，公序良俗に反する態様で，自己の利益を不当に図る目的がある場合をいい，単に，ドメイン名の取得，使用等の過程で些細な違反があった場合等を含まない[6]。すなわち，①自己の保有するドメイン名を不当に高額な値段で転売する目的，②他人の顧客吸引力を不正に利用して事業を行う目的等を有する場合[7]がこれにあたるとされる。

1.1.1　自己の保有するドメイン名を不当に高額な値段で転売する目的

トップレベルドメインを「dentsu」とするドメイン名を7つ取得したうえで，電通に対し，電子メールにて，上記ドメイン名を使用する権利を10億円以上の金員にて買い受けるよう通告してきた事例[8]が典型的である。

自己の保有するドメイン名を不当に高額な値段で転売する目的は，取得時にはなくとも，保有時に存在すれば足りる。

ただし，トップレベルドメインが特定の商品・役務に関する普通名詞や短い文字列からなるドメイン名は，それ自体経済的価値を有するものであるから，自分で使用する目的にこれを保有している第三者からその譲渡を求められた者が上記経済的価値に見合った対価を請求することは，「不正の利益を得る」ことにはならない。この点，自己の特定商品等表示と同一または類似するドメイン名を使用する権利を第三者に先行して取得された事業者が，当該ドメイン名の取得および維持に要した費用を支払う代わりに当該権利を自己に譲渡するように要求する例が見受けられるが，そのような申し出を受けたドメイン名登録者がより高額の譲渡価格を対案として示したというだけで不正の利益を得る目的を認めるべきではない[9]。当該ドメイン名を使用してウェブサイトを開設していた場合はもちろん，そうでない場合でも，利用価値の高いドメイン名を先行取得したこと自体が（登録費用を上回る）営業上の利益となっている以上，当該ドメイン名の登録・維持費用のみで当該ドメ

イン名を手放すように求めるのは，むしろ，先行登録者の利益を不当に軽視するものである。また，実務的にも，価格交渉をしたら不正の利益を得る目的が認められるという運用の下では，ドメイン名の譲渡交渉に応ずることができなくなり，かえって自己の特定商品等表示と同一または類似するドメイン名を使用する権利の譲受を望む事業者にとっても不都合な事態が生じうることとなろう。

1.1.2　他人の顧客吸引力を不正に利用して事業を行う目的

例えば，洋食店として周知な他人の商品等表示と類似するドメイン名を使用して洋食店やレトルト食品等の販売を行い，その他人の営業との混同を生じさせて，その他人の「商品等表示の周知性に乗じて利益を上げる目的」があった場合[10] などがこれに当たる。

ただし，下級審裁判例は，「他人の顧客吸引力を不正に利用して事業を行う目的」をかなり広範囲に認めている。

例えば，Xの特定商品等表示と類似するドメイン名を用いて，Xの商品を紹介した後，価格が高いのがその唯一の欠点であると指摘し，同じ性能であるのに安いとする他社商品を紹介するウェブサイトを公開する行為が，X商品との混同を生じさせ，その顧客吸引力を利用して，当該他社商品に誘引して販売利益を上げようとするものであって，不正の利益を得る目的が認められるとする裁判例がある[11]。ただし，比較広告の一環として他社製品に用いられている商品等表示を使用する場合，通常，当該他社製品との誤認混同は生じないので，比較広告の一環として比較対象商品に係る特定商品等表示と類似するドメイン名を取得し使用した場合に誤認混同が生ずるからとして，不正の利益を得る目的を認定することは疑問である。

また，「既に著名となっている原告商品等表示と類似する被告ドメイン名を使用してウェブサイトを開設して，その経営する飲食店の宣伝を行う行為は，著名な原告商品等表示が獲得していた良いイメージを利用して利益を上げる目的があったものと推認することができる」として，「既に著名となっていた原告商品等表示と類似するドメイン名を用い」たということから直ちに「不正の利益を得る目的」を推認している裁判例がある[12]。また，YがXの営業表示と類似するYドメイン名を自己のサーバーを識別するために使用していること，Yドメイン名を利用して，ホームページ上で，特定の商品を

販売していることから,「不正の利益を得る目的」を認定した裁判例もある[13]。また,「日本綜合医学会」として一定の歴史や活動実績がある原告についてのウェブページであると誤信させるという目的で「nihonsogoigakukai.com」とのドメイン名を使用することが「不正の利益を得る」目的に当たるとした裁判例もある[14]。

しかし,これでは,本号が「特定商品等表示」に周知性・著名性を求めず,その代わりに「不正の利益を得る目的」を独立した要件とした意味がなくなってしまうように思われる。

他方,当該特定商品等表示とは無関係に付けた自己の商品の商品名と関連付けたドメイン名を取得した場合には,「不正の利益を得る目的」が認められないとした裁判例[15]もある。

1.1.3　商標・商品等表示を巡る紛争に伴う場合

XY間で,営業等に関し紛争が生じ,特定の商号や商品等表示の帰属主体や使用許諾関係が争点となることがある。この場合に,当該営業のために用いられていた,当該商品等表示と同一または類似するドメイン名を使用・保有する権利等について,本号の適否が問題とされることがある。

Yが,Yドメイン名（artpoint.jp）を用いたウェブサイトにおいて,XからYに対する本件営業譲渡があった旨を公表し,また,Yは本件商号（ギャラリーアートポイント）で画廊を経営することができないのに本件営業譲渡契約に反してこれを使用している旨を記載しており,他方で,同じウェブサイトにおいて,Yの画廊の沿革について,もともとは昭和44年にCが設立した「ギャラリーアートポイント」であり,画廊旧住所地での営業を経て,平成30年2月に移転し,同時にYが代表に就任した旨の記載をしている等のYの行動からすれば,Yは,「ギャラリーアートポイント」との商号が持つ顧客吸引力を利用する目的で,Yドメイン名を取得および使用しているものと認めるのが相当であるとした裁判例[16]がある。また,YがXとの間で業務提携契約等を締結し,Xの特定商品表示等と同一または類似する商品等表示を適法に使用して事業活動を開始し,当該事業活動に用いるためにXの特定商品表示等と類似するドメイン名をYが取得した後XとYとの業務提携関係が終了した場合に,爾後もYが上記ドメイン名を継続して保有・使用していることをもって,不正な利益を得る目的を認める裁判例もある[17]。

これに対し，Xの設立以前にYにより登録され，その後期間を定めてYに貸与されていたドメイン名について，XY間で紛争が生じた後，YがXへの貸与を止めるに至った場合に，Yによる当該ドメイン名の保有・使用につき不正な利益を得る目的は認められないとした裁判例がある[18]。

1.1.4　その他

Yの店舗の客層が相応に高いクラブに相応しい高級感のあるものにするために，Xの経営するホテルの外国商標に係るブランドの高級感を利用して，Xの外国商標と類似するドメイン名を使用する行為について，そのことでXの営業とYの営業と誤認混同が生じたという事実がなかったとしても，「不正の利用を得る目的」があったとした裁判例がある[19]。ただし，このような，特定商品等表示の保有主体のもつ肯定的なイメージを借りる目的でこれと同一または類似するドメイン名を使用することまで「不正の利用を得る目的」に含めることは，サイバースクワッティング対策として創設された本号の趣旨との関係では問題があるように思われる[20]。

1.2　「他人に損害を加える目的」

「他人に損害を加える目的」とは，他人に対して財産上の損害，信用の失墜等の有形無形の損害を加える目的のある場合をいう[21]。

例えば，当該ドメイン名のウェブサイトに中傷記事や猥褻な情報等を掲載して当該ドメイン名と関連性を推測される企業に損害を加える目的を有する場合がこれに当たる。Xの顧客対応に問題があった旨の事実を摘示するためにXの商号と類似するドメイン名を使用する権利を取得した場合に，加害目的を認めた裁判例[22]およびXの商品名と類似するドメイン名を用いたサイトで，Xの当該商品は問題がある商品でありこれを製造・販売するXにも問題があるかのようにいうものである場合に加害目的を認めた裁判例[23]がある。ただし，このように，当該ドメイン名の使用者と当該特定商品等表示の保有主体との間に関連性がないことが明らかな場合に本号を適用するのは本号の趣旨に反するように思われる。

1.3　正当の利益の不存在と図利加害目的の存在

図利加害目的をもってドメイン名を使用する権利を取得・保有した場合に

258　第1章　総則

本号の不正競争行為となるのであって，当該ドメイン名を使用する「正当の利益」を上記取得・保有者が積極的に有していなければその取得・保有行為が違法となるわけではない。

この点，「ウェブサイトに使用する意図がない（passive holding）か，形式的にサイトを立ち上げているに過ぎない場合にも，取得者に正当な利益があるとは認められないことが多いであろう」[24]とする見解がある。しかし，まずドメイン名を使用する権利を取得してからそのドメイン名を用いた事業等を模索するということは実務的にはしばしば行われていることであって，そのような場合に，ドメイン名を取得・保持するのに「正当な利益」がないとして当該ドメイン名の登録を取り消されたり，不法行為責任を負わされたりするのは不合理であるといえよう。

2　「他人の特定商品等表示……と同一若しくは類似のドメイン名を」

2.1　「ドメイン名」

本号にいう「ドメイン名」は，日本国の国コードである「jp」がトップレベルドメインとして用いられているものに限定されない[25]。

ただし，当該ドメインを使用する権利の取得・保有または当該ドメイン名の使用に関して不正競争防止法に基づく差止請求権ないし損害賠償請求権が生ずるためには，日本法がその準拠法となることが必要である。

不正競争防止法に基づく差止請求権および損害賠償請求権の準拠法については，「不法行為によって生ずる債権」として法の適用に関する通則法（平成18年法律78号）17条によるべきとする見解[26]と，同法に直接の定めがないとして条理による決すべきとする見解[27]がある。前者の見解によれば，加害行為の結果発生地の法が適用されることになり，後者の見解によれば，当該不正競争行為と最も密接に関連する地の法が適用されることになろう。

ドメインを使用する権利の「取得」および「保有」については，結果発生地，最密接関連地とも，当該ドメイン名の登録機関[28]がある地の法律が適用されることになる[29]。これに対し，ドメイン名の「使用」については，当該ドメイン名の使用により害された営業上の利益が本来生ずべき地が結果発生地となる。例えば，当該ドメイン名を使用したウェブサイトの内容ゆえに自社の日本国内での信用が害された場合，日本を結果発生地とすることがで

きる[30]。最密接関連地がどこかは難しいが，当該ドメイン名を使用したウェブサイトが主としてどの地の利用者を対象としているのかによって定めるべきではなかろうか。

2.2 「他人の特定商品等表示」

本号の適用を受けるのは，「他人の特定商品等表示」と同一または類似のドメイン名である。

「特定商品等表示」とは，「人の業務に係る氏名，商号，商標，標章その他の商品又は役務を表示するもの」をいう。ここでいう「人」には法人も含まれる。また，「法人格の有無にかかわらず，団体や企業グループも含まれる」とする見解[31]もある。

「特定商品等表示」は，当該表示が自他識別機能または出所識別機能を備えていることが必要である。したがって，自他識別機能または出所識別機能を有しない普通名称や慣用表示，自己の氏名等は「特定商品等表示」には当たらない[32]。

特定商品等表示は周知または著名である必要はない。その趣旨について起草担当者は，「①ドメイン名の登録制度は先着順となっているため，同じドメイン名を登録することはできないことから，特定商品等表示に化体した信用等の保護に加え，ドメイン名の登録制度に乗じた営業妨害行為を防ぐことにあり，保護対象を周知性又は著名性のあるものに限定する必要はないこと，②インターネット上のビジネスは，広がりが早く短期間で周知・著名となりうるため，周知性・著名性を獲得する以前に，第三者により特定商品等表示と同一又は類似ドメイン名を取得される可能性が高く，それを回避する必要があること，③ドメイン名はサイバー空間上で用いられるため地域性が問題とならないこと，④米国法，UDRP，JPDRPにおいても，周知性は要件とされていないこと等によるものである」[33]とする。

2.3 「同一若しくは類似」

本号の適用を受けるのは，他人の特定商品等表示と「同一若しくは類似」のドメイン名である。

起草担当者は，類似性の判断基準については，本条1項1号等の下で判例等が示してきた判断基準が妥当するものと考えられるとする[34]。これに対

260　第1章　総則

し，「類似性の範囲を画定する際には，同じく混同のおそれを要件としない2号の類似性に関する議論が参考となろう」[35]とする見解もある。

　類似性の判断の対象については，ドメイン名全体と解するべきか，あるいは，トップレベルドメイン（または，属性ドメイン＋トップレベルドメイン）部分を除いた部分に限るとするべきかについては議論が分かれている。

　この点につき，二要素型のドメイン名についてはトップレベルドメインを除外した部分，三要素型のドメイン名については，属性ドメイン＋トップレベルドメインを除外した部分を要部として，特定商品等表示と対比して，その類比を判断すべきとする裁判例[36]がある。さらに，残った部分においても，属性等を示す記載部分については，これを除外した部分を要部として特定商品等表示と対峙すべきとする裁判例[37]がある。

　これに対し，「事案によっては，属性レベルドメイン名においては，第2レベル及び第4レベル，汎用ドメイン名においては第1レベル及び第3レベルドメインを含めて，類似性を判断しなければならないこともありえよう」[38]とする見解がある。しかし，サイバースクワッティングの抑制という本号の趣旨からするならば，上記のようなドメイン名を使用してウェブサイトを開設するなどの行為が本条1項1号ないし2号の不正競争行為に該当することはあるにせよ，本号の不正競争行為に当たるとすべきではないと思われる。

　他人の特定商品等表示と類似するかを判断するに当たっては，当該特定商品等表示の要部と，当該ドメイン名の要部とを比較することになる。

　ただし，ドメイン名がそのまま商号やサービス名等の特定商品等表示になっている場合[39]に，トップレベルドメイン（または属性ドメイン＋トップレベルドメイン）を除いた部分が共通する部分が同一または類似するというだけで安易に当該特定商品等表示と当該ドメイン名との類似性を認定することは避けるべきである。ドメイン名は，なるべく短くするか，普通名詞等を用いるなどして覚えやすいものにするのが最も効果的であるところ，そのような文字列はある程度限られていることから，そのような文字列を用いたドメイン名を特定のトップレベルドメイン（または属性ドメイン＋トップレベルドメイン）について登録してこれを商品等表示として使用した者に，すべてのトップレベルドメイン（または属性ドメイン＋トップレベルドメイン）での上記文字列を用いたドメイン名を独占させるようなことは適切では

ないからである（本号における特定商品等表示は周知または著名である必要すらなく，かつ，指定商品・役務ごとに独占範囲が区切られているわけではないことも考慮されるべきである）。

　なお，過去の裁判例で，本号との関係で，他人の商品等表示との同一性ないし類似性を求められたのは，下記のとおりである。

特定商品等表示	ドメイン名	類比
自由軒	jiyuuken. co. jp	類似[40]
「マクセル」ないし「maxell」	maxellgrp. com	類似[41]
「旅のたまご」ないし「たびたま」	tabitama. net	非類似類似[42]
Suzuken	suzuken-fc. com	類似[43]
「dentsu」	dentsu. vc，dentsu. be，dentsu. ac，dentsu. biz，dentsu. org，dentsu. me. uk，dentsu. org. uk，dentsu. bz，	類似[44]
「エーザイ」ないし「Eisai」	e -zai. com	類似[45]
「CENTURY21」	centuri21. co. jp	類似[46]
「ケノン」	ケノン. asia	類似[47]
「アクシスフォーマー」	アクシスフォーマー. com	類似[48]
Yonetsubo	yonetubo-k. com	類似[49]
「MARIO KART」ないし「マリカー」	maricar. com，maricar. co. jp，maricar. jp，fuji-maricar. jp	類似[50]
「ギャラリーアートポイント」	artpoint. jp	類似[51]
特定非営利活動法人日本綜合医学会	nihonsogoigakukai. org	類似[52]

3　「使用する権利を取得し，若しくは保有し，又はそのドメイン名を使用する行為」

3.1　「使用する権利を取得」

　起草者担当者は，ドメイン名を「使用する権利」とは，ドメイン名登録機関に対してドメイン名の使用を請求する権利を指すとする[53]。

　起草担当者は，ドメイン名を使用する権利を「取得」する行為には，ドメイン名の登録機関に対する登録申請によってドメイン名を使用する権利を自己のものとする場合のほか，登録機関からドメイン名の登録を認められた第三者から移転を受けることによってドメイン名を使用する権利を自己のもの

262 第1章 総則

とする場合，登録機関からドメイン名の登録を認められた第三者からドメイ
ン名の使用許諾を受ける場合も含まれるとする[54]。これに対し，ここでいう
「取得」は，それに限られず，「事実としてドメイン名を使用しうる状態に至
ること」一般を指すとし，ホスト・コンピュータの占有を取得する行為等を
含むとする見解もある[55]。

　なお，図利加害目的で「ドメイン名を使用する権利」を取得または保有す
る者から図利加害目的を有しない者がこれを譲り受けた場合の譲受人の取扱
いについては議論がありうる。この点につき，「ドメイン名はそのデータ
ベースが公開されているので，ドメイン名の取引に携わる者はこれを見て取
得者に関する情報を知り得るべき立場にある。そしてこれによって得た取得
者に関する情報に基づき，ドメイン名とその者の営業や活動内容さらには当
該ドメイン名の下で公開されているコンテンツの内容とを比較してみれば，
図利加害目的があったか否かの推測ができないわけではないので，善意無重
過失であるとは必ずしもいえない」として，「サイバー・スクワッティング
によるものとは知らずにドメイン名を使用する権利を買い取り，又はその使
用の許諾を受けた善意の第三者」に対する権利行使を認める見解[56]もある。
しかし，19条1項5号ロおよび6号は，取得時において善意かつ無重過失に
て模倣商品ないし不正取得行為等介在営業秘密を取得した者が事後的に悪意
者に転じた場合になお当該商品を譲渡等したり当該営業秘密を使用等できる
場合について定めた規定であり，取得後も善意・無重過失のままでいる取得
者をさらに保護するための規定ではない。ドメイン名を使用する権利の善
意・無重過失の譲受人を保護する規定が19条におかれていないのは，このよ
うな譲受人に対する権利行使を認める趣旨であるとするのは解釈論として無
理があるといわざるをえない。本号の文言を素直に解釈すれば，模倣商品の
譲渡や不正取得行為等介在営業秘密の使用等とは異なり，当該ドメイン名が
他人の特定営業等表示と同一または類似しているという事情を知っているだ
けでは本号の不正競争行為とはならず，さらに，不正の利益を得る目的で，
または他人に損害を加える目的で当該ドメイン名を使用する権利を保有し，
または当該ドメイン名を使用することが必要となると解するのが相当であ
る。そしてそれは，保護の客体である特定商品等表示について周知性ないし
著名性の要件を課さない代わりに図利加害目的という主観的要件を付してい
ることとも整合性のとれるものである[57]。

3.2 「使用する権利を……保有」

　ドメイン名を使用する権利を「保有」するとは，ドメイン名を使用する権利を継続して有することを指す。これにより，ドメイン名の取得時点では図利加害目的を有していなかったが，後になって図利加害目的を有するに至った場合を規制することができる[58]。これに対し，使用する権利を「保有する」とは「他人が登録したドメイン名の移転を受けるなどした場合をいう」とする見解もある[59]。

3.3 「使用」

　起草担当者は，「ドメイン名を『使用する行為』とは，ドメイン名をウェブサイト開設等の目的で用いる行為を指す」[60]とする。ただし，当該ドメイン名を入力すると別のウェブサイトに自動的にジャンプするような設定になっている場合についてもドメイン名の「使用」があるとした裁判例[61]もある。

　インターネット上以外の場所でドメイン名が用いられている場合（例えば，パンフレットに自社のウェブサイトのURLとして当該ドメイン名を記載するような場合）は，本号の使用には当たらない[62]。

　また，本号はサイバースクワッティングを規制するために設けられたものであるから，自己のウェブページにおいて，他人のサイトにリンクを貼ったり，他人のサイトのURLやメールアドレスを記載するなど，自己の（サーバ）コンピュータを識別すること以外の目的でドメイン名を使用する場合は，本号の「使用」には当たらない[63]。

　また，「被告がウェブサイトを運営すること自体は，不正競争防止法2条1項19号の不正競争行為に当たるとはいえないし，ウェブサイトの抹消自体が不正競争行為の停止等のために必要な範囲の行為であるとはいえない」として，自己の特定商品等表示と類似するドメイン名が用いられていたウェブサイトの抹消登記請求を棄却した裁判例がある[64]。

264　第1章　総則

4　抗弁事由等

4.1　普通名詞の抗弁

　19条1項1号は文理上は本号を適用対象に含めていないことから，商品も
しくは営業の普通名称もしくは同一もしくは類似の商品もしくは営業につい
て慣用されている商品等表示がドメイン名に用いられている場合に「普通名
詞の抗弁」を主張できるかという問題がある。特に，本号の場合，特定商品
等表示の対象となる他人の商品または役務とドメイン名登録者の営業との同
一性ないし近接性が必要とされていないことから，特定の商品または役務の
名称としては自他識別機能を有するとしても，他の商品または役務との関係
では普通名称に過ぎなくなる場合[65]が大いに考えられるため，問題となる。
　本号を創設する際にあえて普通名詞の抗弁を認めないとした経緯はないこ
と，他の商品等の特定商品等表示としては自他識別機能を有するに至ったか
らといって，自己の取り扱う商品の普通名称をドメイン名にしてはならない
とするのは不当であること等を考慮すると，普通名詞の抗弁を認めるべきで
ある[66]。ただ，その法律構成としては，19条1項1号を類推解釈するのか，
自己の取り扱う商品の普通名称をドメイン名にしているということを「図利
加害目的」がないことの間接事実に含めるにとどめるかは難しいところであ
る[67]。

4.2　先使用権との関係

　特定商品等表示が使用される前から当該特定商品等表示と同一または類似
するドメイン名を使用する権利を取得し，保有・使用していた者につきいわ
ゆる「先使用権」を認めた明文の定めはない。しかし，特定のドメイン名を
取得した後に第三者がこれと同一または類似の特定商品等表示を行うように
なったからといって当該ドメイン名の爾後の保有・使用を違法とするのは不
合理なので，ドメイン保有者に先使用権が認められるべきである[68]。

4.3　表現の自由との関係

　他人の特定商品等表示と同一または類似するドメイン名を，パロディの一
環として，あるいは，当該他人を批判するために，取得・保有し，使用して

いる場合，当該ドメイン名を取得・使用すること自体が表現行為の内容を構成することから，これを直ちに不正競争行為とすることは，表現の自由と抵触するおそれがある。

この点，従前の日本の判例法理がこの問題を表現の自由の問題として取り扱ってこなかったことを批判しつつ，米国における判例法理を「①ドメイン名は商標権者の商標とそれがパロディであることを同時に伝えていなければならないこと，②リンク先の所在が営利性を有していない場合には表現の自由の抗弁が優先すること，③元のドメイン名をミスリーディングさせるような使用は認められないこと」とまとめたうえで，当該ウェブサイトの内容をも斟酌して上記該当性の有無を判断する形での導入を提唱する見解[69]がある。

しかし，そもそも表現の自由の抗弁が認められているとは言い難いわが国の解釈論として，本号の不正競争行為についてのみ表現の自由の抗弁を認めるべきとするのは，いささかハードルが高すぎるように思われる。他人に対する正当な批判ないし抗議を行う目的で開設されているウェブサイトについて，当該他人の特定商品等表示と類似するドメイン名が用いられているというだけでは「加害目的」を認めない等の方法により，表現の自由との調整を図るべきであろう。

5 法的効果

5.1 差止請求

本号に該当する行為（ドメイン名を使用する権利の取得または保有もしくはそのドメイン名の使用）は，3条1項による差止請求の対象となる。

5.1.1 差止請求権者

本号の行為について差止請求権者は，「不正競争によって営業上の利益を侵害され，又は侵害されるおそれがある者」である。不正競争行為をドメイン名の「使用」に限定しなかった趣旨を考慮すると，ここでいう「営業上の利益」には，差止請求の対象となるドメイン名と同一または類似する特定商品等表示の信用のほか，自己の特定商品等表示と同一または類似するドメイン名を使用することによって得られる営業上の利益を含むと解するべきであ

る。

5.1.2 差止義務者

　差止請求の対象となるドメイン名を使用する権利を保有する者が，本号の行為についての差止義務者すなわち「その営業上の利益を侵害する者又は侵害するおそれがある者」に含まれることは異論をはさむ余地はない。

　ただし，以下の者について差止義務が生ずるかについては議論の余地がある。とりわけ，近時は，ドメイン名保有者の氏名・住所等が隠蔽されたり，海外のドメイン名取得事業者が形式的にドメイン名を取得して国内の事業者等にこれを使用させたりするなどの行為が行われており，差止請求の相手方をドメイン名保有者に限定すると差止請求権者に過大な負担を負わせることになることから，この点が問題となる。

　①　ドメイン名保有者からドメイン名を使用する権限を与えられた者
　②　ドメイン名の取得および管理を代行している者

　①については，自らはドメイン名保有者としてwhoisデータベース上に登録されていないとはいえ，自己のウェブページのURLの一部として当該ドメイン名を用いている以上，「ドメイン名を使用する行為」を行っているとみることが可能であり，差止義務を負うと解するべきであろう。

　②については，単にドメイン名の取得および管理を真のドメイン名保有者から委託されて行っているだけでは差止義務を負わないが，自己の名称や標章等をwhoisデータベースにおいて「登録者」名として表示させている場合には，信義則（禁反言の法理）上，自己が真のドメイン登録者ではないとして差止義務を免れることはできないとする考え方もとりえよう。あるいは，ドメイン名の取得・管理事業者において，当該ドメイン名が本号に抵触する用途に用いられることを知り，または知りえた場合には，真のドメイン名保有者と共同して本号の不正競争行為を行ったものとして，差止義務を負わせることも可能であると思われる。

5.1.3 侵害のおそれ

　差止請求は，不正競争によって営業上の利益を侵害され，または侵害されるおそれがある場合にのみ認められる。

　ドメイン名を使用する権利を取得する行為は1回的行為として既に完了し

ており，かつ，既に取得されたドメイン名についてさらに取得行為が繰り返される蓋然性は通常低いので，上記ドメイン名の取得についてまで差止請求を認めることには疑問の余地がある。通常は，当該ドメイン名の保有および使用について差止請求を認容すれば足りる[70]。

ただし，加害型の不正競争行為の場合，特定商品等表示と類似するドメイン名の保有および使用について差止請求が認容されたとしても，これと類似するドメイン名を新たに取得して加害行為を再開することは比較的容易であることから，上記特定商品等表示と類似するドメイン名の取得自体を差し止めることができるのかという問題は生じうる[71]。

また，起草担当者は，本号に該当する行為に対しては，ドメイン名の登録抹消を求めうると考えられるとし[72]，実際「登録抹消申請手続をせよ。」と命じた裁判例もある[73] が，この場合，差止請求権に基づいて特定の行為を命ずることになることから，疑問である。本号の不正競争行為の成否は主観的要素によるところが大きいことを考えると，当該ドメイン名の「保有」の中止を，そのような主観的要素を有しない第三者に当該ドメインを使用する権利を移転させることにより行うことを否定する合理的な理由は，不正競争防止法上はないように思われる[74]。あるいは，当該ドメイン名を使用する権利の保有の差止請求ないし当該ドメイン名の使用の差止請求に際して，侵害の停止または予防に必要な行為（3条2項）として，ドメイン名の登録抹消を請求しうるとする考えはありうるかも知れないが，保有についての差止めを命ずる判決が認容される必要があるのであれば，あえてさらに登録抹消請求をする実益はない。

ドメイン名を使用する権利を保有してはならないとする判決の効力はドメイン名登録機関には及ばないから，このような判決が確定したからといって当然に当該ドメイン名の登録が抹消されるわけではない。上記判決の確定後ドメイン名の登録抹消に至る手続は，各ドメイン登録機関が定めるところによる。「jp」ドメインの場合，当該ドメイン名を保有してはならない旨の確定判決の正本またはその写しを株式会社日本レジストリサービス（JPRS）に提出することによって，当該ドメイン名の登録を取り消すことができる[75]。

また，当該ドメイン名を特定の営業行為について使用する場合には「不正の利益を得る目的」が認められると認定したうえで，当該営業についての当

268 第1章 総則

該ドメイン名の使用のみ差止めを命ずる場合がある[76]。

本号に該当する行為があっても，本法に基づいて[77] ドメイン名の移転を請求することはできない[78]。

5.2 ドメイン紛争に関する裁判外紛争解決機関との関係

JPドメイン名紛争処理方針4条(k)は，「いずれの当事者も，このJPドメイン名紛争処理手続の開始前，係属中または終結後のいずれの段階においても，当該ドメイン名の登録に関して裁判所に出訴することができる。本条に定めるいかなる要件も，本項による当事者の出訴を妨げるものではない。パネルが，登録者のドメイン名登録の取消または移転の裁定を下した場合には，JPRSはパネルの裁定の実施を，紛争処理機関からの裁定の通知後10日間（JPRSの本店の営業日で計算）の間，保留する。もしこの10日間の間に，JPRSに対し，登録者から申立人を被告として手続規則第3条(b)(xiii)に基づいて申立人が合意している管轄裁判所に出訴したとの文書（裁判所受領印のある訴状等）の正本の提出がなければ，JPRSはその裁定を実施する。（この合意裁判管轄は，東京地方裁判所またはJPRSのドメイン名登録原簿に記載されている登録者の住所における管轄裁判所とする。手続規則第1条および第3条(b)(xii)を参照）もしこの10日間の間に，登録者から出訴したとの文書の正本の提出があったときには，JPRSはその裁定結果の実施を見送る。また，(i)公正証書による当事者間での和解契約書の正本，(ii)登録者が提訴した当該訴訟についての訴えの取下書および申立人の同意書の正本，または(iii)当該訴訟を却下もしくは棄却する，あるいは登録者は当該ドメイン名を継続して使用する権利がないとの裁判所による確定判決またはそれと同一の効力を有する文書の正本を，申立人または登録者からJPRSが受領するまで，JPRSはパネルの裁定の実施に関わるいかなる手続も行わない。なお，上記の正本にかえ，写しを提出することができる。」と規定するが，当該ドメイン名の登録に関して，いかなる訴えを裁判所に提起したらよいかが規定されていないため，この点が問題となる。

現時点で，裁判所は以下のような扱いをしている。

「原，被告間で，原告がドメイン名『○○』につき所有権を有していることを確認する。」との請求は却下されている[79]。

「原，被告間で本件ドメイン名は，原告の同意なしに，登録を移転するこ

とはできないことと原告が登録・保有し続けることができる権利を持つことの確認を求める。」との請求については，傍論で，「被告との間で本件ドメイン名の登録を移転する義務のないことの確認を求める趣旨と解する余地がない」としている[80]。

「被告は，原告に対し，ドメイン名『○○』について，不正競争防止法3条1項に基づく使用差止請求権を有しないことを確認する」という請求は認容されている[81]。この場合，訴訟物は，3条1項に基づく差止請求権であり，本号の要件を具備するかが争点となる。

「原告が社団法人日本ネットワークインフォメーションセンターに登録するドメイン名『○○』を使用する権利を有することを確認する。」という請求は却下ではなく棄却されている[82]。この場合，訴訟物は，ドメイン名登録契約に基づくドメイン名使用権であり，JPドメイン名紛争処理方針4条(a)の要件を具備するか否かが問題となる。

「原，被告間でドメイン名『○○』は，原告の同意なしに，登録を移転することはできないことと原告が登録・保有し続けることができる権利を持つことの確認を求める。」との請求は却下ではなく棄却されている[83]。この場合，訴訟物は，ドメイン名登録契約に基づくドメイン名使用権であり，JPドメイン名紛争処理方針4条(a)の要件を具備するか否かが問題となる。

「ドメイン名『○○』は，知的所有権財産の一種であり，憲法29条に保護される財産権であることに争いがないことを確認する。」との請求は不適法として却下されている[84]。

「原，被告間で現在，ドメイン名『○○』は，原告が合法且つ適法に登録・保有していることに争いがないことを確認する。」との請求は不適法として却下されている[85]。

「原告にはドメイン名『○○』の使用に関して先使用権があることの確認を求める。」との請求は不適法として却下されている[86]。

この点については，「結局のところ，JPDRPが本来予定していた訴訟形態は登録者のドメイン名使用権をJPDRP裁定申立人との関係で確認するというものであったと思われるが，不競法または商標法上の差止請求権の存否についても実質的な争いがある限り，訴えの利益を認めてよい」[87]との説明がなされている。ただし，ドメイン名登録契約に基づくドメイン名使用権を訴訟物とするのであれば，ドメイン名登録機関を訴訟の相手方としなければな

270　第1章　総則

らないのではないかとの疑問がある。

5.3　損害賠償請求

　故意または過失により本号の不正競争を行って他人の営業上の利益を侵害した者は，自己の営業上の利益を侵害された者に対し，これによって生じた損害を賠償する責任を負う（4条）。

　したがって，例えば，特定商品等表示と同一またはほぼ同一の文字列を汎用ドメインにおける第2レベルドメインないし種別ドメインにおける第3ドメインとするドメイン名を不正な利益を得る目的で先に取得されてしまったがために特定商品等表示と同一またはほぼ同一の文字列を用いたドメイン名を取得することができず，そのためウェブを利用した営業活動を効率的に行うことができずに損失を被った場合[88]，あるいは，特定商品等表示と同一または類似するドメイン名を用いて作成されたウェブサイトの内容ゆえに自社の信用が低下させられた場合[89] などには，これにより生じた損失を金銭評価したうえで，賠償請求することができよう。

　また，本号の不正競争行為に対しては，「当該侵害に係るドメイン名の使用」に対し受けるべき金銭の額に相当する金額を，自己が受けた損害の額としてその賠償を請求することができる（5条3項4号）。ただし，自己が取得したドメイン名を第三者に使用させてライセンス料をとるという運用や，自己の特定商品等表示と同一または類似するドメイン名を第三者に取得させてライセンス料をとるという運用は通常なされていない[90] ので，「ドメイン名の使用に対し受けるべき金銭の額」をどのように算定したらよいのかは不明である[91]。

　そのほか，本号に基づきドメイン名を使用する権利の取得・保有ならびに当該ドメイン名の使用の差止請求訴訟を提起した場合，当該事件の追行を弁護士ないし弁理士に依頼するに当たって支払った報酬の一部を損害金として賠償請求することができる[92]。

5.4　刑事罰

　本号に該当する行為は，刑事罰の対象ではない。

　ドメイン名に関する行為類型は消費者の誤認混同が要件とされていないこと，米国においてもドメイン名の不正取得等の行為について刑事罰で対応す

るという方向になっていないということから，本号に該当する行為について，刑事罰の対象とすることは適当でないと考えられたからである。

ただし，周知または著名な商品等表示と類似するドメイン名を使用した場合には，本条１項１号ないし２号の不正競争行為となるおそれがあり，その場合には刑事罰の対象となりうることはいうまでもない。

5.5　商標法との関係

登録商標と類似するドメイン名の使用に対しては，不正競争防止法２条１項19号に基づく差止め・損害賠償請求ではなく，商標法38条１項に基づく差止・損害賠償請求がなされる場合が多い。

不正競争防止法２条１項19号に基づく差止・損害賠償請求と商標法38条１項に基づく差止め・損害賠償請求が選択的になされた場合に，「ドメイン名の使用差止め及び抹消登録手続き請求については，……被告標章全部に係る商標権侵害に基づく使用差止め及び予防措置請求において認められ，損害賠償請求については，商標権侵害に係る賠償額を上回るものではないことが明らかである」として商標法38条１項に基づく差止請求を認容した裁判例がある[93]。ただし，本号に基づく差止請求の場合，特定商品等表示に係る商品または役務と同一または類似ではない商品または役務を提供するために当該ドメイン名を使用することについても差し止めることが可能なので，ドメイン名については，本号を援用した方がよいように思われる[94]。

【注】

1）　同勧告６条は，以下のように規定されている。

(1) [Conflicting Domain Names]　A domain name shall be deemed to be in conflict with　a well-known mark at least where that domain name, or an essential part thereof, constitutes a reproduction, an imitation, a translation, or a transliteration of the well-known mark, and the domain name has been registered or used in bad faith.

(2) [Cancellation; Transfer] The owner of　a well-known mark shall be entitled to request, by　a decision of the competent authority, that the registrant of the conflicting domain name cancel the registration, or transfer it to the owner of the well-known mark.

2）　この業務は，平成14年４月１日に，株式会社日本レジストリサービス（JPRS）に移管された。

3）　以上につき，一般社団法人日本ネットワークインフォメーションセンター

272 　第 1 章 　総則

「ドメイン名紛争とドメイン名紛争処理方針」〈http://www.nic.ad.jp/ja/drp/
dispute-drp.html〉および経産省・逐条解説（令和 5 年改正版）143頁-144頁を
参照。

4) 　経産省・逐条解説（令和 5 年改正版）145頁-146頁

5) 　東京地判平14・ 7 ・15判タ1099号291頁〔28072158〕

6) 　大阪地判平16・ 2 ・19最高裁HP（平成15年（ワ）7208号／平成15年（ワ）
7993号）〔28090828〕，大阪地判平16・ 7 ・15最高裁HP（平成15年（ワ）11512
号）〔28092074〕，前掲注 5) 東京地判平14・ 7 ・15，東京地判令 3 ・12・24判
タ1500号231頁〔28300055〕およびその控訴審である知財高判令 4 ・ 9 ・27最高
裁HP（令和 4 年（ネ）10011号）〔28302488〕

7) 　前掲注 5) 東京地判平14・ 7 ・15

8) 　東京地判平19・ 3 ・13最高裁HP（平成19年（ワ）1300号）〔28130875〕

9) 　「原告ドメイン名を登録費用相当額で被告に譲渡するよう申し込みをしたとこ
ろ」原告代表者が「登録費用相当額では，原告ドメイン名を譲渡することはで
きず，日本における被告サイトとして，原告と被告がともに事業を始めること
しか検討できない旨回答した」としても「原告ドメイン名を不正の利益を得る
目的で保有，使用しているとはいえない」としたものとして，前掲注 5) 東京
地判平14・ 7 ・15がある。

10) 　前掲注 6) 大阪地判平16・ 2 ・19。その他，東京地判平25・ 7 ・10最高裁HP
（平成24年（ワ）7616号）〔28212470〕は，フランチャイズ契約を解除された元
フランチャイジーがフランチャイザーの特定商品等表示と類似するドメイン名
を保有していた事案について，フランチャイザー「の顧客吸引力にフリーライ
ドして不当に自己の利益を図る目的で本件ドメインを保有しているものと認め
るのが相当であり，被告には『不正の利益を図る目的』が認められる」と判示
しており，また，知財高中間判令元・ 5 ・30最高裁HP（平成30年（ネ）10081
号／平成30年（ネ）10091号）〔28272451〕は，Ｙが，「マリオカート」シリーズ
に登場するＸの著名な商品等表示であるＸ表現物に類似した本件各コスチュー
ムの貸与行為を現在まで継続していることを考え併せると，Ｙは，周知または
著名な原告文字表示マリオカートおよび同マリカーならびに「MARIO KART」
表示の高い顧客吸引力を利用して，不当に利益をあげる目的で，本件各ドメイ
ン名を使用しているものと認められるとしている。

11) 　東京地判平26・12・18最高裁HP（平成26年（ワ）18199号）〔28230081〕

12) 　前掲注 6) 大阪地判平16・ 7 ・15。なお，小野・新・注解 3 版上巻638頁〔鈴
木將文〕は同裁判例について，「単に他人の著名な商品等表示に類似するドメイ
ン名を使用しているという事実から図利加害目的を推認ないし認定しているの
ではなく，原告の表示が造語である（ストロングマークである）ことや被告の
事業が風俗営業であって原告の表示が汚染されたこと等を踏まえて判断したも
のと解すべきであろう。」と善解している。

13) 　名古屋地判平18・ 1 ・11最高裁HP（平成17年（ワ）3957号）〔28110744〕

2条1項19号　定義―ドメイン名に係る不正競争行為　　273

14)　東京地判令5・1・2・27金商1680号42頁〔28313810〕

15)　前掲注6）東京地判令3・12・24および前掲注6）知財高判令4・9・27。
　　もちろん，当該商品名を付けるときに誤認混同を生じさせる意図等がなかった
　　ことが前提となろう。

16)　東京地判令3・10・29最高裁HP（令和元年（ワ）15716号／令和2年（ワ）
　　4369号）〔28293734〕

17)　東京地判平28・11・28最高裁HP（平成28年（ワ）2363号）〔28261243〕

18)　東京地判平26・5・23最高裁HP（平成24年（ワ）19272号）〔28224428〕

19)　知財高判平29・9・27最高裁HP（平成29年（ネ）10051号）〔28253537〕

20)　田村・概説2版275頁は，「ストロング・マークであって著名な表示であれば，
　　ドメイン名の取得者によほど特段の事情がない限り，原則として違法とすべき
　　である」とする。

21)　前掲注5）東京地判平14・7・15，前掲注6）知財高判令4・9・27

22)　東京地判平26・7・18公刊物未登載（平成26年（ワ）4967号）〔29041787〕。
　　ただし，発信者情報開示請求訴訟であったため，摘示事実が真実かどうかは分
　　からない。

23)　大阪地判平29・3・21最高裁HP（平成28年（ワ）7393号）〔28251024〕

24)　田村・概説2版275頁。田村教授は，「ストロング・マークであって，ドメイ
　　ン名登録の保有者にそれを使用するなにがしかの正当な利益もないという場合
　　であれば，仮にドメイン名を保有する者が登録を申請した時点よりも後で商品
　　等表示の使用が開始され後に著名となったという事案でも，図利加害目的を肯
　　定してもよいであろう」とする（田村・概説2版276頁）。しかし，ドメイン名
　　を取得した後，裁判所から「なるほどドメイン名をよく活用している」と評価
　　されるほど立派なウェブサイトを構築する前に，当該ドメイン名と類似する商
　　品等表示が著名性を帯びてしまった場合に，「不正な利益を図る目的」があった
　　とするのは文言解釈としても無理があるし，このような場合にドメイン名登録
　　者に損害賠償責任等を負わせるのは結果的妥当性を欠くというべきであろう。

25)　田村・概説2版272頁

26)　差止請求権および損害賠償請求権（ただし，法の適用に関する通則法施行前
　　の事案）について東京地判平3・9・24判タ769号280頁〔27811694〕，損害賠償
　　請求権（ただし，法の適用に関する通則法施行前の事案）について東京地判平
　　15・10・16判タ1151号109頁〔28083012〕（ただし，差止請求権については，「営
　　業誹謗行為の発生を原因として競業者間に法律上当然に発生する法定債権であ
　　り，……これらの適用関係については，いずれも法例11条1項により規律され
　　ている」と判示するにとどまる。），損害賠償請求権（ただし，法の適用に関す
　　る通則法施行前の事案）について大阪地判平16・11・9判時1897号103頁
　　〔28092865〕。

27)　差止請求権（ただし，法の適用に関する通則法施行前の事案）について，知
　　財高決平17・12・27Lexis判例速報8号82頁（平成17年（ラ）10006号）

〔28110187〕，損害賠償請求権および謝罪広告請求権について東京地判平20・7・4最高裁HP（平成19年（ワ）19275号）〔28141650〕。

28) 国別ドメインについては当該国である。一般トップレベルドメイン（gTDL）については当該ドメイン名の登録受付業務を担当したレジストラの所在地とすべきか，当該gTDLのデータベースを一元的に管理しているレジストリの所在地とすべきかは争いがありうるが，レジストラの所在地と解するべきである。

29) 前掲注8）東京地判平19・3・13においては，当事者が特に準拠法について争っていないこともあり，「. vc」，「. be」，「. sc」，「. biz」，「. org」，「. me.uk」，「. org.uk」又は「. bz」を用いたドメイン名について，特段の理由も付さずに日本法を適用している。

30) 田村・概説2版272頁は「日本の公衆を主たる視聴者層として誹謗中傷をなしている場合など，日本における営業を妨害する目的がある場合には，jpドメイン名でなくとも日本法が適用される場合があると考える」とする。

31) 山本・要説4版199頁

32) 経産省・逐条解説（令和5年改正版）147頁

33) 経産省・逐条解説（令和5年改正版）146頁注1

34) 経産省・逐条解説（令和5年改正版）148頁

35) 田村・概説2版272頁

36) 前掲注8）東京地判平19・3・13，前掲注11）東京地判平26・12・18，大阪地判平28・3・15最高裁HP（平成27年（ワ）7540号）〔28241206〕

37) 前掲注6）大阪地判平16・7・15においては，「maxellgrp. com」とのドメインについて，トップレベルドメインである「. com」を除外し，さらに「「グループ」の英字表記である「group」の母音を省略した略表記としてしばしば付加的に用いられる文字列」である「grp」を除外した「maxell」と原告特定商品等表示とを対比している。また，前掲注13）名古屋地判平18・1・11は，「suzuken-fc. com」とトップレベルドメインである「. com」を除去し，さらに「製薬会社を意味する英語の頭文字を組み合わせた」「-fc」の部分を除去した「suzuken」を要部としている。また，前掲注17）東京地判平28・11・28では，「yonetsubo-k. com」のうちの「- k」の部分はYが業務を行う拠点である熊本県を示すものとして付け加えられたものであり，「- k」部分のみでは業務との関連性が見いだせないとして「yonetsubo」のみが要部とされた。前掲注10）知財高中間判令元・5・30においては，「fuji-maricar. jp」について，「出所を表示する機能を有する部分は……『fuji-maricar』であり，同部分が本件各ドメイン名の要部と認められる」とした上で，「『fuji』と『maricar』が『-』で結合されていて，『fuji』と『maricar』の間に観念上の関連性がないことからすると，『maricar』部分を要部として抽出することができる」としている。

38) 多賀谷一照＝松本恒雄編著『情報ネットワークの法律実務』689頁〔土肥一史〕（第一法規，1999年），土肥一史「ドメイン名の法律問題」工業所有権法学会年報25号26頁（2001）。そこでは，具体例として，「texaco」と「texa. co. jp」，

2条1項19号　定義─ドメイン名に係る不正競争行為　275

「CIYIBANK」と「citi. bank. co. jp」，「boecher. de」と「boecherde. com」との関係があげられている。

39)　「Amazon. com」等のいわゆる「ドットコム企業」に多い。

40)　前掲注6）大阪地判平16・2・19

41)　前掲注6）大阪地判平16・7・15

42)　東京地判平17・3・31最高裁HP（平成15年（ワ）21451号／平成15年（ワ）27464号）〔28100761〕

43)　前掲注13）名古屋地判平18・1・11

44)　前掲注8）東京地判平19・3・13

45)　東京地判平19・9・26最高裁HP（平成19年（ワ）12863号）〔28132122〕

46)　前掲注10）東京地判平25・7・10

47)　前掲注11）東京地判平26・12・18

48)　前掲注36）大阪地判平28・3・15，前掲注23）大阪地判平29・3・21

49)　前掲注17）東京地判平28・11・28

50)　前掲注10）知財高中間判令元・5・30

51)　前掲注16）東京地判令3・10・29

52)　前掲注14）東京地判令5・1・27

53)　経産省・逐条解説（令和5年改正版）148頁

54)　経産省・逐条解説（令和5年改正版）148頁

55)　田村・概説2版273頁

56)　山本・要説4版201頁

57)　このように，善意でドメイン名を使用する権利を譲受した者が当該権利を保有し，または当該ドメイン名を使用する行為が本号の不正競争行為に当たるのは当該譲受人が図利加害目的を持つに至った場合に限られるとする見解に立てば，その場合になお当該ドメイン名の使用が可能な範囲を19条で規定しなかったことはむしろ当然といえる。

58)　経産省・逐条解説（令和5年改正版）148頁-149頁

59)　小野・松村・新・概説3版下巻56頁

60)　経産省・逐条解説（令和5年改正版）149頁

61)　肯定したものとして前掲注10）東京地判平25・7・10があり，否定したものとして知財高判令5・1・26最高裁HP（令和2年（ネ）10009号／令和2年（ネ）10037号）〔28310338〕がある。

62)　田村・概説2版273頁

63)　田村・概説2版274頁。ただし，山本・要説4版200頁は反対。

64)　前掲注52）東京地判令5・1・27

65)　例えば，「apple」は，コンピュータ機器等の商品等表示としては自他識別機能を有しているが，林檎や林檎に関連する商品においては普通名称となる。

66)　結論同旨，多賀谷＝松本・前掲注38）688頁〔土肥一史〕，土肥・前掲注38）37頁。

276 第1章 総則

67) 山本・要説4版201頁は，普通名称や慣用表示については，「これらを普通の方法で使用している限りにおいては，そもそも図利加害目的があるはずもないので，わざわざ本号の適用除外規定を設けるまでもない」とする。

68) 2ちゃんねる事件第一審判決・東京地判令元・12・24最高裁HP（平成29年（ワ）3428号）〔28281084〕は，商標権侵害との関係で先使用権が成立する旨判示したうえで，「同様の理由により，被告が本件ドメイン名を使用することは不競法2条1項19号所定の不正競争行為には該当しない」と判示しており，本号の行為についても先使用権が成立することを認めたものである。

69) 大林啓吾「表現の自由と知的財産―ドメイン名をめぐる憲法問題」大沢秀介＝葛西まゆこ＝大林啓吾編著『憲法.com』148頁（成文堂，2010）。

70) 当該ドメイン名について登録が抹消された後，再び同じドメイン名についてその取得申請することを防止する意味はあるが，本号の不正競争行為の成否が主観的要件に大きくよっていることを考えると，過去の取得行為の違法性をもって，将来の取得行為まで違法とすることが適切かは疑問である。なお，口頭弁論終結時においても当該ドメインを用いたウェブサイトの使用を継続している反訴被告について当該ドメインの取得の取得について差止めの必要性は認められないとした裁判例として前掲注16) 東京地判令3・10・29がある。

71) ただし，この場合，請求の趣旨の特定をどうするかは問題である。前掲注8) 東京地判平19・3・13では，「被告は，『dentsu』の文字を含むドメイン名又は別紙ドメイン名目録記載のドメイン名を取得し，保有し，又は，使用してはならない。」としている。

72) 経産省・逐条解説（令和5年改正版）149頁

73) 前掲注8) 東京地判平19・3・13および前掲注10) 東京地判平25・7・10

74) ただし，JPドメインについては，「裁判所または仲裁機関による審理手続が係属中であって，移転を受ける者が，その裁判所または仲裁機関の判決または裁定に従う旨を書面で同意していない場合」には，ドメイン名を第三者に移転させることができず，「JPRSは，本条の規定に反するドメイン名移転登録を抹消，又は移転登録申請を不承認とすることができる権利を留保する」とされている（JPドメイン名紛争処理方針8条）。裁判所または仲裁機関による審理が終結し，保有の差止めを命ずる判決が確定した後にドメイン名が第三者に移転された場合も，同様に取り扱うべきであろう。

75) JPドメイン名紛争処理方針3条。なお，その法的な性質は，ドメイン名登録機関とドメイン名登録者との間のドメイン名登録契約に付随する合意解約条項に基づく合意解約と見るべきである。判決主文が「抹消手続をせよ。」というものであった場合も同様である。この点，「抹消手続をせよ」という主文であった場合には執行は間接強制によることになるとの見解もあるが（髙部・実務詳説320頁），JPRSへの判決の正本またはその写しの提出で目的を達成しうる以上疑問である。

76) 前掲注6) 大阪地判平16・2・19は，「洋食店の営業又はレトルト食品もしく

は冷凍食品の販売について、ドメイン名『jiyuuken. co. jp』を使用してはならない」としている。

77) このため、ドメイン名登録機関が認定する紛争処理機関に対し、当該ドメイン名の登録の移転を命ずる旨の裁定を求める申立てを行うことになる（JPドメインについては、一般社団法人日本ネットワークインフォメーションセンター「汎用JPドメイン名登録等に関する規則」25条の２第１項、同「属性型（組織種別型）・地域型JPドメイン名登録等に関する規則」29条の２第１項）。なお、ドメイン名の登録取消を命ずるにとどめるか、ドメイン名の移転まで命ずるのかについては、実体法的な基準はなく、上記紛争処理機関の裁量に委ねられている。

78) ただし、土肥・前掲注38) 27頁は、「他人の著名な商標等と同一又は類似のドメイン名の登録を受ける権限がないことを知りながら、図利加害の目的で、自己のために登録するサイバースクワッティング行為の法的性質は準事務管理とすることに難くないように思われる」として、「準事務管理の効果として、『委任者のために自己の名を以て取得したる権利』である『ドメイン名を使用する権利』をドメイン名登録者は特定商品表示の保有者に移転する」ことを提唱する。

　もっとも、特定のドメイン名と同一または類似する特定商品等表示の保有者が複数存する場合が少なくない（例えば、「asahi」という要部について考えてみよう）ことを考えると、特定の保有者にのみドメイン名の移転請求権を認めることは難しいように思われる。

　また、「事案によっては、登録の移転を『侵害の停止又は予防に必要な行為』として認めることが全く排除されているとはいえないとも思われる」とする見解もある（松尾和子＝佐藤恵太編著『ドメインネーム紛争』153頁〔鈴木將文〕（弘文堂、2001））。しかし、原告たる特定商品等表示の保有主体にドメイン名の登録者たる地位を移転させなければ停止または予防しえない本号の不正競争行為を想定することができない。

79) 東京地判平13・11・29最高裁HP（平成13年（ワ）5603号）〔28062488〕

80) 前掲注79) 東京地判平13・11・29

81) 前掲注５) 東京地判平14・7・15

82) 東京地判平14・4・26最高裁HP（平成13年（ワ）2887号）〔28070848〕

83) 東京地判平14・5・30最高裁HP（平成13年（ワ）25515号）〔28072000〕

84) 前掲注83) 東京地判平14・5・30

85) 前掲注83) 東京地判平14・5・30

86) 前掲注83) 東京地判平14・5・30

87) 町村泰貴「判批」知財管理53巻２号225頁（2003)

88) もっとも、汎用ドメインの種類が多様化し、またドメイン名取得代行業者等を通じて種々の国別ドメインを用いたドメイン名を取得することが可能な現代においては、特定商品等表示の保有主体が通常取得すべき汎用ドメインまたは

278　第1章　総則

国別ドメイン（＋種別ドメイン）が先行的に取得されてしまった場合に限られ
よう（例えば，「××株式会社」という名称の法人において，「××．co．jp」や
「××．com」を先行的に取得されてしまった場合は上記損失を認めうるが，「×
×．org」や「××．li」等を先行的に取得されてもそのような損失は生じない）。

89)　1号が適用された事案であるが，「被告は本件サービス名称と類似する本件ド
メイン名を使用して本件ウェブサイトを開設し，本件ウェブサイト上に本件
サービス名称と類似する本件表示を表示し，また，前記のとおり，本件ウェブ
サイト上において，いわゆる大人の玩具の販売広告や特定の企業を誹謗中傷す
る文章など原告の信用を毀損する内容の表示をしていたものであり，このよう
な被告の行為によって，原告は，一般需要者に誤った企業イメージを持たれ，
本件サービス名称の一般需要者に与える印象を害されたものであるところ，原
告が移動通信事業という新しい技術分野を扱う会社であり，広告宣伝の上でも
企業イメージが重要であることを考慮すれば，上記のような営業上の信用毀損
による損害賠償の額としては200万円を相当と認める」との判示がなされた事案
として，J-PHONE事件・東京地判平13・4・24判タ1066号290頁〔28060816〕
がある。

90)　小野・新・注解3版下巻1057頁〔松村信夫〕もまた，「ドメイン名に使用する
『特定商品等表示』に関して，使用料を支払って許諾契約を締結している例を聞
かない」として，「この意味でも『ドメイン名の使用』によって『受けるべき金
銭の額』を想定することは困難である」とする。

91)　前掲注6）大阪地判平16・7・15においては，被告が，原告の特定商品等表
示と類似するドメイン名を使用してインターネット上にウェブサイトを開設し，
その経営する飲食店の宣伝を行い，かつ，被告ドメイン名をそのメールアドレ
スにも使用していたことが認められるとして，被告による被告ドメイン名の使
用について原告が受けるべき使用料の率は，その使用期間における被告の売上
の0.5％と認めるのが相当であるとされた。ただし，そのような事情を考慮した
場合になぜそのような算定方法を採用できるのかは不明である。また，元フラ
ンチャイジーがフランチャイズ契約を解除された後もフランチャイザーの特定
商品等表示と類似するドメインを保有し続けた事案である前掲注10）東京地判
平25・7・10は，「フランチャイズ契約に基づき最低保証額として得るべきサー
ビスフィー」である月5万円をもって「本件ドメインの使用に対し受けるべき
金銭の額に相当する金額」と認定したが，フランチャイズ契約継続中は，フラ
ンチャイザーの特定商品等表示と類似するドメイン名を取得・保有・使用でき
ただけでなく，フランチャイザーの商品等表示と同一又は類似する商品等表示
を使用することができたのであり，上記最低保証額は後者に対する対価をも含
むことを考えると，上記認定は疑問である。また，前掲注23）大阪地判平29・
3・21は「被告は，原告の特定商品等表示と類似のドメイン名の使用したので
あるから，これにより原告が受けた損害について故意の損害賠償責任を負うべ
きところ，その使用料相当額については，本件に現れた事情を斟酌し，3万円

の限度で認定するのが相当である」とする，いかなる事情をどのように斟酌したのかは不明である。また，知財高判令 2・1・29最高裁HP（平成30年（ネ）10081号／平成30年（ネ）10091号）〔28280870〕は，「本件各ドメイン名が一審被告会社の売上げに貢献した度合いは相当に大きいと認められる」として。本件各ドメイン名を使用している店舗の売上げに係る料率は15%とし，本件各ドメイン名を使用していないその他の店舗の売上げに係る料率は12%とするのが相当であると判示し，結果的に，ドメイン名の使用料率を売上の3％とした。ただし，その根拠は漠然としている。

92) 前掲注 8 ）東京地判平19・3・13では，50万円が賠償額として認容されている。

93) 大阪地判令 3・1・12最高裁HP（平成30年（ワ）11672号）〔28290362〕

94) 前掲注93）大阪地判令 3・1・12においては，商標法38条 2 項に基づきドメイン名の抹消登録手続を命じているが，特定商品等表示に係る商品または役務と類似しない商品または役務のために当該ドメイン名を用いる分には商標権侵害とはならないので，商標法38条 2 項に基づきドメイン名の抹消登録手続を命じられるかは疑問である。

〔小倉　秀夫〕

（定義）―原産地等誤認惹起行為

2条1項20号　この法律において「不正競争」とは，次に掲げるものをいう。

　二十　商品若しくは役務若しくはその広告若しくは取引に用いる書類若しくは通信にその商品の原産地，品質，内容，製造方法，用途若しくは数量若しくはその役務の質，内容，用途若しくは数量について誤認させるような表示をし，又はその表示をした商品を譲渡し，引き渡し，譲渡若しくは引渡しのために展示し，輸出し，輸入し，若しくは電気通信回線を通じて提供し，若しくはその表示をして役務を提供する行為

趣　　旨

　商品や役務の品質や内容等を偽装することにより正常な判断能力を曇らせて不要な商品や役務を購入させる行為が行われる場合には，市場による淘汰が働かなくなる。このようにして不当に需要を喚起する行為は，競争秩序にとって好ましいものではなく，何らかの手段により禁止する必要がある[1]。そこで，本号は，不正競争防止法により禁止される「不正競争」の一類型として，商品・役務の原産地等について誤認を生じさせるような表示を行う行

280　第1章　総則

為等を定めている。

　平成5年改正前不正競争防止法では,「商品」に関して, 1条1項3号で虚偽の原産地に関する誤認惹起行為を, 4号でその産出, 製造, 加工地に関する誤認惹起行為を, 5号で品質, 内容等に関する誤認惹起行為を規律していた。しかるところ, 平成5年改正により, 国際的なハーモナイゼーション等の観点から,「商品」に加えて「役務」の質, 内容等に関する誤認惹起行為も不正競争防止法の規律対象とされ, また, 原産地に関しては虚偽か否かを問わず誤認惹起行為を規律対象とした。そのうえで, 旧法1条1項3号ないし5号の誤認惹起行為が本号に一本化された[2]。

　本号は, 虚偽の又は誤認を生じさせる原産地表示の防止に関するマドリッド協定3条の2および工業所有権の保護に関するパリ条約10条の2第3項3号に基づく義務を履行するための規定である[3]。

解　説

1 「商品若しくは役務若しくはその広告若しくは取引に用いる書類若しくは通信」

　本号の不正競争は,「商品若しくは役務若しくはその広告若しくは取引に用いる書類若しくは通信」についてなされる表示を対象とする。

　「商品」とは, 譲渡し, 引き渡し, 譲渡もしくは引渡しのために展示し, 輸出し, 輸入し, もしくは電気通信回線を通じて提供されまたは提供されうるものである[4]。動産の他, 不動産, 無体物を含む[5]。端的にいえば, 取引の対象となるものは「商品」に含まれると考えてよい[6]。これに対し,「商品」とは, 商取引の目的となって市場における流通が予定されている有体物のうち主として動産をいうとする見解もあるが[7], 無体物についても, 誤認惹起による不当な需要喚起の禁止という本号の趣旨は妥当する。データ等の無体物に関する「財」としての重要性が認識・理解されている中, あえて「商品」から無体物を除外する必要はない。文言上も, 本号は,「(誤認惹起表示が付された商品を)電通通信回線を通じて提供」することを(も)禁止しており, 無体物も「商品」に含まれることを当然の前提にしているように読める[8]。また,「商品」とは独立して取引の対象となるものであるとする見解[9]もあるが, 付随的な商品であっても,「商品」の品質・内容等につい

て誤認を惹起するような行為は禁止されるべきであろう[10]。本号の趣旨が妥当するものは広く「商品」に含めるべきであり，既述のとおり，取引の対象となるものは「商品」に含まれると解するべきである[11]。

「役務」とは，他人のために行う労務または便益をいう[12]。端的に，取引の対象となるものは「役務」に含まれると説く見解もある[13]。これに対し，商標法上の「役務」は独立して商取引の目的たりうべきものとされていることを理由に，本号の「役務」もこれと同義に解する見解もあるが[14]，付随的サービスであっても，「商品」または「役務」の（品）質・内容等について誤認を惹起するような行為は禁止されるべきである[15]。本号の趣旨が妥当するものは広く「役務」に含めるべきであり，取引の対象となるものは「役務」に含まれると解すべきである。

「広告」とは，公衆に対してなされる表示のうち営業目的をもってなされたものを指す[16]。より具体的には，顧客を誘引するため，その販売する商品または役務について，広く一般公衆に知らせるようにすることおよびその手段を意味し，いかなる媒体によるものかを問わない[17]。

「取引」とは商取引を指すと説明されることが多い[18]。しかし，一般に「商取引」とは商品の流通過程における取引を意味すると説明されているから[19]，この定義では十分とは思われない。本号の趣旨に鑑みれば，「取引」とは，有償・無償を問わず広く何らかの合意ないし契約を指すと解すべきである。「取引に用いる書類」とは，取引に際して取引当事者間で交わされる書類をいう。具体的には，注文書，見積書，送り状，計算書，領収書等を指す[20]。取引に用いる「通信」とは，メール，FAX，インターネット注文，電話等の，取引当事者間の取引上現れる表示行為中，書類以外の通信形態の一切のものをいう[21]。

2　「その商品の原産地，品質，内容，製造方法，用途若しくは数量」

商品に関して本号が規制する表示は，「原産地，品質，内容，製造方法，用途又は数量」に関するものである。いずれかに関する誤認惹起表示に該当すれば本号の適用が認められうるので，これら列挙自由の内のいずれに該当するかを厳密検討する実益はない。ただし，列挙事由のいずれにも該当しない場合は本号の規制対象とはならないので，その意味では個々の列挙事由の意義を明確にしておく意義がある。

282 第1章 総則

2.1 「原産地」

「原産地」とは，商品が生産，製造または加工され商品価値が付与された地のことをいう[22]。ある商品が実際に産出（農産物，水産物等），製造または加工された地のことであり，「地」とは，特定の場所（コニャック（酒），ミュンヘン（ビール）），地方（シャンパン（酒），ライン（酒）），さらに国（トルコ（煙草）），行政区画や過去の地名でもよく，その範囲の大小を問わない[23]。ある商品がある場所，地方または国において，その地の自然的特性（地味，気候等）または住民の伝統的技術によって特徴的に生産されるなどしてその地の産物として令名がある場合，その地で生産されたことを示す表象としての地方的名称も原産地に含まれる（原産地名称）[24]。「原産地」の名称は，実在することを要せず，架空の地名でもよい[25]。

「原産地」に関しては，産出地と加工・製造地が異なるような場合（静岡産の茶を宇治で加工し，最終製品として宇治茶と銘打ち出荷する場合等），いずれを「原産地」と表示すべきかが問題となる。

この点については，「実質的な変更をもたらし，新しい特性を与える製造又は加工を行った地が，その原産地である」とし，その実質的変更をもたらす行為としては，紅茶なら荒茶の製造，衣服ならば縫製，腕時計ならばムーブメントの組立てなどというように，商品ごとに判断されるという見解[26]，「商品の交易的主要素」がどこで産出されたかによって決定すべきであるとし，場合によっては，混合・積みかえ・加工地を産地表示とする場合も慣習上適法な原産地表示といい得るという見解[27]，需要者に誤認を与える表示であるか否かということが本号該当性を決する基準である以上，どの程度に変更が加えられた地であれば一般に製造地あるいは加工地と呼ぶことが許されているのかということが基準になると説く見解[28]などがある。これらの見解は，説明の仕方にこそ相違がみられるものの，結局のところ，需要者の立場から，どの程度に変更が加えられた地であれば，「実質的に変更」や「商品の交易的要素（の産出）」という要件が充足されるのかを判断するものと思われ，各見解で結論が大きく異なることはないようにも思われる。裁判例では，原石ベルギーダイヤ事件・東京高判昭53・5・23刑月10巻4＝5号857頁〔27486092〕が，「天然の産物であつてもダイヤモンドのように加工のいかんによつて商品価値が大きく左右されるものについては，その加工地が

一般に『原産地』と言われている」などと判示したうえ，世界でも有数の加工地とされるベルギーにおいて加工されたダイヤモンド（産出国はベルギー以外の他国）について，「原石ベルギー直輸入」と表示することは原産地を誤認させる表示には当たらないとした。上記各見解のいずれからも支持しうる判示であろう。

　その商品に実質的な変更をもたらし，新しい特性を付与する行為が2以上の地で同等程度に行われることもありえなくもないが，そのような場合はその両方の地を表示しないこと自体が原産地を誤認させることになる[29]。

　原産地表示であることが明記されていなくても，表示が付された商品全体を観察し，商品の需要者または取引者が，当該表示を商品の原産地表示と認識する表示であれば原産地表示に当たる[30]。例えば，国内産の商品であるにも関わらず，商品の包装等にエッフェル塔が描かれ，文字は全てフランス語で記載されているような場合である[31]。裁判例でも，ミンサー織事件第一審判決・那覇地判平23・3・30（平成18年（ワ）1165号）〔28320595〕，同控訴審判決・福岡高那覇支判平23・11・29公刊物未登載（平成23年（ネ）88号／平成23年（ネ）136号）〔28320596〕[32]が，次のように判示してこの理を説いている。

　「『ミンサー』又は『ミンサー織』という表示は，本来，綿狭帯又はその織物を意味していたが，現在においては，綿狭帯といった織物の素材・形状を示す言葉として用いられることは少なく，むしろ沖縄県に古くから伝わる織物又はこれを利用した商品に対する呼称として広く使用されており，そうである以上，平均的な一般消費者に対し，原産地について，少なくとも沖縄県内で製織された織物であると認識させる表示であると認められる。」。

　上記判決の他，原産地に関して本号該当性を認めた裁判例としては，京都で製造，加工されたものでなく，またその原料も京都で産出されたものではない柿の葉の茶について，「京の柿茶」，「KYO NO KAKICHA」などと表示した京の柿茶事件・東京地判平6・11・30判タ880号283頁〔27826973〕，日本製のヘアピンに関してイタリア国旗や「イタリアンタイプ」などといった表示をした世界のヘアピンコレクション事件・大阪地判平8・9・26判時1604号129頁〔28021293〕，岡山県で製造されたうどんについて「氷見[33]うどん」などと表示した氷見うどん事件・富山地高岡支判平18・11・10判時1955号137頁〔28130803〕，同控訴審判決・名古屋高金沢支判平19・10・24判タ1259号327頁〔28140538〕，日本製のアパレル商品のファスナーに「USA」

284 第1章 総則

や「MADEIN USA」などと表示したファスナー事件・知財高判平20・7・23最高裁HP（平成20年（ネ）10018号）〔28141742〕などがある。

2.2 「品質，内容」

「品質」とは，その商品の性質をいう[34]。「内容」とは，その商品または役務の実質や属性をいう[35]。既述のとおり，どちらに該当するにせよ本号の不正競争が成立することに変わりはなく，両者を厳密に区別する実益はない[36]。「品質」や「内容」に関する単なる意見や評価等は，本号所定の誤認惹起表示には当たらない[37]。

裁判例において，「品質」ないし「内容」に関する表示について本号該当性が認められた事案としては，

① 業務用生ごみ処理機の販売台数について，実際の販売台数よりも過大な表示をした生ごみ処理機事件・東京地判令5・11・10最高裁HP（令和4年（ワ）2551号）〔28313459〕

② 電磁弁（被告製品）の流量特性を表す有効断面積およびCv値について不正確な数値を表示した東京地判令4・10・25最高裁HP（令和2年（ワ）32931号）〔28312248〕

③ ガラス化凍結保存容器およびそれと共に用いる凍結液，融解液に関して，これらを使用して正常な卵子等の凍結保存をし，これを融解した場合の生存率は100％とは限らないのに「解凍後100％生存」と表示した知財高判令3・3・30最高裁HP（平成31年（ネ）10008号）〔28302252〕

④ 浄水カートリッジを装着した浄水器に通水した後の水に含まれる亜鉛およびマグネシウム濃度が通水前の水と比較して増加していないにもかかわらず「飲用にご使用の場合は「亜鉛・マグネシウム」の必須ミネラルが微量ですが摂取でき」などと表示した浄水カートリッジ事件・東京地判令3・3・29最高裁HP（平成31年（ワ）2219号）〔28293279〕

⑤ 被告商品に含まれるオリゴ糖の成分は被告商品のうち53.29％であったにも関わらず「純粋100％オリゴ糖」，「純度100％」，「100％高純度のオリゴ糖」，「100％高純度」などと表示した東京地判令3・2・9最高裁HP（平成30年（ワ）3789号）〔28291137〕，オリゴ糖類食品事件・知財高判令4・1・27最高裁HP（令和3年（ネ）10018号）〔28300217〕

⑥ 非純正品であるトナーカートリッジを原告プリンターに装着した場合

にディスプレイに「シテイノトナーガソウチャクサレテイマス」と表示
させたシテイノトナーガソウチャクサレテイマス事件・大阪地判平29・
1・31判時2351号56頁〔28253693〕

⑦ 「三栄書房カーグッズマガジン誌主催読者が選ぶ「2001 Car Goods of
the year」〔カーケア部門賞〕第1位」との表示を付してカーワックス
を販売していたところ，当該表示が事実に反するものであったGOLD
Glitter事件・大阪地判平23・12・15最高裁HP（平成19年（ワ）11489号
／平成19年（ワ）15110号／平成22年（ワ）7740号）〔28180083〕

⑧ 牛肉に鶏肉や豚肉を混ぜて製造したミンチ肉に，「十勝産牛バラ挽肉
6㎜挽」，「牛フォア＆ハインド6㎜オーストラリア産」，「牛肉ダイヤ
カットオーストラリア産10㎜」等とあたかも牛肉のみを原料とするかの
ようにした表示したミートホープ事件・札幌地判平20・3・19最高裁
HP（平成19年（わ）1454号）〔28145273〕

⑨ 古米や未検査米，福井県産でない新米等を詰めた商品に「福井県産新
米コシヒカリ100%」とした表示した日本ライス事件・大阪地判平20・
4・17最高裁HP（平成19年（わ）3407号）〔28145309〕）

⑩ 酒税法上「みりん」とは認められない液体調味料に「本みりんタイプ
調味料」と表示した本みりんタイプ事件・京都地判平2・4・25判時
1375号127頁〔27808282〕

⑪ 実験データの裏付けがないにも関わらず，販売するろうそくについ
て，「燃焼時に発生する煤の量が90%減少。火を消したときに生じるに
おいも50%減少」とした表示した大阪地判平16・6・1最高裁HP（平
成14年（ワ）8337号）〔28091779〕，大阪高判平17・4・28最高裁HP
（平成16年（ネ）2208号）〔28100916〕

⑫ 清酒の級別認定制度の下で，級別の審査・認定を受けなかつたため酒
税法上清酒二級とされた商品であるびん詰の清酒について「清酒特級」
と表示した清酒特級事件・最決昭53・3・22刑集32巻2号316頁
〔27486091〕

⑬ 主たる用途を「建築物の屋根・壁・天井」として建設大臣の不燃材料
認定を受けた不燃認定番号を，これとは全く用途の異なるフランジガス
ケット材に表示した大阪地判平7・2・28判時1530号96頁〔27827428〕

⑭ 電気用品安全法所定の検査を受けていない電子ブレーカにPSE表示を

286　第1章　総則

した大阪地判平24・9・13判タ1392号304頁〔28182618〕，知財高判平
25・3・28最高裁HP（平成24年（ネ）10096号）〔28211009〕

⑮　実際には特許権が消滅したしたため特許発明の実施品ではなくなったに
もかからず，「国際的な特許で保護」，「特許を取得している専用のワイ
ヤー」等と商品表示した，巻き爪矯正具事件・大阪地判平24・11・8最
高裁HP（平成23年（ワ）5742号）〔28182417〕

⑯　実際にはクラウン社製のフロントファスナーを使用した商品ではない
のに，商品カタログに「フロントファスナー：クラウン社製スプリング
カムロック式」と表示したファスナー事件・知財高判平20・7・23最高
裁HP（平成20年（ネ）10018号）〔28141742〕

⑰　ウレタン含有量が0.125％未満であった自動車補修用スプレー塗料，
筆付自動車補修用塗料，それらの広告及び取引書類に，「ウレタン塗
料」，「ウレタン入り補修塗料」などと表示したウレタン塗料事件・大阪
地判平11・7・29最高裁HP（平成8年（ワ）8215号）〔28041597〕，同
控訴審判決・大阪高判平13・2・8最高裁HP（平成11年（ネ）2847号
／平成11年（ネ）3293号等）〔28060296〕

⑱　肩掛けカバンの素材が225デニール以下のナイロンであるのに，それ
に取り付けられている商品説明書に，「600Denier Polyester Fablic, P.
U. Coating :」と表示した600Denier事件・大阪地判平12・11・9最高裁
HP（平成12年（ワ）943号）〔28052363〕

⑲　茶葉の乾留物が使用されている猫用ペットフードに「緑茶消臭成分と
は，茶葉から抽出された自然エキスです。悪臭の成分をつつみこみ，分
解，中和するため，いやな臭いをやわらげます。」と表示した緑茶消臭
成分事件・東京地判平13・11・28最高裁HP（平成12年（ワ）19529号）
〔28062489〕

⑳　「ライナービヤー」という酒税法の「ビール」でない飲料について，
我が国においては，「ビール」と「ビヤー」とが同意義に使用されてお
り，ビールと異質のものであることを示す為の表示として「ビヤー」を
使用したとしても，ビールであると誤認するおそれはあるとして本号該
当性を認めたライナービヤー事件・東京地判昭36・6・30判時269号30
頁〔21015032〕，同控訴審判決・東京高判昭38・5・29判タ146号93頁
〔27486033〕，同上告審判決・最判昭40・6・4判時414号29頁

〔27486038〕

などがある。

2.3 「製造方法，用途」

「製造方法」とは，商品の製造に用いられる方法をいう（例えば，食塩の流下式製塩法など）[38]。加工方法も含まれる[39]。「用途」とは，商品の特徴に応じた使い途をいう（例えば，燃料であれば自動車用，ジェット推進航空機用など）[40]。

旧法1条1項5号は，昭和25年の改正の際に新たに設けられた規定であり，当初においては，商品の品質，内容，数量に関する誤認惹起行為を規制の対象としていた。その後，昭和40年の改正において，パリ条約10条の2第3項3号が新たに設けられたことに伴い，条約上禁止の対象となった商品の「性質，製造方法，特徴，用途，数量」に対して，従来の規定の中に含まれるかどうか必ずしも明確でない「製造方法，用途」が追加されたという経緯がある[41]。

2.4 「数量」

「数量」とは，商品の数，容積，重量をいう[42]。「数量」については，本来は十分顧客に提供できる数の商品がないにもかかわらず，提供できるかのように表示する「おとり広告」[43]について，本号の不正競争が成立するのかという問題がある。この点，「数量」とはその商品が本来有すべき容積，重量等を意味するとしてこれに否定的な見解もあるが[44]，商品に関する数値である限り限定する必要はないとしてこれを肯定する見解や[45]，前者の見解を前提としつつも，平成5年改正により本号の規制対象に「役務」に関する誤認惹起行為が含められたことに着目し，商品を仕入れて展示し，販売するという営業活動は「役務」に該当するのであり，おとり広告は，その「役務」に関する「質，内容」を誤認させる表示として本号の規律の対象となりうると説く見解もある[46]。

裁判例では，ヤマハ特約店事件・名古屋地判昭57・10・15判タ490号155頁〔27423941〕は，広告に表示された商品の供給量等が著しく限定されているにもかかわらず，限定されていることが明瞭に記載されていない場合に商品の「数量」について誤認させる行為として誤認惹起行為に該当しうるとして

288　第1章　総則

いる（ただし，結論としては本号該当性を否定）。

　不当に需要を喚起する行為を禁止する本号の趣旨に鑑み，上記のようおとり広告は禁止されるべきであろう。法律構成としては，商品を仕入れて展示し，販売するという「役務」に関する「質，内容」を誤認させる表示であると考えるのが自然であるように思われる。

2.5　本号に明示されていない表示

2.5.1　問題の所在

　本号に明示されていない価格，規格，格付け，供給可能量，販売量の多寡，業界における地位，企業の歴史，取引先，提携先などに関する表示が本号の「品質」「内容」に含まれるか，という論点がある。以下，この点について説明していく。

2.5.2　学説

　学説上は，本号は制限列挙である以上，間接的な事項を本号の対象とすることは慎重に解すべきとする見解[47] がある一方，間接的な表示についても本号の対象になりうるとしつつ，社会的に許容される範囲のものは本号の不正競争に該当しない説く見解[48]，商品等主体混同行為を規律する本項1号は「商品」のほかに「営業」という概念を用いているところ，本号では「商品」と「役務」を規律しており，「営業」という概念は用いていないため，上記の用な営業に関する表示は本号の対象にならないとする見解[49]，営業に関する表示についても，提供する商品や役務の品質に関わると理解される場合には，本号の規律の対象となりうると解すべき見解[50] などがある。

　本号の列挙事由に直接的には該当しない事項であっても，例えば，長年にわたって事業を続けていることや商品の価格等の表示が，商品や役務の（品）質に対する需要者の安心感や期待等に結び付くことにより，商品や役務の売上の増大につながる場合もありえる。そのような場合には，本号に直接列挙されていない事項であったとしても，商品の「品質」や役務の「質」についての表示がなされていると理解することが可能であり，また，そのように取り扱うことが不当な需要喚起行為を規制するという本号の趣旨にも適合する[51]。

　本号が直接列挙していない事項についても，それが提供する商品や役務の

品質に関わると理解される場合には，本号の規律の対象とすべきであると思われる[52]。

2.5.3　裁判例

　裁判例でも，本号に直接的には列挙されていない事項を表示した事案であるものの，本号の適用を認めた事例がある。例えば，市価に相当する「販売価格」を極めて高く表示して商品の品質，内容が右価格に相応する優良なものであることを示したうえ，その2分の1ないし3分の1に近い「展示会価格」で即売する旨を表示したという事案について，商品の品質，内容に関する誤認惹起表示であるとした原石ベルギーダイヤ事件・東京高判昭53・5・23刑月10巻4＝5号857頁〔27486092〕，実際にはそのような事実はないのに「一部一流メーカー続々値上げ決定」等の虚偽の表示をしたという事案において，商品の価格は商品の内容の一要素であるから「内容」について誤認を生ぜしめる表示だとした前掲ヤマハ特約店事件などである[53]。

　また，前掲シテイノトナーガソウチャクサレテイマス事件は，非純正品である被告製トナーカートリッジを原告製プリンターに装着した時に，プリンターのディスプレイに「シテイノトナーガソウチャクサレテイマス」と表示されることにつき，需要者は，原告プリンターに用いられるべきものとは，プリンターメーカーの原告が原告プリンターに相応しい一定の品質，内容を有するものとして定めたトナーカートリッジであると理解する，などと論じて本号該当性を肯定している[54]。

　他方で，本号に直接的には列挙されていない事項を表示した事案について，本号の適用を否定した裁判例も存在する。京銘菓八ッ橋に関する「創業元禄二年」「since 1689」との表示について，需要者に商品の品質や内容の誤認を生ぜしめるものとはいえないとした八ッ橋事件第一審判決・京都地判令2・6・10判タ1491号246頁〔28282539〕，同控訴審判決・大阪高判令3・3・11判時2491号69頁〔28291121〕[55]，みたらし団子に関する「元祖」との表示について，品質に関する誤認を生じさせるものではないとしたみたらし団子事件第一審判決・大阪地判平19・3・22判タ1259号316頁〔28130823〕，同控訴審判決・大阪高判平19・10・25判タ1259号311頁〔28132317〕，「全国共通お食事券」との表示について，品質保証の意味があるとはいえないとした全国共通お食事券事件第一審判決・東京地判平26・1・24最高裁HP（平

成25年（ワ）1062号〔28220755〕，同控訴審判決・知財高判平26・10・30最
高裁HP（平成26年（ネ）10024号）〔28224379〕，帆布製品に関する「工楽松
右衛門」等の表示について，特定の品質ないし内容の帆布を意味するとの認
識を有するとは認められないから，本件各表示が商品の「品質，内容」につ
いて誤認させるような表示とはいえないとした松右衛門帆事件・大阪地判平
29・3・16判時2392号71頁〔28253419〕，書籍の表紙の「平凡な大学生のボ
クがネット株で3億円稼いだ秘術教えます！」等の表示について，これによ
り需要者が書籍の品質・内容を誤認するものではないとした平凡な大学生の
ボクがネット株で3億円稼いだ秘術教えます！事件第一審判決・東京地判平
25・12・6最高裁HP（平成24年（ワ）14492号）〔28220445〕，同控訴審判
決・知財高判平26・5・29最高裁HP（平成26年（ネ）10006号）〔28222407〕
などである。

　このように，裁判例は肯定例・否定例いずれも存在しており，見解が分か
れているようにも見える。しかし，判旨を分析・検討してみると，結局，裁
判例は，本号が直接的には列挙していない事項に関する表示についても，そ
れが提供する商品や役務の品質や内容について誤認を生じさせるものと理解
される場合には本号該当性を認めていると評価できる[56]。

3　「その役務の質，内容，用途若しくは数量」

　役務に関する誤認惹起表示は，役務の「質，内容，用途又は数量」につい
ての誤認を惹起せしめる表示でなければならない。平成5年改正前において
は，「商品」の品質，内容，製造方法，用途，数量に係る誤認惹起行為のみ
を規制しており，「役務」の質，内容等に係る誤認惹起行為は規制の対象外
であった。しかしながら，本号の規定が導入された昭和25年当時に比し，我
が国経済のサービス化は著しく，役務に係る競争も激化しており，国際的に
見ても，米国，ドイツ，スイスをはじめとする先進諸国の立法例において
は，商品と役務を区別することなく，その品質，内容等に関する誤認惹起行
為を規制の対象とするのが通例であった。このような状況を踏まえ，平成5
年の改正時に，本号の規制対象に役務の質，内容等に係る誤認惹起行為が追
加された[57]。

　「役務」とは，他人のために行う労務又は便益である[58]。取引の対象にな
るものは広く「役務」に含まれると説明することもできる[59]。これに対し，

商標法上の「役務」は，「独立して商取引の目的たりうべきもの」と解されていたため，本号の「役務」についてもこれと同義に解する見解もあるが[60]，付随的サービスによって「商品」または「役務」の（品）質，内容等に誤認を与える場合には，独立して商取引の目的となっていないとしても，本号の規制対象とすべき場合がありうる。さらにいえば，平成18年商標法改正により，（それ自体は独立して商取引の目的足りえない）小売役務商標の登録が認められるに至っているのであるから[61]，仮に商標法の「役務」概念を参考にするとしても，独立性を要件とする必然性はない。

　裁判例では，事業者が商品の価格を安くして販売することは「役務」に該当しないとしたヤマダさんよりお安くしてます事件第一審判決・前橋地判平16・5・7判時1904号139頁〔28091621〕，同控訴審判決・東京高判平16・10・19判時1904号128頁〔28092710〕があるが，既述の平成18年商標法改正前の事案であり，同各判決をもって商標法に引き寄せて「役務」の意義を理解する見解の根拠とすることはできないであろう。

　「質，内容，用途若しくは数量」の意義については，「商品」に関する「品質，内容，……用途若しくは数量」と同旨の解釈が妥当する（上記「2」を参照されたい）。「役務」の「質，内容」に関する表示について本号該当性を認めた裁判例としては，Michael Jackson事件・東京地判平23・10・11最高裁HP（平成21年（ワ）45807号）〔28174365〕がある。同判決は，被告が故マイケル・ジャクソンの氏名や肖像につきその使用許諾権限を有する者から独占的使用を許諾されたことや，独占的に第三者に対し独占的使用を許諾する権利を与えられたことはないにもかかわらず，「弊社は，日本国内において米国アーティスト『Michael Jackson』の肖像及び名前に関連するマーチャンダイズ権（著作権／隣接権／商標権／営業表示権／競争上の地位の保護／人格権）において独占的権利『Merchandising License Agreement』を契約締結し，国内で権利を有する唯一の企業であります。」などと表示していたことにおいて，「役務」に関する誤認惹起表示がなされているとして本号該当性を認めた。また，口コミランキング事件・大阪地判平31・4・11判時2441号45頁〔28271659〕は，リフォーム業者等を紹介するウェブサイトの口コミランキングの表示について，次のとおり判示して本号該当性を認めた。

　「本件サイトが表示するようないわゆる口コミランキングは，投稿者の主

292 第1章 総則

観に基づくものではあるが，実際にサービスの提供を受けた不特定多数の施主等の意見が集積されるものである点で，需要者の業者選択に一定の影響を及ぼすものである。したがって，本件サイトにおけるランキングで1位と表示することは，需要者に対し，そのような不特定多数の施主等の意見を集約した結果として，その提供するサービスの質，内容が掲載業者の中で最も優良であると評価されたことを表示する点で，役務の質，内容の表示に当たる。そして，その表示が投稿の実態とかい離があるのであるから，本件ランキング表示は，被告の提供する『役務の質，内容……について誤認させるような表示』に当たると認めるのが相当である。」[62)

　本来十分顧客提供できる数の商品がないにもかかわらず，提供できるかのように表示する「おとり広告」については，「役務」に関する「質，内容」を誤認させる表示として本号の規律の対象と解すべきである。この点は既述のとおりであるので，繰り返さない。

4 「誤認させるような表示」

4.1 総説

　「誤認させるような表示」とは，当該商品や役務の取引者，需要者に，原産地・品質を誤って認識・理解させるような表示をいう[63)。誤認させるような表示である限り，その表示内容が虚偽であるか否かは問わない[64)。また，その表示が誤認させるおそれのあるものである限り，現に誤認が生じていることは要しない[65)。「表示をし」とは，商品等自体に付するだけでなく，容器・包装などに使用する場合を包含する[66)。

　実際になされた表示が「誤認させるような表示」に該当するかどうかは，個別・具体の事案に応じて，当該表示の内容や取引界の実情等，諸般の事情が考慮されたうえで，取引者・需要者に誤認を生じさせるおそれがあるかどうかという観点から判断される[67)。

　具体的には，原産地の表示についていえば，外国製の商品に「日本製」，「Made in Japan」といった直接的に誤認を惹起させるような表示を付すような場合はもちろん，間接的に誤認を惹起させるような表示も含まれる。この種の裁判例としては，例えば，国産のヘアピンの横に「アメリカンタイプ」「ドイツピン」といった国名を含む文言と国旗を印刷したシールを付し

たヘアピン事件・大阪地判平 8 ・ 9 ・26判時1604号129頁〔28021293〕，国産の洋服生地に英国の地名（ロンドン，マンチェスター等）の英文字を構成要素とする転写マークを押捺した国産洋服英国地名表示事件・東京高判昭49・7 ・29刑月 6 巻 7 号814頁〔27486069〕，京都で製造，加工されたものでなく，またその原料も京都で産出されたものではない柿の葉の茶について，「京の柿茶」，「KYO NO KAKICHA」などという商品名を表示した京の柿茶事件・東京地判平 6 ・11・30判タ880号283頁〔27826973〕などがある。国産ではないのに富士山の図柄を用いるようなケースも誤認惹起行為に該当しうる[68]。

　一方，周知著名な商標の一部となっている地名表示は，製造地と異なる表示であっても原産地を誤認させるような表示に該当しない場合がある。このような場合には製造地に関する誤認を惹起することがないからである。裁判例では，日本で製造したエレキギター等に付した「マルMマーク mosrite」および「of California」の構成からなる標章について，当該標章は「カリフォルニア州製の」という意味というより，商品のイメージを表す付加的表示として特定の会社が製造販売したギターであることを示す周知著名な商標となっているものであり，日本における取引者・需要者もそのように理解しているなどとして本号該当性を否定したモズライトギター事件・知財高判平20・ 8 ・28判時2032号128頁〔28141918〕がある。同種の裁判例として，カバンのシリーズ商品に関する「MANHATTAN PASSAGE」との名称について，一般消費者は被告の商品名であると認識することを理由に，原産地誤認表示とは認めなかったNEW YORK CITY事件・大阪地判平12・11・ 9 判例不競法1178ノ226頁〔28052363〕がある。その他，「八幡平市の生産者よりたくさんの『ありがとう』の気持ちをこめて」との段ボールの記載及び同段ボールに貼付された「岩手県八幡平市産」との送り状の印字は，商品選択の際の判断に影響を及ばさないとして本号該当性を否定した岩手県八幡平市産事件・盛岡地判令 5 ・ 1 ・13公刊物未登載（令和元年（わ）140号）〔28310536〕も参考になろう。

　「品質」や「内容」について誤認を生じさせるような表示とは，品質を誇大し又は虚偽の事実を表示する場合や，商品の性能や役務の効果などを左右する重要事項をことさら隠ぺいして表示しない場合がこれに該当する[69]。問題とされる表示が，そもそも品質，内容についての表示であることを当該商

294 第1章 総則

品等の需要者が認識しない場合には，品質，内容についての誤認惹起表示となることはない[70]。

「製造方法」や「用途」について本号該当性を認めた裁判例は見当たらないが，「製造方法」については，鋳造製の金属製品について鍛造製と表示するような行為が本号に該当しえよう（一般的に鋳造製のものよりも鍛造製のもののほうが強度が高い）。他方，「用途」については，その商品のスペックでは使用に耐えないような使い途を表示するような行為が本号に該当しうる。いずれについても，「（品）質」に関する誤認惹起表示と解することも可能であるが，どちらに該当するのかを厳密に議論する実益はない。

4.2 打消表示

需要者に誤認を与えかねないような表示がなされている場合でも，別途，その誤認を生じさせないための表示（打消表示）がなされており，それにより需要者に誤認を生ぜしめるおそれがなくなっていれば，本号に該当しないことになる。

例えば，日本の菓子製造会社が「NEW YORK」という商品名の菓子を製造販売する場合でも，「made in Japan」と明示的に付記したり，内国業者であることが明らかな自社名を明示することなどにより，本号該当性を免れうる場合があるとされる[71]。

なお，打消表示の方法，態様等については，不当景品類及び不当表示防止法に関するものではあるが，消費者庁が公表している以下の資料が参考になろう。

・ 「打消し表示に関する実態調査報告書」（平成29年7月公表）
・ 「スマートフォンにおける打消し表示に関する実態調査報告書」（平成30年5月公表）
・ 「広告表示に接する消費者の視線に関する実態調査報告書」（平成30年6月公表）
・ 「打消し表示に関する表示方法及び表示内容に関する留意点（実態調査報告書のまとめ）」（平成30年6月公表）

4.3 「誤認させるような表示」の該当性が問題になりやすい類型

巷で行われている商品ないし役務に関する表示の中には，本号該当性が問

題になりやすい類型のものがある。以下，過去の裁判例を紹介しつつ各類型を説明していくが，ある類型に該当すれば本号該当性が認められるというわけではなく，結局は4.1で述べた基準に基づき「誤認させるような表示」に該当するか否かが判断される。よって，問題の表示が以下に紹介する類型のいずれに該当するのかを探求することそれ自体にはあまり意味がないといえよう。

4.3.1　寄生的広告

　他社の売れ筋商品または役務に便乗して自己の商品または役務の内容，品質について誤認を惹起せしめる類型の表示を寄生的広告ということがある。寄生的広告について本号該当性を否定した裁判例としては，香りのタイプ事件第一審判決・東京地判昭55・1・28無体集12巻1号1頁〔27486107〕，同控訴審判決・東京高判昭56・2・25無体集13巻1号134頁〔27486115〕がある。この事案では，被告が販売する香水について，「SWEET LOVERこの香りは世界の名香のタイプで言えば……」と表示したうえで世界的に著名な香水を表示する行為等に関する本号該当性が争われた。かかる事案において，裁判所は，上記のような表示は香りの調子または香りのタイプの点において同じであるとの趣旨を表現しているにすぎず，両者の香りそのものが同一であるとまで断じているわけではないため，需要者が被告商品と他社の著名な香水とが同一の香りであると誤認することはないとして本号該当性を否定した。

　他方で，本みりんタイプ事件・京都地判平2・4・25判時1375号127頁〔27808282〕では，酒税法上「みりん」とは認められない液体調味料に「本みりんタイプ調味料」と表示したことについて，本号該当性が争われた。裁判所は，上記表示の態様が，「本みりん」の部分が中央に黒色で最も大きな書体で記載され，その下に金色の地に白抜きで小さく「タイプ」と「調味料」と二行に書き分けて構成されていたことから，消費者には「本みりん」の部分が強く印象に残り，「タイプ」と「調味料」の部分はほとんど目にとまらないものになっているとして，本件表示は，あたかも本みりんであるかのように商品の品質・内容に誤認を生じさせるとした。

　また，ヤマダさんよりお安くしてます事件第一審判決・前橋地判平16・5・7判時1904号139頁〔28091621〕，同控訴審判決・東京高判平16・10・19

296　第1章　総則

判時1904号128頁〔28092710〕[72]では,「当店ではヤマダさんよりお安くして
ます」などと被告の販売価格を原告のそれよりも安くするという趣旨の表示
について本号該当性が争われた。裁判所は,「一般消費者は,被告が同一の
商品について原告の販売価格よりも安い価格で販売しようとしていると認識
することはあっても,当該商品について被告が販売価格を安くすることに
よって,そうしない場合と比較してその商品の内容について異なった印象を
抱くことはあり得ないから,本件各表示が商品の内容について誤認させるよ
うな表示に当たるということはできない。」などとして本号該当性を否定し
た。この事案は「(小売)役務」の「質」ないし「内容」に関する誤認惹起
表示がなされていると扱い,本号該当性を肯定すべき事案であったと思われ
る。

4.3.2　二重価格表示

　ある商品ないし役務について,実際にはそのような価格で販売されること
はないにも関わらず「通常価格●●円」などと表示したうえで,「いまだけ
特別価格■■円」などと現実の販売価格を表示するような,いわゆる二重価
格表示も本号該当性が問題になりやすい類型である。

　市価に相当する「販売価格」を極めて高く表示して商品の品質,内容が右
価格に相応する優良なものであることを示したうえ,その2分の1ないし3
分の1に近い「展示会価格」で即売する旨を表示したという事案について商
品の品質,内容に関する誤認惹起表示であるとした原石ベルギーダイヤ事
件・東京高判昭53・5・23刑月10巻4=5号857頁〔27486092〕が上記のよ
うな二重価格表示の典型例であろう。

　「価格」は,本号が直接的に列挙している事項ではないが,原石ベルギー
ダイヤ事件のような事案であれば,同判決が判示するように「商品」の品
質,内容について誤認を生じさせると評価することも可能であろうし,「閉
店大売り出し」「倒産在庫品一掃」などといった表示と同じように「役務」
の「質・内容」を誤認させる表示として本号の規律の対象となると解するこ
とも可能であろう[73]。

4.3.3　比較広告

　他社商品との品質などを比較し,自社商品の優位性をうたう「比較広告」

も本号該当性が問題になりやすい。もちろん，比較広告についても，それが真実の情報に基づくものであるならば，消費者に対し商品や役務の選択の情報を提供するというプラスの面もあることから，比較それ自体が不正競争になるわけではない。比較広告に虚偽，欺瞞性がある場合に品質，内容の誤認惹起行為に該当する。

　比較広告が問題となった事案としては，「ポスカム＜クリアドライ＞は，一般的なキシリトールガムに比べ約5倍の再石灰化効果を実現。」という表示について本号該当性を認めたキシリトール事件控訴審判決・知財高判平18・10・18最高裁HP（平成17年（ネ）10059号）〔28112211〕[74]，や，自動車用コーティング剤に関する「新車時施工　輝きを！　5年間保証」等といった表示について，その表示が虚偽であり，需要者等に被告商品の品質および内容を誤認させるものであると認めることはできないとした新車の輝き事件控訴審判決・知財高判平17・8・10最高裁HP（平成17年（ネ）10029号／平成17年（ネ）10034号）〔28101666〕[75]等がある。

　なお，平成29年9月29日付で厚生労働省医薬・生活衛生局　監視指導・麻薬対策課長名義で発出された「医薬品等適正広告基準の解説及び留意事項等について（薬生監麻発0929第5号)[76]は，医薬品や化粧品等については，他社製品との比較広告を行うことを禁じているので，留意されたい。

5　「その表示をした商品を譲渡し，引き渡し，譲渡若しくは引渡しのために展示し，輸出し，輸入し，若しくは電気通信回線を通じて提供し，若しくはその表示をして役務を提供する行為」

　本号が規制するのは，これまでに説明してきたような表示をした商品について，一定の行為を行うことである。規制される行為態様は本項1号と類似しているので，同号の解釈が参考になろう[77]。以下，本項1号所定の行為類型に関する解釈も参考にしつつ，説明する。

　「譲渡」とは，所有権を移転することである。有償か無償かを問わない[78]。「引渡し」とは，占有を移転することである[79]。「譲渡若しくは引渡しのために展示」とは，例えば，販売のためにショー・ウィンドウに商品を飾っておくことをいう[80]。「輸出」とは，国内にある貨物を外国に向けて搬出することをいう[81]。「輸入」とは，輸入とは，外国にあった貨物を国内に搬入することをいう[82]。「電気通信回線を通じて提供」とは，インターネットやLAN

298　第1章　総則

などのコンピュータ・ネットワークで双方向の情報通信を行うように設定されたシステムを使って提供することをいう[83]。「表示をして役務を提供する行為」とは，その役務の提供に際し，または役務の提供をしつつ，そのような誤認を惹起する表示をすることを指す[84]。

【注】

1) 田村・概説2版399頁。高部・実務詳説323頁も参照。

2) 経産省・逐条解説（令和5年改正版）151頁

3) 本号のほか，不当な表示を規律する法律として，不当景品類及び不当表示防止法（景品表示法）5条1項，特定農林水産物等の名称の保護に関する法律（地理的表示法）および酒税の保全及び酒類業組合等に関する法律（昭和28年法律第7号）86条の6第1項に基づく「酒類の地理的表示に関する表示基準」（国税庁告示第19号），食品に関する表示では「食品表示法」等がある。

4) 田原美奈子「品質誤認行為」高部眞規子編著『最新裁判実務大系 第11巻 知的財産権訴訟Ⅱ』895頁（青林書院，2018），飯塚卓也「品質等誤認惹起行為に対する不正競争防止法上の規制」牧野利秋ほか編『知的財産法の理論と実務(3)』379頁（新日本法規出版，2007）

5) 小野・新・注解3版上巻691頁以下〔小松陽一郎〕，田原・前掲注4）895頁。

6) 田村・概説2版418頁

7) 山本・要説4版206頁，57頁。竹田稔＝服部誠『知的財産権訴訟要論（不正競業・商標編）〔第4版〕』177頁（発明協会，2018）も有体物のみが「商品」に該当すると説いている。

8) 飯塚・前掲注4）379頁もこの点を指摘している。

9) 安立欣司・本書改訂版172頁

10) 田原・前掲注4）896頁

11) なお，旧不正競争防止法（平成5年法律47号による改正前のもの）1条1項1号の「商品」には，経済的な価値が社会的に承認され，独立して取引の対象となる無体物も含まれると説く裁判例として，東京高決平5・12・24判時1505号136頁〔27825809〕。

12) 田原・前掲注4）895頁

13) 田村・概説2版418頁

14) 山本・要説4版206頁，安立欣司・本書改訂版173頁。竹田＝服部・前掲注7）177頁も独立して商取引の対象となるものが「役務」であると説いている。

15) 田原・前掲注4）896頁

16) 経産省・逐条解説（令和5年改正版）152頁，小野＝松村・新・概説3版下巻64頁，小野・新・注解3版上巻658頁〔小松陽一郎〕，茶園・不競法2版116頁，安立欣司・本書改訂版173頁，飯塚・前掲注4）380頁。

17) 山本・要説4版206頁，田原・前掲注4）896頁，小野＝松村・新・概説3版

2条1項20号　定義—原産地等誤認惹起行為　　299

下巻64頁。

18)　山本・要説4版207頁，田原・前掲注4）896頁，安立欣司・本書改訂版174頁。

19)　法令用語研究会編『有斐閣 法律用語辞典』第5版607頁（有斐閣，2020）。なお，同書899頁は，「取引」について，「商人間又は商人と一般人との間において営利目的で行われる売買行為」を指すと説明している。

20)　山本・要説4版207頁，経産省・逐条解説（令和5年改正版）152頁，田原・前掲注4）896頁，小野・新・注解3版上巻674頁〔小松陽一郎〕，茶園・不競法2版116頁，安立欣司・本書改訂版175頁，飯塚・前掲注4）380頁。

21)　山本・要説4版207頁，経産省・逐条解説（令和5年改正版）152頁，田原・前掲注4）896頁，小野・新・注解3版上巻674頁〔小松陽一郎〕，茶園・不競法2版116頁，安立欣司・本書改訂版175頁，飯塚・前掲注4）380頁。

22)　山本・要説4版208頁，高部・実務詳説327頁，田村・概説2版416頁-417頁，茶園・不競法2版117頁-118頁も参照。

23)　山本・要説4版208頁，田原・前掲注4）898頁，安立欣司・本書改訂版177頁。本文中で示した具体例は田原・前掲注4）898頁による。

24)　田原・前掲注4）898頁

25)　小野・新・注解3版上巻662頁〔小松陽一郎〕，茶園・不競法2版117頁。

26)　山本・要説4版208頁。本文で紹介した同書が引用する具体例は，景品表示法4条1項3号に基づく「『商品の原産国に関する不当な表示』の原産地の定義に関する運用細則」（昭和48年12月5日事務局長通達14号）に依るものである。商品の内容について実質的に変更をもたらす行為が行われる地といった要素も重要であると説く高部・実務詳説327頁，茶園・不競法2版118頁も参照。

27)　小野＝松村・新・概説3版下巻91頁

28)　田村・概説2版416頁，安立欣司・本書改訂版176頁。飯塚・前掲注4）381頁も，誤認の判断基準は需要者であることを指摘したうえで，商品の付加価値が付与された生産ないし加工行為がいずれの地で行われたかを基準に判断すべきである，と説いている。

29)　小野・新・注解3版上巻663頁〔小松陽一郎〕，茶園・不競法2版118頁。

30)　大阪地判平13・2・27最高裁HP（平成12年（ワ）8380号）〔28060377〕，ミンサー織事件第一審判決・那覇地判平23・3・30公刊物未登載（平成18年（ワ）1165号）〔28320595〕，同控訴審判決・福岡高那覇支判平23・11・29公刊物未登載（平成23年（ネ）88号／平成23年（ネ）136号）〔28320596〕参照。

31)　茶園・不競法2版117頁が挙げる例である。

32)　仲宗根京子「不正競争防止法2条1項13号の原産地・品質など誤認惹起表示」の意義についての一考察〜"ミンサー織り事件"を契機として〜」沖縄大学法経学部紀要22号27頁（2014）は，地方色豊かな工芸品に関わる生産地に関する誤認惹起表示の問題に焦点を当てて分析・検討している。

33)　氷見市は富山県内に所在する。

300　第 1 章　総則

34)　山本・要説 4 版210頁，田原・前掲注 4 ）902頁

35)　山本・要説 4 版210頁。これに対し，小野＝松村・新・概説 3 版下巻66頁および安立欣司・本書改訂版181頁は，「内容」とは給付内容であると説いている。

36)　山本・要説 4 版210頁など。

37)　田原・前掲注 4 ）902頁。リクルート品質誤認・虚偽事実事件・東京地判平17・1・20最高裁HP（平成15年（ワ）25495号）〔28100292〕は，「誤認させるような表示」とは，「いずれも証拠等をもって該当性の有無が判断できるような客観的な事項をいうものであって，証拠等による証明になじまない価値判断や評価に関する記述を含まないものと解するのが相当である。けだし，そのような記述は，意見ないし論評の表明として，市場における自由な競争行為の一環として許容されるものというべきだからである。」と判示している。

38)　経産省・逐条解説（令和 5 年改正版）154頁

39)　山本・要説 4 版219頁，田原・前掲注 4 ）906頁，小野＝松村・新・概説 3 版下巻70頁。

40)　経産省・逐条解説（令和 5 年改正版）154頁，山本・要説 4 版219頁，田原・前掲注 4 ）906頁，小野＝松村・新・概説 3 版下巻70頁，安立欣司・本書改訂版183頁

41)　経産省・逐条解説（令和 5 年改正版）154頁

42)　田原・前掲注 4 ）906頁

43)　飯塚・前掲注 4 ）389頁

44)　田倉整＝元木伸編『実務相談不正競争防止法』211頁〔小林正〕（商事法務研究会，1989），反対，豊崎ほか・コンメンタール247頁〔渋谷達紀〕。

45)　山本・要説 4 版219頁，田原・前掲注 4 ）906頁等。

46)　田村・概説 2 版420頁，飯塚・前掲注 4 ）390頁，小野・新・注解 3 版上巻707頁-708頁〔小松陽一郎〕。その他，広告者が真に販売しようとしている商品の品質が，おとりとした商品と同等かあまり変わらないような誤認を生じさせる点において「役務の質，内容，用途若しくは数量」についての誤認を生じさせる行為に該当すると解すべきではなかろうかと説く文献として，小野＝松村・新・概説 3 版下巻71頁。

47)　1993年不正競争防止法改正過程における資料である，産業構造審議会知的財産政策部会「不正競争防止法の見直しの方向」（令和 4 年12月中間答申）14頁がこの立場であった（安永武央＝小松一雄編『不正競業訴訟の実務』369頁（新日本法規出版，2005）に転載されている）。知的財産裁判実務研究会編『知的財産訴訟の実務〔改訂版〕』227頁〔大竹〕（法曹会，2014）。豊崎ほか・コンメンタール〔渋谷達紀〕 7 頁，田倉＝元木・前掲注44）208頁〔安倉孝弘〕も参照。

48)　山本・要説 4 版211頁

49)　ヤマダさんよりお安くしてます事件第一審判決・前橋地判平16・5・7判時1904号139頁〔28091621〕，同控訴審判決・東京高判平16・10・19判時1904号128

頁〔28092710〕。両判決の位置づけについては，田村善之＝張唯瑜「判批」知的財産法政策学研究62号82頁-83頁（2022）参照。

50）　田村＝張・前掲注49）84頁-85頁。事業の沿革も本号の誤認惹起行為に該当しうるとする文献として，田村・概説2版418頁-419頁，渋谷・不競法214頁-215頁，安立欣司・本書改訂版180頁。その他，一般条項をもたない我が国では「品質」や「内容」等の列挙されている属性を広く解釈することによってこの問題に対応すべきと説く文献として，茶園・不競法2版119頁，渋谷・不競法215頁。

51）　田村＝張・前掲注49）71頁

52）　田村＝張・前掲注49）84頁

53）　他方，「価格」は「商品」ないし「役務」の品質，内容に含まれないとした事案として前掲注49）ヤマダさんよりお安くしてます事件第一審判決，同控訴審判決がある。もっとも，この事案は小売役務に関する誤認惹起表示がなされていると扱うことが可能かつ妥当な事案であったと思われる。この点は「役務」の意義をどのように解すべきかという点とも関連するので，「3」の解説も参照されたい。

54）　宮脇正晴「判批」L＆T 79号41頁（2018）は，「トナーカートリッジにとって，プリンターメーカーに『指定されていること』自体が需要者に品質と受け取られる」と指摘している。

55）　本判決については判例評釈が多数あり，研究者の関心の高さがうかがわれる。本判決の結論を支持する文献として，田村＝張・前掲注49），大塚理彦「判批」パテント76巻3号99頁-104頁（2023），諏訪野大「判批」法學研究94巻11号137頁-156頁（2021）。本判決の結論に反対する文献として，中川淨宗「判批」発明119巻12号52頁-57頁（2022）。その他，小野田志穂「事業者の創業年に係る表示と景品表示法―不正競争防止法に係る八ッ橋事件を題材として」知的財産法政策学研究63号67頁-92頁（2022）も参照。

56）　田村＝張・前掲注49）85頁-88頁

57）　経産省・逐条解説（令和5年改正版）151頁

58）　田原・前掲注4）895頁。なお，飯塚・前掲注4）380頁は，役務とは業としてのサービスを意味する，と説明している。

59）　田村・概説2版418頁

60）　山本・要説4版206頁，安立欣也・本書改訂版173頁

61）　参照，田村善之「知財立国下における商標法の改正とその理論的な含意―地域団体商標と小売商標の導入の理論的分析」ジュリ1326号100頁-105頁（2007）

62）　同判決はステルスマーケティングについて本号該当性を認めたものと評価されている。例えば，泉克幸「判批」速報判例解説（法学セミナー増刊）26巻271頁（2020）は，「自社の商品・サービスの品質や内容を恣意的に操作して表示するというインターネット上の新しい取引類型が，景品表示法に加えて不競法違反（20号）に該当することを認め，その判断手法を明らかにした点に意義があ

302　第1章　総則

る。」と指摘している。小泉直樹「判批」ジュリ1536号8頁（2019），安田和史「判批」知財ジャーナル14号84頁（2021），大塚理彦「判批」神戸法學雜誌72巻1号・2号（2022）も参照。

なお，同判決後，ステルスマーケティングは景品表示法により明確に規制されることとなった。「一般消費者が事業者の表示であることを判別することが困難である表示」（令和5年3月28日内閣府告示19号。同年10月1日施行）参照。

63)　山本・要説4版207頁，高部・実務詳説326頁

64)　知的財産裁判実務研究会編・前掲注47) 227頁〔大竹〕。小野＝松村・新・概説第3版下巻72頁，竹田＝服部・前掲注7) 182頁。本号に対応する刑事罰を定める20条2項5号は，「誤認させるような虚偽の表示」を構成要件の一つとしているのに対し，本号は「虚偽」の表示であることを要件としていない。

65)　山本・要説4版207頁

66)　田原・前掲注4) 896頁。シテイノトナーガソウチャクサレテイマス事件・大阪地判平29・1・31判時2351号56頁〔28253693〕も参照。

67)　高部・実務詳説326頁，知的財産裁判実務研究会編・前掲注47) 227頁〔大竹〕，山本・要説4版207頁，茶園・不競法2版121頁

68)　飯塚・前掲注4) 382頁

69)　山本・要説4版210頁，高部・実務詳説327頁

70)　平凡な大学生のボクがネット株で3億円稼いだ秘術教えます！事件第一審判決・東京地判平25・12・6最高裁HP（平成24年（ワ）14492号）〔28220445〕，同控訴審判決・知財高判平26・5・29最高裁HP（平成26年（ネ）10006号）〔28222407〕），前掲注66) シテイノトナーガソウチャクサレテイマス事件，松右衛門帆事件・大阪地判平29・3・16判時2392号71頁〔28253419〕等参照。

71)　田村・概説2版423頁，小野・新・注解3版上巻676頁〔小松陽一郎〕，茶園編・不競法2版122頁。なお，打消表示がなされていたが，需要者の商品の品質，内容について誤認するおそれを完全に否定することはできないとして本号該当性を肯定した裁判例として，前掲注66) シテイノトナーガソウチャクサレテイマス事件がある。

72)　前掲注49) ヤマダさんよりお安くしてます事件第一審判決，同控訴審判決

73)　田村・概説2版421頁

74)　第一審・東京地判平16・10・20最高裁HP（平成15年（ワ）15674号）〔28092711〕は本号該当性を否定している。

75)　第一審・東京地判平16・9・15最高裁HP（平成14年（ワ）15939号）〔28092462〕は本号該当性を肯定している。

76)　https://www.mhlw.go.jp/file/06-Seisakujouhou-11120000-Iyakushokuhinkyoku/0000179263.pdf

77)　山本・要説4版221頁，竹田＝服部・前掲注7) 188頁参照。

78)　山本・要説4版221頁，87頁

79)　山本・要説4版221頁，87頁

80）　山本・要説 4 版221頁，87頁
81）　山本・要説 4 版221頁，87頁
82）　山本・要説 4 版221頁，87頁
83）　山本・要説 4 版221頁，87頁-88頁
84）　山本・要説 4 版221頁

〔髙瀬　亜富〕

（定義）—信用毀損行為
2 条 1 項21号
二十一　競争関係にある他人の営業上の信用を害する虚偽の事実を告知し，又は流布する行為

趣　旨

1　立法の経緯

本号は，競争関係にある他人の営業上の信用を害する虚偽の事実を告知し，または流布する行為を，不正競争行為の一つとして定めたものである。

2 条 1 項20号は自己の競争上の効果を増す行為を規律するものであるのに対し，本号は他人の競争上の効果を減じる行為を規律するものである[1]。

本号にいう各行為（以下，本号解説において「信用毀損行為」という。なお，「営業誹謗行為」ともいう）は，競争関係にある者が虚偽の事実をあげて競争相手の営業上の信用を直接的に攻撃するという典型的な不正行為であり[2]，わが国が昭和 9 年に工業所有権の保護に関するパリ条約（ヘーグ改正条約）を批准するにあたり，その条約上の要求[3]を満たすために制定した旧不正競争防止法（昭和 9 年法律14号）においても既に規定されていたところである（旧法 1 条 1 項 3 号）。

2　本号の趣旨と本号の不正競争に該当する場合の効果

本号の趣旨は，信用毀損行為により瑕疵ある情報が伝達され，本来必要とされる取引が阻害されてしまうことを防止すること，また，信用毀損行為を

放置することにより，不断の努力によって信用を維持，形成しようという意欲が削がれてしまうことを防止することにある[4]。

本号に該当する場合には，行為者の故意，過失を問わず，差止請求をすることができる（3条）。民法上明記されていない差止請求権について，故意・過失を問わず認めていることは本号最大の実益である。

また，その行為者に故意または過失がある場合には，損害賠償（4条）および信用回復の措置（14条）を請求することができる。損害賠償請求および信用回復措置請求は一般不法行為においても規定されているところであるが（民法709条，723条），損害賠償請求において損害額の推定規定（5条2項）[5]を利用することができるという点が本号の実益となる（ただし，裁判例においては推定の覆滅が広く認められている）。

解　説

1　要件

1.1　「競争関係にある他人」

1.1.1　競争関係

(1)　判断基準

「競争」とは，複数の事業者が第三者との取引を行うために互いに競うことをいう。

では，本号にいう「競争関係」という要件は，どのように画されるものと解すべきか。

この要件は，昭和25年改正（昭和25年法律90号）において，それ以前の「不正ノ競争ノ目的ヲ以テ」という主観的要件に替えて導入された要件である。同改正の趣旨は被害者保護を厚くすることであることから[6]，この要件は緩やかに解され，必ずしも現実の市場における競合が存在する場合（具体的競争関係がある場合）のみならず，市場における競合が生じるおそれがある場合（潜在的競争関係がある場合）にも認められる[7]。すなわち，現在具体的に行為者と相手方が同一の商品，役務を取り扱っているという場合に限らず，需要者または取引者を共通にする可能性がある場合など，将来におい

て同種の商品，役務を提供しうる関係にあれば，ここにいう競争関係が認められる[8]。

また，ここにいう競争関係は，流通段階における上流・下流等を問わない。例えば，製造業者と他の製造業者の下請け業者やその販売業者[9]，商品の総販売元と競合品の代理店[10] の間などにおいても競争関係は成立する。

なお，競争関係を否定した裁判例として，パチンコ店向けの顧客誘引を目的とするゲームコンテンツを開発・販売する事業者とパチンコ店を経営する株式会社の間の事業がある[11]。

(2) 法人と個人の関係等

例えば株式会社などの法人の代表者や従業員などの内部者が，個人として自らが所属する法人と競争関係のある相手に信用毀損行為をなしたという場合，それが業務に関連して行われたのであれば，当該法人はその個人の行為についても責任を負うべきである[12]。

では，その行為をなした代表者や従業員等の個人の責任はどうか。

これらの個人は自分自身に営業の効果が帰属するわけではなく，その意味で相手方と直接の競争関係はないが，行為の外形上法人のためにすると認められるような場合は競争関係を認定してもよい[13]。差止めの実効性の見地からも，これらの個人は法人と別途独立して責任を負うべきである[14]。

(3) 直接の競合関係にない者

相手方と直接の競合関係に立つ者でない場合であっても，相手方の商品を誹謗したり信用を毀損したりするような虚偽の事実を告知または流布することによって，相手方を競争上不利な立場に立たせ，その結果，行為者や行為者に対して告知または流布行為を依頼した者などが，競争上不当な利益を得るような関係が存する関係にある場合も競争関係が認められる[15]。

他方，相手方と直接の競合関係に立つ者の指示を受けずに第三者たる新聞社が記事としたような場合はその者の行為とはいえないから競争関係が否定される[16]。このように，行為者に競争関係が否定される例としては，上記新聞等のマスコミが第三者的な立場から報道した場合のほか，消費者団体が自ら告発した場合などがあげられる。このような場合には，不正競争防止法を離れて一般不法行為の成否を検討することになる。

306   第1章   総則

1.1.2 「他人」

「他人」とは，自己以外の者ということである。自然人，法人に限らず，法人格なき社団や組合[17]であっても保護の対象になりうるものと解される。

また，対象となる「他人」は1人でも複数人でもよい[18]。

(1)   団体の内部者

法人の場合，その役員や従業員等内部者がなした行為は通常「自己」を対象にするものと解される。これら内部者が当該法人の信用を毀損する行為をしたとしても，公正な競争秩序を害することはなく，規制対象にもならないのが原則である。

もっとも，形式上組織に所属する者ではあっても，例えば，独立を検討している者などで，既にその組織の統制を離れたと評価される者が虚偽の事実を告知ないし流布（以下，まとめて「告知等」という）するような場合は，ここにいう「他人」に当たるものと解される場合がある[19]。

(2)   特定の要否

本号は競争関係にある者の営業上の信用を保護するものであるから，信用を害される「他人」は特定されている必要がある。

ただし，氏名または名称が明示されている必要まではなく，告知等を受けた相手方において特定の者を想起させるものであれば足りる[20]。

裁判例では，例えば，「某社」，「某株式会社」と表示したもの[21]，対象は特定しないものの取扱者が二者しか存在しない場合に「模造偽造機出現」などの記載により暗に他者を想起させるもの[22]，その他「当社以外の……」として告知したもの[23]について信用毀損行為を認めている[24]。これに対し，ごみ貯蔵機器事件の控訴審判決（知財高判大合議平25・2・1判タ1388号77頁〔28210702〕）は，「サンジェニックは，……競合製品が当社の知的財産権を侵害していると知った場合には，……当該侵害を行った生産者もしくは小売店に対して，徹底して当社の事業を守ります。」との通知につき，原告の保有する知的財産権や，侵害行為に関する侵害の主体，侵害品等について具体的な表示がされているわけではないこと，自社の知的財産権侵害に対しては，権利行使をして自社事業を守るとの一般的な意向が示されたものであるとして，本号に該当しないものとした[25]。

1.2 「営業上の信用を害する虚偽の事実」

1.2.1 「虚偽の事実」

⑴ 「虚偽」の意義

「虚偽の事実」における「虚偽」とは客観的真実に反することである[26]。

ここにいう「虚偽の事実」は行為者自身が創作したものか否かを問わない[27]。したがって、例えば「聞いた話であるが……」、「……であるらしい」などとして他人から聞いた事実を示した場合でも、その内容が客観的真実に反していれば、「虚偽の事実」となる。

告知等された事実が、評価的な場合や不明確であるような場合、その事実が「虚偽」といえるか否かの判断は、その伝達された事実により告知等の受け手が真実と反するような誤解をするか否かによって決すべきである[28]。この点、具体的には、当該受け手の属性、能力、予備知識、その他告知等がなされた状況などもふまえて、当該受け手の普通の注意と聞き方ないし読み方を基準として判断される[29]。したがって、「虚偽」の判断は相対的であって、同一内容の告知等があった場合でも、その態様や受け手、告知時の状況等によっては判断が異なりうることになる[30]。

例えば、一般的に、「保有する特許の技術的範囲に含まれるおそれがあります」、「債務超過の状況にあるようである」などの表現がされた場合、それらは可能性や推測を示すあいまいな表現であるとはいえ、それを受けた取引者らに与える印象には変わりはなく、指摘された側が打撃を受ける点では変わりがないから、「虚偽」の事実に該当する[31]。他方、訴訟提起に関する事情説明のための記者会見での発言について、受け手が取材目的をもって出席した遊技機業界関連のマスコミ関係者であることに鑑み、「異常な会社である」、「詐欺的行為を行っている」という発言につき真実に反する誤解をするものと解することはできないとする裁判例もある[32]。

⑵ 「事実」の意義

本号に当たるためには、虚偽の「事実」である必要がある。

（i）「事実」と「評価」の峻別

告知または流布される言明は、大きく分けて「事実」と、主観的意見、抽象的な価値判断などの「評価」がある。このうち、純粋に「評価」に該当す

308　第1章　総則

るものについてはここでの「事実」に該当しない[33]。

　問題は，例えば，「粗悪品」といった表現など，評価を伴った事実に関する表現をどちらに分類するかである。

　本号にいう「事実」は虚偽であると判断しうるものである[34]。したがって，これは証拠等をもって虚偽か否かの判断できるような客観的な事項をいうことになる[35]。そして，この客観的な事項に当たるかについては，その評価の内容が，通常備えるべき品質を観念しうるかなど，一定の基準を導き出せるかによって判断すべきである。

　他の裁判例では，「模造品」，「粗悪品」といった表現[36] や「材料が悪い，製品が雑である，音が悪い，耐久性がない」[37] など，評価を含む事実について「事実」と解されているが，これらも同様の基準で判断できるものと解される。

　(ii)　警告事例について

　この点，自己の特許権に基づき特許権侵害の警告を行うような権利行使の事例（以下，本号の解説では「警告事例」という）についても同様に考えられる。この警告事例については2つの考え方がある。すなわち，①警告内容を，権利内容と対象物件という事実を摘示する部分と権利侵害であるという評価を記述する部分に分け，誤りは評価の部分にあるとする考え方と，②「権利侵害たる行為が存在する」という一つの事実が存在するものとして摘示されたものとみる考え方である。

　裁判例は後者の考え方をとっているが[38]，これは，特許権の権利範囲や特許権の有効無効については，一定の基準を観念できるからであろう[39]。

　なお，この考え方に立つと，警告事例における権利侵害の有無の判断は，虚偽の事実の有無に直結することになる[40]。この点，権利侵害の有無の判断と本号適用の判断の関係については，下記3.3を参照されたい。

　(iii)　事実の属性について

　ここでいう「事実」は，次項にいう「営業上の信用」に関するものである必要がある。

　これには，直接関係するもののみならず，間接的に影響するもの，例えば会社の代表者を「ぼんくら」という場合など，事業運営に関与する関係者の人格に関する事実も含まれうる[41]。

1.2.2 「営業上の信用を害する」

(1) 「営業上の信用」

「営業上の信用」のうち、「営業」は広く解されており、営利事業のみならず、それ以外の、経済上その収支計算の上に立って行われるべき事業にまで認められている。例えば、非営利事業を営む医療法人、学校法人、宗教法人等の事業もここにいう「営業」に当たる[42]。

また、ここでの「信用」は、営業によって提供される商品または役務の社会的評価、その者の支払能力や営業能力等についての社会的信頼などの営業活動に関する外部的評価をいう[43]。

(2) 「害する」

「害する」とは、他人の信用を損ねる行為をいう。

ただし、現実に外部的な経済上の評価が低下したという結果が生じることまでは不要であり、その評価を低下させるおそれを生じせしめるものであれば足りる[44]。

この点、虚偽の事実が告知等されれば、一般には営業上の信用を害するに足りるものといってよい。もっとも、虚偽の事実とみるのが微妙な限界事例や、事業主体の人格的な評価など営業能力との関係の判断が難しい事案においては、告知等だけでは営業上の信用を害するに足りないと判断されることもあろう[45]。

また、例えば、紛争当事者が相手方について述べた意見のように、一般に割り引いて受け取られるものについては、これを上記の「虚偽」といえないと解する考え方のほか、ここにいう営業上の信用を「害する」に当たらないという考え方もある[46]。

1.3 「告知し、又は流布する行為」

1.3.1 「告知」

「告知」（平成5年改正前は「陳述」[47]）とは、特定の人に対し、事実を個別に伝達する行為をいう。例えば、来店した顧客に対して競争事業者の商品の欠点を知らせる行為[48]がこれに当たる。

なお、競争相手本人に直接警告するような場合は、客観的・外部的な経済上の評価である営業上の信用を害することにならないから、ここにいう「告

知」には当たらない[49]。

1.3.2 「流布」

「流布」とは，不特定の人または多数の人に知られるような態様で事実を広める行為をいう。例えば新聞紙上に競争事業者の商品を誹謗するような広告を掲載する行為がこれに当たる[50]。

不特定多数人に知られうる態様であれば，事実の直接の伝達相手は限定された少数人であってもよい。例えば，競争事業者の取引先2社に対し，競争相手の商品が意匠権侵害をしている旨の警告書を送付する行為につき，その2社が商品流通の窓口的役割を果たしていることから順次不特定多数人に伝播されるものとして，「流布」に当たるとした裁判例がある[51]。

新聞記者の取材に応じ，回答した結果が記事になったという場合については，新聞社の責任と判断に基づいて報道されているものとして，回答者による告知等に当たらないとする裁判例[52]と，新聞を利用して虚偽の事実を「流布」したとされる裁判例がある[53]。

この点，取材に至る経緯や取材方法についての双方の合意内容にもよるが，受け手である新聞記者の知識・能力等が十分でないような場合に上記の「虚偽」といえる事実を伝えたときは，新聞記者がそのまま記事にして新聞に掲載され，不特定多数人に伝播されることも認識できるものといえるから流布にあたる可能性も高くなると解される[54]。

1.3.3 「告知」と「流布」の区別について

なお，伝達先が不特定・多数に当たらないとして「流布」に当たらないとしても，「告知」には当たるから，本号の適用があることには変わりはない。その意味では両者を厳密に区別する実益は乏しい。

もっとも，両者の区別は，情報の伝播先の範囲の違いにあり，その結果，損害賠償額および信用回復措置の手段に影響を与えることになる[55]。

2 効 果

2.1 差止請求

本号の不正競争行為に該当し，営業上の利益を侵害されまたはそのおそれ

があるという場合，行為者の故意，過失を問わず，差止請求をすることができる（3条）。

2.1.1 「営業上の利益を害されるおそれ」

なお，ここにいう「営業上の利益を害されるおそれ」については，上記要件のうち，「営業上の信用を害する」という要件が立証されれば，そのまま認められるか[56]，その行為から推定されることとなる[57]。

2.1.2 差止めの及ぶ範囲

告知等された状況を勘案し，差止めの対象を広く認めた例として，おとり広告という手法を用いた事例がある[58]。

ここにいうおとり広告とは，実際には販売する意思がない周知性のある製品を広告に利用し，来店した顧客に当該製品に関する虚偽説明を行い，自分の意図する他の商品を販売する手法である。この事案ではおとり広告それ自体には虚偽がなかったものの，これはその後来店した顧客への虚偽の事実の告知と不可分一体であるとして，そのおとり広告についてまで差止めが認められた。

2.2 損害賠償請求

本号に該当する場合，行為者に故意または過失がある場合は，損害賠償を請求することができる（4条）。

なお，損害賠償請求は民法709条によっても認められるところである。したがって，例えば競争関係がないなど，不正競争防止法の要件を満たさず同法の適用を受けられないという場合には，一般不法行為による請求を検討することになる。

2.2.1 過失について

「過失」は，損害発生の予見可能性があるのにこれを回避する行為義務（結果回避義務）を怠ったこととされ（本書551頁参照），評価的要件（規範的要件）に分類される。この評価的要件（規範的要件）である「過失」については，当事者が評価根拠事実（評価をプラス方向に根拠付ける事実）と評価障害事実（評価をマイナス方向に根拠付ける事実）を主張，立証し，裁判

312　第1章　総則

所がこれらを総合して判断することになる[59]。

　過失の評価根拠事実としては，まず，本号の行為が虚偽の事実を内容とする信用毀損行為であることから，その行為の存在自体があげられる[60]。また，本号の適用が多い警告事例を例にとると，警告内容が虚偽であると判断することが容易であることを示す事実がこれに当たるが，具体的には特許権等の権利の内容と対象物件の差異の明確性，当該権利の無効事由の明白性[61]，抗弁としての先使用権成立の確実性[62]などがあげられる。

　逆に，評価障害事実としては，例えば，特許権の無効理由を知りえなかった事実があげられる。もっとも，知りえなかったと評価するための前提としてどの程度の調査を尽くすべき義務があるかについては争いがある。

　この点従来の裁判例は，権利者の側に高度の調査義務を課し，その結果，特許が無効になるなどして警告内容が虚偽と判断された場合には，ほとんどの事例で過失が認められ，権利者側の損害賠償責任が認められていた。この考え方に対しては，権利者の権利行使を萎縮させるものではないかとの問題意識から，正当な権利行使の一環として警告が行われた場合には違法性を阻却すべきであるとする学説や裁判例が現れ，両者を巡る議論がなされているところである。この警告事案を巡る議論については，項を改め，3.3で後述する。

2.2.2　損害額について

　本号の不正競争行為による損害としては，逸失利益，防御のための費用（弁護士費用や従業員による調査その他の対応を行う費用），信用毀損行為による無形損害がありうる。

　このうち，逸失利益に関して，5条1項および3項は本号に適用されないものの，5条2項の損害推定規定の適用がある[63]。ただし，同項は推定規定であることから，損害との因果関係を否定する事情が認められれば，推定が覆滅されうる[64]。

　これらによる損害額の立証が困難な場合は，上記無形損害を主張するほか[65]，9条の相当な損害額の認定の規定を利用することができる[66]。

2.2.3　法人と個人の関係

　法人が本号により責任を負う場合，その法人のために当該行為を行った代

表者個人[67]，従業員個人も不法行為に基づく損害賠償責任を負うことになり，両者の債務は不真正連帯債務となる。

また，実用新案権侵害であるとして警告書を送付するよう依頼を受け，これを発した弁理士についても，損害賠償責任が認められた例がある[68]。

2.2.4 消滅時効

2.2.4.1 民法724条1号の適用

不正競争防止法のうち私法的請求権について定めた部分は，民法の不法行為についての一般規定に対する特別規定と解されるから，不正競争防止法に基づく損害賠償請求権および2.3にいう信用回復措置請求権の消滅時効については同法に特別の定めがない以上，一般法である民法724条1号の規定が適用される[69]。

2.2.4.2 「損害及び加害者を知った時」

本号の信用毀損行為による損害賠償請求権等について，時効の起算点となる民法724条1号の「損害及び加害者を知った時」とは，被害者にその意思があれば加害者に対し損害賠償等の請求をできる程度に加害行為の違法性を認識した時点と解される。

したがって，例えば，特許権侵害の警告事例においては，権利侵害ではないこと（すなわち，警告内容が虚偽であること）が判決において確定した時点ではなく，特許権に侵害しない旨争った時点が起算点となる。なぜなら，警告をされた側としては，遅くともその時点では警告した側の行為が違法である蓋然性を認識したものといえるからである[70]。

2.3 信用回復措置請求

本号に該当する場合，信用回復の措置を請求することができる（14条）。

ここで信用回復措置請求は民法723条[71]によっても認められるところである。この信用回復措置については，告知の状況や信用が害された程度等を検討し，必要な範囲で認められる。

裁判例では，原告が業界紙に謝罪広告を掲載することを請求した事案において，業界紙への掲載までは求めず，虚偽の事実を告知した説明会への出席業者に対する訂正文送付の限度で必要性を認めたものがある[72]。

314 第1章 総則

2.4 刑事罰

本号の不正競争に該当する行為は刑法において信用毀損および業務妨害罪（刑法233条）の対象となる。刑法に同規定があるため，21条の罰則規定の中には本号の不正競争に該当する場合が規定されていない[73]。

3 訴訟提起等に関する本号の適用について

3.1 訴訟提起，仮処分申立て

例えば，特許侵害品が製造され，流通している場合，これを製造した業者（以下「競業者」という）はもちろん，これを販売する業者（競業者の取引先，以下「取引先」という）がいればその取引先にも特許侵害が成立する（特許法68条，2条3項各号）。

この場合，特許権者が競業者の取引先に対し訴訟提起や仮処分申立てを行い，その中で特許侵害に関する事実主張を行うことは，裁判を受ける権利（憲法32条）の行使であるから正当行為となる。したがって，仮に後に訴訟において特許侵害がないことが判明したり，特許が無効になったりして，訴訟における事実主張が結果として虚偽の事実の告知等になったとしても，その違法性は阻却され，本号の問題にはならないのが原則である[74]。

ただし，その特許権者が当該訴訟における自らの主張について事実的，法律的根拠を欠くことを知りながらまたは通常人であれば容易にそのことを知りえたのにあえて提起したなど，裁判制度の趣旨目的に照らして著しく相当性を欠く場合は，訴訟提起自体が違法な行為となる[75]。

また，権利の濫用は許されないから（民法1条3項参照），権利の行使に名を借りて競業者の取引先に対する信用を毀損し，市場において優位に立つことを目的としてされたと認められるような場合には，訴訟提起等は違法というべきである。ここで，権利濫用といえるか否かは，当該申立てに至るまでの競業者との交渉の経緯，当該申立ての相手方の業種・特許侵害仮処分への対応能力等の事情を総合して判断される[76]。

3.2 訴訟提起等の事実を告知すること

例えば，特許権侵害があるとして提訴した事実や自己の請求や主張内容に

つき新聞記者に告知したり，自らのウェブサイト上に公開したりする行為については，告知内容自体は真実であるから本号の不正競争行為に該当しないのが原則である[77]。

しかし，そのような客観的事実の説明を超えて，自己の主張をあたかも真実であるように説明したり，ことさら相手方を誹謗・中傷するような行為をしたりすれば，不正競争行為に該当することがある[78]。

3.3　警告書の送付

上述のとおり，特許侵害訴訟を提起すること，またその中で事実主張をすること自体は原則として違法性が阻却される。では，その訴訟提起の前提として警告書を送付すること，さらには必ずしも訴訟提起を前提とせずに警告書を送付することについては，本号の適用につきどのように考えるべきか。

この点に関する考え方は，大きく分けて，①虚偽の事実に当たるかなど不正競争の成否は事後の裁判により確定されたところから客観的に判断し，損害賠償責任の成否を過失の判断の中で検討する考え方と，②(a)権利行使として相当といいうる侵害警告は正当行為であるとして，不正競争行為該当性を否定し[79]，あるいは(b)違法性を阻却して損害賠償責任を否定することを認める考え方とがある[80]。

裁判例においては，従来，上記①の考えに沿ったものが続いていたが，磁気信号記録用金属粉末事件の第一審（東京地判平13・9・20判タ1115号272頁〔28061959〕）が不正競争行為該当性を否定する判決（②(a)）を，また同事件控訴審（東京高判平14・8・29判時1807号128頁〔28072651〕）が違法性阻却を認めることを明示する判決（②(b)）を下して以降，これらと同様の立場に立った裁判例が続き，それらは「新傾向の裁判例」と呼ばれるようになった。

そこでまず，その「新傾向の裁判例」以前の裁判例（以下「従来の裁判例」という）を検討し，その後「新傾向の裁判例」以降の状況を検討する。

3.3.1　従来の裁判例について（前記①）

従来の裁判例においては，取引先に対し権利侵害の事実を告知等した後，訴訟を経て裁判所によりその権利が無効とされまたは非侵害であると判断された場合，告知等した事実は客観的に見れば「虚偽の事実」であるから，当

316　第1章　総則

該告知は信用毀損行為に当たるとしてきた。そして信用毀損行為は競争関係に立つ者が直接的に虚偽の事実をあげて営業者にとって最も重要な営業上の信用を直接的に攻撃する典型的な違法行為であるから，「過失」の判断においても，「相当な理由がない限り……過失があった，と推認されるのが相当」としたり[81]，「高度な注意義務が要求される」としたりして[82]，警告した権利者側の損害賠償責任がほぼ認められる状況にあった[83]。

　この考え方の下では，過失の評価障害事実となりうる事実はかなり限定される。例えば，相手方が一旦は侵害を認める発言をしていたという場合や，一定の公権的な判断を得ている場合，すなわち権利侵害に基づく製造販売禁止の仮処分や，第一審の勝訴判決を得ているというような場合[84]，そのほか，権利侵害の有無に関し特許庁の技術的範囲についての判定（特許法71条）を信頼して警告に及んだという場合[85]などに限られる。これに対し，知的財産の専門家であるとはいえ弁理士・弁護士の意見を徴したという事実だけでは調査が十分とは認められない[86]。

　このように，従来の裁判例においては，警告した内容が後に虚偽と判断された場合，過失を否定するために求められる注意義務は極めて高度なものと理解されてきた。

3.3.2　いわゆる新傾向の裁判例について

　このように，警告した権利者の側に高度の注意義務を求め，後日警告内容が虚偽であると確定されればほぼ損害賠償責任が認められる裁判例が一般的であった状況に対し，それでは権利者の正当な権利行使を萎縮させかねないとの見地から，権利者が一定程度の注意義務を果たして警告を行った場合には違法性が阻却されると解する違法性阻却説が学説上唱えられた[87]。

　平成13年の磁気信号記録用金属粉末事件の第一審判決（前記②(a)）[88]および翌平成14年の控訴審判決（前記②(b)）は，実質的にみて違法性阻却説の考え方に沿ったものであり，以後，同様の裁判例が続いた[89]。

　前掲磁気信号記録用金属粉末事件の控訴審判決は，取引先に告知等された権利侵害の事実が，後に裁判所等により否定された場合には，「一応は，不正競争防止法2条1項13号〔注：現21号〕所定の不正競争行為に該当する」とするが，「特許権者によるその告知行為が，その取引先自身に対する特許権等の正当な権利行使の一環としてなされたものであると認められる場合に

は，違法性が阻却されると解するのが相当」として，「正当な権利行使の一環」であることが違法性阻却事由になることを明示する。

そして，この違法性阻却の判断については，不当訴訟に関する最判昭63・1・26民集42巻1号1頁〔27100072〕を引用しつつ，①注意義務違反の有無（権利者が，事実的，法律的根拠を欠くことを知りながら，または，特許権者として，特許権侵害訴訟を提起するために通常必要とされている事実調査および法律的検討をすれば，事実的，法律的根拠を欠くことを容易に知りえたといえるのに，あえて取引先に対し，本件告知をなしたかどうか），②行為の相当性（取引先に対する告知の態様が，特許権者の権利行使の一環としての外形をとりながらも，社会通念上必要と認められる範囲を超えた内容，態様となっているかどうか）により判断するとする。そして，この②については，同事件第一審同様の考慮要素，すなわち，「当該警告文書等の形式・文面のみならず，当該警告に至るまでの競業者との交渉の経緯，警告文書等の配布時期・期間，配布先の数・範囲，警告文書等の配布先である取引先の業種・事業内容，事業規模，競業者との関係・取引態様，当該侵害被疑製品への関与の態様，特許侵害争訟への対応能力，警告文書等の配布への当該取引先の対応，その後の特許権者及び当該取引先の行動等の，諸般の事情」を総合して判断するのが相当であるとした。

以上の磁気信号記録用金属粉末事件の第一審，控訴審の各判断が示されて以降，同様の判断枠組みをとる，いわゆる新傾向の裁判例が続き[90]，これらをめぐり，活発な議論がなされてきた[91]。

3.3.3 近時の裁判例について

近時の裁判例を見ると，警告内容が後日裁判所において虚偽であると判明すれば請求原因事実レベルで不正競争行為該当性を認めるという点は共通している。そして，損害賠償責任の成否の判断については，実質的に考慮される要素は概ね共通であるものの，これを判断する枠組みについては，新傾向の裁判例と同様，過失論に加えて違法性阻却論でも検討する余地を認める裁判例と，違法性阻却論を否定し過失論のみで検討する裁判例とに分かれている。

前者にあたる雄ねじ部品事件判決・知財高判平23・2・24判タ1382号335頁〔28170336〕は「不競法2条1項14号〔注：現21号〕による損害賠償責任

318 第1章 総則

の有無を検討するに当たっては，特許権者の権利行使を不必要に萎縮させる
おそれの有無や，営業上の信用を害される競業者の利益を総合的に考慮した
上で，違法性や故意過失の有無を判断すべき」として，明文の要件である故
意過失（4条）を検討するほかに，違法性阻却論を検討する余地を残してい
る[92]。

他方，後者にあたる手洗器付トイレタンクのボウル用シート事件・大阪地
判平29・6・15最高裁HP（平成28年（ワ）5104号）〔28251858〕は，「同法
〔注：不正競争防止法〕2条に規定された不正競争の成否を判断するに当た
り，条文にない主観的要件を解釈により加え，これにより要件該当性，違法
性阻却を論じることは，不正競争防止法の趣旨に沿うものではない」とし
て，故意過失を検討する[93]。

両者は，違法性阻却説が提起した権利者の権利行使を過度に萎縮させるべ
きではないという問題意識と，営業上の信用を害される競業者の利益を保護
すべきという点のバランスをとるべきこと，また，そのために考慮すべき要
素についての考え方は概ね一致しているものと解される。そして，理論面以
外に両者がどのような事案で，損害賠償責任の成否に差異を生じるのかは，
前者の構成をとる裁判例において，違法性を阻却するという事例が見当たら
ないため，今後の裁判例が注目されるところである。

3.3.4 検討

3.3.4.1 法律構成について

営業上の信用を害される競業者の利益保護の要請と，違法性阻却説の指摘
した権利行使を過度に萎縮させるべきではないことのバランスをとるべきと
いう価値判断については，裁判例，学説とも一致しているといえる。しか
し，違法性阻却説が，警告内容が虚偽と判明した後にこれを明文の根拠なく
「正当な権利行為の一環」とすることには，競業者の信用が害されることと
のバランスの観点，訴訟提起等のケースで根拠とされる憲法上の裁判を受け
る権利（3.1参照）との違いなどから異論も多い[94]。したがって，基本的に
は侵害警告の経緯，内容，態様等も含め，新傾向の裁判例のあげる考慮要素
を過失の判断の中に取り込んだうえで，妥当な結論を導くよう検討されるべ
きであると考える[95]。

3.3.4.2 調査義務の範囲

この過失判断において大きな問題は，過失なしとの評価を得るために必要な評価障害事実の程度，すなわち，警告事例において特許権者がどこまで調査義務を果たせば過失が否定され得るかという点である。

この点，まず，予見可能性の基礎となる情報の範囲としては，自ら有している情報に加えて，一般通常人でも容易に知りうる範囲の情報はもちろん，紛争当事者である権利者としては少なくとも当該権利や被疑侵害品について最も情報を有するであろう競業者に対して任意の照会や提訴前照会をすべきであるから，例えば照会未了のケースの場合は，照会をしていれば得られたであろう情報も過失判断の基礎に加えられるべきと考える[96]。また，取引先への警告前に，取引先に知られない方法により競業者の言い分を十分聴取し，その内容を検討する努力を行ったにもかかわらず，競業者から回答を得られなかったり，後に権利の無効事由に関連する事実が回答に顕れていなかったりというようなことがあれば，過失を否定すべき事情になる[97]。

次に，上記で集めた情報ないし集めえた情報に基づく判断の場面では，技術的範囲の属否の判断に誤りがある場合や特許権等の無効理由が新規性欠如などである場合には，注意義務違反が認められやすい。これに対し，無効理由が進歩性の欠如である場合には，その論点の内容によっては進歩性欠如の判断が困難であるとして過失を否定されることがあるものと考える[98]。例えば，無効審判請求に対し不成立審決がされたが，後に裁判所で当該審決が取り消されるなど，公的な判断が分かれているようなときには，過失が否定されやすくなるであろう。

3.3.4.3 実務上の対応

今後においても，損害賠償責任の成否の判断については，実質的考慮要素は概ね共通であるものの，これを判断する枠組みについて，過失論に加えて違法性阻却論でも検討する裁判例[99]と，違法性阻却論を否定し過失論のみで検討する裁判例が予想される[100]。本号による損害賠償を請求された被告としては，違法性阻却説があげた考慮要素などもあげたうえで，無過失と違法性阻却の双方について主張立証すべきであろう[101]。

320　第1章　総則

【注】
1）　不正競業行為の各種分類については小野＝松村・新・概説3版上巻20頁
2）　小野＝松村・新・概説3版下巻96頁
3）　パリ条約10条の2第1項，3項2号
4）　田村・概説2版439頁
5）　5条1項，3項の対象類型に本号は含まれていない。なお，実際の運用に関
　　しては2.2.2参照。
6）　山本・要説4版9頁
7）　ノップ事件・大阪地判平11・8・31最高裁HP（平成9年（ワ）8711号）
　　〔28041964〕，センサ付き省エネルギーランプ事件・東京地判平25・12・19最高
　　裁HP（平成23年（ワ）30214号）〔28220007〕，SEO対策事件・大阪地判令5・
　　3・16最高裁HP（令和3年（ワ）11152号）〔28310787〕。
8）　ハンガークリップ事件・東京地判平18・8・8判例不競法1250ノ172ノ1469頁
　　〔28111745〕，タタミ染めQ事件・東京地判平27・9・29最高裁HP（平成25年
　　（ワ）30386号／平成26年（ワ）12202号）〔28233919〕，フォクシー事件・東京地
　　判平30・3・13最高裁HP（平成28年（ワ）43757号）〔28261306〕，包装フィル
　　ムデザイン事件・知財高判令元・8・7最高裁HP（平成31年（ネ）10029号）
　　〔28273483〕。なお，三宅正雄『商標法雑感：その究極にあるものを尋ねて』528
　　頁（冨山房，1973）は，米屋がパン屋を誹謗する場合にも本号の適用を肯定す
　　べきとする。
9）　チャコピー事件・大阪地判昭49・9・10無体集6巻2号217頁〔27486070〕
10）　ミキプルーン事件・大阪地判昭55・5・30特企140号72頁
11）　ゲームコンテンツ事件・東京地判令2・3・19最高裁HP（平成31年（ワ）
　　1580号）〔28282073〕，この裁判例では，両者の顧客が共通しないこと，パチン
　　コ店のグループ会社の事業内容に鑑みても同様の事業を行っているとは考えら
　　れないとして，競争関係を否定した。
12）　田村・概説2版445頁。セラコート事件・東京地判平29・3・30最高裁HP
　　（平成28年（ワ）12829号）〔28251177〕。なお，代表者の行為につき法人の業務
　　であることを認めなかった例として，自ら加入していたライオンズクラブの会
　　員に対する発言を，個人として行ったものであり，法人の業務として行ったも
　　のではないとした虎屋事件・東京地判平12・12・21最高裁HP（平成11年（ワ）
　　29234号）〔28060064〕がある。
13）　階段辷り止め事件・大阪高判昭55・7・15判タ427号174頁〔27486110〕
14）　青柳昤子「虚偽事実の陳述」牧野利秋編『裁判実務大系(9)工業所有権訴訟法』
　　501頁（青林書院，1985），小野・新・注解3版上巻746頁〔木村〕，前掲注9）
　　チャコピー事件。ペーパーコア事件・名古屋地判平5・2・17判例不競法1250
　　ノ172ノ142頁〔28022278〕，プラスチックシート事件・東京地判平19・12・20判
　　タ1288号256頁〔28140283〕。
15）　小野・新・注解3版上巻746頁〔木村〕。アフィリエイトサイト事件・大阪地

判令2・11・10判時2569号85頁〔28283668〕は，競合品を販売する広告主から依頼を受けたウェブサイト運営者（アフィリエーター）との間に競争関係を認めている。これはいわゆるステルスマーケティングにより実質的に本号を回避することを阻止しようとするものと評されている（冨田信雄「口コミ投稿者の競争関係者該当性について」知財ぷりずむ220号99頁（2021））。その他，WiMAX事件・東京地判令4・3・4最高裁HP（令和3年（ワ）3824号）〔28312198〕。

16) 投げ釣り用天秤事件・東京地判昭53・10・30無体集10巻2号509頁〔27486098〕。アルゼ事件・東京地判平21・4・27判タ1305号261頁〔28153363〕は競業者でない者に競業者が協力したという場合，不正競争防止法違反の共同不法行為は成立しないとした。一般不法行為の共同不法行為は別論である。

17) 組合について事業主体性を認めるものとして地産エコ断熱協会事件・東京地判平24・2・6最高裁HP（平成23年（ワ）5864号）〔28180998〕。

18) モノフィラメント事件・名古屋地判昭46・1・26判時637号85頁〔27486057〕

19) 小野・新・注解3版上巻747頁〔木村〕

20) 前掲注8）ハンガークリップ事件

21) 前掲注9）チャコピー事件

22) 製縄機事件・大阪地判昭27・5・29下民3巻5号719頁〔27410063〕。その他，原告と被告の2社が講習機関の業界を寡占していることや，両社が毎年激しい受講生獲得競争を行っている状況などを背景に，チラシの記載が原告を意味するものと容易に認識することができたとする建築士講習機関事件・東京地判平16・5・14最高裁HP（平成15年（ワ）19005号）〔28091610〕，原告，被告のビラやチラシの内容と，両社の勧誘活動において小競り合いや妨害行為があったこと，両社以外に勧誘その配布状況などから，被告の配布したビラが原告について記載したものと認識したものと認定した予備校ビラ配布事件・東京地判平13・2・27最高裁HP（平成12年（ワ）12901号）〔28060372〕などがある。

23) マグネット式筆入れ事件・名古屋地判昭59・8・31無体集16巻2号568頁〔27486801〕

24) 電気・電子製品製造業者に警告書を送付したことがその製造業者に材料を納入した業者の営業上の信用を害したとする主張を棄却した例として有機EL素子事件（控訴審）・知財高判平25・3・25最高裁HP（平成24年（ネ）10059号）〔28211422〕

25) ごみ貯蔵機器事件・知財高判大合議平25・2・1判タ1388号77頁〔28210702〕

26) 経産省・逐条解説（令和5年改正版）161頁，マイタケ事件第一審判決・大阪地判平12・12・14最高裁HP（平成9年（ワ）11649号／平成9年（ワ）12381号／平成10年（ワ）8042号）〔28052621〕。

27) 大判大2・1・27刑録19輯85頁〔27922655〕

28) 小野・新・注解3版上巻765頁〔木村〕，カトリス事件・東京地判平19・3・20最高裁HP（平成18年（ワ）15425号／平成18年（ワ）18446号）〔28130820〕

322　第1章　総則

29)　パテントプール方式事件・東京高判平14・6・26判タ1108号280頁〔28072110〕。なお,「普通の注意と聞き方ないし読み方」は,名誉毀損に関する「一般読者の普通の注意と読み方」基準（最判昭31・7・20民集10巻8号1059頁〔27002893〕）を踏まえたものと解されている（パテントプール方式事件の囲み記事参照）。

30)　青柳・前掲注14)506頁

31)　青柳・前掲注14)506頁。アドレール事件控訴審・知財高判平18・6・26最高裁HP（平成18年（ネ)10005号）〔28111405〕。歯列矯正ブブラケット事件・東京地判平29・2・17最高裁HP（平成26年（ワ)8922号）〔28250883〕は,「本件発明に係る特許に『関連する』との文言につき,本件発明の技術的範囲に属する可能性があることを指摘するものと理解するのが素直」として,虚偽の事実に当たることを認めている。

32)　前掲注29)パテントプール方式事件

33)　サイボウズ虚偽陳述流布事件・東京地判平15・9・30判タ1144号276頁〔28082745〕では,相手方が訴訟で和解に応じたことについて,新聞社の取材に応じ,「和解に至った理由は,X社が非を認めたと判断したためです」というメールを送ったことについて,主観的な見解ないし判断を述べているに過ぎないとして虚偽の事実の告知に当たらないとした。

34)　田村・概説2版440頁

35)　リクルート品質誤認・虚偽事実事件・東京地判平17・1・20最高裁HP（平成15年（ワ)25495号）〔28100292〕

36)　前掲注9)チャコピー事件

37)　ヤマハ特約店事件・名古屋地判昭57・10・15判タ490号155頁〔27423941〕

38)　例えば,前掲注13)階段ふ止め事件は,警告書の内容につき,事実関係と価値判断を含むものであり,価値判断のみをその内容とするものではないとする。

39)　青柳・前掲注14)504頁は「権利侵害たる行為が存在しているか否かは,公権的判断の有無・先後によって変わることなく存在する事実であ」るとする。

40)　例えば,フイゴ履事件は,第一審の東京地判昭47・3・17判タ278号374頁〔27486060〕と,控訴審の東京高判昭48・9・25判タ301号205頁〔27751567〕で権利侵害の判断が異なり,それに伴い本号の適用が異なっている。

41)　白蟻防除用乳剤事件・大阪高判平17・10・27最高裁HP（平成17年（ネ)675号）〔28102273〕

42)　京橋中央病院事件・東京地判昭37・11・28判タ139号123頁〔27486029〕,2条1項2号に関するものであるが,呉青山学院中学校事件・東京地判平13・7・19判タ1123号271頁〔28061527〕等。

43)　クリスタルキング事件・東京地判平22・3・26最高裁HP（平成21年（ワ)1992号）〔28160727〕。
　　　信用の意義については,その他に,内部的信用（自己または他人の評価とは

独立して真に客観的に有している価値（真価））と見る考え方や，信用感情（自己が自己の価値または評判に関して持っているところの表象または意思）とする解釈がありうる（山本・要説4版227頁）。しかし，内部的信用は，客観的に存在し，他人の行為によって侵害されることはなく，また，信用感情は，経済活動の規制を目的とする不正競争防止法の対象とはいえない（名誉毀損に関する刑法の議論（大谷實『刑法講義各論』〔新版第5版〕168頁（成文堂，2019），山口厚『刑法各論』〔第2版〕134頁（有斐閣，2010）参照）。

　ヒューマントラスト事件・知財高判平25・9・10判時2207号76頁〔28213088〕は，人材派遣業者において事業規模の縮小と一定の業務ボリュームに対応できないという記述は，業務遂行能力の不十分さを示唆するなどの理由をあげて，同業者の営業上の信用を害するものとする。

44）　パーソナルダイアリー事件・名古屋地判平15・10・23最高裁HP（平成15年（ワ）855号）〔28083047〕

45）　自己啓発プログラム事件・東京地判平7・7・24判例不競法1250ノ172ノ248頁〔28031932〕

46）　田村・概説2版440頁

47）　平成5年の全面改正において，旧法1条1項6号の「陳述」を法令用語例に合わせ「告知」に改めた。内容面に実質的な変更はない（経産省・逐条解説（令和5年改正版）160頁）。

48）　経産省・逐条解説（令和5年改正版）162頁

49）　ウォーキングビーム式加熱炉事件・名古屋地判昭59・2・27判タ536号356頁〔27803137〕。なお，同判決は，競争相手本人に直接警告する場合，不正競争防止法を根拠にする請求は否定するものの，その警告の手段もしくは態様が悪質である等特別の事情が存する場合，不法行為になる余地を認める。この点につき，高岡大輔「信用毀損による不法行為責任に関する一考察：いわゆる侵害警告による損害を題材として」法政研究88巻2号490頁（2021）は，警告する側が，強要性を認識していたとみられるような場合，例えば，はじめから反論や交渉の余地を与えずに要求に応じるか対顧客警告を受けるかの選択を迫ったような場合には損害倍施法請求を認めてよいと指摘する。

50）　経産省・逐条解説（令和5年改正版）162頁

51）　前掲注13）階段辷り止め事件

52）　教材ミスプリント事件・東京地判平2・12・19判例不競法1250ノ172ノ26頁〔27816099〕

53）　前掲注16）投げ釣り用天秤事件

54）　液晶テレビ事件・東京地判平18・3・24判タ1279号307頁〔28110806〕は，「本件記者発表については，同発表を受けた新聞記者らが自らの責任と判断とに基づいて記事にするかどうかを判断するものであるが，そこで発表された事項が記事となって本件製品の需要者を含む読者に伝達されることは通常の事態である」とし，流布を認めている。

324 第1章 総則

55) 青柳・前掲注14) 502頁

56) 選穀機事件・東京地判平6・5・13判タ868号257頁〔27826621〕

57) 前掲注40) フイゴ履事件第一審判決

58) ヤマハピアノおとり広告事件・名古屋地判平5・1・29判時1482号148頁〔25000035〕
　　このようなおとり広告自体は，景品表示法5条3号に基づく「おとり広告に関する表示」（おとり広告告示）4号に該当しうる。

59) 評価的要件（規範的要件）である過失についての詳細については河村浩＝中島克巳編『要件事実・事実認定ハンドブック－ダイアグラムで紐解く法的思考のヒント』〔第2版〕85頁，120頁，440頁（日本評論社，2017年）など参照

60) 青柳・前掲注14) 510頁は「誹謗行為自体から，故意少なくとも過失が認められることが多い」とする。

61) 青柳・前掲注14) 510頁

62) 編手袋事件・広島地福山支判平7・1・18判工2037の20頁〔28031613〕は，被告（特許権者）が，原告（競業者）が先使用による通常実施権を持つことを知っている状況の下，被告が技術的範囲に属する対象製品につき取扱業者に警告したという事案について，対象製品に原告製造であることをうかがわせる記載がなかったことなどから過失を否定した。この場合，製品に原告製造である旨の記載があれば，過失を認める事情の1つとなろう。

63) 前掲注5）参照

64) 養魚用飼料添加物事件・東京地判平18・7・6判タ1233号308頁〔28111510〕は，被告の販売減少が抑止されたのは，信用毀損行為によるものというより無効審決が確定するまでは有効に存続する本件各特許権の抑止力によるものであるとし，5条2項に基づく原告の損害の主張を認めなかった。
　　また，オリゴ糖類食品事件・知財高判令4・1・27最高裁HP（令和3年（ネ）10018号）〔28300217〕は，アフィリエーターが参加したイベントで信用毀損行為が行われた事案において，その説明を聞いたのが多くても数十人であること，またその内容がどの程度説明を聞いたアフィリエーターのブログ等の記事に反映されたかが不明であることなどを考慮し，推定覆滅割合を99％と判断した。

65) 無形損害として300万円以上の比較的高額の賠償を認めた例としては，原告2社合計1400万円（700万円ずつ，前掲注62）養魚用飼料用添加物事件），1000万円（魚卵採取装置事件・大阪地判平4・2・27判例不競法1250ノ172ノ38頁〔27824548〕，600万円（選殻機事件Ⅱ・東京地判平6・12・6判例不競法1250ノ172ノ169頁〔28032444〕），500万円（アルバム台紙事件・大阪地判昭60・5・29判タ567号307頁〔27486814〕，車種別専用ハーネス事件・東京地判平24・3・21最高裁HP（平成22年（ワ）145号／平成22年（ワ）16414号）〔28180714〕），400万円（タタミ染めQ事件・東京地判平27・9・29最高裁HP（平成25年（ワ）30386号／平成26年（ワ）12202号）〔28233919〕），300万円（通学用背負い鞄事件・東京地判平16・3・31判タ1153号266頁〔28091122〕，女性ドール用素体事

件・東京地判平16・11・24判タ1189号309頁〔28100030〕）などがある。なお，高岡・前掲注49）486頁は，これら高額の認容がされた事案について，逸失利益の全部または一部について，警告との相当因果関係の具体的立証に失敗したと判断されたとき，それにもかかわらず，警告が売上等に何らかの悪影響を与えた可能性がある等という形で，逸失利益として主張された事実が無形損害を評価する際の考慮事情にされたとみられると分析されている。

66）　林いづみ「損害賠償について」日本弁理士会中央知的財産研究所編『不正競争防止法研究—「権利侵害警告」と「営業秘密の保護」について』151頁（レクシスネクシスジャパン，2007）。ローソク事件・東京地判平19・5・25判タ1283号281頁〔28131422〕。

67）　前掲注18）モノフィラメント事件

68）　ホーメックス事件・東京地判平14・4・24最高裁HP（平成11年（ワ）6249号）〔28070854〕

69）　前掲注56）選穀機事件

70）　前掲注56）選穀機事件

71）　民法723条の「名誉」には信用も含まれる（大判明39・2・19民録12輯226頁〔27520938〕）。

72）　前掲注66）ローソク事件

73）　小野・新・注解3版下巻1333頁〔佐久間修〕

74）　前掲注64）養魚用飼料添加物事件，経皮吸収製剤事件・知財高判平29・3・22最高裁HP（平成28年（ネ）10094号）〔28250979〕などは，最判昭63・1・26民集42巻1号1頁〔27100072〕を引用して，訴訟の提起や，訴訟の中での事実主張に関する違法性阻却を認める。なお，発光ダイオード事件・知財高判平29・1・18最高裁HP（平成26年（ネ）10032号）〔28250612〕は，訴状の送達が虚偽の事実の告知に該当するとの主張に対し，訴状は原告の法律上および事実上の見解を記載したものにすぎないから，その送達を「事実」の告知とみることは困難とし，また，裁判制度の利用およびこれに当然随伴する行為を差し止めることは不正競争防止法が予定するところではないとして，本号該当性を否定した。

75）　前掲注74）最判昭63・1・26
　　　著しく相当性を欠く場合の具体例としては，前掲注65）通学用背負い鞄事件があげられる。同判決は，提訴前の交渉において競業者からの指摘により公然実施の無効理由の存否が最大の争点と認識し，その公然実施につき自らが製造に関与しているため容易に調査確認できるという事案において，「訴え提起に先立って，公然実施の有無を調査確認すべき義務があり，同義務の履行を怠ったと認められる場合には，『訴えの提起が裁判制度の趣旨目的に照らして著しく相当性を欠くと認められる』ときに当たると解すべき」とした。

76）　前掲注54）液晶テレビ事件は，特許権利者が，どの製品が，どの特許権を，どのように侵害するかを個別に指摘することなくライセンス契約を締結するよ

326　第1章　総則

う求めたことについて，「専ら自己の有する複数の特許権を背景に原告に圧力を
かけ，被告に有利な内容の包括的なライセンス契約を締結させることを目的と
して本件仮処分申立てを行ったもの」として，仮処分申立てを権利の濫用とし
て違法と判示した。

77)　カトリス事件・東京地判平19・3・20最高裁HP（平成18年（ワ）15425号／
平成18年（ワ）18446号）〔28130820〕。パチスロ機パテントプール事件第一審判
決・東京地判平13・8・28判タ1095号246頁〔28061733〕は，訴訟提起を特許権
等の行使として許される行為とするとともに，訴訟提起の事実をマスコミ等の
第三者に告げる行為も，「権利行使に当然に伴う行動として許容される」とし，
直ちに不正競争行為に該当するものではないとする。

78)　小野＝松村・新・概説3版下巻101頁，前掲注77)パチスロ機パテントプール
事件第一審判決。リサイクルインクカートリッジ包装事件・大阪地判平28・
10・27最高裁HP（平成27年（ワ）10522号／平成28年（ワ）636号）〔28250976〕
は，問題となった掲載文の内容につき，訴訟提起という事実報告が前提になっ
ているものの，2条1項1号の要件充足は確定した事実であるかのように記載
し，類似より強い「極めて似た」，「酷似」という表現や「日々受けている損
害」があると断定的表現を用いていることをあげ，不正競争行為該当性を認め
た。

79)　仙元隆一郎ほか「現行不正競争防止法の基本問題〔その二〕」日本工業所有権
法学会編『不正競争防止法の基本問題2（日本工業所有権法学会年報第10号)』
72頁（有斐閣，1987)

80)　土肥一史「営業誹謗行為としての権利侵害警告」日本工業所有権法学会編
『工業所有権法における審判制度の諸問題（日本工業所有権法学会年報5号)』
56頁（有斐閣，1982)

81)　前掲注13)階段辷り止め事件。ここにいう過失の推認は，信用毀損行為があ
れば，基本的に過失があったものと法的価値判断を行い，過失を否定する側で
特段の事情を立証しなければならないことを意味する（河村＝中島・前掲注59)
442頁，伊藤滋夫『事実認定の基礎──裁判官による事実判断の構造』〔改訂版〕
144頁以下（有斐閣，2020))。

82)　前掲注23)マグネット式筆入れ事件

83)　従来の裁判例について，「虚偽」の事実を客観的に見るところから「客観主
義」に基づく裁判例とも呼ばれる。この「客観主義」，「主観主義」の用語につ
いては，渋谷・講義Ⅲ16頁参照。
　なお，本号の該当性を否定した裁判例をまとめたものとして，金子敏哉「権
利侵害警告に関する判決例（損害賠償請求棄却事例を中心に)」日本弁理士会中
央知的財産研究所編前掲注66)164頁。

84)　前掲注23)マグネット式筆入れ事件において例示されている。

85)　田村・概説2版451頁。過失を否定した戸車用レール（ビニケンレール）事
件・大阪地判昭53・12・19無体集10巻2号617頁〔27423194〕では，実用新案の

技術的範囲に属しないとの判定請求は成り立たないという判定を受けた（裏を返すと，特許庁も権利侵害を認定したといえる）事例であった。なお，特許法103条の過失に関するものであるが，小池豊「特許の分野における公権力の判断とそれに従った当事者の法的地位」中山信弘ほか編『知的財産権──法理と提言　牧野利秋先生傘寿記念論文集』415頁（青林書院，2013）は，非侵害との判定を信じて行動した者につき「勿論事案ごとに相違はあるが，原則として無過失の判断をすることも大いにあり得ることである。そうでなければ，判定は単に『特許庁という第三者の意見』を聞いただけということに陥り，制度として設けた意味がなくなってしまうからである」と指摘される。

86）　小野・新・注解3版上巻744頁〔木村修治〕。例えば，前掲注16）投げ釣り用天秤事件は弁理士と弁護士から権利に抵触する旨の意見をもらっていた事例であるが，十分な調査を尽くしたものとはいいがたいとして過失が認められている。

87）　土肥・前掲注80）93頁

88）　磁気信号記録用金属粉末事件第一審判決・東京地判平13・9・20判タ1115号272頁〔28061959〕。同判決は，「不正競争防止法2条1項13号（注：現21号）所定の不正競争行為に該当するということはできない」とするが，これは，虚偽の事実の該当性を判断する前提として，警告書送付の目的が正当な権利行使であることという主観的要素を持ち込んだものとされ（菊地浩明「信用毀損行為」牧野利秋ほか編集委員『知的財産訴訟実務大系(2)（特許法・実用新案法2，意匠法，商標法，不正競争防止法)』514頁（青林書院，2014年）），請求原因事実レベルで虚偽の事実であることを否定したものと評価されている（今井弘晃「営業誹謗行為」髙部眞規子編『著作権・商標・不競法関係訴訟の実務』〔第2版〕539頁（商事法務，2018））。

89）　新傾向判決として，一連の裁判例を検討されたものとして，畑郁夫＝重冨貴光「不正競争防止法2条1項14号の再検討──近時の東京高裁・地裁の新傾向判決を考える」判タ1214号4頁（2006）。

　　なお，三村量一＝平津慎副「被疑侵害者の取引先に対する知的財産権侵害の告知と信用毀損行為──東京地判平成24・5・29（平成22年（ワ）第5719号）・裁判所ウェブサイト」知財研フォーラム92号76頁（2013）は，法令の適用解釈，具体的事案への法規範の当てはめは，各人が自己の責任において行うべきとするのが，刑事法を含めて，法一般に通ずる原則というべきであり，知的財産権侵害の事実が存在しないのに存在すると誤信したことについて，過失を否定することには慎重であるべきとされる。従来の裁判例同様，権利者に高度の注意義務を課すと過失を否定することが困難であるため，違法性阻却によりバランスを取ったという面もあると解される。

90）　第一審と同様の判断枠組みを示すものとして，無洗米特許事件・東京地判平14・12・12判タ1131号249頁〔28080499〕，サンゴ砂事件・東京地判平15・10・16判タ1151号109頁〔28083012〕，常時接楽事件・東京地判平16・1・28判タ

1157号255頁〔28090701〕など。

　また，控訴審と同様の判断枠組みを示すものとして，ジャストホーム２家計簿パック事件・東京地判平16・8・31判タ1183号320頁〔28092321〕，動く手すり事件・東京地判平17・12・13判タ1226号318頁〔28110101〕，ハンガークリップ事件・東京地判平18・8・8判例不競法1250ノ172ノ1469頁〔28111745〕，地震感知器事件・東京地判平18・10・11判例不競法1250ノ172ノ1491頁〔28112274〕などがある。

91)　磁気信号記録用金属粉末事件以降の裁判例と同様の考え方を従前から指摘されていたものとして，土肥・前掲注80）56頁，土肥一史「取引先に対する権利侵害警告と不正競争防止法」相澤英孝＝大渕哲也＝小泉直樹＝田村善之編集代表『中山信弘先生還暦記念論文集・知的財産法の理論と現代的課題』436頁（弘文堂，2005）。

　これに対して，批判的な立場から論じるものとして，鈴木將文・判例評論550号27頁（判時1870号181頁）。

　その他，本論点について，これまで引用したもののほか，瀬川信久「知的財産権の侵害警告と正当な権利行使（再論）」田村善之編著『新世代知的財産法政策学の創成』145頁（有斐閣，2008），相良由里子「虚偽事実の告知・流布行為の認定」牧野利秋ほか編『知的財産法の理論と実務(3)』394頁（新日本法規，2007），高林龍「特許権侵害警告と虚偽事実の告知流布」中山信弘ほか『竹田稔傘寿記念論文集　知財立国の発展へ』255頁（発明推進協会，2013），川田篤「営業誹謗行為」小泉直樹＝末吉瓦編『実務に効く知的財産判例精選』（ジュリスト増刊）146頁（有斐閣，2014），村田真一「特許権に基づく侵害警告と不正競争防止法２条１項14号の該当性」A.I.P.P.I.59巻11号19頁（2014），駒田泰土「理由のない特許権侵害誉告と不正競争防止法──権利行使の"真正さ"を論じる必要はあるか」特許研究66号5頁（2018），齋藤亮介「侵害警告に対する営業誹謗行為の成否──近時の裁判例の傾向を踏まえて」パテント72巻13号44頁（2019），井関涼子「虚偽事実の告知・流布による不正競争──『サイボウズ事件』からの示唆」髙部眞規子裁判官退官記念論文集編集委員会編『髙部眞規子裁判官退官記念論文集・知的財産権訴訟の煌めき』512頁（金融財政事情研究会，2021），妹尾恵里「不正競争防止法２条１項21号（虚偽事実告知流布行為）適用に係る学説と裁判例の最新動向──企業が活用できるチェックリスト」パテント76巻5号49頁（2023）など。

92)　雄ねじ部品事件判決・知財高判平23・2・24判タ1382号335頁〔28170336〕は本文のように判示した後，告知行為の内容ないし態様が社会通念上著しく不相当であるとは言えないことなどを指摘し，「少なくとも故意過失がない」と判断した。なお，愛知靖之「雄ねじ部品事件──知的財産権侵害告知と不正競争防止法２条１項14号」L＆T55号47頁，49頁（2012）は，この点を従来の二つの考え方を統合・一元化するかのような理論構成とする。その他，同事件の評釈として，井上裕史「特許権侵害警告と不正競争防止法２条１項14号」知財ぷりず

む 9 巻105号38頁（2011），村田秀人「権利侵害警告と不正競争防止法第 2 条 1 項14号，同法第 4 条の成否」知財ぷりずむ10巻120号66頁（2012）。

　なお，ごみ貯蔵機器事件・知財高判大合議平25・2・1 判タ1388号77頁〔28210702〕は，警告文書等の文面，その後特許権者が提訴していることなどをあげ，当該警告は知的財産権の行使の一環として行ったもので，被告の信用を毀損して原告が市場において優位に立つことを目的としたものとはいえず，内容ないし態様においても社会通念上著しく不相当であるとはいえず，権利行使を逸脱するものではないとして，「原告の告知行為を違法であると評価することはできない」と判示しており，正当行為であれば違法性阻却事由に当たるとする立場と親和性があると指摘されている（今井・前掲注88）542頁）。

93)　手洗器付トイレタンクのボウル用シート事件・大阪地判平29・6・15最高裁HP（平成28年（ワ）5104号）〔28251858〕は違法性阻却説によらないことを明示しつつ，新傾向の裁判例があげた考慮要素につき，過失の判断に解消できる限度で考慮されるべきとする。

　なお，前掲注64）養魚用飼料用添加物事件は，違法性阻却説を明示的に否定するものではないが，「警告書の内容，配布先の範囲，枚数等の送付行為の態様など」といった新傾向の裁判例があげた考慮要素を従来の裁判例の枠組みでいう「過失」の認定において考慮していると評価されている（川田・前掲注91）155頁，菊地・前掲注88）521頁）。

94)　鈴木・前掲注91）187頁，駒田・前掲注91）13頁，渋谷・不競法264頁

95)　取引の経緯を過失判断に取り込んだものとして回転歯ブラシの製造方法及び製造装置事件・大阪地判平23・3・24最高裁HP（平成21年（ワ）2310号）〔28171411〕，内容を取り込んだものとして，前掲注78）リサイクルインクカートリッジ包装事件，態様を取り込んだものとして，繰り出し容器事件・知財高判平25・8・28最高裁HP（平成25年（ネ）10018号）〔28212669〕などがある。過失の規範構造等につき，河村＝中島・前掲注59）120頁，439頁など参照

96)　高部眞規子「知的財産権を侵害する旨の告知と不正競争行為の成否」ジュリ1290号97頁（2005）は「特許庁においていったん特許要件ありとして特許査定を受けた権利について，何らの公知技術も判明していない状況の下で，これを調査する義務を課するのは，権利者に酷」と指摘されており，無制限に調査義務を課すのは酷であるといえる。他方，営業上の信用を害され，取引先の紛争回避的性向により重大な損害を受けかねない競業者の利益も考えれば，その競業者が有していた情報の範囲では調査義務を認めてもよいと考える。

　駒田・前掲注91）14頁は，ケースバイケースとされるが，「侵害警告はまず生産者に対して行われるべきであろう」とし（この点，土肥・前掲注80）94頁と同旨），その後に競業者から適切な反論がなければ，侵害の確実性が増したといえるとされる。前掲注93）手洗器付トイレタンクのボウル用シート事件なども，競業者への照会のない事案である。

97)　駒田・前掲注91）14頁。

330　第1章　総則

前掲注92）雄ねじ部品事件は，競業者よりも先に取引先に警告書を送った事
例であるが，特許権の無効理由となった引用発明に基づく進歩性欠如の主張は
提訴から5か月後に提出されたものであり，取引先への警告書送付時点では提
出されえなかったであろう事案であった。

98）　田村・概説2版451頁。前掲注64）養魚用飼料添加物事件は，一般論として，
「相手方から無効理由を構成する理由（具体的な公知文献や明細書の記載不備等
の理由）の指摘を受けていたとしても，最終的な無効の判断が特許庁や裁判所
による高度に専門的な判断となるため，特許権者としては，無効となることが
容易に予想しえない場合などには過失責任が否定されることもあると指摘する。
　　ブルーレイディスクパテントプール事件・東京地判平27・2・18判タ1412号
265頁〔28230892〕は，FRAND条件によるライセンスを受ける意思を有する者
に対する差止請求権の行使が権利濫用として制限される結果，虚偽の事実の告
知となることに関して，アップル対サムスン事件・知財高決大合議平26・5・
16判タ1402号166頁〔28222303〕以前は，差止請求権の行使が許されないと解す
ることが，確立した法的見解であったということはできないことを理由に被告
の故意過失を否定した。また，吸水パイプ事件控訴審判決・知財高判平29・
2・23最高裁HP（平成28年（ネ）10009号／平成28年（ネ）10033号）
〔28250742〕は，別件訴訟で差止請求権が認められていたことなどを理由に故意
過失を否定した。

99）　個性心理学事件・東京地判平30・6・1最高裁HP（平成26年（ワ）25640号
／平成27年（ワ）10995号）〔28263269〕は，過失の有無と違法性阻却の双方を
検討する。

100）　岡田春夫「判批」知財管理63巻3号375頁（2013年），今井・前掲注88）540
頁は，違法性阻却に基づき判断する裁判例と，客観主義に基づく従来の枠組み
の裁判例とが併存することが予想されるとする。

101）　駒田・前掲注91）13頁は，理由のない侵害警告で正当行為というのは，
せいぜい訴訟提起に随伴するそれに限定されるのではないかとし，訴訟提起に
随伴するといえるのは，実際に相当期間内に訴訟提起がされた場合だけかもし
れないとされる。
　　前掲注64）養魚用飼料添加物事件が指摘するとおり，いきなり訴えを提起す
るのは望ましくないという価値判断を前提とすると，憲法上保障されている訴
え提起の一環であることが明らかな場合，例えば，当該通知が提訴予告通知
（民訴法132条の2）の形でなされ，また，実際に取引先に対する訴訟提起の準
備がなされていたような場合には，結果として取引先が取扱いを中止し提訴に
至らなかった場合でも，例外的に訴訟提起の場合と同様に違法性が阻却される
ものと主張する余地があるものと考える。ただ，これらの場合も，濫用といえ
る場合には違法性が阻却されないのは訴訟提起の場合と同様である。

〔町田　健一〕

（定義）—代理人等の商標冒用行為

2条1項22号

二十二　パリ条約（商標法（昭和34年法律第127号）第4条第1項第2号に規定するパリ条約〔昭和50年3月条約第2号〕をいう。）の同盟国、世界貿易機関の加盟国又は商標法条約の締約国において商標に関する権利（商標権に相当する権利に限る。以下この号において単に「権利」という。）を有する者の代理人若しくは代表者又はその行為の日前1年以内に代理人若しくは代表者であった者が、正当な理由がないのに、その権利を有する者の承諾を得ないでその権利に係る商標と同一若しくは類似の商標をその権利に係る商品若しくは役務と同一若しくは類似の商品若しくは役務に使用し、又は当該商標を使用したその権利に係る商品と同一若しくは類似の商品を譲渡し、引き渡し、譲渡若しくは引渡しのために展示し、輸出し、輸入し、若しくは電気通信回線を通じて提供し、若しくは当該商標を使用してその権利に係る役務と同一若しくは類似の役務を提供する行為

趣　　旨

1　立法の趣旨と経緯

　本号は、パリ条約の同盟国等において商標権ないしそれに相当する権利を有する権利者の代理人もしくは代表者（以下「代理人等」という）またはその行為の1年以内に代理人等であった者が日本国内で行う商標冒用行為を不正競争行為の1つとして定めたものである。

　商標権は、属地主義の原則からその登録国の領域内においてのみ効力を有する[1]。したがって、商標権者は当該登録国以外において差止め等の権利行使をすることができないのが原則である。

　しかし、例えば、自国Aで商標権を保有する企業Xが外国Bに進出しようとしてその国に代理店Yをおいた場合、その代理店Yが企業Xとの信頼関係に反してその商標を無断で使用したり、先回りしてB国において商標登録をしたりすると、B国に進出しようとする企業Xの活動が大きく妨げられることになりかねない。

　この企業Xのような商標権者等を保護するため、パリ条約のリスボン改正条約（1958（昭和33）年）において、「代理人、代表者による商標の登録・使用の規制」と題する規定が設けられた（同条約6条の7）。同規定はその1項において、権利者が代理人等による商標登録に対する異議申立てや登録

332　第1章　総則

を無効とすることを請求することができる旨定め，2項において代理人等の使用を阻止する権利を認めた。

　このリスボン改正に対応するため，我が国では昭和40（1965）年に法改正（昭和40年法律81号）がなされ，パリ条約6条の7第1項に対応するものとして商標法53条の2（代理人等による不正登録の取消しの審判）を[2]，また同条2項に対応するものとして本号が設けられた[3]。相手方を同盟国における権利者の代理人等に限定してではあるが，商標権の属地主義の原則に例外を認め，権利者の保護を拡張したものである[4]。

　その後，本号による保護対象国として，世界貿易機関（World Trade Organization, WTO）設立の際，同機関の加盟国が加えられ（平成6年改正（平成6年法律116号）），また，商標法条約（Trademark Law Treaty, TLT）を締結するに当たり，同条約の締約国が追加された（平成8年改正（平成8年法律68号））。

2　救済

　本号に該当する場合，他の不正競争行為と同様に，差止請求（3条），損害賠償請求（4条），損害額推定（5条），信用回復措置（14条）等の規定が利用できる。

　なお，本号の行為に刑事罰は規定されていない（21条参照）。

3　適用除外

　上記2の救済については，代理人等の行為が普通名称等を普通に用いられる方法で使用する行為，自己の氏名を不正の目的でなく使用する行為には適用されない（19条1項1号，2号）。この点詳細については19条1項1号および2号の解説を参照されたい。

解　説

1　「パリ条約……の同盟国，世界貿易機関の加盟国又は商標法条約の締約国において商標に関する権利（商標権に相当する権利に限る。）」

　本号の保護の対象は，パリ条約の同盟国，世界貿易機関の加盟国または商標法条約の締約国における「商標に関する権利」であって，我が国における

商標権に相当する権利である。

1.1 保護対象国

1.1.1 保護の対象となる条約等

　本号の「パリ条約」とは，商標法４条１項２号に規定するパリ条約，すなわち，1900年12月14日にブラッセルで，1911年６月２日にワシントンで，1925年11月６日にヘーグで，1934年６月２日にロンドンで，1958年10月31日にリスボンでおよび1967年７月14日にストックホルムで改正された工業所有権の保護に関する1883年３月20日のパリ条約をいう[5]。

　世界貿易機関（WTO）とは，「1995年に設立され，全加盟国が合意する多国間規則に基づくシステムの中で貿易が円滑に行われるように支援し，政府間の貿易に関する紛争を公平に解決し，個々の加盟国の貿易政策を検討し，貿易に関する交渉のためのフォーラムを提供する」，「国家間のグローバルな貿易の規則を取り上げる唯一の国際機関」である[6]。その加盟国は，WTOを設立するマラケシュ協定の一部（附属書1C）を成す知的所有権の貿易関連の側面に関する協定（Agreement on Trade-Related Aspects of Intellectual Property Rights, TRIPS協定）２条１項により，パリ条約６条の７の遵守を義務付けられることから，平成６年改正において，WTO加盟国が保護対象国に加えられた。

　商標法条約（TLT）とは，1994年10月27日にジュネーブで作成され，1996年８月１日に発行した商標の出願手続等について定めた国際条約である[7]。同条約15条が，締約国にパリ条約の規定のうち標章に関するものを遵守すると規定していることから，平成８年改正において，同条約の締約国も保護対象国に加えられた。

1.1.2 現在の対象国

　国連加盟国193か国に日本が国家として承認している４か国を加えた197か国（2023年３月20日現在）と３つの地域（北朝鮮，台湾，パレスチナ）のうち，上記３種類の保護対象のいずれにも含まれない国は，クック諸島，エリトリア，エチオピア，マーシャル諸島，ミクロネシア連邦，ナウル，ニウエ，パラオ，コソボ共和国，ソマリア，南スーダン，東ティモール，ツバルの13か国およびパレスチナとなっている。

334　第1章　総則

　なお，日本の未承認国の一つである北朝鮮は，パリ条約に事後に加入し同盟国となっているが，我が国が同国との間で同条約に基づく権利義務は発生しないという立場をとっているため，北朝鮮からの商標出願は認められておらず，本号は適用されない（著作権に関する事案であるが，ベルヌ条約に事後に未承認国である北朝鮮が加入した場合に関する北朝鮮映画事件・最判平23・12・8民集65巻9号3275頁〔28175901〕参照）。これに対し，同じく未承認国の一つである台湾は，日本との二国間交渉合意を経てWTOに加盟しており，保護対象国に含まれる（Chromax事件・知財高判平24・1・19判時2148号121頁〔28180185〕参照）。

1.1.3　「同盟国」等に日本が含まれるか

　本号の「同盟国」につき，我が国を含まないとの説がある[8]。

　この点，次項1.2に見る「商標に関する権利」が商標権に限定されるのであれば，日本国内においてはその商標権を行使すれば足りるといえ，「同盟国」に我が国を含む実益はない。しかし，「商標に関する権利」につき商標権以外にも2条1項1号，2号のような周知，著名商標の保護まで含むと解するとすれば，外国の権利者との均衡から，地域的に限定された周知性，著名性を有する表示が当該地域以外において代理人等により使用された場合，日本の権利者も保護すべきである。

　後述するとおり，「商標に関する権利」は商標権に限られないから，「同盟国」についても我が国を含めるものと解すべきである[9]。

1.2　「商標に関する権利……を有する者」

1.2.1　商標権に関する権利の範囲

　本号の「商標に関する権利……を有する者」について，元になったパリ条約6条の7第2項の英語の公定訳文では「The proprietor of the mark」とされている[10]。ここにいう権利者に単に「商標権者」という用語を当てると，「日本商標法による商標権者」を意味するとして狭く解釈されかねないため，「商標に関する権利……を有する者」という形で規定された[11]。

　我が国の「商標権」は，商標法所定の商標（同法2条1項）につき，商標登録に基づき，その指定商品または指定役務について，登録商標を独占的・排他的に使用する権利をいう（商標法25条）。これに引き寄せて解釈すれば，

本号の保護を受けるためには当該国において登録を経ていることを要するといった解釈をとることになりかねない。しかし，本号により外国における権利者が保護される理由は代理人等による信義則違背にあり，代理人等が本人の競争上の成果を冒用するという意味では，我が国のように登録を経た商標権以外の未登録商標に関する権利の権利者に対する場合も同様である。したがって，これらの権利者にも本号の保護を及ぼすべきである[12]。

具体的には，ドイツの表装権（Ausstatungsrecht）[13]や，英米法上のパッシングオフ（Passing-off）[14]などは，日本の不正競争防止法上の周知表示の保護に相当する権利であり，登録なしに保護されるが，これらの権利も本号の保護の対象となると解するのが通説である[15]。

1.2.2 「商標権に相当する権利」

「商標に関する権利」として，単に「関する」という文言を用いると，商標に関する使用権や担保権なども広く含む解釈がとられるおそれもある。この点，対象を商標の処分に関する決定権を有する者に限定するため，かっこ書において我が国における「商標権に相当する権利」に限られる旨を明記した[16]。

2 上記1の商標に関する権利「を有する者の代理人若しくは代表者又はその行為の日前1年以内に代理人若しくは代表者であった者」

2.1 「代理人若しくは代表者」

本号の不正競争行為の主体の一つは，上記商標に関する権利を有する者の代理人もしくは代表者である。これらの文言については，本号と同時に設けられた商標法53条の2と同様に解釈される。

2.1.1 「代表者」

このうちまず，「代表者」は，法人のためにする業務執行の法的効果を法人に直接帰属させる権限を与えられた者をいう[17]。

2.1.2　「代理人」

2.1.2.1　法律上の代理権がある場合

　次に，本号の「代理人」については，まず，自然人であると法人であるとを問わず，商標に関する権利を有する者から何らかの代理権を授与されたものが含まれる[18]。

　当該商標に係る商品または役務の取引について代理権を有する者に限らず，それ以外の事項についての代理権を有する者も含まれる。

　この代理権については，継続性や包括性までは必要がない。また，顕名代理であるか否か，支配人（商法21条），ある種類または特定の事項の委任を受けた使用人（同法25条）や締約代理商（同法27条）などの直接代理か，問屋（同551条）のような間接代理であるかも問わない[19]。

2.1.2.2　法律上の代理権がない場合

　では，法律上の代理権がない者についてはどうか。例えば，一手販売権を与えられてはいるが，代理権を有するわけではない輸入総代理店や特約店の地位にある者その他何らかの継続的な関係にある者など，法律上の代理権がないものについて，本号にいう「代理人」に含まれると解する余地があるか議論されている。

　この点，商標法53条の2に関する裁判例であるが，Reprogenetics事件・知財高判令3・12・15最高裁HP（令和2年（行ケ）10100号）〔28312369〕は，原告代表者と権利者とで設立した合弁会社が商標権を出願したという事案において，「商標法53条の2の『代理人若しくは代表者』とは，商標に関する権利を有する者から代理権を与えられた者，又は商標に関する権利を有する法人の代表者に限られず，商標に関する権利を有する者との間で，<u>契約に基づき継続的な法的関係があるか，あるいは少なくとも，継続的な取引から慣行的な信頼関係が形成され，商標に関する権利を有する者の事業遂行の体系に組み込まれている者</u>であれば足りると解すべきである」とした[20]。

　また，NUDE NAIL事件・知財高判令4・9・12最高裁HP（令和元年（行ケ）10157号）〔28302215〕は，原告が「代理店」などの名称を有しない事案について，「商標法53条の2は，輸入者が権利者との間に存在する信頼関係に違背して，正当な理由がなく外国商標を勝手に出願して競争上有利に

立とうとする弊害を除去し，商標の国際的保護を図る規定というべきであり，この観点からすると，ここにいう『代理人』に該当するか否かは，<u>輸入者が『代理人』，『代理店』等の名称を有していたか否かという形式的な観点のみから判断するのではなく，商標法53条の2の適用の基礎となるべき取引上の密接な信頼関係が形成されていたかどうかという観点も含めて検討するのが相当である</u>」とする。

　本号の趣旨は同盟国等において商標に関する権利を保有する者の信頼を広く保護するところにある[21]。この趣旨に照らせば，本号にいう「代理人」も，法律上の代理権の有無にかかわらず広く解するべきである[22]。本号や商標法53条の2の元になったパリ条約6条の7における文言は，「agent」であるが，これは必ずしも日本法でいう代理権を授与された者に限定される概念ではない。そうすると，本号にいう「代理人」についても，趣旨に照らして柔軟に解釈することも可能である。したがって，上記各裁判例が指摘するとおり，法律上の代理権が授与されている場合に限らず，商標に関する権利を有する者との間で，契約に基づき継続的な法的関係があるか，あるいは少なくとも，継続的な取引から慣行的な信頼関係が形成されている場合には，本号の適用を認めてよいと解される。

　その意味で，冒頭に例示した，本人から一手販売権を与えられた独立の商人である「総代理店」のほか，「代理店」や「特約店」，フランチャイズ・システムの加盟店，また，商標の使用権者などは，通常，契約に基づく継続的な法的関係や，契約がないにせよ継続的な取引から慣行的な信頼関係が形成されているから，本号にいう「代理人」に含まれるものと解される[23]。また，そのような名称が付されている場合以外にも，実際に契約関係がある場合や，取引関係から慣行的な信頼関係が形成されている場合には本号の適用が可能であると解される。

　他方，単なる顧客の関係にある者は，ここでいう「代理人」には含まれない。これは，パリ条約リスボン改正会議において，アメリカ代表等が，代理人または代表者の他に，「得意先ないし顧客」を加えることを提案したものの，これが否決されたことからも明らかである[24]。

2.2 「その行為の日前1年以内に代理人若しくは代表者であった者」

　本号の不正競争行為の主体のもう一つは，「行為の日前1年以内に代理人

338　第1章　総則

若しくは代表者であった者」である。

　この点，旧法（昭和40年改正後の昭和9年法律14号）1条2項は「行為開始の日前1年以内に代理人又は代表者に非ざりしものに対しては此の限にあらず」（原文の片仮名を平仮名に直した。下線は執筆者）と規定していた。この旧法の規定では，代理人等を辞任した後1年以内に規制対象行為を開始した者に対しては，1年を経過しても差止請求をすることができるのは明らかであったが，現在の規定が，「開始」を削除したことを強調すると，代理人等を辞任後1年以内の行為のみを差止めの対象にするものとも解釈しうる。

　しかし，代理人等が辞任した後，1年の間にその者の行為を発見し訴訟準備をして判決まで得るということは通常困難であるから，上記のように解釈すると代理人等の信義則違反行為を防止することを目的とする本号が実効性を欠くことになりかねない。

　したがって，「行為の日」は旧法同様，行為開始日と解するべきである[25]。

3 「その権利に係る商標と同一若しくは類似の商標をその権利に係る商品若しくは役務と同一若しくは類似の商品若しくは役務に使用し，又は当該商標を使用したその権利に係る商品と同一若しくは類似の商品を譲渡し，引き渡し，譲渡若しくは引渡しのために展示し，輸出し，輸入し，若しくは電気通信回線を通じて提供し，若しくは当該商標を使用してその権利に係る役務と同一若しくは類似の役務を提供する行為」

3.1 「その権利に係る商標と同一若しくは類似の商標」

　「その権利に係る商標」とは，本号の不正競争行為の主体が代理人もしくは代表者を務めまたは1年以内に代理人もしくは代表者を務めていた者（委任者や法人等）が権利を有する商標をいう。商標との同一もしくは類似の意義については，2条1項1号における商品等表示との同一性もしくは類似性と同様であり，その解説を参照されたい。

3.2 「その権利に係る商品若しくは役務と同一若しくは類似の商品若しくは役務」

　本号は，2条1項1号と異なり，これらの行為が，同盟国等における「商標に関する権利」に係る商品または役務と同一または類似の商品または役務

に使用等された場合に限定されている。

商標に関する権利に係る商品または役務とは，我が国の商標法に照らせば指定商品または指定役務に当たるものをいう[26]。

上記商品または役務と同一または類似の商品または役務とは，例えば，我が国の商標法における指定商品または役務と同一または類似の商品または役務と同様のものをいう。これに当たるか否かは，具体的には，これらの商品または役務に，同一または類似の商標が使用された場合に出所の混同を生ずるおそれがあるか否かによって判断される[27]。

このように，保護要件として，商標権の保護の場面と同様に「同一若しくは類似の商品若しくは役務」の要件を求めるのは，本号が商標権に相当する権利を保護するものであることに由来する[28]。

3.3 「使用し，又は当該商標を使用したその権利に係る商品と同一若しくは類似の商品を譲渡し，引き渡し，譲渡若しくは引渡しのために展示し，輸出し，輸入し，若しくは電気通信回線を通じて提供し，又は当該商標を使用してその権利に係る役務と同一若しくは類似の役務を提供する行為」等

ここにおける商標の使用や，商標を使用した商品の譲渡その他本号の対象となる行為については，2条1項1号に関する解説を参照されたい。

4 「その権利を有する者の承諾を得ないで」

「その権利を有する者の承諾」とは，商標に関する権利を有する者が，代理人等による商標の使用等に対して権利行使をしない旨の明示または黙示による観念の通知をいう[29]。

上記2で見た代理関係があるという場合，通常は，その代理権を授与する契約の中で代理人の権限の範囲が規定され，その中で代理人等による商標の使用等に関する承諾の有無も規定されるであろう[30]。契約中にそのような規定がない場合またはそもそもそのような契約がない場合に本号の適用があることになる。

5 「正当な理由がないのに」

上記権利を有する者の承諾を得ずに上記商標を使用等したことが不正競争

340 第1章 総則

行為となるのは、そのような使用等につき「正当な理由」がない場合に限られる。

本号は、同盟国等における商標に関する権利を有する者が我が国においてその商標を使用するに当たり、代理人等が妨げにならないようにするためのものである。ここにいう「正当な理由」は、そのような趣旨に鑑みても代理人等による類似商標の使用を許容するに足りるといえるだけの事情であり、その有無は権利者側の受忍すべき事由と代理人等の側の保護事由を勘案して判断されるものと解される[31]。

ここで、権利者側が受忍すべき事由としては、上記4にいう権利者による承諾が認められないとしても、代理人等から見れば承諾があったと認識してもやむをえないといえる事情が挙げられる[32]。また、代理人等の側の保護事由としては、代理人等がその商標について多大の経費をかけるなどして独自の信用を形成していることが挙げられる[33]。

なお、この正当な理由があることは評価的要件（規範的要件）であるが、その評価根拠事実については代理人側に証明責任がある[34]。

【注】
　1）　BBS事件・最判平9・7・1民集51巻6号2299頁〔28021212〕
　2）　パリ条約6条の7第1項は、商標登録に対する異議申立てや登録を無効とすることを請求すること（商標法53条の2で対応した部分）に加え、代理人等が取得した商標権の移転請求についても規定する。ただし、その請求権を認めるか否かは同盟国の法令に委ねられ、わが国ではこれを規定しないこととした。この点は立法上の問題と指摘されている（小野・松村・新・概説下巻118頁）。特許法平成23年改正審議の際、その改正内容の商標法への波及が検討される中で、日本弁護士連合会からの平成23年1月7日付意見書「『特許法改正検討項目の商標法への波及について（案）』及び『商標権消滅後1年間の他人の商標登録排除規定の見直しについて（案）』に関する意見書」7項で移転請求も検討されるべきとの意見が述べられたところである。
　3）　経産省・逐条解説（令和5年改正版）164頁
　4）　経産省・逐条解説（令和5年改正版）164頁。これら自らの代理人に限った保護規定の他に外国の商標権者等を保護する機能を有するものとしては、外国の周知商標と同一または類似の商標で不正目的で使用する商標の出願を拒絶する商標法4条1項19号の規定や、真正商品の並行輸入を認める議論（フレッドペリー事件・最判平15・2・27民集57巻2号125頁〔28080667〕）などがあげられる（田村・概説2版260頁、平尾正樹『商標法』〔第3次改訂版〕542頁（学陽書房、2022））。

2条1項22号　定義―代理人等の商標冒用行為　　341

5）　パリ条約加盟国は，国際知的所有権機関（WIPO）のウェブサイト（https://www.wipo.int/wipolex/en/treaties/ShowResults?search_what＝C&treaty_id=2）で公開されている（ただし英文）。2022年12月15日現在の同盟国は179ヵ国である。

6）　世界貿易機関については，https://www.unic.or.jp/info/un/unsystem/specialized_agencies/wto/参照。その加盟国は，外務省のウェブサイト（https://www.mofa.go.jp/mofaj/gaiko/wto/data/kamei.html）に掲載されている。2022年6月3日現在の加盟国（独立の関税地域も含む）は164ヵ国である。

7）　商標法条約加盟国54ヵ国商標法条約の締結国は，WIPOのウェブサイト（https://www.wipo.int/wipolex/en/treaties/ShowResults?search_what＝C &treaty_id=5）で公開されている（ただし英文）・2024年7月7日確認。

8）　山本・要説4版238頁，商標法4条1項2号につき，工業所有権法逐条解説〔第21版〕1506頁。

9）　田村・概説2版261頁注1），小野・新・注解3版上巻808頁〔茶園成樹〕。

10）　パリ条約6条の7第2項の英語の公定訳文は以下のとおりである（https://www.wipo.int/wipolex/en/text/288514）。

　　The proprietor of the mark shall, subject to the provisions of paragraph (1), above, be entitled to oppose the use of his mark by his agent or representative if he has not authorized such use.

11）　本号と同じくパリ条約6条の7第2項を受けて制定された商標法53条の2における「パリ条約……の同盟国，世界貿易機関の加盟国若しくは商標法条約の締約国において商標に関する権利（商標権に相当する権利に限る。）」という文言に関する，平尾・前掲注3）543頁，小野＝三山編・新・注解商標法上巻1542頁〔木棚照一〕参照。

12）　田村・概説2版261頁注1），小野・新・注解3版上巻808頁〔茶園成樹〕

13）　ドイツ商標法（和訳はhttps://www.jpo.go.jp/system/laws/gaikoku/germany/trademark/index.html参照）は商標保護において二元主義をとっており，4条1号で登録商標を，2号で商標使用による表装権の保護を，また，3号において，パリ条約6条の2にいう広く認識された商標の保護を定めている。

14）　米国では，日本と異なり使用主義をとっており，州と連邦の双方に登録制度があるが，その登録はコモンロー上の商標権が使用により発生していることが前提となる。コモンロー上の商標権発生の要件は，①誠実に商標を採択すること，②商標を使用すべき商品（役務）が存在すること，および，③取引において商標を商品（役務）に使用することとなる（中山健一「米国商標法――使用主義について」パテント76巻4号35頁以下（2023））。商標権は商品等の識別標識であるマークを最初に使用することによって取得され，その権利の及ぶ範囲は使用を通じて当該商標の存在が認知された地域範囲内に限られる（浜田廣士ほか『米国商標法・その理論と実務』3頁（経済産業調査会，2004））。

　　その他，パッシングオフについては，墳崎隆之「パッシングオフの基礎知識

とその利用について」知財管理64巻8号1295頁（2014）で紹介されている。

15) 渋谷・不競法280頁，田村・概説2版261頁。小野・新・注解3版上巻808頁〔茶園成樹〕

16) 田村・概説2版261頁，経産省・逐条解説（令和5年改正版）165頁，小野・新・注解3版上巻808頁〔茶園成樹〕

17) 渋谷・不競法281頁，商標法53条の2に関し，工業所有権法逐条解説〔第21版〕1711頁。

18) 商標法53条の2に関し，工業所有権法逐条解説〔第21版〕1711頁。

19) 田村・概説2版262頁。渋谷・不競法281頁も，輸入総代理店，商標の使用権者，媒介代理商（商法27条），仲立人（商法543条）などに類推適用すべきであるとする。

20) Chromax事件・知財高判平24・1・19判時2148号121頁〔28180185〕）は，「商標法53条の2所定の『当該商標登録出願の日前1年以内に代理人若しくは代表者であった者』に該当することを認める理由として，「原告ないし原告代表者が，本件商標の登録出願の日前1年以内に，被告ないし被告との間で日本における輸入代理店契約を締結している者から，日本における独占販売権を付与されていたわけではないものの，原告及び原告代表者と被告との間には，継続的な取引により慣行が形成され，原告及び原告代表者は，日本国内における被告の商品の販売体系に組み込まれるような関係にあった者とみることができる」とする。

21) マイタケ事件第一審判決・大阪地判平12・12・14最高裁HP（平成9年（ワ）11649号／平成9年（ワ）12381号／平成10年（ワ）8042号）〔28052621〕は，「同号の趣旨が，外国の商標所有者の信頼を広く保護するところにあることを考慮すれば，同号の『代理人』の意義は，法律上の代理権の存否を要件とすることなく広く解されるべきであり，同盟国商標権者との間に特定商品の包括的な代理店関係を有する者に限ることなく，何らかの基礎となる代理関係があれば足りる」とする。

そして，YがXの「輸入代理店」，「輸入総販売元」，「発売元」と称しており，XもYを日本の代理店として紹介していたことから，Yに販売代理権を付与する旨の合意が形成されていたものと推認されると判示した。

22) 渋谷・前掲注・不競法281頁，田村・概説2版262頁。なお，松田さとみ「商標法53条の2に基づく登録商標の取消審判請求」知財ぷりずむ13巻147号6頁（2014）は，明文上「代理人」と規定されている以上，その通常の意味をはるかに超えるような解釈をすることは予測可能性を奪うものであるとして，何らかの権限を与えられている者という意味から離れないようにすべきであると指摘する。

23) このように広く認めるものとして，渋谷・不競法281頁，田村・概説2版262頁，平尾・前掲注3）545頁，小野昌延＝山上和則編『不正競争の法律相談』〔改訂版〕398頁〔菊池武〕（青林書院，2002），田中成志「Q65代理人等の商標

2条1項22号　定義─代理人等の商標冒用行為　343

冒用行為」小野＝山上＝松村編・法律相談Ⅱ110頁など。
24)　商標法53条の2に関し，渋谷・不競法282頁，小野・三山編・新・注解商標法
1544頁〔木棚照一〕。
　　なお，「代理人」に該当するか争われたものの，顧客に当たるとして否定され
たものとして，ケーサイト事件・東京高判昭58・12・22判時1115号121頁
〔27753350〕，アグロナチュラ事件・知財高判平23・1・31最高裁HP（平成21年
（行ケ）10138号／平成21年（行ケ）10264号）〔28170167〕がある。
25)　田村・概説2版262頁，小野・新・注解3版上巻811頁〔茶園成樹〕，前掲注
21)マイタケ事件第一審判決
26)　山本・要説4版238頁
27)　金井重彦ほか編『商標法コンメンタール』〔新版〕648頁以下（勁草書房,
2022),橘正宗事件・最判昭36・6・27民集15巻6号1730頁〔27002277〕）参照
28)　豊崎ほか・コンメンタール285頁
29)　山本・要説4版242頁参照
30)　小野・新・注解3版上巻812頁〔茶園成樹〕
31)　小野・新・注解3版上巻813頁〔茶園成樹〕
32)　渋谷・不競法282頁，田村・概説2版263頁。権利者が，我が国における権利
を放棄した，あるいは権利取得の意思がないことを代理人等に信じさせるよう
な言動（山本・要説4版241頁など）については，代理人等の側で承諾があった
と認識してもやむをえないことを根拠付ける事実になるものと解される。
33)　小野・新・注解3版上巻814頁〔茶園成樹〕。渋谷・不競法282頁は，商標の冒
用を長期間放置していた場合につき，本人にも落ち度があるとはいえ，非があ
るのは代理人というべきであるから，簡単に正当な理由を肯認すべきではない
とする。また，前掲注20)Chromax事件は，「原告が，被告の製造するゴルフ
ボール……の日本国内における販売を促進するため，雑誌等に広告を掲載する
などの宣伝広告活動を行ったことが認められるものの，原告がその費用として
負担した金額，規模及び上記宣伝広告活動によって，本件商標が，上記ゴルフ
ボールを表示するものとして，商標の価値を高めた事実は認定できない」とし
て，正当理由を否定している。
34)　大江忠『要件事実知的財産法』425頁（第一法規，2002)

〔町田　健一〕

344　第1章　総則

（定義）―商標
2条2項
2　この法律において「商標」とは，商標法第2条第1項に規定する商標をいう。

解　説

1　商標の定義

本項は，不正競争防止法における「商標」は，商標法2条1項に規定する商標をいう，と定義する。

商標法2条1項によれば，商標とは

> 商標法2条1項
> 　この法律で「商標」は，人の知覚によつて認識することができるもののうち，文字，図形，記号若しくは立体的形状若しくは色彩又はこれらの結合，音その他政令で定めるもの（以下「標章」という。）であつて，次に掲げるものをいう。
> 　一　業として商品を生産し，証明し，又は譲渡する者がその商品について使用をするもの
> 　二　業として役務を提供し，又は証明する者がその役務について使用をするもの（前号に掲げるものを除く。）とされる。すなわち，（商品）商標と役務商標とを包括する上位概念としての「商標」をいう。

とされている。

2　（商品）商標

（商品）商標とは，標章（「文字，図形，記号若しくは立体形状若しくは色彩又はこれらの結合，音その他政令で定めるもの」）であって，「業」として，商品を生産，証明し，または譲渡する者が，その商品について使用するものである。

3　役務商標

役務商標とは，標章であって，「業」として「役務」を提供し，または証明するものがその役務について使用するもので，かつ，商品商標に該当しないものである。

なお，不正競争防止法上保護される商標は「人の業務に係る」との限定がある（2条1項1号）。

4 自他識別力

商標の定義の中に自他識別力（特別顕著性）は要求されていない。商標法上，自他識別力は商標の登録要件に過ぎないものとされている（商標法3条）。

不正競争防止法では，商標の登録の有無を問わない[1]。しかし，他人の商標と「同一又は類似のもの」として保護の対象となるには，自他識別力を有する商標であることは必要である[2]。なお，不正競争防止法で保護される商標には商標法3条の登録要件も必要としないとする裁判例[3]があるが，同判決も不正競争防止法の保護を受ける商標に自他識別力が不要としているものではない。そもそも自他識別力がなければ，他人の商品等表示として，「需要者の間に広く認識され」たり，著名になったりし得ようもないのであるから，不正競争防止法上保護される商標に自他識別力が要求されるのは自明のことである。

5 商標と不正競争防止法の商品等表示との違い

不正競争防止法の商品等表示では，商標と異なり，標章を含むが，標章でなければならないという限定がない。商標も標章も商品等表示の例示に過ぎず，また，保護の要件として登録を必要としない。

商品等表示は「人の業務に係る氏名，商号，商標，標章，商品の容器若しくは包装その他商品又は営業を表示するもの」であれば足り（2条1項1号），有体物である必要もない。

したがって，標章になりえない香り，触感なども「その他商品又は営業を表示するもの」として，不正競争防止法上の「商品等表示」となりうる可能性がある。すなわち，シャネルの5番の「香」なども不正競争防止法上の「商品等表示」として保護を享受しうる可能性がある。ただし，その「商品等表示」であるためには，自他識別力を有することを要する。

また，タレントの肖像，芸名等も，そのタレント本人または所属プロダクションの商品等表示（役務の表示，または，そのタレントに係る商品（タレントグッズの場合など）の表示）として同様に保護の可能性がある。

346 第1章 総則

6 商標の効力

商標は商品または役務に付しまたは使用することによって, 他の商品, 役務と自他識別力を発揮する。

経済的にみれば, 出所表示, 品質保証さらに広告宣伝という三機能を有する。この点については, 登録の有無に関係なく認められるが, その標章について指定商品を特定して, 一定の方式を履践して特許庁に登録出願し, 特許庁の実体審査に通れば, 商標登録がなされ, 商標権が成立する (登録・出願, 商標法2条5項, 同法3条—13条の2)。

登録がなされれば, 指定商品, 役務の範囲で, 登録商標権者は, その商標を独占的, 排他的に使用できる (専用権, 同法25条)。

また登録標章の対外的効力として, 他人が自分の登録商標と同じか類似の商標の使用を止めさせることができる (禁止権, 同法37条)。

7 無登録の商標の効力

無登録の商標は, 登録主義をとる商標法下での保護はない。

しかし, 無登録の商標であっても, 2条1項1号 (混同行為), また場合によっては同2号 (著名表示) により, 不正競争防止法による差止請求, 損害賠償請求, 信用回復措置請求ができ, 2条1項1号違反には, 21条2項により, 不正競争の目的という主観的要件が加われば刑事制裁もある。なお, 2条1項1号の混同には, 判例によれば広義の混同を認めるので, 差し止めうる範囲などについては, 商標法にも「疑似侵害」(商標法37条1号) があるとはいえ, むしろ登録商標の商標権よりも不正競争防止法の方が広範で, 強力な面がある。もっとも, 立証責任の負担などでは商標権侵害より不正競争防止法違反の方が重くはなる。

【注】
1) 豊崎ほか・コンメンタール116頁, 本家田邊家事件・大阪高判昭38・8・27判タ189号99頁〔27410861〕
2) つきたて事件・京都地判昭57・4・23判タ499号210頁〔27486126〕
3) 長崎タンメン事件・東京高判昭45・4・28判タ254号299頁〔27486055〕

〔金井 重彦〕

（定義）―標章
2条3項
3 この法律において「標章」とは，商標法第2条第1項に規定する標章をいう。

解　説

　本項では，不正競争防止法上の標章とは，商標法上の標章をいう，と定義している。

　商標法2条1項柱書によれば，標章とは「文字，図形，記号若しくは立体的形状若しくは色彩又はこれらの結合，音その他政令で定めるもの」をいう。詳しくは2条2項の解説を参照されたい。

　不正競争防止法上の保護の対象となる標章は，「人の業務に係る」との限定がある（2条1項1号）。

〔金井　重彦〕

（定義）―商品の形態
2条4項
4 この法律において「商品の形態」とは，需要者が通常の用法に従った使用に際して知覚によって認識することができる商品の外部及び内部の形状並びにその形状に結合した模様，色彩，光沢及び質感をいう。

趣　旨

　平成17年改正（平成17年法律75号）前の不正競争防止法においては，「商品の形態」について明確な定義規定がなかったため，規定が不明確であるとの指摘を受け，平成17年法改正において，本項が設けられた。

　改正の経緯については，本条1項3号の解説を参照されたい。

解　説

1　商品の形態

　本項は，平成17年改正前の裁判例において，商品の形態とは，「商品の形状，模様，色彩，光沢等外観上認識することができるものをいう」などと判

348 第1章 総則

示されていたところ[1]，裁判例の蓄積等をふまえて，文言の明確化を図るために設けられたものであると説明されている[2]。

本項の定義から明らかなとおり，「商品の形態」とは具体的な形状等であり，それを離れた抽象的な商品のアイディアや観念的，概略的なデザインは「商品の形態」ではない[3]。また，商品の形態の実質的な同一性について，「実質的な同一性は，実際に市場に出された商品が有する形状，模様，色彩，光沢，質感等を総合的に判断することが必要であり，『形態』の語を用いることとしたのは，これらの要素を包括的に示すためである。」と説明されている[4]。

1.1 「商品」となる時期

商品開発のどの段階から「商品」に当たりうるかについては，資金または労力を投下して取引の対象となしうること，すなわち，「商品化」を完了した物品であれば足り，当該物品が販売されているまでの必要はないと解されている。このように解した場合，商品形態として保護されうる始期と商品の日本国内における販売開始日（すなわち保護の終期である3年の起算点）とがずれることがありうるが，その場合であっても日本国内における販売開始時から3年間の保護が受けられるものと解されている。

この点に関し，加湿器事件控訴審判決・知財高判平28・11・30判時2338号96頁〔28244450〕は，19条6号イの規定における「最初に販売された日」が，「他人の商品」の保護期間の終期を定めるための起算日にすぎないことなどを指摘して，不正競争防止法は「取引の対象となり得る物品が現に販売されていることを『他人の商品』であることの要件として求めているとはいえない。」と判示する。そのうえで，商品開発者が商品化に当たって資金または労力を投下した成果を保護するとの上記の形態模倣の禁止の趣旨に鑑みると，「他人の商品」とは，「資金又は労力を投下して取引の対象となし得ること，すなわち，『商品化』を完了した物品であると解するのが相当であり，当該物品が販売されているまでの必要はないものと解される。このように解さないと，開発，商品化は完了したものの，販売される前に他者に当該物品の形態を模倣され先行して販売された場合，開発，商品化を行った者の物品が未だ『他人の商品』でなかったことを理由として，模倣者は，開発，商品化のための資金又は労力を投下することなく，模倣品を自由に販売すること

ができることになってしまう。このような事態は，開発，商品化を行った者の競争上の地位を危うくさせるものであって，これに対して何らの保護も付与しないことは，上記不正競争防止法の趣旨に大きくもとるものである。もっとも，不正競争防止法は，事業者間の公正な競争を確保することによって事業者の営業上の利益を保護するものであるから（同法３条，４条参照），取引の対象とし得る商品化は，客観的に確認できるものであって，かつ，販売に向けたものであるべきであり，量産品製造又は量産態勢の整備をする段階に至っているまでの必要はないとしても，商品としての本来の機能が発揮できるなど販売を可能とする段階に至っており，かつ，それが外見的に明らかになっている必要があると解される。」と判示している。

1.2 無体物

無体物が「商品」に含まれるかについては，従来これを否定する裁判例が存在し，経産省・知的財産政策室編逐条解説（平成30年改正版）40頁でも，「『商品の形態』は有体物の形態でなければならず，無体物は含まれない。」と解説されていた。

裁判例[5]では，ソフトウェアのような無体物が「商品」に当たり，またソフトウェアを起動，使用する際に表示される画面が「商品の形態」に該当するかが争われたが，裁判所は，「ソフトウェアは，タブレットとは別個に経済的価値を有し，独立して取引の対象となるものであることから『商品』ということができ，また，これを起動する際にタブレットに表示される画面や各機能を使用する際に表示される画面の形状，模様，色彩等は「形態」に該当し得るというべきである。」と判示した。

令和５年法改正では，デジタル空間における模倣行為の防止の観点から，商品形態の電気通信回線を通じて提供する行為が不正競争行為とされるとともに，逐条解説等に「商品」に無体物が含まれると記載するなど，「商品」に無体物が含まれることが明確化されることとなった。

1.3 セット商品

個々の商品ではなく，複数の商品を組み合わせたセット商品についても「商品」と言えるかという問題がある。

セット商品の組合せそれ自体はアイディアにすぎず，商品形態に該当しな

いことは当然であるが，セット商品の外観については，組み合わされたセット自体を1つの商品と捉えて，商品形態に当たりうると考える。

この点についてタオルセット事件・大阪地判平10・9・10判時1659号105頁〔28040274〕は，原告商品と被告商品は「いずれも包装箱又は籐カゴに収納された状態で展示され，購入されるのであるから（甲第一，二号証），その形態は，右収納状態のものを中心にとらえるのが相当である。」として，セット商品としての外観をもって「商品形態」と評価している。

同様に，宅配ずし事件・東京地判平13・9・6判タ1107号297頁〔28061877〕[6]も，「宅配鮨については，一般論としては，使用する容器，ネタ及び添え物の種類，配置等によって構成されるところの1個1個の鮨を超えた全体としての形状，模様，色彩及び質量感などが商品の形態となり得るものであって，容器の形状や，これに詰められた複数の鮨の組合せ・配置に，従来の宅配鮨に見られないような独自の特徴が存するような場合（例えば，奇抜な形状の容器を用いた場合や，特定の文字や図柄など何らかの特徴的な模様を描くように複数の鮨を配置した場合）には，不正競争防止法による保護の対象たる『商品の形態』となり得るものと解される。」と判示している。

1.4 商品の容器，包装

ある商品の容器や包装を模倣した商品が販売されている場合に，本条1項3号の不正競争に該当するか，という問題がある。

この点，容器それ自体が独立して取引の対象となっているような場合には，当該容器が「商品」であると言える[7]。ここで問題とするのは，そのような場合ではなく，容器それ自体が独立して取引の対象とはなっておらず，容器内の商品や包装された商品を「商品」と捉えざるをえない場合である。

この点裁判例では，ワイヤーブラシセットの模倣品が問題となったワイヤーブラシセット事件・大阪地判平14・4・9判時1826号132頁〔28070629〕[8]において，包装されたワイヤーブラシの形態それ自体は「同種の商品が通常有する形態（不正競争防止法2条1項3号かっこ書）を有するにすぎない」としつつ，その包装（台紙およびブリスターバッグ）について，「商品の容器や包装についても，商品と一体となっていて，商品自体と容易に切り離せない態様で結びついている場合には，同号の『商品の形態』

に含まれると解すべきである。」としたうえで，原告商品とその包装は，商品と一体となり，商品自体と容易に切り離せない態様で結びついているとして，「原告商品Ａ，Ｂは，その包装（台紙及びブリスターパック）部分を含めた商品形態において，不正競争防止法２条１項３号により保護される商品形態に当たるというべきである。」と判示している。

　また，化粧品事件・大阪地判平21・6・9判タ1315号171頁〔28160615〕は，液体やゲルなどの流動性のある化粧品（クリームなど）およびその容器について，容器の形状や模様等を含めて商品形態の実質的同一性の判断を行っているが，このような商品については，取引にあたって容器に充填して展示，販売されるものであることに加え，使用にあたっても容器に充填されたまま使用するのであるから，平成17年改正後の条文の下でも，容器を含めて商品形態と評価することに問題はないであろう。

　このような「商品との一体性」については，ホーキンスサンダル事件・大阪地決平8・3・29知的集28巻1号140頁〔28021466〕[9]が，サンダル自体の形態については，同種商品が「通常有する形態にすぎない」としつつ，「商品形態」には「当該商品の容器，包装等や商品に付された商品説明書の類は当然には含まれないというべきであるが，商品の容器，包装等や商品説明書の類も，商品自体と一体となっていて，商品自体と容易には切り離しえない態様で結びついている場合には，右にいう『商品の形態』に含まれるというべきである。」と判示している。

　一方，裁判例には，商品との一体性ではなく，取引の際の商品識別性に与える影響に着目して，商品形態に該当するか否かを判断しているものもある。香醋飲料事件・大阪地判平16・12・16最高裁HP（平成15年（ワ）6580号／平成16年（ワ）6175号）〔28100129〕は，原告および被告の商品が取引にあたって，商品全体の形状とともに，包装箱またはボトルの正面の態様に注目し，それを重視して商品を識別するものと認められるとして，商品形態の実質的同一性の判断においては包装箱およびボトルの全体の形状と，それらの正面における態様を重視して対比すべきであると判示している。

　このように，平成17年法改正前の裁判例においては，商品との一体性または取引の際の商品識別性を根拠として，商品の容器や包装を含めて商品形態の実質的同一性を判断するものが見られる。

　商品性の判断が，独立して取引の対象となるか否かによりなされるという

352　第1章　総則

裁判例の立場に照らせば，商品形態の把握にあたっても実際の取引の態様が着目されるべきであり，容器に入れられて（あるいは包装された状態で）取引されるような商品については，容器や包装も含めて商品形態と評価することも可能であり，上記ワイヤーブラシセット事件のいう「一体性」については，あまり厳格に解すべきではないように思われる。少なくとも，ワイヤーブラシセット事件が取引にあたって包装されたまま陳列展示されるブリスターパック入りのワイヤーブラシについて，包装を含め商品形態と評価したことは結論として妥当である。

1.5　商品の形態の一部

　ある商品の形態の一部分のみを模倣した商品が販売されている場合に，本条1項3号の不正競争に該当するか，という問題がある。

　また，これと類似する問題として，ある製品の部品等の形態模倣品が販売されている場合に本条1項3号の不正競争に該当するか，という問題がある。これは，何をもって「商品」と捉えるかという問題（ある製品全体を1つの「商品」と捉えるのか，部品等を1つの「商品」と捉えるのか）であり，この点については，部品等であっても，独立して取引の対象となるものであれば，「商品」に当たると解するのが裁判例の立場である[10]。

　以下，ここで問題とするのは，製品全体を1つの「商品」と捉えたうえで，その一部分が模倣されている場合である。

　この点，マンホール用足掛具事件・東京地判平17・5・24判タ1196号294頁〔28101056〕は，製品全体の形態については，実質的同一性を否定したうえで，その一部である「脚部」がほぼ同一であることを指摘し，そのことをもって本条1項3号の不正競争行為に該当するかについて，商品の形態の一部分が独立した譲渡等の対象になっていない場合には，その一部分の模倣が全体としての商品の形態の模倣と評価しうるなど特段の事情がない限り，原則として，その一部分の形態をもって「商品の形態」ということはできないと判示している。

　同様に，キャディバッグ事件・東京地判平25・4・12最高裁HP（平成23年（ワ）8046号／平成23年（ワ）12978号）〔28211624〕も，本条1項3号にいう「『商品』とは，『譲渡し，貸し渡し，譲渡若しくは貸渡しのために展示し，輸出し，又は輸入する』対象となるものであること，すなわち，それ自

体独立して譲渡等の対象となるものであることが必要であり，商品の形態の一部分が独立した譲渡等の対象ではなく，販売の単位となる商品の一部分を構成しているにすぎない場合には，当該一部分に商品の形態上の特徴があって，その模倣が全体としての『商品の形態』の模倣と評価し得るなどの特段の事情がない限り，当該一部分の形態をもって『商品の形態』ということはできないと解される。」と判示している。

　なお，前掲化粧品事件では，容器の形状自体は第三者が従来から有していた金型を用いて製造されていた事案において，原告商品の商品形態は，「容器の形状に尽きるものではなく，その形状に結合した模様，色彩，光沢及び質感から構成される」と述べたうえ，原告商品のこれらの形態要素が，デザイン会社にデザインを依頼して作成されたものであるとして，「原告商品の商品形態は，全体として，原告が資本，労力を投下して開発し，商品化したものというべきであり，不正競争防止法2条1項3号にいう『他人の商品の形態』に当たるというべきである。」と判示した。かかる判示も，商品形態の一部である模様等をそれ自体独立して評価するのではなく，容器の形状を含めた商品「全体」として評価を行っているものと思われる。

　学説においては，部分的形態が需要者の購買動機を高めるような場合には，当該部分の模倣は許されないと解する見解もある[11]。先行者の開発段階の投資に対するフリーライドの防止という本条1項3号の趣旨からは，一部分の模倣であっても，当該部分の開発に投資がなされている限り，不正競争に当たると解することも可能であろう。

　しかし，当該一部分が極めて特徴的であったり，需要者の着目を集める部分であったりするような場合に，他の部分の相違を考慮してもなお製品全体の形態として実質的同一であると評価されうる場合はありうるとしても，一般的に製品の一部分の形態をもって「商品の形態」と解することは，本項の文言からすると困難であると思われる[12]。

　なおこの点に関し，令和5年改正で，商品に無体物が含まれることが明確化されることとなったが，ソフトウェアのように画面遷移が存在する場合に，そのうちの一部の画像のみが「商品の形態」に当たりうるのかという問題も生じる。前掲教育用教材ソフト事件では，フィールド領域やカメラ起動時の画面などを個別に対比しているが，有体物に関する従来の裁判例に照らすと，それらの個別の画面（あるいはその画面を表示させるアプリケーショ

354　第1章　総則

ン）が独立した譲渡等の対象になっていない場合には，当該部分だけを抜き
出して対比を行うことは許されないようにも思われる[13]。

2　通常の用法に従った使用

　商品を実際に使用する際における形態と，商品が販売・陳列等される場合
に観察される形態とが異なる場合に，いかなる場合の形態をもって「商品形
態」と把握すべきか。この点後に詳述するとおり，裁判例は商品の取引時の
包装や容器なども一定の場合に商品形態に含めることを認めているが，平成
17年改正で新設された本項の文言に従えば，原則として商品が使用される場
合の形態に着目して判断がなされるべきである。

　この点に関して，ストッキング事件・東京地判平25・11・13最高裁HP
（平成24年（ワ）22013号／平成24年（ワ）36288号）〔28220457〕は，ストッ
キングの商品形態の比較は，「『通常の用法に従った使用』，すなわち，本件
でいえば着用時における商品の形態をもって比較するのが相当である。」と
したうえで，着用時の状態を正確に把握するために，非着用時の模様の配置
を参考にするために，着用前の平置きの状態を参照することが相当であると
判示する。

　また，変形等しうる商品形態について，婦人服事件・東京地判平30・4・
26最高裁HP（平成27年（ワ）36405号）〔28263730〕は，被告商品は，トッ
プスとつけ襟が取り外すことができるものであったが，「需要者が『トップ
スを付け，つけ襟がない状態』で被告商品2を使用することが普通に想定で
きるところ，このように，被告商品2を通常使用する形態において，原告商
品2と酷似するのであれば，両商品は酷似するといえる。」と判示した。

　水きりざる事件・大阪地判平23・10・3判タ1380号212頁〔28174346〕で
も，需要者が外力を加えることによって，上下に重ね合わせたラグビーボー
ルのような略楕円形状や布巾を捻り込んだ形状をとることができる変形自在
な水切りざるに関する形態模倣が問題となった。同事件で被告は，「通常の
用法に従った使用に際し」とは，需要者によって外力が加えられていない状
態における形態を意味すると主張したが，判決は「原告商品の使用時形態そ
れ自体が，法2条4項により保護される商品の形態（形状）であるかはおい
ても，使用時形態のように変形自在であるという原告商品の特性は，少なく
とも需要者が通常の用法に従った使用に際して知覚によって認識することが

できる質感等に反映されることは明らかであり，法2条1項3号により保護されるべき商品の形態として十分に考慮されるべきものである。」と判示した。

なお，前述のとおり，商品の包装を含めて商品形態として保護されうるが，例えばワイヤーブラシの使用に際して包装は取り外されることになる。しかしながら，先行者の開発段階の投資に対するフリーライドの防止という本条1項3号の趣旨や平成17年改正が裁判例の蓄積等をふまえて文言の明確化を図るために設けられたものであるとされていることなどに照らせば，前掲ワイヤーブラシセット事件の結論は平成17年改正後においても妥当するはずであり，同文言をあまり厳格に解すべきではないと考える。

3　知覚によって認識することができる

「知覚」とは，視覚および触覚であるとされる[14]。

裁判例においては，商品の内部形状であっても，内部の形状を需要者において確認できる限り，商品形態に当たるものと判断されている。例えば，エアソフトガン事件控訴審判決・東京高判平14・1・31判時1815号123頁〔28070287〕は，「内部構造が外に現われず，需要者が注目することもない商品の場合には，外に現れない内部構造は法にいう商品の形態の構成要素に当たらないというべきである。しかし，内部構造が外に現われ，その内部構造に需要者が注目する商品の場合には，内部構造もまた商品の形態の構成要素に当たるものというべきである。」と判示している。

この点学説においては，商品開発者が投下した資金または労力を投下した成果の保護という本条1項3号の趣旨に照らせば，需要者の目に触れる可能性がある必要はなく，また肉眼で形状が確認しえないものであっても，同号の保護の対象になるとする見解がある[15]。創作的な表現を享受することを目的とする著作物や，需要者に美観を生じさせる意匠と異なり，投下した資本や労力に対するフリーライドを防止することを目的とする同号の趣旨に照らして，妥当な解釈であろう。

4　外部および内部の形状

商品の内部形状等が商品の形態に該当するか否かについては，平成17年改正前法において，「商品の形態」の定義規定がなかったことから争いがあっ

た。この点裁判例では，ドレンホース事件・大阪地判平8・11・28知的集28巻4号720頁〔28021548〕が，「商品の形態」を「商品の形状，模様，色彩，光沢等外観上認識することができるもの」と解したうえで，「商品の機能，性能を実現するための構造は，それが外観に顕われる場合には右にいう『商品の形態』になりうるが，外観に顕れない内部構造にとどまる限りは『商品の形態』には当たらない」と判示している。当該事案では，原告も被告もカタログにおいてドレンホースを削ぎ切りした断面を商品特徴として売り出し，また，商品がカッターナイフなどで簡単に切断できると広告されていたが，そのような内部構造は外観上認識できないとして「商品の形態」に該当しないと判断したものである。

　一方，小型ショルダーバッグ事件・東京地判平13・1・30判タ1061号255頁〔28060205〕[16] では，原告商品は，ジッパー等を開き，内部を展開させて各収納場所にそれぞれ適した物を収納するためのバッグであって，取引にあたっては，ジッパー等を開いて確認するなどして，内部の形状にも着目して取引されるものと推認されるから，内部の形状についても商品の形態に当たる，と判示されている。

　このような判断は，エアソフトガン事件控訴審判決・東京高判平14・1・31判時1815号123頁〔28070287〕でも，「エアソフトガンは，一般に，完成品を操作して遊技するのみならず，分解したり，組み立てたり，さらには，性能，機能や外観を変えたり，改良したりもして楽しむこと（カスタムやチューンアップと呼ばれる。）をも予定している商品であり，そのために，商品の取扱説明書において，完成品の操作の説明のみならず，分解，組立ても詳細に説明していること，そして，控訴人エアソフトガンにおいてもまた同様であることが認められる。

　上記認定の事実によれば，控訴人エアソフトガンは，内部構造が外に現われ，むしろその内部構造にこそ需要者が注目する商品であることが認められ，そうである以上，控訴人エアソフトガンにおいては，外側の形状，模様，色彩のみならず，内部構造もまた商品の形態の構成要素に当たるものというべきである。」と判示されている。

　このような裁判例を受けて，産業構造審議会知的財産政策部会不正競争小委員会「不正競争防止法の見直しの方向性について」（平成17年2月）52頁では，「判例では，商品の外観だけでなく需要者に容易に認識され得る商品

の内部の構造まで『商品の形態』に含めて解釈しているが，この点について
は現在の条文からは必ずしも明らかではない。そこで，構成要件の明確化の
観点から，この点についても判例の解釈に従って明示的に規定することとす
る。」とされ，平成17年改正で，商品の内部形状が保護対象となることが明
記された。

上記各裁判例の後に新設された本項によれば，商品の内部形状について
も，需要者が通常の用法に従った使用に際して知覚によって認識することが
できる限り，商品形態に含まれうることは明らかである。

実際，平成17年改正以降の裁判例でも，ショルダーバッグ事件・大阪地判
平25・5・30最高裁HP（平成24年（ワ）8972号）〔28211984〕は，内部構造
に両あおりを採用しているという商品の内部形状をも考慮のうえ，模倣品に
該当する旨判示している。

学説においては，需要者の購買動機に着目し，商品の内部的形態が需要者
の購買動機を左右する商品（例えば，ベッドのスプリングの形状や組合せ，
乗用車の扉の補強構造）については，内部的形態を模倣することが禁止され
るとする見解[17]，需要者の目に触れる可能性や肉眼で形状が確認しうるか否
かを問わず，商品形態に含まれるとする見解もある[18]。

平成17年改正によって新設された本項では，「需要者が通常の用法に従っ
た使用に際し」と規定されていることから，分解したり，内部を開扉するこ
とが予定されていないような商品について，その内部形状を直ちに「商品の
形態」に含めることができるか問題となるが，投下した資本や労力に対する
フリーライドを防止するという本条1項3号の趣旨や，商品の包装やセット
商品の外観の形態模倣が問題となる場面において，必ずしも商品の「使用
時」の形態のみならず，取引時における形態もが考慮されていること[19]に
照らせば，「需要者が通常の用法に従った使用に際し」という文言をあまり
厳格に解釈する必要はなく，少なくとも前掲ドレンホース事件の事案のよう
に，取引の際にその内部形状がカタログ等で宣伝されているような場合に
は，その内部形状をも商品の形態に含めて評価することは許されるように思
われる。

358 第1章 総則

5 形状に結合した模様，色彩，光沢，質感

5.1 模様

　商品に描かれた模様やイラストについても，商品の形状に結合している限りにおいて商品形態の一部をなすことは，本項の定義からも明らかである。

　「形状に結合した」について，紙面など，二次元上に描かれている場合も含まれるかについて，カレンダー事件・大阪地判平12・10・24最高裁HP（平成11年（ワ）3727号）〔28052271〕は，各月の暦の記載方法やデザイン，表紙のデザイン等について商品形態に該当する旨判示している。

　商品の形状自体は，同種の商品が採用するありふれた形状である場合，形状に結合した模様が需要者に対し強い印象を与え，商品形態の実質的同一性の評価に大きく影響することがありうる[20]。

　既存の商品の形態を利用し，そこに新たに模様等を付して商品形態を開発した場合には，そのような商品形態は全体として，「他人の商品の形態」に該当する。化粧品事件・大阪地判平21・6・9判タ1315号171頁〔28160615〕は，容器の形状自体は，第三者が従来から有していた金型を使用して作成されたものであるという事情の下，「原告商品の商品形態は，容器の形状に尽きるものではなく，その形状に結合した模様，色彩，光沢及び質感から構成される」とし，模様等についてデザイン会社にデザインを依頼して作成されたものであるとして，「原告商品の商品形態は，全体として，原告が資本，労力を投下して開発し，商品化したものというべきであり，不正競争防止法2条1項3号にいう『他人の商品の形態』に当たるというべきである。」と判示している。

　商品やその包装に付されている表示のうち，栄養成分表示や商品の説明文など，同種の製品に共通するありふれた記載は，ありふれた形態が「商品の形態」から除外されるのと同様，商品形態を構成するものとは言えない。商品の包装の記載が問題となった青汁事件・知財高判平28・10・31最高裁HP（平成28年（ネ）10051号）〔28243920〕は，「控訴人商品の包装箱の表面及び裏面の記載について，商品の形状に結合した模様と認められる限度においてこれを参酌することが相当である。」としたうえで，「控訴人主張の控訴人商品の形態のうち，包装箱及び銀包の形状並びに包装箱裏面の栄養成分表示と

商品説明文については，同種の製品に共通する特徴のないごくありふれた形態であって，「商品の形態」を構成するものとはいえない」と判示している。

5.2　色彩

商品の色彩についても，商品の形状に結合している限りにおいて商品形態の一部をなすことは，本項の定義からも明らかである。

しかし，色違いの商品が広く存在するような商品分野においては，色彩の違いが商品形態の実質的同一性の判断に与える影響が減殺されることがありうる。婦人服の形態が問題となった婦人服事件・東京地判平30・4・26最高裁HP（平成27年（ワ）36405号）〔28263730〕は，「色彩も，商品の形態の一部を構成するものである。したがって，色彩の違いが商品の形態の実質的同一性の判断に影響を与えないとする原告の主位的な主張は採用できない。」としたうえで，「他方で，婦人服において，形状が同じで色彩だけ異なるいわゆる『色違い』の商品が広く存在していることは公知の事実であるから，婦人服の需要者も，当然に，形状が同じで色彩だけが違う婦人服が存在することを認識しているし，また，婦人服の形態の開発において資金・労力を投下する主な対象は色彩以外の点であると解される。そうである以上，婦人服における色彩の相違は，それが顕著に異なる印象を与えるようなものである場合はともかく，そうでない限り，一般には，形態の実質的同一性の判断に強い影響を与えないというべきである。」と判示している。

5.3　光沢および質感

光沢および質感は，材質の違いなどから相違が生じうる。

婦人服の形態が問題となった婦人服事件・大阪地判令5・10・31最高裁HP（令和4年（ワ）6582号）〔28313402〕は，原告商品と被告商品（いずれもロングスカート）の形態の相違のうち，②肩紐の長さ（約30センチメートルか約35センチメートルか），③パール装飾の端の位置（ウエストであるかウエスト付近であるか），④スカートの型（ややフレア型かフレア型か）については，「需要者において判別が容易とはいえない程度の差異であり，商品全体の形態の実質的同一性の判断に強く影響するようなものではなく，商品全体からみると些細な相違にとどまる。」としつつ，①光沢や質感に関する相違については，「①の相違点については，衣服の形態模倣の検討にあ

360 第1章 総則

たって商品の『光沢及び質感』（法2条4項）も比較対象となると解されるところ，原告商品1の本体には，『ポリエステル100％』の二重織サテン生地が用いられ（甲9），これにより光沢及びつや感のある質感となっている（形態B）のに対し，被告商品1の本体には，上記素材とは大きく異なる『ポリエステル63％，レーヨン32％，ポリウレタン5％』のギャバジン生地が用いられ（甲21），光沢及びつやのない質感となっており（形態b），この相違点は，商品全体に対して需要者の受ける印象に相当程度影響するというべきである。」として両商品形態の実質的同一性を否定した。

6　その他，商品の形態に該当するか問題となりうる点

6.1　記事見出し

以上のほか，「商品の形態」に該当するかが問題となった裁判例として，ヨミウリ・オンライン事件・知財高判平17・10・6最高裁HP（平成17年（ネ）10049号）〔28102000〕では，ホームページ上に掲出される記事見出しについて，記事見出しを模倣しても，「商品の形態」を模倣したことには該当しないと判示している。

6.2　商品名や内容物の成分

また，化粧品事件・大阪地判平21・6・9判タ1315号171頁〔28160615〕は，化粧品の商品名や成分について，「いずれも商品形態を構成する要素に当たらないことが明らか」であると判示する一方で，容器に記載された商品名等の文字列について，「それが商品形態を構成する模様と認められる限度においてこれを参酌するのが相当である」と判示した。ただし，商品名等の文字列についても，「このような表記はこの種の商品に表記される一般的でありふれたものにすぎず，また，これを『商品の形態』の構成要素となる『模様』と認めることも困難である。」と結論において商品の形態に該当しない旨判示している。

7　商品の形態の実質的同一性を判断するうえで問題となる点

本条5項の解説において述べるとおり，裁判例における商品形態の実質的同一性の判断枠組みは，①原告商品および被告商品の商品形態を特定し，②

その一致点と相違点を認定し，③相違点が商品形態に与える影響を評価して，両商品形態が実質的に同一であるかを検討する。

　ここまで本項の解説で論じたのは，上記①および②の段階において，何をもって商品の形態と評価するかという点に関するものである。

　これに対し上記③の段階で問題となる点として，いかなる形態が本条1項3号かっこ書の「当該商品の機能を確保するために不可欠な形態」（平成17年改正前法では「同種の商品……が通常有する形態」）として除外されるのかという点や，当該除外されるとされた商品形態と商品形態の実質的同一性の判断との関係，また，原告商品の形態が途中で変更された場合にどのように商品形態の実質的同一性を判断するのかという点がある。これらの点は，「商品の形態」にも関係するものではあるが，紙幅の関係上，本条1項3号の解説を参照されたい。

【注】
　1） ドレンホース事件・大阪地判平8・11・28知的集28巻4号720頁〔28021548〕
　2） 経産省・逐条解説（令和5年改正版）40頁
　3） 動物のぬいぐるみの背面にファスナーを取り付けたリュックの形態模倣が問題となった東京地判平9・6・27判タ950号227頁〔28021789〕，デザイン画に描かれた婦人服の形態が問題となった東京地判平27・9・30最高裁HP（平成26年（ワ）17832号）〔28233566〕など。
　4） 産業構造審議会知的財産政策部会不正競争小委員会「不正競争防止法の見直しの方向性について」（平成17年2月）52頁
　5） 教育用教材ソフト事件・東京地判平30・8・17最高裁HP（平成29年（ワ）21145号）〔28265454〕は，「原告ソフトウェアは，タブレットとは別個に経済的価値を有し，独立して取引の対象となるものであることから『商品』ということができ，また，これを起動する際にタブレットに表示される画面や各機能を使用する際に表示される画面の形状，模様，色彩等は『形態』に該当し得るというべきである。」と判示した。
　6） 結論においては，原告商品の形態は，同種の商品が通常有する形態であるとして，不正競争に該当しないとしている。
　7） 例えば，ハート形のカップの形態模倣が問題となったハートカップ事件Ⅰ・神戸地決平6・12・8知的集26巻3号1323頁〔27828023〕およびハートカップ事件Ⅱ・名古屋地判平9・6・20公刊物未登載（平成7年（ワ）1295号）。
　8） フェイスマスク事件第一審判決・東京地判平28・7・19判時2319号106頁〔28242836〕）も，「美容液を浸潤させたフェイスマスクは，商品の性質上，包装と一体で流通に供されることが通常であって，包装が商品自体と容易に切り離

362　第1章　総則

しえない態様で結びついているといえるから，包装についても『商品の形態』に含まれる」と判示している。

9）　結論においては，説明書や外箱と商品の一体性は否定。

10）　エアソフトガン事件第一審判決・東京地判平11・2・25判タ997号266頁〔28041001〕，同控訴審判決・東京高判平14・1・31判時1815号123頁〔28070287〕もエアソフトガンの部品の販売について不正競争に該当する旨判示している。

11）　渋谷・講義Ⅲ88頁

12）　これに対して，意匠法2条1項は「意匠」について，「物品（物品の部分を含む。以下同じ。）の形状，模様若しくは色彩若しくはこれらの結合（以下「形状等」という。）……であつて，視覚を通じて美感を起こさせるものをいう。」と規定しており，物品の一部分についても意匠権が成立し得ることを明示的に認めている。

13）　マンホール用足掛具事件・東京地判平17・5・24判タ1196号294頁〔28101056〕を指摘しつつ，この問題を提起するものとして，安立卓司「不正競争防止法第2条第1項第3号による商品形態の保護―『無体物保護の可能性』と『保護期間』」パテント76巻12号（別冊29号）89頁（2023）

14）　経産省・逐条解説（令和5年改正版）40頁

15）　田村・概説2版299頁。小野・新・注解3版上巻444頁〔泉〕も同旨。

16）　その控訴審である東京高判平13・9・26判時1770号136頁〔28062014〕も原告商品の内部形状が最も特徴的な部分であると認定したうえで，不正競争に該当することを認めている。

17）　渋谷・講義Ⅲ87頁

18）　田村・概説2版299頁

19）　例えば，商品の包装や容器に関する香醋飲料事件・大阪地判平16・12・16最高裁HP（平成15年（ワ）6580号／平成16年（ワ）6175号）〔28100129〕など。

20）　フェイスマスク事件控訴審判決・知財高判平28・12・22最高裁HP（平成28年（ネ）10084号）〔28250129〕

〔伊藤　真・平井　佑希〕

2条5項　定義—模倣　　363

（定義）—模倣
2条5項
5　この法律において「模倣する」とは，他人の商品の形態に依拠して，これと実質的に同一の形態の商品を作り出すことをいう。

趣　　旨

　平成17年改正（平成17年法律75号）前の不正競争防止法においては，「商品の形態」（2条4項）と同様，「模倣」についても明確な定義規定がなかったため，裁判例の蓄積等をふまえて，文言の明確化を図るために平成17年改正において，本項が設けられたものであるとされている。

　改正の経緯については，本条1項3号の解説を参照されたい。

解　　説

1　「他人の商品の形態」

　「他人」については本条1項3号の解説，「商品の形態」については本条4項の解説を，それぞれ参照されたい。

2　「依拠」

2.1　依拠の内容

　平成17年改正前の裁判例において，模倣とは，「既に存在する他人の商品の形態をまねてこれと同一または実質的に同一の形態の商品を作り出すことをいい，行為の客体の面において，他人の商品と作り出された商品を対比して観察した場合に形態が同一であるか実質的に同一と言える程に酷似しており，かつ，行為者の認識において，当該他人の商品形態を知り，これを形態が同一であるか，実質的に同一と言える程に酷似した形態の商品と客観的に評価される形態の商品を作り出すことを認識していることを要し，それをもって足りる」などと判示されており（ドラゴンソードキーホルダー事件第一審判決・東京地判平8・12・25判時1644号156頁〔28021550〕など），行為の客体の面（実質的同一性）と主観面（模倣の意図）が必要であるとされていた。

364　第1章　総則

同裁判例では，模倣の意図について，「行為者の認識において，当該他人の商品形態を知り，これを形態が同一であるか，実質的に同一と言える程に酷似した形態の商品と客観的に評価される形態の商品を作り出すことを認識していること」とされ，「行為者の意図としては，当該他人の商品の形態を参考にして，あるいは大幅の改変を加えて新たな形態の商品を作り出したものと認識していたとしても不正競争行為に該当することを免れない。」と判示している。

このような「模倣の意図」の要件からすれば，単なるアクセス（すなわち，原告商品の形態を知っていたか否か）のみでは模倣の意図は認められないことになるし，その一方で行為者が商品の形態が実質的同一ではないと誤信，軽信していたとしても，客観的に実質的同一と評価される以上，模倣の意図が欠けるものではない。

平成17年改正においては，主観面については「依拠」の要件が必要であると明記されたが，かかる依拠性の判断についても，裁判例においては単にアクセスがあることのみをもって依拠と認めるのではなく，両商品形態の類似性，原告商品の販売開始時期と被告商品の販売開始時期の関係，原告商品の知名度や被告商品の開発の経緯などを総合考慮して，依拠の有無が判断されている[1]。

実際には，両商品形態の類似性が高ければ（特に他の類似商品と比較して特徴的な部分が類似していれば），それによって依拠が推認され，被告においてこれを反証しなければ，依拠が認定されることになる。タッチペン事件・東京地判平24・12・25判タ1407号308頁〔28210063〕では，依拠を否定する理由として，①被告が，被告商品を独自開発したこと，②被告商品の形態が同種商品の標準的な形態・一般的な形態にすぎないことが主張されたが，これらの被告主張が排斥され，依拠性が認められている。

2.2　依拠の依拠（間接依拠）

例えば，原告商品Ａの模倣品Ｂ（被告以外の者が販売しているとする）が存在する場合に，被告が商品Ａの存在を知らず，模倣品Ｂに依拠して，模倣品Ｃを制作し販売した場合に，商品Ｃの販売が本条1項3号の不正競争に当たるのか，依拠の依拠（間接依拠）が認められるかという問題がある。

この点，不正競争防止法の「模倣」に関する事案ではないが，同様に依拠

の要件が必要とされていた旧著作権法上の「複製」に関するワン・レイニー・ナイト・イン・トーキョー事件・最判昭53・9・7民集32巻6号1145頁〔27000229〕について，「原著作物の偽作物に依拠して作成された作品は，原著作物に依拠して作成された複製物であり」として，依拠の依拠（間接依拠）を認めている[2]。

先行者の開発段階の投資に対するフリーライドの防止という本条1項3号の趣旨からすれば，依拠の依拠（間接依拠）の場合であってもフリーライドであることには変わりはなく，また先行者に与える損害においても異なるところはない。複数の模倣品が登場したような場合の立証のことも考慮すれば，依拠の依拠（間接依拠）についても依拠に当たると解するのが妥当である。

3 「実質的に同一の形態の商品」

3.1 実質的同一性

本項の模倣の定義は，平成17年改正で，文言の明確化を図るために規定された。

産業構造審議会知的財産政策部会不正競争小委員会「不正競争防止法の見直しの方向性について」（平成17年2月）48頁では，「模倣とみなす範囲については，それを実質的同一の場合を超えて類似にまで拡大することによって商品デザインの独創性を称揚することが創作活動を促し，商品の差別化等による利益を実現するうえで重要であるとの考えがある。しかし，民事判例（ドラゴンソードキーホルダー事件・東京地判平8・12・25判時1644号156頁〔28021550〕等）では，模倣とは『他人の商品形態を真似て』『同一又は実質的同一』の形態を作り出すことと解されており，このような解釈が定着している。また，立法時の資料においても，模倣の意義に関連して『規制の対象となる『デッドコピー』は先行者の成果を，完全に模倣して，なんらの改変を加えることもなく，市場に参入し先行者と競争する行為としてとらえることが適切である。』と説明されており，不正競争防止法による商品形態の保護は同一又は実質的同一の範囲とすべきとの判例の解釈は妥当である。ただし，『模倣』という語の一義的な解釈からは必ずしも『同一又は実質的同一』の範囲として限定的に解されるとは限らない。そこで，第3号中の『模倣』

366 第1章 総則

に定義規定を設けることによって，今まで積み重ねられてきた判例の趣旨に沿った明確化を図り，規定の内容，ひいては刑事罰の構成要件の内容を明確にして行為者の予想可能性を高める必要がある。」と説明されている。

実質的に同一の形態とは，上記引用されているドラゴンソードキーホルダー事件控訴審判決・東京高判平10・2・26判時1644号153頁〔28032825〕や，平成17年改正後の裁判例[3]において，「形態が同一であるか実質的に同一といえる程に酷似していること」と判示されている。

そして，実質的同一性が認められるか否かについては，商品形態に改変がある場合には，改変の着想の難易，改変の内容・程度，改変による形態的効果等を総合的に判断して，当該改変によって相応の形態上の特徴がもたらされているか否かを判断する[4]。

学説においては，「資本投下のただ乗りと評価できる程度の変更や追加がたとえ物理的な形態となって現われているとしても，本号が規制すべき対象から外れているとすることは適切ではない。」[5]とか「多少の改変がなされていようともほとんど費用の掛からない改変であることが明らかな場合には，本制度による禁止の範疇に含ましめるべきであろう」[6]などとして，変更点にどの程度の資本，労力を要するかを基準とする旨説明されており，先行者の成果へのフリーライドの防止という本条1項3号の趣旨に照らし，妥当であろう。

3.2 実質的同一性の判断枠組み

裁判例において商品形態の実質同一性を判断する際には，①原告商品および被告商品の商品形態を特定し，②その一致点と相違点を認定し，③相違点が商品形態に与える影響を評価して，両商品形態が実質的に同一であるかが検討されている。

この実質的同一性の判断は，両商品を「対比して観察した場合」に，実質的同一といえるか，という対比的観察により行われる[7]。この点において，商標の類否判断において離隔的観察が行われるのと手法を異にする。

そして，③の相違点の評価については，リュック事件・大阪地判平18・11・16判タ1249号272頁〔28112506〕は，先行者の開発段階の投資に対するフリーライドの防止という本条1項3号の趣旨に照らし，「作り出された商品の形態に『他人の商品』の形態と相違する部分があるとしても，その相違

がわずかな改変に基づくものであって，商品の全体的形態に与える変化が乏しく，商品全体から見て些細な相違にとどまると評価される場合には，当該商品は他人の商品と実質的に同一の形態と評価され得るのに対し，当該相違部分についての着想の難易，改変の内容・程度，改変が商品全体の形態に与える効果等を総合的に判断したときに，当該改変によって商品に相応の形態的特徴がもたらされていて，当該商品と他人の商品との相違が商品全体の形態の類比のうえで無視できないような場合には，両者を実質的に同一の形態ということはできないというべきである。」と判示している。

　以上のとおり，商品形態の実質的同一性の判断においては，両商品の形態を対比的に観察した場合に，両商品形態の相違点が商品全体の形態の類比のうえで無視できないか否かが判断されるのであり，いかなる場合にかかる「無視できない」ような相違点と評価されるかについては，相違の程度のみならず，当該相違部分についての着想の難易等についても考慮されることになる。

3.3　実質的同一性の主体的基準

　商品形態の実質的同一性を判断する際，商品形態を創作する者を基準として判断すべきか，商品形態に接する需要者を基準として判断すべきかという問題がある[8]。

　この点，リュック事件では，相違点の評価について「その相違がわずかな改変に基づくものであって，商品の全体的形態に与える変化が乏しく，商品全体から見て些細な相違にとどまると評価される場合には，当該商品は他人の商品と実質的に同一の形態と評価され得るのに対し，当該相違部分についての着想の難易，改変の内容・程度，改変が商品全体の形態に与える効果等を総合的に判断したときに，当該改変によって商品に相応の形態的特徴がもたらされていて，当該商品と他人の商品との相違が商品全体の形態の類比の上で無視できないような場合には，両者を実質的に同一の形態ということはできない」と判示している。ここで，改変についての「着想の難易」と判示していることからすれば，創作者を基準としてそのような改変を着想することが容易であるか否かを判断要素としていることは明らかである。一方，「改変が商品全体の形態に与える効果」とも判示しており，これは需要者が商品形態から受け取る印象を判断要素としているものと思われる。

368　第1章　総則

　その後の裁判例においても，創作者の視点から，具体的形態についてさまざまな選択肢が考えられることを指摘するもの[9]，需要者の視点から，強い印象を与える部分の相違を強調するもの[10]，需要者および創作者の双方の視点から「婦人服において，形状が同じで色彩だけ異なるいわゆる『色違い』の商品が広く存在していることは公知の事実であるから，婦人服の需要者も，当然に，形状が同じで色彩だけが違う婦人服が存在することを認識しているし，また，婦人服の形態の開発において資金・労力を投下する主な対象は色彩以外の点であると解される。」と述べるもの[11]などがあり，必ずしも創作者，需要者の一方のみの視点から実質的同一性が判断されているわけではない。

　本条1項3号の不正競争が，模倣を許容してしまうと，商品開発者の市場先行の利益は著しく減少し，一方，模倣者は，開発，商品化に伴う危険負担を大幅に軽減して市場に参入でき，これを放置すれば，商品開発，市場開拓の意欲が阻害されるという点から規定されていることに照らせば，創作者（模倣者）における改変の難易等を考慮に入れるべきは当然であるが，一方，商品形態やその模倣が需要者の購買意欲に向けられるものであることに照らせば，需要者に与える印象等を捨象して実質的同一性を判断すべきではないであろう。

3.4　先行者の先行商品との関係

　先行者の商品の形態が部分的に変更された場合に，どのような判断手法によって実質的同一性の有無が判断されるのか。例えば，先行者が先行商品Aを販売していたところ，商品Aのデザインを変更した後行商品Bの販売を開始したような場合である。

　この場合に，①実質的同一性をどのように判断すべきかという問題と，②19条1項6号イの3年間の保護期間の起算点を先行商品Aの発売開始日とするか，後行商品Bの発売開始日とするかという2つの問題がある。②の問題については，19条1項6号イの解説を参照されたい。

　上記①について，サックス用ストラップ事件・知財高判平31・1・24判時2425号88頁〔28270363〕は，先行商品と後行商品の商品形態が実質的に同一ではなく，別個の形態である場合に，後行商品の商品形態も本条1項3号により保護されると判示する。すなわち，同判決は「原告商品のV型プレート

は，旧原告商品のＶ型プレートと比べ，中央部の四角形状から左右に伸びる両翼の形状及び幅が大きく変更され，細長くなっており，両者の形態は一見して明らかに相違することが認められる。加えて，サックス用ストラップの形態において，Ｖ型プレート（アジャスターに相当）は，需要者が注意を引きやすい特徴的部分であることを踏まえると，Ｖ型プレートの形態の上記相違により，原告商品から受ける商品全体としての印象と旧原告商品から受ける商品全体としての印象は異なるものといえるから，原告商品の形態は，商品全体の形態としても，旧原告商品の形態とは実質的に同一のものではなく，別個の形態であるものと認められる。」と判示し，原告後行商品と被告商品との形態の実質的同一性の判断を行っている。

　そして，そのような場合の原告後行商品と被告商品との形態の実質的同一性について，同事件の原審（東京地判平30・3・19判時2425号106頁〔28261319〕）は原告後行商品のうち，本条1項3号の保護を求め得るのは，先行商品から後行商品への変更部分に基礎を置く部分に限られると判断した[12]のに対し，控訴審判決は，「同号によって保護される『商品の形態』とは，商品全体の形態をいうものであり，また，上記のとおり，原告商品の形態と旧原告商品の形態は，実質的に同一の形態とは認められないから，原判決の上記②の判断は妥当ではない。以上によれば，原告商品の形態は，その商品全体の形態が，不競法2条1項3号により保護されるべきものと解される。」と判示したうえで，原告の後行商品の全体の形態と被告商品の形態とを対比し，両商品形態の実質的同一性を肯定した。

　ありふれた形態等について述べたとおり，商品の形態が，その全体の形態をもって把握されるという裁判例の立場に照らせば，ある商品の形態から一部分のみを捨象・抽出して対比を行うことは不自然であり，一貫性を欠くと思われる。したがって，原告の後行商品と模倣品の商品形態の対比にあたっては，原告先行商品と後行商品の形態の共通部分を捨象する必要はないと考える（このように解しても，先行商品と後行商品の商品形態が実質的同一である場合には，先行商品の発売開始日から3年をもって保護期間が限られるのであるから，法が商品形態の保護期間を3年とした趣旨に反することもない）。

　これに対して，（自己の先行商品ではなく）第三者の先行商品に若干の変更を加えた後行商品を販売していた者が原告となり，本条1項3号に基づく

370　第1章　総則

請求を行った事案に関してではあるが，カラーコンタクト事件・大阪地判平24・10・23最高裁HP（平成21年（ワ）15343号）〔28182286〕は，「自身又は他人が開発し，既に市場に流通している商品の形態に何らかの変更を加えて新たな商品として販売する者が，同号による保護を受けるのは，当該変更が新たな商品形態の開発といえる場合に限られ，当該変更前の商品と変更後の商品の形態が実質的に同一であって，需要者においてこれを新たな形態の商品として認識し得ないような場合には，当該変更により新たに商品形態の開発がされたとはいえず，同号による保護は受けられないというべきである。」と判示している。

3.5　商品形態の実質的同一性に関する近時の裁判例

最後に，近時の裁判例において，商品形態の実質的同一性が争点となったケースについて，具体的な商品の写真を示しながら紹介する。摘示している写真は裁判所ホームページ（http://www.courts.go.jp/）より引用した。紹介する裁判例（かっこ内は問題となった商品）を列記する。

実質的同一性を肯定した裁判例として，

① 大阪地判平25・5・30（婦人用バッグ）
② 東京地判平24・12・25（コイル状ストラップ付きタッチペン）
③ 大阪地判平24・6・7（ドアミラーのウィンカー用装飾品）
④ 知財高判平31・1・24（サックス用ストラップ）

を紹介する。

また，同一又は類似の事件の中で，実質的同一性を肯定したものと否定したものと，その判断が分かれた裁判例として，

⑤ 東京地判平19・7・17（婦人服）
⑥ 大阪地判平26・4・22，大阪地判平26・8・21（ぬいぐるみ。前者が否定，後者が肯定）
⑦ 大阪地判平29・1・19（婦人服）

を紹介する。

また，実質的同一性を否定した裁判例として，

⑧ 東京地判平26・4・17（プラスチック製調理具）
⑨ 大阪地判平24・12・20（自動車用ホイール）
⑩ 東京地判平24・11・29（カスタマイズドール用ボディ素体）

を紹介する。

① 大阪地判平25・5・30最高裁HP（平成24年（ワ）8972号）〔28211984〕
（肯定）

商品は，婦人用バッグである。

原告商品①と被告商品①の形態の相違として，(i)ショルダーベルトの有
無，(ii)質感，(iii)色，(iv)本体の底面と側面との縫い面の加工の違い，(v)吊り飾
りの形状の違い，(vi)副収納部の小ポケットのマチの有無，(vii)収納部の布地の
模様，タグの違いを認定しつつ，これらの相違点は「いずれも外観の相違に
影響を与えない些細なものに過ぎず，実質的同一である旨の判断を覆すもの
ではない。」として，両商品形態の実質的同一性を肯定した。

原告商品②と被告商品②についても，相違点として(i)質感，(ii)色，(iii)本体
の底面と側面との縫い面の加工の違い，(iv)吊り飾りの形状の違い，(v)ショル
ダーベルトと本体との接続部の違い，(vi)主収納部のファスナーの終端部の違
い，(vii)副収納部の小ポケットのマチの有無，(viii)収納部の布地の模様，タグの
違いを認定しつつ，これらの相違点は「いずれも外観の相違に影響を与えな
い些細なものに過ぎず，実質的同一である旨の判断を覆すものではない。」
として，両商品形態の実質的同一性を肯定した。

なお，いずれの商品についても商品の内部構造をも含め，商品形態と認定
している。

原告商品①（外観）

写真1

写真2

写真3

写真4

写真5

原告商品①（内部）

写真6

写真7

写真8

写真9

写真10

2条5項　定義―模倣　373

被告商品①（外観）

被告商品①（内部）

② 東京地判平24・12・25判タ1407号308頁〔28210063〕（肯定）
商品は，ゲーム機専用のコイル状ストラップ付きタッチペンである。
原告商品2，原告商品3と被告商品の商品形態について，(i)タッチペンの

幅，(ⅱ)コイル部の長さ，(ⅲ)ペン胴の外周部の文字表示の有無，(ⅳ)タッチペンの滑り止め部の形態，(ⅴ)ペン尻の張出部の形態，(ⅵ)ペン尻の薄板部の突起の位置，(ⅶ)コイル状ストラップとタッチペンとの接合部の形状という相違点を認定しつつ，これらの相違点は「商品の全体的形態に与える変化に乏しく，商品全体からみると，ささいな相違にとどまるものと評価すべきものである」として，実質的同一性を肯定した。

原告商品2　　　原告商品3　　　被告商品

③　大阪地判平24・6・7最高裁HP（平成23年（ワ）9404号）〔28181296〕（肯定）

商品は，ドアミラーにウィンカーが設けられている自動車において，そのウィンカーの周囲に取り付けられる装飾品である。

原告商品と被告商品の形態について，被告商品の形態は，「凸状部の表面の各辺に沿って溝部が設けられている」という点を認定しつつ，「相違点に係る被告各商品の溝部は，深さが浅く，幅も狭いものであり，証拠（略）によれば，ドアミラーにウィンカーが設けられている自動車において，そのウィンカーの周囲に取り付けられて実際に使用された際には，識別することができない程の微細な形状の差違であることが認められる。」として，両商品形態の実質的同一性を肯定した。

原告商品1（斜視図）　　　　被告商品1（斜視図）

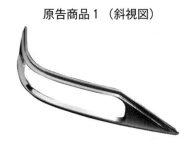 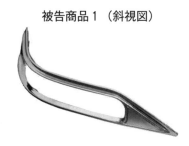

④　知財高判平31・1・24判時2425号88頁〔28270363〕

　商品は，サックス用ストラップである。原告商品には先行商品と後行商品とがあるが，判決では，両原告商品の形態の実質的な同一性が否定され，原告の後行商品の形態は別個の形態として，本条1項3号により保護されると判断されている。

　原告の先行商品と後行商品との間で，形態の実質的同一性が否定されたポイントは，Ｖ型プレートの部分であるが，被告商品との対比にあたっては，当該Ｖプレートの部分のみならず，原告の後行商品と被告商品の形態全体を対比して，商品形態の実質的同一性が肯定されている。

　具体的な商品形態の対比は，以下のとおりである。

　原告の後行商品と被告商品の形態について，「①両者は，基本的構成態様が，Ｖ型プレート，革パッド，ブレードクリンチ，ブレード（紐）及びフックの5つのパーツにより構成され，5つのパーツは，ブレードクリンチの留めネジ（六角ボルト）を緩めてブレード（紐）を外すことにより，分解することができる点，Ｖ型プレートは，中央部四角形状とその上部から左右に伸びる辺からなり，両翼の先端（左右の端）のそれぞれに穴が1つずつ，中央部に穴が4つあるという基本的形状を有する点，革パッドは，2枚の革を張り合わせ，内部に丸みを帯びた三角形状の2つのクッションを配置し，中央部にクッションを入れずに窪みを設け，中央部から左右の端に向けて幅が狭くなったテーパー型のパッドである点において共通し，②Ｖ型プレートをはじめとする各パーツの具体的な構成態様においても，形状，色彩，光沢及び質感において多数の共通点……があり，原告商品と被告商品から受ける商品全体としての印象が共通することによれば，商品全体の形態が酷似し，その形態が実質的に同一であるものと認められる。」と判示されている。

　また，両商品形態の相違点については，「原告商品と被告商品とは，Ｖ型

プレートにおける中央部の側面及び下面（底辺）の形状，中央部の4つの穴のうち，上部の2つの穴の位置及び間隔，両翼の角度及びその先端部分の角度，光沢，ロゴの位置，革パッドの内側の革の色，革パッドの長さ及びクッションの大きさ，ブレードクリンチの色彩及び光沢，フックの色彩等において相違するが，次に述べるとおり，これらの相違は，商品の全体的形態に与える変化に乏しく，商品全体からみると，ささいな相違にとどまるものと評価すべきものであるから，原告商品の形態と被告商品の形態が実質的に同一であるとの上記判断を左右するものではない。」と判示されている。

⑤　東京地判平19・7・17最高裁HP（平成18年（ワ）3772号）
〔28131795〕（一部肯定，一部否定）

商品は婦人服（カーディガン，ノースリーブ，パーカー，カーディガン）である。

原告商品1ないし3と被告商品1ないし3の商品形態については実質的同一性を肯定しつつ，原告商品4と被告商品4の商品形態については，実質的同一性を否定している。

例えば原告商品1と被告商品1に関して，(i)原告商品1の方がややゆったりしていること，(ii)レースの突出幅が異なること，(iii)使用されている糸の染めが異なること，(iv)袖口のリブ編みの有無，(v)ボタンのカットの有無という相違点を認定したうえで，相違点(i)，(iii)，(iv)，(v)は原告商品1の特徴的な点とは関わりがない部分であり，相違点(ii)は原告商品1の特徴に関するものであるものの，僅かの差異に過ぎないとして，これらの相違点は両商品の「形態の同一性の判断に影響を与えるものではない。」として実質的同一性を肯定した。

一方原告商品4と被告商品4については，原告商品4の特徴的な部分である，背面部における透かしレース部分の配置と生地とのバランスにおける相違，地とレースの色のコントラストの相違，ウエスト部分の形状の相違により，「両商品の全体的な印象ないし美感が実質的に異なるものとなっている」として，商品形態の実質的同一性を否定した。

2条5項　定義—模倣　377

原告商品1と被告商品1（肯定）　　原告商品4と被告商品4（否定）

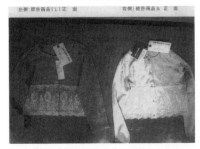

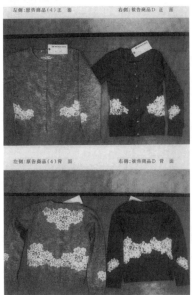

⑥　大阪地判平26・4・22最高裁HP（平成25年（ワ）6750号）〔28222090〕（否定），大阪地判平26・8・21最高裁HP（平成25年（ワ）7604号）〔28223617〕（肯定）

　商品は，動物のぬいぐるみである。

　4月22日判決は，例えば，原告商品1と被告商品1の共通点は，同種商品にも認められるものである一方，原告商品1と被告商品1は，いずれも動物のぬいぐるみであり，その顔部は需要者が特に注意を払う部位であるが，そのような部位において特徴的な共通点が認められない一方で，需要者への印象を異にさせる差異が存在するとして，商品形態の実質的同一性を否定した。

　これに対して8月21日判決は，原告商品および被告商品は，ぬいぐるみ全体の印象を決める毛の形状や長さ，顔の印象を決める目や口鼻部の作りがほぼ共通し，全体のつくり，顔のつくりにおいて酷似していると判示する。一方相違点として附属品，毛の色，左足の裏部分の刺繍の形状が挙げられるが，いずれも大きな相違と捉えられるものではなく，その違いが全体の印象を相違ならしめるものではないとして，商品形態の実質的同一性を肯定した。

378 第1章　総則

第1事件原告商品

第1事件被告商品

第2事件原告商品

第2事件被告商品

⑦　大阪地判平29・1・19最高裁HP（平成27年（ワ）9648号／平成27年（ワ）10930号等）〔28253637〕

商品は，婦人服である。

3つの商品のうち，商品1と3において商品形態の実質的同一性が肯定されているが，例えば商品1では，生地の透け感，ボタンの色や窪み，商品の色において相違するものの，いずれも商品全体を特徴付ける形態とかかわりがなく，また，相違点に係るデザインは，この種の部位のデザイン手法としては，いずれもごくありふれたものであるとして，これら相違点が商品形態の実質的同一性の判断に影響を及ぼすものではないとされている。

一方商品2については，商品形態の実質的同一性が否定されているが，そこでは相違点としてネックラインの形状，両脇下のダーツの有無，前身頃と後身頃の仕上げ，襟首の直下のレース生地の切替部分の有無，商品の色が挙げられ，これらの相違点は，ありふれた形態であるノースリーブのランニングシャツの全体的形態に変化を与えており，およそ両商品を対比してみたと

きに商品全体から見てささいな相違にとどまるものとは認められないとして，商品形態の実質的同一性を否定している。

原告商品1

被告商品1

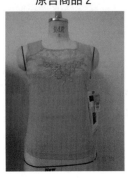
原告商品2

被告商品2

⑧　東京地判平26・4・17最高裁HP（平成25年（ワ）18665号）〔28221985〕（否定）

商品は，プラスチック製調理具（半熟卵作成具，レモン絞り具，ベジタブルブラシ，ニンニク圧砕具，オムレツ作成具，パスタキャップ）である。

例えば，原告商品1と被告商品1（半熟卵作成具）の商品形態について，(i)蓋部材の形状，(ii)水切り孔の形状および配置，(iii)蓋部材の突部の有無，(iv)把持部の有無，(v)収容部の底面の形状という相違点を認定したうえで，両商品の形態は「基本的な部分に共通点があるものの，これらの点は，電子レンジで半熟卵を作る……機能を果たすためにそのような形態が選択されたとみることができる。他方，両商品には，例えば，原告商品1と被告商品1であれば蓋部材の形状や底面側の脚部の有無……など，具体的な形態において一

見して識別することのできる明らかな相違点が複数ある。そして，これらの相違点は全体的形態に与える変化が乏しいささいな相違にとどまるとは到底いえないものである」として，商品形態の実質的同一性を否定した。

原告商品1

被告商品1

⑨ 大阪地判平24・12・20最高裁HP（平成24年（ワ）3604号）〔28182704〕（否定）

商品は，自動車用ホイールである。

原告商品と被告商品の商品形態について，(i)ディスクの正面側頂部における装飾面の形状，(ii)各スポークのリム側の正面側頂部における装飾面の先端形状，(iii)各スポークのディスク中心部よりの正面側頂部における装飾面の先端形状，(iv)各スポークのリム寄りにある穴の大きさおよび形状，(v)縦長「Y」字状の各スポークの直線部中央にある細溝の幅，(vi)隣り合うスポークのセンターボア側広がり部の長さおよび広がり角度，ボルト用の大穴が装飾面の「X」字又は「V」字装飾面に掛かっているか否か，「X」字又は「V」字状装飾面の先端がセンターキャップへ向かう傾斜，センターボア側広がり部の間における溝の形状，センターボアキャップの形態，(vii)飾りボルト2個の配設位置という相違点を認定したうえで，相違点(iv)，(v)，(vi)は，「それ自体として，それほど大きな印象を与えているとは認められない」が，相違点(i)から(iii)までおよび(vii)は，「互いに相まって異なる印象を与えているということができる。」として，実質的同一性を否定した。

原告商品

被告商品

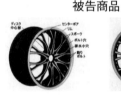

⑩ 東京地判平24・11・29最高裁HP（平成23年（ワ）6621号）〔28182570〕（否定）

2条5項　定義―模倣　381

商品は，カスタマイズドール（人体型の人形に，自らの好みにあわせ，かつらや意匠等を組み合わせたり，ペイント，メイク，加工等をすることにより作り上げる人形）用のボディ素体である。

原告商品4と被告各商品の商品形態について，(i)頭部形状と顔のパーツ，(ii)胸部形状，(iii)腕部形状，(iv)へそ部付近の縦ラインの有無，(v)膝の関節部分の形状，(vi)足裏の磁石の有無，(vii)全高および頭身という相違点を認定し，これらの相違点により両「商品の全体から受ける印象は異なるものとなっている」として，実質的同一性を否定した。

原告商品4

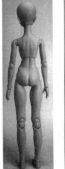

被告商品4

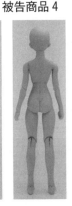

【注】
1）依拠が肯定された判例として，否定された判例として真空マグボトル事件・大阪地判平21・6・4最高裁HP（平成20年（ワ）15970号）〔28153371〕など
2）小酒禮「判解」最判解民事篇〔昭和53年度〕418頁-419頁
3）フェイスマスク事件第一審判決・東京地判平28・7・19判時2319号106頁〔28242836〕）など
4）経産省・逐条解説（令和5年改正版）43頁，ドラゴンソードキーホルダー事件控訴審判決・東京高判平10・2・26判時1644号153頁〔28032825〕）。平成17年法改正後の裁判例であるリュック事件・大阪地判平18・11・16判タ1249号272頁〔28112506〕においても同旨。
5）小野・新・注解3版上巻457頁〔泉克幸〕
6）田村・概説2版289頁
7）例えば，前掲注4）リュック事件
8）この点について裁判例を分析的に検討したものとして，蘭蘭「商品形態の実質的同一性判断における評価基準の構築－近時の裁判例を素材として」知的財産法政策学研究25号67頁（2009）。また，学説状況を詳細に説明するものとし

て，山本真祐子「デッドコピー規制における実質的同一性判断－衣服デザインに関する事例分析を通じて」知的財産法政策学研究58号67頁（2021）。実質的同一性の判断においては，創作者（先行者および後行者）および需要者の３つの観点を総合的に考慮すべきとするものとして，関真也「アパレルデザインの不正競争防止法２条１項３号による保護－『流行』の生成プロセスから見た商品形態の実質的同一性の捉え方の検討」特許研究68号51頁（2019）など。

9）　サックス用ストラップ事件・知財高判平31・1・24判時2425号88頁〔28270363〕

10）　フェイスマスク事件控訴審判決・知財高判平28・12・22最高裁HP（平成28年（ネ）10084号）〔28250129〕

11）　婦人服事件・東京地判平30・4・26最高裁HP（平成27年（ワ）36405号）〔28263730〕

12）　ミニバスケット事件・大阪地判平23・7・14判タ1378号224頁〔28173803〕も同旨。

〔伊藤　真・平井　佑希〕

2条6項　定義—営業秘密　383

（定義）—営業秘密
2条6項

6　この法律において「営業秘密」とは，秘密として管理されている生産方法，販売方法その他の事業活動に有用な技術上又は営業上の情報であって，公然と知られていないものをいう。

趣　　旨

　不正競争防止法における「営業秘密」[1] の定義条項である。平成2年改正により導入されて以来，この定義内容が変更されたことはない[2]。

　また，民事事件においても，刑事事件においても，「営業秘密」の定義条項は本項である。

　なお，営業秘密該当性についての最高裁判決はない[3]。

解　　説

1　沿革

1.1　淵源

　我が国においては，1911（明治44）年ころから複数回にわたり，営業秘密の保護を立法化する動きが起きたものの[4]，不正競争防止法の平成2年改正で初めて導入されるに至った直接の淵源は，多国間通商協定交渉であるGATT（General Agreement on Tariffs and Trade）のウルグアイ・ラウンド（1986年開始，1993年終結）のTRIPS交渉である[5]。

　知的財産権の不十分な保護または不適切な保護は非関税障壁となって自由貿易の円滑な発展を阻害することになりかねないため[6]，当時，いわゆる双子の赤字を抱えていた米国が，他国に対して優位にある技術開発力を維持・強化するために知的財産権の保護を強化するという方針のもと[7][8][9]，TRIPS交渉において，財産的情報（Property Information）[10] の保護についても交渉対象として取り上げたことが契機となった。特に我が国は，米国通商代表からワウケシャ事件・東京高決昭41・9・5判タ199号169頁〔27621912〕[11] を示され，日本における営業秘密保護には差止めの救済が欠けていることを指摘された[12]。

384　第1章　総則

そこで，主として，第三取得者に対する差止請求権の制定を眼中におい
て，営業秘密の保護制度が導入された[13]。本項は，この際，定義条項として
新設されたものである。差止めは，損害賠償と異なり，取り返しのつかない
重大な結果を生ずるものであり，法的安定性の観点から，保護客体の要件
（および侵害態様）をより明確にしてほしいとの要求が強かったからであ
る[14]。

当該改正の時系列としては，TRIPS交渉の状況を踏まえ，協定成立に先
がけて[15]，1989（平成元）年10月から通商産業省産業構造審議会財産的情報
部会において9回の審議がなされ，1990（平成2）年3月に「財産的情報に
関する不正競争行為についての救済制度のあり方について」と題する建議が
取りまとめられた[16][17]。そして，転職の自由を侵害することのないように要
件を明確化すべきという議論が国会で集中的に審議されたうえで[18]，国内的
要請（経済活動における営業秘密の重要性の高まり，産業構造が労働集約型
から知識集約型へと転換が進む過程における雇用の流動性の高まり，および
ノウハウ・ライセンス契約の活性化[19]），ならびに知的財産保護制度の国際
的なハーモナイゼーションの必要性という立法事実の下，同年，部分改正に
より営業秘密の保護法制が整備された[20][21]。

このように，本項の淵源は，TRIPS協定第7節39条2項"Undisclosed
Information"（非開示情報）であるが，立法化に当たり，米国の統一トレー
ドシークレット法[22]，米国の長年の判例法の積み重ねおよび西独等を中心と
するヨーロッパの判例の事例が参考にされた[23][24][25]。

1.2　解釈指針としてのTRIPS協定

上記1.1のとおり，本項制定当初から，不正競争防止法の解釈に当たって，
裁判所は，TRIPS協定の規定による制約を受けることになるといわれてお
り[26]，法実務家としても，営業秘密に関する不正競争の解釈に当たっては，
最低限の保護水準を示すTRIPS協定の存在に留意する必要がある（経産
省・営業秘密管理指針3頁)[27]。

1.3　営業秘密を保護する趣旨に関する学説[28]

そもそも，営業秘密の本質については，「財産なのか，それとも不正競争
的・不法行為的，すなわち相関関係的なものなのか」という，避けて通るこ

とのできない問題があるとされる[29]。

このため，営業秘密を保護する趣旨については，学説上，社会に有用な情報の創出促進を強調する立場と，情報管理体制を突破する行為の抑止を重視する立場があるとされ[30]，いずれを重視するかにより秘密管理性等の解釈も異なりうる。

2 「秘密として管理されている」（秘密管理性）

2.1 趣旨

「営業秘密」には民事的措置，刑事的措置および水際措置の法的保護が与えられるから，情報の取得，使用または開示を行おうとする者にとって，当該情報の不正な取得，使用または開示が差止請求等の対象となりうることを容易に知りえないと，自らの行為が差止め等の対象となりうるか否かについての予見可能性が損なわれ，経済活動の安定性が阻害されるおそれがある[31]。

これを保有者から見れば，秘密としたい情報については，その独自の価値が失われないように，情報の保有者自身が適切な管理を行うことが基本であって[32]，不正競争防止法は，こうした努力に対する不正な行為についての事後的な利益救済を図っているのである。当該情報の保有者自身が当該価値を維持する合理的な努力を行い，不正な手段によらなければ不特定の者には知りえないように秘密として管理を行う必要がある[33][34][35]。

2.1.1 趣旨に関する学説

このように，学説上，秘密管理性の趣旨は，情報取引の結果につき合理的予測を可能にするために保護の対象となる客体につき秘密保持のための合理的努力を求めたことにある[36]と考えられたり，あるいは，保護されるべき情報を他のそうでない情報と区別して法的保護を欲していることを明示させること，および，法的保護を欲する者に秘密として管理する相応の自助努力を促すことにある[37]と考えられたりしている[38]。

2.1.2 秘密管理性の意義に関する学説

営業秘密保護制度が導入された平成2年改正当時，非公知性とは別に秘密

386 第1章 総則

管理性が要件とされた理由（秘密管理性の意義）について，①本来自由なアクセスが許されている情報の例外として営業秘密が存在する以上，情報にアクセスする者に対して秘密の対象となる情報の識別を容易にする必要があるため適切に管理する必要があるとする主流の見解のほか，②営業秘密に対する不正競争（行為）の違法性を基礎づける保護要件と位置付ける見解[39]，および③当該②の立場をさらに進めて，「成果開発のインセンティヴを保障するために，営業活動上の情報を秘密にすることで他の競業者に対し優位に立とうとする企業の行動を法的に支援するというところにある」[40]と捉える見解があった[41]。

2.2 秘密管理性要件に関する裁判例および学説等

2.2.1 裁判例の概観

これまで裁判例においては，①アクセス権者の制限（アクセス制限）および②アクセスした者が秘密であると認識できること（客観的認識可能性）の2点が重要なファクターとして位置づけられてきたものの，当該①および②のみを判断要素としているのではなく，情報の性質・種類・内容・価値，保有形態，企業の規模，従業員に対する指導監督，および侵害した相手方との関係等に応じて総合的に「秘密として管理されている」か否か（合理性を有する秘密管理措置が実施されていたか否か[42]）が考慮されている[43]。

すなわち，裁判例は，様々な事情を総合的に判断しているものであり，最終的に秘密管理性が肯定されるか否定されるかは事案によると言わざるをえない[44]。

なお，秘密管理性を巡る裁判例について，緩和期（1990年〜2002年ころ），厳格期（2002年ころ〜2007年ころ）および揺り戻し期（2007年ころ〜2014年ころ）という変遷があるとする学説の分析[45]がある一方，当該分析には複数の実務家からの批判がある[46][47]。

2.2.2 学説について

営業秘密保護制度が導入された当初，管理のための合理的努力をしているか否かという点についての判断は，諸般の事情を総合的に勘案して決定されるものであって，大企業とベンチャー企業とでは自ずと異なった判断がなされることもありうる，と考えられていた[48]。

このように，秘密管理性は相対的な概念であるという考え方[49]に，現在も，概ね争いはないものの，具体的な判断手法については，主に一要件説と二要件説の対立があるとされる。

二要件説は，営業秘密の保護法制が整備されてから約10年後のアコマ医科工業事件・東京地判平12・9・28判タ1079号289頁〔28052116〕[50]において，東京地裁が，「『秘密として管理されている』といえるためには，①当該情報にアクセスした者に当該情報が営業秘密であることを認識できるようにしていることや，②当該情報にアクセスできる者が制限されていることが必要である」として，勤務時間中は施錠されていないキャビネットに「マル秘」表示等の表示を付さずに保管していた治験データおよび輸入申請書等（紙媒体）について秘密管理性を否定するなど厳格な判断をしたこと，ならびにアコマ医科工業事件に倣ったその後の裁判例を踏まえて，秘密管理性が認められるためには認識可能性およびアクセス制限の双方が必要（二要件説，二基準説，絶対的認識節，厳格説などと呼ばれる）と考える見解である[51)52]。

他方，一要件説は，客観的認識可能性を中心とする考え方であり，一基準説，相対的認識説，緩和説などと呼ばれる[53]。

いずれにせよ，例えば，侵害した相手方との関係に応じて秘密管理措置の客観的認識可能性は異なりうる[54] など，「『秘密管理性』の概念は相対的なものであり，一律にその内容を確定することはできない」[55] のである。

また，労働法学説においては，秘密管理性とは，客観的に認識可能な程度に秘密管理状態を維持していることを指し，秘密の認識可能性（特定・表示），秘密にアクセスできる者の制限（人的管理），アクセスの場所的・物理的制限（物的管理）等を考慮して判断されると分析されており，憲法22条１項の職業選択の自由の保障の観点から，秘密管理性を厳格に判断することが，労働者の労働契約終了後の自由な職業活動の保障のために極めて重要であるとされている[56]（このような観点に即した裁判例として下記2.3.7参照）。

2.2.3 立法当初の立案担当者の解釈および営業秘密管理指針の策定・改訂

営業秘密保護制度の導入時，立案担当者による通産省知財室『営業秘密逐条解説改正不正競争防止法』（有斐閣，1990年）は，秘密管理性の趣旨を「情報が営業秘密であることを客観的に認識できることを要件とした」（同54

388 第1章 総則

頁）点にあると説明し，「①当該情報にアクセスした者に当該情報が営業秘密であることを認識できるようにされていること……②当該情報にアクセスできる者が制限されていること，といった状況が考えられる。ただし，……こういった秘密管理の内容も，具体的状況に応じて個別に判断されることになるものと考えられる」（同55頁）として，例示として「①又は②」と示し，TRIPS協定39条3項c号の"under the circumstances"と同様に，「具体的状況に応じて個別に判断される」と明記して，二要件説ではなく（その後の）裁判例と同様の総合考慮の立場を示した。その後も，経産省の逐条解説等において，ただし書も含めた上記記載のままの秘密管理性の考え方が示されてきた[57]。

　しかし，前掲アコマ医科工業事件以降，秘密管理性について①および②であるとする二要件説で捉える裁判例が展開してきたこと，および，前掲アコマ医科工業事件以降の裁判実務において，「個別事情に応じて相当程度厳格な秘密管理が要求されている」ことを受けて[58]，2003（平成15）年1月，経産省は，「事業者による秘密管理の充実」を望むべく，「事業者が営業秘密の管理強化のための戦略的プログラムを策定する上での参考となるべき指針」として，「営業秘密管理指針」を策定した[59]。

　このように，営業秘密管理指針は法的拘束力を持つものではないが（同1頁），六次の改訂（全面改訂を含む）を経ながら，実務および裁判例において営業秘密該当性の参考にされてきたものである[60]。

　ちなみに，現在，「営業秘密管理指針」（全面改訂：平成31年1月23日）は，「秘密管理性要件が満たされるためには，営業秘密保有企業の秘密管理意思[61]」が秘密管理措置によって従業員等に対して明確に示され，当該秘密管理意思に対する従業員等の認識可能性が確保される必要がある。具体的に必要な秘密管理措置の内容・程度は，企業の規模，業態，従業員の職務，情報の性質その他の事情の如何によって異なるものであり，企業における営業秘密の管理単位（略）における従業員がそれを一般的に，かつ容易に認識できる程度のものである必要がある」と解説する（同6頁）。

　このような営業秘密管理指針の秘密管理性の考え方に対しては，「秘密として認識させるための合理的な措置」に言及しており「秘密として保持するための合理的な措置」を示したものではないという批判がある[62]。

２条６項　定義―営業秘密　　389

2.3　裁判例

　秘密管理性の肯否については，裁判実務において上記2.2.1のとおり，いわば総合考慮説といえる判断手法が取られて，"under the circumstances"（状況に応じた）判断がなされていることから，２条６項では，近時の裁判例について，肯定されたもの・否定されたものをそれぞれ技術情報と営業情報とに分けて以下，紹介する。

　また，総合考慮に当たり秘密管理措置の潜脱等を考慮した裁判例（2.3.6）と，さらに，近時，転職・起業が一般化していることから，秘密管理性につき職業選択・転職の自由に言及した裁判例（2.3.7），および，頭の中の情報の秘密管理性に関する裁判例（2.3.8）について紹介する。最後に，実務上，規模の大小が問題となることもあるから，小規模な事業者に関する裁判例についてまとめる（2.3.9）。

2.3.1　技術情報について秘密管理性を肯定した裁判例

(1)　オートフォーカス顕微鏡の組立図事件・東京地判平28・4・27最高裁HP（平成25年（ワ）30447号）〔28241422〕[63]

　東京地裁は，「本件データ」が原告の近年の主力製品の組立図，部品図および部品表であるとしたうえで，①原告において図面や部品表は，設計，開発に要する期間を短縮する目的などに使用するために保管されていること，②図面や部品表のデジタルデータは，社内サーバに保存されたうえ，社内文書管理システムを用いて管理されており，原告の従業員がデータを検索，閲覧，印刷するには所定の利用登録を受ける必要があったこと，および③サーバに蓄積されているデータを個別または一括してダウンロードし，記録媒体に保存する権限を与えられているのが技術部門の一部の従業員であったことなどを踏まえて，端的に，「本件データは，いずれも，原告において秘密として管理されている生産方法その他の事業活動に有用な技術上の情報であって，公然と知られていないもの，すなわち，不競法にいう『営業秘密』に当たるものと認められる」とした。

(2)　接触角計算（液滴法）プログラム事件（控訴審）・知財高判平28・4・27判時2321号85頁〔28243400〕[64]

　知財高裁は，「原告プログラムが完成した平成21年7月当時，開発を担当

390　第1章　総則

するプログラマの使用するパソコンにはパスワードの設定がされ，また，被控訴人は，完成したプログラムのソースコードを研究開発部のネットワーク共有フォルダ『RandD＿HDD』サーバの『SOFT＿Source』フォルダに保管し，当該フォルダをパスワード管理した上で，アクセス権者を限定するとともに，従業員に対し，上記管理体制を周知し，不正利用した場合にはフォルダへのアクセスの履歴（ログ）が残るので，どのパソコンからアクセスしたかを特定可能である旨注意喚起するなどしていたことに照らすと，原告ソースコードは，被控訴人において，秘密として管理されていたものというべきである。」として，プログラムのソースコードについては，営業秘密該当性を否定した原判決を変更して，秘密管理性等営業秘密該当性を肯定した。もっとも，当該プログラムのアルゴリズムについては，秘密該当性，有用性および公知性のいずれも否定した。

(3)　エスティーネットワーク事件・知財高判平30・3・26最高裁HP（平成29年（ネ）10007号）〔28261326〕[65]

　ソースコードおよび回路図データ等の情報について，知財高裁は，被控訴人の情報管理の態様について事実認定をしたうえで，「これらの事実によれば，本件情報については，被控訴人の従業員において被控訴人の秘密情報であると認識していたものであるとともに，秘密として管理していることを十分に認識し得る措置が講じられていたと認められるから，秘密管理性が認められる。」として，従業員の認識と客観的認識可能性の2つを理由に秘密管理性を肯定した裁判例である。

　情報管理の態様として認定されたものは，就業規則における秘密保持義務，ISO規格の内部監査委員養成セミナーを受けたシステム管理責任者らによる従業員に対する一般情報セキュリティ教育，資産台帳上の「秘密」という区分，社内ファイルサーバにおいてユーザ名とパスワード入力しなければアクセスできないフォルダがあること，および秘密管理性が争われた情報が当該フォルダに保管されていたことの5つであった。

(4)　ラベラー事件・東京地判令3・6・4最高裁HP（平成27年（ワ）30656号）〔28302174〕[66]

　実際に機械を組み立てうる精度の過去の製品の設計図面のCADデータの秘密管理性が争われた事案である。

　社内サーバ上の共有フォルダに保管し，関係する従業員の貸与PCにアク

セス権限を設定していたこと，顧客からの依頼でも詳細な寸法等が記載されている組図および部品図は交付しなかったこと（商用図および承認図という概略図を交付していたこと），第三者に設計図面を交付する場合には上長の許可を得るという原則があったこと，および，従業規則において持ち出しが禁じられていたことから，「本件図面データは，その内容及び性質に照らし，原告の従業員において，秘密であると認識し得るものであり，かつ，秘密であると客観的に認識し得る態様で管理されていたと評価すべき」として，秘密管理性が肯定された。

(5) 内部者と外部者の秘密管理性に関する裁判例・東京地判令4・1・28最高裁HP（平成30年（ワ）33583号）〔28312242〕

　裁判例上，相手方との関係性は秘密管理性を肯否する事情となっているが（上記2.2.1参照）情報にアクセスし利用する者が内部者（従業者，派遣労働者，出向者など営業秘密保有者の指揮監督下で業務に従事する者）と外部者（営業秘密保有者との間での種々の契約に基づき情報の開示を受けて利用する者）とで秘密管理性の程度に違いが生じるのかという論点が，従前から提起されている[67]

　当該論点に関するものとして，技術情報について，社内における秘密管理性も取引先との関係における秘密管理性もいずれも肯定した裁判例があげられる。

　東京地裁は，樹脂製宅配ボックスの開発プロジェクトを行っていた原被告間における，最終試作品の製作のための3Dデータ（新製品の試作品の製造が容易に可能となる）について，①原告内部においては，ⅰ従業員に対し就業規則において一般的な機密保持義務を課していたこと，加えてⅱ個人認証手続を取らなければならない技術部室内のパソコンを使用してしかアクセスできないフォルダに当該3Dデータを含めた技術情報を管理していたことから，「原告が内部的に秘密として管理していた」とし，②被告との関係においては，ⅰ当該3Dデータの送付に先立ち，被告の提案により，機密保持契約が締結されていたこと，ⅱ新製品に関する企画書，図面，見積書等には秘密である旨が明示されていたものがあったこと，同時に，ⅲ新製品の仕様等に関する情報であっても秘密である旨の表示をせずに，双方が相手方に送信ないし送付をすることがあったものの，当該3Dデータに先立って原告が作成したモックアップ用の3Dデータについて，これを受領した被告従業員

が原告従業員に対して，機密保持契約を締結済みの第三者に開示することについて許可を求めており，秘密であることを前提とした行動を取っていたことから，被告において当該3Dデータに係る原告の秘密管理意思を認識しえたことは明らかであるとして，取引先である被告との関係においても秘密管理性を肯定した。

2.3.2 技術情報について秘密管理性を否定した裁判例[68]

(1) ボイラ等図面データ事件・大阪地判平30・12・6最高裁HP（平成28年（ワ）5649号）〔28272132〕

　東日本大震災復興事業に関するボイラ等の図面データについて争われた事案において，大阪地裁は，①原告（2名の役員および6名ないし7名の従業員）の代表者が図面データを保管するPCをインターネットに接続しないようにしていた趣旨を被告（原告の元取締役）に伝えていなかったこと，②当該図面データには設計製造情報が化体しているとしても同業他社の間で公知のものや昭和61年に原告代表者および被告がともに独立した際の元勤務先の図面を参考にしたものもあるから，内容的に同業他社に対して当然に秘密とすべきものとの認識が生じるものであるとは言い難いこと，③被告の技術的理解がさほど高いものではなかったことがうかがわれるから秘密にするほど従業なものであるとの認識が生じてなかったとしても不合理ではないこと，ならびに④被告は原告の取締役であったものの漏洩等を禁止した就業規則で対象となる秘密を特定していたわけではないことなどから，「原告は小規模な会社であるから，厳格な手段によらずとも，社内の人間に本件図面データが秘密であることを認識させることは可能であると思われるが，そのことを前提としてもなお，本件図面データが営業秘密であることを認識できるようにするための措置が採られていなかったというべきである。」として秘密管理性を否定した。

(2) ゴミ貯蔵機事件・大阪高判平31・2・14最高裁HP（平成30年（ネ）960号）〔28270702〕

　上記2.3.1(3)同様，内部者と外部者の秘密管理性に関する裁判例である。大阪高裁は，社内における秘密管理性は肯定しつつも，取引先との関係における秘密管理性は否定した。

　具体的には，ゴミ貯蔵機の技術情報について，①役員および従業員が約40

名余り，大阪本社，東京支社，福島工場ならびにシンガポールおよび香港に支店のあった控訴人の内部においては，本件技術情報にアクセスできる者が福島工場の全従業員18名および役員に限られていたこと，②就業規則に秘密保持義務の定めがあったこと，ならびに③秘密保持の誓約書の提出を受けていたことから，客観的認識可能性が認められるとして秘密管理性を肯定した。他方で，取引先との関係においては，①製作請負契約締結時および物件貸与時に外注先との間で秘密保持契約が締結された証拠として提出された契約書の日付が訴訟提起時より約15年前である平成14年または平成15年の計3通であったこと，②図面等の情報が交付されたと推認される部品の供給元との間で秘密保持契約が締結された形跡がないこと，ならびに③販売およびメンテナンスサービスの代理店である被控訴人に対して営業秘密であると主張する情報に属する情報を含む図面および写真を長年にわたり数多く交付していたものの秘密保持契約を締結しまたはしようとした形跡も全くなく，また取引終了時の通知書等においても交付した技術上の情報の取扱いや用済み後の回収について何らの要請がなされた形跡がなかったことから，秘密管理性を否定した。

2.3.3　営業情報について秘密管理性を肯定した裁判例

⑴　介護保険サービス利用者情報事件・大阪地判平29・1・12最高裁HP（平成27年（ワ）7288号）〔28253114〕[69]

　介護保険法による介護サービス事業を営む原告の元従業員が競業の被告を設立しまたは被告に転職するに当たり，原告の利用者情報（「居宅サービス計画書」（ケアプラン），介護保険被保険者証写し，利用者の住所，氏名，年齢，電話番号，介護認定状況，介護保険認定情報，利用者に対するサービスの内容等が記載されている利用者基本情報から成る）を持ち出し，被告との契約に切り替えさせるなどの行為をしたことが問題となった。

　大阪地裁は，①利用者名簿をキャビネットに施錠保管していたことについて，当該キャビネットには利用者から預かった自宅の鍵も保管されていたという別の目的もあったものの，介護事業者としての指定を受ける際に被告も利用者情報の施錠できるキャビネットへの保管を求められていること，②利用者情報を含む電磁記録が保管されていたクラウドコンピューティングサービスにおいて，当該サービス利用上，形式的にアクセスのためのIDおよび

394 第1章 総則

パスワードが決められていたとしても，原告の従業員以外の者に明らかにされていないこと，③仮に電磁的記録が持ち出されても当該IDおよびパスワードにより保護されていること，ならびに，④雇用契約書等の守秘義務の記載が，利用者のプライバシー保護のためという別の目的もあるものの，利用者情報が有用性を有する営業上の情報であることからすれば，プライバシー保護のみであるとは認められないことから，「他に漏らしてはならない営業上の情報であると認識できたものといえ」るとして秘密管理性を肯定した。

(2) ベネッセ顧客名簿刑事事件控訴審判決・東京高判平29・3・21判タ1443号80頁〔28253079〕

営業秘密管理指針の平成30年全面改訂に対応して「認識可能性要件を重視した刑事判決と理解される」裁判例である[70]。また，管理不備が被告人に有利な量刑事情とされた裁判例でもある。

事案は，情報システムの開発等を行う委託先従業員が，委託元のサーバから，1009万2087件の顧客名簿を委託先から貸与されていた業務用PCを介して自身のスマホの内蔵メモリに保存して領得し，大容量ファイル送信サービスを使用して第三者に開示した行為，および1980万905件の顧客情報についても委託元のサーバから当該業務用PCを介して自身のスマホに挿入していたマイクロSDカードに保存し領得した行為について営業秘密侵害罪に問われたというものである[71][72][73]。

東京高裁は，秘密管理性を肯定した原判決（東京地立川支判平28・3・29判タ1433号231頁〔28250128〕）の認定の結論を支持しつつも，「不正競争防止法2条6項が保護されるべき営業秘密に秘密管理性を要件とした趣旨は，営業秘密として保護の対象となる情報とそうでない情報とが明確に区別されていなければ，事業者が保有する情報に接した者にとって，当該情報を使用等することが許されるか否かを予測することが困難となり，その結果，情報の自由な利用を阻害することになるからである。そうすると，当該情報が秘密として管理されているというためには，当該情報に関して，その保有者が主観的に秘密にしておく意思を有しているだけでなく，当該情報にアクセスした従業員や外部者に，当該情報が秘密であることが十分に認識できるようにされていることが重要であり，そのためには，当該情報にアクセスできる者を制限するなど，保有者が当該情報を合理的な方法で管理していることが

必要とされるのである。」と述べたうえで、「原判決は、②当該情報にアクセスした者につき、それが管理されている秘密情報であると客観的に認識することが可能であることと並んで、①当該情報にアクセスできる者を制限するなど、当該情報の秘密保持のために必要な合理的管理方法がとられていることを秘密管理性の要件とするかのような判示をしている。しかしながら、上記の不正競争防止法の趣旨からすれば、②の客観的認識可能性こそが重要であって、①の点は秘密管理性の有無を判断する上で重要な要素となるものではあるが、②と独立の要件とみるのは相当でない。」とした。

また、東京高裁は、被害者側（委託元）の落ち度として、「営業秘密である本件顧客情報の管理等について不備が多々」あるとし、被告人に有利な量刑事情として考慮して、原判決よりも処断刑を軽くした[74]。

具体的な不備としては、①本件データベースのアクセス制限のためのアカウント情報が委託先の共有フォルダ内に蔵置されていて、閲覧可能であったこと、②私物のスマートフォンの執務室への持ち込みが禁止されていなかったこと、③本件データベースにはアラートシステムが導入されていたが、実際には機能していなかったこと、および④委託元にとって経歴等が詳らかでない者に、経営の根幹にかかわる重要な企業秘密である本件顧客情報へのアクセスを許していたという著しく不適切な秘密情報の管理のあり方であったこと（委託先においては、相当数の業務委託先会社に所属する従業員を、パートナーと称し、実態は派遣労働者として受け入れ、本件システムの開発等の業務に従事させ、特に、被告人については、3次派遣の労働者に該当し、委託先の上長においても被告人の所属先会社を正確には把握していない状態であり、委託元のような大手企業が子会社である委託先を通じてこのような方法を採っていたこと）があげられている。

(3)　医薬品配置販売業顧客名簿事件・大阪地判平30・3・5最高裁HP（平成28年（ワ）648号）〔28262621〕

医薬品配置販売業（置き薬）の事業譲渡を受けた原告が、事業譲渡人の元従業員で競合会社に転職した被告らに対し2万7265軒の顧客が記載された懸場帳（医薬品配置業界における顧客名簿）の不正使用について争った事案である。

大阪地裁は、（原告ではなく、まず）譲渡人における懸場帳の秘密管理性について肯定した後に原告の秘密管理性を肯定した。

396　第1章　総則

　具体的には，譲渡人における懸場帳の秘密管理性について，規範的な管理(a)と従業員の認識(b)を認定し，アクセス制限がなかったこと(c)および物理的な管理の不徹底(d)を評価したうえで，結論としては，規範的な管理(a)および配置販売業者にとっての顧客情報の重要性に鑑みて，「従業員らにとっても，なおそれが秘密管理の対象とされるべきものであると認識できるだけの措置は執られていたというべきである」ことから，「顧客情報に接した者にそれが秘密であると認識し得るようにしていたといえる」として，譲渡人における秘密管理性を肯定した。(a)の事情としては，①本部において顧客情報を一元化してデータ管理していたこと，②就業規則において顧客情報の開示等を禁止していたこと，③退職従業員に対して顧客情報を漏えいしないことを誓約させていたこと，(b)の事情としては，①配置販売業者にとっての顧客情報の重要性に鑑みれば，従業員らにとっても，それが秘密管理の対象とされるべきものであることは容易に理解しうること，②実際，被告自身も，ルート一覧のようなものは退職時に返還すべきものとわかっていたと証言したこと，③他の被告も，退職に当たって，手元にあったルート一覧や廻商リストは廃棄したと証言したこと(c)の事情としては，譲渡人の所属営業所内での顧客情報へのアクセス制限の程度が明らかでないとしても，①営業所が近隣に３か所しかなく各営業所の従業員数も数人ずつにすぎない小規模の会社であること，②従業員のほとんどが営業部員であると推認され，「小規模の事業所では各従業員が業務遂行に当たって顧客情報を自由に使用できる必要があるから，営業所内でアクセス制限が設けられていないとしても，それをもって対社外的にも秘密でない扱いがされていたとはいえない」こと，さらに，(d)の事情としては，顧客情報が廻商リストおよびルート一覧という形で紙媒体に打ち出されて営業部員に配布された後の扱いは営業部員に任せられており，回収や廃棄確認等も行われておらず，メモ用紙に使用されたり，放置されたりするなど，物理的な管理が徹底されていたとはいいがたい事情があったことを指摘している。

　そのうえで，大阪地裁は，事業譲受人である原告についても，その就業規則で営業情報および個人情報の漏洩を禁止していたこと，譲渡人に対して退職する従業員から誓約書を徴求するよう指示したこと，および当該誓約書で機密事項の漏洩を禁止していることから，譲渡人から受け継いだ顧客情報について，秘密管理性を肯定した。

(4)　採尿器具販売事件・大阪地判平30・3・15最高裁HP（平成27年（ワ）11753号）〔28262597〕

　　原告の顧客情報について元代表取締役との間で争いとなった事案である。大阪地裁は、「『秘密として管理されている』というためには、当該情報にアクセスした者に当該情報が営業秘密であることを認識できるようにするための措置をとっていることが必要であるが、本件では、問題にされている被告P1が、原告の代表取締役という自ら秘密管理を行う立場にあった者であることを考慮する必要がある。」として、①原告の代表取締役として、顧客情報が記録されたファイルにパスワードを設定する措置を自ら採っていたこと、および、②顧客情報に接する業務受託者との契約書中で、原告の企業秘密の漏洩を禁じていたことから、「被告P1は、自ら原告の顧客情報を秘密とする措置を採っていたと認められる上、代表取締役の退任後、本件誓約書の2項で、在任中に取得した原告に関する情報を漏洩しない旨を約しているから、原告の顧客情報の秘密管理性を認めるのが相当である。」とした。

(5)　エディオン事件・大阪地判令2・10・1最高裁HP（平成28年（ワ）4029号）〔28283762〕[75]

　　標準構成明細情報というパッケージ商品の標準的な構成の明細を内容とする情報と、HORP関連情報という「案件管理システムの設計思想その他理念的・抽象的というべき部分」の秘密管理性について判示するに当たり、大阪地裁は、「『秘密として管理されている』（秘密管理性）といえるためには、当該情報にアクセスした者において当該情報がその保有者の秘密情報であると認識し得るようにされていること及び当該情報にアクセスできる者が制限されていることが必要である。もっとも、この点は、情報の性質、内容、情報保有者の事業規模等によって相対的に判断されるべきものである。」として、二要件を「相対的に判断」するという、いわば総合考慮の考え方を示した。

(6)　顔料ビジネス事件・東京地判令4・10・5最高裁HP（令和2年（ワ）21047号）〔28302538〕[76]

　　競合他社に転職した元従業員に対し、製品の販売数量や全世界における売上金額等が記録された6つのファイル等について不正競争防止法または秘密保持契約に基づく差止請求等がなされた事案において、東京地裁は、一部のファイルについては、パソコンを貸与し、IDおよびパスワードを従業員の

398　第1章　総則

うち当該ファイルを取り扱う部門に属する者にのみアクセス権限を与えていたこと，ならびに，就業規則およびファイルの内容からして従業員において外部持出禁止について認識することができたことを理由に秘密管理性を肯定した。

2.3.4　営業情報について秘密管理性を否定した裁判例[77]

(1)　名刺帳事件・東京地判平27・10・22最高裁HP（平成26年（ワ）6372号）〔28233704〕

　東京地裁は，名刺帳と顧客リストについて争われた事案において，①従業員または取締役が業務上入手した名刺の管理や処分につき就業規則等に定めを置いていなかったこと，および②従業員等に対し名刺の管理や処分に関する指示をすることもなかったことから，顧客リストの記載とは別に従業員等が所持する名刺については，その処分が従業員等に委ねられており，問題となった名刺帳についても，被告が原告から処分を委ねられた名刺を単に自己の営業活動等のために整理していたにすぎず，「原告が管理していたとみることはできない。また，原告による管理を認め得るとしても，本件名刺帳が保管された引き出しは施錠されておらず，秘密とする旨の表示もなかったというのであるから，秘密管理性を認めることは困難である。」として，秘密管理性を否定した。

(2)　顧客情報について2つの管理方法が採られていた事案[78]

　美容院を経営する企業を退職した美容師が別の美容院において原告の顧客情報を利用して原告の顧客にダイレクトメールを送ったことが問題となった事案であり，当該顧客情報が顧客カルテと顧客管理システムという2つの方法により管理されていた。

　東京地裁は，①顧客カルテには，その表紙などに営業秘密である旨の表示はなく，店舗の従業員であれば誰でも見られる状態で保管されていたこと，②顧客管理システムは，店舗の従業員であればパスワード等を用いることなく誰でも顧客情報を閲覧することができたこと，および③被告が原告に在職していた当時，原告において，従業員に秘密保持義務を課す情報管理規定も存在していなかったことから，当該顧客情報は「情報の利用者である従業員において秘密であると認識し得る程度に管理されていたと認めることは困難というほかない。」として秘密管理性を否定した。

(3) インタープライズ・コンサルティング事件・知財高判平28・3・8最高裁HP（平成27年（ネ）10118号）〔28240964〕[79]

　秘密とはされない情報と区別して管理されているか否かが重視された事案である。

　コンサルタント業務を主たる業務とする控訴人が，元代表取締役等が競合他社と共謀して，同社と契約させて不当に高額な業務委託料を支払わせるなどして控訴人に損害を与えたとして争われた事案において，控訴人が営業秘密であると主張した「本件登録情報」につき，知財高裁は，①本件登録情報は，元来，各コンサルタントが顧客から取得する情報であること，②アクセスできる従業員が限定されている情報が存在する一方で，本件登録情報の登録された販売管理システムには控訴人の従業員であれば誰でもログイン可能であり，アクセスできる従業員が限定されていないこと，③控訴人がそのほかに本件登録情報の具体的な管理方法について具体的に主張立証しないこと，④控訴人が，本件登録情報以外に販売管理システムにおいて管理される情報があるかどうかや，その内容，本件登録情報以外の情報がある場合，それと本件登録情報とが何らかの形で区別されているかなどについても具体的に主張立証せず，本件登録情報がその他の秘密とはされない情報と区別して管理されているのかどうかも判然としないこと，⑤その従業員に対し，就業規則において課していた秘密保持義務の対象は，「会社の機密事項または会社の不利益となる事項」，「業務上知悉した関係会社の機密事項」とされているにとどまり，本件登録情報が上記の各事項に含まれるのかはその文言上必ずしも一義的に明らかではないこと，⑥従業員の資格を失った時には，業務に関連して得た会社および顧客に関する資料，データその他の情報を直ちに返納し，または破棄することとはされているものの，本件登録情報に係る情報そのものについてどのように扱われるかはその文言からは必ずしも明確ではないこと，⑦「秘密保持に関する誓約書」の記載をみても，「秘密情報等」の対象とされているのは，控訴人に関係する情報であり，顧客に関係する本件登録情報がこれに含まれるのかは一義的に明確ではないことから，「控訴人が，本件登録情報につき，同情報に接する者において秘密として認識し得るようにしていたと認めるのには疑問が残り，他にこれを認めるに足りる証拠はない」として秘密管理性を否定した。

(4)　ワークの加工装置事件・東京地判平28・4・27最高裁HP（平成26年

400 第1章 総則

（ワ）9920号）〔28241682〕

　原被告間の請負契約に基づいて原告製品を原告の顧客に対して被告に直送してもらうために，原告顧客情報を被告に交付したところ，被告各製品の販売のために被告が当該顧客情報を不正使用したのではないかと争われた事案である。

　同判決は，「不競法2条6項にいう『秘密として管理されている』ことが必要であり，このようにいえるためには，当該情報にアクセスした者に当該情報が営業秘密であることが認識できるようにしていることや，当該情報にアクセスできる者が限定されていることなど，当該情報に接した者が，これが秘密として管理されていることを認識し得る程度に秘密として管理している実体があったといえることが必要というべきである。」と，アクセス制限を一事情として考慮する旨を示したうえで，当該顧客情報について，①「部外秘」「秘密」などの秘密情報が記載されていることを示す印字や押印がされていなかったこと，②漫然と被告の担当者以外も日常的に目にする可能性があるファクシミリ機に宛てて送付していたこと，③原告も当該ファクシミリの設置状況を認識していたことから，秘密管理性を否定した。

　控訴審（知財高判平28・10・27最高裁HP（平成28年（ネ）10053号）〔28243897〕）も，上記②に関する控訴人（原告）の主張に関し，「ここで問題となるのは……控訴人が，被控訴人におけるファクシミリの設置状況を認識しながら，原告顧客情報を秘匿するための交付方法をとることも，秘密が記載されていることを示す表示をすることもないまま，担当者以外も目にする可能性があるファクシミリ機に宛てて本件指示書等を送付していたという事実であり，このことは，控訴人の守備範囲における原告顧客情報の管理の問題にほかならない」として控訴人（原告）主張を排斥し，秘密保持契約における秘密保持の対象「本件業務に関する甲（判決注：控訴人）の機密的または専有的情報」の解釈についても，当該契約の前後の規定から，技術的事項を対象としたものであって，製品販売のための営業活動に用いられる顧客に関する情報を含むものではないとして，結局，原審同様，原告顧客情報の秘密管理性を否定した。

(5)　認証[80]を理由に秘密管理性を否定した裁判例[81]

　東京地裁は，「①八潮営業所において，営業担当又は事務担当の従業員であれば，全員が，その業務の際に本件情報にアクセスすることができたこ

と，②原告におけるシステムの利用については，一応，各ユーザーにユーザーIDやパスワードが付与されてはいたものの，他の従業員のユーザーIDやパスワードを容易に推知することができ，これらを用いてシステムを利用することも行われていたこと，③原告において，上記他の従業員のパスワードの利用について何らかの措置が講じられていたことは認められず，④従業員各自に対し本件規程が周知されていたというべき事情も認められないこと」を指摘したうえで，「本件情報については，その利用者に秘密として管理されていることを認識し得る措置がおよそ講じられていなかったとまではいえないものの，当該措置は，八潮営業所の従業員が本件情報へアクセスする際の認証としての役割を果たしていなかった」として，秘密管理性を否定した。

(6)　ピアノ調律師顧客名簿事件・青森地判平31・2・25判時2415号54頁〔28273827〕[82]

　青森地裁は，丁寧に事実認定したうえで，ピアノの調律等に関する業務委託契約終了後の原告（問題となった原告青森店には，3名の正社員および4名程度の契約社員またはパート従業員が常駐し，講師40名程度および調律師3名程度がいた）の顧客情報について秘密管理性を否定した。

(7)　元従業員が転職先で競業行為を行った事案[83]

　東京地裁は，「原告が本件各情報を秘密情報であると主観的に認識しているだけでは足りず，原告の秘密管理意思（特定の情報を秘密として管理しようとする意思）が，具体的状況に応じた秘密管理措置によって原告の従業員等に明確に示され，原告の従業員等においてそのような原告の秘密管理意思を容易に認識できる必要がある」として，(a)①顧客および外注先といった取引先の担当従業員の連絡先については，各自が自ら契約を締結し使用している携帯電話に登録されていたことから，また②受注金額および外注業者への手配金額については，パスワード等のセキュリティ措置が一切施されていないメールに記載されて，所属する者であれば常に閲覧可能な状態に供されていたことから，いずれも秘密管理措置が施されていたとは認められ難いとし，さらに，(b)秘密保持契約書で「過去に取引をしたことがある取引先や仕入先および資料」が全て自社に帰属する旨が規定されていたとしても，上記(a)のように十分な秘密管理措置を執っていたとは認め難いこと，ならびに(c)「資料」が具体的に何を指すのか明らかでないことから，秘密管理意思が明

確に示されていたわけでも容易に認識できる状況にもあったわけでもないとして，秘密管理性を否定した。

(8) 仕入価格の秘密管理性が争われた事案[84]

特殊台車等を中国から輸入して被告企業に販売していた原告の元従業員が被告に転職し，原告の仕入価格を不正取得・開示したことが争われた事案である。東京地裁は，①価格情報を含むインボイスが原告在籍中の当該元従業員の個人のメールアドレス宛に送付され，他のメールと混然一体に，アクセス制限なく，元従業員の個人パソコンなどに保管されていたこと，②雇用契約等における秘密保持義務条項の対象が「業務上の原告の秘密」と具体的に特定されていなかったこと，および③退職時に価格情報を含むメールの削除を求めたことがないことから，秘密管理性を否定した。

(9) 管理方法の適切性を理由に秘密管理性を否定した事案[85]

建築等を目的とする原告の，8名の従業員等のうち，解雇された1名がその後，被告企業の代表取締役となったところ，その被解雇者の原告在職期間中に原告が見積をした5つの工事の見積書に記載の顧客情報および価格情報について，被解雇者による不正取得等が問題となった事案である。大阪地裁は，「秘密として管理されているといえるためには，秘密としての管理方法が適切であって，管理の意思が客観的に認識可能であることを要すると解される」としたうえで，秘密である旨の表示がないこと，アクセス制限措置が施されていないこと，就業規則に秘密保持の規定がないこと，被告企業との間で秘密保持契約を締結していなかったこと，発注者との間においても秘密保持契約を締結していなかったこと，原告が注意喚起も研修等の教育措置も行っていなかったこと，および使用後に支社のコンピュータから削除するよう指示しなかったことから，「原告の企業規模等の具体的状況を考慮しても，原告において，特別な費用を要さずに容易に採り得る最低限の秘密管理措置すら採られておらず，適切に秘密として管理されていたとはいえ」として，秘密管理性を否定した。適切な管理方法は，企業規模等の具体的状況を考慮して判断することを示したといえよう。

2.3.5　技術上の情報と営業上の情報における秘密管理措置の違い

技術上の情報についての営業秘密侵害罪が問われた日本ペイント塗料製造情報事件・名古屋高判令3・4・13公刊物未登載（令和2年（う）162号）

〔28292014〕[86]で，名古屋高裁は，傍論であるものの，「顧客名簿のように集合体となった情報が秘密として管理されている場合，個々の顧客情報の収集に当たった従業員にとって，名簿を構成する顧客情報の相当部分は自ら収集し，日常的にアクセスしている情報であることからすれば，そうした従業員による営業秘密の侵害が問題となる事案において，情報の集積結果である顧客名簿等のみならず個々又は一部の顧客情報についても営業秘密であると認めるためには，どのような顧客情報を秘密情報とするかという事業者の秘密管理意思が秘密管理措置によって従業員に明確に示され，その認識可能性が確保される必要があるといえる」とし，他方，「本件のような技術情報に係る営業秘密は，直接開発に従事した従業員はもとより，そのような情報へのアクセスを許可された従業員も，事業者が当該情報を秘密として管理し外部への漏えいを禁じる意思や利益を有していることやその範囲を容易に認識し得るといえる」として，技術上の情報は，「顧客情報等のようにどのような情報を秘密情報とするかを明確にする管理措置を問題にする必要はない」と判示して，営業上の情報の方が，技術上の情報よりも，客観的認識可能性を確保するためにより明確な秘密管理措置が要求されることを示した[87]。

2.3.6　秘密管理措置の潜脱・形骸化，失敗を考慮した裁判例[88]

　秘密管理措置が講じられていたものの，決められたルールが厳格に実施されていなかったり，潜脱されたり，形骸化していたりするなど，秘密管理に不十分さがある場合や，失敗する場合もある。

　このような「秘密管理の不徹底」については，秘密管理性が「侵害の相手方との関係で認識可能性のある秘密管理措置」（上記2.2.1参照）を立証命題とし間接事実の総合評価によって判断されるものであることから，客観的認識可能性を攻撃する間接事実の1つであると考えられている[89]。

2.3.6.1　秘密管理性を否定した裁判例

(1)　日産自動車刑事事件第一審判決・横浜地判平28・10・31刑集72巻6号618頁〔28250768〕

　横浜地裁は，検察官がa社の営業秘密であると主張した情報のうち「本件教本」（三部冊）については，各ページの右下に「a社　Confidential」の文字が印刷され，各部の1枚目等の右上にも「社外秘」との文字が記載されて

いたものの,「a社の全従業員や関連企業の従業員のみならず, g教育セン
ター内の専門学校生等を含めて自由に閲覧することが可能とされていたもの
であり, 誰が閲覧したのかについて確認する手立てもなく, しかも, 本件教
本を閲覧する際, メモをとることなどについても制限は設けられておらず,
閲覧後に情報を開示してはならない旨等を殊更に注意をされるようなことも
なかった上に, 本件教本を使用した講座の受講者(職場推薦を受けたa社の
若手従業員が対象)には, 本件教本そのものが配布されて, 持ち帰ることが
でき, その後も保有することが許されていた」ことから,「本件教本の管理
方法は, 他の社外秘とされていなかった各教本と同様の方法にすぎず, 営業
秘密の管理の在り方として, 合理的な管理方法がとられていたとは認められ
ない」として, 秘密管理性を否定した(その結果, 一部無罪となった)。

(2)　互助会会員情報事件・知財高判平28・12・21最高裁HP (平成28年(ネ)
10079号)〔28244589〕[90]

　　互助会業を営む控訴人が, 控訴人の会員に関する情報を被控訴人が使用し
て互助会契約の解約等を勧誘しているとして争い, 控訴審段階で平成27年全
部改訂版の営業秘密管理指針を援用し, 雇用契約等上に会員情報の守秘義務
の定めがあること, プライバシーマークの付与を受けたこと, 役職員を対象
とした研修を実施していること, 被控訴人自身も個人情報保護に関する研修
を受講し, 理解度テストを受け, 個人情報ファイルの施錠保管に関する質問
に正解していることを主張立証したものの, 知財高裁は,「そもそも会員情
報の具体的内容が定かでない」と留保をしつつ,「個々の担当者が会員情報
を記載したノートを作成して保管することを日常的に許容し, これに対して
は特段の秘密管理措置を講じていなかったのであるから, 仮に, 資料原本が
控訴人の主張する態様で管理されていたとしても, 当該措置は実効性を失
い, 形骸化していたといわざるを得ず, もはや秘密管理性は認められない」
として, 秘密管理性を否定した。

(3)　1つの情報を複数の態様で管理していた事案[91]

　　東京地裁は,「原告の顧客に関する情報は, 情報の種類や量, 一覧性の程
度に違いはあるものの, 注文書等を綴ったファイル, 紙媒体の一覧表及びパ
ソコン内の本件顧客名簿という三つの態様で管理されており, うち前2者に
ついては閲覧や利用が制限されていなかったと認められる。また, 本件顧客
名簿についても, パスワードの管理状況やアクセスし得る者の範囲を的確に

認定するに足りる証拠はない。」として，「本件顧客名簿に含まれる情報」の
秘密管理性を否定した。

2.3.6.2　秘密管理性を肯定した裁判例

(1)　登録モデル情報事件・東京地判平26・4・17最高裁HP（平成24年（ワ）
35742号）〔28222079〕

　モデルやタレントのマネジメントおよび管理等を業とする原告に登録して
いた約2,000名の登録モデルの氏名，連絡先，身長，容姿の特徴，および写
真等の登録モデル情報を社内共有サーバ内にデータベースとして保有してい
た原告は，東日本大震災の緊急事態に対処するためダウンロードすることが
できるようにしていたところ，当該情報をダウンロードした被告従業員2名
が原告退職後，競業の被告会社を設立したという事案において，東京地裁
は，「原告は，登録モデル情報に接することができる者を制限し，かつ，こ
れに接した者に秘密であると容易に認識することができるようにしていたの
であるから，登録モデル情報は原告の秘密として管理されていたと認められ
る」とした。

　そのうえで，①アクセスを制限していたシステム管理者1名およびマネー
ジャー業務担当者9名以外の他の従業員も登録モデル情報を入力したことが
あるとしても，これが恒常的に行われていたことを認めるに足りる証拠がな
いこと，②従業員であればパソコンを起動させるためのログイン操作だけで
登録モデル情報にアクセスすることができるという被告主張を裏付ける証拠
はないこと，③オートログアウト機能を回避させることがあったとしても，
これが恒常的に行われていたとか，原告が認容していたことを認めるに足り
る証拠はないこと，ならびに④制限なく登録モデル情報を印刷することがで
きたり，使用後も印刷物を長期間にわたり机上に放置したり，裏紙として再
利用したりしていたという被告主張を窺わせるような証拠もないとして，秘
密管理措置が潜脱・形骸化していたとする被告主張を排斥し，秘密管理性を
肯定した。

(2)　臨床検査会社事件・大阪地判平28・6・23最高裁HP（平成25年（ワ）
12149号）〔28243387〕[92]

　大阪地裁は，検査受託先開拓のための名簿について，従業員しか閲覧でき
ない社内ネットで管理されていたこと，閲覧できる範囲について定めた情報

保護の規定があることを従業員が認識できる状況にあったこと，および，営
業部員について営業情報保護手順書が定められていたことから，客観的認識
可能性を認めて秘密管理性を肯定し，「本件情報が，営業活動上，重要な情
報であることを十分に認識できたものと認められるのであるから，営業活動
のために必要な本件情報を，営業に必要な範囲で権限のない従業員に閲覧さ
せ，あるいは情報共有していたとしても，そのことを理由に直ちに本件情報
を含む顧客情報等が秘密管理されていなかったということはできない」とし
て，秘密管理性を肯定した。

(3) 過失による開示があった事案[93]

　大阪地裁は，ベンダ・ユーザ間のソフトウェア開発の業務委託契約取引に
おいて，ソフトウェアのソースコードが一般的に非公開とされているもので
あることを認定したうえで，ユーザのパソコンにベンダ作成ソフトが残って
いたことは，ベンダの何らかの過失によるとしか考えようがなく，ベンダが
積極的に開示しようとしたものではない以上，1回限りの出来事をもって，
ベンダ制作ソフトの秘密管理性に影響を及ぼすのとはいえないとして，秘密
管理性を肯定した。

(4) 前掲エスティーネットワーク事件・知財高判平30・3・26最高裁HP
（平成29年（ネ）10007号）〔28261326〕

　知財高裁は，原告（被控訴人）製品の開発のために独自に作成されたデー
タについて，被控訴人において，①就業規則で秘密保持義務を課していたこ
と，②情報セキュリティ教育を実施していたこと，③本件情報をいずれも秘
密と指定して社内ファイルサーバ内のフォルダにアクセスできる従業員を限
定していたことから，本件情報について秘密管理措置が講じられていること
は明らかであるとしたうえで，元被控訴人従業員（現控訴人従業員）が陳述
書においてアクセス制限があったと述べたことから，「仮に，アクセス権限
のない従業員がアクセス可能な従業員からデータをプリントアウトしてもら
うといった運用が，業務上の必要に応じて行われることがあったとしても，
これをもって秘密管理措置が形骸化されたとはいえない」として，秘密管理
性を肯定した。

(5) 前掲ラベラー事件・東京地判令3・6・4最高裁HP（平成27年（ワ）
30656号）〔28302174〕

　東京地裁は，①「秘密管理の措置を潜脱する従業員」がいる点について

は，「そのことから直ちに原告において本件データが秘密として管理されていなかったということはできない」とし，②「設計図面のプリントアウトに関し，具体的なルールが存在したとは認め難い」点については，「そのことから，原告における本件データの管理が杜撰であり，あるいは本件図面データの秘密管理性に対する認識可能性がなかったということはできない」とし，③USBなどの私物の記録媒体の持ち込みに係るルールが存在しておらず，実際に持ち込まれていたという事情が指摘される点についても，「出張などの業務上の必要から私物の記録媒体が持ち込まれていたとしても，アクセスすることができるのは権限が付与されている情報に限られることに変わりはない上，従業員が私物の記録媒体に保存した本件図面データを許可なく顧客に交付することが許容されていたなどの事情は認められない以上，私物の記録媒体の持ち込みが行われていたとの事情は秘密管理性が認められるとの前記判断を左右しないというべきである」とし，④原告がCADソフトを不正インストールしていた点については，「本件図面データの秘密管理性を否定する理由とはなら」いとして，秘密管理性を肯定した。

(6) 前掲顔料ビジネス事件・東京地判令4・10・5最高裁HP（令和2年（ワ）21047号）〔28302538〕

東京地裁は，①「同じビジネスユニット内での異動であれば，従前所属していた部署のフォルダに継続してアクセスすることができ」たことについて，「別の部署に異動した後も，業務上，従前所属していた部署のフォルダにアクセスする必要があることも十分考えられ，これをもって，直ちに，原告がSharePointのアクセス権限を適切に管理していなかったということはできない」とし，また，②「SharePoint上で管理されていた情報も，その性質や機密性の程度等は様々であり，『秘密』や『Confidential』等の秘密情報であることを示す記載のないものも多数あった上，SharePoint上で管理されている電子データをプリントアウトしたり，貸与されたパソコンに保存したりすることは禁止されていなかったこと」について，秘密管理に関する体制ならびにファイルの内容およびファイルに対して施されていた具体的措置に照らせば，秘密として管理されていたことが否定されるものではないというべきとして，秘密管理性を肯定した。

408 第1章 総則

2.3.7 職業選択・転職の自由に言及した裁判例

雇用の流動化（多様な働き方の浸透およびスタートアップ・ベンチャーの台頭など）や人材不足により，現在，職業選択・転職の自由と営業秘密保護のバランスがより問われている。

営業担当者が自力で形成・蓄積した情報は同人に帰属するというという業界認識を前提にした事例判断であるが，バナナ卸売業顧客情報無罪事件・津地判令4・3・23公刊物未登載（令和2年（わ）282号）〔28301246〕で，裁判所は，職業選択の自由（転職の自由）への制約との均衡から秘密管理性について厳格な基準を示し，秘密管理性を否定して全面無罪を言い渡した[94]。同事件については，「営業担当者が自己の営業活動を通じて開拓し，日常的に営業活動の場で接していた顧客の情報に関しては，当該営業担当者の個人的な知識情報と明確に区別するために，日々の営業の場面で，そうした顧客情報が『営業秘密』であると明確に認識し得る形で管理されていることを要求する裁判例が多」いという「従来の裁判例の延長線上に位置づけることができる」ものである[95)96)]。

具体的には，被告人が，退職時に，就業先（本件会社）から貸与されプライベートでも使用していたスマートフォンから自己所有・自己使用のスマートフォンに本件会社の顧客情報（本件顧客情報）を含む電話帳データを，携帯電話ショップの店員を介して全部複製した行為が営業秘密侵害罪に問われた事案であるところ，津地裁は，本件顧客情報の有用性および非公知性を懐疑したうえで，本件顧客情報は，「本件会社が独自に形成・蓄積してきた特別な情報（有用性及び非公知性の認められる特別な情報）を被告人に開示して利用させたという意味合いは乏しいと見るほかない」こと，「一方で，営業担当者である被告人自身が日々の営業活動の中で顧客との間で個人的な信頼関係又は交友関係を構築することによって形成・蓄積してきたもの」であるから「被告人個人から切り離すことが難しい被告人自身の人脈と不可分の情報が多分に含まれていた」ことを踏まえて，「本件顧客情報について本件会社が（会社の保有する営業秘密であるとして）被告人に対して退職（転職）後の利用を一切許さないとすることは，被告人の職業選択（転職）の自由に対する過度の制約になりかねない相当に問題のある扱いであったといわなければならず，少なくとも自明の扱いではなかった」とし，「このような背景がある中で，本件会社において（被告人を含む）営業担当者に対して

（本件顧客情報のような）自力で形成・蓄積してきた取引先に関する電話帳データについて退職（転職）後の利用が一切許されなくなる『営業秘密』であると自覚させようとするからには，強力な秘密管理措置を講じる必要があったことは明らかであるが，本件会社においてそのような措置が講じられていたとは到底認められない」として，本件顧客情報の秘密管理性を否定した[97)98)]。

顧客情報に関しては，その使用を禁止することが，競業を禁止することと実質的に同義であることも少なくなく，競業避止義務と同様，当該禁止を義務付ける秘密保持契約の有効性について厳しく吟味する必要性が指摘されてきた[99)]ところであり，営業秘密の場合も同様の指摘が妥当することを示した裁判例といえよう。

2.3.8 頭の中の情報（残留情報，Residual Information）に関する裁判例

情報には，物に化体する情報，紙媒体に記載される情報および電磁的媒体に記録される情報のほか，人間の頭の中に記憶として残る情報（残留情報，残存情報，残留記憶やResidual Information/Knowledge/Memoryと呼ばれる[100)]）がある。特に技術情報の場合，暗黙知など言語化しづらく残留情報となっている情報が多いうえ，記憶に限りがあるとはいえ，例えば，体得した装置の操作方法について具体的数値を含めて何年も記憶している技術者がいたり，一方で，陳腐化に数年から10年以上を要したりすることもあり，事業承継という経営者の高齢化に伴う喫緊の課題とも相まって，近時，我が国において残留情報の取扱いへの関心が高まっているといえよう。

残留情報については，記憶主体がこれを利用することは自由である[101)]。

しかし，米国では，かねてから，記憶からの消去が不可能であるため（忘却を待つほかない），①企業間の秘密保持契約において秘密情報の受領者の従業員が残留情報を自由に使えるよう[102)]，または，②従業者が退職後に残留情報を使用することを防ぐために，一定期間（忘却するであろう期間）の秘密保持義務を定める秘密保持契約が締結される際に，労働者から残留情報を自由に使えるよう，Residual（Clause）（残留情報条項）[103)]に関する契約交渉がなされてきた[104)]。

企業間の秘密保持契約に残留情報条項を設ける理由は，(a)受領者側が複数

の顧客のプロジェクトに同じ従業者を関わらせることで顧客との秘密保持契約に違反するリスクを低減化できること[105]，(b)開示者側からの「つまらない訴訟」を回避するためのセーフハーバーを設けられること，および(c)受領者側の従業者の転職後の漏えいリスクの責任を回避することにあるとされる。「残留情報」の定義も様々であり，記憶主体で特定するほか，資料を参照せずに保持されている記憶（unaided memory）や一般的性質を有する知識等として特定する場合があるとされる。そして，開示者側は，秘密保持契約が実質的に無効とならないよう残留情報条項の削除や限定を試みるという[106][107]。

　このような残留情報について，我が国では，秘密保持契約における残留情報条項の取扱いという問題に加えて，裁判例上，残留情報が営業秘密に該当するかという問題としても取り上げられてきた。特に，我が国においては，転職活動の自由に配慮した不正競争防止法の趣旨からすれば，秘密管理性を欠く情報の利用行為の不法行為該当性を否定すべきとされており[108]，企業対退職者の紛争において営業秘密該当性ないし不正競争該当性が争われてきたといえよう[109]。

　すなわち，残留情報については，裁判例上，「一般的知識・技能の退職後の使用制限を公序良俗に反するとしたもの」[110]と，「労働契約終了後も秘密保持義務を負担させる合意に合理性を要求したもの」[111]があり，「企業と退職者との間の秘密保持契約による残留情報の使用制限には，退職者との職業選択または営業の自由との関係で限界がある」[112][113]と考えられてきた。

　特に営業秘密という観点で残留情報を見た場合，従業者が取得・収集した顧客情報を企業が顧客名簿として集約・管理するとき[114]と同様に，①情報の帰属主体の問題と②営業秘密保有者から「示された」といえるかという問題[115]のほかに，③秘密管理性の問題が生じる。

　そこで，残留情報に関する裁判例を分類すると，①明確な認識可能性を要求して秘密管理性を否定するもの，②媒体への可視化を要求して秘密管理性を否定するもの，③秘密管理が不可能であることを理由に秘密管理性を否定するもの，④不正開示および不正使用を否定するもの[116]，⑤不正開示および不正使用を推認できないとして否定するもの[117]，ならびに⑥損害賠償額を減額するもの[118]の6つの類型に整理できる[119]。

　一方で，学説上，営業秘密の保護を理由に退職者に残留情報の使用を禁止

することの限界については「あまり論じられて」きておらず，「人の頭の中にだけ存在する記憶や発想については，情報の同一性の証明が極めて困難であり，従業員の転職の際などに営業秘密の侵害の有無をめぐって混乱を生じさせるおそれがある」との指摘がなされたり[120]，競業避止義務と「同様の慎重な判断が望まれる」とされたりする限りである[121]。

2.3.8.1　明確な認識可能性を要求して秘密管理性を否定するもの

(1)　エース神戸事件・大阪地判平23・4・28最高裁HP（平成21年（ワ）7781号）〔28171935〕

原告が，元取引先の被告会社，元役員の個人被告および元従業員の個人被告に対して，主に信用毀損行為（現在の2条1項21号）に基づく差止請求等を求めたところ，大阪地裁が，信用毀損による損害賠償として10万円を認めその余を棄却した事案である。

原告が被告らによる顧客情報（営業秘密）の不正開示・使用も主張したところ，大阪地裁は，「原告において保安用品事業を担当していたのは，個人被告らのほか，事務員のP6だけであったというのであり，取引先となる顧客は，すべて個人被告らの営業活動を通じて開拓されていったものであると同時に，個人被告らが日常的に営業活動の場で接していた事業者であるということになるから，そのような者に関する情報を営業担当社員の個人的な知識情報と明確に区別するためには，日々の営業の場面で，上記顧客情報が『営業秘密』であると従業員らにとって明確に認識できるような形で管理されていなければならないといえる。」と，個人的な知識情報との明確な区別を理由に，日々の営業の場面における客観的に明確な認識（明確な認識可能性）を求めた。

そして，大阪地裁は，「原告は，原告においては認定顧客情報がコンピュータ内で管理されていたように主張するが，これを具体的に裏付けるような証拠はなく……原告の取引先顧客に関わる情報は社内において紙媒体で配布されるなど特別な管理対象となっていたわけではないことや，またそれらの取引先の所在地，名称，電話番号等のデータも共用のパソコンに保存され自由に閲覧できた様子がうかがえ，さらには個人被告らが顧客と個人の携帯電話で連絡する関係もあったこと……などからすると，少なくとも本件顧客情報のうち，本件で問題とすべき所在地や電話番号等の取引先の情報は，

原告の営業秘密として明確に管理されていたものとは認められない」とした[122]。

(2) 印刷用紙流用事件・東京地判平24・6・11判タ1404号323頁〔28181337〕[123]

　印刷物等のデザイン等を業とする原告が，印刷等を業とする被告会社に転職した元従業員の被告Aらが原告の印刷用フィルムの無断廃棄・一部隠匿をし，原告の印刷受注システムのプログラムおよび顧客情報を持ち出し被告会社に開示して使用させるなどしたと主張した事案である。

　東京地裁は，「原告は，新就業規則において，就業中に得た取引会社の情報につき漏えいすることや，取引先，顧客等の関係者の個人情報を正当な理由なく開示し，利用目的を超えて取扱い，または漏えいすることを退職後も禁ずる旨規定している。上記新就業規則は……原告代表者及び原告従業員による読み合わせを行い，全従業員がその原本裏面に署名押印し，同就業規則を遵守する旨の誓約書を提出するなどしたものであって，その後新たに雇用された従業員についても，その写しが交付されるなどしていたものであるから，全従業員に対し周知する手続がとられていたものとみることができ，従業員に対する法的拘束力を有するものであるということができる。しかし，本件顧客情報のうち，顧客の氏名，電話番号等の連絡先に係る部分については，被告A等の営業担当者が営業活動を行い，取得して事業主体者たる原告に提供することにより，原告が保有し蓄積することとなる性質のものであって，営業担当者が複数回にわたり営業活動を行うことなどにより，当該営業担当者と顧客との個人的信頼関係が構築され，または個人的な親交が生じるなどした結果，当該営業担当者の記憶に残るなどして，当該営業担当者個人に帰属することとなる情報と重複する部分があるものということができる。そうすると，このような，個人に帰属する部分（個人の記憶や，連絡先の個人的な手控えとして残る部分）を含めた顧客情報が，退職後に当該営業担当者において自由な使用が許されなくなる営業秘密として，上記就業規則所定の秘密保持義務の対象となるというためには，事業主体者が保有し蓄積するに至った情報全体が営業秘密として管理されているのみでは足りず，当該情報が，上記のような個人に帰属するとみることのできる部分（個人の記憶や手控えとして残る部分）も含めて開示等が禁止される営業秘密であることが，当該従業員らにとって明確に認識することができるような形で管理され

ている必要があるものと解するのが相当である」として，「個人に帰属する
部分（個人の記憶や，連絡先の個人的な手控えとして残る部分）」を含む顧
客情報について，前掲エース神戸事件と同様に，明確な認識可能性を求め
た。

　そのうえで，東京地裁は，「本件顧客情報の記載された本件顧客名簿につ
いては，原告事務室内の経理担当者の机に常時備え置いており，本件顧客
データの保存されたコンピュータについても，パスワードの設定等はしてい
なかったというのであって……本件顧客名簿を原告従業員が閲覧，複写した
り，本件顧客データに原告従業員がアクセスしたりすることが禁止されるな
どしていたことはうかがわれない。また，営業を担当していた被告Ａにおい
ても，顧客の連絡先等の情報を手元に残さないよう指導を受けていた事実な
どをうかがうことはできず，同被告が原告を退職するに当たり，原告が，被
告Ａに対し，顧客の連絡先等の手控えの有無を確認し，その廃棄を求めた
り，従前の営業先に接触しないよう求めたりした事実も認められない。……
そうすると，原告における顧客情報の管理体制は，顧客の連絡先の手控え等
までもが，雇用契約上開示等を禁じられるべき営業秘密に当たることを当該
従業員らに明確に認識させるために十分なものであったとはいえ，本件顧
客情報のうち，個人の記憶や連絡先の個人的な手控えなどに係る情報につい
ては，雇用契約上，開示等を禁じられる営業秘密に当たるとみることはでき
ず，営業担当者が，これをその退職後に利用することがあったとしても，原
告との間の雇用契約上の義務に反し，または，不法行為を構成するものでは
ないというべきである」として個人の記憶や連絡先の個人的な手控えなどに
係る情報の秘密管理性（営業秘密該当性）を否定した[124]。

　そして，東京地裁は，「被告Ａは，原告の取引先のうち，訪問したことの
あるものについては記憶しており，また，20ないし30社分の連絡先（電話番
号等）を手控えとして残しており，……の営業活動は，上記記憶及び手控え
に基づいて行われたものであると供述している……ところ，その情報量，内
容等にかんがみ，上記情報は，個人に帰属するとみることのできる範囲を超
えるものではないものということができる。そうすると，上記情報は，原告
との雇用契約上，開示等を禁じられる営業秘密に該当するものということは
できず，被告Ａがこれらの情報を利用することは，原告に対する債務不履行
又は不法行為を構成するものではないというべきである」とした。

414 第1章 総則

印刷用紙流用事件は，従業員が個人的に保有する情報との区別が困難な顧客情報について，「営業秘密として保護されるために必要となる秘密管理性の程度，内容につき検討を加えたもの」[125]といえる。

(3) 不動産売買業者顧客情報事件・大阪地判平22・10・21最高裁HP（平成20年（ワ）8763号）〔28163318〕

不動産売買事業者である原告が，元従業員の被告個人らおよび同業の被告会社らに対し，原告の顧客情報を持ち出して不正開示したなどとして争った事件である。大阪地裁は，「とりわけ本件において営業秘密として問題とされる原告の顧客情報は，予め事業者である原告のもとにすべてあって従業員に示すことになる顧客情報だけではなく，従業員が日々の営業活動において取得して原告に提供することにより原告が保有し蓄積する顧客情報となるものも含まれている。その上，その顧客情報を利用した営業活動においては，従業員が特定の顧客との関係で個人的な親交を深め，その関係が会社を離れた個人的な交際関係も同然となる場合も生じ得る。そうすると，そのような情報を含む顧客情報をもって，退職後に使用が許されなくなる事業者の『営業秘密』であると従業員に認識させ，退職従業員にその自由な使用を禁ずるためには，日々の営業の場面で，上記顧客情報が『営業秘密』であると従業員らにとって明確に認識できるような形で管理されてきていなければならず，その点は，実態に即してより慎重に検討される必要がある」として，前掲エース神戸事件および前掲印刷用紙流用事件と同様に，明確な認識可能性を求めた。

そのうえで，大阪地裁は，ローン課において管理することに万全が期された顧客情報（ASデータという形態）があるとしても営業部においては顧客情報をすべて含んでいる契約者台帳ファイルの管理を個々の営業部従業員に任せていたこと，見込みノート段階で，そこに含まれる顧客情報を原告が営業秘密として管理しようとしていた様子はうかがえないことなどから，顧客情報の秘密管理性を否定して，原告の請求を棄却した。

2.3.8.2 媒体への可視化を要求して秘密管理性を否定するもの

(1) プラスチック木型事件第一審判決・東京地判平29・2・9最高裁HP（平成26年（ワ）1397号／平成27年（ワ）34879号）〔28250692〕[126]

東京地裁は，「被告Aⅲが原告在職中に記憶した情報であり，被告Aⅲが

その記憶に基づき同情報を使用したものであって，原告の同情報が化体した文書や記憶媒体を領得したものではない」と原告が自認している「本件取引先製造受託業者情報」の営業秘密該当性について，まず，「従業員が職務として記憶した顧客情報等については，従業員の予見可能性を確保し，職業選択の自由にも配慮する観点から，原則として，営業秘密のカテゴリーをリストにしたり，営業秘密を具体的に文書等に記載したりして，その内容を紙その他の媒体に可視化しているのでなければ，秘密管理性を肯定し難いというべきである。」として，従業員の予見可能性および職業選択の自由を理由に媒体に可視化しなければ秘密管理性は肯定されないという基準を示した。

　そのうえで，「原告の就業規則では，『会社・取引先の営業秘密その他の機密情報』……としか記載されておらず，その具体的な内容は不明である」こと，「被告Aⅲの入社時誓約書……では，『顧客に関する情報』とあるものの，『顧客に関する情報については，取り扱いに充分留意するとともに，パソコンや記憶媒体または書類を社外に持ち出すことは致しません』……と，パソコン・記憶媒体・書類の社外持出しが中心となっており，従業員自身が記憶したものについてどの範囲まで営業秘密となるのか，具体的な外延や内実が不明確であり，予見可能性は全く担保されていない」こと，「本件全証拠によっても，原告において，上記就業規則の定めや入社時誓約書の徴求を超えて，本件取引先製造受託業者情報について秘密として管理する措置がとられていたものとはうかがわれない」ことから，本件取引先製造受託業者情報の秘密管理性を否定した。この判断は，控訴審（控訴棄却）・知財高判平30・1・24最高裁HP（平成29年（ネ）10031号）〔28260530〕[127]でも維持された。

　プラスチック木型事件第一審判決が示した当該基準は，明確な認識可能性を求めた裁判例（上記2.3.8.1）と比べて「事業者側に厳しい基準にもみえるが，従業員の予見可能性を担保するため『原則として』媒体への可視化を求めており，他の手段で予見可能性を確保できれば秘密管理性を認めるものと思われ」「実質的な差はない」と考えられている[128]。

⑵　まつ毛サロン事件・東京地判平30・9・27最高裁HP（平成28年（ワ）26919号／平成28年（ワ）39345号）〔28265550〕

　前掲プラスチック木型事件第一審判決が示した当該基準に「近い発想を持つ」[129]裁判例である。

416　第1章　総則

　原告（まつ毛サロン）が，競合店舗に転職した元従業員の被告らが，まつ毛パーマ，アイブロウおよびまつ毛エクステンションの技術に関する情報（営業秘密）を不正開示等していると争ったが，東京地裁は，「それらの技術について，秘密であることを示す文書はなかったし，従業員が特定の技術を示されてそれが秘密であると告げられていたものではなく，また，その技術の一部といえる本件で原告が営業秘密であると主張する本件ノウハウについて，網羅的に記載された書面はなく，従業員もそれが秘密であると告げられていなかった」として，文書および口頭で秘密である旨を示したことがないことを指摘し，「秘密として管理するための合理的な措置が講じられていたとは直ちに認められない」とした。

　文書という媒体への可視化のみならず，原告の事業内容や規模等を勘案し口頭も可とした点がプラスチック木型事件（原審）よりも緩やかといえる。

　そのうえで，東京地裁は，原告の店舗で使用する技術を確立した者が，アイブロウに関する技術を自らのブログで公開したり，まつ毛パーマについて第三者を対象としたスクールを開催していたりしたことなどが認められる状況下で，「まつ毛パーマ等に関する技術については一般的なものも含めて様々なものがあることも考慮すると……被告らにおいて，本件ノウハウについて，秘密として管理されていることを認識することができたとは認められない」として，秘密管理性を否定した。

2.3.8.3　秘密管理が不可能であることを理由に秘密管理性を否定するもの

⑴　在宅療養支援診療所事件・大阪地判平27・12・17公刊物未登載（平成26年（ワ）6406号）

　在宅療養支援診療所を営む原告が，元従業員らに対し，患者に関する情報（本件患者情報）を持ち出して不正に使用したとして争った事案において，大阪地裁は，本件患者情報の営業秘密該当性について，「原告診療所の従業員は，誰でも電子カルテにアクセスして本件患者情報を利用することができ，訪問診療の際にはこれを打ち出したものも使用していたが，その持出しや保管，廃棄等についての具体的な指針はなかった」こと，「被告P1は，患者の氏名や連絡先等を私物の携帯電話機に登録して業務に対応していたもので，そのことは原告代表者も知るところであった」こと，「それにもかかわ

らず，原告は，被告P1が独立して同業を行うために退職することを知りながら，退職時に本件患者情報を破棄させるなどの対応をとっていない」こと，「本件患者情報は，各患者が利用している介護関係の施設等と必然的に共有されている状態にあり，そのため，是非は別として，それら施設から個人的関係を利用して本件患者情報を得ることも可能であって，現に被告診療所は情報の提供を受けている」こと，「またそうでなくとも，原告診療所で稼働していた者であれば，個別の患者宅の情報は個人的に記憶されているものであって，その記憶をもとに当該患者に接触は可能であるから……本件患者情報は，原告だけの努力で秘密として管理しようがない情報であるということもできる」ことから，「原告の職員らが，本件患者情報は，医師等専門職の職業上の守秘義務の対象であると認識していたとしても，原告の営業秘密として管理されているものと認識することはできなかったというほかないから，上記のような管理体制のもとでは本件患者情報が秘密として管理されていたということはできない」と判示し，残留情報を利用できることも一事情として本件患者情報の秘密管理が不可能であると認め，その秘密管理性を否定した[130]。

(2) 昆布卸売業顧客情報事件・大阪地平15・7・24最高裁HP（平成14年（ワ）3162号）〔28082325〕

昆布，佃煮等の卸売を業とする原告が，元従業員である被告Aおよび新規参入してきた同業の被告会社に対して，原告の顧客情報（住所，取引履歴，商品の購入傾向および卸売価格）を不正使用しているとして争った事案である。大阪地裁は，顧客情報のうちの「原告の顧客の商品の購入傾向は，顧客台帳や売上元帳に特にその記入欄を設けるなどして情報の管理がされているものでなく，原告の従業員が，請求書の控えを見ることによって，自らが担当する顧客の商品の購入傾向を把握していたものであって，個々の従業員の判断の結果ともいうべきものであり，個々の従業員が内心に有していたものであり，また，弁論の全趣旨によれば，時期によって変化することが認められるから，秘密として管理の対象とすることのできる性質の情報とは認められない」として，「顧客の商品の購入傾向は，不正競争防止法2条4項所定の秘密としての管理の対象となる情報に当たらず，営業秘密に当たらないものというべきである」と判示した。

「購入傾向」という従業員の「判断の結果」であって「内心」にあるもの，

すなわち暗黙知について秘密管理が不可能であることを認定した事例といえる。

なお，「被告Aは，自分の担当する顧客名をすべて把握しており，頻繁に顧客先を訪れていたので，顧客の住所は，原告の顧客台帳を見なくても分かる程度に把握していた」ことから，被告Aによる顧客の住所および取引履歴の使用ならびに被告会社への開示も否定されている。顧客情報のうちの残留情報（顧客住所）については，その秘密管理性について検討せずに，不正開示および不正使用を否定した類型（上記2.3.8の④）である。

2.3.8.4　その他

残留情報への秘密管理性を肯定したうえで不正開示・不正使用を否定した類型であるが，採尿器具を販売する原告の元代表取締役の関与で被告企業が採尿器具の販売を始めた前掲採尿器具販売事件・大阪地判平30・3・15最高裁HP（平成27年（ワ）11753号）〔28262597〕において，大阪地裁は，当該元代表取締役自ら秘密管理措置（顧客情報が記録されたファイルへのパスワード設定，および，業務受託者との契約における企業秘密の漏洩禁止条項の規定）を執り，その退任時の誓約書においても秘密保持義務を約していることから「代表取締役として記憶した顧客情報についても，秘密管理が及んでいたと認めるのが相当である」とした。

本件は，元代表取締役であって自ら秘密管理措置を執行する立場にあったからこそ，残留情報（記憶した顧客情報）の秘密管理性が肯定された事例ともいえよう。

2.3.9　小規模な事業者に関する裁判例

上記2.2.1において解説したように，秘密管理性における考慮要素の1つに企業の規模がある。小規模な事業者の場合，アクセス権者の制限やアクセスした者が秘密であると認識できるような管理状況を一律に求めることは，日々の業務遂行に支障をきたすことから，若干緩やかに秘密管理性が肯定されることもありうる[131]。

このような小規模な事業者に関する近時の裁判例としては，前掲プラスチック木型事件第一審判決，前掲医薬品配置販売業顧客名簿事件，前掲ボイラ等図面データ事件および前掲ピアノ調律師顧客名簿事件がある[132]。

2条6項　定義—営業秘密　419

このほか，小規模な事業者（原告代表者，その妻および被告を含めて7名が在籍していた保険代理店）の元従業員が競業他社に転職し，原告の顧客情報を不正使用していることが争われた事案で，東京地裁は，「当該情報にアクセスした者に当該情報が営業秘密であることが認識できるような措置が講じられ，当該情報に接した者が，これが秘密として管理されていることを認識し得る程度に秘密として管理している実体があったことを要するというべきである。」という基準を示し，顧客情報という情報の内容，紙ファイルの施錠ロッカーへの保管およびその鍵の保管態様，3ヶ月に1回更新が必要なパスワードによる電子データの管理，パソコン等の社外持出禁止，保険会社主催の情報管理等に関する月1回ミーティングへの参加，ならびに入退社時の誓約書という管理の実体を認定して，秘密管理性を肯定した[133]。

3　「公然と知られていない」（非公知性）

3.1　趣旨

TRIPS協定39条2項a号[134]を淵源とする非公知性要件の趣旨および機能は，情報の自由な利用（公然と知られている情報について一定の権利行使を認めることは情報の自由な流通や情報取引の安定性を著しく損なう[135]）および競争上の優位性の確保（秘密に管理している情報が競合他社にも知られている情報であれば，保護すべき価値がない）にあると考えられている[136]。

そこで，「公然と知られていない」とは，「不特定の者が公然と（不正な手段によらずして）知り得る状態にないこと」を意味するものであって[137][138]，「公然と知られていない」状態とは，その情報の保有者の管理下以外では一般的に入手できない状態にあることをいうと解されている[139][140][141]。

このように，「営業秘密」として保護を受けるべきは相対的秘密であって，絶対的秘密ではないから[142]，本要件は，特許法の新規性要件（同法29条1項1号「特許出願前に日本国内又は外国において公然知られた発明」）とは異なり緩い[143]。また，名誉毀損における「公然」（不特定または多数人の認識しうる状態）とも異なる[144]。

420　第1章　総則

3.2　学説

　学説上も，概ね，「公然と知られていない」とは，保有者の管理下以外で
は一般的に入手することができない状態を意味すると解されている[145]が，
営業秘密保有者の他の競業者に対する優位性が失われていないのであれば，
「公然と知られていない」とする考えや[146]，秘密の対象がその保有者の管理
できる範囲外の者に入手可能な状態であれば，公然と知られている（非公知
性はない）とする考えもある[147]。

　また，誰もが容易に入手しうる情報は，これを利用しても競争上の有利な
地位がもたらされるわけでもなく，かえってこれを保護すると情報取引等に
混乱を生じさせることになることから，非公知性が「営業秘密の保護法益性
を基礎づけるもっとも重要な要件の一つである」とする考えもある[148]。

3.3　立証責任

　非公知性の要件も，他の2要件と同様に，原告（営業秘密保有者）におい
て該当性を立証すべきである。このため，非公知性の立証は，いわゆる「悪
魔の証明」といわれている[149]。

　もっとも，実務上は，原告が営業秘密であると主張する情報について一般
に入手できないことを合理的な範囲で立証すれば，事実上非公知であること
が推定され，被告（被疑侵害者）において公然知られうるものであること
（非公知性の存在を疑わせる事実）を積極的に反証すべきであると考えられ
ている[150]。

3.4　裁判例における非公知性の判断枠組み

　裁判例上も，営業秘密の保護は，「秘密が保持されているという事実状態
に対する利益を対象とするもの」であるから，非公知性として，情報が一般
的に知られていないか，または，容易に知ることができないこと（保有者の
管理下以外では一般に入手できないこと）が必要であると解されている[151]。

　そして，情報は複数の情報の総体であることから，非公知性については，
情報の内容に鑑み[152]，情報の組合せの容易性，情報取得に要する時間・費
用等を考慮して，営業秘密保有者の管理下以外で一般的に入手可能か否かと
いう観点で判断されている[153]。

そこで，以下では，近時の裁判例のうち肯定例と否定例を概観した後，営業秘密保有者の管理下という観点から秘密保持義務が決め手の1つとなった裁判例（3.5.3）を，情報の組合せの容易性という観点から，その一部に公知情報を含む情報に関する裁判例（3.5.4）および公知情報を組合せた情報に関する裁判例（3.5.5）を，情報取得に要する時間・費用という観点から，リバースエンジニアリングに関する裁判例（3.5.6）をそれぞれ紹介する。

3.5　裁判例

3.5.1　非公知性を肯定した裁判例

(1)　採尿器具販売事件・大阪地判平30・3・15最高裁HP（平成27年（ワ）11753号）〔28262597〕

大阪地裁は，「原告の顧客名簿は，各顧客の名称，連絡先，担当者等からなり，原告の顧客履歴は顧客の購入履歴からなる」ところ，「原告の顧客情報は，原告が営業活動をする中で独自に蓄積していったものであり，原告の管理下以外では一般的に入手することができない状態にあることから，非公知性も認められる。」とし，加えて，採尿検査を行う機関に関する情報も顧客情報に含まれていた点については，「原告の顧客のうちの大学や健康診断実施機関等は，採尿検査を行う機関として公知ではあるが，それらが原告の顧客であるか否かが営業前に知られているとは認められないから，それによっても有用性や非公知性は否定されない」として，非公知性を肯定した。独自に蓄積した情報について，「原告の顧客であるか否か」という情報の属性に鑑み，非公知性を判断した裁判例である。

(2)　臨床検査会社事件・大阪地判平28・6・23最高裁HP（平成25年（ワ）12149号）〔28243387〕

大阪地裁は，顧客別売上情報等について，秘密管理性を肯定したうえで，秘密管理措置として，当該情報を第三者に閲覧させることなどを営業部員に許していなかったこと，加えて，「顧客である各医療機関は，当然のことながら自らに対する売上げ等についての情報を有しており，これらの情報について原告に対して守秘義務を負っているものではないが，検査対象患者のプライバシー情報等を含む臨床検査に関する情報を公にしているものでないことは一般的に明らかである」として，非公知性を肯定した。プライバシー情報を含むから公にされるものではないという情報の属性・性質に鑑み，非公

422 第1章 総則

知性を判断した裁判例といえよう[154]。

(3) 日産自動車刑事事件第一審判決・横浜地判平28・10・31民集72巻6号618頁〔28250768〕

横浜地裁は，秘密管理性を肯定した情報については，公刊された書籍との目的および内容を詳細に比較して非公知性を肯定した[155]。

3.5.2 非公知性を否定した裁判例

(1) 二重打刻鍵事件・東京地判平27・8・27最高裁HP（平成26年（ワ）19616号）〔28233535〕[156]

営業秘密侵害訴訟においては，訴訟提起時から，第三者との関係で閲覧等制限の申立て（民訴法92条1項2号）を検討すべきとされている[157][158]ところ，閲覧等制限の申立てがなされなかったことを踏まえて，非公知性が否定された裁判例である。防犯機器等を販売する原告が，鞄嚢類を製造販売する被告に対し，原告鞄の製造を委託していたところ，防犯用の鍵付き鞄を使用している会社名とその本店所在地から成る名簿情報（本件名簿情報1）の被告による不正使用または開示が問題となった事案において，裁判所は，当該名簿情報の管理体制に関する具体的な主張立証がないとしたうえで，訴訟提起後，口頭弁論終結に至るまで，当該名簿情報と同一の情報が記載された訴状別紙目録について「民事訴訟法92条1項2号に基づく閲覧等制限の申立てさえせず，その結果，約10か月間にわたって，本件名簿情報1及び2は何人も自由に閲覧できる状態に置かれていたこと（同法91条1項参照）を併せ考慮すれば，本件名簿情報1及び2に営業秘密性（非公知性，秘密管理性）があるとは認め難い」として，非公知性を否定した。

(2) 接触角計算（液滴法）プログラム事件・知財高判平28・4・27判時2321号85頁〔28243400〕

ソースコードについては上記2.3.1のとおり原判決を変更して営業秘密該当性が認められたものの，そのアルゴリズムについて，知財高裁は，プログラムの具体的な手順を認定したうえで，①「内容の多くは，一般に知られた方法やそれに基づき容易に想起し得るもの，あるいは，格別の技術的な意義を有するとはいえない情報から構成されているといわざるを得ないこと」，および②「一部ノウハウといい得る情報が含まれているとしても」，当該アルゴリズムを，営業担当者向けに，顧客へのソフトウェアの説明に役立てる

ため携帯用として作成した本件ハンドブックに記載していたことにより当該営業担当者がその顧客に説明したことによって公知のものとなっていたと推認することができることから，非公知性を否定した。顧客に対して説明したことのみならず，当該アルゴリズムが一般的なもので技術的な意義もないという情報の性質も加味して，原告に営業秘密として独占させる理由がないとしての非公知性を否定した裁判例といえよう。

(3) 高性能ALPS事件第一審判決・東京地判平30・3・29最高裁HP（平成26年（ワ）29490号）〔28262623〕，同控訴審判決・知財高判令元・9・20最高裁HP（平成30年（ネ）10049号）〔28274614〕[159]

使用されていない情報（不使用情報）を認定したうえで，それ以外の情報（使用された情報）について非公知性を判断するという枠組みを示した裁判例である。不正使用が問われている場合に，使用された情報のみを対象として営業秘密該当性を判断したものであり，いわゆる濾過テスト（下記5.1参照）といわれるアプローチといえる。

事案の概要は，福島第一原子力発電所の処理水事業に関する原被告間のパートナーシップ契約に基づいて原告（外国企業）が開示した営業秘密を被告が不正に使用したとして争われたというものである。東京地裁は，まず，高性能多核種除去設備（高性能ALPS）の設計に当たり被告が使用することが想定されず，また，現実にも被告が使用したとは認められない情報について「不使用情報群の情報」としてグルーピングしたうえで，「不使用情報群の情報以外の情報」の非公知性について判断をした（なお，判示の閲覧等が制限されており，非公知性に関する判断の具体的な内容は不明である）。

具体的には，不使用情報群の情報以外の各情報のうち「本件訴訟において情報として特定されている情報」について，「原告から情報の開示を受ける前に被告が独自に入手していたと認められる情報もあるほか，いずれも，被告が高性能ALPSの設計を行うことになる平成25年9月より前に，特許庁が発行する公報や一般的な書籍を含む文献に記載されたり，福島第一原発の汚染水処理に関係するシンポジウムや講演において公表されたり，放射性物質の廃棄に関する会議において原告自身によって公表されたり，その内容から汚染水処理に関与する者が当然に知っていたり，公表された情報から容易に知ることができたりする情報」であり，「いずれも，平成23年9月までに公然と知られていた情報であった」として，非公知性を否定した。さらに，

424　第1章　総則

「上記各情報は，汚染水処理における各種の考慮要素に関わるものであって，汚染水処理において，当然に各情報を組み合わせて使用するものであり，それらを組み合わせて使用することに困難があるとは認められない。また，上記各情報を組み合わせたことによって，組合せによって予測される効果を超える効果が出る場合には，その組合せとその効果に関する情報が公然と知られていない情報であるとされることがあるとしても，上記各情報の組合せについて上記のような効果を認めるに足りる証拠はない。」として，組み合わせた情報についても非公知性を否定した。

　また，控訴審において，控訴人（原告）が「アリゾナ資料に係る発表及びアリゾナ資料にアクセスし得べき者であったとはいえない被控訴人との関係では，公知であったことにはならない」と主張したことに対し，知財高裁は，「被控訴人において，アリゾナ資料に記載された情報を知得することに控訴人が主張するような相当の労力，費用又は時間がかかるものであったものと認めることはできない。」として，アリゾナ資料という公知な情報に被控訴人（被告）が容易にアクセスしえたことも理由に，非公知性を否定した原審結論を維持した。

(4)　字幕制作ソフトウェア事件控訴審判決・知財高判令元・8・21金商1580号24頁〔28273455〕[160]

　原審では非公知性が肯定されたものの，知財高裁では否定された裁判例である。控訴人（原告）の元従業員が字幕制作ソフトウェアのソースコード等を持ち出して被控訴人（被告）に不正に開示したこと等が争われたが，知財高裁は，原告の本件ソースコードと被告ソフトウェアのソースコードの「類似箇所1」について，被告が本件ソースコードの変数定義部分を参照した可能性は否定できないとしつつ，「字幕表示に必要な設定項目は，原告ソフトウェアの設定メニューから把握できること」，「変数の定義の仕方として，変数名，型，注釈で定義することは極めて一般的であること」，「変数名は字幕ソフトが使用する一般的な名称であること」，「データの型はマイクロソフト社が提供する標準の型であること」，「注釈も一般的な説明であること」から，類似箇所1に係る本件ソースコードの情報の内容（変数定義）自体について，非公知性を否定した（なお，同時に有用性も否定した）。これも，いわゆる濾過テスト（下記5.1参照）が採用された裁判例とされる。

　なお，本件は，プログラムの著作物については非侵害の判決が確定してお

り，ソースコードの非類似部分が99％であったという事案である。原審と知財高裁の判断を分けたのは，原審はソースコード全体が営業秘密といえる以上，特段の事情がなければ類似箇所も営業秘密であるというアプローチを採用したことに対し，知財高裁が類似箇所の内容が非公知性（および有用性）を欠くため営業秘密ではない（全体としての不正使用も認められない）というアプローチを採用した点にあるとされる[161]。

⑸ 皮膚バリア粘着プレート事件・東京地判令2・3・19最高裁HP（平成30年（ワ）23860号）〔28281290〕

　一般医療機器の製造販売等を行う原告が，医療機器等の製造販売等を行う被告に対し，皮膚バリア粘着プレートの製造を委託していたところ，被告が原告のアイデアを模倣し，原告製品と同じ形状・サイズの被告製品の製造，販売をしていると原告が主張して争いとなった事案において，東京地裁は，手術痕や傷痕を保護するためのシリコーンゲルを用いた皮膚バリア粘着プレートが原被告間の契約の数年以上前から複数の会社において製造，販売されていたこと等に基づいて，「シリコーンゲルを用いた皮膚バリア粘着プレートの粘着面に本件東レ製品を用いることができるという情報は，平成27年7月までには，広く知られていた情報であったといえる」としたうえで，「本件東レ製品はそのような用途で用いられる汎用品であるから，少なくとも，原告が，原告製品の製造等を依頼するためにエフシートを持参して被告を訪問した平成27年7月16日時点において，シリコーンゲルを用いた皮膚バリア粘着プレートの粘着面の材料として本件東レ製品を用いるという本件情報が非公知の情報であったとは認められない」とし，さらに，「本件東レ製品を使用するのに一定の手続を要したとしてもそれは本件情報の非公知性に影響しない」として，非公知性を否定した。技術情報の場合，既に広く知られていたことを理由に非公知性が争われることが多く，既知情報を組み合わせた情報のときは非公知性の判断が難しいことも多いが（下記3.5.5），既知情報そのままであることが認められれば，非公知性は否定されるものである。

⑹　愛知製鋼磁気センサ無罪事件・名古屋地判令4・3・18公刊物未登載（平成29年（わ）427号）〔28300945〕[162]

　刑事事件において非公知性が否定され全面無罪となった裁判例である。技術情報（アモルファスワイヤを基板上に整列させる工程）を口頭およびホワ

イトボードへの図示という手段により開示した行為が営業秘密侵害罪として事件化された珍しい事案において，名古屋地裁は，「アモルファスワイヤの特性を踏まえて基板上にワイヤを精密に並べるための工夫がそぎ落とされ，余りにも抽象化，一般化されすぎていて，一連一体の工程として見ても，ありふれた方法を選択して単に組み合わせたものにとどまるので，一般的には知られておらず又は容易に知ることができないとはいえない」として，非公知性を否定した。

(7) バナナ卸売業顧客情報無罪事件・津地判令4・3・23公刊物未登載（令和2年（わ）282号）〔28301246〕

　これも全面無罪となった裁判例である。津地裁は，被告人が複製した顧客情報は「同業者であれば特別な困難を伴うことなく容易に入手することができるものが大半であって，本件会社が独自に形成・蓄積することによって市場における競争上の優位性を確保していると評価し得るような特別な情報という性質は希薄であったから，有用性及び非公知性の要件を充足していると見るには相当に疑問がある」と判示して当該顧客情報の非公知性を懐疑した。さらに，検察官主張の「集合知としての価値」についても明確な主張立証がないとして排斥した。津地裁が情報入手の容易性から非公知性を懐疑し，市場競争上の優位性を確保していると評価しうるような特別な情報でないことから有用性を懐疑したことについては，有用性と非公知性の要件に関する「従来の裁判例や一般的な説明に沿う認定である」と評価されている[163]。

　また，津地裁は，取引先の代表電話番号，および取引先担当者が業務用に用いる携帯電話番号等について，「本件会社が営業担当者の人件費等の経費をかけて業務の一環として収集していた情報であるから，その形成・蓄積に本件会社の寄与があったことを否定できない」としつつも，「本件会社として営業担当者から提供を受けて一元的に管理しているものを個々の営業担当者に提供して利用させていたわけではなく，被告人が専ら自力で形成・蓄積していた情報であるから，本件会社が独自に形成・蓄積してきた特別な情報（有用性及び非公知性の認められる特別な情報）を被告人に開示して利用させたという意味合いは乏しいと見るほかない」と判示しており，奥邨が指摘するとおり[164]非公知性，有用性，秘密管理性の順で営業秘密該当性を判断し，「非公知性及び有用性が認められる特別な情報」について秘密管理性お

および保有者性を判断するという判断枠組みを示したとも評価できる[165]。

3.5.3　秘密保持義務が決め手の1つとなった裁判例

(1)　介護保険サービス利用者情報事件・大阪地判平29・1・12最高裁HP（平成27年（ワ）7288号）〔28253114〕

　大阪地裁は，「本件利用者情報は，介護保険サービスを利用する利用者の住所，氏名，年齢，電話番号，介護認定状況，介護保険認定情報，利用者に対するサービスの内容等であるところ，これらの情報は，利用者のプライバシーに係る情報を含むものであるから，上記認定のとおり，従業員において秘密保持の対象となるもので，当然に非公知の情報である。」として，雇い主・従業員間の秘密保持義務の対象であることを理由に非公知性を肯定した。

(2)　サイレンサー事件・知財高判平30・7・3最高裁HP（平成30年（ネ）10013号）〔28263165〕

　昭和60年頃から，サイレンサー（消音器）を被控訴人（被告）に対して販売していた控訴人（原告）が原告製品の模倣品を被控訴人が第三者に製造させたこと等について争った事案である。知財高裁は，控訴人から被控訴人に対して原告製品の減温量および圧力損失や製造コスト（見積金額および販売価格）が示されたことを認定したうえで，①被控訴人は，かかる情報を自己のみにとどめおくべき守秘義務を負っていなかったこと，および②被控訴人が，原告製品を組み込んだブロワを顧客に販売したり，外注工場にサイレンサーを製造させたりする際に，あえて，かかる情報を自己のみにとどめおかなければならない理由も見当たらないことから，「本件原告製品の減音量及び圧力損失や製造コスト」について「不特定の第三者も知り得る状態にあった」として，非公知性を否定した。取引者間で秘密保持義務がないまたは秘密保持義務の対象としていなければ（上記①）取引における情報が公になりうる（上記②）ことから非公知性を否定した裁判例であって，長年の取引関係があるからといって黙示の秘密保持義務が認められるわけではなく，至極当然のことを判示したといえよう。

(3)　鮮度保持方法事件・知財高判令2・3・24最高裁HP（令和元年（ネ）10072号）〔28281691〕

　生鮮海産物の鮮度保持方法に関するノウハウについて，知財高裁は，その

428　第1章　総則

完成前から当該ノウハウに係る方法を使用することができたこと，控訴人が
被控訴人に当該ノウハウを伝えた時点で両者の間に有効な秘密保持契約が存
在したと認めるに足る証拠がないことなどを踏まて，有用性とともに非公知
性を否定した。

3.5.4　公知情報を一部含む情報に関する裁判例

　公知情報を一部に含む情報については，裁判例上，情報全体として非公知
性があるか否かが判断されていると考えられる。

(1)　クロス下地コーナー材事件第一審判決・福井地判平30・4・11公刊物未
登載（平成26年（ワ）140号／平成29年（ワ）15号）〔28323077〕，同控訴審
判決・名古屋高金沢支令2・5・20公刊物未登載（平成30年（ネ）81号／
平成30年（ネ）168号）〔28323080〕[166]

　原被告間における，建築資材であるクロス下地コーナー材の製造委託契約
の解除に伴い，当該契約に基づいて原告から被告に開示されていた成形指導
書の不正使用行為などが争われた事案である。福井地裁は，「原告の成形指
導書には，原料名，製造装置の図面，●●●製品ごとに具体的な数値や内容
が記載されているところ，このような個別具体的な情報が書籍等から一般に
知り得るものと認めるに足りる証拠はない上に，これらの複数の情報が全体
として一つの製造ノウハウを形成しているといえることは既に説示したとお
りであるから，部分的に見れば書籍等から知り得る技術情報が含まれている
としても，そのことをもって直ちに非公知性が否定されるものではない」と
して非公知性を肯定した。

　さらに，名古屋高裁金沢支部も，「なお，本件の当時には，一般的に知ら
れている技術情報が本件技術情報の中に含まれているが，本件原告製品を製
造するための金型及びサイジングと一体となった運転条件としての本件技術
情報には，なお非公知性があるものというべきである」として，原審と同様
に，情報全体として非公知性を判断しこれを肯定した。

(2)　日本製鉄事件（日本製鉄と元従業員との間の民事訴訟）・知財高判令
2・1・31最高裁HP（令和元年（ネ）10044号）〔28281269〕

　方向性電磁鋼板に関する技術情報の営業秘密該当性が争われ，控訴審段階
で，特許文献および論文等を掲載して非公知性が認められない旨の報告書を
控訴人が作成・提出してその旨の主張したことに対し，知財高裁は，①本件

技術情報は，電磁鋼板の生産現場で採用されている具体的条件を含むものであり，当該報告書記載の公知文献等に記載されている研究開発段階の製造条件とは，技術的位置付けが異なること，②当該公知文献等に記載されている製造条件は，文献ごとにばらつきがあり，一定の数値範囲を記載するにとどまるものであること，③電磁鋼板は多段階工程で製造され，高品質の電磁鋼板を製造するためには，各工程の最適条件の組合せが必要とされるのであって，一工程の一条件のみでは高品質の電磁鋼板を製造することはできないことから，当該「公知文献等に本件技術情報の具体的な条件を含む記載があるというだけでは，生産現場で実際に採用されている具体的な条件を推知することはできず，非公知性は失われていない」とした。これも情報全体について非公知性を判断したものであり，技術情報であるからと特許文献等の公知情報を非公知性を否定する証拠として主張しても，情報全体としての非公知性を覆すに足らなければ非公知性が否定されないという至極当然のことが示された裁判例といえよう。

3.5.5　公知情報の組合せに関する裁判例

公知情報を寄せ集めたり組み合わせたりした情報が「非公知性」を欠くか否かは，ケースバイケースとされる[167]。また，実務家の間では，「差止請求権等を認めるに足りるだけの非公知であることによる独自の価値を有するものでなければならない」として，営業秘密として保護するに足りる「独自の価値」を求める考え[168]や，「パブリック・ドメインにある技術情報に数値限定を加えたり，誰でも思いつく変更を加えたりしたに過ぎないような場合は，その作用や効果に見るべき点がない限り」非公知性，または有用性を否定してよいとして，作用や効果に見るべき点があることを求める考え[169]がある。

(1)　登録モデル情報事件・東京地判平26・4・17最高裁HP（平成24年（ワ）35742号）〔28222079〕

被告が，登録モデル情報を公募イベント，口コミおよびウェブサイト等で知ることができると主張したものの，東京地裁は，「登録モデル情報のうち，氏名，年齢，身長，写真等の情報を知ることができることが認められるが，登録モデル情報は，原告に登録された2000名を超えるモデルの個人情報であって，しかも，年齢，身長，写真等のほか連絡先と有機的に結合したもの

430　第1章　総則

であるから，このような情報を公募イベントや口コミ，ウェブサイト等から知ることはできない。」として，当該主張を排斥し，非公知性を肯定した。

　情報取得に要する時間・費用の観点に加えて，「有機的に結合」しているという集合体としての情報の性質を評価して，公知情報の組合せに非公知性を認めた裁判例といえよう。

(2)　名刺帳事件・東京地判平27・10・22最高裁HP（平成26年（ワ）6372号）〔28233704〕

　東京地裁は，①まず，名刺について「他人に対して氏名，会社名，所属部署，連絡先等を知らせることを目的として交付されるものであるから，その性質上，これに記載された情報が非公知であると認めることはできない。」としつつ，「守秘義務を負うべき状況下で特定の者に対して名刺を手交するような場合には，その記載内容が非公知性を有することもあり得ようが，本件においてそのような事情は見当たらない。」とし，②名刺帳については，「本件名刺帳に収納された2639枚の名刺を集合体としてみた場合には非公知性を認める余地がある」とした。もっとも，名刺帳自体について，上記2.3.4のとおり秘密管理性を否定し，下記4.4.1のとおり有用性も否定したので，結局，非公知性についての判断は示さなかった。名刺の集合体に非公知性を肯定する余地があることを示した裁判例といえよう。

(3)　インタビュー取材メモ事件・知財高判平27・12・24最高裁HP（平成27年（ネ）10046号）〔28243292〕

　大手新聞グループの子会社（控訴人）が球団代表等（被控訴人）に対し，著作権および営業秘密侵害を理由として原稿の複製禁止等を請求した事案である。長嶋監督等のスポーツ選手等のインタビューを記録した取材メモや対談録，原稿等の非公知性の争点に関し，知財高裁は，「不競法2条6項にいう『公然と知られていない』とは，当該情報が保有者の管理に置かれており，一般に取得することができないものであることをいうものと解され，いわゆる公知の事実ではないこと，すなわち，広く一般公衆に知れ渡っていないことをいうものではない」という考え方を示した。そのうえで，「本件のように，報道機関において特に着目される著名人に関し，報道対象になり得るその言動について，報道機関が保有する営業秘密として非公知性があるとするには，当該情報が他の報道機関の通常の業務執行過程では知られていないとする客観的状況が必要である。」という具体的内容も示した。そして，

当該事件においては，①各取材対象者が秘匿義務を負っていたという証拠がないこと，②各取材対象者が公言することを制限されていたような事情もないこと，③各取材対象者の「奥深いプライバシーに関するような事項はなく」，性質上秘匿とされるものではないこと，④各情報について，控訴人記者のみが知りえたとする事情についての具体的な主張立証もないこと，および⑤新聞に掲載されたもの，書籍化されたもの，試合後のインタビューや記者会見における発言などもあり，「現に公知の事実とまで化している部分が多数存する」ものの，控訴人が各情報のどれが記事として既に利用されているか明らかにしないことから，「本件各情報は，全体を一括して，公知性を欠くものと認められる。」として，「秘密管理性及び有用性を有するか否かを検討するまでもなく」非公知性を否定した。

さらに，当該事件において，控訴人が「本件各情報は，体系立てて集積，整理されたものであり，個々の情報に非公知性がないとしても，全体としては非公知性がある旨」を主張したことに対し，知財高裁は，「本件各情報は，質，量の両面からみて，著名人のいわゆる一代記の素材としての包括性・網羅性があるとは認められない」，「本件各情報を全体としてみた場合，関連する情報が1か所に集約されている点で検索の便に資するという一定の利便性を有するのみであり，本件各情報が個別の情報を離れて全体として独自の価値を有するものとはいえない」とした。

知財高裁が直前に有用性を検討するまでもないと結論付けたことからすれば，控訴人の主張についても非公知性の観点から検討していると解されるため，公知情報を単に集約した情報については，個別の情報を離れた全体としての独自の価値が認められない限り非公知性も認められない旨を判示した裁判例といえよう。

(4)　支払督促異議申立事件・大阪地判平28・9・29最高裁HP（平成25年（ワ）10425号／平成25年（ワ）10428号）〔28253677〕

組み合わせることに特段の有用性があるか否かという観点から非公知性が否定された事例。

被告（借主）が原告（貸主）に対し設計図に係る営業秘密の不正取得等に係る損害賠償請求を相殺の抗弁として主張した事案である。大阪地裁は，「原告による不正取得等の基準時において，……も公知となっていたものと認められ，両者を組み合わせることに特段の有用性があるとも認められな

432 第1章 総則

い」ことを理由に，「全体として非公知性が欠けるというべきである。」として，組み合わせたもの全体としての非公知性を否定した。

もっとも，大阪地裁が「……という数字に格別の有用性ないし臨界的な意義があると認めるに足りる証拠もない」と判示して有用性を否定した点について，一見すると「特許法の進歩性と同程度のレベルの出なければ有用性が認められないような判示」をしており，特許出願の際に具体的な数値をノウハウとして秘匿する実務に照らすと当該ノウハウを営業秘密として守ることができなくなるとの批判もあるものの，大阪地裁の「真意は，対象となった情報の内容から見て有用性の要件の高度化を図る意図があるとは思えない」と考えられている[170]。

(5) 光ファイバ測定治具図面事件・東京高判令4・2・17公刊物未登載（令和3年（う）1407号）

取締役を務めていた企業の測定治具の図面（営業秘密）を領得して不正開示したという海外重罰事案である。

弁護人が，非公知性のない情報を組み合わせた情報の非公知性については「組み合わされることにより『予測外の特別に優れた作用効果』があるかを判断基準とすべきである」と主張したことに対し，東京高裁は，「不正競争防止法が営業秘密を保護する趣旨は，進歩性のある特別な情報を保護することにあるのではないから，当該情報が非公知の情報といえるための要件として『予想外の特別に優れた作用効果』を生じさせるものであることまでは要しない」と判示した。

3.5.6　リバースエンジニアリングに関する裁判例

リバースエンジニアリングとは，一般的には，製品を分解，分析，解析または評価したりすることによって，その構造・材質・成分・製法などその製品に化体している情報を抽出したり，ソフトウェアを逆アセンブルまたは逆コンパイル等することによって，抽出した情報を使用したりする行為を意味すると解されている[171][172]。

このように製品に化体した情報を抽出する行為であることから，リバースエンジニアリングができる場合に非公知性が失われるか否かが問題となる。

実務上は，リバースエンジニアリングが容易にできるような場合（特段の技術や労力・費用を要しないで製品に化体した情報を知りうる場合）には，

2条6項　定義─営業秘密　433

当該製品が秘密保持義務を負わない者の下で使用可能になったときに非公知性が失われ，逆に，リバースエンジニアリングが容易でないような場合（製品に化体した情報の抽出に費用または期間の点で過大なコストを要する場合）には，非公知性は失われないと考えられている[173]。

　学説上も，リバースエンジニアリングの難易によって非公知性要件の充足性を判別する見解が多数説であるが[174]，リバースエンジニアリングの難易性ではなく，抽出された情報が一般的に知りうるところとなって初めて非公知性を失うとする学説もある[175]。

(1)　光通風雨戸事件・知財高判平23・7・21判タ1383号366頁〔28173825〕（原審：東京地判平23・2・3最高裁HP（平成20年（ワ）34931号）〔28170247〕）

　東京地裁は，図面が0.1ミリ単位の精巧さで作られていることなどから，製品からその形状を正確に把握して図面に起こすことは決して容易ではないとして，製品が市場に流通していたとしても非公知性は失われないとしたが，知財高裁は，「市場で流通している製品から容易に取得できる情報は，不競法2条6項所定の『公然と知られていないもの』ということができない」という考え方を示した。そのうえで，①光通風雨戸を構成する部品に関する図面等に記載の情報について，当該部品は，いずれも，光通風雨戸を組み立てるに当たって使用される補助的な部品であり，一般的な技術手段を用いれば光通風雨戸の製品自体から再製することが容易なものであること，また，②光通風雨戸を構成するスラットの加工用金型に関する情報についても，一般的な技術手段を用いれば光通風雨戸の製品自体から再製することが容易なものであることから，いずれについても，非公知性を否定し，原判決の被告ら敗訴部分をいずれも取り消し，原告の請求を棄却した。図面について，原審は精緻なものと評価したが，知財高裁は一般的な技術手段を用いて製品自体から再製可能なものと評価した点が判断を分けたとされる[176]。

(2)　錫合金組成事件・大阪地判平28・7・21最高裁HP（平成26年（ワ）11151号／平成25年（ワ）13167号）〔28243384〕[177]

　錫器の製造を行う事業者を組合員とする組合およびその組合員である原告が，原告退職後も錫製品の製造販売等を行う被告らに対して「本件合金」の組成が営業秘密であると主張して争った事案である。大阪地裁は，「本件合金は，原告製品の分析により，第三者が容易に知ることができるものであ

434　第1章　総則

り，非公知性を欠くというべきである。これに対し，原告らは，本件合金の
成分及び配合比率を容易に分析できたとしても，特殊な技術がなければ本件
合金と同じ合金を製造することは不可能であるから，本件合金は保護される
べき技術上の秘密に該当する旨主張する。しかし，その場合には，営業秘密
として保護されるべきは製造方法であって，容易に分析できる合金組成では
ないから，原告らの上記主張は採用できない（なお，前記のとおり原告ら
は，本件で本件合金の製造方法は営業秘密として主張しない旨を明らかにし
ている。）」として，本件合金の非公知性を否定した。

　リバースエンジニアリングが容易である場合には非公知性が否定されると
いう多数説に沿う裁判例である[178]。また，物に化体した情報（合金組成）
については分析して容易に知りうるが，当該合金の製造方法については非公
知性が認められる余地を示した裁判例ともいえ，何を営業秘密として主張立
証すべきかを考えさせられる事案である。

(3)　プラスチック木型事件第一審判決・東京地判平29・2・9最高裁HP
（平成26年（ワ）1397号／平成27年（ワ）34879号）〔28250692〕

　木型に化体した女性用コンフォートシューズの設計情報の営業秘密該当性
が争われた事案において，本件オリジナル木型およびそのマスター木型自体
を一般に入手することはできなかったものの，市販されている本件原告婦人
靴にパテを流し込んで再現木型を作成し，木型を再現して本件設計情報（形
状・寸法）を容易に把握することができる旨を被告が主張したことに対し，
①靴の皮革が柔軟性を有するため，市場に出回っている革靴から，その靴の
製造に用いた木型と全く同一の形状・寸法の木型を再現しその設計情報を取
得することはできないこと，②当該再現木型が元の木型と正確に同一の形
状・寸法であることの立証がないこと，③かえって，1割程度は再現できて
いないと被告が本人尋問で供述したこと，④被告が別件訴訟の本人尋問にお
いて，「流通している靴から木型を作成するのは，木型の寸法を忠実に再現
しない限りは容易にできる」旨の供述をし，「木型の寸法を忠実に再現」す
ることは困難であることを自認したことから，東京地裁は，「原告主張の方
法により元の木型と全く同一の形状・寸法の木型を容易に再現することはで
きないというべきであり，他に，特段の労力等をかけずに本件設計情報を取
得することができるとの事情はうかがわれない」として，当該設計情報の非
公知性を肯定した。

⑷　アルミナ繊維事件第一審判決・大阪地判平29・10・19最高裁HP（平成27年（ワ）4169号）〔28254955〕[179]

大阪地裁は，「本件電子データは，高強度アルミナ長繊維及び本件研磨ツールの開発製造に関連して原告における日常業務活動において作成された電子データが蓄積され保存されたものであるが，原告が営むアルミナ長繊維に関わる事業活動が国内で数社にとどまり，これらの事業に関する情報の秘匿の必要性が高く，およそ社外の者に開示されることが予定されていないことが明らかであることからすると，アクセス制限のもとに管理されていた高強度アルミナ長繊維及び本件研磨ツールについての技術情報及び営業情報を含む本件電子データは，『公然と知られていないもの』と認めることができる」として，情報の属性・性質に基づいて非公知性を肯定したうえで，「被告は，原告から一部開示された電子データの情報に関し，その記載の情報の一部はインターネット上で公開され，また購入可能な製品の情報であるから，当該製品を分析すれば，寸法のみならず，使用繊維の成分も結晶構造も判明するものであり，上記情報は非公知と認められないと主張する」ものの，「少なくとも，『使用繊維』，『原材料』，『材質』は，提出に係る証拠のほか，インターネットその他の方法により公開されているとは認められない」とし，「製品を分析することが技術上可能であるとしても，そのためには相当の費用をかける必要があるはずであって，そのことをもって容易に知り得るとまでいえない以上，非公知といって差し支えない」こと，また，「『製造メーカー』や『外注加工業者』の情報も，公開されているものと考えられないから，この点で非公知の情報であるともいえる」こと，さらに「被告は，……本件電子データの中には，原告の他部署や，取引相手も保有している電子データが含まれており，開発課従業員のみが共有すべき秘密情報とはいえないものもある旨主張するが，それら電子データが原告において秘密として管理されていたというべきことは前記のとおりであり，他部署や第三者も当該データを保有しているとしても，開発経緯や取引内容に係るそれらデータを他部署や第三者が漫然と放置又は公然と開示しているなど事情が認められるわけではない」ことから，「本件電子データが非公知であるとの判断は妨げられない」として，被告主張を排斥し，非公知性を肯定した。

この裁判例を踏まえると，仮に，開発課従業員が開発経緯や取引内容に係るデータを秘密として管理していたとしても，共有先である他部署や第三者

436 第1章 総則

が公然と開示していたならば，当該データの非公知性は否定されうると解される。

(5) 半田フィーダ事件・知財高判平30・6・7最高裁HP（平成30年（ネ）10009号）〔28262627〕[180]

原告が原告商品（糸半田供給機（半田フィーダ））の形態模倣および複製権ないし翻案権侵害も主張した事案において，知財高裁は，①「本件情報は，原告商品の外観自体から，又はこれを解析することによって容易に知り得るものである」こと，②原告商品が被控訴人に守秘義務を課すことなく販売されたこと，③第三者に対しても販売されていることから，「原告商品から容易に知り得る本件情報」の非公知性を否定した。

(6) サイレンサー事件・知財高判平30・7・3最高裁HP（平成30年（ネ）10013号）〔28263165〕

控訴人（原告）が，原告製品の減音量および圧力損失は容易に測定できるものではないと主張したことに対して，知財高裁は，被控訴人からサイレンサーとブロワの両方の納品を受けた顧客において，①納品されたブロワを実際に稼働させて，サイレンサーの装着前後における測定値を比較することにより，サイレンサーの減音量および圧力損失を設計するうえでの前提となる条件下におけるサイレンサーの減音量と圧力損失を容易に測定することができること，②仮に容易に測定できなかったとしても，控訴人（原告）は被控訴人（被告）に原告製品の減音量および圧力損失を示したものであることから，原告製品の減音量及び圧力損失について「不特定の者が知り得る状態にあったというべきである」として，非公知性を否定した。知財高裁は，リバースエンジニアリングの容易性から判断し（上記①），仮に容易でなかったとしても控訴人（原告）の開示行為により非公知性が失われた（上記②，この点については3.5.3(2)も参照）として非公知性を否定したものである。

(7) 特許ライセンス契約とともになされたノウハウライセンスの特許権消滅後の帰趨が争われた事案[181]

原告が被告らの債務不履行を理由に基本契約（特許ライセンス契約）を解除し未払いロイヤルティの支払いを求めるとともに，原告が開示した本件技術情報を被告らが解除後も使用していることについて争った事案である。大阪地裁は，本件技術情報の一部は原告らが作成したパンフレットに掲載されたことによって公知となったこと，さらに「本件技術情報は物理的な値で

あって，使用する銅線や鋼板のメーカーが公開している数値から計算可能なものも多く，さらに本件各基本契約締結後，被告らがWBトランスを流通に置いた時点で，リバースエンジニアリングを行って測定，計測，計算することで，本件技術情報の内容を得られる状態になったから，その時点で本件技術情報は公知となったというべきである」として，非公知性を否定した[182]。

本件技術情報に含まれる個々の情報が市場に出回った製品（WBトランス）を分析することにより取得することができる旨が具体的に認定されたものであり，従前の裁判例の傾向（3.5.6冒頭参照）に沿った判断とされる[183]。

(8) 日本ペイント塗料製造情報事件・名古屋高判令3・4・13公刊物未登載（令和2年（う）162号）〔28292014〕

名古屋高裁は，「原審弁護人の主張を踏まえた上で，塗料について各種の化学的な分析を行っても，その原料及び配合量を具体的に特定することは容易にはできず，特許公報を併せ分析するなどしても，本件と同内容の情報を特定することは容易ではないとした原判決の認定は，当裁判所としても是認できるものである。弁護人の主張するところによっても，市販製品の解析により本件情報を知るためには，塗料メーカーの知見を駆使し，原料メーカーの協力を仰ぐなどする必要がある上，なお一定の期間を要するのであって，誰でも容易に知り得るわけではないから，製品を市販したことをもって営業秘密が公知化するなどとは到底いえないし，本件情報を構成する個々の原料や配合量が特許公報等の刊行物によって特定できるとしても，まとまりをもった体系的情報である本件情報の非公知性が失われることはないというべきである。」として，非公知性を肯定した。

情報が断片的に公知であっても，その組合せが知られていなければ非公知性は失われないとする従来からの考え[184]と同様の理解を示した裁判例ともいえる[185]。

3.6 非公知性の喪失と差止請求可能性（限定提供データ制度との結節点）

情報社会においては，秘密に管理していた情報が過失や愉快犯的なサイバー攻撃によりインターネット上に公開されてしまうといった事態が生じうる。このような場合に，直ちに非公知性が失われるのか，それともセッション数などのアクセス数の多寡によるのか，ダークウェブ[186]上に公開された場合は，インターネット上に公開された場合と異なるのか[187]，また，非公

438　第1章　総則

知性が認められないために削除請求（不正競争防止法に基づく差止請求）も
なしえないのかといった論点がたびたび問題となるが[188]，この点について
判示した裁判例は見当たらない。

実務上は，差止請求の場合は，事実審の口頭弁論終結の日を基準として，
秘密管理性，有用性および非公知性の要件の有無が判断されると解されてい
る[189][190]。他方，学説上は，営業秘密保護制度導入当初であるが，「侵害者
が自らその営業秘密を開示することによって非公知性を失わせ，その結果と
して本法による差止請求および損害賠償請求を免れようとすることは認める
べきではない」として信義則の可能性を示す考えもあった[191]。

また，たとえ秘密保持義務を課したとしても，多数の者に開示または提供
すればするほど開示・提供先における情報管理の形骸化や失敗により公知と
なってしまう可能性も増えるため，特に，コンソーシアムを組んで情報を共
有する事業者や，商材としてデータを販売等するサービスを提供する事業者
において，秘密保持義務の負荷だけでは情報の保護として不十分であること
の懸念がなされていた[192]。

そこで，過失やサイバー攻撃，データ取引の拡大等により，非公知性を
失った（公知な）情報であっても法的保護を及ぼそうとして新たに整備され
た法制度が限定提供データである（2条7項等参照）[193][194]。

4　「生産方法，販売方法その他の事業活動に有用な技術上又は営業上の情報」（有用性）

4.1　趣旨[195]

4.1.1　「事業活動に有用な」

ある情報を秘密として保有することにより，経済活動の中で有利な地位を
占め，収益を上げられるからこそ，情報の自由な流通および自由な利用の例
外として，これに対する不正な行為について差止請求権または刑事罰という
法的な保護が与えられることから[196]，TRIPS協定39条2項b号[197]を淵源
とする「事業活動に有用な」という要件は，法的に保護することに一定の社
会的な意義と必要性がある情報に保護の対象を限定するためのものと位置付
けられる。すなわち，有用性要件は，事業者間の公正競争促進という法目的
に照らして保護するに値しない情報を除く機能があるのである[198]。

2条6項　定義─営業秘密　　439

よって、「事業活動に有用」とは、現に経済的利益を上げていることは必要ではなく、経済的利益を生む可能性でありさえすればよく[199]（情報が、現在の経済活動のみならず将来の経済活動に役立つ場合も「事業活動に有用」であり[200]）、また、「事業活動に有用」か否かは、保有者の主観によってではなく、営業秘密保有者の事業内容に応じて[201]、客観的に判断される[202]。

また、当該機能に鑑みれば、「有用な」は、事業活動全般についての情報である必要性はないものの、工場の違法な操業、従業員による不法取引、違法に入手した入札情報、役員の個人的スキャンダルに関する情報[203]、脱税に関する情報、公害物質の漏洩に関する情報、反社会的な活動に関する情報などの違法な行為または公序良俗に反する行為に関する情報を除く趣旨があると解される[204]。

4.1.2　「事業活動」

「事業活動」とは、法が保護すべき正当な事業活動をいう[205]。社会的に正当と見られる内部告発を違法としないためである[206]。この解釈は、規定に明記されていないが、本項新設当時からの関係者の共通認識であり、立案担当者の解釈でもある。

4.1.3　「その他の」

「その他の」と定められていることから明らかなように、「生産方法」および「販売方法」は例示である。

4.2　裁判例および学説

実務上は、情報が客観的に有用であるか否か[207]、または、現在もしくは将来の経済活動に役立てることができるか否かという観点から有用性の有無が判断されている[208]。

有用性の趣旨に関する学説には、①「国民経済の発展に役立つような社会的意義のあるものでなければならない」とするもの[209]、②保有者がその情報によって経済的な利益をあげることができるか否かという立法趣旨における有用性の趣旨を理由に、有用性の要件において「財・サービスの提供活動に関し、生産・販売・研究開発・経営効率の改善等の事業活動に役立つとい

440　第1章　総則

う価値」があるか否かが司法審査されなければならないとするもの[210]のほか，③有用性要件の主眼または機能は反社会的な情報を保護対象から除外することであって，事業活動にとって積極的に有用であることまでは要求しないと解する多数説[211]〜[213]，④有用性は，「営業上の利益を害されるおそれ」と表裏の関係にあるという意味で営業秘密保有者自身の事業活動にとっての客観的な有用性を意味するというもの[214]もある。

また，学説上，違法な事業活動に役立つ情報の有用性については，営業秘密保護の趣旨につき，①社会に有用な情報の創出促進を強調する立場に立てば，有用性を否定し，②情報管理体制を突破する行為の抑止を重視する立場に立てば，有用性は否定されないと考えられている[215]。

4.3　ネガティブ・インフォメーション（消極的情報）

ネガティブ・インフォメーション[216]については，これを利用して研究開発費用を節約できること，または不可欠のプロセスを形成するデータにほかならないこと[217]を理由に，立法当初から，有用性が肯定されると考えられてきた[218]。もっとも，ネガティブ・インフォメーションは，不正使用の立証が難しく，損害額の立証も困難であるため[219]，管見の限りでは，裁判例は見当たらない。

4.4　裁判例

有用性の要件については，多くの裁判例が，情報の内容を具体的に分析するのではなく「情報の概括的な内容から有用性を肯定している」とされる[220]。

そこで，近時の裁判例における肯否例を紹介し（4.4.1および4.4.2），現在または将来の経済活動に役立てるか否かという観点から，古い情報を含む場合の有用性に関する裁判例（4.4.3）を取り上げ，また，特異な裁判例として，有用性の程度を損害額において考慮したもの（4.4.4）および第三者における有用性ではないことを判示したもの（4.4.5）を取り上げる。

4.4.1　有用性を肯定した裁判例

(1)　オートフォーカス顕微鏡の組立図事件・東京地判平28・4・27最高裁HP（平成25年（ワ）30447号）〔28241422〕

原告が製造，販売する製品につき，被告が「基本工学系理論等と，技術者個々人の技能及び経験に基づいて再現可能なものであるから，製品の設計図面等の全てが技術上の情報として有用なものであるとはいえない」と争った点について，東京地裁は，「原告は，過去に製作した図面等をそのまま用いたり，あるいはCADソフトで修正を施したりして，設計，開発に要する期間を短縮するなどしているのであるから，基本的な光学理論と従業員の能力，経験をもって一から製品の設計，開発，製造ができるとしても，なお本件データが事業活動に有用な技術上の情報である」として，設計，開発に要する期間を短縮することができることを理由に「全て」について有用性を肯定した。

有用性に関する営業秘密管理指針および多数説に沿うオーソドックスな解釈をした判決とされる[221]。

(2) 臨床検査会社事件・大阪地判平28・6・23最高裁HP（平成25年（ワ）12149号）〔28243387〕

大阪地裁は，顧客別売上情報等の「本件情報は，新たに営業先を開拓する場合において，売上げの大きい顧客や，現在，診療報酬との差額が小さくても臨床検査会社に委託している顧客を探し出し，自らの利益を確保しながら既存委託先の臨床検査会社に対抗できる低額の検査料を提示することを可能にするなど，臨床検査受託のための営業において有用性が認められる」とし，さらに，「これらの情報を仮に被告らが各医療機関から個別に取得できたとしても，多数の医療機関の情報を一体として取得できるわけではないから，営業先を選択するに当たり，取引条件が有利な医療機関を選択しながら営業活動を展開できるという本件情報の有用性が否定されるものではない」として有用性を肯定した。

(3) 介護保険サービス利用者情報事件・大阪地判平29・1・12最高裁HP（平成27年（ワ）7288号）〔28253114〕

大阪地裁は，「本件利用者情報は，介護保険サービスを提供する事業者にとって，通常知り得ない要介護者等の事業対象者や，その必要とするサービスの内容を知ることができるという意味で，その営業において有用な情報であるといえる」とした。そして，利用者にとって重要なのはヘルパーやケアマネージャーとの信頼関係等であるから同業他社が利用者の情報を得ても従前の事業所との契約を継続するはずであって本件利用者情報の有用性はない

442　第1章　総則

と主張する被告反論について，大阪地裁は，「本件利用者情報があれば，同
業他社は，勧誘対象者の選定や勧誘内容の策定を効率的に行うことができる
上，被告らの主張は利用者と介護サービス事業者との関係が良好な場合にの
み妥当するにすぎない」として排斥し，結局，本件利用者情報の有用性を肯
定した。

(4)　アルミナ繊維事件・大阪地判平29・10・19最高裁HP（平成27年（ワ）
4169号）〔28254955〕

　大阪地裁は，①現在，高強度アルミナ長繊維という素材を生産しているの
が日本国内では原告含め2社，世界的には原告含め3社のみであること，②
高強度アルミナ長繊維を用いた本件研磨ツールを製造販売しているのは原告
のみであること，③秘密として管理され，高強度アルミナ長繊維および本件
研磨ツールの開発製造を担当する開発課従業員のみによって日常業務におい
て利用されていたことから，「技術情報及び営業情報全般に及ぶ本件電子
データは，同種事業を営もうとする事業者にとって，今後の製品開発の上で
も新規顧客との取引開拓の上でも有益な情報であることは容易に認めること
ができ」として，有用性を肯定した。

　また，個々の電子データはこれを単独で用いても原告と同様の品質を有す
る高強度アルミな長繊維を製造することはできないから有用性はないという
被告主張について，大阪地裁は，①「本件電子データは，高強度アルミナ長
繊維及び本件研磨ツールに関する技術情報として長年蓄積され，広い範囲に
及んでいるものと認められるから，個々の電子データとしては有用性が少な
いものであったとしても，それらは一緒に持ち出された他の電子データと一
緒に用いられるものであ」ること，②「高強度アルミナ長繊維及び本件研磨
ツールの分野においては明らかに非公知の技術情報及び営業情報である以
上，そのような有用性が少ない情報であっても，同分野に新規参入して事業
を営もうとする事業者にとって，これらの技術情報を用いれば新規製品の開
発の効率化が図られることは否定できない」ことを理由に，当該主張を排斥
した。

(5)　医薬品配置販売業顧客名簿事件・大阪地判平30・3・5最高裁HP（平
成28年（ワ）648号）〔28262621〕

　大阪地裁は，顧客情報について，①「医薬品配置販売とは，配置販売業者
が予め消費者に医薬品を預けておき（いわゆる置き薬），消費者が使用した

分につき，代金請求をするものであ」り，「この販売方法では，営業部員が
定期的に顧客のもとを訪れ，使用の有無や医薬品の入替え等を行うという特
殊性から，新規の顧客開拓には多大な人的コストがかかるところ，顧客情報
があれば，効率的に顧客開拓をし，人的コストを軽減することができる」こ
とから「顧客情報（顧客名，住所及び電話番号）は，同種の販売業を行う事
業者にとって有用な情報であると認められ」ること，②「医薬品配置販売業
界においては，顧客名簿である懸場帳が現に売買の対象とされ，業界紙上で
その広告もなされて」いること，および③原告自身も譲渡人から懸場帳を3
億円以上の対価を払って取得していることを理由に，有用性を肯定した。

4.4.2　有用性を否定した裁判例

(1)　公共工事単価表営業秘密事件・東京地判平14・2・14最高裁HP（平成
12年（ワ）9499号）〔28070351〕[222]

　原告が「公共土木工事に関する埼玉県庁土木部技術管理課作成の平成11年
度4月1日時点の土木工事設計単価に係る単価表の単価等の情報のうち非公
開とされているもの」（本件情報）について，入札を予定する業者において
は事前に知ることにより県や市町村等が設定した予定価格に近い落札可能な
範囲における最も有利な価格で落札することができる点に有用性があると主
張したところ，裁判所は「本件情報は，地方公共団体の実施する公共土木工
事につき，公正な入札手続を通じて適正な受注価格が形成されることを妨げ
るものであり，企業間の公正な競争と地方財政の適正な運用という公共の利
益に反する性質を有するものと認められる」から「不正競争防止法の趣旨に
照らし，営業秘密として保護されるべき要件を欠くものといわざるを得な
い」とした。この判示は「営業秘密として保護されるべき要件」と判示して
おり，直接には有用性を指摘してはいないものの，有用性を否定したものと
解される。この裁判例は，有用性要件につき「国民経済の発展に役立つよう
な社会的意義のあるものでなければならない」とする考えと同じ立場といえ
よう。

(2)　二重打刻鍵事件・東京地判平27・8・27最高裁HP（平成26年（ワ）
19616号）〔28233535〕

　名簿情報について，上記3.5.2のとおり非公知性が否定されたが，東京地
裁は，有用性についても，「その対象顧客数がわずか13にすぎない上，その

444　第1章　総則

多くが金融機関や大手警備会社などであり，しかも，その内容は顧客名及び所在地のみである。そうすると，本件名簿情報1は，原告の名簿によらずとも第三者が容易に入手可能な情報というべきであって，経済的有用性を有する情報に当たるとは認め難い。」として否定した。

(3)　名刺帳事件・東京地判平27・10・22最高裁HP（平成26年（ワ）6372号）〔28233704〕

　東京地裁は，①被告が入手した名刺を会社別に分類して収納したにとどまること，②原告との間の取引の有無による区別もないこと，③取引内容ないし今後の取引見込み等に関する記載もないこと，④古い名刺も含まれ，情報の更新もされていないこと，および⑤原告においては顧客リストが本件名刺帳とは別途作成されていたことから，本件名刺帳の有用性を否定した。

(4)　DNA会員名簿事件・知財高判平28・6・13最高裁HP（平成27年（ネ）10137号）〔28242053〕

　知財高裁は，控訴人保有の名簿も，その抜粋と認められる被控訴人ら受領のリピーターマップも，いずれも記載内容に「住所，電話番号等の連絡先に係る情報を含まないため，これらを使用しても……記載された者に対して連絡を取ることはできない」ことから「それらの者との連絡に際しては」当該名簿の有用性は極めて乏しいとして，有用性を否定した。

(5)　バナナ卸売業顧客情報無罪事件・津地判令4・3・23公刊物未登載（令和2年（わ）282号）〔28301246〕

　被告人が複製した本件会社の顧客情報のうち，被告人が親しくなった取引先担当者の私的携帯電話番号について，津地裁は，「同業者が容易に入手することのできる情報ではない」として非公知性を肯定しつつも「被告人個人から切り離すことが難しい被告人自身の人脈と不可分の情報であった」として，その利用可能性（有用性）を否定した[223]。

4.4.3　古い情報を含む場合の有用性に関する裁判例

(1)　アルミナ繊維事件・大阪地判平29・10・19最高裁HP（平成27年（ワ）4169号）〔28254955〕

　大阪地裁は，本件電子データの中に作成日時の古いものも存在することについて，①原告の開発課が，日常業務において，古いファイルを変更，改定して使用すること，②従業員がキーワードを用いて必要な過去の電子データ

を検索して参照することから,「原告においては,過去の特定顧客の特注品に関する電子データであっても,当該データの使用により業務の効率化が図られていたことは明らか」であるとして,「同種事業を営もうとする事業者にとっても客観的有用性は十分認められる」とし,「営業情報についても,たとえ古いものであっても同主事業を営もうとする事業者にとっては,顧客情報としても,また営業方針等を検討するための資料としても有益であることは否定できない」として,若干,有用性の程度が低まる旨の判示をした。もっとも,上記4.4.1で紹介したように,技術情報および営業情報全般に及ぶ本件電子データについて,有用性を肯定した。

　大阪高裁も,「情報が古いといっても,同種事業を営もうとする事業者にとっては有用」であるとして,原審結論を維持した。

(2) 日産自動車刑事事件第一審判決・横浜地判平28・10・31刑集72巻6号618頁〔28250768〕[224]

　被告人がa社から転職するに当たりデータファイルを領得した罪に問われた事件で,弁護人が一部のデータファイルについて「被告人の検討段階における資料であって,内容をアップデートしなければ役に立たないものである上,被告人が領得した時点においては,a社にとって陳腐化した情報であって有用性はなかった」と主張したことに対し,横浜地裁は,「同データファイルには,発売予定の車両の仕様情報が記載されていたのであるから,a社の事業活動にとって有用性の高い情報であることが十分に認められる。仮に,このような情報が競合他社等に漏洩した場合には,a社の競争力に影響が及ぶ性質のものである。この点は,情報が検討段階のものであって,その後に一部については変更がなされることを前提としても,そのような検討の過程も含め,情報として価値があるといえる」とした。また,弁護人が別のデータファイルについても「内容をアップデートしなければ役に立たない陳腐化した情報である上,同ツールは,紙と鉛筆でも作成可能な単純なものであるから,事業活動にとって有用とはいえない」と主張したことに対し,横浜地裁は,「被告人が複製した当時において,未発表の次期型車の仕様とその価格情報等が含まれていた」ことから「事業活動上の有用性は高く,たとえ,その後に変更されることがあったとしても,検討過程も含めて情報としての価値があるといえる。なお,たとえシステムツールとしては,同様のものを紙と鉛筆で作成することが可能であったとしても,上記内容に照らせ

446 第1章 総則

ば，有用性があることには変わりがない」として，いずれのデータファイルについても有用性を肯定した。

(3) 日本ペイント塗料製造情報事件・名古屋高判令3・4・13公刊物未登載（令和2年（う）162号）〔28292014〕

被告人が元勤務先の親会社a社が相当期間にわたって研究開発を行って得た製品設計情報（本件情報）を領得・不正開示等した罪に問われた事件において，名古屋高裁は，①「被告人は平成25年1月頃に本件情報を領得したことが認められ，本件情報はその時点における本件各塗料の最新の配合情報ではなかったものの，同一品質の本件各塗料を製造することができるものであって，改訂によって配合情報の同一性が失われるものではない。また，改訂前の情報もその後の改訂において有益な情報であるから，a社の商品である本件各塗料の製造・販売に役立つ情報といえる。このように，本件情報は本件各塗料の生産，販売，研究開発等に役立つなどa社の事業活動に有用であると認められる」こと，②また，「本件情報は，これに対応する具体的な商品名や製造時期などが分からなかったとしても，それ自体として塗料の生産や研究開発等に役立つので，その有用性は失われない」こと，③「有用性が認められるためには，事業活動に役立てばよく，特許要件のような新規性や進歩性が要求される訳ではない」ことを理由として掲げて，有用性を肯定した。

4.4.4　有用性の程度を損害額において考慮した裁判例

被控訴人（原告）が，原告商品の顧客対応業務を控訴人ら（被告）に対し移管した際に，原告顧客の情報（本件顧客情報）の不正取得があったとして争われた事案において，知財高裁は，「本件顧客情報は，2万6378件の販売先の名称，住所，連絡先，販売した時期や製品，価格，リース期間及び契約番号等から構成され，レジスター及び電光表示器等の製品の営業販売活動に有用な営業上の情報であるから，本件顧客情報自体に一定の財産的価値が認められ」るとして有用性を肯定した[225]。

もっとも，①直近6年間に取引のあった販売先に係る情報が7529件に限られること，②控訴人以外の他の販売会社にとって直ちに契約の成約に結びつくような極めて有益な情報であるとまでは認め難いこと，③従来の営業販売活動を実質的に停止した被控訴人にとっては，新たな商品の販売（リプレイ

ス販売や複数契約）等につながるものではないこと，④顧客との間で新たな契約が成約するか否かは，営業担当の従業員の営業力，新たに販売しようとする製品の性能や品質，保証やアフターサービスの内容等に依るところが大きく，本件顧客情報それ自体が直ちに新たな契約の成約という営業上の利益をもたらすものではないこと，⑤当該移管に伴い，本件顧客情報のうちの一部は，被控訴人から控訴人に対して開示されることが予定されていたこと，⑥控訴人の支店には，当該移管に伴って被控訴人の元営業担当従業員が複数勤務しているから，本件顧客情報によらずとも，同従業員らの従前の営業経験により被控訴人の元顧客との間で一定の契約の成立を見込むことができるといえること，および⑦控訴人らによる不正競争の態様が共謀による不正取得ではなく2条1項9号にとどまることを理由に，本件顧客名簿の不正使用に関する損害額（5条3項3号）を原審よりも減額した。

4.4.5　第三者における有用性ではないことを判示した裁判例

　金属工作機械の製造，販売等を業とする会社の従業員が同社の製品である工作機械を製造するのに必要な部品の設計，製法の情報に当たるファイルを領得したことが問われた刑事事件において，弁護人が，第三者が当該ファイルを入手しても本件工作機械の製造や販売等の事業活動に役立てることはできず，同社に応分の被害を及ぼすような情報でもないから（本件工作機械の主要な部品には他社の特注部品が用いられていて，その部品の製造図面は同社が保有していないため。また，本件工作機械を作動させるためには他社の制御装置に係る電気図面情報が必要であるのに本件ファイルにはそれらの情報が含まれていないから，仮に，他社の協力を得るなどして上記の不備を補ったとしても，部品を組み立てるには高度の技術が必要となるため）有用性は認められないと主張したところ，名古屋高裁は，「第三者において当該情報を実際に役立てられるかどうかが判断の要素であるかのようにいう所論は，独自の解釈に基づくものであり，採り得ない」として，有用性を肯定した原審を維持した[226]。この判断は最高裁でも維持された[227]。

　第三者ではなく，営業秘密保有者の現在または将来の経済活動に役立てるか否かという観点から有用性を判断するという実務および多数説に沿った裁判例といえよう。

　もっとも，有用性または非公知性に触れた7件の営業秘密侵害罪事件につ

448 第1章 総則

いて分析すると，競合他社にとっての有用性に言及した一部事件では，裁判所が，競合他社にとっての有用性を営業秘密保有者にとっての有用性と「表裏の関係にあるものとして理解」しているとする指摘もある[228]。

5 「情報」

5.1 開示・取得または使用された情報との同一性（営業秘密該当性の検討対象）

5.1.1 問題の所在

営業秘密侵害訴訟または営業秘密侵害事件においては，営業秘密保有者が営業秘密であると主張する情報と，被疑侵害者が開示を受け，取得しまたは使用する情報との同一性が問題となることがある。

例えば，被疑侵害者が口頭による開示を受けた場合[229]や（不正）取得者によって変更が加えられた情報の開示を受けた場合，または被疑侵害者が情報を変更して使用する場合がある。また，変更の態様としても，修正する，新たな情報を加える，抽象化・一般化する等さまざまなものがありうる[230]。

このように，営業秘密であると主張される情報と不正取得等されたと疑われている情報との同一性が問題となる場合，まず営業秘密であると主張される情報の営業秘密該当性を判断すべきなのか，それとも同一性が認められるか否かから判断すべきか（同一性が認められないのであれば不正使用等が成立しないから営業秘密該当性を判断するまでもない[231]），どのようにして同一性を判断すべきか（どこまで抽象化・一般化してよいのか等）といった問題が生じる[232]。

5.1.2 判断手法に関する学説

口頭による開示が問題となった愛知製鋼磁気センサ無罪事件・名古屋地判令4・3・18公刊物未登載（平成29年（わ）427号）〔28300945〕において，裁判所は，検察官が営業秘密保有者の営業秘密であると主張する情報（独自の技術上の工夫，A）と被告人が口頭で開示したことが証拠上認められる情報（B）との共通部分を抽出したうえで，当該抽出部分についての非公知性を否定するという判断手法を示した[233][234]。

学説からは，この判断手法について，営業秘密該当性の検討対象は，①当

該共通部分であるべきではなく，営業秘密であると主張している情報であるべきだという考え（Aの営業秘密該当性が肯定された後，当該独自の技術上の工夫がBに含まれるか否かで不正開示か否かを判断できる）[235]と，②Aも，Bも，営業秘密の三要件への該当性を判断基準とすることに違いはないから，当該共通部分を営業秘密該当性の判断対象としてもかまわないという考え[236]が述べられている。

また，学説上，①を二段階テスト（保有情報を営業秘密該当性の判断対象として先に判断し，そのうえで開示情報を観察して，営業秘密に該当する要素が開示されたと評価できるか否かを判断する手法），②を濾過テスト（保有情報と開示情報を対比し，両者の共通部分を抽出したうえで，共通部分を営業秘密該当性の判断対象とする手法）とそれぞれ呼んで，著作物の類似性の判断手法に倣って捉える考えもある[237]。

5.1.3 裁判例

営業秘密該当性の検討対象に関する裁判例として，次のものがあげられる。裁判においては，刑事事件であれば被告人が不正使用等した情報の内容を認定したうえで，二段階テストによるべきか濾過テストによるべきかを判断できるが，こと民事事件においては，被告が不正使用等した情報の内容が必ずしも明らかになるわけではないため，二段階テストによらざるをえないことも多いといえよう。

(1) 字幕制作ソフトウェア事件控訴審判決・知財高判令元・8・2金商1580号24頁〔28273455〕

原告が不正使用された営業秘密として主張した情報がソースコードであり，かつ原告が不正使用の根拠の1つとして原告と被告のソースコードの類似箇所4つを主張した事案である。

知財高裁は，原審とは異なり（上記3.5.2参照），「類似箇所1については，一審被告らが本件ソースコードの変数定義部分を参照したことにより生じた可能性を否定できないものの，当該変数定義部分は営業秘密とはいえない以上，これのみをもって，本件ソースコードを使用したとは評価できない」として，原告のソースコード全体ではなく共通部分（変数定義部分）を営業秘密該当性の判断対象とし，当該ソースコードの営業秘密該当性を否定した。

すなわち，二段階テストを採用した原審が覆され，濾過テストを採用した

知財高裁では営業秘密該当性が否定される結果となったものである[238]。

(2) エディオン事件・大阪地判令2・10・1最高裁HP（平成28年（ワ）4029号）〔28283762〕

大阪地裁は，先に資料3－1～3－9の各情報の営業秘密該当性を肯定したうえで，「被告会社の関係者が参考としたのは，資料3－1～3－9の各情報のうち，家電量販店としてリフォーム事業を展開するための案件管理システムの設計思想その他理念的・抽象的というべき部分が中心であったものと推察される」として不正使用を肯定した[239]。

被告による使用態様がシステムの設計思想という「理念的・抽象的部分」の参考行為であったという事情からすれば，そもそも資料3－1～3－9の各情報と比較して共通点を抽出し難かった事案とも思われ，二段階テストによらざるをえなかったといえよう[240]。

(3) パッケージソフトウェア事件・大阪地判平25・7・16判時2264号94頁〔28212469〕

前掲エディオン事件とは逆で，「抽象化，一般化された情報の使用」について不正使用該当性を否定した事案である。

原告が，被告のパッケージソフトウェアの仕様書の内容からすれば原告の営業秘密であるソースコードのロジックを被告が不正使用したものであると主張したところ，大阪地裁は，まず当該ソースコードの営業秘密該当性を一応肯定したうえで[241]，「原告が主張する使用とは，ソースコードの記述そのものとは異なる抽象化，一般化された情報の使用をいうものにすぎ」ないとして「使用」該当性を否定した。

本件は，「開発環境が異なるために著作権侵害の主張がもともと無理そうな事案」[242] であること，および，そもそも，ソースコードと仕様書に一致点，類似点が存在するとしても，これらをそのまま比較して共通点を抽出できるものではないことからすれば，二段階テストが採用されたというよりも，まずソースコードの営業秘密該当性を検討するほかなかったと考えられる。

(4) 日本ペイント塗料製造情報事件・名古屋高判令3・4・13公刊物未登載（令和2年（う）162号）〔28292014〕

被告人が，在職中に付与されたアクセス権限でシステムから取得した情報（元情報）を基に作成した情報（加工情報）を転職先に開示したという事案

である。名古屋高裁は，情報の実質的同一性に関する判断基準や枠組みを示すことなく，元情報に営業秘密該当性が肯定されるのであれば，元情報と実質的に同一である加工情報にも営業秘密該当性が認められるという判断手法をとって，まず元情報から営業秘密該当性を検討した[243]。

元情報から先に営業秘密該当性を判断したという点を捉えれば，二段階テストに近い判断手法ともいえるが，元情報と加工情報が実質的に同一であればほとんどが共通部分となるから，当該共通部分について営業秘密該当性を判断したともいえ，いずれの判断手法が採用されたとも言い難い裁判例と考えられる。

5.2　特定の問題

「情報」は形あるものではないから，営業秘密侵害訴訟において「営業秘密」に該当することを主張する場合，情報の特定の程度が問題となる。

まず，特定の程度については，訴訟物レベルおよび請求原因のレベルの2つの観点で問題となる。

訴訟物レベルでは[244]，3条1項に基づく差止請求の場合，被疑侵害者に対して一定の行為を禁止する不作為を求めるために必要な程度で特定しなければならないため，執行段階の実効性を確保することおよび過剰差止めとならないこと（差止請求のために必要な範囲内であること）が考慮される[245]。逆に，特定の態様によっては実行的な差止請求とならいないことにも留意すべきである。例えば，情報が記載されている書面という態様で営業秘密を特定し差止請求が認容されたときには，書面を使用する行為のみが差止めの対象となるのであって，書面を使用することなく営業秘密を使用する行為までは差止めの対象とはならないと考えられている[246]。

さらに，請求原因レベルでは，具体的な主張・立証の対象として当事者間で攻撃防御できるだけの特定の程度に至っていることが求められる[247][248]。

このように，裁判例においても，次のとおり，攻撃防御対象と差止判決の執行という2つの観点から「特定」が問題となっている[249]。

なお，営業秘密の性質上，訴訟提起時点でその内容を正確に特定することは困難であるから，抽象的であってもできる限り特定がなされていれば，その後の攻撃防御態様に応じて段階的に特定されていく訴訟進行が望ましく，それで足りると解される[250]。もっとも，段階的特定の過程において営業秘

452　第1章　総則

密の内容自体を明示することが必要となることもある[251]。

5.2.1　攻撃防御対象としての「特定」が問題となった裁判例

(1)　特定が不十分であるとされた事例[252]

　サイト構築作業の請負契約に基づく代金支払請求事件の相殺の抗弁として営業秘密の不正使用による損害賠償請求が争われた事案である。大阪地裁は，出願書類や出願に係る技術情報について被告が「乙44出願書類や出願（乙45）に係る技術情報を原告代表者が不正に原告に開示し，原告がこれを使用したとの具体的主張をせず，本件システムの『発想』を原告が使用した旨を主張するにすぎ」ず，「具体化され特定された情報ではなく，抽象化された『発想』が，どのように秘密として管理されていたかについて，被告は何ら具体的に主張して」いないことから，特定が十分ではないとし，被告の当該抗弁を排斥した。

(2)　印鑑自動製作販売装置事件・東京地判平28・6・30最高裁HP（平成26年（ワ）22423号）〔28242580〕

　原告製品の印章製作過程に関する情報および不具合情報について，東京地裁は，前者はごく一般的な内容に過ぎず，後者は被告自ら取得したことが十分考えられるとして，いずれについても営業秘密該当性を否定したうえで，「原告製品のソフトウェア部分及びハードウェア部分，設計書等（『基本設計書』『本件詳細設計書』『試作品』），及び製造方法が営業秘密であるとも主張するが，上記設計書等を除き，営業秘密であるとされる部分が何ら具体的に特定されていないため，その営業秘密該当性を判断することすらでき」ないと判示した。

(3)　アルミナ繊維事件・大阪地判平29・10・19最高裁HP（平成27年（ワ）4169号）〔28254955〕

　被告が本件電子データは営業秘密としての特定を欠くと争ったが，大阪地裁は，本件電子データは営業秘密目録記載のとおり「ファイル名称，作成日時，作成者で特定されていることに加え」て，訴え変更後の別紙で「各データにつき有用性に関連付けられる内容の説明がされて」いることから，「原告が営業秘密として主張する情報の特定に欠けるところはない」としたうえで，「被告の営業秘密の特定を巡る主張は，不正競争防止法2条6項所定の有用性，非公知性の議論をするためとして，本件電子データの詳細の全

面的開示を求めているといえるが，本件訴訟において営業秘密が特定されているというためには，その全てを開示するまでの必要はなく，上記要件充足の有無を判断することができれば足りる」とした。

さらに，大阪地裁は，「被告は，本件仮処分の申立て以来，営業秘密の対象が変動している点についても問題とするが，訴訟手続において請求の対象とする営業秘密の範囲については，手続の迅速性や立証の困難性，コスト面等様々な要素から原告において任意に選択すべきことであり，変動する理由が被告に明らかにされないからといって，営業秘密としての特定を欠くことにはならない」とした。

その後，控訴審段階で控訴人（被告）が「営業秘密の開示又は使用の差止請求をする場合，審理における攻撃防御方法のためだけでなく，執行するに当たり，当該営業秘密との同一性の判断をすることが必要で，その判断が可能な程度に営業秘密を特定することが必要である」と主張したものの，大阪高裁は，本件電子データは，営業秘密目録のファイル名称，作成日時および作成者の記載で請求の趣旨の特定として十分である旨判示した。

5.2.2　差止判決の執行の観点から「特定」が問題となった裁判例

(1)　顧客名簿について特定が不十分であるとされた事例[253]

ワイン等の輸出入・販売等を行う原告が，在職中に元従業員が設立した被告会社に対し，原告の顧客名簿が営業秘密であるとして，当該顧客名簿を用いた営業行為等の差止め，当該顧客名簿が記録された記録媒体および電磁的記録媒体の廃棄ならびにこれらの媒体からの印刷物の引渡しを求めた事案である。東京地裁は，原告の営業秘密目録が単に項目を並べたにすぎず「顧客名やその各項目に係る具体的内容は何ら記載されていないから」「営業秘密の内容が何ら特定されていないといわざるを得ず」，「差止め・廃棄及び引渡しの対象が具体的に特定されているとは認められない」として，当該請求を却下した。

(2)　「つながりのある」も「に関する」も外延が不明確であるとされた事例[254]

東京地裁は，「原告は，本件情報を『原告が収集した原告とつながりのある各小売業者の商品の仕入価格・販売価格に関する情報』と定義するが，このうち『原告とつながりのある各小売業者』が具体的に誰を指すのかは明ら

454　第1章　総則

かでないし，仕入価格・販売価格『に関する情報』の外延も明らかでない」
として「原告が主張する本件情報は特定されておらず，ひいては（本件情報
を利用して）仕入効率の良否を判定するための情報が記載された文書の配布
の差止めや，本件情報の全部又は一部を記載した書面その他記憶媒体の廃棄
を求める請求に係る訴えは，不適法として却下すべきである。」とした。

(3)　エディオン事件・大阪地判令2・10・1最高裁HP（平成28年（ワ）
4029号）〔28283762〕

　大阪地裁は，営業秘密目録①について，(a)「『システムキッチン…等のリ
フォームにあたっての住宅設備商品及び家庭用電化製品の販売・設置…並び
に，これらに伴う工事の設計，施工を行う事業に関する下記の各資料又は各
データ』との頭書の下，12項目の情報を列挙している」が，「『商品を構成す
る個々の部材や工事の内容及び価格が記載された資料』は，『商品』が原告
のリフォーム事業における取扱商品を意味するものと理解される限り，これ
を構成する個々の部材の内容のように明らかにその事業活動において一般に
公開される情報が含まれるところ，そのような情報とそれ以外とを区別する
ことなく，営業秘密とされていること」になり，また「パッケージリフォー
ム商品それ自体及びこれを構成する部材等の構成内容及び原価その他の価格
に関する情報を，それが化体されている媒体を個別具体的に特定することな
く，かつ，包括的・抽象的に掲げたものと理解される」ことから，当該記載
は「広範かつ抽象的に過ぎ，本件の請求の対象である情報とそうでない情報
とを区別することが不可能というほかない」こと，(b)「『資料，これらの一
覧資料，電磁的記録又はこれらに類するもの』の『又はこれらに類するも
の』とは，情報を意味するのか，情報が化体された『資料，これらの一覧資
料，電磁的記録』以外の媒体を意味するのかは解釈の余地があり，必ずしも
一義的に明らかではない」ことから，請求の「対象となる営業秘密の特定を
欠くことにより請求の趣旨が不明確なものと言わざるを得ず，民訴法133条
2項2号に違反する不適法なものといえる」とし，営業秘密目録①に関する
請求の一部（差止請求）について不適法却下した。

　さらに，大阪地裁は，営業秘密目録②についても，(a)同目録記載の「『営
業秘密を使用して作成されたソフトウェア，原価表，業務マニュアル，取引
先リスト，見積書，契約書，チェックシート，パンフレット，店舗展示用
ディスプレイ設備』の廃棄」請求につき，「情報が化体された媒体の個別具

体的な特定がないため，廃棄の対象となるか否かは，当該媒体が同目録記載の営業秘密を『使用して作成された』ものか否かに掛かることになる」が，「『使用』に当たる態様としては，例えば営業秘密を参考資料として参照したにとどまり，その結果作成された情報そのものからは営業秘密の使用が客観的にはうかがわれないような場合も含まれ得る。このように，『使用』につき多様な態様を想定し得ることに鑑みると，上記判断は，場合によっては著しい困難を伴うこととともなりかねない」こと，(b)「『使用して作成された』との態様の抽象性ないし多義性と廃棄対象とされるべき媒体の特定が概括的に行われているにとどまることとが相まって，廃棄請求の対象が広範かつ抽象的に過ぎ，対象である媒体とそうでない媒体とを区別することが不可能」であることから，「廃棄されるべき対象の範囲が不明確なものといわざるを得」ないとして，不適法却下した。

　なお，営業秘密目録①記載の各情報に係る被告らの不正競争について損害賠償を求めた請求は棄却されたが，営業秘密目録②のうち「営業秘密を使用して作成された」という限定のない情報は特定に足るとして，当該情報に係る使用等の差止めおよび廃棄等の請求，ならびに損害賠償請求は認容された。

5.2.3 「営業秘密を使用して」という限定について

　前掲エディオン事件とは真逆で，製品の製造販売に対する差止めの場合，「営業秘密を使用して」という限定を付した形で差止めが認められることが多い[255]。

　ラベラー事件・東京地判令3・6・4最高裁HP（平成27年（ワ）30656号）〔28302174〕において，東京地裁は，判決主文の1つ目で，「被告IDKは，別紙1－1及び同1－2記載の電子データ及び同電子データを印刷した紙媒体を使用して，自動包装機械を製造し，販売してはならない。」と判示した。判決によれば，別紙1－1の電子データは自動包装機械（ラベラー）の組図および部品図とのことである。よって，当該電子データを使用すれば図面通りの機械または部品が生じるからこそ，「営業秘密を使用して」という限定を付けることで特定に足るとの判断に至ったと考えられる。

　このほかにも，セラミックコンデンサー設計図不正取得事件・大阪地判平15・2・27最高裁HP（平成13年（ワ）10308号／平成14年（ワ）2833号）〔28081388〕[256]等がある。

456　第1章　総則

また，製品の製造販売に対する差止めの場合でも，原告の営業秘密なしには製造することが困難である場合には，「営業秘密を使用して」という限定をせずとも物件目録等で特定できれば差止請求が認められる[257]。

5.3　個人情報

個人情報については，個人情報保護法による義務が負わされていることから直ちに営業秘密に該当するわけではなく，個人情報保護法上の安全管理措置を講じていることが秘密管理性を肯定する事情になると考えられてきた[258]。学説上も，「顧客名簿（顧客リスト）と顧客情報（個人情報）はイコールではなく，顧客名簿（顧客リスト）でなければ有用性がない」との考え[259]や，「競争原理が働かない領域における個人情報や実質的に企業自身の市場競争力に影響がない個人情報は，不正競争防止法における保護対象である営業秘密とはいえない」との考え[260]がある。

市場競争力に影響のある顧客リストが問題となった事案の代表例は，ベネッセ顧客名簿刑事事件控訴審判決・東京高判平29・3・21判タ1443号80頁〔28253079〕である。

他方，営業秘密侵害罪のほか，脅迫罪および威力業務妨害罪にも問われたNHK事件・東京高判令4・10・24最高裁HP（令和4年（う）276号）〔28302852〕[261]（被告人が集金人をしてその業務用携帯端末に記録された受信契約者等情報50件を当該端末の画面に表示させてビデオカメラで撮影して複製したという事案）については，競争原理が働かない領域における個人情報であって，営業秘密侵害罪の保護対象と捉えることは適切ではないとの批判がある[262]。

6　補論

6.1　文書提出命令申立事件における営業秘密該当性の判断枠組み

営業秘密侵害訴訟を基本事件とする文書提出命令申立事件において，「侵害行為があったことについての合理的疑いが一応認められることが必要である」という判断基準の下，「秘密管理の努力をしてきたこと」が認められる一方で，申立人（原告）が「機密資料の持出しを容認していたことや本件技術情報が操業条件など実務的な有用性を持つまとまりを持った情報として公

開されていたことを認定できる証拠」が被申立人（被告）から「現時点では提出されていない」ことを理由に申立人（原告）が営業秘密であると主張する情報（技術情報）が営業秘密に該当するとした裁判例がある[263]（詳細は，7条1項を参照されたい）。

6.2 閲覧等制限申立事件における営業秘密該当性の判断枠組み

当然のことながら，疎明の程度については，「一応」で足りると判示した裁判例がある[264]。

6.3 その他

秘密保持契約ないし守秘義務契約の解釈・適用において，営業秘密の秘密管理性と同様の考え方を示した裁判例や[265]，入社時誓約書，就業規則および退職時誓約書等における「秘密情報」の解釈・適用において，営業秘密の秘密管理性と同様の考え方を示した裁判例もある[266]。もっとも，労働法の立場からは，知財法研究者には違和感がないようであるとしても，契約上の秘密保持義務の対象となる企業秘密に対して不正競争防止法上の営業秘密の要件を援用することにつき疑問が呈されている[267]。

そのほか，特殊な事例であるが，証券会社である原告に対してファンドへの勧誘行為が違法だとして訴訟を提起し和解を代理した被告（弁護士）が，原告退職者から原告顧客の氏名および住所が記載されたメモを受領し，訴訟提起を勧誘等した行為について原被告間で争われた事案において，原告の顧客情報管理システムにより一括かつ厳重に管理されていた顧客情報（氏名，住所，電話番号，金融商品の保有数および担当者等）については，秘密管理性を含めて営業秘密であることが認められたものの，被告が受領したメモには，当該システムにより管理されている顧客情報ではなく，その一部であるファンドの購入者の氏名および住所が記載されていたこと，ならびに，氏名および住所であれば不正手段を講じずとも入手可能であったことから，「不正競争」（2条1項5号，8号）を否定した裁判例がある[268]。

【注】

1）「営業秘密」という用語は，西独，スイスおよびオーストリア等の不正競争防止に倣った用語であり，「営業」は事業活動全体を指す広義の営業を意味し，その英訳は“Trade Secret”である（通商産業省知的財産政策室『営業秘密――

458 第1章 総則

逐条解説改正不正競争防止法』6頁-7頁（有斐閣, 1990))。ちなみに, ドイツ
における営業秘密の保護は, 秘密情報の不正利用防止および刑事罰を中心に発
展してきたところに特徴があるとされ, また, スイス不正競争防止法は, その
基本において信義則的原理によっているとされ, 我が国民法1条の信義則・権
利濫用禁止がスイス法の影響を受けていることから, 法理的に参考にすべきと
ころが極めて多いとされる（千野直邦『営業秘密の法的保護』33頁-38頁（中央
経済社, 2002))。ただし, スイスの場合, 営業秘密の民事的救済の内容に人格
権規定が準用されるという（松本恒雄「欧米のトレード・シークレット法制と
日本法の状況」L＆T7号20頁-27頁・24頁（1990))。

　なお,「ノウハウ」という用語は, 秘密ではない財産的な情報を含むより広い
概念として用いられうる（田村・概説2版325頁)。

2） 経産省・逐条解説（令和5年改正版）46頁。なお, 導入当初の条文番号は1
条3項であった。

3） 髙部・実務詳説210頁

4） 具体的には, 当時, ドイツが産業界からの要請を受けて営業秘密の保護を図
ることを中心に不正競業禁止法を改定して一般条項を備えた不正競争防止法を
制定したことに触発を受けた農商務省により, 我が国の明治44（1911）年の不
正競争防止法草案に「営業上ノ秘密」および「業務上ノ秘密」が盛り込まれた
が, 我が国産業が揺籃期であったことおよび当時の民法解釈では権利侵害とは
いえない行為に法的責任を問うべきでないと考えられたことにより, 同草案は
見送られた（なお, 大学湯事件判決は1925年である（大判大14・11・28民集4
巻670頁〔27510908〕))。

　その後, パリ条約改正会議に参加するためにパリ条約ヘーグ改正条約に加入
すべく不正競争防止法が1934（昭和9）年に制定された。もっとも, 国際的に
要請される不正競争防止法の趣旨が「工業上または商業上の公正な慣習に反す
るすべての競争行為」に対する法的救済措置を定めることであったにもかかわ
らず, 昭和9年制定法の内容は, 明治44年草案より著しく適用範囲を縮小し,
当該条約加入のための必要最小限度の「言ば国際条約上の義務履行の為の申
訳的立法」と評価されるような内容であった。このため, 制定当初から, 営業
秘密の漏えいなどを不正競争行為とするべきであるとの指摘があった。

　戦後, 日本経済が自由競争に立脚した健全かつ公正な運営および貿易の振興
を図るために不正競争の防止対策は特に重要であるとするGHQの強い要請もあ
り, 1950（昭和25）年に不正競争防止法の体制整備が図られたが, 営業秘密の
保護の規定は見送られた。昭和42年には日本特許協会から「ノーハウの保護に
ついての提案」（特許管理17巻60号）が行われた。刑法の全面改正が審議された
際に, 改正刑法草案（昭和49（1974）年）に, 企業の役員および従業員を名宛
人とした「企業の生産方法その他の技術に関する秘密」を侵す罪が盛り込まれ
たが, 当該草案全体が継続検討とされ, また, 民事的規制の整備に先がけて刑
事罰の規定を設けることには慎重論が強く, 立法化には至らなかった。（以上に

つき，棚橋祐治「日本の不正競争防止法における営業秘密の保護の強化と日米欧の比較」高林龍・三村量一・竹中俊子編集代表『知的財産法学の歴史的鳥瞰』317頁-355頁（日本評論社，2012），棚橋祐治「日本の不正競争防止法における営業秘密の保護の強化と日米欧中の比較」2015年1月15日明治大学知的財産法政策研究所シンポジウム『営業秘密保護のこれまでとこれから』〈http://www.isc.meiji.ac.jp/~ip/_src/20150115/20150115tanahashipaper.pdf〉，および通商産業省知的財産政策室・前掲注1）8頁-12頁，23頁-30頁）

　　なお，改正刑法草案については，「企業」に限定していたことについて経済界等から営業上の秘密についても保護の対象とすべきだとする批判がなされ，他方で，当該限定をはずすと保護の対象の不明確化という問題が一層生じてくることから，財産的価値ある秘密に明示的に限定するか，行為類型を財産的価値ある秘密を対象とするものに限定することが必要となるとなるものの，限定の意味をどれほど持ちうるか問題があるとされ，企業秘密侵害罪の規定を不正競争防止法に置くことにより，限定の趣旨が多少明らかになるとも考えられていた（山口厚「企業秘密の保護」ジュリ852号46頁-57頁・53頁（1986））。

5） 1930年代の不況後，世界経済のブロック化が進み各国が保護主義的貿易政策を設けたことが，第二次世界大戦の一因となったという反省から，暫定的な組織として運営されてきたGATTは，ウルグアイ・ラウンド交渉妥結の際にWTOの設立を合意し，1995年1月1日，国際機関としてWTOが設立された（「WTO新ラウンドに関する現状説明」（平成20年5月，〈https://www.mofa.go.jp/mofaj/gaiko/wto/2.html〉）。これに伴い，TRPIS協定はWTO協定の附属書一Cに位置づけられている。

6） 経済産業省「2022年版不公正貿易報告書」第Ⅱ部WTO協定と主要ケース・第13章知的財産〈https://www.meti.go.jp/shingikai/sankoshin/tsusho_boeki/fukosei_boeki/report_2022/pdf/2022_02_13.pdf〉参照。

7） 尾島明『逐条解説TRIPS協定——WTO知的財産権協定のコンメンタール』1頁（日本機械輸出組合，1999）

8） 米国は，1980年代初めから，低下しつつある自国の産業競争力を回復するための方策について検討を行った結果，1985年1月のヤング・レポートにおいて，他国に対して優位にある技術開発力を維持・強化するために知的財産権の保護を強化するとの方針を示し，同年のレーガン大統領の「新通商政策」および1986年の米国通商代表（USTR）の「知的財産権保護施策の骨子」において，中長期的戦略として，多国間交渉により国際的に知的財産権保護ルールの強化を図るという活動方針を明確にした（尾島・前掲注7）1頁）。また，ウルグアイ・ラウンド交渉開始から数か月後の1987年1月のレーガン大統領の年頭教書において，米国企業の国際競争力を強化するために，特許権・著作権・トレードシークレットなどの知的財産権の保護が公式に打ち出されるなどした（長内健『企業秘密保護法入門』〔改訂第3版〕69頁（民事法研究会，2005）参照）。

9） 民間においても，我が国の日本経済団体連合会，米国の知的所有権委員会

460　第1章　総則

（IPC）および欧州産業協定連盟（UNICE）により知的財産に関する日米欧民間三極会議が組織され，TRIPS交渉に先進国の民間の意向を反映させるとともに自由貿易の障害となる保護主義を牽制すべく，1988年6月に見解を取りまとめた。営業秘密についても，「財産的情報」の項目の中で見解がまとめられた（通商産業省知的財産政策室・前掲注1）10頁-11頁）。

10) 　TRIPS交渉において，当初，米国は，"Trade Secret" という用語にするよう主張していたものの，判例の積み重ねにより形成された米国法特有の概念を持ち込むことになりかねないとの批判があり，"Trade Secret" の用語を避けて，"Proprietary Information" という用語が用いられた。そこで，我が国は，これを「財産的情報」と訳した。

　　その後，最終協定書の段階で「非開示情報」（Undisclosed Information）という用語となった（通商産業省知的財産政策室・前掲注1）5頁，千野・前掲注1）82頁，および尾島・前掲注7）184頁参照）。

11) 　ノウハウ契約当事者以外の第三者に対しては，ノウハウ使用行為の差止めを請求することはできないと判示された（田村・概説2版327頁）。

12) 　土井輝生「TRIPS協定の交渉によってもたらされた営業秘密保護規定の整備」高林龍・三村量一・竹中俊子編集代表・前掲注4）357頁-367頁）。米国の場合，刑事制裁は事後的なものであって，「漏えいを差し止める民事的救済こそが必要なのだという意識が強い」という（松本・前掲注1）34頁）。

13) 　中山信弘「営業秘密の保護の必要性と問題点」ジュリ962号14頁-19頁・14頁（1990），および鎌田薫「営業秘密の保護」判タ793号54頁-64頁・54頁-55頁（1992）。

　　当時，営業秘密の保護という一般論については大方が賛同したものの，保護の態様については議論がなされ，不正競争防止法を改正するとしても，営業秘密に関する事例で最も多い従業員については，従業員が自己の利益のために使用者の営業秘密を使用する場合は，競争とはいえないのではないかという論点があった（中山・本注釈）15頁）。

14) 　中山・前掲注13）14頁

15) 　経産省・逐条解説（令和5年改正版）「第1章　不正競争防止法の沿革」

16) 　通商産業省知的財産政策室・前掲注1）38頁-39頁

17) 　「財産的情報に関する不正競争行為についての救済制度のあり方について」と題する建議には「秘密として保護されることに正当な利益があること」という要件があったところ，「法律である以上違法な行為の保護を目的とすることはありえないから，敢えて明文の規定を設ける必要はない」として要件化されなかったことにつき，平成2年改正当初，解釈論としては，「①法的保護に値しない違法な情報は『営業秘密』にあたらない」，「②その情報の保有者に法的保護に値するような『利益を害されるおそれ』はない」，「③行為に『違法性が認められない』」，「④公序良俗違反等の一般条項を援用して差止請求権等の成立を阻止する」という考えがあるとされた（鎌田・前掲注13）55頁-56頁）。現在では，

当該②の整理として捉えられている。

18) 鎌田薫「『財産的情報』の保護と差止請求(3)」L＆T9号15頁-21頁・21頁
（1990）

19) 通商産業省知的財産政策室・前掲注１）16頁-20頁参照。また，法曹界におい
ては，このころ，日本弁護士連合会が，不正競争防止法を全面改正して，「企業
秘密の不正使用行為の差止め」を新設し，営業秘密の保護を図るべきとする意
見書を1989（平成元）年７月に通商産業大臣に提出しており（通商産業省知的
財産政策室・前掲注１）11頁），営業秘密保護法制整備の機運が醸成されていた
ともいえるが，「国内における世論を反映したものというよりも，日米構造協議
やGATTウルグアイラウンドにおけるTRIPS交渉等にみられる知的財産権の保
護の強化ないしそのハーモナイゼーションを求める『外圧』に対応しようとす
るものとしての側面が強いことを否めない」ものであった（鎌田薫「『財産的情
報』の保護と差止請求権(1)」L＆T7号13頁-14頁（1990））。

20) 学説からは，不正競争防止法自体がいまだ不十分な法律であることから，不
正競争防止法への営業秘密の保護規定の導入は，「白蟻の食っている古家屋に
つっかい棒を当てて，二階を増築したようなもの」であるものの，全面改正を
待っていたのでは遅きに失すると評された（中山・前掲注13）18頁）。

21) なお，平成２年改正では秘密保持命令などの制度を欠いていたため，TRIPS
協定39条の義務を厳密に履行しているかについて疑問が生じていた（秘密保持
命令については，その後の平成16年の裁判所法等の一部改正により対応済みで
ある）（相澤英孝＝西村ときわ法律事務所編著『知的財産法概説』〈第３版〉339
頁（弘文堂，2005））。

22) 統一トレードシークレット法（Uniform Trade Secrets Act：UTSA）は，州
の判例法の集大成ともいえるもので，米国のトレードシークレットの法源は州
法である（松本・前掲注１）20頁）。UTSAは，全米的に統一的な保護を与える
ために1979年に制定されたモデル法であり，各州で採択されることにより，各
州において効力を生ずる。州のコモンロー（不法行為）によって営業秘密を保
護するマサチューセッツ州およびニューヨーク州を除いた全米各州でUTSAは
採用されている（向山純子・飯田圭・大平恵美・鈴木薫・二間瀬覚・吉村公一
「米国における営業秘密保護の現状について」パテント70巻９号７頁以下
（2017）参考）。

　UTSA1条４項におけるTrade Secretの定義は次のとおりである（〈https://
www.uniformlaws.org/committees/community-home/librarydocuments?attach
ments=&communitykey=3a2538fb-e030-4e2d-a9e2-90373dc05792&defaultview
=&libraryentry=74901e89-3fad-4c8b-897b-caa6f087e8ec&libraryfolderkey=&p
ageindex=0 &pagesize=12&search=&sort=most_recent&viewtype = row〉よ
り）。

　"Trade secret"means information, including a formula, pattern, compilation,
program, device, method, technique, or process, that: (i) derives independent

economic value, actual or potential, from not being generally known to, and not being readily ascertainable by proper means by, other persons who can obtain economic value from its disclosure or use, and (ⅱ) is the subject of efforts that are reasonable under the circumstances to maintain its secrecy.

なお，2016（平成28）年5月に連邦経済スパイ法（Economic Espionage Act of 1966: EEA）の改正法として制定された連邦営業秘密保護法（Defend Trade Secrets Act of 2016: DTSA）により，州際通商（interstate commerce）および外国取引（foreign commerce）における営業秘密の民事上の保護を連邦地裁に訴えることができるようになった。DTSAは，EEAの改正法であるため，Trade Secretの定義は，EEAが定める次のとおりである（EEA1839条3項）。

"(3) the term 'trade secret' means all forms and types of financial, business, scientific, technical, economic, or engineering information, including patterns, plans, compilations, program devices, formulas, designs, prototypes, methods, techniques, processes, procedures, programs, or codes, whether tangible or intangible, and whether or how stored, compiled, or memorialized physically, electronically, graphically, photographically, or in writing if ―

"(A) the owner thereof has taken reasonable measures to keep such information secret; and

"(B) the information derives independent economic value, actual or potential, from not being generally known to, and not being readily ascertainable through proper means by, the public;

このようにDTSAの立法趣旨は，「ハッキングや産業スパイによる不正取得を念頭」に置いたものであるが，適用事例の約6割が転職事例であり，DTSA上，秘密保持契約に違反すれば不正取得として差止めが認められるため，「雇用の流動性や転職の自由を害するという批判も多い」という（潮見久雄「行為規律の変容と侵害・救済の柔軟化の必要性―営業秘密の侵害行為の多様性の視点から」L＆T別冊6号61頁-73頁・66頁（1990））。

23) 裁判所に行くまでは判断がつかないから定義があいまいではないかという問題が，改正法審議時に国会において指摘されており（小岩井清委員による質問等），当時の通商産業省産業政策局長棚橋祐治は，「営業秘密の定義につきましては，実は欧米においてもこの程度の定義が精いっぱいでございまして，先生御承知の米国統一トレードシークレット法も，これは州法のモデル法としてつくられた法律でございますが，やはり大体この三点を基準にいたしております。」，「この営業秘密についての定義はむしろ我が国において最もはっきり定義づけたつもりでございまして，……むしろ我が国の今回の規定は一番進んでおるのではないかと考えておるわけでございます。」と答弁している（第118回国会・衆議院商工委員会・第8号・平成2年6月13日〈https://kokkai.ndl.go.jp/simple/detail?minId=111804461X00819900613&spkNum=0#s0〉）。

24) 奥邨弘司は，TRIPS協定39条2項，UTSA1条4項，およびトレードシーク

レット指令（Directive EU）2016/943）2条1項のトレードシークレットの定義条項との比較から，営業秘密の3要件は，理論的には，非公知性，有用性，秘密管理性の順に位置づけられるべきとする（奥邨弘司「人工知能に特有の知的成果物の営業秘密・限定提供データ該当性」田村善之編著『知財とパブリック・ドメイン』〔第3巻〕80頁（勁草書房，2023））。

　また，同様の指摘として，結城哲彦は，我が国では，秘密管理性が第一要件であり，この要件によって情報を最初に仕分け，その枠内に収まった情報のうち，有用性と非公知性という概念要件を満足する情報のみが，営業秘密であり保護対象になるという構造であるところ，米国および中国では，実質的に営業秘密であるかどうかを最初に判別し，仮に該当する情報であっても，保有者が秘密として管理していると客観的に認められないものは法的保護の対象にならないという，定義の構造の違いがあるとする。このため，秘密の成立とそれを保護するか否かは別問題であり，その混同を避けなけなければならないにもかかわらず，我が国の営業秘密の定義では，概念要件（主観的な秘密性）と保護要件（客観的な秘密性）の区別が規定上判然とせず，混乱が生じており，明確にこの区別を判断した裁判例も見当たらないと分析する（結城哲彦「営業秘密の概念要件及び保護要件と秘密管理性の関係」渋谷達紀教授追悼論文集編集委員会編『渋谷達紀教授追悼論文集・知的財産法研究の輪』483頁-497頁（発明推進協会，2016））。

　ちなみに，UTSAも「秘密にされた情報に競争上の経済的価値があることという情報自体の客観的要件」と「秘密にするための相当の努力がなされていることという情報保有者の主体的要件」（及び侵害者の要件）に解されるとのことであり（松本・前掲注1）22頁），概念要件と保護要件に整理する結城・前掲論文の考えはUTSAの考えに近いといえる。

　また，前掲・建議も，「『財産的情報』として，不正な行為に対する差止請求権を認める対象の要件としては」「①公然と知られていないこと，②秘密として管理していること，③経済的価値のある技術上または営業上の情報であること，④秘密として保護されることに正当な利益があることが必要であると考えられる」として（通商産業省知的財産政策室・前掲注1）176頁-179頁），TRIPS協定39条2項に倣い，非公知性，秘密管理性の順に論じており，結城・前掲論文同様，概念要件と保護要件を区別して論じていたともいいうる。

25）　留意すべきは，前掲注22）連邦経済スパイ法の"intending or knowing that the offense will benefit any foreign government, foreign instrumentality, or foreign agent,"（1831条）という発想は，我が国営業秘密保護法制には存在しないことである。なお，貿易の自由化を促進するためのWTO協定の附属書であるから，TRIPS協定も，その3条で内国民待遇を規定している。

26）　尾島・前掲注7）187頁

27）　TRIPS協定には，営業秘密の保護に関する権利行使について規定がないが，多国間通商協定であるTPP11協定（環太平洋パートナーシップに関する包括的

464 第1章 総則

及び先進的な協定：CPTPP。2018年12月発効。）第18.78条は，"Trade Secret"の保護について権利行使も含めて定めており，TRIPSプラスの内容となっている（日本関税協会著『TPPコンメンタール』701頁（日本関税協会，2019）。協定テキストは，外務省ウェブサイト等を参照されたい〈https://www.mofa.go.jp/mofaj/ila/et/page24_000580.html〉）。

なお，同条3項e号には，「当該行為が締約国の経済上の利益，国際関係又は国防若しくは国家の安全保障を損なうものである場合」（和訳は，前掲・外務省ウェブサイト参照）との定めもあり，国家安全保障にも言及するが，同3項は「適当なときは……次の一又は二以上の場合に限定することができる」として上記e号を位置付け，かつ，同条1項が「この章において，営業上の秘密には，少なくとも貿易関連知的所有権協定第三十九条2に規定する開示されていない情報を含む」と規定するように，TRIPS協定を淵源とする我が国営業秘密保護法制は，国益を保護法益とするものではないことに留意が必要である。

28) 営業秘密の本質的価値については，学説上，財産的価値であるという考えのほか，財産的価値の基礎となっている競争的価値にあり，他の競業者との関係においてのみ相対的な価値を与えられる「競争財産」であるという考えもある（一原亜貴子「営業秘密侵害罪の保護法益」商學討究59巻4号165頁-197頁・193頁（2009），および，小野＝松村・新・概説3版上巻319頁-320頁）。なお，小野＝松村・新・概説3版は「競業財産」とする。

29) 松本・前掲注1）36頁。潮見は，「営業秘密の法的保護の実質が，当初の不競法（不法行為）の構成から，契約（労働契約や信任関係違反），財産権の要素が加わり」「多様である」と指摘する（潮見・前掲注22）62頁）。

30) 島並良「判批」中山ほか編・百選239頁

31) 通商産業省知的財産政策室・前掲注1）54頁，および，鎌田・前掲注13）55頁参照

32) 「営業秘密は，窮極的には自己管理が大原則」である（中山・前掲注13）15頁）。「不正競争防止法は，単なる財産保護法ではなく，競争秩序維持法であるため，自己管理をしていないような営業秘密は，保護の対象外」であるからである（中山・前掲注13）17頁）。そのような意味で，営業秘密の保護制度の導入は，「啓蒙的意味が極めて大きい」と評された（中山・前掲注13）19頁）。

33) 前掲・建議（通商産業省知的財産政策室・前掲注1）159頁および177頁参照）

34) 西ドイツの営業秘密の要件は，非公知性，秘匿の意思および秘密保持の経済的利益であるところ（松本・前掲注1）24頁），ドイツにおいても，秘密の主体の秘匿の意思が，秘密性を肯定するために必要であることは（ほぼ）争いはないうえで，セキュリティ対策措置という形での秘密意思の具体的表現を要求することにより，企業秘密侵害罪に依存した企業の秘密保持に関する手抜きを防ぎ，企業の秘密防衛のための自主的努力を促す効果もある程度は認められうることから，秘匿の意思が認識可能であることを要する必要説と，不要説とに分かれているという（山口・前掲注4）51頁）。

2条6項　定義—営業秘密　　465

35)　情報法の観点から見ても，情報社会においては，情報の自由な流通（Free Flow of Information, FFI）と情報の公正な利用（Fair Use of Information, FUI）という2つの原則が欠かせないから,当該原則を排し例外的適用を受けるためには，対世的秘匿性を有する情報であっても,情報の授受当事者間の関係性の中で秘匿性が判断される情報であっても，秘密として管理するための"reasonable steps"が欠かせないとされる（林紘一郎『情報法のリーガル・マインド』51頁以下（勁草書房，2017）参照）。このような観点から見れば，秘密管理性要件は，いわば至極当然のことを規定した要件であるといえよう。なお，林は，日本語ではいずれも「秘密」と訳されるSecretとConfidentialとの違いについて，情報そのものに「対世的秘匿性」があるsecret型と，情報の授受当事者間の「関係性の中で価値が判断される」confidential型とがあるとする（林・本注釈）91頁-96頁）。

　　このような情報（化）社会の原則論については，立法当初から，「正常な情報取引，転職活動，社会的に必要な情報の公開等に悪影響がないよう」として示されてきた（前掲・建議（通商産業省知的財産政策室・前掲注1）197頁））。

36)　鎌田・前掲注13）55頁。「営業秘密であるか否かは，もっぱら保有者がこれを秘密として保持するか否かの意思に係り，情報それ自体の客観的な性質から決定することができず，登録その他の公示にもなじまないことなどを勘案すると，当該情報が秘密として保持されていることが客観的に認識可能な状態に置かれている場合でなければ差止請求権等による保護の対象にならないという法原則を確立しておかなければ，情報取引の安全や，役員・従業員の独立ないし転職の自由を不当に制約することになるといわざるをえない」ということである（鎌田・前掲注13）58頁）。

　　弁護士の服部誠も，「主として自らの行為が差止の対象となり得るかどうかについて予見可能性を与える」ために秘密管理性が要件とされたとし，この考えに近い（服部誠「『営業秘密』該当性の判断——『非公知性』の要件を中心に」中山信弘＝塚原朋一＝大森陽一＝石田正泰＝片山英二編集『竹田稔先生傘寿記念　知財立国の発展へ』901頁-916頁・901頁（発明推進協会，2013））。

37)　田村・概説2版328頁-329頁。田村は，営業秘密保護制度とは，開発者が相応の努力を払って秘密管理をしている場合に，この秘密管理体制を突破しようとする行為を禁止することによって，秘密管理という成果開発のインセンティブを法的に担保するものであると解する（同326頁）。

38)　秘密管理性の趣旨に第三の観点として紛争予防機能（厳重に秘密が管理されていれば紛争予防に資するという考え）もあるが，内部者による不正取得が問題となった裁判例がほとんどであることに鑑みれば，「大した効果が望めない」という（津幡笑「営業秘密における秘密管理性要件」知的財産法政学研究14号191頁-213頁・211頁-212頁（2007））。

39)　「営業秘密は，窮極的には自己管理が大原則であり，適切な自己管理を行っているにもかかわらず不正な侵害を受けた場合に初めて救済される」（中山・前掲

466 第1章 総則

注13) 15頁-16頁）とする見解である。

40) 田村・概説2版328頁

41) 松村信夫「営業秘密をめぐる判例分析——秘密管理性を中心として」ジュリ1469号32頁-41頁・32頁-33頁（2014）

42) 鈴木千帆「営業秘密侵害行為」高部眞規子編著『最新裁判実務大系〔第11巻〕知的財産権訴訟Ⅱ』845頁（青林書院，2018）

43) 高部・実務詳説211頁-214頁，高部真紀子「営業秘密保護をめぐる民事上の救済手続の評価と課題」ジュリ1469号42頁-49頁・42頁（2014)，および，古河謙一「営業秘密の各要件の認定・判断について」牧野利秋ほか編『知的財産法の理論と実務(3)』333頁-345頁・341頁-342頁（新日本法規，2007)。

44) 高部・実務詳説211頁-214頁

45) 田村善之「営業秘密の秘密管理性要件に関する裁判例の変遷とその当否（その1）——主観的認識vs.『客観的』管理」知財管理761号621頁（2014）および同「営業秘密の秘密管理性要件に関する裁判例の変遷とその当否（その2）（完）——主観的認識vs.『客観的』管理」知財管理762号787頁（2014)。

　揺り戻し期においては，「明示的に関係者の認識を基準とする説示がなされていることが特徴的」であるという（小泉直樹・清水節・田村善之・長澤健一・三村量一「座談会　営業秘密をめぐる現状と課題」ジュリ1469号12頁-31頁・18頁（2014)。ただ，揺り戻し期以降においても，産業界からは，諸外国と比べて秘密管理性の要件の肯定が厳しいといわれていた（前掲・座談会14頁)。

46) 判事の高野輝久は，揺り戻し期と呼ばれる2010年1月1日から2013年12月31日までの裁判例22件を分析し，営業秘密であることが認められないとして原告の請求が認められなかった例は多く，この中でも，秘密管理性が認められなかったのが大半であるとする（高野輝久「営業秘密(1)」牧野利秋・飯村敏明・高部眞規子・小松陽一郎・伊原友己　編集委員『知的財産訴訟実務大系Ⅱ』460頁（青林書院，2014)。

　また，元判事の高部も，「必ずしも要件の判断について時期の変遷があるとはいえないし，個別の事案の判断において特に厳格な判断がされているとはいえない」とする（高部・実務詳説212頁)。

　弁護士でもある松村も，判決がなされた時期を基準とする分析手法について「有力」としつつも，「対多数の判例も当該情報の具体的管理状況を可能な限り詳細に認定した上で，秘密管理性に有利に作用する事情と不利に作用する事情を比較検討し，秘密管理性の有無を判定するという判断過程を用いている」ため「判断の過程で示された基準をことさら一般化・抽象化し判例の傾向を論じることは，個々の判決の評価を誤るおそれがあるだけでなく，判例の分析手法としても妥当とは言い難い」とする（松村・前掲注41）34頁-35頁)。

47) このほか，弁護士の末吉による分析であるが，二要件の原則論どおり（電子データについてはアクセス制限のみで判断も含む)，アクセス制限徹底（組織的管理）型，アクセス制限徹底（代表者集中管理）型，ならびに，少し緩やかな

認定および緩やかな認定という5類型に分類できるという考えもある（末吉亙「営業秘密──保護の経緯と秘密管理性」東京大学法科大学院ローレビュー9巻（NDL）159頁（2014）〈http://www.sllr.j.u-tokyo.ac.jp/09/papers/v09part08 (sueyoshi).pdf〉）。

48) 中山・前掲注13）16頁

49) 田村・概説2版329頁-330頁，小野＝松村・新・概説3版上巻323頁，渋谷・講義Ⅲ131頁，および，相澤英孝『知的財政法概説』〔第4版〕351頁（弘文堂，2010）。

50) 医療用機械器具の輸入等を目的とする原告会社と，元従業員2名が設立した介護用品・健康器具の輸出入・販売等を目的とする被告会社等との間で，治験データおよび輸入申請書等の秘密管理性について争われた事案である。本件については，当時，「秘密管理性の具体的認定基準に関する先例として参考になる」と評された（岩田合同法律事務所「新商事判例便覧」№694，3244号旬刊商事法務2129号55頁（2017））。他方で，当時，「秘匿性の要件については事案により具体的な状況に即して判断するよりないが，一応の判断基準として」客観的認識可能性及びアクセス制限「などが指摘されている」という捉え方もされていた（判タ1079号289頁）。

　　判示を読む限り，おそらく，現在では，当該情報の内容が重視されて秘密管理性が肯定される可能性があった事案といえよう。

51) アコマ医科工業事件・東京地判平12・9・28判タ1079号289頁〔28052116〕よりも前，平成2年改正当初の論稿であるが，鎌田は，二要件に加えて，「当該情報にアクセスした者に秘密保持義務が課されていなければならない」として三要件を掲げていた（鎌田薫「『財産的情報』の保護と差止請求(4)」L＆T10号19頁-26頁・25頁（1990））。

　　結城は，概念要件としては二要件説が妥当だと考えるが，保護要件としては総合考慮を主張する考えである（結城哲彦『営業秘密の管理と保護』16頁-18頁（弘文堂，2015））。

52) 二要件説を採る理由の1つとして，立法段階で示された営業秘密保護の趣旨は，「秘密にする努力を課し，秘密管理体制を突破する行為に法的保護を与える」ものだから「対象情報にマーキングを施し，秘密保持の意思の表明すなわち秘密部分の提示をしさえすれば保護されるというのは，不競法の営業秘密保護法制の方向性とは異なる」ことがあげられる（帖佐隆「不正競争防止法における営業秘密の秘密管理性とTRIPS協定」久留米大学法学80号1頁-33頁・14頁（2019））。

53) 田村は，「不正利用者に対して秘密とされていることが認識され得る程度に管理されていれば秘密管理性を満足する」（田村・概説2版330頁），「情報の利用者にとって秘密であると認識可能であるか否かを基準として相対的に判断する従前の裁判例の立場をもって是とすべきであろう」（田村善之＝津幡笑「判批」中山ほか編・百選193頁）とするので，一要件説と思われる。

468　第1章　総則

　また，茶園は，平成27年全部改訂版の営業秘密管理指針の内容を引用するので，一要件説と考えられる（茶園編・不競法2版67頁）。

　実務家であるが，加藤新太郎も，アクセス制限と客観的認識可能性は「秘密管理性の有無を判断する重要なファクターであるが，別個独立の要件ではなく，アクセス制限は認識可能性を担保する一つの手段であると解するのが相当である」とするので，一要件説と考えられる（加藤新太郎「判批」NBL1123号81頁(2018)）。

54)　田村は，二要件説の客観的認識可能性の「『客観的』という文言は多義的であり，誰にとって客観的といえるかということも明確ではない」と批判したうえで（田村善之＝津幡笑「判批」中山ほか編・百選192頁-193頁），不正手段を用いて秘密を取得しようとしている者（2条1項4号），秘密の開示を受けた者（2条1項7号），または秘密を保持する義務を負っていた者（2条1項8号）ごとに，それぞれ秘密であると認識しうる程度に管理されているか否かということが基準となるべきとする（田村・概説2版329頁）。

　なお，元判事の高部・実務詳説も，営業秘密管理の程度・内容を社内関係者とそれ以外の者とで同じくする理由はないとする（同215頁）。

55)　小野＝松村・新・概説3版上巻323頁

　このほか，「営業秘密を管理するとは，固定されている営業秘密が他人に知られることの内容に，それらの媒体を管理することにほかならない」から「同一の営業秘密について複数の媒体が存在するときは，すべての媒体を管理する必要がある」とし，情報の管理ではなく媒体の管理を主張する渋谷は，「管理の認識可能性」に加えて「管理方法の適切性」をあげており，一要件説とも異なる考えであるといえよう（渋谷・講義Ⅲ130頁-132頁）。

56)　小畑史子「営業秘密の保護と労働者の職業選択の自由」ジュリ1469号58頁-63頁・61頁，58頁（2014）

57)　通商産業省知的財産政策室・前掲注1）も，当該ただし書に続いて「本要件が設けられた趣旨から，秘密として管理されているという要件が満たされるためには，情報にアクセスする者にとって，当該情報が営業秘密であることを認識できるような状態にあることが必要であり……」としており，一要件説を解説していたと解される（同55頁）。

　その後も，通産省ないし経産省知財室は，「当該情報にアクセスできる者が制限されていたり，あるいは当該情報にアクセスした者に当該情報が営業秘密であることが認識できるようにされている，という状況が考えられ」ると「あるいは」で結び，一要件を解説している（通産省産業政策局知的財産政策室『一問一答／新しい不正競争防止法』（商事法務研究会，1994）55頁，通産省・逐条解説46頁，経産省・逐条解説（平成13年改正版）43頁，および経産省・逐条解説（平成15年改正版）30頁）。

　しかし，アコマ医科工業事件を引用しながら，2005年11年に発行された逐条解説以降（経産省・逐条解説（平成27年改正版）の直前までの間）においては，

「具体的には，①当該情報にアクセスできる者が制限されていること（アクセス制限の存在），②当該情報にアクセスした者に当該情報が営業秘密であることが認識できるようにされていること（客観的認識可能性の存在）が必要である」という記載に変更になった（経産省・逐条解説（平成16・17年改正版）34頁，経産省・逐条解説（平成18年改正版）35頁，経産省・逐条解説（平成21年改正版）37頁および経産省・逐条解説（平成23・24年改正版）41頁参照）。

　　また，営業秘密管理指針（2005年10月12日改訂版）も，「判例に見る秘密管理性」として，平成17年10月時点までの秘密管理性について判断していると考えられる裁判例49件を分析し，一部でも秘密管理性を肯定したものが14件と「厳格な秘密管理性が要求される」ことから，「これまでの裁判例においては，営業秘密が不正競争防止法上の保護を受けるために必要な秘密管理性に関し，事業者が主観的に営業秘密と考えているだけでは足りず，①情報の秘密保持のために必要な管理をしていること（アクセス制限），②それが（アクセスした者に）客観的に秘密であると認知されること（客観的認識可能性の存在）を必要としている」として，裁判例の傾向を紹介するようになった（経産省・逐条解説（平成18年改正版）235頁-236頁）。

58)　知財戦略会議「知財戦略大綱」（2002年7月）にも，「(6)営業秘密の保護強化」として「企業が営業秘密に関する管理強化のための戦略的なプログラムを策定できるよう，参考となるべき指針を2002年度中に作成する……（経済産業省）」という政策・施策が打ち出された。

59)　経産省・逐条解説（平成15年改正版）30頁。ちなみに，今や，CISO（Chief Information Security Officer）は，サイバーセキュリティ経営において欠かせない人材であるが，初版の営業秘密管理指針にはCISOを総括責任者とする組織的管理方法も紹介されていた（経産省・逐条解説（平成15年改正版）235頁）。

　　営業秘密管理指針（2003年1月30日版）が裁判で勝てるように企業の営業秘密の管理強化を促した時期について，田村・前掲注45）も，「本指針が公表される少し前から」，「厳格期」が訪れて「ちょうど本指針が公表された直後ぐらいから主流を占めるように」なったと分析する（（その1）626頁）。

60)　髙部・実務詳説210頁-211頁

61)　秘密管理意思については，学説上，①秘密保持の意思が明確にあるいは少なくとも推定しうる何らかの行為によって表明されていることを要するという説と，②外部より保持意思について認識可能な状態が存すればよいという説に分かれているという分析があるが（小野＝松村・新・概説3版上巻321頁），「行為」と「状態」が，情報管理の実務上，どのような違いとして表れているという趣旨なのか不明である。

62)　帖佐・前掲注52）21頁-33頁

63)　松本司「判批」茶園ほか編・百選2版210頁

64)　本件は，原審で3つの事件（①被控訴人（原告）が控訴人（被告）の「接触

角計算（液滴法）プログラム」は，原告プログラムのうちの「接触角計算（液滴法）プログラム」を複製または翻案したものであって著作権侵害に当たること，および，控訴人Ａが原告プログラムのソースコードおよびアルゴリズムを不正に開示したこと等を主張した事件，②控訴人Ａらに対し，被疑侵害物件（新バージョン）の複製等の差止を求めた事件，ならびに③控訴人Ａらが当該②事件の訴訟提起が不法行為に当たる等と主張した事件）が併合された複雑な訴訟であり，原審においては，当該①を一部認容，当該②および当該③が棄却という結論となった（判時2321号85頁）。

なお，控訴審の裁判長であった高部元判事が，控訴審が第一審判決を変更して営業秘密該当性を肯定したことにつき，他の裁判例とともに「今後の裁判例における判断を注視してく必要があろう」と評している（高部・実務詳説215頁）。

ちなみに，原判決は，被疑侵害物件２つ（旧バージョンおよび新バージョンのプログラム）についていずれも翻案権侵害を否定したが，知財高裁は，旧バージョンについては翻案権侵害を肯定したという意味でも原判決が変更された（高部眞規子「講演録・著作権訴訟の面白さ，難しさ」コピ62巻735号２頁-26頁・19頁-20頁（2022））。

65）　なお，エスティーネットワーク事件は，初めて，２条１項10号の適用が認められた事案である（山根崇邦「営業秘密侵害と差止請求」パテント75巻11号１頁-34頁・11頁（2022））。

66）　転職を勧誘し原告（従業員数約120名）の従業員６名を転職させた被告（個人）の行為について不法行為が認められ，また，原告の営業秘密の不正開示および不正使用について被告（法人）の使用者責任が認められた。

転職勧誘が一般的な昨今，前者について，裁判所が，「単なる転職の勧誘の範囲を超え，著しく背信的な方法で行われ，社会的相当性を逸脱した場合には，退職後の行為を含め，不法行為を構成する」，「当該行為が，社会的相当性を逸脱した引抜行為であるか否かの判断においては，勧誘の方法・態様，引抜きをした従業員の地位や数，従業員の転職が会社に及ぼした影響等の事情を総合的に考慮するのが相当である」との基準を示したことは，注目すべきである。

67）　松村・前掲注41）39頁。

この点につき，営業秘密管理指針は，「⑷営業秘密を企業内外で共有する場合の秘密管理性の考え方」の「②複数の法人間で同一の情報を保有しているケース」において「秘密管理性の有無は，法人（具体的には管理単位）ごとに判断され，別法人内部での情報の具体的な管理状況は，自社における秘密管理性には影響しないことが原則である」とする（同14頁-15頁）。

68）　本文中に紹介した裁判例のほか，技術情報について秘密管理性を否定した近時の裁判例としては，①生春巻き製造方法について，大阪地判平30・４・24最高裁HP（平成29年（ワ）1443号）〔28262127〕およびその控訴審である大阪高判平30・11・２最高裁HP（平成30年（ネ）1317号）〔28265468〕，②グンマジと

いう特殊工具を用いた解錠の方法やグンマジの構造・部材に関する情報について知財高判令和元・10・9最高裁HP（令和元年（ネ）10037号）〔28274101〕，③まつ毛エクステの装着手法について，大阪地判令5・1・26最高裁HP（令和2年（ワ）8168号）〔28312079〕がある。

69)　実際に被告に契約を切り替えた利用者は3名と認定され，結論としては，不正開示・使用が認められず，請求棄却となった。控訴審（大阪高判平29・7・20最高裁HP（平成29年（ネ）442号）〔28253115〕）も同旨である。

70)　末吉亙「営業秘密の重要論点——『秘密管理性』と『営業秘密の使用』」ジュリ1585号72頁-78頁・73頁（2023）。末吉は，ベネッセ顧客名簿刑事事件の高裁判決について，「アクセス制限および認識可能性があれば秘密管理に不十分さがあっても秘密管理性要件を充足するとするもの」と評する（前同）。

　　なお，ベネッセ顧客名簿刑事事件第一審判決・東京地立川支判平28・3・29判タ1433号231頁〔28250128〕は，改訂前の指針を参考にし，改訂前指針の内容に沿ったものであると評される。ただし，宣告時は営業秘密管理指針の全面改訂（平成27年1月28日）後という先後関係となった（判タ1443号81頁，末吉・前掲73頁，ならびに石毛和夫「判批」銀行法務21・825号70頁（2018）および840号118頁（2019））。具体的には，原判決は，「事業者の営業上の利益及び公正な競争秩序の維持を保護法益とし，その具体的規定の一環として，刑事罰等による営業秘密の保護を規定していることからすれば，前記のうち，秘密管理性の要件は，前記法益保護の観点から保護に値する情報を限定するとともに，当該情報を取り扱う従業者に刑事罰等の予測可能性を与えることを趣旨として設けられた要件であると解される」として保護法益から論じて二要件を基準として定立したうえで，「もっとも，それを超えて，個人情報等の重要情報に関して議論されている，外部者による不正アクセス等の不正行為を念頭においた，可能な限り高度な対策を講じて情報の漏出を防止するといった高度な情報セキュリティ水準まで要するものとはいえない。」とも述べた。

71)　前掲ベネッセ顧客名簿刑事事件においては，委託元の親会社（A社），委託元（B社），被告人の勤務先（K社）について，「A社→B社→O社→Q社→K社という重層的な業務委託契約」が認められるところ，原判決および高裁判決のいずれもが，根拠を明らかにせずに，A社もB社も「保有者」であると認定したこと，および，そもそも不正競争防止法の「刑罰既定の規定ぶりが重層的な業務委託関係という情報処理関係業界ではごく普通に見られる法律関係」を想定していないことについての批判がある（濱口桂一郎「判批」ジュリ1528号119頁-122頁（2019））。また，濱口は，高裁判決がB社からK社までの重層関係を偽装請負と認定して，被告人が違法派遣の派遣労働者であるがゆえにB社（委託元）との間で直接雇用関係がありB社に対し秘密保持義務を負うとした点についても，本件当時未施行であった「労働者派遣法40条の6第1項1号（直接雇用申込み見なし）の類推適用という禁じ手に近いやり方」であるとする（前同）。

472 第1章 総則

72) 客観的認識可能性に加えて，秘密にする努力を要求する趣旨から情報にアクセスできる者が制限されていること（アクセス制限）が秘密管理性の要件として必要であるとする二要件説の立場から，サーバへのアクセス記録からアクセス人数を認定するだけでは誰にアクセス権を発行したのか分からないということでありアクセス制限は充足されず，また，アカウント等の情報が顧客分析課の共有フォルダ内に複数蔵置されていたという判決の認定を踏まえるとアカウントが設定されていても有名無実なものであると認識せざるをえないとして，客観的認識可能性も充足しないとする考えもある（帖佐隆「判批」久留米大学法学77号240頁-184頁（2017））。

73) ちなみに，漏えいされた個人情報（未成年者の氏名，性別，生年月日，郵便番号，住所および電話番号ならびに当該未成年者の保護者の氏名）について，当該保護者がA社に対して不法行為に基づく損害賠償請求として10万円の支払を求めた民事訴訟では，最高裁が当該保護者である「上告人のプライバシーに係る情報として法的保護の対象となる」として審理不尽で差し戻し（最判平29・10・23判タ1442号46頁〔28253819〕），差戻し後の高裁が精神的損害の慰謝として1,000円および遅延損害金を認容した（大阪高判令元・11・20判時2448号28頁〔28274794〕）。

74) 不正競争防止法違反の事案は，先例の乏しい分野であるところ，量刑についての具体的な判断に立ち入ることなく，原判決が重要な量刑事情（被害者側の落ち度）を考慮していないことを端的に量刑不当にあたるとした高裁判決については，量刑判断のあり方として注目に値すると評されている（判タ1443号82頁（2018））。

　もっとも，量刑不当の判断中に多数列挙された落ち度については，「被害者側の財産的損害の重大さのみに注目するのではなく，公正な競争という観点から保護に値するだけの努力をしている場合でなければ」営業秘密侵害罪は成立しないと考えるべきという立場から，「被告人の減刑を根拠づけるにとどまるものではなく，まさに秘密管理措置の不十分さを根拠づけるに足る事情なのではなかろうか」として，判決には「重大な疑問がある」と批判されている（田山聡美「判批」刑事法ジャーナル56巻158頁-160頁（2018））。

75) 山根崇邦「判批」L＆T91号13頁-24頁（2021）。

76) 結論としては，不正競争が認められず不正競争防止法に基づく請求は棄却，秘密保持契約に基づく差止請求は却下された。

77) 本文中に紹介した裁判例のほか，営業情報について秘密管理性を否定した近時の裁判例としては，数枚の名刺に関する，大阪地判平31・2・21最高裁HP（平成28年（ワ）5544号）〔28272143〕がある。

78) 東京地判平28・2・15最高裁HP（平成27年（ワ）17362号）〔28240822〕

79) 知財高裁が傍論的に従業員の引き抜き行為等が重要な財産の処分や事業譲渡に該当しないことを示した点にも本判決の意義があるとされる（岩田合同法律事務所「新商事判例便覧」No.684，3204号旬刊商事法務2101号55頁（2016））。

2条6項　定義—営業秘密　　473

80)　なお，一般的に，認証（Authentication）とは，識別された主体が本当にその主体であるかを確認することを意味すると理解されている。なお，識別（Identification）とは，ある主体とそれ以外を違う主体として一意に区別できる状態にすることを意味すると理解されている（ISO/IEC 24760-1：2019参照）。

81)　東京地判平30・1・19公刊物未登載（平成28年（ワ）6672号）〔29048755〕

82)　青森地裁は，ピアノ調律サービスにおける顧客情報について，「情報としての価値ないし重要性は限定的」であるため，「秘密管理意思が容易にわかるような措置」を採れば足りるとしたが，そのような措置が採られていなかったとして，原告の請求を棄却した（谷本誠司「判批」銀行法務21・849号68頁（2019）および854号114頁（2020））。秘密管理性の趣旨については異なる部分もあるが，判断枠組みについては，営業秘密管理指針（全面改訂：平成31年1月23日）と基本的に同様の立場に立つ裁判例とされる（判時2415号54頁-63頁（2019））。

83)　東京地判令2・1・15公刊物未登載（平成28年（ワ）35760号／平成29年（ワ）7234号）〔29058888〕

84)　東京地判令3・2・26最高裁HP（令和元年（ワ）25455号）〔28302102〕

85)　大阪地判令4・1・20最高裁HP（令和2年（ワ）3481号）〔28300404〕

86)　この事件の争点は，営業秘密保有者が秘密管理していたと主張する情報（元情報）を基に被告人が作成した情報（加工情報）の営業秘密該当性と，正当取得者による正当利用の場合の実行行為の認定にあるとされる（被告人は在職中に付与されたアクセス権限で元情報を取得し業務の必要性のために加工情報を作成した）（四條北斗「判批」新・判例解説Watch30巻（NDL）188頁・190頁（2022））。

　　なお，名古屋高裁の秘密管理性に関する判断手法は，ベネッセ顧客名簿刑事事件控訴審判決・東京高判平29・3・21判タ1443号80頁〔28253079〕における東京高裁同様，一要件説（「近時の二要件の捉え方」）に沿ったものとされる（四條・本注釈）189頁）。

　　また，名古屋高裁は，傍論で，「秘密管理性が問題となるのは，個々の記録媒体等（情報が記載され，又は記録された文書，図画又は記録媒体）ではなく，そこに記載又は記録された情報である」と判示している。この点，四條は，渋谷・不競法を引用して，営業秘密の管理は媒体を管理することにほかならないから，元情報と異なる媒体に加工情報が記録されるならば，当該異なる媒体について適切な管理措置が取られないと秘密管理性が「弛緩」するものの，当該異なる媒体に関する管理措置としては規範的ないし人的管理で足りる，という考えをする（四條・本注釈）189頁）が，実務上，名古屋高裁の考え方が一般的であろう。

87)　四條・前掲注86)183頁。さらに，四條は，当該傍論をもって「従業員が収集した顧客情報であっても，企業への帰属が直ちに否定されるわけではなく，場合によっては企業に帰属しうるものである」ことも示されたとする（前同）。

88)　秘密管理措置の形骸化について，営業秘密管理指針は，「情報に対する秘密管

理措置がその実効性を失い『形骸化』したともいいうる状況で，従業員が企業の秘密管理意思を認識できない場合は，適切な秘密管理措置とはいえない」ものの，「※注 一時的ないし偶発的な管理不徹底に過ぎず，当該企業の秘密管理意思に対する従業員の認識可能性に重大な影響を与えない場合まで『形骸化』と評価することは適切ではない」と整理する。

89) 末吉・前掲注70) 74頁

90) なお，控訴人は葬儀事前相談見積書についても営業秘密であると主張したが，「記載された葬儀費用の具体的明細については，見積書の性質上，顧客に交付することが予定され，その第三者への公開が特に禁止されたものではないし，その記載内容についても秘密として管理されているとは認め難い」として，秘密管理性が否定された。

91) 東京地判平29・1・26最高裁HP（平成27年（ワ）17716号）〔28250418〕。なお，本件は，元代表取締役（被告）が行った財産処分が任務懈怠に当たる等として，能力開発教室事業等を営む原告が被告らに対し損害賠償請求を求めたという事案である（岩田合同法律事務所・前掲注50) 55頁（2017)）。

92) 生田哲郎＝森本晋「判批」発明113巻11号37頁（2016)

93) 大阪地判平28・11・22最高裁HP（平成25年（ワ）11642号）〔28250972〕，帖佐隆「判批」発明115巻1号38頁（2018)。
　　もっとも，この裁判例については，貸金返還請求事件における相殺の抗弁として営業秘密の不正取得・使用による損害賠償請求がなされたため，当てはめの内容があまり丁寧とはいえず，簡潔に判断を行ったものと推測される，とする捉え方がある（津田麻紀子＝渡邉遼太郎『営業秘密事件裁判例の読み方──平成28年〜令和2年7月の主な裁判例から』（別冊NBL186号）95頁（商事法務，2023)）。

94) 山根崇邦「判批」L＆T100号66頁-74頁（2023)，四條北斗「判批」大阪経大論集74巻1号171頁-188頁（2023)）。
　　山根・本注釈）66頁・74頁によれば，ともに令和4（2023)年3月になされた後掲注162) 愛知製鋼磁気センサ無罪事件および，このバナナ卸売業顧客情報無罪事件が，営業秘密侵害罪における全面無罪判決の1件目および2件目とのことである。

95) 山根・前掲注94) 69頁-70号。同山根は，営業担当者（被告人）にとって営業秘密であるとの「明確な認識可能性を欠くとして秘密管理性を否定したことは，妥当なものと評価できる」とする。
　　他方，四條・前掲注86) 174頁・180頁は，「むしろ従業員等の収集した情報の企業への帰属（情報の帰属主体）が問われるべき事例でもあり，この点の理論的な整理についても課題を示す」ものであって，営業秘密該当性と情報の帰属主体性の問題を明確に区別することなく裁判所が論じた点について区別して判断し評価すべきだったと評する。

96) 学説上も，実務家による論文ではあるが，以前から，「企業の営業担当者等が

取引先と個人的な関係を有していた場合に，退職後に接触が禁じられるというのは不当」と考えられてきた（平澤卓大「労働者の競業活動と不法行為――三佳テック最高裁判決と下級審判決の総合的研究」新世代法政策学研究19巻269頁-331頁・314頁（2013））。

97) 津地裁の補足説明によれば，「被告人に対して法21条1項3号ロ違反の罪に問うためには，最低限強力な秘密管理措置がとられている必要があるとする趣旨である」とのことである。

98) 津地裁が，補足説明で「なお付言すると，本件において強力な秘密管理措置がとられていても，その法的な効力自体が問題になり得る」という問題を指摘した点については，「個人的な人脈に基づく交流に対する競業禁止等の措置の許否及びその程度については，慎重な考慮が求められよう」と肯定的に評価されている（四條・前掲注94）174頁・183頁）。

99) 田村・概説2版461頁

100) 南部朋子「いわゆる残留情報条項（Residuals Clause）についての考察」知財管理67巻3号293頁-306頁・304頁（2017）

101) 結城・前掲注51）240頁-241頁

102) 企業間取引におけるケースとしては，2003年ころから，「ソフトウェア開発やコンサルティングの業務を請け負う米国発祥のIT企業等」において，「当該業務を請け負う際に締結するNDA」にResidualsの「挿入を要求するケースが増加」したとされる（浅井敏雄「英文秘密保持契約」パテント66巻7号100頁-112頁・108頁（2013））。

103) 南部・前掲注100）293頁

104) 米国における企業間の秘密保持契約における残留情報条項については，南部・前掲注100）293頁-306頁参照。また，米国における退職者との秘密保持契約における残留情報条項については，結城・前掲注51）240頁-242頁・288頁-290頁が詳しく，曰く，「退職者は，前の雇用者の営業秘密を自分自身のものとして使用・開示・侵害しない限り，また，前の雇用者との間の信頼関係（relationship of trust）に基づく信任義務（fidelity obligations）に反しない限り，自分の固有の能力のうえに，雇用されている間に自然に取得・記憶した経験，熟練，技術，一般的知識等を加え，結合して使用することは妨げられない」という（結城・前掲注51）289頁）。

105) 例えば，企業の従業者がソフトウェア開発やコンサルティング業務を遂行するに当たって「得られる知識やアイデア（それが顧客の秘密情報に該当する場合もある）を将来の顧客の為にも活用することでより高度かつ高品質のサービスを提供できるようになり，それは最終的には全顧客の利益に繋がる」ことから，企業間の秘密保持契約にResidual（Clause）を設けるか否かの契約交渉がなされているという（浅井・前掲注102）108頁）。

106) 南部・前掲注100）294頁-299頁・302頁。なお，下請事業者が開示者，親事業者が受領者の場合に残留情報条項を規定することは下請法に抵触するおそれ

があると考えられる（前同303頁-304頁）。

107) 条項としては，例えば，米国の企業間NDAの和訳であるが「『秘密情報』には『残留記憶』は含まれないものとする。『残留記憶』とは，『開示者』の『秘密情報』に由来し，本契約に従い『開示者』の『秘密情報』に正当な権限に基づき接した従業員の記憶に，意図的にではなくかつ何らの記憶補助手段に頼らずに残ったアイデア，概念，ノウハウその他の情報を意味する」（浅井・前掲注102) 108頁）というものがある。

108) 平澤・前掲注96) 331頁

109) 労働経済学上，労働者の知識，能力，ノウハウおよび熟練は人的資本と呼ばれており，労働者は報酬のうちの平均約15％を企業に特殊な人的資本の取得に対する支払いとして受け取っているとされ，企業・産業・職業に特化した人的資本の喪失により，前の仕事を続けることができた場合に比べて賃金が下がるとされる（平澤・前掲注96) 274頁-275頁）。

110) フォセコ・ジャパン・リミティッド事件・奈良地判昭45・10・23判時624号78頁〔27441334〕

111) ダイオーズサービシーズ事件・東京地判平14・8・30労判838号32頁〔28080244〕。大阪地判平29・3・14公刊物未登載（平成28年（ワ）5614号）〔28322000〕。

　ダイオーズサービシーズ事件は，期間の定めのない守秘義務を定めた誓約書について，その文言が「重大な秘密」と包括的であるにもかかわらず，誓約書中の「顧客名簿」等の例示によって特定は可能であるとして有効と判断した事例である（張睿暎「判批」新・判例解説Watch24号249頁（2019))。

112) 南部朋子「判批」茶園ほか編・百選2版206頁-207頁

113) 近時の裁判例において，残留情報に直接に言及したわけではないものの，「被告がパチンコ・スロットの販売及び開発を行う会社の業務に従事すれば，当然に本件開発データの使用等に及ぶ蓋然性が高いといった特段の事情」が認められる場合は，原告の被告に対する当該業務への従事の差止を求める請求が認められる余地を示したものがある（パチンコ・スロット用ソフトウェア事件・知財高判平29・9・13最高裁HP（平成29年（ネ）10020号／平成29年（ネ）10036号）〔28253634〕）。被告を債務者とする不正競争行為等の差止を求める仮処分命令申立事件において原被告間で和解が成立した後に，当該和解が遵守されていないとして訴訟提起されたという経緯があるため，当該判決の認定および結論に「裁判所は，性善説に立っているのか」とする実務家の意見もある（苗村博子「判批」WLJ判例コラム131号（2018WLJCC007))。

　他方で，この判決には，仮に特段の事情が認められたとしても期間制限のない業務従事の差止めは過剰との批判がある（山根・前掲注65) 26頁）。

　逆に，パチンコ・スロット用ソフトウェア事件とは異なり，業務従事の差止請求について，傍論で，「抗告人の主張するように，本件情報1及び2が抗告人の保有する営業秘密に該当し，かつ相手方甲野がこれを相手方会社に開示し相

2条6項　定義—営業秘密　　477

手方両名がこれを使用した事実が認められ，これが不正競争防止法2条1項7
号又は8号に該当してこれにより抗告人の営業上の利益が侵害されると認めら
れる場合であったとしても，本件情報1及び2の使用等侵害の停止又は予防を
請求することは格別，相手方甲野が本件事業に従事することや，相手方会社の
役員となり又は相手方会社に勤務することの禁止は，差止請求権の実現に必要
な範囲を超え，不正競争防止法3条2項にいう『侵害の停止又は予防に必要な
行為』には当たるとはいえないのであって，そもそも抗告人が抗告の趣旨2項
及び3項で求めるような請求は許されないものであることを付言する（最高裁
平成10年（オ）第604号同11年7月16日第二小法廷判決・民集53巻6号957頁参
照）。」と厳しく判示した裁判例もある（包装機械取引先・納入機械情報事件・
知財高決平22・5・26判タ1338号147頁〔28170266〕）。なお，包装機械取引先・
納入機械情報事件は，ドイツの会社との間の国際販売代理店契約による販売代
理業務が退職役員の避けるべき競業として差止命令申立の対象として請求され
た事案である（長谷川俊明「判批」国際商事法務39巻4号486頁（2011））。

114) 2014年時点の論稿ではあるが，2014年までの裁判例を分析すると，従業者が
取得・収集した顧客情報を企業が顧客名簿等として集約・管理する場合の2条
1項7号該当性について，帰属主体から成否を判断するもの，「示された」とい
えるか否かから成否を判断するもののほか，秘密管理性を肯否するものがある
という（松村・前掲注41）37頁）。

115) 田村は，「企業が従業員に示したわけではない営業秘密について転職後の使
用を制約するためには，契約等により秘密保持義務を課す必要がある」とする
（田村・概説2版460頁）（なお，傍点は筆者による）。

116) 大阪地判平9・8・28公刊物未登載（平成6年（ワ）6722号／平成8年
（ワ）5784号）〔28032623〕，および，採尿器具販売事件・大阪地判平30・3・15
最高裁HP（平成27年（ワ）11753号）〔28262597〕

117) パッケージソフトウェア事件・大阪地判平25・7・16判時2264号94頁
〔28212469〕（小泉直樹「判批」ジュリ1464号6頁（2014）），大阪地判平29・
8・24最高裁HP（平成27年（ワ）10870号）〔28254046〕，バイクハイ事件・仙
台地判平7・12・22判タ929号237頁〔28020442〕，東京地判平17・2・23判タ
1182号337頁〔28100512〕，前掲注113）包装機械取引先・納入機械情報事件，大
阪地判平26・3・18最高裁HP（平成25年（ワ）7391号）〔28221226〕，および，
前掲介護保険サービス利用者情報事件・大阪地判平29・1・12最高裁HP（平成
27年（ワ）7288号）〔28253114〕

118) 臨床検査会社事件・大阪地判平28・6・23最高裁HP（平成25年（ワ）12149
号）〔28243387〕

119) 南部朋子「判批」茶園ほか編・百選2版206頁-207頁
本文に記載の6類型のほか，残留情報に言及する古い裁判例として，退職し
た従業員が記憶する訴訟に関する当事者の方針，対策等の情報は，一般論とし
て事件の進行に伴い現実の訴訟活動として実行されることにより明らかになる

478　第1章　総則

こと，随時変更されうる性質のものであること，および既に一審の審理が終了
していることなどを考慮すれば有用性が既に失われているとして，記憶に残っ
ている情報の秘密管理性については検討せずに，営業秘密該当性を否定したも
のがある（レスキュラ営業秘密事件・東京高決平13・11・8公刊物未登載（平
成13年（ラ）711号）〔28072692〕）。

120)　鎌田・前掲注18)20頁

121)　南部朋子「判批」茶園ほか編・百選2版206頁
　　　田村も，労使間の秘密保持契約に基づく顧客情報等の使用禁止は「競業を禁
止することと実質的に同義であることも少なくな」く，「その有効性如何に関し
厳しい吟味が必要となる」とする（田村概説2版・461頁）。
　　　南部朋子「判批」茶園ほか編・百選2版206頁-207頁

122)　被告会社の不正開示・不正使用も争われたため，大阪地裁は，「原告と被告
会社の取引関係の前提となる原告とサンモール電子との取引は，その社長同士
が義理の兄弟ということもあって，お互いの取引先が重複しないよう情報交換
がされるなどお互いの取引情報が開示される関係にあったものであり，そのよ
うな関係は，原告とサンモール電子間の取引関係を事実上承継した被告会社と
の関係でも継続し，原告と被告会社は，後記検討するカタログ製作の過程にみ
られるように，少なくとも営業現場では営業協力をしあっていた関係にあった
ものと認められるから……認定顧客情報であっても，被告会社との関係におい
ても，秘密管理性があったものとは認められない。」として被告会社との関係に
おける秘密管理性についても相手方との関係性などの事情を総合的に考慮して
否定した。

123)　結論としては，裁判所は，被告個人らによる「1回ないし数回の印刷用紙又
は印刷用フィルムの流用」を認定して前者につき8万円，後者につき5000円の
損害を認定した。

124)　東京地裁は，「雇用契約上，利用等が禁止される営業秘密」，「雇用契約上，
開示等が禁止される営業秘密」とするが，雇用契約上の義務として利用や開示
が禁止される秘密情報と，不競法上開示等が禁止される営業秘密とが混同され
ているようにも見える。
　　　この点，判タ1404号323頁解説は，「ある情報につき秘密管理性を認めるため
には，単に秘密保持義務を設定するのみでは足りず」，「当該情報が秘密保持義
務の対象であることが従業員等に客観的に認識できる程度に当該情報につき秘
密管理が行われていることが必要」であり，そのような管理が行われておらず
営業秘密に非該当となった場合は，「秘密保持義務違反の債務不履行又は不法行
為の成立も認められないこととなる」と述べて，秘密保持義務（違反）と営業
秘密該当性の関係性の整理を示しており参考になる。

125)　判タ1404号323頁（2014)

126)　山根崇邦「判批」茶園ほか編・百選2版218頁

127)　山根崇邦「判批」茶園ほか編・百選2版218頁

2条6項　定義―営業秘密　479

128)　南部朋子「判批」茶園ほか編・百選2版207頁

129)　南部朋子「判批」茶園ほか編・百選2版207頁

130)　「是非は別として」実態として患者の情報が在宅療養支援診療所と施設との間で共有されていた実態を踏まえて秘密管理が不可能であるとした裁判例ともいえる。当該是非に関していえば，このような患者情報の取扱いについては，在宅療養であれば，個人情報保護法上の「本人の同意を得ることが困難であるとき」（同法27条1項2号）に該当する，または同条2項の第三者提供の黙示の同意があるとも考えられ，同法違反ともいい難いように思われる。

　　なお，在宅療養支援診療所事件の判示と同様に，「各種法律によって守秘義務が負わされているというだけでは秘密管理性を肯定することはできない」と考えられている（古河・前掲注43）339頁）。

131)　髙部・実務詳説214頁

　　田村も，小規模の企業や大企業内のプロジェクトチームのような小さい単位で共同して活動している場合，阿吽の呼吸で，お互いに何を秘密として管理しなければならないかということをよく熟知している場合があるとする（前掲注45）座談会26頁）。

　　他方，古河は，大規模な事業所も小規模な事業所も，アクセス権者の制限およびアクセスした者が秘密であると認識できることという2つの管理状況を求めることが原則であるとする。大規模な事業所においては，事業所の業務全般を掌握しているわけではない従業員に対し，秘密情報を明確に理解させる必要があるからであり，小規模な事業所においても，この2つを求めることで日々の業務遂行に支障を来たしたり，営業秘密としての保護が受けられなくなるとしても，従業員の転職・企業の機会を不当に制限すべきではないからであるとする（古河・前掲注43）341頁-342頁）。

132)　プラスチック木型事件第一審判決・東京地判平29・2・9最高裁HP（平成26年（ワ）1397号／平成27年（ワ）34879号）〔28250692〕，医薬品配置販売業顧客名簿事件・大阪地判平30・3・5最高裁HP（平成28年（ワ）648号）〔28262621〕，ボイラ等図面データ事件・大阪地判平30・12・6最高裁HP（平成28年（ワ）5649号）〔28272132〕，ピアノ調律師顧客名簿事件・青森地判平31・2・25判時2415号54頁〔28273827〕

133)　保険契約者顧客情報事件・東京地判令2・6・11最高裁HP（平成30年（ワ）20111号）〔28300843〕

134)　我が国の不正競争防止法では「公然と知られていないもの」と抽象的な形で規定されており，具体的な内容は解釈に委ねられているが，上記1.2のとおり，裁判所は解釈に当たりTRIPS協定の規定による制約を受けることになるものと考えられている（尾島・前掲注7）187頁）。

　　ちなみに，TRIPS協定39条2項a号は次のとおりである。

　　"it is not, as a body or in the precise configuration and assembly of its components, generally known among or readily accessible to persons within

480　第1章　総則

the circles that normally deal with the kind of information in question;"（当該情報が一体として又はその構成要素の正確な配列及び組立てとして，当該情報に類する情報を通常扱う集団に属する者に一般的に知られておらず又は容易に知ることができないという意味において秘密であること）（和訳は特許庁ウェブサイト＜https://www.jpo.go.jp/system/laws/gaikoku/trips/chap3.html#law39＞）

135)　前掲・建議（通商産業省知的財産政策室・前掲注1）176頁-177頁）

136)　鎌田・前掲注13）57頁，田村・概説2版335頁および，四條北斗「判批」大阪経大論集73巻4号117頁（2022）。

137)　前掲・建議（通商産業省知的財産政策室・前掲注1）176頁-177頁）。
　　　もっとも，営業秘密の保護が導入された当時は，どの程度まで知られていれば公然といえるかという点については，事例の蓄積を待つ以外にないと考えられていた（中山・前掲注13）15頁）。

138)　複数の人の知るところとなっているデータの非公知性がいつ失われるかということは古くから議論がされてきており，ドイツにおける多数説は，公正な方法で秘密にアクセスすることが容易に可能であるかを問題とし，専門家が苦労して技術的な検査・研究によって明らかにすることのできるデータは，容易にアクセス可能でないとして非公知性が肯定されることになるとする（山口・前掲注4）50頁））。
　　　「営業秘密」が西独に倣った用語であること（前掲注1）参照）と同様に，我が国における非公知性の考え方と共通するといえる。

139)　通商産業省知的財産政策室・前掲注1）60頁。もっとも，小野＝松村・新・概説3版上巻341頁は，「一般に知られていない場合」という表現は，「一般に」という意味が複数あるため誤解を招くおそれがあると指摘する（同）。

140)　営業秘密管理指針は，非公知性について，「『公然と知られていない』状態とは，当該営業秘密が一般的に知られた状態になっていない状態，又は容易に知ることができない状態である。具体的には，当該情報が合理的な努力の範囲内で入手可能な刊行物に記載されていない，公開情報や一般に入手可能な商品等から容易に推測・分析されない等，保有者の管理下以外では一般的に入手できない状態である。」とする（同17頁）。

141)　営業秘密保有者と無関係の第三者が，偶然同じ情報を開発し，保有していた場合，当該第三者が当該情報を秘密として管理していれば，一般的に入手することは不可能であり，非公知性が肯定されると考えられている（古河・前掲注43）344頁）。

142)　小野＝松村・新・概説3版上巻342頁

143)　田村・概説2版335頁

144)　眞鍋美穂子「営業秘密該当性の判断——エスティーネットワーク事件」髙部眞規子裁判官退官記念論文集編集委員会編『髙部眞規子裁判官退官記念論文集・知的財産権訴訟の煌めき』439頁（金融財政事情研究会，2021）

145)　田村善之『知的財産法』〔第5版〕45頁（有斐閣，2010），茶園編・不競法2

版71頁，渋谷・不競法161頁-162頁など。なお，渋谷・不競法は，「公然と知られていない状態とは，実際に知られておらず，かつ，知られる可能性もない状態をいう」とするが，「知られる可能性」の判断対象者（範囲）・程度が不明である。

146) 田村・概説2版333頁

147) 小野＝松村・新・概説3版上巻343頁。渋谷は，これを「情報がその保有者以外の者に知られていない状態というよりも緩やかな状態」と表現する（渋谷・講義Ⅲ132頁）。

148) 鎌田・前掲注51) 20頁

149) 座談会・前掲注45) 26頁-27頁

150) 通商産業省知的財産政策室・前掲注1) 61頁，服部・前掲注36) 907頁，および，高部・実務詳説218頁。学説では，非公知性の証明責任は被告にあると解すべきという考えもある（田村・概説2版334頁）。

151) 高部・実務詳説216頁，および，鈴木・前掲注42) 846頁。

152) 有用性と非公知性は，情報の内容によって判断されるべきものである（森義之「論説／不正競争防止法に基づく訴えにおける営業秘密の特定のあり方」Law＆Technology別冊知的財産紛争の最前線No.5―裁判所との意見交換・最新論説67頁・60頁-68頁（2019））。

153) 津田麻紀子＝西貝吉晃「第10章 営業秘密侵害罪」鎮目征樹＝西貝吉晃＝北條孝佳編『情報刑法Ⅰ』286頁（弘文堂，2022)

154) もっとも，顧客の臨床検査内容にプライバシーが認められることを理由に，医療機関が，臨床検査の売上についても公にしていないと認定したが，個々の検査内容がセンシティブな情報であったとしても，全体的な売上（医療機関から見ると検査の合計件数や検査費用）についても公にしていないといえるかは疑問の余地がある。

155) 具体的には，公刊された書籍と，検察官がa社の営業秘密であると主張する別表番号8のデータファイルとを比べて，横浜地裁は，「上記書籍は，過去にa社で生産された特定の車種の開発経過等を紹介したものであり，弁護人指摘の箇所には，別表番号8のデータファイルで示されているものと，ある程度類似した項目について数値化し，開発車の目標性能をレーダーチャートで表すなどしたものが記載され，これによって，開発車の目標性能として，どのような項目が重視された車両であるかなどが視覚的に分かりやすく図式化されている。これに対し，別表番号8のデータファイルは，a社社内における商品企画部門と車両の開発部門間で必要な認識の共通化，明確化等を目的としており，検討項目も上記書籍におけるものとは異なっている上に，内容的にも，視覚的にも，独自の工夫を凝らしたシステムツールであって，上記書籍の内容とは，目的や内容が異なるものである。」として目的及び内容が異なることを指摘し，「別表番号8のデータファイルに非公知性があることは十分に認定することができる。」と判示した。

482 第1章 総則

156) 岩本諭「判批」ジュリ1508号116頁（2017）。なお，二重打刻鍵事件において，原告は，競争者に対する取引妨害（一般指定14項）および不当な利益による顧客誘引（一般指定9項）を理由とする独占禁止法24条に基づく差止請求も行ったが，前者については証拠がないことおよび（仮に証拠があったとしても）行為として該当しないこと，ならびに後者についても該当しないことから，当該差止請求も棄却された。

157) 鈴木・前掲注42）862頁。閲覧等制限申立てを何度も行うという事態を避けるために，鈴木は，「刑事訴訟手続きにおける営業秘密の秘匿決定（23条）に倣って，あらかじめ営業秘密の呼称等を決めておく等の工夫も有用」とする（前同）。

158) 訴訟活動の中で非公知性を失わないよう，訴訟手続においては，閲覧等制限のほか，秘密保持命令（10条），および当事者尋問等の公開停止の措置（13条）などが用意されている。

159) 駒田泰土「判批」ジュリ臨増1544号294頁-295頁（令元重判解）（2020）。高性能ALPS事件は，営業秘密侵害について準拠法判断を明示した数少ない裁判例の1つとしても意義がある（同・本注釈）294頁）。

160) 原審は，東京地判平30・11・29金商1580号43頁〔28270567〕。

161) 前掲注160）金商1580号29頁

162) 四條・前掲注136）111頁，山根・前掲注94）66頁。
　　　愛知製鋼磁気センサ無罪事件は，営業秘密侵害罪に関する刑事事件の公判において公訴事実全部につき無罪を言い渡した初めての判決であるとされるが，非公知性の判断基準自体は従来の枠組みを踏襲するものである（より重要なのは本件事案への当てはめのほうである）という捉え方や（山根崇邦「営業秘密を抽象化・一般化した技術情報の開示と刑事罰」吉田広志＝村井麻依子＝Branislav Hazucha＝山根崇邦編『田村善之先生還暦記念論文集　知的財産法政策学の旅』9頁・13頁（弘文堂，2023）），後掲注194）および後掲注235）のように，疑問を呈する捉え方もある。

163) 四條・前掲注86）

164) 奥邨・前掲注24）80頁

165) 四條・前掲注136）121頁-122頁も，非公知性を否定したものの有用性を肯定した前掲注162）愛知製鋼磁気センサ無罪事件における名古屋地裁の判断について疑問があるとしたうえで，有用性と非公知性の「両要件の関係性や判断順序について整理される必要があろう」として，営業秘密の三要件の判断順序の問題を提起する。

166) 「示された営業秘密だけでは製造できない特殊事情」があり被告の経験や製造ノウハウが活用されていたが，被告の行為は自由競争の範囲を逸脱して公正な競争秩序を破壊するとして不正使用が認められた事案である（末吉・前掲注74）75頁・77頁）。

167) 鎮目ほか・前掲注153）286頁

2条6項　定義—営業秘密　483

168)　服部・前掲注36）910頁

169)　平澤卓人「判批」茶園ほか編・百選2版213頁

170)　松本司「判批」茶園ほか編・百選2版210頁

171)　通商産業省知的財産政策室・前掲注1）151頁参照

172)　リバースエンジニアリングについては，前掲・財産的情報部会における審議においても議論の対象となり，公の市場から正当な手段により入手できるハードウェア，ソフトウェア製品のリバースエンジニアリング及びそれにより得られた情報の使用または開示は，法律上有効な契約で禁止されない限り，営業秘密に関する不正な行為ではないことについて異論は見られず，内閣法制局の審査において確認規定を置くに及ばないという結論となった（通商産業省知的財産政策室・前掲注1）43頁）。なお，通商産業省知的財産政策室・前掲注1）には，「リバース・エンジニアリングとの関係」という一章（151頁-156頁）が設けられており，経済社会の技術進歩を促進するため，公開市場から正当に購入した製品をリバース・エンジニアリングして様々な情報を取得するといった行為が不正競争に該当しないことを強くアピールし，我が国産業界を萎縮させないようにしたいという通産省の意向が顕著に窺われる。

173)　髙部・実務詳説217頁-218頁，鈴木・前掲注42）846頁-847頁，林いづみ「判批」茶園ほか編・百選2版208頁-209頁，および通商産業省知的財産政策室・前掲注1）154頁-155頁。

　　学説上も，鎌田は，「リバース・エンジニアリングが極めて容易である場合はともかく，単にリバースが可能であるということだけで，直ちに非公知性を失うものと解すべきではない」とする（鎌田・前掲注13）58頁）。渋谷も，「市販製品の分析によって簡単に判明する情報」は非公知性を満たさないとし，リバースエンジニアリングの難易を基準とする考えといえる（渋谷・講義Ⅲ133頁）。

　　他方で，そもそも公開市場で販売されたものから取得されるような情報は営業秘密の要件たる公然と知られていないものに該当しないという考え（山本・要説4版150頁）もある。

174)　陳珂羽「判批」知的財産法政策学研究52号279頁・301頁-302頁（2018）

175)　田村・概説2版334頁，および，相澤英孝＝西村あさひ法律事務所編著『知的財産法概説』〈第5版〉330頁-331頁（弘文堂，2013）。なお，実務家であるが，竹田稔＝服部誠『知的財産権訴訟要論〔不正競業・商標編〕〔第4版〕』140頁（発明推進協会，2018）も同旨。

176)　判タ1383号366頁（2013）。林いづみ「判批」茶園ほか編・百選2版208頁-209頁も同旨。図面自体の精緻さが決定的な要素なのではなく，「図面に化体された情報をリバースエンジニアリングによって取得するために使用されるツールの入手や使用にかかるコスト，及び使用する者に求められる技能の有無や程度」が問題であるとされる（宮脇正晴「判批」新・判例解説Watch13巻206頁（2013））。

484 第1章 総則

177) 知財高裁が有用性も否定した点については，クレープミックス液事件・東京
地判平14・10・1最高裁HP（平成13年（ワ）7445号）〔28072954〕と同様に，
「公知技術の中の条件の組合せの事例で，それによる追加的な効果がないために
有用性を否定した裁判例」であり，「多数説に反して高度のものを課することを
企図しているわけではなく，単に，競争上，有意な地位を保有者にもたらすも
のではない情報について有用性を否定」したと考えられている（陳・前掲注
174）299頁）。

178) 陳・前掲注174）308頁

179) 末吉亙「判批」茶園ほか編・百選2版204頁。控訴審は，大阪高判平30・5・
11最高裁HP（平成29年（ネ）2772号）〔28263513〕。事案の概要としては，主位
的請求である誓約書に基づく電子データの返還請求は棄却されたが，予備的請
求である不競法に基づく当該電子データおよびその複製物の廃棄請求が認容さ
れた。なお，不競法が返還請求権を認めていないこととの整合性が考慮されて
誓約書に基づく返還請求も認めなかったと評されている（池田秀敏「判批」信
州大学経法論集4号113頁（2018））。

180) 原告は，営業秘密侵害（不正使用）のほか，著作権侵害及び不競法の形態模
倣も理由としたが，いずれもの主張も排斥された（伊藤清隆「最近の著作権裁
判例について」コピ58巻695号11頁-12頁（2019））。

181) 大阪地判令元・10・3判時2470号62頁〔28274635〕。なお，基本契約の性質
が特許権の実施許諾契約かノウハウライセンス契約かということも争点となり，
大阪地裁は，基本契約の中心となるのは特許権の実施許諾契約であって，技術
情報の提供はこれに付随するものと判示した（判時2470号62頁（2021））。

182) 大阪地裁は，ノウハウ（本件技術情報）の対価支払はイニシャルペイメント
の支払によって尽きていると評価し，契約に明記されているライニングロイヤ
リティ支払義務については，特許権消滅後は「特許権の本質に反する」ことを
理由に限定した（平山賢太郎「判批」ジュリ1564号111頁-114頁・112頁・114頁
（2021））。

183) 判時2470号63頁（2021）

184) 田村・概説2版333頁

185) 大庭沙織「判批」法時93巻2号125頁-128頁（2021）

186) 「ダークウェブ」については，確立した定義はないが，一般的なウェブブラ
ウザでは閲覧することができず，また，一般的な検索エンジンでも探すことが
できず，アクセスするためには特定のソフトウェアや設定，認証が必要なもの
をいうとされる（「Q69情報の不正入手・漏えい」内閣官房内閣サイバーセキュ
リティセンター『サイバーセキュリティ関係法令Q&AハンドブックVer1.0』
〈https://security-portal.nisc.go.jp/guidance/pdf/law_handbook/law_handbook.
pdf〉281頁）。

187) 鎮目ほか・前掲注153）287頁は，ダークウェブへの公表で非公知性が失われ
ると解さざるをえないとする。他方，インターネットへの公表の場合は，様々

な態様・時的段階が考えられる（特許法の新規性に関する審査ハンドブックではあるが，「ウェブページ等に掲載されている事項が公衆に利用可能であるか否かについての例」として，「インターネット等にのせられてはいるが，アドレスが公開されていないために，偶然を除いてはアクセスできない」場合や「公衆が情報を見るのに十分なだけの間公開されていないもの」が紹介されている（特許庁「3209　ウェブページ等に掲載されている事項が公衆に利用可能であるか否かについての例」『特許・実用新案審査ハンドブック』〈https://www.jpo.go.jp/system/laws/rule/guideline/patent/handbook_shinsa/document/index/03.pdf#page=14〉）。

188）　この点に関する問題意識が，限定提供データ制度の検討当初から現れており（2017年 7 月27日開催，第 1 回産業構造審議会知的財産分科会不正競争防止小委員会・資料 4 - 2 「不正競争防止法における対応の方向性」〈https://www.meti.go.jp/shingikai/sankoshin/chiteki_zaisan/fusei_kyoso/pdf/001_04_02.pdf〉），田村善之委員も，当該小委員会において，「実際，確かに限界があるわけです。情報が公知となった場合には，それ以降の利用行為に対しては不競法の営業秘密としての保護は失われますし」と述べている（2017年 7 月27日開催，第 1 回議事録〈https://www.meti.go.jp/shingikai/sankoshin/chiteki_zaisan/fusei_kyoso/pdf/001_gijiroku.pdf〉）。

189）　竹田＝服部・前掲注175) 141頁-142頁，および，眞鍋裁判官の前掲注144)論稿。また，損害賠償請求の場合は，不正行為が行われた日を基準として，秘密管理性，有用性及び非公知性の要件の有無が判断されると考えられている（竹田＝服部・前掲注175) 141頁-142頁）。

　　ちなみに，経産省・逐条解説（平成23・24年改正版）までは，口頭弁論終結時までに営業秘密を記載した刊行物等が一般に入手可能になったことが証明されたときには，非公知性を喪失し，差止請求は認められない旨を紹介していたが（同43頁），経産省・逐条解説（平成27年改正版）において当該記載が削除された。

190）　インタビュー取材メモ事件・知財高判平27・12・24最高裁HP（平成27年（ネ）10046号）〔28243292〕で，知財高裁は，非公知性の争点に関する判断において「控訴人は，本件送信原稿15と情報としては同一といえる本件情報37〜39に基づいて，平成25年10月31日に新聞記事を掲載している（甲70。控訴人は不競法違反に基づく差止請求をしているから，非公知性は事実審口頭弁論終結時まで存することを要する。）」として，かっこ書ではあるものの，差止請求に当たっては非公知性が事実審口頭弁論終結時まで存在する必要があることを示した。

　　また，原告が営業秘密であると主張するリンパコンディショニング技術について，原告の受講生であった被告が平成24年 8 月頃，リンパマッサージの施術動画をインターネット上のウェブサイトにアップロードしたことを受けて，原告は，被告との間で話合いをしたものの，当該施術動画の削除は求めなかった

486 第1章 総則

事案において（原告は当該施術動画が原告が主張する営業秘密であると同一であると主張），当該技術は平成24年8月頃には非公知性を喪失しているとして，非公知性の喪失時以降を対象期間とする原告による損害賠償請求を棄却した裁判例がある（東京地判平28・7・27最高裁HP（平成26年（ワ）17021号／平成26年（ワ）32223号）〔28251002〕）。

　登録派遣スタッフの名簿の廃棄請求がなされた事案において，判決時に既に4年ほど経過していたことから，派遣契約期間が数か月など派遣会社と派遣先企業との関係が安定的とは言い難いなどの労働者派遣業界における事情に照らし，「既に営業上の有用性を大幅に喪失している」として有用性を否定して，差止の利益を認めなかった裁判例もある（なお，損害賠償請求については肯定）（ハンドハンズ派遣スタッフ情報事件・東京地判平15・11・13最高裁HP（平成12年（ワ）22457号）〔28090172〕）。差止請求の要件の事後的消滅について判示したアースベルト事件・最判昭63・7・19民集42巻6号489頁〔27802571〕からすれば，口頭弁論終結時に営業秘密性の要件が満たさなくなれば差止請求は棄却されるとした本判決はの結論は明らかであると考えられている（市川正巳「判批」中山ほか編・百選196頁-197頁）。

191)　鎌田・前掲注51）23頁。そのほか，学説上は，例えば，小野＝松村・新・概説3版上巻が，営業秘密に対する保護は，事実状態に対する不正競業法上の保護であるため，秘密が保持される間のみ存在するから，善意たると，悪意たるとを問わず，開示されたときに当該保護は消滅するとする（同342頁）。また，田村も，「非公知性の要件に関しては，もはや公知となった情報の利用行為を止めてしまうことはいたずらに競争を阻害するという観点から設けられている要件であるために……差止請求に関しては裁判時点（原則として事実審の口頭弁論終結時点）において公知でないことが要求されていると解すべきである」とし（田村・前掲注45）（その2）795頁），不正に取得された情報がその後公知となって誰もが自由に利用できる状態になった場合にまで，不正取得者や悪意重過失で転得した者だけが当該情報を利用することができないというのでは，営業秘密保有者を保護する必要がないところに過度に競争を阻害する結果を生じさせると指摘する（田村・概説2版332頁-333頁）。

192)　例えば，秘密保持義務を課して秘密に管理する情報を開示または提供した場合，開示者・非開示者間では秘密管理性が認められ，非公知性も失われていないと一般的に考えられているが，被開示者（法人）が自らの役員または従業員に対して，開示者（取引先）の秘密であることを認識しえない態様で取引先の秘密情報を開示して使用させたとき，当該取引先の秘密情報は非公知性を失うのかという論点もある（もちろん，取引先・被開示者という法人間では秘密保持義務違反という債務不履行責任が生ずるし，役員・従業員への開示に当たって法人の図利加害目的が認められれば差止請求をなしうる（2条1項7号参照））。

193)　「秘密として管理されている非公知なデータに関しては引き続き営業秘密と

して保護される」もの（2017年11月2日開催，第7回産業構造審議会知的財産分科会不正競争防止小委員会議事録〈https://www.meti.go.jp/shingikai/sankoshin/chiteki_zaisan/fusei_kyoso/pdf/007_gijiroku.pdf〉），「流通・利活用が期待されているデータは，社外に広く共有・提供することを前提としているため，通常は秘密管理性や非公知性を満たさず，「営業秘密」としては保護されない」（同小委員会「データ利活用促進に向けた検討中間報告」（平成30年1月）〈https://www.meti.go.jp/shingikai/sankoshin/chiteki_zaisan/fusei_kyoso/pdf/20180124001_01.pdf〉3頁），「商品として広く会員にデータが提供される場合や，秘密保持義務のない緩やかな規約に基づきコンソーシアム内でデータが共有される場合等は，非公知性や秘密管理性が失われ，「営業秘密」としては保護されない」（前同6頁）問題があるとされた。

194） 限定提供データの要件の改正において，データを秘密管理しているが公知になってしまった場合について法の間隙が生じていることについて手当すべく議論がなされている（産業構造審議会知的財産分科会不正競争防止小委員会「デジタル化に伴うビジネスの多様化を踏まえた不正競争防止法の在り方」（令和5年3月）11～12頁〈https://www.meti.go.jp/shingikai/sankoshin/chiteki_zaisan/fusei_kyoso/pdf/20230310_1.pdf〉）ことからも分かるように，秘密管理性があるが非公知性が失われてしまったときは，営業秘密としての保護を受け得るかではなく，限定提供データとしての保護を受け得るかという検討をすることとなる。

195） 営業秘密管理指針は，有用性について，「「有用性」が認められるためには，その情報が客観的にみて，事業活動にとって有用であることが必要である。一方，企業の反社会的な行為などの公序良俗に反する内容の情報は，「有用性」が認められない。」とする（同16頁）。

196） 前掲・建議（通商産業省知的財産政策室・前掲注1）176頁-178頁

197） TRIPS協定39条2項b号は，"has commercial value because it is secret;"であり，秘密であることに商業的，経済的な価値があることが必要であることを規定する。また，同号についても，何ら経済的価値のない個人のプライバシーに属するものはいかに秘密のものであっても，その対象外であることは明らかであると解されている（尾島・前掲注7）187頁）。

198） 通商産業省産業政策局長棚橋祐治による答弁参照（前掲注23）第118回国会・衆議院商工委員会），および髙部・実務詳説216頁。

199） 鎌田・前掲注18）19頁。前掲・建議も，「「財産的情報」として，不正な行為に対する差止請求権を認める対象の要件として」，「経済的価値のある技術上または営業上の情報であること」を挙げていた（通商産業省知的財産政策室・前掲注1）176頁-179頁）。

200） 前掲・建議（通商産業省知的財産政策室・前掲注1）178頁-179頁）

201） スキャンダル情報については，①当該スキャンダルを取材した週刊誌等の業者にとっては，事業活動上，有用な情報であるとする考え（鎌田・前掲注13）

56頁）と，②当該スキャンダル情報の公表により他者のプライバシーや名誉を違法に毀損する場合には，法的保護を与える必要はなく，有用性または営業上の利益を害されるおそれが否定されるという考え（田村・概説2版337頁，竹田＝服部・前掲注175）139頁）がある。

　　もっとも，鎌田も，プライバシー情報等については，事業活動の効率化や収益の改善に直接には役に立たない情報であり，不正競争防止法の保護の対象とする必要はなく，プライバシー情報の不正取得行為については人格権侵害を理由とする差止請求権や損害賠償請求権の問題とすべきとする（鎌田・前掲注13）56頁）。

202)　通商産業省知的財産政策室・前掲注1）56頁-59頁，および高部・実務詳説215頁-216頁

203)　産業構造審議会「不正競争防止法の見直しの方向」(1994)。なお，前掲注136) 参照。

204)　違法な行為または公序良俗に反する行為に関する情報については，成果開発のインセンティブとは全く関係がなく，事業活動に有用でないという理由で有用性が否定されるほか，法的に保護を与えるべき利益がないという理由で営業上の利益を侵害されるおそれがないという考え方もできる（田村・概説2版335頁）。

205)　通商産業省知的財産政策室・前掲注1）59頁，同・前掲注57）56頁

206)　渋谷・講義Ⅲ128頁，および，渋谷・不競法155頁

207)　高部・実務詳説215頁-216頁，および，高部・前掲注43）ジュリ1469号42頁

208)　鈴木・前掲注42）846頁

209)　山本・要義4版143頁。実務家であるが，服部も，有用性要件を「法的保護行うに足りる社会的意義と必要性があるものに保護の対象を限定するため」と位置付けており，この山本の考えに近い（服部・前掲注36）901頁）。

210)　帖佐隆「判批」久留米大学法学84号175頁-213頁・185頁-184頁（2021)。なお，この②の考えは，「経済的価値の有無は司法審査される必要があるが，経済的な価値をあげることの「程度」についてはあまり審査をしなくてもよい」（帖佐・本注釈）184頁）という考えでもある。

　　ちなみに，「不正競争防止法は，このように秘密として管理されている情報のうちで，財やサービスの生産，販売，研究開発に役立つなど事業活動にとって有用なものに限り保護の対象としているが，この趣旨は，事業者の有する秘密であればどのようなものでも保護されるというのではなく，保護されることに一定の社会的意義と必要性のあるものに保護の対象を限定するということである」と述べたのは，公共工事単価表営業秘密事件・東京地判平14・2・14最高裁HP（平成12年（ワ）9499号〔28070351〕）の判決である。なお，当該判決は，前掲・建議の（保護の対象となるべき財産的情報は）「当該情報により財・サービスの生産，販売，研究開発，費用の節約，経営効率の改善等の現在又は将来の経済活動に役立てることができるものであることが必要である」に倣ったも

のと思われる（通商産業省知的財産政策室・前掲注１）187頁）。

211）　田村・前掲注145）46頁，渋谷・不競法157頁，茶園編・不競法２版69頁-70頁，鎮目ほか・前掲注153）286頁，および四條・前掲注94）174頁。

212）　②と③の違いは，②の考え方の方が，③の考え方よりも，「より具体的ないし積極的な有用性の立証および認定を要求する」点にある（四條・前掲注136）174頁）。

213）　正当な事業活動にとって客観的な経済活動が認められることを意味する立場が通説であるとする実務家もいる（竹田＝服部・前掲注175）137頁）。

214）　鎌田・前掲注13）56頁

215）　島並・前掲注30）239頁。もっとも，当該①の考え方には，「創出を促すべきでない「悪しき」情報がかえって利用自由となり拡散される結果を導く」という解釈上の難点があり，当該②の考え方には，「有用性要件がほとんど無意味になる」という解釈上の難点がある（前同）。

216）　事業活動に関して潜在的な価値がある情報のうち，過去に失敗した研究データや，製品の欠陥情報などをいう（営業秘密管理指針16頁-17頁参照）。「無駄な二重投資を避ける」ための情報という捉え方もある（島並・前掲注30）239頁）。
　　もっとも，「ネガティブ情報」を「スキャンダルに関する情報，公害を発生させているなどの違法性のある情報その他の情報」と捉える考えもある（帖佐・前掲注210）197頁-198頁）。その上で，同・帖佐は「ネガティブ情報と，営業秘密として有用性があるとする情報との間には，そのどちらでもない中間のカテゴリーの情報が存在し，契約上の保護はありうるが不正競争防止法の保護はないという層の情報」が存在するとする。

217）　鎌田・前掲注13）56頁

218）　通商産業省知的財産政策室・前掲注１）58頁-59頁

219）　髙部・実務詳説216頁，および，渋谷・講義Ⅲ129頁。なお，平成２年改正当初から，ネガティブ・インフォメーションに関しての「差止請求を現実化することは困難で」，損害賠償請求も「損害額の立証につき難問を生じさせることになりそう」との指摘がなされていた（鎌田・前掲注13）56頁）。

220）　平澤卓人「判批」茶園ほか編・百選２版213頁。他方で，四條は，有用性または非公知性に触れた７件の営業秘密侵害罪事件について分析した結果，有用性要件については，営業秘密保有者にとって営業秘密であると検察官が主張する情報が「どのように有用であるかを具体的事実に基づいて客観的に認定」する傾向があるとする（四條・前掲注86）178頁）。

221）　松本司「判批」茶園ほか編・百選２版210頁

222）　島並・前掲注30）239頁

223）　四條・前掲注136）186頁。四條は，津地裁が本件顧客情報につき利用可能性がないことを理由に本件会社への帰属も否定したことについて，従業員個人の人脈と不可分な情報は，切り離すと利用可能性や利用価値が消滅ないし著しく減退するため，当該従業員の退職に伴って有用性がなくなるものであり，必ず

490 第1章 総則

しも本件会社に帰属しないことの理由にはならないと指摘する（前同186頁-187頁）。

224) ちなみに，日産自動車刑事事件控訴審判決・東京高判平30・3・20高刑71巻1号3頁〔28262016〕においては，図利加害目的の認定に当たり，転職先にとって有用であるか否かという争いがなされた。

225) 東和レジスター顧客情報事件・知財高判平27・2・19最高裁HP（平成25年（ネ）10095号）〔28230877〕

226) 名古屋高判平27・7・29高刑速報（平27）号225頁〔28232903〕

227) 四條・前掲注136）176頁。最高裁では特段の判断が示されることなく上告棄却された（最決平28・10・31公刊物未登載（平成27年（あ）1351号）〔28260740〕）。

228) 四條・前掲注136）178頁

229) 西川喜裕「判批」ビジネス法務23巻3号81頁（2023）

230) 山根は，このような使用を「技術上の秘密の翻案的使用」または「技術上の秘密の抽象的使用」と呼ぶ（山根・前掲注65）13頁）。
　　　もっとも，潮見によれば，イギリス法の議論では，「秘密情報がそのまま被告の製品，方法等に含まれないが，被告がそれから利益を得ている場合」を翻案的使用というとのことである（潮見・前掲注22）70頁-71頁）。

231) 林は「被告が，営業秘密の全部を使用せず，独自に行った改良や変更と一緒に営業秘密の一部を使用する場合」もあるとする（林いづみ「営業秘密の不正利用行為に関する実務上の観点」中山＝塚原＝大森＝石田＝片山編集・前掲注36）395頁-412頁・410頁（発明推進協会，2013））。また，山根・前掲注65）は「改良・変更が加えられ続けた結果，あるいは抽象化・一般化され続けた結果，使用される情報がもはや技術的に元の原告の営業秘密と同じものと評価できない場合もある」という（前同13頁）。

232) 改良・変更された営業秘密の営業秘密該当性については，「管見の限り……学説上，本格的な検討は未だこれからという段階にあるようだ」として，「証拠としての同一性」（同一性が他の可能性を排除するための証拠として用いられる）を検討したか否かという観点と，「実体的要件としての同一性」（どのような範囲内の変更までを営業秘密の使用行為と認めるのか）を検討したか否かという2つの観点から裁判例を分類する考えがある（孫夢潔「判批」知的財産法政策学研究55号327頁・338頁-379頁（2020））。

233) 山根は，（検察官が営業秘密であると主張するに当たり）「大幅な抽象化，一般化がなされた結果，使用される情報がもはや技術的に非公知性や有用性を欠く情報」になった事案の1つであると評する（山根・前掲注65）17頁）。技術的な非公知性・有用性の趣旨は不明だが，この場合，営業秘密該当性ではなく「営業秘密の使用を否定すべき」とする（前同）。

234) この判断手法は，本件で問題となった情報が技術情報であることからすれば，特許発明の進歩性の判断基準（本願発明を認定し，引用発明を認定し，本

願発明と引用発明とを対比して，一致点と相違点を明らかにし，相違点を検討して進歩性の有無を判断するという手法（特許庁「特許・実用新案審査基準」第Ⅲ部第2章第3節1.））にも近いといえるが，進歩性の判断基準が相違点を検討するのに対し，前掲注162）愛知製鋼磁気センサ無罪事件では，共通部分（一致点）を検討したという点が大きく異なる。

235）　四條・前掲注136）119頁。四條は，前掲注162）愛知製鋼磁気センサ無罪事件の判決の判断手法について「疑問がある」とし，「やや特異な個別事例における事例判断」で「今後の営業秘密該当性の判断において一般化されうるものではない」とする（前同114頁・122頁）。

236）　山根・前掲注94）71頁。山根は，「営業秘密性を欠く情報が共通するに過ぎないにもかかわらず侵害を肯定してしまうのを避ける手法としては，濾過テストの方に分があるようにさえ思える」とする（前同）。

237）　山根・前掲注94）71頁，および，山根・前掲注162）還暦記念11頁。

238）　山根・前掲注94）71頁

239）　このような営業秘密の参照的使用（間接的な使用）につき不正使用を肯定したうえで5条3項を適用した点，もっとも，当該不正使用により作成された被告システムに係るデータに対する差止・廃棄請求については否定した点も，エディオン事件・大阪地判令2・10・1最高裁HP（平成28年（ワ）4029号）〔28283762〕の判決の意義の1つとされる（山根・前掲注75）61頁）。

240）　もっとも，理念的・抽象的部分の参考行為が「使用」に該当するとした点で特異な裁判例であると評される（山根・前掲注94）74頁参照）。

241）　大阪地裁が「秘密管理性を一応肯定できる」と「一応」と判示したのは，「使用」該当性を否定することから，営業秘密該当性について厳密な判断をする必要性がなかったためと考えられている（判時2264号94頁（2015））。

242）　木村耕太郎「判批」現代民事判例研究会編『民事判例Ⅷ』130頁-133頁・133頁（日本評論社，2014）。全く異なる開発環境で開発されており，原被告のソフトウェアのソースコードは記述そのものが異なるから，機械的翻訳が極めて厳しいケースであったとされる（伊藤夏香「判批」パテント67巻13号108頁（2014））。
　　また，木村は，「本来は「本件ソースコードのロジック」が何であるかを明確に特定」すべきだったにもかかわらず，営業秘密の特定が不十分なまま判決に至ったと評する。

243）　四條・前掲注136）120頁-121頁は，前掲注162）愛知製鋼磁気センサ無罪事件と異なり，まず元情報の営業秘密該当性を検討した名古屋高裁のアプローチを評価する。

244）　訴訟物の特定は，実体法上の個々の請求権が基準となる（伊藤眞『民事訴訟法』〔第8版〕226頁（有斐閣，2023），および，司法研修所『新問題研究 要件事実 付——民法（債権関係）改正に伴う追補』3頁（法曹会，2020））。

245）　小池眞一「Q73技術情報系の差止請求訴訟における「営業秘密」の特定と具

492　第1章　総則

体的態様の明示義務」小野・山上・松村編　法律相談171頁-177頁，および，鈴木・前掲注42）862頁。

246）　執行段階において，判決主文で使用が禁止された情報により特定される情報と，使用されたとされる情報との同一性を判断して，間接強制決定の執行を認めるかどうかを判断することは，現行法の解釈としては認め難いと考えられているからである（森・前掲注152）62頁-63頁）。なお，森裁判官は，「立法論としてはともかく」とするが，仮に立法するとしても，執行官が容易に同一性を判断できるための何かしらの工夫（AI等のリーガルテックを用いることで解決できるのだろうか）が必要になろう。

　なお，差止請求権には，短期消滅時効と除斥期間が定められていること（15条）にも留意が必要である（鈴木・前掲注42）864頁・866頁）。

247）　小池・前掲注245）171頁-177頁

248）　例えば，日々更新される顧客名簿の作成時点を特定することが困難という請求の趣旨のレベルの問題があるという。また，技術情報で一連の操作に周知の手法が含まれている場合，請求の趣旨としては特定されているとしても，請求原因のレベルでは，「どの部分を秘密情報と主張するのか，特定が困難なことも多い」とされる。なお，プログラムのソースコードなど，情報量が膨大で特定が容易でないという問題もある（前掲注45）座談会18頁-19頁）。

249）　「差止請求を認容するに足る請求の趣旨の具体化の程度と，損害賠償請求を認容するに足る請求の趣旨の具体化の程度とは，分けて考えることができる」という考えもある（前掲注45）座談会20頁）。

　高部は，損害賠償請求訴訟について，請求の趣旨としては金額が特定されていれば足りるが，請求の原因としては，差止請求訴訟と同様に，「物件目録や方法目録を用いて，行為態様や対象製品の特定が行われることが多い」とする（高部・前掲注43）ジュリ1469号44頁）。

250）　段階的特定が訴訟進行過程に即している限り，時機に遅れた攻撃防御方法（民訴法157条1項）として却下すべきではなく，また，請求の趣旨に変更がなく，かつ，営業秘密の同一性の範囲内である限り，訴えの変更の必要はないと考えられている（末吉亙「Q74『特定の変更』と『訴えの変更』」小野＝山上＝松村編・法律相談Ⅱ185頁・191頁）。

251）　森・前掲注152）61頁，および末吉・前掲注250）186頁参照。特定をすることで被疑侵害者に対して秘密を開示することが避けられない点については，秘密保持命令（10条）の適用等が考えられるが（末吉・前掲注250）186頁，前掲注145）参照），不正取得を否認する被告に対して「自分から情報を明らかにしてしまうことは抵抗感が強」いとされるうえ，秘密保持命令は，訴訟を通じて初めて知った情報を対象とする制度であるから，不正取得などの不正競争（が疑われる行為）により訴訟提起前から既に原告の情報（営業秘密）を被告が知っていることを前提として提起される営業秘密侵害訴訟の場合，当該原告の情報（営業秘密）を秘密保持命令の対象とすることができない（10条1項柱書

ただし書参照）（前掲注45）座談会19頁-20頁，および髙部・前掲注43）ジュリ1469号47頁）という問題点もある。

　このため，実務上，特定が不十分なために審理の進行が遅延し，結局，被告（被疑侵害者）の具体的な行為の存否について十分な審理を尽くすことができない場合も少なくないという（鈴木・前掲注42）862頁）。

252）　大阪地判平26・10・23最高裁HP（平成25年（ワ）3058号）〔28224389〕

253）　東京地判平28・5・31最高裁HP（平成25年（ワ）15928号）〔28241879〕

254）　東京地判平28・10・27最高裁HP（平成27年（ワ）24340号）〔28243913〕

255）　山根・前掲注65）6頁

256）　このほかの裁判例として，フッ素樹脂シートライニング溶接技術事件・大阪地判平10・12・22知的集30巻4号1000頁〔28050257〕，半導体全自動封止機械装置設計図事件・福岡地判平14・12・24判タ1156号225頁〔28092480〕，つつみ人形事件・仙台地判平20・1・31判タ1299号283頁〔28152092〕，産業用ロボットシステム事件・名古屋地判平20・3・13判タ1289号272頁〔28150569〕がある（山根・前掲注65）6頁）。

257）　クロス下地コーナー材事件第一審判決・福井地判平30・4・11公刊物未登載（平成26年（ワ）140号／平成29年（ワ）15号）〔28323077〕，同控訴審判決・名古屋高金沢支判令2・5・20公刊物未登載（平成30年（ネ）81号／平成30年（ネ）168号）〔28323080〕，および光通風雨戸事件・知財高判平23・7・21判タ1383号366頁〔28173825〕。原審は，東京地判平23・2・3最高裁HP（平成20年（ワ）34931号）〔28170247〕（山根・前掲注65）7頁-8頁）

258）　古河・前掲注43）339頁-340頁。なお，個人情報取扱事業者のいわゆる5000件要件が課されていた頃の論稿である。

259）　帖佐・前掲注52）188頁

260）　四條・前掲注136）186頁

261）　なお，原審（東京地判令4・1・20最高裁HP（令和2年（特わ）1001号）〔28300725〕について，帖佐隆「判批」久留米大学法学87号17頁-52頁（2023））

262）　四條・前掲注136）186頁脚注43。

　帖佐も，NHKは競業他者のない特殊な法人であることから，当該50件の名簿は，公知となってもその財産的価値は低下せず，有用性がないとも考えられるとする（帖佐・前掲注261）17頁-52頁・32頁-33頁）。営業秘密保護の趣旨につき情報管理体制を突破する行為の抑止を重視する立場に立つ帖佐は，「対象上の経済的価値を維持するための『秘密管理』と，個人情報漏えい防止等のための『秘密管理』」が，秘密管理する際の意思内容として同じなのかという問題を提起する（前同30頁）。

　なお，「無関係な第三者の個人情報を人質のように扱おうとする意図」に図利加害目的が認められるとする論稿として，根津洸希「判批」法政理論（新潟大学）56巻1号187頁・200頁（2023）。

263）　新日鉄ポスコ事件・東京地決平27・7・27判タ1419号367頁〔28240462〕，島

494 第1章 総則

田まどか「判批」ジュリ1497号67頁（2016）

264) 東京高決平27・9・14判時2320号43頁〔28251073〕。本案は，従業員（原告）が雇い主（被告）に対して退職勧奨の違法およびその後の現職場への配転命令の違法を理由とした現職場での就労義務の不存在確認および損害賠償請求訴訟であり，本件は，営業秘密を理由とする訴訟記録閲覧等制限申立てを却下した決定が抗告審において取り消されたというものである（判時2320号43頁（2017），および，加藤・前掲注53）79頁）。東京高裁が閲覧制限目録記載の文書の一部については有用性を肯定し，一部については否定した点については，「具体的な根拠は判然としない」（岡田洋一「判批」新・判例解説Watch21巻162頁（2017））。

265) 光配向用偏光光照射装置事件控訴審判決・知財高判平30・1・15判タ1452号80頁〔28260455〕。なお，同裁判例の意義は，日本法人が保有していた情報の使用または開示が日本国内において行われた場合に情報の使用及び開示の差止め等の請求について，従来の多数見解に従い，不法行為（法の適用に関する通則法17条）と性質決定し，結果発生地である日本法が準拠法になること等を示した点にある（判タ1452号80頁（2018），および小泉直樹「判批」ジュリ1519号8頁（2018））。

このほか，契約上の秘密保持義務の対象である企業秘密について，営業秘密の三要件を適用した事案としては，関東工業事件・東京地判平24・3・13労経速2144号23頁〔28181617〕，レガシィ事件・東京地判平27・3・27労経速2246号3頁〔28232658〕およびエイシン・フーズ事件・東京地判平29・10・25最高裁HP（平成28年（ワ）7143号）〔28254072〕がある（野川忍「判批」ジュリ1535号120頁-123頁（2019））。

エイシン・フーズ事件においては，原告（被告を含め8名程度の役員および従業員という規模）在職中に被告が被告会社等に原告の本件得意先・粗利管理表，本件規格書，本件工程表，および本件原価計算書を開示し，転職後にこれを使用したことなどが争われ，「機密事項として指定する情報の一切」という文言における対象情報補範囲に関して解釈が行われた事案である（張・前掲注111））ところ，東京地裁は，「原告の従業員が秘密と明確に認識し得る形で…管理されていたかについて検討する」という基準を示したうえで，「原告のような小規模な会社においては，その事業遂行のために取引に関する情報を共有する必要があるから，従業員全てが機密情報に接することができたとしても，秘密管理性が失われるわけではない」との原告主張に対し，「原告の会社の規模を考慮しても，同情報が秘密として管理されていたということはできない」として秘密管理性を否定した（野川・前掲）。なお，当事者の主張立証においても，判決自体も，全く不正競争防止法に触れずに営業秘密の三要件をそのまま判断基準とした点に大きな特徴がある事例であり（前同），退職後の秘密保持義務の範囲を不競法上の「営業秘密」類似の範囲に限定した事例ともいる（張・前掲注111））。

266) まつ毛エクステサロンの「入社時誓約書」（入社時合意）の「秘密情報」について，知財高裁は，「入社時誓約書の秘密情報に関連する規定は，その内容に照らし，不正競争防止法と同様に営業秘密の保護を目的とするものと解される。そして，入社時誓約書には「秘密として管理」の定義規定は存在せず，「秘密として管理」について同法の「秘密として管理」（2条6項）と異なる解釈をとるべき根拠も見当たらない。そうすると，入社時誓約書の「秘密として管理」は，同法の「秘密として管理」と同義であると解するのが相当である」とした（知財高判令元・8・7金商1579号40頁〔28273404〕）。そのうえで，知財高裁は，顧客カルテの施術履歴の情報について秘密管理性を否定し，被控訴人（被告）が入社時合意に違反したとは認められないとした。「入社時誓約書や就業規則の記載から詳細に入社時合意の内容については判断」した裁判例である（金商1579号43頁（2019））。なお，当該施術履歴について営業秘密該当性も否定して，不競法に基づく差止請求も認めなかった（岩田合同法律事務所「新商事判例便覧」№728，3378号旬刊商事法務2220号59頁（2020））。

267) 労働法の立場からは，守秘義務の特性に応じて限定しつつ援用するという方向の模索が期待されている（野川・前掲注265）123頁）。例えば，社長の倫理的非難可能性や，経営手法の異様性，違法であることが発覚していな不正経理等が守秘義務の対象であった場合，営業秘密の要件である有用性については疑問があるものの，有用性が否定されるからといって直ちに守秘義務違反が成立しないとまではいえないからである（前同）。

268) 東京地判平31・1・18最高裁HP（平成29年（ワ）1630号）〔28271226〕

〔山口　三惠子・阿久津　匡美〕

496 第1章 総則

> **（定義）—限定提供データ**
> **2条7項**
> 7 この法律において「限定提供データ」とは，業として特定の者に提供する情報として電磁的方法（電子的方法，磁気的方法その他人の知覚によっては認識することができない方法をいう。次項において同じ。）により相当量蓄積され，及び管理されている技術上又は営業上の情報（営業秘密を除く。）をいう。

趣　旨

　近年，データがビジネスにおける競争力の源泉になりうるところは周知の事実となっており，データを活用したビジネスの成功例が数多報告されている。

　また，気象データ，地図データ，機械稼働データ，消費動向データなどについては，複数の事業者により共有・利活用されることにより，より高い付加価値を生み出すものであるといえ，「商品」としてデータが取引されるようになっている。

　このような実態を踏まえ，平成30年改正では，「限定提供データ」に関する一定の行為を新たに不正競争行為として追加した。この改正に際して，保護対象である「限定提供データ」の概念を定めるために規定されたのが，本項である[1]。

解　説

1 「業として特定の者に提供する」

1.1 「業として」

　「業として」とは，ある者の行為が，社会通念上，事業の遂行・一環として行われているといえる程度のものである場合をいう。反復継続的に行われる事業の一環としてデータを提供している場合，またはまだ実際には提供していない場合であっても，データ保有者にそのような事業の一環としてデータを提供する意思が認められるものであれば，本要件を充足する。データの提供自体について反復継続性が求められるわけではない[2]。

　データの提供が有償か無償かは問わない。他方，データの蓄積等が営利目

的である必要がある否かについては見解が分かれている。指針は営利性不要説であるが[3]，営利目的と無関係に蓄積，管理されているにとどまるデータについてはあえて不正競争防止法の規制によってインセンティブを与える必要はないとして営利性が認められる場合に限り「業として」の要件を充足すると解する見解も有力である[4]。

　なお，営利性不要説を採用したとしても，非営利目的で蓄積等されているデータについて不正競争防止法による保護が及ぶのは極めて限られたケースになるものと思われる。「限定提供データ」にかかる不正競争行為について差止請求（３条）および損害賠償請求（４条）をなしうるのは，「営業上の利益」を侵害された者および侵害されるおそれがある者に限られるところ，非営利目的で蓄積されたデータの利用についてはこの要件を充足することが困難と思われるためである[5]。

　指針では，以下のような例は原則として「業として」の要件を充足するとされている[6]。

＜原則として「業として」に該当すると考えられる具体例＞

・データ保有者が繰り返しデータ提供を行っている場合
（各人に１回ずつ複数者に提供している場合や，顧客ごとにカスタマイズして提供している場合も含む。）
・データ保有者が翌月からデータ販売を開始する旨をホームページ等で公表している場合
・コンソーシアム内でデータ保有者が，コンソーシアムメンバーに提供している場合

1.2　「特定の者に提供する」—限定提供性

1.2.1　「特定の者」

　限定提供データとしての保護を受けられるのは，「特定の者」に提供されているデータに限られる。無限定に提供されているデータについては，あえて不正競争防止法による保護を与える必要はないためである[7]。

　「特定の者」とは，一定の条件の下でデータ提供を受ける者を指す。特定されていれば，実際にデータ提供を受けている者の数の多寡は問わない[8]。例えば，使用許諾契約を締結した会員であればデータ提供を受けられるような多数の利用者向けのサービスは，本要件を充足する[9]。

498　第1章　総則

指針では，以下のような者は原則として「特定の者」に該当すると説かれている[10]。

<原則として「特定の者」に該当すると考えられる具体例>

・会費を払えば誰でも提供を受けられるデータについて，会費を払って提供を受ける者
・資格を満たした者のみが参加する，データを共有するコンソーシアムに参加する者

本要件を充足するためには，データ提供の際，受領者が第三者に当該データを再提供することを禁止しておくことや[11]，当該データ提供契約にかかる受領者の契約上の地位の移転を制限することが重要であると説かれている[12]。

1.2.2 「提供する」

「提供する」とは，データを特定の者が利用しうる状態に置くことをいう。実際に提供を開始している場合だけではなく，これから提供する意思を有する場合も含む。データの蓄積を開始した当初は第三者に提供する意思がなく，その後に提供する意思を有するに至った場合にも本要件の充足が認められる[13]。

指針では，以下のような例は原則として「提供する」に該当すると説かれている[14]。

<原則として「提供する」に該当すると考えられる具体例>

・大量に蓄積しているデータについて，各顧客の求めに応じ，顧客毎に一部のデータを提供している場合には，大量に蓄積しているデータ全体について，本要件を満たすと考えられる。
・クラウド上で保有しているデータについて，顧客が当該クラウドにアクセスすることを認める場合。

2 「電磁的方法……により相当量蓄積され，及び管理されている」

2.1 「電磁的方法」

「電磁的方法」とは，電子的方法，磁気的方法その他人の知覚によっては認識することができない方法をいう（本項かっこ書）。本要件により，「限定提供データ」として保護される情報は電子データに限られる[15]。

2.2 「相当量蓄積され」——相当蓄積性

本要件は，保護に値する程度に集積され，付加価値を生み出しているデータに限り限定提供データとしての保護を及ぼすために設けられたものである[16]。相当量蓄積されているかは，量的な観点のみでなく，質的な観点をも踏まえて判断される[17]。本要件の趣旨に鑑み，社会通念上，電磁的方法により蓄積されることによって価値を有するものであれば「相当量」の要件充足を認めてよいと考えられる[18]。本要件の充足性を判断するに当たって考慮される要素としては，当該データが電磁的方法により蓄積されることで生み出される付加価値，利活用の可能性，取引価格，データの創出・収集・解析・管理に当たって投じられた労力・時間・費用等があげられる[19]。合理的な範囲内の手作業でも到達しうる量の場合には，電磁的方法による蓄積，管理による付加価値がいまだ生み出されておらず，「相当量」の要件を充足しないことになろう[20]。

個々の当事者が保有するデータ自体は「相当量」であるとはいえないとしても，複数の当事者が保有するデータが蓄積されることによって相当量に達した場合，例えば，コンソーシアムに参画する複数の当事者によってデータが蓄積され，蓄積されたデータが価値を有するに至ったような場合には，「相当量」の要件充足が認められうる[21]。また，保有者が管理しているデータの一部が利用されたような場合においては，当該一部についても「相当量」蓄積されたものでなければ，不正競争防止法による保護は及ばない[22]。ただし，少量のデータを連続的に取得して結果的に大量のデータを取得するような場合については，個々の取得行為を個別に観察すると「相当量」の要件を充足しない場合であっても，一連の行為の結果として相当量のデータを取得したといえる場合には本要件の充足を認めてよい[23]。

500 第1章 総則

　以上のような考え方に対し，本要件は本質的なものではなく，厳格に解釈する必要はないのであって，限定提供性および電磁的管理性要件を満たすデータの集合体ならば基本的に相当量蓄積性を満たすとする見解[24]もある。かかる見解よれば，データ保有者が保有するデータについても，利用者が利用したデータについても，それが「相当量」といえるか否かを独自に検討する必要はないことになろう。しかし，かかる見解は条文の文言に反していると思われ，さらに，保護に値する価値を有しないデータまで不正競争防止法の保護を及ぼすことになりかねず，妥当ではないように思われる。

　指針では，以下のような例は原則として「相当量」の蓄積に該当すると説かれている[25]。

＜原則として「相当蓄積性」を満たすと考えられる具体例＞

> ・携帯電話の位置情報を全国エリアで蓄積している事業者が，特定エリア（例：霞ヶ関エリア）単位で抽出し販売している場合，その特定エリア分のデータについても，電磁的方法により蓄積されていることによって取引上の価値を有していると考えられるデータ
> ・自動車の走行履歴に基づいて作られるデータベースについて，実際は当該データベースを全体として提供しており，そのうちの一部を抽出して提供することはしていない場合であっても，電磁的方法により蓄積されることによって価値が生じている一部分のデータ
> ・大量に蓄積している過去の気象データから，労力・時間・費用等を投じて台風に関するデータを抽出・解析することで，特定地域の台風に関する傾向をまとめたデータ
> ・分析・解析に労力・時間・費用等を投じて作成した，特定のプログラムを実行させるために必要なデータの集合物

2.3 「（電磁的方法……により相当量……）管理されている」——電磁的管理性

2.3.1 総　説

　本要件の趣旨は，データ保有者がデータを提供する際に，特定の者に対して提供するものとして管理する意思が外部に対して明確化されることによって，特定の者以外の第三者の予見可能性や，経済活動の安定性を確保することにある[26]。

「電磁的方法」との文言は「管理」にも係るので，「管理」の方法は電磁的方法による必要がある。他方，「相当量」との文言については，「蓄積」のみにかかるとする見解，「管理」にもかかるとする見解がありうる。この点をいかに解するかにより，例えば，インプットの場面で「相当量」の情報（大量の販売データ，気象データなど）を収集して解析した結果，アウトプットとして得られた情報（予想された特定日の特定の店舗への来客数に関するデータなど）が管理されている場合において，当該情報が「相当量」といえるものでなかったとしても本号の保護の対象とできるかが変わりうる[27]。

この点，アウトプットとしての情報の価値を重視し，その保護を図るべきと考えるのであれば，「相当量」は「管理」にはかからないと解すべきことになろう。しかし，他方で，営業秘密と異なり限定提供データは公知の情報と区別がつかない場合がありうる。公知の場合の適用除外はあるが（19条1項8号ロ），はデータが無償で提供されている場合に限られている。これらの点に鑑みると，利用者の予測可能性を担保し，データの利用を過度に萎縮させないよう，「相当量」は「管理」についても要求されると解するべきであろう[28]。

2.3.2 本要件を充足する管理方法

電磁的管理性が満たされるか否かは，データ提供時に施されている管理措置によって判断される。実際にデータの提供を開始していない場合であっても，客観的に見て実際に提供する際の電磁的管理を予定しているといえる場合には，本要件の充足性が認められる[29]。

管理措置の具体的な内容・管理の程度は，企業の規模・業態，データの性質やその他の事情によって異なるが，既述の趣旨に鑑み，保有者の特定の者に対して提供するものとして当該データを管理する意思を第三者が一般的にかつ容易に認識できる管理である必要がある[30]。

具体的には，当該データ専用の管理がなされている必要があるとされており[31]，対応する措置としては，データ保有者と，当該保有者から提供を受けた者（特定の者）以外の者がデータにアクセスできないようにする措置，つまりアクセスを制限する技術が施されていることが必要である[32]。

このアクセス制限は，通常，ID・パスワード（Something You Know），ICカード・特定の端末機器・トークン（Something You Have），生体情報

（Something You Are）などを用いたユーザーの認証[33]により行われるが，専用回線によりデータを伝送しているような場合もアクセスを制限する技術に該当するものと考えられる[34]。

　指針では，以下のような例は原則として「電磁的に……管理され」の要件を充足すると説かれている[35]。

<原則として「電磁的管理性」を満たすと考えられる具体例>

> ・ID・パスワードを用いたユーザー認証によるアクセス制限
> ・ID・パスワードand/or指紋認証and/or顔認証等の複数の認証技術を用いたユーザー認証によるアクセス制限
> ・データを暗号化した上で，顔認証技術を用いたユーザー認証によってアクセスを制限する方法
> ・VPNを使用し，ID・パスワードによるユーザー認証によってアクセスを制限する方法
> ・初期にID・パスワード設定によるアクセス制限が行われたうえ，以後はセンサー間でリアルタイムにデータの授受が行われる場合

　他方で，複製ができないような措置がなされているがアクセス制御はされていない場合，当該データ専用の管理がなされていない場合には，本要件の充足は認められない[36]。また，データが入力されているコンピュータが入力されているコンピュータが置かれた特定の部屋への入退出を電磁的方法で管理していたり，多様な目的で使用されているデータにアクセス可能な端末の使用についてパスワード等で管理が行われていたりする場合なども，通常，第三者から見てデータ自体に対する提供者（保有者）の管理意思が明確に認識できるとはいえず，本要件を充足しない場合が多いと思われる[37]。その他，パスワードが何人にも容易に知りうるような方法で管理されている場合，アクセス権限を有しなくなった者に対してもパスワードやIDの提供が続けられているような場合には，「電磁的方法による管理」がなされているとは解し難い。

　指針では，以下のような例は原則として「電磁的に……管理され」の要件を充足しないと説かれている[38]。

<原則として「電磁的管理性」を満たさないと考えられる具体例>

> ・DVDで提供されているデータについて，当該データの閲覧はできるが，コピーができないような措置が施されている場合
> ・データの提供を希望する者が当該データを受け取るためには，他の作業をなすこともある部屋に設置されたPCに物理的にアクセスする必要がある場合に，データ自体には電磁的な管理がされておらず，当該部屋への出入りのみを電磁的に管理している場合

3 「技術上又は営業上の情報」

限定提供データとして保護されるのは「技術上又は営業上の情報」に限られる。集積によって付加価値が生じる情報の創出を促そうとする不正競争防止法の趣旨とは無関係の情報を保護の対象外とするための規定である[39]。「技術上又は営業上の情報」には，利活用されている（または利活用が期待される）情報が広く該当する。具体的には，「技術上の情報」として，地図データ，機械の稼働データ，AI技術を利用したソフトウェアの開発（学習）用のデータセット（学習用データセット）や当該学習から得られる学習済みモデルの情報が，「営業上の情報」として，消費動向データ，市場調査データ等があげられる[40]。

一方，違法な情報や，これと同視しうる公序良俗に反する有害な情報については，「事業者間の公正な競争の確保」，「国民経済の健全な発展への寄与」などといった不正競争防止法の目的に鑑み，原則として「技術上又は営業上の情報」には該当しないものと考えられる[41]。ただし，違法ないし有害な情報であっても，適法かつ正当な目的で収集・提供等されるものについては，上記不正競争防止法の目的に反するところはないので，「技術上又は営業上の情報」に該当するものと解すべきである。例えば，セキュリティツール開発のための有害サイト情報等については，同要件の充足性を認めてよいだろう。

指針では，以下のような情報は原則として違法または公序良俗に反する情報に該当すると説かれている[42]。

<原則として違法または公序良俗に反する情報に該当すると考えられる具体例>

> 児童ポルノ画像データ
> 麻薬等，違法薬物の販売広告のデータ
> 名誉毀損罪に相当する内容のデータ 等

504 第1章 総則

4 かっこ書

4.1 令和5年改正前「(秘密として管理されているものを除く)」

4.1.1 総説

令和5年改正前は,「秘密として管理されている」情報は限定提供データとしての保護を受けられなかった。「秘密として管理されている」(秘密管理性)とは,「営業秘密」(2条6項)としての保護を受けるための要件の一つである。本要件は,「秘密として管理されている」情報については「営業秘密」としての保護に委ね,「限定提供データ」の保護対象外とすることにより,保護の重複を避けることを趣旨とするものであると説明されていた[43]。

ただし,本要件については,限定提供データの保護が新設された頃から,後述(4.1.3)のような「営業秘密」と「限定提供データ」との間の保護の間隙が生じるとの指摘や[44],「営業秘密」と「限定提供データ」の重畳的な保護を否定する理由はなく,立法論としては削除するべきとの指摘がなされていた[45]。

このような問題提起を受けて,令和4年5月の指針改定では,本要件の趣旨について,「法適用の場面において,2つの制度による保護が重複して及ばないことを意味するにすぎず,実務上は,両制度による保護の可能性を見据えた管理を行うことは否定されない」との説明が追加された[46]。もっとも,これにより上記のような問題が完全に解消されるわけではなく,本要件については,法改正を視野に検討が進められていた[47]。

4.1.2 「秘密として管理されている」

「秘密として管理されている」と認められるのは,営業秘密保有企業の秘密管理意思が秘密管理措置によって従業員等に対して明確に示され,当該秘密管理意思に対する従業員等の認識可能性が確保される程度の管理がなされている場合である[48]。詳細については,2条6項の解説を参照されたい。

4.1.3 「営業秘密」と「限定提供データ」との保護の間隙

本要件に関しては,「営業秘密に該当するものを除く」とせずに秘密管理性が認められるものを除外したことにより,保護の間隙が生じてしまうので

はないか，との問題点が指摘されている。公知になってしまっている情報を秘密管理している場合，文言上は，非公知性の要件を充足しないために営業秘密としての保護が否定され，かつ，秘密管理している以上，限定提供データとしての保護も否定されることになりかねないためである[49]。

　例えば，「企業Ｘは，秘密として管理しているデータについて，秘密保持義務を課した上で他社へのライセンスを始めた。ところがある時点で，ライセンス先であるＡ社が当該秘密保持義務に違反して，当該データを公開し，当該データは公知となってしまった。」[50] といったような事例で，上記のような保護の間隙が生じうる。

　このような事態を回避するための解釈としては，公知となることを予定していない場合には，秘密管理を行っていると解することで保護の間隙を少なくすることができるとする見解[51]，「秘密として」管理されている以上，管理される対象は秘密（非公知情報）でなければならず，秘密管理性を充足するに足る管理がなされていたとしても，その対象が公知情報である場合は，秘密として管理されているとはいえないとする見解[52] が提唱されている。

4.2　令和 5 年改正後「（営業秘密を除く）」

　既述のような問題点の指摘を踏まえ，令和 5 年の不正競争防止法改正では，限定提供データから除外される情報が，「秘密として管理されているもの」から「営業秘密」に変更された。これにより，従前，保護の間隙が生じるとされていた秘密として管理されているが公知になってしまった情報についても，「限定提供データ」として保護し得ることとなった[53]。これにより保護の間隙は解消され，限定提供データと営業秘密の一体的な管理が可能になると説明されている[54]。

【注】
1 ）　経産省・限定提供データ指針 6 頁も参照。
2 ）　経産省・限定提供データ指針 9 頁，田村善之「法改正の動き限定提供データの不正利用行為に対する規制の新設について——平成30年不正競争防止法改正の検討」年報知的財産法2018-2019・34頁。
3 ）　経産省・限定提供データ指針 9 頁-10頁。岡村久道「平成30年改正不正競争防止法によるデータ保護」ジュリ1525号17頁（2018），蘆立順美「データ集積物の法的保護——不正競争防止法における限定提供データの保護を中心として」Law&Technology編集部編『知的財産紛争の最前線——裁判所との意見交換・

506　第1章　総則

最新論説No.5』（Law&Technology別冊）75頁（2019）も同旨。

4）　田村・前掲注2）33頁，田村善之＝岡村久道「＜対談＞限定提供データ制度
　　の導入の意義と考え方」NBL1140号9頁〔田村善之発言〕（2019）。

5）　岡村・前掲注3）17頁，蘆立・前掲注3）75頁

6）　経産省・限定提供データ指針9頁

7）　田村・前掲注2）33頁，田村＝岡村・前掲注4）9頁〔田村善之発言〕

8）　経産省・逐条解説（令和5年改正版）52頁，経産省・限定提供データ指針10
　　頁など。

9）　岡村・前掲注3）18頁

10）　経産省・限定提供データ指針10頁

11）　奥邨弘司「人工知能に特有の知的成果物の営業秘密・限定提供データ該当性」
　　法時91巻8号29頁（2019），三好豊「不正競争防止法平成30年改正によって新た
　　に導入された限定提供データの保護について」会計・監査ジャーナル770号107
　　頁（2019）

12）　重富貴光「限定提供データについて」パテント73巻8号61頁（2020）

13）　重富・前掲注12）61頁

14）　経産省・限定提供データ指針10頁

15）　岡村・前掲注3）18頁

16）　田村・前掲注2）34頁，田村＝岡村・前掲注4）9頁〔田村善之発言〕。

17）　岡村・前掲注3）18頁

18）　経産省・逐条解説（令和5年改正版）52頁，経産省・限定提供データ指針10
　　頁，水野紀子ほか「『限定提供データに関する指針』の解説」NBL1140号21頁
　　（2019），蘆立・前掲注3）77頁

19）　経産省・逐条解説（令和5年改正版）52頁，経産省・限定提供データ指針10
　　頁-11頁。

20）　田村・前掲注2）34頁，田村＝岡村・前掲注4）9頁〔田村善之発言〕

21）　重富・前掲注12）63頁

22）　経産省・逐条解説（令和5年改正版）53頁，経産省・限定提供データ指針11
　　頁，田村・前掲注2）34頁，田村＝岡村・前掲注4）9頁〔田村善之発言〕，小
　　野＝松村・新・概説3版下巻10頁（青林書院，2020），蘆立・前掲注3）77頁。

23）　経産省・限定提供データ指針19頁，三好・前掲注11）107頁

24）　澤田将史「限定提供データ保護制度の概要と実務上の論点」特許ニュース
　　15154号21頁（2020）

25）　経産省・限定提供データ指針11頁

26）　経産省・逐条解説（令和5年改正版）53頁，経産省・限定提供データ指針11
　　頁。田村・前掲注2）34頁も参照

27）　論点の指摘および具体例の摘示について，田村・前掲注2）34頁。小野＝松
　　村・新・概説3版下巻10頁も参照。

28）　田村・前掲注2）35頁，小野＝松村・新・概説3版下巻10頁

2条7項　定義—限定提供データ　　507

29)　経産省・限定提供データ指針11頁-12頁

30)　経産省・逐条解説（令和5年改正版）53頁，経産省・限定提供データ指針12頁，岡村・前掲注3）18頁。

31)　ただし，「当該データ専用の管理」とは，限定提供データのみのための管理を求める趣旨ではなく，例えば，「限定提供データ」と「その他データ」が同一のID・パスワードで管理されている場合であってもよいとされている。指針11頁参照。

32)　経産省・逐条解説（令和5年改正版）53頁-54頁，経産省・限定提供データ指針12頁，高部・実務詳説302頁，澤田・前掲注24）22頁。

33)　経産省・限定提供データ指針12頁-13頁では，認証に関する例として，ID・パスワード，ICカード，トークン，生体認証（顔，指紋，静脈，虹彩，声紋など），電子証明書，IPアドレス1アクティベーション方式（アンロック方式を含む）による制御が挙げられている。また，認証技術とともに使用される暗号化に関する技術として，データに対する暗号化，通信に対する暗号化，ウェブサイトや電子メール通信に対する暗号化，契約者以外の者による画像の視聴を不可としている暗号化が挙げられている。

34)　経産省・逐条解説（令和5年改正版）53頁-54頁，経産省・限定提供データ指針12頁-13頁。

35)　経産省・限定提供データ指針13頁

36)　経産省・限定提供データ指針13頁

37)　田村・前掲注2）34頁，田村＝岡村・前掲注4）10頁〔田村善之発言〕。

38)　経産省・限定提供データ指針13頁

39)　田村・前掲注2）35頁

40)　経産省・逐条解説（令和5年改正版）54頁，経産省・限定提供データ指針14頁。

41)　経産省・逐条解説（令和5年改正版）54頁，経産省・限定提供データ指針14頁，田村・前掲注2）35頁，岡村・前掲注3）18頁，小野＝松村・新・概説3版下巻11頁，三好・前掲注11）107頁，蘆立・前掲注3）77頁。

42)　経産省・限定提供データ指針14頁

43)　経産省・逐条解説（平成30年改正版）51頁，経産省・限定提供データ指針15頁。岡村・前掲注3）18頁。

44)　田村・前掲注2）35頁，田村＝岡村・前掲注4）11頁〔田村善之発言〕

45)　田村・前掲注2）35頁，蘆立・前掲注3）77頁，小野＝松村・新・概説3版下巻13頁。

46)　経済産業省「限定提供データに関する指針」（平成31年1月23日（最終改訂：令和4年5月））15頁。指針改定の経緯については，渡邉遼太郎＝橋本優里花「『限定提供データに関する指針』改訂概要の解説」NBL1222号44頁（2022）参照。

47)　渡邉＝橋本・前掲注46）44頁参照

508 第1章 総則

48) 経産省・営業秘密管理指針6頁など。
49) 田村・前掲注2）35頁，田村＝岡村・前掲注4）11頁〔田村善之発言〕など。
50) 経済産業省知的財産政策室「限定提供データの規律の見直し」（2022年10月）7頁が指摘する事例である。同資料については，https://www.meti.go.jp/shingikai/sankoshin/chiteki_zaisan/fusei_kyoso/pdf/018_05_00.pdf。
51) 田村・前掲注2）35頁－36頁，田村＝岡村・前掲注4）11頁〔田村善之発言〕。
52) 奥邨・前掲注11）29頁。澤田・前掲注24）25頁も参照。
53) 当該情報は非公知性が認められない以上，「営業秘密」には該当せず，本かっこ書により「限定提供データ」から除外されることはない。
54) 黒川直毅ほか「令和5年不正競争防止法改正の概要」NBL1250号23頁（2023）

〔高瀬　亜富〕

（定義）―技術的制限手段
2条8項

8　この法律において「技術的制限手段」とは、電磁的方法により影像若しくは音の視聴、プログラムの実行若しくは情報の処理又は影像、音、プログラムその他の情報の記録を制限する手段であって、視聴等機器（影像若しくは音の視聴、プログラムの実行若しくは情報の処理又は影像、音、プログラムその他の情報の記録のために用いられる機器をいう。以下この項において同じ。）が特定の反応をする信号を記録媒体に記録し、若しくは送信する方式又は視聴等機器が特定の変換を必要とするよう影像、音、プログラムその他の情報を変換して記録媒体に記録し、若しくは送信する方式によるものをいう。

趣　旨

　平成11年改正（平成11年法律33号）において技術的制限手段の効果を妨げる機器等の譲渡等を不正競争行為に含めるに際して，「技術的制限手段」について定義をすることとしたのが，本項である。

　平成11年改正当時は，

　「この法律において『技術的制限手段』とは，電磁的方法（電子的方法，磁気的方法その他の人の知覚によって認識することができない方法をいう。）により影像若しくは音の視聴若しくはプログラムの実行又は影像，音若しくはプログラムの記録を制限する手段であって，視聴等機器（影像若

しくは音の視聴若しくはプログラムの実行又は影像，音若しくはプログラムの記録のために用いられる機器をいう。以下同じ。）が特定の反応をする信号を影像，音若しくはプログラムとともに記録媒体に記録し，若しくは送信する方式又は視聴等機器が特定の変換を必要とするよう影像，音若しくはプログラムを変換して記録媒体に記録し，若しくは送信する方式によるものをいう。」という文言であったが，平成30年の不正競争防止法の改正（法律第33号）により現行の文言となった。

解　説

1　「この法律において『技術的制限手段』とは……をいう。」

　本項は，「この法律」すなわち不正競争防止法における「技術的制限手段」の定義について定めたものである。なお，「技術的制限手段」との語は，2条1項17号および18号，19条1項9号，21条2項4号において用いられているほか，国立国会図書館法附則（令和4年法律57号），関税法施行令62条の2第3項4号等において用いられている。

2　「電磁的方法により」

　技術的制限手段は，「電磁的方法」によるものに限られる。
　「電磁的方法」とは，電子的方式，磁気的方式その他人の知覚によって認識することができない方法（2条7項）をいう。「人の知覚によって認識することができない」とは，「人の視覚，聴覚，触覚等の五感の作用によりその意味，内容を直接認識することができない」[1]ことをいう。したがって，「人の知覚によって認識することができない」方式とは，その制限手段の存在を，機器等を利用することなく，人の五感のみによって直接感知することができないことをいう。（「電子的方式」「磁気的方式」は単なる例示であって，特に定義をする必要はない[2]）。

510 第1章 総則

3 「影像若しくは音の視聴，プログラムの実行若しくは情報の処理又は影像，音，プログラムその他の情報の記録を制限する手段」

3.1 制限の対象

技術的制限手段は，以下のものを制限する手段に限られる。

① 影像または音の視聴

② プログラムの実行

③ 情報の処理

④ 影像，音，またはプログラムその他の情報の記録

ここで「影像」とは，人が視覚により感知するものをいい，「音」とは人が聴覚により感知するものをいう[3]。「影」という文字が使用されている以上，ここでいう「影像」は，機器を通じてモニター等に無体的に再生されるものに限られ，例えばプリンター，3Dプリンター等を通じて有体物として再生されるものを含まないと解するべきである。ただし，動いてみえるように錯覚させるものであることは要求されないので，電子書籍のモニターに表示されているものも含まれる。「視聴」とは，機器を用いて再生した影像または音を意味のあるものとして感得する行為をいう。「プログラム」の意義については2条9項の解説を参照されたい。プログラムの「実行」とは，プログラムの指示どおりにコンピュータを動作させることをいう。

「情報」とは，「『影像』，『音』，『プログラム』及びこれらに該当しない電子データを含む概念」[4]であって，「電磁的記録（電子的方式，磁気的方式その他人の知覚によっては認識することができない方式で作られる記録であって，電子計算機による情報処理の用に供されるものをいう。）に記録されたもの」（2条1項17号）をいう[5]。「人の知覚によっては認識することができない」方式とは，「人の視覚，聴覚，触覚等の五感の作用によりその意味，内容を直接認識することができない」方式のものをいう（「電子的方式」「磁気的方式」は単なる例示であって，特に定義をする必要はない。

情報の「処理」とは，コンピュータの演算装置に情報を読み込ませて所定の演算をすることをいう[6][7]。

影像，音，プログラムその他の情報を「記録」するとは，知覚によっては認識することができない働きかけを特定の有体物（記録媒体）に行うことに

よって，当該記録媒体を介して当該情報を電子計算機に読み込ませることができるようにすることをいう。情報の「記録」といえるためには，当該記録媒体を通じて電子計算機が当該情報を読み込むことができればよいのであるから，圧縮または暗号化等の加工がなされる場合も含む。

3.2 「制限する」

これらを「制限する」とは，「影像，音，プログラムその他の情報を提供する者が，影像又は音の視聴，プログラムの実行，情報の処理，影像，音又はプログラムの記録に対して制約を課す管理を措置すること」[8]をいう。

3.3 「手段」

技術的制限手段は「手段」であるから，上記影像の視聴等の制限等の効果を実現するために意図的に講じられたものであることが必要である。意図せず影像の視聴等を阻害することとなった要素は「手段」とはいえない。

4 視聴等機器「が特定の反応をする信号を記録媒体に記録し，若しくは送信する方式」

技術的制限手段の1つは，視聴等機器が特定の反応する信号を記録しもしくは送信する方式である（以下，便宜上「前段方式」という）。

4.1 「視聴等機器」

「視聴等機器」とは，以下の目的のために用いられる機器をいう。
① 影像または音の視聴
② プログラムの実行
③ 情報の処理
④ 影像，音，プログラムその他の情報の記録

機器を影像または音の視聴のために用いるとは，具体的には，記録媒体に記録されまたは送信された情報を影像または音に変換して人が知覚できる状態におくことをいう（一般に，影像または音を「再生する」という）。影像または音の視聴のために用いられる機器とは，このような影像または音の「再生」に用いられる機器のことをいう。

512 第1章 総則

4.2 「特定の反応をする信号」

前段方式においては，視聴等機器が「特定の反応をする信号」が用いられる。

「特定の反応をする」とは，定められたルールに従って反応することをいう[9]。「信号」とは，視聴等機器がこれを検知したときに特定の反応をするものとして定められた符号をいう。したがって，パソコンのCDドライブでは再生できないように音楽データ記録領域に不良セクタを大量に混入させたり，音楽CDの時間情報が書かれている「TOC」に虚偽データを書き込んだりしても，それによって生ずる影像の視聴等の阻害は視聴等機器が定めたルールに従って生ずるものではないから，「特定の反応をする信号」を記録媒体に記録したことにはならない。したがって，いわゆるCDS2000方式の「コピーコントロール」技術は本項にいう技術的制限手段には当たらない。

「特定の反応」は，視聴等機器がある信号を受信したときに影像の視聴等を阻害するもの（検知→制限方式）だけに限られるか，視聴等機器がある信号を受信したときに初めて影像の視聴等を可能とするもの（検知→可能方式）をも含むのかについては争いがある。

東京地判平21・2・27最高裁HP（平成20年（ワ）20886号／平成20年（ワ）35745号）〔28153639〕は，NintendoDSという家庭用ゲーム機器において，任天堂が所定の記録媒体に記録したソフトウェアしか実行できないようにした制限手段が「技術的制限手段」に争われた事案において，非限定説に立った。平成11年3月12日の衆議院商工委員会における広瀬勝貞通商産業省機械情報産業局長の答弁を重視するが，そもそも奥谷徹議員の質問は「今回の不正競争防止法改正の背景となっている不正な装置やプログラムの提供の実態について，具体的な事例で御説明をいただきたいと思います」というものであって，規制の対象範囲を尋ねたものではなかった[10]。

東京地判平25・7・9最高裁HP（平成21年（ワ）40515号／平成22年（ワ）12105号／平成22年（ワ）17265号）〔28212481〕もまた，同様の事案において，以下の理由で，非限定説を採用した[11]。

① 「技術的制限手段」は，視聴等機器が特定の反応をする信号をプログラムとともに記録媒体に記録する方式等により，プログラムの実行等を制限するものである。

②　平成11年改正は，使用・コピー管理技術を施して視聴等機器を提供する事業者の利益をも保護するために，特定の信号が記録媒体に記録されていないことにより実行されないゲーム等のプログラムの実行を可能とするMODチップの譲渡等をも規制する目的で行われたものである。

　また，その控訴審である知財高判平26・6・12最高裁HP（平成25年（ネ）10067号）〔28222974〕もまた，以下のように判示して，「検知→可能方式」も「特定の反応」に含まれるとする。

①　「検知→可能方式」をも技術的制限手段に含まれると解釈した場合には，機器メーカーや機器を製造する者において当該機器で利用可能なプログラムや映像，音を選択することをも許容することにつながるところ，平成11年改正が「機器メーカー」や「機器を製造する者」も保護対象として想定したことに照らせば，前記イ[12]の解釈は，平成11年改正の趣旨に沿ったものである。

②　平成11年改正に当たっては，規制するべき対象としてMODチップが実例として挙げられていたが，MODチップは，特殊な信号を欠くためにゲーム機で実行できないはずのパソコン等で複製したゲームソフトを，実行可能にする機能を有するものであり，「検知→可能方式」を妨げるものである。

③　平成23年改正の際の国会審議で，プラットフォームの囲い込みを保護するものではないとの答弁がされたが[13]，当該答弁は「のみ」要件を削除する平成23年改正に関するものであるうえに，その趣旨が「検知→可能方式」を技術的制限手段から除外する趣旨であるとまでは理解できない。

　しかし，平成11年改正に当たっての審議会の議事録ならびに改正後の起草担当者の解説においては，検知→可能方式のアクセスコントロールが存在すること，ならびに，それを無効化するものとしてのMODチップが存在することには言及しているものの，MODチップをも取り締まるべきものとして平成11年改正を行った旨を明言しているわけではない。

　本項が，コンテンツの提供事業者を保護するために設けられたものであること，したがって，制限手段を施す主体として予定されているのがコンテンツ提供事業者であることに鑑みれば，特定の影像等とともに信号を記録媒体に記録した事業者や視聴等機器の提供者に，当該影像等とは別個の影像等の

514 第1章 総則

視聴等または記録を制限しその拡布を阻害する権限を付与する合理的な理由
はなく[14]，また，平成11年改正当時の資料によっても，そのような権限を付
するものとして本項が制定されたことを窺わせるものはない[15]。したがっ
て，「視聴等機器……が特定の反応をする信号」を記録媒体に同梱しない影
像の視聴等を制限する「検知→可能」方式は，本項の「特定の反応」に当た
らないというべきである。

4.3 「記録媒体に記録し、若しくは送信する方式」

　前段方式は，上記信号を「記録媒体に記録し，若しくは送信する方式」で
ある。以前は，「影像，音若しくはプログラムとともに記録媒体に記録し，
若しくは送信する」ものに限定されていた。しかし，その後，コンテンツを
購入後メーカー等の提供する認証サーバにアクセスして正規IDの交付を受
けることでコンテンツの視聴等ができるようになるという方式のアクセスコ
ントロール方式（アクティベーション方式）が増えたので，これをも本項の
技術的制限手段に加えるべく，平成30年改正で，「影像，音若しくはプログ
ラムとともに」との要件が外された。

　ただし，下級審裁判例の中には，平成30年改正前の行為について，アク
ティベーション方式によるアクセスコントロールも上記方式に含まれるとし
たものがある[16]。

5　「視聴等機器が特定の変換を必要とするよう影像，音，プログラムその他の情報を変換して記録媒体に記録し，若しくは送信する方式」

　技術的制限手段のもう１つは，「視聴等機器が特定の変換を必要とするよ
う影像，音，プログラムその他の情報を変換して記録媒体に記録し，若しく
は送信する方式」である（以下，便宜上「後段方式」という）。

5.1 「視聴等機器が特定の変換を必要とする」

　「視聴等機器が特定の変換を必要とする」とは，記録媒体に記録されまた
は送信されたデータのままでは，視聴等機器が影像または音を再生し，プロ
グラムを実行し，または情報を処理することができず，これらを可能とする
ためには，一定のルールに基づいて上記データを変換しなければならない状
態を指す[17]。理論的には，データを変換しなければ視聴等機器が当該データ

を記録媒体に記録することができない場合も含むが，そのような実例は現時点では見当たらない。

5.2 「影像，音，プログラムその他の情報を変換して記録媒体に記録し，若しくは送信する」

後段方式は，視聴等機器が特定の変換を必要とするように，「影像，音，プログラムその他の情報を変換」したうえで，記録媒体に記録し，または送信する方式である。

文言上は「影像，音，プログラムその他の情報を変換」とあるが，視聴等機器により再生される影像または音自体を変換するのではなく，視聴等機器により当該影像または音を再生するデータを一定のルールに基づいて変換するのである。例えば，「ライセンスの発行を受けた特定の視聴等機器にインストールされた本件ビューアによる復号が必要となるよう，電子書籍の影像を暗号化し」[18]たものがこれに当たる。

6 その他

技術的制限手段に係る裁判例においては，なにゆえそれが技術的制限手段に当たるとされるのかが判示されていないものが少なくない。

通信用カラオケ機器について，「利用者が専用サーバに一定期間アクセスしない場合，又は専用サーバにアクセスしないまま一定程度原告機器を利用した場合には，それ以降，楽曲・映像の再生，演奏ができなくなる機能」が技術的制限手段に当たることについて当事者間に争いがないとしてこれを認めた裁判例がある[19]。また，通信カラオケ機器について，同機器の使用開始後一定の期間が経過した後に，通信カラオケ業者と情報サービス契約を締結した者以外の者が影像および音の視聴をすることを不可能とするために登載されている時計機能を技術的制限手段として認めた裁判例がある[20]。また，ビジネスアプリの無償評価版について，試用期間が経過すると実行できなくなるようにする「評価版」の認証システムを技術的制限手段に当たるとした裁判例がある[21]。

【注】
1） 大塚仁ほか編『大コンメンタール刑法〔第3版〕第1巻』133頁〔古田祐紀・渡辺咲子・田寺さおり〕（青林書院，2015）

516　第1章　総則

2）　強いていえば，電子的方式とは，半導体上の特定の場所に電子を蓄えたり放出したりすることでデータの記録や消去を行う方式をいい，フラッシュメモリやSSDがこれに当たる。磁気的方式とは，有体物の上に塗られた磁性体の極性（SかNか）を制御することによりデータの記録や消去を行う方式をいい，FDDやHDDがこれに当たる。この他に一般的に使用される電磁的方式には光学的方式がある。これは，有体物の上にレーザー光を照射した際の反射光の角度等を制御するように微細なくぼみ等を設定することによりデータの記録を行う方式をいい，光ディスク等がこれに当たる。

3）　経産省・逐条解説（令和5年改正版）130頁

4）　経産省・逐条解説（令和5年改正版）131頁

5）　「機器の制御や不具合の解析などのために用いられるデータ」や「ゲームのセーブデータ」が想定されている（産業構造審議会知的財産分科会不正競争防止小委員会「データ利活用促進に向けた検討／中間報告」15頁（2018年1月））

6）　「機器の制御や不具合の解析などのために用いられるデータ」であれば，当該データを当該機器を制御する演算装置に読み込んで機械の制御や不具合の分析のための演算を行わせることをいい，「ゲームのセーブデータ」であれば，当該セーブデータをゲームソフトがインストールされ稼働しているコンピュータの演算装置に読み込ませて当該ゲームソフトに所定の演算をさせることをいう。

7）　経産省・逐条解説（令和5年改正版）131頁は，情報の処理とは「情報自体に働きかけて加工，消去等の変化を生ぜしめる行為」をいうとする。しかし，例えば，「機器の制御や不具合の解析などのために用いられるデータ」であれば，当該情報自体について「加工，消去等の変化を生ぜしめる」ことは必ずしも予定されていない。

8）　経産省・逐条解説（令和5年改正版）59頁

9）　経産省・逐条解説（令和5年改正版）60頁

10）　これに対し広瀬局長は，MODチップを含む3つの例を挙げたうえで，「ただいまこういう3つの事例を挙げさせていただきましたけれども，これを今度，不正競争防止法によりまして，不正競争ということに位置づけまして，差しとめ請求なり損害賠償なりができるようにさせていただく，そういうことによりましてデジタルコンテンツ提供業の健全な発展を図ろうということでございます」と答弁しているが，広瀬局長は「ゲームソフトをただで見られるような，無断でやれるような装置，これをMODチップと言っておりますけれども，これは年間六十万個程度売られているのではないかというふうな推計をしております」とも述べており，これだけで「検知→可能」方式をも保護の対象とすることをも本項の立法目的に含めることには賛同しがたい。平成11年改正直後に出版された文化庁長官官房著作権課内著作権法令研究会＝通商産業省知的財産政策室編著『著作権法・不正競争防止法改正解説—デジタル・コンテンツの法的保護』（有斐閣，1999）において，「検知→可能」方式が本項の「技術的制限手段」に含まれる旨明記されなかったことが重視されてしかるべきである。

11) その結果，任天堂の許諾を得ずに作成され，流通されたソフトウェア（自主制作ソフト）をNintendoDS上で実行できるようにするための機器（マジコン）は，技術的制限手段回避装置と位置付けられることとなった。

12) 不正競争防止法2条7項（現行2条8項）は，「この法律において「技術的制限手段」とは，電磁的方法……により……プログラムの実行……を制限する手段であって，視聴等機器……が特定の反応をする信号を……プログラムとともに記録媒体に記録……する方式によるものをいう」と定義されている。同項の文言によれば，前者のプログラムと後者のプログラムは同一のプログラムであることは要求されていないものと解される」としたうえで，「実行が制限される前者のプログラムが，技術的制限手段とともに記録媒体に記録される後者のプログラムよりも広義である場合も，不正競争防止法2条7項所定の「技術的制限手段」に該当することとなることから，承認を受けたプログラムを除きプログラム一般（前者のプログラム）の実行を制限するために，技術的制限手段を特定のプログラム（後者のプログラム）とともに記録媒体に記録するような形態（「検知→可能方式」）も，不正競争防止法2条7項所定の「技術的制限手段」に含まれるとの結論が導かれることになる」とする解釈をいう。

13) 平成23年5月27日の衆議院経済産業委員会における平井たくや議員の「このような正当なソフトウェアを実行するための真っ当な機器にまで規制が及ぶことは，まずいなと思うんですよ。ですから，それは，ゲーム機器メーカーによるプラットフォームの囲い込みというものを私は意識しなければならないと思います。したがって，今回の不正競争防止法の改正は，あくまで技術的保護手段の回避を規制するものであって，プラットフォームの囲い込みを保護するものではありませんね」との質問に対し，海江田万里経済産業大臣は「そのとおりでございます」と答弁している。

14) この点について知財高判平26・6・12最高裁HP（平成25年（ネ）10067号）〔28222974〕は，「平成11年改正は，コンテンツ提供事業者の利益を保護することを目的としていたこと，そして，保護の対象となるコンテンツ提供事業者として，コンテンツの制作者のみならず，『機器メーカー』や『機器を製造する者』を含めてコンテンツ提供事業に関与する者を幅広く含むものと理解されていたと認められ」，「『検知→可能方式』をも技術的制限手段に含まれると解釈した場合には，機器メーカーや機器を製造する者において当該機器で利用可能なプログラムや映像，音を選択することをも許容することにつながるところ，平成11年改正が『機器メーカー』や『機器を製造する者』も保護対象として想定したことに照らせば，前記イの解釈は，平成11年改正の趣旨に沿ったものである」としたうえで，「平成23年改正の際の国会審議で，プラットフォームの囲い込みを保護するものではないとの答弁がされたことを指摘するが，当該答弁は『のみ』要件を削除する平成23年改正に関するものである上に，その趣旨が『検知→可能方式』を技術的制限手段から除外する趣旨であるとまでは理解できない」と判示して，機器メーカーの許諾なしに作成された影像等の当該視聴等機

器での視聴等を制限することによる囲い込みを保護することが平成24年改正の目的に含まれるとする。

15) 平成11年改正の際，「MODチップ」が自主制作ソフトの実行にも利用されていたが，「MODチップ」を規制することにより，視聴等機器の提供者との間でライセンスを結ばなかった事業者のコンテンツの実行をも規制することにするのだとする議論がなされていたわけではない。

16) 東京地判平30・1・30最高裁HP（平成29年（ワ）31837号）〔28260807〕

17) 起草担当者は，有料衛星放送で用いられているスクランブル方式などを想定している（経産省・逐条解説（令和5年改正版）61頁）。

18) 最決令3・3・1刑集75巻3号273頁〔28290662〕

19) 東京地判平27・9・30最高裁HP（平成26年（ワ）24118号）〔28233538〕

20) 岡山地判平28・2・29最高裁HP（平成27年（わ）448号）〔28241208〕

21) 神戸地判平27・9・8最高裁HP（平成27年（わ）161号／平成27年（わ）218号／平成27年（わ）467号）〔28243509〕，東京地判平30・1・30最高裁HP（平成29年（ワ）31837号）〔28260807〕。ただし，信号を「影像，音若しくはプログラムとともに記録媒体に記録し，若しくは送信する」との要件をどのように解釈した結果アクティベーション方式においてもそのような方式がとられていたと認定したのかは，判決文には記載されていない。なお，欠席判決であった大阪地判平28・12・26最高裁HP（平成28年（ワ）10425号）〔28253702〕においては，「これは，信号とコンピュータ・プログラムが『一体として』記録媒体に記録されれば足りる，それが維持される限り，信号の記録媒体への記録がプログラムの記録と『同時』であることまで求めるものではないと解される」との原告の主張をそのまま引用している。しかし，当時の文言は「特定の反応をする信号を影像，音若しくはプログラムとともに記録媒体に記録し，若しくは送信する」と能動態で規定したのであるから，信号と影像等との一体性は記録・送信行為時に存していることが必要とされていたと解されるべきである。

〔小倉　秀夫〕

（定義）―プログラム
2条9項
　9　この法律において「プログラム」とは、電子計算機に対する指令であって、一の結果を得ることができるように組み合わされたものをいう。

趣　旨

平成11年改正（平成11年法律33号）において技術的制限手段を無効化する

2条9項　定義―プログラム　519

プログラムの頒布等を不正競争行為に含めるに当たって，規制の対象となる
「プログラム」の定義を行ったのが，本項の趣旨である。

　なお，「プログラム」の定義については，法律ごとに若干の違いがある。
著作権法においては，「プログラム」とは，「電子計算機を機能させて一の結
果を得ることができるようにこれに対する指令を組み合わせたものとして表
現したもの」と定義されている（同法2条1項10号の2）。特許法および建
設業法，建築基準法，下請代金支払遅延等防止法，下請中小企業振興法，国
会議員の選挙等の執行経費の基準に関する法律，医薬品，医療機器等の品
質，有効性及び安全性の確保等に関する法律，情報処理の促進に関する法
律，通信・放送融合技術の開発の促進に関する法律，特定電子メールの送信
の適正化等に関する法律，コンテンツの創造，保護及び活用の促進に関する
法律，会社法，青少年が安全に安心してインターネットを利用できる環境の
整備等に関する法律においては，「電子計算機に対する指令であつて，一の
結果を得ることができるように組み合わされたもの」と定義されている（特
許法2条4項，建設業法27条の31第2項，建築基準法2条34号，下請代金支
払遅延等防止法2条6項1号，下請中小企業振興法2条3項1号，国会議員
の選挙等の執行経費の基準に関する法律4条17号，医療機器等の品質，有効
性及び安全性の確保等に関する法律2条1項2号，情報処理の促進に関する
法律2条2項，通信・放送融合技術の開発の促進に関する法律2条2項，特
定電子メールの送信の適正化等に関する法律2条4号イ，コンテンツの創
造，保護及び活用の促進に関する法律2条1項，会社法944条1項1号柱書，
青少年が安全に安心してインターネットを利用できる環境の整備等に関する
法律2条9項）。道路運送車両法においては，「電子計算機（入出力装置を含
む。この項及び第99条の3第1項第1号を除き，以下同じ。）に対する指令
であつて，一の結果を得ることができるように組み合わされたもの」と定義
されている（同法41条2項）。なお，特許法では，狭義の「プログラム」に
は当たらないが，電子計算機による処理の用に供する情報であってプログラ
ムに準ずるものを「プログラム等」に含めている（特許法2条4項）。

520　第1章　総則

解　説

1　「この法律において『プログラム』とは」

　本項は，「この法律」すなわち不正競争防止法における「プログラム」との語の定義をしたものである。

　具体的には，2条1項17号，18号，同条8項，19条1項10号で「プログラム」という語が用いられるとともに，同条11項によって，不正競争防止法における「物」には「プログラム」が含まれるものとされている。

2　「電子計算機に対する指令」

　本項にいう「プログラム」とは，「電子計算機に対する指令」が組み合わされたものをいう。すなわち電子計算機に対して一定の処理をなさしめるものでなければならない。

　「電子計算機」とは，「電子回路を用いて演算とか論理，判断などのデータ処理を高速で行う計算機」をいい，記憶装置，演算装置と制御装置の三装置が備わって連携された形で計算が行われるものをいう[1]。OA機器，家電製品等に組み込まれているマイクロプロセッサー等も含まれる[2]。

　「指令」とは，電子計算機が行うべきデータ処理の内容を，当該電子形式が直接読み取ることができる方式で表したものをいう。通常「命令」ないし「ステイトメイント」と呼ばれている。特定のプログラムのルールに従って作成された記号を含むデータについては，電子計算機により読み取られ，当該プログラムによって処理されることにより，電子計算機による処理結果を左右させることになるが，そこでいう記号は本項の「指令」には当たらず，これを含むデータは本項の「プログラム」には当たらない[3]。

3　「一の結果を得ることができるように組み合わされた」

　「一の結果を得ることができるように組み合わされた」とは，（電子計算機に対する指令が）「断片的なものではなく，一連のものであって，一つのまとまった結果を得ることができるような状態」[4]をいう。

　ただし，実際に「一の結果を得ることができる」か否かは問わない。プログラムに瑕疵（バグ）があり，予定された動作をしない場合でも構わない[5]

とされる。

　なお，起草担当者は，「プログラム」の定義を，著作権法のそれではなく，情報処理の促進に関する法律（昭和45年法律90号）２条２項のそれと同一の文言を用いることにより，「指令が組み合わされたものが実行の結果，『一の結果を得ることができるように』なるために，指令以外の所定のデータを組み合わさなければならない場合には，そうした所定のデータは『プログラム』の一部を構成するものとして捉え」[6]との解釈に対して疑義が生ずる可能性を減少させたとする。ただし，「電子計算機を機能させて一の結果を得ることができるようにこれに対する指令を組み合わせたものとして表現したもの」（著作権法２条１項10号の２）という文言と，「電子計算機に対する指令であって，一の結果を得ることができるように組み合わされたもの」（本項および情報処理の促進に関する法律２条２項）という文言の差から，そのような解釈論上の差異が出てくるかは疑問である。

　また，本項の「プログラム」には，「複数の機能単位に区分されたモジュールやルーチンの個々のもの」[7]も含まれるとする見解がある。ただし，「複数の機能単位に区分されたモジュールやルーチンの個々のもの」をあえて不正競争防止法における「プログラム」に含めることが必要となる例が想定しがたい。

【注】

1）　著作権法上の「電子計算機」につき，昭和60年６月６日の参議院文教委員会における加戸守行文化庁次長の答弁。

2）　加戸・前掲注１）答弁

3）　著作権法２条１項10号の２の「プログラム」につき，東京高決平４・３・31知的集24巻１号218頁〔27815146〕

4）　経産省・逐条解説（令和５年改正版）63頁

5）　経産省・逐条解説（令和５年改正版）62頁

6）　経産省・逐条解説（令和５年改正版）61頁

7）　小野・新・注解３版下巻869頁〔小松陽一郎〕

〔小倉　秀夫〕

522　第1章　総則

> **（定義）―ドメイン名**
> **2条10項**
>
> 　10　この法律において「ドメイン名」とは、インターネットにおいて、個々の電子計算機を識別するために割り当てられる番号、記号又は文字の組合せに対応する文字、番号、記号その他の符号又はこれらの結合をいう。

趣　　旨

　平成13年改正（平成13年法律81号）においてサイバースクワッティングを不正競争行為に含めたため，その対象である「ドメイン名」を定義したのが本項である。

解　　説

1　「この法律において『ドメイン名』とは」

　本項は，「この法律」すなわち不正競争防止法において用いられている「ドメイン名」という語の定義をしたものである。

　「ドメイン名」との語は，本項のほか，2条1項19号および5条3項5号にて用いられている。

2　「インターネットにおいて」

　本項でいう「インターネット」とは，「インターネット」という名称で一般に認識されている国際的な電気通信網をいう。起草担当者は，「インターネットという言葉が既に普通名詞化していること，また，たとえ定義規定を設けたとしても技術の進歩によりその定義が実態とそぐわなくなる可能性が高いことから，定義規定を設けていない」としている[1]。

3　「個々の電子計算機を識別するために割り当てられる番号，記号又は文字の組合せ」

　「電子計算機」とは，「電子回路を用いて演算とか論理，判断などのデータ処理を高速で行う計算機」をいい，記憶装置，演算装置と制御装置の三装置が備わって連携された形で計算が行われるものをいう[2]。OA機器，家電製品等に組み込まれているマイクロプロセッサー等も含まれる[3]。

ネットワークに接続している他の電子計算機と情報の送受信をするために
は，当該ネットワークに接続している電子計算機に，数字，記号，文字また
はこれらの組合せからなる符号を割り当てて，個々の電子計算機を識別でき
るようにしておく必要がある。どの電子計算機にどの符号を割り当てるかに
ついては様々な方式が論理的にはとりうるが，インターネットにおいては，
「（グローバル）IPアドレス」という方法が採用されている。したがって，現
時点では，「インターネットにおいて，個々の電子計算機を識別するために
割り当てられる番号，記号又は文字の組合せ」とは，グローバルIPアドレス
のことを指すことになる。これに対し，社内LANなど外部から利用できな
いプライベートネットワーク上で個々の電子計算機を識別するために用いら
れるプライベートIPアドレスは，「インターネットにおいて，個々の電子計
算機を識別するために割り当てられる番号，記号又は文字の組合せ」には当
たらない[4]。

IPアドレスとは，IP（Internet Protocol）を使用してインターネットに接
続するコンピュータを識別するための番号であって，コンピュータのネット
ワークインタフェースごとに割り当てられるものをいう[5]。

現在主流を占めているIPv4では，8bitずつ4つに区切られた32bitの数値が
用いられている。この8bitの数値を0〜255の10進数で表して4つ並べる
（ただし，「．」（ドット）で区切る）。

IPv6では，16bitずつ8つに区切られた128bitの数値が用いられている。こ
の16bitの数値を0〜FFFFの16進数で表して8つ並べる（ただし「：」（コ
ロン）で区切る）。

4 「に対応する文字，番号，記号その他の符号又はこれらの結合」

グローバルIPアドレス（インターネットにおいて個々の電子計算機を識別
するために割り当てられる番号，記号または文字の組合せ）に文字，番号，
記号その他の符号またはこれらの結合（文字列）が「対応する」とは，当該
文字列から特定のグローバルIPアドレスを一意的に導くことができる状態に
あることをいう。ただし，その関係が固定されていることまでは要件とされ
ていないので，時間の経過とともに対応関係が変化するものであってもよ
い。

現時点では，インターネットにおいては，「ネームサーバ」と呼ばれる階

層的なデータベースを用いて，一定のルールに則って構成されている文字列から特定のグローバルIPアドレスを導くシステムが採用されている。ネームサーバを通じて特定のグローバルIPアドレスを導くことができる，所定のルールに則って構成されている文字列が，現時点における本項のドメイン名のすべてである。

ドメイン名は，「．」によっていくつかに分けられる。これらは，右から順に，「トップレベルドメイン」，「セカンドレベルドメイン」，「サードレベルドメイン」と呼ばれる。トップレベルドメインには，国・地域ごとに設定されたISO 3166のカントリーコード（2文字）を用いたccTLD（Country Code TLD）と，地域性に関係なく設定されたgTLD（Generic TLD）とがある。また，ccTLDによっては，セカンドレベルドメインに，ドメイン名保有者の属性を表す記号（例えば，「co」や「ac」など）を用いる場合がある。

日本語＋属性ドメイン＋トップレベルドメインないし日本語＋トップレベルドメインからなるいわゆる「日本語ドメイン」が本項のドメインに該当するかは問題となりうる。当該文字列から特定のグローバルIPアドレスを一意的に導くことができる状態にあればよいので，日本語等のunicode文字列をPunycode変換によりASCII文字に変換し，さらにグローバルIPアドレスを一意的に導くことができる状態にある場合には，日本語ドメインでも，本項の「ドメイン名」たりうる[6]。

また，ドメイン名に関するものとして，「サブドメイン」という概念がある。サブドメインとは，広義では，より小さな分類を識別するためのドメイン名をいうが，狭義では，通常のドメイン名（例えば，「○○．co．jp」など）で特定される電子計算機をさらに小さく分類したものを識別するために用いられる文字列（例えば，「××．○○．co．jp」など）をいう。狭義のサブドメインは，ICANNからドメインの管理を委託された組織（例えば，株式会社日本レジストリサービスなど）ではなく，通常のドメイン名について登録を受けた者の側でこれを設定することができる[7]。狭義のサブドメインは，複数の独立したウェブサイトを開設するために1つのウェブサーバを共用する場合に，個々のウェブサイトを識別する記号として用いられることが多い[8]。

狭義のサブドメインも本項の「ドメイン名」に含まれるのかについては，

争いがある。

　本項を文理解釈する限り，インターネットにおいて個別の電子計算機を識別するアドレスに対応していればよいので，狭義のサブドメインが用いられた場合に，狭義のドメイン名にサブドメインを付した全体が本項にいう「ドメイン名」であるとする見解もありうる[9]。

　もっとも，本項はサイバースクワッティング対策を目的とする平成13年改正において新設された規定であることからすると，ドメイン名登録機関との間でその使用する権利を取得することができるもの以外を「ドメイン名」に含めることは想定されていないところ，サブドメイン名についてドメイン名登録機関との間で使用する権利を取得するという類のものではない。「サブドメイン名＋狭義のドメイン名」が本項のドメイン名にあたるのかが問題となるのは，具体的には，「サブドメイン名＋狭義のドメイン名」の組合せで初めて第三者の氏名または名称等と類似する場合[10]であるが，そのような組合せのドメインの使用を制限することは，本項および2条1項19号の趣旨を超えているようにも思われる[11]。

【注】
1）　経産省・逐条解説（令和5年改正版）64頁
2）　著作権法上の「電子計算機」につき，昭和60年6月6日の参議院文教委員会における加戸守行文化庁次長の答弁。
3）　加戸・前掲注2）答弁。
4）　経産省・逐条解説（令和5年改正版）63頁
5）　一般社団法人日本ネットワークインフォメーションセンター「JPNIC用語集Ｉ－Ｊ」〈http://www.nic.ad.jp/ja/tech/glos-ij.html〉
6）　大阪地判平28・3・15最高裁HP（平成27年（ワ）7540号）〔28241206〕。なお，日本語ドメイン名も本項の「ドメイン名」に当たるとしたものとしては，他に，大阪地判平29・3・21最高裁HP（平成28年（ワ）7393号）〔28251024〕がある。
7）　技術的にはサブドメインごとに異なるIPアドレスを割り当てることも可能である（ただし，IPv4においてはIPアドレスの希少性が高いので，サブドメインごとに異なるIPを割り当てている例は稀有である。）。
8）　同じサイトを，「http://www.○○.co.jp/〜▲▲/」というサブディレクトリ形式でも，「http://▲▲.○○.co.jp」というサブドメイン形式でも示せるようにしている例は少なくない。
9）　例えば，田村・概説2版271頁。ただし，サブドメイン名単独では，いかなるアドレスにも対応していないので，本項の要件を満たさないというべきである。

526　第1章　総則

10) 例えば，「hoki.co.jp」というドメイン名を取得しておいて「daiichi」という
　　　サブドメイン名をつけて「daiichi.hoki.co.jp」という文字列をウェブサイトの
　　　URLとして使用する場合などである。

11) 同号が想定しているのは，①第三者の氏名等と同一または類似するドメイ
　　　ン名を先行取得することにより，当該ドメイン名を自己のウェブサイトのドメ
　　　イン名として活用したい第三者に高値で売りつけることや，②第三者の氏名等と
　　　同一または類似するドメイン名を用いて違法なまたは品位を欠くウェブサイト
　　　を作成して，当該第三者がそのようなサイトを作成しているのではないかとの
　　　誤解を生じさせてその名誉を毀損することや，③第三者の氏名等と同一または
　　　類似するドメイン名を用いることで当該第三者がそのウェブサイトを運営して
　　　いるのではないかと誤解させ，本来当該第三者のウェブサイトを訪れることを
　　　望んでいた人々を自己のウェブサイトに呼び込むことなどである。そうだとす
　　　ると，当該第三者としてはその氏名等と同一または類似の狭義のドメイン名を
　　　取得できれば，その氏名等と同一または類似の「狭義のサブドメイン名＋独自
　　　ドメイン名」をさらに取得する必要はないので，①の意味でこれが活用される
　　　おそれが定型的にあるとはいえない。また，「狭義のサブドメイン名＋独自ド
　　　メイン名」により自己の氏名等を表現するという運用は一般に行われていないの
　　　で，「狭義のサブドメイン名＋独自ドメイン名」が第三者の氏名等と同一また
　　　は類似だったとしてもそのウェブサイトが当該第三者によって開設されていると
　　　誤解される定型的なおそれがあるとは言い難い。したがって，②または③の態
　　　様でこれが用いられる危険性も少ない。

〔小倉　秀夫〕

（定義）―物
2条11項
　11　この法律にいう「物」には、プログラムを含むものとする。

趣　旨

　法律用語としての「物」とは有体物に限定されるのか，管理可能性があれ
ばよいのかについては常に問題となるところ，従前，知的財産権諸法におけ
る「物」についても，プログラム等の無体物が含まれるか明確でなかった。
しかし，「プログラム」については，これを知的財産権法上の「物」に含め
ないとすることは不便なので，各知的財産権法ごとに，「物」にはプログラ
ムをも含む旨の定義規定をおくこととした。本項は，その一環として設けら
れたものである。

解　説

1　「この法律にいう『物』には」

本項により「プログラム」を含むものとされる「物」とは，「この法律」すなわち不正競争防止法の条文に規定されている「物」に限られる。

本法において「物」という語が用いられているのは，下記の条項である。

① 「第4号から前号までに掲げる行為……により生じた物を譲渡し，引き渡し，譲渡若しくは引渡しのために展示し，輸出し，輸入し，又は電気通信回線を通じて提供する行為（当該物を譲り受けた者（その譲り受けた時に当該物が不正使用行為により生じた物であることを知らず，かつ，知らないことにつき重大な過失がない者に限る。）が当該物を譲渡し，引き渡し，譲渡若しくは引渡しのために展示し，輸出し，輸入し，又は電気通信回線を通じて提供する行為を除く。）」（2条1項10号）

② 「……侵害の行為を組成した物（侵害の行為により生じた物を含む。第5条第1項において同じ。）……」（3条2項）

③ 「……その者がその侵害の行為を組成した物を譲渡したときは，その譲渡した物の数量……」（5条1項柱書）

④ 「……被侵害者がその侵害の行為がなければ販売することができた物の単位数量当たりの利益の額を乗じて得た額を，被侵害者の当該物に係る……」（5条1項）

⑤ 「……その行為をした者が当該技術上の秘密を使用する行為により生ずる物の生産その他技術上の秘密を使用したことが明らかな行為として政令で定める行為……」（5条の2第1項）

⑥ 「……侵害の行為を組成したものとして主張する物又は方法の具体的態様を否認するときは……」（6条）

⑦ 「……商品若しくは営業の普通名称（ぶどうを原料又は材料とする物の原産地の名称……）」（19条1項1号）

⑧ 「……営業秘密を使用する行為により生じた物を譲渡し，引き渡し，譲渡若しくは引渡しのために展示し，輸出し，輸入し，又は電気通信回線を通じて提供する行為」（19条1項8号）

⑨ 「……違法使用行為……により生じた物を譲渡し，引き渡し，譲渡若

528　第1章　総則

しくは引渡しのために展示し，輸出し，輸入し，又は電気通信回線を通
じて提供したとき（当該物が違法使用行為により生じた物であることの
情を知らないで譲り受け，当該物を譲渡し，引き渡し，譲渡若しくは引
渡しのために展示し，輸出し，輸入し，又は電気通信回線を通じて提供
した場合を除く。）」（21条1項5号）

⑩　「……従業者等違法使用行為……により生じた物を譲渡し，引き渡し，
譲渡若しくは引渡しのために展示し，輸出し，輸入し，又は電気通信回
線を通じて提供した者（当該物が従業者等違法使用行為により生じた物
であることの情を知らないで譲り受け，当該物を譲渡し，引き渡し，譲
渡若しくは引渡しのために展示し，輸出し，輸入し，又は電気通信回線
を通じて提供した者を除く。）」（21条2項5号）

ただし，⑦については，プログラムが含まれる可能性はない。

2　プログラムを含むものとする

「プログラム」の定義については，2条9項の解説を参照されたい。

本項により，「プログラム」もまた，有体物ではないにもかかわらず，上
記各条項における「物」として取り扱われることとなる。

これに対し，不正競争防止法における「物」はもともと有体物に限定され
るものではなく，したがって，本項は，「少なくともプログラムが『物』に
含まれることを確認的に明確化した趣旨」[1]であるとする見解がある。この
見解によれば，プログラム以外の無体物についても「物」に含まれると解釈
する余地があるということになる。ただ，3条2項，5条1項，6条に関し
ていえば，そこにいう「物」とは有体物またはプログラムに限定されると解
しつつ，プログラム以外の無体物が問題となる場合にはこれらの条項の類推
適用の可否を考慮すれば足りるようにも思われる。

【注】
　1）　小野・新・注解3版下巻875頁〔鈴木將文〕

〔小倉　秀夫〕

第2章

差止請求、損害賠償等

530 第2章 差止請求, 損害賠償等

（差止請求権）

3条 不正競争によって営業上の利益を侵害され, 又は侵害されるおそれがある者は, その営業上の利益を侵害する者又は侵害するおそれがある者に対し, その侵害の停止又は予防を請求することができる。

2 不正競争によって営業上の利益を侵害され, 又は侵害されるおそれがある者は, 前項の規定による請求をするに際し, 侵害の行為を組成した物（侵害の行為により生じた物を含む。）の廃棄, 侵害の行為に供した設備の除却その他の侵害の停止又は予防に必要な行為を請求することができる。

趣　　旨

　不正競争行為が継続されるなどしていれば, 侵害者に事後的な損害賠償責任（4条）を負わせるだけでは, 被侵害者の救済として十分ではない。よって本条は, 不正競争の防止との目的を達成するため, 不正競争行為自体の停止または予防と, そのために必要な行為を請求する強力な請求権を付与することとした。

　本条は, 2条1項所定のすべての不正競争が差止請求権の対象となることを示すとともに, その要件および効果を明らかにする。

解　　説

1　総説

　本条は, ①営業上の利益を現に「侵害」している者に侵害の停止を求める停止請求権（本条1項）, ②営業上の利益を「侵害するおそれ」がある者に侵害の予防を求める予防請求権（本条1項）, ③侵害行為組成物の廃棄, 侵害行為供与設備の除却その他の侵害の停止または予防に必要な行為を求める請求権（本条2項。以下「廃棄等請求権」という）を定める。このうち, ①・②をあわせて狭義の差止請求権と呼ぶ文献[1]と, ①のみを狭義の差止請求権と呼ぶ文献[2]があるが, 本書では前者の用法に従うこととする。

　狭義の差止請求権と廃棄等請求権をあわせて, 広義の差止請求権と呼ぶ（本条の標題参照）。

2 狭義の差止請求権（1項）

2.1 総説

狭義の差止請求権の要件は，①侵害者の不正競争行為，②被侵害者の営業上の利益の侵害またはそのおそれである（本条1項）[3]。損害賠償請求権（4条）の場合に要件とされる故意・過失のような主観的要件は，狭義の差止請求権の場合は要求されない。要件充足の効果は，営業上の利益を現に「侵害」している者に対しては停止請求権，「侵害するおそれ」がある者に対しては予防請求権の発生である。

条文は，①「不正競争によって営業上の利益を侵害され，または侵害されるおそれがある者は」（請求権者），②「その営業上の利益を侵害する者又は侵害するおそれがある者に対し」（請求の相手方），③「その侵害の停止又は予防を請求することができる」（効果）の順に構成されている。以下，この順に解説する。

2.2 「不正競争によって営業上の利益を侵害され，又は侵害されるおそれがある者は」（請求主体）

狭義の差止請求権を有する者は，「不正競争によって営業上の利益を侵害され，又は侵害されるおそれがある者」である。以下，「不正競争」，「営業上の利益」，「侵害されるおそれ」等につき確認する。

2.2.1 「不正競争」

本条は，5条1項等と異なり「不正競争」に限定を加えておらず，2条1項所定のすべての「不正競争」が差止請求権の対象となる旨明示する。逆に言えば，差止請求を認めるべき行為類型が，法改正で順次2条1項の「不正競争」のリストに追加されてきた。

差止請求が認められるためには，被疑侵害者の行為が2条1項各号の不正競争類型のいずれかに該当することが必要となるが，各不正競争類型の詳細については2条1項各号の解説に譲る。

532　第2章　差止請求，損害賠償等

2.2.2　「営業上の利益」

(1)　「営業」

　「営業」は，商法等にも現れる多義的概念だが，不正競争防止法の場合，「事業者間の公正な競争」秩序の確立（1条）が要請される対象であれば足り，広く経済上その収支計算の上に立って行われる事業一般をいう[4]。具体的には，商法上の「営業」概念と異なり，営利企業が行う事業に限られず，宗教法人が行う事業もこれに含まれる[5]。その他，日本舞踊の家元[6]，病院[7]，学校[8]，都営地下鉄[9]等に係る事業も，「公正な競争」秩序（1条）の中で侵害の対象とされる以上，本条の「営業」に含まれる[10]。

　このように広い概念であれば，むしろ該当しない場合を画する必要がある。本条の「営業」は2条1項1号の「営業」と同じとされるところ[11]，2条1項1号・2号の「営業」に関し，宗教法人の本来的な宗教活動およびこれと密接不可分の関係にある事業は，取引社会における競争関係を前提としないから，これに含まれないとした裁判例がある[12]。

(2)　「利益」

　営業上の「利益」は，会計上の利益概念より広く，事業者がその営業を遂行するうえで得られる有形無形の経済的価値その他の利益一般を指す[13]。2条1項各号が保護する法益の総称で，見方を変えれば2条1項各号の不正競争による侵害の対象となるものである。事実上の利益でも，不正競争防止法の目的である「事業者間の公正な競争」秩序の確立（1条）の見地から保護に値する実質を備えていれば，ここにいう「利益」に該当する。

(3)　各不正競争類型での営業上の「利益」

　商品や役務の売上等の金額に直接現れる有形の利益は，各不正競争類型で共通する「利益」といえる。これに限らず，金額に直ちに換算しえない無形の利益も「利益」に含まれるが，このような無形の利益は不正競争の類型ごとに異なる[14]。

　周知表示混同惹起行為（2条1項1号）・著名表示冒用行為（同項2号）では，商品等表示の信用，名声，顧客吸引力，ブランド価値，出所表示機能および広告機能等が，無形の「利益」に含まれる。営業秘密不正行為（同項4～10号）・限定提供データ不正行為（同項11～16号）では，営業秘密・限定提供データの情報価値等である。視聴等機器技術的制限無効化行為（同項17～18号）では，視聴等機器により提供するコンテンツの価値等が，無形の

「利益」に含まれる。また，ドメイン名不正取得使用行為（同項19号）ではドメイン名の信用，名声その他の価値，原産地等誤認惹起行為（同項20号）では商品または役務に係る営業の価値および信用等，競争者虚偽事実流布行為（同項21号）では競争者の営業上の信用，代理人等商標権無断使用行為（同項22号）ではパリ条約の同盟国等において商標に関する権利を有する者としての地位が，それぞれ無形の「利益」に含まれる[15]。

2.2.3 「営業上の利益を侵害され，又は侵害されるおそれがある者」

(1) 「営業上の利益を侵害される者」

「営業上の利益を侵害される者」は，営業上の利益の侵害行為が現在反復継続中の場合の，その被害者をいう。停止請求権（本条1項）は，損害賠償請求権（4条）や信用回復措置請求権（14条）と同様，被侵害者の営業上の利益が現に侵害された場合に発生する。

(2) 「営業上の利益を侵害されるおそれがある者」

「営業上の利益を侵害されるおそれがある者」は，営業上の利益が侵害される具体的危険のある者で[16]，予防請求権（本条1項）は営業上の利益が「侵害されるおそれ」がある場合に認められる。「侵害されるおそれ」があるといえるためには，営業上の利益との関係で，具体的に侵害の危険がある程度定型的に説明できるものでなければならず，抽象的危険すなわち漠然とそのおそれがあるだけでは足りない[17]。

一般的には，侵害の準備行為がある場合，「侵害されるおそれ」があるといえる。準備行為に限らず，侵害の意図が客観的に推認される場合も，「侵害されるおそれ」があるとされる可能性がある。例えば，同業者の商号と同一の商号を登記した事案で，その者が当該商号を使用していないとしても，将来使用するおそれがあることから，「侵害されるおそれ」ありとした裁判例がある[18]。

なお，周知表示混同惹起行為（2条1項1号）において混同のおそれが認定される場合，特段の事情がない限り営業上の利益を侵害されるおそれありとされる[19]。

2.2.4 各不正競争類型での請求権者

例えば2条1項1号では，周知表示混同惹起行為により「営業上の利益」

534 第2章 差止請求, 損害賠償等

（本条1項）を侵害された「他人」（2条1項1号）が, 差止請求権・損害賠償請求権の主体となり, このことは同項2号・3号・21号等でも同じである。以下, 各不正競争類型での差止請求権の主体につき確認するが, 詳細は2条1項各号の解説に譲る。

2.2.4.1 周知表示等表示混同惹起行為（2条1項1号）

(1) 差止請求をなしうる地位の譲渡

不正競争防止法では, 商標権や意匠権と異なり排他的独占権は付与されず, よってそのような権利の譲渡に関する規定もない。そのため, 特に周知表示混同惹起行為（2条1項1号）の事案で, 差止請求をなしうる地位の譲渡の可否を扱った裁判例がある。

バター飴容器事件・札幌高決昭56・1・31判タ440号147頁〔27486114〕は, 周知商品等表示とされるステンレス製バター飴容器を使用する会社が破産し, 破産会社と実質的同一性がない事業者が破産管財人からその意匠等を譲り受け, 4か月間営業した事案である。裁判所は, 当該表示が譲受人の表示として周知性を取得しているか否かを判断すればよく, 譲渡前に当該表示が周知性を有していたことや裁判所の許可による譲渡であることなどは意味を持たないとし, 譲受人の商品等表示の周知性を否定した。

このように, 周知表示混同惹起行為（2条1項1号）の事案では, 本条の差止請求をなしうる地位の譲渡の問題は, 実際には「2条1項1号の周知性を旧営業主体から現営業主体が承継できるか」の問題（以下「周知性の承継」という）として現れる。そして, 裁判例の多くは, 「周知性の承継」自体を独立の要件としてはおらず, 現営業主体の表示が周知性を獲得したかを認定する要因として「周知性の承継」を位置付けていると解される[20]。また, 個人事業の法人成りや法人の組織再編のように主体の実質的変更がない場合や, 事業譲渡・営業譲渡の場合, 旧営業主体の商品等表示の周知性が, 現営業主体の商品等表示の周知性を肯定する要因とされる傾向にある。

例えば, 公益社事件・大阪地判昭53・6・20無体集10巻1号237頁〔27486094〕は, 周知表示「株式会社公益社」を使用する複数の部門から成る事業から各部門を分離独立して別の法人とし葬儀請負部門の人的・物的施設を含む事業全部を譲り受けた新「株式会社公益社」の商品等表示の周知性を判断する際, 「前主すなわち営業表示譲渡人が当該表示を使用していた当

時の使用状況（広告等の規模程度）などをもあわせて考慮することもできる」とする。また，AFTO事件・東京地判平15・6・27判タ1143号293頁〔28082182〕では，営業活動の継続性が認められることなどを理由に，現営業主体は旧営業主体から営業譲渡を受けることにより旧営業主体の商品等表示に係る周知性を承継したとされ，現営業主体の商品等表示の周知性が肯定された。

なお，前掲バター飴容器事件については，周知性要件が充たされるためには表示が識別している主体が誰なのか知られている必要はない[21]とされることなどから，地位の譲渡が認められる可能性を検討する余地ありとの指摘がある[22]。

(2) 周知表示の主体の内部分裂

周知表示混同惹起行為（2条1項1号）では，広義の混同から識別力ある商品等表示を保護するとの趣旨から，差止請求等の主体となる「他人」（同号）につき，ある特定の者の商品等が識別されれば足り，その特定された者が一人である必要はないとする裁判例が旧法時代から蓄積されている。例えば，系列会社のグループを示す表示[23]，フランチャイズシステムを示す表示[24]，一業種一社の原則の下で商品化事業を展開する19社を示す表示[25]が，周知である場合に「他人」性が肯定されている。これら複数の事業者が周知表示を使用する事業で分業・協業体制にあったが，関係悪化等により体制が解消された場合，いずれの事業者を差止請求の主体と認めるのか。特に周知表示混同惹起行為（同号）で裁判例がある。

ファイアーエムブレム事件第一審判決・東京地判平14・11・14最高裁HP（平成13年（ワ）15594号）〔28080274〕は，商品等の提供の態様を決定した者を実態に即して判断する対内関係的アプローチにより判断した。他方，その控訴審である東京高判平16・11・24最高裁HP（平成14年（ネ）6311号）〔28100049〕は，需要者の認識を基準とする対外関係的アプローチにより判断した。

もっとも，その後の常温快冷枕事件・東京地判平23・7・20最高裁HP（平成21年（ワ）40693号）〔28174700〕は，対内関係的アプローチと対外関係的アプローチの双方の観点を併せて総合考量するアプローチにより判断した。その傾向はFUKI事件・東京地判平26・1・20最高裁HP（平成25年（ワ）3832号）〔28220582〕に受け継がれ，2条1項1号の商品等表示の帰属

536 第2章 差止請求，損害賠償等

主体について，「当該商品等の出所，品質等について信用を蓄積してきた主
体は誰であるかという観点と，当該商品の取引者・需要者において，当該表
示が何人のものとして認識されているかという観点を併せて検討するのが相
当である」とする[26]。

　いずれのアプローチでも，体制解消後の複数の事業者A・Bがいずれも周
知表示の主体と認められる場合があり，このような場合，各主体が周知表示
の使用を継続できるのかが問題となる。裁判例では，A・Bいずれも周知表
示の使用を継続できるとするものが多い[27]。A・B双方にとり，当該周知表
示は自己の商品等表示であって，「他人の商品等表示」に当たらないから，
互いに相手方による使用を差し止めることはできないとする。

　そうなると，需要者が出所を混同するおそれがある。学説では，需要者の
混同を防ぐ必要性を重視し，互いに「他人の商品等表示」でもあるからA・
B双方に差止請求を認め，あとは先使用（19条1項4号）の問題として処理
すべきとの説もある[28]。また，立法論として混同防止表示請求（同条2項）
の活用を提案するものもある[29]。

2.2.4.2　著名表示冒用行為（2条1項2号）

　著名表示冒用行為（2条1項2号）についても，周知表示混同惹起行為
（同項1号）の場合と共通するところが多い。ただ，出所の誤認混同が生じ
なくても，著名商品等表示のブランドが毀損された場合も，「営業上の利益」
が害されるであろう。

2.2.4.3　商品形態模倣行為（2条1項3号）

　2条1項3号では，商品形態模倣行為により「営業上の利益」（本条1項）
を侵害された「他人」（2条1項3号）が差止請求権・損害賠償請求権の主
体となるが，商品化には企画，デザイン，開発，製造および販売等に複数の
者が濃淡様々に関与する。このような関与者の中の誰を「営業上の利益」
（本条1項）を有する請求主体とするか。「他人」（2条1項3号）の解釈と
して問題となる。

　キャディバッグ事件・東京地判平11・1・28判タ1001号236頁〔28041258〕
は，「他人」は形態模倣の対象とされた商品を自ら開発・商品化して市場に
置いた者に限られるとしたが，その後のヌーブラ事件第一訴訟・大阪地判平

16・9・13判タ1168号267頁〔28092413〕は，このような者に限らず，先行者から独占的な販売権を与えられている者（独占的販売権者）のように，「自己の利益を守るために，模倣による不正競争を阻止して先行者の商品形態の独占を維持することが必要であり，商品形態の独占について強い利害関係を有する者」も，2条1項3号による保護の主体となりうるとした。独占的販売権者については，後者の考え方に追随する裁判例が増えている[30]。

　共同開発者，非独占的販売業者，デザイナー等についても，「他人」（2条1項3号）に該当するか問題となる。個別具体的な事案において，前掲ヌーブラ事件第一訴訟がいう「商品形態の独占について強い利害関係を有する者」に当たるか否かの判断となろう。詳細は2条1項3号の解説に譲る[31]。

2.2.4.4 営業秘密不正行為（2条1項4～10号）・限定提供データ不正行為（同項11～16号）

　営業秘密不正行為（2条1項4～10号）・限定提供データ不正行為（同項11～16号）では，営業秘密や限定提供データの保有者が，これらを同項4～10号・11～16号所定の行為により侵害されないことにつき営業上の利益を有しており，差止請求権の主体となる。

2.2.4.5 視聴等機器技術的制限無効化行為（2条1項17～18号）

　視聴等機器技術的制限無効化行為（2条1項17～18号）で，技術的制限手段を設定する者は，通常はコンテンツ提供事業者だが，コンテンツ提供事業者に限る必要はないとされる[32]。コンテンツ提供事業者以外の者が，コンテンツ提供事業者の依頼により技術的制限手段を設定した場合，営業上の利益を有しているのはコンテンツ提供事業者であるから，差止請求権の主体となるのはコンテンツ提供事業者で，技術的制限手段の設定者ではないと解される。

2.2.4.6 ドメイン名不正取得使用行為（2条1項19号）

　ドメイン名不正取得使用行為（2条1項19号）では，特定商品等表示（人の業務に係る氏名，商号，商標，標章その他の商品または役務を表示するもの）の主体が，これと同一または類似のドメイン名を使用等されないことにつき営業上の利益を有しており，差止請求権の主体となる。

538　第2章　差止請求，損害賠償等

2.2.4.7　原産地等誤認惹起行為（2条1項20号）

原産地等誤認惹起行為（2条1項20号）における差止請求権者は，誤認行為惹起により営業上の利益を侵害される者で，原則として誤認惹起行為をする者の競争者である。競争者が複数存在する場合，それぞれが請求主体となりうる。

2.2.4.8　競争者虚偽事実流布行為（2条1項21号）

競争者虚偽事実流布行為（2条1項21号）では，当該行為により営業上の信用が害されることが要件で，この要件を満たすことで営業上の利益を害される「他人」（同号）が，差止請求権の請求主体となる。

2.2.4.9　代理人等商標権無断使用行為（2条1項22号）

代理人等商標権無断使用行為（2条1項22号）では，パリ条約の同盟国等において商標に関する権利を有する者が，その営業上の利益を害された場合に，差止請求権の主体となる。

2.3　「その営業上の利益を侵害する者又は侵害するおそれがある者に対し」（請求の相手方）

「その営業上の利益を侵害する者又は侵害するおそれがある者」が，差止請求の相手方となる。

他人の営業上の利益を「侵害する者」は，停止請求の対象となる。他人の営業上の利益を「侵害するおそれがある者」は，予防請求の対象となる。必ずしも製造業者1人に限らず，その下請業者，あるいは製造業者から侵害品を仕入れて販売している者も，要件を満たす限りこれらの請求の相手方となりうる。また，法人とともに，その代表者や従業員が相手方とされることもある[33]。

2.4　「その侵害の停止又は予防を請求することができる」（効果）

(1)　総説

停止請求権の内容は，侵害の停止を請求できること，予防請求権の内容は，侵害の予防を請求できることである。具体的には，商品等表示の使用の差止め，商品等表示が付された商品の製造・販売の差止め，営業秘密の使用

の差止め，虚偽事実の流布の差止め等，それぞれの不正競争類型により多様だが，基本的に相手方に「……してはならない」との不作為を求める内容となる[34]。

知的財産権侵害訴訟一般で過剰差止に留意が必要とされ[35]，不正競争行為においては次のような場合に問題となる。

(2) 包括的な差止請求

差止請求では，差止対象とする物や方法を訴状に物件目録ないし方法目録として添付し，差止対象を特定する。このような目録では，例えば周知表示混同惹起行為（2条1項1号）の場合，侵害者が使用する表示を具体的に特定して示す必要があるが，執行機関に使用の差止めを求める侵害者の表示が被侵害者の商品等表示と類似するか否かの判断や，混同を生じるおそれがあるか否の判断を強いるような包括的請求は許されない。

例えば，訴訟で「被告は，別紙目録記載の標章及びこれと類似する標章を使用してはならない」のような請求の趣旨は，執行機関に類似性の判断を強いることから許されない。また，「被告は，別紙目録記載の標章その他○○を付加して表示する標章を使用してはならない」との請求の趣旨も，付加される表示により混同のおそれが生じるか否の判断を執行機関に強いるから許されない[36]。

(3) 周知表示混同惹起行為（2条1項1号）での地域的範囲の限定

周知表示混同惹起行為（2条1項1号）で，周知性が認められるのが一定地域に限定される場合，実体的にはその地域内における被告の行為に限定して差止めが認められるべきである。

もっとも，地域的範囲を限定しない差止めの主文が大半であること，限定すれば当該地域外での被告の不正競争行為を促しかねないことなどを理由に地域的限定を付さないことを認め，必要があれば請求異議訴訟により是正すればよいとの説もある[37]。この点，地域的範囲を限定しない主文は，訴訟において地域的範囲が主な争点として争われることが少ないことに起因する。事実審の口頭弁論終結時の被告の商圏の一部でのみ周知性が認められる場合，周知性が認められない地域での過剰な執行は請求異議訴訟により是正できないから，少なくともこのような場合は，周知性が認められる地域に差止めの範囲を限定すべきとの説が多数と思われる[38]。

(4) 行為態様の限定

540 第2章 差止請求，損害賠償等

同様に，差止対象となる行為態様が限定される場合もある。

例えば，周知表示混同惹起行為（2条1項1号）の場合，条文では「製造」が不正競争行為にあげられないため，製造を差し止める請求の部分は理由がないとする裁判例がある[39]。もっとも，商品形態が周知商品表示となる場合，商品に表示を付する行為は当該形態の商品を製造することであるから，製造行為が他人の商品等表示の「使用」に当たるとして，製造の差止めを認めた裁判例もある[40]。

3 廃棄等請求権（2項）

3.1 総説

狭義の差止請求権だけでは，違法状態が事実上放置されるおそれがあり，また，侵害行為組成物等が残存していれば不正競争行為の再発を招くおそれが残る。このように狭義の差止請求権だけでは不十分な場合があるため，その不足を補う廃棄等請求権が定められる。

その要件は，①侵害者の不正競争行為，②被侵害者の営業上の利益の侵害ないしそのおそれ，③侵害行為組成物の所持等とされるが[41]，前提として狭義の差止請求（本条1項）がなされている必要がある（3.3参照）。

3.2 「不正競争によって営業上の利益を侵害され，又は侵害されるおそれがある者は」（請求主体）

本条1項の場合と同様であり，2.2の解説を参照されたい。

3.3 「前項の規定による請求をするに際し」（請求の条件）

廃棄等請求権は，狭義の差止請求権だけでは不十分な場合があるため，その不足を補うため認められる。よって，「前項の規定による請求をするに際し」，つまり狭義の差止請求権の行使を前提として付随的に請求でき，狭義の差止請求権を行使せずに独立して廃棄等請求権のみを行使することはできない[42]。もっとも，将来侵害のおそれがない場合に，過去に行われた侵害行為の効果を減じることを目的として，廃棄等請求権を独立して行使できる余地を認める学説もある[43]。

3.4 請求の相手方

条文で明示されていないが，請求の相手方は，1項の場合と同じく，被侵害者の「営業上の利益を侵害する者又は侵害するおそれがある者」である。2.3の解説を参照されたい。

3.5 「侵害の行為を組成した物（侵害の行為により生じた物を含む。）の廃棄，侵害の行為に供した設備の除却その他の侵害の停止又は予防に必要な行為を請求することができる」（効果）

以上の要件が充足された場合，①「侵害の行為を組成した物の廃棄」を請求する権利，②「侵害の行為に供した設備の除却」を請求する権利，③「侵害の停止又は予防に必要な行為」を請求する権利が生じる。①，②と③は，「その他」ではなく「その他の」でつながれているため，①・②・③は並列ではなく，①・②が③の例示となる。以下，順に確認する。

3.5.1 「侵害の行為を組成した物（侵害の行為により生じた物を含む。）の廃棄」

「侵害の行為を組成した物」（以下「侵害行為組成物」という）は，その不正競争による営業上の利益を侵害する行為の不可欠な要素たるその内容を成す物を指し，周知商品等表示が付された看板，営業秘密を取得する際に用いられた記録媒体等である。これに対し，「侵害の行為により生じた物」（以下「侵害行為生成物」という）は，その不正競争による営業上の利益を侵害する行為により生じた物を指し，営業秘密や限定提供データを用いて製造された製品等である[44]。

侵害行為組成物は侵害行為生成物を含む上位概念とされ（本条2項かっこ書），請求主体はこれらの廃棄を求めることができる。なお，「物」にプログラムが含まれるため（2条11項），侵害行為組成物としてプログラムが対象となることもある。

廃棄の対象として，請求の趣旨で「半製品」があげられる場合があるが，その範囲は製品によっては明確ではない。このような半製品の廃棄請求に対し，半製品がどのようなものであるかについての主張および立証がないから

として，予防に必要なものと認定することができないとした裁判例がある[45]。

3.5.2 「侵害の行為に供した設備の除却」

「侵害の行為に供した設備」（以下「侵害行為供用設備」という）は，不正競争による営業上の利益の侵害行為に現に供した設備をいい，その遂行に不可欠な設備に限られない[46]。例として，他人の商品形態を模倣した製品の製造に用いる金型や機械等があげられる。

3.5.3 「その他の侵害の停止又は予防に必要な行為」

特許法100条2項の「侵害の予防に必要な行為」について，最高裁は，「特許発明の内容，現に行われ又は将来行われるおそれがある侵害行為の態様及び特許権者が行使する差止請求権の具体的内容等に照らし，差止請求権の行使を実効あらしめるものであって，かつ，それが差止請求権の実現のために必要な範囲内のものであることを要する」としている[47]。本条2項の「侵害の予防に必要な行為」についても，狭義の差止請求権の行使を実効あらしめるものであって，かつ，それが狭義の差止請求権の実現のために必要な範囲内のものであることを要するとされよう。

具体的には，看板・パンフレット等からの周知表示の抹消[48]，周知表示に係る商号の抹消[49]，営業秘密を内容とする電子データの消去[50]，ドメイン名の登録抹消[51]，虚偽事実記載文書の回収[52]等が認められる。廃棄等請求（本条2項）では，基本的に「……を廃棄せよ」など作為を求めることとなり，狭義の差止請求（本条1項）では基本的に「……してはならない」との不作為を求めるのと異なる。

3.5.4 過剰な請求

廃棄等請求についても，狭義の差止請求権の実現のために必要な範囲内であることが求められ，過剰な請求は原則として認められない。

例えば，周知表示混同惹起行為（2条1項1号）において，廃棄を求めることができる侵害組成物は，当該表示部分であって，商品全体ではないのが原則である[53]。もっとも，表示を抹消された残りの商品の価値，商品全体を廃棄する費用の費用と表示のみの抹消に要する費用を比較すると後者に過分

の費用を要する場合，分離抹消が技術的に不可能な場合では，商品全体の廃棄が許されるケースもある[54]。

4 抗弁

4.1 登録商標使用の抗弁

平成5年改正前の旧不正競争防止法6条は，商標権等が国の審査を経て権利が与えられることなどから，商標権等の権利の行使と認められる行為に不正競争防止法の規定は適用しない旨，明文で規定していた。商標法等の保護法益と不競法の保護法益が競合した場合に前者を優先するが，実際の裁判例では，被告が出願時に不正競争目的を有していたなど権利の濫用と認められる場合に前者を優先する運用にならず，事案ごとにケースバイケースで判断する実務が定着していた。そのため，旧法6条は平成5年改正により削除され，両法益の調整は，権利の行使は濫用にわたらない限り許されるとの一般原則により行われることとなった。

ただ，商標権者は指定商品または指定役務につき登録商標を使用する権利を専有するから（商標法25条），平成5年改正後も，商標権の行使であれば権利の濫用にわたらない限り不正競争行為該当性が否定される場合があると解されており，この主張は「登録商標使用の抗弁」と称される。この抗弁で，商標権の使用として認められる範囲は，登録商標の禁止的効力の範囲（商標法37条）ではなく，これより狭い登録商標の専用権の範囲（同法25条）とされる[55]。

この抗弁が排斥される場合につき，以下の2つに整理されるとの解説がある[56]。第1は，当該登録商標が無効理由を有している場合である。第2は，他人の信用を利用して不当に利益を得ようとする目的をもって商標登録出願や商標権譲受をした場合など，権利濫用を基礎付ける事情がある場合で，抗弁を許さない裁判例が少なくない[57]。なお，これらのいずれにおいても，無効理由や権利濫用を基礎付ける事情の立証責任は，原告が負う[58]。

4.2 知的財産権の侵害警告等での違法性阻却

例えば，特許権者が，競争者が製造販売する製品が自己の特許権を侵害していると信じ，当該被疑侵害品を競争者から譲り受けて使用する顧客に当該

544　第2章　差止請求，損害賠償等

事実を摘示する侵害警告を行い，あるいは業界紙にそのような趣旨の広告を掲載することがある。このような侵害警告等は，法的には差止請求権（特許法100条1項）の裁判外での行使だが，後の裁判で非侵害と判断されると，特許権者の行為につき競争者虚偽事実流布行為（2条1項21号）の成否が問題となる。

　このような侵害警告等は，従来は，営業上の信用を害される競業者の利益を保護するため，2条1項21号に該当するとされていた[59]。従来の判例は，①非侵害と判断されれば2条1項1号に該当する，②同号に該当すれば，特段の事情がない限り，非侵害と認識しなかった過失がある，との図式にまとめられるとされる[60]。

　しかし，磁気信号記録用金属粉末事件第一審判決・東京地判平13・9・20判タ1115号272頁〔28061959〕・同控訴審判決・東京高判平14・8・29判時1807号128頁〔28072651〕（控訴審）は，知的財産権者の権利行使を不必要に萎縮させないため，社会通念の範囲内の侵害警告等は知的財産権の行使であり，結果的に虚偽とされても正当行為であって違法性が阻却されるとした（以下「権利行使の一環説」という）。なお，営業上の信用を害される競業者の利益と知的財産権者の権利の調整を，損害賠償請求に係る「過失」（4条）レベルで考慮する裁判例もある[61]。

　権利行使の一環説については，ゴーマニズム事件・最判平16・7・15民集58巻5号1615頁〔28092033〕等の名誉毀損の判例法理との整合性を意識し，積極的に評価する説[62]がある一方で，知的財産権者の権利との調整は過失の判断で検討すればよく，条文にない要件を付加してまで2条1項21号該当性を絞る必要がないなどとして，消極的な説も有力である[63]。このような消極説を受け，近年は権利行使の一環説を正面から採用した裁判例は見られなくなりつつあるとの指摘がある[64]。あるいは，近時は明確に権利行使の一環説を否定する裁判例[65]も示されている。2条で不正競争の行為類型が主観的要件の要否を含め個別具体的に規定されていること，3条・4条で差止請求権・損害賠償請求権の要件が規定されていること，他方で19条で適用除外を具体的に定めていることから，2条所定の不正競争の成否を判断する際，条文にない主観的要件を解釈により加えて要件該当性や違法性阻却を論じることは不正競争防止法の趣旨に沿わないとする。

　もっとも，被告が権利行使の一環説による違法性阻却を主張し，原告が権

利行使の一環説そのものは争わず，正当な権利行使ではないと争った事案で，権利行使の一環説を前提に判示した近時の裁判例[66]がある。結論としては，正当な権利行使と認めず、違法性阻却を否定した。

4.3 違法性阻却・権利濫用

これら以外の事案でも，被侵害者による差止請求および損害賠償請求に対し，侵害者が抗弁として違法性阻却・権利濫用等を主張する場合がある。

例えば，国内における周知商品表示と同一の商品表示を付した商品が海外から輸入され国内で販売等される場合において，当該商品が商品表示を適法に付されたうえで拡布されたもので，かつ国内の周知商品表示の主体が海外で周知商品表示と同一の商品表示を適法に付して拡布した者と同一人または同一人と同視されるような特殊な関係があるときは，当該商品は真正商品ということができ，両商品表示が表示しまたは保証する商品の出所，品質は同一ということができ，出所識別機能および品質保証機能を何ら害するものではないから，当該商品を国内において販売等する行為は，真正商品の並行輸入として，不正競争行為としての違法性を欠き許容されるとした事案がある[67]。また，原告の差止請求権の行使につき，原告の承諾による違法性阻却を認め，あるいは，役員同士の私的紛争に起因するため権利濫用（民法1条3項）であるとした事案がある[68]。

5　判断の基準時

差止請求権の要件は，事実審の口頭弁論終結時において存在しなければならない[69]。

損害賠償請求の場合，いったん営業上の利益の侵害がなされれば，事実審の口頭弁論終結の前に営業上の利益の侵害が終わっていても，過去に生じた損害につき，時効により消滅しない限り賠償請求が認容される。差止請求の場合はこれと異なり，過去に侵害行為があったとしても，事実審の口頭弁論終結時までに侵害者が不正競争行為を止め，在庫を廃棄するなどして営業上の利益の侵害のおそれがなくなれば，請求は認容されない。

6　請求権の存続期間

差止請求権は，現在行われまたは将来行われるおそれのある不正競争行為

546 第2章 差止請求，損害賠償等

に対する権利であるから，不正競争行為が行われまたは行われるおそれが継続している間は不断に発生する一方で，不正競争行為が終わり，将来行われるおそれがなくなれば消滅する。よって，差止請求権は，別段の定めがある営業秘密・限定提供データの使用を継続する場合（15条）を除き，時効により消滅しない[70]。

7 訴訟等

7.1 管轄

本条に基づく差止請求の訴えは，「不法行為に関する訴え」（民訴法5条9号）に該当する[71]。

7.2 仮処分

特許権侵害事案では，審理において先行技術に関する主張がなされるのが通常で，均等論，無効の抗弁等が主張されることもある。さらに，同時進行する無効審判，審決取消訴訟等の動向を注視しなければならない場合もあるため，仮処分を申し立てても短期間で終結できない場合が多い。

他方，不正競争に係る紛争，その中でも商品形態模倣行為（2条1項3号）や著名商品表示冒用行為（同項2号）のような事案では，形態なり標章を比較することが審理の中心となり，特許権侵害事案におけるような審理を長期化させる障害が少ない。よって，知的財産権に係る紛争の中でも，このような不正競争類型に係る紛争では，仮処分手続の実効性が高い。

この点，不正競争行為を差し止める仮処分手続としては，仮の地位を定める仮処分（民事保全法23条2項）を求める手続となり，原則として審尋等を経ることを要する（同条4項）。申立てが認容されるには，被侵害者に生ずる著しい損害または急迫の危険を避けるため必要であることを要し（同条2項。保全の必要性），十分な疎明を行うことが重要である。

【注】
1） 小野・松村・新・概説3版下巻202頁
2） 山本・要説4版245頁
3） 髙部・実務詳説56頁
4） 山本・要説4版246頁

3条　差止請求権　　547

5）　天理教豊文教会事件・最判平18・1・20民集60巻1号137頁〔28110343〕
6）　花柳流事件・大阪高決昭56・6・26無体集13巻1号503頁〔27486120〕
7）　京橋中央病院事件・東京地判昭37・11・28判タ139号123頁〔27486029〕
8）　呉青山学院中学校事件・東京地判平13・7・19判タ1123号271頁〔28061527〕
9）　泉岳寺事件・東京高判平8・7・24判時1597号129頁〔28031310〕
10）　小野・新・注解3版下巻885頁-894頁〔南川博茂〕
11）　山本・要説4版246頁
12）　前掲注5）天理教豊文教会事件
13）　山本・要説4版246頁
14）　髙部・実務詳説51頁，山本・要説4版246頁。
15）　山本・要説4版246頁
16）　山本・要説4版248頁
17）　山本・要説4版248頁
18）　8番ラーメン事件・金沢地小松支判昭48・10・30判時734号91頁〔27411549〕
19）　マクドナルド事件・最判昭56・10・13民集35巻7号1129頁〔27000121〕
20）　小野・新・注解3版上巻288頁［三山俊司］
21）　田村・概説2版70頁・197頁，小野・新・注解3版上巻284頁［三山俊司］。
22）　諏訪野大「判批」茶園ほか編・百選2版169頁
23）　積水開発事件・大阪地判昭46・6・28無体集3巻1号245頁〔27486059〕，三菱建設事件・大阪高判昭41・4・5判時451号41頁〔27486044〕ほか
24）　札幌ラーメンどさん子事件・東京地判昭47・11・27判タ298号435頁〔27486062〕，ほっかほか弁当事件・福岡高宮崎支判昭59・1・30判タ530号225頁〔27490513〕ほか。
25）　フットボールシンボルマーク事件最高裁判決・最判昭59・5・29民集38巻7号920頁〔27000012〕
26）　村井麻衣子「判批」茶園ほか編・百選2版173頁参照
27）　アザレ化粧品Ⅰ事件第一審判決・大阪地判平15・5・1最高裁HP（平成12年（ワ）5120号）〔28090901〕，同控訴審判決・大阪高判平17・6・21最高裁HP（平成15年（ネ）1823号）〔28101319〕，アザレ化粧品Ⅱ事件控訴審判決・東京高判平17・3・16最高裁HP（平成16年（ネ）2000号）〔28100631〕，FUKI事件・東京地判平26・1・20最高裁HP（平成25年（ワ）3832号）〔28220582〕。
28）　田村善之「分業体制下における不正競争防止法2条1項1号・2号の請求権者」知的財産法政策学研究40号100頁（2012）
29）　田倉整「企業の離合集散に見る協業解消の問題点——不正競争行為の成否」発明101巻8号90頁（2004）
30）　ヌーブラ事件Ⅱ・大阪地判平18・1・23最高裁HP（平成15年（ワ）13847号）〔28110409〕，水切りざる事件・大阪地判平23・10・3判タ1380号212頁〔28174346〕ほか。
31）　学説等につき，松田俊治「判批」茶園ほか編・百選2版200頁。

548　第 2 章　差止請求，損害賠償等

32)　小野・松村・新・概説 3 版下巻29頁

33)　小野・新・注解 3 版下巻935頁〔南川博茂〕

34)　茶園編・不競法 2 版144頁

35)　特許権侵害につき，生理活性物質測定法事件・最判平11・ 7 ・16民集53巻 6 号957頁〔28041263〕。

36)　高部・実務詳説57頁

37)　田村・概説 2 版150頁

38)　京王自動車事件・東京高判平11・10・28最高裁HP（平成 9 年（ネ）2081号）〔28042520〕ほか。高部・実務詳説59頁，松川充康「周知性の地域的範囲及び先使用表示等との関係」牧野利秋ほか編集委員『知的財産訴訟実務大系Ⅱ』399頁（青林書院，2014）。

39)　低圧持続吸引器事件控訴審判決・知財高判令元・ 8 ・29最高裁HP（平成31年（ネ）10002号）〔28273562〕

40)　写植用文字盤事件・東京高判平元・ 1 ・24無体集21巻 1 号 1 頁〔27808691〕

41)　高部・実務詳説62頁

42)　山本・要説 4 版245頁，茶園編・不競法 2 版145頁。特許法102条 2 項につき，中山信弘『特許法』〔第 5 版〕384頁（弘文堂，2023），特許庁編『工業所有権法（産業財産権法）逐条解説』〔第21版〕331頁（発明推進協会，2020）。

43)　著作権法112条 2 項につき，田村善之『著作権法概説』〔第 2 版〕309頁注 2 （有斐閣，2001）。

44)　経産省・逐条解説（令和 5 年改正版）169頁

45)　配線カバー事件控訴審判決・東京高判平 5 ・ 2 ・25知的集25巻 1 号33頁〔27817732〕

46)　山本・要説 4 版256頁

47)　生理活性物質測定法事件・最判平11・ 7 ・16民集53巻 6 号957頁〔28041263〕

48)　勝烈庵事件・東京地判昭51・ 3 ・31判タ344号291頁〔27486076〕

49)　杏林ファルマ事件・東京地判平19・ 1 ・26判タ1240号320頁〔28130303〕，日本車両リサイクル事件控訴審判決・知財高判平25・ 3 ・28最高裁HP（平成24年（ネ）10067号）〔28211169〕。

50)　経産省・逐条解説（令和 5 年改正版）169頁

51)　マリカー事件控訴審判決・知財高判令 2 ・ 1 ・29最高裁HP（平成30年（ネ）10081号／平成30年（ネ）10091号）〔28280870〕

52)　バタフライバルブ事件・大阪地判昭58・11・16判タ514号266頁〔27486141〕

53)　カルティエ事件・大阪地判昭57・ 2 ・26無体集14巻 1 号90頁〔27752939〕

54)　森田ゴルフ事件・大阪地判平元・ 9 ・13無体集21巻 3 号677頁〔27809611〕，高部・実務詳説63頁

55)　マイクロシルエット事件・東京地判平15・ 2 ・20最高裁HP（平成13年（ワ）2721号）〔28081246〕

56)　松川充康「周知性の地域的範囲及び先使用表示等との関係」牧野利秋ほか編

集委員『知的財産訴訟実務大系Ⅱ』402頁（青林書院，2014）

57) ELLECLUB事件・東京地判平10・11・27判タ992号267頁〔28040787〕，前掲注55）マイクロシルエット事件，ピーターラビット事件・東京高判平16・3・15最高裁HP（平成15年（ネ）831号）〔28090980〕，マリカー事件控訴審中間判決・知財高中間判令元・5・30最高裁HP（平成30年（ネ）10081号／平成30年（ネ）10091号）〔28272451〕。

58) 松川充康「周知性の地域的範囲及び先使用表示等との関係」牧野利秋ほか編集委員『知的財産訴訟実務大系Ⅱ』403頁（青林書院，2014）

59) フイゴ履事件・東京地判昭47・3・17判タ278号374頁〔27486060〕，階段辷り止め事件・大阪高判昭55・7・15判タ427号174頁〔27486110〕。

60) 髙部・実務詳説275頁

61) 養魚用飼料添加物事件・東京地判平18・7・6判タ1233号308頁〔28111510〕，同控訴審判決・知財高判平19・5・29最高裁HP（平成18年（ネ）10068号／平成18年（ネ）10073号）〔28131369〕。

62) 髙部・実務詳説283頁

63) 田村・概説2版447頁

64) 駒田泰人「判批」茶園ほか編・百選2版231頁

65) 手洗器付トイレタンクのボウル用シート事件・大阪地判平29・6・15最高裁HP（平成28年（ワ）5104号）〔28251858〕

66) 結ばない靴紐事件・東京地判令4・10・28判タ1512号234頁〔28302592〕

67) 音羽流事件・大阪地判平7・9・28判タ896号231頁〔27829071〕

68) 神戸地判昭57・1・26判タ469号254頁〔27412093〕

69) 周知性（2条1項1号）につき，アースベルト事件・最判昭63・7・19民集42巻6号489頁〔27802571〕。

70) 勝久晴夫「判批」茶園編・不競法2版146頁

71) パイオニア貿易事件・最決平16・4・8民集58巻4号825頁〔28091041〕

〔岩谷　敏昭〕

550　第2章　差止請求，損害賠償等

（損害賠償）

4条　故意又は過失により不正競争を行って他人の営業上の利益を侵害した者は，これによって生じた損害を賠償する責めに任ずる。ただし，第15条の規定により同条に規定する権利が消滅した後にその営業秘密又は限定提供データを使用する行為によって生じた損害については，この限りでない。

趣　　旨

　平成17年改正前の民法709条は，他人の「権利」の侵害と定めていたため，商標権や意匠権と異なり排他的独占権を付与するのではない不正競争防止法では，特に本条を設け，不法行為に基づく損害賠償請求が可能であることを明示した。平成17年改正で民法709条が「権利又は法律上保護される利益」に広げられたため，現在では，本条は，すべての「不正競争」類型での「営業上の利益」の侵害が損害賠償請求の対象となることを明示する点に存在意義が見出される[1]。

　次に，本条ただし書は，営業秘密および限定提供データに係る不正競争行為に対する差止請求権が15条により消滅した後は，損害賠償請求権も生じないことを定める。

解　　説

1　本文

1.1　総説

　損害賠償請求権の要件は，①侵害者の不正競争行為，②被侵害者の営業上の利益の侵害，③侵害者の故意・過失，④損害の発生および損害額，⑤①と④の相当因果関係である[2]。前記のとおり，本条は不正競争による営業上の利益の侵害が民法709条の要件を充足することを確認する規定であり，損害賠償請求に関するその他の点につき民法710条以下が適用される。

　条文は，①「故意又は過失により不正競争を行って他人の営業上の利益を侵害した者は，」（請求の相手方），②「これによって生じた損害を」（損害・因果関係），③「賠償する責めに任ずる」（効果）の順に構成されている。以下確認する。

1.2 「故意又は過失により」

(1) 故意・過失

不法行為一般で、「故意」は、自己の行為が他人の権利を侵害し、その他違法と評価される事実を生じるであろうということを認識しながらあえてこれをする心理状態、「過失」は、その事実が生じるであろうということを不注意のために認識しない心理状態とされていた。もっとも、「過失」につき、現在はこのような主観的・個人的な心理状態ではなく、客観的過失概念が一般的になっており、損害発生の予見可能性があるのにこれを回避する行為義務（結果回避義務）を怠ったこと、などとされている[3]。

なお、特許法103条では、公報により権利が公示されることを根拠として、侵害者の過失が推定される。そのような公示がない不正競争防止法では過失の推定規定はなく、よって被侵害者は侵害者の過失を主張立証しなければならないが、侵害者は被侵害者と類似の事業を行うことが通常であるから、被侵害者の営業上の利益を害することを予見できることが多い。よって、事業を開始するに当たり他人の権利等を侵害することがないようあらかじめ市場の実情調査をすべきは当然などとして、過失が認定されることが多い[4]。

(2) 知的財産権の侵害警告等

もっとも、競争者虚偽事実流布行為（2条1項21号）では、例えば特許権の侵害であるとの事実を摘示して競争業者の取引先に警告したが、結果として侵害でなかった場合、その警告行為の過失の判断が争点となることがある。このような侵害警告につき、従来、同号に該当することを前提に、他に相当な理由がない限り過失ありと推認する裁判例があり[5]、弁理士等の専門家の鑑定に依拠しても過失ありとする裁判例もある[6]。なお、従来の判例は、①非侵害と判断されれば同項1号に該当する、②同号に該当すれば、特段の事情がない限り、非侵害と認識しなかった過失がある、との図式にまとめられるとされる[7]。

もっとも、磁気信号記録用金属粉末事件第一審判決・東京地判平13・9・20判タ1115号272頁〔28061959〕、同控訴審判決・東京高判平14・8・29判時1807号128頁〔28072651〕は、知的財産権者の権利行使を不必要に萎縮させないため、社会通念の範囲内の侵害警告等は知的財産権の行使であり、結果的に虚偽とされても正当行為であって違法性が阻却されるとした（以下「権

利行使の一環説」という）。前記①を絞る考え方である。

権利行使の一環説については，積極的に評価する説もあるが[8]，消極的な説も有力で[9]，近年は権利行使の一環説を正面から採用した裁判例は見られなくなりつつあるとされる[10]。詳細については，3条の解説を参照されたい。

このような変遷を経て，前記②のレベルである過失の判断は，営業上の信用を害される競業者の利益の保護のみならず，知的財産権者の権利との調整を意識した総合判断となっている。特許権の侵害であると信じた根拠に合理性があるか否かの事例判断だが，①技術的範囲の解釈および無効理由等の侵害の判断において注意義務を履行したか，②告知の経過や態様の相当性（相手方と誠実に交渉したか），③告知の相手方の規模や業種，④取引先に対する訴え提起の可能性の有無等を考慮要因とし，総合的に判断される[11]。詳細は2条1項21号の解説に譲る。

1.3 「不正競争を行って」

「不正競争」は，2条1項各号の行為であり，損害賠償請求が認められるためには，請求の相手方が不正競争を行っていることを要する。詳細は2条1項各号の解説に譲る。

1.4 「他人の」

損害賠償請求の主体は，不正競争により営業上の利益を侵害された者で[12]，本条の条文では「他人」がこれに当たる。「他人」（本条）の意義は，周知商品混同惹起行為（2条1項1号）の場合の「他人」と同じとされ[13]，自然人や法人はもとより，権利能力なき社団，さらには団体や企業グループなどでもよい。詳細は2条1項1号の解説に譲る。

1.5 「営業上の利益を侵害した者は」

損害賠償請求の相手方は，本条の条文では，他人の「営業上の利益を侵害した者」がこれに当たる。

(1) 「営業上の利益」

まず，「営業上の利益」（本条）は，差止請求の要件である「営業上の利益」（3条）と同じで，広く経済収支上の計算に立って行われる事業を遂行

するうえで得られる，有形無形の経済的価値その他の利益一般をいう。詳細は3条の解説に譲る。

(2) 営業上の利益の「侵害」

営業上の利益の「侵害」については，予防請求（3条）では営業上の利益を「侵害するおそれ」があるだけの場合でも認められるが，本条では，他人の営業上の利益を現に「侵害した」ことが必要で，他人の営業上の利益を「侵害するおそれ」があるだけでは損害賠償請求権は発生しない。予防請求権は将来の侵害行為の「予防」（3条1項）を趣旨とするが，損害賠償請求権は現に発生した侵害の事後的救済を図るからである。

(3) 「営業上の利益を侵害した者」

損害賠償請求の相手方である「営業上の利益を侵害した者」（本条）は，「営業上の利益を侵害する者」（3条）と概ね共通するので，2条1項各号の不正競争行為類型ごとの請求主体に関するものも含め詳細は3条の解説に譲る。もっとも，差止請求の場合と異なり，民法719条が適用されるため，例えば侵害品が製造業者から卸売業者，小売業者へと流通し侵害者が複数となる場合，各侵害者が連帯債務者となり得る（同条1項）[14]。また，不正競争行為の幇助者等に対する請求も可能である（同条2項）。

あるいは，被用者が事業の執行につき不正競争行為を行った場合，その使用者が損害賠償請求の相手方となりうる（民法715条）[15]。よって，法人とその従業員や代表者が合わせて損害賠償請求の対象とされることもあるところ，この種の裁判例では，取締役の責任を追及する法的根拠として会社法429条が用いられることもある[16]。

1.6 「これによって生じた損害を」

1.6.1 「損害」

「損害」要件は，厳密には「損害の発生」と「損害額」に分けられる。損害には，財産的損害と非財産的損害があるが，財産的損害には積極損害と消極損害があり，以下順に解説する。

(1) 消極損害

消極損害は，被侵害者の得べかりし利益，つまり逸失利益に相当する損害である。逸失利益相当損害は，不正競争に係る訴訟で賠償が求められる損害の大部分を占め，その損害額の立証を容易にするため損害額の推定等（5

条），損害計算のための鑑定（8条），相当な損害額の認定（9条）等がある。各条の解説を参照されたい。

(2) 積極損害

積極損害は，既存財産の減少を内容とする損害である。具体的には，調査費用[17]，侵害品購入費用，侵害品分析費用，侵害を除去するのに要した費用，訂正広告掲載費用[18]，弁護士報酬等が考えられる。

実務では，逸失利益相当損害と並び，弁護士費用に相当する損害が請求されることが多い。弁護士費用相当損害については，不法行為による損害賠償請求訴訟一般において，事案の難易，請求額，認容された額その他諸般の事情を斟酌して相当と認められる額の範囲内のものが不法行為と相当因果関係に立つ損害として認められる[19]。知的財産訴訟においては，専門性の高さを理由に認容される損害額の1割程度を弁護士費用相当損害として請求する例が多く，そのような事案では被告は弁護士費用の額を争点とすることはない。裁判所も，認容される損害額の1割程度を，侵害論および損害論の主張立証の内容や訴訟経過のみをもって弁護士費用相当損害として認容するものが多く[20]，不正競争防止法違反の事案でも同様である[21]。もっとも，知的財産権の侵害に係る訴訟一般において，認容された損害額が極めて多額に上る場合，1割相当額を下回る損害額を認定する裁判例もある。

(3) 非財産的損害

非財産的損害は，具体的には信用，名声，顧客吸引力を毀損された場合等の損害である。非財産的損害に基づく損害賠償請求が認容される主な不正競争類型は，競争者虚偽事実流布行為（2条1項21号），著名表示冒用行為（同項2号）である。これらの場合で信用毀損等による損害賠償請求が認容されるのは，財産上の損害の賠償のみでは償いえないことが前提となっている[22]。

1.6.2 因果関係

本条に基づく損害賠償請求権の要件事実として，侵害者の行為と被侵害者の損害の間の因果関係が要求される。なお，因果関係の有無は，事実的因果関係があることを前提に，相当因果関係があるか否かで判断される（民法416条類推適用）。

損害賠償を請求する被侵害者は，不正競争行為と因果関係ある損害の額を

主張立証しなければならないが，特に不正競争行為と因果関係がある逸失利益相当損害の額の立証は容易ではないため，5条がその推定等につき定める（5条の解説参照）。

1.7 「賠償する責めに任ずる」（効果）

要件充足の効果は，「他人の営業上の利益を侵害した者」に損害賠償責任が発生することである。本条本文は，「不正競争」を行い「他人の営業上の利益」を侵害することが「他人の権利又は法律上保護される利益」の侵害（民709条）に当たることを明確にするもので，民法710条以下が適用される。

1.8 抗弁

不法行為に基づく損害賠償請求（民709条）では，過失相殺（民722条），損益相殺，正当防衛および緊急避難（民720条），同意による違法性阻却，消滅時効（民724条），権利濫用等が抗弁として用いられる。もっとも，本条本文に基づく損害賠償請求では，損益相殺や正当防衛等が用いられる場面はあまりないであろう。

主な抗弁につき検討するに，まず，被侵害者側に落ち度があれば，民法722条（過失相殺）が適用される。特許権侵害行為および不正競争行為による損害賠償請求が認められた事案で，過失相殺が適用された例がある[23]。

また，被侵害者が加害者および損害の発生を知った時点から3年，行為時から20年の消滅時効の定めがある（民724条）。本条ただし書は，民法724条の特則規定と位置付けられる。

2　判断の基準時

損害賠償請求権の要件，特に営業上の利益の侵害は，事実審の口頭弁論終結時に存在することを要しない。差止請求（3条1項）の場合，営業上の利益の侵害またはそのおそれが事実審の口頭弁論終結時に存在することを要するが，損害賠償請求（本条）の場合，過去の損害の回復が目的であるから，事実審の口頭弁論終結時において損害が回復されていない限り，営業上の利益の侵害は過去に発生していればよい。

3 一般不法行為責任（民709条）との関係

本条は，民法709条に基づく請求を排除するものではないため，同一の社会的事実に該当する行為であっても，当事者は同条を選択して損害賠償を請求することも，本条を選択して損害賠償を請求することも可能である。その場合，本条に基づく損害賠償請求権が消滅しても，不正使用状況が民法709条の要件を充足する以上，同条に基づく請求ができる[24]。

4 不当利得返還請求権

特許権等の産業財産権が侵害された者が，不当利得返還請求（民703条）を主張する場合に，これを認容する裁判例[25]がある。そこで，不正競争により営業上の利益を侵害された者も，損害賠償請求（本条）のみならず，不当利得返還請求（民703条）を行うことができるとされる[26]。不法行為に基づく損害賠償請求権は，損害および加害者を知った時から3年で時効により消滅するため（民724条1号），不法行為に基づく損害賠償請求権が時効消滅した場合に不当利得返還請求権（民703条）を主張する実益がある。

不当利得返還請求権の要件は，①原告の損失，②被告の利得，③①と②の因果関係，④②が法律上の原因に基づかないことである[27]。この点，不正競争防止法は行為規制法で，権利付与法である特許法等と異なるが，立案担当者の解説では，不正競争であることが④の要件を満たすとされる[28]。もっとも，産業財産権侵害の事案で①と②はライセンス料に相当する額とされるので[29]，ライセンス料が観念できる不正競争行為（2条1項1～16号・19号・22号）に限り，不当利得返還請求が認められる余地があると考えられている。言い換えれば，ライセンス料が観念できない視聴等機器技術の制限無効化行為（同項17号・18号），原産地等誤認惹起行為（同項20号），競争者虚偽事実流布行為（同項21号）については，原告の損失と被告の利得の因果関係の立証は困難で，不当利得返還請求は認められない[30]。

なお，特許権侵害に基づく損害賠償請求権の時効消滅部分に係る不当利得返還請求につき，消費税を加算する裁判例がある[31]。また，不当利得返還請求権の消滅時効期間は，権利を行使することができることを知った時から5年間である（民166条1項1号）。

5 ただし書

5.1 総説

15条は，停止請求権・予防請求権の行使に関し，営業秘密および限定提供データの「使用」が継続する不正競争行為につき，継続する事実状態の尊重等を理由に短期3年と長期20年の消滅時効を設けている（詳細につき同条の解説参照）。これらの不正競争行為では，差止請求権がこのように他と比較して短期間で消滅するところ，他方で損害賠償請求権がなお発生し続けるなら紛争そのものは継続し，同条の趣旨が損なわれる。

そこで，本条ただし書は，これらの不正競争行為に係る差止請求権が消滅した場合，損害賠償請求権も差止請求権とともに消滅することを定める。

5.2 「第15条の規定により同条に規定する権利が消滅した後にその営業秘密又は限定提供データを使用する行為によって生じた損害については，」（責任が発生しない範囲）

2つ，注意点がある。

まず，本条ただし書により損害賠償請求権が生じないとされる不正競争行為は，「営業秘密又は限定提供データを使用する行為」に限られる。営業秘密不正行為または限定提供データ不正行為（2条1項4〜16号）以外の不正競争類型には，本条ただし書は適用されない。かつ，営業秘密不正行為または限定提供データ不正行為の中でも，営業秘密または限定提供データを「使用」する行為以外には，本条ただし書は適用されない。

次に，本条ただし書により損害賠償請求権が生じないとされるのは，15条により差止請求権が「消滅した後に」生じた損害に限られる。言い換えれば，同条により差止請求権が消滅する前に営業秘密または限定提供データを使用することで生じた損害に関する賠償請求権は，差止請求権が消滅しても，原則どおりなお存続する。

5.3 「この限りでない。」（効果）

「この限りでない」は，請求の相手方が「損害を賠償する責めに任ずる」ものではないこと，被侵害者から見れば損害賠償請求権が生じないことを意

558　第2章　差止請求，損害賠償等

味する。

【注】
1）　山本・要説4版268頁
2）　高部・実務詳説66頁参照
3）　内田貴『民法Ⅲ債権各論』〔第3版〕339頁（東京大学出版会，2011）
4）　大阪地判平4・10・29特企291号46頁，高部・実務詳説67頁。
5）　階段辷り止め事件・大阪高判昭55・7・15判タ427号174頁〔27486110〕
6）　過失なしとされた裁判例として，戸車用レール（ビニケンレール）事件・大阪地判昭53・12・19無体集10巻2号617頁〔27423194〕ほか，過失ありとされた裁判例として，投げ釣り用天秤事件・東京地判昭53・10・30無体集10巻2号509頁〔27486098〕ほか。
7）　高部・実務詳説275頁
8）　高部・実務詳説283頁
9）　田村・概説2版447頁
10）　駒田泰人「判批」茶園ほか編・百選2版231頁
11）　高部・実務詳説287頁
12）　茶園編・不競法2版148頁
13）　山本・要説4版271頁・55頁
14）　不正競争行為につき共同不法行為（民719条）を適用した裁判例として，さいたま地判令3・4・28公刊物未登載（平成30年（ワ）2327号／平成31年（ワ）175号）〔28321300〕。
15）　茶園編・不競法2版148頁〔勝久晴夫〕
16）　マリカー事件控訴審判決・知財高判令2・1・29最高裁HP（平成30年（ネ）10081号／平成30年（ネ）10091号）〔28280870〕ほか
17）　調査費用を認めた例として，接触角計算（液滴法）プログラム事件・知財高判平28・4・27判時2321号85頁〔28243400〕。
18）　訂正広告掲載料を認めた裁判例として，東京地判昭41・10・11判タ198号142頁〔27421543〕。
19）　最判昭44・2・27民集23巻2号441頁〔27000842〕
20）　「令和3年度　裁判所と日弁連知的財産センターとの意見交換会」別冊L＆T『知的財産紛争の最前線――裁判所との意見交換・最新論説No.8』8頁〔矢野紀夫判事発言〕（2022）
21）　エディオン事件・大阪地判令2・10・1最高裁HP（平成28年（ワ）4029号）〔28283762〕
22）　無線操縦用模型飛行機部品事件・大阪地判平4・7・23判時1438号131頁〔27814142〕
23）　大阪地判平8・2・29判時1573号113頁〔28011215〕
24）　経産省・逐条解説（令和5年改正版）171頁

25) 近時の例として，東京地判令4・9・22最高裁HP（令和2年（ワ）15955号）〔28312333〕（実用新案権の事案）。

26) 山本・要説4版284頁

27) 岡口基一『要件事実マニュアル民法2』〔第6版〕506頁（ぎょうせい，2020）

28) 山本・要説4版285頁

29) ジヒドロストレプトマイシンの製造法事件・東京地判昭42・7・3判時505号51頁〔27421640〕ほか

30) 山本・要説4版285頁

31) マッサージ機事件・大阪地判令4・9・15最高裁HP（平成29年（ワ）7384号）〔28312355〕

〔岩谷　敏昭〕

560   第2章　差止請求、損害賠償等

（損害の額の推定等）

5条　第2条第1項第1号から第16号まで又は第22号に掲げる不正競争によって
営業上の利益を侵害された者（以下この項において「被侵害者」という。）が故
意又は過失により自己の営業上の利益を侵害した者（以下この項において「侵
害者」という。）に対しその侵害により自己が受けた損害の賠償を請求する場合
において，侵害者がその侵害の行為を組成した物（電磁的記録を含む。以下こ
の項において同じ。）を譲渡したとき（侵害の行為により生じた物を譲渡したと
きを含む。），又はその侵害の行為により生じた役務を提供したときは，次に掲
げる額の合計額を，被侵害者が受けた損害の額とすることができる。

一　被侵害者がその侵害の行為がなければ販売することができた物又は提供する
ことができた役務の単位数量当たりの利益の額に，侵害者が譲渡した当該物又
は提供した当該役務の数量（次号において「譲渡等数量」という。）のうち被
侵害者の販売又は提供の能力に応じた数量（同号において「販売等能力相応数
量」という。）を超えない部分（その全部又は一部に相当する数量を被侵害者
が販売又は提供をすることができないとする事情があるときは，当該事情に相
当する数量（同号において「特定数量」という。）を控除した数量）を乗じて
得た額

二　譲渡等数量のうち販売等能力相応数量を超える数量又は特定数量がある場合
におけるこれらの数量に応じた次のイからホまでに掲げる不正競争の区分に応
じて当該イからホまでに定める行為に対し受けるべき金銭の額に相当する額
（被侵害者が，次のイからホまでに掲げる不正競争の区分に応じて当該イから
ホまでに定める行為の許諾をし得たと認められない場合を除く。）

イ　第2条第1項第1号又は第2号に掲げる不正競争　当該侵害に係る商品等
表示の使用

ロ　第2条第1項第3号に掲げる不正競争　当該侵害に係る商品の形態の使用

ハ　第2条第1項第4号から第9号までに掲げる不正競争　当該侵害に係る営
業秘密の使用

ニ　第2条第1項第11号から第16号までに掲げる不正競争　当該侵害に係る限
定提供データの使用

ホ　第2条第1項第22号に掲げる不正競争　当該侵害に係る商標の使用

2　不正競争によって営業上の利益を侵害された者が故意又は過失により自己の営
業上の利益を侵害した者に対しその侵害により自己が受けた損害の賠償を請求す
る場合において，その者がその侵害の行為により利益を受けているときは，その
利益の額は，その営業上の利益を侵害された者が受けた損害の額と推定する。

3　第2条第1項第1号から第9号まで，第11号から第16号まで，第19号又は第22
号に掲げる不正競争によって営業上の利益を侵害された者は，故意又は過失によ
り自己の営業上の利益を侵害した者に対し，次の各号に掲げる不正競争の区分に
応じて当該各号に定める行為に対し受けるべき金銭の額に相当する額の金銭を，

自己が受けた損害の額としてその賠償を請求することができる。

一　第2条第1項第1号又は第2号に掲げる不正競争　当該侵害に係る商品等表示の使用

二　第2条第1項第3号に掲げる不正競争　当該侵害に係る商品の形態の使用

三　第2条第1項第4号から第9号までに掲げる不正競争　当該侵害に係る営業秘密の使用

四　第2条第1項第11号から第16号までに掲げる不正競争　当該侵害に係る限定提供データの使用

五　第2条第1項第19号に掲げる不正競争　当該侵害に係るドメイン名の使用

六　第2条第1項第22号に掲げる不正競争　当該侵害に係る商標の使用

4　裁判所は，第1項第2号イからホまで及び前項各号に定める行為に対し受けるべき金銭の額を認定するに当たっては，営業上の利益を侵害された者が，当該行為の対価について，不正競争があったことを前提として当該不正競争をした者との間で合意をするとしたならば，当該営業上の利益を侵害された者が得ることとなるその対価を考慮することができる。

5　第3項の規定は，同項に規定する金額を超える損害の賠償の請求を妨げない。この場合において，その営業上の利益を侵害した者に故意又は重大な過失がなかったときは，裁判所は，損害の賠償の額を定めるについて，これを参酌することとができる。

趣　　旨

　本条は，4条に基づく損害賠償請求につき，逸失利益に相当する損害（以下，本条の解説で「損害」という）の額の立証を容易にすることを趣旨とする。

　逸失利益は市場で生じるため，侵害者の営業努力，競合品の存在等様々な要因が作用し，侵害行為と被侵害者の譲渡等数量の減少の間に相当強い関連性を認定できなければ，侵害行為と因果関係ある損害額の立証は成功しない。苦労して侵害行為を捕捉し，時間と費用をかけて権利を行使した割には訴訟で認められる損害額が低ければ「侵害し得」となるが，これでは企業は投資を十分に回収することはできず，独創的な開発等へのインセンティブが削がれるのみならず，不正競争を助長する結果になりかねない。

　このような弊害は知的財産権の侵害全般に共通する問題であるため，知的財産法制全般で，侵害行為と因果関係ある損害額の立証を容易にする規定が整備された（特許法102条，実用新案法29条，意匠法39条，商標法38条，著作権法114条，半導体集積回路の回路装置に関する法律25条，種苗法34条）。

562　第2章　差止請求、損害賠償等

本条も、平成5年の全面改正で新設され、平成15年および令和5年の改正によりこれら諸規定と平仄を合わせた、損害額の立証を容易にする規定である。

　本条は5項から成るが、各項でそれぞれ趣旨が異なるため、各項の趣旨は各項の解説箇所で確認する。

解　　説

1　総説

1.1　同種規定との関係

(1)　特許法102条での状況

　前述のとおり、本条は、特許法102条、意匠法39条、商標法38条等と同種の規定である。これらの中でも、特に特許法102条に関し、本条に先行して平成10年および令和元年に改正されるとともに、多くの下級審判決が多様な論点での判断を示してきた。さらに、知的財産高等裁判所は、特別部でごみ貯蔵機器事件・知財高判大合議平25・2・1判タ1388号77頁〔28210702〕(以下「平成25年ゴミ貯蔵機器事件判決」という)、炭酸パック事件・知財高判大合議令元・6・7判時2430号34頁〔28272300〕(以下「令和元年炭酸パック事件判決」という)[1]、美容器事件・知財高判大合議令2・2・28判時2462号61頁〔28280833〕(以下「令和2年美容器事件判決」という)[2]、椅子式マッサージ機事件・知財高判大合議令4・10・20判時2588号26頁〔28302695〕(以下「令和4年椅子式マッサージ機事件判決」という)[3]の4つの大合議判決を示し、これまでの下級審判決や多数説が採用してきた立場を確認し、あるいは争点につき判断するなどして実務の指針を示した[4]。

　その後の令和5年、令和4年椅子式マッサージ機事件判決他に関与した大鷹一郎前知的財産高等裁判所所長が「損害額の算定に関する四つの大合議判決—特許法102条2項の適用要件と同条3項の併用適用」(L&T101号1頁-12頁(2023)。以下、本条の解説で「大鷹論文」という)を発表し、4つの大合議判決の関係や特許法102条1項と2項の関係等についても解説した。従来、日本の知的財産権侵害訴訟では、損害論の審理に時間がかかる、裁判所が認める損害額が低いなど指摘されていたが、これらの法改正や判例・学

説は，損害論の審理の迅速化はもとより，裁判所による適正な損害額の認定にも資すると考えられる。

以下，特許法102条で先行する法改正や判例等を参照しながら不正競争防止法5条につき解説するが，「本条」との表記は不正競争防止法5条を指す。同様に，例えば5条1項の解説での「本項」との表記は，不正競争防止法5条1項を指す。

(2) 本条

不正競争防止法は，特定の行為を排除することによる反射的な効果を定めるもので，排他的独占権である特許権等と異なる。そのため，特許法102条等での判例・学説がそのまま妥当しない場合があり，注意する必要がある。

もっとも，特許法102条に関する前記4つの大合議判決や，令和元年特許法改正後の特許法102条に関する議論は，本条の解釈でも参考にされている。例えば，化粧水外箱事件・東京地判令2・11・11最高裁HP（平成30年（ワ）29036号）〔28291060〕は，本条1項の「単位数量当たりの利益の額」および「販売することができないとする事情」（現在は「販売又は提供をすることができないとする事情」）につき，特許法102条1項に関する令和2年美容器事件判決を引用して判断している。

よって，本条の解説でも，特許法102条に関する判例・学説を参照することが少なくない。

1.2 本条1項ないし3項による算定方法の関係

不正競争に係る損害の賠償請求について，理論的に，①4条のみによる請求，②算定方法として本条1項を主張する請求，③算定方法として本条2項を主張する請求，④算定方法として本条3項を主張する請求の4通りがある。これら①〜④は，請求権としては4条に基づく損害賠償請求権として1個であり，損害額の算定方法が複数存在するに過ぎない。被侵害者は，これらを選択的あるいは予備的に主張することができる。

564　第2章　差止請求、損害賠償等

2　1項

2.1　総説

2.1.1　趣旨

(1)　特許法102条1項での状況

　不正競争防止法5条1項は，被侵害者による十分な損害の賠償請求を可能にするため平成15年改正により新設された，損害額の算定方法を定める規定である。

　本項の新設前，本条2項（当時は5条1項）は，侵害者が受けた利益の額を被侵害者の損害の額と推定することで被害者救済を図るが，侵害品の単位数量当たりの利益額の立証は困難な場合がある。また，2項は侵害者がその侵害の行為により「利益を受けているとき」にしか適用されないから，侵害者の利益が過少な事案では，被侵害者は2項では逸失利益に見合った損害額の賠償を受けることができない。また，2項が適用される場合，その推定が働くか覆滅されるかはall or nothingと解されていたので，柔軟な運用を妨げていた。

　このような難点は知的財産法制全般に共通するところ，平成10年に特許法等が改正され，本項と同趣旨の特許法102条1項（現在の同条1項1号に相当）が新設された。特許法102条1項は，特許庁総務部総務課工業所有権制度改正審議室編『平成10年改正工業所有権法の解説』16頁（発明協会，1998）で，次のように解説されている。すなわち，「①特許権は，その技術を独占的に実施する権利であり，その技術を使った製品は特許権者しか販売できない。②この独占権という性格を前提とすれば，権利者の実施能力の限度においては，『侵害者の譲渡数量＝権利者の喪失した販売数量』と考えることができる。③そこで，侵害者の譲渡数量に権利者の製品の単位数量当たりの利益額を乗じた額を，実施能力に応じた額の限度において，損害額とする（本文の規定）。④ただし，実際の侵害事件では，侵害者の営業努力その他の要因により，『侵害者の譲渡数量＝権利者の喪失した販売数量』とはできない事情が存在する場合がある。この場合は，侵害者がその旨を立証することにより，その事情に応じた額を控除する（但書の規定）」。

(2)　本条1項

5条1項　損害の額の推定等　　565

　これを受け，平成15年の不正競争防止法改正（平成15年法律第46号）で不正競争防止法5条1項（現在の本項1号に相当）が新設され，［侵害行為がなければ被侵害者が販売することができた物（以下「真正品」という）の単位数量当たりの利益額］×［侵害者の譲渡数量］を，被侵害者の「販売その他の行為を行う能力」に応じた額を超えない限度において，被侵害者が受けた損害額とする算定方法を認めた。ただし，譲渡数量の全部または一部に相当する数量を被侵害者が販売することができないとする事情があるときは，当該事情に相当する数量に応じた額が控除される。

　つまり，被侵害者自身が容易に立証でき，また，被侵害者に有利な場合が多い真正品の単位数量当たりの利益額による損害額の立証を可能にすることで，侵害者が利益を上げていない場合などでも被侵害者が相応の賠償を得ることができるようにした。1項による場合，被侵害者が真正品の利益率を明らかにしなければならないデメリットはあるが，そこは訴訟記録の閲覧等の制限（民訴92条）により実務で対応している。

2.1.2　不正競争防止法の令和5年改正

(1)　特許法の令和元年改正

　特許法102条が令和元年に改正される前，同条1項につき，権利者の実施の能力を超えるため控除される部分については，同条3項が重ねて適用されると解されていた[5]。他方，権利者に販売することができないとする事情があるため同条1項が適用されない部分については，同条3項の適用を肯定する裁判例[6]もあったが，否定する裁判例[7]が優勢であった。

　この論点は知的財産法制全般に共通するところ，権利者による十分な損害の賠償請求を可能にするとともに，当事者の予見可能性を向上させるため，令和元年に特許法102条1項が改正され，一定の要件の下で同条3項による実施料相当額を合算して請求できることとされた。令和元年改正は，具体的には，特許法102条1項を同項柱書と同項1号に分割するとともに，同項2号を新設して実質的に同条3項による請求を可能にするものであった。なお，1項と3項を重畳して適用する書きぶりとしなかったのは，同条1項から3項までは各項ごとに閉じており，異なる項の重畳適用は馴染まないからとされる[8]。

(2)　不正競争防止法の令和5年改正

566　第2章　差止請求、損害賠償等

これを受けた「不正競争防止法等の一部を改正する法律」（令和5年6月14日法律第51号。以下「令和5年改正法」という）も，不正競争防止法5条1項を同項柱書と同項1号に分割するとともに，同項2号を新設するものだが，本項に関する改正はそれだけにとどまらない。

まず，営業秘密侵害行為（2条1項4号〜10号）に関する適用対象が，「技術上の秘密」の侵害の場合に限られていたのを，営業秘密の侵害全般に拡大された（2.2.2(3)参照）。また，「物」に電磁的記録が含まれることになり，消費動向データ等の譲渡にも本項が適用されることとなった（2.3.2参照）。さらに，「物を譲渡した」場合のみならず，「役務を提供した」場合にも本項の適用範囲が拡大された（2.3.4参照）。以下では，侵害行為により侵害者が提供する役務を「侵害役務」，これと市場で競合する被侵害者が提供する役務を「真正役務」ということとする。

(3)　施行日前の侵害行為への令和5年改正後の本項の適用

令和5年改正法の施行日は，本項については令和6年4月1日である。もっとも，令和5年改正法の附則には経過措置がないため，施行日より前の侵害行為にも改正後の本項が適用される。

ちなみに，特許法102条1項を改正した「特許法等の一部を改正する法律」（令和元年5月17日法律第3号）の附則にも経過措置がなかったところ，プログラマブル・コントローラ事件・知財高判令4・8・8判時2564号57頁〔28312502〕は，改正法の附則に経過措置がないことを理由に，施行日より前の侵害行為に令和元年改正後の特許法102条1項2号を適用した。その実質的理由につき，同判決は，改正法は実体法上の請求権を新たに創設したものではなく，同条1項2号は客観的に改正前から損害を構成するといえた実体法上の損害を推定する規定にとどまるから，としている。

以下，令和5年改正後の不正競争防止法5条1項につき解説する。

2.2　「第2条第1項第1号から第16号まで又は第22号に掲げる不正競争によって営業上の利益を侵害された者」

2.2.1　総説

本項の適用を主張することができる者は，「第2条第1項第1号から第16号まで又は第22号に掲げる不正競争によって営業上の利益を侵害された者」である。2条1項所定の不正競争類型のうち，市場での侵害品の譲渡または

侵害役務の提供が真正品または真正役務の市場機会を喪失させる可能性が定型的に認められ，侵害行為とそれによる損害の間に直接的な因果関係が成立しうる行為について，本項を適用する趣旨である[9]。

令和5年改正の前は「第2条第1項第1号から第16号まで又は第22号に掲げる不正競争（同項第4号から第9号までに掲げるものにあっては，技術上の秘密に関するものに限る。）」（傍点筆者）とされていたが，同改正により傍点を付したかっこ書が削除された。技術の進歩により，「技術上の秘密」以外の秘密（以下「営業上の秘密」という）でも，それが化体された商品が市場で譲渡されれば，被侵害者が真正品を販売することができないとの因果関係が成り立ちうるとされたからである[10]（2.2.2(3)参照）。

2.2.2 「第2条第1項第1号から第16号まで又は第22号に掲げる不正競争」

本項の適用対象となる不正競争は，「第2条第1項第1号から第16号まで又は第22号に掲げる不正競争」である。4つに分類される[11]。

(1) 周知表示誤認惹起行為（2条1項1号）・著名表示冒用行為（同項2号）・代理人等商標無断使用行為（同項22号）

まず，周知表示誤認惹起行為および著名表示冒用行為では，他人の商品等表示を使用した商品の譲渡または役務の提供により，被侵害者がその商品の譲渡または役務の提供をすることができないとの因果関係が成り立つ。代理人等商標無断使用行為では，他人の商標を使用した商品の譲渡または役務の提供により，被侵害者がその商品の譲渡または役務の提供をすることができないとの因果関係が成り立つ。

いずれも商標権侵害に類似するから，商標法38条1項と同様に考えられ，本項の適用対象とされる。

(2) 商品形態模倣行為（2条1項3号）

商品形態模倣行為では，他人の商品形態を模倣した商品を市場で譲渡することで，被侵害者がその商品を販売することができないとの因果関係が成り立つ。よって，意匠権侵害に類似するから意匠法39条1項と同様に考えられ，本項の適用対象とされる。

なお，2条1項1号・2号で商品形態が「商品等表示」に当たる場合にも，同様の論理が成り立つ。

(3) 営業秘密侵害行為（2条1項4号～10号）

令和5年改正前の不正競争防止法5条1項では，営業秘密侵害行為のうち「技術上の秘密」に関するものおよび2条1項10号の行為についてのみ，不正に取得した技術上の秘密を使用した商品を市場で譲渡することで，被侵害者がその商品を販売することができないとの因果関係が成り立つとされ，本項の適用対象とされた[12]。

しかし，技術の進展に伴い，例えば消費動向データを使用して学習を行い将来の消費動向の予測を可能にするプログラム等，技術上の秘密以外の秘密（営業上の秘密）に該当するデータを化体する商品も現れている。このような営業上の秘密を化体する商品についても，侵害品が市場で譲渡されれば被侵害者が真正品を販売することができないとの因果関係が成り立つ。そのため，令和5年改正により，営業上の秘密が侵害される営業秘密侵害行為にも，本項が適用されうることとなった。

もっとも，同じく営業上の秘密でも，顧客名簿等については，これを化体する商品を想定しがたいため，本項が適用される基礎を欠くとされる[13]。

(4) 限定提供データ侵害行為（2条1項11号～16号）

限定提供データ侵害行為については，不正に取得したデータセット（DVD等）を市場で譲渡することで，被侵害者がその商品であるデータセットを販売することができないとの因果関係が成り立ち，本項の適用対象になるとされる[14]。

(5) 本項の適用対象とならない不正競争

視聴等機器技術的制限無効化行為（2条1項17号・18号），ドメイン名不正取得使用行為（同項19号），原産地等誤認惹起行為（同項20号）および競争者虚偽事実流布行為（同項21号）については，産業財産権四法と異なり，他人の成果を冒用した商品の譲渡または役務の提供により被侵害者のシェアを奪う類型とは，必ずしも言えない。よって，これらは本項の対象とはされない[15]。

もっとも，本条2項では，条文上はこれらの類型の行為も適用対象となりうる（3.2.1参照）。また，本条3項が適用される不正競争類型は，不正競争防止法5条1項が適用される不正競争類型とほぼ同じだが，本条3項ではドメイン名不正取得使用行為（2条1項19号）の侵害も適用対象に含まれる（6.2.1参照）。

2.2.3 「営業上の利益を侵害された者」

「営業上の利益を侵害された者」は，営業上の利益を現に侵害された者のことである。

「営業上の利益」については，3条での解説が妥当する。もっとも，3条では，金額に直ちに換算しえない無形の利益も含まれるが，逸失利益に相当する損害に関する規定である本項では，「営業上の利益」は，商品や役務の売上等の金額に直接現れる有形の利益に限られるであろう。

2.3 「故意又は過失により自己の営業上の利益を侵害した者……に対しその侵害により自己が受けた損害の賠償を請求する場合において，侵害者がその侵害の行為を組成した物（電磁的記録を含む。以下この項において同じ。）を譲渡したとき（侵害の行為により生じた物を譲渡したときを含む。），又はその侵害の行為により生じた役務を提供したとき」

2.3.1 総説

本項が適用される場面は，「故意又は過失により自己の営業上の利益を侵害した者……に対しその侵害により自己が受けた損害の賠償を請求する場合において，侵害者がその侵害の行為を組成した物（電磁的記録を含む。以下この項において同じ。）を譲渡したとき（侵害の行為により生じた物を譲渡したときを含む。），又はその侵害の行為により生じた役務を提供したとき」（傍点筆者）である。令和5年改正前は「物を譲渡したとき」とされていたが，同改正で傍点部分のかっこ書が加えられ，「物」に電磁的記録が含まれることとなった（2.3.2参照）。また，傍点部分のとおり，「役務を提供したとき」にも本項が適用されることとなった（2.3.4参照）。

「故意又は過失」については，4条の解説に譲る。「営業上の利益」については，逸失利益に相当する損害に関する規定である本項では，商品や役務の売上等の金額に直接現れる有形の利益に限られるであろう（2.2.3参照）。

以下では，「侵害の行為を組成した物」，「譲渡」，「侵害の行為により生じた役務を提供したとき」につき確認する。

2.3.2 「侵害の行為を組成した物」

「侵害の行為を組成した物」は，3条2項の場合と同じで[16]，例えば著名

570　第2章　差止請求、損害賠償等

表示冒用行為であればそれに使われた他人の著名表示を付した商品，商品形態模倣行為であればそのデッドコピー商品である。

「物」については，もともと2条11項で「プログラムを含む」とされていたが，令和5年改正でさらに「電磁的記録を含む」（本条1項柱書かっこ書）とされた。これは，電子データの販売に本項が適用されるか文言上不明確であったが，技術の進展に伴い電子データ自体や電子データを化体する商品も現れているから，これらの譲渡にも本項が適用されることを示すものである[17]。

なお，本条1項柱書かっこ書で，「侵害の行為を組成した物を譲渡したとき」に「侵害の行為により生じた物を譲渡したとき」が含まれるとされる。この点は，3条2項で「侵害の行為を組成した物」に「侵害の行為により生じた物」が含まれることと同旨であり（3条2項かっこ書），3条2項の解説を参照されたい。

2.3.3 「譲渡」

「譲渡」は，一般に，有償または無償で物の所有権を移転することである。「不正競争」を定義する2条1項各号では，「譲渡」のみならず「引渡し」や「展示」等も規定されているが，不正競争防止法5条1項柱書では「譲渡」のみとされている。これは，すべての侵害行為を列挙することは困難なため，代表的なケースとして「譲渡」の場合を規定したもので，侵害者の行為が被侵害者の販売機会を喪失させたと評価でき，不正競争防止法5条1項の算定ルールが妥当するなら，引渡しやサービス提供等の場合も，不正競争防止法5条1項の考え方を参考にした算定が可能とされる[18]。また，侵害者・被侵害者がいずれも賃貸している場合も，不正競争防止法5条1項が類推適用されうる[19]。

2.3.4 「侵害の行為により生じた役務を提供したとき」

令和5年改正前の不正競争防止法5条1項では，「侵害の行為を組成した物を譲渡したとき」と規定され，役務を提供したときに不正競争防止法5条1項が適用されるか文言上不明確であった。

もっとも，技術の進展に伴い，例えば営業秘密である血液に関する化学分析結果のデータを用いた特定疾患の発症リスクを評価するサービスの提供等

も現れているから，このような場合にも不正競争防止法5条1項が適用されることを示すため，「侵害の行為により生じた役務を提供したとき」にも不正競争防止法5条1項が適用されることとした。物の譲渡であれ，役務の提供であれ，侵害者の利益が過少な場合に逸失利益に見合った損害の賠償がなされない可能性や，侵害者の利益額を証明する困難さを含め，損害額の立証の困難性に違いはないからとされる[20]。

2.4 1号

前述のとおり，令和5年改正により，不正競争防止法5条1項は同項柱書と同項1号に分割されるとともに，同項2号が新設された。まず，本項1号につき確認する。

2.4.1 総説

(1) 趣旨

本号は，侵害行為と損害の間に直接的な因果関係が成立し，市場で侵害品の譲渡または侵害役務の提供がされることで真正品または真正役務の市場機会を喪失させる可能性が定型的に認められることを前提として，［被侵害者の真正品・真正役務の単位数量当たりの利益額］×［侵害者が譲渡した侵害品又は提供した侵害役務の数量（譲渡等数量）］を，被侵害者の損害額とする。その際，被侵害者の販売等能力相応数量を超えない部分で，損害額が認められる。また，被侵害者が販売または提供をすることができないとする事情に相当する数量があれば，これが侵害者の譲渡等数量から控除される。

ちなみに，令和2年美容器事件判決は，特許法102条1項（現在の同条1項1号）につき，「特許法102条1項は，民法709条に基づき販売数量減少による逸失利益の損害賠償を求める際の損害額の算定方法について定めた規定であり，特許法102条1項本文において，侵害者の譲渡した物の数量に特許権者又は専用実施権者（以下「特許権者等」という。）がその侵害行為がなければ販売することができた物の単位数量当たりの利益額を乗じた額を，特許権者等の実施の能力の限度で損害額とし，同項ただし書において，譲渡数量の全部又は一部に相当する数量を特許権者等が販売することができないとする事情を侵害者が立証したときは，当該事情に相当する数量に応じた額を控除するものと規定して，侵害行為と相当因果関係のある販売減少数量の立

572　第2章　差止請求、損害賠償等

証責任の転換を図ることにより，より柔軟な販売減少数量の認定を目的とする規定である」とする。

(2)　算定式

　損害賠償請求権（4条）の要件は，①侵害者の不正競争行為，②被侵害者の営業上の利益の侵害，③侵害者の故意・過失，④損害の発生および損害額，⑤①と④の相当因果関係だが[21]，本号が適用される場合，④以下が，④侵害者の譲渡等数量，⑤被侵害者の真正品・真正役務の単位数量当たりの利益の額，⑥上記④が「被侵害者の販売又は提供の能力に応じた数量」（販売等能力相応数量）を超えないことに差し替わる。これに対し，⑦侵害者の譲渡等数量の「全部又は一部に相当する数量を被侵害者が販売又は提供をすることができないとする事情」に相当する数量（特定数量）が抗弁となる[22]。

　これを算定式で示すと，以下のとおりとなろう（①〜③は省略）。

　（④侵害者の譲渡等数量のうち⑥販売等能力相応数量を超えない数量−⑦特定数量）×⑤被侵害者の単位数量当たりの利益の額

　被侵害者が④〜⑥の，侵害者が⑦の主張立証責任を負う。

　以下，①〜③については4条の解説に譲り，④〜⑦を中心に確認する。

2.4.2　「被侵害者がその侵害の行為がなければ販売することができた物又は提供することができた役務の単位数量当たりの利益の額」

前記算定式の⑤である。

2.4.2.1　「被侵害者がその侵害の行為がなければ販売することができた物」

　令和元年改正前の特許法102条1項（現在の同条1項1号）の「侵害の行為がなければ販売することができた物」につき，特許発明の実施品である必要があるか否か説が分かれ，その必要はないとする裁判例が優勢であった。この流れを受け，令和2年美容器事件判決は，「侵害の行為がなければ販売することができた物」は特許発明の実施品であることは必要でなく，「侵害行為によってその販売数量に影響を受ける特許権者の製品，すなわち，侵害品と市場において競合関係に立つ特許権者の製品であれば足りる」（傍点筆者）とした。なお，ここにいう「侵害品と市場において競合関係に立つ特許権者の製品」は，大鷹論文6頁によれば，特許発明と同様の作用効果を奏す

ることを必ずしも必要としないようである（**3.1.2**(2)(3)参照）。

本号においても，「被侵害者がその侵害の行為がなければ販売することができた物」は，侵害品と市場において競合関係に立つ被侵害者の製品であれば足ると解される[23]。侵害品への需要が被侵害者の真正品に向かうとは想定できない事情があれば，「販売又は提供ができないとする事情」（本号かっこ書）に応じた特定数量の控除等により，具体的妥当性を図ることとなる[24]。

2.4.2.2 「被侵害者がその侵害の行為がなければ……提供することができた役務」

これとパラレルに考えれば，「被侵害者がその侵害の行為がなければ提供することができた役務」（本号）は，侵害者の役務と市場で競合関係に立つ被侵害者の役務であれば足るであろう。また，侵害者の役務への需要が被侵害者の役務に向かうとは想定できない事情があれば，「販売又は提供ができないとする事情」（本号かっこ書）に応じた特定数量の控除等により，具体的妥当性を図ることとなる。

2.4.2.3 「単位数量当たりの利益の額」

(1)　平成15年改正前の議論（本条2項の「利益」についての限界利益説）

平成15年改正により不正競争防止法5条1項（不正競争防止法5条1項1号）が新設される前，本条2項の「利益」は「粗利益」，「純利益」，「限界利益」のいずれか，特許法102条2項等の同種規定全般に共通する論点として議論されてきた。

粗利益説は，売上高から製造原価または仕入原価を控除した粗利益をもって本条2項の「利益」とする。被害者救済に厚い考え方だが，これからさらに販売費・一般管理費をも侵害品の売上割合に応じて按分控除すべきとする純利益説が従来の判例・通説であった（ただし「純利益説」の内容は必ずしも論者により同じではなかった）。他方，控除される費用は侵害者が追加的な売上を得るに当たり必要となる変動経費のみに限るべきとの，いわゆる限界利益説[25]が唱えられ，東京地判平7・10・30判タ908号69頁〔28010381〕他が著作権法114条2項につき，わんぱくシャベル事件・東京地判平9・2・21判時1617号120頁〔28022398〕他が本条2項につき，東京地判平10・10・7判タ987号255頁〔28040248〕他が特許法102条2項につき限界利益説

574　第2章　差止請求、損害賠償等

により判断し，この説が実務に定着した。

　このような中，平成15年改正で新設された不正競争防止法5条1項（現在の本項1号）の「利益」についても，被侵害者の真正品の販売価格から製造原価および製品の販売数量に応じて増加する変動経費を控除した額（限界利益の額）であり，その主張立証責任は被侵害者側にあるとされる[26]。令和2年美容器事件判決も，特許法102条1項（現在の同条1項1号）の「単位数量当たりの利益の額」は，「特許権者等の製品の売上高から，特許権者等において上記製品を製造販売することによりその製造販売に直接関連して追加的に必要となった経費を控除した限界利益の額」であり，「その主張立証責任は特許権者側にある」として，従来の実務を確認した。

(2)　控除されるべき変動経費の範囲

　実務の関心は，個別具体的な事案における，控除されるべき変動経費の範囲に移っている。この点は，当該事案において，被侵害者が追加的な売上を得るに当たりどのような費用が追加的に必要になったかとの視点から，個別具体的に認定される。

　侵害者より控除すべきと主張され争点となることが多いのは，販売費及び一般管理費に属する費用である。販売費及び一般管理費には，製造原価や仕入原価と異なり，侵害品が増産されなくても必要であった費用が多く含まれており，一般的には控除されないが，事案によっては一定割合が控除される場合もある。このような費目も中身は個別事案ごとで異なり，裁判例では，販売費及び一般管理費だから杓子定規に控除を認めないとするのではなく，販売促進費，宣伝広告費，役員報酬，給料手当，委託研究費，交際費，福利厚生費，運送費等の個々の費目につき，個別に控除の要否および範囲が，当該事案の特殊要因も考慮して精緻に判断されている。

　なお，このような算定過程のスタートとなる販売価格につき，消費税相当額が加算されるとする裁判例がある[27]。

(3)　被侵害者が販売価格・役務提供価格を下げざるをえなくなった場合

　本号は，譲渡等数量の減少による損害につき適用されるのみで，被侵害者が販売価格や役務提供価格を下げざるをえなくなった場合の損害については，原則として適用されないと理解される。この理解では，事案により相当な損害額の認定（9条）を検討することとなる。

　これに対し，特許法102条1項（現在の同条1項1号）に関して，値下前

の価格を基準として算定した裁判例[28]もある。侵害品が大量に市場に出回った事実，侵害品の登場と特許権者の製品の値下げの時系列関係の接近，侵害品と特許権者の製品双方の販売価格の推移における相関関係，特許権者側の価格変遷に関する社内文書等より，侵害品に対抗するため特許権者がその製品の販売価格を下げざるをえなくなったとの相当因果関係が認められたなら，侵害行為がなければ維持できたはずの販売価格を基準に単位数量当たりの利益の額を認定することが許される余地があろう[29]。

2.4.3 「侵害者が譲渡した当該物又は提供した当該役務の数量」（譲渡等数量）

前記2.4.1の算定式の④である。

「譲渡」については，「譲渡」以外についても，被侵害者の販売機会を失わせる行為に不正競争防止法5条1項が適用されうる。2.3.3を参照されたい。

「物」については，プログラムが含まれるだけではなく（2条11項），令和5年改正でさらに電磁的記録も含まれるとされた（不正競争防止法5条1項柱書かっこ書）。2.3.2を参照されたい。

「提供した当該役務」は，令和5年改正で不正競争防止法5条1項の適用範囲が「侵害の行為により生じた役務を提供するとき」（傍点筆者）にも拡大されたため，加えられた概念である。2.3.4を参照されたい。

侵害者の譲渡等数量は，侵害者側の事情だが，被侵害者が主張立証責任を負う。実務では，侵害者（被告）に認否を求め，積極否認の範囲で被侵害者（原告）がその主張を援用すれば，争いのない事実となる[30]。争いが残れば，書類提出命令（7条）等を利用することとなる。

2.4.4 「被侵害者の販売又は提供の能力に応じた数量……を超えない部分」

(1) 「被侵害者の販売又は提供の能力に応じた数量」（販売等能力相応数量）

前記2.4.1の算定式の⑥である。

被侵害者の販売または提供の能力に応じた数量（販売等能力相応数量）を超える譲渡等数量の分まで被侵害者の損害と考えることは不適当であるため，被侵害者の販売等能力に応じた上限が設けられた。なお，販売等能力相応数量を超える数量につき，特段の事情がない限り，不正競争防止法5条1項2号による使用料相当額の損害賠償請求が認められる（2.5.2(1), 2.5.4(2)

576 第 2 章 差止請求、損害賠償等

参照)。

物の譲渡の場合，この「被侵害者の販売又は提供の能力」は，侵害品の数量に対応する商品を被侵害者において供給することができる能力をいい[31]，販売の前提となる生産およびマーケティング能力を含めた供給能力を指す。生産能力については，被侵害者自身が現に侵害品販売数量に対応する数量を供給しうる生産設備を有する場合に限らず，下請や委託生産等による場合を含めた被侵害者側の潜在的な能力を考慮し，個別事案に即して解釈される。例えば，現に生産設備がなくても，侵害品が出回ったために設備投資を控えざるをえなくなったなどの特段の事情がある場合，実施能力を認める方向での弾力的な解釈がなされる[32]。令和 2 年美容器事件判決も，特許法102条 1項（現在の同条 1 項 1 号）の「実施の能力」につき，「潜在的な能力で足り，生産委託等の方法により，侵害品の販売数量に対応する数量の製品を供給することが可能な場合も実施の能力がある」とし，「その主張立証責任は特許権者側にある」とする。

以上は物の譲渡の場合だが，役務の提供の場合も同様に解される。

このように「販売又は提供の能力」（本号）を広く解すると，販売等能力相応数量による制限が働く場合は多くないであろう。

(2) 販売等能力相応数量を「超えない」か否かを比較する対象

販売等能力相応数量を「超えない」か否かを比較する対象は，文脈から，販売等能力相応数量の前に書かれている，侵害者の譲渡等数量である。

2.4.5 「その全部又は一部に相当する数量を被侵害者が販売又は提供をすることができないとする事情があるときは，当該事情に相当する数量」（特定数量）

前記2.4.1の算定式の⑦である。

2.4.5.1 趣旨

侵害者の営業努力，市場における競合品や競合役務の存在等によっては，そもそも侵害者が販売または提供した数量すべてを被侵害者が販売または提供できたとすることは妥当でないことがある。本号かっこ書は，このような事情がある場合に，当該事情に相当する数量に応じた額を控除することができる旨の抗弁を定める[33]。

2.4.5.2 「その」が指す対象

「その全部又は一部に相当する数量を……」（傍点筆者）の冒頭の「その」は，文脈より，譲渡等数量のうち販売等能力相応数量を超えない部分を指すと解される。譲渡等数量が販売等能力相応数量を超えない場合（譲渡等数量≦販売等能力相応数量），譲渡等数量から特定数量が控除される。逆の場合（販売等能力相応数量≦譲渡等数量），販売等能力相応数量から特定数量が控除されると解される。

2.4.5.3 「販売又は提供をすることができないとする事情」

⑴ 「販売又は提供をすることができないとする事情」

「販売又は提供をすることができないとする事情」は，推定額を減じる方向に斟酌される事情で，特段の限定はない。侵害行為と被侵害者の製品の販売または役務の提供の減少との相当因果関係を阻害する事情を対象とし，例えば，市場における競合品・競合役務の存在，侵害者の営業努力（ブランド力，宣伝広告），侵害品・侵害役務の性能（機能，デザイン等），市場の非同一性（価格，販売・提供形態）などの事情がこれに該当し，侵害者が立証責任を負うとされていた[34]。

この点，令和2年美容器事件判決は，特許法102条1項ただし書（現在の同条1項1号かっこ書）の「販売することができないとする事情」につき，「侵害行為と特許権者等の製品の販売減少との相当因果関係を阻害する事情」がこれに当たり，「例えば，①特許権者と侵害者の業務態様等に相違が存在すること（市場の非同一性），②市場における競合品の存在，③侵害者の営業努力（ブランド力，宣伝広告），④侵害品の性能（機能，デザイン等特許発明以外の特徴）などの事情を上記事情として考慮することができる」とし，当該事情およびこれに相当する特定数量の主張立証責任を侵害者が負うことを確認した。本号かっこ書の「販売又は提供をすることができないとする事情」でも，同様に解される。

⑵ 「販売又は提供をすることができないとする事情」が認められた場合の効果

「販売又は提供をすることができないとする事情」が立証された場合，当該事情に相当する数量を，侵害者の譲渡等数量から控除することとなる。この場合，本号は推定が成立した状態か覆滅した状態かというall or nothing

578 第2章 差止請求、損害賠償等

的な規定ではないから，例えば「少なくとも○○個は被侵害者が販売することができない」との部分的な抗弁の成立が認められる。

このようにして控除された数量について，重ねて不正競争防止法5条1項2号の適用が検討される（2.5.2(2)，2.5.4(3)）。

(3)　「販売又は提供の能力」（本号本文）との関係

「販売又は提供の能力」（本号本文）と「販売又は提供をすることができないとする事情」（本号かっこ書）の相違は，前者は被侵害者側の事情で販売または提供することができない場合，後者は侵害者側の事情や市場その他の要因により譲渡等数量に影響を与える事情である[35]。

(4)　2項の推定覆滅事由との関係

特許法102条2項における推定覆滅事由につき，令和元年炭酸パック事件判決は，「同条1項ただし書（注：現在の同条1項1号かっこ書）の事情と同様に，侵害者が主張立証責任を負うものであり，侵害者が得た利益と特許権者が受けた損害との相当因果関係を阻害する事情がこれに当たる」とし，具体的には，「例えば，①特許権者と侵害者の業務態様等に相違が存在すること（市場の非同一性），②市場における競合品の存在，③侵害者の営業努力（ブランド力，宣伝広告），④侵害品の性能（機能，デザイン等特許発明以外の特徴）などの事情について，特許法102条1項ただし書の事情と同様，同条2項についても，これらの事情を推定覆滅の事情として考慮することができる」とする。なお，大鷹論文6頁は，②での「競合品」は，特許発明の実施品であることや，特許発明と同様の作用効果を奏することを必ずしも必要とするものではないと示唆する。また，大鷹論文4頁・8頁は，侵害者が同条2項の推定覆滅事由として市場における競合品の存在を主張する場合，単に市場に競合品が存在する事実だけでは足りず，市場におけるシェアとの関係等，当該競合品により侵害者の「利益の額」と被侵害者の「損害の額」の間の相当因果関係の全部または一部がないといえることについても，具体的な論理付けが必要と指摘する。3.6.2および3.6.3を参照されたい。

令和元年炭酸パック事件判決および令和2年美容器事件判決によれば，特許法102条1項1号かっこ書の「販売することができないとする事情」と，同条2項の推定覆滅事由は，大部分が共通することとなる（3.6.2参照）。本号かっこ書の「販売又は提供をすることができないとする事情」と本条2項の推定覆滅事由の関係も，おおむね同様であろう。

2.4.6 不正競争防止法の保護対象が真正品の一部のみに使用されている場合

(1) 総説

不正競争防止法は，2条1項1号・2号では商品等表示，同項3号では商品形態，同項4号〜9号では営業秘密，同項11号〜16号では限定提供データ，同項22号では商標を，それぞれ各号所定の要件を備えることを条件に実質的に保護している。このような保護対象が真正品の一部のみに使用されている場合，損害額の減額をどの要件の問題として取り扱うのか。

例えば，技術上の営業秘密の侵害の事案で，本条1項1号が適用される場合に，営業秘密が真正品の一部のみに使用される場合の減額を，①「販売することができた物又は提供することができた役務の単位数量当たりの利益の額」（本号）の問題とする説，②「販売又は提供をすることができないとする事情」（本号かっこ書）の問題とする説，③民法709条の因果関係一般の問題とする説が考えられる。この点についても，特許法102条において議論が先行している。

(2) 特許法102条1項1号の場合（特許発明の特徴部分が特許権者の製品の一部のみに実施されている場合）

まず，令和5年特許法改正の立案担当者は，特許発明の特徴部分が特許製品の一部のみで実施されている場合が「販売することができないとする事情」（102条1項1号かっこ書）が認められる特定数量の場合であるとの②説を前提に，この場合が102条1項2号かっこ書の「許諾をし得たと認められない場合」に該当し，実施料相当額の請求を否定する旨解説している。特許発明が寄与していない部分について，特許権者等の損害を認定することは適切ではないからとする[36]。

もっとも，製品の一部である部品が特許製品として独立して販売される場合，部品の限界利益に譲渡数量を乗じて損害を算定する。この場合とパラレルに，特許発明の特徴部分が特許権者の製品の一部のみに実施されている場合，限界利益につき特許製品における侵害に係る部分に相当する額を算出し，これに譲渡数量を乗じるのが特許法102条1項の条文に即しているとの考え（①説）も有力である[37]。

令和2年美容器事件判決は，「特許発明を実施した特許権者の製品において，特許発明の特徴部分がその一部分にすぎない場合であっても，特許権者

580　第2章　差止請求、損害賠償等

の製品の販売によって得られる限界利益の全額が特許権者の逸失利益となる
ことが事実上推定される」とした。これは，①説によりつつ，①説の弱点で
ある特許権者等に主張立証責任を負わせる点を回避するため，限界利益の全
額が特許権者等の逸失利益となると事実上推定し，侵害者に推定覆滅の主張
立証責任を転嫁するものと解される。

　もっとも，特許権者の製品が特許発明の実施品でない場合に特許法102条
1項1号が主張されたときは，特許権者の製品の販売による利益に特許発明
の貢献はなく，単位数量当たりの利益額は理論上ゼロとなるから，①説には
限界がある[38]。この点を理由に，大鷹論文12頁は推定覆滅事由の問題とする
②説が妥当としている。

2.4.7　寄与率（寄与度）

　民事訴訟一般において，相当因果関係ある損害の認定に際して「寄与率」
ないし「寄与度」（以下「寄与率」という）を考慮する裁判例がある。この
ような例に倣い，特許法102条1項（現在の同条1項1号）に関し寄与率を
考慮する裁判例がある[39]。

　しかし，「寄与率」を主張する場合，特許法102条1項のどの要件なのか，
ひいてはいずれの当事者が主張立証責任を負うのかを明確にする必要があ
る。製品の一部に特許発明の特徴部分が実施されている場合を除き，様々な
事情につき「販売することができないとする事情」に織り込むことが可能
で，「寄与率」ないし「寄与度」なる概念を使用する必要は乏しいとの考え
方が有力である[40]。特許法102条1項（現在の同条1項1号）に関する令和
2年美容器事件判決，同条2項に関する令和元年炭酸パック事件判決は，い
ずれも「寄与度」「寄与率」の語を使わなかったところ，その後，当事者が
寄与率・寄与度として主張した事実を同条2項の推定覆滅事由として判断し
た裁判例（部分意匠に係る意匠権侵害で意匠法39条2項が問題となった事
案）[41]がある。

　もっとも，「寄与率」の参酌が許されなくなったわけではなく，令和元年
炭酸パック事件判決と令和2年美容器事件判決は，いずれも寄与率を考慮し
た場面を判示したものとの指摘もある[42]。この問題は不正競争防止法5条1
項でも共通するが，実務が固まっているわけではなく，ケースバイケースで
対応されるものと思われる。

2.5　2号

2.5.1　総説

令和5年改正前の不正競争防止法5条1項で，被侵害者の販売その他の行為を行う能力を超える場合や，販売することができないとする事情がある場合につき，本条3項による使用料相当額の損害賠償請求を重ねてすることができるか争われた。被侵害者による十分な損害賠償請求を可能にするとともに，当事者の予見可能性を高めるため，令和5年改正によりこのような場合につき使用料相当額の賠償請求が可能となる要件が整備され，本号が新設された。

本号による主張は，1号による主位的主張が認められない部分に対する，予備的主張となる。その枠組みは，①「譲渡等数量のうち販売等能力相応数量を超える数量」がある場合と，②「特定数量」がある場合に，「これらの数量に応じた次のイからホまでに掲げる不正競争の区分に応じて当該イからホまでに定める行為に対し受けるべき金銭の額に相当する額」（本書では，「……に対し受けるべき金銭の額に相当する額」（本条3項・本号）を「使用料相当額」，使用料相当額を算出するため売上に乗じる率を「相当実施料率」という）の賠償請求を認めるものである。なお，「被侵害者が，次のイからホまでに掲げる不正競争の区分に応じて当該イからホまでに定める行為の許諾をし得たと認められない場合」は，本号による賠償請求は認められない（本号柱書かっこ書）。

以下，特許法102条1項2号に関する判例や学説も踏まえて確認する。

2.5.2　「譲渡等数量のうち販売等能力相応数量を超える数量又は特定数量がある場合」

(1)　「譲渡等数量のうち販売等能力相応数量を超える数量がある場合」

本号が適用されるのは，まず，「譲渡等数量のうち販売等能力相応数量を超える数量がある場合」である。「譲渡等数量」については2.4.3，「販売等能力相応数量」については2.4.4の解説に譲る。

この場合の使用料相当額は，①侵害者の不正競争行為，②被侵害者の営業上の利益の侵害，③侵害者の故意・過失が充足されることを前提として，以下の式で求められる（①～③は省略）。

582　第2章　差止請求、損害賠償等

④譲渡等数量のうち販売等能力相応数量を超える数量×⑤侵害品・侵害役務の単位数量当たりの販売額×⑥相当使用料率

(2)　「特定数量がある場合」

　本号が適用される2つ目は，「特定数量がある場合」である。「特定数量」は，「被侵害者が販売又は提供をすることができないとする事情に相当する数量」であり，その内容については2.4.5の解説に譲る。

　この場合の使用料相当額は，①侵害者の不正競争行為，②被侵害の営業上の利益の侵害，③侵害者の故意・過失が充足されることを前提として，以下の式で求められる（①～③は省略）。

　④特定数量×⑤侵害品・侵害役務の単位数量当たりの販売額×⑥相当使用料率

2.5.3　「これらの数量に応じた次のイからホまでに掲げる不正競争の区分に応じて当該イからホまでに定める行為に対し受けるべき金銭の額に相当する額」

(1)　「これらの数量」

　「これらの数量」は，「譲渡等数量のうち販売等能力相応数量を超える数量」と，「特定数量」である。

(2)　「イからホまでに掲げる不正競争」

　本号が適用される不正競争類型は，「イからホまでに掲げる不正競争」に限られ，具体的には周知商品等表示混同惹起行為（2条1項1号），著名表示冒用行為（同項2号），商品形態模倣行為（同項3号），営業秘密侵害行為（同項4号～9号），限定提供データ侵害行為（同項11号～16号）および代理人等商標冒用行為（同項22号）である。いずれも，被侵害者が許諾による利益を得ることができるであろうことが前提とされる（本号柱書かっこ書）。

　この点，不正競争防止法は，特定の行為を排除することによる反射的な効果を定めるもので，排他的独占権である特許権等とは異なるから，「権利」の対象である発明等の実施等を許諾するとの考え方にはなじまない。しかし，不正競争行為に対する差止請求権を行使しないことを対価を得て約することは可能で，その意味で使用に対し受けるべき金銭に準じるものも観念できる。また，不正競争防止法が保護対象とするもの（2条1項1号・2号では商品等表示，同項3号では商品形態，同項4号～9号では営業秘密，同項

11号～16号では限定提供データ，同項22号では商標）は，商標権，意匠権または特許権等に準じるものともいえる。よって，特許法102条3項等と同じ趣旨の本条3項が設けられた。

営業秘密侵害行為につき，2条1項10号が除かれている。同項4号～9号による使用料相当額の賠償を受ければ，同項4号～9号に該当して生じた物の譲渡についても同項10号により使用料相当額の賠償を受けると二重取りになるからと思われるが，同項4号～9号による使用料相当額の算定の際，同項10号での譲渡価格が参照されるべきと解される。

本条3項と本号を比較すると，ドメイン名侵害行為（2条1項19号）は，本条3項では適用対象とされているが（3項柱書・5号），不正競争防止法5条1項2号では適用対象とされていない。理由は，ドメイン名侵害行為では侵害組成物等の譲渡等を観念できず，不正競争防止法5条1項柱書で2条1項19号が挙げられていないからであろう。

⑶ 「イからホまでに定める行為」

「イからホまでに定める行為」は，周知商品等表示混同惹起行為（2条1項1号）および著名表示冒用行為（同項2号）では，「当該侵害に係る商品等表示の使用」（本号イ）である（傍点筆者。以下同じ。）。商品形態模倣行為（2条1項3号）では，「当該侵害に係る商品の形態の使用」（本号ロ）である。代理人等商標冒用行為（2条1項22号）では，「当該侵害に係る商標の使用」（本号ホ）である。いずれも，ライセンス料が観念できるであろうとされる，商標の使用許諾または意匠の実施許諾の対象となる行為に準じている。

営業秘密侵害行為（2条1項4号～9号）では「当該侵害に係る営業秘密の使用」（本号ハ），限定提供データ侵害行為（2条1項11号～16号）では「当該侵害に係る限定提供データの使用」（本号ニ）である。これらを本号の適用対象に含めるかにつき，令和5年改正の際に議論があったが，営業秘密や限定提供データの保有者等についてもライセンスにより利益を得ることができる場合があるから，特許法102条1項2号と同様，譲渡等数量の減少による逸失利益相当損害（1号）のみならず，使用料相当額の損害についても賠償を認める必要があるとされた[43]。

⑷ 「使用」（本号イ～ホ）の意味

ところで，⑶で傍点を付した本号イ～ホの「使用」は，2条1項各号の

584 第2章 差止請求、損害賠償等

「使用」と一致しないことに注意する必要がある。詳細は本条3項各号に関する5.4.2での解説に譲るが、本号イ〜ホの「使用」は、2条1項各号の「使用」より広く、2条1項各号の行為を包括する概念として用いられている[44]。

(5) 本号イからホまでに定める行為に対し「受けるべき金銭の額に相当する額」

本号イからホまでに定める行為に対し「受けるべき金銭の額に相当する額」は、使用許諾の対価として受けるべき、いわゆるライセンス料に相当する額である。侵害プレミアムの上乗せが可能である点なども含め、詳細は本条3項・4項の解説に譲る。

2.5.4 「被侵害者が、次のイからホまでに掲げる不正競争の区分に応じて当該イからホまでに定める行為の許諾をし得たと認められない場合」

(1) 趣旨

かっこ書で、本号は、「被侵害者が、次のイからホまでに掲げる不正競争の区分に応じて当該イからホまでに定める行為の許諾をし得たと認められない場合」（傍点筆者）は適用されないとされる。このかっこ書と同趣旨の特許法102条1項2号かっこ書につき、ソレノイド事件・知財高判令4・3・14最高裁HP（平成30年（ネ）10034号）〔28301006〕は、「この括弧書部分は、特定数量がある場合であってもライセンスをし得たとは認められないときは、その数量に応じた実施相当額を損害として合算しないことを規定するものである」（傍点筆者）としており、この趣旨は本条1項2号かっこ書でも妥当する。

不正競争防止法は、2条1項1号・2号では商品等表示、同項3号では商品形態、同項4号〜9号では営業秘密、同項11号〜16号では限定提供データ、同項22号では商標を保護の対象としている。このような不正競争防止法の保護対象が、侵害者の商品または役務に貢献した場合にのみ、被侵害者が本号イ〜ホの「使用」を別途「許諾をし得た」と認め、本号の適用を許すこととなる。

(2) 「譲渡等数量のうち販売等能力相応数量を超える数量」の場合

まず、「譲渡等数量のうち販売等能力相応数量を超える数量」については、

通常，不正競争防止法の保護対象（例えば2条1項1号・2号では被侵害者の商品等表示）が，侵害者の商品又は役務に貢献している。よって，特段の事情がない限り，被侵害者が本号イ～ホの「使用」を別途「許諾し得た」と認められ，本号が適用される（3.7.2参照）。

(3) 「被侵害者が販売又は提供をすることができないとする事情に相当する数量」（特定数量）の場合

次に，「特定数量」については，「被侵害者が販売又は提供をすることができないとする事情」に多様なものが含まれるので，個別に検討する必要がある。

まず，「販売又は提供ができないとする事情」は，令和2年美容器事件判決に倣えば，例えば，①被侵害者と侵害者の業務態様や価格等に相違が存在すること（市場の非同一性），②市場における競合品の存在，③侵害者の営業努力（ブランド力，宣伝広告），④侵害品・侵害役務および真正品・真正役務の性能（不正競争防止法が保護対象とするもの以外の特徴）に相違が存在することなどの事情とされよう。

この点，特許法102条1項2号を適用した前掲ソレノイド事件・知財高判令4・3・14は，③の侵害者の営業努力（ブランド力，宣伝広告）を理由とする譲渡数量の減算部分につき，特許発明の存在を前提にした上でのものであるから，権利者が侵害者にライセンスをし得たのにその機会を失ったとして，2号を適用した（反対説[45]もある）。他方，④の侵害品と特許権者の製品の性能面の差異については，その性質上権利者が侵害者にライセンスをし得たのにその機会を失ったとは認められないとして，2号を適用しなかった。

同判決で判断されていない①権利者と侵害者の業務態様や価格等に相違が存在すること（市場の非同一性）を理由とする譲渡数量の減算部分については，特許発明が侵害品等に貢献したから，2号が適用されよう。②市場における競合品の存在を理由とする譲渡数量の減算部分についても，特許発明を前提にした上で侵害者が商品の販売等をしたといえるから，同様に解される。なお，間接侵害の事案で，プログラマブル・コントローラ事件・知財高判令4・8・8判時2564号57頁〔28312502〕は，ユーザの需要が特許権者の製品に向かず他社への購入に振り向けられる数量，直接侵害品の生産に向けられず特許発明の技術的範囲に属しない表示器となる数量につき，2号を適

用しなかった。

　このような内容は，本号でも同様に解することができよう。

2.6　「次に掲げる額の合計額を，被侵害者が受けた損害の額とすることができる」

　要件充足の効果は，本項1号・2号の算定方法による額の合計額を，「被侵害者が受けた損害の額とすることができる」ことである（不正競争防止法5条1項柱書）。

　本条2項では「推定する」とされているのに対し，1項では「することができる」と規定されている。2項が損害額の推定規定であるのに対し，1項は損害額の算定方法を定める規定で，「推定が成立したか覆滅したか」とのall or nothingな規定ではないことを明らかにするためである。この点は2項との相違点とされていたが，1項が施行された後，2項についても推定の一部覆滅を認める見解が現れ，実務上も推定の一部覆滅が広く用いられていること後述のとおりである（3.6.1参照）。

3　2項

3.1　総説

3.1.1　趣旨

　本項は，侵害行為と因果関係ある損害額の立証を容易にするための，法律上の事実推定規定である。特許法102条2項についてだが，平成25年ごみ貯蔵機器事件判決は，「特許法102条2項は，民法の原則の下では，特許権侵害によって特許権者が被った損害の賠償を求めるためには，特許権者において，損害の発生及び額，これと特許権侵害行為との間の因果関係を主張，立証しなければならないところ，その立証等には困難が伴い，その結果，妥当な損害の填補がされないという不都合が生じ得ることに照らして，侵害者が侵害行為によって利益を受けているときは，その利益額を特許権者の損害額と推定するとして，立証の困難性の軽減を図った規定である」としている。この趣旨は，本項にも当てはまる。

　立証容易な「その者〔注：侵害者〕がその侵害の行為により受けている利益の額」（前提事実）の立証があれば，これを立証困難な「その営業上の利

益を侵害された者が受けた損害の額」（推定事実）と法律上推定し，被侵害者が負う立証責任の軽減を図る。その基礎には，侵害者の侵害品・侵害役務と被侵害者の真正品・真正役務が市場において競合する定型的な関係があるとの考えがある[46]。2項は，侵害者が受けた利益を吐き出させるため，発想としては準事務管理に近いが，あくまで不法行為法の枠内で損害額の立証を容易にする規定である。

3.1.2 損害の発生（侵害行為がなかったならば利益が得られたであろうという事情）

⑴　損害の発生

　本項は，「損害の額」（傍点筆者）を推定するが，損害の発生までは推定しないと理解されており[47]，その旨判示する裁判例もある[48]。よって損害の発生が要件となるが，どのような場合に損害の発生が認められるのか。

　この点につき，議論が先行した特許法102条2項での変遷を追うと，かつては権利者自身が特許発明を実施していることを要件とするのが判例・通説であった。しかし，平成10年特許法改正で特許法102条1項（現在の同条1項1号）が新設され，同項の解釈として，権利者は，特許発明を実施していなくても，侵害品と市場で競合する製品を製造販売していれば足るとする説が有力となった（2.4.2.1参照）。そのため，同条2項でも，権利者は侵害品と市場で競合する製品を製造販売していればよいとする裁判例[49]が平成21年に現れたところ，さらに平成25年ごみ貯蔵機器事件判決は，「特許法102条2項は，損害額の立証の困難性を軽減する趣旨で設けられた規定であって，その効果も推定にすぎないことからすれば，同項を適用するための要件を，殊更厳格なものとする合理的な理由はない」ことを理由に，「特許権者に，侵害者による特許権侵害行為がなかったならば利益が得られたであろうという事情が存在する場合には，特許法102条2項の適用が認められる」（傍点筆者。以下傍点を付した事情を「2項適用前提事情」[50]という）とした。つまり，「特許権者において，当該特許発明を実施していることを要件とするものではない」として2項適用の間口を広げつつ，特許権者と侵害者の業務態様等に相違が存在するなどの諸事情は「推定された損害額を覆滅する事情として考慮される」として，バランスを取る。

⑵　2項適用前提事情

実務の関心は，特許権者が侵害行為がなかったならば利益が得られたであろうという事情（2項適用前提事情）はどのような場合に認められるかに移った。

まず，経口投与用吸着剤事件・東京地判平21・10・8最高裁HP（平成19年（ワ）3493号）〔28153538〕は，権利者が，特許発明の実施品とはいえないものの，侵害品の競合品を製造・販売している場合に，特許法102条2項の適用を認めていた。

次に，平成25年ごみ貯蔵機器事件判決は，外国の権利者が国内販売店を通じて特許製品を販売し，侵害者と市場で競合関係にある場合に，2項適用前提事情が認められるとした。

さらに，令和4年椅子式マッサージ機事件判決は，「特許権者が，侵害品と需要者を共通にする同種の製品であって，市場において，侵害者の侵害行為がなければ輸出又は販売することができたという競合関係にある製品（以下「競合品」という場合がある。）を輸出又は販売していた場合」に特許法102条2項を適用し，2項適用前提事情があるとされる場合の一事例を示した[51]。また，同判決は，2項適用前提事情があるといえるためには，「特許権者の製品が，特許発明の実施品であることや，特許発明と同様の作用効果を奏することを必ずしも必要とするものではない」とも判示した。

(3) 「その侵害の行為がなければ販売することができた物」（特許法102条1項1号）との関係

令和4年椅子式マッサージ機事件判決は，特許法102条2項に関して判示したものだが，同判決にいう「侵害者の侵害行為がなければ輸出又は販売することができた……製品」との文言は，大鷹論文6頁によれば，同条1項1号の「その侵害の行為がなければ販売することができた物」と同様で，これとパラレルに考えることができるとされる。つまり，令和4年椅子式マッサージ機事件判決は，特許法102条1項1号と2項を整合的に解釈することを試みたと示唆されている。

(4) 推定覆滅事由での「競合品」との関係

前述のとおり，令和4年椅子式マッサージ機事件判決は，特許法102条2項での2項適用前提事情が認められるためには，「特許権者の製品が，特許発明の実施品であることや，特許発明と同様の作用効果を奏することを必ずしも必要とするものではない」とした。このように，同項の請求原因レベル

で2項適用前提事情が広げられる一方で，大鷹論文6頁によると，抗弁レベルの後述する推定覆滅事由の「市場における競合品の存在」にいう「競合品」も，同様に，特許発明の実施品であることや，特許発明と同様の作用効果を奏することを必ずしも必要とするものではないと広く解し，全体としてのバランスをとるようである。

(5) 本項の場合

以上が特許法102条2項での状況だが，本項でも，侵害行為がなければ被侵害人が利益を得られたであろう事情を本項の要件とする説があり[52]，原産地等誤認惹起行為の事案で実質的にそのように判示する裁判例もある[53]。本項に関しても，平成25年ごみ貯蔵機器事件判決および令和4年椅子式マッサージ機事件判決が示した2項適用事情に関する内容が，ほぼ妥当するであろう。

3.1.3　本項が適用されるための要件

(1)　要件

本項により損害賠償を請求する場合の要件は，①侵害者の不正競争行為，②被侵害者の営業上の利益の侵害，③侵害者の故意・過失，④侵害者の譲渡等数量，⑤侵害品・侵害役務の単位数量当たりの利益の額であるが，前述のとおり，さらに⑥侵害行為がなければ被侵害者が利益を得られたであろうという事情（2項適用前提事情）も要件とする解説がある[54]。

ちなみに，原産地等誤認惹起行為（2条1項20号）の事案で，「不正競争防止法5条2項の適用要件は，原告が被告の不正競争により営業上の利益を侵害されたことであり，これは，不正競争行為の侵害者の行為がなかったならば利益が得られたであろう事情があれば足りるというべきである」（傍点筆者）とした裁判例がある[55]。この裁判例では，2項適用前提事情（⑥）は，営業上の利益の侵害（②）の要件に組み込まれているようである。

なお，本項は推定規定であるから，これらに対して⑦推定覆滅事由が抗弁となる。

(2)　算定式

抗弁である⑦も視野に入れると，本項による損害額の算定式は次の通りとされる（①～③は省略）[56]。

④侵害者の譲渡等数量×⑤侵害品・侵害役務の単位数量当たりの利益の額

590　第2章　差止請求、損害賠償等

－⑦推定覆滅事由に該当する額

　あるいは，次の算定式とすることも可と解される。

　（④侵害者の譲渡等数量－⑦推定覆滅事由に該当する数量）×⑤侵害品・
侵害役務の単位数量当たりの利益の額

3.2　「不正競争によって営業上の利益を侵害された者」

3.2.1　「不正競争」

(1)　総説

　本項の適用を主張できる者は，「不正競争によって営業上の利益を侵害された者」である。本条1項および3項では適用される不正競争類型が限定されているが，本項では「不正競争」に限定が付されず，2条1項各号所定の不正競争類型すべてに本項が適用されうる建付けである。

　この点，原産地等誤認惹起行為（2条1項20号）や競争者虚偽事実流布行為（同項21号）等では，侵害者が得た利益の額を被侵害者の損害の額とみなしうる場合が必ずしも多くないと考えられるが，平成5年の立法の際，本項が推定規定にとどまることからすべての不正競争類型を対象としつつ，具体的な適用の可否については具体的な事案における裁判所の判断に委ねることとされた[57]。このような不正競争類型で本項を適用する場合，あわせて推定覆滅の可否を検討する必要がある場合が多いであろう[58]。

　なお，このような問題は，この2つの不正競争類型のみならず，営業秘密侵害行為（2条1項4号～10号）や，平成5年の立法よりのちに追加された限定提供データ侵害行為（同項11号～16号），技術的制限手段回避行為（同項17号・18号）でも認識される。また，前述のとおり，侵害行為がなかったなら被侵害者が利益を得られたであろう事情（2項適用前提事情）がなければ，本項は適用されないとの説もある[59]。

　以下，いくつかの不正競争類型について確認する。

(2)　営業秘密侵害行為（2条1項4号～10号）

　侵害された技術上の秘密に係る営業秘密が，直接的に被侵害者の売上や利益の向上に結び付くのではなく，被侵害者の業務効率を上げるにすぎないような事案もある。このような事案で，侵害行為により生じた侵害者の商品等と被侵害者の商品等が市場において競合する定型的な関係がないことを理由に，本項を適用しなかった裁判例がある[60]。

5条2項　損害の額の推定等　591

(3)　原産地等誤認惹起行為（2条1項20号）

　原産地等誤認惹起行為では，侵害行為がなければ被侵害者が利益を得ることができたであろう事情が存在しても，例えば侵害者および被侵害者以外にも同種の商品を販売する事業者が多数いるなど，被侵害者が得たであろう利益は侵害者が得た利益の一部に相当するにすぎない場合がある。このような場合，本項が適用される前提として，侵害行為がなかったら被侵害者が利益を得られたであろうとの事情が存在することが必要との指摘がある[61]。

　あるいは，本項による推定が認められるとしても，さらに推定覆滅を検討することになると解される。例えば，プリンターに装着するトナーカートリッジに品質誤認表示がなされたと認定された事案で，本項を適用しつつ，純正品とリサイクル品の市場が分かれている事実等を推定覆滅事由と認め，侵害者が受けた利益の額を50％減じた額を被侵害者が受けた損害の額と推定した裁判例がある[62]。あるいは，食品関連の事案で，推定覆滅割合を90％以上認めた裁判例がある[63]。

(4)　競争者虚偽事実流布行為（2条1項21号）

　競争者虚偽事実流布行為では，侵害者の行為と相当因果関係がある被侵害者の損害の関係性が希薄な場合が少なくない。そのため，被侵害者の主張立証が認められなかった事例[64]，あるいは，認められたとしても厳しい認定がされる事例が見受けられる[65]。さらに，推定覆滅割合を99％とした裁判例もある[66]。

3.2.2　「営業上の利益を侵害された者」

　「営業上の利益」について，3条での解説が妥当するが，逸失利益に相当する損害に関する規定である本項では，商品や役務の売上等の金額に直接現れる有形の利益に限られるであろう（2.2.3参照）。なお，前記のとおり，営業上の利益が侵害されたといえるには，2項適用前提事情があれば足るとする裁判例[67]がある。

3.3　「故意又は過失により自己の営業上の利益を侵害した者に対しその侵害により自己が受けた損害の賠償を請求する場合において，その者がその侵害の行為により利益を受けているとき」

　本項が適用される場面は，「故意又は過失により自己の営業上の利益を侵

592　第2章　差止請求、損害賠償等

害した者に対しその侵害により自己が受けた損害の賠償を請求する場合において，その者がその侵害の行為により利益を受けているとき」である。「故意又は過失」については4条の解説，「営業上の利益」については2.2.3の解説に譲る。

本項が適用されるのは，「その者〔注：侵害者〕がその侵害の行為により利益を受けているとき」である。薄利多売等により侵害者が赤字になっていれば，侵害者は「利益を受けている」ことにならないから本項は適用されず[68]，被侵害者としては本条1項または3項による主張を検討することになる。

3.4　「その利益の額」

3.4.1　総説

本項で被侵害者が受けた損害と推定される侵害者の「利益」は，「粗利益」，「純利益」，「限界利益」のいずれか，特許法102条2項等の同種規定全般に共通する論点として議論されてきた。2.4.2.3(1)で解説したとおり，控除される費用は侵害者が追加的な売上を得るに当たり必要となった変動経費のみに限るべきとの限界利益説[69]による裁判が蓄積されたところ，令和元年炭酸パック事件判決は，特許法102条2項の「利益」につき，「侵害者の侵害品の売上高から，侵害者において侵害品を製造販売することによりその製造販売に直接関連して追加的に必要となった経費を控除した限界利益の額」で，「その主張立証責任は特許権者側にある」旨判示し，それまでの実務を確認した。

本項においても，同様となる。なお，本項の損害には，消費税も含まれる[70]。

3.4.2　限界利益

実務の関心は，限界利益の具体的な中身に移っている。この点は，当該事案において追加的な売上を得るに当たりどのような費用が追加的に必要になったかとの視点から具体的事案ごとに控除費目を認定すること，争点となることが多いのは販売費及び一般管理費であることなど，本条1項の被侵害者の限界利益の場合とほぼパラレルに理解される（2.4.2.3(2)参照）。

もっとも，被侵害者と異なり，侵害者は侵害と認定された後は製品を製造

販売できなくなるから，本項の侵害者の限界利益の算定に際して製造設備代（金型代等）[71]や研究人件費[72]につき変動経費的な認定をし，控除を認める裁判例がある。このように，本項の限界利益（「侵害者の限界利益」ということがある）と，本条1項の限界利益（「被侵害者の限界利益」ということがある）は，売上高から変動経費のみを控除する算定式の基本構造は同じだが，異なる部分もある[73]。

3.4.3　立証

侵害者の限界利益の立証責任を負うのは被侵害者であるが，侵害者が追加的に必要とした費用は侵害者側の情報であるため，被侵害者による立証に困難が伴う可能性がある。

もっとも，具体的事案において経験則上相当と認められる程度まで控除費目と額を立証できれば，それを超える額の控除については侵害者側に事実上立証責任を負担させるのが公平である。具体的には，被侵害者は，①販売費及び一般管理費のうち侵害品の製造販売にあたって通常必要となる変動経費の費目と額，②侵害者の全売上に占める侵害品の売上の割合から，侵害品の売上を得るために追加的に要したと考えられる販売費及び一般管理費の割合がどの程度かを大まかに推計することで，基本的に立証責任を尽くしたとされる[74]。

実務では，被侵害者が相応の主張立証を行えば，侵害者から「侵害者が追加的に必要とした費用」が主張されるとともに当該費目に関する証拠が任意に提出され，合理的な費目と額の立証がなされている。総じて，裁判所の訴訟指揮と双方代理人の協力により格段の不都合が生じないことが多いが，そうでない事案のために書類提出命令（7条），損害鑑定（8条），秘密保持命令（10条）等が準備されている（7条～13条の解説参照）。

3.5　「その営業上の利益を侵害された者が受けた損害の額と推定する」

要件充足の効果は，「その者〔注：侵害者〕がその侵害の行為により受けている利益の額」（前提事実）を，「その営業上の利益を侵害された者が受けた損害の額」（推定事実）と推定することである。推定が及ぶ範囲につき，令和元年炭酸パック事件判決は，「特許法102条2項所定の侵害行為により侵害者が受けた利益の額とは，原則として，侵害者が得た利益全額であって，

594　第2章　差止請求、損害賠償等

このような利益全額について同項による推定が及ぶ」とした。

　前述のとおり，本項は法律上の事実推定規定で，被侵害者が前提事実を立証することにより，これより立証困難な推定事実を法律上推定する。被侵害者は，前提事実・推定事実のいずれを立証してもよいが，立証容易な前提事実を立証することで，立証困難な推定事実を立証する。

3.6　推定の覆滅

3.6.1　総説

　このような効果に対し，侵害者は，「推定」であるから，前提事実に対する反証により前提事実を真偽不明に持ち込むか，推定事実の不存在を立証するなどして，推定を覆滅させることができる。

　この点，2項が適用される場合の推定覆滅は，従来はall or nothingで運用されていたが，平成10年改正で新設された特許法102条1項（現在の102条1項1号）はall or nothingの発想から脱しており，同条2項の推定も量的なものであるからとして，同条2項に関して推定の一部覆滅も理論上可能との説が唱えられた[75]。その後，推定の一部覆滅を認める裁判例[76]が出され，知的財産権侵害訴訟全般で2項につき推定の一部覆滅が一般的に用いられるに至っている。

3.6.2　推定覆滅事由

　知的財産権侵害訴訟全般において裁判例が蓄積されたところ，令和元年炭酸パック事件判決は，特許法102条2項における推定覆滅事由につき総括し，これを「侵害者が得た利益と特許権者が受けた損害との相当因果関係を阻害する事情」であるとし，「例えば，①特許権者と侵害者の業務態様等に相違が存在すること（市場の非同一性），②市場における競合品の存在，③侵害者の営業努力（ブランド力，宣伝広告），④侵害品の性能（機能，デザイン等特許発明以外の特徴）などの事情」（傍点筆者）がこれに当たり，その主張立証責任は侵害者が負うとした。なお，②での「競合品」につき，大鷹論文6頁は，特許発明の実施品であることや，特許発明と同様の作用効果を奏することを必ずしも必要とするものではないとする。また，令和4年椅子式マッサージ機事件は，①〜④以外に，⑤特許発明の特徴部分が侵害品の一部のみに実施されているとの事情も，特許法102条2項の推定覆滅事由である

としている。

令和元年炭酸パック事件判決及び令和2年美容器事件判決によれば，特許法102条1項1号かっこ書の「販売することができないとする事情」と，同条2項の推定覆滅事由は，大部分が共通する。もっとも，特許発明の特徴部分が特許権者の製品（同条1項の場合）または侵害品（同条2項の場合）の一部にすぎないとの事情は，同条1項では「単位数量当たりの利益の額」（同項1号）として考慮されるが（よって同項2号の適用はない），同条2項では推定覆滅事由として考慮するようである[77]。4を参照されたい。

以上のような考え方は，本項にもおおむね当てはまる。

3.6.3 主張立証責任

侵害者が推定覆滅事由として，例えば市場における競合品の存在を主張する場合，単に市場に競合品が存在する事実だけでは足りず，市場におけるシェアとの関係等，当該競合品により侵害者の「利益の額」と被侵害者の「損害の額」の間の相当因果関係の全部または一部がないといえることについても，具体的な論理付けが必要である[78]。この論理付けの立証に成功するかどうかが，推定覆滅事由が認められるか否か，あるいはより高い推定覆滅割合の認定の分水嶺となる。

3.7 推定覆滅部分への本条3項の適用

3.7.1 判断基準

本項で推定が覆滅された部分に本条3項が適用されるか争いがあるが，先行して裁判例が出ている特許法102条2項の場合の状況を確認する。その内容は，本項の場合にもおおむね当てはまる。

まず，令和元年改正により新設された特許法102条1項2号は，譲渡数量のうち実施相応数量を超える数量および特定数量につき，一定の要件の下で同条3項の適用を実質的に肯定した。同条2項については同様の立法措置がなされていないが，立案担当者は，同条2項においても，別途の条文化の措置がなくても，推定が覆滅された数量につき同条3項が適用されうると解説しており[79]，令和4年椅子式マッサージ機事件判決も次のように判示した。

すなわち，特許権者は，自ら特許発明を実施して利益を得ることができると同時に，第三者に特許発明の実施を許諾して利益を得ることができるか

596 第2章 差止請求、損害賠償等

ら，侵害者の侵害行為により特許権者が受けた損害は，特許権者が侵害者の侵害行為がなければ自ら販売等をすることができた実施品または競合品の売上の減少による逸失利益と，実施許諾の機会の喪失による逸失利益の双方を観念しうる。よって，「特許法102条2項による推定が一部覆滅される場合であっても，当該推定覆滅部分について，特許権者が実施許諾をすることができたと認められるときは，同条3項が適用される」（傍点筆者）とした。特許権者が「実施許諾をすることができた」と認められるか否かが3項重畳適用の判断基準となるところ，これは特許法102条1項2号かっこ書の「通常実施権の許諾をし得た」と同趣旨であろう。

3.7.2 推定覆滅事由ごとの可否

そして，推定覆滅事由ごとの3項重畳適用の可否につき，令和4年椅子式マッサージ機事件判決は，特許法102条2項による推定の覆滅事由には，同条1項同様，①侵害品の販売等の数量について特許権者の販売等の実施の能力を超えることを理由とする覆滅事由と，②それ以外の理由により特許権者が販売等をすることができないとする事情があることを理由とする覆滅事由があるところ，①の「実施の能力を超えることを理由とする覆滅事由に係る推定覆滅部分については，特許権者は，特段の事情のない限り，実施許諾をすることができたと認められる」とした。これに対し，②の「販売等をすることができないとする事情があることを理由とする覆滅事由に係る推定覆滅部分については，当該事情の事実関係の下において，特許権者が実施許諾をすることができたかどうかを個別的に判断すべき」（傍点筆者）とした。

さらに，②で「個別に判断すべき」とされる覆滅事由のうち，市場の非同一性を理由とする覆滅事由に係る推定覆滅部分について，当該事案で，特許権者は「当該推定覆滅部分に係る輸出台数について，自ら輸出をすることができない事情があるといえるものの，実施許諾をすることができたものと認められる」（傍点筆者）とし，同条3項を重ねて適用した。他方，特許発明の特徴部分が侵害品の一部のみに実施されていることを理由とする覆滅事由に係る推定覆滅部分については，その推定覆滅部分に係る輸出台数全体にわたって個々の被告製品に対し特許発明が寄与していないことを理由に本件推定が覆滅されるもので，このような特許発明が寄与していない部分について，特許権者が実施許諾をすることができたものと認められないとし，同条

3項を適用しなかった。

以上の内容は，本項の推定覆滅部分への3項の適用でも同様であろう。

3.7.3　主張立証責任

以上によれば，本項の推定覆滅部分に3項を重畳適用するための要件の主張立証責任は，特許法102条では次のように整理される[80]。

まず，①実施の能力を超えることを理由とする推定覆滅部分（特許法102条1項2号の「実施相応能力を超える数量」がある場合に相当）は，侵害者において，特許権者が実施許諾をすることができたことを否定する「特段の事情」を主張立証しない限り，同条3項の適用がある。大鷹論文11頁は，この「特段の事情」は，同条1項2号かっこ書の「通常実施権の許諾をしえたと認められない場合」に対応するとする。

次に，②販売等をすることができないとする事情の存在を理由とする推定覆滅部分（同条1項2号の「特定数量」がある場合に対応）は，権利者において「特許権者が実施許諾をすることができたこと」を主張立証した場合に，同条3項の適用がある。この場合，大鷹論文11頁は，当該推定覆滅部分につき，当該推定覆滅事由の類型・内容に応じて定性的に特許権者が実施許諾をすることができたとの事実上の推定が働くとする。

以上の内容は，本項の推定覆滅部分への3項の適用でも同様であろう。

3.8　不正競争防止法の保護対象が侵害品の一部のみに使用されている場合

本条1項1号が適用される場合に，不正競争防止法の保護対象（例えば2条1項4号〜10号では営業秘密）が真正品の一部のみに使用されている場合の問題を取り扱った（2.4.6参照）。同様の問題は，不正競争防止法の保護対象が侵害品の一部のみに使用されている場合の，本項の適用についても発生する。

例えば，技術上の営業秘密の侵害の事案で，本項が適用される場合に，営業秘密が侵害品の一部のみに使用される場合の減額について，①侵害者の限界利益の問題とする説，②推定覆滅事由の問題とする説，③民法709条の因果関係一般の問題とする説が考えられる。この点につき，特許法102条2項において議論が先行しており，特許発明の特徴部分が侵害品の一部のみに実施されている場合につき，令和元年炭酸パック事件判決は，特許法102条2

598　第2章　差止請求、損害賠償等

項の「侵害行為により侵害者が受けた利益の額とは，原則として，侵害者が得た利益全額である」とした上で，「特許発明が侵害品の部分のみに実施されている場合においても，推定覆滅の事情として考慮することができる」と②説に拠った。

3.9　寄与率（寄与度）

　民事訴訟一般において，相当因果関係ある損害の認定に際して寄与率ないし寄与度（以下「寄与率」という）を考慮する裁判例がある。このような例に倣い，本項でも寄与率を考慮する裁判例がある[81]。

　しかし，「寄与率」を主張する場合，本項のどの要件なのか，ひいてはいずれの当事者が主張立証責任を負うのかを明確にする必要がある。様々な事情につき推定覆滅事由に織り込むことが可能で，「寄与率」ないし「寄与度」なる概念を使用する必要は乏しいとの考え方もあるところ，特許法102条1項（現在の同条1項1号）に関する令和2年美容器事件判決，同条2項に関する令和元年炭酸パック事件判決は，いずれも「寄与度」「寄与率」の語を使わなかった。その後，当事者が寄与率・寄与度として主張した事実を2項の推定覆滅事由として判断した裁判例（部分意匠に係る意匠権侵害で意匠法39条2項が問題となった事案）[82]がある。

　もっとも，「寄与率」の参酌が許されなくなったわけではなく，令和元年炭酸パック事件判決と令和2年美容器事件判決は，いずれも寄与率を考慮した場面を判示したものとの指摘もある[83]。この問題は本条本項でも共通するが，実務が固まっているわけではなく，ケースバイケースで対応されるものと思われる。

4　1項と2項の要件の関連性

4.1　総説

　特許法102条の1項1号と2項は，利益の額の算定対象が特許権者等の製品（1項）か侵害品（2項）かの点を除き，基本的に同じ構造となっている。そして，平成25年ごみ貯蔵機器事件判決，令和元年炭酸パック事件判決，令和2年美容器事件判決および令和4年椅子式マッサージ機事件判決を通観すると，1項と2項で同種の要件につき共通する規範を立てようとして

いるかに見え，この点を4.2以下で確認する。

　なお，4.1～4.8での「1項」，「2項」，「3項」との表記は，いずれも特許法102条の1項，2項，3項を指す。

　この点，例えばプログラマブル・コントローラ事件・知財高判令4・8・8判時2564号57頁〔28312502〕は，2項の推定覆滅部分に3項を重畳適用するに際し，「特許法102条2項と3項の重畳適用が排除されていないとしても，その適用は同条1項2号の趣旨にかなったものとなるのが相当と思料されるべき」として，1項2号と共通の規範を適用する。このような1項と2項での統一的な解釈が許されるなら，立法と裁判例の集積が先行する1項2号の実績を2項で用いるなど，多数の裁判例等の共通利用により侵害訴訟における損害額算定の客観的合理性を担保し，その予測可能性を確保することができ，望ましい[84]。

4.2　1項・2項が適用される前提としての特許権者等の製品：実施品であることを要しない

　まず，1項1号の「特許権者又は専用実施権者がその侵害の行為がなければ販売することができた物」につき，令和2年美容器事件判決は，特許発明の実施品である必要はなく，「侵害品と市場において競合関係に立つ特許権者の製品」であれば足るとした。そして，「侵害品と市場において競合関係に立つ特許権者の製品」は，大鷹論文6頁によれば，特許発明と同様の作用効果を奏することを必ずしも必要としないようである。

　2項では，平成25年ごみ貯蔵機器事件判決は，2項が適用されるためには，特許権者が特許発明を実施していることは必要ではなく，特許権者に「侵害者による特許権侵害行為がなかったならば利益が得られたであろうという事情」（2項適用前提事情）があれば足るとした。これがあると認められる一場面として，特許権者が何らかの製品を販売している場合があるところ，令和4年椅子式マッサージ機事件判決は，特許権者が「市場において，侵害者の侵害行為がなければ輸出又は販売することができたという競合関係にある製品（以下「競合品」という場合がある。）を輸出又は販売していた場合」に，2項適用前提事情があるとした。また，その場合の特許権者の製品は，「特許発明の実施品であることや，特許発明と同様の作用効果を奏することを必ずしも必要とするものではない」とした。

600 第2章 差止請求、損害賠償等

　なお，大鷹論文6頁は，2項につき判示した令和4年椅子式マッサージ機事件判決にいう「侵害者の侵害行為がなければ輸出又は販売することができた……製品」は，1項1号の「その侵害の行為がなければ販売することができた物」と同様で，これとパラレルに考えることができるとする。

4.3 「単位数量当たりの利益の額」：限界利益

　1項1号の「単位数量当たりの利益の額」につき，令和2年美容器事件判決は，「特許権者等の製品の売上高から，特許権者等において上記製品を製造販売することによりその製造販売に直接関連して追加的に必要となった経費を控除した限界利益の額」であり，「その主張立証責任は特許権者側にある」とした。

　2項の「利益」につき，令和元年炭酸パック事件判決は，「侵害者の侵害品の売上高から，侵害者において侵害品を製造販売することによりその製造販売に直接関連して追加的に必要となった経費を控除した限界利益の額」で，「その主張立証責任は特許権者側にある」旨判示した。

4.4 「販売することができないとする事情」（1項1号かっこ書）と推定覆滅事由（2項）の具体的内容

　1項1号かっこ書の「販売することができないとする事情」につき，令和2年美容器事件判決は，例えば，「①特許権者と侵害者の業務態様や価格等に相違が存在すること（市場の非同一性），②市場における競合品の存在，③侵害者の営業努力（ブランド力，宣伝広告），④侵害品及び特許権者の製品の性能（機能，デザイン等特許発明以外の特徴）に相違が存在することなどの事情」がこれに該当するとし，当該事情およびこれに相当する特定数量の主張立証責任を侵害者が負うことを確認した。また，「販売又は提供をすることができないとする事情」が立証された場合，当該事情に相当する数量を控除することとなるが，それはall or nothingではなく，部分的な抗弁の成立が認められる。

　2項の推定覆滅事由につき，令和元年炭酸パック事件判決は，例えば，「①特許権者と侵害者の業務態様等に相違が存在すること（市場の非同一性），②市場における競合品の存在，③侵害者の営業努力（ブランド力，宣伝広告），④侵害品の性能（機能，デザイン等特許発明以外の特徴）などの

事情」（傍点筆者）がこれに当たり，その主張立証責任は侵害者が負うとした。なお，大鷹論文6頁は，②での「競合品」は，特許発明の実施品であることや，特許発明と同様の作用効果を奏することを必ずしも必要とするものではないとする。また，2項が適用される場合の推定覆滅は，従来はall or nothingで運用されていたが，平成10年改正で新設された旧特許法102条1項（現在の102条1項1号）がall or nothingの発想から脱しているのを受け，現在は2項につき推定の一部覆滅が一般的に用いられるに至っている。

令和元年炭酸パック事件判決および令和2年美容器事件判決によれば，1項1号かっこ書の「販売することができないとする事情」と，2項の推定覆滅事由は，ほぼ同じである。

4.5　3項の重畳適用

1項では，令和元年改正により，1項1号による主位的主張が認められない部分につき，同項2号が一定の要件の下で実質的に3項の重畳適用に係る予備的主張を許すに至った。そして，このような予備的主張が許されるのは，①「譲渡等数量のうち販売等能力相応数量を超える数量」の部分と，②「被侵害者が販売又は提供をすることができないとする事情に相当する数量」（特定数量）の部分とされた。なお，「許諾をし得たと認められない場合」（傍点筆者）は，1項2号は適用されない。

2項では，令和4年椅子式マッサージ機事件判決が，「特許法102条2項による推定が一部覆滅される場合であっても，当該推定覆滅部分について，特許権者が実施許諾をすることができたと認められるときは，同条3項が適用される」（傍点筆者）とした。そして，推定覆滅事由ごとの3項重畳適用の可否につき，2項による推定の覆滅事由には，1項2号同様，①侵害品の販売等の数量について特許権者の販売等の実施の能力を超えることを理由とする覆滅事由と，②それ以外の理由により特許権者が販売等をすることができないとする事情があることを理由とする覆滅事由があるところ，①の「実施の能力を超えることを理由とする覆滅事由に係る推定覆滅部分については，特許権者は，特段の事情のない限り，実施許諾をすることができたと認められる」とした。これに対し，②の「販売等をすることができないとする事情があることを理由とする覆滅事由に係る推定覆滅部分については，当該事情の事実関係の下において，特許権者が実施許諾をすることができたかどうか

602　第2章　差止請求、損害賠償等

を個別的に判断すべき」（傍点筆者）とした。その示すところは，1項の条文や判例に寄せた内容となっている。

　2項に関する令和4年椅子式マッサージ機事件判決は，「実施の能力を超えることを理由とする覆滅事由に係る推定覆滅部分については，特許権者は，特段の事情のない限り，実施許諾をすることができたと認められる」（傍点筆者）とする。1項2号においても，実施相応数量を超える数量については，特段の事情のない限り，実施許諾をすることができたと認められることとなろう。

4.6　市場における「競合品」

　令和4年椅子式マッサージ機事件判決は，2項での2項適用前提事情が認められるためには，「特許権者の製品が，特許発明の実施品であることや，特許発明と同様の作用効果を奏することを必ずしも必要とするものではない」とした。このように，2項の請求原因レベルで2項適用前提事情が広げられる一方で，大鷹論文6頁によると，抗弁レベルの推定覆滅時事由の「市場における競合品の存在」にいう「競合品」も，同様に「特許発明の実施品であることや，特許発明と同様の作用効果を奏することを必ずしも必要とするものではない」と広く解し，全体としてのバランスをとるようである。

　1項1号においても，請求原因レベルで，特許権者の製品は特許発明の実施品であることを要しない。抗弁レベルの「販売することができないとする事情」の一つとされる「市場における競合品の存在」の「競合品」も，2項の場合と同様に，特許発明の実施品であることや，特許発明と同様の作用効果を奏することを必ずしも必要とするものではないと広く解し，全体としてのバランスをとることとなろう。

4.7　特許発明の特徴部分が特許製品または侵害品の一部のみに実施されている場合

　前記のとおり，1項1号の適用場面で，特許発明の特徴部分が特許製品の一部のみに実施されている場合につき，令和2年美容器事件判決は，「特許権者の製品の販売によって得られる限界利益の全額が特許権者の逸失利益となることが事実上推定される」とし，基本的に「単位数量当たりの利益の額」の問題とする。他方，2項の適用場面で，特許発明の特徴部分が侵害品

の一部のみに実施されている場合を，令和元年炭酸パック事件判決は推定覆滅の問題とする。

1項1号での取扱いにつき，首肯できるとする裁判官の解説[85]がある一方で，違和感も指摘されている[86]。令和2年美容器事件判決の立場（「単位数量当たりの利益の額」説）によると，1項1号が適用される場面で，特許権者の製品が実施品ではなく侵害品の競合品で，侵害品の部分で特許発明が実施された場合の取扱いが残された課題とうなろう[87]。

4.8　1項と2項での統一的解釈

特許法102条に関する4つの大合議判決は，明言はしていないものの，1項と2項で統一的な解釈をする方向性を示している。また，前掲プログラマブル・コントローラ事件のように，3項の重畳適用につき1項と2項で統一的な解釈を行う裁判例も出てきている。1項に関する裁判例は2項で，2項に関する裁判例は1項で，それぞれ相互に参考にされることは，不正競争防止法5条1項と2項においても許されよう。

5　3項

5.1　総説

5.1.1　趣旨

特許法102条3項につき，令和4年椅子式マッサージ機事件判決は，「特許権者が，侵害者に対し，自ら特許発明を実施しているか否か又はその実施の能力にかかわりなく，特許発明の実施料相当額を自己が受けた損害の額の最低限度としてその賠償を請求できることを規定したものであり，同項の損害額は，実施許諾の機会（ライセンスの機会。以下同じ。）の喪失による最低限度の保障としての得べかりし利益に相当する」とする。もっとも，不正競争防止法は，特定の行為を排除することによる反射的な効果を定めるもので，排他的独占権である特許権等とは異なるから，「権利」の対象である発明等の実施等を許諾するとの考え方にはなじまない。

しかし，不正競争行為に対する差止請求権を行使しないことを対価を得て約することは可能で，その意味で使用に対し受けるべき金銭に準じるものも観念できる。また，不正競争防止法が保護対象とするもの（2条1項1号・

2号では商品等表示，同項3号では商品形態，同項4号〜9号では営業秘密，同項11号〜16号では限定提供データ，同項19号ではドメイン名，同項22号では商標）は，商標，意匠または発明等に準じるともいえる。

よって，特許法102条3項等と同じ趣旨の本項が設けられたが，適用範囲は本項1号から6号までで列挙した不正競争類型に限られる。侵害行為による使用料の喪失・減少を逸失利益と考えることに基礎を置いているからで，被侵害者は，侵害者に対し，自ら使用しているか否かまたはその販売等能力にかかわりなく，「当該各号に定める行為に対し受けるべき金銭の額に相当する額」（使用料相当額）の金銭を，被侵害者が受けた損害の額の最低限度としてその賠償を請求できる。言い換えれば，本項の損害額は，使用許諾の機会の喪失による最低限度の保障としての，得べかりし利益の額に相当する。

5.1.2 要件

同種の規定である商標法38条3項に関する小僧寿し事件・最判平9・3・11民集51巻3号1055頁〔28020794〕は，被侵害者は，請求原因レベルでは損害の発生につき主張立証する必要はなく，侵害の事実および受けるべき金銭の額を主張立証すれば足るとした（損害不発生の抗弁につき5.6参照）。よって，本項により損害賠償を請求する場合の要件は，一般的なランニングロイヤリティ方式の場合，①侵害者の不正競争行為，②被侵害者の営業上の利益の侵害，③侵害者の故意・過失が充足されることを前提に，④侵害品の売上高と⑤相当使用料率であり，損害の発生は要件とならない[88]（損害不発生の抗弁につき5.6参照）。

令和元年炭酸パック事件判決も，「特許法102条3項による損害は，原則として，侵害品の売上高を基準とし，そこに，実施に対し受けるべき料率を乗じて算定すべきである」としている。

5.2 「第2条第1項第1号から第9号まで，第11号から第16号まで，第19号又は第22号に掲げる不正競争によって営業上の利益を侵害された者」

本項を主張することができる者は，「第2条第1項第1号から第9号まで，第11号から第16号まで，第19号又は第22号に掲げる不正競争によって営業上

の利益を侵害された者」である。

5.2.1 「第2条第1項第1号から第9号まで，第11号から第16号まで，第19号又は第22号に掲げる不正競争」

本項の適用対象となる不正競争は，①周知表示混同惹起行為（2条1項1号），②著名表示冒用行為（同項2号），③商品形態模倣行為（同項3号），④営業秘密侵害行為（同項4号～9号），⑤限定提供データ侵害行為（同項11号～16号），⑥ドメイン名侵害行為（同項19号），⑦代理人等商標冒用行為（同項22号）に限られる。これらの類型では，不正競争防止法が保護対象とするもの（2条1項1号・2号では商品等表示，同項3号では商品形態，同項4号～9号では営業秘密，同項11号～16号では限定提供データ，同項19号ではドメイン名，同項22号では商標）につき，それぞれ対価支払を伴う使用許諾を行うことが観念できるため，3項の適用対象とされる[89]。なお，④営業秘密侵害行為につき定める本項3号で，2条1項10号が除かれているのは，同項4号～9号による使用料相当額の賠償を受ければ，同項4号～9号に該当して生じた物の譲渡についても10号により使用料相当額の賠償を受けると二重取りになるからと思われるが，4号～9号による使用料相当額の算定の際，10号での譲渡価格が参照されるべきと解される（2.5.3(2)参照）。

他方，技術的制限手段回避行為（2条1項17号・18号），原産地等誤認惹起行為（同項20号）および競争者虚偽事実流布行為（同項21号）については，保護対象となる技術的制限手段（同項17号・18号の場合），原産地等の表示（同項20号の場合），営業上の信用（同項21号の場合）につき，一般に使用料を対価として受け取ることによる許諾を観念しえないため，本項の適用対象とされない。その意味では，例えば営業秘密保有者から営業秘密を示された者が営業秘密保有者を害する目的で営業秘密を開示する行為（2条1項7号）についても，使用許諾を観念しえないが，この場合を除外しようとすると規定が煩雑化するため，特に除外して規定するまでもなく解釈に委ねることとされている[90]。

5.2.2 「営業上の利益を侵害された者」

「営業上の利益」については，3条での解説が妥当するが，逸失利益に相当する損害に関する規定である本項では，商品や役務の売上等の金額に直接

606 第2章 差止請求、損害賠償等

現れる有形の利益に限られるであろう（2.2.3参照）。

5.3 「故意又は過失により自己の営業上の利益を侵害した者」

本項による請求を受ける者は，「故意又は過失により自己の営業上の利益
を侵害した者」である。「故意又は過失」については4条の解説，「営業上の
利益」については2.2.3を参照されたい。

5.4 「次の各号に掲げる不正競争の区分に応じて当該各号に定める行為に
対し受けるべき金銭の額に相当する額」

5.4.1 総説

本項により被侵害者が自己が受けた損害の額として賠償請求できるのは，
「次の各号に掲げる不正競争の区分に応じて当該各号に定める行為に対し受
けるべき金銭の額に相当する額」である。平たく言えば，3項各号所定の行
為を侵害者に許諾すれば受けるべき，ライセンス料に相当する額である。

なお，使用料相当額の損害には，消費税も含まれる[91]。

5.4.2 「次の各号に掲げる不正競争の区分に応じて当該各号に定める行
為」

「次の各号に掲げる不正競争の区分に応じて当該各号に定める行為」は，
①周知表示混同惹起行為（2条1項1号）または著名表示冒用行為（同項2
号）では，「当該侵害に係る商品等表示の使用」（本項1号）である（傍点筆
者。以下同じ）。②商品形態模倣行為（2条1項3号）では，「当該侵害に係
る商品の形態の使用」（本項2号）である。③営業秘密侵害行為（2条1項
4号～9号）では，「当該侵害に係る営業秘密の使用」（本項3号）である。
④限定提供データ侵害行為（2条1項11号～16号）では，「当該侵害に係る
限定提供データの使用」（本項4号）である。⑤ドメイン名侵害行為（2条
1項19号）では，「当該侵害に係るドメイン名の使用」（本項5号）である。
⑥代理人等商標冒用行為（2条1項22号）では，「当該侵害に係る商標の使
用」（本項6号）である。要するに，本項各号で列挙された不正競争類型の
それぞれの保護対象の「使用」だが，本項各号の「使用」は，2条1項各号
の「使用」と一致しない点に注意する必要がある[92]。

例えば，2条1項3号では，「他人の商品の形態を模倣した商品」を「譲

渡し，貸し渡し，譲渡若しくは貸渡しのために展示し，輸出し，又は輸入す
る行為」とされ，そもそも「使用」の語は出てこない。本項2号の商品の形
態の「使用」は，2条1項3号の「他人の商品の形態を模倣した商品」の
「譲渡」，「貸渡し」，「譲渡又は貸渡しのための展示」，「輸出」または「輸入」
の全般にわたりつつ，そのうち第三者への許諾を観念できる行為と広く解釈
することになろう。

　また，2条1項1号では，①「他人の商品等表示として需要者の間に広く
認識されているものと同一若しくは類似の商品等表示」を「使用」すること
と，②「その商品等表示を使用した商品」を「譲渡し，引き渡し，譲渡若し
くは引渡しのために展示し，輸出し，輸入し，若しくは電気通信回線を通じ
て提供」する行為が，不正競争とされる。ここでは「使用」の語が用いられ
ているが，本項1号の「商品等表示の使用」は，①のみに限られるのではな
く，①および②の全体のうち第三者への許諾を観念できる行為と広く解釈す
ることになろう。

　このような「使用」の語の解釈は，本項3号〜6号でも同じである。本項
各号の「使用」は，2条1項各号の「使用」と異なり（概念の相対性），こ
れより広く2条1項各号の行為を包括する「利用」とでもいうべき概念とし
て用いられている[93]。

5.4.3 「受けるべき金銭の額に相当する額の金銭」

⑴　「通常」の削除
　平成15年改正の前は「通常受けるべき金銭の額」となっていたが，同改正
により「通常」の語が削除された。3項で請求できる使用料相当額は，必ず
しも世間一般で通用している使用料率によるのではなく，当該事件の特殊性
を考慮して決せられる妥当な使用料相当額を認定できるようにする趣旨であ
る[94]。

⑵　使用料の支払方法と使用料相当額の算定式
　この点，使用料の支払方法については，1回払い，所定の期間ごとに所定
の使用料率に基づき算定した額を定期的に支払うランニングロイヤリティ方
式，これらを組み合わせた方法等があるが，侵害行為である不正競争の具体
的態様に応じ，合理的な支払方法に基づき算定する。通常はランニングロイ
ヤリティ方式により算定されるが，当該事案で侵害された営業秘密の性質よ

608 第2章 差止請求、損害賠償等

り，1回払いの方法により使用料を算定した裁判例もある[95]。

　一般的なランニングロイヤリティ方式の場合，使用料相当額は，

　　④侵害品・侵害役務の譲渡等数量×⑤侵害品・侵害役務の単位数量当た
　　りの販売額×⑥相当使用料率

との算定式による（**5.1.2参照**）。

(3)　侵害品・侵害役務の単位数量当たりの販売額

　この点，前記算定式の⑤侵害品・侵害役務の単位数量当たりの販売額は，
侵害者側の販売単価である。もっとも，同種規定である著作権法114条3項
に関し，海賊版DVDが廉価販売された事案で，侵害品ではなく真正品DVD
の表示小売価格を基準に算定した裁判例がある[96]。

(4)　相当使用料率

　次に，前記算定式の⑥相当使用料率について，例えばマリカー事件控訴審
判決・知財高判令2・1・29最高裁HP（平成30年（ネ）10081号／平成30年
（ネ）10091号）〔28280870〕は，「①当該商品等表示の実際の許諾契約におけ
る料率や，それが明らかでない場合には業界における料率の相場等も考慮に
入れつつ，②当該商品等表示の持つ顧客吸引力の高さ，③不正競争行為の態
様並びに当該商品等表示又はそれに類似する表示の不正競争行為を行った者
の売上げ及び利益への貢献の度合い，④当該商品等表示の主体と不正競争行
為を行った者との関係など訴訟に現れた諸事情を総合考慮して，合理的な料
率を定めるべき」とする。

　この点，①につき，周知表示混同惹起行為・著名表示冒用行為では商標法
38条3項，商品形態模倣行為では意匠法39条3項，営業秘密侵害行為では特
許法102条3項およびノウハウライセンス契約における料率と共通する[97]。
もっとも，商品形態模倣行為では，保護期間が3年に限られることなどの特
性を踏まえる必要がある[98]。また，限定提供データについては，その使用許
諾契約が頻繁に行われている状況ではないため，使用料率の認定に困難が伴
うが，当該限定提供データの性質や使用状況に応じた詳細な分析と推論が必
要と指摘される[99]。

　ドメイン名不正取得使用行為は，ウェブで被侵害者に成りすます行為とい
えるが，被侵害者の周知商品等表示と切り離したドメイン名のみの価値は相
対的に小さい。ドメイン名の使用に係る使用料率につき，侵害者の売上の
0.5%にすぎないとした裁判例がある[100]。

5.5 「自己が受けた損害の額としてその賠償を請求することができる」

要件充足の効果は，前記内容の使用料相当額を，被侵害者が「自己が受けた損害の額としてその賠償を請求することができる」ことである。

5.6 損害不発生の抗弁

前述のとおり，本項の適用を求める被侵害者は，損害の発生につき主張立証する必要はなく，侵害の事実および受けるべき金銭の額を主張立証すれば足る。では，本項は損害の発生まで擬制するのか，言い換えれば，被侵害者に損害が発生していないとの抗弁（損害不発生の抗弁）を侵害者が主張できるか，問題となる。

同趣旨の規定である商標法38条3項につき，小僧寿し事件・最判平9・3・11民集51巻3号1055頁〔28020794〕は，同項も不法行為法の枠組内の条文であるから，損害の発生まで擬制されず，当該事案で損害不発生の抗弁を認めた。もっとも，顧客吸引力が伴わない登録商標に対する侵害が形式上成り立ちうる商標権侵害の場合と異なり，不正競争防止法違反の場合に損害不発生の抗弁が問題となることは実務上ほとんどないであろう。

6 4項

6.1 総説

(1) 趣旨

令和5年改正で新設された本項は，いわゆる「侵害プレミアムの上乗せ」が可能であることを確認する趣旨である。

同種規定である特許法102条では，令和元年改正により，侵害プレミアムの上乗せが可能であることが先行して明示された（特許法102条4項の新設）。特許権侵害か否かがはっきりしない段階で行われるライセンス契約交渉では，特許発明の実施の対価は，特許権侵害があったことを前提として決まる額より低くなることが通常である。特許権侵害訴訟で侵害が認定された後に算定される実施料相当額が，このような特許権侵害か否かがはっきりしない段階で行われるライセンス契約交渉での額を基準として認定されれば権利者保護に欠けるため，令和元年改正により，「特許発明の実施に対し受け

610　第2章　差止請求、損害賠償等

るべき金銭の額に相当する額」の認定に当たり，「当該特許権又は専用実施権の侵害があつたことを前提として当該特許権又は専用実施権を侵害した者との間で合意をするとしたならば，当該特許権者又は専用実施権者が得ることとなるその対価」（傍点筆者）を考慮することができると確認された。これがいわゆる侵害プレミアムの上乗せで，具体的には相当実施料率の認定に現れる。

(2)　令和元年炭酸パック事件判決

　もっとも，令和元年特許法改正が施行される前に出された令和元年炭酸パック事件判決は，令和元年改正を先取りした判断をしている。具体的には，「特許発明の実施許諾契約においては，技術的範囲への属否や当該特許が無効にされるべきものか否かが明らかではない段階で，被許諾者が最低保証額を支払い，当該特許が無効にされた場合であっても支払済みの実施料の返還を求めることができないなどさまざまな契約上の制約を受けるのが通常である状況の下で事前に実施料率が決定されるのに対し，技術的範囲に属し当該特許が無効にされるべきものとはいえないとして特許権侵害に当たるとされた場合には，侵害者が上記のような契約上の制約を負わない」ことと，平成10年特許法改正で102条3項から「通常」が削除された経緯によれば，「同項〔注：特許法102条3項〕に基づく損害の算定に当たっては，必ずしも当該特許権についての実施許諾契約における実施料率に基づかなければならない必然性はな（い）」ことを理由に，「特許権侵害をした者に対して事後的に定められるべき，実施に対し受けるべき料率は，むしろ，通常の実施料率に比べて自ずと高額になるであろうことを考慮すべき」（傍点筆者）とした。

　その意味では，令和元年改正後の特許法102条4項は確認規定と理解してよい。

(3)　施行日前の侵害行為への令和5年改正後の本項の適用

　令和5年改正法の施行日は，本項については令和6年4月1日だが，その附則に経過措置がないため，施行日より前の侵害行為にも改正後の本項が適用される。もっとも，令和元年炭酸パック事件判決の前記判示内容によれば，少なくとも特許法102条3項から「通常」が削除された平成10年特許法改正より後は，知的財産権侵害訴訟一般で「侵害プレミアムの上乗せ」が可能であったことになる。

6.2 「第1項第2号イからホまで及び前項各号に定める行為に対し受けるべき金銭の額を認定するに当たって」

　これまで見たように、使用料相当額は、①本条1項2号イ〜ホが適用される場合（2.5.3）と、②本条3項各号が適用される場合（5.4.3）で問題となる。「第1項第2号イからホまで及び前項各号に定める行為に対し受けるべき金銭の額を認定するに当たって」（傍点筆者）との定めは、本項が、②の本条3項各号の場合のみならず、①の本条1項2号イ〜ホの場合にも適用され、①についても侵害プレミアムの上乗せが可能であることを確認する。

　では、これら①・②以外の場合に侵害プレミアムの上乗せが許されるか。この点につき、特許権者が自己の特許権を侵害した者に対して不当利得金（民703条）を請求した事件で、接触操作型入力装置事件・東京地判令5・7・13公刊物未登載（令和2年（ワ）13317号）は、特許法102条4項によることを明示して同条3項に基づく実施料相当額を認定した上で、当該額を不当利得金として認めている。不正競争防止法違反の場合に、不当利得金（民703条）の請求が可能な事案が仮に想定されるなら、その算定の際に本条4項によることができよう。

6.3 「営業上の利益を侵害された者が、当該行為の対価について、不正競争があったことを前提として当該不正競争をした者との間で合意をするとしたならば、当該営業上の利益を侵害された者が得ることとなるその対価」

　長い記述だが、ポイントは、「不正競争があったことを前提として……得ることとなるその対価」である。侵害に関する司法判断がされる前の契約交渉では、非侵害の可能性もあるため相対的に低いライセンス料となるが、「不正競争があった」と司法が判断したことを前提とすればそのようなディスカウントはされず、侵害プレミアムが上乗せされた相対的に高い対価となる。

6.4 「考慮することができる」

　本項は、1項2号や3項により算定される使用料相当額は、侵害行為が行われた後に損害賠償として支払われるべき相当な額であり、使用に先立って

612　第2章　差止請求、損害賠償等

契約により設定される通常の使用料額でないことを確認した規定とされる[101]。令和元年炭酸パック事件判決の例に倣い，裁判所は，「不正競争があったことを前提として……得ることとなるその対価」を適正に考慮することになろう。

7　5項

7.1　「第3項の規定は，同項に規定する金額を超える損害の賠償の請求を妨げない」（前段）

本項前段は，3項が使用料相当額を被侵害者が受けた損害の額の最低限度として保障することを，「第3項の規定は，同項所定の額を超える損害賠償請求を妨げない」との表現により注意的に規定する。

7.2　「この場合において，その営業上の利益を侵害した者に故意又は重大な過失がなかったときは，裁判所は，損害の賠償の額を定めるについて，これを参酌することができる」（後段）

前段が注意規定であることより，本項の積極的意義は後段にある。

7.2.1　「この場合において」

「この場合」は，「第3項……に規定する金額を超える損害の賠償の請求」がされる場合で，本条1項または2項が適用された結果，3項に規定する金額を超える損害の賠償の請求がされる場合である。侵害行為の態様の割には賠償額が巨額となってしまう場合に，裁判所の総合的な判断により賠償額を減額することを許す趣旨となる。

7.2.2　「その営業上の利益を侵害した者に故意又は重大な過失がなかったとき」

裁判所が賠償額を減額することができるのは，侵害者に「故意又は重大な過失がなかった」場合，すなわち侵害者が軽過失であった場合に限られる。軽過失と重過失の区別は，「著しく」注意を欠いたか否かによるが，実際には量的な差に過ぎず，両者の区別を理論的に恣意が入り込まないように区別することは困難である。

7.2.3 「裁判所は，損害の賠償の額を定めるについて，これを参酌することができる」

「参酌することができる」は，損害額を減額する裁量権を裁判所に付与する趣旨である。ただし，使用料相当額を下回って減額することはできない。

裁判所は，参酌することを義務付けられるのではなく，参酌してもしなくてもよいが，実務感覚では本項後段により裁判所が損害額を減額することはないに等しい。本項は見直しが必要との指摘もある[102]。

【注】

1） 令和元年炭酸パック事件判決の評釈として，田村善之「特許法102条2項における利益の意義・推定の覆滅と同条3項の相当実施料額の算定について－二酸化炭素含有粘性組成物事件知財高裁大合議判決」同『知的財産権と損害賠償』〔第3版〕（弘文堂，2023）301頁，宮脇正晴「二酸化炭素含有粘性組成物事件－特許法102条2項・3項に基づく損害額の算定［知財高裁令和元.6.7判決］」L＆T86号82頁（2020），前田健「特許法102条2項・3項による損害額の算定方法－炭酸パック事件大合議判決」NBL1154号4頁（2019），金子敏哉「特許法102条2項・3項に基づく損害額の算定－二酸化炭素含有粘性組成物事件大合議判決」判時2470号131頁（2021），加藤浩「損害賠償の算定基準の考え方を判示した知財高裁大合議判決二酸化炭素含有粘性組成物事件」知財ぷりずむ203号31頁（2019），松本司「特許法102条2項及び3項についての知財高裁大合議判決」知財ぷりずむ203号61頁（2019），原悠介「特許法102条2項と同3項の解釈と考慮事由を示した大合議判決二酸化炭素含有粘性組成物事件」知財ぷりずむ204号58頁（2019）ほか。

2） 令和2年美容器事件判決の評釈として，田村善之「特許法102条1項の逸失利益の推定とその覆滅について－美容器事件知財高裁大合議判決」同『知的財産権と損害賠償』〔第3版〕（弘文堂，2023）330頁，志賀典之「特許法102条1項（令和元年改正前）に基づく損害額の算定方法及び特許発明の特徴部分が特許製品の一部分である場合の取り扱いについて示した事件－美容器事件大合議判決［知財高裁令2.2.28］」判時2496号124頁（2021），大友信秀「知的財産高等裁判所大合議判決が示した特許法102条1項（令和元年改正前）による損害賠償額の算定方法の分析［令和2.2.28］」知財管理70巻12号1783頁（2020），原悠介「特許発明の特徴部分が権利者製品の一部のみに留まる場合を『単位数量当たりの利益の額』において考慮した事案（美容器事件）［知財高裁令和2.2.28］」知財ぷりずむ211号86頁（2020），谷口由記「『美容器事件』知財高裁大合議事件［令和2.2.28］」知財ぷりずむ213号85頁（2020）ほか。

3） 令和4年椅子式マッサージ機事件判決の評釈として，田村善之「特許法102条2項の推定の一部覆滅後に同条3項の賠償が認められる条件について－椅子式マッサージ機事件知財高裁大合議判決」同『知的財産権と損害賠償』〔第3版〕

（弘文堂，2023）384頁，辻村和彦「特許法102条2項の推定覆滅部分につき同条3項の適用を認めた事例—椅子式マッサージ機事件知財高裁大合議判決［特別部令和4.10.20］」知財ぷりずむ246号71頁（2023），田上洋平「特許法102条2項の推定覆滅部分についての特許法102条3項適用の可否—椅子式マッサージ機事件［知財高裁特別部令和4.10.20］」知財ぷりずむ245号1頁（2023）。

4) 前掲注1）～3）で示した評釈以外の関連する文献として，飯田圭「美容器事件及び二酸化炭素含有粘性組成物事件に係る各知財高裁大合議判決と令和元年改正特許法の下での損害論についての考察」知的財産法政策学研究62号99頁（2022），「同・続」64巻113頁（2022），佐野信「製品の一部のみに特許発明が実施されている場合の特許法102条1項，2項による損害額算定における諸問題」Law&Technology編集部編『知的財産紛争の最前線—裁判所との意見交換・最新論説No.6』（別冊L＆T）81頁（2020），鈴木將文「特許権侵害に基づく損害賠償に関する一考察—特許法102条1項を中心として」L＆T90号12頁（2021），高部眞規子「特許権侵害による損害」L＆T90号25頁（2021）ほか。

5) 高林龍『標準特許法』〔第8版〕311頁（有斐閣，2023）

6) 蓄熱材事件・東京高判平11・6・15判時1697号96頁〔28042120〕。

7) ピペラジン事件・知財高判平23・12・22判タ1399号181頁〔28180826〕ほか。

8) 川上敏寛「令和元年特許法等改正法の概要（上）」NBL1154号38頁（2019）

9) 経産省・逐条解説（令和5年改正版）175頁，高部・実務詳説69頁参照

10) 黒川直毅ほか「令和5年不正競争防止法改正の概要」L＆T101号37頁（2023）

11) 経産省・逐条解説（令和5年改正版）176頁

12) 経産省・逐条解説（令和5年改正版）176頁

13) 黒川ほか・前掲注10）37頁

14) 経産省・逐条解説（令和5年改正版）176頁

15) 経産省・逐条解説（令和5年改正版）176頁

16) 山本・要説4版294頁

17) 黒川ほか・前掲注10）37頁

18) 経産省・逐条解説（令和5年改正版）177頁。特許法102条1項につき，オフセット輪転機版胴事件・知財高判平27・11・19判タ1425号179頁〔28242867〕。

19) 小野・松村・新・概説3版下巻237頁参照

20) 黒川ほか・前掲注10）37頁

21) 高部・実務詳説66頁参照

22) 高部・実務詳説70頁参照

23) 高部・実務詳説71頁

24) 田村・概説2版161頁，高部・実務詳説72頁。なお，特許法102条1項につき，茶園茂樹「特許権侵害による損害賠償」ジュリ1162号51頁（1999）。

25) 田村善之『知的財産権と損害賠償』238頁（弘文堂，1993）

26) 化粧水外箱事件・東京地判令2・11・11最高裁HP（平成30年（ワ）29036号）〔28291060〕（特許法102条1項に関する令和2年美容器事件判決を引用）

27) 特許法102条1項につき，マキサカルシトール事件・東京地判平29・7・27判時2359号84頁〔28252602〕。

28) 東京地判平13・7・17最高裁HP（平成11年（ワ）23013号）〔28061454〕

29) 特許法102条1項につき，牧野利秋＝飯村敏明編『新・裁判実務大系4　知的財産関係訴訟法』302頁〔三村量一〕（青林書院，2001），小野・新・注解3版下巻1013頁=1014頁〔松村信夫〕。

30) 高部・実務詳説71頁

31) 高部・実務詳説73頁

32) 特許法102条1項につき，特許庁総務部総務課工業所有権制度改正審議室編『工業所有権法の解説平成10年改正』（発明協会，1998）19頁。

33) 経産省・逐条解説（令和5年改正版）178頁

34) エスティーネットワーク事件・知財高判平30・3・26最高裁HP（平成29年（ネ）10007号）〔28261326〕

35) 茶園編・不競法2版156頁

36) 川上・前掲注8）37頁

37) 高部・前掲注4）29頁

38) 田村善之『知的財産権と損害賠償』〔第3版〕357頁・445頁（弘文堂，2023），鈴木・前掲注4）20頁

39) スロットマシン事件・東京地判平14・3・19判タ1119号222頁〔28070565〕，東京地判平15・3・26判タ1135号262頁〔28081725〕，液体充填装置におけるノズル事件・知財高判平17・9・29最高裁HP（平成17年（ネ）10006号）〔28102001〕。

40) 高部・前掲注4）29頁

41) フランクフェイスⅡ事件・東京地判令2・11・30最高裁HP（平成30年（ワ）26166号）〔28291065〕

42) 高林・前掲注5）318頁

43) 黒川ほか・前掲注10）37頁

44) 本条3項各号の「使用」と2条1項各号の「使用」に関する田村・概説2版365頁注2

45) 高林・前掲注5）312頁

46) エディオン事件・大阪地判令2・10・1最高裁HP（平成28年（ワ）4029号）〔28283762〕

47) 高部・実務詳説76頁

48) Comax事件・東京地判令2・7・10最高裁HP（平成30年（ワ）22428号）〔28282387〕他ほか

49) 経口投与用吸着剤事件・東京地判平21・10・8最高裁HP（平成19年（ワ）3493号）〔28153538〕

50) 「2項適用前提事情」の語を用いる例として，田中孝一「特許法102条2項と，侵害行為がなかったならば利益が得られたであろうという事情」

616　第 2 章　差止請求、損害賠償等

Law&Technology編集部編『知的財産紛争の最前線─裁判所との意見交換・最新論説No.7』（別冊 L ＆ T ）52頁（2021）。

51)　大鷹論文 6 頁

52)　髙部・実務詳説66頁・77頁参照

53)　生ごみ処理機事件・東京地判令 5 ・11・10最高裁HP（令和 4 年（ワ）2551号）〔28313459〕

54)　髙部・実務詳説77頁

55)　前掲注53）生ごみ処理機事件

56)　髙部・実務詳説78頁。なお，特許法102条 1 項に関する特許庁総務部総務課工業所有権制度改正審議室編・前掲注32）20頁。

57)　経産省・逐条解説（令和 5 年改正版）181頁（注）

58)　髙部・実務詳説80頁参照

59)　髙部・実務詳説82頁

60)　前掲注46）エディオン事件

61)　殺菌量製剤事件・大阪地判令元・ 5 ・27最高裁HP（平成29年（ワ）1897号／平成29年（ワ）6434号）〔28273459〕，髙部・実務詳説81頁。

62)　シテイノトナーガソウチャクサレテイマス事件・大阪地判平29・ 1 ・31判時2351号56頁〔28253693〕

63)　オリゴ糖類食品事件・知財高判令 4 ・ 1 ・27最高裁HP（令和 3 年（ネ）10018号）〔28300217〕ほか

64)　プレハブ式階段事件・東京地判令 2 ・ 3 ・ 6 最高裁HP（平成30年（ワ）18874号）〔28281286〕，前掲注48）Comax事件・東京地判令 2 ・ 7 ・10ほか。

65)　ドラム式洗濯機用使い捨てフィルタ事件・大阪地判平29・ 4 ・20最高裁HP（平成28年（ワ）298号／平成28年（ワ）2610号）〔28251388〕

66)　前掲注63）オリゴ糖含有食品事件ほか

67)　前掲注53）生ごみ処理機事件

68)　大鷹論文 7 頁

69)　田村善之『知的財産権と損害賠償』238頁（弘文堂，1993）

70)　特許法102条 2 項の「利益」につき，医療品相互作用チェック装置事件・知財高判令 4 ・ 7 ・20最高裁HP（令和 2 年（ネ）10032号）〔28312527〕。

71)　特許法102条 2 項の「利益」につき，物品取出装置事件・知財高判平20・ 9 ・29最高裁HP（平成19年（ネ）10098号／平成20年（ネ）10005号）〔28142042〕，蓋体を備える容器事件・知財高判平27・ 4 ・28最高裁HP（平成25年（ネ）10097号）〔28231629〕，発砲合成樹脂容器事件・大阪地判平27・10・ 1 最高裁HP（平成25年（ワ）10039号）〔28233893〕。

72)　特許法102条 2 項の「利益」につき，電話番号情報自動作成装置事件・東京地判平26・ 1 ・30最高裁HP（平成21年（ワ）32515号）〔28220576〕。

73)　特許法102条 1 項および 2 項につき，知的財産裁判実務研究会編『知的財産訴訟の実務』〔西理〕73頁（法曹会，2010）参照。

5条　損害の額の推定等　　617

74)　特許法102条 2 項につき，牧野＝飯村編・前掲注29）312頁〔高松宏之〕。

75)　牧野＝飯村編・前掲注29）317頁〔高松宏之〕

76)　悪路脱出具事件・東京地判平11・ 7 ・16判タ1017号245頁〔28041439〕。

77)　高部・前掲注 4 ）32頁

78)　大鷹論文 4 頁

79)　松本健男「令和元年『特許法等の一部を改正する法律』の解説—特許法の改正を中心に」L＆T86号52頁（2020）

80)　大鷹論文11頁

81)　中古車顧客名簿事件・大阪地判平25・ 4 ・11判時2210号94頁〔28211423〕

82)　前掲注41）フランクフェイスII事件

83)　高林・前掲注 5 ）318頁

84)　飯田・前掲注 4 ）62号149頁・64号156頁

85)　佐野・前掲注 4 ）90頁

86)　田村善之『知的財産権と損害賠償』［第 3 版］445頁（弘文堂，2023），田上・前掲注 3 ）18頁。

87)　飯田圭「知財高裁大合議判決による特許法102条 1 項に係る裁判例の統一」［知財高裁令和 2 . 2 .28判決］ジュリ1547号 9 頁（2020）

88)　高部・実務詳説83頁参照

89)　渡辺哲也「不正競争防止法の概要」NBL526号 6 頁（1993）参照

90)　山本・要説 4 版309頁-310頁（注 1 ）

91)　特許法102条 3 項の「特許発明の実施に対し受けるべき金銭の額に相当する額の金銭」につき車両誘導システム事件・知財高判令 4 ・ 7 ・ 6 最高裁HP（令和 2 年（ネ）10042号）〔28301689〕

92)　田村・概説 2 版365頁

93)　田村・概説 2 版366頁

94)　山下隆也ほか「不正競争防止法の一部を改正する法律の概要」NBL762号13頁（2003）

95)　前掲注46）エディオン事件

96)　黒澤明映画DVD事件・知財高判平21・ 9 ・15最高裁HP（平成21年（ネ）10042号）〔28161268〕

97)　小野＝松村・新・概説第 3 版下巻270頁

98)　小野＝松村・新・概説第 3 版下巻275頁

99)　小野＝松村・新・概説第 3 版下巻277頁

100)　マクセル事件・大阪地判平16・ 7 ・15最高裁HP（平成15年（ワ）11512号）〔28092074〕

101)　高林・前掲注 5 ）319頁

102)　特許法102条 5 項につき，高林・前掲注 5 ）320頁。

〔岩谷　敏昭〕

618　第2章　差止請求，損害賠償等

（技術上の秘密を取得した者の当該技術上の秘密を使用する行為等の推定）

5条の2　技術上の秘密（生産方法その他政令で定める情報に係るものに限る。以下この条において同じ。）について第2条第1項第4号，第5号又は第8号に掲げる不正競争（営業秘密を取得する行為に限る。）があった場合において，その行為をした者が当該技術上の秘密を使用する行為により生ずる物の生産その他技術上の秘密を使用したことが明らかな行為として政令で定める行為（以下この条において「生産等」という。）をしたときは，その者は，それぞれ当該各号に掲げる不正競争（営業秘密を使用する行為に限る。）として生産等をしたものと推定する。

2　技術上の秘密を取得した後にその技術上の秘密について営業秘密不正取得行為が介在したことを知って，又は重大な過失により知らないで，その技術上の秘密に係る技術秘密記録媒体等（技術上の秘密が記載され，又は記録された文書，図画又は記録媒体をいう。以下この条において同じ。），その技術上の秘密が化体された物件又は当該技術秘密記録媒体等に係る送信元識別符号（自動公衆送信（公衆によって直接受信されることを目的として公衆からの求めに応じ自動的に送信を行うことをいい，放送又は有線放送に該当するものを除く。）の送信元を識別するための文字，番号，記号その他の符号をいう。第4項において同じ。）を保有する行為があった場合において，その行為をした者が生産等をしたときは，その者は，第2条第1項第6号に掲げる不正競争（営業秘密を使用する行為に限る。）として生産等をしたものと推定する。

3　技術上の秘密をその保有者から示された後に，不正の利益を得る目的で，又は当該技術上の秘密の保有者に損害を加える目的で，当該技術上の秘密の管理に係る任務に違反して，次に掲げる方法でその技術上の秘密を領得する行為があった場合において，その行為をした者が生産等をしたときは，その者は，第2条第1項第7号に掲げる不正競争（営業秘密を使用する行為に限る。）として生産等をしたものと推定する。

　一　技術秘密記録媒体等又は技術上の秘密が化体された物件を横領すること。

　二　技術秘密記録媒体等の記載若しくは記録について，又は技術上の秘密が化体された物件について，その複製を作成すること。

　三　技術秘密記録媒体等の記載又は記録であって，消去すべきものを消去せず，かつ，当該記載又は記録を消去したように仮装すること。

4　技術上の秘密を取得した後にその技術上の秘密について営業秘密不正開示行為があったこと若しくは営業秘密不正開示行為が介在したことを知って，又は重大な過失により知らないで，その技術上の秘密に係る技術秘密記録媒体等，その技術上の秘密が化体された物件又は当該技術秘密記録媒体等に係る送信元識別符号を保有する行為があった場合において，その行為をした者が生産等をしたときは，その者は，第2条第1項第9号に掲げる不正競争（営業秘密を使用する行為に限る。）として生産等をしたものと推定する。

趣　旨

令和5年改正前の本条は,

> 5条の2　技術上の秘密（生産方法その他政令で定める情報に係るものに限
> る。以下この条において同じ。）について第2条第1項第4号，第5号又
> は第8号に規定する行為（営業秘密を取得する行為に限る。）があった場
> 合において，その行為をした者が当該技術上の秘密を使用する行為により
> 生ずる物の生産その他技術上の秘密を使用したことが明らかな行為として
> 政令で定める行為（以下この条において「生産等」という。）をしたとき
> は，その者は，それぞれ当該各号に規定する行為（営業秘密を使用する行
> 為に限る。）として生産等をしたものと推定する。

という文言であった。令和5年改正では，このうち「第8号に規定する行
為」を「第8号に掲げる不正競争」と改め，「当該各号に規定する行為」を
「当該各号に掲げる不正競争」と改め，さらに2項から4項までを新設した。

　2条1項4号から9号までに掲げる方法で他人の技術上の秘密を使用する
行為は，不正競争行為として，使用行為の差止め（3条）や，使用行為によ
り生じた損害の賠償請求（4条）の対象となる。

　しかし，差止請求訴訟においては，相手方が現に不正競争行為を行い，ま
たは行うおそれがあることの立証責任は差止請求を行う秘密保有者の側にあ
り，損害賠償請求訴訟においても，不正競争行為が行われたことの立証責任
は賠償請求を行う秘密保有者の側にある。このため，いずれの訴訟において
も，不正競争行為を構成する「自己の営業秘密が相手方によって使用されて
いる／された」ことを立証する責任を秘密保有者が負っている。

　しかし，相手方がどのようにして特定の製品を生産しているのか，そのよ
うな製品をそのような方法で生産するに至る経緯はどのようなものなのか等
に関する証拠等は相手方に偏在しており，相手方が不正取得等した営業秘密
を使用して当該製品を生産したことを立証することは極めて困難であっ
た[1]。

　現行法においても，不正競争による営業上の利益の侵害に係る訴訟におい
ては，当事者の申立てにより，当事者に対し，当該侵害行為について立証す
るため必要な書類の提出ならびに検証物の提示を命ずることができる（7条

1項・4項）。しかし，産業界などの関係者からは，審理に一定期間を要することなど，その機能（有用性や実効性）には限界があるとの指摘があった[2]。

このため，平成27年改正により，原告側が被告による不正取得や原告の営業秘密を用いて生産できる物を生産していること等を立証した場合には，被告による2条1項4号，5号，8号に当たる技術上の秘密の使用行為を推定し，不使用の事実の立証責任を被告側に転換することとした。それが本条1項である。

さらに，令和5年改正では，被告による2条1項6号，7号，9号に当たる技術上の秘密の使用行為が推定される場合についても定めることとした。それが本条2項から4項までである。

解　説

1　1項

1.1　「技術上の秘密……について」

本項により使用行為の推定を受けられるのは，「技術上の秘密」に限られる。

「技術上の秘密」とは，営業秘密（秘密として管理されている生産方法，販売方法その他の事業活動に有用な技術上または営業上の情報であって，公然と知られていないもの（2条6項））のうち，技術上の情報であるものをいう（2条1項10号。詳細については，同号の解説を参照）。

1.2　「生産方法その他政令で定める情報に係るものに限る」

本項において使用の推定を受けることができる「技術上の秘密」は，上記「技術上の秘密」のうち，

①　生産方法……に係るもの

②　その他政令で定める情報に係るもの，すなわち「情報の評価又は分析の方法（生産方法に該当するものを除く。）」（不正競争防止法施行令1条）

に限られる。

「生産方法」には，「物の生産に直接寄与する技術（自動車の組立技術，化学物質の生成技術等）のみならず，その生産工程におけるエネルギー，原材料の投入量等の効率化を図る技術，コストカット技術等も含まれる」とされる[3]。

「情報の評価又は分析の方法」の具体例として，不正競争防止法の所管官庁である経済産業省知的財産政策室は，「具体例としては，(i)血液を化学的に分析する技術，(ii)機器の稼働情報（センサーデータ等）から機器の状況を評価する技術，(iii)カメラ画像やセンサー，GPSデータ等を分析し，交通の混雑状況を評価（予測）する技術等が考えられる」とする[4]。

1.3 「第2条第1項第4号，第5号又は第8号に規定する行為（営業秘密を取得する行為に限る。）があった場合において」

本項による使用行為の推定を受けるためには，2条1項4号，5号または8号に規定する行為であって上記技術上の秘密を取得する行為を秘密取得者が行っていたことを原告の側で立証することが必要である。すなわち，以下の行為のうちのいずれかを秘密取得者が上記技術上の秘密について行っていたことを原告の側で立証する必要がある。

①　窃取，詐欺，強迫その他の不正の手段により営業秘密を取得する行為（4号）

②　その営業秘密について不正取得行為（窃取，詐欺，強迫その他の不正の手段により営業秘密を取得する行為）が介在したことを知って，もしくは重大な過失により知らないで営業秘密を取得する行為（5号）

③　その営業秘密について不正開示行為（営業秘密を保有する事業者（保有者）からその営業秘密を示された場合において，不正の利益を得る目的でもしくはその保有者に損害を加える目的でその営業秘密を開示する行為，または秘密を守る法律上の義務に違反してその営業秘密を開示する行為）であることもしくはその営業秘密について不正開示行為が介在したことを知ってもしくは重大な過失により知らないで営業秘密を取得する行為（8号）

1.4 「その行為をした者が生産等をしたときは」

本項による使用行為の推定を受けるためには，上記行為をした者[5]が，

622 第2章 差止請求, 損害賠償等

① 「当該技術上の秘密を使用する行為により生ずる物の生産」か

② 「その他技術上の秘密を使用したことが明らかな行為として政令で定
める行為」すなわち「法第2条第1項第10号に規定する技術上の秘密
（情報の評価又は分析の方法（生産方法に該当するものを含む。）に係る
ものに限る。）を使用して評価し, または分析する役務の提供」（不正競
争防止法施行令2条）

を秘密取得者が行ったことを原告の側で立証することが必要である（上記①
および②を合わせて「生産等」という）。

　「当該技術上の秘密を使用する行為により生ずる物」とは, 当該技術上の
秘密を使用することによって生産することが可能となる物をいう[6]。ただ
し, 本項が推定規定であることに鑑みれば, 当該技術上の秘密を使用しなけ
れば生産され得ないものであることまでは要しないというべきである。もっ
とも, 審議会においては,「使用する行為により生じ」との文言を使用する
ことにより,「原告営業秘密と被告生産物との間の相当の関連性（当該物の
機能, 品質, 又はコスト等において, 競合他社との差別化要因となりうる営
業秘密であること）を要求し, それが希薄な技術（例えば, 測定方法など）
を排除する趣旨を有する」[7]とされた。これを尊重するならば, 製造ライン
外での技術（工場内の照明, 衛生を保つ方法等）や他社との差別化要因では
ない汎用的な検査技術・測定技術[8]が不正取得された場合に, その生産過
程においてこれらの技術を活かされた可能性のある製品を不正取得者が生産
していたとしても, その製品を「当該技術上の秘密を使用する行為により生
ずる物」に含めるべきでないということになる。

　情報の評価または分析の方法に係る「技術上の秘密……を使用して評価
し, または分析する役務の提供」とは, 当該秘密を使用することによって可
能となる評価または分析をする役務を提供すること[9]をいう。ただし, 本
項が推定規定であることに鑑みれば, 当該技術上の秘密を使用しなければ当
該評価ないし分析がなされないものであることまでは要しない。

　生産方法に該当する物を除く情報の評価または分析方法に関する営業秘密
を取得した者が当該情報の評価または分析の方法を使用して生ずる物の生産
をした場合に本項の適用があるかは争いがありうる。

　所管官庁である経済産業省知的財産政策室は肯定説に立つが[10], そのよう
な方法で評価または分析を行う装置等の物が,「情報の評価又は分析の方法

……を使用して生ずる物」といえるかは疑問である。

1.5 「その者は，それぞれ当該各号に規定する行為として生産等をしたものと推定する。」

「それぞれ当該各号に規定する行為として」とは，取得行為について適用した号と同じ号に規定する使用行為として当該生産等がなされたものと推定するという意味である。例えば，営業秘密不正取得行為（2条1項4号）により取得された営業秘密について上記生産等が行われた場合には，当該生産等において，営業秘密不正取得行為により取得された営業秘密の使用（同号）がなされたと推定するのである。同様に，営業秘密不正取得行為が介在したことを知って，もしくは重大な過失により知らないで取得した営業秘密（2条1項5号）について上記生産等が行われた場合，当該生産等において，営業秘密不正取得行為が介在したことを知って，もしくは重大な過失により知らないで取得した営業秘密の使用（同号）がなされたと推定される。同様に，営業秘密不正開示行為であることもしくはその営業秘密について営業秘密不正開示行為が介在したことを知って，もしくは重大な過失により知らないで取得した（2条1項8号）営業秘密について上記生産等が行われた場合，当該生産等において，営業秘密不正開示行為であることもしくはその営業秘密について営業秘密不正開示行為が介在したことを知って，もしくは重大な過失により知らないで取得した営業秘密の使用がなされたと推定するのである。

本項による推定が働く結果，営業秘密保有者は，物の生産に関する自己の技術上の秘密を使用することにより生ずる物を生産等する者が，2条1項4号，5号または8号に該当する方法で上記秘密を取得したことを主張・立証できれば，上記物の生産等に上記技術上の秘密が実際に使用されていたかどうかを立証できなかったとしても，上記物の生産等に当たって上記技術上の秘密が使用されたものとして，法的主張をすることができる。これにより，上記営業秘密保有者は，上記物の生産等について差止請求（3条1項）を行うとともに，上記物を「侵害行為により生じた物」としてその廃棄請求を付加的に行うことができる（3条2項）。また，上記物を侵害組成物としてその譲渡等数量に応じて損害額のみなし算定（5条1項）をすることができ，また，5条2項または3項に基づいて損害額を算定する場合においても，上

記物の生産等＝営業秘密の使用として算定を行うことができる。

また，上記物については，2条1項4号，5号または8号の使用により生じた物と推定されることとなるので，この推定を覆滅する事情がない限り，その譲渡等は原則不正競争行為（2条1項10号）となる。ただし，当該物を第三者から譲り受けた者については，譲り受けた時に当該物が不正使用行為により生じた物であることを知らずかつ知らないことに重大な過失がない場合には，これを譲渡等しても10号の不正競争行為とはならない（2条1項10号かっこ書）。もっとも，当該物が，2条1項4号，5号または8号に当たる行為により技術上の秘密を取得した者により生産等された物であって，当該秘密を使用することにより生ずる物であったことを上記譲受人が知りまたは容易に知ることができた場合には，本項の推定を受ける結果，同推定を覆滅する事情があると重過失なく認識していない限り，10号の不正競争行為に当たることになる。

なお，本項の「推定」は，民事訴訟における「推定」に限定される。したがって，21条1項2号または，4号の使用に当たる行為を公訴事実とする起訴がなされたとしても，本項をもって上記使用に当たる行為がなされたものと推定することはできない。

1.6　推定の覆滅

本項は法律上の事実推定に関する規定であるから，物の生産等に際して不正取得された秘密情報を使用しなかったことを積極的に主張・立証することによって，この推定を覆滅することができる。すなわち，①当該物の生産等に当該技術上の秘密が使用されていないこと，または，②当該技術上の秘密とされている情報を独自に開発しもしくは第三者から正当に入手していたことを主張・立証すれば，この推定は覆滅されることとなる。

2 2項

2.1 「技術上の秘密を取得した後にその技術上の秘密について営業秘密不正取得行為が介在したことを知って，又は重大な過失により知らないで，その技術上の秘密に係る技術秘密記録媒体等……，その技術上の秘密が化体された物件又は当該技術秘密記録媒体等に係る送信元識別符号を保有する行為があった場合」

本項による推定がなされるためには，「技術上の秘密を取得した後にその技術上の秘密について営業秘密不正取得行為が介在したことを知って，又は重大な過失により知らないで，その技術上の秘密に係る技術秘密記録媒体等……，その技術上の秘密が化体された物件又は当該技術秘密記録媒体等に係る送信元識別符号を保有する行為」を被疑侵害者が行ったことが主張・立証されることが必要である。

2.1.1 営業秘密不正取得行為の介在

本項による推定がなされるための悪意・重過失の対象は，当該技術上の秘密について営業秘密不正取得行為が介在したことである。

「技術上の秘密」については１項の解説を参照。

「営業秘密不正取得行為」とは，「窃取，詐欺，強迫その他の不正の手段により営業秘密を取得する行為」をいう（２条１項４号。詳細は，同号の解説を参照）。

営業秘密不正取得行為が「介在した」とは，「自らが取得する前のいずれかの時点で不正取得行為がなされたこと」[11] をいう（詳細は，２条１項５号の解説を参照）。

2.1.2 技術上の秘密を取得した後の悪意・重過失

本項による推定がなされるためには，被疑侵害者が技術上の秘密を取得した時点では，当該技術上の秘密について営業秘密不正取得行為が介在したことを知らなかったことが必要である。もっとも，被疑侵害者が技術上の秘密を取得した時点で当該該技術上の秘密について営業秘密不正取得行為が介在したことを知っていた場合は，取得する行為自体が２条１項５号の不正競争

626　第2章　差止請求，損害賠償等

行為に当たるので，その技術上の秘密に係る技術秘密記録媒体等，その技術上の秘密が化体された物件または当該技術秘密記録媒体等に係る送信元識別符号を保有する行為の有無を問わず本条1項の推定が働く。したがって，権利主張者側で「被疑侵害者が技術上の秘密を取得した時点では，当該技術上の秘密について営業秘密不正取得行為が介在したことを知らなかった」ことを立証する必要はない[12]。

　本項による推定がなされるためには，被疑侵害者が技術上の秘密を取得した後に，

① その技術上の秘密について営業秘密不正取得行為が介在したことを知るに至るか，

② 取引上の注意義務を尽くせば容易にその技術上の秘密について営業秘密不正取得行為が介在したことを知ることができる状況[13]に至ったのに知るに至らなかった[14]

ことが必要である。

2.1.3　技術秘密記録媒体等の保有

　本項による推定がなされるためには，

① 技術秘密記録媒体等，

② その技術上の秘密が化体された物件

または

③ 当該技術秘密記録媒体等に係る送信元識別符号

を被疑侵害者が保有する行為があったことが必要である。

　「技術秘密記録媒体等」とは，「技術上の秘密が記載され，又は記録された文書，図画又は記録媒体」をいう。ここでいう「記録媒体」は，CD-ROMやUSBメモリなどの可搬型記録媒体である必要はなく，サーバコンピュータの記録媒体として利用されている非可搬型の大容量記録媒体でもよい。

　営業秘密たる情報が物件に「化体」されるとは，当該物件の形状等自体が当該情報を具現化している，言い換えれば，当該物件等自体から当該情報を感得できる状態にあることをいう（詳細は，21条2項1号イの解説を参照）。

　「送信元識別符号」とは，「自動公衆送信（公衆によって直接受信されることを目的として公衆からの求めに応じ自動的に送信を行うことをいい，放送又は有線放送に該当するものを除く。）の送信元を識別するための文字，番

号，記号その他の符号をいう」と定義されている。これを文字通り理解すると，グローバルIPアドレスないしこれと結び付いているドメイン名を指すようにも見える。しかし，ウェブサーバ用記録媒体が「技術秘密記録媒体等」となった場合において当該ウェブサーバに係るグローバルIPアドレス等のみを保有していても当該技術上の秘密に継続的にアクセスすることはできない。したがって，「送信元識別符号」とは，技術上の秘密が収蔵されている電子ファイルの所在地を示すURL等を指すと解するべきである。

「保有」とは，自己の支配下におく行為をいう。

送信元識別符号を「保有」するとは，送信元識別符号を自ら容易にアクセスすることができる媒体等に記録することをいう。送信元識別符号を自ら記憶することが「保有」に含まれるかは争いとなりうるが，「保有」という言葉が用いられている以上，送信元識別符号に関する何らかの物的な支配が必要であると思われる。

2.2 「その行為をした者が生産等をしたとき」

本項による使用行為の推定を受けるためには，上記行為をした者が，「生産等」をしたことが必要である（「生産等」の定義およびその内容については，本条1項の解説を参照）。

2.3 「その者は，第2条第1項第6号に掲げる不正競争（営業秘密を使用する行為に限る。）として生産等をしたものと推定する。」

上記要件を満たした者は，本項により，2条1項6号に掲げる不正競争行為，すなわち，その取得した後にその営業秘密について営業秘密不正取得行為が介在したことを知って，または重大な過失により知らないでその取得した営業秘密を使用」して生産等をしたものと推定される。

本項による推定が働く結果，営業秘密保有者は，物の生産に関する自己の技術上の秘密を使用することにより生ずる物を生産等する者が，上記技術上の秘密を取得した後にその技術上の秘密について営業秘密不正取得行為が介在したことを知って，または重大な過失により知らないで，その技術上の秘密に係る技術秘密記録媒体等または当該技術秘密記録媒体等に係る送信元識別符号を保有したことを主張・立証できれば，上記物の生産等に上記技術上の秘密が実際に使用されていたかどうかを立証できなかったとしても，上記

628　第2章　差止請求，損害賠償等

物の生産等に当たって上記技術上の秘密について2条1項6号の不正競争行為に当たる使用がなされたものとして，法的主張をすることができる。これにより，上記営業秘密保有者は，上記物の生産等について差止請求（3条1項）を行うとともに，上記物件を「侵害行為により生じた物」としてその廃棄請求を付加的に行うことができる（3条2項）。また，上記物を侵害組成物としてその譲渡等数量に応じて損害額のみなし算定（5条1項）をすることができ，また，5条2項または3項に基づいて損害額を算定する場合においても，上記物の生産等＝営業秘密の使用として算定を行うことができる。

　また，上記物については，2条1項6号の使用により生じた物と推定されることとなるので，その譲渡等は原則不正競争行為（2条1項10号）となる。ただし，当該物を第三者から譲り受けた者については，譲り受けた時に当該物が不正使用行為により生じた物であることを知らずかつ知らないことに重大な過失がない場合には，これを譲渡等しても10号の不正競争行為とはならない（2条1項10号かっこ書）。もっとも，当該物が，その技術上の秘密に係る技術秘密記録媒体等，その技術上の秘密が化体された物件または当該技術秘密記録媒体等に係る送信元識別符号を保有する行為をした者が生産等した物であることを上記譲受人が知りまたは容易に知ることができた場合には，本項の推定を受ける結果，同推定を覆滅する事情があると重過失なく認識していない限り，10号の不正競争行為に当たることになる。

　なお，本項の「推定」は，民事訴訟における「推定」に限定される。したがって，21条1項4号の使用に当たる行為を公訴事実とする起訴がなされたとしても，本項をもって上記使用に当たる行為がなされたものと推定することはできない。

2.4　推定の覆滅

　本項は法律上の事実推定に関する規定であるから，上記物の精査等に際して，その保有する当該技術秘密記録媒体等に化体された秘密情報を使用しなかったことを積極的に主張・立証することによって，この推定を覆滅することができる。すなわち，①当該物の生産等に当該技術上の秘密が使用されていないこと，または，②当該技術上の秘密とされている情報を独自に開発しもしくは第三者から正当に入手していたこと等を積極的に主張・立証すればよい。

3 3項

3.1 「技術上の秘密をその保有者から示された後に，不正の利益を得る目的で，又は当該技術上の秘密の保有者に損害を加える目的で，当該技術上の秘密の管理に係る任務に違反して，次に掲げる方法でその技術上の秘密を領得する行為があった場合」

本項による推定がなされるためには，「技術上の秘密をその保有者から示された後に，不正の利益を得る目的で，又は当該技術上の秘密の保有者に損害を加える目的で，当該技術上の秘密の管理に係る任務に違反して」，1号から3号までに「掲げる方法でその技術上の秘密を領得する行為」を被疑侵害者が行ったことが主張・立証されることが必要である。

3.1.1 「技術上の秘密をその保有者から示された後」
本項による推定を受けるためには，被疑侵害者が，技術上の秘密をその保有者から示されたことが必要である。

技術上の秘密の「保有者」の意味，および，技術上の秘密を保有者から「示された」ことに意味については，2条1項7号の解説を参照。

3.1.2 「不正の利益を得る目的で，又は当該技術上の秘密の保有者に損害を加える目的で」
本項による推定を受けるためには，被疑侵害者が，1号から3号までの領得行為を，「不正の利益を得る目的で，又は当該技術上の秘密の保有者に損害を加える目的で」で行ったことが必要である。

「不正の利益を得る目的」および「当該技術上の秘密の保有者に損害を加える目的」の意味については，2条1項7号の解説を参照。

不正の利益を得る目的等は，上記領得行為を行う際に有していたことが必要である。ただし，領得行為自体で不正の利益を得または保有者に損害を加えることを意図していたことが必要なのか，領得した技術上の秘密を使用または開示することで不正の利益を得または保有者に損害を加えることを意図していた場合も含むのかは問題となりうる。技術上の秘密を1号から3号までの方法で領得する行為自体は，通常行為者に特段の利益をもたらさない

し，保有者に特段の損害を加えることもないからである。この点について
は，21条2項1号の解説を参照。

3.1.3 「当該技術上の秘密の管理に係る任務に違反して」

本項の推定がなされるためには上記領得行為が「当該技術上の秘密の管理
に係る任務に違反して」なされた必要がある。

「営業秘密の管理に係る任務に違反して」の意味については，21条2項1
号の解説を参照。

3.1.4 「次に掲げる方法で……領得する行為」

本項の推定がなされるためには上記領得行為が本項1号から3号までに掲
げる方法でなされたことが必要である。

3.1.4.1 1号

本号の推定を生じさせる領得行為の1つは，「技術秘密記録媒体等又は技
術上の秘密が化体された物件を横領すること」である。

「横領」の意味については，21条2項1号イの解説を参照。

3.1.4.2 2号

本号の推定を生じさせる領得行為の1つは，「技術秘密記録媒体等の記載
若しくは記録について，又は技術上の秘密が化体された物件について，その
複製を作成すること」である。

「複製を作成すること」の意味については，21条2項1号のロの解説を参
照。

3.1.4.3 3号

本号の推定を生じさせる領得行為の1つは，「技術秘密記録媒体等の記載
又は記録であって，消去すべきものを消去せず，かつ，当該記載又は記録を
消去したように仮装すること」である。

「消去すべきものを消去せず」および「当該記載又は記録を消去したよう
に仮装すること」の意味については，21条2項1号ハの解説を参照。

3.2 「その行為をした者が生産等をしたとき」

本項による使用行為の推定を受けるためには，上記行為をした者が，「生産等」をしたことが必要である（「生産等」の定義およびその内容については，本条1項の解説を参照）。

3.3 「その者は，第2条第1項第7号に掲げる不正競争（営業秘密を使用する行為に限る。）として生産等をしたものと推定する。」

上記要件を満たした者は，本項により，2条1項7号に掲げる不正競争行為，すなわち，当該技術上の秘密の保有者からその技術上の秘密を示された場合において，不正の利益を得る目的で，またはその営業秘密保有者に損害を加える目的で，その営業秘密を使用して上記生産等をしたものと推定される。

本項による推定が働く結果，営業秘密保有者は，物の生産に関する自己の技術上の秘密を使用することにより生ずる物を生産等する者が，技術上の秘密をその保有者から示された後に，不正の利益を得る目的で，または当該技術上の秘密の保有者に損害を加える目的で，当該技術上の秘密の管理に係る任務に違反して，1号から3号までに掲げる方法でその技術上の秘密を領得したことを主張・立証できれば，上記物の生産等に上記技術上の秘密が実際に使用されていたかどうかを立証できなかったとしても，上記物の生産等に当たって上記技術上の秘密について2条1項7号の不正競争行為に当たる使用がなされたものとして，法的主張をすることができる。これにより，上記営業秘密保有者は，上記物の生産等について差止請求（3条1項）を行うとともに，上記物件を「侵害行為により生じた物」としてその廃棄請求を付加的に行うことができる（3条2項）。また，上記物を侵害組成物としてその数量に応じて損害額のみなし算定（5条1項）をすることができ，また，5条2項または3項に基づいて損害額を算定する場合においても，上記物の生産等＝営業秘密の使用として算定を行うことができる。

また，上記物については，2条1項7号の使用により生じた物と推定されることとなるので，その譲渡等は原則不正競争行為（2条1項10号）となる。ただし，当該物を第三者から譲り受けた者については，譲り受けた時に当該物が不正使用行為により生じた物であることを知らずかつ知らないこと

632　第2章　差止請求，損害賠償等

に重大な過失がない場合には，これを譲渡等しても10号の不正競争行為とはならない（2条1項10号かっこ書）。もっとも，当該物が，上記領得行為をした者が生産等した物であることを上記譲受人が知りまたは容易に知ることができた場合には，本項の推定を受ける結果，同推定を覆滅する事情があると重過失なく認識していない限り，10号の不正競争行為に当たることになる。

　なお，本項の「推定」は，民事訴訟における「推定」に限定される。したがって，21条2項2号の使用に当たる行為を公訴事実とする起訴がなされたとしても，本項をもって上記使用に当たる行為がなされたものと推定することはできない。

3.4　推定の覆滅

　本項は法律上の事実推定に関する規定であるから，上記物の生産等に際して，その保有する当該技術秘密記録媒体等に化体された秘密情報を使用しなかったことを積極的に主張・立証することによって，この推定を覆滅することができる。すなわち，①当該物の生産等に当該技術上の秘密が使用されていないこと，または，②当該技術上の秘密とされている情報を独自に開発しもしくは第三者から正当に入手していたこと等を積極的に主張・立証すればよい。

4　4項

4.1　「技術上の秘密を取得した後にその技術上の秘密について営業秘密不正開示行為があったこと若しくは営業秘密不正開示行為が介在したことを知って，又は重大な過失により知らないで，その技術上の秘密に係る技術秘密記録媒体等，その技術上の秘密が化体された物件又は当該技術秘密記録媒体等に係る送信元識別符号を保有する行為があった場合」

　本項による推定がなされるためには，「技術上の秘密を取得した後にその技術上の秘密について営業秘密不正開示行為があったこと若しくは営業秘密不正開示行為が介在したことを知って，又は重大な過失により知らないで，その技術上の秘密に係る技術秘密記録媒体等……，その技術上の秘密が化体

された物件又は当該技術秘密記録媒体等に係る送信元識別符号を保有する行為」を被疑侵害者が行ったことが主張・立証されることが必要である。

4.1.1 「その技術上の秘密について営業秘密不正開示行為があったこと若しくは営業秘密不正開示行為が介在したこと」

本項による推定がなされるための悪意・重過失の対象は，当該技術上の秘密について，

①　営業秘密不正開示行為があったこと

または

②　営業秘密不正開示行為が介在したこと

である。

「技術上の秘密」については1項の解説を参照。

「営業秘密不正開示行為」とは，

①　営業秘密保有者からその営業秘密を示された場合において，不正の利益を得る目的で，またはその営業秘密保有者に損害を加える目的で，その営業秘密を開示する行為

または，

②　秘密を守る法律上の義務に違反してその営業秘密を開示する行為

をいう（2条1項8号。詳細は，同号の解説を参照）。

営業秘密不正開示行為が「介在した」とは，自らが取得する前のいずれかの時点で営業秘密不正開示行為がなされたことをいう（詳細は，2条1項8号の解説を参照）。

4.1.2 「技術上の秘密を取得した後に……を知って，又は重大な過失により知らないで」

本項による推定がなされるためには，

営業秘密不正開示行為があったこと，または，営業秘密不正開示行為が介在したことを，

①　当該技術上の秘密を取得した後に知るに至ったか，

または

②　取引上の注意義務を尽くせば容易に知ることができる状況に至ったことを主張立証する必要がある。

634 第2章 差止請求，損害賠償等

4.1.3 「その技術上の秘密に係る技術秘密記録媒体等，その技術上の秘密が化体された物件又は当該技術秘密記録媒体等に係る送信元識別符号を保有する行為があった場合」

　本項による推定がなされるためには，①その技術上の秘密について営業秘密不正開示行為があったこと，または，②営業秘密不正開示行為が介在したことについて悪意または重過失となった後に，被疑侵害者が，その技術上の秘密に係る技術秘密記録媒体等，その技術上の秘密が化体された物件または当該技術秘密記録媒体等に係る送信元識別符号を保有する行為を行ったことを主張・立証する必要がある。

　「技術秘密記録媒体等」，「その技術上の秘密が化体された物件」または「当該技術秘密記録媒体等に係る送信元識別符号」の意味およびこれらを「保有する行為」の意味については，本条2項の解説を参照。

4.2 「その行為をした者が生産等をしたとき」

　本項による使用行為の推定を受けるためには，上記行為をした者が，「生産等」をしたことが必要である（「生産等」の定義およびその内容については，本条1項の解説を参照）。

4.3 「その者は，第2条第1項第9号に掲げる不正競争（営業秘密を使用する行為に限る。）として生産等をしたものと推定する。」

　上記要件を満たした者は，本項により，2条1項9号に掲げる不正競争行為，すなわち，その取得した後にその営業秘密について営業秘密不正開示行為があったこともしくはその営業秘密について営業秘密不正開示行為が介在したことを知って，または重大な過失により知らないでその取得した営業秘密を使用して上記生産等をしたものと推定される。

　本項による推定が働く結果，営業秘密保有者は，物の生産等に関する自己の技術上の秘密を使用することにより生ずる物を生産等する者が，①その技術上の秘密について営業秘密不正開示行為があったこと，または，②営業秘密不正開示行為が介在したことを，当該技術上の秘密を取得した後に，①知るに至ったか，または②取引上の注意義務を尽くせば容易に知ることができる状況に至ったことを主張・立証できれば，上記物の生産等に上記技術上の秘密が実際に使用されていたかどうかを立証できなかったとしても，上記物

の生産等に当たって上記技術上の秘密について2条1項9号の不正競争行為に当たる使用がなされたものとして、法的主張をすることができる。これにより、上記営業秘密保有者は、上記物の生産等について差止請求（3条1項）を行うとともに、上記物件を「侵害行為により生じた物」としてその廃棄請求を付加的に行うことができる（3条2項）。また、上記物を侵害組成物としてその譲渡等数量に応じて損害額のみなし算定（5条1項）をすることができ、また、5条2項または3項に基づいて損害額を算定する場合においても、上記物の生産等＝営業秘密の使用として算定を行うことができる。

また、上記物については、2条1項9号の使用により生じた物として取り扱われることとなるので、その譲渡等は原則不正競争行為（2条1項10号）となる。ただし、当該物を第三者から譲り受けた者については、譲り受けた時に当該物が不正使用行為により生じた物であることを知らずかつ知らないことに重大な過失がない場合には、これを譲渡等しても10号の不正競争行為とはならない（2条1項10号かっこ書）。もっとも、当該物が、上記技術秘密記録媒体等の保有行為者が生産等した物であることを上記譲受人が知りまたは容易に知ることができた場合には、本項の推定を受ける結果、同推定を覆滅する事情があると重過失なく認識していない限り、10号の不正競争行為に当たることになる。

4.4　推定の覆滅

本項は法律上の事実推定に関する規定であるから、上記物の生産等に際して、その保有する当該技術秘密記録媒体等に化体された秘密情報を使用しなかったことを積極的に主張・立証することによって、この推定を覆滅することができる。すなわち、①当該物の生産等に当該技術上の秘密が使用されていないこと、または、②当該技術上の秘密とされている情報を独自に開発しもしくは第三者から正当に入手していたこと等を積極的に主張・立証すればよい。

【注】
　1）　フェアトレード委員会第一小委員会「営業秘密の不正使用行為の立証について」知財管理65巻3号384頁以下
　2）　産業構造審議会知的財産分科会営業秘密の保護・活用に関する小委員会「中間とりまとめ」（平成27年2月）21頁

636　第2章　差止請求，損害賠償等

3）　経産省・逐条解説（令和5年改正版）188頁

4）　経産省・逐条解説（令和5年改正版）189頁

5）　上記技術上の秘密について2条2項4号，5号または8号に規定する行為のうち営業秘密を取得する行為を行った者をいう。

6）　経産省・逐条解説（令和5年改正版）192頁は，その例として，「自動車組立技術」という営業秘密に対する「当該組立技術を用いて生産できる自動車」，「化学品の原材料情報」という営業秘密に対する「当該原材料情報を用いて生産できる化学品の生産」を掲げる。

7）　本条における「使用する行為により生ずる」の意味に関して，前掲注2）「中間とりまとめ」24頁。

8）　前掲注2）「中間とりまとめ」25頁参照

9）　経産省・逐条解説（令和5年改正版）192頁-193頁は，その例として，「血液を科学的に分析して当該分析結果により特定疾患のリスクを評価する方法」という営業秘密に対する「当該分析・評価方法を用いてできる，血液分析による特定疾患リスクの評価結果を提供するサービスの提供」を，「機器の稼働情報（センサーデータ）を分析し，分析結果より将来の機器の稼働状況を評価する方法」という営業秘密に対する「当該分析・評価方法を用いてできる，機器診断サービスの提供」，「自動車製造工程で用いられている鉄の強度分析方法」という営業秘密に対する「当該強度分析方法を用いてできる，鉄製品の検査サービスの提供」を掲げる。

10）　経産省・逐条解説（令和5年改正版）193頁は，「血液分析サービスに用いている分析手順（検体（血液）の分析時の温度設定，検体に対して適量の試薬を投入するタイミング）」という営業秘密に対する「当該分析手順を統計情報として用いてできる血液分析装置の生産」を例として掲げる。

11）　経産省・逐条解説（令和5年改正版）102頁

12）　通常は，1項の推定を主位的に主張し，本項の主張は予備的に主張するものと思われる。

13）　知財高判平30・1・15判タ1452号80頁〔28260455〕は，「不競法2条1項8号所定の『重大な過失』とは，取引上要求される注意義務を尽くせば，容易に不正開示行為等が判明するにもかかわらず，その義務に違反する場合をいうものと解すべきである」と判示している。

14）　被疑侵害者が技術上の秘密を取得した後に営業秘密不正取得行為が介在したことを知った場合にも本項の推定を受けるので，上記事実を知らなかったことを権利主張者側で立証する必要はない。通常は，「悪意又は重過失があった」と選択的な主張を行うものと思われる。

〔小倉　秀夫〕

（具体的態様の明示義務）

6条 不正競争による営業上の利益の侵害に係る訴訟において，不正競争によって営業上の利益を侵害され，又は侵害されるおそれがあると主張する者が侵害の行為を組成したものとして主張する物又は方法の具体的態様を否認するときは，相手方は，自己の行為の具体的態様を明らかにしなければならない。ただし，相手方において明らかにすることができない相当の理由があるときは，この限りでない。

趣　旨

　例えば製造方法の技術的情報に関する営業秘密の侵害が問題となる民事訴訟で，被告の製造方法につき原告が十分な情報を有しない場合がある。このような場合に被告の訴訟対応が不熱心・不誠実なら，審理における争点整理が適正・迅速になされない懸念がある。

　この点，民事訴訟規則79条3項は，準備書面において相手方の主張する事実を否認する訴訟当事者は，「その理由を記載しなければならない」旨定める（理由付否認）。平成10年特許法改正により新設された特許法104条の2は，この民事訴訟規則79条3項の理由付否認を一歩進め，「侵害の行為を組成したものとして主張する物又は方法の具体的態様」に関する原告の主張を被告が否認するときは，被告は「自己の行為の具体的態様を明らかにしなければならない」ことを具体的に明記した。平成15年改正により新設された本条も，特許法104条の2と同様の具体的態様の明示義務に関する規定である[1]。知的財産権侵害訴訟一般において，従前より本条の内容を先取りした裁判所の訟指揮と訴訟当事者の対応がある程度なされており，このような実務を追認し内容を明確化する立法といえる。

　なお，本条ただし書は，「相手方において明らかにすることができない相当の理由があるときは，この限りではない」とする。被告が具体的態様の明示を拒むことができる場合につき定め，被告の営業秘密等に対する配慮を示す趣旨である。

解　説

1 「不正競争による営業上の利益の侵害に係る訴訟において」（本条が適用される訴訟）

　本条が適用される「不正競争による営業上の利益の侵害に係る訴訟」とは，2条所定の不正競争行為が行われ，またはそのおそれがある場合に，「営業上の利益を侵害され，又は侵害されるおそれがあると主張する者」（本条）が，不正競争行為の差止めや損害賠償等を請求する訴訟である[2]。あるいは，このような差止請求権や損害賠償請求権の不存在を確認する訴訟である。

　以下では，不正競争行為差止等請求訴訟の場合を例に解説する。

2 「不正競争によって営業上の利益を侵害され，又は侵害されるおそれがあると主張する者が侵害の行為を組成したものとして主張する物又は方法の具体的態様を否認するときは」（本条が適用される場面）

　本条が適用される場面は，不正競争行為差止等請求訴訟において，「不正競争によって営業上の利益を侵害され，又は侵害されるおそれがあると主張する者が侵害の行為を組成したものとして主張する物又は方法の具体的態様」を，被告が「否認するとき」である。

2.1 「不正競争」

　本条は，5条1項等と異なり「不正競争」に限定を加えておらず，2条1項所定のすべての「不正競争」が差止請求権の対象となる旨明示する。

　もっとも，本条の利用が想定される主な不正競争類型は，営業秘密不正行為（2条1項4号〜10号）であり，当該類型で，例えば侵害行為の対象となる営業秘密が用いられたと主張する製造方法等につき，当該方法の具体的内容の開示が求められることとなる。限定提供データ不正行為（同項11〜16号）においても，侵害行為の対象となる限定データが用いられた役務の具体的内容が不明であれば，その開示が求められる場合がありえよう。また，原産地等誤認惹起行為（同項20号）では被告の商品の品質や役務の質が表示どおりの機能を果たすのか不明な場合，競争者虚偽事実流布行為（同項21号）

では被告の配布物の正確な記載や発言内容が判明していない場合に，本条の果たす役割がありうると指摘される[3]。

しかし，周知表示混同惹起行為（2条1項1号）や著名表示冒用行為（同項2号）では，侵害が疑われる表示が営業上使用されていることなどから，原告が表示の具体的構成を入手しにくい事案はあまり想定されない[4]。

2.2 「営業上の利益を侵害され，又は侵害されるおそれがあると主張する者」

「営業上の利益を侵害され，又は侵害されるおそれ」は，3条1項の「営業上の利益を侵害され，又は侵害されるおそれ」と同じである。同項の解説を参照されたい。

なお，本条は，前提として原告が被告の具体的態様を「主張」することを要求している点に注意を要する。言い換えれば，相手方の営業秘密等を暴こうとする意図で訴訟を利用し，相手方の侵害行為を的外れな内容で特定することは許されない。

2.3 「侵害の行為を組成したものとして主張する物又は方法の具体的態様」

原告がまず主張すべきとされ，明示義務の対象ともなる「侵害の行為を組成したものとして主張する物又は方法の具体的態様」は，物または方法の実際の状況であって，その具体的な有り様をいう[5]。設計図や製造マニュアルのような営業秘密であれば，これらを使う製造工程であるが，営業秘密そのものについては明示されないであろうから，その場合はこれを使うと目される製造工程の営業秘密以外の部分の状況といったことになろう[6]。

問題は，どの程度まで具体的に特定すべきかである。この点，「具体的態様」とは，侵害判断のための対比検討を行いうる程度に具体化された，物の構成ないし方法の内容（工程等）などとされるが[7]，特許法104条の2では，①社会通念上他と区別できる程度に（識別性），②特許発明の技術的範囲に属するか否か対比判断できる程度に（対比性），具体的に特定されることを要するとされる[8]。この点，一般化は困難だが，特許権侵害訴訟では特許公報の明細書の実施例の程度とされており[9]，営業秘密不正行為（2条1項4～10号）に係る不正競争行為差止等請求訴訟においても同様と考えられる。

640 第2章 差止請求，損害賠償等

3 「相手方は，自己の行為の具体的態様を明らかにしなければならない」（効果）

要件を充たせば，被告は「自己の行為の具体的態様を明らかにしなければならない」こととなる。相当の理由がないのにこれを明らかにしない場合，特に制裁規定は定められていないが，むやみに否認するようであれば，そのような態度が裁判所の心証形成に影響することとなろう[10]。

4 「ただし，相手方において明らかにすることができない相当の理由があるときは，この限りでない」

本条ただし書は，「相手方において明らかにすることができない相当の理由があるときは，この限りでない」とし，被告が具体的態様の明示を拒むことができる場合を定める。問題は，相手方が具体的態様を明示しないでよいとされるための「相当の理由」の内容であるが，自己の具体的態様の内容に営業秘密が含まれている場合，主張すべき内容が何もない場合等が該当する[11]。

もっとも，平成16年改正により秘密保持命令制度（10条）が導入されたため，自己の具体的態様の内容に営業秘密が含まれていることが直ちに「相当の理由」があると解すべきでないと指摘されている[12]。

5 実務の対応

侵害行為の立証のためにも書類提出制度を利用することができるから（7条1項），被告が侵害行為の具体的態様を拒むなら，原告は理屈のうえでは書類提出命令の申立に進むことが考えられ，それでも被告が「その提出を拒むことについて正当な理由」（同項ただし書）を主張すれば，いわゆるインカメラ手続（同条2項）に進むこととなる。また，秘密保持命令制度（10条）も導入されている。

しかし，実際にはインカメラ手続が行われることは稀で，秘密保持命令も，非常に重い手続のため，最後の手段と位置付けられている。実務では，訴訟当事者間で秘密保持契約を締結する，あるいはそのようにするよう裁判所が訴訟指揮により勧めるなどし，任意の提出に至るよう工夫されているようである[13]。

なお，仮に営業秘密であることを理由として被告が営業秘密の中核部分の開示を拒んでも，その周辺部分の開示により特定が可能となる場合がある。実務上は，このような周辺部分の開示により審理および攻撃防御対象の特定を行い，審理促進・立証の容易化を図る方法もある。

【注】
1）　経済産業省経済産業政策局知的財産政策室＝山下隆也・紋谷崇俊・郷家康徳・浅野大介「不正競争防止法の一部を改正する法律の概要」NBL762号13頁（2003）
2）　小野・新・注解3版下巻1071頁〔伊原友己〕
3）　小野・新・注解3版下巻1071頁〔伊原友己〕
4）　小野・新・注解3版下巻1071頁〔伊原友己〕
5）　山本・要説4版314頁
6）　山本・要説4版314頁
7）　小野・新・注解3版下巻1069頁〔伊原友己〕
8）　特許庁編『工業所有権法（産業財産権法）逐条解説』〔第21版〕331頁（発明推進協会，2020）
9）　中山編著・注解上巻1173頁〔松本重敏・安田有三〕
10）　特許法104条の2につき特許庁総務部総務課工業所有権制度改正審議室編『平成11年改正工業所有権法の解説』44頁（発明協会，1999）
11）　経産省・逐条解説（令和5年改正版）194頁
12）　経産省・逐条解説（令和5年改正版）195頁（注）
13）　「令和3年度　裁判所と日弁連知的財産センターとの意見交換会」別冊L＆T『知的財産紛争の最前線——裁判所との意見交換・最新論説No.8』10頁〔柴田義明判事・中島基至判事発言〕（2022）

〔岩谷　敏昭〕

642　第2章　差止請求、損害賠償等

（書類の提出等）

7条　裁判所は，不正競争による営業上の利益の侵害に係る訴訟においては，当事者の申立てにより，当事者に対し，当該侵害行為について立証するため，又は当該侵害の行為による損害の計算をするため必要な書類の提出を命ずることができる。ただし，その書類の所持者においてその提出を拒むことについて正当な理由があるときは，この限りでない。

2　裁判所は，前項本文の申立てに係る書類が同項本文の書類に該当するかどうか又は同項ただし書に規定する正当な理由があるかどうかの判断をするため必要があると認めるときは，書類の所持者にその提示をさせることができる。この場合においては，何人も，その提示された書類の開示を求めることができない。

3　裁判所は，前項の場合において，第1項本文の申立てに係る書類が同項本文の書類に該当するかどうか又は同項ただし書に規定する正当な理由があるかどうかについて前項後段の書類を開示してその意見を聴くことが必要であると認めるときは，当事者等（当事者（法人である場合にあっては，その代表者）又は当事者の代理人（訴訟代理人及び補佐人を除く。），使用人その他の従業者をいう。以下同じ。），訴訟代理人又は補佐人に対し，当該書類を開示することができる。

4　裁判所は，第2項の場合において，同項後段の書類を開示して専門的な知見に基づく説明を聴くことが必要であると認めるときは，当事者の同意を得て，民事訴訟法（平成8年法律第109号）第1編第5章第2節第1款に規定する専門委員に対し，当該書類を開示することができる。

5　前各項の規定は，不正競争による営業上の利益の侵害に係る訴訟における当該侵害行為について立証するため必要な検証の目的の提示について準用する。

趣　　旨

　訴訟においては，自己の主張を裏付ける証拠となるべき文書が相手方当事者の手中にあることがある。例えば，不正競争に基づく損害賠償を請求する訴訟において，原告としては損害額算定のため被告の利益額を知りたいが，帳簿は被告が所持しており，原告は情報を得られないというケースである。このような場合，相手方当事者が協力してくれない限り文書の内容が開示されないのでは，損害の立証ができないということにもなりかねない。そこで，不正競争防止法は，本条において当事者の申立てにより裁判所が文書の提出を命じることができる制度を設け，円滑な立証活動を可能にしている。

　文書提出命令についての一般的な規定は民訴法に置かれている（民訴220条以下）。本条は民訴法220条以下の特則である。よって，本条に規定のない事項，例えば，申立ての方法（民訴221条），文書提出命令に従わない場合の

効果（民訴224条）等については，民訴法の規定が適用される。

本条の立法・改正の経緯は以下のとおりである。まず，平成5年法律47号の全面改正により，損害の計算をするために必要な書類の提出を命ずることができるとする1項が設けられた。その後，平成15年改正（平成15年法律46号。平成16年1月1日施行）により，1項が改正されるとともに，現2項，現5項が追加されている。同改正の目的は，提出命令の対象となる文書の範囲を侵害行為の立証に必要な文書にまで広げ（1項の改正），検証についても文書と同様の扱いを定め（現5項の追加），それによって不正競争行為や損害額の立証を容易にするとともに，文書提出命令を拒否する「正当な理由」（1項ただし書）の有無を判断するために，文書提出命令の対象となった文書を裁判所にのみ提出させる制度（インカメラ手続）を設け（現2項の追加），文書や検証の目的（検討の対象となるもの）に含まれる営業秘密等の保護についても手当てすることである。

その後，平成16年改正（平成16年法律51号）では，インカメラ審理の際に当事者が関与する旨の規定が設けられた（現3項）。これは，1項の書類提出拒否に関する「正当な理由」の審理について，現2項のみによりインカメラ手続が実施されていたころには，例えば，裁判所が被告から書類の提示を受け，被告の説明のみを聞いたうえで「正当な理由」の存在を認め，文書提出命令の申立てが却下されるという事態が生じていたが，かかる審理では原告の納得感が得られないなどといった指摘[1]をふまえてのものである。

さらに，平成30年改正（平成30年法律33号）では，インカメラ審理手続を書類提出の必要性の判断にも利用できるようにするとともに，インカメラ審理手続への専門委員の関与も可能とされた（4項）。

解　説

1　1項

1項は，侵害行為立証または損害額計算のための必要書類についての書類提出命令および侵害行為立証のための検証目的物の提示命令について定めている。書類提出命令については，民訴法220条にも文書提出義務に関する規定があり，同4号において文書提出義務の一般化が図られているが，同号ハでは，技術または職業の秘密に関する事項で黙秘の義務が免除されていない

ものについては文書提出を拒むことができるとされているため，営業秘密が記載された文書について提出義務がないとされる場合もあるとも考えられる。

しかし，本条は民訴法220条の特則であるから，営業秘密であるというだけでは直ちに提出義務なしとするべきではなく，本条1項本文の要件を充足すれば，同項ただし書所定の「提出を拒むことについて正当な理由」が認められない限り，文書提出命令が発令されることになる。

1.1 本文

1.1.1 「不正競争による営業上の利益の侵害に係る訴訟においては」

本項は，「不正競争による営業上の利益の侵害に係る訴訟」における規律を定めるものである。その意義については，6条の解説を参照されたい。

1.1.2 「当事者の申立てにより」

本項は「当事者の申立て」によるものと定めている。そのため，文書提出命令を裁判所が職権で行うことが許されない反面，原告のみならず，被疑不正競争者である被告においても文書提出命令の申立てをすることができる。例えば，被告が，原告の「行為を行う能力」や「販売することができないとする事情」を主張立証して5条1項の損害額の推定を争うため，原告が所持する帳簿関係書類の提出を求めることが考えられる。

補助参加人は「当事者」ではないものの，原則として当事者が行い得る一切の訴訟活動を行うことができるとされているため（民訴法45条1項），補助参加人も本条の申立てを行うことが可能と解される。独立当事者参加をした者も，「当事者」として訴訟手続に参加する者である以上（民訴法47条1項），本条の申立てを行うことができる。

1.1.2.1 「申立て」の方式

書類提出命令の「申立て」の方式について特別規定はないので，一般法である民訴法221条が適用される[2]。同条1項によれば，申立書には，「文書の表示」「文書の趣旨」「文書の所持者」「証明すべき事実」「文書の提出義務の原因」を記載することが必要である（民訴221条1項）。以下，順に説明する。

7条1項　書類の提出等　645

1.1.2.1.1 「文書の表示」

　本項の損害計算のための書類については，帳簿体系や帳簿名称が各当事者ごとに異なるのが実情であり，そのため申立人が文書所持者の帳簿体系における正確な名称により文書を特定することが不可能であることが問題となる。この点については，通常の帳簿体系に基づき申立人が文書を特定すれば，所持者において提出を求められている帳簿類の種類は理解できるものであるから，通常の帳簿体系に基づき通常の帳簿の名称による特定がなされれば文書の特定に欠けるものではないと解されている[3]。実務上は，「その他名称のいかんを問わず，本件被告製品の売上関係書類一切」といった概括的な記載も許容されている[4]。

　他方，本項の当該侵害行為について立証するための書類については，損害計算のための書類のように一般的に通用している帳簿体系等がなく，「文書の表示」を特定することが困難であることが少なくない。

　知財高決平29・6・12最高裁HP（平成29年（ラ）10002号）〔28252065〕では，以下のように記載した文書目録の提出命令が申し立てられた事案において，本件各文書は，個人名や組織名などで，その作成名義者は特定されているものではなく，作成日付や作成期間も特定されておらず，相手方における管理態様などでも特定されていないとして，「文書の表示」を明らかにするものではないと判断された。

【文書目録】

　経済産業省が平成25年9月11日付けで公募した平成25年度「汚染水処理対策事業」において，相手方又は相手方を含む同事業における補助事業者が設計・製造し，福島第一原子力発電所における放射能汚染水の浄化に使用されている高性能多核種除去設備（以下「高性能ALPS」という。）の設計書，その他高性能ALPSの設計・製造・運用に関して作成された文書（高性能ALPS設計のための擬似水試験，模擬液試験や実液試験の内容を記載した文書を含む。）及び高性能ALPSで使用されている放射能廃棄物量削減，核種除去性能に関する技術情報が記載されている文書

　文書の特定，すなわち，文書の表示が困難な場合には，民訴法222条の文

書特定のための手続を利用することもできる。すなわち，民訴法222条1項は，「文書提出命令の申立てをする場合において，前条第1項第1号又は第2号に掲げる事項を明らかにすることが著しく困難であるときは，その申立ての時においては，これらの事項に代えて，文書の所持者がその申立てに係る文書を識別することができる事項を明らかにすれば足りる……。」と規定している。これは，民訴法221条1項による「文書の表示」（同1号）や「文書の趣旨」（同2号）を明らかにすることが不可能な場合には，申立てにかかる文書を「識別できる事項」が明らかにされればよいとすることで，文書提出命令申立人の義務を緩和するものである。

ここで，「識別することができる事項」とは，文書の所持者において，その事項が明らかにされていれば，不相当な時間や労力を要しないで当該申立てに係る文書あるいはそれを含む文書グループを他の文書あるいは他の文書グループから区別することができるような事項を意味するという理解で概ね異論がないように思われる[5]。

問題はその判断方法であるが，申立人側の具体的な事情と所持者側の具体的な事情を総合的に考慮して判断されるべきものであるとの抽象論のもと，実際に申立人側・所持者側の事情を踏まえて判断する事例がある一方（結論として提出命令は否定されているが，前掲知財高決平29・6・12），他方で，所持者側の「識別不可能」との回答をもって「（文書を）識別できる事項」（民訴法222条1項）の特定がないとして文書提出命令を不適法と判断した事例もある（東京高決平30・12・26公刊物未登載（平成30年（ラ）1754号））。その上訴審である最決令元・5・24公刊物未登載（平成31年（許）4号）（小林宏司＝浅野良児「許可広告事件の実状―令和元年度」判時2452号8頁（2020）で紹介されている）も，原決定を支持）。

文書所持者が「識別不可能」と回答したのみで民訴法222条1項の「識別できる事項」の主張がなされていないとうするのでは，同項は全く意味がない規定になりかねない。上記のような裁判所の対応には疑問が残る。

なお，コンピュータ用の電磁的記録も提出命令の対象となり[6]，文書提出命令の規定は図面，写真，録音テープ，ビデオテープその他の物件にも適用される（民訴231条）。

1.1.2.1.2 「文書の趣旨」

「文書の趣旨」については，提出を求める文書にどのようなことが記載されているのかについて概要を記載する。損害額計算のための書類に関する「文書の趣旨」記載にあたって具体的な数値の記載までは要しないと解されている。

損害額計算のための文書提出命令申立における「文書の趣旨」の記載につき意匠権侵害事件の裁判例がある（スノーポール事件・大阪地判昭58・12・9判タ514号295頁〔27651267〕）。この事件で裁判所は，「本件申立（別紙）によれば，右『文書の趣旨』の記載は概括的に『対象物件の取引の記載ある』とのほか，『文書の表示』の記載（前同条1号）と兼ねる形で，唯文書の標目だけを記載したもので，その内容についての具体的記載は存しないのであるが，本件申立の如く，要証事実が原告の損害額，従つて意匠法39条1項（現2項：筆者注）で推定される被告の利益額にして，具体的にはこれを構成する被告物件の或る期間の販売数量，単価，利益率にあるような場合には，その証明に用いようとする文書もいきおい右文書の表示に掲げるような，相手方の所持する，しかも多数種類かつ長期間にわたる帳簿類に及び，且つ申立人においてはその内容を具体的には知り得ず，これを明らかにすることも不可能であるから，前記のように『文書の趣旨』の記載が『文書の表示』の記載を兼ねる形で実質上文書の標目を示すに止り，その記載内容の具体的表示を欠くことも止むをえないものとしなければならない」とした上で，申立人が「『文書の表示，文書の趣旨（一）』欄の冒頭にある「『昭和51年2月以降現在に至るまでの被告会社の本件対象物件の取引の記載ある左記帳簿類』」と記載し，また列挙してある証拠の標目をもあわせ考慮すると，本件における文書の趣旨としては「その内容に右請求原因6項の原告主張の販売数量，単価，利益率の記載があるとの主張をなすものと認められる」とした。

このように，「文書の趣旨」について具体的な記載を欠いた場合でも，申立て自体が不適法とされることは少ないと思われるが，申立人としては，できる限り，その主張に係る侵害者の譲渡数量，売上高，販売単価等を端的に記載すべきである[7]。

648　第2章　差止請求、損害賠償等

1.1.2.1.3 「文書の所持者」

「文書の所持者」は，本条1項の書類提出命令を求める限りにおいては，相手方当事者を指し，第三者を含まないことは上記のとおりである。

1.1.2.1.4 「証明すべき事実」

「証明すべき事実」については，侵害行為立証の場合には権利者側が立証しようとする侵害行為の具体的な態様を記載し，損害額立証の場合には損害額算定に必要な数値をできる限り具体的に記載する。この証明すべき事実については，文書の所持者たる当事者が書類提出命令に従わなかった場合に，「相手方の主張」として何を真実と認めてほしいか（民訴224条3項参照）という点も考慮して記載すべきことになろう。

1.1.2.1.5 文書提出義務の原因

「文書提出義務の原因」については，本条による場合には「7条1項本文」等と記載する。

1.1.3 「当事者に対し」

本項により裁判所が文書の提出を命ずることができるのは「当事者」に限定されており，第三者に対して文書の提出を命ずることはできない。補助参加人は当事者ではなく，民事訴訟法45条1項に類する規定（当事者と同様に決定，命令等の対象になり得る旨の規定）もないで，補助参加人に対して本条所定の文書提出命令を発することはできないものと解される。独立当事者参加人は，当事者として訴訟に参加する者である以上，ここでいう「当事者」に含まれる。

1.1.4 「当該侵害行為について立証するため，又は当該侵害の行為による損害の計算をするため必要な」

本項による文書提出命令の必要性の判断にあたっては，当該文書を取り調べる必要性の有無，程度すなわち証拠としての重要性や代替証拠の有無，さらには真実発見・裁判促進という司法の利益をも考慮することになると説かれている[8]。もっとも，裁判所において侵害か否かの心証を形成する前の段階で問題となる「侵害行為について立証するため」の書類と，侵害であると

の心証を形成した後に問題となる「侵害の行為による損害の計算をするため必要な書類」とでは，各要素の重み付け等について自ずと違い生じるものと思われる。この点については次項以下で説明する。

1.1.4.1 「当該侵害行為について立証するため……必要な書類」

本条1項前段は，侵害訴訟における裁判所の当事者に対する侵害行為立証のための書類提出命令に関する規定である。不正競争防止法違反にかかる訴訟においては，通常は侵害論についてまず審理が行われ，裁判官が不正競争ありとの心証を抱いた後に損害論が審理される。従前，書類提出命令は「当該侵害の行為による損害の計算をするため」の規定，すなわち損害論審理における規定とされていたが，平成15年改正（平成15年法律46号）により，損害論における書類提出義務に加え，「当該侵害行為について立証するため」，すなわち侵害論の審理過程においても，裁判所は必要な書類の提出を命じることができるようになった。

1項前段の文書提出命令を求める当事者は，「侵害行為について立証するため……必要」であることを疎明しなければならない。

「侵害行為」とは，2条1項各号所定の不正競争行為を意味する。「侵害行為」という文言である以上，不正競争行為と両立する別の事実である抗弁事実（例えば，3号の形態模倣における「日本国内において最初に販売された日（19条1項6号イ）」等）は含まれない。「侵害行為」が存在しないことを証明するため（被告による反証のため）に1項前段の文書提出命令を利用することができるかは問題となり得るが，本項は，「侵害行為」に関する書類は被疑不正競争者が保有しているという事情を前提に，「侵害行為」に関する客観的立証責任を負う者の立証負担の軽減を図ることを目的とするものであるから[9]，侵害行為の不存在を立証するために1項前段の文書提出命令を利用することはできないと解すべきであろう。

さらに，申立人は，立証のための「必要」性についても疎明しなければならない。申立て時，立証の対象となる事実の特定を行うが，それとは別途，当該事実を立証するために必要な証拠であることを疎明しなければならないということである。この必要性の判断にあたっては，探索的ないし模索的な申立てを排除するべく，権利者側は証拠調べの必要性の前提として，侵害であることを合理的に疑わしめるだけの手掛かりとなる疎明を尽くすことが必

650　第2章　差止請求、損害賠償等

要であると解される。具体的には，被告製品が市場において入手可能であれば入手したうえで調査し，その具体的な構造・組成を可能な限り具体的に主張し，被告が被告製品を製造していることをうかがわせる周辺事実を収集して主張することが求められている[10]。文書提出命令が発令された場合，これに従わない当事者には一定の制裁（民訴法224条）があるということも，かかる疎明の必要性の根拠となろう[11]。

1.1.4.2 「当該侵害の行為による損害の計算をするため必要な書類」

本条1項は，「当該侵害の行為による損害の計算をするため必要な書類」についての提出命令についても定めている。ここでいう「書類」には，売上数量，売上額，経費額の数値を示す文書や，これらを整理して記載した帳簿のほか，数値の信憑性を確認，照合するために必要となる書類が含まれる[12]。

例えば，トラニスト製剤事件・東京高決平9・5・20判時1601号143頁〔28021137〕では，次のような書類が「損害の計算をするために必要な書類」に該当するものとして本項の文書提出命令が認められている。

（1）貸借対照表・損益計算書
（2）営業報告書
（3）確定申告書控（添付書類を含む）
（4）総勘定元帳
（5）得意先別元帳（売掛台帳）
（6）仕入先別元帳（買掛台帳）
（7）売上元帳・売上伝票
（8）仕入元帳・仕入伝票
（9）製造原価報告書
（10）原料受払台帳
（11）出庫伝票・製品受払台帳
（12）在庫表
（13）経費明細書（製造経費及び販売経費）
（14）納品書控（納品伝票控）・請求書控（請求明細書控）・受領書
（15）品質試験書控
（16）販売会社との委託販売契約に基づく卸売原価管理表・取引台帳

（17）製造指図書・製造記録書

（18）試験検査に関する記録（試験検査記録）

（19）その他の名称のいかんを問わず，「ベセラールカプセル」，「ベセラール
ドライシロップ」の製造量，販売量，販売単価，製造原価，「ベセラール
カプセル」，「ベセラールドライシロップ」の販売のために直接要した販
売経費を示す文書

　1項後段の文書提出命令を求める当事者は，侵害の行為による損害の計算
をするため「必要」であることを疎明しなければならない。既述のとおり，
不正競争防止法違反にかかる訴訟においては，裁判所が侵害の心証を形成し
て初めて損害論の審理に入るという審理方法が定着しており，既に損害論に
入った後に問題となる後段の書類については，取り調べの必要性が高い場合
が多いと考えられる[13]。

　提出命令の対象となる文書は，損害額の計算をするために必要な書類であ
るから，その範囲は，原則として損害賠償請求の主張期間内の計算に必要な
文書に限られ，また対象物件による損害の計算をするために必要な文書に限
られることになる。しかし他方，文書の範囲を厳格に考えすぎると損害額の
正確な計算ができなくなってしまうことから，他の製品や損害賠償請求期間
以外の期間について記載されていたとしても，損害額計算のために必要な事
項を記載した文書と一体をなした文書については，提出命令の対象となるも
のと解される。ただし，後述のインカメラ手続や秘密保持命令の活用等によ
り営業秘密を保護するための配慮は必要であろう[14]。

1.1.5 「裁判所は，……書類の提出を命ずることができる」

　書類提出命令の申立てがあった場合，裁判所は，申立てを理由ありと認め
たときには，文書を特定し，提出期間を定めて書類提出命令の決定を出すこ
とができる。「命ずることができる」という文言である以上，裁判所には一
定の裁量が認められるものと解され，要件を充足した場合でも書類の提出命
令を発しないことも認められる。民事訴訟法上の証拠の採否に関する裁判所
の裁量に関する規定と（民訴法181条）同旨と解することができる。

　ただし，前記載各要件の充足が認められる場合，通常は審理のために提出
命令申立ての対象とされた文書を取り調べることが必要かつ有益なのであ

り，要件充足の場合には原則として申立てを認めて書類提出命令を発するべきであろう。特に，申立てにかかる文書が当該事実を立証するための唯一の証拠である場合には書類提出命令を発するべきある。弁論主義の下では，証拠の申出が当事者に委ねられているにもかかわらず，唯一の証拠申出を排斥するのは，合理的事実認定のあり方とはいえないからである[15]。例外的に，文書提出命令の申立てがなされた後に他の証拠により要証事実の認定が可能になったような場合には，要件を充足していても命令を発しないことが許容されるものと解される。

申立てを理由がないと認める場合には申立ては却下されるが，黙示的に却下することもできるとされており（最判昭43・2・1判タ219号78頁〔27622059〕）[16]，実務上は明示的な却下がされないまま口頭弁論が終結され，黙示的却下と扱われる場合も少なくない[17]。

なお，文書提出命令の申立てに対する決定について争う場合の不服申立方法は，即時抗告による（民訴223条7項）。

1.2　1項ただし書

本条1項ただし書は，文書を提出させることにより侵害行為または損害額の立証を容易にする必要性と，文書所持者の文書提出の困難や不利益を，「正当な理由」の有無により調整する規定である。

1.2.1　「その提出を拒むことについて正当な理由があるとき」

文書提出命令を申し立てられた相手方は，その提出を拒むことについて「正当な理由」があるときは，文書の提出を拒否することができる。この「正当な理由」の有無は，開示することにより文書の所持者が受けるべき不利益（秘密としての保護の程度）と，文書が提出されないことにより書類提出命令の申立人が受ける不利益（証拠としての必要性）とを比較衡量して判断されるべきものとされる[18]。

本項ただし書の「正当な理由」を判断するにあたっては，民訴法220条各号に関する解釈も参考になると説かれている[19]。同条3号後段の法律関係文書に関する「当該文書が開示されることによる……弊害発生のおそれ」（最決平16・5・25民集58巻5号1135頁〔28091521〕），同条4号ロの公務関係文書等に関する「公にされることにより，私人との信頼関係が損なわれ，公務

の公正かつ円滑な運営に支障を来すこととなるもの」(最決平17・10・14民集59巻8号2265頁〔28102060〕),同号ハの技術または職業の秘密文書に関する「その事項が公開されると当該技術の有する社会的価値が下落し,これによる活動が困難になるもの又は当該職業に深刻な影響を与え以後その遂行が困難になるもの」か否か(最決平12・3・10民集54巻3号1073頁〔28050540〕),同号ニの自己使用文書に関する「開示されると個人のプライバシーが侵害されたり個人ないし団体の自由な意思形成が阻害されたりするなど,開示によって所持者の側に看過し難い不利益が生ずるおそれがあると認められる」か否か(最決平11・11・12民集53巻8号1787頁〔28042656〕)などである。

　侵害行為立証および損害額立証のいずれの場合においても,当該文書に営業秘密が記載されているということだけで,「正当な理由」ありとされるものではないと解されている[20]。本条により提出命令の対象となる文書には営業秘密が含まれていることが多いと考えられ,営業秘密であることのみを理由に提出を拒むことができるのでは,本条はほとんど実益がなくなることがその理由である[21]。

　もっとも,所持者が有する営業秘密の保護についても一定の配慮が必要となることはいうまでもない。例えば,侵害行為立証の場合に営業秘密が記載されていることを所持者が文書を特定して主張した場合,裁判所がインカメラ手続によってその存在を認めた場合でも,当該営業秘密部分が分離でき,かつ侵害行為立証には不要と判断することができれば,当該営業秘密部分を除外した文書の提出命令を出すべきであるし,場合により記録の閲覧謄写制限等の措置をとることも考えられる。これは損害額立証のために帳簿類の提出が主張された場合も同様に考えられる[22]。インカメラ手続については,後述のとおり,平成16年改正により当事者その他一定の者に意見陳述の機会と書類開示の機会が与えられるとともに(本条3項),これら当事者その他一定の者について,同じく平成16年改正により新設された秘密保持命令の名宛人とすることで営業秘密の無用な流出を防ぐ手立ても講じられており(本条3項,10条),今後は,営業秘密保護に対する配慮をしたうえで,文書提出命令が活用される機会が増えるものと考えられる[23]。特に,秘密保持命令が導入された現行法下においては,1項前段(侵害行為立証のための書類提出命令)に関する文書の提出を拒む「正当な理由」はほとんど存在しないと評

654 　第2章　差止請求、損害賠償等

されることもある[24]。

2　2項

　本項は，平成15年の改正において新設された規定である。1項における書類の提出を拒む「正当な理由」があるか否かについて，裁判所のみが当該書類を見ることで判断を行う手続（インカメラ手続）として規定された。その後，本項は平成30年に一部改正され，裁判所が侵害行為の立証または損害額の計算のために必要な書類であるかどうかを判断するため必要があると認めるときにもインカメラ手続を利用することができるようになった。

2.1 「前項本文の申立てに係る書類が同項本文の書類に該当するかどうか又は同項ただし書に規定する正当な理由があるかどうかの判断をするため必要があると認めるとき」

2.1.1 「前項本文の申立てに係る書類が同項本文の書類に該当するかどうか……判断をするため必要な場合」

　「前項本文の申立てに係る書類」とは，当事者が相手方に提出を求めた書類である。「同項本文の書類」とは，「当該侵害行為について立証するため，又は当該侵害の行為による損害の計算をするため必要な書類」である。要するに，前者が後者に該当するかどうかを判断するために必要な場合，という意味である。

2.1.2 「同項ただし書に規定する正当な理由があるかどうか……判断をするため必要な場合」

　「同項ただし書に規定する正当な理由」とは，本条1項が規定する「提出を拒むことについて」の「正当な理由」である。この「正当な理由」があるかどうかを判断するために必要な場合に，本要件の充足が認められる。

2.2 「裁判所は，……書類の所持者にその提示をさせることができる。」

　上記2.1の要件を充足する場合，裁判所は，書類の所持者にその書類を「提示」させることができる。「提示」とは，他人に指し示すことをいう[25]。ここで，「提出」とは「書類などを差し出して交付する」ことを意味するが[26]，本項が「提出」ではなく「提示」という文言を用いているため，本項

により裁判所ができるのは，書類の内容を閲読することである。そのため，提示された書類は記録には編綴されず，通常，裁判所の閲読が終われば所持者に返還されるが，裁判所は，必要がある場合は提示された書類を一時保管できることとされている（民訴規141条）。

2.3 「この場合においては，何人も，その提示された書類の開示を求めることができない。」

インカメラ手続において提示された書類の内容を裁判官が閲読する際，何人も，その提示された書類を開示するよう求めることができないとの規定である。「何人も」とあるが，事実上，開示を求めるのは申立人に限られると思われ，本規定も事実上専ら申立人を対象とするものと理解できる。

なお，上記のとおり，「提示」された書類は，裁判所が閲読した後，原則として記録に編綴されることなく所持者に返還される以上，提出を拒む正当な理由があるとして書類提出命令が発せられなかった場合には，（民訴規141条に基づき裁判所が一時的に書類を保管しているような場合でない限り）裁判所にその開示を求めても意味がない。

3　3項

従前，インカメラ手続については，文書所持者の説明に基づいて当該文書の内容が侵害を示すものであるか否か等を判断することは不公平ではないかという批判が強かったほか，文書提出命令申立人に立会い権限がなかったため，不満の残る制度であるとの声があがっていた[27]。そのためか，制度導入からしばらくの間は実際にインカメラ手続がとられる例は極めて少なかった。

そこで，平成17年改正（平成17年法律75号）により本項が設けられ，インカメラ手続をとる場合において，「正当な理由」があるか否かについて裁判所が書類を開示してその意見を聴くことが必要であると認めるときは，当事者等またはその代理人，訴訟代理人または補佐人に対して当該書類を開示することができるものとした。これにより，申立人側も書類の開示を受け，意見陳述する機会が与えられたことになった。また，同時に，上記立会人を後述の秘密保持命令の名宛人とすることにより，営業秘密の保護を図ることもできるようになった。

656 第2章 差止請求、損害賠償等

3.1 「前項の場合において」

本項が適用されるのは，「前項の場合」である。「前項の場合」とは，2項が規定する場合であって，2項所定の内容を確認するために，書類の所持者に対し，提出命令にかかる文書を「提示」させる場合である。

3.2 「第一項本文の申立てに係る書類が同項本文の書類に該当するかどうか又は同項ただし書に規定する正当な理由があるかどうかについて前項後段の書類を開示してその意見を聴くことが必要であると認めるときは」

「第一項本文の申立てに係る書類が同項本文の書類に該当するかどうか又は同項ただし書に規定する正当な理由があるかどうかについて」とは，1項所定の各要件を充足するかどうか，という意味である。詳細は1項の解説を参照されたい。

「前項後段の書類」と，申立てにかかる書類の所持者が裁判所に提示した書類を意味する。「開示して」とは，に，当該書類を明らかにして示し見せることをいう。問題は，「その意見を聴くことが必要であると認めるときは」の解釈であり，いかなる場合にここでいう「必要」が認められるかである。この点，本項は，インカメラ手続に関する申立人の手続保障を確保するために設けられた規定であることに鑑みると，裁判所に提示された書類を申立人に開示せずに書類提出命令について判断を下すことが，申立人に対する手続保障の観点から適切ではない場合を意味する解すべきように思われる。かかる観点からすれば，裁判所が，申立人の申立てどおり書類提出命令を発令すべきという心証を得ている場合には，本項の「必要」はないと考えてよい。他方で，裁判所が書類提出命令を発令すべきではないという心証を得た場合，あるいは，どのような判断をすべきか迷いが消えないような場合には，本項の「必要」を認め，当事者等に対して前記書類を開示するのが望ましいように思われる。

3.3 「当事者等，訴訟代理人又は補佐人に対し，」

判所は，前項本文の申立てにかかる書類が同項本文の書類に該当するかどうかまたは同項ただし書に規定する正当な理由があるかどうかの判断をする

ため必要があると認めるときは，書類の所持者にその提示をさせることができる。

「当事者等」とは，当事者（法人である場合にあっては，その代表者）または当事者の代理人（訴訟代理人および補佐人を除く），使用人その他の従業者をいう（本項かっこ書）。訴訟代理人および補佐人は，「当事者等」とは別途独立に対象者として記載されているため，重複を避けるために「当事者等」からは除かれている。ここで問題となりうるのは，「従業者」の範囲である。当事者と雇用契約になる使用人が典型例であろうが，その文言に鑑み，訴訟当事者との間に雇用契約が存在することが必須とは解されない。多様な働き方が可能となっている現在，フリーランスとして業務委託等に基づき訴訟当事者の業務に従事している者も「従業者」に含めてよいと解する。さらに進んで，当該訴訟のために個別に業務委託を受ける等している私鑑定人のような者も含めてよい。

「訴訟代理人」とは，当事者から委任を受けて当該訴訟において訴訟代理人として活動している弁護士をいう。「補佐人」とは，当事者から受けて当該訴訟において補佐人として活動している弁理士をいう。

3.4 「裁判所は，……当該書類を開示することができる。」

本項の要件を充足する場合，裁判所は，「当該書類」，すなわち，文書提出命令申立てかかる書類を，上記3.3の者に対して「開示」することができる。「開示」とは，他人に，物又は事柄の内容，性質等を明らかにして示し見せることをいうのであり，裁判所ができることは，3.3の者に文書を閲読させるような行為に限られる[28]。

4 4項

本項は平成30年の改正（平成30年法律33号）で新設された規定である。本項により，裁判所は，書類提出の必要性又は書類提出を拒む「正当な理由」の有無を判断するために書類を開示して専門的な知見に基づく説明を聴くことが必要であると認めるときは，専門委員に対して当該書類を開示できるようにった。専門委員に書類を開示する際には当事者の同意が必要とされている。専門委員による説明は，書類提出の必要性や，提出を拒む「正当な理由」の有無に関する裁判官の判断に影響を与え，証拠の採否，ひいては裁判

658 第2章 差止請求、損害賠償等

の結果を左右する可能性があることから，当事者の意向をより手続に反映させることが相当と考えられたためである[29]。

4.1 「第2項の場合において」

「第2項の場合」とは，「前項本文の申立てに係る書類が同項本文の書類に該当するかどうか又は同項ただし書に規定する正当な理由があるかどうかの判断をするため必要があると認めるとき」（本条2項）である。詳細は本条2項の解説を参照されたい。

4.2 「同項後段の書類を開示して専門的な知見に基づく説明を聴くことが必要であると認めるときは」

「同項後段の書類」とは，裁判所が申立てにかかる書類の所持者から提示を受けた書類である。「専門的な知見に基づく説明を聴くことが必要であると認めるとき」とは，本項による書類の開示対象が後述4.4で説明する「専門委員」に限定されていることに鑑み，当事者の主張・疎明のみでは裁判所が書類提出命令について判断するために必要な専門的な知識が得られない場合を意味するものと解すべきであろう。

4.3 「当事者の同意を得て」

本項により専門委員に書類を開示するためには，「当事者の同意」を得る必要がある。ここでいう「当事者」とは，当該訴訟（基本事件）の当事者全てではなく，文書提出命令にかかる当事者（申立人と相手方）であると解される。

4.4 「民事訴訟法（平成8年法律第109号）第1編第5章第2節第1款に規定する専門委員に対し」

「民事訴訟法（平成8年法律第109号）第1編第5章第2節第1款」とは，「専門委員」に関する規定であり，民訴法92条の2から92条の7までの規定をいう。

本条による開示の対象は，「専門委員」に限られる。「専門委員」とは，専門的な知見に基づく説明をし，または意見を述べるために必要な知識経験を有する者の中から，最高裁判所により任命された者である（専門委員規則1

条参照）。

4.5 「裁判所は，……当該書類を開示することができる。」

本項の要件を満たす場合，裁判所は専門委員に当該書類を「開示」することができる。既述のとおり，「開示」とは，他人に，物又は事柄の内容，性質等を明らかにして示し見せることをいうから[30]，当該書類の写し等を交付することまでは認められない。本項により認められるのは，専門委員に当該書類を示し見せること，すなわち，閲覧等させることである。

5　5項

本項は，平成15年改正により新設された規定であり，侵害行為立証のための検証物提示命令について定めるものである。

5.1 「不正競争による営業上の利益の侵害に係る訴訟における当該侵害行為について立証するため必要な検証の目的」

「不正競争による営業上の利益の侵害にかかる訴訟」の意義については，6条の解説を参照されたい。

本項による準用が認められるのは，「侵害行為について」立証するために必要な検証の目的に限られる。物を生産する方法にかかる営業秘密の侵害にかかる訴訟において，対象となる製造装置等を裁判所に直接持ち込んで調べたり，相手方の工場内において製造装置を調べたりするようなケースが想定されている[31]。

本項では，1項と異なり「損害の計算をするため」の検証の目的については準用されていない。検証とは[32]，裁判官がその視覚，聴覚などの感覚作用によって事物の形状・性質，現象，状況を感得し，その判断内容を証拠資料とする証拠調べの一方法であるところ，通常，「損害の計算をするため」にかかる証拠調べをする事態は想定できないためであろう。

5.2 「前各項の規定は，……必要な検証の目的の提示について準用する。」

「前各項の規定」，すなわち，1項から4項の規定は，検証の目的の「提示」について準用される。1項と異なり「提出」ではなく「提示」とされているのは，当事者が保有する書証に関する証拠申出の方法が文書の「提出」

660 第2章 差止請求、損害賠償等

であるのに対し（民訴法219条），当社が保有する目的に関する検証の証拠申出の方法が目的の「提示」であるためであろう（民訴法232条1項）。このような文言の違いはあれど，1項から4項までの定めが基本的に全ての規定が「検証」について準用されるものと解される。

　例えば，検証物の提示を拒む「正当な理由」の存否については，書類提出命令に関する議論があてはまり，検証物提示命令を申し立てた申立人の利益と営業秘密を開示する検証物所持者の利益を比較衡量の上決することとなる。また，2項および3項のインカメラ手続についていえば，裁判所は，2項に基づき検証の目的を保有している当事者から，裁判所内や当該当事者の管理にかかる工場等において検証の目的の「提示」を受けることになる。この場合，裁判所は，民訴規則151条に基づき検証の目的を一時保管したうえで（同条による民訴規則141条の準用），本条3項により当事者等に対する「開示」を行うことになろう。

　検証物提示命令の申立方式，裁判所による提示命令，決定に対する即時抗告，不提出や使用妨害の効果等については，文書提出命令の規定が準用される（民訴232条）。

6 不提出・使用妨害の場合の効果

6.1 不提出の効果

　文書提出命令の決定による提出期間が経過し，口頭弁論終結時に至っても当該文書が所持者から提出されない場合，裁判所は，当該文書の記載に関する相手方の主張を真実と認めることができる（民訴224条1項）[33]。ただし，第一審で提出しなかったときでも，控訴審の口頭弁論終結時までに提出すればこの効果は生じないものと解されている[34]。

　「文書の記載に関する相手方の主張」とは，要証事実そのものではなく，文書の性質，内容，成立の真正（文書の趣旨）である。したがって，文書提出命令申立人による当該文書の性質，内容，成立に関する主張が真実と認められても，これによって要証事実それ自体が証明されたものとするか否かは，裁判所が自由な心証に基づき決すべき事柄であるとされる[35]。

6.2 使用妨害の効果

当事者が相手方の使用を妨げる目的で提出義務がある文書を滅失させ，その他これを使用することができないようにしたときも，裁判所は，当該文書の記載に関する相手方の主張を真実と認めることができる（民訴224条2項）。例えば，提出義務がある文書を所持者が破り捨てて使えなくした場合がこれにあたる。「妨げる目的」とは，訴訟上書証として用いることを妨害する意図があれば足り，相手方が特定していることや使用を妨げる目的が具体的であることを要しないと解されている[36]。故意の文書毀損だけでなく，文書の保管に過失があって滅失したような場合や他の目的で滅失させた場合にも民事訴訟法224条2項の準用があるか否かについては，見解が分かれている[37]。

6.3 前記6.1および6.2の場合において，相手方が当該文書の記載に関して具体的な主張をすること，および当該文書により証明すべき事実を他の証拠により証明することが著しく困難であるときは，裁判所は，その事実に関する相手方の主張を真実と認めることができる（民訴224条3項）。

旧民訴法（明治23年4月21日法律29号）316条の下においては，要証事実そのものが立証されたか否かは裁判所が自由な心証に基づき判断すべき事柄とされており，文書不提出の場合でも裁判所は他の証拠や弁論の全趣旨を併せ考慮して要証事実を認定する等の方法をとってきた[38]。

しかし，民訴法224条3項の下では，例えば，申立人が被告の販売量や販売単価等について，当該文書なくしては証明することが著しく困難であるとして，これら「証明すべき事実」を真実と認めるよう求めた場合において，裁判所が直截に申立人の主張を真実と認めて判決の基礎とすることができることになった。同項が適用された裁判例としては，知財高判令3・3・30最高裁HP（平成31年（ネ）10008号）〔28302252〕がある。

【注】
1）　伊藤眞ほか「＜座談会＞司法制度改革における知的財産訴訟の充実・迅速化を図るための法改正について（下）」判タ1162号16頁〔末吉亙発言〕（2004）
2）　中山＝小泉編・新注解（中巻）2230頁〔相良由里子〕，高松宏之「特許権侵害

662 第2章 差止請求、損害賠償等

訴訟における文書提出命令について」牧野利秋ほか編『知的財産法の理論と実務（2）』66頁（新日本法規，2007）等。

3） 中山編著・注解（上巻）1190頁〔青柳昤子〕，中山＝小泉編・新注解（中巻）2233頁〔相良由里子〕。

4） 中山＝小泉編・新注解（中巻）2233頁〔相良由里子〕

5） 法務省民事局参事官室『一問一答新民事訴訟法』202頁（商事法務，1996）。東京高決平30・12・26公刊物未登載（平成30年（ラ）1754号）〔28323510〕（小林宏司「許可抗告事件の実情—令和元年度」判時2452号8頁において紹介されている）も参照。

6） 大阪高決昭53・3・6判タ359号194頁〔27650700〕参照

7） 中山編著・注解（上巻）1192頁〔青柳昤子〕

8） 特許法105条1項について，髙部・実務詳説83頁参照。

9） 経産省・逐条解説（令和5年改正版）197頁

10） 中山＝小泉編・新注解（中巻）2230頁〔相良由里子〕

11） 新日鉄ポスコ事件・東京地決平27・7・27判タ1419号367頁〔28240462〕。中山＝小泉編・新注解（中巻）2230頁〔相良由里子〕，髙部・実務詳説84頁も参照。

12） 中山＝小泉編・新注解（中巻）2231頁（相良由里子）

13） 髙部・実務詳説85頁

14） 特許権侵害訴訟にかかるトラニスト製剤事件・東京高決平9・5・20判時1601号143頁〔28021137〕は，特許法の一部改正（平成11年法律41号）によりインカメラ手続が導入される前の事例であるが，発明名称「新規芳香族カルボン酸アミド誘導体の製造方法」について特許権を有する原告が，損害賠償額立証のため，特許法105条1項に基づき，被告が所持する決算報告書等の文書提出命令を申し立て，原審がこれを認めて被告に文書提出を命じた事件の抗告審である。この事件で抗告審裁判所は，原告が提出を求めた各文書は「薬品の製造販売等を営む事業者が法令上作成備付けを義務付けられている文書ないし同事業者が通常の事業活動を行う上において当然作成備付けていると認められる文書であり，その性質及び通常予定されている記載事項に照らし，当該事業者がその事業活動としてなした製品の製造販売行為の内容ないしこれと密接に関連する事項を記載した文書であって，当該製造販売行為が特許権侵害の行為に該当するときは，その記載内容は当該行為によって得た利益の額を計算する資料となり得る文書と認められ，これを損害額立証のための証拠とする相当性があり，原決定において提出を命じた範囲が不必要に広いとはいえない」とした。また提出命令の対象となる期間については「損害賠償の始期前であっても，製造承認を受けた日以後の前記各文書の記載内容は抗告人の前記販売行為と密接に関連するものであるから，これらの文書を提出命令の対象としたことに根拠がないとはいえない」とし，損害賠償請求期間だけでなく，侵害品の製品の製造承認を受けた日以後の文書について提出を命じた。さらにこの抗告審決定は「本

件各文書に他の医薬品についての同業他社の得意先，売上，経費率，利益率が記載されているからといって，そのことから本件各文書が当然に「秘密として管理されている事業活動に有用な技術上又は営業上の情報」といえないのみならず，仮にそのような情報を含んでいたとしても，それが相手方において特許権侵害と主張する薬品の製造販売行為により抗告人が得た利益を計算するために必要な事項を記載した文書と一体をなしている以上，少なくとも相手方との関係においては営業秘密を理由に当該文書の提出命令を拒む理由とはなり得ない。本件文書提出命令に基づいて本件各文書が提出された場合に営業秘密が不必要に開示されることを避けることは，訴訟当事者の申出との関連において原審裁判所において訴訟指揮等により適切に措置すべき事柄である」とした（原判決については，東京地決平9・3・19公刊物未登載（平成6年（モ）2623号）〔28172971〕参照。秋山佳胤「書類提出命令（特許法105条）の実務」法律実務研究15号281頁-338頁（2000）においては，当該事件における書類調査の実情が詳細に紹介されている）。

15) 伊藤眞『民事訴訟法』〔第8版〕426頁（有斐閣，2023）

16) 最判昭43・2・1判例時報514号54頁〔27403137〕

17) 文書提出命令の申立てが一審において黙示的却下とされた場合，弁論終結後に当事者は即時抗告を申し立てることはできないが，終局判決前の裁判（民訴283条本文）として控訴審においてその当否を争うことができる（最決平13・4・26判タ1061号70頁〔28060853〕参照）。なお，上記最高裁決定を掲載した判例時報の解説文（判時1750号101頁）では，本来証拠調べの必要がないことを理由に文書提出命令の申立てを却下した決定に対しては即時抗告をすることができないというのが判例（最決平12・3・10民集54巻3号1073頁〔28050540〕）であるから，「弁論終結後は即時抗告をすることができないという実益は，証拠調べの必要がないことを明示しないで却下しても違法ではないという点にあることになる。受訴裁判所としては，文書提出義務がないことを理由に申立を却下するのであれば，申立人に即時抗告をするいとまを与えるよう配慮することが必要であろう」と説かれている。

18) 中山信弘『特許法』〔第5版〕439頁（弘文堂，2023），NTTドコモ債務不存在確認事件・知財高判平28・3・28判タ1428号53頁〔28243412〕。

19) 高部・実務詳説86頁，中山＝小泉・新注解（中巻）2230頁〔相良由里子〕。

20) 中山・前掲注18）440頁，トラリスト製剤事件・東京高決平9・5・20判時1601号143頁〔28021137〕。

21) 島田康男「証拠収集の特徴」西田美昭ほか編『民事弁事と裁判実務（8）』84頁（ぎょうせい，1998）

22) 中山＝小泉編・新注解（中巻）2232頁〔相良由里子〕

23) 高部・実務詳説94頁参照

24) 高部眞規子「知的財産権訴訟 今後の課題（下）」NBL860号43頁（2007），中山＝小泉編・新注解（中巻）2233頁〔相良由里子〕。

664 第2章 差止請求、損害賠償等

25) 法令用語研究会編『有斐閣法律用語辞典』第5版815頁（有斐閣，2020）

26) 法令用語研究会編・前掲注25）827頁

27) 司法制度改革推進本部・知的財産権訴訟検討会資料「侵害行為の立証の容易化のための方策に関する改善の方向性（15.09.04）」1参照

28) 法令用語研究会編・前掲注25）90頁

29) 特許法105条に関する特許庁編『工業所有権法（産業財産権法）逐条解説〔第22版〕』359頁（発明推進協会，2022）参照

30) 法令用語研究会編・前掲注25）90頁

31) 経産省・逐条解説（令和5年改正版）201頁

32) 伊藤・前掲注15）499頁

33) 兼子一原著『条解民事訴訟法』〔第2版〕1251頁（弘文堂，2011），秋山幹男ほか・菊井維大＝松村俊夫原著『コンメンタール民事訴訟法Ⅳ』〔第2版〕512頁（日本評論社，2019）

34) 兼子原著・前掲注33）1251頁，秋山ほか・前掲注33）513頁

35) 旧民訴法316条に関するスノーポール事件・大阪地判昭58・12・9判タ514号295頁〔27651267〕。スノーポール事件判決は，旧民訴法316条につき「裁判所は，申立書の『証すべき事実』欄，更には申立人の要証事実に関する弁論上の主張を参酌して，文書の趣旨に関する申立人の主張の具体的内容を推定すべきこととなるが，その際，申立人の主張においてはそれが要証事実の主張と一致すると思われる場合においても，右推定の範囲を容易に要証事実そのものに直結することなく，申立人主張の範囲内において，提出を命じられた文書の記載から具体的にその把握がなし得ることが合理的に推認し得る事項にその推定範囲を限定するのを相当と考える（そうでなく，要証事実そのものの記載が推定されることになると，本件のような帳簿類にあつては，文書の性質上，その記載内容が推定されれば，通常反証のない限りこれに副う事実が認められるであろうから，前記真実推定の対象を『文書の趣旨』に止め，『要証事実』に及ぼさない民訴法316条の法意に副わない結果を招来する）」とした。そのうえで，当該事案における原告申立に係る「文書の趣旨」としては，請求原因第6項の原告主張の販売数量，単価，利益率の記載があるとの主張であると認定して，民訴法316条の推定が許されるか否かを検討し，「請求原因六記載の販売数量については，各期間における製品別の主張が具体的になされているし，その対象とされる事項の性質上，提出命令にかかる各文書中被告が提出を拒むものに右内容の記載がなされていると認めるのが相当であるが，被告物件の単価と利益率については，それぞれ『4000円』，『30パーセント』なる抽象的な主張があるのみであり，本件の如き長期にわたる製品の販売単価は年を経るにつれて上昇するのが通例であり，利益額，したがつて利益率も各年度毎に区々であるのが通例であることに鑑みると，前記提出命令の対象たる文書に右のような概括的記載がなされているとは到底認め難い」として，販売価格，利益率については，被告の自認する年別被告物件の利益額（1個当たり）によるほかないとした。

36) 兼子原著・前掲注33) 1254頁

37) 秋山ほか・前掲注33) 515頁

38) 例えば，動物おもちゃ事件・東京地判昭58・6・3判タ499号203頁〔27753216〕。動物おもちゃ事件判決で裁判所は，被告製品に関する取引書類，仕訳帳その他の帳簿の提出を命じたのに対し，「法人税の確定申告書において受注簿，商品受払簿，外交日誌を帳簿として備え付けていることを自ら明記しているにもかかわらず，該当書類の不存在を理由として右帳簿等を提出しなかった等の本件弁論の全趣旨を総合勘案」したうえで，侵害品の売上高について，被告取扱製品の10分の1に相当する金額を下らないと認定した。

〔高瀬　亜富〕

（損害計算のための鑑定）

8条　不正競争による営業上の利益の侵害に係る訴訟において，当事者の申立てにより，裁判所が当該侵害の行為による損害の計算をするため必要な事項について鑑定を命じたときは，当事者は，鑑定人に対し，当該鑑定をするため必要な事項について説明しなければならない。

趣　旨

　本条は，平成15年改正により設けられた規定である。7条は損害の計算に必要な書類の提出命令を定めているが，同条のみでは，①提出される書類の量が膨大であり，経理・会計の専門家でない裁判官，弁護士にとっては，書類を正確かつ迅速に理解することが困難であること，②提出された書類が，略語等で表記されている場合，その内容について説明を受けることなしに理解することが困難であること，③提出された書類に対し，民事訴訟法の当事者照会制度（同法163条）や民事訴訟規則の鑑定人の発問（同規則133条）等の制度を活用しても，相手方が説明に応じない場合，それらの書類を解読して計算することは困難であることといった問題が生じうる[1]。

　そこで，上記の問題点を解決するため，本条は，当事者の鑑定人に対する説明義務を負わせたものである。

666 第2章 差止請求、損害賠償等

解　説

1 「当事者の申立てにより，裁判所が当該侵害の行為による損害の計算を するため必要な事項について鑑定を命じたとき」

　本条の説明義務が生じるのは，当事者の申立てにより，裁判所が当該侵害の行為による損害の計算をするため必要な事項について鑑定を命じたときである。鑑定の申立等の手続規定は不正競争防止法には規定がないので，民訴法の規定（民訴212条以下，民訴規則129条以下）が適用される。

　知的財産関係訴訟における計算鑑定人選任に関する判例誌掲載事件としては，自動弾丸供給機構付玩具銃の特許権侵害訴訟に関する東京地判平13・2・8判タ1092号266頁〔28060297〕がある。この事件で裁判所は原告の申立てにより損害額計算のための鑑定を採用し，平成12年3月22日に公認会計士を鑑定人に選任のうえ，鑑定を命じたところ，鑑定人は「同年4月から6月にかけて前後6回にわたり被告ら会社を訪れて被告らの会計担当の従業員から任意に会計帳簿，伝票類の提示を受け，同従業員らからその内容の説明を受けるなどした上で，これを検討し，同年7月11日に計算鑑定書を提出した」。また鑑定人は「被告らから，個別の取引先ごとの売り上げを記録した帳簿等を含めた一切の関係書類の開示を受け，個々の取引の内容を含め，すべての事項について必要な説明を受けたものであるが，本件報告書の内容としては，被告各製品の販売数，売上額，利益率についての概括的な調査の手順と最終的な調査結果が記されるにとどまり，個々の取引における販売先の名称など被告らの製造販売事業における企業秘密にわたる事項については，被告らの利益に配慮して記載しないものとされて」いた。裁判所は，この計算鑑定の結果に基づき，被告製品の販売数，売上高，経費を認定し，被告らが原告に支払うべき補償金額および損害賠償額を算定している。その他の知的財産関係訴訟における計算鑑定人選任に関する判例誌掲載事件としては，東京地判令3・8・31最高裁HP（平成30年（ワ）1130号）〔28312521〕（印刷された再帰反射シート），知財高判平26・12・4判時2276号90頁〔28225036〕（アイロンローラなどの洗濯処理ユニットへフラットワーク物品を供給するための装置），東京地判平25・9・25判タ1418号336頁〔28213087〕（同），東京地判平成19・12・25判タ1286号303頁〔28140280〕（マンホール構造用止水可とう継手）などがある。

2 「当事者は，鑑定人に対し，当該鑑定をするため必要な事項について説明しなければならない」

2.1 「鑑定をするために必要な事項」

本条に基づく説明義務の対象は，鑑定をするために必要な事項である。鑑定事項の調査に必要な資料の管理状況や当該資料の内容を理解するために必要な事情が含まれる[2]。

2.2 「説明しなければならない」

2.2.1 説明義務の内容

本条所定の場合，当事者は鑑定人に対して説明義務を負う。上記のとおり，民訴規則においては鑑定人の発問権が定められているが（民訴規則133条），当事者の回答義務は何ら定められていない。これに対し，本条においては，当事者は鑑定人の発問に対し回答・説明する義務があり，この点に本条を設けた意義がある。

説明義務の履行態様としては，上記2.1の事項について説明を行うことの他，必要に応じて，関連する補助的な資料を提示することも含まれると解される[3]。

2.2.2 説明義務違反の効果

当事者に説明義務違反があった場合の効果は規定されていない。ただし，当事者の説明義務の履行がなく十分な鑑定をすることができなかった場合には，裁判官の心証形成に影響するので，弁論の全趣旨として説明義務の履行を怠った当事者に不利に影響することがありうる[4]。

【注】
1) 経産省・逐条解説（令和5年改正版）202頁
2) 特許庁総務部総務課工業所有権制度改正審議室編『工業所有権法の解説——平成11年改正』50頁（発明協会，1999）
3) 特許庁総務部総務課工業所有権制度改正審議室編・前掲注2）50頁
4) 松村信夫『新・不正競業訴訟の法理と実務』116頁（民事法研究会，2014），佐々木茂美編著『最新民事訴訟運営の実務』182頁（新日本法規出版，2003）。

〔高瀬　亜富〕

668　第2章　差止請求、損害賠償等

（相当な損害額の認定）
9条　不正競争による営業上の利益の侵害に係る訴訟において，損害が生じたことが認められる場合において，損害額を立証するために必要な事実を立証することが当該事実の性質上極めて困難であるときは，裁判所は，口頭弁論の全趣旨及び証拠調べの結果に基づき，相当な損害額を認定することができる。

趣　　旨

　本条は，平成15年改正により設けられた規定である。不正競争による営業上の利益の侵害に係る訴訟における相当な損害額の認定を可能とする規定である。

　民訴法248条は「損害が生じたことが認められる場合において，損害の性質上その額を立証することが極めて困難であるときは，裁判所は，口頭弁論の全趣旨及び証拠調べの結果に基づき，相当な損害額を認定することができる」と定めている。しかし，例えば，5条1項による損害額算定のために被侵害者の利益額を算出する場合を考えてみると，景気の変動等を原因とする被侵害者商品の値下げが実施されていたようなときには，その要素を正確に把握して計算すれば正しい被侵害者の利益額が得られるため，「損害の性質上」その額の立証が極めて困難とは一義的にはいえず，同条の適用に疑義が生じうるところであった[1]。

　このような場合，不正競争行為の存在は立証されているにもかかわらず，損害額の立証がないとして損害賠償請求を棄却するのは権利者に酷である。そこで，上記民訴法248条の特別規定として本条が設けられ，権利者の立証負担の軽減が図られた。

解　　説

1　「不正競争による営業上の利益の侵害に係る訴訟において」

　本条の適用は，「不正競争による営業上の利益の侵害に係る訴訟」において認められる。具体的には，「不正競争」がなされたことを理由とする差止請求ないし損害賠償請求訴訟が「不正競争による営業上の利益の侵害に係る訴訟」に当たる。ただし，医薬品配置販売業顧客名簿事件・大阪地判平30・3・5最高裁HP（平成28年（ワ）648号）〔28262621〕は，「不正競争」では

なく「競業避止義務違反」に基づく損害額の認定に当たり，本条を類推適用している。

2 「損害が生じたことが認められる場合」

本条の適用により「損害額」を認定できるのは，「損害が生じたこと」が立証された場合に限られる。「損害額」と「損害の発生」を区別することは難しい場合もあろうが，この点については「損害の発生」を認めつつ，「損害額」の認定は著しく困難であるとして本条を適用した従前の裁判例が参考になるだろう。以下に具体例を示す。

① 大阪高判平17・4・28最高裁HP（平成16年（ネ）2208号）〔28100916〕
被告商品に関する品質誤認表示（2条1項20号）により被告商品と競合する原告商品を購入しないという消費行動をとることがあるものと推認されるとした事例。

② 養魚用飼料添加物事件・東京地判平18・7・6判タ1233号308頁〔28111510〕
原告製品を使用した製品を製造，販売している者に対し，特許権の侵害となるなどと記載した警告書を送付した被告の行為が2条1項21号の不正競争行為に該当すると認定した事案において，原告らには信用毀損という無形損害が生じているが，これを金銭に評価することは極めて困難であるとした事例。

③ ローソク事件・東京地判平19・5・25判タ1283号281頁〔28131422〕
被告による商品説明会において原告商品の品質について虚偽の事実を告知したことが2条1項21号の不正競争行為に該当すると認定した事案において，当該不正競争行為により，原告製ローソクの売上が減少したこと自体は優に推認することができるとした事例。

3 「損害額を立証するために必要な事実を立証することが当該事実の性質上極めて困難であるとき」

本条は，損害額の立証のために必要な事実の立証が「当該事実の性質上」極めて困難であるときに適用があり，損害額の立証が「損害の性質上」極めて困難とはいえない場合であっても適用されうる[2]。

いかなる場合に「損害額を立証するために必要な事実を立証することが当

該事実の性質上極めて困難」といえるかについては，特許権侵害の場合の例
として，①侵害行為があったため，製品の値下げを余儀なくされたが，値下
げの要因に侵害行為以外の要因も含まれている場合，②製品に対する当該特
許権の寄与度，利益率の算定が困難な場合，③地域全体における販売の事実
が認められる場合において，その一部の地域における侵害品の販売数量は立
証できたが，さらにそれ以外の地域の販売数量を立証しようとすると高いコ
ストがかかってしまい，一定の努力を払ってもなおすべてを証明することが
極めて困難である場合等が想定されており[3]，このことは不正競争による営
業上の利益の侵害に係る訴訟においても当てはまる。

4 「裁判所は，口頭弁論の全趣旨及び証拠調べの結果に基づき，相当な損害額を認定することができる」

本条の適用が認められる場合，裁判所は，口頭弁論の全趣旨および証拠調
べの結果に基づき，相当な損害額を認定することができる。また，本条は，
直接「損害額」を認定するような場合に限らず，損害額算定のための主要事
実や間接事実にも適用されると解されている。

本条を適用して直接「相当な損害額」を認定した事例としては，大阪高判
平17・4・28最高裁HP（平成16年（ネ）2208号）〔28100916〕，養魚用飼料
添加物事件・東京地判平18・7・6判タ1233号308頁〔28111510〕，ローソク
事件・東京地判平19・5・25判タ1283号281頁〔28131422〕がある。また，
主要事実に関する本条の適用例としては，5条2項所定の被告の「利益の
額」を認定するに当たり本条を根拠とした東京地判平23・4・26判タ1360号
220頁〔28172207〕，5条3項1号所定の「受けるべき金銭の額」の認定に当
たり本条を根拠とした大阪地判平20・2・7最高裁HP（平成19年（ワ）
3024号）〔28140526〕が，間接事実に関する本条の適用例としては，5条各
項の推定規定を利用せずに2条1項21号所定の不正競争行為に基づく原告の
逸失利益を算定するに当たり，当該不正競争行為による原告商品の販売数量
減少数の際に本条を根拠とした動く手すり事件・東京地判平17・12・13判タ
1226号318頁〔28110101〕がある。

【注】
1）　経産省・逐条解説（令和 5 年改正版）203頁
2）　経産省・逐条解説（令和 5 年改正版）203頁-204頁
3）　入野泰一＝滝口尚良「特許法等の一部を改正する法律（平成10年法律51号及び平成11年法律41号）」ジュリ1162号34頁以下（1999）参照

〔高瀬　亜富〕

（秘密保持命令）
10条　裁判所は，不正競争による営業上の利益の侵害に係る訴訟において，その当事者が保有する営業秘密について，次に掲げる事由のいずれにも該当することにつき疎明があった場合には，当事者の申立てにより，決定で，当事者等，訴訟代理人又は補佐人に対し，当該営業秘密を当該訴訟の追行の目的以外の目的で使用し，又は当該営業秘密に係るこの項の規定による命令を受けた者以外の者に開示してはならない旨を命ずることができる。ただし，その申立ての時までに当事者等，訴訟代理人又は補佐人が第 1 号に規定する準備書面の閲読又は同号に規定する証拠の取調べ若しくは開示以外の方法により当該営業秘密を取得し，又は保有していた場合は，この限りでない。
　一　既に提出され若しくは提出されるべき準備書面に当事者の保有する営業秘密が記載され，又は既に取り調べられ若しくは取り調べられるべき証拠（第 7 条第 3 項の規定により開示された書類又は第13条第 4 項の規定により開示された書面を含む。）の内容に当事者の保有する営業秘密が含まれること。
　二　前号の営業秘密が当該訴訟の追行の目的以外の目的で使用され，又は当該営業秘密が開示されることにより，当該営業秘密に基づく当事者の事業活動に支障を生ずるおそれがあり，これを防止するため当該営業秘密の使用又は開示を制限する必要があること。
2　前項の規定による命令（以下「秘密保持命令」という。）の申立ては，次に掲げる事項を記載した書面でしなければならない。
　一　秘密保持命令を受けるべき者
　二　秘密保持命令の対象となるべき営業秘密を特定するに足りる事実
　三　前項各号に掲げる事由に該当する事実
3　秘密保持命令が発せられた場合には，その決定書を秘密保持命令を受けた者に送達しなければならない。
4　秘密保持命令は，秘密保持命令を受けた者に対する決定書の送達がされた時から，効力を生ずる。
5　秘密保持命令の申立てを却下した裁判に対しては，即時抗告をすることができる。

672　第 2 章　差止請求、損害賠償等

【改正法（令和 4 年 5 月25日法律第48号・施行日未定）】

（秘密保持命令）

10条　裁判所は，不正競争による営業上の利益の侵害に係る訴訟において，その
当事者が保有する営業秘密について，次に掲げる事由のいずれにも該当するこ
とにつき疎明があった場合には，当事者の申立てにより，決定で，当事者等，
訴訟代理人又は補佐人に対し，当該営業秘密を当該訴訟の追行の目的以外の目
的で使用し，又は当該営業秘密に係るこの項の規定による命令を受けた者以外
の者に開示してはならない旨を命ずることができる。ただし，その申立ての時
までに当事者等，訴訟代理人又は補佐人が第 1 号に規定する準備書面の閲読又
は同号に規定する証拠の取調べ若しくは開示以外の方法により当該営業秘密を
取得し，又は保有していた場合は，この限りでない。

　一　既に提出され若しくは提出されるべき準備書面に当事者の保有する営業秘密
　　が記載され，又は既に取り調べられ若しくは取り調べられるべき証拠（第 7 条
　　第 3 項の規定により開示された書類若しくは電磁的記録又は第13条第 4 項の規
　　定により開示された書面若しくは電磁的記録を含む。）の内容に当事者の保有
　　する営業秘密が含まれること。

　二　前号の営業秘密が当該訴訟の追行の目的以外の目的で使用され，又は当該営
　　業秘密が開示されることにより，当該営業秘密に基づく当事者の事業活動に支
　　障を生ずるおそれがあり，これを防止するため当該営業秘密の使用又は開示を
　　制限する必要があること。

2　前項の規定による命令（以下「秘密保持命令」という。）の申立ては，次に掲
げる事項を記載した書面でしなければならない。

　一　秘密保持命令を受けるべき者

　二　秘密保持命令の対象となるべき営業秘密を特定するに足りる事実

　三　前項各号に掲げる事由に該当する事実

3　秘密保持命令が発せられた場合には，その電子決定書（民事訴訟法第122条に
おいて準用する同法第252条第 1 項の規定により作成された電磁的記録（同法第
122条において準用する同法第253条第 2 項の規定により裁判所の使用に係る電子
計算機（入出力装置を含む。）に備えられたファイルに記録されたものに限る。）
をいう。次項及び次条第 2 項において同じ。）を秘密保持命令を受けた者に送達
しなければならない。

4　秘密保持命令は，秘密保持命令を受けた者に対する電子決定書の送達がされた
時から，効力を生ずる。

5　秘密保持命令の申立てを却下した裁判に対しては，即時抗告をすることができ
る。

※下線部分は，「民事訴訟法等の一部を改正する法律」（令和 4 年法律48号）による改
　正を示す。公布の日（令和 4 年 5 月25日）から起算して 4 年を超えない範囲内にお
　いて政令で定める日から施行される。

趣　旨

1　本条の意義

当事者の申立てにより，営業秘密を含む準備書面や証拠について，当該営業秘密を訴訟追行の目的以外の目的で使用し，または秘密保持命令を受けた者以外へ開示することを決定で禁止することによって，営業秘密の訴訟手続への顕出を容易にし，もって訴訟手続において営業秘密の保護および侵害行為の立証の容易化を図り，審理の充実を図るものである[1]。

民事訴訟法の特則である。刑事訴訟においては，民事訴訟に比べ裁判の公開の要請が大きいと考えられ，営業秘密に関する刑事訴訟に本条は適用されない[2]。

なお，令和4年の民事訴訟法等の一部を改正する法律（令和4年法律48号）附則76条により，本条1項1号に規定する証拠に電磁的記録が追加され，3項および4項の決定書が電子決定書に改正された（令和4年5月25日の交付の日から起算して4年を超えない範囲内において政令で定める日から施行される。3項および4項の規定は，施行日以後に提起される不正競争による営業上の利益の侵害に関する訴えにおける秘密保持命令の送達および効力の発生時期について適用される，同法律附則77条）。

2　本条の沿革

本条は，「裁判所法等の一部を改正する法律」（平成16年法律120号）により，特許法（実用新案法，意匠法，商標法において準用），著作権法とともに不正競争防止法に創設された（平成17年4月1日施行）。

訴訟に提出した営業秘密の漏洩を防止するための手段としては，既に閲覧制限手続（民訴法92条）や不正競争防止法に基づく差止・損害賠償請求等が設けられており，また当事者間で秘密保持契約が締結される場合もあったが十分ではなかったため，司法制度改革推進本部内に設けられた知的財産訴訟検討会（平成14年から平成16年，全17回）での検討結果等に基づき，米国における保護命令（Protective Order）等諸外国の制度も参考にしつつ，営業秘密が問題となる訴訟の公開停止（13条），インカメラ審理における書類の提示（7条3項）とともに立法化に至った[3]。

674 第2章 差止請求、損害賠償等

3 関連条項

実効性の担保として，秘密保持命令に違反した場合には刑事罰が課され，両罰規定も定められている（21条，22条）。

4 発令の期待される場面

不正競争防止法における秘密保持命令の適用される具体的な場面としては，原告の営業秘密との対比のために被告が自己の使用する技術ノウハウや顧客名簿を開示する以下のような場合に，原告側の訴訟代理人や補佐人，担当従業員に対して発令されることが考えられる[4]。

① 具体的態様の明示義務（6条）により，被告が任意に自己の技術ノウハウや顧客名簿の主張や証拠を提出する場合

② 文書提出命令（7条1項本文）に従い，被告が証拠を提出する場合

③ 文書提出命令の申立てがされ，文書の保持者において提出を拒む正当な理由があるかどうかを判断するためにインカメラ手続で提示された当該書類を相手方に開示して意見を聴く場合（7条3条）

④ 被告の技術ノウハウについて当事者尋問，証人尋問を行うに際し，公開停止をすべき陳述要領記載文書を提出し相手方に示して意見を求める場合（13条4項）

⑤ 公開停止（13条）の法廷で陳述がされる場合

解　説

1　1項

1項は，秘密保持命令の内容と発令の要件ついて定めたものである。

1.1 「不正競争による営業上の利益の侵害に係る訴訟において」

秘密保持命令の申立ての前提要件となる基本事件は，本条において「不正競争による営業上の利益の侵害に係る訴訟」と規定されており，2条1項各号所定の不正競争がなされたことによって，営業上の利益が侵害され，または侵害されるおそれがある者が差止めや損賠賠償等を請求する訴訟，あるいはその不存在確認訴訟をいう[5]。

基本事件に仮処分等の保全処分も含まれるかについては，液晶モニター事件・最決平21・1・27民集63巻1号271頁〔28150209〕が，特許法においては訴訟という文言が民事保全事件を含むものとして用いられる場合もあり，特許権または専用実施権の侵害差止めを求める仮処分事件においても特許法105条の4以下に定める秘密保持命令の制度の趣旨に照らしてその申立てをすることが許されると解するのが相当と判断しており，不正競争防止法においても同様に積極的に解されている[6]。

1.2 「その当事者が保有する営業秘密」

　裁判所が秘密保持命令を発令できるのは「その当事者が保有する営業秘密」についてである。

1.2.1 「営業秘密」

　2条6項に定義される「営業秘密」であるから，秘密管理性，有用性，非公知性を要することとなる。法律上，疎明とされているものの，違反に対して刑事罰が規定されていることからすると，本要件の認定は，閲覧制限決定におけるような比較的緩やかな認定に比較して厳格にならざるをえないと考えられる[7]。

1.2.2 「その当事者が保有する」

　第三者の営業秘密は含まれないとされるが，本要件における「保有」の意義については，営業秘密を自ら創作・作成した本来の保有者のみならず，売買契約やライセンス契約等の法的に有効な取引行為の結果取得している場合や雇用関係等の信頼関係に基づいて元の保有者から開示されている場合を含むと広く解釈されるべきとの見解が示されている[8]。

1.3 「当事者の申立てにより」

　裁判所が秘密保持命令を発令できるのは，「当事者の申立て」があった場合に限られ，職権で発令することは許されない。
　本項の「当事者の申立て」とは，営業秘密を保有する当事者の申立てをいい，営業秘密の保有者でない相手方当事者が申し立てることはできない[9]。
　申立てを行うべき時期は，基本事件の係属中であって，なおかつ，申立て

676　第2章　差止請求、損害賠償等

の対象となる営業秘密を記載した準備書面の提出前や書証等の証拠調べ前である。既に発令したものについて名宛人を増やすことについては，基本事件の終了後であっても，訴訟記録の閲覧等の申請が可能な期間内であれば申立てをすることができるとされる。

1.4　「次に掲げる事由のいずれにも該当することにつき疎明があった場合」

　裁判所が秘密保持命令を発令できるのは，本項1号および2号に掲げる事由のいずれにも該当することにつき疎明があった場合に限られる。

1.4.1　「既に提出され若しくは提出されるべき準備書面に当事者の保有する営業秘密が記載され，又は既に取り調べられ若しくは取り調べられるべき証拠（第7条第3項の規定により開示された書類・電磁的記録又は第13条第4項の規定により開示された書類若しくは電磁的記録を含む。）の内容に当事者の保有する営業秘密が含まれること」（1号）

　疎明の対象の第1は，秘密保持命令の対象たる「当事者の保有する営業秘密」が以下のいずれかに含まれていることである（ただし，上記令和4年改正法施行前は，③④は電磁的記録を含まない）。

① 　準備書面
② 　証拠
③ 　文書提出命令に際して7条3項に基づき相手方へ開示される書面もしくは電磁的記録
④ 　尋問の公開停止決定の発令に際して13条4項に基づき相手方へ開示される書面もしくは電磁的記録

　送達された訴状を現実に誰が受領するか不明であるため，秘密保持命令を発令することが実務上困難であること等を理由に，訴状に記載された営業秘密は対象から除かれており[10]，訴状は対象に含まれない。答弁書は準備書面の一種であるから本条にいう準備書面に含まれる[11]。

　証拠としては，営業秘密の特定の問題もあり，準文書を含む書証（および令和4年改正法施行後は電磁的記録に記録された情報，民事訴訟法231条の2）を対象とすることが多いと考えられる。

10条1項　秘密保持命令　677

文書提出命令のインカメラ審理において正当な理由の存否の判断に際し意見を聴くために（7条3項），または，当事者尋問等の公開停止の決定に当たり意見を聴くために（13条4項），当事者等，訴訟代理人または補佐人に対して開示される書類・電磁的記録に含まれる営業秘密も本条の対象となる。

条文上は，今後「提出されるべき」準備書面，「取り調べられるべき」証拠だけではなく，「既に提出され」た準備書面や「既に取り調べられ」た証拠に含まれる営業秘密についても保持命令を発動できることになっている。ただし，本項の「既に提出され」た準備書面，「既に取り調べられ」た証拠とは，秘密保持命令の名宛人を事後的に追加する場合の申立てを想定した表現であり，何人との関係においても秘密保持命令が発令される前に提出された準備書面または取り調べられた証拠について事後的に最初の申立てをすることは許されないと解されている[12]。既に取調べが終了した法廷での陳述についても同様に解して事後的な最初の申立てはできないと解すべきことが指摘されている[13]。

また，「提出されるべき」準備書面，「取り調べられるべき」証拠については，営業秘密の特定を記載箇所の引用で行うに際して，存在箇所およびその内容を明確にできる程度に準備されている必要があるものと思料される。

1.4.2　1号の「営業秘密が当該訴訟の追行の目的以外の目的で使用され，又は当該営業秘密が開示されることにより，当該営業秘密に基づく当事者の事業活動に支障を生ずるおそれがあり，これを防止するため当該営業秘密の使用又は開示を制限する必要があること」（2号）

疎明の対象の第2は，1号の営業秘密の目的外使用や開示等により，当該営業秘密を利用して行っている事業の優位性が失われてしまうことや，当該営業秘密の価値が著しく損なわれてしまうおそれがあり，これを防止するため当該営業秘密の使用または開示を制限する必要があることである。

1号の疎明がなされた場合には，本要件も肯定されることが多いと考えられるが，この点については，本要件により積極的な意味を持たせて，事業活動の支障を生ずるおそれの程度や秘密保持命令の必要性の程度を検討すべきとの意見も出されている[14]。

678 第2章 差止請求、損害賠償等

1.5 「当事者等，訴訟代理人又は補佐人に対し」

本項の秘密保持命令の名宛人たりうるのは，「当事者等，訴訟代理人又は補佐人」に限られる。

「当事者等」とは，7条3項に規定される「当事者等」すなわち「当事者（法人である場合にあっては，その代表者）又は当事者の代理人（訴訟代理人及び補佐人を除く。），使用人その他の従業者をいう。」を意味し，外国人，在外人も含まれる[15]。当事者には，訴訟追行権がある独立当事者参加人，引受参加人，補助参加人も含むと解せるとの意見がある[16]。

第三者である私的鑑定人を委託の範囲で当事者の代理人に当たると解して名宛人とするためには，両罰規定が設けられており会社が責任を問われることを理由として，当事者である法人との間に一定の指揮従属関係が必要であるとの立場が有力のようである[17]。

名宛人の特定については，どの範囲の者が営業秘密を知る必要があるか事前に原告と被告の間で事前に十分な意見調整を行う必要がある。この段階においては，相手方には後日開示される営業秘密の内容が不明であることから，事前の協議によっても名宛人をどの範囲とすればよいかの判断が困難な場合には，被告としては，まず，原告訴訟代理人を名宛人として申立てを行い，発令に基づき開示を受けた原告訴訟代理人の意見を聴いた上でさらに名宛人を拡大する手続をとるという段階的な運用がありうる[18]。

なお，秘密保持義務の名宛人が代理人である弁護士の場合，その作業を秘密保持命令の名宛人になっていない法律事務職員等に行わせてならないとするのが裁判所の見解である点留意を要する[19]。

1.6 「その申立ての時までに当事者等，訴訟代理人又は補佐人が第1号に規定する準備書面の閲読又は同号に規定する証拠の取調べ若しくは開示以外の方法により当該営業秘密を取得し，又は保有していた場合」でないこと（1項柱書ただし書）

秘密保持命令は訴訟手続において開示された営業秘密の保護を目的とするものであることから，訴訟手続と関係なく取得した営業秘密は対象としない趣旨である。

準備書面の閲読または証拠の取調以外の方法で，申立人の相手方が既に当

該営業秘密を知っていた場合には，当該営業秘密の保護は，その知るに至っ
た法律関係の規律するところとされる。

　したがって，被告による営業秘密の不正取得，不正使用等を理由とする訴
訟における原告の営業秘密は秘密保持命令の対象とならない[20]。

1.7 「裁判所は，……決定で，……当該営業秘密を当該訴訟の追行の目的以外の目的で使用し，又は当該営業秘密に係るこの項の規定による命令を受けた者以外の者に開示してはならない旨を命ずることができる」

　裁判所は，決定により，①当該営業秘密を当該訴訟の追行の目的以外の目
的で使用すること，または②当該営業秘密に係る秘密保持命令を受けた者以
外の者に開示すること，を禁止することができる。決定書には，例えば「相
手方は，別紙営業秘密目録記載の営業秘密を，当庁令和●年（●）第●●号
事件の追行の目的以外の目的で使用し，又は本決定と同内容の命令を受けた
者以外の者に開示してはならない。」と記載される。

1.7.1　裁判所の命令の内容

　当該訴訟追行目的での使用については，訴訟当事者の防御権の確保のため
に秘密法保持命令の対象からは除外されており，一方，たとえ訴訟追行が目
的であっても，秘密保持命令を受けた者以外への開示は禁止される。

　各名宛人は営業秘密記載文書を厳重に保管する義務を負うことのほか，従
業員が名宛人となる場合は対象となる営業秘密に関連する業務に携わること
が難しくなる可能性があること[21]，原告本人や代表者が名宛人となっていな
い場合には当該営業秘密を原告本人または代表者に開示できないことに注意
を要する。後者の場合，名宛人となっていない原告本人や代表者には別途申
し立てられる閲覧等制限の効果が及ばないことから，協議の過程で彼らが訴
訟記録の閲覧等を請求しないことを合意することがあるが，かかる合意がな
く原告本人や代表者より閲覧等の請求がされた場合は名宛人の範囲を拡大す
る秘密保持命令の発令を申し立てることになる[22]（12条参照）。

1.7.2　禁止の範囲

　決定書（令和4年改正法施行後は電子決定書）において，営業秘密が準備

680　第2章　差止請求、損害賠償等

書面や書証の記載箇所を形式的に引用して特定された場合でも（下記2参照），命令によって開示等が禁止されるのは当該営業秘密情報そのものである。同一の事項を記載して主張または反論をする準備書面が提出されたようなときには，命令の効力はそれらの記載にも及ぶ。

　この場合，同一の事項を記載した書面について，閲覧等制限の申立てを行う，マスキングした控えを準備する等の対応を要することになるため，秘密として特定されたものと同一の記載は可能な限り回避し，既に提出等された秘密記載文書を引用する間接的な表現にすべきことに当事者双方とも留意すべきである。

　秘密保持命令の対象となった営業秘密そのものを準備書面に記載する場合には，起案，コピー，裁判所への提出等すべてを名宛人のみで行うべきことも指摘されており，留意を要する[23]。

2　2項

　本項は，秘密保持命令申立書の記載事項について定めたものである。
　秘密保持命令の申立ては，
　①　秘密保持命令を受けるべき名宛人，
　②　秘密保持命令の対象となるべき営業秘密を特定するに足りる事実，
　③　1項1号および2号に該当する事実を記載した書面
を裁判所に提出して行う。

　名宛人は各々特定の個人である。刑事罰の対象となる関係から，弁護士・弁理士以外の名宛人については，住民票等に基づき住所・氏名等を正確に特定することが求められる。

　また，②の営業秘密の特定について，東京地裁においては，営業秘密の内容を記載せず，提出予定の準備書面または取り調べられる証拠の記載箇所を特定して引用する運用となっていることに留意されたい[24]。例えば，「乙第3号証の3頁1行から5頁5行までに記載された秘密」等の記載が挙げられる。

3　3項

　秘密保持命令の審理においては，審尋を行うことは必ずしも予定されていない[25]。

名宛人の手続保障の観点から，すなわち，違反した場合には刑事罰を科される可能性がある名宛人が確実に秘密保持命令が発令された事実を知ることを担保するために，秘密保持命令が発令された場合は，秘密保持命令を受けた者に決定書（令和4年改正法施行後は電子決定書）を送達しなければならないこととした。

4　4項

秘密保持命令は決定書（令和4年改正法施行後は電子決定書）が送達された時から効力を生ずる。取消しの規定（11条）に基づき取り消されるまでその効力が存続する。

なお，申立人は，準備書面または書証の秘密保持命令の対象となった営業秘密の記載部分について，閲覧謄写等ができる者を当事者に限定するために別途閲覧等制限を申し立て，決定を得る必要がある（民訴法92条1項2号）[26]。

5　5項

秘密保持命令の申立てが却下された場合には，即時抗告をすることができる。他方，申立てが認められた場合には秘密保持命令は発令により直ちに確定することから即時抗告は認められず，秘密保持命令の取消しの手続（11条）により対処することとなる[27]。

秘密保持命令の申立てが却下された場合，申立人には提出しようとしていた準備書面や証拠を提出しないという選択肢もあるものと考えられ，その場合，裁判所は，一般的な萎縮効果を避けるため，一旦提出予定とした準備書面等についての撤回を認めるべきと考えられている[28]。

6　秘密保持命令の現状

6.1　実務の運用

実務においては，2項に定める書面による秘密保持命令の申立てに先立ち，基本事件の裁判所の進行協議期日等における事前協議において，名宛人となる訴訟代理人，補佐人，相手方当事者の従業員について相手方の意見を聞き，また営業秘密の範囲や発令後に名宛人となった相手方従業員が退職，

682 第2章 差止請求、損害賠償等

異動した場合の処置等について協議を行う。

　秘密保持命令の決定書に営業秘密記載文書を添付するかについては見解が分かれていたが[29]，東京地裁知的財産権部の運用では添付は行われていないようであり，各名宛人は，決定書の交付に際して裁判所に出頭して対象となる営業秘密の内容を確認することになっている。申立人は，秘密保持命令の発令と同時に営業秘密記載文書等である準備書面または証拠を基本事件の訴訟記録として提出する[30]。

　裁判所における営業秘密記載文書の保管については，知財高裁において「秘密記載文書取扱基準」が定められ，通常の記録から分離して金庫に保管する等の厳重な管理が行われているとのことである[31]。

6.2　活用状況

　秘密保持命令の活用は当初低調であったが，平成24年末の時点では，東京地裁で26件の申立て，うち14件の発令，大阪地裁で1件との発令実績が報告されており，平成25年から平成27年までの東京地裁の申立て数については，順に5件，3件，3件との報告がある。発令は，訴訟代理人・補佐人のみを名宛人するケースが多く，また，営業秘密記載文書が段階的に提出されたり，名宛人が追加されたりするため基本事件1件について複数回申立てがなされる場合も含む[32]。多くは特許法の事件であるが，後発医薬品の輸入承認申請書に添付した資料についての申立てにおいて，特許法と不正競争防止法の両方に該当するとして秘密保持命令が発令されている[33]。

6.3　秘密保持契約

　秘密保持命令が適用されない訴訟類型において秘密保持命令の代替的措置として，また，秘密保持命令が適用される訴訟類型において刑事罰に代わる違約金条項を定めた秘密保持契約が利用される場合がある[34]。秘密保持契約では，秘密情報の保管方法・場所，違約金の額，違反態様による段階的対応，秘密保持義務の存続期間，退職後の従業員の違反についての会社の責任等について，事案に即した柔軟な条項を設けることが可能となる[35]。もっとも，開示できる者の範囲や違約金の金額等について合意が難しい場面も多いとされる[36]。

10条　秘密保持命令　683

【注】

1）　近藤昌昭＝齊藤友嘉『知的財産関係二法／労働審判法』39頁（商事法務，2004）

2）　経産省・逐条解説（平成16・17年改正版）116頁

3）　近藤昌昭＝坂口智康＝小田真治「知的財産高等裁判所設置法および裁判所法等の一部を改正する法律について」NBL788号51頁以下（2004）。なお，立法経緯および諸外国の制度について，小野・新・注解3版下巻1103頁-1118頁〔平野惠稔〕。

4）　知的財産裁判実務研究会編『知的財産訴訟の実務』〔改訂版〕233頁〔中村恭〕（法曹会，2014）

5）　小野・新・注解3版下巻1124頁〔伊原友己〕

6）　高部・実務詳説244頁

7）　山田知司ほか「大阪地方裁判所第21・26民事部と大阪弁護士会知的財産委員会との懇談会」判タ1202号53頁〔高松宏之発言〕（2006）等

8）　小野＝松村・新・概説3版下巻315頁。中山＝小泉・新注解（中巻）2266頁〔大野聖二・井上義隆〕。

9）　高部眞規子「秘密保持命令Ｑ＆Ａ」知財ぷりずむ4巻40号23頁（2006）

10）　日本弁理士会中央知的財産研究所編『不正競争防止法研究一「権利侵害警告」と「営業秘密の保護」について』389頁〔三村量一〕（レクシスネクシス・ジャパン，2007）

11）　知的財産裁判実務研究会編・前掲注3）219頁〔中村恭〕。もっとも，実務的には答弁書の記載事項を対象として秘密保持命令の申立てが行われることは少ないと考えられる。

12）　三村量一＝山田知司「知的財産権訴訟における秘密保持命令の運用について」判タ1170号5頁（2005）。このような場合発令の要件の認定や発令後の違反行為の存否の判断が困難となる。中山＝小泉編・新注解（中巻）2276頁〔大野聖二・井上義隆〕も，既に提出された準備書面等は，通常，秘密管理性を喪失しており，原則として，秘密保持命令の対象にはならないとする。

13）　知的財産裁判実務研究会編・前掲注3）220頁〔中村恭〕

14）　中山＝小泉編・新注解（中巻）2279頁〔大野聖二・井上義隆〕

15）　「裁判所と日弁連知財センターとの意見交換会（平成22年度）」判タ1348号14頁〔上田真史発言〕（2011）

16）　小野・新・注解3版下巻1131頁〔伊原友己〕

17）　高部・実務詳説87頁

18）　三村＝山田・前掲注12）7頁

19）　三村＝山田・前掲注12）90頁

20）　日本弁理士会中央知的財産研究所編・前掲10）407頁〔三村量一〕に詳しい。

21）　小野・新・注解3版下巻1157頁〔伊原友己〕は，名宛人となった場合のコンタミネーション（情報の混在）の問題を分析している。会社としては，名宛人

684 第2章 差止請求、損害賠償等

となった従業員については，命令違反の疑義を持たれないよう，あるいは既に保有していた正当情報と秘密保持命令の対象である営業秘密が混在して正当情報までもが使用できなくなってしまうコンタミネーションを回避するために，人事異動上の配慮を要求されることになる。高部・実務詳説244頁では，実際に秘密保持命令が発令された事案では，コンタミネーションが危惧されることもあって，代理人や保佐人のみを名宛人にしている例が多いようであるとしている。

22) 知財高判平24・11・29判タ1410号158頁〔28182559〕。高部・実務詳説97頁では，秘密保持命令の発令に至る現在の運用を前提とすれば，秘密保持命令の名宛人となっていない原告本人または代表者は訴訟記録の閲覧等をしないことが了解事項となっているとの考え方に基づく解釈が示されている。

23) 三村＝山田・前掲注12) 10頁

24) 東京地裁知的財産権部HP「秘密保持命令の申立てについて」https://www.courts.go.jp/tokyo/saiban/sinri/sinri_himitsu/index.html

25) 高部・前掲注9) 25頁，中山＝小泉編・新注解（中巻）2284頁〔大野聖二・井上義隆〕

26) 大阪地決平20・12・25判タ1287号220頁〔28150316〕。発令後に閲覧制限を申し立てることなく提出，陳述をしたため秘密保持命令が取り消された。前掲注22) の命令の取消決定事件。

27) 経産省・逐条解説（平成23・24年改正版）133頁

28) 三村＝山田・前掲注12) 9頁，高部・実務詳説100頁。

29) 高部・前掲注9) 27頁

30) 東京地裁知的財産権部の運用につき，前掲注24) を参照。

31) 小田真治「秘密保持命令の運用の実情」L＆T 59号4頁（2013）

32) 小田・前掲注31) 6頁，Law and Technology編集部『知的財産紛争の最前線No.2―裁判所との意見交換・最新論説』27頁（民事法研究会，2016）。（高部・実務詳説109頁は，制度創設後も秘密保持命令の利用件数は極めて少ないとする）。

33) パルナパリンナトリウム事件・東京地決平18・9・15判タ1250号300頁〔28131991〕

34) 中山＝小泉編・新注解（中巻）2261頁以下〔大野聖二・井上義隆〕。「東京地裁知財部と日弁連知的財産制度委員会との意見交換会（平成20年度）」判タ1301号83頁〔大鷹発言〕（2009）では，今後は秘密保持命令と秘密保持契約を並列のツールとして事案に応じて柔軟に利用していけばよいかと考えていると説明されている。

35) 三村量一「Q86秘密保持命令」小野＝山上＝松村編・法律相談Ⅱ292頁

36) 中山＝小泉編・新注解（中巻）2265頁〔大野聖二・井上義隆〕，牧野知彦「Q114秘密保持手段」小松陽一郎＝伊原友己『特許・実用新案の法律相談Ⅱ』339頁（青林書院，2019）。

〔辻　淳子〕

（秘密保持命令の取消し）

11条 秘密保持命令の申立てをした者又は秘密保持命令を受けた者は，訴訟記録の存する裁判所（訴訟記録の存する裁判所がない場合にあっては，秘密保持命令を発した裁判所）に対し，前条第1項に規定する要件を欠くこと又はこれを欠くに至ったことを理由として，秘密保持命令の取消しの申立てをすることができる。

2　秘密保持命令の取消しの申立てについての裁判があった場合には，その<u>電子決定書</u>をその申立てをした者及び相手方に送達しなければならない。

3　秘密保持命令の取消しの申立てについての裁判に対しては，即時抗告をすることができる。

4　秘密保持命令を取り消す裁判は，確定しなければその効力を生じない。

5　裁判所は，秘密保持命令を取り消す裁判をした場合において，秘密保持命令の取消しの申立てをした者又は相手方以外に当該秘密保持命令が発せられた訴訟において当該営業秘密に係る秘密保持命令を受けている者があるときは，その者に対し，直ちに，秘密保持命令を取り消す裁判をした旨を通知しなければならない。

※下線部分は，「民事訴訟法等の一部を改正する法律」（令和4年法律第48号）による改正を示す。公布の日（令和4年5月25日）から起算して4年を超えない範囲内において政令で定める日から施行。

趣　旨

10条の規定に基づき発令された秘密保持命令は，発令のいずれかの要件を欠く場合または欠くに至った場合に，秘密保持命令の申立者または秘密保持命令を受けた者の申立てに対する裁判により取り消される。秘密保持命令は，取消しが確定するまで効力が存続するため，発令以後，事実関係に変更が生じ既に発令の要件を満たさなくなったような場合であっても，本条に定める取消しの手続を経て命令を取り消すことを要する[1]。

令和4年の民事訴訟法等の一部を改正する法律（令和4年法律48号）附則76条により，本条2項に規定する決定書が電子決定書に改正された（令和4年5月25日の交付の日から起算して4年を超えない範囲内において政令で定める日から施行される。なお，施行日以後に提起される不正競争による営業上の利益の侵害に関する訴えにおける秘密保持命令の送達および効力の発生時期について適用される，同法附則77条）。

686　第2章　差止請求、損害賠償等

解　説

1　1項

1.1　「秘密保持命令の申立てをした者又は秘密保持命令を受けた者」

秘密保持命令の名宛人のほか，申立人からの取消申立ても認められている。

1.2　「訴訟記録の存する裁判所（訴訟記録の存する裁判所がない場合にあっては，秘密保持命令を発した裁判所）」

秘密保持命令取消しの申立ては，原則として，訴訟記録のある裁判所に対して行う，例えば，取消しの申立てをする時点で基本事件が控訴審に移り控訴審に訴訟記録がある場合には，控訴審に申立てを行う。ただし，保管年限を経過後の記録の廃棄等により訴訟記録を有する裁判所がない場合には，当該命令を発令した裁判所に対して申し立てる。

これは，秘密保持命令の取消しの要件の有無の判断には，訴訟記録の精査が必要なためである[2]。

1.3　「前条第1項に規定する要件を欠くこと又はこれを欠くに至ったこと」

秘密保持命令の取消申立ては，①10条1項に規定する要件を欠くこと，または②これを欠くに至ったことを理由としてのみ行うことができる。

1.3.1　10条1項に定める発令の要件を欠くこと（発令時点での要件欠如の取消）

そもそも発令の時点で発令の要件を欠いていたことを理由とする取消しの申立て（発令要件についての裁判所の判断に対する不服申立て）である。制度上秘密保持命令の発令に際して相手方の反論の機会が期待できず，さらに秘密保持命令を発した決定は直ちに確定し即時抗告が認められていないことから必要となる。

具体的には，

①　不正競争による営業上の利益の侵害に係る訴訟において提出すべき準

備書面等にその当事者の保有する営業秘密がそもそも含まれていなかった（10条1項1号。営業秘密とされていたものがそもそも有用性，非公知性，秘密管理性という営業秘密の要件のいずれかを欠いていた場合を含む）

② 秘密保持命令の対象となった営業秘密について，当該訴訟の追行の目的以外の目的で使用され，または当該営業秘密が開示されることにより，当該営業秘密に基づく当事者の事業活動に支障を生ずるおそれがそもそもなく，これを防止するため当該営業秘密の使用または開示を制限する必要がなかった（10条1項2号）

③ 秘密保持命令の申立ての時までに当事者等，訴訟代理人または補佐人が10条1項1号に規定する準備書面の閲読または同号に規定する証拠の取調べもしくは開示以外の方法により当該営業秘密を取得し，または保有していた（同項柱書ただし書）

という場合が取消事由となる。

1.3.2 発令後，10条1項に定める発令の要件を欠くに至ったこと（事情変更による取消）

事後的に要件を欠くに至ったことを理由とする取消しの申立て（発令後の事情変更による取消申立て）である。例えば，秘密保持命令発令後に，訴訟手続とは関係ない事情で公知となってしまったような場合などが考えられる。

1.3.3 主張疎明責任

秘密保持命令の取消しに関する主張疎明責任の所在については論者により考え方が異なる[3]。法文の規定ぶりが疎明責任の分配を一義的に決するわけではないとして，10条1項1号および2号の積極的要件については，上記①の不服申立てとしての取消申立ての場合，取消しの申立てをした者が秘密保持命令の要件を欠くことを反証程度で立証すれば，発令時に疎明をし，営業秘密該当性について最もよく疎明活動を行いうるはずの秘密保持命令の申立人がその要件の存在を立証する必要があると解され，また，上記②の事情変更による取消申立ての場合には，当事者間の公平の観点から，自己に有利な法律効果の発生を求める取消しの申立てをした名宛人側が疎明すべきであ

688 第2章 差止請求、損害賠償等

り，一方，10条1項柱書ただし書の消極的要件については，条文の構成等から名宛人が疎明責任を負うとの整理がある[4]。

1.4 申立ての単位

複数の営業秘密について秘密保持命令が発令された場合は，営業秘密ごとに申し立てるべきとされる。

同一内容の秘密保持命令が複数の名宛人に対して発令されている場合に，一部の名宛人についてのみ取消事由があるときは，当該名宛人のみが，または当該名宛人のみを相手方として，取消申立てをする。このような申立てに基づいて取消決定がされ確定したようなときには，他の名宛人について秘密保持命令は引き続き有効である[5]。

2　2項

秘密保持命令の取消しの申立てに対する裁判には，取消決定と却下決定がある。いずれの場合もその決定書（令和4年改正法施行後は電子決定書）は取消しを申し立てた者とその相手方に送達される。

3　3項

決定書（令和4年改正法施行後は電子決定書）の送達を受けた当事者は，決定内容に不服がある場合，決定書を受領した日の翌日から1週間以内に，即時抗告できる。

4　4項

取消決定は，即時抗告期間の徒過，抗告権の放棄等によって確定をしなければ，効力を生じない。すなわち，取消決定後確定前に秘密保持命令に違反する行為を行った場合，刑事責任を負うこととなる。

5　5項

複数の名宛人のうちの一部の者について秘密保持命令を取り消す裁判がされた場合に，裁判所は他の名宛人に対し通知すべきことが規定されている。

これにより，通知を受けた名宛人は，秘密保護命令が取り消された一部の者は営業秘密の使用や開示についての制限から開放されたため，従前は適法

であった当該一部の者への営業秘密の開示が不適法になることから，当該一部の者への営業秘密の開示を防止すること，または，自己に対する秘密保持決定の取消しを申し立てその義務を免れること，が可能となる。

本項の通知を受けるために，秘密保持命令の名宛人となった者は転居等をした場合にはその旨上申するなどして，裁判所に対して住所・居所を明らかにしておく必要があるとされる[6]。

6　裁判例の状況

秘密保持命令取消申立てについて，裁判例が何件か報告されている[7]。

事案の概要としては，秘密保持命令の対象となった各情報について，10条1項柱書ただし書に該当すること，秘密管理性および非公知性の欠如，有用性の欠如，ならびに秘密保持命令発令後に秘密記載文書の一部について閲覧制限の申立てがされていなかったことによる秘密管理性の欠如を理由として一部取消決定がされた例（青色LED事件・大阪地決平20・4・18判タ1287号220頁〔28150315〕の一部取消決定である大阪地決平20・12・25判タ1287号220頁〔28150316〕）[8]，厳密な意味で営業秘密でないものが含まれており名宛人からの申立てで取り消された例（サーバー利用装置事件・東京地決平24・6・22）[9]，後に営業秘密の内容を特許出願して出願公開されたことから秘密保持命令の申立人からの申立てで取り消された例（レーザー加工装置事件・知財高決平25・2・7）[10]などである。

【注】
1）　経産省・逐条解説（令和5年改正版）211頁。中山信弘『特許法』〔第4版〕433頁（弘文堂，2019）では，営業秘密の保護に一定の期間を設けることは困難であり，また一定の要件を欠くに至ったかという判断は難しく取消しの裁判が必要となると説明している。三村量一＝山田知司「知的財産権訴訟における秘密保持命令の運用について」判タ1170号10頁（2005）は，一定時期機構に秘密性の要件を欠くことが当初から予定されている事項については，秘密保持義務を負う期間の終期を明記した形の秘密保持命令の発令も運用としては考えられるともする。
2）　近藤昌昭＝齊藤友嘉『知的財産関係二法／労働審判法』97頁（商事法務，2004）
3）　近藤＝齊藤・前掲注2）95頁，伊藤眞ほか「〈座談会〉司法制度改革における知的財産訴訟の充実・迅速化を図るための法改正について［下］」判タ1162号（2004）11頁〔中吉徹郎発言〕，髙部眞規子「秘密保持命令Q＆A」知財ぷりず

む4巻40号33頁（2006）等。

4）　高部・実務詳説102頁以下

5）　高部・実務詳説32頁。なお，原則としては名宛人全員で命令の取消しを申し立てるべきとする。

6）　三村＝山田・前掲注1）11頁，中山＝小泉・新注解（中巻）2297頁〔大野聖二・井上義隆〕

7）　小田真治「秘密保持命令の運用の実情」L＆T59号5頁（2013）

8）　牧野知彦「秘密保持命令及び秘密保持命令取消決定の実務上の問題点──名宛人となった経験から（平成20・4・18大阪地決，平成20・12・25大阪地決）」A.I.P.P.I.55巻9号606頁（2010）を参照。

9）　決定内容は，小田・前掲注7）7頁による。基本事件は東京地判平23・12・27最高裁HP（平成20年（ワ）12409号）〔28180082〕

10）　決定内容は，小田・前掲注7）7頁による。基本事件は知財高判平24・11・29判タ1410号158頁〔28182559〕。

〔辻　淳子〕

（訴訟記録の閲覧等の請求の通知等）

12条 秘密保持命令が発せられた訴訟（全ての秘密保持命令が取り消された訴訟を除く。）に係る訴訟記録につき，民事訴訟法第92条第1項の決定があった場合において，当事者から同項に規定する秘密記載部分の閲覧等の請求があり，かつ，その請求の手続を行った者が当該訴訟において秘密保持命令を受けていない者であるときは，裁判所書記官は，同項の申立てをした当事者（その請求をした者を除く。第3項において同じ。）に対し，その請求後直ちに，その請求があった旨を通知しなければならない。

2　前項の場合において，裁判所書記官は，同項の請求があった日から2週間を経過する日までの間（その請求の手続を行った者に対する秘密保持命令の申立てがその日までにされた場合にあっては，その申立てについての裁判が確定するまでの間），その請求の手続を行った者に同項の秘密記載部分の閲覧等をさせてはならない。

3　前2項の規定は，第1項の請求をした者に同項の秘密記載部分の閲覧等をさせることについて民事訴訟法第92条第1項の申立てをした当事者の全ての同意があるときは，適用しない。

趣　旨

　本条は，秘密保持命令が発せられている訴訟において，その訴訟記録中の秘密記載部分についての閲覧等の請求ができる者を当事者に限定する旨の決定（民訴法92条1項）があった場合に，当事者（またはその使者ないし代理人等）として，秘密保持命令の名宛人となっていない者が上記秘密記載部分の閲覧等の請求手続を行ったときに，裁判所がどのように対応すべきかを規定している。

　秘密保持命令の名宛人（10条1項）は，①「当事者等」（当事者（法人である場合にあっては代表者）または当事者の代理人（訴訟代理人および補佐人を除く），使用人その他の従業者（7条3項）），または②当事者の「訴訟代理人もしくは補佐人」であり，いずれも特定の自然人である。これに対し，民訴法92条1項に基づく訴訟記録の閲覧等制限の決定があっても，「当事者」（法人の場合，法人代表者を含むと解されている）の閲覧等は制限されず，また，実務上，当事者たる法人の従業者等が，その使者ないし代理人として秘密記載部分を含む訴訟記録を閲覧し，謄写したコピーを受領することも許されている。このため，秘密保持命令が発せられた訴訟においても，命令の名宛人とされていないために，（その名宛人から秘密記載部分の開示

692   第2章　差止請求，損害賠償等

を受けることはできないとしても）なお「当事者」の立場において秘密記載部分の閲覧等をなしうる者が存在するという問題がある。例えば，訴訟の当事者が法人の場合，その特定の従業者と訴訟代理人のみが秘密保持命令の名宛人となっても，法人代表者や他の従業者はなお「当事者」の立場で秘密記載部分の閲覧が可能である。また，訴訟の当事者が自然人の場合に，その訴訟代理人のみが名宛人になったときの当事者本人やその任意代理人も同様である。しかし，このような者に実際に秘密記載部分の閲覧等を許しては，秘密保持命令の名宛人以外に営業秘密が開示されることとなって，命令の機能が失われてしまう。

　そこで，本条では，このように秘密保持命令の名宛人以外の者が「当事者」の立場において秘密記載部分の閲覧等の請求手続を行った場合に，「その請求の手続を行った者」について暫定的にその閲覧等を禁止し，その間にその者を名宛人とする追加の秘密保持命令の申立てを行う機会を秘密保持命令の申立当事者に与えるための規定である（ただし，その副次的機能をめぐっては後記4の見解の対立がある）。

　裁判所法等の一部を改正する法律（平成16年法律120号）により，営業秘密の保護および適正な審理の確保を図るために，秘密保持命令に関する規定（10条，11条）とともに導入された規定であり，特許法105条の6（実用新案法30条，意匠法41条および商標法39条でも特許法の規定を準用），著作権法114条の8および種苗法42条にも同様の規定が存在する。

解　説

1　1項

1.1 「秘密保持命令が発せられた訴訟（全ての秘密保持命令が取り消された訴訟を除く。）に係る訴訟記録につき」

　裁判所は，不正競争による営業上の利益の侵害に係る訴訟において，その当事者が保有する営業秘密について，一定の要件につき疎明があった場合には，当事者の申立てにより，決定で，当事者等，訴訟代理人または補佐人に対し，当該営業秘密を当該訴訟の追行の目的以外の目的で使用し，または当該営業秘密に係るこの項の規定による命令を受けた者以外の者に開示しては

ならない旨を命ずることができる（10条）。本項は，このような秘密保持命令が発せられた不正競争による営業上の利益の侵害に係る訴訟に係る訴訟記録を対象とする。なお，いったん秘密保持命令が発せられても，閲覧等の請求の時点までに全ての秘密保持命令が取り消された場合には，秘密保持命令が発令されていない状態と変わりがないため，かっこ書により対象から除外されている。

1.2 「民事訴訟法第92条第1項の決定があった場合において」

訴訟記録については，何人もその閲覧を請求することができ，また，当事者および利害関係を疎明した第三者であれば，訴訟記録の謄写，その正本，謄本もしくは抄本の交付またはその複製等も請求することができるのが原則である（民訴法91条1項・3項・4項）。しかし，訴訟記録中に当事者が保有する営業秘密が記載され，または記録されていることにつき疎明があった場合，裁判所は，当該当事者の申立てにより，決定で，当該訴訟記録中当該秘密が記載され，または記録された部分の閲覧若しくは謄写，その正本，謄本もしくは抄本の交付またはその複製（以下「秘密記載部分の閲覧等」という）の請求をすることができる者を当事者に限ることができる（同法92条1項）。本項の「民事訴訟法第92条第1項の決定」とは，この決定のことをいい，これにより当該秘密記載部分について当事者以外の第三者による閲覧等が制限される。

1.3 「当事者から同項に規定する秘密記載部分の閲覧等の請求があり，かつ，その請求の手続を行った者が当該訴訟において秘密保持命令を受けていない者であるとき」

本項は，秘密保持命令の名宛人以外の者が「当事者」の立場において秘密記載部分の閲覧等の請求手続を行った場合に関する規定である。

1.4 「裁判所書記官は，……その請求後直ちに，その請求があった旨を通知しなければならない。」

訴訟記録を管理する裁判所書記官は，その請求後直ちに，その請求があった旨を訴訟記録の閲覧等制限の申立当事者に対して通知することになっている。これにより，閲覧等制限の申立当事者（通常，秘密保持命令の申立当事

694　第2章　差止請求，損害賠償等

者でもある）は，「その請求の手続を行った者」を名宛人とする追加の秘密
保持命令の申立てを行う機会を与えられる。

1.5 「同項の申立てをした当事者（その請求をした者を除く。第3項において同じ。）に対し，」

　通知の相手方は，閲覧等制限の申立てを行った当事者である。ただし，閲
覧等制限の申立当事者と閲覧等請求を行った当事者が同じ場合は，自己の保
有する営業秘密が記載または記録されている書面等について閲覧等請求をし
ているだけであるから通知を要しない。

　なお，本項における通知は「その請求の手続を行った者」が秘密保持命令
の名宛人となりうる者でなければ機能しないから，秘密保持命令の名宛人た
る「当事者等」には当事者との間に一定の指揮従属関係が必要であるとの解
釈を前提に，秘密保持命令の名宛人となりえない者が当事者の代理人として
行う閲覧請求については，そもそも秘密保持命令の趣旨に反するので認める
べきではないとする見解がある[1]。

2　2項

　1項により裁判所書記官から通知がなされても，閲覧等制限の申立当事者
（通常，秘密保持命令の申立当事者でもある）が「その請求の手続を行った
者」を名宛人とする追加の秘密保持命令の申立てを検討・準備する間に閲覧
等が許されては，命令の機能が失われてしまう。このため，本項により，閲
覧等の請求があった日から2週間を経過する日までの間（その間に追加の秘
密保持命令の申立てがあった場合は，その申立てについての裁判が確定する
までの間），上記閲覧等を請求した者に裁判所書記官が訴訟記録中の秘密記
載部分の閲覧等をさせることを暫定的に禁止することとした。

3　3項

　秘密記載部分の閲覧等について，民事訴訟法92条1項の申立て（閲覧等制
限の申立て）をした当事者（ただし，閲覧等請求をした当事者を除く）のす
べての同意がある場合にまで，1項により閲覧等の請求があった旨の通知を
行ったり，2項により暫定的に閲覧等を禁止する必要はないため，本項によ
り，このような場合にはそれらの規定の適用はないこととした。

4　本条の副次的機能

4.1　立案担当者の立場[2]

　立案担当者の説明によると，本条は，秘密保持命令の名宛人の範囲を最終的にコントロールする権限をその名宛人側当事者に与えたものとされる。すなわち，名宛人の範囲をコントロールする権限は，第一次的には秘密保持命令の申立権者である営業秘密を保有する当事者側にあるところ，申立当事者は事後的な名宛人の範囲拡大には協力的ではないこともありうる。そこで，訴訟追行中に対応チームの陣容を変更したい名宛人側当事者としては，本条に基づき，追加したいと考えるメンバー（秘密保持命令の名宛人となっていない従業者等）にあえて訴訟記録中の秘密記載部分の閲覧等の請求手続をとらせることにより，秘密保持命令の申立当事者をして，そのメンバーを名宛人とする追加の秘密保持命令の申立てを行う方向に誘導できると説明する。

4.2　反対の立場[3]

　このような立案担当者の立場に対し，裁判官を中心にこれに反対する立場がある。この立場は，訴訟記録の秘密記載部分の閲覧等請求権（民訴法92条）を有する主体はあくまでも「当事者」（本人または代表者）であって，実際にその手続を行う使者ないし代理人等ではないとの解釈を前提として，本条において「その請求の手続を行った者」として追加の秘密保持命令の申立てにおいて名宛人となるのも「当事者」（本人または代表者）であるとする。そのように解すると，本条により秘密保持命令の名宛人側当事者が名宛人の範囲拡大を図ることはできないことになる。

　また，この立場の論者は，秘密保持命令の名宛人側当事者が，その名宛人になっていない従業者等に閲覧等の訴訟記録中の秘密記載部分の閲覧等の請求手続をとらせることは，①当事者本人または代表者が名宛人となっている場合は秘密保持命令違反となり，②名宛人となっていない場合でも，裁判所および両当事者による事前協議を経て合意した名宛人の範囲を前提に秘密情報を開示することにした申立当事者の予測可能性を害すると述べる。そして，このような場合，名宛人側当事者の訴訟代理人は，上記合意に従って閲覧等請求を取り下げるよう説得する義務を負っており，それでも請求が維持

696 第2章 差止請求，損害賠償等

される場合には，裁判所が閲覧等請求を権利濫用として却下することもある
とする。

4.3 考察

　本条が「当事者」と「その請求手続を行った者」とを明確に書き分けてい
ること，また，前記4.2の反対の立場によると秘密保持命令の申立当事者が
名宛人の範囲について名宛人側当事者の意見を考慮する動機が働かないこと
からすれば，立案担当者の立場が妥当と考える[4]。

　裁判所が，事前合意に反する名宛人側当事者による閲覧等請求について，
本条による暫定禁止期間中に名宛人の範囲拡大の必要性を確認し，これを不
必要あるいは事前合意の重大な違反と認める場合に権利濫用として却下する
運用も，本条の外で別に考えられてよい。しかし，秘密保持命令の名宛人側
当事者としても，秘密保持義務という負担の下で他社の秘密情報に触れると
自他の情報間でコンタミネーションが起こるのであって，特に技術者が他社
の技術情報に触れる場合には同一分野の研究開発に支障をきたすなど大きな
問題がある。したがって，名宛人側当事者が不必要に名宛人の範囲拡大を図
るとは通常考えにくいところであって，裁判所も，事前合意に反するとの形
式的な理由のみで閲覧等請求を却下すべきではない。

【注】
　1）　大渕哲也＝塚原朋一＝熊倉禎男＝三村量一＝富岡英次編『専門訴訟講座⑥特
　　　許訴訟下巻』1218頁〔中島基至〕（民事法研究会，2012）
　2）　伊藤眞ほか「〈座談会〉司法制度改革における知的財産訴訟の充実・迅速化を
　　　図るための法改正について［下］」判タ1162号12頁〔近藤昌昭発言〕（2004）お
　　　よび同14頁〔中吉徹郎発言〕，牧野利秋ほか「座談会知的財産高等裁判所設置法
　　　及び裁判所法等の一部を改正する法律について」知財管理55巻4号485頁〔小田
　　　真治発言〕（2005）および486頁〔飯村敏明発言〕等。
　3）　三村量一＝山田知司「知的財産権訴訟における秘密保持命令の運用について」
　　　判タ1170号11頁（2005），高部眞規子「秘密保持命令Ｑ＆Ａ」知財ぷりずむ4巻
　　　40号30頁（2006），高部眞規子「知的財産権訴訟における秘密保護手続の現状と
　　　課題」ジュリ1317号194頁（2006），市川正巳「東京地裁における知財訴訟の現
　　　状と分析」金商1236号22頁（2006）等。
　4）　他に立案担当者の立場を支持するものとして中山＝小泉編・新注解（中巻）
　　　2302頁〔大野聖二・井上義隆〕等が，参考文献として小野・新・注解3版下巻
　　　1171頁〔伊原友己〕がある。

〔松井　保仁〕

13条　当事者尋問等の公開停止　　697

（当事者尋問等の公開停止）

13条　不正競争による営業上の利益の侵害に係る訴訟における当事者等が，その侵害の有無についての判断の基礎となる事項であって当事者の保有する営業秘密に該当するものについて，当事者本人若しくは法定代理人又は証人として尋問を受ける場合においては，裁判所は，裁判官の全員一致により，その当事者等が公開の法廷で当該事項について陳述をすることにより当該営業秘密に基づく当事者の事業活動に著しい支障を生ずることが明らかであることから当該事項について十分な陳述をすることができず，かつ，当該陳述を欠くことにより他の証拠のみによっては当該事項を判断の基礎とすべき不正競争による営業上の利益の侵害の有無についての適正な裁判をすることができないと認めるときは，決定で，当該事項の尋問を公開しないで行うことができる。

2　裁判所は，前項の決定をするに当たっては，あらかじめ，当事者等の意見を聴かなければならない。

3　裁判所は，前項の場合において，必要があると認めるときは，当事者等にその陳述すべき事項の要領を記載した書面の提示をさせることができる。この場合においては，何人も，その提示された書面の開示を求めることができない。

4　裁判所は，前項後段の書面を開示してその意見を聴くことが必要であると認めるときは，当事者等，訴訟代理人又は補佐人に対し，当該書面を開示することができる。

5　裁判所は，第1項の規定により当該事項の尋問を公開しないで行うときは，公衆を退廷させる前に，その旨を理由とともに言い渡さなければならない。当該事項の尋問が終了したときは，再び公衆を入廷させなければならない。

趣　　旨

　憲法82条では裁判の公開原則（同条1項）の例外として「公の秩序又は善良の風俗を害する虞がある」場合には審理を非公開とすることを認めている（同条2項）。本条は，不正競争による営業上の利益の侵害に係る訴訟において，当事者等が公開の法廷で営業秘密を陳述することによりこれが一般公衆に開示されてしまうことを回避するため，上記例外に該当する一場面として審理を非公開とするための具体的要件と手続について規定している。これにより，営業秘密の漏えいを懸念して当事者尋問等の活用を断念するといった事態が回避でき，当事者の適正な裁判を受ける権利（憲法32条）が実質的に保障されることになる。

　裁判所法等の一部を改正する法律（平成16年法律120号）により，営業秘密の保護および適正な審理の確保を図るために導入された規定であり，憲法

698　第2章　差止請求，損害賠償等

における公開原則に対する重大な例外であることから，本条のほか，公開法
廷での陳述に営業秘密が含まれることが類型的に多いと考えられる特許法
105条の7（実用新案法30条でも特許法の規定を準用），種苗法43条に同様の
規定が存在するが，意匠法，商標法および著作権法には存在しない。一方，
私生活上の秘密を保護する観点から，人事訴訟法22条に同様の規定が存在す
る。

解　　説

1　1項[1]

1.1　「不正競争による営業上の利益の侵害に係る訴訟」

　尋問の公開を停止できる訴訟類型は「不正競争による営業上の利益の侵害
に係る訴訟」であり，その内容としては，損害賠償や信用回復措置を求める
場合のみならず，不正競争行為の差止めやこれらの請求権の不存在確認訴訟
も含まれると解される。

1.2　「その侵害の有無についての判断の基礎となる事項であって当事者の
　　　保有する営業秘密に該当するものについて」

　尋問の公開を停止できるのは，不正競争による営業上の利益の侵害の有無
についての判断の基礎となる事項であって当事者の保有する営業秘密に該当
するものについて尋問がなされる場合に限られる。

　不正競争による営業上の利益の「侵害の有無」についての判断の基礎とな
る事項ということであるから，損害論に関する当事者尋問等は本条の対象外
であり，これを公開停止とするには憲法82条2項の直接適用（裁判所法70条
参照）によることになる。すなわち，裁判の公開原則を定める憲法82条1項
の趣旨は，「裁判を一般に公開して裁判が公正に行われることを制度として
保障し，ひいては裁判に対する国民の信頼を確保しようとするところにあ
る」（レペタ法廷メモ訴訟事件・最大判平元・3・8民集43巻2号89頁
〔27803181〕）から，対審を非公開とすることのできる場合を定める同条2項
にいう「公の秩序又は善良の風俗を害する虞」という概念については，同条
1項の上記趣旨に照らし，民法90条における「公の秩序又は善良の風俗」の

解釈に縛られることなく，対審を公開することで，むしろ裁判の公正さと国民の裁判への信頼を損なうおそれ（高度の蓋然性）がある場合を広く含むものと解するべきである。これを営業秘密が問題となる訴訟に当てはめれば，たとえ損害論に関する当事者尋問等であっても，損害額を算定する要素に関して営業秘密に関する陳述をする必要性がある場合に，これを公開の法廷で行うと営業秘密としての非公知性が失われ，当該営業秘密に基づく事業活動が著しく損なわれることが明らかであるから，当事者が営業秘密に関して十分な陳述をすることができず，かつ，当該陳述を欠くことによって適正な裁判を行うことができないという高度の蓋然性がある場合には，裁判所は全員一致の決定により，対審を公開しないで行うことができるものと解する[2]。

　なお，「営業秘密」該当性については，２条６項の定義に基づいて秘密管理性，有用性，非公知性の充足が判断される。このため，「営業秘密」該当性自体が争点となっている場合には，事実上その判断が先行する形にならざるをえないと思われる。

1.3 「当事者等が当事者本人若しくは法定代理人又は証人として尋問を受ける場合」

　尋問の公開を停止できるのは，当事者等が当事者本人もしくは法定代理人または証人として尋問を受ける場合に限られる。

　「当事者等」とは，当事者（法人である場合にあっては代表者）または当事者の代理人（訴訟代理人および補佐人を除く），使用人その他の従業者（７条３項）を指す。それらの者が当事者本人もしくは法定代理人または証人として「尋問」を受ける場合に限られる。したがって，通常の口頭弁論における当事者本人または訴訟代理人の訴訟活動や第三者証人の尋問は本条の対象外である。前者については，閲覧等制限（民訴法92条）をかけた書証による審理や関係者公開の弁論準備手続（同法169条）の活用により，営業秘密が一般に公開されることは避けられる。また，後者についても，例えば当事者と秘密保持契約を締結している第三者の証人尋問において当事者の営業秘密が証言される事態も一応想定されるところ，秘密部分については陳述書の記載確認にとどめるなどの工夫は可能である。なお，これらを公開停止とするには憲法82条２項の直接適用によることになる。

700　第2章　差止請求，損害賠償等

1.4 「当事者等が公開の法廷で当該事項について陳述をすることにより営業秘密に基づく当事者の事業活動に著しい支障を生ずることが明らかであることから当該事項について十分な陳述をすることができ」ないと認められること

　尋問の公開を停止するためには，まず，当事者等が公開の法廷で当該事項について陳述をすることにより営業秘密に基づく当事者の事業活動に著しい支障を生ずることが明らかであることから当該事項について十分な陳述をすることができないと認められることが必要である。

　本条による公開停止が裁判の公開原則に対する例外であることからすれば，非公開とすべき必要性としては高いレベルのものが要求される。したがって，「著しい支障」および「十分な陳述」という評価的要件については厳格に解釈すべきであり，営業秘密との関係で裁判の公開を困難とする真にやむをえない事情があり，公開によってかえって適正な裁判が行われなくなるような場合を意味するものと解される[3]。

1.5 「当該陳述を欠くことにより他の証拠のみによっては当該事項を判断の基礎とすべき不正競争による営業上の利益の侵害の有無についての適正な裁判をすることができないと認め」られること

　尋問の公開を停止するためには，さらに，当該陳述を欠くことにより他の証拠のみによっては当該事項を判断の基礎とすべき不正競争による営業上の利益の侵害の有無についての適正な裁判をすることができないと認められることが必要である。

　当事者尋問等の結果が，不正競争による営業上の利益の侵害の有無を認定するにあたって必要不可欠であり，書証等の他の証拠によっては代替できないものであることを要する[4]。この要件により，裁判の公開原則と当事者の適正な裁判を受ける権利という2つの憲法上の要請のバランスが図られる。

1.6 「裁判所は，裁判官の全員一致により，……決定で，当該事項の尋問を公開しないで行うことができる」

　裁判所は，裁判官の全員一致により，決定で，当該事項の尋問を公開しないで行うことができる。

法律上は，裁判所は，当事者等の申立てによるのではなく，公開停止決定を職権で行うことになっている。当事者に申立権は与えられていないが，当事者が裁判所に対して職権の発動を促す方法としては，上申書を提出する方法や尋問の公開停止を求める旨を証拠申出書に記載する方法などが考えられる。当事者は，公開停止の要件について，これら上申書等に具体的に主張を記載するとともに，その主張を裏付ける資料を提出しなければならず，これら上申書等や裏付資料の中に営業秘密に関する記載がある場合には，これらの書面につき閲覧等制限の申立て（民訴法92条）などをしておく必要がある[5]。

2　2項

裁判所は，前項の決定すなわち当事者尋問等の公開停止決定をするに当たっては，あらかじめ，当事者等の意見を聴かなければならない。

「当事者等」の定義については前記1.3に述べたとおりであるが，本項において意見を聴取する「当事者等」は，1項の尋問に関係する者，すなわち，1項の「当事者等」の文言を受けて同項の尋問で陳述をする者と，4項の「当事者等」が相手方当事者を含むと解されることも踏まえ，当該尋問を行う当事者双方を含むものと解する[6]。また，意見聴取の方法については，特に限定はないため，上記当事者等に意見書を提出してもらう方法，裁判所が当事者等と事実上面接をする方法等が考えられる[7]。

3　3項

当事者等により陳述予定の営業秘密についてその具体的内容を踏まえて尋問の公開停止の是非を判断するため，裁判所は，必要があると認めるときは，当事者等にその陳述すべき事項の要領を記載した書面（陳述要領書面）の提示をさせることができる（前段）。

このような陳述要領書面は，裁判所による公開停止要件の充足判断にのみ使用され，何人もその書面の開示を求めることができないのが原則である（後段）。

4　4項

3項後段の規定にかかわらず，裁判所は，陳述要領書面を開示してその意

702 第2章 差止請求，損害賠償等

見を聴くことが必要であると認めるときは，（相手方）当事者等，訴訟代理人または補佐人に対し，必要な限度で当該書面を開示することができる。この場合，実務的には，裁判所との事前協議を経て，陳述要領書面について，秘密保持命令の申立て（10条1項1号かっこ書を参照）や当事者間での秘密保持契約の締結が検討されることになる。

5 5項

裁判所は，本条により営業秘密に関する尋問を公開しないで行うときは，尋問事項が公開停止に係る尋問事項に及ぶところで，公衆を退廷させる前に公開停止の決定を理由とともに言い渡したうえで，公衆を退廷させる。その後，当該事項の尋問が終了したところで，再び公衆を入廷させなければならない[8]。公開停止の対象たる営業秘密に係る尋問事項から他の尋問事項に移っているにもかかわらず公衆を入廷させないことは，「口頭弁論の公開に関する規定に違反したこと」として絶対的上告理由にもなる手続違反である（民訴法312条2項5号）。

6 陳述／証言拒絶権との関係

当事者尋問において，当事者は「正当な理由」がある場合に陳述を拒むことができ（民訴法208条を参照），証人尋問においても，証人は「技術又は職業の秘密に関する事項について尋問を受ける場合」に証言を拒むことができる（同法197条1項3号）。この点，判例[9]では，「秘密の公表によって生ずる不利益と証言の拒絶によって犠牲になる真実発見及び裁判の公正との比較衡量」を行ったうえで，「保護に値する秘密についてのみ証言拒絶が認められる」とされており，当事者尋問における陳述拒絶の正当理由も，当事者本人である点で若干緩やかに解するとしても，基本的に証人の場合に準じるとされる[10]。本条に基づき当事者尋問等の公開が停止されるならば，この点も上記比較衡量に加味され，供述拒絶が認められないこともありうると考えられる。

7 訴訟記録の閲覧等制限の必要性

公開停止中の陳述に係る尋問調書であっても，「公開を禁止した口頭弁論に係る訴訟記録」（民訴法91条2項）として，当事者および利害関係を疎明

した第三者は閲覧等請求を行うことができる。このため，閲覧等請求の範囲を当事者に限定するためには，別途，閲覧等制限の申立て（同法92条）が必要となることに留意すべきである。

【注】

1） 公開停止の要件全般に関する参考文献として，小野・新・注解3版下巻1182頁-1184頁〔伊原友己〕，中山＝小泉編・新注解（中巻）2308頁-2309頁〔大野聖二・井上義隆〕，髙部眞規子「証拠の提出と秘密保持命令・非公開審理」牧野利秋ほか編『知的財産法の理論と実務(2)』104頁—105頁（新日本法規，2007）等があげられる。

2） 長谷部恭男「裁判の公開原則と「公序」概念に関するメモ」（首相官邸司法制度改革推進本部知的財産訴訟検討会第12回会合配付資料1）（https://lawcenter.ls.kagoshima-u.ac.jp/shihouseido_content/sihou_suishin/kentoukai/titeki/dai12/12siryou1.pdf）（2003）参照

3） 髙部眞規子「知的財産権訴訟における秘密保護手続の現状と課題」ジュリ1317号195頁（2006）

4） 髙部・前掲注3）195頁

5） 東京地方裁判所知的財産部「営業秘密に関する当事者尋問等の公開停止について」（https://www.courts.go.jp/tokyo/saiban/minzi_section29_40_46_47/koukaiteisi/index.html）（2008）

6） 小野・新・注解3版下巻1186頁〔伊原友己〕参照

7） 髙部・前掲注3）195頁

8） 東京地方裁判所知的財産部・前掲注5）

9） 証言拒絶（NHK記者）事件許可抗告審決定・最決平18・10・3民集60巻8号2647頁〔28112117〕

10） 秋山幹男ほか・菊井雄大＝村松俊夫原著『コンメンタール民事訴訟法Ⅳ』〔第2版〕284頁（日本評論社，2019）

〔松井　保仁〕

704　第2章　差止請求，損害賠償等

（信用回復の措置）
14条　故意又は過失により不正競争を行って他人の営業上の信用を害した者に対しては，裁判所は，その営業上の信用を害された者の請求により，損害の賠償に代え，又は損害の賠償とともに，その者の営業上の信用を回復するのに必要な措置を命ずることができる。

趣　旨

　不正競争行為により営業上の信用を害された者に対する事後救済として，金銭賠償だけでは不十分な場合もあるし，非財産的損害たる無形損害の立証は必ずしも容易でない。これに対し，信用回復措置は一種の原状回復措置として有効なことがあり，被害者にそれなりの満足感を与える。そのため本条は，金銭賠償に代え，または金銭賠償とともに，信用回復措置との直接的な補填を求めることができることとした[1]。

解　説

1　総説

　信用回復措置請求権が発生するための要件は，①侵害者の不正競争行為，②被侵害者の営業上の信用の侵害，③侵害者の故意・過失，④①と②との因果関係，⑤信用回復措置の必要性とされる[2]。②が，営業上の「利益」（3条，4条）ではなく，「信用」に限定される。

2　「故意又は過失により不正競争を行って他人の営業上の信用を害した者に対しては」（請求の相手方）

2.1　「故意又は過失により」

　不正競争行為による営業上の信用の侵害は，「故意又は過失」により行われることを要する。その内容は損害賠償に関する4条の場合と同様であり，4条の解説に譲る。

2.2　「不正競争を行って」

　「不正競争」は，2条1項各号で掲げられる行為である。

14条 信用回復の措置　705

　平成5年改正前不正競争防止法（昭和9年法律14号。旧法）では，信用回復措置を求めることができる不正競争類型が限定されていたが，平成5年の全面改正によりすべての類型を対象とすることに改められた[3]。もっとも，実務上多いのは競争者虚偽事実流布行為（2条1項21号）で，その他では著名表示冒用行為（同項2号）等が想定される。

2.3 「他人の営業上の信用を害した者に対しては」

　「他人の営業上の信用を害した者」が，信用回復措置請求の相手方となる。
(1)　「他人」
　まず，「他人」は，周知表示混同惹起行為（2条1項1号）の場合と同じとされ[4]，自然人，法人はもとより，権利能力なき社団，さらには団体や企業グループなどでもよい（詳しくは2条1項1号の解説参照）。
(2)　「営業上の信用」
　次に，「営業上の信用」は，競争者虚偽事実流布行為（2条1項21号）の場合と同じとされ[5]，営業活動に関する経済上の外部的評価をいう。具体的には，営業活動によって提供される商品や役務の社会的評価，その事業者の支払能力や営業能力等に関する社会的信頼等である（詳しくは2条1項21号の解説参照）。差止請求（3条）および損害賠償請求（4条）の場合は営業上の「利益」とされているが，本条では営業上の「信用」が害される場合に限っている。
(3)　「営業上の信用を害した」
　「営業上の信用を害した」とは，営業活動に関する経済上の外部的評価（営業上の信用）を現に低下させたことをいう[6]。事例が多い競争者虚偽事実流布行為（2条1項21号）では，自社製品が特許権侵害品であるとの虚偽の事実の告知によりその会社の信用が低下した場合，営業上の信用が害されたとされる[7]。著名表示冒用行為（2条1項2号）で，酷似する粗悪品により自社製品の信用が低下した場合も同様である。本条では，営業上の信用を「害した」こと，すなわち現にその営業上の信用を低下させたことが要件となり，営業上の信用を害する「おそれ」（3条）では足りない。

3　「その営業上の信用を害された者の請求により」（請求主体）

　信用回復措置の請求主体は，「営業上の信用を害された者」である。前記

706　第2章　差止請求，損害賠償等

の「他人」（本条）が，営業上の信用を現に害された場合に，信用回復措置の請求主体となる。

4 「裁判所は，……損害の賠償に代え，又は損害の賠償とともに，その者の営業上の信用を回復するのに必要な措置を命ずることができる」（効果）

4.1 「損害の賠償に代え，又は損害の賠償とともに」

「損害の賠償」は，ここでは金銭賠償の意味で用いられている[8]。信用回復措置は，信用回復措置だけ命じられることもあれば，損害賠償（金銭賠償）とともに命じられることもある建付けだが，損害賠償（金銭賠償）を認めれば信用回復措置を認めない傾向がある[9]。

4.2 「その者の営業上の信用を回復するのに必要な措置を命ずることができる」

「営業上の信用を回復するのに必要な措置」として，謝罪広告，訂正広告，訂正記事，訂正通知等がある。いずれも「必要」な範囲で認められるが，どのような措置が必要ありとされるかは，同種の規定である民法723条（名誉毀損における原状回復）の「名誉を回復するのに適当な処分」，著作権法115条（名誉回復等の措置）の「著作者若しくは実演家の名誉若しくは声望を回復するために適当な措置」も視野に入れて確認する必要がある。

まず，謝罪広告一般につき，強制することが良心の自由を保障する憲法19条に反しないか問題となる。民法723条に関し，最判昭31・7・4民集10巻7号785頁〔27002906〕は謝罪広告を憲法違反ではないとしたが，学説ではその後も違憲論は根強く，謝罪広告の方法そのものの再検討が望まれるとの指摘もある[10]。著作権法115条に関しても，裁判例は謝罪広告に謙抑的で，他の方法で名誉が回復されていたり，侵害が軽微であったり，侵害態様が悪質でない場合は認めない傾向にある[11]。

このような傾向より，本条に関しても，例えば新聞への謝罪広告の掲載の必要性までは認めず，説明会の参加者への訂正文の送付で足るとした裁判例がある[12]。また，信用毀損行為が関係先に行われたような場合，関係先に対する謝罪や訂正の通知で足るとした裁判例がある[13]。あるいは，損害賠償請

14条　信用回復の措置　707

求を認容する一方で，謝罪広告を認めなかった裁判例も少なくない[14]。

　もっとも，謝罪広告の掲載ないしこれに準じる請求が認められる事案もある。近時は，ウェブサイトでの事実の摘示が競争者虚偽事実流布行為（2条1項21号）を構成する事案があり，そのような事案でウェブサイトへの謝罪文の掲載を認めた裁判例として，マスク事件・大阪地判令4・6・23最高裁HP（令和4年（ワ）2064号）〔28301721〕がある。本件では，原告が品名「JN95」なるマスク（以下「原告マスク」という）を製造販売し，被告がこれと市場で競合する同一品名の他社のマスク（以下「他社マスク」という）を被告のウェブサイト（以下「被告サイト」という）で販売した事案で，被告が被告サイトで「原告マスクは訴訟提起されたことにより製造中止になった」などの虚偽の事実を適示した。被告が口頭弁論期日に出席せず，原告が主張する請求原因事実を自白したものとみなしたうえで，裁判所は被告に対し，被告サイトに以下の信用回復措置目録記載のとおり謝罪文の掲載を命じた（原告の会社名を「○○株式会社」に変換）。

信用回復措置目録

1　謝罪文

　当社は，本サイト上に，○○株式会社の製造販売に係るマスク（品名「JN95」）が，商標ないし形態が原因で訴訟提起されたことによって製造中止になった旨，同一品名のマスクの方がキメの細かい不織布を使っていることから抗菌作用が高く性能がよい旨及び品名をKF94とするマスクのコピー品である旨を，記載しました。

　しかしながら，これらの事実はいずれも虚偽ですので，撤回します。

　今後，かかる行為を行わないことを誓約し，○○株式会社に対し，お詫び申し上げます。

2　条件

（1）　掲載場所

　別紙被告URL目録4記載のウェブサイトのトップページ全体を3等分し，そのうち上から2番目のスペース全体

（2）　掲載方法

　表題（謝罪文）については，14ポイント以上のゴシック体

　その他については，12ポイント以上の明朝体

708 第 2 章　差止請求，損害賠償等

（ 3 ）　掲載期間
　　掲載開始の日から起算して 1 年間

　なお，原告は 1 年以上の掲載を求めたが，裁判所は掲載期間を 1 年間に制限した。

5　名誉毀損における原状回復（民723条）との関係

　他人の「名誉」を毀損した場合に，民法723条が原状回復につき規定する。この場合の「名誉」（民723条）は，人に対する社会的評価であり，本条が保護対象とする「営業上の信用」は，名誉の中でもその経済的側面であるから，本条は不正競争の分野における民法723条の特則と位置付けられる[15]。

【注】
1 ）　山本・要説 4 版337頁
2 ）　髙部・実務詳説90頁
3 ）　経産省・逐条解説（令和 5 年改正版）220頁
4 ）　山本・要説 4 版338頁・55頁
5 ）　山本・要説 4 版338頁
6 ）　山本・要説 4 版338頁
7 ）　山本・要説 4 版338頁
8 ）　山本・要説 4 版339頁
9 ）　かに看板事件・大阪地判昭62・ 5 ・27判タ639号259頁〔27800025〕，無線操縦用模型飛行機部品事件・大阪地判平 4 ・ 7 ・23判時1438号131頁〔27814142〕
10）　清水誠＝田山輝明編『我妻・有泉コンメンタール民法―総則・物権・債権―』〔第 8 版〕1621頁（日本評論社，2022）
11）　中山信弘『著作権法』〔第 4 版〕811頁（有斐閣，2023）。なお，村越啓悦「著作者人格権等の侵害に対する救済」牧野利秋＝飯村敏明編『新・裁判実務大系22　著作権関係訴訟法』502頁（青林書院，2004）。
12）　ローソク事件・東京地判平19・ 5 ・25判タ1283号281頁〔28131422〕
13）　寄生虫検査事件・広島地判昭51・12・23判時858号91頁〔27486083〕
14）　前掲注 9 ）かに看板事件，前掲注 9 ）無線操縦用模型飛行機部品事件。
15）　山本・要説 4 版338頁

〔岩谷　敏昭〕

15条　消滅時効　709

（消滅時効）

15条　第2条第1項第4号から第九号までに掲げる不正競争のうち，営業秘密を使用する行為に対する第3条第1項の規定による侵害の停止又は予防を請求する権利は，次に掲げる場合には，時効によって消滅する。
　一　その行為を行う者がその行為を継続する場合において，その行為により営業上の利益を侵害され，又は侵害されるおそれがある営業秘密保有者がその事実及びその行為を行う者を知った時から3年間行わないとき。
　二　その行為の開始の時から20年を経過したとき。
2　前項の規定は，第2条第1項第11号から第16号までに掲げる不正競争のうち，限定提供データを使用する行為に対する第3条第1項の規定による侵害の停止又は予防を請求する権利について準用する。この場合において，前項第1号中「営業秘密保有者」とあるのは，「限定提供データ保有者」と読み替えるものとする。

趣　　旨

　営業秘密を「使用」する不正競争行為が継続すると，その使用行為を基盤とした事業活動が展開されるため，差止請求権の行使を認めると，侵害者の事業活動の停止による雇用や取引関係等への影響が著しく，法律関係の早期安定を図る必要がある。また，営業秘密は無形財産たる情報であるため，長期間経過後は侵害行為の立証が困難となる。さらに，営業秘密は保有者が管理すべきものであるから，長期間にわたりその不正な使用行為を放置しているなら，そのような保有者は権利の上に眠る者として法的保護に値しないし，そもそも秘密管理性要件（2条6項）を欠くともいえる。この種の営業秘密の使用に対する差止請求権の行使については，以上のとおり一定期間の経過によりその行使を制限する必要性が高いため，本条は民法167条や同法724条とは異なる消滅時効を定めた。
　このような趣旨は，平成30年に新設された限定提供データの制度（2条1項11号～16号）でも共通する。よって，同年の改正で，本条2項で限定提供データの継続使用につき本条1項を準用することとされた。

710 第2章 差止請求，損害賠償等

解　説

1　1項

1.1 「第2条第1項第4号から第9号までに掲げる不正競争のうち，営業秘密を使用する行為に対する第3条第1項の規定による侵害の停止又は予防を請求する権利は」

　本条1項が適用される不正競争類型は，「2条1項4号から9号までに掲げる不正競争」すなわち営業秘密不正行為に限られ，その中でもさらに営業秘密を「使用」する行為が継続される場合に限られる。つまり，営業秘密不正行為以外の不正競争類型には適用されず，また，営業秘密不正行為でも「取得」ないし「開示」する行為類型には本条1項の適用はない。後者については，「取得」ないし「開示」は行為自体の継続性がなく，「停止」を考える余地がないからである[1]。

　本条1項が適用される行為として，不正取得行為により取得した他社の顧客名簿を使用して定期的にダイレクトメールを顧客に送付する行為，不正開示行為が介在したことを知りつつ取得したノウハウを用いて製品の製造販売を継続する行為等が考えられる[2]。

1.2 「次に掲げる場合には」

　「次に掲げる場合」として，1号で短期3年の消滅時効，2号で長期20年の消滅時効を定める。

1.2.1 短期消滅時効：「その行為を行う者がその行為を継続する場合において，その行為により営業上の利益を侵害され，又は侵害されるおそれがある営業秘密保有者がその事実及びその行為を行う者を知った時から3年間行わないとき」（1項1号）

1.2.1.1 「その行為を行う者がその行為を継続する場合において」

　「その行為」は，「営業秘密を使用する行為」（本条1項柱書）である。本条1項1号は，行為者がそのような営業秘密を使用する行為を「継続する場合」にのみ適用される。行為者が当該営業秘密の使用を停止している状態で

は，保有者が差止請求権を行使する期待可能性が乏しく，この期間を時効期間に参入することは保有者に酷となるからである[3]。

1.2.1.2 「その行為により営業上の利益を侵害され，又は侵害されるおそれがある営業秘密保有者がその事実及びその行為を行う者を知った時から」（起算点）

短期消滅時効の起算点は，「その行為により営業上の利益を侵害され，又は侵害されるおそれがある営業秘密保有者」が「その事実及びその行為を行う者を知った時」とされる。

「その行為」は，「営業秘密を使用する行為」（本条1項柱書）である。「営業上の利益を侵害され，又は侵害されるおそれ」については，3条の解説を参照されたい。「営業秘密保有者」は，営業秘密を保有する事業者をいい，3条所定の要件を具備する差止請求権の主体と同じである。「その事実」は，侵害者による営業秘密の継続的な使用行為である。「その行為を行う者」は，営業秘密の継続的な使用行為を行う者すなわち侵害者である。

「その事実」と「その行為を行う者」の双方を知らなければ，時効は進行しない。「知った」については，単に推定できるという程度では「知った」とはいえない反面，具体的に詳細な事実や，個人であればそのフルネームまで完全に知る必要はない。特定可能な程度に知り，いつでも保有者による差止請求権を行使することが可能になる程度に知った時点が起算点となる[4]。

1.2.1.3 「3年間行わないとき」（時効期間）

短期の消滅時効期間は，3年である。営業秘密の使用という不正競争行為も不法行為の一種であるから，民法724条1号所定の不法行為に基づく損害賠償請求権の場合と同様の短期消滅時効期間とされた。

1.2.2 長期消滅時効：「その行為の開始の時から20年を経過したとき」（1項2号）

本条1項2号は，長期20年の消滅時効を定めるものとされる。

1.2.2.1 「その行為の開始の時から」（起算点）

1号の場合と異なり，この20年の消滅時効の起算点は，「その行為の開始

の時」である。具体的には，営業秘密不正行為に係る一連の使用行為の開始
の時に固定され，営業秘密保有者が一定の事実を知ったか否かに左右されな
い。例えば，不正取得行為により取得した営業秘密の使用を開始した時（2
条1項4号），営業秘密保有者から示された営業秘密につき図利加害目的で
使用を開始した時（同項7号）が起算点となる。

1.2.2.2 「20年を経過したとき」（時効期間）

(1) 「20年」

　長期の消滅時効期間は，「20年」である。本条1項2号は，平成27年改正
により，10年から20年に延長された。侵害発生時点から長期間が経過した場
合でも被害者救済を図る必要がある事例が生じていること，10年を超えても
被害者の営業秘密が企業の事業活動の基幹であり続けるケースもあることか
ら，延長された次第である[5]。

(2) 「経過した」

　ところで，20年を「経過した」の語には，やや疑義がある。

　まず，「民法の一部を改正する法律」（平成29年法律44号。いわゆる「債権
法改正」）により，不法行為に基づく損害賠償請求権に関する20年の期間制
限（旧民法724条後段）が，除斥期間から，3年の期間制限と同じ消滅時効
期間に統一された。経産省・逐条解説（令和5年改正版）223頁は，これを
受けた「民法の一部を改正する法律の施行に伴う関係法律の整備等に関する
法律」（平成29年法律45号。いわゆる「整備法」）により，本条についても，
20年の期間制限を，除斥期間から，3年の期間制限と同じ消滅時効期間に統
一したと説明する。

　もっとも，改正後の民法724条と本条を対比すると，民法724条1号・2号
が「行使しない」に統一されているのに対し，本条2号では，除斥期間と解
されていた改正前の本条後段同様「経過した」とされ，統一されていない
（下線は筆者）。

民法724条	新不正競争防止法15条
不法行為による損害賠償の請求権は，次に掲げる場合には，時効によって消滅する。 　一　被害者又はその法定代理人が損害及び加害者を知った時から3年間<u>行使しない</u>とき。	第2条第1項第4号から第9号までに掲げる不正競争のうち，営業秘密を使用する行為に対する第3条第1項の規定による侵害の停止又は予防を請求する権利は，次に掲げる場合には，時効によって消滅する。

二　不法行為の時から20年間<u>行使しない</u>とき。	一　その行為を行う者がその行為を継続する場合において，その行為により営業上の利益を侵害され，又は侵害されるおそれがある保有者がその事実及びその行為を行う者を知った時から3年間<u>行わない</u>とき。 二　その行為の開始の時から20年を<u>経過した</u>とき。

　本条2号は，「行わない」ではなく「経過した」を使っているので，権利者が裁判上の請求（民147条1項1号）を行い，差止請求を「行わない」状態が中断・更新しても，行為開始時から20年が「経過した」なら権利が期間制限にかかり，時効の更新や完成猶予の余地がないようにも読める。経済産業省の逐条解説の説明のとおりなら，民法724条2号および本条1号に倣い，2号の「経過した」を「行わない」に読み替えることになろうか。

1.2.3　「時効によって消滅する」（効果）

　要件を充足することによる効果は，「営業秘密を使用する行為に対する第3条第1項の規定による侵害の停止又は予防を請求する権利」が，「時効によって消滅する」ことである。停止請求権と予防請求権が消滅すれば，3条1項による「請求をするに際し」て請求することが可能な廃棄等請求権（同条2項）も行使できなくなる。

　また，「時効」による消滅であるから，援用（民法145条），時効の完成猶予および更新（同法147条以下）等の，民法の消滅時効に関する規定が適用される。

2　2項

2.1　限定提供データを使用する行為を継続する場合への準用（2項）

　前述の趣旨は，限定提供データの制度（2条1項11号〜16号）にも共通するため，本条2項では限定提供データを使用する行為につき本条1項を準用することとした。準用に際し，本条1項1号中「営業秘密保有者」とあるのは，「限定提供データ保有者」と読み替える。

714 第2章 差止請求, 損害賠償等

3 損害賠償請求権への影響

　停止請求権・予防請求権（3条1項）が本条により時効により消滅した後も，損害賠償請求権（4条）は行使できるとすると，法律関係の安定を図ろうとする本条の趣旨に反する[6]。よって，本条により停止請求権・予防請求権が消滅した後にその営業秘密または限定提供データを使用する行為によって生じた損害については，賠償責任は生じない（4条ただし書）。

　なお，この制限は，短期3年（本条1項1号）または長期20年（本条1項2号）の時効による停止請求権・予防請求権の消滅の前に発生した損害の賠償を，時効期間経過後に請求することを妨げない。後者の損害賠償請求権の時効は，一般不法行為の時効（民法724条）に従う[7]。4条ただし書の解説を参照されたい。

【注】
1）　経産省・逐条解説（令和5年改正版）222頁
2）　山本・要説4版344頁
3）　経産省・逐条解説（令和5年改正版）222頁
4）　山本・要説4版345頁
5）　経産省・逐条解説（令和5年改正版）222頁
6）　山本・要説4版287頁
7）　小野・松村・概説3版下巻285頁

〔岩谷　敏昭〕

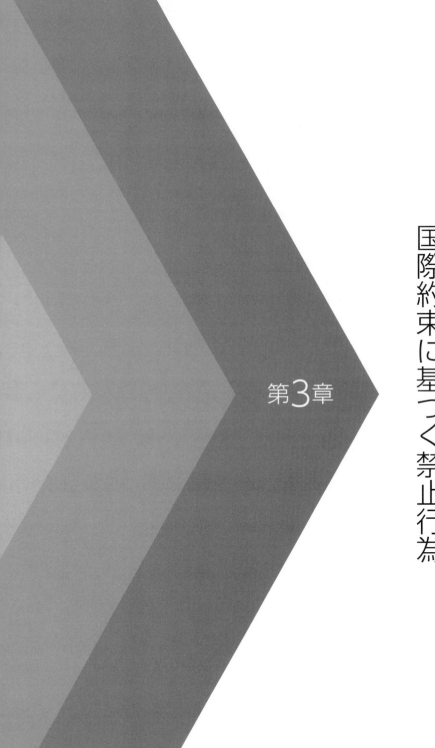

第3章

国際約束に基づく禁止行為

716 第3章 国際約束に基づく禁止行為

（外国の国旗等の商業上の使用禁止）

16条 何人も，外国の国旗若しくは国の紋章その他の記章であって経済産業省令で定めるもの（以下「外国国旗等」という。）と同一若しくは類似のもの（以下「外国国旗等類似記章」という。）を商標として使用し，又は外国国旗等類似記章を商標として使用した商品を譲渡し，引き渡し，譲渡若しくは引渡しのために展示し，輸出し，輸入し，若しくは電気通信回線を通じて提供し，若しくは外国国旗等類似記章を商標として使用して役務を提供してはならない。ただし，その外国国旗等の使用の許可（許可に類する行政処分を含む。以下同じ。）を行う権限を有する外国の官庁の許可を受けたときは，この限りでない。

2　前項に規定するもののほか，何人も，商品の原産地を誤認させるような方法で，同項の経済産業省令で定める外国の国の紋章（以下「外国紋章」という。）を使用し，又は外国紋章を使用した商品を譲渡し，引き渡し，譲渡若しくは引渡しのために展示し，輸出し，輸入し，若しくは電気通信回線を通じて提供し，若しくは外国紋章を使用して役務を提供してはならない。ただし，その外国紋章の使用の許可を行う権限を有する外国の官庁の許可を受けたときは，この限りでない。

3　何人も，外国の政府若しくは地方公共団体の監督用若しくは証明用の印章若しくは記号であって経済産業省令で定めるもの（以下「外国政府等記号」という。）と同一若しくは類似のもの（以下「外国政府等類似記号」という。）をその外国政府等記号が用いられている商品若しくは役務と同一若しくは類似の商品若しくは役務の商標として使用し，又は外国政府等類似記号を当該商標として使用した商品を譲渡し，引き渡し，譲渡若しくは引渡しのために展示し，輸出し，輸入し，若しくは電気通信回線を通じて提供し，若しくは外国政府等類似記号を当該商標として使用して役務を提供してはならない。ただし，その外国政府等記号の使用の許可を行う権限を有する外国の官庁の許可を受けたときは，この限りでない。

趣　旨

　本条は，外国の威信・権威や国民の名誉感情を保護するため，外国の官庁の許可を得ない限り，外国国旗等と同一または類似のものを商標として使用すること（1項），商品の原産地を誤認させる方法で外国紋章を使用すること（2項），および外国政府等記号と同一または類似のものをその外国政府等記号が用いられている商品・役務と同一または類似の商品・役務の商標として使用すること（3項）を禁ずる規定である。2項は，外国紋章に限られる点，商標的使用に限定していない点（ただし，商品の原産地を誤認させる方法での使用に限る）において，1項と異なる。3項は，商標的使用のう

ち，外国政府等記号が用いられる商品・役務と同一または類似の商品・役務の場合に限る点で，1項と異なる[1]。

本条は，工業所有権の保護に関するパリ条約（以下，単に「パリ条約」という）6条の3第1項(a)（本条1項および3項）およびパリ条約6条の3第9項（本条2項）を実施するために設けられた，平成5年改正前不正競争防止法（昭和9年法律14号。以下「旧法」という）4条および4条の2を引き継いだものである[2]。ただし，パリ条約は商標だけに関するものであるのに対し，本条における商標の使用には，サービスマークとしての使用も含まれる[3]。

本条に違反したときは，5年以下の懲役もしくは500万円以下の罰金に処し，またはこれを併科すると定められ（21条3項7号），法人に対しては3億円以下の罰金刑が定められている（22条1項3号）。しかし，本条の保護法益が外国の威信・権威や国民の名誉感情であり[4]，本条が禁ずる行為は2条1項各号の不正競争行為とは定められていないことから，本条に基づいて差止請求や損害賠償請求を行うことはできない[5]。もちろん，外国国旗等類似記章の使用が本条だけでなく2条1項各号の不正競争にも該当する場合は，同号に基づく差止請求および損害賠償請求をなしうる（同項20号（平成30年改正前は13号）に該当すると判断された事例として，世界中のヘアピン事件・大阪地判平8・9・26判時1604号129頁〔28021293〕がある）。

解　説

1　1項

1.1　「外国の国旗若しくは国の紋章その他の記章であって経済産業省令で定めるもの（以下「外国国旗等」という。）」

「外国の国旗」とは，外国の象徴と定められた旗[6]をいう。
「紋章」とは，紋形を中心とした象徴的図形[7]である。
「記章」とは，1つの思念を表す象徴的図形であり，「外国の国旗」，「国の紋章」を包含する[8]。「記章の名称」は図形ではないから「記章」には含まれない[9]。

本条各項の経済産業省令は，「不正競争防止法第16条第1項及び第3項並

718　第3章　国際約束に基づく禁止行為

びに第17条に規定する外国の国旗又は国の紋章その他の記章及び外国の政府若しくは地方公共団体の監督用若しくは証明用の印章又は記号並びに国際機関及び国際機関を表示する標章を定める省令」（平成6年通商産業省令36号。以下「旗省令」という）を指し，本項については旗省令1条および2条（同省令別表第一および同第二）により定められている[10]。

　なお，旧法では「主務大臣ノ指定」とされていたが，旧法下での運用を明確化して責任の所在を明らかにするため，「通商産業省令」（現経済産業省令）と改められた[11]。

1.2　「同一若しくは類似のもの（以下「外国国旗等類似記章」という。）」

　本項による規制の対象となるのは、外国国旗等と同一もしくは類似のもの（外国国旗等類似記章）である。商品への「made in Vietnam」「made in China」との記載は外国国旗等類似記章ではなく本項の対象とはならない（これらの記載は製造地を表示するものであって，「Vietnam」や「China」の文字が記載された商品を譲渡ないし引き渡すことは不法行為にも該当しない（東京地判平25・7・3公刊物未登載（平成23年（ワ）40532号）〔28320819〕））。

　当該記章と外国国旗等との類似の判断は，外形的観察によれば足りる。

　パリ条約6条の3第1項(a)では「紋章学上」の模倣と認められるものの商標またはその構成部分として使用することを規制しているが，この理由は，国の紋章や記章には，ライオン，熊，鷲，王冠，星，太陽等とそれ自体ありふれたものが素材として共通に用いられることが多いことに基づく[12]。紋章学上の模倣の判断要素は，色彩の相違，具象図形（ライオン等）の外観上の相違，具象図形以外の図形要素（十字や斜め帯など）の相違，紋章の組合せ等が重要とされる[13]。「紋章学上」との文言は外観類似を意味するとされているが[14]，紋章学上の模倣は通常商標間で認められないと考えられている模倣の幅よりも狭くなっているとされる[15]。本条ではパリ条約の文言と異なって「紋章学上」の模倣に限定していないことから，類似性の判断に当たっては外観類似の判断によるべきであっても紋章学的な見地[16]に限る必要はないと考えられる[17]。

　商標法4条1項1号および同項2号は，パリ条約6条の3第1項(a)の要請に従って外国国旗等類似記章が商標不登録事由となることを定めているとこ

ろ，商標に関する事案であるが，東京地判令5・4・27最高裁HP（令和3年（ワ）13895号）〔28320695〕及びその控訴審である知財高判令5・12・20最高裁HP（令和5年（ネ）10070号）〔28320696〕は，登録商標がスイスの国旗に類似しているかが問題となった。当該事案では「幅広の十字を内部に有するという点で共通するものの，スイスの国旗は，正方形であって白色の外縁部分がなく，内部の十字部分を除いた部分が鮮やかな赤色である点において相違する……上記共通点及び相違点の形状及び色彩を踏まえると，本件商標とスイスの国旗は，中心的かつ全体的構成を占める図形の形状及び色彩において明らかに相違する」と判断されており（地裁判決），紋章学的に検討したとは判示されていない。また控訴審でも同様の内容で判断している。

　また商標に関する審決ではあるが，「英国屋」という標章の「国」のくにがまえの内側が英国国旗に類似しているかが問題となった事案について，「商標を構成する図形と国旗に配色の違いがあるとしても，構成上の特徴を共通にするなどにより，離隔的に観察した場合において，互いに相紛れる虞があるときは両者は類似するものと解するのが相当である。」としており（審判1993-23746），紋章学的見地から検討したものとは必ずしも言えない。

　次に，スウェーデン王国の国旗が標章に含まれていることが問題となった事案につき，建物図形には玄関横から上方に向けたポールに青地に黄色の線を十字に描いた旗を揚げた図形が描かれている標章に関して「該図形部分は、旗を掲げる建物をまとまりよく描いてなるものであり、該旗部分が建物部分に比べて特別大きく描かれているという程のものではなく、加えて、該旗図形の黄色と青色の色彩は、屋根及び窓の色彩と同一であることから、本願商標の図形部分は、旗を掲げる建物図形を描いた一体的な図形として看取されるというのが相当であって、該図形より旗部分のみを抽出して認識されるとはいい難い」としており（不服2005-2961），紋章学的に検討されたものか不明である。

　外国国旗等類似記章は，国際機関類似標章と異なり，外国との関係の暗示の有無を考慮することができず，打消表示によって暗示が生じないことを理由に適用を否定することは許されない[18]。

1.3 「商標として使用」

外国国旗等類似記章を商標（2条2項および商標法2条1項）として使用

しなければ本条違反とはならない。「商標として」とは商業上の使用を禁止する趣旨であり[19]，商標的使用，すなわち自己識別機能・出所表示機能を有する態様での使用を意味する（商標法26条1項6号は「需要者が何人かの業務に係る商品又は役務であることを認識することができる態様により使用されていない商標」には商標権の効力が及ばない旨を定める）。経済産業省のウェブサイト[20]では，本条違反にならない具体例として，POP広告として外国国旗を使用する場合，イベント会場において装飾として万国旗を使用する場合があげられている。ただし国旗の場合にはデザイン自体は周知であるものの，特定のブランドの出所としての結びつきは薄弱であり，商標的使用を否定する判断が妥当なケースが多くなるのではないかとの指摘[21]があり，この指摘は妥当と考えられる。また後発的に商標的使用と判断されるケースがあるとの指摘[22]もあるが，本条が禁ずる行為は2条1項各号の不正競争行為とは定められておらず故意犯の処罰規定のみが規定されていることを踏まえると，デザインを変更せずに後発的に商標的使用に該当した場合には本条の適用を認めるべきではないと考えられる。

　なお商標法4条1項1号および同項2号は外国国旗等類似記章が商標不登録事由となることを定めており，同法46条1項1号および同項6号は商標登録無効事由となることを定めている。

1.4 「外国国旗等類似記章を商標として使用した商品を譲渡し，引き渡し，譲渡若しくは引渡しのために展示し，輸出し，輸入し，若しくは電気通信回線を通じて提供」

　譲渡等が禁止されるのは、「外国国旗等類似記章を商標として使用した商品」である。「外国国旗等類似記章を商標として使用した商品」とは、外国国旗等類似記章が商標的に使用された商品，すなわち単なるデザインではなく，自他識別機能・出所表示機能を果たす態様で外国国旗等類似記章が表示された商品のことをいう。

　禁止される行為態様（譲渡，引渡し，譲渡もしくは引渡しのための展示，輸出，輸入，電気通信回線を通じての提供）は2条1項1号と同様であり，詳細は2条1項1号の解説を参照されたい。

1.5 「外国国旗等類似記章を商標として使用して役務を提供」

外国国旗等類似記章を商標として使用して役務を提供することも禁止されている。

ここで「外国国旗等類似記章を商標として使用して役務を提供」するとは、外国国旗等類似記章を、単なるデザインではなく、自他識別機能・出所表示機能を果たす態様で使用して役務を提供することをいう。

1.6 ただし書

外国国旗等の使用の許可（許可に類する行政処分を含む）を行う権限を有する外国の官庁の許可を受けたときは、禁止行為から除外される。

「外国国旗等の使用の許可」とは、外国の官庁が外国国旗等類似記章の使用を許可することをいう。外国の官庁が許可するならば、外国の威信・権威や国民の名誉感情の侵害を考慮する必要がないからである。この点に関連する最近の事例では、サウジアラビア商業省が2022年9月16日に出版事業を含む商業取引において、サウジアラビア国旗などの使用を禁止する旨を発表した[23]。

本項の使用の許可には許可に類する行政処分を含む。許可に類する行政処分を含むとされているのは、外国によっては許可という行政処分がなく、承認、了解等の行政処分しかない場合も考えられるためであるとされる[24]。

本項の適用例はまだないとのことである[25]。

2　2項

2.1 「商品の原産地」

「商品の原産地」とは、2条1項20号における「原産地」と別異に解する必要はなく、商品が生産、製造または加工され商品価値が付与された地をいう[26]。

2.2 「誤認させるような方法で」

「誤認させるような方法」とは、外国紋章の使用等により、当該商品または役務の取引者・需要者に対し、商品の原産地を誤って認識させるような方

法をいう。

　2条1項20号の場合と同じく，誤認は虚偽によって生じることが通常であるが，誇大広告のように虚偽以外の手段によって誤認を惹起させる行為も含む。

　誤認させるような方法か否かは，2条1項20号と別異に解する必要はなく，同号と同様に，全体的に見て取引者・需要者に誤認を生じさせる方法か否かを判断すべきである[27]。

　詳細は2条1項20号の解説を参照されたい。

　また、外国紋章（2.3で後述する）を「誤認させるような方法で」使用した場合だけでなく，外国紋章を使用した商品を「誤認させるような方法で」譲渡し，引き渡し，譲渡もしくは引渡しのために展示し，輸出し，輸入し，もしくは電気通信回線を通じて提供した場合や，外国紋章を使用して「誤認させるような方法で」役務を提供した場合を含む。

　本項は，外国紋章に限り，商標としての使用でなくても商品の原産地を誤認させるような使用であれば禁止される[28]。

　なお，本項違反が同時に2条1項20号に該当することもある。

2.3 「同項の経済産業省令で定める外国の国の紋章（以下「外国紋章」という。）」

　本項により使用等が禁止されるのは、1項の経済産業省令で定める外国の国の紋章（外国紋章）である。外国紋章とは，紋形を中心とした外国国家の象徴的図形であり，具体的には旗省令2条（同省令別表第二）により定められている。例えばスイスの外国紋章は盾型の輪郭の中央部に縦横の長さが同一の白十字が記載され，白十字の周囲が赤地のものである。

　本項はパリ条約6条の3第9項による要請に従って定められたものであり，禁止の対象が外国紋章に限定され，外国紋章と類似の紋章には適用されない。外国紋章は外国の威信・権威が化体しており，原産地や品質等の誤認を生ぜしめることがあるから，外国紋章に限り商標として使用するものでなくても取引において外国紋章を使用させないとした点において，外国紋章の保護を拡張したもの[29]である。

2.4 「使用し」

本条の保護法益が外国の威信・権威の保護であることおよび法文上特に限定されていないことからすれば，本条における使用とは，商品または役務に関連する利用行為一般を指すと考えられる。この点については2条1項1号と同様であり，詳細は2条1項1号の解説を参照されたい。

本項が外国紋章に限り「商標として使用」していなくても商品の原産地を誤認させるような使用の場合に保護を拡張したものであることは前述した。

2.5 「外国紋章を使用した商品を譲渡し、引き渡し、譲渡若しくは引渡しのために展示し、輸出し、輸入し、若しくは電気通信回線を通じて提供」

譲渡等が禁止されるのは、「外国紋章を使用した商品」である。「外国紋章を使用した商品」とは、外国紋章が付された商品をいう。商品の包装に外国紋章が付されている場合も，取引過程において外国紋章が商品に直接使用されている以上，「外国紋章を使用した商品」に含まれる。

前述のとおり，本項は，外国紋章に限り商標として使用するものでなくても取引において外国紋章を使用させないことで外国紋章の保護を拡張したものであるから，「商標として」との定めは置かれていない。

禁止される行為態様（譲渡，引渡し，譲渡もしくは引渡しのための展示，輸出，輸入，電気通信回線を通じての提供）は2条1項1号と同様であり，詳細は2条1項1号の解説を参照されたい。

2.6 「外国紋章を使用して役務を提供」

「外国紋章を使用して役務を提供」とは，外国紋章の利用行為一般により役務を提供することをいう。例えばレストランが外国紋章の記載のある食器を用いて飲食物を提供する行為などがあげられる。

2.7 ただし書

「その外国紋章の使用の許可を行う権限を有する外国の官庁の許可を受けたとき」は、本項本文に規定する態様で外国紋章を使用することは許される。

724 第3章 国際約束に基づく禁止行為

「外国紋章の使用の許可」とは，外国の官庁が外国紋章の使用を許可することをいう。外国の官庁が外国紋章の使用を許可するならば，外国の威信・権威や国民の名誉感情の侵害を考慮する必要がないからである。

本条1項で「使用の許可（許可に類する行政処分を含む。以下同じ。）」と定められているため，本項における使用の許可にも許可に類する行政処分を含む[30]。

なお，旧法4条4項は，日本国の紋章等で日本の所轄官庁より使用の許可を受けた者はその紋章等が外国の紋章等と同一または類似のものであっても使用することができる旨定めていたが，国境を超えた経済活動が活発になっている今日，外国の紋章等と混同を招くような紋章を我が国の紋章等として使用していたり，また民間事業者に使用の許可を与えたりすることは我が国の国際的使用の確保という観点から見て妥当でないとして，平成5年改正時には旧法4条4項に相当する規定は設けないこととされた[31]。

3　3項

3.1「外国の政府若しくは地方公共団体の監督用若しくは証明用の印章若しくは記号であって経済産業省令で定めるもの（以下「外国政府等記号」という。）」

本項により保護の対象となるのは，外国の政府もしくは地方公共団体の監督用もしくは証明用の印章もしくは記号であって経済産業省令で定めるもの（外国政府等記号）である。本項はパリ条約6条の3第1項(a)及び第2項の要請によるものであるが，パリ条約では同盟国が採用しているものに限っているのに対し（ボーデンハウゼン・注解パリ条約89頁），本項では外国の地方公共団体の印象または記号も対象となる（小野・新・注解3版下巻1211頁〔茶園成樹〕）。外国政府等記号は，商品または役務の等級・質・用途等を保証ないし証明する機能を有する[32]。外国政府等記号はバター，チーズ，肉などの生産物や貴金属を特産品とする国（例えばオランダにおけるチーズなどがあげられる）において刻印を施す等の方法で用いられており[33]，具体的には，旗省令3条（同省令別表第三）により定められている。

なお外国政府等記号は商標法4条1項5号において商標の不登録事由として，同法46条1項1号および同項6号において商標登録の無効事由としてそ

れぞれ定められている。

「印章」とは印影を指す[34]。

「記号」とは，商標法2条1項における標章の構成要素としての記号（狭義）ではなく，文字，図形，狭義の記号またはその結合である記号（広義）をいう[35]。

「監督用若しくは証明用」とは、外国の政府もしくは地方公共団体が商品または役務の等級・質・用途等を保証ないし証明するために用いるものであることをいう。

3.2 「外国政府等記号……と同一若しくは類似のもの（以下「外国政府等記類似記号」という。）」

本項により使用等が禁止されるのは、外国政府等記号と同一もしくは類似のもの（外国政府等記類似記号）である。

外国政府等記号との類否は，1項の外国国旗等類似記章における類否と同様に解される[36]。すなわち類否の判断に当たっては，外形的観察による類似のみ考慮すれば足りる。外国政府等の監督または証明の権威が損なわれるおそれや需要者が害されるおそれがあるか否かが具体的な考慮要素となる。

3.3 「その外国政府等記号が用いられている商品若しくは役務と同一若しくは類似の商品若しくは役務の商標として使用し」

本項により禁止される行為の1つは、「その外国政府等類似記号が用いられている商品若しくは役務と同一若しくは類似の商品若しくは役務の商標として使用」する行為である。パリ条約6条の3第2項も同趣旨を定める[37]。

外国政府等類似記号が，外国政府等記号が用いられている商品もしくは役務と非類似の商品もしくは役務の商標として使用されたときは，本項は適用されない（例えばチーズに用いられている外国政府等類似記号が運動用具に用いられた場合[38] などがあげられる）。外国政府等類似記号が非類似の商品・役務に用いられても外国政府等の監督または証明の権威が損なわれるおそれがなく，需要者が害されることも考えられないからである[39]。

したがって，本項にいう「同一若しくは類似の商品若しくは役務」は，需要者において外国政府等が監督しまたは証明したとの誤認が生じるかどうかを標準として判断すべきである[40]。

726　第3章　国際約束に基づく禁止行為

3.4 「外国政府等類似記号を当該商標として使用した商品を譲渡し、引き渡し、譲渡若しくは引渡しのために展示し、輸出し、輸入し、若しくは電気通信回線を通じて提供し」

　本項により禁止される行為の1つは、「外国政府等類似記号を当該商標として使用した商品を譲渡し、引き渡し、譲渡若しくは引渡しのために展示し、輸出し、輸入し、若しくは電気通信回線を通じて提供」する行為である。禁止される行為態様（譲渡，引渡し，譲渡もしくは引渡しのための展示，輸出，輸入，電気通信回線を通じての提供）は2条1項1号と同様であり，詳細は2条1項1号の解説を参照されたい。

3.5　ただし書

　「その外国政府等類似記号の使用の許可を行う権限を有する外国の官庁の許可を受けたとき」は、本項本文に規定する態様で外国政府等類似記号を使用することは許される。

　「外国政府等類似記号の使用の許可」とは，外国の官庁が外国政府等類似記号の使用を許可することをいう。外国の官庁が許可するならば，外国の威信・権威や国民の名誉感情の侵害を考慮する必要がないからである。

　本条1項で「使用の許可（許可に類する行政処分を含む。以下同じ。）」と定められているため，本項における使用の許可にも許可に類する行政処分を含む[41]。

【注】
1)　小野・新・注解3版下巻1210頁〔茶園成樹〕，山本・要説4版351頁。
2)　小野・新・注解3版下巻1204頁〔茶園成樹〕
3)　小野・新・注解3版下巻1204頁〔茶園成樹〕，小野・松村・概説3版下巻338頁。
4)　小野・新・注解3版下巻1212頁〔茶園成樹〕
5)　小野・新・注解3版下巻1212頁〔茶園成樹〕，小野・松村・概説3版下巻342頁。
6)　小野・新・注解3版下巻1206頁〔茶園成樹〕
7)　小野・新・注解3版下巻1206頁〔茶園成樹〕
8)　小野・新・注解3版下巻1206頁〔茶園成樹〕
9)　小野・松村・概説3版下巻339頁
10)　令和6年10月現在，経済産業省のウェブサイト（http://www.meti.go.jp/policy/economy/chizai/chiteki/hatashourei.html）に旗省令が定める別表が掲載

16条 3 項　外国の国旗等の商業上の使用禁止　727

されている（平成21年経済産業省令63号までが反映された別表（法務省編『現行日本法規39　産業通則(1)　企業独占禁止』（ぎょうせい）より抜粋）とその後の官報がそれぞれ掲載される形式をとっている）。

11)　経産省・逐条解説（令和 5 年改正版）226頁

12)　小野・新・注解 3 版下巻1208頁〔茶園成樹〕，小野・松村・概説 3 版下巻339頁，山本・要説 4 版351頁

13)　石居天平「外国国旗の商業的なデザイン使用時における不正競争防止法第16条第 1 項該当性に関する検討」日本知財学会誌17巻 1 号44頁以下（2020）

14)　小野・新・注解 3 版下巻1208頁〔茶園成樹〕，後藤晴男『パリ条約講話』〔第13版〕378頁（発明協会，2007）

15)　ボーデンハウゼン『注解パリ条約』89頁（AIPPI日本部会，1968）

16)　石居・前掲注13）49頁は，商標法 4 条 1 項 1 号の類似性を分析し，審決例が紋章学的な判断基準にも沿っているとする。

17)　小野=松村・概説 3 版下巻340頁は「外観のみを標準とするということについては通常の外観類似の判断方法でなく，外観の考察を紋章学的に行うということになろう」とする。

18)　小野・新・注解 3 版下巻1210頁〔茶園成樹〕

19)　経産省・逐条解説（令和 5 年改正版）225頁，および経産省のウェブサイトhttps://www.meti.go.jp/policy/economy/chizai/chiteki/hatashourei.html

20)　http://www.meti.go.jp/policy/economy/chizai/chiteki/hatashourei.html

21)　石居・前掲注13）54頁以下

22)　石居・前掲注13）54頁以下

23)　https://www.jetro.go.jp/biznews/2022/09/83f1858c1a4f6b9f.html

24)　小野・新・注解 3 版下巻1212頁〔茶園成樹〕

25)　青木博通「国旗と知的財産法—国旗の商標登録・使用はどこまで可能か？」CIPICジャーナル192号33頁（2009）

26)　2 条 1 項20号における「原産地」の意義につき，経産省・逐条解説（平成30年改正版）143頁。なお，原石ベルギーダイヤ事件・東京高判昭53・5・23刑月10巻 4 = 5 号857頁〔27486092〕は，「天然の産物であつてもダイヤモンドのように加工のいかんによつて商品価値が大きく左右されるものについては，その加工地が一般に『原産地』と言われている」として，加工地が原産地となりうることを認めている。

27)　2 条 1 項20号における「誤認」の判断基準につき，小野=松村・概説 3 版下巻401頁，知的財産裁判実務研究会編『知的財産訴訟の実務』〔改訂版〕227頁〔大竹〕（法曹会，2014）

28)　小野・新・注解 3 版下巻1210頁〔茶園成樹〕

29)　後藤・前掲注14）389頁

30)　小野・新・注解 3 版下巻1212頁〔茶園成樹〕

31)　経産省・逐条解説（令和 5 年改正版）226頁，小野・新・注解 3 版下巻1212頁

728　第3章　国際約束に基づく禁止行為

〔茶園成樹〕

32)　小野編・注解商標法〔新版〕上巻208頁〔小野昌延・樋口豊治〕，小野＝三山編・新・注解商標法上巻282頁〔小野昌延・井関涼子〕，後藤・前掲注14）386頁，ボーデンハウゼン・前掲注15）89頁。

33)　経産省・逐条解説（令和5年改正版）225頁

34)　小野・新・注解3版下巻1210頁〔茶園成樹〕，小野＝松村・概説3版下巻341頁。

35)　小野・新・注解3版下巻1210頁〔茶園成樹〕，小野＝松村・概説3版下巻341頁。

36)　小野・新・注解3版下巻1211頁〔茶園成樹〕

37)　ボーデンハウゼン・前掲注15）92頁

38)　後藤・前掲注14）386頁

39)　小野・新・注解3版下巻1211頁〔茶園成樹〕，小野＝松村・概説3版下巻341頁。

40)　小野・新・注解3版下巻1211頁〔茶園成樹〕

41)　小野・新・注解3版下巻1212頁〔茶園成樹〕

〔杉山　一郎〕

（国際機関の標章の商業上の使用禁止）

17条　何人も，その国際機関（政府間の国際機関及びこれに準ずるものとして経済産業省令で定める国際機関をいう。以下この条において同じ。）と関係があると誤認させるような方法で，国際機関を表示する標章であって経済産業省令で定めるものと同一若しくは類似のもの（以下「国際機関類似標章」という。）を商標として使用し，又は国際機関類似標章を商標として使用した商品を譲渡し，引き渡し，譲渡若しくは引渡しのために展示し，輸出し，輸入し，若しくは電気通信回線を通じて提供し，若しくは国際機関類似標章を商標として使用して役務を提供してはならない。ただし，この国際機関の許可を受けたときは，この限りでない。

趣　　旨

　本条は，国際機関の威信を保護するため，当該国際機関の許可を得ない限り，当該国際機関と関係があると誤認させるような方法で国際機関類似標章を商標的に使用することを禁ずる規定である。

　本条は，工業所有権の保護に関するパリ条約（以下「パリ条約」という）

6条の3第1項(b)に対応するために設けられた，平成5年改正前不正競争防止法（昭和9年法律14号）4条の2を引き継いだ[1]規定であるが，平成5年の全面改正により，非同盟国のみが加入している政府間国際機関を含めた点，および民間国際機関の役割の重要性に鑑み民間国際機関の標章も保護することとなった点で，パリ条約よりも保護範囲が広くなった[2]。

また，本条は，国際機関と関係があると誤認させるような方法での商標的使用に限定されているが，パリ条約6条の3第1項(c)に対応するものである。ただし，パリ条約は商標だけに関するものであるのに対し，不正競争防止法における商標が商標法2条1項に規定する商標であるため（2条2項），本条における商標の使用には，サービスマークとしての使用も含まれる[3]。

本条に違反したときは，5年以下の懲役もしくは500万円以下の罰金に処し，またはこれを併科すると定められ（21条3項7号），法人に対しては3億円以下の罰金刑が定められているが（22条1項3号），16条と同様に本条に基づいて差止請求や損害賠償請求を行うことはできない。もちろん，国際機関類似標章の使用が本条だけでなく2条1項各号の不正競争にも該当する場合は，同号に基づく差止請求および損害賠償請求をなしうる。

なお国際機関類似標章は商標としても登録できない（商標法4条1項3号）。

解　説

1.1 「国際機関（政府間の国際機関及びこれに準ずるものとして経済産業省令で定める国際機関）」

国際機関は政府間国際機関だけでなく民間国際機関も含む。

本条の経済産業省令とは，「不正競争防止法第16条第1項及び第3項並びに第17条に規定する外国の国旗又は国の紋章その他の記章及び外国の政府若しくは地方公共団体の監督用若しくは証明用の印章又は記号並びに国際機関及び国際機関を表示する標章を定める省令」（平成6年通商産業省令36号。以下「旗省令」という）を指し，本条の「国際機関」については同省令4条（同省令別表4）により定められている[4]。同省令で定められている政府間国際機関の具体例として，国際連合（UN）や世界貿易機関（WTO），世界知的所有権機関（WIPO），国際連合児童基金（unicef）などの標章が，民間

730 第3章 国際約束に基づく禁止行為

国際機関の具体例として，国際オリンピック委員会（IOC）の標章があげられる。

1.2 「と関係があると誤認させるような方法で」

　国際機関類似標章の使用等が禁止されるのは，上記国際機関「と関係があると誤認させるような方法で」なされる場合である。「当該国際機関と当該紋章，旗章，記章，略称若しくは名称との間に関係があると公衆に暗示するようなものでない場合又は当該使用者と当該国際機関との間に関係があると公衆に誤つて信じさせるようなものと認められない場合」には，国際機関類似標章の使用等の禁止を要しない旨を定めるパリ条約6条の3第1項(c)を受けてのものである。国の記章の場合にはこのような限定がない（16条）。国の記章とは異なってこのような限定がなされた理由について，小野・新・注解3版下巻1218頁〔茶園成樹〕は，国際機関は国家と異なり活動領域が限られていること，国際機関を表示する標章，とりわけ外国語による略称は一般人にそのようなものと認識されないことをあげる。この指摘は一般論としてはそのとおりであるが，現在活動状況が世界情勢に影響を与える国際機関もあり，国際機関を表示する外国語による略称によっては一般人への周知性の程度が高いものもある。例えば輸入制限についてWTOへの提訴ということが広く報道されるうえ（しかも外国語の略称として報道されることも多い），WTOの決定は世界経済に影響を与えるものである。このことからすれば，本条で保護範囲を制限している理由は単にパリ条約6条の3第1項(c)の要請に従ったからであると考えられる（なおボーデンハウゼン『注解パリ条約』91頁以下でもパリ条約6条の3第1項(c)で国と国際機関とで規律を異にする積極的な理由は明らかにされていない）。

　以上のとおり本条がパリ条約の要請に従って設けられたものである以上，本条における上記国際機関「と関係があると誤認させるような方法で」とは，パリ条約が定める例外，すなわち国際機関と関係があると公衆に暗示する場合，または使用者と国際機関との間に関係があると公衆に誤信させる場合を指すと考えられる。そのため打消表示があれば国際機関と関係があると公衆に暗示することにはならない[5]。

　「誤認させる」対象すなわち誤認の主体が誰であるのかは争いがありうる。パリ条約6条の3第1項(c)は，「当該国際機関と当該紋章，旗章，記章，略

称若しくは名称との間に関係があると公衆に暗示するようなものでない場合」「当該使用者と当該国際機関との間に関係があると公衆に誤つて信じさせるようなものと認められない場合」を保護対象の範囲外としていることからすれば，本条における誤認の主体はパリ条約が定める主体である「公衆」，すなわち一般人である。

また，誤認させるような方法か否かは，国際機関が活動する分野と国際機関類似標章が使用された商品・役務との関係をふまえ[6]，全体的に見て，誤認させる方法か否かを判断すべきである。

1.3 「国際機関を表示する標章であって経済産業省令で定めるものと同一若しくは類似のもの（以下「国際機関類似標章」という。）」

本条により商標としての使用等が禁止されるのは，「国際機関を表示する標章であって経済産業省令で定めるものと同一若しくは類似のもの」（国際機関類似標章）である。

1.3.1 「国際機関を表示する標章であって経済産業省令で定めるもの」

「標章」とは，商標法2条1項に規定する標章（2条3項），すなわち「人の知覚によつて認識することができるもののうち，文字，図形，記号，立体的形状若しくは色彩又はこれらの結合，音その他政令で定めるもの」をいう。詳細は2条3項の解説を参照されたい。紋章等を保護対象とする16条とは異なり，名称や略称も含まれる[7]。

本条による保護の対象となるのは，上記標章のうち，上記国際機関を表示するものであって，かつ，経済産業省令に定めるものである。具体的には，旗省令4条（同省令別表4）により定められている。

1.3.2 「と同一若しくは類似のもの（以下「国際機関類似標章」という。）」

商標としての使用等がなされた標章が図形，立体的形状，もしくは色彩またはこれらの結合のみで成り立っている場合には，上記国際機関を表示する標章との同一性ないし類似性は，16条と同様に外形的観察で足りるが，文字，記号等が含まれている場合には，外観のみではなく，称呼や観念についても考察する必要がある[8]。

1.4 「商標として使用」

　本条により禁止される行為の1つは，国際機関類似標章を「商標として使用」する行為である。国際機関類似標章の商標的使用に当たらない場合を除く旨を定めたものである。

　ここで「商標」とは，商標法2条1項に規定する商標，すなわち標章であって，①業として商品を生産し，証明し，または譲渡する者がその商品について使用をするもの，または②業として役務を提供し，または証明する者がその役務について使用をするもの（①に掲げるものを除く）をいう（2条2項）。詳細は2条2項の解説を参照されたい。

　また「使用」とは，2条1項1号の「使用」と同じく，商品または役務について用いることをいい，誤認混同を生じさせる行為であれば広く解すべきである。詳細は2条1項1号の解説を参照されたい。

　国際機関類似標章が自他識別機能や出所表示機能を果たす態様で用いられていない場合には，商標的使用ではなく，本条による禁止の対象とはならない[9]。国際機関類似標章が専ら商品の装飾的効果ないし意匠的効果を目的として用いられた場合（国際機関類似標章が印刷されたジオラマ用のデカール等が考えられる）等には商標的使用には当たらないと考えられる[10]。

1.5 「国際機関類似標章を商標として使用した商品を譲渡し，引き渡し，譲渡若しくは引渡しのために展示し，輸出し，輸入し，若しくは電気通信回線を通じて提供」

　本条により禁止される行為の1つは，「国際機関類似標章を商標として使用した商品」を「譲渡し，引き渡し，譲渡若しくは引渡しのために展示し，輸出し，輸入し，若しくは電気通信回線を通じて提供」する行為である。

　「国際機関類似標章を商標として使用した商品」とは，国際機関類似標章が商標的に使用された商品をいう。例えば，著名なサッカークラブと国際連合児童基金（unicef）のタイアップ商品として当該サッカークラブのTシャツやマグカップなどにunicefのロゴが表示されたことがあるが，このタイアップ商品が具体例としてあげられよう。

　禁止される行為態様（譲渡，引渡し，譲渡もしくは引渡しのための展示，輸出，輸入，電気通信回線を通じての提供）は2条1項1号と同様であり，

17条　国際機関の標章の商業上の使用禁止　　733

詳細は2条1項1号の解説を参照されたい。

1.6　「国際機関類似標章を商標として使用して役務を提供」

「国際機関類似標章を商標として使用して役務を提供」とは，国際機関類似標章を商標的に使用して役務を提供することをいう。例えば，国際機関類似標章が表示された車両により物品の運送作業を行うこと等が考えられる。

1.7　ただし書

国際機関類似標章の使用について当該国際機関から許可を受けたときは，禁止行為から除外される。

1.7.1　国際機関類似標章の使用の許可

「国際機関類似標章の使用の許可」とは，国際機関が国際機関類似標章の使用を許可することをいう。国際機関が許可するならば，国際機関の威信の保護を考慮する必要がないからである。例えば前述のサッカークラブのユニフォームにはunicef（国際連合児童基金）のロゴが表示されたことがあるが，unicefの使用の許可によるものと考えられる[11]。

なお，16条1項で「使用の許可（許可に類する行政処分を含む。以下同じ。）」と定められているため，本条における使用の許可にも許可に類する行政処分を含む[12]。許可に類する行政処分については16条1項の解説を参照されたい。

【注】
1）　小野・新・注解3版下巻1215頁〔茶園成樹〕
2）　経産省・逐条解説（令和5年改正版）228頁，小野・新・注解3版下巻1215頁〔茶園成樹〕，小野・松村・概説3版下巻342頁，山本・要説4版353頁。
3）　小野・新・注解3版下巻1215頁〔茶園成樹〕
4）　令和6年10月現在，経済産業省のウェブサイト（http://www.meti.go.jp/policy/economy/chizai/chiteki/hatashourei.html）に同省令が定める別表が掲載されている。
5）　小野・新・注解3版下巻1210頁〔茶園成樹〕は，国の紋章等について，国際機関の紋章等と異なり，国との関係の暗示の有無を考慮することができず，打消表示によって暗示が生じないことを理由に適用を否定することは許されないとする。

6) 小野・新・注解3版下巻1218頁〔茶園成樹〕
7) 例えば「国際連合」という国際機関については,「国際連合」「The Unites Nations」という名称の他,「国連」「UN」という略称のほか,以下のような絵柄がこれに当たる。

8) 小野・新・注解3版下巻1217頁-1218頁〔茶園成樹〕,山本・要説4版354頁−355頁。
9) 商標的使用については多数の文献があるが,榎戸道也「商標としての使用」,牧野利秋=飯村敏明編『新・裁判実務体系4 知的財産関係訴訟法』401頁以下(青林書院,2001),荒井章光「商標権侵害を阻却する事由」髙部眞規子編『著作権・商標・不競法関係訴訟の実務』〔第2版〕271頁以下(商事法務,2018)をあげておく。
10) 石居天平「外国国旗の商業的なデザイン使用時における不正競争防止法第16条第1項該当性に関する検討」日本知財学会誌17巻1号51頁(2020)は,16条に関してであるが,実物を模した商品等で,再現目的で国旗のデザインが用いられている場合には商標的使用に当たらないとする。
11) www.unicef.or.jp/partner/barca/partnership.html
12) 小野・新・注解3版下巻1218頁〔茶園成樹〕

〔杉山 一郎〕

18条　外国公務員等に対する不正の利益の供与等の禁止　　735

（外国公務員等に対する不正の利益の供与等の禁止）
18条　何人も，外国公務員等に対し，国際的な商取引に関して営業上の不正の利益を得るために，その外国公務員等に，その職務に関する行為をさせ若しくはさせないこと，又はその地位を利用して他の外国公務員等にその職務に関する行為をさせ若しくはさせないようにあっせんをさせることを目的として，金銭その他の利益を供与し，又はその申込み若しくは約束をしてはならない。
2　前項において「外国公務員等」とは，次に掲げる者をいう。
　一　外国の政府又は地方公共団体の公務に従事する者
　二　公共の利益に関する特定の事務を行うために外国の特別の法令により設立されたものの事務に従事する者
　三　一又は二以上の外国の政府又は地方公共団体により，発行済株式のうち議決権のある株式の総数若しくは出資の金額の総額の100分の50を超える当該株式の数若しくは出資の金額を直接に所有され，又は役員（取締役，監査役，理事，監事及び清算人並びにこれら以外の者で事業の経営に従事しているものをいう。）の過半数を任命され若しくは指名されている事業者であって，その事業の遂行に当たり，外国の政府又は地方公共団体から特に権益を付与されているものの事務に従事する者その他これに準ずる者として政令で定める者
　四　国際機関（政府又は政府間の国際機関によって構成される国際機関をいう。次号において同じ。）の公務に従事する者
　五　外国の政府若しくは地方公共団体又は国際機関の権限に属する事務であって，これらの機関から委任されたものに従事する者

趣　　旨

1　本条の趣旨

　本条は，平成10年5月に国会が承認した「国際商取引における外国公務員に対する贈賄の防止に関する条約」（平成11年条約2号。以下，「贈賄防止条約」という[1]）を実施するため，平成10年改正により新設された規定である（平成10年法律111号，平成11年2月15日施行）。
　贈賄防止条約成立の経緯は，昭和52年（1977年）に海外腐敗行為防止法（Foreign Corrupt Practices Act）を施行し世界で唯一外国公務員への贈賄を処罰していた米国が，国際競争力をそがれる事態を打破するために，他国にも同様の処罰規定を持たせて競争条件を同等にしようとの意図から，OECDに働きかけて成立させたものであった[2]。条約実施状況はOECD贈賄作業部会が監視しており，わが国に対しては処罰強化を求める是正勧告が繰

736　第3章　国際約束に基づく禁止行為

り返されている。わが国の高い国際競争力からすれば，他の締約国が自国の国際競争力を確保するために，この動きは続くはずである。

　贈賄防止条約の内容は，外国公務員に対する贈賄の正犯および共犯処罰，実効的刑罰，法人に対する制裁，贈賄により生じた不当な利益の没収等，民事上または行政上の制裁，裁判権，捜査，訴追，時効，資金洗浄，事業主の会計処理，締約国間での法律上の相互援助，犯罪人引渡，作業部会によるフォローアップなどである。

　贈賄防止条約の目的は，国際的な商取引における外国公務員に対する贈賄が，深刻な同義的，政治的問題を引き起こし，良い統治と経済発展を阻害し，ならびに国際的な競争条件を歪めていることから，外国公務員への贈賄を国際的に統一した形で犯罪化することで，抜け道を防ぎ，贈賄とその弊害を抑制しようとするものである[3]。よって，贈賄防止条約の国内実施法である本条の保護法益は，国際商取引の健全な発展である[4]。

　不正競争防止法において本条はかなり異質な存在である。同法の最終目的は「国民」経済の健全な発展であるが（1条），本条の保護法益である国際商取引の健全な発展はこれからはみ出るうえに，同法は知的財産権保護の一翼を担うものであるが，本条は知的財産とは無関係である。贈賄防止条約の実施を不正競争防止法で対応したのはわが国だけであり，他の締約国は刑法か刑法の特別法で対応している[5]。

2　刑法の賄賂罪との比較

　本条と刑法の賄賂罪はかなりの点で異なる。本条の保護法益は国際商取引の健全な発展であるが，刑法の賄賂罪（刑法197条～198条）の保護法益は，わが国の「公務の公正およびそれに対する社会一般の信頼」[6]であり，本質的な差異がある。収賄する外国公務員等は，不正競争防止法では処罰されない。

　また，本条と刑法の贈賄罪（同法198条）とを対比すると，後述のとおり，贈賄対象である公務員等の概念自体が異なるし，本条は単純収賄罪（同法197条1項1文）およびあっせん収賄罪（同法197条の4）に対応する贈賄行為を取り締まるだけであって，事前収賄（同法197条2項），事後収賄（同法197条の3第3項），第三者供賄罪（同法197条の2，なお，後記【解説】1.3を参照のこと）に対応する贈賄行為は処罰されない。また，あっせんについ

ては，あっせん収賄罪（同法197条の4）の要件である「請託」，作為につき「不正」および不作為につき「相当」が規定されていない。

3　改正の経過

　本条新設後の改正の経過は，贈賄防止条約の実効力を高める方向，つまり贈賄に対する制裁を強化する方向にある。背景には，OECDの贈賄作業部会による勧告がある。

　平成13年に，犯罪構成要件を他の締約国と揃えるために，日本独自の適用除外規定（平成13年改正前10条の2第3項）が削除され，代わりに本条1項に「国際的な商取引に関して」の要件が追加された（後記【解説】1.4参照）。また，外国公務員等の定義（同10条の2第2項3号）が拡大され，「不正競争防止法第11条第2項第3号の外国公務員等で政令で定める者を定める政令」（平成13年政令388号）（平成30年9月7日から「不正競争防止法施行令」に名称が変更された）が制定された。（平成13年法律81号。同年12月25日施行）

　平成16年には，14条（現行21条）の改正により場所的適用範囲が拡大され，従来の属地主義に加えて，日本国民の国外犯も処罰されることになった（平成16年法律51号。平成17年1月1日施行）。

　平成17年には，法定刑が重くなり，これまでの3年以下の懲役または300万円以下の罰金から，5年以下の懲役または500万円以下の罰金とされ，懲役刑と罰金刑を併科できることになった（平成17年法律75号。同年11月1日施行）。

　平成18年には，22条3項が追加され，刑事訴訟法上罰金の公訴時効期間は3年であるところ，22条1項（法人に対する両罰規定）の罰金刑が科される場合の公訴時効期間を5年に延長した（平成18年法律55号。平成19年1月1日施行）。

　令和元年にOECDの贈賄作業部会がわが国に対して実施した第4フェーズ審査において，①自然人に対する制裁の強化，②法人に対する制裁の強化，③公訴時効の期間延長ないし停止，④法人に対する適用管轄の拡大（国外犯処罰）について，早急に法制の見直しを求める4つの優先勧告がなされた[7]。これを受けて，令和5年の改正により，個人については21条4項4号が設けられ，従来の5年以下の懲役または500万円以下の罰金（併科可能）

738　第3章　国際約束に基づく禁止行為

が，10年以下の懲役または3000万円以下の罰金（併科可能）に強化され，法人については22条1項1号により，従来の3億円以下の罰金から10億円以下の罰金へと厳罰化した。これにより，公訴時効期間は，個人および法人ともに従来の5年から7年に延長した（刑事訴訟法250条2項4号，不正競争防止法22条1項）。罰金については日本の刑事法制での最高額になり，懲役刑についても日本の経済犯罪の最長期間であるから，極めて重い。また，21条11項が新設され，日本法人の外国人役職員等が海外で単独で行った贈賄が，従来は不処罰であったところ処罰されることになり，同時に，22条1項の両罰規定により当該日本法人も処罰されることになった（令和5年法律51号。令和6年4月1日施行）。

4　罰則等

違反行為には罰則があり，前記のとおり令和6年4月1日から厳罰化し，10年以下の懲役もしくは3000万円以下の罰金，または両者が併科される（21条4項4号，同条11項）。また，事業主の業務に関する違反行為については，行為者のみならず事業主をも処罰する両罰規定があり，法人の事業主には10億円以下の罰金が科され（22条1項1号），個人の事業主には3000万円以下の罰金が科される（22条1項柱書，21条4項4号）。

平成30年6月，刑事訴訟法改正により司法取引制度（合意制度）が導入されたことから，本条違反が処罰される可能性は高まっている。後述のタイ公務員贈賄事件（後記【解説】3.5）は司法取引制度の初の適用事例である。司法取引制度とは，「特定犯罪」の被疑者被告人と検察官との間で，被疑者被告人が他人の刑事事件について証拠提供等の協力をし，検察官が不起訴処分等することに合意する制度であり（刑事訴訟法350条の2以下），この「特定犯罪」には不正競争防止法に定める罪も含まれる（刑事訴訟法第352条の2第2項第3号の罪を定める政令30号）。経済産業省の「外国公務員贈賄防止指針」は，企業に司法取引制度の検討を推奨している[8]。贈賄により利益を得た会社が司法取引をすることにより，私利を図ったわけでもない役職員が処罰されるリスクが高まった。社内教育によって，かかるリスクを周知徹底することにより，贈賄に対する強い心理的歯止めとして機能することが期待される。他方で，被疑者被告人となった役職員と検察との司法取引もありえ，公益通報者保護法により，役職員が本条項違反を行政機関等に通報した

場合には保護されることから[9]，会社に対するけん制効果も期待される。前記OECD贈賄作業部会の第4フェーズ審査による勧告では，公益通報者保護の強化が求められている[10]。

なお，本条違反の贈賄行為に対しては，不正競争防止法以外の制裁もある。当該国の刑罰等の制裁はもとより，米国海外腐敗行為防止法（FCPA）等の第三国の法令による制裁[11]，供与した賄賂の没収（組織的な犯罪の処罰及び犯罪収益の規制等に関する法律13条1項，2条2項3号ロ），賄賂を損金または必要経費に算入した場合には法人税法55条5項，所得税法45条2項に違反することから税法違反の刑事罰，会計上の規制による民事的，行政的または刑事的措置，ODAに関わる贈賄に対しては独立行政法人国際協力機構（JICA）の事業および資金協力事業からの排除[12]，地方公共団体等の指名競争入札からの排除等がある。二次的には，会社の清算，取締役の善管注意義務違反による損害賠償責任（会社法350条），解任，役職員個人に対しては退職金不支給，解雇等の厳しい結果が生じうる。

解　説

以下の用語の定義，解釈は，基本的には，経済産業省「外国公務員贈賄防止指針」（平成16年5月26日，最新改定令和6年2月，以下，「経産省指針」という）および同省知的財産政策室編「逐条解説　不正競争防止法」（現在の最新版は令和6年4月1日施行版）の見解に従った。本条にかかる裁判例が乏しい現状では，法案の原案を作成した当局による両書が，インターネット上で公表されて広く参照されていることからしても，実務上の解釈の標準であろう。もっとも，経済産業省の見解には変遷もあり，また，こと犯罪に関わることであり，経産省見解が捜査当局や裁判所の判断を拘束するものではなく，国際的要請は処罰強化であることに，留意する必要がある。

なお，経済産業省の外国公務員贈賄防止にかかるホームページ（https://www.meti.go.jp/policy/external_economy/zouwai/index.html）において，経産省指針，贈賄防止条約本文，その他各種の情報提供がなされている。

740 第3章 国際約束に基づく禁止行為

1 1項

1.1 概要

本条項は，国際的な商取引に関して営業上の不正の利益を得るために行う，外国公務員等の職務に関する作為，不作為，またはあっせん行為を目的とした，利益供与，その申込みまたはその約束を禁止するものであり，違反行為には刑事罰が課される（21条4項4号）。

1.2 「何人も」

行為者に限定はない。国籍も問われていないため，日本国民に限らず，外国人や無国籍者であっても該当する。国外での行為も処罰されうる（1.9, 1.10参照）。令和6年4月1日から，日本国民のみならず外国人役職員等もまた，日本とは無関係に国外で贈賄行為を行う場合に処罰されることになった（21条11項の新設）。

法人も，22条1項の両罰規定により処罰されうる（詳細は22条の解説参照）。外国の法人その他の団体で，日本の株式会社，合名会社，合資会社または合同会社と同種または類似するもの（会社法上の「外国会社」）も，22条1項の「法人」に含まれる（会社法823条）[13]。法人が無過失免責されるには，法人が行為者の選任，監督その他違反行為を防止するために必要な注意を尽したことの証明を要する（両罰規定の過失推定説[14]）。コンプライアンス体制整備は不可欠である。

1.3 「外国公務員等に対し，」

「外国公務員等に対し，」とは，利益の申込み，約束，供与の相手方が，実質的に，外国公務員等であることを言うと解されている。つまり，直接的な相手方は第三者であっても，第三者を介在させて間接的に当該外国公務員等に利益供与等しようとする場合には，「外国公務員等に対し，」に該当することがある[15]。例えば，

① 外国公務員等と第三者の間に共謀がある場合

② 外国公務員等が第三者を収賄の道具として利用する場合

③ 第三者が外国公務員等の親族等であって，実質的に当該外国公務員等

に対する利益供与等と認められる場合

などは，「外国公務員等に対し，」に該当する可能性がある。刑法において
も，上記①②③は第三者供賄罪（刑法197条の２，公務員等がその職務に関
し請託を受けて第三者に対して賄賂の供与等をさせることを罰する犯罪）で
はなく，単純収賄罪あるいは受託収賄罪（同法197条１項）および，これに
対応する贈賄罪の問題になるものと理解されている[16]。

「外国」とは，日本以外の国を意味し，国家として日本が承認していない
国も含まれる。

「外国公務員等」については，本条２項に定義規定がある。詳しくは本条
２項の解説を参照されたい。

1.4 「国際的な商取引に関して」

「国際的な商取引」とは，国境を越えた経済活動にかかる行為をいう。対
外投資も含まれる。「国際的」とは，取引当事者間に渉外性（国境を越えた
関係性）がある場合のみならず，事業活動に渉外性がある場合が含まれる。

本要件は平成13年改正で追加された。改正前は，贈賄側の主たる事務所が
外国公務員等の属する国に存在する場合は，当該国の純粋な国内事件である
として適用から除外されていた（平成13年改正前10条の２第３項）[17]。しか
し，こうした適用除外規定を設けた加盟国は他になく，犯罪構成要件を国際
的に統一するために同規定を削除し，その代わりに本要件を追加して，純粋
な国内商取引を除外した。

1.5 「営業上の不正の利益を得るために，」

1.5.1 「営業上の不正の利益」の意義

「営業上の不正の利益」は，贈賄防止条約１条１項の「商取引または他の
不当な利益（business or other improper advantage）」を取り込んだもので
あり，不正競争防止法の他の条項で使用されていない用語ではあるが，同法
に「営業上の利益」，「不正の利益」は頻出しており，これらと同義と理解さ
れる。

「営業」とは，単に営利を直接に目的として行われる事業に限らず，経済
収支上の計算に立って行われる事業一般を広く含む。「営業上の利益」とは，
事業者がかかる「営業」を遂行していくうえで得られる有形無形の経済的価

値その他の利益一般をいう。

「不正の利益」とは，法令，公序良俗または信義則に反するような形で得られる利益をいう。当該国の判例法や成文の法令において認められまたは要求されていた利益供与によって営業上の利益を得ても，当該国では合法に得た利益であるから，該当しない。贈賄防止条約の注釈1条8号では，「It is not an offence, however, if the advantage was permitted or required by the written law or regulation of the foreign public official's country, including case law.（外国公務員の国の判例法や成文の法令において認められ又は要求されていた利益については，犯罪とはならない。）」とされており，令和元年に行われたOECD贈賄作業部会の第4フェーズ審査による勧告では，この注釈1条8号を経産省指針に正確に反映するように求められた。

贈賄防止条約1条1項は「国際商取引において商取引又は他の不当な利益を取得し又は維持するために」と定めることから，純粋に私生活上の利益であれば「営業上の不正の利益」に該当しないと考えられる。例えば，現地の私生活に必要な日常の食糧を調達するための便宜や，子弟が外国の学校へ入学することなどである。ただし，現地法に違反するおそれがある。

1.5.2 「small facilitation payments」の位置付け

途上国などで通常の行政サービスを円滑に受けるために支払われる少額の支払い（small facilitation payments, スモール・ファシリテーション・ペイメント）について，贈賄防止条約の注釈1条9号では不処罰との記載があることから[18]，従来は日本法上も不処罰との見解が支配的だった[19]。しかし，不正競争防止法にはスモール・ファシリテーション・ペイメントを不処罰とする明文規定がなく，スモール・ファシリテーション・ペイメントの定義すらない。前記令和元年のOECD贈賄作業部会勧告は，スモール・ファシリテーション・ペイメントの定義明確化を求めるとともに，企業が内部的に支払い禁止措置等をとること，つまりは自粛を推奨するように求めている。経産省見解は，供与等される利益がスモール・ファシリテーション・ペイメントに該当するかどうかではなく，営業上の不正の利益を得る目的の有無の判断に吸収されるとしている[20]。

例えば，通関手続で必要な手続きが済んでいるにもかかわらず手続きを進めないなど，外国公務員等から合理性のない差別的な取扱いにより不利益を

18条1項　外国公務員等に対する不正の利益の供与等の禁止　743

受けている場合に，これを回避する目的で金銭支払い等をなす場合であって
も，法令，公序良俗または信義則に反するような形で利益を得ることになり
うるから，「営業上の不正の利益を得るため」に該当しうる。外国公務員等
からの利益供与の要求に応じれば，日本人は金払いが良いとして継続的に
ターゲットにされるおそれがあり，拒絶するのが原則である。国によって
は，頻繁に起こる問題であるから，企業は対応マニュアルを準備する必要が
あろう。

1.5.3　社会的儀礼の位置付け

　不正な利益獲得を目的としない通常の社会的儀礼の範囲内での接待，贈答
であれば，「不正の利益を得るために」に当たらないとして除外される余地
はある。しかし，該当性判断は，外国公務員等の職務の内容，地位，外国公
務員等の職務と利益供与者との関係，利益の種類・多寡，利益供与の状況・
経緯，当該外国公務員等の属する国の社会常識等の，具体的事情から個別的
に行われることになり，最終的には裁判所に委ねられることから，事前判断
は慎重になすべきである。あらかじめ合理的な社内基準を設け，これに基づ
き判断し，記録を残すといったプロセスが，違反行為を予防し，嫌疑が生じ
た場合の反証ないし法人の無過失免責の立証のためにも，望ましい。

　贈賄防止条約や注釈に社会的儀礼に関する明文の限定はなく，また，前記
のとおり，令和元年のOECD贈賄作業部会勧告が，注釈1条8号の正確な反
映を求めるとともに，スモール・ファシリテーション・ペイメントの自粛を
推奨していることから，国際的には抑制の方向にあると理解される。

　刑法の賄賂罪についてみると，社交儀礼であることだけで賄賂性が否定さ
れるものではないとする戦前の判例[21]があるが，前記のとおり保護法益が
異なり，現地では合法であるなどして国際商取引の健全な発展が害されるも
のではないというケースがありうることから，この場合の文言解釈は同じと
は言えない。

1.5.4　寄付の位置付け

　外国公務員等個人に対する寄付は，原則として，「営業上の不正の利益を
得るために」に当たる。また，「外国公務員等に対し」の該当性判断は実質
的になされることから（前記【解説】1.3参照），表面上は非営利団体に対す

744　第3章　国際約束に基づく禁止行為

る寄付であっても，実質的には外国公務員等個人に対する支払いになるとして，該当することがある。例えば，寄付先の役員が外国公務員等の関係者や親族であって，寄付先から外国公務員等に寄付金の還流が想定される場合には，客観的に構成要件に該当し，確定的な故意まではないとしても未必的な故意が成立しうる。

1.6 「その外国公務員等に，その職務に関する行為をさせ若しくはさせないこと，又はその地位を利用して他の外国公務員等にその職務に関する行為をさせ若しくはさせないようにあっせんをさせることを目的として，」

　「職務に関する行為」とは，刑法の「職務に関し」と同様に，当該外国公務員等の職務権限の範囲内にある行為はもちろん，職務と密接に関連する行為をも含むものと理解され，個別具体的事情により判断される。また，「職務上不正な行為をさせる」「相当な行為をさせない」と定めるあっせん収賄罪（刑法197条の4）との文言上の差異からして，職務行為は不正であることを要しない。

　刑法上の職務行為についての判例を見ると，

- 　県衛生部予防課長事務代理が，厚生大臣から県知事に委託された国の行政事務である精神病床整備費の国庫補助金に関する進達事務を，法令上の根拠なく慣習上または事実上，分掌して執行すること[22]
- 　衆議院議員が，自己の所属しない同院の大蔵委員会で審議中の法律案が，関係業者の利益のため廃案，修正されるように，同法律案の審議・表決に当たって自己の意思を表明するとともに，大蔵委員会の委員を含む他の議員に対して説得・勧誘すること[23]

も，職務行為に含まれるとされている。もっとも，刑法の賄賂罪の保護法益はわが国の公務の公正のみならず，それに対する社会一般の信頼であり，信頼が害されるかという観点から職務行為を広く解するのに対して，本条の保護法益である国際商取引の健全な発展は害されないなどとして，職務行為の解釈にずれが生ずる余地はあろう。例えば，外国公務員が異動により職務権限が変わった場合に，異動前の職務に関する行為が含まれるか否かといった問題が考えられる[24]。

　「あっせん」は，あっせん元の外国公務員等の地位を利用して行う場合で

18条1項　外国公務員等に対する不正の利益の供与等の禁止　　745

あれば足り，あっせん行為があっせん元の外国公務員等の権限の範囲内であ
るか否かは要件ではない。

贈賄防止条約の注釈19には，具体例として，「企業の幹部が，政府の上級
公務員に対して，その地位を利用して（当該公務員の権限の範囲外の行動で
あっても）他の公務員に当該企業に対する契約を与えてやるように言っても
らうために，その上級公務員に不正利益を供与すること」と記載されてい
る。

1.7 「金銭その他の利益を」

「金銭その他の利益」とは，贈賄罪（刑法198条）における「賄賂」と同様
に，金銭や財物等の財産上の利益にとどまらず，およそ人の需要・欲望を満
足させるに足りる一切の有形・無形の利益を意味すると理解される。

贈賄防止条約1条は「その他の不当な利益（any undue …… other
advantage）」を要件としているが，本条では「利益」の不当性は要件に
なっておらず，不当性は「営業上の不正の利益を得るため」の要件で判断さ
れるものと解される（前記【解説】1.5参照）。また，刑法の贈賄罪と同様
に，利益と職務行為との間に対価関係を要すると解されるが，これは「その
職務に関する行為をさせ……あっせんをさせることを目的として」の要件に
吸収されると解される。

「金銭その他の利益」の例として，謝礼金，金銭消費貸借契約による金融
の利益，債務の弁済，家屋・建物の無償貸与，接待・供応，担保の提供・保
証といった財産上の利益のほか，異性間の情交，職務上の有利な地位もが該
当しうる。刑法の賄賂罪の判例では，新規公開株式を公開価格で譲渡する場
合にも，確実に値上りが見込まれ，公開価格での取得が極めて困難な場合に
は，賄賂に当たるとしたもの[25]，売買代金が時価相当額であったとしても土
地の売買による換金の利益が賄賂に当たるとしたもの[26]がある。

1.8 「供与し，又はその申込み若しくは約束をしてはならない。」

「供与」，「申込み」および「約束」の意味は，刑法の贈賄罪の用語と同じ
と理解される。

「供与」とは，賄賂として利益を外国公務員等が受け取ることを言い，単
に提供しただけでは足りない。

746 第3章 国際約束に基づく禁止行為

「申込み」とは，外国公務員等に対し，贈賄の申込みであることを認識し
うるような状況のもとで利益の収受を促す行為を言う。認識しうるような状
況があれば外国公務員等が賄賂性や申込みの存在を認識することを要しない
し[27]，外国公務員等がこれに対応する行為を行うことを要しない。例えば，
利益提供を申し出たところ，外国公務員等が趣旨を誤解した場合も該当する
し，これを断った場合にも既遂である。

「約束」とは，贈収賄当事者間の利益の授受についての合意をいう。

供与，申込み，約束の時期は，職務行為の事前事後を問わない[28]。

1.9 場所的適用範囲

本条項は，日本国籍を問わずすべての者の国内犯，日本国民の国外犯，お
よび日本企業の代表者や従業員等である外国人の国外犯に，適用される。な
お，法の場所的適用範囲と捜査権・裁判権の場所的範囲は異なるから，被疑
者や被告人が在外であれば所在国から引渡しを受ける必要がある。贈賄防止
条約の注釈33では，同条約を締約国間での自国民引渡しの根拠と考えること
ができるとしている。

場所的適用範囲は拡張の一途を辿っている。

平成16年までは，本条項には犯罪地を基準とする属地主義の原則（刑法8
条，1条）が採用され，国内犯のみが処罰された。つまり，日本国内におい
て，または日本国外にある日本国籍を有する船舶または航空機内において，
行為者（国籍を問わない）が，本条項に該当する行為の全部または一部を
行った場合にのみ，本条項は適用された。

もっとも，属地主義によっても，利益の申込み，約束，供与という一連の
行為が1つの犯罪を構成するから，その一部が国内で行われたにすぎない場
合にも，全体を包括して国内犯として処罰される。例えば，国内から海外に
電話・FAX・電子メール・Web会議等により利益供与の申込みまたは約束
が行われた場合も，国内犯となる。また，利益供与の申込みが国内で行わ
れ，それに続く利益供与が海外で行われた場合に，国外での行為者も（外国
人であっても）国内犯として処罰されうる。実行行為地は共犯者全員の犯罪
地であるから，実行行為が国内で行われていれば，国外の共犯も国内犯とな
る[29]。贈賄が国内の者との共謀に基づくものであれば，国外の共謀した者も

共謀共同正犯（刑法60条）として国内犯と扱われる（後記**3.2**ベトナム公務員贈賄事件はこの例である。）。正犯が不処罰の国外犯であっても，共犯従属性の問題と場所的適用範囲の問題とは別異にとらえられ，国内の教唆犯または従犯は処罰されうる[30]。

平成16年改正（平成17年1月1日施行）により14条3項（令和6年4月1日施行法の21条10項）が追加され，日本国民の国外犯を処罰する属人主義（刑法3条）が併用されることになった。条約締約国のほとんどが国外犯処罰規定を設けていたことから，国際的動向に歩調を合わせたものである。この改正により，例えば，外国企業に勤める日本人が日本とは無関係に海外で行った外国公務員等への贈賄も，処罰の対象になる。

さらに令和5年改正（令和6年4月1日施行）により21条11項が追加され，日本国民以外であっても日本法人の代表者，代理人および従業者であれば，その法人の業務に関し行った国外犯にも適用することとされた。当該日本法人も22条1項の両罰規定により処罰される。

1.10　共犯

共犯については，刑法の共犯規定が適用される（刑法8条）。贈賄防止条約1条2項で，共犯の犯罪化が義務付けられていることによる。なお，ここで言う共犯処罰は自然人に対するものを言い，法人の処罰は22条1項の問題になる。

刑法は第11章共犯に，共同正犯（刑法60条），教唆犯（刑法61条，教唆犯に対する教唆を含む）および従犯（刑法62条，従犯に対する教唆を含む）を定める。共同正犯とは犯罪行為を共同実行する者であり，教唆犯とは人を教唆して犯罪を実行させた者であり，従犯とは実行行為以外の行為で正犯の実行行為を容易にした者である。共同正犯は実行行為を行うことから文字どおり正犯であるが，複数人による犯罪という意味で広義の共犯とされる。

事情を知らない者などの第三者を道具として利用して犯罪を実現する者は，間接正犯として，共犯ではなく正犯になる。

判例上，共同正犯には，共謀共同正犯が含まれる。共謀共同正犯とは，2人以上の者が一定の犯罪を行うことを共謀したうえで，一部の者が実行した場合に，直接実行行為に関与していない者を含めて共謀者全員に共同正犯が成立するというものである。最高裁判例は「共謀共同正犯が成立するには，

二人以上の者が，特定の犯罪を行うため，共同意思の下に一体となって互に他人の行為を利用し，各自の意思を実行に移すことを内容とする謀議をなし，よって犯罪を実行した事実が認められなければならない。」とするが[31]，具体的事情を総合考慮して判断されるうえに，学説の争いに関わることもあり，成立要件は不明確かつ拡張的である。順次共謀，黙示の共謀等，素人にはわかりにくい概念がある上に，裁判所は，共謀の存在を極めて緩やかに認める傾向がある。起訴される者のほとんどが共謀共同正犯であって，教唆犯ないし従犯は珍しい。共謀共同正犯は実務上頻出するにもかかわらず明文規定がないまま数十年も放置されており，立法の怠慢と言わざるを得ない。共謀共同正犯は，有罪無罪の争いのみならず，教唆犯や従犯との区別が実務上の争点になる。後記3.5タイ公務員贈賄事件では，共謀の成否が重要争点になり，第1審および上告審は共謀の成立を認めて共謀共同正犯としたが，控訴審は共謀を不成立として従犯とした。

　複数人が国内外に分散して犯罪に関与する場合に，日本国民については属人主義により国内犯，国外犯ともに本条項が適用され，国外の外国人については，属地主義によっても広く処罰されうることに加え，令和5年の改正により所定の場合に日本法人の代表者，従業員等に対して本条項が適用されるものと定められた（前記【解説】1.9参照）。例えば，日本にいるXと海外にいるYがメールや電話，テレビ会議などで連絡してYが海外で利益供与を行った場合に，

- 　共謀共同正犯が成立する場合には，日本も共謀場所になることから，XとYが日本国民であってもなくても，ともに本条項が適用される。
- 　共謀共同正犯が成立しない場合の日本国内のX（国籍を問わない）について，Yに本条項が適用されるか否かにかかわらず，Xには教唆犯または従犯として本条項が適用されうる（前記【解説】1.9参照）。XにYを利用した間接正犯が成立する場合もありうる。
- 　共謀共同正犯が成立しない場合の外国にいるYについては，日本国民であれば21条10項により本条項が適用される。Yが日本国民でなければ，従来は本条項の適用はなかったが，令和6年4月1日以降の行為については，外国人であっても日本法人の代表者や代理人，従業員等であれば，新設された21条11項により処罰される。その他の外国人Yに，正犯として本条項は適用されない。ただし，前記のとおり，裁判所は共謀

共同正犯の成立を広く認める傾向がある。

なお，外国公務員等の収賄行為と贈賄行為は必要的共犯（2人以上の者の共同の犯行が予定される犯罪）であるにもかかわらず，収賄行為については不正競争防止法に規定がないことから処罰しない趣旨と解され，本条項の共犯としても不可罰である[32]。他国の公務遂行への干渉になりうるからと考えられる。共犯が贈賄側か収賄側かといった争点が考えられる。

2　2項

本項は，1項で用いられている「外国公務員等」の範囲を規定するものである。贈賄防止条約1条4項を取り入れている[33]。「外国公務員等」の概念は相当に広範であって，刑法の贈賄罪の対象たる「公務員」より広い概念であることに注意すべきである[34]。公的色彩を帯びた外国機関に所属する者や外国の公的業務を行う者に対して利益供与する場合には，慎重な判断が求められる。該当することを知らなければ故意がなく犯罪不成立のはずであるが，裁判所は一般にかなり緩やかに故意を認定することから，判断に迷う場合には，確実な証拠があって誤信したのでなければ故意があると扱われて犯罪が成立すると考えた方がよい。経産省ホームページにおいて東南アジア諸国における具体例が公表されている（「平成28年度　我が国企業の海外展開に係る外国公務員贈賄リスクの状況等に関する調査」中の「国営企業等の存在状況に係る調査」（https://www.meti.go.jp/policy/external_economy/zouwai/houkokusho.html））。

2.1　1号

「外国の政府又は地方公共団体の公務に従事する者」すなわち狭義の公務員を，「外国公務員等」の1類型と定めている。

外国の政府または外国の地方公共団体の立法，行政，司法機関に属する職にある者は該当する。公務員の候補者は該当しない[35]。

「従事する職員」ではなく，「従事する者」という文言から，国または地方公共団体の職員ではなくても，事実上の権限をもってその公務に従事する者は含まれうる。例えば，政党職員は，通常は該当しないが，一党独裁国家における政党職員などは該当しうる。贈賄防止条約の注釈16では，一党独裁国家における政党職員を例示し，正式には公務員ではないが事実上公的権限を

750　第3章　国際約束に基づく禁止行為

有している者も外国公務員に該当しうるとしている。刑法の「公務員」の定
義（平成7年改正前同法7条1項「官吏，公吏，法令ニ依リ公務ニ従事スル
議員，委員其他ノ職員」，現行法では「国又は地方公共団体の職員その他法
令により公務に従事する議員，委員その他の職員」）の解釈にかかる判例が，
「法令により公務に従事する職員」とは，「公務に従事する職員で，その公務
に従事することが法令の根拠にもとづくものを意味し，単純な機械的・肉体
的労務に従事するものはこれに含まれないけれども，当該職制等のうえで
『職員』と呼ばれている身分をもつかどうかは」問わないとしており，また，
国の行政機関ではなかった特別調達庁について，目的・機構および会計が会
計検査院の検査に服することを考慮して，その事務は「公務」に当たるとし
て緩やかに解釈したこと[36]からも，前記贈賄防止条約の注釈16と同様に解
釈されうる。もっとも，刑罰法令の明確性の見地から，贈賄防止条約の注釈
との整合性を確保するには明文で定めるべきではある。

2.2　2号

　「公共の利益に関する特定の事務を行うために外国の特別の法令により設
立されたものの事務に従事する者」を，「外国公務員等」の1類型と定めて
いる。

　「公共の利益に関する特定の事務を行うために外国の特別の法令により設
立されたもの」とは，その機関を設立することを目的とする特別な法令が存
在する機関をいう。公益法人や会社等，一般の法令に準拠して設立する法人
は含まれない。日本の特殊法人や特殊会社に相当する機関を想定して立法さ
れた。経産省指針の挙げる具体例としては，米国では，テネシー河谷開発公
社（Tennessee Valley Authority），全米鉄道旅客輸送公社（National
Railroad passenger Corporation（Amtrak）），フランスでは，国立図書館
（Bibliothèques nationales），大学（universités）がある[37]。

　「事務に従事する者」とは，1号の「公務に従事する者」の解釈同様に，
職員に限らず，事実上の権限をもって当該機関の事務に従事している者をい
うと解される[38]。

2.3　3号

　「一又は二以上の外国の政府又は地方公共団体により，発行済株式のうち

18条2項3号　外国公務員等に対する不正の利益の供与等の禁止　751

議決権のある株式の総数若しくは出資の金額の総額の100分の50を超える当該株式の数若しくは出資の金額を直接に所有され，又は役員（取締役，監査役，理事，監事及び清算人並びにこれら以外の者で事業の経営に従事しているものをいう。）の過半数を任命され若しくは指名されている事業者であって，その事業の遂行に当たり，外国の政府又は地方公共団体から特に権益を付与されているものの事務に従事する者その他これに準ずる者として政令で定める者」を，「外国公務員等」の1類型と定めている。

　すなわち，以下で説明する事業者（本号解説では「外国政府系事業者」と呼ぶ）のうち，事業遂行に当たり当該外国の政府または地方公共団体から特に権益を付与されている事業者の事務に従事する者は，外国公務員等に含まれる。

　「事業者」とは，事業活動を行っている者一般をいい，私企業のみならず，個人，公益法人，地方公共団体，国などを含む。

　「権益」とは，権利およびそれに伴う利益をいう。具体的には，継続的な補助金や一定の分野における独占権などが考えられる。

　「事務に従事する者」の解釈は2号と同じであり，職員に限らず，事実上の権限をもって当該事業者の事務に従事している者をいう。

　外国政府系事業者とは，あえて大雑把に言えば，外国政府や外国の地方公共団体が直接的にまたは間接的に支配する事業者のことである。かなり広い概念である上に，要件が複雑である。

　外国政府系事業者には，外国政府または外国の地方公共団体が単体で直接的に支配する事業者に限らず，複数により支配する事業者や，間接的に支配する事業者まで，広く含まれる。新興国において多数に及ぶことは想定しやすいが，平成25年の文献によると，フランスで1217社，イタリアで4186社の国営企業がある[39]。

　贈賄禁止の対象としては，「外国の政府又は地方公共団体から特に権益を付与されている」という要件で絞りがかかる。贈賄防止条約の注釈15は，「当該企業が，優遇された補助金その他の特権を有さずに，該当する市場において通常の商業的基盤，つまり民間企業の基盤と実質的に同等な基盤において活動している場合を除き，公的な企業の職員は，公的な任務を果たしているものとみなす。」として，特権付与がない場合を除外しており，本条項

はこれを裏返して定めている。

18条2項3号の定める外国政府系事業者の概要は，次のとおりである。

① 一または二以上の外国の政府または外国の地方公共団体（以下，本号
解説では「外国政府等」という）が，議決権のある発行済株式総数の過
半数を直接に所有している事業者

② 一または二以上の外国政府等が，出資総額の過半を直接に出資してい
る事業者

③ 一または二以上の外国政府等が，役員（取締役等の事業経営に従事し
ている者）の過半数を任命又は指名している事業者

④ 「不正競争防止法施行令」（以下，単に「政令」という。後掲する）の
定める事業者（①②③を除く）

　④－1　一または二以上の外国政府等が総株主の議決権の過半数を直接
に保有している事業者（政令3条1項1号）

　④－2　外国政府等が株主総会決議の効力の発生の阻止または消滅させ
ることができる事業者（政令3条1項2号）

　④－3　一または二以上の外国政府等により支配される事業者が支配す
る事業者等，間接的に外国政府等から支配的な影響力を及ぼされてい
る事業者（政令3条1項3号，2項）

④政令の定める事業者は，OECD贈賄作業部会により事業者の範囲が不十
分と指摘されたことから，平成13年の改正で追加されたものである。

④－1は，1株複数議決権株式や種類株式により，発行済株式総数の過半
数を所有していないが議決権の過半数を保有する場合をカバーする趣旨であ
る[40]。

④－2は，外国政府等が株主総会決議事項につき特別な権限（資産譲渡の
拒否権，定款変更の同意権など）を有する場合である。例えば，外国政府等
がいわゆる黄金株（が付随する株式）を保有している，法令において外国政
府等に特別な権限が認められている，といった場合がある。具体例として，
平成13年9月現在の古い情報ではあるが，イギリスのCable & Wireless社，
British Energy社等22社，フランスのElf-Aquitane社等3社は，外国政府等
の保有株式に特別な権限が付随しており，イタリアではENEL社等6社が法
令で特別な権限が付与されている[41]。

18条2項3号　外国公務員等に対する不正の利益の供与等の禁止　　753

④-3はわかりにくいことから，図解したものが次の図である。

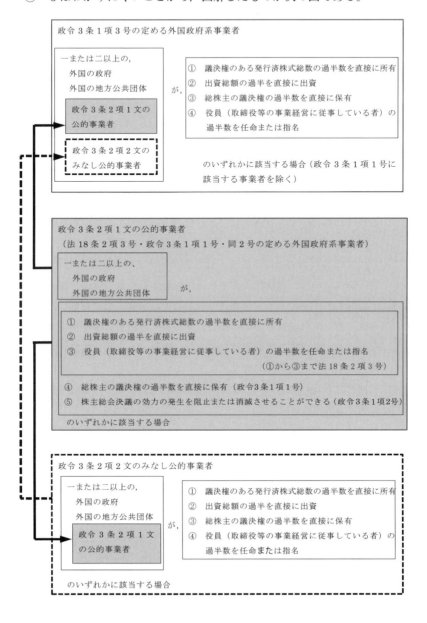

不正競争防止法施行令（平成13年12月25日施行，最終改正令和6年4月1日施行）

（外国公務員等で政令で定める者）

第3条　不正競争防止法（以下「法」という。）第18条第2項第3号の政令で定める者は，次に掲げる事業者（同号に規定する事業者を除く。）であってその事業の遂行に当たり外国の政府又は地方公共団体から特に権益を付与されているものの事務に従事する者とする。

一　一又は二以上の外国の政府又は地方公共団体により，総株主の議決権の100分の50を超える議決権を直接に保有されている事業者

二　株主総会において決議すべき事項の全部又は一部について，外国の政府又は地方公共団体が，当該決議に係る許可，認可，承認，同意その他これらに類する行為をしなければその効力が生じない事業者又は当該決議の効力を失わせることができる事業者

三　一又は二以上の外国の政府，地方公共団体又は公的事業者により，発行済株式のうち議決権のある株式の総数若しくは出資の金額の総額の百分の五十を超える当該株式の数若しくは出資の金額を直接に所有され，若しくは総株主の議決権の百分の五十を超える議決権を直接に保有され，又は役員（取締役，監査役，理事，監事及び清算人並びにこれら以外の者で事業の経営に従事しているものをいう。次項において同じ。）の過半数を任命され若しくは指名されている事業者（第1号に掲げる事業者を除く。）

2　前項第3号に規定する「公的事業者」とは，法第18条第2項第3号に規定する事業者並びに前項第1号及び第2号に掲げる事業者をいう。この場合において，一又は二以上の外国の政府，地方公共団体又は公的事業者により，発行済株式のうち議決権のある株式の総数若しくは出資の金額の総額の100分の50を超える当該株式の数若しくは出資の金額を直接に所有され，若しくは総株主の議決権の100分の50を超える議決権を直接に保有され，又は役員の過半数を任命され若しくは指名されている事業者は，公的事業者とみなす。

2.4 4号

「国際機関（政府または政府間の国際機関によって構成される国際機関をいう）の公務に従事する者」を，「外国公務員等」の1類型と定めている。

政府または政府間の国際機関によって構成される国際機関の公務に従事する者は，外国公務員等に含まれる。

該当する国際機関の具体例は，国連，UNICEF（国際児童基金），ILO（国際労働機関），WHO（世界保健機構），WTO（世界貿易機関）などである。国際オリンピック委員会等の，民間機関により構成される国際機関は含まれない。

「公務に従事する者」の解釈は1号と同様である。

2.5 5号

「外国の政府若しくは地方公共団体又は国際機関の権限に属する事務であって，これらの機関から委任されたものに従事する者」を，「外国公務員等」の1類型と定めている。

経産省の解釈では，外国の政府，外国の地方公共団体，または国際機関の権限として行うこととされている事務を，当該機関から権限の委任を受けて従事する者は，外国公務員等に含まれるが，権限の委任なく外国政府等が発注する事務を処理するにすぎない者は含まれず，例えば，公共事業を受注した建設会社の職員は，該当しないとされる[42]。

条文の文言上，権限の委任の有無で区別する理由が判然としないが，限定解釈をしないとあまりに広範になり，3号との対比からしても，こうした限定解釈をすべきであろう。刑罰法令の明確性の見地から，法文に明記すべきである。

3 裁判例

制裁強化の国際的要請に伴い，近年，本条項の罰則である21条4項4号を適用した刑事事件化が進んでいる。令和元年，OECD贈賄作業部会は，第4フェーズ審査において，過去の刑事裁判について，罰金額が他国と比べて低額である，懲役刑と罰金刑が併科された例がない，懲役刑が執行猶予付きになっているとして，制裁の実効性の不足を指摘している[43]。なお，令和6年

756 　第3章　国際約束に基づく禁止行為

4月1日から法定刑が改められ，個人については，従来は5年以下の懲役もしくは500万円以下の罰金またはこれらの併科にとどまっていたものが，10年以下の懲役もしくは3000万円以下の罰金またはこれらの併科に，法人についても，従来の3億円以下の罰金が10億円以下の罰金刑へと厳罰化している。

3.1　フィリピン公務員贈賄事件[44]

　平成16年4月，フィリピン国家捜査局（NBI）の計画する指紋認証システム事業を日本企業の子会社であるフィリピン現地法人に受注させようとして，同現地法人の副社長および従業員（ともに日本企業から出向中の同社課長および同社技術者）がNBI幹部2名に対し，福岡市内でゴルフクラブセット等の利益（約80万円相当）を供与した。

　平成19年3月16日に，行為者2名は，福岡簡裁でそれぞれ罰金50万円，罰金20万円の略式命令を受けた。

3.2　ベトナム公務員贈賄事件[45]

　ODA事業であるサイゴン東西ハイウェイ建設に係るコンサルティング契約の受注に当たり，ベトナムのホーチミン市内で，日本企業の従業員等が，契約締結権限などを有するベトナム公務員に対し，契約締結の謝礼として現金を提供する約束をしたうえで，代金支払いの確保等の意図で，平成15年12月に現金60万米国ドル，平成18年8月に現金22万米国ドルを供与した。

　平成21年1月29日と同年3月24日に分けて，東京地裁は，事業主である法人に対して罰金7,000万円，行為者4名に対して執行猶予付きの懲役刑（懲役2年執行猶予3年など）を言い渡した。処罰された個人は，①会社業務全般の統括責任者（代表取締役専務・営業本部長），②中心的役割を果たした事業の統括管理責任者（道路担当部長），③外国公務員との交渉等を行ったハノイ事務所所長，④事業主役員を退任し，贈賄工作のため海外に設立されたペーパーカンパニーの代表取締役に就任して贈賄資金の管理等を担当した者である。

　なお，前記のとおり賄賂は税法上損金算入されないことから，本件の被告会社らは法人税法違反としても起訴されている。代表取締役については，法人税法違反として懲役1年執行猶予2年，商法違反（特別背任罪）について

18条　外国公務員等に対する不正の利益の供与等の禁止　　757

は無罪だった。

3.3　中国公務員贈賄事件[46]

　日本企業が中国の現地工場の違法操業を黙認してもらうため，中国公務員に3万香港ドル（当時の円換算で約45万円）の現金と女性用バッグ（同約14万円）を渡した事件であり，平成25年10月3日，元専務に対して名古屋簡裁は罰金50万円の略式命令を出した。日本企業については公訴時効が成立していた。

3.4　ベトナム，インドネシアおよびウズベキスタン公務員贈賄事件

　鉄道関連ODA事業に関して，日本企業の役職員が自社に有利な取り計らいを受けようとして，ベトナムにおいては平成21年12月から約4年2ヶ月間，インドネシアにおいては平成22年10月から約3年3ヶ月間，ウズベキスタンにおいては平成24年8月から約1年間の長きにわたり，外国公務員らに対して，それぞれ合計で，6990万円，円換算で約2000万円相当，約5477万円相当の賄賂を供与したという事件である。

　平成27年2月4日，東京地裁は，事業主である法人に対して罰金9,000万円，行為者3名に対して執行猶予付きの懲役刑（懲役2年から懲役3年，執行猶予期間は3年から4年）を言い渡した[47]。処罰された個人は，代表取締役，海外業務を統括する取締役，経理業務の統括責任者（取締役ほか）である。

3.5　タイ公務員贈賄事件[48]

　平成27年2月，タイ王国で行われていた火力発電所建設工事に関して，日本企業の役職員らが共謀して，仮桟橋の建設許可条件に違反して超過重量のはしけを接岸させて貨物を陸揚げすることを黙認させるために，現地外国公務員に対して現金1,100万タイバーツ（当時の円換算で3,993万円相当）を供与した。

　平成31年3月と令和元年9月に，東京地方裁判所は，共謀者のうち取締役ら統括責任者3名に対して執行猶予付きの懲役刑（懲役1年6月または懲役1年4月，いずれも3年間の執行猶予）を言い渡した。令和元年9月の判決に対して被告人1名が控訴した。令和2年7月，東京高裁は，共犯者による

758　第3章　国際約束に基づく禁止行為

責任転嫁の危険を重視して証言の信用性を否定すること等により，共謀を否定し，従犯として罰金250万円を言い渡した。これに対して，被告人と検察の双方が上告した。令和4年5月，最高裁は，上告理由はないとしながら職権調査を行い，控訴審判決を破棄自判して，地裁判決を復活させた。稀有な訴訟展開である。本件がOECD贈賄作業部会による審査と並行したことから，その影響があろう。令和元年6月に採択された第4フェーズ審査レポートは，本事件を含む裁判例を説明し，有罪とされた個人および法人が少なすぎるなどと批判している。同審査のフォローアップの終了は令和3年10月である。

　地裁判決は国際的要請について言及せずに共謀を認めた。控訴審判決は，地裁判決を被告人に有利に変更したものの，量刑理由として「国際的にも腐敗防止が叫ばれている昨今の情勢の下で」などと指摘し，当時の法律では従犯に対する罰金の上限額である250万円を科した。上告した検察は，外国公務員贈賄に対しては国際的な関心が高いなどと主張した。

　しかし，司法権の独立は公平性担保のための絶対条件であり，司法は国際政治からも独立していなければならない。政治的影響を受けるかに「見える」ことですら，司法の公平性につき国民の不信を招き，刑罰権国家独占制度の根本が瓦解することから，不適切である。

　最高裁は2年近く沈黙し，第4フェーズ審査のフォローアップが終了した後，地裁判決に事実誤認があるとした控訴審判決は「論理則，経験則等に照らして不合理な点があることを十分に示したものとは評価することができない」として，控訴審判決を破棄した。最高裁判決が地裁の事実認定の合理性を十分に示したというわけではなく，いずれの事実認定が適切であったかは外部者には判断できない事柄である。最高裁判決は，本条項について，法規範としての意味を持つものでもなければ，共謀認定における最高裁としてのスタンスを示すものとも言いにくい。

　本件は，平成30年6月に導入された司法取引制度（合意制度）がはじめて適用された事件であることから，耳目を集めた。検察が，会社と司法取引をして会社の処罰を免じ，私利を図ったわけでもない役職員が処罰されたことは，トカゲの尻尾切りをさせたとの検察批判がある。現行法上，贈賄により会社が得た利益を没収等する定めはない。

18条　外国公務員等に対する不正の利益の供与等の禁止　759

3.6　ベトナム・バクニン省税関局公務員贈賄事件[49)]

　日本企業およびそのベトナム子会社の役職員が共謀して，ベトナムにおける通関後検査や税務調査での追徴課税金額等の減免を受けるため，同省税関局の通関後検査支局総合チーム長および広報・納税者支援部副部長に対して，平成29年6月に現金20億ベトナムドン（当時の円換算980万円相当）を供与し，令和元年8月に現金30億ベトナムドン（当時の円換算1380万円相当）を供与したという事件である。

　令和4年11月4日，東京地裁は，事業主である日本企業に対して罰金2,500万円，行為者3名に対して執行猶予付きの懲役刑（懲役1年から懲役1年6月，いずれも3年間の執行猶予）を言い渡した。処罰された個人は，日本企業の代表取締役，ベトナム子会社の代表者（日本企業の総務部付次長），ベトナム子会社の業務全般の管理を統括する日本企業の執行役員兼経営企画部長である。

3.7　その他

　令和元年から令和4年にかけて，罰金30万円から100万円の比較的軽微な簡裁事件が6件確定している[50)]。うち5件はベトナム公務員に対する贈賄事件である。

【注】
　1）　贈賄防止条約の締約国は，令和5年9月現在で45ヶ国（OECD加盟38ヶ国（EU加盟22ヶ国（ドイツ，フランス，イタリア，オランダ，ベルギー，ルクセンブルク，フィンランド，スウェーデン，オーストリア，デンマーク，スペイン，ポルトガル，ギリシャ，アイルランド，チェコ，ハンガリー，ポーランド，スロヴァキア，エストニア，スロベニア，ラトビア，リトアニア）および，日本，イギリス，アメリカ合衆国，カナダ，メキシコ，オーストラリア，ニュージーランド，スイス，ノルウェー，アイスランド，トルコ，韓国，チリ，イスラエル，コロンビア，コスタリカ）その他7ヶ国（アルゼンチン，ブラジル，ブルガリア，ペルー，ルーマニア，ロシア，南アフリカ）である。
　　　　贈賄防止条約の原文は，https://www.oecd.org/corruption/oecdantibriberyconvention.htmを，平成9年11月に条約と共に採択された注釈（Commentaries on the Convention on Combating Bribery of Foreign Public Officials in International Business Transactions）の原文はhttps://www.oecd.org/daf/anti-bribery/ConvCombatBribery_ENG.pdfを参照。

760　第3章　国際約束に基づく禁止行為

本条解説における日本語訳は，贈賄防止条約本文についてはhttps://www.mofa.go.jp/mofaj/gaiko/oecd/jo_shotori_hon.htmlを引用し，贈賄防止条約の注釈については通商産業省知的財産政策室監修『外国公務員贈賄防止－解説改正不正競争防止法』144頁以下（有斐閣，1999）を引用する。

2）　山口厚「クローズアップ刑事法　9外国公務員に対する贈賄」法学教室256号102頁（2002）

3）　贈賄防止条約前文に掲げられる条約の目的は以下のとおりである。

「締約国は，贈賄が国際商取引（貿易及び投資を含む。）において広範にみられる現象であり，深刻な道義的及び政治的問題を引き起こし，良い統治及び経済発展を阻害し並びに国際的な競争条件を歪めていることを考慮し，すべての国が国際商取引における贈賄を防止する責任を共有することを考慮し，1997年5月23日に経済協力開発機構（OECD）の理事会において採択された『国際商取引における贈賄の防止に関する改訂勧告（C（97）123最終版）』において，国際商取引における外国公務員に対する贈賄を抑止し及び防止するための効果的な手段，特に，当該勧告に掲げる合意された共通の要素及び各国の基本的な法的原則（裁判権に関するものを含む。）に合致した方法により，かつ，効果的で協調された態様により，当該贈賄を速やかに犯罪とすることが求められていることを尊重し，」「この分野において進展を図るためには，一国における努力のみならず，多数国間の協力，監視及び事後措置が必要であることを認識し，締約国においてとられる措置の間の同等性を達成することがこの条約の不可欠の目的であり，このためそのような同等性から逸脱することなしに条約を批准することが必要であることを認識して，次のとおり協定した。」

4）　小野・新・注解3版下巻1221頁〔忠海弘一〕

5）　産業構造審議会等「外国公務員贈賄の効果的な防止のための施策のあり方について」（平成16年2月6日）34頁注30

6）　大判昭6・8・6刑集10巻412頁〔27931501〕

7）　産業構造審議会・知的財産分科会・不正競争防止小委員会・外国公務員贈賄に関するワーキンググループ「外国公務員贈賄罪に係る規律強化に関する報告書」（令和5年3月）2頁

8）　経済産業省「外国公務員贈賄防止指針」（令和6年2月改訂版）22頁

9）　公益通報者保護法2条3項，同別表8号，公益通報者保護法別表第八号の法律を定める政令319号

10）　公益通報者保護法に違反した企業に対して刑事または行政上の制裁を与えることや，公益通報者が受けた報復や差別の証明責任を専ら公益通報者が負わせない等の追加的措置をとることを勧告し，また，経産省が受けた公益通報事案の処理や公益通報者の救済がフォローアップの対象とされている。

11）　2011年4月に，プラントプロジェクトの受注に関連したナイジェリアの公務員に対する金員供与につき，米国企業と共謀した日揮株式会社にFCPAが適用され，罰金2億1880万ドルの支払い等が司法合意された事例や，同年9月に，

石油を貯蔵施設に送るマリンホースの販売に関連した談合および中南米の公務員に対する不適切な支払い約束に関して，株式会社ブリヂストンが米司法省と和解し，2800万ドルの支払いを合意した事例などがある。後者の中南米の事例は，メールやFAXで米国現地法人職員とやりとりしたため，国内犯とされた（長谷川俊明「外国公務員に対する贈賂事件①②」国際商事法務41巻5号727頁-729頁（2013））。

その後も日本企業がFCPA違反の贈賄につき米司法省と支払いを合意した金額は高額であり，2014年に丸紅の8800万ドル，2016年にオリンパスの6億4600万ドル，2018年にパナソニックの米子会社が1億3740万ドル（その他にパナソニックが不正会計について1億4320万ドルの支払い），2020年にサントリーホールディングスの1957万ドル（その他に米国証券取引委員会に対して818万ドルの支払い）などが報じられている（日経新聞2014年3月20日，2016年3月2日，2018年5月1日，2020年10月29日）。

12) 日本国のODA事業において不正行為を行った者等に対する措置要領（外務省），独立行政法人国際協力機構が実施する資金協力事業における不正行為等措置規程，独立行政法人国際協力機構が行う契約における不正行為等に対する措置規程

13) 会社法上の「外国会社」とは，外国の法令に準拠して設立された法人その他の外国の団体であって，会社法上の会社（株式会社，合名会社，合資会社，合同会社）と同種のものまたは会社に類似するものをいう（会社法2条2号）。会社法823条は以下のように規定している。

(他の法律の適用関係)

第823条 外国会社は，他の法律の適用については，日本における同種の会社又は最も類似する会社とみなす。ただし，他の法律に別段の定めがあるときは，この限りでない。

14) 外国為替及び外国貿易法上の両罰規定について最判昭40・3・26刑集19巻2号83頁〔27661096〕

15) 田村・概説2版503頁

16) 川端博ほか編『裁判例コンメンタール刑法第2巻』424頁〔小川〕（立花書房，2006）

17) 改正前法10条の2第3項は以下のとおり。

「3 前項（執筆者注，現行法の18条2項）第1号から第3号まで及び第5号の外国が第1項に規定する利益の供与又はその申込み若しくは約束をする者の主たる事務所（法人の代表者又は法人若しくは人の代理人，使用人その他の従業者が，その法人又は人の業務に関し，当該利益の供与又はその申込み若しくは約束をする場合にあっては，その法人又は人の主たる事務所）が存する外国である場合には，同項の規定は，適用しない。」

18) 贈賄防止条約の注釈には以下のように記載されている。

Article 1. 9. Small "facilitation" payments do not constitute payments made "to obtain or retain business or other improper advantage" within the meaning of paragraph 1 and, accordingly, are also not an offence. Such payments, which, in some countries, are made to induce public officials to perform their functions, such as issuing licenses or permits, are generally illegal in the foreign country concerned. Other countries can and should address this corrosive phenomenon by such means as support for programmes of good governance. However, criminalisation by other countries does not seem a practical or effective complementary action.

（日本語訳：9．少額の「円滑化のため」の支払いは，第1条1の意味における「商取引又はその他の不当な利益を得る又は維持する」ための支払いには相当せず，したがって犯罪とはならない。そのような支払いは，いくつかの国においては，公務員に，例えば認可や許可の発行等その職務の遂行を促すために行われているものの，その国以外では一般的に違法である。そのような支払いを違法としている国は，良い統治のための計画を支援するなどの措置をとることによってこうした腐敗現象に対処でき，またそうすべきであるが，それを国内で犯罪化しても，実際的又は効果的な補足手段とは思われない。）

19)　通商産業省知的財産政策室監修・前掲注1）42頁，田村・概説2版502頁，小野・新・注解3版下巻1222頁〔忠海弘一〕，小野＝松村・新・概説648頁，青山紘一『不正競争防止法（事例・判例)』〔第2版〕155頁，157頁（経済産業調査会，2010)

20)　経済産業省・前掲注8）13頁

21)　大判昭4・12・4刑集8巻609頁〔27911867〕

22)　最決昭38・5・21刑集17巻4号345頁〔27670293〕

23)　最決昭63・4・11刑集42巻4号419頁〔24006123〕

24)　刑法の賄賂罪について最決昭58・3・25刑集37巻2号170頁〔24005859〕は肯定する。

25)　最決昭63・7・18刑集42巻6号861頁〔27805214〕

26)　最決平24・10・15刑集66巻10号990頁〔28182186〕

27)　刑法の贈賄罪について最判昭37・4・13判タ138号94頁〔27670262〕

28)　刑法の贈賄罪について大判大9・12・10刑録26輯949頁〔27943247〕

29)　最決平6・12・9刑集48巻8号576頁〔22007473〕，名古屋高判昭63・2・19判タ669号232頁〔27804262〕。

30)　大塚仁ほか編『大コンメンタール刑法第1巻』〔第3版〕87頁（青林書院，2015)

31)　最大判昭33・5・28刑集12巻8号1718頁〔27760617〕

32)　田村・概説2版500頁

33)　贈賄防止条約1条4項aは，「『外国公務員』とは，外国の立法，行政又は司法に属する職にある者（任命されたか選出されたかを問わない。)，外国のために公的な任務を遂行する者（当該外国の公的機関又は公的な企業のために任務を遂行する者を含む。）及び公的国際機関の職員又はその事務受託者をいう。」

18条 外国公務員等に対する不正の利益の供与等の禁止　763

と定める。また，同条同項 b では，「『外国』には，国から地方までのすべての
段階又は区分の政府を含む。」と定めている。

34) もっとも，日本法上も，公務員と同等の罰則が定められているみなし公務員
（日本郵便株式会社の従業員の一部（郵便法74条）や地方住宅供給公社の役職員
（地方住宅供給公社法20条）等）や，特別法によって設立された特殊会社に賄賂
罪が定められている場合（東日本高速道路株式会社等の役職員（高速道路株式
会社法18条〜20条）や東京メトロの役職員（東京地下鉄株式会社法12条〜14条）
等）がある。

35) 贈賄防止条約・注釈10は，「ある者が外国公務員になることを予期して，その
者に対して利益を約束又は供与すること」について，「多くの国の法制におい
て，それはこの条約が規定する犯罪とは技術的に別と考えられている。しかし
ながら，将来の作業においてこの問題に取り組むことについて共通の関心と意
思がある。」としており，現状は犯罪に含まず将来の課題としている。

36) 最決昭30・12・3刑集9巻13号2596頁〔27670101〕

37) 経済産業省・前掲注8) 32頁

38) 贈賄防止条約1条4項は，「外国公務員」には，「外国のために公的な任務を
遂行する者（any person exercising a public function）（当該外国の公的機関
又は公的な企業のために任務を遂行する者を含む。）」が含まれるとし，同条
約・注釈16では，正式に公務員とされているわけではない者が事実上公的権限
を有している場合があり，こうした者も事実上は公共機能を遂行していること
から（through their *defacto* performance of a public function），外国公務員に
該当しうるとしている。

39) 石塚康志「日本の不正競争防止法における外国公務員贈賄について」国際商
取引学会年報15号221頁（2013）

40) 経産省・逐条解説（令和5年改正版）240頁

41) 経産省・逐条解説（令和5年改正版）242頁

42) 経産省・逐条解説（令和5年改正版）242頁。なお，贈賄防止条約1条4項a
が外国公務員に含まれるとする「外国のために公的な任務を遂行する者」につ
いて，贈賄防止条約・注釈12は，「『公的な任務』には，公共調達に関連して政
府より委任（delegate）された業務の遂行等，外国政府により委任された公共
の利益のための活動を含む。」としている。

43) 産業構造審議会ほか・前掲注7) 4頁

44) 経済産業省・前掲注8) 41頁

45) ベトナム公務員贈賄事件・東京地判平21・1・29判時2046号159頁
〔28155733〕，東京地判平21・3・24公刊物未登載（平成20年（刑わ）1615号／
平成20年（刑わ）第1877号），法人税法違反については東京地判平21・9・18公
刊物未登載（平成20年（特わ）975号／平成20年（特わ）1348号）〔28167003〕。
なお，新聞報道を含めた事案の経緯については，北島純『解説外国公務員贈賄
罪——立法の経緯から実務対応まで』（中央経済社，2011）270頁-295頁が詳し

い。

46) 経済産業省・前掲注8）42頁，日経新聞2013年10月4日，IMPLEMENTING THE OECD ANTI BRIBERY CONVENTION, RPHASE 4 REPORT: JAPAN（2019年6月27日採択）10頁
47) 東京地判平27・2・4公刊物未登載（平成26年（特わ）970号／平成26年（特わ）1092号）〔28230680〕
48) タイ公務員贈賄事件。東京地判平31・3・1公刊物未登載（平成30年（特わ）1884号）〔28271026〕，東京地判令元・9・13金商1581号42頁〔28273949〕，東京高判令2・7・21金商1658号25頁〔28282491〕，最判令4・5・20刑集76巻4号452頁〔28301285〕。
49) ベトナム・バクニン省税関局公務員贈賄事件・東京地判令4・11・4公刊物未登載（令和4年（特わ）1074号）〔28310075〕
50) 経済産業省・前掲注8）43頁-44頁

【参考文献】

1　山本庸幸『要説　不正競争防止法』〔第4版〕（発明協会，2006）
2　大塚仁『刑法概説（総論）』〔第4版〕（有斐閣，2008）
3　大塚仁『刑法概説（各論）』〔第3版増補版〕（有斐閣，2005）
4　阿部博友「外国公務員に対する贈賄について法人罰が適用された事例」NBL1004号73頁-77頁（2013）
5　品田智史「判批」法学セミナー68巻2号140頁-141頁（2023）
6　熊代雅音「判批」ジュリ1582号92頁-96頁（2023）
7　神渡史仁「判批」警察学論集76巻4号172頁-192頁（2023）

〔内山　美穂子〕

第4章　雑則

766   第4章　雑則

（適用除外等）
19条1項1号　第3条から第15条まで，第21条及び第22条の規定は，次の各号に
　　掲げる不正競争の区分に応じて当該各号に定める行為については，適用しない。
　一　第2条第1項第1号，第2号，第20号及び第22号に掲げる不正競争　商品若
　　しくは営業の普通名称（ぶどうを原料又は材料とする物の原産地の名称であっ
　　て，普通名称となったものを除く。）若しくは同一若しくは類似の商品若しく
　　は営業について慣用されている商品等表示（以下「普通名称等」と総称する。）
　　を普通に用いられる方法で使用し，若しくは表示をし，又は普通名称等を普通
　　に用いられる方法で使用し，若しくは表示をした商品を譲渡し，引き渡し，譲
　　渡若しくは引渡しのために展示し，輸出し，輸入し，若しくは電気通信回線を
　　通じて提供する行為（同項第20号及び第22号に掲げる不正競争の場合にあって
　　は，普通名称等を普通に用いられる方法で表示をし，又は使用して役務を提供
　　する行為を含む。）

趣　　旨

　本項各号は，形式的に不正競争に該当する場合であっても実質的な違法性
を欠く場合を定め，差止請求，損害賠償請求，罰則等の対象から除外してい
る[1]。営業の自由や一般的な行為自由と公正な競争という不正競争防止法の
保護法益との調整が図られている[2]。もちろん，本項各号に該当しなくて
も，許諾など実質的な違法性を欠く場合には不正競争には当たらない[3]。
　そのうち本号は，混同惹起行為（2条1項1号），著名表示冒用行為（同
項2号），誤認惹起行為（同項20号），代理人等の商標冒用行為（同項22号）
において，商品もしくは営業の普通名称等を普通に用いられる方法で使用す
るなどの行為を，差止請求，損害賠償請求，罰則等の適用除外と規定する。
普通名称等は特定人の独占使用になじまないからである。訴訟手続では，
抗弁事由として位置付けられる[4]。
　なお，普通名称等は自他識別機能・出所表示機能を有さないため，本来商
品等表示とならず不正競争に該当しない。しかし，長期間の独占的な使用等
により形式的に不正競争に該当したとしても，普通に用いられる方法で使用
されている限り，本条によって不正競争にはならない[5]。

解　説

1　「商品若しくは営業の普通名称」

1.1　普通名称

普通名称とは，商品または営業の一般的な名称として使用されているものをいう[6]。普通名称の具体例としては，酒，醤油[7]，板チョコ[8]などがあげられる。

本号の普通名称には，商標法26条1項2号から4号までにおいては普通商標や慣用商標と区別されている「産地，販売地，品質，原材料，効能，用途，数量，形状，価格若しくは生産若しくは使用の方法若しくは時期」，「提供の場所，質，提供の用に供する物，効能，用途，数量，態様，価格若しくは提供の方法若しくは時期」等，内容を説明的に表示するにすぎない，いわゆる記述的標章も含まれる[9]。

マイタケ事件第一審判決・大阪地判平12・12・14最高裁HP（平成9年（ワ）11649号／平成9年（ワ）12381号／平成10年（ワ）8042号）〔28052621〕は，普通名称とは「取引者・需要者において特定の商品又は役務を指す一般的名称として認識され通用しているものをいい，その名称が物質の名で表示されているときは，それが特定の物質を指すものと一般に認識される程度に表示されていれば足りる」と判示している。また，タヒボ茶事件控訴審判決・大阪高判平11・10・14最高裁HP（平成11年（ネ）473号）〔28042352〕は，普通名称とは「取引者・需要者において特定の商品又は役務を指す一般的名称として認識され通用しているものをいい，その名称が原産地あるいは原材料名で表示されているときは，それが特定の原産地や原材料を指すものと一般に認識される程度に表示されていれば足りるものと解すべきであり，当該商品が新商品として開発されたものであるときは，名称の表示が必ずしも正確な地名や学名を用いていない場合であっても，それを普通名称と認める妨げにはならない……ある商品の原材料を示す名称が普通名称に当たるというためには，その名称が植物の学術書に異名又は俗称として記載されていることを要するものではなく，一部の地域あるいは一時期において俗称・通称として用いられていたにすぎないものでも，その後特定の商

品等を示す一般名称として広く通用するに至ったものは普通名称というに十分であるし，全くの造語であっても普通名称という妨げになるものではない」と判示している。これらの裁判例は，記述的標章が普通名称に含まれることを前提としている。

　この点に関し，営業の普通名称に店舗等の所在地の地名を組み合わせた営業表示（成城調剤薬局）について，裁判所は，特定人の独占になじまない点において適用除外規定と同趣旨であることを理由に，「特定人がそれを長年にわたり使用し続けることにより，需要者において当該特定人の営業を表示するものとして広く認識されるに至っている」特段の事情がある場合を除き，「同法（執筆者注：平成17年法律75号改正前不正競争防止法）12条1項1号の趣旨に照らし，同法2条1項1号所定の不正競争行為に当たらない」と判断したが（成城調剤薬局事件・東京地判平16・3・5判タ1160号259頁〔28090938〕），本号を適用または準用したかについては明確ではない[10]。

　なお，一部の地方で一般的な名称として使用されていれば普通名称たりうる[11]。

1.2 普通名称の認定の基準

　ある名称が普通名称かを判断するに当たっては，文字の外観により抽象的に判断するのではなく，具体的な取引を前提に総合的に勘案する必要がある。

　この点，つゆの素事件・名古屋地判昭40・8・6判時423号45頁〔27486040〕は，普通名称の判断基準について「これを抽象的に文字自体につき判定すべきではなく，当該文字の用法，なかんずくその使用時期における経済的社会的背景，当該文字と商品との関連，当該商品取引の実質的関係，すなわち商品の出所たる企業の分析，商品の生産流通過程における関与者の諸関係等の相関関係においてこれを決定すべき」と判示して，具体的な判断要素を列挙しており，参考となる[12]。

　この点に関し，普通名称の判断基準に需要者の認識を含むかについては検討を要する。前掲つゆの素事件は，「当該名称を選択採用した者が，これを普通名称なりとする動機，意思ないしは確信，或は，一般需要者側に存するそのような認識の有無は，さしてこの点につき係わりなきものとなすべき」と判示しており，需要者の認識を含まないとする[13]。消費者間の認識を基準

とすると，著名表示ほど普通名称化を認める結果になるからとされる[14]。

　他方，前掲タヒボ茶事件控訴審判決は，「『タヒボ』はその原材料を指す名称として使用されていることが，遅くとも被告商品が発売された平成6年9月頃までには，健康食品に関心のある需要者一般に認識され，それに伴い取引者にも一般に同様の認識が広がっていた」と判示した。次に前掲マイタケ事件第一審判決も「需要者である健康食品に関心のある一般消費者の間では……『Dフラクション』は，マイタケに含まれる物質を指す普通名称になっていた」と判示し，同控訴審判決・大阪高判平13・9・27最高裁HP（平成13年（ネ）198号／平成13年（ネ）199号）〔28062016〕も「一般消費者に対する訴求力の極めて大きな前記テレビ番組」の放映内容を普通名称であることの理由の一つとしている。次に呉青山学院中学校事件・東京地判平13・7・19判タ1123号271頁〔28061527〕では「『学院』の語は，……単に当該地名により表された地域に所在する学校という意味を超えて，特定の経営主体により設置運営されている特定の学校を示す固有名称として社会的に認識されていること」を普通名称でないことの理由としてあげている。さらにマタニティベルト事件・大阪地判平30・7・19最高裁HP（平成29年（ワ）9989号）〔28264991〕では，「我が国の需要者の認識」を考慮している。

　また正露丸事件控訴審判決・大阪高判平19・10・11判時1986号132頁〔28132226〕においても，取引業者の認識が調べられていないとの問題点を指摘しつつも「ある名称の普通名称性を検討するのに，いわゆるテフロン調査[15]の結果を認定に供することは可能と考えられる」と判示している。

　裁判例の傾向の捉え方についても論者により異なり，業者間の認識を決定的なものとみるものが多いと指摘するものがある一方[16]，近時の裁判例は取引者および一般消費者双方の認識または一般消費者の認識を重視するものが多いと指摘するものもある[17]。

　特定の表示が普通名称であるか否かを判断するにあたり，一般消費者の認識のみで判断することはできず，取引者間で識別力があれば普通名称となったとは言えない。しかし普通名称が商品又は営業の一般的な名称であり，一般消費者の認識が取引者間の認識に影響を与えることも考えられる以上，一般需要者の認識を無視することもできないと考えられる[18]。この点，「消費者間の認識は取引者間の認識すなわち競業関係における表示使用の反射的なもの」とする説もあるが[19]，一般消費者の認識を考慮した上記裁判例では

770 第4章 雑則

「取引者間の認識の反射的なもの」よりも積極的な評価がされているように見受けられる。上記説においても「消費者間の認識と取引者間の認識のいずれかにおくかについては，いずれか一方のみにより決定すべきではない。消費者間の認識は重要であるが，なお取引者間において識別力があり，消費者間において識別力を持っていない表示もありうる」とする[20]。

すなわち，「その表示の識別力が，取引者又は需要者のいずれかになお残っているかどうかということが判断上重要」[21] である。

この点に関連し，普通名称か否かを判断するためのアンケート調査について，一般需要者の認識をどの程度重視するかにより，一般需要者を対象としたアンケート調査の意義の大小が異なるとの指摘もあり[22]，その分析は妥当と考えられるが，訴訟においては「結論があり，『認容』ならアンケート結果はそれを補充するために引用され，『棄却』ならアンケートの結果は信用できず採用しないというパターンになっている。勿論ケースによるが，アンケート結果が心証の分岐点となることはほとんどない」とも指摘されている[23]。

なお，前掲つゆの素事件が判示する「当該名称を選択採用した者が，これを普通名称なりとする動機，意思ないしは確信」等の主観的事実は，普通名称か否かとは関係がない。普通名称となったか否かは客観的に判断すべきであるからである[24]。

1.3 普通名称化と固有名称化

著名な商標が一般的名称として使用されたために普通名称となることもある。具体例として，アスピリン，エスカレーターなどがあげられる[25]。

逆に，一時期普通名称であったとしても，その後の取引の実情の変化により自他識別力が備わった場合には固有名称となりうる[26]。正露丸事件第一審判決・大阪地判平18・7・27判タ1229号317頁〔28111655〕[27] は，「ある時期において普通名称であるとされた表示であっても，その後の取引の実情の変化により特定の商品を指称するものとして需要者に認識され，出所表示機能を有するに至る場合があり得ないわけではない」と判示し，同控訴審はこれに加えて「普通名称であれば，誰もが自由に使用することができたところ，特定の者についての商品等出所表示性を認めるならば，同業他社は，不正競争防止法19条1項3号，4号（先使用権）によって保護されることがあるほ

かは，適法に当該名称を使用することが困難となり，当該特定の者に当該名称の独占的使用を認めるのとほぼ同様の結果となる。したがって，このような結果を正当化するに足りる認識状況を要するというべきであり，普通名称の商品等出所表示への転換を認めるに当たっては，例えば，同業他者が消滅し，当該特定の者のみが当該名称を使用して当該商品ないしサービスを提供するような事態が継続し，あるいは，何らかの事情により当該商品ないしサービスが一旦，全く提供されなくなり，一時，人々の脳裏から当該名称が消え去った後，当該特定の者が当該名称を自己の商品等表示（商標）として当該商品ないしサービスの提供を再開するなどの事態が生じ，当該名称が当該特定の者の商品等表示（商標）と認識されるようになったこと等を要するというべきである。」と判示して厳しい条件を課している（当該事案においては，第1，2審とも再度の出所表示機能の獲得を否定している）。

2 「ぶどうを原料又は材料とする物」[28]

ぶどうを原料または材料とする物については，普通名称となっていても適用除外規定が適用されない。ぶどうを原料または材料とする物の具体例としては，シャンパンやコニャック等があげられる。

この規定は，「各国の裁判所は，いかなる名称がその通有性のためにこの協定の規定の適用を除外されるかを決定しなければならない。ただし，ぶどう生産物の原産地の地方的名称は，この条に明記する留保には含まれない。」と定める「虚偽の又は誤認を生じさせる原産地表示の防止に関するマドリッド協定」4条に基づくものである。

3 「慣用されている商品等表示」

慣用されている商品等表示（慣用表示）とは，普通名称ではないが，取引者間において一般に慣習上自由に使用されている表示一般をいう[29]。慣用表示の典型例としては，清酒の「正宗」や弁当の「幕の内」，床屋の渦巻看板があげられる[30]。

一部の地方で慣用的に使用されていれば慣用表示となりうる[31]。

慣用表示においても普通名称で上述したことが当てはまる。

4 「普通に用いられる方法」

普通に用いられる方法とは，普通名称等の使用の態様が一般取引上普通に行われる程度のものであることをいう[32)33)]。その判断基準は，当該商品などの具体的な取引過程の実態により判断すべきであって，外観上の特殊性とか商標の構成部分に使用されたとの一事だけをもって普通に使用される方法ではないと言うことはできず，もっぱら商品等の識別表示として使用されているかどうかを見るべきである[34)]。この点に関連し，タヒボ茶事件控訴審判決・大阪高判平11・10・14最高裁HP（平成11年（ネ）473号）〔28042352〕は，「タヒボ」が商標登録されたことが普通名称でないことの根拠であるとの主張について，「特許庁の商標登録に関する判断が直接侵害訴訟における当裁判所の判断を左右するものではない」と判示して当該主張を排斥した。

前掲つゆの素事件は，「『普通に使用される方法』とは，右普通名称使用の態様が，一般取引上普通に行われる程度のものたることをいうものと解すべきところ，その認定については，当該商品の具体的取引過程の実状に基きこれを判断すべきものであって，当該取引において，一般に他の文字，図形，記号ないしは附飾を使用すべき合理的理由ないし必要あるときは，これらのものを組み合わせて使用することは許さるべきものと解する。」と判示する。

前掲つゆの素事件では，本件調味料発売の経緯，即席調味料の製造販売業界におけるすう勢等の取引の諸事情を考慮して普通に用いられる方法に当たると判断された。また，スイブル・スイーパー事件・大阪地判平21・9・17判タ1332号267頁〔28153180〕では，「回転する掃除機」という商品の品質を普通に表示するに過ぎないとの被告の主張に対し，日本における英語教育水準からして「回転する掃除機」との商品の品質表示として認識されるとは認め難いことや，被告が自らの商品名として使用していることを理由に，普通に用いられる方法で表示するものとはいえないと判断されており，具体的な取引過程の検討内容として参考になる。

他方，具体的な取引過程に言及せず，外観上の特徴のみを指摘したものもある。マイタケ事件第一審判決・大阪地判平12・12・14最高裁HP（平成9年（ワ）11649号／平成9年（ワ）12381号／平成10年（ワ）8042号）〔28052621〕では，「筆描き状にデフォルメした赤字の『D』の下に，黒字の細ゴシック体の『FRACTION』及び下線を配置したところに看者の注意を

惹く部分があり，普通名称となった『Dフラクション』に特殊なロゴ化を施したものといえるから，普通名称を『普通に用いられる方法』で使用するものとはいえない。」と判示された。同控訴審判決もロゴの特殊性を認めている。また，前掲タヒボ茶事件控訴審判決では，「被告商品にはこれを通常の字体で表示しているのであるから，普通名称を『普通に用いられる方法で表示』したものと認められ」ると判示された。

　当該商品の具体的取引過程の実情を考慮するにしても，外観上の特徴の有無は「普通に用いられる方法」に当たるか否かの重要な検討要素の一つであると考えられる。当該商品の具体的取引過程の実情に照らして特殊なデフォルメ等の外観上の特徴がある場合には，普通に用いられる方法には当たらない[35]。

　この点，博多帯事件・福岡高判平26・1・29判時2273号116頁〔28234512〕は，「博多帯」の文字を短文の一部に用いた標章については自他商品識別機能を害する態様で使用されているものではないとして「普通に用いられる方法」であることを認めた一方，「帯に標章が付される一般的な場所に証紙が付され，その証紙において毛筆体で証紙のおおむね中心に『博多帯』と書かれ，その直下には『博多織物協同組合』と被控訴人協同組合の名称が刻印と共に付されて」いる標章については，「これらが一体として被控訴人協同組合に属する業者が製造したものであるという自他商品識別機能を発揮しているので，『普通に用いられる方法』ということはできない。」と判示しており，外観上の特徴の有無の判断に参考となる。

5　本号の適用に関する裁判例

(1)　普通名称等とされた裁判例（慣用表示と判断された裁判例については慣用表示と注記する）として，

①　演劇，映画等の興行物の入場券を取次ぎ販売しまたは案内，斡旋する業務について「プレイガイド」（東京地判昭28・10・20判時15号20頁〔27410134〕。慣用表示肯定）

②　トイレット用クレンザーについて「トイレットクレンザー」（東京高判昭38・5・23東高民時報 14巻5号136頁〔27486031〕）

③　即席調味料について「つゆの素」（名古屋地判昭40・8・6判時423号45頁〔27486040〕）

④　5年間使用できる日記帳について「Five Year Diary」（大阪地判昭
41・3・30判時468号57頁〔27486043〕）

⑤　即席調味料について「つゆの素」（前掲）

⑥　黒味を帯びた食酢について「くろず」,「くろ酢」あるいは「黒酢」
（鹿児島地判昭61・10・14判タ626号208頁〔27801631〕）

⑦　開閉器の付属品である化粧用枠について「ベゼル」および「BEZEL」
（東京地判平3・2・27公刊物未登載（昭和62年（ワ）5237号）
〔27816124〕）

⑧　枇杷の葉を使った温灸療法として「ビワの葉温灸」（東京地判平
4・12・21公刊物未登載（平成元年（ワ）16879号）〔27824686〕）

⑨　カーテンについて「バルーンテープ」および「レーストリム」（大
阪 地 判 平 7・11・30 公 刊 物 未 登 載（平 成 4 年（ワ）36 号）
〔28031903〕）

⑩　南米産の樹皮を原料にした健康茶として「タヒボ」（大阪高判平
11・10・14最高裁HP（平成11年（ネ）473号）〔28042352〕）

⑪　甲子園球場において開催される高校野球の全国大会として「甲子
園」（大阪地判平11・3・16公刊物未登載（平成10年（ワ）1743号の
A）,大阪地判平11・11・18最高裁HP（平成10年（ワ）1743号のB）
〔28206231〕）

⑫　清酒として「正宗」（大阪高判平12・8・25最高裁HP（平成11年
（ネ）2815号）〔28051817〕。慣用表示肯定。ただし傍論）,菊正宗は著
名表示とする。

⑬　特定のマイタケ抽出物について「Dフラクション」（大阪高判平
13・9・27最高裁HP（平成13年（ネ）198号／平成13年（ネ）199
号）〔28062016〕）

⑭　プレキャスト・プレストレストコンクリート板に該当する部材一般
について「クロスタイプ」,「セミスクエアタイプ」および「スクエア
タイプ」の名称（東京地判平14・12・19判タ1133号257頁〔28080606〕）

⑮　お好み焼風味のせんべいについて「広島風」（広島高判平15・9・
26最高裁HP（平成15年（ネ）44号）〔28090192〕

⑯　プレス用パンチリテーナー装置について「チェンジリテーナ」（東
京高判平15・12・25最高裁HP（平成15年（ネ）1127号）〔28090498〕）

⑰　音楽を治療道具として用いる心理療法として「音楽療法」（知財高判平17・7・20公刊物未登載（平成17年（ネ）10041号）〔28101549〕）

⑱　クレオソートを主剤とする胃腸丸薬について「正露丸」「SEIROGAN」（大阪高判平19・10・11判時1986号132頁〔28132226〕）

⑲　仙台市堤町で制作される人形について「堤人形」（仙台地判平20・1・31判タ1299号283頁〔28152092〕）

⑳　菓子について「紅いも」「タルト」（那覇地判平20・8・6最高裁HP（平成19年（ワ）1032号）〔28142123〕）

㉑　健康食品について「寒天オリゴ糖」（知財高判平22・4・13最高裁HP（平成21年（ネ）10059号）〔28160944〕）

㉒　クレオソートを主剤とする胃腸丸薬について「正露丸」，「糖衣」。また医薬品にアルファベットを付記することは慣用表示とする（大阪地判平24・9・20判タ1394号330頁〔28182047〕）

㉓　博多織製法によって織られた帯について「博多帯」（福岡高判平26・1・29判時2273号116頁〔28234512〕）

㉔　「妊産婦用ベルト」や「妊産婦用腹帯」について「マタニティベルト」（大阪地判平30・7・19最高裁HP（平成29年（ワ）9989号）〔28264991〕）

等がある。

(2)　次に普通名称等ではないとされた裁判例として

①　カステラ製造販売業者について「長崎」又は「ナガサキ」（京都地判昭40・12・22判タ187号193頁〔27486042〕）。なお「長崎カステラ」は普通名称であるとする。

②　洋菓子について「アマンド」（東京高判昭42・11・9判タ216号258頁〔27411141〕）

③　即席タンメンについて「長崎タンメン」（東京高判昭45・4・28判タ254号299頁〔27486055〕）

④　和風カツレツ料理店について「勝れつ庵」（東京地判昭51・3・31判タ344号291頁〔27486076〕）

⑤　葬儀業者について「公益社」「公益」（大阪地判昭53・6・20無体集10巻1号237頁〔27486094〕）

⑥　尺八音楽について「都山流」（大阪高決昭54・8・29判タ396号138

頁〔27486105〕）

⑦　拳法界について「少林寺拳法」または「少林寺拳法道院」（大阪地判昭55・3・18判時969号95頁〔27486109〕）

⑧　カツレツ料理を提供する料理店について「かつれつ庵」（横浜地判昭58・12・9判タ514号259頁〔27486142〕）

⑨　持ち帰り弁当の製造販売業について「ほっかほか弁当」（福岡高宮崎支判昭59・1・30判タ530号225頁〔27490513〕）

⑩　眼鏡店の営業について当事者の氏名と組み合わせた「メガネの竹林」または「ニューメガネの竹林」（福岡高判昭61・11・27判タ641号194頁〔27801633〕）

⑪　特殊ゴーカートを特殊路面上を走行させて誰でも容易に高速でレースカーを運転している感覚を味わわせるゲームについて「スリックカーレース」（大阪地判昭63・7・28判時1287号137頁〔27802412〕）なお傍論では「スリックタイヤ」は競争自動車に装着される溝のないタイヤの普通名称であるとする。

⑫　社員を募集する企業から求人広告の出稿を受けこれを掲載した刊行物を求職者や社会一般に頒布する等の求人情報サービスまたは広告業として「リクルート」（東京地判平5・3・24 公刊物未登載（平成2年（ワ）16538号）〔28022300〕）

⑬　眼鏡店の業務について「メガネセンター」（山形地決平7・6・27判例不競法810ノ252ノ1頁）

⑭　クレオソートを主剤とする胃腸丸薬について「正露丸糖衣ＡＡ」（大阪地判平11・3・11判タ1023号257頁〔28050907〕）なお「正露丸糖衣錠」は普通名称であるとする。

⑮　ホテル業等につき「リッツ（RITZ）」（大阪高判平11・12・16最高裁HP（平成8年（ネ）3445号／平成10年（ネ）2842号）〔28042871〕）

⑯　携帯電話サービスにつき「j-phone」（東京地判平13・4・24判タ1066号290頁〔28060816〕）

⑰　学校法人につき「呉青山学院中学校」（東京地判平13・7・19判タ1123号271頁〔28061527〕）

⑱　図書のみを対象とする商品券について「図書券」（東京地判平14・1・24判タ1120号282頁〔28070244〕）

19条1項1号　適用除外等　777

⑲　日刊新聞，雑誌，図書の発行および販売に係る業務について「読売」（東京地判平16・11・29最高裁HP（平成16年（ワ）13859号）〔28100053〕）

⑳　健康食品の販売業者として「スズケン」（名古屋地判平18・1・11最高裁HP（平成17年（ワ）3957号）〔28110744〕）

㉑　うどんについて「氷見うどん」（名古屋高金沢支判平19・10・24判タ1259号327頁〔28140538〕）

㉒　ヘッド部分が自由に回転する掃除機について「SWIVEL SWEEPER」「スイブルスイーパー」（大阪地判平21・9・17判タ1332号267頁〔28153180〕）

㉓　老人ホームについて「シルバーヴィラ」（東京地判平22・7・16判タ1344号204頁〔28161970〕）

㉔　沖縄県内で織られた織物について「ミンサー織り」（福岡高那覇支判平23・11・29 公刊物未登載（平成23年（ネ）88号／平成23年（ネ）136号）〔28320596〕）

㉕　一軸偏心ねじポンプについて「モーノポンプ」（大阪地判平27・9・29最高裁HP（平成26年（ワ）8869号）〔28233534〕）

等がある。

【注】

1）　経産省・逐条解説（令和5年改正版）247頁，山本・要説4版367頁。

2）　小野・新・注解3版下巻1226頁〔木村修治〕

3）　小野・新・注解3版下巻1226頁〔木村修治〕

4）　小松一雄編『不正競業訴訟の実務』251頁〔守山修生・山田知司〕（新日本法規，2005），安永武央「周知表示・著名」牧野利秋＝飯村敏明編『新・裁判実務大系4　知的財産関係訴訟法』451頁（青林書院，2001），髙部・実務詳説141頁，清水節＝髙野輝久＝東海林保編著『Ｑ＆Ａ商標・意匠・不正競争防止の知識100問』391頁〔菊池絵里〕（日本加除出版，2016）。

5）　小松編・前掲注4）252頁〔守山修生・山田知司〕。なお普通名称が適用除外とされている根拠について自他商品識別機能がないことを理由とするか，特定人の独占使用になじまないことを理由とするかによって普通名称か否かを判断するためのアンケート調査の意義が異なるとの指摘がある（志賀典之「判批」茶園ほか編・百選2版152頁，田村善之「裁判例にみる不正競争防止法2条1項1号における規範的判断の浸食」相澤英孝＝大渕哲也＝小泉直樹＝田村善之編集代表『中山信弘先生還暦記念論文集・知的財産法の理論と現代的課題』402頁

778 第4章 雑則

（弘文堂，2005））。

6） 経産省・逐条解説（令和5年改正版）248頁，清水＝髙野＝東海林編著・前掲
注4）386頁〔菊池絵里〕。

7） 経産省・逐条解説（令和5年改正版）248頁

8） 小野・新・注解3版下巻1247頁〔木村修治〕，棚橋祐治監修・宍戸充＝金井重
彦＝松嶋隆弘＝菅原貴与志＝中川淨宗編著『不正競争防止の法実務』〔改訂版〕
73頁〔中川淨宗〕（三協法規出版，2013）。

9） 黒酢事件・鹿児島地判昭61・10・14判タ626号208頁〔27801631〕。経産省・
逐条解説（令和5年改正版）248頁，小野・新・注解3版下巻1246頁〔木村修
治〕，小松編・前掲注4）253頁〔守山修生・山田知司〕，田倉整＝元木伸編『実
務相談不正競争防止法』275頁〔青柳〕（商事法務研究会，1989），田村・概説2
版100頁，加藤暁子「判批」茶園ほか・百選2版150頁，髙部・実務詳説142頁，
阿部正幸「不正競争関係訴訟総論」髙部真規子編『著作権・商標・不競法関係
訴訟の実務』〔第2版〕（商事法務，2018）440頁。なお渋谷・不競法93頁および
96頁は，属性の表示について商品等表示でないと解するか，その使用または表
示は商品等表示としての使用または表示に当たらないと解すべきとする。

10） 岩瀬吉和「判批」中山ほか編・百選151頁。なお中村閑「営業の普通名称に店
舗等の所在地の地名を付した営業表示の使用行為についての不正競争防止法の
適用除外」髙部眞規子裁判官退官記念論文集編集委員会編『髙部眞規子裁判官
退官記念論文集・知的財産権訴訟の煌めき』499頁（金融財政事情研究会，
2021）は，前掲セイジョー事件の判決が同号の趣旨を及ぼすことができない
「特段の事情」に言及したため「趣旨に照らし」と表現したものと推測する。

11） 小野・新・注解3版下巻1246頁〔木村修治〕，竹田稔＝服部誠『知的財産権訴
訟要論［不正競業・商標編］〔第4版〕』222頁（発明推進協会，2018），田村・
概説2版・不競法102頁，渋谷・不競法95頁。商標法（現3条1項1号）に関す
る普通名称につき，磯最中事件・大判明36・7・6民録9輯870頁〔27980003〕。

12） 山本・要説4版369頁

13） 髙部・実務詳説143頁も同旨

14） 小野・新・注解3版下巻1251頁〔木村修治〕

15） 一般大衆に対し問題とする名称を含め複数の名称についてブランドか普通名
称かを質問するアンケート調査を行うもの。

16） 小野・松村・概説3版下巻125頁

17） 志賀典之「判批」茶園ほか編・百選2版152頁

18） 小野・松村・概説3版下巻124頁，安永・前掲注4）451頁。

19） 小野・新・注解3版下巻1252頁-1254頁〔木村修治〕

20） 小野・新・注解3版下巻1252頁〔木村修治〕

21） 小野・松村・概説3版下巻123頁

22） 志賀典之「判批」茶園ほか編・百選2版152頁

23） 三山峻司「表示法の係争事件におけるアンケート調査の実践的な利用法につ

いての検討」産大法学50巻3・4号308頁（2017）

24)　小野・新・注解3版下巻1253頁〔木村修治〕，小野＝松村・概説3版下巻124頁，加藤・前掲注9）150頁。

25)　小野・新・注解3版下巻1252頁-1254頁〔木村修治〕

26)　小野・新・注解3版下巻1254頁-1256頁〔木村修治〕，小野＝松村・概説3版下巻124頁。

27)　志賀典之「判批」茶園ほか編・百選2版152頁

28)　経産省・逐条解説（令和5年改正版）248頁，小野・新・注解3版下巻1260頁-1262頁〔木村修治〕，小野＝松村・概説3版下巻127頁，山本・要説4版370頁

29)　経産省・逐条解説（令和5年改正版）248頁，小野・新・注解3版下巻1262頁〔木村修治〕，小野＝松村・概説3版下巻127頁，山本・要説4版368頁-369頁，清水＝髙野＝東海林編著・前掲注4）386頁〔菊池絵里〕。

30)　小野・新・注解3版下巻1262頁〔木村修治〕。幕の内及び床屋の渦巻き看板につき，経産省・逐条解説（令和5年改正版）248頁。なお慣用商標につき，伊藤知生「『正宗』と『男山』はなぜ清酒の慣用商標となったか──近世・江戸市場における偽ブランド酒流通放置の帰結」パテント75巻13号64頁（2022）は現代の一般消費者が「正宗」について清酒の慣用商標との認識を持っているか疑問を呈する。

31)　小野・新・注解3版下巻1266頁〔木村修治〕，竹田＝服部・前掲注11）222頁，渋谷・不競法98頁。商標権についての事案であるが，羽二重餅事件・東京高判昭31・7・14行集7巻7号1833頁〔27601377〕では，福井市を中心とする菓子製造業者において慣用されていると判断された。

32)　経産省・逐条解説（令和5年改正版）248頁，小野・新・注解3版下巻1270頁-1271頁〔木村修治〕，小野＝松村・概説3版下巻130頁，山本・要説4版368頁，371頁。

33)　赤木屋プレイガイド事件・東京地判昭28・10・20判時15号20頁〔27410134〕，つゆの素事件・名古屋地判昭40・8・6判時423号45頁〔27486040〕，マイタケ事件第一審判決・大阪地判平12・12・14最高裁HP（平成9年（ワ）11649号／平成9年（ワ）12381号／平成10年（ワ）8042号）〔28052621〕。

34)　小野・新・注解3版下巻1272頁〔木村修治〕，小野・松村・概説3版下巻132頁。

35)　経産省・逐条解説（令和5年改正版）248頁-249頁，竹田＝服部・前掲注11）223頁，加藤・前掲注9）150頁。

〔杉山　一郎〕

780　第4章　雑則

（適用除外等）

19条1項2号

　二　第2条第1項第1号，第2号及び第22号に掲げる不正競争　自己の氏名を不正の目的（不正の利益を得る目的，他人に損害を加える目的その他の不正の目的をいう。以下同じ。）でなく使用し，又は自己の氏名を不正の目的でなく使用した商品を譲渡し，引き渡し，譲渡若しくは引渡しのために展示し，輸出し，輸入し，若しくは電気通信回線を通じて提供する行為（同号に掲げる不正競争の場合にあっては，自己の氏名を不正の目的でなく使用して役務を提供する行為を含む。）

趣　　旨

　本号は，①混合惹起行為（2条1項1号），②著名表示冒用行為（同項2号），③代理人等の商標冒用行為（同項22号）の3類型に対する適用除外を規定する。

　その趣旨は，氏名の使用は人格権の発現形態であり，自己の氏名を使用することで得る利益はその本人自身が享受すべきものであるうえ，その使用を禁じられれば取引上の不都合も大きく，第三者の行為によって妨げられることは望ましくないから，不正の目的がない場合には，その氏名の使用について，不正競争防止法上の請求権の行使や刑事罰の適用を除外するというものである[1)2)]。

解　　説

1　「自己の氏名」

　自然人の氏名は，文言上当然に「自己の氏名」に含まれることが明らかである。自然人の氏名の中でも，文言どおり氏と名両方の組合せであることを要する説もある[3)]が，裁判例は氏だけの使用の場合であっても，「自己の氏名」に当たることを前提として，本規定による適用除外の成否を検討している。花柳流名取事件・大阪地決昭56・3・30判時1028号83頁〔27486118〕においては，「『氏名』とは氏（姓）と名との併用の場合はもちろん『氏』のみまたは『名』のみの場合をも含んで『氏名』といっていると解するのが相当である」と判示されている。そのほかにも，氏のみで「自己の氏名」該当性を肯定する裁判例が存在する[4)]。

他方，メガネの松田事件・福岡高判昭61・11・27判タ641号194頁
〔27801633〕において裁判所は，「メガネの竹林」または「ニューメガネの竹
林」との標章について，「竹林」の部分について自己の氏名の使用である旨
主張をした控訴人らについて「確かに，……『竹林』は被控訴人や控訴人ら
の氏名ではあるが，本件のように，普通に用いられる方法ではなく，これが
組合わされ，その字体などに特殊な技巧が加えられ，しかも長年特定の者に
よって使用された結果，その者の商品又は営業を表示するものとして識別力
をそなえるに至った場合には，不正競争防止法1条1項1，2号によって保
護さるべき商標又は標章に当たるものと解するのが相当である」として，本
規定の適用を否定した。

　商標法4条1項8号においては，「他人の氏名」が商標の不登録事由とさ
れているところ，アルファベットの氏名表記が同規定に該当するか否かにつ
いて，「KENKIKUCHI」事件・知財高判令元・8・7最高裁HP（平成31年
（行ケ）10037号）〔28273515〕は，「同号は，『他人の氏名……を含む商標』
と規定するものであり，当該『氏名』の表記方法に特段限定を付すものでは
ない。また，同号の趣旨は，自らの承諾なしにその氏名，名称等を商標に使
われることがないという人格的利益を保護することにあると解される……と
ころ，自己の『氏名』であれば，それがローマ字表記されたものであるとし
ても，本人を指し示すものとして受け入れられている以上，その『氏名』を
承諾なしに商標登録されることは，同人の人格的利益を害されることになる
と考えられる。」として，アルファベットによる氏名表記が「他人の氏名」
に当たるものと認定した。本裁判例は商標法4条1項8号に関するものであ
るが，同裁判例が指摘する同規定の趣旨は，本号の趣旨と同様のものであ
り，同判断は本号の解釈においても参酌されるものと考えられる。

　法人名については，自然人と異なり，「自己の氏名」に当たらないものと
解する見解が多い[5]。その理由としては，法人の名称は自然人の氏名と異な
り，自由に選択し，かつ事後的に変更することも可能であるから，自然人の
氏名ほど保護の要請が高くないことがあげられる。また，この点につき，本
規定による適用除外を受けるために他人の周知表示と同一もしくは類似の名
称の法人を設立する者が現れるおそれがあるとの指摘もある[6]。現に，山葉
楽器事件・静岡地浜松支判昭29・9・16判タ43号40頁〔27410188〕[7]におい
ては，仮に代表者等の個人の氏と同一の表示のものであっても，法人名の選

782　第4章　雑則

択には自由度が大きく，あえてその名称に自己の氏名を用いる必然性はない
という理由から，本規定による適用除外が認められなかった。また，
PAOLO GUCCI事件・東京地判平6・11・30特許庁公報48号346頁
〔28032422〕においても，裁判所は「被告会社は自社の営業表示及び商品表
示として被告標章を使用していたものであるところ，被告標章中に含まれる
『パオログッチ』あるいは『PAOLO GUCCI』は自然人である補助参加人の
氏名であって被告会社の氏名とはいえない」として，本規定の適用を否定し
ている。

　しかしながら，BUDWEISER BUDVAR事件第一審判決・東京地判平14・
10・15判タ1124号262頁〔28073030〕[8)]では「不正競争防止法12条1項2号
は『自己の氏名』と規定するが，ここにいう『氏名』は，自然人の氏名に限
定して解すべきものではなく，法人の名称も含むものと解するのが相当であ
る。けだし，法人であっても，創業地や本店所在地の地名，創業者の氏名等
をその名称に用いる必要がある場合は少なくないものであるから，そのよう
な名称を不正競争の目的なく使用する場合には，これを不正競争防止法の適
用の対象から除外する必要性が存在するものというべきである。他方，著名
ないし周知の商品等表示の権利者の側としても，地名ないし人名を含む名称
を自己の商品ないし営業を示すものとして使用する場合には，当該地名ない
し人各を含む名称が他の企業の名称として使用される可能性があることは当
然に予測すべきものであるから，そのような名称が周知性ないし著名性を取
得した場合に，他人が当該名称を自己の名称として不正競争の目的なく使用
する行為を甘受すべきものとしても，予測を裏切ることになるわけではな
い。また，そのように解しても，『不正の目的』がある場合は，不正競争防
止法の適用の対象となるのであるから，権利者に格別の不利益を強いるもの
でもない。そのように解さないと，本来，当該商品の産地等を表示するもの
（商標法3条1項3号）やありふれた名称を表示するもの（同項4号）とし
て商標登録を受けられない名称が，特別顕著性を取得したという理由で商標
登録された場合（同条2項参照）においては，商標権の効力が及ばない法人
の名称（同法26条1項1号）に対しても，不正競争防止法上の請求が妨げら
れないということになるが，そのように解すると，そのような商標について
は，周知性，著名性を容易には認めるべきではないという考えを招くことと
なり，かえって，権利者の保護に欠けることになりかねない。」として，法

人の名称の「自己の氏名」該当性を認めた。なお，本判決については，「創業者の氏名を会社名として使用している特殊な例であって，本条の趣旨が人格権の行使にあることからすると，法人の商号一般についてまで『氏名』と拡大解釈するのは，いささかどうかと考える」との指摘がなされている[9]。

このように，法人の名称が「氏名」に該当するか否かについては裁判例上判断が分かれているところ，その理由は，名称の由来や名称変更の容易性等，個々の事案における事情が影響しているといえるため，この点については，一概に，法人の名称だからという理由によるのではなく，具体的な「不正の目的」で個別的に判断すれば足りる[10]と解するのが妥当と解する。

芸名が「氏名」に含まれるかという点も問題となる。一般的には，芸名は後天的に付与されるものであり，この点において法人の名称と共通の性質が認められる。

前掲花柳流名取事件においては，芸名・雅名等について本号が適用されたが，その理由は，芸名により本規定の適用を主張する者が，同芸名を戸籍上の氏とする者（家元の分家）から門弟として付与された芸名であることを以て，「我が国独特の家元制度の実態からすると，……門弟の芸名は宗家に完全に従属しているものと解すべきである」というものであり，この理由のみをもって芸名に本規定を適用した点につき問題視する見解もある[11]。そのほか，伝統芸能における家元制度と芸名について，本規定の適用の是非が問題となった事案としては，若柳流事件・大阪地判平元・4・12判時1306号105頁〔27804164〕，音羽流事件第一審判決・大阪地判平7・9・28判タ896号231頁〔27829071〕，同控訴審判決・大阪高判平9・3・25判時1626号133頁〔28030521〕および花柳流花柳会事件・知財高判平25・2・28最高裁HP（平成24年（ネ）10064号）〔28210778〕などがある。

芸名であるとしても，現在使用中のもので，需要者において戸籍上の氏名であるかのように認識されているのであれば，本規定を類推するなどして適用すべきとする見解があるが，そうであっても，芸名であれば事後的な変更が不可能ではないから，仮に本規定を適用するとしても，「不正の目的」でないことの立証の程度を加重する，「不正の目的」を緩やかに認定するといった，適用除外の範囲を狭める運用を要すると考えられる[12][13]。

2 「不正の目的……でなく使用」

　本号は，「不正の目的」でない自己の氏名の使用等について，不正競争の適用除外としている。「不正の目的」の意義は，本号括弧書において「不正の利益を得る目的，他人に損害を加える目的その他の不正の目的をいう。」と定義されているとおりである。

　花柳流名取事件・大阪地決昭56・3・30判時1028号83頁〔27486118〕では，「筋宗家の旧分家の子としての自己の氏に照らしいわば必然的なことといえなくはないのであって，斯界では極めて普通に用いられる方法により使用したものとも解され，特段ここに欺瞞的使用の意図（あえて申請人側の名声にただ乗りし，その事業の表示が著名であることを奇貨として，他人に両者の誤認混同を生じさせ，もって利得しようとする意図）を見出すことは困難である」として，芸名として「花柳」性を使用したことについて，不正の目的を認めることができないとされた。

　他方，花柳流花柳会事件・知財高判平25・2・28最高裁HP（平成24年（ネ）10064号）〔28210778〕においては，流派名称が「自己の氏名」として俗謡が認められる場合であっても，すでに他人の流派名称が周知性を獲得している場合，ことさらこれと同一の名称を使用する行為は「不正の目的」がないとはいえないとされた。

　わたなべ皮フ科・形成外科事件・大阪地判平21・7・23判タ1330号243頁〔28153290〕において裁判所は，自己の氏名の使用による適用除外を主張する被告について「診療所の開設にあたっては，都道府県知事への届出が必要となるところ（医療法8条），その届出書において，診療所の名称は，原則として，開設者の姓を冠することとされている……被告診療所の名称が現在のものに決まったのは，上記届出にあたり，被告の氏である『渡部（わたなべ）』を用いるよう要請されたためと認められる。そして，このような経緯からすれば，被告診療所の名称に『わたなべ』の語を使用するにあたり，被告に不正の目的はなかった」，「診療所を開設することは，医師の活動として正当なものであり，勤務先の診療所を短期間で退職した医師が，同診療所から遠くない場所に，新たに診療所を開設したからといって，直ちに不正の目的があるということにはならない。」として，諸般の事情から被告の不正の目的がないことを認めた。

BUDWEISER BUDVAR事件第一審判決・東京地判平14・10・15判タ1124号262頁〔28073030〕では，裁判所は，「『Budweiser』の語は，13世紀以来，ボヘミア地方のチェスケ・ブジェヨビチェ（ドイツ語名称Budweis）において醸造されるビールを意味する名称として使用され，そのことはヨーロッパにおいて広く知られていたものであるところ，被告ブドバーは，チェコ共和国の国営企業として設立され，『Budweiser』の名称に関する一切の権利を承継したものである」といった名称使用の経緯から，被告の表示の使用について，不正の目的でないことを認定した[14]。

PAOLO GUCCI事件・東京地判平6・11・30特許庁公報48号346頁〔28032422〕は，表示された氏名が被告会社でなく補助参加人である関係者のものであるとして，「自己の氏名」該当性が否定された事案であるものの，不正の目的についても判断された。裁判所は，補助参加人が原告創業者の孫であり，かつては原告の前身の会社にて仕事をしていたこと，その後，補助参加人が原告と関係を絶ち，原告に無断で「PAOLO GUCCI」の文字を含む表示を使用していたところ，当該使用を巡って原告と世界各国で訴訟となり，多数の国の訴訟で原告の請求が認められたり，補助参加人による表示の使用を禁止する旨の和解がなされたりしたこと，日本国内においても補助参加人が取締役であった「パウロ　グッチ」との表示を商号に含む会社が，原告と訴訟をして，その結果商号変更等を行う旨の和解をしたことといった経緯から，「補助参加人における被告標章の使用は，我が国に輸入された被告商品の関係で不正の目的がなかったとは言えない」と認定した。

3 「使用し，又は自己の氏名を不正の目的でなく使用した商品を譲渡し，引き渡し，譲渡若しくは引渡しのために展示し，輸出し，輸入し，若しくは電気通信回線を通じて提供する行為（同号に掲げる不正競争の場合にあっては，自己の氏名を不正の目的でなく使用して役務を提供する行為を含む。）」

「使用」および「使用した商品を譲渡し，引き渡し，譲渡若しくは引渡しのために展示し，輸出し，輸入し，若しくは電気通信回線を通じて提供する行為」の意義については，同様の要件を定める2条1項1号等の解説を参照されたい。

本要件においては，自己の氏名を不正の目的でなく使用して役務を提供す

786　第4章　雑則

る行為も，本号により適用除外の対象となる旨明示されている。

【注】
1）　経産省・逐条解説（令和5年改正版）249頁
2）　田村・概説2版106頁
3）　渋谷・不競法100頁
4）　わたなべ皮フ科・形成外科事件・大阪地判平21・7・23判タ1330号243頁
　　〔28153290〕
5）　田村・概説2版107頁-108頁
6）　田村・概説2版108頁
7）　評釈として，金井重彦「自己の氏名（法19条1項2号）〔山葉楽器事件〕」中
　　山ほか編・百選152頁。
8）　控訴審である東京高判平15・7・30最高裁HP（平成14年（ネ）5791号）
　　〔28082340〕も同旨。
9）　山本・要説4版376頁
10）　田村・概説2版109頁
11）　小野＝松村・新・3版下巻136頁
12）　小野・新・注解3版下巻1278頁〔木村修治〕
13）　田村・概説2版109頁
14）　大向尚子「判批」茶園ほか編・百選2版154頁

〔髙橋　淳・宮川　利彰〕

（適用除外等）

19条1項3号

　三　第2条第1項第1号及び第2号に掲げる不正競争　商標法第4条第4項に規定する場合において商標登録がされた結果又は同法第8条第1項ただし書，第2項ただし書若しくは第5項ただし書の規定により商標登録がされた結果，同一の商品若しくは役務について使用（同法第2条第3項に規定する使用をいう。以下この号において同じ。）をする類似の登録商標（同法第2条第5項に規定する登録商標をいう。以下この号及び次項第2号において同じ。）又は類似の商品若しくは役務について使用をする同一若しくは類似の登録商標に係る商標権が異なった商標権者に属することとなった場合において，その一の登録商標に係る商標権者，専用使用権者又は通常使用権者が不正の目的でなく当該登録商標の使用をする行為

趣　　旨[1)2)]

　本号は，商標法改正（令和5年法律51号）により，商標権につき，いわゆるコンセント制度が導入されたことに伴い新設された規定である。

　商標権は，登録されたのち半永久的に更新を行うことができる独占的権利であるため，商標登録件数の膨大化により，自身の事業に適しており，かつ，他人の登録商標と競合しない標章を選択し商標登録することが，徐々に困難になることが懸念されていた。

　そこで，令和5年法律51号改正においては，自身の商標が既存の先行登録商標と同一または類似のものであっても，当該先行登録商標の権利者による同意（コンセント）を得て，かつ，一定の条件を満たすことで，自身の商標を商標登録させることができるという，コンセント制度が導入された。

　他方，同制度の利用により，先願登録商標と後願登録商標が併存することとなった場合，後願商標が登録された後に，先願の商標権者が先願登録商標について周知性（または著名性）を獲得し，後願の商標権者が後願登録商標の使用を開始すれば，後願の商標権者の同使用は，他人である先願の商標権者の周知（または著名）な商品等表示と類似の表示を使用することとなり，その他人である先願の商標権者の商品や営業と混同のおそれが生じているのであれば，形式上，2条1項1号（または同項2号）に該当することになり，先願の商標権者は後願の商標権者に対して，同規定に基づく差止請求や損害賠償請求を行えることとなってしまう。また，逆に，同制度により商標

788 第4章 雑則

登録された後願の商標が周知（または著名）となれば，後願の商標権者が先願の商標権者に対して，同様の請求を行えることとなりうる。

確かに，当初コンセント制度を利用して，先願の商標権者が後願について同意したことや，後願の商標権者が既存の先願商標権の存在を承知しながら商標権を取得したことに照らせば，上記のような請求は信義誠実の原則（民法1条2項）に反するものとして，訴訟においては棄却される可能性がある。とはいえ，実際に訴訟にて同請求が棄却されるか否かは必ずしも明らかでないため，コンセント制度を利用したとしても，不正競争防止法上の請求権を行使され，商標の使用が妨げられる危険性が残存することとなり，ビジネスの予見・予測可能性を欠き，コンセント制度の円滑な利用に支障が生じることが懸念された。

そこで，本規定を新設することで，商標法上のコンセント制度を利用した場合であり，当事者が不正の目的でなく登録商標を使用した際には，2条1項1号および2号に該当する行為について，差止請求および損害賠償等の規定ならびに罰則の規定の適用を除外し，その登録商標の使用を妨げられないものとした。

解 説

1 「商標法第4条第4項に規定する場合において商標登録がされた結果」または「同法第8条第1項ただし書，第2項ただし書若しくは第5項ただし書の規定により商標登録がされた結果」

本要件に列挙される商標法上の規定は，いずれも，コンセント制度の導入により令和5年改正（令和5年法律51号）にて新設されたものである。

(1) 「商標法第4条第4項に規定する場合において商標登録がされた結果」

商標法4条1項11号においては，先願に係る他人の登録商標と同一もしくは類似またはその指定商品もしくは役務が同一もしくは類似であることが，商標の不登録事由の一つとして定められていた。

令和5年改正での同条4項の新設により，同条1項11号に該当する場合であっても，商標登録を受けることについて当該他人の承諾を得ており，かつ，当該商標の商品または役務と当該他人やその使用権者の業務に係る商品または役務との間で混同を生じるおそれがない場合には，例外として不登録

事由とならないことになり，そのような場合にも商標登録が可能になった。

(2) 「同法第8条第1項ただし書，第2項ただし書若しくは第5項ただし書の規定により商標登録がされた結果」

商標法8条1項本文においては，同一または類似の商品または役務について使用をする同一または類似の商標について異なった日に2件以上の商標登録出願があった場合，最先の商標登録出願人のみが商標登録を受けられるものとされている。

また，同条2項本文では，同一または類似の商品または役務について使用をする同一または類似の商標について同日に2件以上の商標登録出願があった場合，出願人らの協議により定めた出願人1人のみが商標登録を受けられるものとされている。

さらに，同条5項本文では，同条2項本文での協議が成立せず，またはその協議の結果の届出が同条4項に従って行われなかった場合，特許庁長官が行うくじにより定めた順位における最先の出願人のみが商標登録を受けられるものとされている。

このように，競合する複数の商標出願がなされた場合には，そのうちの1名のみが商標登録される制度とされていたところ，令和5年改正により，同条1項本文および同条5項本文によって優先される出願人（同条1項ただし書および同条5項ただし書）や同条2項本文の協議の相手方となる出願人全員（同項ただし書）が承諾しており，かつ，承諾者の商標を使用する商品または役務と被承諾者の商標を使用する商品または役務との間で混同を生ずるおそれがない場合には，被承諾者も商標登録することが可能となった。

2 「同一の商品若しくは役務について使用……をする類似の登録商標」「又は類似の商品若しくは役務について使用をする同一若しくは類似の登録商標に係る商標権が異なった商標権者に属することとなった場合」

本要件は，商標法上のコンセント制度の利用により，承諾者と被承諾者という異なる権利主体が，同一の商品または役務について類似の登録商標を取得する場合，および類似の商品または役務について同一または類似の登録商標を取得する場合をいう。

本要件においては，「同一の商品若しくは役務」，「類似の登録商標」および「類似の商品若しくは役務について使用をする同一若しくは類似の登録商

標」との文言が明記されているところ，これらにおける商品もしくは役務の同一性もしくは類似性，または商標の同一性もしくは類似性の判断は，本規定の趣旨に照らせば，商標法における判断と同様になされるものと考えられる。

「使用」の意義についても，本号かっこ書にて明示されているとおり，商標法2条3項において限定列挙される行為を意味する。

「登録商標」の意義についても，本号かっこ書記載のとおり，商標法2条5項の「商標登録を受けている商標」を意味する。

3 「その一の登録商標に係る商標権者，専用使用権者又は通常使用権者が」

本要件は，本規定により商標の使用を妨げられないこととなる主体について定めている。本要件において「その一の」とされているとおり，コンセント制度における後願の商標権者および先願の商標権者のいずれもが，本規定に基づく抗弁の主体となり，商標の使用を妨げられない旨主張することができる。

さらに，これらの商標権者から使用許諾を得た専用使用権者および通常使用権者についても，本規定に基づく抗弁の主体となる。

4 「不正の目的でなく」

いかなる場合において本要件が充足されるかについては，令和5年改正以降の裁判例の蓄積や議論が待たれるところではあるが，少なくとも，コンセント制度において当初同意した範囲内において登録商標を使用している限りは，不正の目的でないと評価できるものと思われる[3]。

逆に，コンセント制度利用当初の当事者間の同意を無断で超えて，登録商標を使用している場合等については，諸般の事情を踏まえ，不正の目的でないと言えないと判断される可能性もあるであろう。

5 「当該登録商標の使用をする行為」

本要件における「登録商標」とは，商標法2条5項の「商標登録を受けている商標」を意味しており，その「使用」は，同条3項において限定列挙される行為を意味している。

6 効果

　本号の要件を充足する者は，周知表示や著名表示の使用者からの差止請求（3条）および損害賠償請求（4条，5条）を免れることができ，当該使用等の行為を継続することができる。また，刑事罰（21条，22条）の適用も除外される（19条1項柱書）。

　本号に該当する行為によって，自己の営業上の利益を侵害され，または侵害されるおそれがある者は，当該行為者に対して，自己の商品または営業との混同を防ぐのに適当な表示を付するよう請求することができる（19条2項2号）。

【注】

1） 松本将明＝安部剛「令和5年不正競争防止法等の一部を改正する法律における特許法等改正の概要（上）」NBL1250号12頁，13頁（2023）
2） 産業構造審議会知的財産分科会不正競争防止小委員会『デジタル化に伴うビジネスの多数化を踏まえた不正競争防止法の在り方』（令和5年3月）30頁-32頁
3） 黒川直毅ほか「令和5年不正競争防止法改正の概要」NBL1250号21頁，25頁注8（2023）

〔宮川　利彰〕

（適用除外等）
19条1項4号

　四　第2条第1項第1号に掲げる不正競争　他人の商品等表示が需要者の間に広く認識される前からその商品等表示と同一若しくは類似の商品等表示を使用する者又はその商品等表示に係る業務を承継した者がその商品等表示を不正の目的でなく使用し，又はその商品等表示を不正の目的でなく使用した商品を譲渡し，引き渡し，譲渡若しくは引渡しのために展示し，輸出し，輸入し，若しくは電気通信回線を通じて提供する行為

趣　旨

　本号は，①混合惹起行為（2条1項1号）に対する適用除外を規定する。「他人の商品等表示が需要者の間に広く認識される前から」，「その商品等

792 第4章 雑則

表示と同一若しくは類似の商品等表示を使用する者又はその商品等表示に係る業務を承継した者」が,「その商品等表示を不正の目的でなく」使用等する場合には,適用除外とする規定である。

2条1項1号は,公正な取引の秩序維持のため,周知表示と同一または類似の表示を第三者が使用することは原則として許容しない旨規定している（以下,同規定により排他的に周知表示の使用が認められる者を「周知表示使用者」という）。しかし,そのような第三者であっても,当該周知表示の存在につき善意であり,かつ,同表示が周知性を有するに至るより前から使用している者については,既に周知表示使用者とは別に,同人独自の商品等表示に関する財産的価値を築き上げているといえる。そして,そのような商品等表示を事後的に禁止して当該財産価値を奪うことは,公正な競争秩序を害するものであって許容されるべきでない。また,そのような事後的な禁止を認めれば,当該周知表示が周知となる以前からの同表示の独占を認めることと同義となり,公平性を欠くばかりか,表示が周知となったことを保護の根拠とする同号の趣旨に反し妥当ではない[1]。

そこで,当該周知表示の存在につき善意であり,かつ,同表示が周知性を有するに至るより前から使用している者による同表示の使用等については,例外的に独占の外に置き,当該表示の使用等を認めることが,周知表示使用者との関係上公平であり妥当である。このような考え方のもと,周知表示使用者とそれに先立ち表示を使用していた者との利益の調和を図ることが,本号の趣旨であるとされる[2]。

同様の規定は,平成5年5月19日法律47号による改正以前の不正競争防止法においても存在しており（旧2条1項4号）,当時の裁判例も,現在の事案において当てはまる。

一般的に,本号は,不正競争防止法における先使用の抗弁を認めるものとされており,その趣旨は,商標法上の先使用権（商標法32条1項）と同様のものといえるが,商標法上の先使用権のように積極的に権利を明確に付与する形式ではなく,あくまで周知表示混同惹起行為について,差止請求および損害賠償等の規定ならびに罰則の規定の適用を除外するという,権利付与か一種の事実状態にとどまるのか明確でない形式にて規定されている。また,要件においても,商標権の先使用権は,商標出願以前の使用を求めるのに対し,本号の先使用は,表示が周知性を獲得する以前の使用を求めるといった

点など，相違点が存在する。

解　説

1　概要

　本号の要件は，①他人の商品等表示が需要者の間に広く認識される前から，②その商品等表示と同一もしくは類似の商品等表示を，③使用する者またはその商品等表示に係る業務を承継した者が，④その商品等表示を不正の目的でなく，⑤使用し，または使用した商品を譲渡し，引き渡し，譲渡もしくは引渡しのために展示し，輸出し，輸入し，もしくは電気通信回線を通じて提供する行為とされている。

　各要件の意義については，以下のとおりである。

2　要件

2.1　「他人の商品等表示が需要者の間に広く認識される前から」

2.1.1　意義

「他人」，「商品等表示」および「需要者の間に広く認識される」の意義については，2条1項1号における意義と同様に解される。

　本号は，周知表示に先立ち既に独自の商品等表示に関する財産的価値を築き上げている者について，2条1項1号による他人である周知表示使用者の排他的請求権に対抗する権利を認める趣旨によるものであるから，周知表示使用者の商品等表示が「需要者の間に広く認識される前から」，すなわち周知性を獲得する前から，先使用権を主張する者が，当該表示を使用していることを要件としている（本要件が，周知表示使用者が当該表示を使用開始した時点ではなく，同表示が周知性を獲得した時点を基準としている点につき，注意を要する）。

2.1.2　表示使用の継続性

　同要件が「需要者の間に広く認識される前『から』」と定めるとおり，本号の適用を主張する者は，表示の周知性獲得以前のみ同一または類似の表示を使用しているだけでなく，同時点から継続して使用している必要がある。

794 第4章 雑則

周知表示使用者による請求権行使につき，差止請求については現在（事実審
の口頭弁論終結時），損害賠償の請求については周知表示と類似の商品表示
の使用等をする者が損害賠償請求の対象とされている類似の商品表示の使用
等をした各時点において，周知性を備えていることを要し，かつ，これを
もって足りるとされていることに照らせば[3)]，本条項による先使用権を主張
するための継続使用の終期は，差止請求については事実審の口頭弁論終結時
とし，損害賠償請求については先使用権を主張する者による商品表示の使用
等の時点と考えるべきであろう。

　そのように継続して表示を使用するうえで，表示自体や使用態様が変化し
た場合，あるいは使用が一時的に中断された場合においても，使用の継続が
認められるのかが問題となる。

　フシマンバルブ事件・東京地判昭44・3・19判タ235号273頁〔27486051〕
では，「不正競争防止法は先使用の規定を設け，周知表示の使用者と先使用
者間の公平を図っているが，それによる保護は，先使用表示の使用状態が周
知表示の周知になる以前から現在まで継続していることを前提としているこ
とはいうまでもない。しかし，その間において使用状態に多少変動があって
も，その間の使用状態が当初のそれと同視すべき状態にあり，全体として継
続性が認められる場合には同様の保護を与えてよいと解される。」としたう
えで，被告は将来の発展のため本店を東京に移転するのを得策と考えたが，
同一区内に類似の商号である原告会社の登記が登載されており，従前の商号
での登記ができず，急に他に本店の移転先を求めることもできなかったた
め，本店移転の目的達成のためとりあえず商号を「株式会社フシマンバルブ
製作所」から「株式会社フジシマバルブ製作所」と変更して本店移転登記手
続をしたこと，その後も被告は営業のほとんどすべてについて従前どおりの
旧商号を使用し，約半年後に，他の区に移転登記して商号を「株式会社フシ
マンバルブ製作所」に復したことを指摘し，「以上の事実によれば，被告の
商号は一時変更されたが，新商号は不動産登記等やむをえないときに使用さ
れたたけで，営業のほとんどすべてについて従前どおり旧表示を使用してい
た状態にあったのであるから，商号変更の期間中も，当初の使用状態と同視
すべき状態にあったといって差支えない」と判示された。

　他方，同事件においては，さらにその後，被告が「株式会社フシマンバル
ブ製作所」から，「株式会社フシマンバルブ」に商号変更しており，被告商

号は，原告の商号「フシマン株式会社」により近似したものとなった点につ
いて，「先使用の商号を保護するに当ってその商号の名称が終始全く同一で
ある場合に限ってその保護を与えるべきであり，どうような変更を加えるこ
とも許されないとすることは狭きに失するであろう。しかし，周知表示の保
護との公平を図るためには，先使用表示を保護することにより周知表示使用
者の商品または営業との誤認混同をより多く生じさせることは，可能な限り
防止しなければならない。したがって，先使用表示に対して周知表示により
近似するような変更を加えることは，それだけ誤認混同を強めるおそれがあ
るから許されないというべきである。ただそれでもなお近似化を相当とする
ような正当な事由がある場合には，例外として許されてよいと考える。」と
述べた上で，仮に，産業界において会社の商号を片仮名文字に変えたり商号
中の「製造」「製作所」の字句を取り除いて商号を簡略化する風潮があり，
これに従ったものであるとしても，そのような事情は，「近似化を相当とす
べき正当の事由に当るものとは考えられない。」として，「被告は変更後の現
商号に関する限り，先使用を援用して保護を求めることはできない」と判示
された。この点については，周知表示と離れる方向の変更と近づく方向の変
更とでは，許容されるか否かについての判断が異なるとしたうえで，「正当
な理由なくして周知表示に近づけることは，善意な使用方法といえず許され
ない。また，許される同一性の範囲の変更であっても，変更態様によって混
同の生ずるおそれがある場合には，混同防止のための付加表示にはより強い
混同防止機能が求められよう」との見解もある[4]。

　また，ユアサ事件・東京地判昭49・1・30判タ308号274頁〔27411560〕に
おいては，「湯浅金物」および「湯浅電池」を商号とする原告らと，「湯浅貿
易株式会社」を商号とする被告は，一部取引業者から営業主体を誤認混同さ
れることがありつつも，互いに営業活動の範囲を限定する文字を採用して，
比較的安定した経済分野と秩序を保っていたにもかかわらず，被告が商号を
「株式会社ユアサ」に変更したという事案につき，先使用の適用除外により
使用の継続が認められる商号について，「特定の商号についてみるとき，時
勢の推移に適切に即応し，その表現を漸次変化させる必要のある場合もある
であろうが，それは，商号を固定したものとすることにより，その商号に対
する実際社会上の要請に応じられない結果を生じ，不当にその商号の生命を
失なわせることを防ぐに必要であり，かつ，周辺の商標権者に予見できない

796 第4章 雑則

ような支障ないし不利益を及ぼさず，成立している秩序を損なうことがない
限度で認められるものと解するのが相当である。したがって，その変化の許
容される範囲は，結局，社会通念上商号の同一性を損なわない限度が基準と
なるであろう。」と論じて，「株式会社ユアサ」の商号について「湯浅貿易株
式会社」の商号と同様に先使用が認められるとする被告の主張を否定した。

　表示の使用を一時的に中断していた点について判断された少林寺拳法事
件・大阪地判昭55・3・18判時969号95頁〔27486109〕では，被告が，特定
の時期において，原告の周知表示と同一の「少林寺拳法」との表示をあえて
使用していなかったことがある点について，同時期においても「少林寺」ま
たは「少林寺源」なる文字を多数付していた点，被告が名称変更を行ったの
は自己の発意によるのではなく，原告事業の創始者から「少林寺拳法」なる
名称が法律上あたかも宗側にのみ独占使用権あるもののように説明され，直
ちに名称を変更するよう強い要請を受け，かつ，第三者からも摩擦をさける
ために変更するよう勧められたからである点を指摘し，「不正競争防止法が
旧来表示善意先使用者の保護規定を設けたゆえんは，公正取引秩序継持のた
め周知表示につきその使用者のほとんど独占的な使用を認める反面，他方で
はこれと同一または類似の旧来表示善意先使用者については例外的に右独占
の外に置き当該旧来表示の使用を認めるのが周知表示独占使用権者との関係
上公平であり妥当であると考えたからにほかならない。そして，このような
両者の調和を意図した法意によると，本件のような変更の場合，すなわち，
一時的に表示変更はあるものの，変更表示内にはとにかくも旧来表示を構成
する文字は一回の例外を除きすべて有意的に使用されており，かつ，その変
更自体も自らの発意によるものでなく前記のようなやむをえない事情による
ものであったと認められるような場合には，全体としては同一表示の継続使
用があるものと解するのが相当である。」として，被告の先使用の抗弁を認
めた。

　三田屋事件・大阪高判平13・6・28最高裁HP（平成9年（ネ）3089号）
〔28061471〕においては，被告が，原告の表示が周知性を獲得した後の時点
で，先使用していた「三田屋」から「はざま湖畔三田屋総本家」に表示変更
したことについて「営業・商品表示は，その恒常性が重んじられる反面，時
代や事業活動の変遷が生じた場合には，その変遷にふさわしい表示に変更さ
れるべき要請も内在しているから，他人の周知表示と類似の表示でありなが

ら不正競争防止法11条1項3号に基づいて使用が許される先使用表示が存在する場合には，先使用表示と全く同一の表示でない限り，およそ先使用権による保護の対象から外れてしまうと解することはできず，周知表示出現後のある時点で，先使用表示の一部が変更された表示の使用が開始されたとしても，その変更によっても先使用表示との同一性が識別でき，かつ，不正競争防止法が意図する周知表示保護の原則を害しない限度では，なお，変更後の表示も先使用権による保護を受けることができると解すべきである。」とした上で「被告により使用されていた『三田屋』の表示と現在の被告表示である『はざま湖畔三田屋総本家』とを対比すると，現在の被告表示は，旧表示に『はざま湖畔』及び『総本家』が付加されたことにより，外観，称呼に相違点が見られるが，『はざま湖畔』は所在地を示すものであり，『総本家』に特別な顕著性はなく，『はざま湖畔』も『総本家』も『三田屋』に比べ小さく記載されているから，『三田屋』の部分が被告表示の要部と解すべきである。そしてまた，右『三田屋』の部分と当初使用されていた『三田屋』の表示とを対比するに，字体はほぼ同じであり，観念，称呼ともにその要部が同一であるということができるから，現在の被告表示を使用することは，……不正目的がない限り，訴外会社及び被告が当初使用していた表示の使用の継続として，先使用権による保護を受けることができるというべきである」と判示した。

　そのほか，経済上やむをえない事情があり短期間に限り使用を中止していた場合や，季節性のある商品をそれ以外の季節で販売していないために表示の使用を中止する場合など，正当な事由が存在することは，表示の使用の継続性の判断において考慮されるべきであろう[5]。

2.1.3　周知性の範囲

　本要件における周知性は，2条1項1号と同様に，全国的な知名度を有さずとも，数県または一地方といった特定の地域のみにおいて需要者に広く知られていれば当該地域において肯定されることになる。このことから，表示の周知性の獲得の有無は，地域ごとに判断されることになるため，たとえある表示が特定の地域で既に周知であっても，他の地域ではなお周知性を獲得していない場合，同地域にて既に当該表示と同一または類似な表示を使用している第三者は，なお周知表示使用者に対して本号の先使用権を主張できる

場合がある。

　他方，周知表示使用者が，特定の地域において，第三者による同一または類似の表示の使用に先立ち当該表示につき周知性を獲得した場合には，当該第三者が同周知性獲得に先立って他の地域で当該表示を使用していたとしても，周知表示使用者が周知性を獲得した地域において当該第三者が先使用権を主張することはできない[6]。

　この点につき，ジェットスリム・クリニック事件・東京高判平3・7・4知的集23巻2号555頁〔27811235〕において，裁判所は「そもそも，不正競争防止法2条1項4号の規定する先使用の抗弁は，現実に，ある者が，ある地域において，不正競争の目的なくしてある営業の表示を使用している場合には，その後，その地域において他の者の使用するそれと紛らわしい営業の表示が周知となっても，当該ある者の営業の表示の使用が認められ，当該他の者から営業の表示の使用の差止めを請求されることはないとするものであり，他の者の営業の表示が周知性を取得する以前に，その地域においてその営業の表示を使用していたことが必要である」と判示した上で，先使用の抗弁を主張する控訴人は，被控訴人の使用により「ジェットスリムクリニック」の表示が静岡県内において周知となった際，同地域においてその表示を使用していなかったとして，当該抗弁を認めなかった。

　原告が自己の商品表示について2条1項1号に基づき，被告に対し表示使用の差止請求を行ったミスターサンアイ事件・大阪地判昭52・3・4判タ353号293頁〔27486086〕においては，被告から「原告は右昭和36年8月当時京阪神地方には三愛コーナーもその支店も未だ開設していなかったので，その商号は右時点においては少なくとも京阪神地方では周知性がなかった。」として，京阪神地方における本号に基づく先使用の抗弁が主張されたところ，裁判所は「原告は昭和36年8月当時には京阪神地方においては三愛コーナーもその支店も未だ開設していなかったことが認められるけれども，他方……，すでに昭和34年頃大阪市内の著名な3つの百貨店から原告に対し三愛コーナー出店の要請がなされたところ，原告としては当時一都市一店主義を堅持していた関係上，その調整を前記百貨店側に委ねた結果，それに日時を要し，結局，大阪市内には昭和38年になってほぼ同時期に例外的に十合とアベノ近鉄の各百貨店に三愛コーナーが開設されるに至ったことが認められるので，この事実に照らすと未だ右認定事実のみでは原告会社の商号等の周知

性に関する前記認定をくつがえすことはできない。」として，被告の抗弁を認めなかった。確かに，同裁判例において原告は，上記の事情から京阪神地方において販売店を昭和34年頃までに開設していなかったものの，判決においては，原告およびその代表者が全国で刊行される新聞や雑誌にて複数回紹介されていた事情も指摘されており，同裁判例は，単に京阪神地方に出店していないことのみをもって，原告の同地方における周知性を否定できないとしたものといえる。

別々の地域において，同一または類似の商品等表示の使用者として周知となっている者が2つ以上存在する場合，双方の関係について問題となる。この点については，「4　周知表示の競合の問題」の項目にて詳述する。

2.2 「その商品等表示と同一若しくは類似の商品等表示」

本号は，2条1項1号の適用除外を受ける要件として，周知表示と自己の商品等表示が同一または類似であることを定めており，この点については，同号における「同一若しくは類似」についての解釈と同様に解される。

2.3 「使用する者又はその商品等表示に係る業務を承継した者」

「使用」については先述のとおり，2条1項1号と同様に解釈される。

「商品等表示に係る業務を承継した者」との要件のうち「承継」は，一般承継であるか特定承継であるかを問わないが，文言解釈や本号の趣旨に照らし，業務の承継を伴わない表示のみの承継は，ここにいう承継に当たらないと考えられる[7)8)]。承継の時期については，他人の表示の周知性獲得時の前後を問わないとされる[9)]。

業務の承継者が，被承継者から続く商品等表示を理由として先使用の抗弁を主張する場合，承継者及び被承継者の両者ともに，「不正の目的なく」当該表示を使用し続けてきたことを要する。この点につき，千鳥屋事件・大阪地判昭59・2・28判タ536号425頁〔27753394〕においては，被告が，自身の設立前の被告代表者西村個人での営業から続く商品等表示について，設立前からの先使用の抗弁を主張したところ，裁判所は「西村は，同人が淡路島の出身であり，『淡路島に通う千鳥……』の古歌にちなんで『千鳥屋』の名称を使い始めたもので，右時点は勿論……営業許可を得た上店舗を持ち小売りを始めたときも，当時九州に所在していた原告らの『千鳥屋』について全く

800　第4章　雑則

知らず，昭和52年頃顧客から，被告店舗が尼崎市塚口町の店と同じなのかと尋ねられて原告らの店舗の存在と名称をはじめて知つたこと，その後昭和57年5月14日付原告ツユからの警告書でもつて『千鳥屋』の表示の使用を中止するよう警告を受けたことが認められ」，「西村は，昭和33年11月の時点において原告らとの営業地域が離れているところから不正競争の意思がなかつたことは勿論原告らの商号である『千鳥屋』の存在及び原告らの本件商標の存在すら知らずに右営業表示及び被告標章の使用を開始したということができる。」としたうえで，「昭和33年11月の時点において原告らの『千鳥屋』の商号及び本件商標は，いまだ大阪府下において周知となつていたとは言えず，西村は『千鳥屋』の表示を営業表示・商品表示として使用するに当たり善意であり，これらをその後継続使用した後，昭和50年4月28日被告設立と同時に個人としての営業を被告に譲渡すると共に，右商号，被告標章をも承継させ，以後被告においてこれらを継続使用して来たのであるから，不正競争防止法2条1項4号の要件を充足するといわなければならない。」として，事業承継後の被告における先使用の抗弁が認められた。

　そのほかに，営業譲渡を理由として表示の使用の承継が認定され，先使用の抗弁が認められた事案として，東武ストアー事件・東京地判昭49・12・23特企74号31頁がある。

2.4　「不正の目的」

　「不正の目的」とは，不正の利益を得る目的，他人に損害を加える目的その他不正の目的をいうとされる（19条1項2号かっこ書）。具体的にどのような事情をもとに，当該目的の有無を判断するのかという点については，周知表示使用者が原告，先使用を主張する者が被告の場合，①被告表示の使用開始時期と原告表示の周知性，②原告表示が周知である地域と被告が被告表示の使用を開始した地域との近接性，③原告の営業方針・営業種類・営業規模・営業内容から見た企業の型，④原告表示が使用されている業種と被告表示が使用されている業種の異同，⑤原告表示の独自性の大小，⑥被告表示を選択した正当な理由，⑦被告の混同防止の努力等が考慮されるとする見解がある[10]。

　裁判例における判断の例として，つぼ八事件・東京地判平5・6・23判タ825号247頁〔27816026〕は，「居酒屋つぼ八」等の商号にて居酒屋を経営す

る原告が，被告による類似標章を使用した居酒屋の経営の差止請求をした事案であり，裁判所は，被告による本号に基づく抗弁について，被告代表者が標章の使用した店舗運営を開始する6年半前からレストラン経営の経験を有していたこと，同店舗が被告代表者にとって初めての居酒屋および和食店であったこと，同店舗運営開始時は居酒屋ブームと言われる状況であって，そのことを被告代表者も認識していたこと，同時点にて，各新聞および雑誌にて原告の広告が掲載されていたこと，被告代表者がその当時，日本経済新聞，日経流通新聞を読んだことがあったことといった事情から，「被告代表者が，急成長を遂げて話題となっていた原告と原告営業表示を知っており，『つぼ八』を居酒屋営業に好ましい名称として被告の営業表示にとり入れようという気持ちが働いたという疑いを否定することはできない。」として，不正の目的がないことを否定した。

　他方，前掲フシマンバルブ事件においては，原告と被告はもともと破産した同一の旧会社の別工場を基礎としており，被告を別会社として設立することを旧会社から禁じられたわけではなかったこと，旧会社代表者の意向で被告商号に「フシマン」の名を残したいという強い要望があったことを考慮すれば，被告が「フシマン」の字句を織り込んだ，原告商号と類似の「株式会社フシマンバルブ製作所」という商号を選択したことは，当時のなりゆきとして無理もなく，かつ，被告がその商号を選択した当時，被告は原告の商号を認識していなかったのであるから，被告において不正競争の目的はなかったものと認めるのが相当であるとした。

　自由軒事件・大阪地判平16・2・19公刊物未登載（平成15年（ワ）7208号／平成15年（ワ）7993号）〔28090828〕は，被告が原告に対して表示の差止めを求めた事案であるところ，同事案において，「『自由軒』との商品等表示は，被告のものとして全国的に周知であると認められるところ，このことについて，被告から独立して大阪市内等で営業している原告が善意であるとは考えがたい。」，「原告が単なる『自由軒』との商品等表示を使用することによって，同名の商品等表示を使用している被告の営業との混同が生じていると認められるが，これも，同名の商品等表示を用いて洋食店という同種の営業を行い，あるいはレトルト食品や冷凍食品の販売という，いわば洋食店営業に隣接する営業を行えば，混同が生じるおそれが高いことは，原告においても容易に予見することができたといわざるを得ない。」との事実認定がな

されたうえで,「原告が『自由軒』との商品等表示や商号を用いるについて
は,不正の利益を得る目的があったものと認めることができるから,同号に
いう『不正の目的』があったものということができる。」と認定された。

和田八事件・大阪高判平13・9・27最高裁HP(平成12年(ネ)3740号)
〔28062017〕では,先使用の抗弁を主張する被告が,原告の表示が周知性を
獲得する前に自己の商号を使用していたことを認定したうえで,「先使用を
適用除外としたのは,特定の商品等表示が周知性を獲得する以前からそれと
同一又は類似の商品等表示を使用している者に対し,その後に他人の商品等
表示が周知になったからといってその表示の使用を禁止したのでは,法的安
定性を欠き,先使用者との公平を害するからである。この趣旨に照らせば,
長期にわたり,自己の営業表示又は商品表示を使用しなかったにもかかわら
ず,周知表示の存在を知りながら,これと類似する自己の表示を使用するこ
とは,同号の『不正の目的』を有するものと解される。」としたうえで,「本
件のように,問題となる表示が自己の商号である場合,営業を再開するに際
し,自己の商号を変更しなかったからといって,直ちに,『不正の目的』が
あるといえるかについては疑問の余地もあるが,少なくとも,商号を商品表
示,営業表示として使用する場合において,その商品を製造,販売すること
によって営業を開始したのが,他人の表示が周知性を獲得した後であり,他
人の表示との類似性を認識した上,これを上記の商品表示,営業表示として
使用した場合には,不正の目的を有すると評価されてもやむを得ない」とし
て,不正の目的がないことが否定された。

ピーターラビット事件・東京地判平14・12・27判タ1136号237頁
〔28080659〕では,「被告は,……被告表示……のみを使用した商品を,他者
が原告の許諾を得て製造したポター(注:ピーターラビットの創作者)が著
作したピーターラビットの図柄が付された商品とともに展示して,販売して
いたものと認められるが,このような販売方法は,原告グループの商品と被
告の商品との出所が同じであるかのような誤解を消費者に与えるものである
ことは明らかである。これらのことからすると,被告は,被告表示……を不
正の目的なく使用しているとは認められない。」として,表示の展示方法を,
不正の目的がないことを否定する根拠の1つとしている。

ワールドファイナンス事件控訴審判決・東京高判平7・2・22知的集27巻
1号60頁〔27828973〕では,「ローンズワールド」との営業表示を用いてい

た控訴人が，被控訴人の「ワールド」との営業表示が周知性を獲得した後に
営業表示を「ワールド」に変更し，このことをもって先使用の抗弁を主張し
たところ，裁判所は「控訴人が元使用していた『ローンズワールド』との営
業表示は，これが一体として独自の識別力を有するものであって，『ローン
ズ』を除いた『ワールド』のみが控訴人の営業表示として識別力を有してい
たとは認められず，現在の控訴人営業表示は，右『ローンズワールド』と同
一の範囲に入るものでなく，控訴人営業表示の使用開始は，被控訴人営業表
示が周知性を獲得するに至った後であり，かつ，『ローンズワールド』と比
較して，被控訴人営業表示との関係において，より類似性が高く，誤認混同
の可能性を増大させるものであることは明らかであるから，……控訴人営業
表示の使用を正当化することはできない」として，不正の目的がないことを
認定しなかった。

　前掲千鳥屋事件においては，被告代表者が「原告らとの営業地域が離れて
いるところから不正競争の意思がなかつた」と認定されており，周知表示の
周知地域と先使用者の表示使用地域が地理的に離れていることが，「不正の
目的でない」ことを基礎づける事情とされている。

　また，京王交通事件・東京高判平11・10・28最高裁HP（平成9年（ネ）
2081号〔28042520〕）では，「本件表示が……東京都心部（新宿）と八王子の
地名の組合わせから着想された造語であり，それ以外に由来の考えにくい用
語である以上，その事業区域に八王子が含まれていない京王交通株式会社が
『京王』の文字を含む商号を採用するについて，本件表示が有する信用力を
利用する不正の目的がなかったと認めることもできない。」として，周知表
示が造語であることを不正の目的がないことを否定する根拠の1つとした。
この点については，周知表示が造語である場合，被告があえてその表示を利
用する必要性が希薄であることが，その根拠として指摘されている[11]。

　「不正の目的でない」ことは，先使用権の発生要件であり，かつ，存続要
件である[12]。そのため，「不正の目的でない」との状態は，過去の一時点に
おいてそのような状態にあったことのみならず，現在まで継続していること
が要求される。また，不正の目的を理由として先使用の抗弁を主張できなく
なると，その後，不正の目的を裏付ける状態を解消したとしても，当該先使
用の抗弁を主張することはできなくなるとの見解がある[13]。

　「不正の目的」がないことについては，先使用権を主張する者が立証責任

804　第4章　雑則

を負うが，これは不存在の立証を強いられることとなるため，実際には，間接証拠によって「不正の目的」が存在するという周知表示使用者の主張を否定するといった立証を行うこととなるであろう。

2.5 「使用し」，または「使用した商品を譲渡し，引き渡し，譲渡若しくは引渡しのために展示し，輸出し，輸入し，若しくは電気通信回線を通じて提供する行為」

本要件の文言については，2条1項1号の同一の文言と同様に解釈される。

周知表示使用者が下請業者を利用して周知表示を付した商品を製造していた場合，当該下請業者が当該周知表示を「使用」していたものとして先使用の抗弁を主張できるかという問題がある。この点，ローズ型チョコレート菓子事件・東京地判平7・2・27判タ890号240頁〔27827917〕では，下請業者による表示の使用について「原告商品の形態を独立した製造販売の主体としての自らの商品表示として使用していたものとは認められない」として，当該使用に基づく先使用の抗弁の主張を認めなかった。学説においても，「当該商品等表示の下で直接，需要者に商品を販売していない以上，先使用の法理の下で保護されるべき信用が下請けのところに蓄積しているわけではない。表示を使用したとはいいがたいであろう」と指摘されている[14]。

3　効果

本号に該当する行為は，3条から15条までに規定される差止請求や損害賠償請求の対象から外され，また，21条および22条に定める刑事罰の適用も受けないことになる（19条1項柱書）。さらに，本号の適用を受ける者は，確認の利益を有する場合には，周知表示使用者に対して，不正競争防止法に基づく差止請求権不存在確認の訴えや損害賠償請求権不存在確認の訴えを提起することも可能である[15]。

他方，本号に該当する行為によって，自己の営業上の利益を侵害され，または侵害されるおそれがある者は，当該行為者に対して，自己の商品または営業との混同を防ぐのに適当な表示を付するよう請求することができる（19条2項3号）。

4 周知表示の競合の問題

別々の地域において，同一または類似の周知表示が存在し，それらの使用者が異なる者である場合に，相互に他方の周知性獲得地域に進出した際，先使用の抗弁を認めるべきかについては見解が分かれている。

主な見解としては，(1)使用者双方ともに，それぞれ相手方に対して混同防止表示付加請求（19条2項3号）を行えるとして，同請求権を行使することで混同を回避するべきとするもの[16]，(2)①各表示の商標登録の有無，②各表示における使用時点の先後，③各表示における周知性獲得時点の先後，④進出地が営業の具体的に拡大を予見された地域か否か，⑤主観的要素（不正競争の意思の有無），⑥従前の周知表示を使用する利益，⑦表示の著名・周知度の大小と進出する側とされる側の受ける影響，⑧混同のおそれなどと総合的に判断して利益衡量により周知商品等表示の併存・競合を認めるべきか否かを決すべきとするもの[17]，(3)全国的に同一の表示を使用したいという表示使用者の利益は，「当該地域内において混同のおそれが生じるという公的な不利益の前では，相対的には私的な利益にとどまる」として，原則として地域的周知者の差止請求権を認めるべきとするもの[18] ある。

裁判例においては，たとえ双方表示がそれぞれの地域で周知であっても，共通する表示がありふれた語であるとして類似性を否定し，その他営業形態の相違点も鑑みて混同のおそれを否定して，両者の併存を肯定する事案[19]や，被告の全国的知名度よりも原告の問題とされている地域における周知性が勝るとして，被告の先使用の抗弁を認めず，原告の請求を認めた事案[20]などがあり，周知表示の競合事案という事情のみで先使用の抗弁の成否を判断することなく，個々の具体的事案に照らし判断している。

【注】

1) 森林稔「商標法と不正競争防止法における先使用権」日本工業所有権法学会年報26号91頁，122頁（2003）
2) 少林寺拳法事件・大阪地判昭55・3・18判時969号95頁〔27486109〕。同判決の先使用についての判断に関する解説として，陳思勤「判批」茶園ほか編・百選2版156頁。
3) アースベルト事件・最判昭63・7・19民集42巻6号489頁〔27802571〕
4) 小野＝松村・新・概説3版下巻144頁
5) 山本・要説4版379頁

806   第4章　雑則

6）　松川允康「周知性の地域的範囲及び先使用表示との関係」牧野利秋ほか編集
　　委員『知的財産訴訟実務大系II』406頁（青林書院，2014），小野・新・注解3
　　版下巻1286頁〔木村修治〕。
7）　小野・新・注解3版下巻1289頁〔木村修治〕
8）　城山康文「Q89先使用（旧来表示の善意使用）」小野＝山上＝松村編・法律相
　　談II314頁
9）　小野＝山上＝松村編・前掲注8）314頁〔城山康文〕
10）　小松一雄編『不正競業訴訟の実務』261頁〔守山修生〕（新日本法規，2005），
　　高部・実務詳説145頁
11）　田村・概説2版114頁
12）　牧野ほか編集委員・前掲注6）407頁
13）　小野＝松村・新・概説3版下巻147頁
14）　田村・概説2版113頁
15）　森林・前掲注1）121頁
16）　森林・前掲注1）158頁
17）　小野＝松村・新・概説3版下巻150頁
18）　田村・概説2版60頁
19）　美容室ロイヤル事件・大阪地判平7・1・31知財協判例集（平7）819頁
　　〔28031622〕
20）　ジェットスリム・クリニック事件・東京高判平3・7・4知的集23巻2号555
　　頁〔27811235〕

〔宮川　利彰〕

（適用除外等）
19条1項5号
　　五　第2条第1項第2号に掲げる不正競争　他人の商品等表示が著名になる前か
　　　らその商品等表示と同一若しくは類似の商品等表示を使用する者又はその商品
　　　等表示に係る業務を承継した者がその商品等表示を不正の目的でなく使用し，
　　　又はその商品等表示を不正の目的でなく使用した商品を譲渡し，引き渡し，譲
　　　渡若しくは引渡しのために展示し，輸出し，輸入し，若しくは電気通信回線を
　　　通じて提供する行為

趣　　旨

　本号は，著名表示冒用行為（2条1項2号）に対する適用除外を規定す
る。

「他人の商品等表示が著名になる前から」,「その商品等表示と同一若しくは類似の商品等表示を使用する者又はその商品等表示に係る業務を承継した者」が,「その商品等表示を不正の目的でなく」使用等する場合には,不正競争該当性について適用除外とする規定である。

本号の趣旨は,19条1項4号の適用除外規定と同じく[1],著名表示を他者(以下において, 2条1項2号により排他的に著名表示の使用が認められる他者を「著名表示使用者」という)が使用している状況において,同表示が著名性を獲得する以前から不正の目的なく使用している者の既得権を保護する点にある。

解　　説

1　「他人の商品等表示が著名になる前から」

「他人の」,「商品等表示」および「著名」の意義は, 2条1項2号のものと同様である。

著名になる「前から」については,19条1号4号の周知性と同様に考えられ,他人の商品等表示が著名性を有するに至る以前から現在にかけて継続的に使用されていることを要する。

このような継続的な使用においては,原則として,著名性獲得以前の表示と同一性のある表示を継続していることが求められているものの,周知表示と同様に,機械的なまったく同一の構成を厳密に要求されているわけではなく,時世に合わせた正当な理由に基づく変化であれば許容され,なお先使用を主張できると考えられる。ただし,この点について,周知表示と異なり,著名表示の場合には,その変化は,著名表示と離れる方向での変化のみに限るべきであるとする見解もある。その理由は,著名表示は周知表示と異なり,ダイリューションの危険や普通名称化の危険があるからとされる[2]。

なお,著名表示使用者より前に当該表示を使用している者が,不正競争防止法施行日の平成6年5月1日より前に表示の使用を開始し,その使用を継続している場合には,同制定附則3条1号により,そもそも2条1項2号該当性を理由とする差止請求や損害賠償請求ができないものとされているため,この点注意を要する[3](その場合であっても,周知表示混同惹起行為該当性による請求は可能である(同附則3条1号かっこ書参照))。

808   第4章　雑則

2 「その商品等表示と同一若しくは類似の商品等表示を使用する者又はその商品等表示に係る業務を承継した者」

本要件の文言は，19条1項4号と同様に解される。

3 「不正の目的でなく」

本要件についても，19条1項4号と同様に解される。学説においては，「後になって，レタリングを似せたり，使用態様を著名表示に似せたり，不正の目的を有するような状態に変化すれば，使用を継続することはできなくなる」とするものがある[4]。

ピーターラビット事件・東京地判平14・12・27判タ1136号237頁〔28080659〕においては，混同惹起行為の適用除外と併せて著名表示冒用行為の適用除外の主張がなされているが，前者と同様の判断がなされ，「被告は，……被告表示……のみを使用した商品を，他者が原告の許諾を得て製造したポター（注：ピーターラビットの創作者）が著作したピーターラビットの図柄が付された商品とともに展示して，販売していたものと認められるが，このような販売方法は，原告グループの商品と被告の商品との出所が同じであるかのような誤解を消費者に与えるものであることは明らかである。これらのことからすると，被告は，被告表示……を不正の目的なく使用しているとは認められない。」として，表示の展示方法を指摘されつつ，不正の目的がないことが否定された。

4 「使用し」，または「使用した商品を譲渡し，引き渡し，譲渡若しくは引渡しのために展示し，輸出し，輸入し，若しくは電気通信回線を通じて提供する行為」

本要件の文言は，いずれも，2条1項2号のものと同様に解される。

5 効果

本号の要件を充足する者は，19条1項4号と同様に，著名表示使用者からの差止請求（3条）および損害賠償請求（4条，5条）を免れることができ，当該使用等の行為を継続することができる。また，21条および22条に定める刑事罰の適用も受けないことになる（19条1項柱書）。

他方，19条1項4号と異なり，同条2項においては本号に該当する場合を列挙していないから，本号に基づき先使用が認められた場合，著名表示使用者は，先使用を主張する者に対して混同防止表示付加請求権を有さないかのように，文言上規定されている。ただし，この点については，著名表示に対する先使用についても，周知表示についての19条2項3号を準用して，上記義務を認めるべきとの見解もあるが[5]，文言どおりに解釈し，上記義務を認めるべきではないとする見解もある[6]。

【注】
1）　城山康文「Q89先使用（旧来表示の善意使用）」小野＝山上＝松村編法律相談II 309頁
2）　小野＝松村・新・概説3版下巻151頁
3）　小野＝山上＝松村編・前掲注1）312頁
4）　小野＝松村・新・概説3版下巻151頁
5）　小野＝松村・新・概説3版下巻215頁。詳細は19条2項2号の解説参照。
6）　田村・概説2版256頁

〔宮川　利彰〕

（適用除外等）
19条1項6号イ
　六　第2条第1項第3号に掲げる不正競争　次のいずれかに掲げる行為
　　イ　日本国内において最初に販売された日から起算して3年を経過した商品について，その商品の形態を模倣した商品を譲渡し，貸し渡し，譲渡若しくは貸渡しのために展示し，輸出し，輸入し，又は電気通信回線を通じて提供する行為
　　ロ　（略）

趣　　旨

　本規定は，不正競争行為の1つである商品形態模倣行為（2条1項3号）に対する適用除外を定める規定である。
　平成17年改正（平成17年法律75号）前は，2条1項3号の保護対象を限定するものとして，同号内において「他人の商品（最初に販売された日から起算して3年を経過したものを除く。）の形態」とかっこ書されていたところ

である。

　この点，模倣品対策の強化を図った平成17年改正の際，保護期間終了の立証責任が被告側にあることを明確化するため，従前から適用除外として規定されていた善意取得の規定（平成17年改正前12条1項5号）と併せて規定されることとされた[1]。

　なお，商品形態模倣の保護期間が限定された趣旨およびその期間が3年とされた理由については，2条1項3号の解説を参照されたい。

解　説

1 「日本国内において最初に販売された日から起算して3年を経過した商品」

1.1 「日本国内において」

　本規定において保護期間の終期の起算点となる「販売」は日本国内におけるものである。

　この点，平成17年改正前はこの「販売」に外国での販売を含めるか否かにつき解釈上争いがあったところ，「日本国内において」と明示してこれを立法的に解決したものである[2]。

　ここで，日本国内における販売に限定した趣旨は，販売開始時期の調査を国内に限定することで，調査の負担を軽減し保護期間の終期を客観的に把握しやすくすることにある。また，2条1項3号による保護は同項1号による周知性獲得までの暫定的な保護であるという性質もあることから，日本市場における周知性獲得までの期間を国内企業・外国企業に公平に与えるという趣旨もある[3]。

　このような趣旨からすれば，ここでの「販売」は必ずしも日本国内で売買契約が締結される必要はない。また，物理的な販売活動が日本国内においてなされる必要はなく，日本国内の需要者向けの販売活動がされていれば足りるものと解される。この点，例えばインターネットを通じた販売では，仕向地が日本であるか，広告が日本語であるかなどを勘案して日本国内の需要者向けの販売活動か否かを判断して決することとなる[4]。

1.2 「最初に販売された日」

1.2.1 保護期間の終期の起算点

保護期間の終期の起算点につき，本規定は「最初に販売された日」とする。

「販売」とは，業とする目的をもって，対価を得て物を第三者に提供する行為をいい，これには売買による場合のほか，売買と同視しうる有償貸与等による場合も含まれうる[5]。業としての売却等である以上，1回の売却等でも「販売」に当たりうる[6]。

本規定にいう「販売された」といえるには，必ずしも現実に売れたこと，すなわち売買契約が締結されるところまでは要せず，実際の販売開始時，すなわち，店頭に陳列するなど商品形態が確認できる形で行われ，商品形態に投じた資金や労力の回収活動が外見的に明らかな販売活動が行われることをもって足りるものと解される[7]。実際に売れた時点を起算点にすると，市場の状況や当事者の営業力・販売方針等で起算点が大きく前後してしまいかねず，また売買契約締結の事実は第三者が容易に知りえない事実でもあることから，法的安定性を害することになりかねないためである[8]。

なお，商品展示会への出展等については，その出展がその場で受注する趣旨であれば販売活動に含まれるものの，単なる宣伝活動の趣旨であれば含まれないものと解される[9]。業界によっては展示会等での公表から実際の販売まで時間がかかることが多いこともあり，実質的な保護期間が短くなりかねないからである。

1.2.2 保護の開始時期

本規定にいう「最初に販売された日」は，あくまで3年の保護期間の終期の起算点として規定されたものである。2条1項3号による保護の開始時期は条文上明確には規定されておらず，解釈に委ねられている[10]。

1.2.2.1 学説，裁判例の状況

この点，「最初に販売された日」を保護期間の終期の起算点だけでなく，保護の始期をも定めるものと解し，両者を一致させる見解もある[11]。

これに対しては，販売直前の，秘密管理を脱し，最も危うく，しかも市場

812 第4章 雑則

先行の利益を守るためには最も重要な時期の保護が欠落するという問題点があるとの反論がある[12]。個別事案によっては，販売前であっても保護される場合があるとの考え方が学説的には通説であると解される[13]。

なお，ここで保護の始期と「最初に販売された日」とを一致させない場合，保護の始期を画する条文上の要件の候補としては，「商品」該当性，「形態」該当性，「模倣」該当性，「営業上の利益」侵害時などがあげられる[14]。

1.2.2.2　加湿器事件判決

このような状況の下，加湿器事件第一審判決・東京地判平28・1・14判時2307号111頁〔28240327〕は，「商品」の意義について，「市場における流通の対象となる物（現に流通し，又は少なくとも流通の準備段階にある物）をいう」と判示し，対象となる加湿器はこの「商品」に当たらないと認定して，2条1項3号による保護を否定した[15]。

これに対し，同事件控訴審判決・知財高判平28・11・30判時2338号96頁〔28244450〕は，以下のように判示して，保護を認めた。すなわち，「『他人の商品』を解釈すると，それは，資金又は労力を投下して取引の対象となし得ること，すなわち，『商品化』を完了した物品であると解するのが相当であり，当該物品が販売されているまでの必要はないものと解される。」，「取引の対象とし得る商品化は，客観的に確認できるものであって，かつ，販売に向けたものであるべきであり，量産品製造又は量産態勢の整備をする段階に至っているまでの必要はないとしても，①商品としての本来の機能が発揮できるなど販売を可能とする段階に至っており，かつ，②それが外見的に明らかになっている必要があると解される。」と判示した（①，②と下線は筆者が付した）。

この①，②の基準は，1.2.1で見たとおり，加湿器事件控訴審判決が「最初に販売された日」（保護期間の終期の起算点）を解釈してあげた基準と同じ基準である。同判決は，保護期間の終期の起算点と保護の始期について一致させる解釈をとる理由として，開発，商品化を行った者が実質的に3年を超える保護期間を享受することがないようにすべきことをあげる。

1.2.2.3　検討

「他人の商品」の解釈に関して上記加湿器事件控訴審判決があげた2つの

基準のうち，①の基準については，概ね異論がないところと解されるが[16]，②の基準については議論がある。

この②の基準は，後行開発者（模倣者）の予測可能性に配慮した基準であると評価されている[17]。しかし，これについては先行開発者の投下資本回収の機会を優先させるべき場合があることなどを理由に，②の要件に消極的な意見が多い[18]。

確かに，加湿器事件控訴審判決が述べるとおり，知的創作に関する知的財産法との均衡，先行開発者と後行開発者の利害対立などの調整として保護期間を３年に限定した形態模倣に関する規定の趣旨に鑑みれば，保護の始期を「最初に販売された日」よりも長期間前倒しし，意匠登録などもせず，営業秘密にもしていない先行開発者に，３年を超えて長期間独占を許すことには問題がある。

しかし，他方，立法時に保護の始期が明確にされなかったのは，販売開始前の段階では不正競争防止法による保護に値する「営業上の利益」（３条，４条）が存在するか否かが明らかでないため，一律に規定することが困難であると考えられたためであった[19]。立案担当者は，販売開始前の段階にも保護に値すべき場合があると考えていたのであって，そうであるとすれば，「最初に販売された日」と保護の始期を一致させる必要まではないと解される[20]。

上記立案担当者意思を基に上記利害調整を考えると，当該形態の独占を認めるための保護要件としては，単に投資し，商品化しただけでは足りず，その開発者に「営業上の利益」が存在すること，すなわち開発者が経済的価値を生み出しうる状態に至っていることが必要であると考える[21]。その意味で，販売可能とする段階に至っていることが外見的に明らかな，加湿器事件のように展示会へ出展している場合のほか，非公開の場合でも流通業者等との交渉を開始したり，インターネットを通じた販売の準備に着手したりするなど，客観的にその商品の販売に向けた準備に着手し，投資回収に向けた具体的な動きがあれば保護の対象になりうると考える[22]。

この点，加湿器事件控訴審判決は，「商品」該当性判断において上記②の基準を加える。しかし，「商品」該当性は，模倣される形態があるか否かという，当該物品そのものの属性で判断すべきであると考えられ，上記②で検討される要素は，むしろ「営業上の利益」（３条，４条）の要件の判断の中

814　第4章　雑則

で実質的に検討されるべきであると考える[23]。

1.3 「商品」──モデルチェンジの取扱い

「商品」の意義について，上記1.2で見た問題のほか，モデルチェンジがあった場合に，どのモデルをもって保護期間の終期の起算点を決定するかという問題がある。

1.3.1 モデルチェンジ後も実質的に同一といえる場合

ここにいう「商品」とは，保護を求める商品形態を具備した最初の商品を意味する[24]。投下資本の回収を保護するという本規定の趣旨からすれば，最初の商品と実質的に同一といえる程度のわずかなモデルチェンジ後の商品に，独立した保護を与える必要はないからである。

サックス用ストラップ事件控訴審判決・知財高判平31・1・24判時2425号88頁〔28270363〕は，この実質的同一性について，モデルチェンジの際の形態の変更の程度，変更された部分から生じる商品全体としての印象を比較して判断している。

1.3.2 モデルチェンジにより実質的な変更がされた場合

サックス用ストラップ事件第一審判決・東京地判平30・3・19判時2425号106頁〔28261319〕は，「不正競争法2条1項3号によって保護を求め得るのは，商品の形態において実質的に変更された部分に基礎を置く部分（V型プレート部分）に限られる」とする。これは，商品の一部のみが同号の保護対象となることを認める考え方である。この考え方によると，モデルチェンジ後の商品形態のうち，実質的に変更された部分についてはモデルチェンジ後の商品の販売時が，また，それ以外についてはモデルチェンジ前の商品の販売時が保護起算の起算点になるものと解される。

この点，上記サックス用ストラップ事件控訴審判決は，「同号によって保護される『商品の形態』とは商品全体の形態をいう」として，保護の範囲が実質的に変更された部分に基礎を置く部分に限られるとした原判決の判断を否定した[25]。そして，モデルチェンジ前後の商品全体の形態が実質的に同一の形態と認められない同事案について，モデルチェンジ後の商品を基準として保護を認めている。

1.4 保護期間経過後の模倣行為

　2条1項3号の趣旨が，先行者の投下した費用，労力を回収することを保護することにあることからすると，その保護は回収するのに必要な期間だけ認めれば足りる。そして，3年という保護期間は，その回収に必要な期間と，保護を受けるために審査，登録を要する意匠権その他の産業財産権とのバランスとを勘案して定められたものである。

　そうであるとすれば，その期間経過後においては，他の規定による保護についても，一般論としては慎重に検討すべきということになる。

1.4.1 2条1項1号による保護

　2条1項3号による保護は同項1号による周知性獲得までの暫定的な保護であるという性質があることからすれば[26]，保護期間経過後において，まずは当該商品形態が出所表示機能を有するに至り（2条1項1号の出所表示機能の解説を参照），その商品形態に周知性が認められ，2条1項1号により期間制限なく保護が認められるか否かを検討することになろう[27]。

1.4.2 一般不法行為（民法709条）による保護

　では，2条1項1号による保護も認められないような場合，最初の販売から3年の保護期間を経過すればその商品形態を模倣することは自由に認められるのか。

　この点について，平成17年改正に当たり産業構造審議会知的財産政策部会不正競争防止小委員会がとりまとめた「不正競争防止法の見直しの方向性について」では，「3年間の模倣禁止という規制は，その反対解釈として，3年間経過後の模倣自由との認識を招来しており，自らは何らの努力もしない者が，先行者の開拓した市場を狙い，あるいは先行者の商品の形態を型取りして，3年経過前後に一斉に模倣品を発売するという結果を招いているから，機械的複製手段を使うような特に悪質なものに限って無期限に禁止すべきとの意見がある」と指摘されているところである[28]。

　商品形態についての保護が定められた趣旨は，模倣者と先行者との間の競争上の不公正を是正することにあり[29]，そのため先行者が投下した資本・労力を回収するために必要な期間，商品形態を保護することとされた。そして

816 　第4章　雑則

その保護期間については，投資回収に必要な期間を個別事案ごとに決定すると，その認定に時間がかかり簡易迅速な保護が実現できないこと，また，外部的に見て保護期間の判断が困難になり法的安定性を害することなどから，保護期間は販売開始から一律の期間（3年）とされた[30]。このような趣旨に照らすと，事案によっては，3年という一律の保護期間が不公正の是正や投資回収に充分でないということがありうる。

　また，商品形態に対して投下した資金・労力にただ乗りする行為のうち，著しく不公正な方法によるものについては，自由競争の範囲を逸脱するものとして違法といえる場合もある。

　以上のような場合には，やはり2条1項3号の上記保護期間を経過した場合であっても，民法上の一般不法行為による損害賠償請求（民法709条）を認めるべきものと解される[31]。

　具体的には，デッドコピーされた側の事情として，商品形態自体に関する事情（創作のために投資した費用，労力，商品形態の創作性の程度），投資回収に向けた事情（広告等の営業努力と販売実績，意匠の出願等の可否）等を，逆に，デッドコピーした側の事情として，デッドコピー商品の模倣の程度，デッドコピーに至る経緯（手数や費用をかけずに機械的な複製機器を使用してコピーしたか，不当な手段を用いて図面を入手したか等デッドコピーの手段・方法），デッドコピー商品の販売状況（競合する地域や顧客に対する販売の有無，販売利益等）を総合的に考慮して，個別具体的に一般不法行為の成否を検討すべきであると考える[32]。

　裁判例として，例えば，現代仏壇事件・大阪高判平12・9・29最高裁HP（平成11年（ネ）3070号）〔28052104〕は，被告商品が「完全な模倣（いわゆるデッドコピー）」であると認定し，「本件の仏壇という商品は，投下資本を回収するのにある程度の期間を要する，いわゆるライフサイクルが長い商品である」とし，「被告らの行為は，原告において多大の時間と費用をかけて獲得した成果にただ乗りするものであって，公正かつ自由な競争として許容される範囲を著しく逸脱した違法な行為」として不法行為責任を認めている。

　また，木目化粧紙事件・東京高判平3・12・17判時1418号120頁〔27811375〕は，2条1項3号が規定された平成5年の全面改正前の事件であるが，デッドコピー商品を元の木目化粧紙の販売地域と競合する地域で販

売し，販売価格の維持を困難にしたという事案について「取引における公正かつ自由な競争として許される範囲を甚だしく逸脱し，法的保護に値する控訴人の営業活動を侵害するものとして不法行為を構成する」として，原告商品の発売開始後 7 年経過後の模倣品販売行為について不法行為責任を認めている。このような事案については，現行法の下でも一般不法行為による保護が検討されてよいものと考える[33]。

2 「その商品の形態を模倣した商品を譲渡し，貸し渡し，譲渡若しくは貸渡しのために展示し，輸出し，輸入し，又は電気通信回線を通じて提供する行為」

令和 5 年改正で， 2 条 1 項 3 号で規制される行為態様に「電気通信回線を通じて提供する」行為が加えられたことに伴い，同改正の際，本号の適用除外についても同行為が加えられた。この点については， 2 条 1 項 3 号の解説を参照されたい。

3 立証責任

本規定が適用除外という形式をとっており，実際に平成17年改正において本規定が適用除外規定に移行した趣旨が保護期間終了の事実についての立証責任がそれを主張する者にあることを明確にすることにあったことからすれば，立証責任は被告の側にあると解される[34]。

形態を模倣した被告側とすればまずは「最初に販売された日」を自ら調査し立証するほか，当事者照会（民訴法163条）や文書提出命令（同法221条）などの利用を検討して立証をしていくことになろう。

【注】
1) 経済産業省知的財産政策室編『一問一答不正競争防止法（平成17年改正版)』31頁（商事法務，2005)，小野・新・注解 3 版下巻1300頁〔泉克幸〕
2) 経済産業省知的財産政策室編・前掲注 1) 32頁-33頁
3) 産業構造審議会知的財産政策部会不正競争防止小委員会「不正競争防止法の見直しの方向性について」（平成17年 2 月）（https://www.meti.go.jp/policy/economy/chizai/chiteki/pdf/04fukyohoshoui-1.pdf）49頁。なお，同資料は，経済産業省知的財産政策室編・前掲注 1) 211頁以下にも平成17年改正の関係資料として掲載されている（245頁)。
4) 経産省・逐条解説（令和 5 年改正版）253頁，255頁注 6

818 第4章 雑則

5) 産業構造審議会知的財産分科会不正競争防止小委員会「デジタル化に伴うビジネスの多様化を踏まえた不正競争防止法の在り方」（令和5年3月）9頁，経産省・逐条解説（令和5年改正版）255頁注8。

6) 経産省・逐条解説（平成30年改正版）236頁

7) 田村・概説2版311頁，小野・新・注解3版下巻1304頁〔泉克幸〕。ハートカップ事件II・名古屋地判平9・6・20公刊物未登載（平成7年（ワ）1295号）

8) 田村・概説2版311頁は，販売活動開始後早期に売れたものよりも全く売れなかったものの方が保護される結果となれば，価値のある商品形態の開発を促すという3号の趣旨にもとるという，実質的な面からの指摘をしている。ハートカップ事件I・神戸地決平6・12・8知的集26巻3号1323頁〔27828023〕は，商品の形態が確認できる状態で販売のための広告活動や営業活動を開始した場合には「販売された」ものとする。

9) 田村・概説2版311頁。
　　　　加湿器事件控訴審判決・知財高判平28・11・30判時2338号96頁〔28244450〕は，保護期間の終期の起算点について，「開発，商品化を完了し，販売を可能とする段階に至ったことが外見的に明らかになった時」と判示し，「商品展示会に出展された商品は，特段の事情のない限り，開発，商品化を完了し，販売を可能とする段階に至ったことが外見的に明らかになった物品である」とした。この裁判例について，産業構造審議会知的財産分科会不正競争防止小委員会において議論がなされ，特にファッション業界では，公表から実際の販売まで半年から1年程度かかることも多く，保護期間を展示会等による公表から3年と考えると実質的な保護期間が短くなるといった懸念が示され，「実際の販売開始時」と解釈すべきと議論された（産業構造審議会知的財産分科会不正競争防止小委員会・前掲注5）9頁）。

10) 田村・概説2版312頁

11) 山本・要説4版386頁

12) 田村善之「販売前の見本市出展段階の商品の形態の模倣に対して不正競争防止法2条1項3号の保護を肯定した知財高裁判決」（WLJ判例コラム93号）8頁

13) 経産省・逐条解説（令和5年改正版）254頁注5，田村・概説2版312頁。デザイン画事件・東京地判平27・9・30最高裁HP（平成26年（ワ）17832号）〔28233566〕も，一般論として，「3号の商品形態の保護が，実際に商品の販売が開始される前には一切及ばない趣旨とまでは解されない」と述べる。

14) 田村・前掲注12）8頁

15) なお，同判決は，①加湿器本体への電気の供給が外部電源に銅線で接続することでなされていたこと（後に，USB接続できるようにされた），②製品化についての問合せに対し，製品化の具体的な日程は決まっていない旨回答したことをもって，対象の加湿器を，「開発途中の試作品」と認定しており，この点で控訴審判決とは事実認定を異にしている。

16) 田村・概説2版312頁，比良友佳理「不正競争防止法2条1項3号の保護の開

始時期——スティック加湿器事件」知的財産法政策学研究49号377頁（2017）。

　なお，商品の設計図ができあがった段階を保護の始期とする考え方もある（渋谷達紀「商品形態の模倣禁止」マックス・プランク知的財産・競争法研究所編『知的財産と競争法の理論——F.K.バイヤー教授古稀記念日本版論文集』382頁（第一法規出版，1996））。

　改正の際の参議院商工委員会での審議（平成5年4月8日）における政府委員の回答でも，商品としての形態が設計図から明らかに観念できる場合は保護を認めうるとしていた。

　しかし，模倣の対象が「他人の商品」とされていることからすれば，本規定による保護の要件としては商品化までの投資が必要であり，それ以前の保護は，営業秘密の保護で対応すべきであると解される。

　前掲注13）デザイン画事件は，保護の対象となる「商品の形態」は，商品それ自体についての具体的な形状のものでなければならないとし，衣料品の観念的・概略的なデザインにすぎないデザイン画はこれに当たらないとした。

17）　比良・前掲注16）377頁

18）　泉克幸「判批」判例時報2368号186頁（2018）。田村・前掲注12）10頁，比良・前掲注16）385頁は，保護の開始時期と保護の終期の起算点を連動させることにより，先行者の保護が不十分になる例があるとして②の基準に慎重な姿勢を示している。

19）　産業構造審議会知的財産政策部会不正競争防止小委員会・前掲注3）49頁

20）　泉・前掲注18）186頁，田村・前掲注12）10頁，比良・前掲注16）385頁。

21）　比良・前掲注16）372頁は，「社内で試作品まで作られていたが結局違うモデルの商品を市場に出すことになりボツとなった場合等」についても保護を認めてよいとする。しかし，例えば，AタイプとBタイプが開発され，このうちAタイプが発売された場合，ボツになったBタイプは結局販売されず，先行者がそれによって利益を得ることはないから，これを模倣されたとしても侵害される営業上の利益はないのではないかと解される。

22）　「外見的に明らか」を必須の要件でない解釈をとると，模倣者の予測可能性には支障が生じることになろう。しかし，模倣者にとっては保護期間の終期は明確である必要があるが，保護の始期が明確である必要はないと考える。そもそも，2条1項3号は，他に選択肢があるにもかかわらず，他人が資金，労力を投下した成果をことさら完全に模倣したものを不正として規定されたものである（経産省・逐条解説（令和5年改正版）88頁）。そのような模倣者に対しては，形態が商品化のレベルに達していて，模倣できる状態にあることさえ分かれば，自らの行為が不正競争行為になり得ると判断することは可能であり，それで十分であると考える。

23）　加湿器事件控訴審判決の判例時報囲み記事は，「本判決は，法文の用語からは若干離れるものの」と指摘する。同判決②の要件を含む，開発者が経済的価値を生み出しうる状態に至っているか否かについては，「営業上の利益」（3条，

820 第4章 雑則

4条）の要件の中で検討すべきであると考える。

24) 空調ユニットシステム事件・東京高判平12・2・17判時1718号120頁
〔28050360〕，ミニバスケット事件・大阪地判平23・7・14判タ1378号224頁
〔28173803〕

25) 2条1項3号の保護対象について，三村量一「商品の形態模倣について」牧
野利秋ほか編『知的財産法の理論と実務(3)』282頁（新日本法規，2007）は，
「不正競争防止法2条1項3号に規定する『商品の形態』としての商品の形状
は，商品全体としての形状を意味する。すなわち，商品のうちの一部分の形状
だけを取り出して同号にいう商品の『形状』であるということはできない（東
京地判平17・5・24判時1933・107〔マンホール用足掛具事件〕)。」とする。保
護期間の起算点を構成部分ごとに考えるサックス用ストラップ事件第一審判決
の考え方を否定した同控訴審判決は同様の考え方に基づくものと解される（同
事件を紹介する判時囲み記事参照）。

26) 経済産業省知的財産政策室編・前掲注1）32頁，産業構造審議会知的財産政
策部会不正競争防止小委員会・前掲注3）50頁（前掲注1）245頁）

27) 小野・松村・新・概説上巻310頁

28) 産業構造審議会知的財産政策部会不正競争防止小委員会・前掲注3）50頁
（前掲注1）246頁）

29) 経産省・逐条解説（令和5年改正版）88頁

30) 山本・要説4版386頁。保護期間が3年とされた趣旨として，商品のモデル
チェンジのサイクルが概ね3年以内のものが多いこと，国際的なハーモナイ
ゼーションの観点，登録を要する実用新案権の存続期間の6年よりも短くする
必要があることがあげられている。

31) 田村・概説2版313頁は，「委縮効果の大きい差止請求に関して一律に期間限
定を付しつつ，損害賠償請求に関しては個別の商品の特殊性に応じて柔軟に考
えるという発想もありえないわけではない」とされる。改正の際の衆議院での
審議において，政府委員が3年経過後の保護として2条1項1号のほか，民法
709条での保護の可能性を述べている（http://kokkai.ndl.go.jp/SENTAKU/syug
iin/126/0260/12605120260016c.html）。

なお，著作権法に関する判例であるが，北朝鮮映画事件・最判平23・12・8
民集65巻9号3275頁〔28175901〕は，著作権法6条各号所定の著作物に該当し
ない著作物（同事案では3号：我が国が国家として承認していない国の国民が
著作者となっている著作物）の利用行為は，「同法が規律の対象とする著作物の
利用による利益とは異なる法的に保護された利益を侵害するなどの特段の事情
がない限り，不法行為を構成するものではない」とした。これによれば，不正
競争防止法において保護されない，保護期間を経過した商品形態も，特段の事
情がない限り保護されないようにも思われる。

しかし，著作権法6条は，著作権者の独占的な権利と国民の文化的生活の自
由との調和を図る趣旨で，「著作物は，次の各号のいずれかに該当するものに限

り，この法律による保護を受ける」として，独占的な権利の及ぶ範囲を明確に限定している。これに対し，不正競争防止法19条1項5号イにおいては，形態模倣に当たるが保護期間の3年を経過したものについて不正競争の適用除外を規定するものの，保護期間経過後の行為について他の法律の規定による権利行使を認めないということまで明示するものではない。上記衆議院での審議状況はこれを裏付けるものである。

Chamois事件・大阪地判平29・1・19最高裁HP（平成27年（ワ）9648号／平成27年（ワ）10930号）〔28253637〕は，形態模倣に当たらず，不正競争防止法上違法とされない行為について，一般不法行為責任が認められるためには「不正競争防止法が規律の対象とする……商品の形態の利用による利益とは異なる法的に保護された利益を侵害するなどの特段の事情が認められる必要がある」として，当該行為の一般不法行為の成立を否定する。しかし，この事案は，形態模倣に当たらないとされた事案であり，形態模倣に当たるものの3年の保護期間を経過したという場合について一般不法行為による保護を認めるかという議論とは場面を異にするものと解される。

32) 考慮要素を整理されたものとして，小野昌延＝山上和則編『不正競争の法律相談』312頁〔橘高郁文〕（青林書院，2010）

33) その他，経済産業省知的財産政策室「平成17年改正不正競争防止法の概要」15頁（http://www.meti.go.jp/policy/economy/chizai/chiteki/pdf/05kaisei-1.pdf）が「金型詐欺」として紹介する事例，すなわち，部品の納品を受けていた大企業が不当な意図をもって模倣品メーカーに図面を開示して模倣品を納品させるような事例なども著しく不公正な方法にあたるものと解される。

34) 経済産業省経済産業政策局・前掲注1）31頁。
この点，小野=松村・新・概説上巻326頁は，最初の販売後3年を経過していないことが実体法的に必要であること，衡平上も商品が最初に販売された日の立証は原告が一番よく知っていることから，原告に挙証責任があるとされる。これに対し小野・新・注解3版下巻1303頁〔泉克幸〕は，適用除外という条文上の形式面に加え，他人の商品の模倣行為に及ぶ者に3年経過後の商品であることを確認させるようなインセンティヴを与えるべきこと，平成17年改正で最初の販売を日本国内での販売に限ることにされたことから被告説が適切であろうとされる。また，高部・実務詳説183頁も，被告が自己の行為の日より3年以上前に1度でも原告商品の販売があった事実を立証することは困難ではないとして被告説を相当とされる。

〔町田　健一〕

822 第4章 雑則

（適用除外等）

19条1項6号ロ

　六　第2条第1項第3号に掲げる不正競争　次のいずれかに掲げる行為

　　イ　（略）

　　ロ　他人の商品の形態を模倣した商品を譲り受けた者（その譲り受けた時にその商品が他人の商品の形態を模倣した商品であることを知らず，かつ，知らないことにつき重大な過失がない者に限る。）がその商品を譲渡し，貸し渡し，譲渡若しくは貸渡しのために展示し，輸出し，輸入し，又は電気通信回線を通じて提供する行為

趣　旨

　本号は，商品形態模倣行為（2条1項3号の解説を参照）に対する適用除外を規定するものである。

　2条1項3号により保護される商品形態には公示制度がない。したがって，これを知らずに同号に該当する商品（以下「デッドコピー商品」という）を譲り受ける場合も生じうるが，そのような譲受人に対してまで差止請求を認めると取引の安全が害されることになってしまう[1]。

　そのため本号において，デッドコピー商品を譲り受けた者が，その譲受けの時に，その商品がデッドコピー商品であることにつき善意かつ無重過失であるときには，2条1項3号の適用を除外する旨定めている（適用除外の範囲については19条1項柱書を参照）。

解　説

1　「他人の商品の形態を模倣した商品を譲り受けた者」

1.1　「他人の」

　2条1項3号の解説を参照されたい。

1.2　「商品の形態」

　2条4項の解説を参照されたい。

1.3 「模倣した商品」

2条5項の解説を参照されたい。

1.4 「譲り受けた」所有権の移転を受けたことをいい，それが有償であるか，無償であるかを問わない[2]。

2 「その譲り受けた時にその商品が他人の商品の形態を模倣した商品であることを知らず，かつ，知らないことにつき重大な過失がない者に限る」

2.1 「譲り受けた時」

善意・無重過失を判断する基準時は，本号がデッドコピー商品を譲り受けた者を保護し取引の安全を図ることを趣旨とすることに鑑みると，当該商品の所有権移転時と解される[3]。本規定における譲受人保護の観点から，譲受人が所有権を取得し転売等を行うことができることになった時点で善意・無重過失であれば，それ以降に悪意または重過失になったとしても保護されるべきである[4]。

なお，継続的にデッドコピー商品を仕入れていた場合に，当該取引を開始した当初善意・無重過失であった者であっても，悪意・重過失になった後（例えば，内容証明郵便を受領した後）に仕入れた商品については，その商品を「譲り受けた時」に悪意であるから，本号の適用除外は認められない[5]。

2.2 「模倣した商品であることを知らず，かつ，知らないことにつき重大な過失がない」

本号は，取引の安全の見地から適用除外を設けるものであり，したがって，主観要件として，デッドコピー商品の譲受けの時点において善意・無重過失であることが要求される。

ここにいう善意は，対象商品が「模倣した商品であること」を知らないことである。「模倣」（2条5項）は，他人の商品形態への依拠の要件と実質的同一性の要件が必要であるが，このうち依拠の要件は当該商品の製作者の主観的要件であるから，警告書で対象商品の客観的な態様を通知しても，これ

824　第4章　雑則

をもって直ちに悪意になるわけではない。その場合は,「重大な過失」の有
無により本号を判断することになる。

　ここにいう「重大な過失」とは,取引上当然払うべき通常の注意義務を尽
くせばそれがデッドコピー商品であることを容易に知ることができたのに,
その義務を著しく怠った場合をいい,悪意の場合とほぼ同視できる程度のも
のをいう[6]。

　この重過失の有無を判断するに当たり検討される要素としては,①譲受人
の調査能力(当該商品の専門業者や輸入販売業者であるか,取扱点数の多
さ,仕入体制),②譲渡人等取引関与者の態様(譲受人と譲渡人との面識の
有無,資本関係の有無や譲受時の情報提供概念の有無),③商品自体の態様
(商品パッケージに発売元,販売元,製造元などが記載されていない,保証
書が添付されていないなど商品の態様自体から疑惑が認められるか否かな
ど),④類似性の程度(特徴的な部分が似ているか),⑤模倣された商品(以
下「オリジナル商品」という)の周知性や,アクセスの容易性(オリジナル
商品の性質,種類,販売数量,宣伝広告やマスコミ等での紹介の程度や模倣
された側の業界での地位)などがあげられる[7]。

2.3　転得者に対する本規定の適用

　いったん善意・無重過失者が介在した場合,その者以後の転得者につい
て,各譲受けの時点で改めて善意・無重過失を要するか,それとも前者の善
意・無重過失者を援用しうるかという論点がある。

　この点について,悪意・重過失の転得者も他人の経済的成果にただ乗りす
るものであり,その行為により他人の営業上の利益が害されるおそれがある
として,援用を認めない考え方がある(相対的構成)[8]。しかし,例えば,
前者が善意・無重過失で譲り受けた後に新聞報道等により広く形態模倣の問
題が知られるようになった場合,転得者が保護されないことになれば,善
意・無重過失者の転売に支障をきたし,結局,取引の安全を保護するという
本規定の趣旨に反することになる。したがって,転得者の譲受けの時点で悪
意または重過失となっていたとしても,介在した善意・無重過失者の抗弁を
援用しうると解すべきである(絶対的構成)[9]。

19条1項6号ロ　適用除外等　　825

3 「その商品を譲渡し，貸し渡し，譲渡若しくは貸渡しのために展示し，輸出し，輸入し，又は電気通信回線を通じて提供する行為」

令和5年改正で，2条1項3号で規制される行為態様に「電気通信回線を通じて提供する」行為が加えられたことに伴い，同改正の際，本号の適用除外についても同行為が加えられた。この点については，2条1項3号の解説を参照されたい。

【注】
1)　田村・概説2版309頁
2)　渋谷達紀「商品形態の模倣禁止」マックス・プランク知的財産・競争法研究所編『知的財産と競争法の理論　F.K.バイヤー教授古稀記念日本版論文集』390頁（第一法規出版，1996）。また，特許法上の場面についてであるが，「譲渡」について中山信弘『特許法』〔第5版〕351頁（弘文堂，2023）はその典型例は所有権の移転であるとする。
3)　渋谷・前掲注2)394頁参照
　　この点，イオンブラシ事件・大阪高判平16・7・30最高裁HP（平成15年（ネ）3005号）〔28092137〕は，売買契約が締結され，その後輸入されたという事案において，デッドコピー商品が現実に輸入された日をもって「譲り受けた時」とみるのが相当としている（「輸入」については2条1項1号を参照）。ここで仮に売買契約において所有権の移転時期が契約時や代金支払時とされていたとすると，その時点での認識が問われるべきであると考える。
　　なお，ヌーブラ事件II・大阪地判平18・1・23最高裁HP（平成15年（ワ）13847号）〔28110409〕は「輸入するに当た」っての認識を検討し，輸入先から売込みを受けた時の認識を検討している。
4)　渋谷・講義III124頁
5)　結露水掻き取り具事件・大阪地判平12・7・27最高裁HP（平成7年（ワ）2692号）〔28051671〕（控訴審である大阪高判平13・2・27最高裁HP（平成12年（ネ）3029号／平成12年（ネ）4157号）〔28060370〕も同様）。
6)　山本・要説4版388頁，経産省・逐条解説（令和5年改正版）256頁，前掲注3)イオンブラシ事件
7)　経産省・逐条解説（令和5年改正版）256頁，小野・新・注解3版下巻1308頁〔泉克幸〕
　　裁判例において善意・無重過失を認めた（悪意・重過失でないとされた）例として，小物入れ兼ぬいぐるみ事件・東京地判平20・7・4最高裁HP（平成19年（ワ）19275号）〔28141650〕（形態は実質的に同一，被告はチェーンストア等の経営，他方，被告商品の仕入れを担当する部門が1年間に取り扱う商品数約12万点，被告商品の企画や生産の過程に関与することなし，原告商品の販売金

826　第4章　雑則

額が合計19万0487円，販売数量合計330個，広告も，原告のウェブページや商品
カタログに写真が掲載されている程度で，一般に広く認知された商品とは認め
られず），がある。他方，否定された（悪意・重過失ありとされた）例として，
シチズン腕時計事件・東京地判平11・6・29判時1692号129頁〔28041464〕（被
告が輸入販売業者，原告が我が国の代表的な製造販売業者，少なからぬ販売数
量，広く宣伝広告活動，形態が極めて類似，輸入取引の際の状況不明），前掲注
3）イオンブラシ事件（被告が輸入販売業者，原告商品の販売数は11万1955個，
雑誌，テレビでトレンド商品として紹介，台湾で製造されたものであるが日本
語で印刷されたパッケージ，しかし，通常発売元，販売元，製造元が記載され
る欄が空白，パッケージ内に保証書なし，被告の調査不十分），前掲注3）ヌー
ブラⅡ事件（輸入前に原告商品を認識，著名な一般女性誌に紹介記事掲載，形
態が同一，製造元や独占販売権契約をした原告に照会せず），前掲注5）結露水
掻き取り具事件（警告あり，調査可能，酷似商品），包丁研ぎ器事件・大阪地判
平23・8・25判タ1379号227頁〔28173927〕（実質的に同一，被告が輸入販売業
者，被告の調査不十分），ペンダントランプ事件・知財高判平25・12・26最高裁
HP（平成25年（ネ）10062号／平成25年（ネ）10083号）〔28220180〕（形態酷
似，被告が輸入販売業者，被告の製造元への調査不十分，原告商品がインター
ネットショッピングモールでランキング上位の売上），ZARA事件・東京地判平
30・8・30最高裁HP（平成28年（ワ）35026号）〔28265111〕（形態酷似，被告
が衣料品の販売業者，日本における一般的なトレンドや，被告に必要な商品等
を分析・把握し，海外の親会社に対しこれらの情報を提供し，親会社に対し，
既存商品の改良点や新商品の提案実施，原告商品が著名で影響力のある女性
ファッション雑誌その他の雑誌に掲載，インターネット上に酷似していること
を指摘する投稿あり）などがある。

8）　渋谷・前掲注2）394頁

9）　田村・概説2版310頁。譲受人が背信的悪意者に当たる場合は別論であると解
される。

〔町田　健一〕

（適用除外等）
19条1項7号

七　第2条第1項第4号から第9号までに掲げる不正競争　取引によって営業秘密を取得した者（その取得した時にその営業秘密について営業秘密不正開示行為であること又はその営業秘密について営業秘密不正取得行為若しくは営業秘密不正開示行為が介在したことを知らず，かつ，知らないことにつき重大な過失がない者に限る。）がその取引によって取得した権原の範囲内においてその営業秘密を使用し，又は開示する行為

趣　　旨

　営業秘密の取得時には不正取得行為の介在を重過失なしに知らなかった者が，取得後に不正取得行為の介在を知り（または重過失により知らないで）この営業秘密を使用または開示する行為は，2条1項6号の不正競争行為に該当する。また，営業秘密の取得時には不正開示行為の存在または介在を重過失なしに知らなかった者が，取得後に不正開示行為の介在を知り（または重過失により知らないで）この営業秘密を使用または開示する行為は2条1項9号の不正競争行為に該当する（2条1項6号および9号の解説を参照）[1]。

　営業秘密については，その正当な保有者が公示等されることはなく，取得者において営業秘密提供者が適法に営業秘密の提供を行いうる立場にあるのかを判断することは必ずしも容易ではない。また，不正取得行為等が介在する営業秘密を取得した者は，営業秘密保有者から警告を受けるなどすれば悪意または重過失になりうるため，2条1項6号または9号の要件が容易に充足され，不正競争行為が成立してしまう。

　しかし，取引行為によって営業秘密を取得した場合にまでこのような規律を維持すると，相当の対価を支払って営業秘密を取得しても，事後的に当該営業秘密が使用できなくなるリスクが常に存在することになる。これでは営業秘密に関する取引の安全が害されること甚だしく，ひいては営業秘密の価値の低下にもつながりかねない。

　そこで，本号は，取引によって営業秘密を取得した者は，事後的に不正取得行為または不正開示行為の介在について悪意または重過失になったとしても，取引によって取得した権限の範囲内で営業秘密の使用・開示ができると

828　第4章　雑則

した。営業秘密に関する取引の安全を確保するための規定である[2)]。

解　説

1　「取引によって」

　本号は，「取引」によって営業秘密を取得した場合に適用される。不正競争防止法上の「取引」は，商取引を指すと説明されることが多い[3)]。しかし，一般に「商取引」とは商品の流通過程における取引を意味すると説明されているから[4)]，この定義では十分とは思われない。取引の安全を図るという本号の趣旨に鑑みれば，本号の「取引」とは，広く何らかの合意ないし契約を指すと解すべきである。有償・無償の別も問うべきではない[5)]。営業秘密に係るライセンス契約が本号の「取引」の典型例である[6)]。相続や合併は取引には含まれないとされることもあり[7)]，これが通説と評されることもあるが[8)]，吸収合併の場合，消滅会社と存続会社との間で合併契約が締結され（会社法748条），同契約に基づき存続会社が消滅会社の権利義務を承継するのであるから，前述の定義に照らし本号の「取引」に含めてよい。実質的にも，承継会社の立場からすれば取引行為によって消滅会社の営業秘密を取得したのであり，その取引の安全を図る必要は否定できない[9)]。会社分割についても同様に考えることが可能ではなかろうか（吸収分割契約締結の必要性について，会社法757条）。

　事業譲渡については，まさに，当該事業に含まれる個々の権利義務や営業秘密等を対象に契約が締結されるものである。このため，譲渡対象事業に含まれる営業秘密については，「取引」によって取得したものと扱ってよいものと思われる。

　雇用が本号の「取引」に該当するかについては見解が分かれている。立案担当者は否定的であるが[10)]，肯定的な見解[11)]も有力である。

　この点については，以下のように場合を分けて考えるべきではないかと思われる。

　まず，ある人材を雇用することにより営業秘密の取得を目指していた場合には，まさに，営業秘密自体が取引の対象になっているといいうる。この場合には，営業秘密に関する取引の安全を確保する必要があることに変わりはなく，「取引」該当性を認めてもよい。もっとも，このような場合には，そ

の人材が負担する守秘義務等について既に悪意になっている場合が多いであろう[12]。

　他方，ある人材を雇用したところ，たまたまその人材がある営業秘密を把握していたというような場合，営業秘密保有者は，取引によって営業秘密を取得したことすら意識していない場合が多いと思われる。このような場合，取引の安全確保を趣旨とする本号の適用を認めることは困難と思われる。もっとも，このような場合でも，権利濫用論等により善意の営業秘密取得者の既得的地位を保護することはありえよう[13]。

2 「営業秘密を取得した者」

　本号は，営業秘密を「取得した者」の行為に適用される。

　この要件をめぐっては，まず，取得した「者」の中に，法人および自然人の双方が含まれるのかが問題となりうる。この点，法人の役員・従業員等による営業秘密に関する不正競争行為については，それが法人等の職務として行われた場合，当該自然人による不正競争行為であると評価されるとともに，当該法人による不正競争行為と評価されることがある[14]。これと同様，適用除外を定める本号についても，役員・従業員等の自然人による行為が法人の職務として行われたような場合には，当該自然人・法人いずれについても本号の適用を認めるべきであろう。また，法人について本号の適用を認める以上，営業秘密を「取得」した自然人と，当該営業秘密を「使用」する自然人が異なる場合においても，他の要件を充足する限り，本号による保護が及ぶと解すべきである。

　次に，「取得した者」という要件については，どの段階で営業秘密を「取得」したものと扱ってよいかが議論されている。立案担当者の解説では，「営業秘密の使用又は開示の権限を確実に取得したと認めうる事情」が存することが必要であり，その例示として，「ノウハウの引渡しや代金の支払を完了している」ことが挙げられている[15]。そのほか，この点について論じる文献には，ノウハウの重要部分の引渡しがあったこと，イニシャルマネーの支払いがあったことで十分であると説くものもある[16]。

　この点は，どの段階で営業秘密取得者の要保護性を認めるのかという観点から検討すべき問題と思われる。「取得」は，行為者の善意・無重過失を判断する基準時とされていることも考慮すべきである。

830　第4章　雑則

　かかる観点から，たとえば，営業秘密に関するライセンス契約の締結のみ
で「取得」があったものとすると，契約締結後，営業秘密の提供前に不正取
得行為または不正開示行為の存在について悪意または重過失になった者につ
いて本号の適用を認めることになる。この場合，その者による契約相手への
営業秘密開示請求およびその後の使用を認めうることになるが，正当な営業
秘密保有者との関係で，既に悪意または重過失となっている行為者をここま
で保護するのはバランスを失しているように思われる。また，この段階では
行為者は営業秘密の内容を知らない以上，保護すべき資本の投下等もなされ
ていないことが多いのではなかろうか。これらの点に鑑みると，上記見解が
解くように，「取得」があったものとするためには，少なくとも営業秘密の
重要部分の提供は済んでいる必要があると解すべきであろう。

　他方，営業秘密の重要部分の提供が行われているのであれば，代金の支払
いは未了であってもよいと思われる。本号の適用が認められる以上，営業秘
密提供者による代金請求は認められるのであり，いずれにせよ，行為者は代
金を支払わなければならないからである。

3　取得時の善意・無重過失：「(取得した時にその営業秘密について営業秘密不正開示行為であることまたはその営業秘密について営業秘密不正取得行為若しくは営業秘密不正開示行為が介在したことを知らず，かつ，知らないことにつき重大な過失がない者)」

　本号の適用が認められるのは，営業秘密の取得時に不正取得行為または不
正開示行為について善意・無重過失の者である。取引の相手方が営業秘密保
有者の役員や従業員である場合には，本号の適用のほか，表見代理（民法
109条，110条，112条），支配人の代理権に加えた制限に関する規定（会社法
11条3項）等といった第三者保護規定のいずれもが適用されうる。

　これら第三者保護に関する規定が適用される場合，営業秘密に関する取引
行為の効果は本人である営業秘密保有者に帰属するため，営業秘密保有者
は，行為者が同取引行為により認められた範囲内で営業秘密を使用する限
り，不正競争防止法に基づく請求をなしえないことになる[17]。

　本号と上記のような第三者保護規定の適用範囲は大部分において重複する
ため，本号の他にあえて第三者保護規定を持ち出す必要はないことが多い。
もっとも，善意であれば重過失であっても第三者を保護する解釈がとられて

いる規定に関しては，本号の適用は受けられないものの，当該第三者保護規定に関する適用は受けうるということがありうる[18]。

4 「取引によって取得した権限の範囲内」

　本号により許容されるのは，「取引によって取得した権限の範囲内」での営業秘密の使用である。たとえば，営業秘密に関するライセンス契約の有効期間が3年であれば，3年を超えて営業秘密を使用する場合には本号の適用は認められない。また営業秘密の使用目的に限定が付されている場合には，その目的の範囲内でのみ使用が可能である。

　この権限の範囲を超えて営業秘密を使用した場合，本号の適用が認められない結果，当該行為は不正競争行為として問責されうることになる。

5 「営業秘密を使用し，又は開示する行為」

　本号の適用が認められる場合には，営業秘密の「使用」および「開示」が許容される。

　本号が「開示」までも認めていることについては，ある情報について一定水準以上の開示行為がなされてしまうと，その情報の非公知性が失われ，営業秘密としての保護を受け得なくなってしまう，との立法論としての疑問も呈されている[19]。

　なお，この点に関連して，本号の適用を受ける行為者は，営業秘密に関する取引相手にライセンス料を支払えば足りるのかという問題がある[20]。すなわち，Aの営業秘密についてB－C間でライセンス契約が締結された場合において，Cが事後的に当該営業秘密について不正取得行為，不正開示行為があったことについて悪意・重過失者となった場合，CはBに対してライセンス料を支払うべきか，営業秘密の正当な保有者であるAに対してライセンス料を支払うべきかという問題である。

　この点については，まず，BによるAの営業秘密開示行為が不正競争行為とならないのであれば（例えば，Bについて本号の適用があるとき），CはBに対してライセンス料を支払えば足りる。B，CともにAとの関係では何ら損害賠償義務や不当利得返還義務を負わないため，B・C間の契約どおりに処理することで足りる。

　問題は，Bの行為が不正競争行為に該当する場合である。この場合，Aは

832　第4章　雑則

Bに対して4条に基づく損害賠償をなしうるが，Cについては本号の適用が
あるため，同損害賠償請求はなしえない。Aとしては，Cに対して不当利得
返還請求をすることも考えられるが，これも否定されるべきと考える。そも
そも不正競争防止法は行為規制法であるところ，かかる不正競争防止法に
よって適法とされた行為について不当利得の成立を認めることは，行為態様
により許される行為とそうでない行為を峻別しようとした不正競争防止法の
趣旨に反するからである[21]。このように考えると，AはCに対して何ら請求
できないということになるから[22]，CはBに対して契約に基づくライセンス
料の支払いを行えば足りるということになる[23]。後は，A・B間での清算の
問題として処理されることになる。

【注】
1)　条文上は「第2条第1項第4号から第9号まで」とあるが，実際に本号の適
用があるのは2条1項6号または9号の行為類型である。
2)　本号の趣旨につき，田村・概説2版351頁。
3)　2条1項20号の「取引」に関する説明ではあるが，山本・要説4版207頁，田
原美奈子「品質誤認行為」高部眞規子編著『最新裁判実務大系 第11巻 知的財産
権訴訟Ⅱ』896頁（青林書院，2018），安立欣司・本書改訂版174頁等。
4)　法令用語研究会『有斐閣 法律用語辞典』〔第5版〕607頁（有斐閣，2020）。
なお，同書899頁は，「取引」について，「商人間又は商人と一般人との間におい
て営利目的で行われる売買行為」を指すと説明している。
5)　田村・概説2版352頁-353頁，渋谷達紀『不正競争防止法』190頁（発明協会，
2014）。
6)　田村・概説2版352頁，小野＝松村・新・概説3版下巻156頁，高部・実務詳
説228頁。山本・要説4版390頁は，売買契約が典型例であるとする。
7)　山本・要説4版390頁，茶園編・不競法2版82頁，小野・新・注解3版下巻
1314頁〔小野昌延〕
8)　高部・実務詳説229頁
9)　なお，合併等は組織法上の行為であり，事業譲渡は取引行為であると分類さ
れることがあるが，かかる分類から論理的・演繹的に本号の「取引」該当性に
関する結論が導き出されるものではないと考えられる。
10)　通産省・逐条解説営業秘密115頁，横田俊之ほか「改正不正競争防止法におけ
る営業秘密の法的救済制度について」ジュリスト962号28頁（1990）。小野・
新・注解3版下巻1314頁〔小野昌延〕も否定説を支持している。
11)　渋谷達紀「営業秘密の保護—不正競争防止法の解釈を中心として」曹時45巻
2号371頁－372頁等（1993）。田村・概説2版352頁も参照。
12)　田村・概説2版352頁

13) 小野＝松村・新・概説 3 版下巻157頁，小野・新・注解 3 版下巻1315頁
14) たとえば，知財高判平27・2・19最高裁HP（平成25年（ネ）10095号）
〔28230877〕は，取締役による不正競争行為について，それが法人における職務
を行うについてなされたものであることを理由に，当該取締役の行為は法人の
不正競争行為にも該当する旨を判示している。
15) 通産省・逐条解説営業秘密116頁
16) 小野＝松村・新・概説 3 版下巻157頁，小野・新・注解 3 版下巻1315頁
17) 鎌田薫「財産的情報の保護と差止請求権(5)」L＆T11号42頁（1990）。田村・
概説 2 版352頁も参照。
18) 田村・概説 2 版352頁
19) 田村・概説 2 版352頁
20) 鎌田薫「営業秘密の保護と民法」ジュリ962号35頁－36頁（1990）
21) 田村・概説 2 版366頁
22) 債権者代位権等に基づく請求は別論である。
23) 田村・概説 2 版353頁，小野＝松村・新・概説 3 版下巻158頁，小野・新・注
解 3 版下巻1316頁〔小野昌延〕も同旨。

〔高瀬　亜富〕

（適用除外等）
19条 1 項 8 号

　八　第 2 条第 1 項第10号に掲げる不正競争　第15条第 1 項の規定により同項に規
　　定する権利が消滅した後にその営業秘密を使用する行為により生じた物を譲渡
　　し，引き渡し，譲渡若しくは引渡しのために展示し，輸出し，輸入し，又は電
　　気通信回線を通じて提供する行為

趣　　旨

　2条 1 項10号は，2条 1 項 4 号から 9 号までに掲げる方法で技術上の秘密
を使用したことにより生じた物を譲渡等する行為を不正競争行為とするもの
である。

　ところで，営業秘密の使用行為についての差止請求権は，使用者が使用行
為を継続する場合においては，当該使用行為により営業上の利益を侵害され
または侵害されるおそれがあることおよび当該使用者を営業秘密保有者が
知ったときから 3 年行使しないと時効により消滅する（15条 1 項 1 号）。ま
た，使用者が当該使用行為を開始したときから20年行使しないときは，当該

834   第4章　雑則

使用行為により営業上の利益を侵害されまたは侵害されるおそれがあること
および当該使用者を営業秘密保有者が知らなくとも，差止請求権は時効[1]
により消滅する（15条1項2号）。

　当該技術上の秘密を使用する行為について営業秘密保有者が消滅時効によ
り差止請求権を行使できなくなったというのに，当該技術上の秘密を使用し
て生じた物の譲渡等を禁止することは均衡を失する[2]と立案担当者は考え
たそこで，差止請求権が時効により消滅した後の使用行為により生じた物の
譲渡行為については，3条から15条まで，21条（2項7号に係る部分を除
く）および22条の規定を適用しないこととした。それが本号である。

解　　説

1　「第2条第1項第10号に掲げる不正競争」

　本号により適用が除外されるのは，2条1項10号に定める行為に関する，
3条から15条まで，21条（2項7号に係る部分を除く）および22条の規定で
ある。すなわち，2条1項4号から9号までに掲げる方法で技術上の秘密を
使用する行為（不正使用行為）により生じた物を譲渡し，引き渡し，譲渡も
しくは引渡しのために展示し，輸出し，輸入し，または電気通信回線を通じ
て提供する行為を不正競争行為として差止請求（3条）や損害賠償請求（4
条）の根拠としたり，不正の利益を得る目的で，またはその営業秘密保有者
に損害を加える目的で，自己または他人の21条1項2号から4号までまたは
4項3号の罪に当たる行為（ただし，技術上の秘密を使用する行為に限る）
により生じた物を譲渡し，引き渡し，譲渡もしくは引渡しのために展示し，
輸出し，輸入し，または電気通信回線を通じて提供したり（21条1項5号）
することを不可能にする規定である。詳細は，2条1項10号および21条1項
5号の解説を参照。

2　「第15条第1項の規定により同項に規定する権利が消滅」

　15条1項は，2条1項4号から9号までに掲げる不正競争行為のうち営業
秘密を使用する行為について3条1項の規定による侵害の停止または予防を
請求する権利（差止請求権）は以下の場合に時効により消滅する旨規定して
いる（詳細は，15条の解説を参照）。

① 当該営業秘密の使用者が当該営業秘密の使用を継続する場合，当該使用行為によりその営業上の利益を侵害されまたは侵害されるおそれがあることおよび当該営業秘密の使用者を営業秘密保有者が知ったときから3年間行使しないとき

② 当該営業秘密の使用行為の開始のときから20年を経過したとき

3 「した後にその営業秘密を使用する行為により生じた物」

本号により3条等の適用を除外されるのは，使用についての差止請求権が時効により消滅「した後にその営業秘密を使用する行為により生じた物」の譲渡等についてである。

当該技術上の秘密を使用した特定の種類の物の生産活動が継続的になされた場合，当該秘密の保有者がそのことを知った後3年間差止請求権を行使しないときは，3年経過時以降の生産活動については，差止請求権を行使しえないので，この時点以降に生産された物については，本号が適用され，その譲渡等については，差止請求も損害賠償請求もなしえず，刑事罰の対象ともならない。

4 「譲渡し，引き渡し，譲渡若しくは引渡しのために展示し，輸出し，輸入し，又は電気通信回線を通じて提供する行為」

本号により3条等の適用を除外されるのは，上記物を「譲渡し，引き渡し，譲渡若しくは引渡しのために展示し，輸出し，輸入し，又は電気通信回線を通じて提供する行為」についてである。

「譲渡し，引き渡し，譲渡若しくは引渡しのために展示し，輸出し，輸入し，又は電気通信回線を通じて提供する行為」の詳細については2条1項1号の解説を参照。

【注】
1) 令和2年4月施行の民法改正（平成29年法律第44号）で従前「除斥期間」とされていたものを消滅時効としたのに合わせて，令和2年4月施行の不正競争防止法改正において15条1項2号による差止請求権の消滅についても消滅時効によるものとした。
2) 経産省・逐条解説（令和5年改正版）257頁

〔小倉　秀夫〕

836 第4章 雑則

（適用除外等）

19条1項9号イ

　九　第2条第1項第11号から第16号までに掲げる不正競争　次のいずれかに掲げ
　　る行為

　　イ　取引によって限定提供データを取得した者（その取得した時にその限定提
　　　供データについて限定提供データ不正開示行為であること又はその限定提供
　　　データについて限定提供データ不正取得行為若しくは限定提供データ不正開
　　　示行為が介在したことを知らない者に限る。）がその取引によって取得した
　　　権原の範囲内においてその限定提供データを開示する行為

　　ロ　（略）

趣　　旨

　悪意に転じた後の開示行為であっても，取得時において不正な行為の介在
を知らずにデータを取得した転得者は不測の不利益を被り，取引の安全を害
されることとなる。そこで，本号イは，善意でデータを取得した転得者の取
引の安全を確保する観点から，取引によって「限定提供データ」を取得した
者が，「限定提供データ」の不正行為の介在等に関して悪意に転じる前に契
約等に基づき取得した権原の範囲内での開示行為については差止請求（3
条）や損害賠償請求（4条）等の対象とはしないとの適用除外を設けてい
る[1]。

解　　説

1　「取引によって」

　本号は，「取引によって」限定提供データを取得した場合に適用される。
本号に即した詳細な解説は現時点ではほとんど見られないが，「営業秘密」
について本号と同趣旨を規定する同項7号の「取引によって」の解釈が参考
になると思われるので，以下，同号に関する文献を参照しながら説明する。

　すなわち，「取引」に該当するかを判断するに当たっては，有償・無償の
別は問わない[2]。限定提供データに係るデータ提供契約が本号の「取引」の
典型例である。相続や合併は取引には含まれないとされることもあるが[3]，
吸収合併の場合，消滅会社と存続会社との間で合併契約が締結され，同契約
に基づき存続会社が消滅会社の権利義務を承継するのであり，承継会社の立

場からすれば取引行為によって消滅会社の営業秘密を取得したと解釈する余地もあるように思われる[4]。会社分割についても同様に考えることが可能ではなかろうか。

事業譲渡については，まさに，当該事業に含まれる個々の権利義務を対象にその取引が行われるものである。このため，譲渡対象事業に含まれる限定提供データの利用権については，「取引」によって取得したものと扱ってよいものと思われる。

雇用が本号の「取引」に該当するかについては見解が分かれている。立案担当者は否定的であるが[5]，肯定的な見解[6]も有力である。この点については，以下のように場合を分けて考えるべきではないかと思われる。

まず，ある人材を雇用することにより営業秘密の取得を目指していた場合には，まさに，営業秘密自体が取引の対象になっているといいうる。この場合には，営業秘密に関する取引の安全を確保する必要があることに変わりはなく，「取引」該当性を認めてもよい。もっとも，このような場合には，その人材が負担する守秘義務等について既に悪意になっている場合が多いであろう[7]。

他方，ある人材を雇用したところたまたまその人材がある営業秘密を把握していたというような場合，営業秘密保有者は，取引によって営業秘密を取得したことすら意識していない場合が多いと思われる。このような場合，取引の安全確保を趣旨とする本号の適用を認めることは困難と思われる。もっとも，このような場合でも，権利濫用論等により善意の営業秘密取得者の既得的地位を保護することはありえよう[8]。

2 「限定提供データを取得した者（その取得した時にその限定提供データについて限定提供データ不正開示行為であること又はその限定提供データについて限定提供データ不正取得行為若しくは限定提供データ不正開示行為が介在したことを知らない者に限る。）」

2.1 「限定提供データを取得した者」

本号イの適用除外を受けられるのは，「限定提供データ」を「取得」した者である。「限定提供データ」の意義については2条7項の解説を，「取得」の意義については2条1項11号の解説を参照されたい。

838　第4章　雑則

2.2 「その取得した時にその限定提供データについて限定提供データ不正
開示行為であること又はその限定提供データについて限定提供デー
タ不正取得行為若しくは限定提供データ不正開示行為が介在したこ
とを知らない者に限る。」

　本号イの適用除外を受けられるのは，限定提供データを取得した者のう
ち，「その取得した時に限定提供データ不正開示行為であること又はその限
定提供データについて限定提供データ不正取得行為若しくは限定提供データ
不正開示行為が介在したことを知らない者」に限られる。本号の適用を善意
者に限定するものである。「限定提供データ不正開示行為」とは，2条1項
14号所定の不正競争行為を意味する。また，「限定提供データ不正取得行為」
とは，窃取，詐欺，強迫その他の不正の手段により限定提供データを取得す
る行為をいう（2条1項11号かっこ書）。限定提供データ不正取得行為ない
し限定提供データ不正開示行為が「介在したこと」の他に，不正開示行為で
「あること」を規定しているのは，2条1項14号所定の不正開示行為の直接
の相手方となって限定提供データを取得する場合は，その行為が不正開示行
為を構成することになるためである[9]。

　このかっこ書の除外規定に関しては，善意の判断基準時である「その取得
した時」の解釈について，①データ取得時説[10]と②データ利用権限取得時
説[11]が対立している。「限定提供データを取得した者（その取得した時に
……）」という条文の文言上は，データ取得時を基準とするのが自然ではあ
り，指針はデータ取得時説を採用している。

　しかし，この見解では，たとえばデータを継続的に提供してもらう契約を
締結したライセンシーが契約期間中に警告を受ける等により悪意に転じた場
合，それまでに取得したデータについては免責されるが，悪意に転じて以降
に提供されたデータについては，データ取得時に悪意であることになってし
まい本号の適用（＝差止請求や損害賠償請求に関する規定の適用除外）を受
けることができない。このような帰結では，ライセンシーの継続的なデータ
の利用に関する期待を保証できなくなり，本号の趣旨である取引の安全を達
成しえなくなってしまう。条文の文言からは離れが解釈になるが，本号の趣
旨に鑑みるとデータ利用権限取得時説が妥当であるように思われる。

　なお，この点については，令和4年の第18回産業構造審議会知的財産分科

会不正競争防止小委員会において改正の要否等が検討されたが，善意の判断基準を「取得段階」から「契約時」に早めるべきかどうかについては，今後の裁判例や実ビジネスの動向等を注視するなど引き続き将来課題として検討を継続していくこととされた[12]。

3 「その取引によって取得した権原の範囲内において」

本号イの適用除外は，「その取引によって取得した権原の範囲内において」行われる行為にのみ及ぶ。「その取引によって取得した権原の範囲内」とは，限定提供データを取得した際の取引（売買，ライセンス等）において定められた条件（開示の期間，目的，態様に関するもの）の範囲内という意味である[13]。なお，契約に有効期間が規定されていたとしても，原則として更新が予定されているような場合には，限定提供データ利用者の期待を保護するべく，更新前の契約の締結時点（データ利用権限取得時説）ないし更新前の契約下におけるデータ取得時点（データ取得時説）において善意である限り，継続された後の契約もその取引によって取得した「権原の範囲内」の行為であると解するべきである[14]。

指針は，以下のような例は，原則として「権原の範囲内」となると考えられると説いている[15]。

<原則として「権原の範囲内」となると考えられる具体例>

- 解約の申し出がない限り同一の契約内容で契約が更新され，取得したデータの契約期間内における第三者提供が可能とされている自動更新契約を締結し，悪意に転じた後に自動更新を行い，更新後に悪意に転じる前に取得したデータを第三者提供する場合
- 契約期間は明示されておらず，月額料金を払い続ける限りデータを第三者提供可能であるとして提供されるサービスにおいて，悪意に転じた後に料金の支払いを行い，翌月に悪意に転じる前に取得したデータを第三者提供する場合

4 「その限定提供データを開示する行為」

本号による適用除外は，「開示」について及ぶ。事後的悪意者による限定提供データの「開示」を不正競争とする2条1項13号，16号を想定してのも

のである。なお，事後的悪意者による「使用」はそもそも同各号の「不正競争」とはされていないため，本号の適用を論じるまでもなく，不正競争防止法の規律は及ばない。

【注】

1） 経産省・限定提供データ指針42頁。田村善之「［法改正の動き］限定提供データの不正利用行為に対する規制の新設について」年報知的財産法2018-2019・40頁（2018）。

2） 田村・概説 2 版352頁-353頁，渋谷・不競法190頁。

3） 山本・要説 4 版390頁

4） なお，合併等は組織法上の行為であり，事業譲渡は取引行為であると分類されることがあるが，かかる分類から論理的・演繹的に本号の「取引」該当性に関する結論が導き出されるものではないと考えられる。

5） 通産省・逐条解説営業秘密115頁，横田俊之ほか「改正不正競争防止法における営業秘密の法的救済制度について」ジュリ962号28頁（1990）。

6） 渋谷達紀「営業秘密の保護——不正競争防止法の解釈を中心として」曹時45巻 2 号371頁-372頁（1993）等。田村・概説 2 版352頁も参照。

7） 田村・概説 2 版352頁

8） 小野＝松村・新・概説 3 版下巻157頁

9） 経産省・限定提供データ指針39頁参照

10） 経産省・限定提供データ指針43頁，三好豊「不正競争防止法平成30年改正によって新たに導入された限定提供データの保護について」会計監査ジャーナル31巻 9 号110頁（2019）。

11） 経産省・限定提供データ指針40頁，田村善之＝岡村久道「＜対談＞限定提供データ制度の導入の意義と考え方」NBL1140号17頁〔田村善之発言〕（2019）。重富貴光「限定提供データについて」別冊パテント23号74頁（2020）もデータ利用権限取得時説は解釈論としては成り立ちうると説く。

12） 経済産業省知的財産政策室「限定提供データの規律の見直し」（2022年10月）参照。https://www.meti.go.jp/shingikai/sankoshin/chiteki_zaisan/fusei_kyoso/pdf/018_05_00.pdf

13） 経産省・逐条解説（令和 5 年改正版）257頁

14） 田村・前掲注 1 ）40頁，経産省・逐条解説（令和 5 年改正版）257頁

15） 経産省・限定提供データ指針42頁

〔高瀬　亜富〕

19条1項9号ロ　適用除外等　841

（適用除外等）
19条1項9号ロ
　九　第2条第1項第11号から第16号までに掲げる不正競争　次のいずれかに掲げ
　　る行為
　イ　（略）
　ロ　その相当量蓄積されている情報が無償で公衆に利用可能となっている情報
　　と同一の限定提供データを取得し，又はその取得した限定提供データを使用
　　し，若しくは開示する行為

趣　　旨

　相手を特定・限定せずに無償で広く提供されているデータ（以下「オープ
ンなデータ」という）は，誰でも使うことができるものである。そのため，
このようなデータと同一のデータについては，その創出や提供にインセン
ティブを与える必要はない。そこで，本号ロは，オープンなデータと同一の
限定提供データの使用等については，差止請求（3条）や損害賠償（4条）
に関する規定の適用を除外している[1]。

解　　説

1　「その相当量蓄積されている情報が」

　電磁的方法による蓄積が要求されていない。よって，オープンなデータ
が，紙媒体によってのみ，無償で公衆に利用可能となっている場合であって
も，これと同一の電子データであれば，本号による適用除外の対象になりう
る[2]。

2　「無償で」

　本号ロによる適用除外は，「無償で」利用可能となっている情報と同一の
限定提供データについてのみ認められる。有償ながら多数の者が利用してい
る情報は，付加価値の高い情報であり，まさに限定提供データとしての保護
が必要とされるものであるため，「無償」が要件とされたものである[3]。
　「無償」とは，データの提供を受けるに当たり，金銭の支払いが必要ない
（無料である）場合を想定している[4]。もっとも，金銭的なやりとりがない

842　第4章　雑則

場合でも，相互にデータが提供されたり，経済的利益に関連する地位（例えば，コンソーシアムのメンバーシップ）を取得したりするためにデータが提供されている場合には「無償」には該当しないと解するべきである[5]。

　経産省・限定提供データ指針では，以下のような例は原則として「無償」に該当すると説かれている[6]。

＜原則として「無償」に該当すると考えられる具体例＞

> ・　データ提供の際に，金銭の授受はないが，ライセンス条項において，「提供を受けたデータを引用する際には，出典を示すこと」が条件とされている場合
> ・　データ提供の際に，データ自体に関して金銭の支払いは求められないが，データを保存するCDの実費やその送料等の実費の支払いが求められる場合
> ・　誰でも無償でアクセスでき，運営者が広告による収入を得ているインターネット上のデータ

3　「公衆に利用可能となっている情報」

　本号ロによる適用除外は，「公衆に利用可能となっている情報」と同一の限定提供データについてのみ認められる。（無償で）公衆，に提供されている情報に関しては，限定提供データ保護制度のもと情報の収集・提供を促す必要がないために設けられた要件である[7]。

　かかる趣旨に鑑み，「公衆に利用可能となっている」とは，不特定の者が当該データにアクセスできることを指すものと解する。無償で不特定の者に利用可能となっている情報については，限定提供データとしての保護を認めなくとも，その利活用に支障が生じることはないと解されるためである。かかる理解によれば，あるデータにアクセスできる者について実質的な制限が付されていないようなケースでは，「不特定」の者が利用可能になっていると解してよい。例えば，誰でも自由にアクセス可能な状態になっている限り，現実のアクセス数の多寡を問わず，本号の適用が認められる[8]。誰でも自由にホームページ上に掲載された当該データにアクセスできる場合等が典型例である。その他，当該データの，利用について一定の義務（例えば，出典の明示等）が課されている場合についても，同様に解されることが多いで

あろう。さらに，データの利用のために会員登録が必要であったとしても，特に登録要件が課されていない場合も同様に解してよい。

これに対し，「公衆に利用可能となっている情報」とは，不特定かつ多数の者が，当該データにアクセスできることを指すとする見解もある[9]。しかし，「不特定」の者が当該データにアクセスできる状態である限り，いまだ少数の者のみがアクセスしているに過ぎないとしても，当該データの利活用に支障が生じることはない。既述の本号ロの趣旨に鑑み，「不特定」の者がアクセス可能であれば，本要件の充足を認めてよいように思われる。

経産省・限定提供データ指針では，原則として以下のような情報が「無償で公衆に利用可能となっている情報」に該当すると説かれている[10]。

＜原則として「無償で公衆に利用可能となっている情報」に該当すると考えられる具体例＞

- ・ 政府提供の統計データ
- ・ 地図会社の提供する避難所データ
- ・ インターネット上で自由に閲覧可能である一方で，引用する場合には，出典を明示することが求められているデータ
- ・ 要望があれば誰でも提供を受けられるデータであり，データの送料等の実費の支払いは必要だが，データ自体について金銭の支払いは求められないデータ
- ・ インターネット上で誰でも無償で閲覧可能であり，運営者は，広告による収入を得ているデータ
- ・ インターネット上で自由に閲覧・利用可能である一方で，利用後の成果も公衆への利用を可能とすることが求められている学習用データ

---

4 「同一の限定提供データ」

本号ロの適用除外は，1から3までを充足する情報と「同一の限定提供データ」の取得等について認められる。利用可能な情報を加工して得られる情報に関しては，いまだ創出，提供のインセンティブを付与する必要性は失われていないために設けられた要件である[11]。

「同一」とは，そのデータがオープンなデータと実質的に同一であればよく，完全な同一性までは必要ないものと解される[12]。オープンなデータの並

844　　第4章　雑則

びを単純かつ機械的に変更しただけの場合は，実質的に同一であると考えて
よいだろう[13]。具体的には，年次順に並んでいるオープンなデータを昇順に
並び替える場合，単純にアルファベット順等を並べ替えただけで同一性が失
われる解すべきではない[14]。なお，「限定提供データ」の一部が「無償で公
衆に利用可能となっている情報」と実質的に同一である場合は，当該一部が
適用除外の対象となる。

　経産省・限定提供データ指針では，以下のような事例は原則として「同
一」と考えられるとしている[15]。

<原則として「同一」と考えられる具体例>

- 統計データの全部について，何ら加工することなく，そのまま提供し
  ている場合
- 統計データの一部又は全部を単純かつ機械的に並び替え（例えば，年
  次順に並んでいるデータを昇順に並び替えるなど），あるいは，統計デー
  タの一部を単純かつ機械的に切り出し（例えば，平成22年以降のデータ
  のみを抽出するなど）提供している場合
- 統計データと政府がホームページで提供する他のオープンなデータを
  単純かつ機械的に組み合わせて（例えば，平成29年のGDP成長率と平成
  30年のGDP成長率のデータを時系列で繋げるなど）提供している場合

5　「取得し，又はその取得した限定提供データを使用し，若しくは開示す る行為」

　上記1から4までの要件を充足する限定提供データについては，「取得」
「使用」「開示」すべてが自由である。「取得」「使用」「開示」の意義につい
ては2条1項11号の解説を参照されたい。

6　その他の問題

　当初，限定提供データを取得しまたはその開示を受けたが，その後に，
「無償で公衆に利用可能となっている情報」となった場合に，当該情報は限
定提供データとしての保護を受け得るかという問題がある。条文の文言上
は，「無償で公衆に利用可能となっている情報」は取得時で判断されると読
むのが素直ではある。しかしながら，本号の適用除外の趣旨は，オープン

データについては誰でも使うことができるようにすべきという考え方にあることからすれば，取得時は限定提供データに該当するものであったとしても，当該データがオープンデータとなった以降は，本号の適用除外が認められると解すべきである[16]。

　その他，限定提供データに関する不正競争行為により本号所定の状態になっている情報については，本号の適用を認めるべきではないとする見解がある[17]。

【注】
1）　田村善之「［法改正の動き］限定提供データの不正利用行為に対する規制の新設について」年報知的財産法2018-2019・36頁（2018）
2）　田村善之＝岡村久道「＜対談＞限定提供データ制度の導入の意義と考え方」NBL1140号12頁〔田村善之発言〕（2019）
3）　田村・前掲注1）36頁
4）　経産省・逐条解説（令和5年改正版）258頁，経産省・限定提供データ指針16頁も参照。同資料は https://www.meti.go.jp/policy/economy/chizai/chiteki/guideline/h31pd.pdf で閲覧可能である。
5）　田村・前掲注1）36頁・脚注28。経産省・逐条解説（令和5年改正版）258頁，経産省・限定提供データ指針16頁-17頁も参照。
6）　経産省・限定提供データ指針16頁
7）　田村・前掲注1）36頁
8）　田村・前掲注1）36頁
9）　経産省・逐条解説（令和5年改正版）258頁，経産省・限定提供データ指針17頁。
10）　経産省・限定提供データ指針16頁-17頁
11）　田村・前掲注1）36頁
12）　経産省・限定提供データ指針17頁
13）　経産省・逐条解説（令和5年改正版）258頁，経産省・限定提供データ指針19頁。
14）　田村・前掲注1）36頁
15）　経産省・限定提供データ指針18頁
16）　重富貴光「限定提供データについて」別冊パテント23号68頁（2020）
17）　小野＝松村・新・概説第3版下巻163頁

〔高瀬　亜富〕

846　第 4 章　雑則

（適用除外等）
19条 1 項10号
　十　第 2 条第 1 項第17号及び第18号に掲げる不正競争　技術的制限手段の試験又
　　は研究のために用いられる同項第17号及び第18号に規定する装置，これらの号
　　に規定するプログラム若しくは指令符号を記録した記録媒体若しくは記憶した
　　機器を譲渡し，引き渡し，譲渡若しくは引渡しのために展示し，輸出し，若し
　　くは輸入し，若しくは当該プログラム若しくは指令符号を電気通信回線を通じ
　　て提供する行為又は技術的制限手段の試験又は研究のために行われるこれらの
　　号に規定する役務を提供する行為

趣　　旨

　技術的制限手段の回避行為を不正競争行為とするに当たっては，「試験，
研究開発（特にリバースエンジニアリング）のための管理技術の無効化その
他，公益性の観点や生じ得る経済的被害との比較衡量の観点から，管理技術
の無効化が是認される場合が存在すると考えられる」とされ，「これらの是
認される目的のみに管理技術の無効化機器等を用いる者に当該機器等を提供
する行為については，規制の対象としない扱いが可能となる方向で検討す
る」[1]ことが求められた。

　また，「音楽，映像等を提供する事業者がより信頼性の高い技術的制限手
段を選択するにあたって，その手段の長所・短所を熟知するために，機器
メーカー等から規制対象となる機器又はプログラムの作成を委託，これを入
手した上で，無効化試験を行うというのが考えられる」ところ，このような
目的で無効化機器等を提供することまで規制されたのでは，「どの技術的制
限手段を用いるのかの試験を行うことができなくなってしまう」[2]。

　そこで，技術的制限手段の試験または研究のために用いられる装置等の譲
渡等については，技術的制限手段を無効化する装置等の譲渡等であっても不
正競争行為には当たらないものとしたのが本号の趣旨である。

解　　説

1　「第 2 条第 1 項第17号及び第18号に掲げる不正競争」

　本号は，形式的には 2 条 1 項17号ないし18号の不正競争行為（技術的制限
手段回避装置の譲渡等）に該当する場合に関する規定である（詳細は，それ

それの号についての解説を参照)。

2 第2条第1項「第17号及び第18号に規定する装置，これらの号に規定するプログラム若しくは指令符号」

本号は，形式的には2条1項17号または18号の不正競争行為に当たる行為に関する規定であるから，その客体は，同各号による流通等規制の対象として同各号において規定されている装置またはプログラムもしくは指令符号である。

具体的には，「営業上用いられている技術的制限手段……により制限されている影像若しくは音の視聴若しくはプログラムの実行若しくは情報の処理又は影像，音若しくはプログラムその他の情報の記録……を当該技術的制限手段の効果を妨げることにより可能とする機能を有する」

① 装置（当該装置を組み込んだ機器及び当該装置の部品一式であって容易に組み立てることができるものを含む。），

② プログラム（当該プログラムが他のプログラムと組み合わされたものを含む。），

③ 指令符号

を指す。

各文言の詳細な意味については，2条1項17号の解説を参照されたい。

3 「装置，これらの号に規定するプログラム若しくは指令符号を記録した記録媒体若しくは記憶した機器を譲渡し，引き渡し，譲渡若しくは引渡しのために展示し，輸出し，若しくは輸入し，若しくは当該プログラム若しくは指令符号を電気通信回線を通じて提供する行為」

本号は，形式的には2条1項17号または18号の不正競争行為に当たる行為に関する規定であるから，対象となる行為は，同各号による流通等規制の対象として同各号において規定されている行為である。

具体的には，

① 技術的制限手段回避機能を有する装置等を譲渡し，引き渡し，譲渡もしくは引渡しのために展示し，輸出し，もしくは輸入する行為

② 技術的制限手段回避機能を有するプログラムまたは指令符号を記録した記録媒体または記憶した装置を譲渡し，引き渡し，譲渡もしくは引渡

848 第4章 雑則

しのために展示し，輸出し，もしくは輸入する行為
③ 技術的制限手段回避機能を有するプログラムまたは指令符号を電気通
信回線を通じて提供する行為
をいう。

4 「技術的制限手段の試験又は研究のために用いられる」

本号による適用除外を受けるためには，当該装置等が「技術的制限手段の
試験又は研究のために用いられる」ものでなければならない。

試験または研究のために用いる主体は限定されていないから，輾転流通し
た先のエンドユーザーが試験または研究のために用いることが予定されてい
るのであれば，中間の流通事業者である直接の譲受人等自体がこれを試験ま
たは研究のために用いなくともよい。

ただし，「技術的制限手段の試験又は研究のために用いられる」との修飾
句が本号の行為の客体である「装置」等に係っていることに鑑みるならば，
当該装置等の譲渡等の行為時において，譲受人または輾転流通先においてそ
の装置等が試験または研究のために用いられるべきものとの位置づけがなさ
れていることを要すると解するべきである（したがって，そのような位置づ
けがなされることなく譲渡等されている装置等を入手した者が結果的に試験
または研究のためにこれを用いた場合には，本号は適用されない）。逆に，
そのような位置づけの下で装置等が譲渡等されたのであれば，結果的に試験
または研究のために用いられなかったとしても，本号の適用を妨げられない
というべきである。

「『試験』とは，無効化のための装置やプログラムを試作するなど，技術的
にいろいろと試みることをいい，『研究』とは，これらを深く調べて究める
ことをいう」[3] とする見解があるが，「試験」と「研究」を分けて論ずる意
義はない。

具体例としては，「音楽，影像等を提供する事業者がより信頼性の高い技
術的制限手段を選択するに当たって，その手段の長所・短所を熟知するため
に，機器メーカー等から規制の対象となる機器又はプログラムの作成を委
託，これを入手したうえで，無効化試験を行う」[4] というもののほか，音
楽，映像等を提供する事業者がどの技術的制限手段を採用するかを選択する
に当って既存の技術的制限手段回避装置等を市場から入手して試してみる場

合，技術的制限手段の開発事業者が既存の技術的制限手段回避装置等では回避されない技術的制限手段の開発を目指して既存の技術的制限手段回避装置等を市場から入手する場合などがありうる。

本号にいう「試験又は研究」が特許法69条１項にいう「試験又は研究」と同一のものであるかは問題となりうる。

特許法69条１項にいう「試験又は研究」が何を指すのか自体がいまだ学説の一致を見ないが，染野啓子弁理士が提唱する[5]３分類でいうところの「機能調査」および「改良・発展を目的とする試験」が本号でいう「試験又は研究」に当たることは疑いの余地がない。

問題は，特許性調査の試験が本号でいう「試験又は研究」に当たるかという点であるが，技術的制限手段につき特許申請が行われるという事態は容易に想定されるところ，そのような場合に，新規性，技術的進歩性の有無を調査するために外部の研究機関等に試験を依頼する（その際に，既存の技術的制限手段回避装置等を当該研究機関等に提供する）等の行為が制限されることは望ましいことではないから，肯定してもよいであろう。

なお，裁判所や行政機関の法令等に基づき業務の一環で行われる迂回行為のために提供される機器等については，本号の適用を受けるまでもなく，当然に不正競争防止法上の差止めの対象とはならないとされる[6]。

5 「技術的制限手段の試験又は研究のために行われるこれらの号に規定する役務を提供する行為」

２条１項17号および18号の不正競争行為が「影像の視聴等を当該技術的制限手段の効果を妨げることにより可能とする役務を提供する行為」についてまで拡張されたため，技術的制限手段の試験または研究のために影像の視聴等を当該技術的制限手段の効果を妨げることにより可能とする役務を提供する行為についても，本号により，２条１項17号および18号の適用を除外することとした。

「影像の視聴等を当該技術的制限手段の効果を妨げることにより可能とする役務を提供する行為」の詳細については，２条１項17号の解説を参照。

【注】
1) 産業政策局知的財産政策室＝機械情報産業局情報処理振興課「デジタルコンテンツのコピー管理技術及びアクセス管理技術の回避に関する法的規整の在り

850　第4章　雑則

　方について」（平成10年12月）6頁
2）　経産省・逐条解説（令和5年改正版）259頁
3）　山本・要説4版392頁
4）　文化庁長官官房著作権課内著作権法令研究会・通商産業省知的財産政策室編
　著「著作権法・不正競争防止法改正解説　デジタルコンテンツの法的保護」253
　頁（有斐閣，1999）
5）　染野啓子「試験・研究における特許発明の実施(1)」A.I.P.P.I. 33巻3号2頁
　（1988）
6）　文化庁長官官房著作権課内著作権法令研究会・通商産業省知的財産政策室編
　著・前掲注4）207頁

〔小倉　秀夫〕

（適用除外等）
19条2項
2　前項第2号から第4号までに定める行為によって営業上の利益を侵害され，又
　は侵害されるおそれがある者は，次の各号に掲げる行為の区分に応じて当該各号
　に定める者に対し，自己の商品又は営業との混同を防ぐのに適当な表示を付すべ
　きことを請求することができる。
　一　前項第2号に定める行為　自己の氏名を使用する者（自己の氏名を使用した
　　商品を自ら譲渡し，引き渡し，譲渡若しくは引渡しのために展示し，輸出し，
　　輸入し，又は電気通信回線を通じて提供する者を含む。）
　二　前項第3号に定める行為　同号の一の登録商標に係る商標権者，専用使用権
　　者及び通常使用権者
　三　前項第4号に定める行為　他人の商品等表示と同一又は類似の商品等表示を
　　使用する者及びその商品等表示に係る業務を承継した者（その商品等表示を使
　　用した商品を自ら譲渡し，引き渡し，譲渡若しくは引渡しのために展示し，輸
　　出し，輸入し，又は電気通信回線を通じて提供する者を含む。）

趣　　旨

　本条1項2号から4号までによる適用除外を受ける場合，自己の氏名であ
ること，コンセント制度により後行商標が登録された後に周知または著名と
なった先行商標または後行商標であること，または先使用を理由に，類似表
示を使用等する者は当該表示の使用等を続けることができる。しかし，これ
により営業上の利益を侵害されるおそれがある者が出所の混同を受忍しなけ

ればならないのは，不利益である。よって，本項は，営業上の利益を侵害されまたは侵害されるおそれがある者が，類似表示を使用等する者に対して混同防止表示を付すことを請求できる権利（以下「混同防止表示請求権」という）を与え，双方の利益の調整を図る。

山本・要説 4 版393頁および経産省・逐条解説（令和 5 年改正版）259頁は以上のように解説するが，本項は，営業上の利益を侵害されまたは侵害されるおそれがある者と適用除外を受ける者の利益の調整のみならず，一般需要者を誤認混同より保護することも趣旨としよう[1]。

解　説

1　総説

例えば，被告の行為が 2 条 1 項 1 号に該当するとして原告が差止め（ 3 条）を請求した場合，被告による適用除外の抗弁（本条 1 項 2 号）の主張が認められると，原告の差止請求は棄却される。この場合，原告は，本条 1 項 2 号の適用を前提に，さらに混同防止表示を付すこと（本項 1 号）を請求することが考えられる。このように，混同防止表示請求（本項）は，主位的な差止請求（ 3 条）が認められない場合の予備的請求として機能する。

混同防止表示請求権の要件は，①「前項第 2 号から第 4 号までに定める行為によって営業上の利益を侵害され，又は侵害されるおそれがある者」であること（請求権者），②「次の各号に掲げる行為の区分に応じて当該各号に定める者」であること（請求の相手方）で，要件充足の効果は「自己の商品又は営業との混同を防ぐのに適当な表示を付すべきことを請求することができる」である。以下，順に確認する。

2　「前項第 2 号から第 4 号までに定める行為によって営業上の利益を侵害され，又は侵害されるおそれがある者は」（請求主体）

2.1　「前項第 2 号から第 4 号までに定める行為」

混同防止表示の請求主体は，「前項第 2 号から第 4 号までに定める行為によって営業上の利益を侵害され，又は侵害されるおそれがある者」である。

ここに「前項第 2 号から第 4 号までに定める行為」とは，本条 1 項 2 号か

852　第4章　雑則

ら4号までの標題に記載されている行為ではなく，標題の下に掲げられている行為である[2]。具体的には，本条1項2号の場合，自己の氏名を不正の目的なしに使用する行為等である。同項3号の場合，コンセント制度により後行商標が登録された後に周知または著名となった先行商標または後行商標を，不正の目的なしに使用する行為である。同項4号の場合，他人の商品等表示が周知になる前から，これと同一または類似の商品等表示を不正の目的なしに使用する行為等である。それぞれにつき，本条1項2号ないし4号の解説を参照されたい。

2.2　著名商品等表示の先使用者に対する混同防止表示請求の可否

ところで，本項は「前項第2号から第4号までに定める行為」とし，本条1項5号を除外している。そのため，本項の適用は周知商品等表示に関する混同が生じる場合に限られ[3]，著名商品等表示（2条1項2号）を不正の目的なしに先使用する者に対し混同防止表示請求をなしえないとの解釈も成り立ちうる。

しかし，周知商品等表示の段階を経て著名商品等表示になるのが一般的であるのに，前者で認められる混同防止表示請求が後者では認められないのは不均衡である。著名商品等表示の主体にも本項2号を準用すべきとの有力説[4]があり，妥当と解される。

2.3　「営業上の利益を侵害され，又は侵害されるおそれがある者」

「営業上の利益を侵害され，又は侵害されるおそれがある者」は，3条で用いられているのと同義である。詳細につき3条の解説に譲る。

3　「次の各号に掲げる行為の区分に応じて当該各号に定める者に対し」（請求の相手方）

混同防止表示請求の相手方は，「次の各号に掲げる行為の区分に応じて当該各号に定める者」とされる。以下，各号につき確認する。

19条2項3号　適用除外等　853

3.1 「前項第2号に定める行為　自己の氏名を使用する者（自己の氏名を
　　使用した商品を自ら譲渡し，引き渡し，譲渡若しくは引渡しのため
　　に展示し，輸出し，輸入し，又は電気通信回線を通じて提供する者
　　を含む。）」（1号）

　本号の場合，「当該各号に定める者」（本項柱書）として混同防止表示請求
の相手方となる者は，本条1項2号により「自己の氏名を使用する者」（本
号）である。
　かっこ書で，「自己の氏名を使用する者」には，「自己の氏名を使用した商
品を自ら譲渡し，引き渡し，譲渡若しくは引渡しのために展示し，輸出し，
輸入し，又は電気通信回線を通じて提供する者」が含まれるとされる。これ
は，自己の氏名を使用する本人がかっこ書のような行為をしても，本人であ
る限り，混同防止表示請求の対象となることは当然と考えられるからで，
かっこ書は確認にすぎない[5]。

3.2 「前項第3号に定める行為　同号の一の登録商標に係る商標権者，専
　　用使用権者及び通常使用権者」（2号）

　本号の場合，「当該各号に定める者」（本項柱書）として混同防止表示請求
の相手方となる者は，本条1項3号により「同号（注：19条1項3号）の一
の登録商標に係る商標権者，専用使用権者及び通常使用権者」（本2号）で
ある。

3.3 「前項第4号に定める行為　他人の商品等表示と同一又は類似の商品
　　等表示を使用する者及びその商品等表示に係る業務を承継した者
　　（その商品等表示を使用した商品を自ら譲渡し，引き渡し，譲渡若し
　　くは引渡しのために展示し，輸出し，輸入し，又は電気通信回線を
　　通じて提供する者を含む。）」（3号）

　本3号の場合，「当該各号に定める者」（本項柱書）として混同防止表示請
求の相手方となる者は，本条1項4号により「他人の商品等表示と同一又は
類似の商品等表示を使用する者」，および，「その商品等表示に係る業務を承
継した者」（本3号）である。
　かっこ書で，「他人の商品等表示と同一又は類似の商品等表示を使用する

者及びその商品等表示に係る業務を承継した者」には，「その商品等表示を使用した商品を自ら譲渡し，引き渡し，譲渡若しくは引渡しのために展示し，輸出し，輸入し，又は電気通信回線を通じて提供する者」が含まれるとされる。これは，先使用表示を使用する本人または先使用表示に係る業務の承継者本人がかっこ書のような行為をしても，本人または承継者本人である限り，混同防止表示請求の対象となることは当然と考えられるからで，かっこ書は本号の場合同様確認規定である[6]。

3.4 流通業者の除外

なお，本項に対応する平成5年の全面改正前の旧法（昭和25年改正後の昭和9年法律14号）2条2項ただし書は，「単ニ商品ヲ販売，拡布又ハ輸出スル者ニ対シテハ此ノ限リニ在ラズ」とし，単に商品を販売等するにとどまる流通業者は，混同防止表示請求の相手方としなかった。これら流通業者はそもそも混同から保護されるべき者であるし，また，流通業者より川上で当該表示を扱う者に混同防止表示を付させれば，本項の目的を達成することができる。加えて，流通業者に過度の出費を強いることも適当でないから，流通業者が混同防止表示請求の対象から除外された。

平成5年の全面改正後の本項には，旧法2条2項のようなただし書はないが，例えば現行の本項1号に「自己の」氏名を使用する者とあるのは，旧法2条2項ただし書の内容を本文に取り込んだもので，当該商品等表示を自ら譲渡等する者に対してのみ混同防止表示請求権を有することを注意的，確認的に規定したものとされる[7]。

4　異なる地域で同一又は類似の表示により営業する2以上の者の表示が周知となった後に営業地域が重なるに至った場合

標題のような場合，互いに相手方が不正の目的をもって自己の表示を使用していると考えるであろうが，客観的には明確ではない。双方とも不正の目的がなければ，互いに相手方の表示の使用の差止め（3条）を請求できない場合もありうるが（本条1項4号），では混同防止表示請求（本項）の可否をどうするか問題となる。

本項の趣旨が，周知表示等の使用者と適用除外を受ける者の利益の調整と考えれば，互いに相手方に対して混同防止表示を請求できないとの考え方も

ありうる。もっとも，本項は一般需要者を誤認混同より保護することも趣旨とするなら，例えば周知性の弱い当事者が，混同防止表示を受忍すべきとの考え方がありうる。あるいは，相手方の周知地域に不正の目的でなく地域を拡大する当事者が，混同防止表示を受忍すべきとの考え方もありうる。さらには，これらの基準で決しがたい同等の事案では，一般需要者を誤認混同から保護するため，双方とも相手方に対して混同防止表示を請求できるとの考え方もありうる[8]。

事案ごとに，適切な解決を，表示の内容も含めて判断することとなろう。

5 「自己の商品又は営業との混同を防ぐのに適当な表示を付すべきことを請求することができる」（効果）

効果として請求できる内容は，「自己の商品又は営業との混同を防ぐのに適当な表示を付すべきこと」である。

「自己の商品又は営業との混同を防ぐのに適当な表示」は，自己の商品または営業と適用除外が認められる者の商品又は営業との間の出所の混同を防止するのに適当な表示をいう。表示は「適当」であることを要するので，混同防止との目的を達するのに必要十分な内容でなければならならず，例えば商品等表示の要部を変更するような措置は，適用除外とされる意味が没却されるため許されない[9]。具体例として，地名を付記する，図形を付加する，顧客への注意書を商品と同時に配布するなどがあげられるが[10]，おそらく和解で解決する事案が多いであろうことから混同防止表示請求を認めた判決はないようで，学説による整理[11]に頼ることとなる。

【注】
1) 田村・概説2版116頁，小野・新・注解3版下巻1319頁［木村修治]。
2) 山本・要説4版393頁
3) 山本・要説4版393頁
4) 小野＝松村・新・概説下巻215頁，小野・新・注解3版下巻1320頁［木村修治]。
5) 小野・新・注解3版下巻1320頁［木村修治]
6) 小野・新・注解3版下巻1320頁［木村修治]
7) 小野・新・注解3版下巻1320頁［木村修治]，経産省・逐条解説（令和5年改正版）260頁。
8) 小野＝松村・新・概説下巻218頁，小野・新・注解3版下巻1325頁［木村修

856　第4章　雑則

治]参照。
9)　山本・要説4版394頁
10)　山本・要説4版394頁
11)　小野・新・注解3版下巻1321頁[木村修治]参照

〔岩谷　敏昭〕

（営業秘密に関する訴えの管轄権）
19条の2　日本国内において事業を行う営業秘密保有者の営業秘密であって，日本国内において管理されているものに関する第2条第1項第4号，第5号，第7号又は第8号に掲げる不正競争を行った者に対する訴えは，日本の裁判所に提起することができる。ただし，当該営業秘密が専ら日本国外において事業の用に供されるものである場合は，この限りでない。
2　民事訴訟法第10条の2の規定は，前項の規定により日本の裁判所が管轄権を有する訴えについて準用する。この場合において，同条中「前節」とあるのは，「不正競争防止法第19条の2第1項」と読み替えるものとする。

趣　旨

本条は，営業秘密に関する一定の不正競争について我が国の裁判所に国際裁判管轄を認める規定である。

事案に関係する要素（当事者，行為地，財産所在地等）が日本を含む複数の国にまたがる国際的な事案の国際裁判管轄に関しては，原則として，民訴法の国際裁判管轄に関する規定（民事訴訟法第1編第2章第1節）に基づいて，日本の裁判所に管轄権が認められるか否かが判断される。

例えば，営業秘密侵害事案は，不法行為の一類型に当たるところ，国際的な不法行為に係る訴えが日本の裁判所に提起された際には，民訴法3条の2以下の他の管轄原因のほか，「不法行為があった地が日本国内にあるとき」には日本の裁判所に管轄権が認められる（民訴3条の3第8号）。

ここで，「不法行為があった地」（民訴3条の3第8号）とは，①加害行為が行われた地（加害行為地）と②結果が発生した地（結果発生地）の双方を含むものとされていることから，不法行為の「結果が発生した地」（結果発生地）が日本であれば，日本の裁判所に管轄権が認められる[1]。

しかしながら，営業秘密侵害事案における結果発生地に関する解釈には

様々なものがあり，どのような場合に日本の裁判所に管轄権が認められるかは必ずしも明確ではなかった。また，刑事においては，国外犯処罰規定が平成17年改正（平成17年法律75号）時に導入されており，平成27年改正（平成27年法律54号）時には海外重罰規定が導入されているが，日本との密接関連性が認められない事案についてまで日本の裁判所に管轄権を認める必要はない。

このような観点から令和5年改正（令和5年法律71号）時に，日本との密接関連性が認められる営業秘密侵害事案，具体的には，不正競争防止法2条1項4号，5号，7号または8号に掲げる不正競争を行った者に対する訴えについて，我が国の裁判所に国際裁判管轄を認めるために，本条が新設された。

解　　説

1　1項

1.1　「日本国内において事業を行う営業秘密保有者の営業秘密であって」

1.1.1　「日本国内において」
「日本国内」とは，日本の領土をいう。ここでいう「領土」とは，領海，領空も含む広義の領土を意味するものと解される[2]。

1.1.2　「事業を行う」
「事業」とは，一定の目的をもって反復継続的に遂行される同種の行為の総体をいう[3]。営利目的のものに限られず，広く経済収支上の計算の上に立って行われるものであればよい[4]。

1.1.3　「営業秘密保有者の」
「営業秘密保有者」とは，「営業秘密を保有する事業者」をいう（2条1項7号参照）。詳細は同号の解説を参照されたい。

1.1.4　「営業秘密」
「営業秘密」とは，「秘密として管理されている生産方法，販売方法その他

858 第4章 雑則

の事業活動に有用な技術上又は営業上の情報であって，公然と知られていないものをいう」（2条6項）。詳細は同項の解説を参照されたい。

1.2 「日本国内において管理されているものに関する」

「日本国内」の意義については2.1を参照。

「管理されている」とは，営業秘密の要件である「（秘密として）管理されている」ことをいう。詳細は2条6項の解説を参照されたい。問題は，この管理要件を充足するための如何なる行為が日本国内で行われていればよいかである。この点，経済産業省の逐条解説では，例えば，不正取得等がされた営業秘密について，アクセス制限にかかるパスワード等が日本に所在する部署によって管理されている場合には，日本国内において管理されている営業秘密と言いうるとされている[5]。そのため，海外に所在するサーバーに電子データを保管していたとしても，アクセスのためのIDやパスワード等を日本に所在する部署が管理しているのであれば，日本国内において管理されている営業秘密と言いうる[6]。

ただし，具体的には個別の事情に照らして判断することになる[7]

1.3 「第2条第1項第4号，第5号，第7号又は第8号に掲げる不正競争を行った者に対する訴え」

本条の適用により我が国の裁判所に国際裁判管轄が認められるのは，以下の不正競争行為を行った者に対する訴えである。

・「第2条第1項第4号」
　取得時に悪意又は重過失である等の悪質性の強い類型である不正取得類型
・「第2条1項第5号及び第8号」
　取得時悪意転得類型
・「第2条1項7号」
　信義則違反類型

1.4 「日本の裁判所に提起することができる。」

本条の要件を充足する場合，日本の裁判所に訴訟を提起することができる。「できる」という文言から明らかなとおり，本条は専属管轄ではなく競

合管轄を定めるものである。したがって，同一の事件につき，日本の裁判所と外国の裁判所が裁判管轄を有するケースがありうる。

そのため，実際には，複数の国の裁判所に訴えが並行して提起され，訴訟手続きが競合することがある（国際的訴訟競合）。日本で多く見られる国際的訴訟競合のケースは，アメリカで訴えられた日本企業が日本の裁判所に債務不存在確認訴訟を提起するケースである。アメリカで訴訟を提起されると，高額の弁護士報酬，日本との訴訟制度の違い（ディスカバリー，民事訴訟における陪審裁判）等により負担が大きいため，日本で債務不存在確認訴訟に勝訴し，アメリカの裁判所において敗訴した場合でも，同判決の日本における執行を阻止しようと意図するものである。

実際は，アメリカの裁判所において敗訴し損害賠償を命じられた当事者が，日本で損害賠償義務の不存在の訴えを起こして勝訴し，損害賠償義務（正確には第三者の損害賠償義務が確定した場合の求償義務）の不存在が認められたケースがある。この場合アメリカと日本の判決は矛盾・抵触しており，このアメリカの判決を日本で承認することは日本裁判法の秩序に反し，民訴法118条（旧200条9（外国裁判所の確定判決の効力）3号の公序に反するとして，日本の裁判所は，このケースではアメリカの判決の日本での効力を認めなかった[8]。

なお，本条は民訴法の国際裁判管轄に関する規定（民事訴訟法第1編第2章第1節）の適用を排除するという趣旨ではないため，国際的な営業秘密侵害事案について，本条が適用されない事案については，民訴法の国際裁判管轄に関するいずれかの規定の要件を満たす場合には，日本の裁判所に管轄権が認められる。

本条は，民訴法3条の9（特別の事情による訴えの却下）の適用を排除するものではないので，特別の事情がある場合には訴えが却下されうる（民訴3条の9）[9]。

1.5 「当該営業秘密が専ら日本国外において事業の用に供されるものである場合は，この限りでない。」

問題となっている営業秘密が「専ら事業の用に供されるものである場合」には本項本文の適用は認められない。

日本国内において事業を行っている営業秘密保有者の営業秘密であって，

860 第4章 雑則

日本国内において管理されているものであっても，専ら日本国外の事業に用いられるものについては，事案と日本との密接関連性が認められないことがその理由である。

専ら日本国外の事業に用いられるものとは，例えば南アフリカの顧客のみからなる顧客名簿，アルゼンチンのみで展開する店舗における接客マニュアルなどが想定される[10]。

なお，専ら日本国外において事業の用に供されているものかどうかは，不正取得等がなされた時点において判断される。

2　2項

2.1　「民事訴訟法第10条の2の規定は」

「民事訴訟法10条の2」は，管轄裁判所の特例に関する規定である。同条は次のとおり規定している。

「前節の規定により日本の裁判所が管轄権を有する訴えについて，この法律の他の規定又は他の法令の規定により管轄裁判所が定まらないときは，その訴えは，最高裁判所規則で定める地を管轄する裁判所の管轄に属する。」

同条で言及されている「最高裁判所規則」とは，民訴規則6条の2のことを指す。同条は次のとおり規定している。

「法第10条の2（管轄裁判所の特例）の最高裁判所規則で定める地は，東京都千代田区とする。」

2.2　「前項の規定により日本の裁判所が管轄権を有する訴えについて準用する」

「前項の規定により日本の裁判所が管轄権を有する訴え」とは，本条1項の規定により日本の裁判所が管轄権を有する訴えをいう。詳細は2.1を参照されたい。「準用」とは，ある事項に関する規定を，他の類似事項について，必要な修正を加えつつ，当てはめることをいう[11]。

本項により，本条1項に基づき日本の裁判所が管轄を有する訴えについては，東京都千代田区を管轄する裁判所，すなわち，東京地方裁判所の管轄に属することになる。

19条の22項　営業秘密に関する訴えの管轄権　861

2.3 「同条中『前節』とあるのは，『不正競争防止法第19条の2第1項』と読み替えるものとする。」

「同条中『前節』」とは，先に規定されている民訴法10条の2の中の「前節」，すなわち，民事訴訟法第2章第1節「日本の裁判所の管轄」を意味する。これを「不正競争防止法第19条の2第1項」と読み替えることになる。これにより，本条1項に基づき日本の裁判所（東京地方裁判所）に管轄が認められる訴訟については，東京地方裁判所に管轄が認められることになる。

【注】
1） 横溝大「論説　国境を越える営業秘密侵害に関する抵触法的考察」知的財産法政策学研究60号51頁（2021）
2） https://houseikyoku.sangiin.go.jp/column/column061.htm
3） 法令用語研究会編『有斐閣法律用語辞典』第5版480頁（有斐閣，2020）
4） 山本・要説4版28頁参照
5） 経産省・逐条解説（令和5年改正版）263頁参照
6） 経産省・逐条解説（令和5年改正版）263頁
7） 黒川直毅ほか「令和5年不正競争防止法改正の概要」NBL1250号26頁-28頁（2023）
8） 古田啓昌「判批」国際私法判例百選〔第3版〕別冊ジュリ256号103事件（大阪地判昭52・1・22）208頁（有斐閣，2021）
9） 山田恒久「判批」国際私法判例百選〔第3版〕別冊ジュリ256号2102事件（知財高判平成29・12・25）206頁（有斐閣，2021）
10） 経産省・逐条解説（令和5年改正版）263頁参照
11） 法令用語研究会編・前掲注3）581頁-582頁

〔山口　三惠子〕

862 第4章 雑則

（適用範囲）
19条の3 第1章，第2章及びこの章の規定は，日本国内において事業を行う営
業秘密保有者の営業秘密であって，日本国内において管理されているものに関
し，日本国外において第2条第1項第4号，第5号，第7号又は第8号に掲げ
る不正競争を行う場合についても，適用する。ただし，当該営業秘密が専ら日
本国外において事業の用に供されるものである場合は，この限りでない。

趣　旨

　19条の2により国境をまたがる不正競争行為（当事者，行為地，財産所在
地等が複数の国に関係する不正競争行為）の事案について，一定の要件のもと
と日本の裁判所に国際裁判管轄が認められた。

　日本の裁判所に国際裁判管轄が認められた場合，次に問題になるのは，当
該事案にどの国の法律が適用されるかである。その事案に適用される法律が
どの国の法律であるかの決定（準拠法の決定）は，従来は日本の国際私法に
基づいて判断された。国際私法とは，準拠法を決定する方法を体系化した法
律であり，日本では，「法の適用に関する通則法」（以下「通則法」という。
名称の制定法がそれである。

　国際私法に基づき準拠法を決定する場合に考えるべき問題は，国際的な
様々な法律関係をどのような類型（単位法律関係）に分け，どのような基準
（連結政策）で準拠法を決定するかである。不正競争行為は，準拠法の選
択・指定の基礎となる単位法律関係として，不法行為と性質決定される[1]。

　通則法17条によれば，不法行為によって生ずる債権の成立および効力は，
加害行為の結果が発生した地（以下「結果発生地」という。）の法による。
ただし，その地における結果の発生が通常予見することのできないもので
あったときは，加害行為が行われた地の法による[2]。

　営業秘密に関する不正競争行為に関する結果発生地の決定について，実際
には，営業秘密が登録されない無体財産であることやインターネットの発達
から，結果発生地の特定は容易でなく，日本の裁判所で扱われる事案であっ
ても，日本の不正競争防止法が適用されるか否かの予見は困難である[3]。

　このような観点から令和5年改正（令和5年法律51号）時に，本条は，19
条の2の規定により日本国外で行われた不正競争について日本の裁判所が国
際裁判管轄を有する事案の訴訟においては，不正競争防止法1章，2章およ

び4章の規定を適用する旨が明確化された。

解　説

1 「第1章，第2章及びこの章の規定は」

　本条により適用される条項は，1章，2章およびこの章（4章）の規定である。同各章に含まれる規定は，以下のとおりである。

　第1章
　　第1条（目的）
　　第2条（定義）
　第2章
　　第3条（差止請求権）
　　第4条（損害賠償）
　　第5条（損害の額の推定等）
　　第5条の2（技術上の秘密を取得した者の当該技術上の秘密を使用する
　　　　　　　行為等の推定）
　　第6条（具体的態様の明示義務）
　　第7条（書類の提出等）
　　第8条（損害計算のための鑑定）
　　第9条（相当な損害額の認定）
　　第10条（秘密保持命令）
　　第11条（秘密保持命令の取消し）
　　第12条（訴訟記録の閲覧等の請求の通知等）
　　第13条（当事者尋問等の公開停止）
　　第14条（信用回復の措置）
　　第15条（消滅時効）
　第4章
　　第19条（適用除外等）
　　第19条の2（営業秘密に関する訴えの管轄権）
　　第19条の3（適用範囲）
　　第19条の4（政令等への委任）
　　第20条（経過措置）

864　第4章　雑則

2 「日本国内において事業を行う営業秘密保有者の営業秘密であって」

2.1 「日本国内において」

「日本国内」とは，日本の領土をいう。ここでいう「領土」とは，領海，領空も含む広義の領土を意味するものと解される[4]。

2.2 「事業を行う」

「事業」とは，一定の目的をもって反復継続的に遂行される同種の行為の総体をいう[5]。営利目的のものに限られず，広く経済収支上の計算の上に立って行われるものであればよい[6]。

2.3 「営業秘密保有者の」

「営業秘密保有者」とは，「営業秘密を保有する事業者」をいう（2条1項7号参照）。詳細は同号の解説を参照されたい。

2.4 「営業秘密」

「営業秘密」とは，「秘密として管理されている生産方法，販売方法その他の事業活動に有用な技術上又は営業上の情報であって，公然と知られていないものをいう」（2条6項）。詳細は同項の解説を参照されたい。

3 「日本国内で管理されているものに関し」

「日本国内」の意義については2.1を参照。

「管理されている」とは，営業秘密の要件である「（秘密として）管理されている」ことをいう。詳細は2条6項の解説を参照されたい。問題は，この管理要件を充足するための如何なる行為が日本国内で行われていればよいかである。この点，経済産業省の逐条解説では，例えば，不正取得等がされた営業秘密について，アクセス制限にかかるパスワード等が日本に所在する部署によって管理されている場合には，日本国内において管理されている営業秘密と言い得るとされている[7]。そのため，海外に所在するサーバーに電子データを保管していたとしても，アクセスのためのIDやパスワード等を日本に所在する部署が管理しているのであれば，日本国内において管理されて

いる営業秘密と言いうる[8]。

ただし，具体的には個別の事情に照らして判断することになる[9]

4　「日本国外において」

「日本国外」とは，「日本国内」以外の場所を指す。「日本国内」の意味については，2.1を参照されたい。

5　「第2条第1項第4号，第5号，第7号又は第8号に掲げる不正競争を行う場合についても」

本条により日本国外の行為について我が国の不正競争防止法の適用が認められるのは，次の類型の不正競争である。

・「第2条第1項第4号」

取得時に悪意又は重過失である等の悪質性の強い類型である不正取得類型

・「第2条1項第5号及び第8号」

取得時悪意転得類型

・「第2条1項7号」

信義則違反類型

6　「適用する」

本条の各要件を充足する場合，不正競争防止法1章，2章および第4章の規定が適用される。「適用」とは，法令の規定を，個別的・具体的に特定の人，地域，事実，事項等について，発動し，作用させることをいう[10]。

国際的な営業秘密侵害事案について，本条が適用されない事案に関しては，法の適用に関する通則法第17条以下によって引き続き日本法が準拠法となる場合には，不正競争防止法における営業秘密侵害に関する規定が適用される。本条は，必ず不正競争防止法が適用される事案の範囲を明らかにする趣旨であり，本条に該当しない場合の日本法の適用を排除する趣旨ではないからである[11]。

866 第4章 雑則

7 「ただし，当該営業秘密が専ら日本国外において事業の用に供されるものである場合は，この限りでない。」

問題となっている営業秘密が「専ら事業の用に供されるものである場合」には本項本文の適用は認められない。

日本国内において事業を行っている営業秘密保有者の営業秘密であって，日本国内において管理されているものであっても，専ら日本国外の事業に用いられるものについては，事案と日本との密接関連性が認められないことがその理由である。

専ら日本国外の事業に用いられるものとは，例えば南アフリカの顧客のみからなる顧客名簿，アルゼンチンのみで展開する店舗における接客マニュアルなどが想定される[12]。

なお，専ら日本国外において事業の用に供されているものかどうかは，不正取得等がなされた時点において判断される。

【注】

1）　1単位法律関係とは，同じ方法（連結政策）により準拠法を定める法的問題のグループである。連結政策は，単数又は複数の連結点（＝連結素）（当該単位法律関係と最も密接な関係のある地の法を選び出すための媒介となる要素）を選定して準拠法を決定する方法である。例えば，相続という一つの単位法律関係の連結点を相続財産の所在地とする考え方もある。澤木敬郎＝道垣内正人『国際私法入門（第8版）』15頁-18頁（有斐閣. 2018）参照。

2）　澤木＝道垣内・前掲注1）217頁-222頁

3）　横溝大「論説　国境を越える営業秘密侵害に関する抵触法的考察」知的財産法政策学研究60号51頁（2021）

4）　https://houseikyoku.sangiin.go.jp/column/column061.htm

5）　法令用語研究会編『有斐閣法律用語辞典』第5版（有斐閣，2020）480頁

6）　山本・要説4版28頁参照

7）　経産省・逐条解説（令和5年改正版）263頁参照

8）　経産省・逐条解説（令和5年改正版）263頁

9）　黒川直毅ほか「令和5年不正競争防止法改正の概要」NBL1250号26頁-28頁（2023）

10）　法令用語研究会編『有斐閣法律用語辞典』第5版836頁（有斐閣，2020）

11）　経産省・逐条解説（令和5年改正版）268頁

12）　経産省・逐条解説（令和5年改正版）263頁参照

〔山口　三惠子〕

（政令等への委任）

19条の4　この法律に定めるもののほか，没収保全と滞納処分との手続の調整について必要な事項で，滞納処分に関するものは，政令で定める。

2　この法律に定めるもののほか，第32条の規定による第三者の参加及び裁判に関する手続，第8章に規定する没収保全及び追徴保全に関する手続並びに第9章に規定する国際共助手続について必要な事項（前項に規定する事項を除く。）は，最高裁判所規則で定める。

趣　旨

　平成27年改正（平成27年法律54号）により，営業秘密侵害罪に当たる行為によって得た財産等について，裁判所が没収保全命令を下せるようになった（35条）。上記没収保全命令により処分が禁止された財産について，国税徴収法に基づく滞納処分による差押えがなされた場合（国税徴収法第5章第1節）に，両手続を調整することが必要となる。これらの調整について政令に委任することにしたのが1項である。

　また，平成27年改正においては，営業秘密侵害罪に当たる行為によって得た財産等が第三者に帰属する場合には，没収の裁判をするに当たっては，当該第三者に被告事件への参加の機会を与えることとした（32条）。また，平成27年改正においては，裁判所が没収保全命令を下したり（35条），追徴保全命令を下したりすることができることとした（36条）。それらの手続に関する詳細については，刑事事件における第三者所有物の没収手続に関する応急措置法や組織的犯罪処罰法の規定を適宜準用したうえで，それでも足りない分は，最高裁判所規則に委ねることとした。これが2項の前段である。

　また，平成27年改正においては，外国の刑事事件に関して，当該外国から，没収もしくは追徴の確定裁判の執行または没収もしくは追徴のための財産の保全の共助の要請があったときは，原則として当該要請に係る共助をすることができることとした（37条～39条）。これらの国際共助手続に必要な事項についても，その詳細については，組織的犯罪処罰法を適宜準用したうえで，それでも足りない分は，最高裁判所規則に委ねることとした。これが2項の後段である。

868　第4章　雑則

解　説

1　1項

1.1　「没収保全と滞納処分との手続の調整について必要な事項」

1.1.1　「没収保全」

　没収保全とは，不正競争防止法違反被告事件（営業秘密侵害）に関し，付
加刑として没収が言い渡されるべき財産について，裁判所が命令により，そ
の処分を禁止することをいう（35条）。その詳細については，35条の解説を
参照。

1.1.2　「滞納処分」

　滞納処分とは，納税者が納付期限内に国税を納入しなかった場合に行う，
納税者の財産の強制換価手続をいう（国税徴収法47条以下）。国税徴収法に
おいては，滞納処分としての納税者財産の差押え，交付要求，換価，配当等
の手続が定められている。

1.1.3　「手続の調整について必要な事項」

　没収保全が被告人の財産の処分を禁止する制度であるのに対し，滞納処分
は，納税者の財産を強制的に処分させる制度である。このため，不正競争防
止法違反被告事件の被告人が国税について滞納していた場合，没収保全を優
先して対応処分による換価をできないこととするか，滞納処分を優先させて
その財産の処分の禁止を解くことにするのかの調整が必要となる。本条によ
り制令に委任するのは，上記調整に必要な事項に限定される。

1.2　「滞納処分に関するもの」

　没収保全と滞納処分との手続の調整について必要な事項のうち，本項によ
り政令に委任するのは，「滞納処分に関するもの」に限定される。

1.3　「この法律に定めるもののほか，……政令で定める。」

　没収保全と滞納処分との手続の調整について必要な事項のうち，滞納処分

に関するものについては，この法律すなわち不正競争防止法上に規定がある
ものについてはこれを適用し，それ以外については政令で定めることとし
た。ただし，現行法上そのような規定は不正競争防止法上にはないので，専
ら政令により定められることになる。

35条4項が「前三項に定めるもののほか，これらの規定による処分につい
ては，組織的犯罪処罰法第4章第1節及び第3節の規定による没収保全命令
及び附帯保全命令による処分の禁止の例による。」と規定しているところ，
組織的犯罪処罰法75条1項が「この法律に定めるもののほか，没収保全と滞
納処分との手続の調整について必要な事項で，滞納処分に関するものは，政
令で定める。」と定め，これを受けて，「没収保全と滞納処分との手続の調整
に関する政令」（平成11年政令402号）が制定されているから，本項の政令と
は，この没収保全と滞納処分との手続の調整に関する政令を指す[1]。具体的
には，下記のとおりである。

① 没収保全（35条1項に規定する没収保全命令による処分の禁止をいう）
 または附帯没収保全（35条2項に規定する附帯没収保全命令による処分の
 禁止をいう）がされている財産に対し滞納処分による差押えをしたとき
 は，徴収職員等は，検察官にその旨を通知しなければならない（同政令1
 条1項本文，3項）。ただし，没収保全または附帯没収保全がされている
 金銭債権[2]に対し滞納処分による差押えをした場合において，供託を
 行った第三債務者による，没収保全または附帯没収保全と滞納処分として
 の差押えが競合した旨の事情の届出を没収保全命令または附帯没収保全を
 発した裁判所が受けた旨の，同裁判所の裁判所書記官による検察官および
 徴収職員等または保全執行裁判所への通知[3]がされたときは，徴収職員
 等は，検察官に上記通知義務を負わない（同政令1条1項ただし書，3
 項）。

② 没収保全または附帯没収保全がされている財産に対し滞納処分による差
 押えをした場合において，滞納処分による差押えを解除したときは，徴収
 職員等は，検察官にその旨を通知しなければならない（同政令1条2項，
 3項）。

③ 金銭債権の債務者が，当該債権が没収保全された後に滞納処分による差
 押えがされた場合または滞納処分による差押えがされた後に没収保全がさ
 れた場合に供託する際になすべき届出[4]は，徴収職員等に対して次の事

870 第4章 雑則

項を記載した書面でしなければならない（同政令2条1項）。

一 滞納者の氏名および住所または居所

二 没収保全事件の表示

三 被告人または被疑者の氏名

四 債権の種類および額その他の債権を特定するに足りる事項

五 他に滞納処分による差押えがあるときは，その差押えに係る徴収職員等の属する庁その他の事務所の名称および所在ならびに差押えの年月日および範囲

六 供託の事由，供託した金額，供託所の表示，供託番号および供託の年月日

④ ③の書面には，供託書正本を添付しなければならない（同政令2条2項）。

⑤ 没収保全がされる前に滞納処分による差押えが2以上されているときは，届出は，先に送達された債権差押通知書を発した徴収職員等に対してしなければならない（同政令2条3項）。

⑥ 徴収職員等は，届出を受けたときは，没収保全命令を発した裁判所および検察官にその旨を通知しなければならない。この場合において，滞納処分による差押えが債権の一部に係るときは，併せて，裁判所に，供託書正本の保管を証する書面を送付しなければならない（同政令2条4項）。

⑦ 滞納処分による差押えがされている財産について没収保全または附帯保全命令がされた場合において，滞納処分による差押えを解除したとき，または当該財産につき滞納処分の手続により換価もしくは取立てをしたときは，徴収職員等は，検察官にその旨を通知しなければならない（同政令3条1項，3項）。

⑧ 徴収職員等は，金銭債権が没収保全された後に滞納処分による差押えがされた場合または滞納処分による差押えがされた後に没収保全がされたとして供託がされている場合において，滞納処分による差押えの全部を解除したときは供託書正本を，その一部を解除したときは供託書正本の保管を証する書面を没収保全命令を発した裁判所に送付しなければならない（同政令3条2項）。

19条の４２項　政令等への委任　　871

2　2項

2.1　「第32条の規定による第三者の参加及び裁判に関する手続……について必要な事項」

　最高裁規則で定めることとなる事項の１つは，「第32条の規定による第三者の参加及び裁判に関する手続」に必要な事項である。

　32条１項は，「第21条第13項各号に掲げる財産である債権等（不動産及び動産以外の財産をいう。……）が被告人以外の者（……第三者……）に帰属する場合において，当該第三者が被告事件の手続への参加を許されていないときは，没収の裁判をすることができない」と規定し，同条２項は，「第21条第13項の規定により，地上権，抵当権その他の第三者の権利がその上に存在する財産を没収しようとする場合において，当該第三者が被告事件の手続への参加を許されていないときも，前項と同様とする」と規定しており，第三者による参加がなければ没収の裁判をなしえない場合について規定している。上記没収の手続に関しては，「この法律に特別の定めがあるもののほか，刑事事件における第三者所有物の没収手続に関する応急措置法（昭和38年法律第138号）の規定を準用する」旨を定めている（32条４項）。しかし，なお，取り決めるべき事項がある場合には，裁判所規則に委ねることにしたのが本項である。

2.2　「第８章に規定する没収保全及び追徴保全に関する手続……について必要な事項」

　最高裁規則で定めることとなる事項の１つは，「第８章に規定する没収保全及び追徴保全に関する手続」に必要な事項である。

　第８章は，没収保全手続について定めた35条と，追徴保全手続について定めた36条からなる。これらの手続については，組織的犯罪処罰法第４章第１節および第３節の規定による没収保全命令および附帯保全命令による処分の禁止の例（35条４項）ないし組織的犯罪処罰法第４章第２節及び第３節の規定による追徴保全命令による処分の禁止の例（36条３項）によるとされている。しかし，なお，取り決めるべき事項がある場合には，裁判所規則に委ねることにしたのが本項である。

872 第4章 雑則

2.3 「第9章に規定する国際共助手続について必要な事項」

最高裁規則で定めることとなる事項の1つは,「第9章に規定する国際共助手続」に必要な事項である。

第9章は,外国の刑事事件（当該事件において犯されたとされている犯罪に係る行為が日本国内において行われたとした場合において,当該行為が21条1項,3項または4項の罪に当たる場合に限る）に関して,当該外国から,没収もしくは追徴の確定裁判の執行または没収もしくは追徴のための財産の保全の共助の要請があったときに,当該要請に係る共助をすることができる場合について定めた37条と,当該外国から追徴とみなす没収の要請がなされたときにこれに応じられる場合について定めた38条,当該外国から当該共助の実施に係る財産またはその価額に相当する金銭の譲与の要請があったときにこれに応じられる場合について定めた39条からなる。これらの手続については,「第37条の規定による共助及び前条の規定による譲与については,組織的犯罪処罰法第六章の規定による共助及び譲与の例による」とされている（40条）。しかし,なお,取り決めるべき事項がある場合には,裁判所規則に委ねることにしたのが本項である。

2.4 「前項に規定する事項を除く」

上記各手続に関する事項のうち,前項に規定する事項すなわち「没収保全と滞納処分との手続の調整について必要な事項で,滞納処分に関するもの」については,政令に委ねることとし,最高裁判所規則では定めることができないことにした。

2.5 「この法律に定めるもののほか,……最高裁判所規則で定める。」

本項の規定を受けて,最高裁判所は,「不正競争防止法による保全手続等に関する規則」（平成27年10月28日最高裁判所規則第10号）を定めている[5]。具体的には,下記のとおりである。

2.5.1 没収に関する手続

不正競争防止法による保全手続等に関する規則2条は,「法第32条第1項及び第2項の没収に関する手続については,刑事事件における第三者所有物

19条の4 2項　政令等への委任　873

の没収手続に関する規則（昭和38年最高裁判所規則第8号）の規定を準用する」としている。

刑事事件における第三者所有物の没収手続に関する規則1条は，「刑事事件における第三者所有物の没収手続に関する応急措置法（昭和38年法律第138号。以下法という。）による手続については，法及びこの規則に定めるもののほか，その性質に反しない限り，刑事訴訟規則（昭和23年最高裁判所規則第32号）の定めるところによる。この場合において，法第3条の規定により被告事件の手続への参加を許された者及び法第13条の規定により没収の裁判の取消しを請求した者については被告人に関する規定を，法第10条（法第13条第7項において準用する場合を含む。）の規定により選任される代理人については弁護人に関する規定を準用するものとする。」と規定している。したがって，32条1項および2項の没収に関する手続については，不正競争防止法（同法32条4項にて準用される刑事事件における第三者所有物の没収手続に関する応急措置法を含む）および不正競争防止法による保全手続等に関する規則（同規則2条により準用される刑事事件における第三者所有物の没収手続に関する規則）に定めるもののほか，その性質に反しない限り，刑事訴訟規則の定めるところによるとされ，32条4項により準用される刑事事件における第三者所有物の没収手続に関する応急措置法3条の規定により被告事件の手続への参加を許された者および32条4項により準用される刑事事件における第三者所有物の没収手続に関する応急措置法13条の規定により没収の裁判の取消しを請求した者については被告人に関する規定を，32条4項により準用される刑事事件における第三者所有物の没収手続に関する応急措置法10条の規定により選任される代理人については弁護人に関する規定を準用するものとされる。

2.5.2　没収保全に関する手続

不正競争防止法による保全手続等に関する規則3条は，

没収保全の請求については，犯罪収益に係る保全手続等に関する規則（平成11年最高裁判所規則第10号……）第3条の規定を準用する。この場合において，同条第1項第5号及び第2項中『法第22条第1項』とあるのは『不正競争防止法第35条第1項』と，同条第1項第6号中『法第23条第1項』とあるのは「不正競争防止法第35条第3項」と読み替えるものとする。

874   第4章　雑則

と規定する。

犯罪収益に係る保全手続等に関する規則3条は,

> 第3条没収保全の請求は,次に掲げる事項を記載した書面でしなければならない。
> 　一　被告人又は被疑者の氏名
> 　二　罪名,公訴事実又は被疑事実の要旨及び没収の根拠となるべき法令の条項
> 　三　処分を禁止すべき財産並びにこれを有する者（名義人が異なる場合は,名義人を含む。）の氏名及び住所又は居所
> 　四　債権の没収保全にあっては,債務者の氏名及び住所又は居所
> 　五　法〔注：組織的犯罪処罰法〕第22条第1項に規定する事由
> 　六　請求者が警察官たる司法警察員であるときは,法〔注：組織的犯罪処罰法〕第23条第1項の規定による指定を受けた者である旨
> 2　没収保全の請求をする場合には,法〔注：組織的犯罪処罰法〕第22条第1項に規定する事由があると認められるべき資料を提出しなければならない。

と規定している。したがって,不正競争防止法35条1項の没収保全の請求は,次に掲げる事項を記載した書面でしなければならないということになり,没収保全の請求をする場合には,同項に規定する事由があると認められるべき資料を提出しなければならないということになる。

　一　被告人または被疑者の氏名
　二　罪名,公訴事実または被疑事実の要旨および没収の根拠となるべき法令の条項
　三　処分を禁止すべき財産ならびにこれを有する者（名義人が異なる場合は,名義人を含む）の氏名および住所または居所
　四　債権の没収保全にあっては,債務者の氏名および住所または居所
　五　不正競争防止法35条1項に規定する事由
　六　請求者が警察官たる司法警察員であるときは,不正競争防止法35条3項の規定による指定を受けた者である旨

2.5.3　附帯保全命令に関する手続

不正競争防止法による保全手続等に関する規則4条は,

「附帯保全の請求については，犯罪収益保全規則〔注：犯罪収益に係る保全手続等に関する規則〕第4条の規定を準用する。この場合において，同条第1項第3号及び第2項中『法第22条第2項』とあるのは，『不正競争防止法第35条第2項』と読み替えるものとする」と定めている。

犯罪収益に係る保全手続等に関する規則4条は，

> 附帯保全（附帯保全命令による処分の禁止をいう。……）の請求は，没収保全の請求と併せてする場合には前条第1項各号に掲げる事項のほか第2号及び第3号に掲げる事項を，没収保全の請求と別にする場合には同条第1項第1号及び第6号に掲げる事項のほか次に掲げる事項を記載した書面でしなければならない。
>
> 　一　没収保全事件の表示
> 　二　処分を禁止すべき権利並びにこれを有する者（名義人が異なる場合は，名義人を含む。）の氏名及び住所又は居所
> 　三　法〔注：組織的犯罪処罰法〕第22条第2項に規定する事由
> 2　附帯保全の請求をする場合には，法〔注：組織的犯罪処罰法〕第22条第2項に規定する事由があると認められるべき資料を提出しなければならない。

と規定している。

したがって，附帯保全命令（不正競争防止法35条2項）の請求は，

①　没収保全の請求と併せてする場合には，

　一　被告人または被疑者の氏名

　二　罪名，公訴事実または被疑事実の要旨および没収の根拠となるべき法令の条項

　三　処分を禁止すべき財産ならびにこれを有する者（名義人が異なる場合は，名義人を含む）の氏名および住所または居所

　四　債権の没収保全にあっては，債務者の氏名および住所または居所

　五　不正競争防止法35条1項に規定する事由[6]

　六　請求者が警察官たる司法警察員であるときは，不正競争防止法35条3項の規定による指定を受けた者[7]である旨

のほかに，

　二　処分を禁止すべき権利ならびにこれを有する者（名義人が異なる場合

876 第4章 雑則

は，名義人を含む）の氏名および住所または居所
　三　不正競争防止法35条2項に規定する事由[8]
を記載した書面でしなければならない。
② 　没収保全の請求と別にする場合には，
　一　被告人は被疑者の氏名
　六　請求者が警察官たる司法警察員であるときは，不正競争防止法35条3
　　項の規定による指定を受けた者である旨
のほかに，
　一　没収保全事件の表示
　二　処分を禁止すべき権利ならびにこれを有する者（名義人が異なる場合
　　は，名義人を含む）の氏名および住所または居所
　三　不正競争防止法35条2項に規定する事由
を記載した書面でしなければならない。
　いずれの場合も，附帯保全の請求をする場合には，不正競争防止法35条2
項に規定する事由があると認められるべき資料を提出しなければならない。

2.5.4　追徴保全の請求の方式

　不正競争防止法による保全手続等に関する規則5条は，
　「追徴保全の請求については，犯罪収益保全規則〔注：犯罪収益に係る保
全手続等に関する規則〕第21条の規定を準用する。この場合において，同条
第1項第5号及び第2項中『法第42条第1項』とあるのは，『不正競争防止
法第36条第1項』と読み替えるものとする。」
と定めている。
　犯罪収益に係る保全手続等に関する規則21条は，

追徴保全の請求は，次に掲げる事項を記載した書面でしなければならない。
　一　被告人又は被疑者の氏名及び住所又は居所
　二　罪名，公訴事実又は被疑事実の要旨及び追徴の根拠となるべき法令
　　の条項
　三　追徴保全額
　四　処分を禁止すべき財産
　五　法〔注：組織的犯罪処罰法〕第42条第1項に規定する事由

> 2 追徴保全の請求をする場合には，法第42条第1項に規定する事由があると認められるべき資料を提出しなければならない。

と規定している。

したがって，不正競争防止法36条1項の追徴保全は，

一　被告人または被疑者の氏名および住所または居所

二　罪名，公訴事実または被疑事実の要旨および追徴の根拠となるべき法令の条項

三　追徴保全額

四　処分を禁止すべき財産

五　不正競争防止法36条1項に規定する事由

事項を記載した書面でしなければならず，追徴保全の請求をする場合には，不正競争防止法36条1項に規定する事由があると認められるべき資料を提出しなければならないということになる。

【注】

1）　経産省・逐条解説（令和5年改正版）269頁

2）　金銭の支払を目的とする債権をいう（35条4項により準用される組織的犯罪処罰法36条1項）。

3）　犯罪収益に係る保全手続等に関する規則（平成11年最高裁判所規則10号）19条2項（同規則27条において準用する場合を含む）において準用する同規則14条3項の通知

4）　35条4項において準用される組織的犯罪処罰法40条2項において準用する組織的犯罪処罰法36条4項において準用する同条2項の規定による届出

5）　経産省・逐条解説（令和5年改正版）269頁-270頁

6）　①21条1項，2項，4項（4号を除く），5項および6項の罪に係る被告事件に関し，同条13項の規定により没収することができる財産に当たると思料するに足りる相当な理由があること，および，②当該財産を没収するため必要があると認められること，である。

7）　国家公安委員会または都道府県公安委員会から指定を受けたことである。

8）　①地上権，抵当権その他の権利がその上に存在する財産について没収保全命令を発した場合または発しようとする場合であること，②当該権利が没収により消滅すると思料するに足りる相当な理由がある場合であって当該財産を没収するため必要があると認められこと，または，②'当該権利が仮装のものであると思料するに足りる相当な理由があると認められること，である。

〔小倉　秀夫〕

878　第4章　雑則

（経過措置）

20条　この法律の規定に基づき政令又は経済産業省令を制定し，又は改廃する場合においては，その政令又は経済産業省令で，その制定又は改廃に伴い合理的に必要と判断される範囲内において，所要の経過措置（罰則に関する経過措置を含む。）を定めることができる。

趣　　旨

　本条は，不正競争防止法の規定に基づき政令または経済産業省令を制定または改廃する場合において，その制定または改廃に伴い合理的に必要と判断される範囲内において，その政令または省令において所要の経過措置（罰則に関する経過措置を含む）を定めることができることを規定し[1]，本条により，当該政令または経済産業省令に対し，経過措置の制定についてその点を委任したものである。憲法73条6号但書は，「政令には，特にその法律の委任がある場合を除いては，罰則を設けることができない」旨規定しており，また，刑法上の罪刑法定主義の要請からも，本条を設けることで政・省令の一部改正や廃止によって処罰範囲が縮小または廃止された場合でも，施行前の行為が処罰の対象になる旨を規定したものである[2]。

解　　説

1　「この法律の規定に基づき政令又は経済産業省令を制定し，又は改廃する場合」

　現行法上，不正競争防止法が政令または経済産業省令を制定している場合とは，5条の2（営業秘密取得者の使用等の推定），16条（外国の国旗等の商業上の使用禁止）における「外国国旗等」（同条1項），「外国紋章」（同条2項），「外国政府等記号」（同条3項），17条（国際機関の標章の商業上の使用禁止）の「国際機関」，「国際機関類似標章」，18条（外国公務員等に対する不正の利益の供与等の禁止）の「外国の政府……から特に権益を付与されているものの事務に従事する者その他これに準ずる者」（同条2項3号）である。

　これらについて，「不正競争防止法施行令」（平成13年政令388号），「不正競争防止法第16条第1項及び第3項並びに第17条に規定する外国の国旗又は

国の紋章その他の記章及び外国の政府若しくは地方公共団体の監督用若しくは証明用の印章又は記号並びに国際機関及び国際機関を表示する標章を定める省令」（平成6年通商産業省令36号）が制定されている。

2 「政令又は経済産業省令で，その制定又は改廃に伴い合理的に必要と判断される範囲内」

「その政令又は経済産業省令で」と規定するので，不正競争防止法の規定に基づく政令または経済産業省令については，当該政令・省令において経過措置を定めることができる旨を定めたものである。もっとも，経過措置といっても無限定に規定できるわけでなく，「合理的に必要と判断される範囲内」でなければならない。

3 「所要の経過措置（罰則に関する経過措置を含む。）」

上記のとおり，当該政令または経済産業省令の中で，経過措置が規定できるという趣旨であり，これによりわざわざ法律で経過措置を規定する必要はなくなる。

例えば，上記平成6年通商産業省令36号においては，罰則の適用に関する経過措置として，改正附則に「この省令の施行前にした行為に対する罰則の適用については，なお従前の例による」と定められている[3]。これに対し，上記平成13年政令388号においては，その制定や改正に伴う経過措置は定められていない。

上記のような場合，経過措置として，「この法律（政・省令）の施行前にした行為に対する罰則の適用については，なお従前の例による」という規定を置くことによって，施行前にした行為であっても，従来の法規範が適用され，処罰の対象となることを明文で規定するのが通例である（不正競争防止法附則13条はまさにこの趣旨を定めた規定である）。ところが，法技術的理由から上記外国国旗等の指定は政令または経済産業省令に委任されているため，不正競争防止法附則13条が想定する場合には該当しない。そこで，政・省令にも同種の経過措置を規定できるようにするため，本条を規定してこれを明記したものである。これにより，そもそも処罰に関する規定を法律の明示の委任もなしに政令や省令に直接設けることに対する，罪刑法定主義の観点からの疑問を払拭することができる。この委任規定がない場合，経過措置

880 第4章 雑則

を置く必要があるときは，上記【趣旨】でふれた憲法等の趣旨によれば，政令または経済産業省令の一部改正のたびごとに法律改正の手続をとる必要が生じてしまい煩瑣となる。

【注】
　1）　経産省・逐条解説（令和5年改正版）377頁
　2）　山本・要説3版422頁。ただし、山本・要説4版にはこの点に対応する説明はない。
　3）　経産省・逐条解説（平成15年改正版）141頁

〔石井　藤次郎〕

第5章　罰則

882 第5章 罰則

（罰則）

21条　次の各号のいずれかに該当する場合には，当該違反行為をした者は，10年以下の懲役若しくは2000万円以下の罰金に処し，又はこれを併科する。

一　不正の利益を得る目的で，又はその営業秘密保有者に損害を加える目的で，詐欺等行為（人を欺き，人に暴行を加え，又は人を脅迫する行為をいう。次号において同じ。）又は管理侵害行為（財物の窃取，施設への侵入，不正アクセス行為（不正アクセス行為の禁止等に関する法律（平成11年法律第128号）第2条第4項に規定する不正アクセス行為をいう。）その他の営業秘密保有者の管理を害する行為をいう。次号において同じ。）により，営業秘密を取得したとき。

二　詐欺等行為又は管理侵害行為により取得した営業秘密を，不正の利益を得る目的で，又はその営業秘密保有者に損害を加える目的で，使用し，又は開示したとき。

三　不正の利益を得る目的で，又はその営業秘密保有者に損害を加える目的で，前号若しくは次項第2号から第4号までの罪，第4項第2号の罪（前号の罪に当たる開示に係る部分に限る。）又は第5項第2号の罪に当たる開示によって営業秘密を取得して，その営業秘密を使用し，又は開示したとき。

四　不正の利益を得る目的で，又はその営業秘密保有者に損害を加える目的で，前2号若しくは次項第2号から第4号までの罪，第4項第2号の罪（前2号の罪に当たる開示に係る部分に限る。）又は第5項第2号の罪に当たる開示が介在したことを知って営業秘密を取得して，その営業秘密を使用し，又は開示したとき。

五　不正の利益を得る目的で，又はその営業秘密保有者に損害を加える目的で，自己又は他人の第2号から前号まで又は第4項第3号の罪に当たる行為（技術上の秘密を使用する行為に限る。以下この号において「違法使用行為」という。）により生じた物を譲渡し，引き渡し，譲渡若しくは引渡しのために展示し，輸出し，輸入し，又は電気通信回線を通じて提供したとき（当該物が違法使用行為により生じた物であることの情を知らないで譲り受け，当該物を譲渡し，引き渡し，譲渡若しくは引渡しのために展示し，輸出し，輸入し，又は電気通信回線を通じて提供した場合を除く。）。

2　次の各号のいずれかに該当する者は，10年以下の拘禁刑若しくは2000万円以下の罰金に処し，又はこれを併科する。

一　営業秘密を営業秘密保有者から示された者であって，不正の利益を得る目的で，又はその営業秘密保有者に損害を加える目的で，その営業秘密の管理に係る任務に背き，次のいずれかに掲げる方法でその営業秘密を領得したもの

イ　営業秘密記録媒体等（営業秘密が記載され，又は記録された文書，図画又は記録媒体をいう。以下この号において同じ。）又は営業秘密が化体された物件を横領すること。

ロ　営業秘密記録媒体等の記載若しくは記録について，又は営業秘密が化体された物件について，その複製を作成すること。

ハ　営業秘密記録媒体等の記載又は記録であって，消去すべきものを消去せず，かつ，当該記載又は記録を消去したように仮装すること。

二　営業秘密を営業秘密保有者から示された者であって，その営業秘密の管理に係る任務に背いて前号イからハまでに掲げる方法により領得した営業秘密を，不正の利益を得る目的で，又はその営業秘密保有者に損害を加える目的で，その営業秘密の管理に係る任務に背き，使用し，又は開示したもの

三　営業秘密を営業秘密保有者から示されたその役員（理事，取締役，執行役，業務を執行する社員，監事若しくは監査役又はこれらに準ずる者をいう。次号において同じ。）又は従業者であって，不正の利益を得る目的で，又はその営業秘密保有者に損害を加える目的で，その営業秘密の管理に係る任務に背き，その営業秘密を使用し，又は開示したもの（前号に掲げる者を除く。）

四　営業秘密を営業秘密保有者から示されたその役員又は従業者であった者であって，不正の利益を得る目的で，又はその営業秘密保有者に損害を加える目的で，その在職中に，その営業秘密の管理に係る任務に背いてその営業秘密の開示の申込みをし，又はその営業秘密の使用若しくは開示について請託を受けて，その営業秘密をその職を退いた後に使用し，又は開示したもの（第2号に掲げる者を除く。）

五　不正の利益を得る目的で，又はその営業秘密保有者に損害を加える目的で，自己又は他人の第2号から前号まで又は第5項第3号の罪に当たる行為（技術上の秘密を使用する行為に限る。以下この号において「従業者等違法使用行為」という。）により生じた物を譲渡し，引き渡し，譲渡若しくは引渡しのために展示し，輸出し，輸入し，又は電気通信回線を通じて提供した者（当該物が従業者等違法使用行為により生じた物であることの情を知らないで譲り受け，当該物を譲渡し，引き渡し，譲渡若しくは引渡しのために展示し，輸出し，輸入し，又は電気通信回線を通じて提供した者を除く。）

3　次の各号のいずれかに該当する場合には，当該違反行為をした者は，5年以下の懲役若しくは500万円以下の罰金に処し，又はこれを併科する。

一　不正の目的をもって第2条第1項第1号又は第20号に掲げる不正競争を行ったとき。

二　他人の著名な商品等表示に係る信用若しくは名声を利用して不正の利益を得る目的で，又は当該信用若しくは名声を害する目的で第2条第1項第2号に掲げる不正競争を行ったとき。

三　不正の利益を得る目的で第2条第1項第3号に掲げる不正競争を行ったとき。

四　不正の利益を得る目的で，又は営業上技術的制限手段を用いている者に損害を加える目的で，第2条第1項第17号又は第18号に掲げる不正競争を行ったとき。

884　第5章　罰則

五　商品若しくは役務若しくはその広告若しくは取引に用いる書類若しくは通信
にその商品の原産地，品質，内容，製造方法，用途若しくは数量又はその役務
の質，内容，用途若しくは数量について誤認させるような虚偽の表示をしたと
き（第1号に掲げる場合を除く。）。

六　秘密保持命令に違反したとき。

七　第16条又は第17条の規定に違反したとき。

4　次の各号のいずれかに該当する場合には，当該違反行為をした者は，10年以下
の懲役若しくは3000万円以下の罰金に処し，又はこれを併科する。

一　日本国外において使用する目的で，第1項第1号の罪を犯したとき。

二　相手方に日本国外において第1項第2号から第4号までの罪に当たる使用を
する目的があることの情を知って，これらの罪に当たる開示をしたとき。

三　日本国内において事業を行う営業秘密保有者の営業秘密について，日本国外
において第1項第2号から第4号までの罪に当たる使用をしたとき。

四　第18条第1項の規定に違反したとき。

5　次の各号のいずれかに該当する者は，10年以下の拘禁刑若しくは3000万円以下
の罰金に処し，又はこれを併科する。

一　日本国外において使用する目的で，第2項第1号の罪を犯した者

二　相手方に日本国外において第2項第2号から第4号までの罪に当たる使用を
する目的があることの情を知って，これらの罪に当たる開示をした者

三　日本国内において事業を行う営業秘密保有者の営業秘密について，日本国外
において第2項第2号から第4号までの罪に当たる使用をした者

6　第1項，第2項（第1号を除く。），第4項（第4号を除く。）及び前項（第1
号を除く。）の罪の未遂は，罰する。

7　第3項第6号の罪は，告訴がなければ公訴を提起することができない。

8　第1項各号（第5号を除く。），第2項各号（第5号を除く。），第4項第1号若
しくは第2号，第5項第1号若しくは第2号又は第6項（第1項第5号又は第2
項第5号に係る部分を除く。）の罪は，日本国内において事業を行う営業秘密保
有者の営業秘密について，日本国外においてこれらの罪を犯した者にも適用す
る。

9　第3項第6号の罪は，日本国外において同号の罪を犯した者にも適用する。

10　第4項第4号の罪は，刑法（明治40年法律第45号）第3条の例に従う。

11　第4項第4号の罪は，日本国内に主たる事務所を有する法人の代表者，代理
人，使用人その他の従業者であって，その法人の業務に関し，日本国外において
同号の罪を犯した日本国民以外の者にも適用する。

12　第1項から第6項までの規定は，刑法その他の罰則の適用を妨げない。

13　次に掲げる財産は，これを没収することができる。

一　第1項，第2項，第4項（第4号を除く。），第5項及び第6項の罪の犯罪行
為により生じ，若しくは当該犯罪行為により得た財産又は当該犯罪行為の報酬
として得た財産

二　前号に掲げる財産の果実として得た財産，同号に掲げる財産の対価として得た財産，これらの財産の対価として得た財産その他同号に掲げる財産の保有又は処分に基づき得た財産

14　組織的な犯罪の処罰及び犯罪収益の規制等に関する法律（平成11年法律第136号。以下「組織的犯罪処罰法」という。）第14条及び第15条の規定は，前項の規定による没収について準用する。この場合において，組織的犯罪処罰法第14条中「前条第1項各号又は第4項各号」とあるのは，「不正競争防止法第21条第13項各号」と読み替えるものとする。

15　第13項各号に掲げる財産を没収することができないとき，又は当該財産の性質，その使用の状況，当該財産に関する犯人以外の者の権利の有無その他の事情からこれを没収することが相当でないと認められるときは，その価額を犯人から追徴することができる。

趣　旨

　本条は，不正競争行為のうち特に当罰性の高いものについて刑事罰の対象とする旨を定めたものである。

解　説

1　1項

1.1　柱書

1.1.1　趣旨

　本項柱書は，本項1号から5号までのいずれかの罪を犯した者の法定刑を，10年以下の拘禁刑もしくは2000万円以下の罰金またはその併科とする旨規定したものである。

　令和5年改正前は，

次の各号のいずれかに該当する者は，10年以下の懲役若しくは2000万円以下の罰金に処し，又はこれを併科する。

という文言だった。令和5年改正により「該当する者は」が「該当する場合には，当該違反行為をした者は」に，「懲役」が「拘禁刑」に改められた。

　後者は，令和4年の刑法等改正において「懲役」を「拘禁刑」と改めたの

886　第5章　罰則

に合わせたものであるが，前者の改正をなぜ行ったのか，その結果何が変わったのかは不明である。

1.1.2 「次の各号のいずれかに該当する場合」

本項各号はいずれも，行為主体に関するものを除く構成要件要素を示した上で，「〜したとき」という文言で締めている。本項中の特定の号にて示された構成要件要素がすべて満たされたときに，当該「号に該当する場合」となる。本項は，本項各号のいずれかについて，その号で示された構成要件要素（行為主体に関するものを除く）が満たされた場合に，下記の刑を科すことを示したものである。

1.1.3 「当該違反した行為をした者」

本項各号は，「〜してはならない」という文言は用いていないが，本項の趣旨からすれば，「当該違反行為をした者」とは，本項各号のいずれかの号に定める構成要件要素をすべて満たす行為をした者を指すと理解するより他にない。

なお，本項各号のいずれかの号に定める構成要件要素をすべて満たす行為をすることを犯罪実行行為と捉える以上，2人以上の者が共同して上記行為を行った場合には，共同正犯が成立しうる。

1.1.4 「10年以下の拘禁刑若しくは2000万円以下の罰金に処し，又はこれを併科する。」

本項各号のいずれかの号に定める構成要件要素をすべて満たす行為をした者に対しては，10年以下の懲役刑もしくは2000万円以下の罰金を科し，または懲役刑と罰金刑を併科することができる。なお，令和7年6月1日からは懲役刑の代わりに拘禁刑を科すこととなる（令和5年11月10日政令第318号）。

両者の違いは，懲役刑は，刑事施設に拘置して所定の作業を行わせることが刑の内容となっている（令和4年改正前の刑法12条2項）のに対し，拘禁刑は，「刑事施設に拘禁する」ことまでが刑の内容となっており（同改正後の刑法12条2項），「改善更生を図るため，必要な作業を行わせ，又は必要な指導を行うことができる」（同改正後の刑法12条3項）とされ，具体的には，

刑事施設の長が，受刑者に対し，その改善更生および円滑な社会復帰を図る
ため必要と認められる場合には，作業を行わせ（令和5年改正後の刑事収容
施設及び被収容者等の処遇に関する法律93条本文），または，犯罪の責任を
自覚させ，健康な心身を培わせ，ならびに社会生活に適応するのに必要な知
識および生活態度を習得させるため必要な指導を行う（同法103条1項）旨
決定することになる。

1.2　1号

1.2.1　趣旨
本号は，不正の利益を得る目的で，またはその営業秘密保有者に損害を加
える目的で，詐欺等行為または管理侵害行為により営業秘密を取得する行為
を犯罪構成要件として定めるものである。

令和5年改正前は，

> 一　不正の利益を得る目的で，又はその営業秘密保有者に損害を加える目
> 的で，詐欺等行為（人を欺き，人に暴行を加え，又は人を脅迫する行為
> をいう。次号において同じ。）又は管理侵害行為（財物の窃取，施設への
> 侵入，不正アクセス行為（不正アクセス行為の禁止等に関する法律（平
> 成11年法律第128号）第2条第4項に規定する不正アクセス行為をいう。）
> その他の営業秘密保有者の管理を害する行為をいう。次号において同
> じ。）により，営業秘密を取得した者

という文言だった。令和5年改正により，「営業秘密を取得した者」の部分
が「営業秘密を取得したとき」と改められた。

1.2.2　客観的構成要件要素
本号の罪が成立するためには，詐欺等行為または管理侵害行為により営業
秘密を取得することが必要である。

1.2.2.1　「営業秘密」
「営業秘密」とは，「秘密として管理されている生産方法，販売方法その他
の事業活動に有用な技術上又は営業上の情報であって，公然と知られていな
いもの」をいう（2条6項）。「営業秘密」に関する詳細な説明は2条6項の

888　第5章　罰則

解説を参照。

1.2.2.2 「詐欺等行為」

詐欺等行為とは，人を欺き，人に暴行を加え，または人を脅迫する行為をいう。

「人を欺」くとは，人を錯誤に陥らせる行為をすることをいう[1]。

「人を欺」く行為は営業秘密を取得する手段としてなされるものであるから，「人を欺」いたといえるためには，単に虚言を弄しただけでは足りず，当該虚言によりその相手方に生じた錯誤が通常営業秘密の取得に繋がるものであることが必要である[2]。

「人に暴行を加え」るとは，人に対し有形力を行使することをいう。

「人に暴行を加え」る行為は，営業秘密を取得する手段としてなされるものであるから，単に人に対し有形力を加えただけでは足りず，当該有形力の行使が通常営業秘密の取得に繋がるものであることが必要である。ここで問題となるのは，①有形力行使の結果秘密保有者の反抗意思が抑圧されたことにより営業秘密を強取する場合に限るのか，②有形力行使の結果秘密保有者が畏怖して営業秘密を提示・提供した場合も含むのかが問題となる。詐欺等行為として列挙されているものが他に「詐欺」と「脅迫」であることを考えると，財物に関してなされたならば恐喝に当たる行為を排除する合理的な理由はないので，上記②の見解を採用するべきである。

「人を脅迫する」とは，人に害悪の告知をすることをいう。ただし，告知される害悪は，当該営業秘密の保持者またはその親族の生命，身体，自由，名誉または財産には限定されない。「人を脅迫する」行為は，営業秘密を取得する手段としてなされるものであるから，単に人に対し害悪を告知するだけでは足りず，当該害悪の告知により通常生ずる畏怖が営業秘密の取得に繋がるものであることが必要である。したがって，その告知する害悪は，告知者自身でまたは第三者に働きかけることにより実現されうると通常相手に認識されるものであることが必要である。

虚偽の情報を直接提供され，有形力を直接行使され，または害悪の告知を直接受けた人により営業秘密を提示・提供された場合に限らず，自己と密接に関連する者に対する虚偽の情報の提供，有形力の行使または害悪の告知の結果，欺罔または畏怖を生じた者により秘密情報が提示・提供された場合も

含む[3]。

本号の「人」は，法文上特段の限定がないから，当該秘密情報の保有者である必要はなく，当該秘密情報について管理・処分権限を有している必要もない。したがって，会社が保有する営業秘密について，管理・処分権限を有していない従業員を脅迫して，これを提供させた場合も，人を脅迫することにより営業秘密を取得する行為となる。

本号の「人」に法人を含むかは問題となりうるが，虚偽の情報を直接提供され，有形力を直接行使され，または害悪の告知を直接受けるのは法人の代表者や従業員等の自然人であることを考えれば，法人等を含める必要はないというべきである。

1.2.2.3 「管理侵害行為」

管理侵害行為とは，営業秘密保有者[4]の管理を害する行為をいう。

営業秘密は，秘密として管理されている，すなわち特定の者以外がこれにアクセスできないような工夫が施されていることが要件とされている。このような工夫を乗り越えて営業秘密にアクセスしてこれを取得する行為が管理侵害行為である。

法文上は，「管理侵害行為（財物の窃取，施設への侵入，不正アクセス行為……その他の営業秘密保有者の管理を害する行為……）」となっており，「財物の窃取」，「施設への侵入」，「不正アクセス行為」は，「営業秘密保有者の管理を害する行為」の例として掲げられているに過ぎないので，営業秘密に対する保有者の管理を害しない財物の窃取等は，管理侵害行為とはならない。

例えば，営業秘密が記載または記録されていない有体物を窃取しても，管理侵害行為とはならない。また，営業秘密が記載されまたは記録されている有体物が保管されている施設に侵入したとしても，当該有体物がさらに施錠されたキャビネット等に保管されており当該施設に侵入しただけでは当該営業秘密を知得することができない場合には[5]，管理侵害行為とはならない（この場合，当該キャビネット等を開錠等して当該営業秘密を知得できる状態に至ったときに初めて管理侵害行為となる）。また，第三者が管理するサーバコンピュータ等に不正にアクセスしたとしても，営業秘密を記録したファイルが当該サーバコンピュータに蔵置されていない場合や，営業秘密を

記録したファイルが蔵置されているフォルダ等にはなおアクセスできない場合には，管理侵害行為とはならない。

逆に，営業秘密に対する保有者の管理を害する行為であれば，「財物の窃取」，「施設への侵入」，「不正アクセス行為」に当たらずとも，管理侵害行為となる。

例えば，営業秘密保有者の目を盗んで営業秘密が記載されていた文書の内容を撮影したり，所定のID・パスワード等を入力しなければ読み取ることできない電子ファイル内に蔵置することで管理されている営業秘密について当該ID・パスワードを冒用して当該電子ファイルを読み取ったりする行為は，「財物の窃取」，「施設への侵入」，「不正アクセス行為」には当たらないが，管理侵害行為となる[6]。

営業秘密を営業秘密保有者から示された者と共謀して，その者にその営業秘密の管理に係る任務に背かせて秘密情報を端末上に表示させた上でこれを撮影する行為について，本号の共同正犯ではなく，2項1号ロの行為の共同正犯に当たるとした裁判例がある[7]。

また，営業秘密保有者の従業員として特定の営業秘密を示されていた者が，当該営業秘密保有者から貸与されていたコンピュータにかねてよりインストールしていた「Team Viewer」という遠隔操作およびファイル転送を行うソフトウェアを使用して自己所有のPCに転送する行為については営業秘密の領得行為に当たるとした上で，当該従業員が他の会社に転職後上記「Team Viewer」を用いてさらに上記営業秘密保有者の営業秘密を転職先のPCに転送した行為を管理侵害行為とした裁判例がある[8]。

1.2.2.4　営業秘密の取得

営業秘密を取得するとは，当該営業秘密を知覚しまたは知覚できる状態に置くことをいう[9]。営業秘密が記載された文章等を視認したり，口頭で開示される営業秘密を聴取したりする場合や，営業秘密が記録された媒体の占有を開始する場合，営業秘密を含む電子データを自己の占有下にある記録媒体にダウンロードする場合等を含む。占有を開始した媒体に蔵置されまたはその占有する媒体にダウンロードされた電子データにおいてID・パスワード等による保護がなされていて，それらのデータに含まれている営業秘密を直ちに知覚することができない場合，なお媒体の占有開始等をもって「営業秘

密を取得」したと言えるかは争いとなりうる。およそID・パスワード等の保護手段は理論的には回避されうること，当該電子データが蔵置された媒体を占有することで上記回避の可能性を高めることができること，上記媒体が輾転流通した先で回避がなされた場合に最初に上記媒体を占有する行為を1号の行為としなければ，輾転流通先で保護手段を回避して営業秘密を知覚した者が不可罰となることなどを考慮した場合，媒体の占有開始等をもって「営業秘密を取得」したと言わざるをえない。

詐欺等行為により営業秘密を取得したといえるためには，営業秘密保有者による提示または提供等の処分行為が必要か否かは問題となりうる。条文上「取得」という言葉が用いられているにすぎないこと，本号の行為態様として暴行および脅迫を加えた趣旨を考えたときに，反抗意思が抑圧されている状態に乗じて営業秘密が記録された媒体の占有を取得した場合を本号の適用範囲から除外することを予定していたとみる合理的な理由はないことを考慮すると，処分行為は不要であると解するべきである[10]。

営業秘密を提示・提供する法的な権限を有しない者から当該営業秘密を取得した場合も，本号の「取得」に含まれる。

詐欺等行為の結果第三者が営業秘密を知覚しまたは営業秘密が記録された媒体の占有を開始した場合に，本号の罪が成立するかは争いがありうる。「人を欺いて財物を交付させた者」との文言が用いられている詐欺罪（刑法246条1項）ですら第三者に財物を交付させた場合に詐欺罪が成立するかが争いになっているところ，本号は「営業秘密を取得したとき」との文言が用いられているからである。この点，所管官庁の担当者は，漫然と，「第三者が，営業秘密を知得すること（再現可能な状態で記憶すること）又は営業秘密が化体された有体物……を占有」した場合にも本号の罪が成立するとしていた[11]。しかし，詐欺罪ですら，人を欺いた者と財物の占有を取得した者との間に特別な関係がある場合にのみ成立するとされている[12]のであるから，本号についても，人を欺罔等した者と特別な関係がない第三者が営業秘密を知覚しまたは営業秘密が記録された媒体の占有を開始したに過ぎない場合には成立しないというべきである。なお，共犯関係に立たない第三者が営業秘密を知覚しまたは営業秘密が記録された媒体の占有を開始したに過ぎない場合，当該第三者を介して自らが営業秘密を知覚しまたは営業秘密が記録された媒体の占有を開始したときに初めて営業秘密を「取得」したとすれば足りる。

892　第5章　罰則

1.2.3　主観的構成要件要素

1.2.3.1　立法の経緯

　本号の罪が成立するためには，上記客観的構成要件要素についての故意の他，行為者において，不正の利益を得る目的またはその営業秘密保有者に損害を加える目的があることが必要である。

　平成15年改正により営業秘密に関して刑事罰を導入するに際しては，米国やドイツのように「図利加害目的」を超過的主観的構成要件要素とする立法例もあるとしつつ，①内部告発や取材報道等を処罰対象から除外することを明確にするとともに，②公正な競争秩序の維持という不正競争防止法の趣旨にも合致するということから，「不正な競争の目的」という文言を採用した[13]。

　しかし，その後，この文言だと，「競争関係の存在を前提としない加害目的や外国政府等を利する目的等による営業秘密の不正な使用・開示等がその対象とならない」[14]点が問題視されるに至った。このため，平成21年の法改正で，上記超過的主観的構成要件要素について「不正の利益を得る目的で，又はその保有者に損害を加える目的で」という文言を採用することとした。

1.2.3.2　故意

　本号の罪が成立するためには，故意，すなわち，上記客観的構成要件要素の認識および認容が必要である。具体的には，①取得する情報が第三者の営業秘密であること，②これを取得するために，人を欺き，人に暴行を加え，または人を脅迫していること，もしくは，②'当該営業秘密についての営業秘密保有者の管理を害する行為をしていること，の認識が必要である。したがって，例えば，既に公然と知られている情報だとの錯誤のもと，あるいは秘密として管理されていないとの錯誤のもとで，本号に定める態様で営業秘密を取得した場合は，本号の罪は成立しない。

　もっとも，営業秘密として管理されているものであることを認識していれば，どのように管理されているのか，またどのような有用性があるのかについての具体的な認識までは不要である（この点について行為者に錯誤があったとしても，事実の錯誤で処理できる範囲内である）[15]。

1.2.3.3 「不正の利益を得る目的」

不正競争防止法を所管する経済産業省知的財産政策室は，「不正の利益を得る目的」とは「公序良俗又は信義則に反する形で不当な利益を図る目的」をいうものとする[16]。ただし，民法90条における「公の秩序又は善良の風俗」や民法１条２項の「権利の行使及び義務の履行は，信義に従い誠実に行わなければならない」との文言についての民法学上の解釈を踏まえた議論がなされているわけではない。

①本条２項１号（注：令和５年改正前は，本条１項３号）との関係で，最高裁が「当該複製は勤務先の業務遂行の目的によるものではなく，その他の正当な目的の存在をうかがわせる事情もないなどの本件事実関係によれば，当該複製が被告人自身又は転職先その他の勤務先以外の第三者のために退職後に利用することを目的としたものであったことは合理的に推認できるから，被告人には法21条１項３号にいう『不正の利益を得る目的』があったといえる」[17]と判示していること，②本条における「不正の利益を得る目的」に関していえば，ほとんどの裁判例において，被告人がどのような利益を得る目的を有していたのかを「罪となるべき事実」において特定していない[18]ことからすると，裁判所においては，正当な目的なくして本号所定の行為をなす場合に，「不正の利益を得る目的」ありとされているようにも思われる。ただし，正当な目的がないことをもって「不正の利益を得る目的」があったとすることは，文言解釈の限界を超えているように思われる[19]。裁判所としては，行為者にどのような利益を得る目的があったかを事実認定した上で，その「目的」を正当なものでないと評価した場合に初めて，「不正の利益を得る目的」ありと認定するべきであろう。

上記立法の経緯から，ここでいう「利益」について，これを経済的利益に限定すべきか否かについては争いがある。

この点，不正競争防止法を所管する経済産業省知的財産政策室は「『退職の記念』や『思い出のため』といった自己の満足を図る目的であっても，直ちに『図利加害目的』が否定されるわけではなく，その他の個別具体の事情を踏まえた上で，非経済的な図利目的又は後述する加害目的が認められる場合もある」[20]とする。

経済的利益に限定すべきとする見解としては，

① 「不正の利益を得る目的」とは，「成果の冒用による利益を得る目

的」[21] をいうとし，そこでの利益は経済的利益に限定されるとする見解[22]

② 「国民経済の健全な発展を目的とする法の趣旨を踏まえる」と，ここでいう「利益」とは，「個別的な経済的利益や許可を得ずに営業情報を使用して得られる経済的利益」のことをいうとし，「退職の記念や思い出などの非経済的利益」を含まないとする見解[23]

③ 退職記念や思い出作り等の「自己の心理的満足」を得るために営業秘密を取得した場合，営業秘密がその経済的用法に沿って使用されたり第三者に開示されたりして「被侵害者の経済的利益が侵害される危険が増すわけではない」ので，そのような場合には図利加害目的が認められないとする見解[24]

等がある[25]。

　他方，経済的利益に限定すべきではないとする見解としては，正当な目的なくして本号所定の行為をなす場合に「不正の利益を得る目的」ありとするものや，経済産業省の逐条解説の記載を紹介するものの他，

① 「会社の重要な財産を危険にさらす行為について，単なる内心の動機のみで加害目的の存在を否定すべきではない。それは，退職時に会社の金庫の鍵を持ち帰ったのをとがめられて，退職の記念だったとか，その鍵を使って盗みに入るつもりはなかったという弁解が簡単に通用するはずはない」とする見解[26]

がある。

　「不正の利益を得る目的」には，自ら利益を得る目的だけではなく，第三者に利益を得させる目的をも含むものとされ，かつ，利益を得る主体（自己図利目的であれば自己，第三者図利目的であれば当該第三者）は，営業秘密の保有者と競争関係にある必要はないとされる[27]。上記第三者には，外国政府機関をも含むとされる[28]。

　取得した営業秘密を第三者（外国政府機関を含む）に提供して対価を得る目的でこの営業秘密を取得したり，営業秘密の保有者と別個の事業主体での事業活動に利用する目的で営業秘密を取得したりする場合が典型である。

　どのような利益が「不正」と評価されるかの基準については，これといった見解はない。「不正の利益を得る目的」という主観的要件が付加されたときの議論から，いくつかの利益については「不正」と評価しないものとされ

ている。例えば，公益（事業者の不正情報を内部告発する場合など），労働
者の正当な権利の実現（労使交渉により取得した営業秘密保有者の営業秘密
を，労働組合内部（上部団体等）に開示する場合など），営業秘密保有者か
ら指示された業務の遂行（持ち帰り残業のために，権限を有する上司の許可
を得ずに，営業秘密が記載等された文書やUSBを自宅に持ち帰る場合など）
がこれに当たる[29]。

　それ以外の利益については，具体的に利益の正当性の有無を判断していく
より他にない。例えば，企業における不正を暴く報道を行う目的でその営業
秘密をマスメディア等が取得する行為は，当該報道により売上増などの利益
を得る目的があったとしても，そのような利益は報道機関としては正当な行
為に基づく正当な利益であって，不正ないし不当な利益ではないから，「不
正の利益を得る目的」があったことにはならない[30)31]。また，知的財産権訴
訟における原告訴訟代理人を務める弁護士が，被告において原告の知的財産
権を侵害する行為が行われているかどうかを調査するために，被告における
生産活動等に関する営業秘密を取得する行為についても，当該訴訟で勝訴し
て成功報酬を得る目的があってもそれは不正ないし不当な利益ではないか
ら，「不正の利益を得る目的」があったことにはならない。日本放送協会に
よる集金体制等を批判することを主たる活動の一つとしていた政党が，日本
放送協会およびDおよび業務委託先の情報管理に問題がある旨批判するのに
用いる目的で日本放送協会の営業秘密（顧客データベース）を取得した場合
に「不当な利益を得る目的」を認めた裁判例があるが[32]，国会議員や政党等
が監督すべき組織についてしかるべき監督を行うにあたっては党外組織が自
主的に公開していない情報を入手することもときに必要になることがあるの
で，そのような組織を批判するのに用いることに使用するために当該組織が
保有する秘密情報を取得することを「不当な利益を得る目的」とするのは適
切ではない[33]。

　営業秘密保有者の利益を図る目的と自己または第三者の利益を図る目的と
が混在している場合に「不正の利益を得る目的」があったと言えるかは争い
となりうる。「主として」営業秘密保有者のために開示等をした場合にのみ
図利加害目的なしとした上で，営業保有者内部での地位や評価を高めるため
に開示等を行った場合には，主として営業秘密保有者のためではないので，
図利加害目的が認められるとする見解がある[34]。しかし，これは，組織内の

896　第5章　罰則

労働者等に無私・無欲であることを求めるものであり，適切ではない。営業秘密保有者の利益の増大ないし損失の回避・縮小[35]を図って営業秘密の開示等を行ったのであれば，そのことにより組織内での自分の地位や評価を高めあるいは地位や評価の低下を回避する意図があったとしても，そのことで「不正の利益を図る目的」ありとするべきではない。

　また，研鑽や勉強を図る目的についても原則「不正の利益を図る目的」に含める見解もある[36]。しかし，営業秘密保有者から与えられた業務を適切に果たすために研鑽ないし勉強をしていた場合，それによりその従業員自身能力が向上とするという利益を得たとしても，それが「不正の利益」とは言えまい。　保身目的での領得

　失敗した仕事が上司に発覚して譴責されるのをおそれて会社の営業秘密を記録したUSBを自宅に持ち帰るなど保身目的で営業秘密を記録した記録媒体等を領得等した場合に「不正の利益を得る目的」ありとされるのかについて，営業秘密が使用・開示される危険が増加するわけではないので，これを否定する見解がある[37]。

1.2.3.4 「その営業秘密保有者に損害を加える目的」

　「保有者に損害を加える目的」とは，「営業秘密の保有者に対し，財産上の損害，信用の失墜その他の有形無形の不当な損害を加える目的」[38)39)]をいうものとされる。

　「営業秘密侵害罪については，営業秘密の領得・使用・開示そのものが『財産上の損害』に相当」[40]するとしたうえで，「主として営業秘密保有者のため」として加害目的が否定されるかどうかは，「将来会社の総財産が究極的に増大するかどうかという長期的かつ包括的な観点で考えるべきではなく，営業秘密の外部への開示等によって直接に得られる利益がそれによる損害を上回っているかどうかという，目前の短期的な視点で判断すべきである」[41]とする見解がある。しかし，使用・開示の準備行為である領得がなされた段階では，営業秘密保有者に財産上の損害は生じていないうえ，そもそも，4条は，営業秘密の使用または開示等の不正競争行為による営業上の利益の侵害とこれにより生じた損害とが別のものであることを前提としている。また，「営業秘密の領得・使用・開示」＝「財産上の損害」だとすると，「営業秘密の領得・使用・開示」に関する故意≒「財産上の損害」を加える

目的となるが，それでは「不正の利益を得る目的」をも超過的主観的項要件要素に加えた意味がなくなってしまう。したがって，「営業秘密の領得・使用・開示そのものが『財産上の損害』に相当」するという前提自体が適切ではないというべきである。

また，「秘密管理体制の整わない自宅に資料を保管すれば秘密漏洩の危険が有意に高まるのが通常であるから，その事実を認識していれば，通常は，それだけで加害目的が存在するとの考えも成り立つ」[42]とする見解もある。しかし，リスクがあることを認識・認容していることと損害を加える目的を有していたこととは異なるので，無理がある。

マスメディア等が企業における不正を暴く報道をしたり，知的財産権訴訟における原告訴訟代理人を務める弁護士が被告企業において原告の知的財産権を侵害していることを示す証拠を法廷に提出したりした場合には，情報保有者に損害を加えることともなりうることを理由として「保有者に損害を加える目的」を認める見解[43]もあるが，それらは「不当な」損害ではないから，そのようなことに活用する目的で営業秘密を取得する場合，「保有者に損害を加える目的」ありとは言えない。また，「被害会社の秘密管理体制が不備であることをインターネット上で暴露して，その信用を失墜させる場合」についても「保有者に損害を加える目的」ありとする見解もある[44]が，重要な情報を管理している企業が脆弱な秘密管理体制のままでいることを広く知らしめることは，必ずしも不当とは言えないように思われる。

1.2.4　罪数

本号の行為により取得した営業秘密を2号に抵触する態様で第三者に開示した場合，手段と結果の関係があるので，牽連犯として処理される[45]。

1.3　2号

1.3.1　趣旨

本号は，詐欺等行為または管理侵害行為により取得した営業秘密を，不正の利益を得る目的で，またはその営業秘密保有者に損害を加える目的で，使用し，または開示する行為を犯罪として定めるものである。

令和5年改正前は，

898 第 5 章 罰則

> 二 詐欺等行為又は管理侵害行為により取得した営業秘密を，不正の利益
> を得る目的で，又はその営業秘密保有者に損害を加える目的で，使用し，
> 又は開示した者

という文言だった。令和5年改正により，最後の「使用し，又は開示した
者」との部分が「使用し，又は開示したとき。」と改められた。

1.3.2 客観的構成要件要素

本号の罪が成立するためには，詐欺等行為または管理侵害行為により取得
した使用し又は開示することが必要である。

1.3.2.1 「詐欺等行為又は管理侵害行為により取得した営業秘密」

「営業秘密」とは，「秘密として管理されている生産方法，販売方法その他
の事業活動に有用な技術上又は営業上の情報であって，公然と知られていな
いもの」をいう（2条6項）。「営業秘密」に関する詳細な説明は2条6項の
解説を参照。

営業秘密性は，使用または開示行為時に存する必要がある。このため，取
得時には秘密として管理されていたが，取得後情報保有者が秘密としての管
理をやめた情報を使用または開示した場合，本号の罪は成立しない。

本号の客体は，「詐欺等行為又は管理侵害行為により取得した」営業秘密
である。

「詐欺等行為」とは「人を欺き，人に暴行を加え，又は人を脅迫する行為」
をいい，「管理侵害行為」とは「営業秘密保有者の管理を害する行為」をい
う（1号）。詐欺等行為および管理侵害行為の詳細については，1号の解説
を参照。

本号の客体としての営業秘密は，使用または開示する者自身が詐欺等行為
または管理侵害行為により取得したものであることが必要である。刑罰法規
においては自然人を基準に考えるのが原則なので，法人等において構成員A
が詐欺等行為によって取得した営業秘密を構成員Bが使用等する場合には，
構成員Bの使用等について本号は適用されない[46]。

本号の客体は，1号の罪により取得したものである必要はない[47]。した
がって，「不正の利益を得る目的で，又はその営業秘密保有者に損害を加え
る目的で」取得したものである必要はなく[48]，営業秘密であることを知らず

に取得したものであってもよい。取得時に秘密として管理されていなかった情報を詐欺等行為により取得した後情報保有者が当該情報を秘密として管理するに至った場合，これを使用または開示する行為につき本号の罪が成立するかは問題となりうる。条文解釈としては，取得時に営業秘密であることまでは要求されていないが，営業秘密として管理されていないときに詐欺等行為により第三者に取得された情報について後に営業秘密としての管理を開始しても非公知性の要件を具備する場合は稀有であるように思われる。

1.3.2.2 「使用」

営業秘密を「使用」するとは，当該秘密情報をその事業活動に活用することをいう[49]（なお，2条1項4号の解説を参照）。

この点，営業秘密の「使用」とは，「営業秘密の本来の使用目的に沿って行われ，当該営業秘密に基づいて行われる行為として具体的に特定できる行為を意味する」とする見解もある[50]が，「本来の使用目的に沿って」行われたものに限定する合理的な理由は見当たらない。

特定の製品に関する他社の技術上の営業秘密を用いて当該製品と同種製品を製造したり[51]，第三者の営業秘密である原価等情報データを用いて当該第三者が提供する商品の原価と自社の提供する商品の原価を比較したデータファイルを従業員に作成させたり[52]，特定の製品に関する他社の顧客名簿に掲載されている人々に当該製品と競合する自社製品についての営業活動を行う場合が典型である。特定の製品に関する他社の顧客名簿に掲載されている人々を営業活動の対象から外したり，特定の製品に関する他社の技術上の営業秘密や特定の製品に関する他社の顧客名簿の記載を，新規製品開発の方向付けを決定する際に用いることもまた，ここでいう「使用」に含まれるというべきである[53]。

1.3.2.3 「開示」

「開示」とは，情報を第三者に伝え示すことをいう[54]（なお，2条1項4号の解説を参照）。視覚的に伝え示すか聴覚的に伝え示すかを問わず，また，当該情報を第三者に直接知覚させる（例えば，当該情報を口頭で伝えたり，携帯電話を用いて伝えたり[55]，当該情報が記載された文書を閲覧させたり，営業秘密を含む電子ファイルをスライド上映する等[56]）方法に限られず，営

業秘密が印刷された紙を交付したり[57]，当該情報が記録された記録媒体を第三者に交付したり，当該情報がデータ化されて収蔵された電子ファイルを第三者に送信したり[58]，LINEのメッセージ機能を用いて営業秘密を送信したり[59] して当該情報を伝え示すことも開示に含まれる。なお，営業秘密が含まれる電子ファイルを，大容量ファイル送信サービスのために供されているサーバコンピュータにアップロードした上，当該電子ファイルを上記サーバコンピュータからダウンロードするためのURL情報を特定人に電子メールで送信した場合，当該人をして，上記サーバコンピュータにアクセスしてその使用するパーソナルコンピュータに上記電子ファイルをダウンロードさせて記録させたことをもって「開示」としている[60]。

開示の相手方は，特定人であっても不特定人であってもよく，また人数の多寡を問わない。当該情報について秘密保持契約を結んだ相手方にのみ当該情報を伝え示した場合も「開示」に含まれる[61]。

情報を伝え示すに当たって，情を知らない情報通信事業者を介在させてもよい。インターネット上の電子掲示板やソーシャルネットワークサービス等に当該情報を投稿し，不特定人に受信させた場合も，本号の「開示」に当たる[62]。

1.3.3 主観的構成要件要素

1.3.3.1 総説

本号の罪が成立するためには，上記客観的構成要件要素についての故意の他，行為者において，不正の利益を得る目的またはその営業秘密保有者に損害を加える目的があることが必要である。その趣旨および立法の経緯については，1号の解説を参照。

1.3.3.2 故意

本号の罪が成立するためには，故意，すなわち，上記客観的構成要件要素の認識および認容が必要である。具体的には，他人の営業秘密を使用または開示すること，ならびに当該営業秘密が自己の詐欺等行為または管理侵害行為により取得したものであることの認識・認容が必要である。

もっとも，取得時に営業秘密であった情報は使用・開示時においても営業秘密として管理されているのが通常であるから，取得時に営業秘密であると

21条1項3号　罰則　901

の認識を有していた場合，使用・開示時までに営業秘密性を喪失した旨の錯誤が生じていない限り，使用・開示時になお営業秘密性を有しているとの認識を有していたと認定してよかろう。

1.3.3.3 「不正の利益を得る目的」

「不正の利益を得る目的」とは，「公序良俗又は信義則に反する形で不当な利益を図る目的」をいうものとされる（詳細は，1号の解説を参照）。

1.3.3.4 「その営業秘密保有者に損害を加える目的」

「その営業秘密保有者」とは，当該営業秘密の保有者をいう。「保有者に損害を加える目的」とは，「営業秘密の保有者に対し，財産上の損害，信用の失墜その他の有形無形の不当な損害を加える目的」をいうものとされる（詳細は，1号の解説を参照）。

1.4　3号

1.4.1　趣旨

本号は，不正の利益を得る目的で，またはその営業秘密保有者に損害を加える目的で，2号もしくは2項2号から4号までの罪，4項2号の罪（2号の罪に当たる開示に係る部分に限る）または5項2号の罪に当たる開示によって営業秘密を取得して，その営業秘密を使用し，または開示する行為を，犯罪として定めるものである。

令和5年改正前の1項7号は，

> 七　不正の利益を得る目的で，又はその営業秘密保有者に損害を加える目的で，第2号若しくは前3号の罪又は第3項第2号の罪（第2号及び前3号の罪に当たる開示に係る部分に限る。）に当たる開示によって営業秘密を取得して，その営業秘密を使用し，又は開示した者

という文言だった。令和5年改正において，7号を本号に繰り上げた。これに伴い，従前「第2号」としていたのを「前号」と表記した。また，令和5年改正により従前の1項4号から6号までが2項2号から4号までに移動したため，従前「前3号の罪」としていたのを，「次項第2号から第4号までの罪」と表記することとなった。また令和5年改正により，従前の3項2号

902 第5章 罰則

のうち，1項2号，7号，8号の罪に当たる開示に係る部分が4項2号に，1項4号から6号までに当たる開示に係る部分が5項2号に移動したため，従前「第3項第2号の罪（第2号及び前3号の罪に当たる開示に係る部分に限る。）」としていたのを，「第4項第2号の罪（前号の罪に当たる開示に係る部分に限る。）又は第5項第2号の罪」と表記することとなった。

1.4.2　客観的構成要件要素

1.4.2.1　営業秘密の取得

「営業秘密」とは，「秘密として管理されている生産方法，販売方法その他の事業活動に有用な技術上又は営業上の情報であって，公然と知られていないもの」をいう（2条6項）。「営業秘密」に関する詳細な説明は2条6項の解説を参照。

営業秘密を「取得」するとは，当該営業秘密を知覚しまたは知覚できる状態に置くことをいう（詳細は，1号の解説を参照）。

1.4.2.2　前号等の罪「に当たる開示によって」

本号の客体たる営業秘密は，「前号若しくは次項第2号から第4号までの罪，第4項第2号の罪（前号の罪に当たる開示に係る部分に限る。）又は第5項第2号の罪に当たる開示によって」取得したものに限られる。具体的には，以下のとおりである。

① 前号〔2号〕の罪に当たる開示

詐欺等行為または管理侵害行為により取得した営業秘密を，不正の利益を得る目的で，またはその営業秘密保有者に損害を加える目的で行う開示[63]

② 次項〔2項〕2号の罪に当たる開示

営業秘密を営業秘密保有者から示された者であって，その営業秘密の管理に係る任務に背いて2項2号イからハまでに掲げる方法により領得した営業秘密を，不正の利益を得る目的で，またはその営業秘密保有者に損害を加える目的で，その営業秘密の管理に係る任務に背いて行う開示

③ 次項〔第2項〕3号の罪に当たる開示

営業秘密を営業秘密保有者から示されたその役員または従業者であって，不正の利益を得る目的で，またはその営業秘密保有者に損害を加える目的で，その営業秘密の管理に係る任務に背いて行う営業秘密の開示

④ 次項〔2項〕4号の罪に当たる開示

　営業秘密を営業秘密保有者から示されたその役員または従業者であった者であって，不正の利益を得る目的で，またはその営業秘密保有者に損害を加える目的で，その在職中に，その営業秘密の管理に係る任務に背いてその営業秘密の開示の申込みをし，またはその営業秘密の開示について請託を受けて，その営業秘密をその職を退いた後に行う開示

⑤ 4項2号の罪（前号〔1項2号〕の罪に当たる開示に係る部分に限る。）

　相手方に日本国外において1項2号もしくは2項2号から4号までの罪に当たる使用をする目的があることの情を知って行う，1項2号に当たる開示[64]。

⑥ 第5項第2号の罪に当たる開示

　相手方に日本国外において2項2号から4号までの罪に当たる使用をする目的があることの情を知って行う，これらの罪に当たる開示[65]

1.4.2.3 「使用し，又は開示したもの（前号に掲げる者を除く。）」

　上記開示により取得した営業秘密を使用または開示する行為が本号の罪を構成するものとされる。

　営業秘密を「使用」するとは，当該秘密情報をその事業活動に活用することをいう[66]（詳細は，2号の解説を参照）。

　「開示」とは，情報を第三者に伝え示すことをいう[67]（詳細は，2号の解説を参照）。

1.4.3 主観的構成要件要素
1.4.3.1 総説

　本号の罪が成立するためには，上記客観的構成要件要素についての故意の他，行為者において，不正の利益を得る目的またはその営業秘密保有者に損害を加える目的があることが必要である。その趣旨および立法の経緯については，1号の解説を参照。

1.4.3.2 故意

　本号の罪における故意の対象は，①使用または開示する情報が他人の営業秘密であること[68]，②①の営業秘密の取得が，2号もしくは2項2号から4

904　第5章　罰則

号までの罪，4項2号の罪（本項2号の罪に当たる開示に係る部分に限る）
または5項2号の罪に当たる開示によってなされたものであること[69]，であ
る。上記認識は，営業秘密を取得した時点で有することが必要である[70]。

1.4.3.3 「不正の利益を得る目的」

「不正の利益を得る目的」とは，「公序良俗又は信義則に反する形で不当な
利益を図る目的」をいうものとされる（詳細は，1号の解説を参照）。

「不正の利益を得る目的」は，使用または開示の時点だけでなく，取得の
時点においても必要とされる[71]。

1.4.3.4 「その営業秘密保有者に損害を加える目的」

「保有者に損害を加える目的」とは，「営業秘密の保有者に対し，財産上の
損害，信用の失墜その他の有形無形の不当な損害を加える目的」をいうもの
とされる（詳細は，1号の解説を参照）。

「保有者に損害を加える目的」は，使用または開示の時点だけでなく，取
得の時点においても必要とされる[72]。

1.4.4 罪数

2項1号の罪と本号の罪とは，手段結果の関係があるので，牽連犯として
扱われる[73]。

1.5　4号

1.5.1 趣旨

本号は，不正の利益を得る目的で，またはその営業秘密保有者に損害を加
える目的で，前2号もしくは2項2号から4号までの罪または4項2号の罪
（前2号の罪に当たる開示に係る部分に限る）または5項2号に当たる開示
が介在したことを知って営業秘密を取得して，その営業秘密を使用し，また
は開示する行為を，犯罪として定めるものである。

令和5年改正前の1項8号は，

八　不正の利益を得る目的で，又はその営業秘密保有者に損害を加える目
　　的で，第2号若しくは第4号から前号までの罪又は第3項第2号の罪

（第2号及び第4号から前号までの罪に当たる開示に係る部分に限る。）
に当たる開示が介在したことを知って営業秘密を取得して，その営業秘
密を使用し，又は開示した者

という文言だった。令和5年改正において8号を本号に繰り上げた。同時
に，前号（7号）を3号に繰り上げ，1項4号から6号までを2項2号から
4号までに移動した。このため，従前の「第2号」及び「前号」を「前2
号」，「第4号から」6号までを「次項第2号から第4号まで」と表記するこ
ととなった。また令和5年改正により，従前の3項2号のうち，1項2号，
7号，8号の罪に当たる開示に係る部分が4項2号に，1項4号から6号ま
でに当たる開示に係る部分が5項2号に移動したため，従前「第3項第2号
の罪（第2号及び第4号から前号までの罪に当たる開示に係る部分に限
る。）」としていたのを，「第4項第2号の罪（前2号の罪に当たる開示に係
る部分に限る。）又は第5項第2号の罪」と表記することとなった。

1.5.2 客観的構成要件要素

1.5.2.1 営業秘密の取得

「営業秘密」とは，「秘密として管理されている生産方法，販売方法その他
の事業活動に有用な技術上又は営業上の情報であって，公然と知られていな
いもの」をいう（2条6項）。「営業秘密」に関する詳細な説明は2条6項の
解説を参照。

営業秘密を「取得」するとは，当該営業秘密を知覚しまたは知覚できる状
態に置くことをいう（詳細は，1号の解説を参照）。

1.5.2.2 2号等の罪「に当たる開示が介在した」

本号の客体たる営業秘密は，「前2号若しくは次項第2号から第4号まで
の罪，第4項第2号の罪（前2号の罪に当たる開示に係る部分に限る。）又
は第5項第2号の罪に当たる開示が介在したことを知って」取得したものに
限られる。その前提として，自分が当該営業秘密を取得するに当たって，上
記不正開示が介在していたことが前提となっている[74]。

営業秘密は，管理侵害行為によって取得される場合等を除けば，開示→取
得の方法で輾転流通する。不正開示が介在するとは，営業秘密保有者から自

分に至るまで当該営業秘密がこのように輾転流通する過程において，1つまたは複数の開示が不正開示であったことをいう。

本号における不正開示は，具体的には，以下のとおりである。

① 2号の罪に当たる開示

詐欺等行為または管理侵害行為により取得した営業秘密について，不正の利益を得る目的で，またはその営業秘密保有者に損害を加える目的で行う開示

② 3号の罪に当たる開示

2号もしくは2項2号から4号までの罪，4項2号の罪（2号の罪に当たる開示に係る部分に限る）または5項2号の罪に当たる開示によって取得した営業秘密について，不正の利益を得る目的で，またはその営業秘密保有者に損害を加える目的で行う開示

③ 2項2号の罪に当たる開示

営業秘密を営業秘密保有者から示された者であって，その営業秘密の管理に係る任務に背いて2項1号イからハまでに掲げる方法により領得した営業秘密を，不正の利益を得る目的で，またはその営業秘密保有者に損害を加える目的で，その営業秘密の管理に係る任務に背いて行う開示

④ 2項3号の罪に当たる開示

営業秘密を営業秘密保有者から示されたその役員または従業者であって，不正の利益を得る目的で，またはその営業秘密保有者に損害を加える目的で，その営業秘密の管理に係る任務に背いて行う営業秘密の開示

⑤ 2項4号の罪に当たる開示

営業秘密を営業秘密保有者から示されたその役員または従業者であった者であって，不正の利益を得る目的で，またはその営業秘密保有者に損害を加える目的で，その在職中に，その営業秘密の管理に係る任務に背いてその営業秘密の開示の申込みをし，またはその営業秘密の開示について請託を受けて，その営業秘密をその職を退いた後に行う開示

⑥ 4項2号の罪に当たる開示（1項2号または3号の罪に当たる開示に係る部分に限る）

相手方に日本国外において1項2号もしくは2項2号から4号までの罪に当たる使用をする目的があることの情を知って行う，1項2号または3号に当たる開示

⑦　5項2号の罪に当たる開示

　相手方に日本国外において2項2号から4号までの罪に当たる使用をする目的があることの情を知って行う，これらの罪に当たる開示

1.5.2.3　「使用し，又は開示したもの（第2号に掲げる者を除く。）」

　上記開示により取得した営業秘密を使用または開示する行為が本号の罪を構成するものとされる。

　営業秘密を「使用」するとは，当該秘密情報をその事業活動に活用することをいう（詳細は，2号の解説を参照）。

　「開示」とは，情報を第三者に伝え示すことをいう（詳細は，2号の解説を参照）。

1.5.3　主観的構成要件要素
1.5.3.1　総説

　本号の罪が成立するためには，上記客観的構成要件要素についての故意の他，行為者において，不正の利益を得る目的またはその営業秘密保有者に損害を加える目的があることが必要である。その趣旨および立法の経緯については，1号の解説を参照。

1.5.3.2　故意

　本号の罪における故意の対象は，①使用または開示する情報が他人の営業秘密であること，②①の営業秘密の取得が，前2号もしくは2項2号から4号までの罪，4項2号の罪（前2号の罪に当たる開示に係る部分に限る）または5項2号の罪に当たる開示が介在したことによってなされたものであること，である。

1.5.3.3　「不正の利益を得る目的」

　「不正の利益を得る目的」とは，「公序良俗又は信義則に反する形で不当な利益を図る目的」をいうものとされる（詳細は，1号の解説を参照）。

　「不正の利益を得る目的」は，使用または開示の時点だけでなく，取得の時点においても必要とされる[75]。

908 第5章 罰則

1.5.3.4 「その営業秘密保有者に損害を加える目的」

「保有者に損害を加える目的」とは，「営業秘密の保有者に対し，財産上の損害，信用の失墜その他の有形無形の不当な損害を加える目的」をいうものとされる（詳細は，1号の解説を参照）。

「保有者に損害を加える目的」は，使用または開示の時点だけでなく，取得の時点においても必要とされる[76]。

1.6　5号

1.6.1　趣旨

本号は，不正の利益を得る目的で，またはその営業秘密保有者に損害を加える目的で，自己または他人の2号から4号までまたは4項3号の罪に当たる技術上の秘密を使用する行為（違法使用行為）により生じた物を譲渡し，引き渡し，譲渡もしくは引渡しのために展示し，輸出し，輸入し，または電気通信回線を通じて提供する行為を，犯罪として定めるとともに，当該物が違法使用行為により生じた物であることの情を知らないで譲り受け，当該物を譲渡し，引き渡し，譲渡もしくは引渡しのために展示し，輸出し，輸入し，または電気通信回線を通じて提供する行為を本号の罪から除外したものである。

令和5年改正前の21条1項9号は，

> 九　不正の利益を得る目的で，又はその営業秘密保有者に損害を加える目的で，自己又は他人の第2号若しくは第4号から前号まで又は第3項第3号の罪に当たる行為（技術上の秘密を使用する行為に限る。以下この号及び次条第1項第2号において「違法使用行為」という。）により生じた物を譲渡し，引き渡し，譲渡若しくは引渡しのために展示し，輸出し，輸入し，又は電気通信回線を通じて提供した者（当該物が違法使用行為により生じた物であることの情を知らないで譲り受け，当該物を譲渡し，引き渡し，譲渡若しくは引渡しのために展示し，輸出し，輸入し，又は電気通信回線を通じて提供した者を除く。）

という文言だった。令和5年改正においては，このうち，本項に残した条項（2号，7号，8号）の罪に当たる行為，および，3項3号のうち本項2号，7号，8号に当たる行為により生じた物の譲渡等に関する規定を5号に繰り

上げた。ただし，令和5年改正においては，従前の7号が3号に，従前の8号が4号に繰り上げられ，また，従前の3項3号のうち本項2号，7号，8号に当たる行為は，4項3号に移動した。そこで，「第2号若しくは第4号から前号まで又は第3項第3号の罪に当たる行為」との部分は，「第2号から前号まで又は第4項第3号の罪に当たる行為」との表現に改まった。

1.6.2　客観的構成要件要素
1.6.2.1　「違法使用行為……により生じた物」

本号の罪の客体は，違法使用行為により生じた物である。

違法使用行為とは，2号から4号までまたは4項3号の罪に当たる行為であって，技術上の秘密を使用する行為をいう。すなわち，以下のような行為である。

① 2号の罪に当たる使用

詐欺等行為または管理侵害行為により取得した技術上の秘密についての，不正の利益を得る目的で，またはその営業秘密保有者に損害を加える目的で行う使用

② 3号の罪に当たる使用

2号もしくは2項2号から4号までの罪，4項2号の罪（4号の罪に当たる開示に係る部分に限る）または5項2号の罪に当たる開示によって取得した技術上の秘密についての，不正の利益を得る目的で，またはその営業秘密保有者に損害を加える目的での使用

③ 4号の罪に当たる使用

2号，3号もしくは2項2号から4号までの罪，4項2号の罪（2号，3号の罪に当たる開示に係る部分に限る）または5項2号の罪に当たる開示が介在したことを知って取得した営業秘密を取得した技術上の秘密についての，不正の利益を得る目的で，またはその営業秘密保有者に損害を加える目的での使用

④ 4項3号の罪に当たる使用

日本国内において事業を行う営業秘密保有者の技術上の秘密についての，日本国外における本項2号から4号までの罪に当たる使用

技術上の秘密とは，「技術上の秘密（営業秘密のうち，技術上の情報であるもの……」をいう（2条1項10号。詳細は，同号の解説を参照）。技術上

910 第5章 罰則

の秘密を使用するとは，当該秘密情報をその事業活動に活用することをいう。ただし，本号における違法使用行為は「物」を生じさせるものとして位置付けられているので，物の生産活動に活用された場合に限られる。

技術上の秘密の使用により生じた物とは，当該技術上の秘密を活用した生産活動により生産された物をいう（詳細は，2条1項10号の解説を参照）。ただし，本号における「物」には，有体物だけではなく，プログラムも含まれる（2条11項）。

1.6.2.2 「自己又は他人の」

自己の違法使用行為により生じた物だけでなく，他人の違法行為により生じた物を譲渡等した場合にも，本号は適用される。したがって，何者かの違法使用行為により生じた物が輾転流通した場合，当該輾転流通に参加した者全員について，本号の罪が成立する可能性がある。途中で善意の第三者が介在しても同様である。

1.6.2.3 引渡し等

本号は，違法使用行為により生じた物を「を譲渡し，引き渡し，譲渡若しくは引渡しのために展示し，輸出し，輸入し，又は電気通信回線を通じて提供」する行為を処罰の対象とするものである。

「譲渡」，「引き渡し」，「譲渡若しくは引渡しのため」の「展示」，「輸出」，「輸入」，「電気通信回線を通じて」の「提供」[77)]についての詳細は，2条1項1号の解説を参照。

1.6.3 主観的構成要件要素
1.6.3.1 総説

本号の罪が成立するためには，上記客観的構成要件要素についての故意の他，行為者において，不正の利益を得る目的またはその営業秘密保有者に損害を加える目的があることが必要である。その趣旨および立法の経緯については，1号の解説を参照。

1.6.3.2 故意

本号の罪における故意の対象は，①当該物が，違法使用行為により生じた

こと，②当該物を譲渡等しようとしていること，である。

　その譲渡等する物が違法使用行為により生じたものであることを知らずにこれを譲渡等する場合，上記①の認識を欠くので，本号の罪は成立しない。

1.6.3.3　取得時の認識

　さらに，本号の罪が成立するためには，その物を取得した時点で，それが違法使用行為により生じたものであることを知っていたことが必要である。その物を取得した時点ではそれが違法使用行為によって生じたものであることを知らなかった者が，そのことをその後知った後に譲渡等したとしても，本号の罪は成立しない。

1.6.3.4　「不正の利益を得る目的」

　「不正の利益を得る目的」とは，「公序良俗又は信義則に反する形で不当な利益を図る目的」をいうものとされる（詳細は，１号の解説を参照）。

　「不正の利益を得る目的」は，譲渡等をする際に有していることが必要である。

1.6.3.5　「その営業秘密保有者に損害を加える目的」

　「保有者に損害を加える目的」とは，「営業秘密の保有者に対し，財産上の損害，信用の失墜その他の有形無形の不当な損害を加える目的」をいうものとされる（詳細は，１号の解説を参照）。

　「保有者に損害を加える目的」は，譲渡等をする際に有していることが必要である。

2　2項

2.1　柱書

　本項柱書は，本項１号から５号までのいずれかの罪を犯した者の法定刑を，10年以下の拘禁刑若しくは2000万円以下の罰金またはその併科とする旨規定したものである。本項は，令和５年改正により新たに創設された規定である（従前の２項は，３項に移動している）。

912　第5章　罰則

2.2　1号

　本号は，営業秘密を営業秘密保有者から示された者が，不正の利益を得る
目的で，またはその営業秘密保有者に損害を加える目的で，その営業秘密の
管理に係る任務に背き，所定の方法でその営業秘密を領得する行為を，犯罪
として定めるものである。「『営業秘密を保有者から示された者』による不正
な持ち出しや複製は被害企業内に痕跡が残りやすいのに比して，企業外で秘
密裡に行われる不正な使用・開示の立証は極めて困難である」[78] こと，その
ような者が，「その任務に背いて，営業秘密を保有者の管理下から離れさせ
て自己のほしいままに利用・処分することができるようにすること……は，
不正な使用・開示による法益侵害の危険性を著しく高めるものであ」[79] るこ
とから，不正な使用・開示以前の段階でも，一定の場合に，刑事罰の対象と
したものである。

　令和5年改正前の1項3号は，

> 三　営業秘密を営業秘密保有者から示された者であって，不正の利益を得
> 　る目的で，又はその営業秘密保有者に損害を加える目的で，その営業秘
> 　密の管理に係る任務に背き，次のいずれかに掲げる方法でその営業秘密
> 　を領得した者
> 　イ　営業秘密記録媒体等（営業秘密が記載され，又は記録された文書，
> 　　図画又は記録媒体をいう。以下この号において同じ。）又は営業秘密が
> 　　化体された物件を横領すること。
> 　ロ　営業秘密記録媒体等の記載若しくは記録について，又は営業秘密が
> 　　化体された物件について，その複製を作成すること。
> 　ハ　営業秘密記録媒体等の記載又は記録であって，消去すべきものを消
> 　　去せず，かつ，当該記載又は記録を消去したように仮装すること。

という文言だった。令和5年改正により，これが本号に移動した。その際，
柱書の「領得した者」が「領得したもの」と改められた。

2.2.1　客観的構成要件要素

　本号の罪が成立するためには，①営業秘密を営業秘密保有者から示された
者が，②その営業秘密の管理に係る任務に背き，③イからハまでの所定の方

法で，④当該営業秘密を領得することが必要である。

2.2.1.1 「営業秘密を営業秘密保有者から示された者」

本号の罪は，「営業秘密を営業秘密保有者から示された者」のみが対象となる真正身分犯である。

「営業秘密」とは，「秘密として管理されている生産方法，販売方法その他の事業活動に有用な技術上又は営業上の情報であって，公然と知られていないもの」をいう（2条6項）。「営業秘密」に関する詳細な説明は2条6項の解説を参照。

営業秘密保有者とは，営業秘密を保有する事業者をいう（2条1項7号)[80]。「営業秘密保有者」に関する詳細な説明は2条1項7号の解説を参照[81]。

（情報を）「示す」とは，当該情報を特定の人が容易に知りうる状態に置くことをいう。したがって，営業秘密を「示され」るとは，営業秘密を容易に知りうる状態に置かれることをいい，実際に当該営業秘密を知る（取得する）に至ることまでは要しない[82]。すなわち，視覚的に示されるか，聴覚的に示されるかを問わず，当該情報を直接知覚させてもらう（例えば，当該情報を口頭で伝えられたり，当該情報が記載された文書を閲覧させられたりする等）方法に限られず，当該情報が記録された記録媒体の交付を受けたり，当該情報がデータ化されて収蔵された電子ファイルの送信を受けたりする場合を含む。また，会社のサーバコンピュータに営業秘密が記録されている場合，サーバコンピュータに保存されたそれらの情報にアクセスするための識別符号であるIDおよびパスワードを付与されることで，営業秘密が示されたこととされている[83]。また，会社が管理する営業秘密記録媒体として構築されたコンピュータネットワーク内のデータベースにアクセスするための識別符号および同データベース内に電磁的記録として蔵置された同社の営業秘密を閲覧し，ダウンロードするなどの権限を付与されることで，営業秘密が示されたこととされている例[84]もある。

「営業秘密保有者から」営業秘密を示されるとは，営業秘密保有者の意思に基づいて営業秘密を容易に知りうる状態に置かれることをいう。したがって，営業秘密が記録された記録媒体が上司から部下に順々に交付された場合において末端の従業員は「営業秘密保有者」たる会社から営業秘密を開示さ

914 第5章 罰則

れたことになるし，発注者から下請け，孫請けと順々に交付された場合にお
いて孫請け企業の担当者は「営業秘密保有者」たる発注者から営業秘密を示
されたことになる[85]。

　法人等の従業員等が職務上収集・創作等した情報が当該法人等の営業秘密
にあたる場合，当該従業員等は営業秘密保有者たる当該法人等から当該営業
秘密を「示された」ことになるのかについては争いがある[86]。就業規則等に
より当該情報について当該従業員等が当該法人等に対して秘密保持義務等を
負うのでなければそもそも当該法人等は「営業秘密保有者」たりえないの
で，本号が適用される余地はない。問題は，当該情報について当該従業員等
が当該法人等に対して秘密保持義務等を負う場合には，当該法人等から当該
従業員等への改めての情報の開示等がなくとも，当該情報を「示された」と
言えるかである。不正競争防止法の所管官庁であった通商産業省知的財産政
策室は，当初，当該営業秘密が当該法人等に「帰属」していた場合には，当
該営業秘密を収集等した従業員も営業秘密保有者から当該営業秘密を示され
た者に当たると解していたが[87]，経産省・逐条解説（令和5年改正版）から
はそのような説明はなくなっている。また，法人等がその営業秘密として管
理している情報については，その情報を収集・創作した従業員等との関係で
も，法人等から「示された」ことになるとする見解[88]もある。しかし，当
該情報を収集・創作等した従業員等自身が収集・創作等をしたときから引き
続き当該情報を自己の支配領域に置いており，これを自社の営業秘密として
管理することとした法人等から殊更これを容易に知りうる状態に置かれると
いう行為を受けていないときになお営業秘密を「示された」とするのは，
「示された」との言葉の日常用語的理解とはかけ離れており，罪刑法定主義
の適用を受ける本号の解釈としては無理があるというべきである。

2.2.1.2 「その営業秘密の管理に係る任務に背き」

　営業秘密保有者から営業秘密を示されるに当たっては，営業秘密の管理に
関して，一定の義務を負うのが通例である（その管理について何らの義務を
負わない相手に営業秘密を示した時点で，当該情報は，秘密管理性を失い，
営業秘密でなくなってしまう）。例えば，委任契約や雇用契約における秘密
保持条項や，秘密保持契約上の義務がこれに当たる[89]。「その営業秘密の管
理に係る任務」とは，当該営業秘密についての，上記のような管理に関する

民事実体法上の義務をいう[90]。そのような「任務に背」くとは，そのような民事実体法上の義務に違背することをいう[91]。

　なお，秘密保持契約や，営業秘密の開示を伴う委任契約等が期間満了や目的の達成，解除，取消等の理由で終了した場合，営業秘密を示された者は，契約に基づきまたは原状回復義務等に基づき，営業秘密が記載等された文書等を返却しまたは記憶媒体から営業秘密を消去する等の義務を負うのが通例である。このような返却・消去等もまた，「その営業秘密の管理に係る任務」に含まれる。

　医師，薬剤師，医薬品販売業者，助産師，弁護士，弁護人，公証人等秘密を漏洩すると秘密漏示罪（刑法134条1項）が適用される者について，この刑法上の義務を本号の「営業秘密の管理に係る任務」に含めてもよいかは問題となりうる。秘密漏示罪の法定刑は「6月以下の懲役又は10万円以下の罰金」と，本号の罪よりも格段に軽いからである。秘密漏示罪自体は，私法上の権利義務を定めるものではない以上，それだけでは「営業秘密の管理に係る任務」があったとみるべきではあるまい（明示的にまたは黙示的に秘密情報の管理等について一定の合意をしたと認められる場合に初めて本号の罪が成立するというべきである）。

2.2.1.3　領得

　営業秘密を「領得」するとは，自ら保有者として当該秘密情報を取り扱うことをいう[92)93)]。ただし，本号イからハまでの方法による場合のみ，本号が適用される。

2.2.1.3.1　営業秘密記録媒体等の横領（本号イ）

　営業秘密記録媒体等または営業秘密が化体された物件を横領するという方法で営業秘密を領得した場合には，本号イの罪が成立する。

　営業秘密記録媒体等とは，営業秘密が記載され，または記録された文書，図画または記録媒体をいう。「記載」とは，閲読者が特別な機器等を用いることなく情報を感得できるように，紙等の有体物の表面上に文字その他のしるしを付けることをいう。「記録」とは，特定の機器を用いることにより所定の情報を人の五感で感得できるように有体物に物理的または電磁気的な変化を加えることをいう（上記目的のために物理的または電磁気的な変化を加

えることができる有体物を「記録媒体」という）。「文書」とは，主として文字および記号で特定の情報を表ししたものをいう。「図画」とは，絵画，写真等の象形的方法により情報を表したものをいう。文書等への記載等は，営業秘密保有者自身によりなされたものに限られず，営業秘密保有者から営業秘密を示された者自身または第三者が文書等に記載等したものも含まれる（文書等の記載等が，その営業秘密の管理に係る任務の範囲内でなされたものか，任務に違反してなされたものかを問わない）。

本号における「物件」とは，有体物のことをいう。営業秘密たる情報が物件に「化体」されるとは，当該物件の形状等自体が当該情報を具現化している，言い換えれば，当該物件等自体から当該情報を感得できる状態にあることをいう[94]。

本号の「横領」とは，刑法252条の「横領」と同義である。ただし，刑法252条の「横領」が何を指すのかについて，刑法上大きな論争がある[95]。

営業秘密の管理に関する任務に背いて，営業秘密が記載等された文書等を，第三者に売却し，贈与し，交換し，貸与し，質入れし，代物弁済に供する等，第三者に占有移転する行為が本号の「横領」に当たる。また，情報保有者から定められた保管場所から搬出する行為[96][97]や情報保有者から定められた保管場所において情報保有者に知られないところの隠匿する行為[98]もこれに当たる。また，上記物件等の占有を情報保有者から許された者が，情報保有者からの返還要求に応じず，その占有を殊更継続する場合もこれに当たる[99]。

これに対し，上記文書等を情報保有者から定められた保管場所から搬出することなく破棄する行為は，領得行為に当たらない。上記文書等について，占有の移転を伴わない担保物権（例えば，集合動産譲渡担保など）が設定された場合については，当該文書等に記録等された営業秘密について領得がなされたとはいいがたいので，未だ「領得」がなされたとはいえないと解すべきであろう。

自宅で仕事をするために社内規則に反して社内ネットワークから必要な資料をUSBメモリにダウンロードし自宅に持ち帰った従業員が，仕事終了後うっかりこれを自宅の机に放置してしまい，そのことに気がついた後も，しばらくこれを自宅で保管していた場合に，本号イの不真正不作為犯が成立するとする見解がある[100]。しかし，当該USBメモリの所有権が当該従業員に

帰属する場合，そもそも横領行為になりえない[101]。

2.2.1.3.2　営業秘密記録媒体等の複製（本号ロ）

　営業秘密記録媒体等の記載もしくは記録について，または営業秘密が化体された物件について，その複製を作成するという方法によって営業秘密を領得した場合には，本号ロの罪が成立する。

　「営業秘密記録媒体等の記載」とは，営業秘密記録媒体等（とりわけ文書および図画）における記載をいう。「営業秘密記録媒体等の……記録」とは，営業秘密記録媒体等（とりわけ記録媒体）における記録をいう。

　営業秘密記録媒体等の記載または記録を複製するとは，営業秘密記録媒体等における記載または記録を，別の有体物（文書，図画または記録媒体）に記載または記録することをいう[102]。文書上の記載を複写機で紙にコピーしたり，サーバコンピュータ内に蔵置されたデータを自己が使用するパーソナルコンピュータ上にダウンロードしたり[103]，PC内に内蔵された外部記憶装置に蔵置されたデータを外付けの記憶装置（HDDやUSBメモリ等）にコピーしたりするのが典型である。文書上の記載をメモ用紙の上に手書きで書き取ったり，サーバコンピュータ上に蔵置されているデータを所定の端末で読み取ってモニター上に表示した上でこれをデジタルカメラで撮影して当該デジタルカメラに内蔵されているSDカードに保存するという場合[104]も含む。その過程で媒体の種類が変わった場合も含む（文書になされている記載をデジタルカメラ等により記録媒体に記録したり[105]，サーバコンピュータに記録されているデータを所定の端末コンピュータで読み込んだ上で紙の上にプリントアウトしたりした場合[106]も，本号ロの罪が成立する）。

　上記複製は，営業秘密領得の方法としてなされるものであるから，複製の対象となる記載または記録には，営業秘密たる情報が含まれていれば足り，特定の営業秘密記録媒体等の記載または記録全体を複製する必要はない。また，著作権法上の「複製」とは異なり，複製元の表現上の本質的な特徴部分を直接感得できるものである必要はない。秘密として管理されている情報の一部分だけを抜き出して記載等する場合も含まれる。また，その過程で，記号化等の加工がなされていても，記憶に頼らずに元の秘密情報を復元できるようなものであれば，本号の「複製」に含まれる。

　同じ記録媒体の別の物理領域ないし論理領域に記録を複写（ペースト）し

918 第5章 罰則

たに過ぎない場合,当該情報を記録している記録媒体が増えるわけではない
ので,本号の複製には当たらない。ただし,サーバコンピュータに接続され
た巨大な容量の記録媒体を,複数人がそれぞれ物理的および論理的領域を分
けて利用しており,特定の人が使用している領域に他の利用者が直接アクセ
スすることができないようになっている場合に,各人の領域を1つの記録媒
体とみた上で,自己が使用する領域に記録されているデータを他の人が使用
している(または,自分が別契約で使用している)領域に記録する行為を本
号の「複製」に含めるという議論はありえよう。

　営業秘密法人たる法人が保有する社内サーバから従業員が法人から支給さ
れているコンピュータに営業秘密データをダウンロードする行為について,
権限なく管理支配外に置いてはいないので「領得」に当たらないとする見解
もあるが[107],実態として法人支給のコンピュータにデータをダウンロード
して利用することが行われており,法人もそれを黙認してきた場合には,
「その営業秘密の管理に係る任務に背」いていないものとして処理すべきで
あろう[108]。

　営業秘密が化体された物件について「複製」をするとは,営業秘密が化体
された物件を模して同様の営業秘密を具現化する物件を制作することの他,
営業秘密が化体された物件を撮影または録画等することによって,当該物件
に化体された秘密情報を記録媒体等に記録等する行為を含む。

　本号の「複製」は,あくまで「領得」の方法に過ぎないので,複製は行わ
れたが領得は行われていない場合[109](すなわち,複製物を作成したが,複
製物について自己のものとして取り扱える状態に置かれていない場合)に
は,本号の罪は既遂には至らない[110][111]。

2.2.1.3.3　営業秘密の不消去等(本号ハ)

　一定の契約関係に基づき営業秘密保有者から営業秘密を示された場合,当
該契約関係が終了した場合には,営業秘密記録媒体等を返却したり,営業秘
密記録媒体等から営業秘密に係る記載・記録を消去したりする義務を負うの
が通例である。また,秘密保持契約においては,営業秘密の開示を伴う契約
関係の継続中においても,営業秘密保有者側で随時営業秘密記録媒体等の返
却・消去等を求めることができる旨定められているものが少なくない。

　このように,営業秘密保有者から営業秘密を示された者が,当該営業秘密

に関する記載または記録をその保有する記録媒体等から消去する義務を負っている場合に，これを消去せず，かつ，当該記載または記録を消去したように仮装することによって，当該営業秘密を領得する行為は，本号ハの罪に当たる[112]。

　記載または記録の消去とは，当該文書等から当該秘密情報を感得することが不可能な状態にすることをいう。他の情報等も多数記録されている大規模容量の外部記憶装置（HDD等）に営業秘密が記録されている場合に，OS等が提供している「削除」コマンド等を実行するだけで「消去」したことになるかは問題である。例えば，Windows系OSの場合，HDD等の外部記憶装置に記録されたデータは，「実データのファイル名と属性情報，ファイルの作成日時や更新日時，ファイルサイズ，ディスクの何処に記録されるかの情報」がファイル管理領域に格納され，実データが実データ管理領域に格納されるようになっており，「Windowsの操作でファイルをごみ箱に捨てても，ファイルを削除しても，ただファイル管理領域の情報が一部変更されるだけで，実データはそのまま残って」おり，外部記憶装置を「フォーマットしても，ファイル管理領域の情報が消去されるだけで実データ領域は，そのまま残っている事には変わり」なく，実データ領域を解析することによりかなりの確率でデータを復元できてしまうからである[113]。とはいえ，「データ消去ソフトウェアで，ストレージの全領域に固定パターンのデータを書き込むことにより，データ復元を防止でき」[114]るといわれても，その場合，当該外部記憶装置に蔵置されているデータの全てが復元できない状態に置かれることになるが，営業秘密以外の，種々のデータが蔵置されている外部記憶装置についてそれを求めるとなると，営業秘密保有者から営業秘密を示された者の負担が大きくなりすぎる。理論的には，実データ管理領域中の，消去すべき営業秘密が記録されていた領域について集中的に上書き処理をすればよく，そのような機能を謳っているソフトウェアも市販されている[115]から，そのようなソフトを用いて消去すべき秘密情報を消去した場合には，当該外部記憶装置全体について不可逆的なデータの消去を行わなくとも，本号の「消去」を行ったものといえよう。

　「営業秘密記録媒体等の記載又は記録であって，消去すべきもの」とは，営業秘密保有者から示された営業秘密の営業秘密記録媒体等の記載または記録であって，営業秘密保有者から営業秘密を示された者が実体法上の消去義

920　第5章　罰則

務を負うものをいう。消去義務は，秘密保持契約や，請負契約や就業規則等の契約に基づくものの他，営業秘密の開示を含む契約関係が錯誤や解除等により終了したことによる原状回復義務に基づくものも含まれる。

「当該記載又は記録を消去したように仮装すること」とは，消去すべき記載・記録を消去したように振る舞うことをいい，通常は消去した旨を営業秘密保有者に対し口頭または書面（電子メール等を含む）にて伝えることにより行われる。消去をした旨の仮装さえ行われていなければ，消去要求に応じなくとも，本号ハの領得は成立しない[116]。

2.2.2　主観的構成要件要素

2.2.2.1　総説

本号の罪が成立するためには，上記客観的構成要件要素についての故意の他，行為者において，不正の利益を得る目的またはその営業秘密保有者に損害を加える目的があることが必要である。その趣旨および立法の経緯については，1号の解説を参照。さらに，不法領得の意思が必要となるかは争いがありうる。

2.2.2.2　故意

2.2.2.2.1　営業秘密記録媒体等の横領（本号イ）

本号イにおける故意の対象は，①特定の記録媒体等に第三者の営業秘密が記載もしくは記録されまたは特定の物件に第三者の営業秘密が化体されていること[117]，②当該営業秘密がその保有者から示されたものであること，③上記記録媒体または物件を横領すること，④上記横領行為が当該営業秘密の管理に係る任務に背くものであること，である。ただし，当該記録媒体等に記載もしくは記録され，または当該物件に化体された情報に開示者が保有する営業秘密が含まれていることの認識があれば，当該秘密情報の内容について具体的に認識している必要はなく[118]，当該情報の管理状況や有用性について具体的に認識している必要はない。

2.2.3.2.2　営業秘密記録媒体等の複製（本号ロ）

本号ロにおける故意の対象は，①特定の記録媒体等に第三者の営業秘密が記載もしくは記録されまたは特定の物件に第三者の営業秘密が化体されてい

ること[119]，②当該営業秘密がその保有者から示されたものであること，③営業秘密の全部または一部を感得できる情報を別の記録媒体等に記載もしくは記録しまたは物件に化体したこと，④当該記載等が当該営業秘密の管理に係る任務に背くものであること[120]，である。

2.2.2.2.3 営業秘密の不消去等（本号ハ）

本号ハにおける故意の対象は，①特定の記録媒体等に第三者の営業秘密が記載もしくは記録されていること，②当該営業秘密がその保有者から示されたものであること，③①の記載または記録を消去すべき義務を負っていること，④①の記載または記録を消去していないこと，⑤①の記載または記録を消去した旨の仮装をすること，⑥⑤の仮装行為が当該営業秘密の管理に係る任務に背くものであることである。したがって，単にOSの削除コマンドを実行しただけであったにもかかわらず，それで営業秘密を消去できたと思い込み，消去が完了した旨の通知を営業秘密保有者に対して行っていた場合には，④についての故意を欠くので，本号ハの罪は成立しない。

2.2.2.3 「不正の利益を得る目的」

「不正の利益を得る目的」とは，「公序良俗又は信義則に反する形で不当な利益を図る目的」をいうものとされる（詳細は，1項1号の解説を参照）。

例えば，複製物を他に譲渡して対価を得る目的で営業秘密に係る記録を複製した場合[121]，被告人両名の競合他社への転職を前提としその競合他社で使用されることを前提として営業秘密に係る記録を複製した場合[122]，自分自身または転職先その他の勤務先以外の第三者のために退職後に利用することを目的として複製物を作成した場合[123]，自分自身またはコンサルタント業務の顧客等の第三者のために退職後に利用することを目的として複製物を作成した場合[124]，情交関係にあった者の心を繋ぎ止めたいとの考えからその者の求めに応じて営業秘密に係る記載を複製した場合[125]に，不正の利益を得る目的が認められている。NHKの放送受信契約や受信料の徴収等に関する問題に対し種々の方法でこれを批判する活動をしていた者が，NHKの集金人を務める者から受信契約者の個人情報等を取得すれば，これを基に，NHKおよび業務委託先の情報管理に問題がある旨批判することが可能となり，上記活動に資するとして，上記NHKの集金人を務める者と共同して受

922　　第5章　罰則

信契約者の個人情報等の複製物を作成した場合に，「不正の利益を得る目的」
ありとした裁判例がある[126]。

　営業秘密を領得したにとどまり，使用または開示に至らない場合，領得の
目的が判然としない場合がある。そのような場合について，「平成21年改正
は，それまでは『不正の競争の目的』が要件として求められていたことか
ら，競争関係の存在を前提としない加害目的等による営業秘密の不正な使
用，開示等が処罰の対象とならないこと，営業秘密の不正な使用，開示が中
心的な処罰対象と捉えられていたために，営業秘密の不正持ち出しの事実が
明らかであっても，不正な使用，開示の立証が困難な場合には処罰の対象と
ならなかったことなどの弊害が問題視され，企業等が有する営業秘密をより
適切に保護するために営業秘密侵害罪の処罰範囲を拡大すべく，営業秘密侵
害罪の目的要件の変更及び従業者等による営業秘密の領得自体への刑事罰の
導入を行ったものであって，これにより，営業秘密侵害罪の目的要件につい
ては，『不正の競争の目的』から『不正の利益を得る目的』又は『保有者に
損害を加える目的』と改正し，営業秘密保有者のために行った行為などの正
当な目的（正当な社内活動や違法行為是正のために行った行為等）で行われ
る場合を処罰対象から除外し，処罰範囲の明確化も併せて図ったものであ
る。そうすると，高い経済的価値を有する重要な営業秘密を不正競争防止法
21条1項3号（筆者注：現行21条2項1号）という極めて当罰性の高い態様
で領得した場合に，正当な目的がなく専ら自己又は第三者の何らかの利益を
図るためであるときには，その利益の内容が明確かつ具体的な意欲ではな
く，また非財産的なものであったとしても，同法21条1項3号（筆者注：現
行21条2項1号）における『不正の利益を得る目的』に該当するというべき
である。このことは，例えば，営業秘密の領得においては，不正な使用，開
示まで必要がないことから，営業秘密保有者のためなどの正当な目的による
行為でないことは明らかなのに，被告人自らが目的を供述しない限り概括的
な目的しか特定できないことも想定できるが，このような場合を営業秘密侵
害罪の処罰対象から除外するのは平成21年改正の趣旨に反することからも明
らかである」とする裁判例[127]があり，その上告審[128]も「当該複製は勤務
先の業務遂行の目的によるものではなく，その他の正当な目的の存在をうか
がわせる事情もないなどの本件事実関係によれば，当該複製が被告人自身又
は転職先その他の勤務先以外の第三者のために退職後に利用することを目的

としたものであったことは合理的に推認できるから，被告人には法21条1項3号（筆者注：現行21条2項1号）にいう『不正の利益を得る目的』があったといえる」と判示している[129]。ただし，「業務遂行以外の目的があったことと，被告人に『不正な利益を得る目的』があったこととは同一ではない」[130] としてこのような推認をすることができることは疑問とする見解もある。被告人がどのような目的を持っていたかは本来訴追側で特定すべきであるから，この批判は的を射ていると言えよう。

2.2.2.4 「その営業秘密保有者に損害を加える目的」

「その営業秘密保有者」とは，当該営業秘密の保有者をいう。「保有者に損害を加える目的」とは，「営業秘密の保有者に対し，財産上の損害，信用の失墜その他の有形無形の不当な損害を加える目的」をいうものとされる（詳細は，1号の解説を参照）。

NHKの受信料収納業務に従事していた被告人が，かねてよりNHKに対し批判的な活動を行っていた共犯者と共謀して，共犯者によるBを攻撃する活動等に利用させ，NHKを困らせるなどの目的で，NHKから示された営業秘密を領得した場合[131] 等がある（ただし，内部告発の場合，告発された側は一定の不利益に晒されることとなるのが通例であるから，上記のような目的をもって「その営業秘密保有者に損害を加える目的」に含めるのが立法意思に合致するかは疑問である）。

2.2.3 罪数処理

営業秘密不正取得と不正領得営業秘密開示との間には手段結果の関係があるので，牽連犯（刑法54条1項後段）として一罪としてより扱われ，犯情の重い不正領得営業秘密開示罪の刑で処断される[132]。営業秘密不正領得罪と相手方において日本国外で使用する目的があるとの情を知って行う営業秘密開示罪との関係も同様である[133]。

2.3 2号

2.3.1 趣旨

本号は，営業秘密を営業秘密保有者から示された者が，その営業秘密の管理に係る任務に背いて1号イからハまでに掲げる方法により領得した営業秘

密を，不正の利益を得る目的で，またはその営業秘密保有者に損害を加える
目的で，その営業秘密の管理に係る任務に背き，使用し，または開示する行
為を，犯罪として定めるものである。

令和5年改正前の1項4号は，

四　営業秘密を営業秘密保有者から示された者であって，その営業秘密の
　管理に係る任務に背いて前号イからハまでに掲げる方法により領得した
　営業秘密を，不正の利益を得る目的で，又はその営業秘密保有者に損害
　を加える目的で，その営業秘密の管理に係る任務に背き，使用し，又は
　開示した者

という文言だった。令和5年改正により，これが本号に移動した。その際，
「開示した者」が「開示したもの」と改められた。

2.3.2　客観的構成要件要素
2.3.2.1　「営業秘密を営業秘密保有者から示された者」

本号の罪は，「営業秘密を営業秘密保有者から示された者」のみが対象と
なる真正身分犯である（詳細は，1号の解説を参照）。

2.3.2.2　「その営業秘密の管理に係る任務に背いて前号イからハまでに掲げる方法により領得した営業秘密」

本号の罪の客体は，「その営業秘密の管理に係る任務に背いて前号イから
ハまでに掲げる方法により領得した営業秘密」である。

「営業秘密」とは，「秘密として管理されている生産方法，販売方法その他
の事業活動に有用な技術上又は営業上の情報であって，公然と知られていな
いもの」をいう（2条6項）。「営業秘密」に関する詳細な説明は2条6項の
解説を参照。

営業秘密を「その営業秘密の管理に係る任務に背いて前号イからハまでに
掲げる方法により領得」するという文言の意味については1号の解説を参
照。なお，1号の罪に当たる行為により領得された営業秘密であることまで
は本号の罪の構成要件要素とされていないので，領得の時点で「不正の利益
を得る目的で，又はその営業秘密保有者に損害を加える目的」があったこと
は必要ではない。

2.3.2.3 「使用し，又は開示した者」

営業秘密を「使用」するとは，当該秘密情報をその事業活動に活用することをいう。「開示」とは，秘密情報を第三者に伝え示すことをいう（「使用」および「開示」の詳細については，1項2号の解説を参照）。

「使用」については，領得した営業秘密が含まれる設計図面データにつき，同設計図面を複写し，同図面を新たな図面に貼り付けるなどして，新たな設計図面データを作成した行為を本号の「使用」に当たるとした裁判例[134]がある。

開示の方法としては，横領し，または複製行為により作成した記録媒体等を第三者に交付したり[135]，営業秘密記録媒体等に記録されているデータを送信したりする[136]のが典型である。その他，①記録媒体等に記録されていた営業秘密を格納したデータファイルを保存した外付けハードディスクを第三者に貸与して当該第三者にその保有するPCに上記データを転送させる行為を本号の「開示」とした裁判例[137]，②自己所有のスマートフォンの内蔵メモリに保存した第三者の営業秘密（顧客情報データ）を，自己の使用するPC経由で大容量ファイルサービス会社の提供するサーバコンピュータにアップロードした上で，そのアップロード先のURLを特定の第三者に電子メールで送信し，当該第三者にこれをダウンロードさせる行為を本号の「開示」とした裁判例[138]，③自己所有の可搬型記録媒体内に保存することで領得した営業秘密を用いて作成された書面を第三者に手渡す行為を本号の「開示」とした裁判例[139]がある。

2.3.2.4 「その営業秘密の管理に係る任務に背き」

上記営業秘密の使用または開示が本号の罪に当たることとなるのは，「その営業秘密の管理に係る任務に背」いてなされた場合に限られる。

「その営業秘密の管理に係る任務に背く」とは，営業秘密の管理に関する民事実体法上の義務に違背することをいう（その詳細については，1号の解説を参照）。

2.3.3 主観的構成要件要素
2.3.3.1 総説

本号の罪が成立するためには，上記客観的構成要件要素についての故意の

926 第5章 罰則

他，行為者において，不正の利益を得る目的またはその営業秘密保有者に損
害を加える目的があることが必要である。その趣旨および立法の経緯につい
ては，1号の解説を参照。

2.3.3.2 故意

本号の罪における故意の対象は，①特定の記録媒体等に第三者の営業秘密
が記載もしくは記録されまたは特定の物件に第三者の営業秘密が化体されて
いたこと[140]，②上記記録媒体等または物件を用いて1号イからハまでの方
法で当該営業秘密の領得を行ったこと，③②の方法で領得した営業秘密を開
示または使用したこと，④③の使用または開示がその営業秘密の管理に係る
任務に背くものであること，である。

2.3.3.3 「不正の利益を得る目的」

「不正の利益を得る目的」とは，「公序良俗又は信義則に反する形で不当な
利益を図る目的」をいうものとされる（詳細は，1号の解説を参照）。

外部の会社の新製品の開発に貢献し，同社内における自己の評価を上げる
ことを目的として本号の営業秘密を開示した場合に不正の利益を得る目的が
認められるとした裁判例がある[141]。

2.3.3.4 「その営業秘密保有者に損害を加える目的」

「保有者に損害を加える目的」とは，「営業秘密の保有者に対し，財産上の
損害，信用の失墜その他の有形無形の不当な損害を加える目的」をいうもの
とされる（詳細は，1号の解説を参照）。

2.3.4 必要的共犯性の有無

営業秘密の取得行為は営業秘密開示行為の必要的共犯行為であるところ，
営業秘密の取得行為自体を処罰する規定は設けられていないことから，営業
秘密の開示を受けてこれを取得する行為自体は不可罰的行為であり，した
がって，営業秘密を自己に対して開示するように他人を教唆して開示を受け
る行為は原則として開示罪の教唆犯として処罰されるべきではないという見
解がある[142]。また，営業秘密領得罪（本項1号）を構成する行為のうち開
示目的での領得行為については，開示を受けた者による取得行為との間で必

要的共犯行為に当たるとする見解がある[143]。しかし，後者を否定する下級審裁判例がある[144]。

2.4 3号

2.4.1 趣旨

営業秘密を営業秘密保有者から示されたその役員または従業者が，不正の利益を得る目的で，またはその営業秘密保有者に損害を加える目的で，その営業秘密の管理に係る任務に背き，1号イからハまでの方法での営業秘密の領得を伴わずに，その営業秘密を使用し，または開示する行為を，犯罪として定めるものである。刑法上の背任罪に相当するものとされる[145]。

令和5年改正前の1項5号は，

> 五　営業秘密を営業秘密保有者から示されたその役員（理事，取締役，執行役，業務を執行する社員，監事若しくは監査役又はこれらに準ずる者をいう。次号において同じ。）又は従業者であって，不正の利益を得る目的で，又はその営業秘密保有者に損害を加える目的で，その営業秘密の管理に係る任務に背き，その営業秘密を使用し，又は開示した者（前号に掲げる者を除く。）

という文言だった。令和5年改正により，これが本号に移動した。その際，「開示した者」が「開示したもの」との表記に改められた。

2.4.2 客観的構成要件要素

2.4.2.1 「営業秘密を営業秘密保有者から示されたその役員……又は従業者」

本号の罪は，「営業秘密を営業秘密保有者から示されたその役員……又は従業者」のみが対象となる真正身分犯である。

「営業秘密を営業秘密保有者から示された」の詳細については，2号の解説を参照。

役員または従業者に対象を限定した趣旨は，「役員又は従業者以外の者については，営業秘密保有者から示された営業秘密を保持する義務の有無が個別の契約関係や取引関係によって定まり，一義的に明確ではないため，取引関係への萎縮効果をもたらすおそれがある」[146]ことにあるとされる[147]。「役

員」とは，「理事，取締役，執行役，業務を執行する社員，監事若しくは監査役又はこれらに準ずる者をいう」と定義されている。

「これに準ずる者」として，営業秘密保有者の組織内にあって，業務執行またはその監査を担当する者[148]が含まれる点は争いがない。

不正競争防止法を所管する経済産業省知的財産政策室は，さらに，「『これらに準ずる者』とは，事業者の業務執行権限を持つ者に対して影響をもたらし得る，当該事業者の顧問や相談役などの地位にある者をいう」[149]とする。しかし，法人税法2条15号，同施行令7条のような明文の定めがない不正競争防止法において，「事業者の業務執行権限を持つ者に対して影響をもたらしうる……者」まで「これらに準ずる者」に含めるのは無理があるように思われる。「取締役，会計参与，監査役若しくは執行役又はこれらに準ずる者をいう。」と定義されている金融商品取引法21条1項1号の「役員」[150]について，「事業者の業務執行権限を持つ者に対して影響をもたらしうる……者」一般がこれに含まれるとは解されていない[151]ことからすると，本号の「役員」にも相談役や顧問は含まれないと解するべきである。

「従業者」とは，秘密情報保有者の業務に従事する者をいい，保有者と雇用契約を締結しその業務に従事する者の他，保有者と労働者派遣契約を締結した事業者から派遣されて保有者の業務に従事する者を含む[152]。パート労働者やアルバイト労働者もこれに含まれる。他方，保有者と請負契約を締結した者およびその従業者は，含まれない。

2.4.2.2 「その営業秘密を」

本号の罪の客体は，「その営業秘密」すなわち営業秘密保有者から示された営業秘密である。

「営業秘密」とは，「秘密として管理されている生産方法，販売方法その他の事業活動に有用な技術上又は営業上の情報であって，公然と知られていないもの」をいう（2条6項）。「営業秘密」に関する詳細な説明は2条6項の解説を参照。

2.4.2.3 「使用し，又は開示した者（前号に掲げる者を除く。）」

営業秘密を「使用」するとは，当該秘密情報をその事業活動に活用することをいい，「開示」するとは，情報を第三者に伝え示すことをいう（詳細は，

1項2号の解説を参照)。

ただし,「前号に掲げる者を除く」と規定されているので,1号イからハまでのいずれかの方法で領得した秘密情報を使用または開示した場合には,本号は適用されない。

会社のサーバコンピュータに記録されている営業秘密データを会社支給のPCから直接電子メールに添付して第三者に送付した場合[153]や,会社のサーバコンピュータに記録された秘密情報を会社支給のタブレットPCで確認した上で自己所有の携帯電話にインストールされていたアプリのメッセージ機能を用いて第三者に送信した場合[154]がこれに当たるとされている。

2.4.2.4 「その営業秘密の管理に係る任務に背き」

「その営業秘密の管理に係る任務」とは,当該営業秘密保有者の役員または従業員としての,当該営業秘密の管理に関する民事実体法上の義務をいう。

取締役等の役員については,就任時に会社と取り交わす委任契約に秘密保持条項が組み入れられているのが通例であるし,そのような条項がなくとも,善管注意義務の一環として守秘義務が認められるのが通常である。従業者についても,雇用契約または就業規則において守秘義務が課されているのが通例であるし,そのような条項がなくとも,労働契約に付随する義務として,守秘義務を負う[155]。

派遣労働者の場合,派遣先事業主と直接雇用契約を締結しておらず,また,派遣先事業主における就業規則の適用を当然には受けないので,営業秘密の管理に関し民事実体法上の義務を負うのかが問題となりうる。派遣労働者と派遣先事業主との間には直接の労働契約関係がないので,これに付随する義務として守秘義務を負うことはなく,また,派遣先事業主の就業規則に基づく守秘義務を負うこともない。派遣元事業主との間の就業規則に守秘義務に関する規定がある場合派遣労働者はこれに従う義務があるが,それは,営業秘密保有者たる派遣先事業主との間の任務ではない[156]。労働者派遣事業の適正な運営の確保及び派遣労働者の保護等に関する法律(労働者派遣法)により派遣労働者は派遣先事業者に対して直接秘密保持義務を負うとする見解[157]もあるが,同法における「派遣元事業主及びその代理人,使用人その他の従業者」に派遣労働者を含むとする解釈はアクロバティックに過ぎ

930　第5章　罰則

るように思われる[158)159)]。

　労働者が派遣元事業主を通じて派遣先事業主に対して秘密保持に関する誓約書や同意書を提出することが実務上広く行われている。この場合，派遣労働者は誓約書等に基づいて派遣先事業主「の営業秘密の管理に係る任務」を負ったことになるのかが問題となりうる。派遣労働者が派遣先事業主に対して「個人情報及び秘密情報の保秘を誓約する内容の同意書」を提出していた場合には「当該同意書を根拠に広義の秘密保持義務を肯定することで，任務違背要件を充足する余地は完全には否定できない」とする見解もあるが[160)]，派遣先事業主の営業秘密を開示または使用しない旨の不作為を約しただけだと派遣先事業主から直接営業秘密の管理を委ねられたわけではないので「営業秘密の管理に係る任務」とまでは言いにくいし，それ以上の作為義務を科す合意を派遣先事業主と派遣労働者との直接的な合意で形成するのは労働者派遣契約の趣旨に反するように思われる[161)]。

　本号の罪においても秘密保持義務が明示されていてかつ明確に定められていることが必要であるとする見解[162)]もあるが，役員等であれば善管注意義務の一環としても秘密保持義務を負うこと，従業員においても，雇用契約に付随する義務として秘密保持義務を負うこと，就業規則は全従業員に適用されるために抽象的にならざるをえないことを考えると，そこまで求めるのは行き過ぎといわざるをえない[163)]。

　「任務に背」くとは，そのような民事実体法上の義務に違背することをいう。そのような義務に違背して営業秘密の使用または開示を行った場合のみが，本号の対象となる。

2.4.3　主観的構成要件要素

2.4.3.1　総説

　本号の罪が成立するためには，上記客観的構成要件要素についての故意の他，行為者において，不正の利益を得る目的またはその営業秘密保有者に損害を加える目的があることが必要である。その趣旨および立法の経緯については，1項1号の解説を参照。

2.4.3.2　故意

　本号の罪における故意の対象は，①当該事業者の役員または従業者である

こと，②当該事業者から示された情報が同社の保有する営業秘密であること，③当該営業秘密を使用しまたは開示すること，④③の使用または開示が，当該営業秘密の管理に関する任務に違背するものであること，である。

2.4.3.3 「不正の利益を得る目的」

「不正の利益を得る目的」とは，「公序良俗又は信義則に反する形で不当な利益を図る目的」をいうものとされる（詳細は，1項1号の解説を参照）[164]。

2.4.3.4 「その営業秘密保有者に損害を加える目的」

「保有者に損害を加える目的」とは，「営業秘密の保有者に対し，財産上の損害，信用の失墜その他の有形無形の不当な損害を加える目的」をいうものとされる（詳細は，1項1号の解説を参照）。

2.5　4号

2.5.1　趣旨

本号は，営業秘密を営業秘密保有者から示されたその役員または従業者であった者が，不正の利益を得る目的で，またはその営業秘密保有者に損害を加える目的で，その在職中に，その営業秘密の管理に係る任務に背いてその営業秘密の開示の申込みをし，またはその営業秘密の使用もしくは開示について請託を受けて，その営業秘密をその職を退いた後に使用し，または開示する行為を，犯罪として定めるものである。

令和5年改正前の1項6号は，

> 六　営業秘密を営業秘密保有者から示されたその役員又は従業者であった
> 者であって，不正の利益を得る目的で，又はその営業秘密保有者に損害
> を加える目的で，その在職中に，その営業秘密の管理に係る任務に背い
> てその営業秘密の開示の申込みをし，又はその営業秘密の使用若しくは
> 開示について請託を受けて，その営業秘密をその職を退いた後に使用し，
> 又は開示した者（第4号に掲げる者を除く。）

という文言だった。令和5年改正により，これが本項3号に移動した。同時に，1項4号が本項2号に移動したため，「第4号に掲げる者」との部分が

932　第5章　罰則

「第2号に掲げる者」との表記に改められ，また，「開示した者」が「開示したもの」との表記に改められた。

2.5.2　客観的構成要件要素
2.5.2.1　「営業秘密を営業秘密保有者から示されたその役員又は従業者であった者」

　本号の罪は，「営業秘密を営業秘密保有者から示されたその役員又は従業者であった者」のみが対象となる真正身分犯である。

　「営業秘密を営業秘密保有者から示された」の詳細については，3号の解説を参照。「役員」および「従業者」の詳細については，3号の解説を参照。

　本号の罪の主体は「であった者」に限定されるので，現職の役員または従業員は含まれない。営業秘密を営業秘密保有者から示された当時は保有者の従業員であったがその後役員に昇格した者，逆に，営業秘密を営業秘密保有者から示された当時は保有者の役員であったがその後従業員に降格した者は，なお現職の役員または従業員はであることに変わりはないので，本号の適用を受けない。

2.5.2.2　「その営業秘密を」

　本号の罪の客体は，「その営業秘密」すなわち営業秘密保有者から示された営業秘密である。

　「営業秘密」とは，「秘密として管理されている生産方法，販売方法その他の事業活動に有用な技術上又は営業上の情報であって，公然と知られていないもの」をいう（2条6項）。「営業秘密」に関する詳細な説明は2条6項の解説を参照。

2.5.2.3　「使用し，又は開示したもの（第2号に掲げる者を除く。）」

　営業秘密を「使用」するとは，当該秘密情報をその事業活動に活用することをいい，「開示」するとは，情報を第三者に伝え示すことをいう（詳細は，1項2号の解説を参照）。

　ただし，「第2号に掲げる者を除く」と規定されているので，1号イからハまでのいずれかの方法で領得した秘密情報を使用または開示した場合には，本号は適用されない。

2.5.2.4 「その営業秘密をその職を退いた後に」

本号が適用されるのは，上記営業秘密の使用または開示を，その営業秘密を「その職を退いた後に」行った場合に限られる。退く前に行った場合には，2項3号の罪が成立する。

その「職を退」くとは，営業秘密保有者の「役員または従業者」であることを辞めることをいう。任期の定めのない従業者から退職を申し出た場合または任期の定めのある役員就任契約もしくは雇用契約において任期途中にて役員もしくは従業者から退職を申し出た場合だけでなく，任期の定めのある雇用契約もしくは役員就任契約において任期満了に伴い役員もしくは従業員を辞める場合や役員が任期途中で株主総会決議にて解任された場合，任期の定めのない従業者が解雇された場合，任期の定めのある従業者が任期途中で解雇された場合を含む。

営業秘密保有者の従業者だった者が役員に昇格するに当たって従業者たる地位を喪失する場合および営業秘密保有者が役員を解任されるも引き続き従業者として勤務することとなった場合は，営業秘密保有者の「役員または従業者」としての職を退いていないので，本号ではなく，2項3号が適用される。

2.5.2.5 「その在職中に，その営業秘密の管理に係る任務に背いてその営業秘密の開示の申込みをし，」

本号の罪が成立する場合の1つは，営業秘密保有者の役員または従業者であった者が，その在職中に，「その営業秘密の管理に係る任務に背いてその営業秘密の開示の申込み」をした場合である。

「申込み」とは，相手方から承諾を受ければその内容の契約を締結する旨の意思表示をいう。したがって，営業秘密の開示の申込みとは，相手方から承諾を受ければ営業秘密を開示するとの内容を含む契約をする旨の意思表示をいう[165]。営業秘密の開示は，上記申込みの相手方との合意に基づいてなされるものであれば足り，申込みの相手方に対してなされるものに限られない[166]。

「開示の申込み」と営業秘密の使用または開示との間にどのような関係が必要かは条文上必ずしも判然としないが，開示の申込みに時間的に遅れて営業秘密の使用または開示がなされていれば開示の申込みと無関係でもよいとい

934 第5章 罰則

う立法は考えにくいので，開示の申込み→承諾＝開示に係る合意の成立→合意に基づく開示という因果の流れが存在することは必要と思われる。したがって，在職中に開示の申込みをした後退職後に営業秘密を使用しても，本号の罪は成立しない。

「その在職中」とは，営業秘密保有者の役員または従業者の地位にある間に，という意味である。

2.5.2.6 「その在職中に，……その営業秘密の使用若しくは開示について請託を受けて」

「その営業秘密の使用若しくは開示について請託を受けて」とは，営業秘密の使用もしくは開示をするように第三者から依頼されてこれを受諾することをいう[167]。ただし，受託の意思表示は黙示でもよいとされる[168]。

請託を受けることと営業秘密の使用または開示との間に時間的先後関係以外の関係性が不要だとは考えがたいので，請託を受ける→受諾する→合意に基づいて営業秘密の使用または開示という因果の流れが必要である。

申込みや請託の受託時にその対象となる営業秘密は具体的に特定されていなければならないとする見解もある[169]が，申込みや受託の段階では営業秘密を特定するのに十分な情報を相手方に示すことは通常困難であるので，無理があるように思われる。

2.5.2.7 「その営業秘密の管理に係る任務に背いて」

「その営業秘密の管理に係る任務」とは，当該営業秘密保有者の役員または従業員としての，当該営業秘密の管理に関する民事実体法上の義務をいう。そのような「任務に背」くとは，そのような民事実体法上の義務に違背することをいう。

本号においては，開示の申込みまたは使用もしくは開示の請託の受諾が上記義務に背いてなされたことが要件とされている。営業秘密の使用また開示がなされた時点では既に営業秘密保有者の役員または従業者ではなくなっているので，包括的な管理義務を負っていないのが通常だからである。

2.5.3 主観的構成要件要素

2.5.3.1 総説

本号の罪が成立するためには，上記客観的構成要件要素についての故意の他，行為者において，不正の利益を得る目的またはその営業秘密保有者に損害を加える目的があることが必要である。その趣旨および立法の経緯については，1項1号の解説を参照。

2.5.3.2 故意

本号の罪における故意の対象は，①当該事業者の役員または従業者であったこと，②当該事業者の役員または従業者であった当時当該事業者から示された情報が同社の保有する営業秘密であったこと，③当該事業者の役員または従業者であった当時当該営業秘密の開示の申込みをし，または当該営業秘密の使用または開示についての請託を受けたこと，④③の申込みまたは受託が当該営業秘密の管理に関する任務に違背するものであること，⑤③の申込みまたは請託にかかる合意に基づいて当該営業秘密を使用しまたは開示すること，である。

2.5.3.3 「不正の利益を得る目的」

「不正の利益を得る目的」とは，「公序良俗又は信義則に反する形で不当な利益を図る目的」をいうものとされる（詳細は，1項1号の解説を参照）[170]。

「不正の利益を得る目的」は，在職時の開示の申込みもしくは請託の受託と，退職後の使用もしくは開示の双方について必要である[171]。

2.5.3.4 「その営業秘密保有者に損害を加える目的」

「保有者に損害を加える目的」とは，「営業秘密の保有者に対し，財産上の損害，信用の失墜その他の有形無形の不当な損害を加える目的」をいうものとされる（詳細は，1項1号の解説を参照）。

保有者に損害を加える目的は，在職時の開示の申込みもしくは請託の受託と，退職後の使用もしくは開示の双方について必要である[172]。

936 第5章 罰則

2.6 5号

2.6.1 趣旨

　本号は，不正の利益を得る目的で，またはその営業秘密保有者に損害を加える目的で，自己または他人の本項2号から4号までまたは5項3号の罪に当たる技術上の秘密を使用する行為（従業者等違法使用行為）により生じた物を譲渡し，引き渡し，譲渡もしくは引渡しのために展示し，輸出し，輸入し，または電気通信回線を通じて提供する行為を，犯罪として定めるとともに，当該物が従業者等違法使用行為により生じた物であることの情を知らないで譲り受け，当該物を譲渡し，引き渡し，譲渡もしくは引渡しのために展示し，輸出し，輸入し，または電気通信回線を通じて提供する行為を本号の罪から除外したものである。

　令和5年改正前の本条1項9号は，

九　不正の利益を得る目的で，又はその営業秘密保有者に損害を加える目的で，自己又は他人の第2号若しくは第4号から前号まで又は第3項第3号の罪に当たる行為（技術上の秘密を使用する行為に限る。以下この号及び次条第1項第2号において「違法使用行為」という。）により生じた物を譲渡し，引き渡し，譲渡若しくは引渡しのために展示し，輸出し，輸入し，又は電気通信回線を通じて提供した者（当該物が違法使用行為により生じた物であることの情を知らないで譲り受け，当該物を譲渡し，引き渡し，譲渡若しくは引渡しのために展示し，輸出し，輸入し，又は電気通信回線を通じて提供した者を除く。）

という文言だった。令和5年改正においては，このうち，本項に移動した条項（従前の1項4号から6号まで）の罪に当たる行為および5項3号の罪に当たる使用行為により生じた物の譲渡等に係る部分を独立させ，本項5号に移動させた。ただし，令和5年改正においては，従前の1項4号が本項2号に，従前の1項5号が本項3号に，従前の1項6号が本項4号に移動となり，また，従前の3項3号のうち1項4号，5号，6号に当たる行為は，5項3号に移動した。そこで，「第2号若しくは第4号から前号まで又は第3項第3号の罪に当たる行為」との部分は，「第2号から前号まで又は第5項第3号の罪に当たる行為」との表現に改まった。

2.6.2 客観的構成要件要素
2.6.2.1 「従業者等違法使用行為により生じた物」

本号の罪の客体は，従業者等違法使用行為により生じた物である。

従業者等違法使用行為とは，2号から4号までまたは5項3号の罪に当たる行為であって，技術上の秘密を使用する行為をいう。すなわち，以下のような行為である。

① 2号の罪に当たる使用

営業秘密を営業秘密保有者から示された者が，その営業秘密の管理に係る任務に背いて2項1号イからハまでに掲げる方法により領得した技術上の秘密について，不正の利益を得る目的で，またはその営業秘密保有者に損害を加える目的で，その営業秘密の管理に係る任務に背いて行う使用

② 3号の罪に当たる使用

営業秘密保有者の役員または従業者が，当該営業秘密保有者から示された技術上の秘密について，不正の利益を得る目的で，またはその営業秘密保有者に損害を加える目的で，その営業秘密の管理に係る任務に背いて行う使用

③ 4号の罪に当たる使用

営業秘密保有者の役員または従業者であった者が，当該営業秘密保有者から在職中に示された技術上の秘密について，不正の利益を得る目的で，またはその営業秘密保有者に損害を加える目的で，その在職中に，その技術上の秘密の使用について請託を受けて，その職を退いた後に行う使用

④ 5項3号の罪に当たる使用

日本国内において事業を行う営業秘密保有者の技術上の秘密についての，日本国外における，上記①から③までに当たる使用

技術上の秘密とは，「技術上の秘密（営業秘密のうち，技術上の情報であるもの」をいう（2条1項10号。詳細は，同号の解説を参照）。技術上の秘密を使用するとは，当該技術上の秘密を「使用」するとは，当該秘密情報をその事業活動に活用することをいう。ただし，本号における違法使用行為は「物」を生じさせるものとして位置付けられているので，物の生産活動に活用された場合に限られる。

技術上の秘密の使用により生じた物とは，当該技術上の秘密を活用した生産活動により生産された物をいう（詳細は，2条1項10号の解説を参照）。ただし，本号における「物」には，有体物だけではなく，プログラムも含ま

938　第5章　罰則

れる（2条11項)。

2.6.2.2　「自己又は他人の」

　自己の違法使用行為により生じた物だけでなく，他人の違法行為により生じた物を譲渡等した場合にも，本号は適用される。したがって，何者かの違法使用行為により生じた物が輾転流通した場合，当該輾転流通に参加した者全員について，本号の罪が成立する可能性がある。途中で善意の第三者が介在しても同様である。

2.6.2.3　引き渡し等

　本号は，違法使用行為により生じた物「を譲渡し，引き渡し，譲渡若しくは引渡しのために展示し，輸出し，輸入し，又は電気通信回線を通じて提供」する行為を処罰の対象とするものである。

　「譲渡」，「引き渡し」，「譲渡若しくは引渡しのため」の「展示」，「輸出」，「輸入」，「電気通信回線を通じて」の「提供」[173] についての詳細は，2条1項1号の解説を参照。

2.6.3　主観的構成要件要素
2.6.3.1　総説

　本号の罪が成立するためには，上記客観的構成要件要素についての故意の他，行為者において，不正の利益を得る目的またはその営業秘密保有者に損害を加える目的があることが必要である。その趣旨および立法の経緯については，1項1号の解説を参照。

2.6.3.2　故意

　本号の罪における故意の対象は，①当該物が，違法使用行為により生じたこと，②当該物を譲渡等しようとしていること，である。

　その譲渡等する物が違法使用行為により生じたものであることを知らずにこれを譲渡等する場合，上記①の認識を欠くので，本号の罪は成立しない。

2.6.3.3　取得時の認識

　さらに，本号の罪が成立するためには，その物を取得した時点で，それが

違法使用行為により生じたものであることを知っていたことが必要である。その物を取得した時点ではそれが違法使用行為によって生じたものであることを知らなかった者が，そのことをその後知った後に譲渡等したとしても，本号の罪は成立しない。

2.6.3.4 「不正の利益を得る目的」

「不正の利益を得る目的」とは，「公序良俗又は信義則に反する形で不当な利益を図る目的」をいうものとされる（詳細は，1項1号の解説を参照）。

「不正の利益を得る目的」は，譲渡等をする際に有していることが必要である。

2.6.3.5 「その営業秘密保有者に損害を加える目的」

「保有者に損害を加える目的」とは，「営業秘密の保有者に対し，財産上の損害，信用の失墜その他の有形無形の不当な損害を加える目的」をいうものとされる（詳細は，1項1号の解説を参照）。

「保有者に損害を加える目的」は，譲渡等をする際に有していることが必要である。

3　3項

3.1　柱書

本項各号の不正競争行為等に関する罪を犯した者に対する法定刑を，5年以下の懲役もしくは500万円の罰金またはその併科としたものである。

令和5年改正前の本条2項柱書は，

> 2　次の各号のいずれかに該当する者は，5年以下の懲役若しくは500万円以下の罰金に処し，又はこれを併科する。

という文言であった。令和5年改正では，これを本項柱書に移動した上で，「該当する者は」を「該当する場合には，当該違反行為をした者は」に，「懲役」を「拘禁刑」へと改めた。

940　第5章　罰則

3.2　1号

3.2.1　趣旨

本号は，不正の目的をもって2条1項1号または20号に掲げる不正競争を行うことを，犯罪行為と位置付けるものである。

令和5年改正前の本条2項1号は，

> 一　不正の目的をもって第2条第1項第1号又は第20号に掲げる不正競争を行った者

という文言であった。これが本項1号に移動するとともに，「行った者」が「行ったとき」と改められた。

3.2.2　客観的構成要件要素

3.2.2.1　「第2条第1項第1号……に掲げる行為」

2条1項1号に掲げる不正競争行為とは，「他人の商品等表示（人の業務に係る氏名，商号，商標，標章，商品の容器若しくは包装その他の商品又は営業を表示するものをいう。以下同じ。）として需要者の間に広く認識されているものと同一若しくは類似の商品等表示を使用し，又はその商品等表示を使用した商品を譲渡し，引き渡し，譲渡若しくは引渡しのために展示し，輸出し，輸入し，若しくは電気通信回線を通じて提供して，他人の商品又は営業と混同を生じさせる行為」をいう（詳細は，2条1項1号の解説を参照）。

具体例としては，以下のようなものがある。

① 需要者の間に広く認識されているV株式会社の商品等表示である「製造者W農業協同組合」等が表示されたポリ袋および段ボール箱に同社が生産加工処理したものではない若鶏もも肉を順次詰め込んだ上，販売した事案[174]，

② 漫画およびアニメ「鬼滅の刃」関連グッズの商品等表示として，需要者の間に広く認識されている，「緑色と黒色の市松模様」，「ピンク色の麻の葉模様」，「黄色地に白色三角の鱗模様」，「赤錆色無地と黄色と緑色の亀甲柄の片身替模様」の各模様と類似した模様をそれぞれ表示するなどして使用したバスタオル等商品を発送し，同店従業員に受領させる方

法により販売譲渡し，氏名不詳者に中華人民共和国内から発送させた，前記各模様ならびに「白色と黄色と小豆色の炎模様」および「白色と緑色とピンク色の模様」の各模様と類似した模様をそれぞれ表示するなどして使用したパーカー等を成田国際空港に到着させ，同空港作業員にこれらを航空機の外に搬出させて日本国内に持ち込んだ上，横浜税関長の輸入許可を得て輸入し，もって，前記ライセンスグループの商品と混同を生じさせて，それぞれ不正競争を行った事案[175]

3.2.2.2 「第2条第1項……第20号に掲げる不正競争行為」

2条1項20号に掲げる不正競争行為とは，「商品若しくは役務若しくはその広告若しくは取引に用いる書類若しくは通信にその商品の原産地，品質，内容，製造方法，用途若しくは数量若しくはその役務の質，内容，用途若しくは数量について誤認させるような表示をし，又はその表示をした商品を譲渡し，引き渡し，譲渡若しくは引渡しのために展示し，輸出し，輸入し，若しくは電気通信回線を通じて提供し，若しくはその表示をして役務を提供する行為」をいう（詳細は，2条1項20号の解説を参照）。本号は，2条1項20号を通じて犯罪となるべき不正競争行為を限定列挙しているので，罪刑法定主義の適用がある本号については，2条1項20号にて限定列挙されていない事項については構成要件該当性を欠く。

本号に関する具体例としては，以下のようなものがある。

① 牛肉に，豚肉，鶏肉，羊肉または鴨肉等の牛肉以外の畜肉を加えるなどして製造した挽肉およびカット肉を梱包した段ボール箱に，「十勝産牛バラ挽肉6mm挽」，「牛フォア＆ハインド6mmオーストラリア産」，「牛肉ダイヤカットオーストラリア産10mm」等と印刷されたシールを貼付して，これらの商品が牛肉のみを原料とする挽肉等であるかのように表記し，商品の品質および内容について誤認させるような表示をした上，その表示をした挽肉等を引き渡した行為が本号の罪に当たるとした事案[176]

② 食肉加工品販売等会社の代表者が，情を知らない同会社従業員をして，真実は，上記商品は外国産豚肉を加工した下味付き豚肉ロース切身であったのに，製造（加工）証明書の産地欄に，「宮城県米山町」と記載させてその原産地を誤認させるような表示をさせた上，同会社配送従

942 第5章 罰則

業員をして，上記下味付き豚肉ロース切身を上記表示をした製造（加工）証明書と共に引き渡させた行為が本号の罪に当たるとした事案[177]

③ 水産物輸入加工販売会社が，中国産うなぎ蒲焼を「愛知県三河一色産うなぎ蒲焼」，「原料原産地・愛知県（三河一色産）」等と印刷された段ボール箱に梱包し，前記中国産うなぎ蒲焼が愛知県三河一色産のうなぎ蒲焼であるかのように表記して，商品の原産地について誤認させるような表示をした上，前記うなぎ蒲焼を譲渡した行為が本号の罪に当たるとしてものとした事案[178]

④ 台湾産のうなぎを静岡県産のうなぎの加工品と表示して，販売した行為が本号の罪に当たるとした事案[179]

⑤ 中国産玉ねぎを納品する際に用いる納品書の備考欄に「佐賀」と表示して，取引に用いる書類にその商品の原産地について誤認させるような表示をした上，上記表示をした納品書とともに発送した上記中国産玉ねぎを引き渡した行為が本号の罪に当たるとした事案[180]

⑥ 中古軽自動車「スズキエブリイ」から取り外した走行距離計をロムライターを用いて操作し，その走行距離の表示変更した上，同車に同走行距離計を取り付けさせ，もって商品にその品質，内容について誤認させるような表示をした行為が本号の罪に当たるとした事案[181]

⑦ 水産物加工・販売等業者が，中華人民共和国産穴子の加工食品を包装し，「原材料名／あなご（日本海産）」などと表記したラベルを貼付し，前記穴子加工食品が日本国内産であるかのように表記して，商品の原産地について誤認させるような表示をした前記穴子加工食品を販売譲渡した行為が本号の罪に当たるとした事案[182]

⑧ インターネットオークションサイトに，中古軽自動車5台を出品した際，同サイト出品ページの商品説明欄等に，同車の実走行距離を表示せず，過少に改ざん後の走行距離を「走行距離」として虚偽の表示をし，もって商品の広告にその品質，内容について誤認させるような表示をした行為が本号の罪に当たるとした事案[183]

⑨ 「名称　○○」，「原材料名　湯通し塩蔵わかめ」，「原料原産地名　△△水域産」と記載された袋に詰められ，その原産地について徳島県であると誤認させるような表示をした外国産のわかめを使用した乾わかめを販売譲渡した行為が本号の罪に当たるとした事案[184]

21条3項1号　罰則　943

⑩　海産物販売業者がメキシコ産ホンマグロを「蓄養本鮪長崎」と仕入伝票に印字させて，取引に用いる書類にその商品の原産地について誤認させるような表示をした上，前記表示をしたホンマグロを販売して譲渡した行為が本号の罪に当たるとした事案[185]

⑪　米穀の卸売販売等業者の代表者が同社の従業員と共謀して福島県産のコシヒカリ以外の米が混合している精米を，商品名として「福島県産こしひかり」，原料玄米産地欄に「単一原料米　福島県」，原料玄米品種欄に「コシヒカリ」と印字された米袋に包装するなどして，商品の品質等について誤認させるような表示をした上，前記表示をした米袋入り精米を引き渡した行為が本号の罪に当たるとした事案[186]

⑫　食肉加工当業者が兵庫県産ブランド豚肉「ひょうご雪姫ポーク」でない国内産豚ヘレ肉を販売するに当たり，「ひょうご雪姫ポーク」であるかのように装って，納品書の商品名欄に「(雪姫) 豚ヘレ」などと記載し，取引に用いる書類にその商品の品質および内容について誤認させるような表示をした上，前記表示をした納品書を付して前記「ひょうご雪姫ポーク」でない国内産豚ヘレ肉を納品し，販売して譲渡した行為が本号の罪に当たるとし，さらに，同じく，交雑牛を販売するに当たり，和牛である旨説明，喧伝していた「昭和ビーフ」であるかのように装って，納品書の商品名欄に「(昭和ビーフ) ブリスケ (スライス)」などと記載し，取引に用いる書類にその商品の品質および内容について誤認させるような表示をした上，前記表示をした納品書を付して前記交雑牛を納品し，販売して譲渡した行為が本号の罪に当たるとした事案[187]

⑬　水産物等の加工・販売業者が，外国産のわかめが原材料として使用されているのに，「原材料名　わかめ（鳴門産）」などと国産のわかめが原材料として使用されたと誤認させるような表示がされた袋に詰められた加工食品である湯通し塩蔵わかめを販売譲渡する行為が本号に当たるものとした事案[188]

また，平成13年法律第81号改正前の不正競争防止法13条1項，2条1項12号の罪に当たるものとされたものとしては以下のものがある。

⑭　中華人民共和国産およびタイ王国産の輸入鶏肉を使用した手羽中ハーフを，「薩摩無薬飼料飼育産直若鶏手羽中スペアリブ」，「若鶏手羽中スペアリブ（国産）」等と記載されたポリエチレン製包材に詰め，その原

944　第5章　罰則

材料がb県産無薬飼料飼育産直若鶏であるかのような表示をした冷凍食肉商品合計約1万1425パック（内容量合計約4570キログラム）を製造して，同商品につき原産地，品質および内容について誤認させるような表示し，納品した行為が同号の罪に当たるとした事案[189]

また，旧不正競争防止法5条2号の罪[190] に当たるとされたものとしては以下のものがある。

⑮　福島市およびその周辺の一般顧客の間に広く認識されている，有限会社菊屋が，その製造販売する羊羹に自己の商品たることを示すため使用する表示や「福島名物菊屋の羊羹」との表示に称呼上ならびに外観上類似する表示を被告人の製造販売する羊羹の包装および容器に貼附するレッテルに，「福島名物駅前菊屋の羊羹」との表示を被告人の製造販売する羊羹の陳列台に掲示する木札一枚の上にそれぞれ記載して使用し，自己の市販する羊羹と前記有限会社菊屋のそれとの混同を生ぜしめた事案[191]

⑯　一般顧客の間に「広く認識」されている商標である前記「龍村平蔵製」（縦書き）または「龍村製」（縦書き）と類似の商標である「龍村平蔵製」または「龍村製」（いずれも右からの横書き）の商標を，袋帯について，自己が刺しゅうで縫込みまたは織込み附して使用し，株式会社龍村美術織物の製造，販売する「商品ト混同ヲ生ゼシムル行為」をした事案[192]

⑰　わが国において広く認識されている「Nintendo」の文字からなる商標および同会社が登録を受けた登録商標である「マリオMARIOブラザースBROTHERS」に類似し，かつ，わが国において広く認識されている「スーパーSUPERマリオMARIOブラザーズBROS.」の文字からなる商標を印刷表示したラベルを指定商品であるファミリーコンピューターカセットに貼付して右各商標を使用し誤認混同を生じさせた事案[193]

旧不正競争防止法5条3号の罪[194] に当たるとされた事案としては以下のものがある。

⑱　ブラッドフォード，イングランド，ロンドン，マンチエスター等の英国の地名の英文字ならびにその図案を構成要素とする表示を，アイロンを使用し押捺して行った英国において製造されたものであるとの誤認を

生ぜしめた事案[195]

一方,本号の罪に当たらないとされた事案として以下のものがある。

⑲ ふるさと納税募集サイトにおいて,「【早期予約開始】限定20セット！平成30年度産　岩手県八幡平市産　天然松茸500ｇ×２回発送」等と記載して寄付を募ったが,八幡平市産ではない松茸を,「八幡平市の生産者よりたくさんの『ありがとう』の気持ちをこめて」などと記載され,品名欄に「【早期予約開始】限定20セット！平成30年度　産岩手県八幡平市産」等と記載された送り状を貼った段ボールに入れて寄付者に送付した場合に,上記段ボールの記載および送り状の印字をもって松茸の原産地について誤認させるような表示または原産地について誤認させるような虚偽の表示であると認めることはできないとした事案[196]。

3.2.2.3　構成要件該当性阻却事由

本号の罪に当たるのは不正競争行為に限られるから,19条各号のいずれかに該当する場合には,構成要件該当性自体が阻却される（19条柱書）[197]。

２条１項１号に掲げる行為についていえば,①普通名称等を普通に用いられる方法で使用・表示等していたに過ぎない場合（19条１項１号）,②自己の氏名を不正の目的でなく使用し,または自己の氏名を不正の目的でなく使用した商品を譲渡等した場合（19条１項２号）,③他人の商品等表示が需要者の間に広く認識される前からその商品等表示と同一もしくは類似の商品等表示を使用する者またはその商品等表示に係る業務を承継した者がその商品等表示を不正の目的でなく使用し,またはその商品等表示を不正の目的でなく使用した商品を譲渡等した場合（19条１項３号）がこれに当たる（それぞれの詳細は,19条１項各号の解説を参照）。

２条１項20号に掲げる行為についていえば,①普通名称等を普通に用いられる方法で使用・表示等していたに過ぎない場合（19条１項１号）がこれに当たる（詳細は,19条１項各号の解説を参照）。

3.2.3　主観的構成要件要素
3.2.3.1　総説

本号の罪が成立するためには,上記客観的構成要件要素についての故意の他,行為者において,不正の目的をもってこれらの行為を行うことが必要で

946   第5章　罰則

ある。

3.2.3.2　故意

　本号の罪のうち，2条1項1号に掲げる不正競争を行った罪における故意の対象は，①特定の表示が他人の商品等表示として需要者の間に広く認識されているものであること，②自ら使用しまたは自ら譲渡し，引き渡し，譲渡もしくは引渡しのために展示し，輸出し，輸入し，もしくは電気通信回線を通じて提供する商品に使用されている商品等表示が①の表示と同一または類似であること，③②の商品等表示を使用しまたは②の商品等表示が使用された商品を譲渡等することにより他人の商品または営業と混同を生じさせること，④19条1項1号から3号までの適用除外事由に当たらないことである。

　したがって，例えば，他人の周知商品等表示と類似する商品等表示を使用した商品を譲渡した場合においても，他人の商品または営業との混同を生ずることはないと認識していたときには，本号の罪は成立しない。

　本号の罪のうち，2条1項20号に掲げる不正競争を行った罪における故意の対象は，①特定の商品もしくは役務もしくはその広告もしくは取引に用いる書類若しくは通信に特定の表示を付し，または，特定の表示が付されている商品を自らが譲渡し，引き渡し，譲渡もしくは引渡しのために展示し，輸出し，輸入し，もしくは電気通信回線を通じて提供し，または，特定の表示をして役務を提供すること，②①の特定の表示が，その商品の原産地，品質，内容，製造方法，用途もしくは数量もしくはその役務の質，内容，用途もしくは数量について誤認させるようなものであること，③19条1項1号の適用除外事由に該当しないこと，である。

3.2.3.3　「不正の目的」

　不正の目的とは，不正の利益を得る目的，他人に損害を加える目的その他の不正の目的をいう（19条1項2号。詳細は，19条1項2号の解説を参照）[198]。

3.2.4　罪数の処理

　食品について虚偽の表示をした商品を譲渡等した場合，1つの行為で，本号の罪と，食品表示等違反の罪（食品表示法19条）を犯したこととなり，観

念的競合として一罪として取り扱われる[199]。

他方，原産地を誤認させる表示をした商品を譲渡して代金を詐取した場合，本号の罪と刑法上の詐欺罪が成立し，併合罪として取り扱われる[200]。

これに対し，他人の商品または営業に係る商品等表示と同一または類似する商品等表示を用いて誤認混同を生じさせて需要者に商品を販売するなどした場合には，1つの行為で本号の罪と刑法上の詐欺罪が成立し，観念的競合として一罪として取り扱われる[201]。

3.3　2号

3.3.1　趣旨

本号は，他人の著名な商品等表示に係る信用もしくは名声を利用して不正の利益を得る目的で，または当該信用もしくは名声を害する目的で2条1項2号に掲げる不正競争を行うことを，犯罪行為と位置付けるものである。

令和5年改正前の2項2号は，

> 二　他人の著名な商品等表示に係る信用若しくは名声を利用して不正の利益を得る目的で，又は当該信用若しくは名声を害する目的で第2条第1項第2号に掲げる不正競争を行った者

という文言であった。令和5年改正においては，これが本号に移動するとともに，「行った者」が「行ったとき」と改められた。

3.3.2　客観的構成要件要素

3.3.2.1　「第2条第1項第2号に掲げる不正競争」

「第2条第1項第2号に掲げる不正競争」とは，自己の商品等表示として他人の著名な商品等表示と同一もしくは類似のものを使用し，またはその商品等表示を使用した商品を譲渡し，引き渡し，譲渡もしくは引渡しのために展示し，輸出し，輸入し，もしくは電気通信回線を通じて提供する行為をいう（詳細は，2条1項2号の解説を参照）。

3.3.2.2　構成要件該当性阻却事由

本号の罪に当たるのは不正競争行為に限られるから，19条各号のいずれかに該当する場合には，構成要件該当性自体が阻却される（19条柱書）。

948　第5章　罰則

2条1項2号に掲げる行為についていえば，①普通名称等を普通に用いられる方法で使用・表示等していたに過ぎない場合（19条1項1号），②自己の氏名を不正の目的でなく使用し，または自己の氏名を不正の目的でなく使用した商品を譲渡等した場合（19条1項2号），③他人の商品等表示が著名になる前からその商品等表示と同一もしくは類似の商品等表示を使用する者またはその商品等表示に係る業務を承継した者がその商品等表示を不正の目的でなく使用し，またはその商品等表示を不正の目的でなく使用した商品を譲渡等した場合（19条1項4号）がこれに当たる（それぞれの詳細は，19条1項各号の解説を参照）。

3.3.3　主観的構成要件要素
3.3.3.1　総説
本号の罪が成立するためには，上記客観的構成要件要素についての故意の他，行為者において，他人の著名な商品等表示に係る信用もしくは名声を利用して不正の利益を得る目的で，または当該信用もしくは名声を害する目的をもってこれらの行為を行うことが必要である。これは，「著名表示冒用行為については，混同惹起行為のような需要者の混同等の付加的な要件を要求していないことから，単に『不正の目的』という要件のみでは処罰の対象が不明確になるおそれがあるため……民事上規制の対象となる行為のうち，特に悪性の高い行為である，『著名な商品等表示に係る信用又は名声を利用して不正の利益を得ること』（フリーライド）又は『著名な商品等表示に係る信用又は名声を害すること』（ポリューション，ターニッシュメント）を目的とする行為について」のみ，刑事罰の対象とする趣旨である[202]。

なお，著名商品等表示冒用の効果としては，フリーライド，ポリューションの他，著名な商品等表示に係る信用または名声を希釈化する「ダイリューション」も掲げられることが多いが，専らダイリューション目的で他人の著名商品等表示を冒用した場合には，本号の罪は成立しない（フリーライドないしポリューション目的とダイリューション目的が混在していてもよい）。

3.3.3.2　故意
本号の罪における故意の対象は，①特定の表示が他人の著名な商品等表示であること，②自ら使用しまたは自ら譲渡し，引き渡し，譲渡もしくは引渡

しのために展示し，輸出し，輸入し，もしくは電気通信回線を通じて提供する商品に使用されている商品等表示が①の表示と同一または類似であること，③19条1項1号，2号，4号の適用除外規定のいずれにも該当しないこと，である。

したがって，例えば，自ら使用する商品等表示が他人の商品等表示と類似しているとの認識はあったが，当該他人の商品等表示が著名なものだとまでは認識していなかった場合，本号の罪は成立しない。自らの商品に付する商品等表示と類似する商品等表示が他人の商品等表示として需用者の間で周囲でありその結果当該他人の商品と混同を生じさせるおそれがあると認識していたが，実際には当該他人の商品と混同を生じさせるおそれがないものの当該他人の商品等表示が著名なものであった場合，本号の罪も本条3項1号の罪も成立しないこととなる。

3.3.3.3 「他人の著名な商品等表示に係る信用若しくは名声を利用して不正の利益を得る目的」

「他人の著名な商品等表示に係る信用若しくは名声を利用して不正の利益を得る目的」とは，他人の著名な商品等表示を自己の商品等表示として使用することで狭義の混同または広義の混同を生じさせて自己の商品または営業について売上を増大させる目的をいう（俗に，「フリーライド目的」と言われる）。

3.3.3.4 「当該信用若しくは名声を害する目的」

「当該信用若しくは名声を害する目的」とは，社会的に評価の低い自己の商品または営業について，その商品等表示として他人の著名な商品等表示を使用することで，狭義の混同または広義の混同を生じさせて，当該他人の著名な商品等表示に係る信用・名声を低下させる目的をいう（俗に，「ポリューション目的」という）。

3.4　3号

3.4.1　趣旨

本号は，不正の利益を得る目的で2条1項3号に掲げる不正競争を行うことを，犯罪行為と位置付けるものである。

950　第5章　罰則

令和5年改正前の本条2項3号は,

> 三　不正の利益を得る目的で第2条第1項第3号に掲げる不正競争を行った者

という文言であった。令和5年改正においては,これが本号に移動するとともに,「行った者」が「行ったとき」と改められた。

3.4.2　客観的構成要件要素
3.4.2.1　「第2条第1項第3号に掲げる不正競争」

「第2条第1項第3号に掲げる不正競争」とは,他人の商品の形態(当該商品の機能を確保するために不可欠な形態を除く)を模倣した商品を譲渡し,貸し渡し,譲渡もしくは貸渡しのために展示し,輸出し,輸入し,または電気通信回線を通じて提供する行為をいう(詳細は,2条1項3号の解説を参照[203])。

3.4.2.2　構成要件該当性阻却事由

本号の罪に当たるのは不正競争行為に限られるから,19条各号のいずれかに該当する場合には,構成要件該当性自体が阻却される(19条柱書)。

具体的には,①当該商品の譲渡等が,模倣された商品が日本国内において最初に販売された日から起算して3年を経過した後になされた場合(19条1項6号イ)や,②当該商品の譲渡等が,その譲り受けた時にその商品が他人の商品の形態を模倣した商品であることを知らず,かつ,知らないことにつき重大な過失なくして譲り受けた者によりなされた場合(19条1項6号ロ)がこれに当たる(それぞれの詳細は,19条1項各号の解説を参照)。

3.4.3　主観的構成要件要素
3.4.3.1　総説

本号の罪が成立するためには,上記客観的構成要件要素についての故意の他,行為者において,不正の利益を得る目的をもって,これらの行為を行うことが必要である。このような超過的主観的要素を組み入れたのは,「処罰に値する違法性の高い行為類型に対象を絞ることにより,経済活動に萎縮効果が生じないようにするためである」とされる[204]。

3.4.3.2　故意

本号の罪における故意の対象は，

① その譲渡し，貸し渡し，譲渡もしくは貸渡しのために展示し，輸出し，輸入し，または電気通信回線を通じて提供する商品の形態が他人の商品の形態と実質的に同一であること，

② ①における「実質的に同一」である部分が「当該商品の機能を確保するために不可欠な形態」部分ではないこと，

③ その譲渡等する商品の形態が①の他人の商品の形態に依拠したものであること，

④ 19条1項6号イまたはロの除外事由に該当しないこと[205]，

である。

3.4.3.3　「不正の利益を得る目的」

「不正の利益を得る目的」とは，「公序良俗又は信義則に反する形で不当な利益を図る目的」をいうものとされる（詳細は，1項1号の解説を参照）[206]。

3.5　4号

3.5.1　趣旨

本号は，不正の利益を得る目的でまたは営業上技術的制限手段を用いている者に損害を加える目的で，2条1項17号または18号に掲げる不正競争を行うことを，犯罪行為と位置付けるものである。

令和5年改正前の本条2項4号は，

> 四　不正の利益を得る目的で，又は営業上技術的制限手段を用いている者
> に損害を加える目的で，第2条第1項第17号又は第18号に掲げる不正競
> 争を行った者

という文言であった。令和5年改正においては，これが本号に移動するとともに，「行った者」が「行ったとき」と改められた。

なお，本号の罪（改正前のものを含む）にて処罰された例としては，

① 「Microsoft OfficeProfessional Plus 2013」について，ソフトウェアのライセンス取得者以外の者によるソフトウェアのプログラムの実行を制

限するために用いているライセンス認証システムの効果を妨げることにより，ソフトウェアのプログラムの実行を可能とする機能を有するプログラムを提供した事例[207]

② 通信カラオケ機器に，同機器の使用開始後一定の期間が経過した後に，同社と情報サービス契約を締結した者以外の者が影像および音の視聴をすることを不可能とするために，同社が営業上搭載している時計機能を有する部品を正常に機能させないようにして，一定の期間が経過した後も前記契約を締結しないまま影像および音を視聴することを可能にする改造を施した通信カラオケ機器を提供した事例[208]

③ ゲーム機「△△」において正規のライセンス情報等に基づき適正に処理されたゲームデータ以外を実行できないように制限するため内蔵されたプログラムを改変して同プログラムを妨げ，ライセンス情報等に基づく適正な認証，復号をすることなく複製ゲームデータ等の実行を可能とする機能を有するプログラムを記録し，本件商標と同一の商標を付した「△△」を譲渡した事例[209]

④ ライセンスの発行を受けた特定の視聴等機器にインストールされた特定のビューアによる復号が必要となるよう，電子書籍の影像を暗号化して送信し，影像の視聴等を制限する技術的制限手段を無効化し，復号後の電子書籍の影像を記録・保存することにより，上記ビューア以外での上記影像の視聴を可能とする機能を有するプログラムを提供した例[210]

の他，「クラックプログラム」を提供した事例がいくつか指摘されている[211]。

3.5.2 客観的構成要件要素
3.5.2.1 「第2条第1項第17号，第18号に掲げる不正競争」
「第2条第1項第17号に掲げる不正競争」とは，営業上用いられている技術的制限手段（他人が特定の者以外の者に影像等の視聴等をさせないために営業上用いているものを除く）により制限されている影像等の視聴等を当該技術的制限手段の効果を妨げることにより可能とする機能を有する装置等を譲渡等し，または影像の視聴等を当該技術的制限手段の効果を妨げることにより可能とする役務を提供する行為をいう（詳細は，2条1項17号の解説を参照）。

「第2条第1項……第18号に掲げる不正競争」とは，他人が特定の者以外の者に影像等の視聴等をさせないために営業上用いている技術的制限手段により制限されている影像等を当該技術的制限手段の効果を妨げることにより可能とする機能を有する装置等を当該特定の者以外の者に譲渡等し，または影像の視聴等を当該技術的制限手段の効果を妨げることにより可能とする役務を提供する行為をいう（詳細は，2条1項18号の解説を参照）。

なお，営業上用いている技術的制限手段により制限されている影像等を専ら自己が視聴等するために当該技術的制限手段の効果を妨げる行為を行うことは本号の適用対象外である（ただし，不正作出私電磁的記録作出罪や同強要罪に問われる危険はある[212]）。

3.5.2.2 構成要件該当性阻却事由

本号の罪に当たるのは不正競争行為に限られるから，19条各号のいずれかに該当する場合には，構成要件該当性自体が阻却される（19条柱書）。

具体的には，技術的制限手段の試験または研究のために用いられる2条1項17号および18号に規定する装置，これらの号に規定するプログラムもしくは指令符号を記録した記録媒体もしくは記憶した機器を譲渡し，引き渡し，譲渡もしくは引渡しのために展示し，輸出し，もしくは輸入し，もしくは当該プログラムもしくは指令符号を電気通信回線を通じて提供する行為または技術的制限手段の試験または研究のために行われるこれらの号に規定する役務を提供した場合（19条1項9号）がこれに当たる（それぞれの詳細は，19条1項9号の解説を参照）。

3.5.3 主観的構成要件要素

3.5.3.1 総説

本号の罪が成立するためには，上記客観的構成要件要素についての故意の他，行為者において，不正の利益を得る目的で，または営業上技術的制限手段を用いている者に損害を加える目的で，これらの行為を行うことが必要である。このような超過的主観的要素を組み入れたのは，「主観的構成要件を設けたのは，処罰に値する違法性の高い行為類型に対象を絞ることにより，経済活動に萎縮効果が生じないようにするためである」とされる[213]。また，譲渡等の対象となる装置・プログラム等が「当該機能以外の機能を併せて有

954　第5章　罰則

する」場合,「影像の視聴等を当該技術的制限手段の効果を妨げることにより可能とする用途に供するため」に行うという主観的構成要件要素が要求される。

3.5.3.2　故意

　本号の罪のうち,　2条1項17号に掲げる不正競争を行った罪における故意の対象は,　①その譲渡等する装置等が,　営業上用いられている制限手段により制限されている影像等の視聴等を当該制限手段の効果を妨げることにより可能とする機能を有していること,　または,　その提供する役務がする営業上用いられている制限手段により制限されている影像等の視聴等を当該制限手段の効果を妨げることにより可能とするものであること,　②①によりその効果を妨げられる制限手段が,　電磁的方法により影像等の視聴等を制限する手段であって,　視聴等機器が特定の反応をする信号を記録媒体に記録し,　もしくは送信する方式または視聴等機器が特定の変換を必要とするよう影像等変換して記録媒体に記録しもしくは送信する方式によるものであること,　③①によりその効果を妨げられる制限手段が,　他人が特定の者以外の者に影像等の視聴等をさせないためのものでないこと,　④譲渡の対象たる装置等が技術的制限手段の試験または研究のために用いられものでなく,　提供される役務が技術的制限手段の試験または研究のために行われるものでないこと,　である。

　本号の罪のうち,　2条1項18号に掲げる不正競争を行った罪における故意の対象は,　①その譲渡等する装置等[214)]が,　営業上用いられている制限手段により制限されている影像等の視聴等を当該制限手段の効果を妨げることにより可能とする機能を有していること,　または,　その提供する役務がする営業上用いられている制限手段により制限されている影像等の視聴等を当該制限手段の効果を妨げることにより可能とするものであること,　②①によりその効果を妨げられる制限手段が,　電磁的方法により影像等の視聴等を制限する手段であって,　視聴等機器が特定の反応をする信号を記録媒体に記録し,　もしくは送信する方式または視聴等機器が特定の変換を必要とするよう影像等変換して記録媒体に記録しもしくは送信する方式によるものであること,　③①によりその効果を妨げられる制限手段が,　他人が特定の者以外の者に影像等の視聴等をさせないためのものであること,　である。

なお，2条1項18号に掲げる不正競争を行う意思で2条1項17号に掲げる不正競争を行った場合，または，2条1項17号に掲げる不正競争を行う意思で2条1項18号に掲げる不正競争を行った場合は，刑法上の通説である法定的符合説に立つ限り，故意を阻却しない。

3.5.3.3 「不正の利益を得る目的」

「不正の利益を得る目的」とは，「公序良俗又は信義則に反する形で不当な利益を図る目的」をいうものとされる（詳細は，1号の解説を参照）。

「製品の保守・修理を行うためには，当該製品で用いられている技術的制限手段を無効化することが必要な場合に，保守・修理を行う者に対し，その目的のために無効化装置等を提供する行為」や「自身が購入したビジネスソフトウェアを，自身のパソコンからアンインストールした後，中古品として譲渡する際に，当該ソフトウェアの購入時に付与された指令符号を，当該ソフトウェアと一緒に譲渡（提供）する行為」については不正の利益を図る目的は認められないとされる[215]。

なお，「被告人は，インターネットで調べた論文を読んだり，ゲームソフト等のコピーガード機能を外す効力を有する装置が量販店で普通に販売されているのを見たりしたので自分の行為が適法であると思っていた」から不正の利益を得る目的はなかったとの弁護側の主張を排斥した裁判例がある[216]。

3.5.3.4 「営業上技術的制限手段を用いている者に損害を加える目的」

「営業上技術的制限手段を用いている者に損害を加える」とは，当該機器等の譲渡等を行うことにより当該事業者の対価回収の機会を減少させることをいう。例えば，「例えば，技術的制限手段を無効化する機能を有するプログラムの無償での提供行為を愉快犯的に行う」[217]場合にはそのような目的があるとされている。

3.5.3.5 汎用的装置等を譲渡等する場合

譲渡等の対象となる装置・プログラム等が「当該機能以外の機能を併せて有する」場合，「影像の視聴等を当該技術的制限手段の効果を妨げることにより可能とする用途に供するため」に譲渡等を行ったときに限り，本号の罪が成立する（詳細は，2条1項17号の解説を参照）。

956 第5章 罰則

3.6 5号

3.6.1 趣旨

本号は，商品もしくは役務もしくはその広告もしくは取引に用いる書類もしくは通信にその商品の原産地，品質，内容，製造方法，用途もしくは数量またはその役務の質，内容，用途もしくは数量について誤認させるような虚偽の表示をする行為を，犯罪行為と位置付けるものである。

令和5年改正前の本条2項5号は，

> 五　商品若しくは役務若しくはその広告若しくは取引に用いる書類若しくは通信にその商品の原産地，品質，内容，製造方法，用途若しくは数量又はその役務の質，内容，用途若しくは数量について誤認させるような虚偽の表示をした者（第1号に掲げる者を除く。）

という文言であった。令和5年改正においては，これが本号に移動するとともに，「行った者」が「行ったとき」と改められた。

3.6.2 客観的構成要件要素
3.6.2.1 「商品若しくは役務若しくはその広告若しくは取引に用いる書類 若しくは通信に」

虚偽の表示をする対象は，「商品若しくは役務若しくはその広告若しくは取引に用いる書類若しくは通信」に限定される（2条1項20号と同様の文言が用いられているので，詳細は同号の解説を参照）。

なお，

① 内容虚偽の性能検査成績書および立会検査性能試験成績書を含む免震積層ゴム支承検査成績書を発注元の大阪本店建築部所長に交付した行為をもって「商品の品質について誤認させる虚偽の表示」をしたものとした事案[218]

② 「Bゴム製品等の製造販売会社が顧客から受注して製造したシリコンゴム製の半導体製造装置部品について，品質検査の数値を改ざんして，内容虚偽のデータを顧客が使用する統計的工程管理システムにアップロードした行為をもって「商品の品質について誤認させる虚偽の表示」をしたものとした事案[219]

③　各製品がEとの間で合意した伸びについての仕様を満たしていなかったにもかかわらず，同仕様を満たした旨記載した内容虚偽の検査成績書を作成し，発注元受入検査業務の委託を受けた事業者の従業員に交付した行為をもって「商品の品質について誤認させる虚偽の表示」をしたものとした裁判例[220]

④　焼結機械部品製造販売会社が，顧客より受注して製造・販売した焼結機械部品であるオイルポンプ部品または可変動弁部品の製品について，各製品が当該顧客との間で合意した仕様を満たしているとは認められなかったにもかかわらず，その仕様を満たした旨記載した内容虚偽の検査成績表を作成して，(i)電子メールとして送信し，(ii)PDFファイルを電子メールに添付して送信して，(iii)紹介者たる商社に電子メールを送って当該顧客に転送させ，(iv)紹介者たる商社にPDFファイルを添付した電子メールを送ってその印刷物を当該顧客に交付させるなどした行為が「取引に用いる書類又は通信にその商品の品質について誤認させるような虚偽の表示」に当たるとした事案[221]

がある。また，旧不正競争防止法5条1項3号の罪[222]に当たるとされたものとして，瓶詰めの二級清酒に清酒特級の表示証を貼付した事案[223]がある。

3.6.2.2　「その商品の原産地，品質，内容，製造方法，用途若しくは数量又はその役務の質，内容，用途若しくは数量」

表示の内容は，「その商品の原産地，品質，内容，製造方法，用途若しくは数量又はその役務の質，内容，用途若しくは数量」[224]に限定される（2条1項20号と同様の文言が用いられているので，詳細は同号の解説を参照）。例えば，全国酪農業協同組合連合会において，脱脂乳および凍結クリームを加えるなどして加工した乳につき，その容器包装には，「種類別加工乳」と表示しなければならないのに，その乳を「成分無調整」，「種類別牛乳」と印刷されている容器包装である紙パックに充填して，商品として製造した場合[225]などがこれに当たる。なお，品質等について認定する機関等がある場合，当該商品等について実際には上記認定を受けていないのに認定を受けた旨表示する行為は，本号の罪に当たるとするのが判例[226]であるが，認定機関による認定の有無について虚偽表示をしただけで商品の品質・内容につい

958 第5章 罰則

て虚偽の表示をしたわけではないので無理があるとする見解もある[227]。

3.6.2.3 「誤認させるような虚偽の表示」

上記商品等に上記内容について「誤認させるような」「虚偽の」表示をすると本号の罪に当たる。

「誤認させるような」表示の詳細については，2条1項20号の解説を参照。

本号の罪の場合，上記表示は内容が虚偽である場合に限定される。したがって，「『虚偽の表示』がなされているとまで認めがたい場合，例えば，それ自体としては真実であるが，誤解されやすい表現が用いられている場合や曖昧不明確な表現が用いられている場合」[228]には，本号の罪は成立しない。ただし，商品の品質についてまで損保会社保証している旨の虚偽の事実を表示したかについて，その旨を断定的に述べた表現はなくとも，「宝石の取引あるいは保険会社の業務の内容に通暁していない一般読者が右の表示を一見すれば，即売品の盗難，交通事故ばかりでなく，商品の品質についても同保険会社においてこれを保証する保証書が添えられて即売されるものと信じるのが通常であると認められる」として虚偽の事実を表示した旨認定した裁判例がある[229]。

3.6.2.4 「第1号に掲げる場合を除く」

本号の罪は，1号の罪，とりわけ不正の目的をもって2条1項20号に掲げる不正競争行為を行う罪と重なり合う部分が多い。このため，1号の罪に当たる場合には，本号の罪は成立しないこととした。

具体的には，「商品若しくは役務若しくはその広告若しくは取引に用いる書類若しくは通信にその商品の原産地，品質，内容，製造方法，用途若しくは数量又はその役務の質，内容，用途若しくは数量について誤認させるような虚偽の表示をした」場合であっても，不正の利益を取得する目的で「商品若しくは役務若しくはその広告若しくは取引に用いる書類若しくは通信にその商品の原産地，品質，内容，製造方法，用途若しくは数量若しくはその役務の質，内容，用途若しくは数量について誤認させるような表示」をしたときは，本号ではなく，1号の罪で処罰されることになる。このため，本号の罪で処罰されるのは，誤認させるような虚偽の表示を行ったが，不正の利益を取得する目的が認められない場合に限定される。

3.6.3 主観的構成要件要素

3.6.3.1 総説

本号の罪については,「不正の利益を得る目的」等の超過的主観的構成要件要素は必要とされていない。「第21条第2項第5号が規定する『虚偽の表示』は,同項第1号が規定する単なる『誤認を生じさせる表示』よりも不当性が高く,処罰の必要性が高い」[230]から,そのような主観的要素で絞りをかける必要はないと判断されたからである。

ただし,「第1号に掲げる場合を除く」とのかっこ書があるので,本項1号が適用される場合には本号は適用されないこととなっているところ,本号の客観的構成要件要素がすべて具備されるときは1号の客観的構成要件要素もすべて具備されることとなるので,「不正の目的」を持っていないことが本号の罪が成立する消極的な要件となっている[231]。

3.6.3.2 故意

本号の罪における故意の対象は,①商品もしくは役務もしくはその広告もしくは取引に用いる書類もしくは通信に表示を行うこと,②①の表示の内容が,その商品の原産地,品質,内容,製造方法,用途もしくは数量またはその役務の質,内容,用途もしくは数量についてのものであること,③①の表示が上記内容について誤認させるようなものであること,④①の表示が虚偽のものであること,である。

3.7 6号

3.7.1 趣旨

本号は,秘密保持命令に違反する行為を,犯罪行為と位置付けるものである。本号は,「秘密保持命令の実効性を刑事罰で担保することにより,司法秩序を維持するとともに,当該営業秘密の財産的価値を保護するため」に設けられたものであるとされる[232]。

令和5年改正前の本条2項6号は,

六　秘密保持命令に違反した者

という文言であった。令和5年改正においては,これが本号に移動するとともに,「違反した者」が「違反したとき」と改められた。

960 第5章 罰則

3.7.2 客観的構成要件要素

裁判所は，不正競争による営業上の利益の侵害に係る訴訟において，その当事者が保有する営業秘密について，次に掲げる事由のいずれにも該当することにつき疎明があった場合には，当事者の申立てにより，決定で，当事者等，訴訟代理人または補佐人に対し，当該営業秘密を当該訴訟の追行の目的以外の目的で使用し，または当該営業秘密に係るこの項の規定による命令を受けた者以外の者に開示してはならない旨を命ずることができる（10条1項。詳細は，同項の解説を参照）。この命令を秘密保持命令という。

秘密保持命令に違反するとは，命令の対象として特定された情報を，当該命令に反して，当該訴訟の追行の目的以外の目的で使用し，または，当該命令を受けた者以外の者に開示することをいう。

本号の罪は，裁判所から秘密保持命令を受けた人のみが行うことができる真正身分犯である。

3.7.3 主観的構成要件要素

本号の罪が成立するためには，故意が必要である。

本号の罪の故意の対象は，①自分が裁判所から秘密保持命令を受けたこと，②①の秘密保持命令において，特定の情報について，当該訴訟の追行の目的以外の目的で使用し，または当該情報について秘密保持命令を受けた者以外の者に開示してはならない旨を自分が命じられたこと，③上記情報の使用または開示が②の命令に違反するものであること，である。

10条1項の要件を具備しないのに秘密保持命令が下された場合，秘密保持命令を受けた者は秘密保持命令の取消しの申立てをすることができ（11条1項），裁判所がこれを取り消す旨の裁判を下したときは，これが確定するまでその効力を生じないとしている（11条4項）。したがって，10条1項の要件を具備しないのに秘密保持命令が下された場合であっても，これを取り消す旨の裁判が確定するまでは，秘密保持命令が下された者は，裁判所の命令に従って，用途および開示対象を限定すべきであるから，秘密保持命令の対象となった情報が営業秘密であることの認識は，本号の罪の成立には必要ではない。

21条3項7号　罰則　961

3.8　7号

3.8.1　趣旨

本号は，16条または17条の規定に違反する行為を，犯罪行為と位置付けるものである。

令和5年改正前の本条2項7号は，

> 七　第16条，第17条又は第18条第1項の規定に違反した者

という文言であった。令和5年改正においては，従前の本条2項7号を，16条，17条の規定に違反した場合と18条の規定に違反した場合とに分け，前者を本号に，後者を4項4号に移動させるとともに，「違反した者」を「違反したとき」と改めた。

3.8.2　客観的構成要件要素

3.8.2.1　16条に違反する行為

16条に違反する行為とは，以下のいずれかに該当する行為である（詳細は，16条の解説を参照）。

① 外国国旗等類似[233]記章を商標として使用し，または外国国旗等類似記章を商標として使用した商品を譲渡等し，外国国旗等類似記章を商標として使用して役務を提供する行為（1項）。

② 商品の原産地を誤認させるような方法で，外国紋章を使用し，または外国紋章を使用した商品を譲渡等し，もしくは外国紋章を商標として使用して役務を提供する行為（2項）。

③ 外国政府等類似記号をその外国政府等記号が用いられている商品もしくは役務と同一もしくは類似の商品もしくは役務の商標として使用し，または外国政府等類似記号を当該商標として使用した商品を譲渡等し，もしくは外国政府等類似記号を当該商標として使用して役務を提供する行為（3項）。

ただし，それぞれ当該外国国旗等，外国紋章，外国政府等記号についての使用の許可を行う権限を有する外国の官庁の許可を受けた場合は，構成要件該当性が阻却される（各項ただし書）。

3.8.2.2 17条に違反する行為

17条に違反する行為とは，その国際機関と関係があると誤認させるような方法で，その国際機関類似標章を商標として使用し，または国際機関類似標章を商標として使用した商品を譲渡等し，もしくは国際機関類似標章を商標として使用して役務を提供する行為をいう（詳細は，17条の解説を参照）。

ただし，この国際機関の許可を受けたときは，構成要件該当性が阻却される。

3.8.3 主観的構成要件要素

3.8.3.1 故意

3.8.3.1.1 16条に違反する行為について

本号の罪のうち16条1項に関するものについての故意の対象は，自ら商標として使用し，または商標として使用されている商品を譲渡等し，または役務を提供する際に商標として使用する標章が外国国旗等と同一もしくは類似であること，②その外国国旗等の使用の許可を行う権限を有する外国の官庁の許可を受けていないこと，である。

本号の罪のうち16条2項に関するものについての故意の対象は，①特定の標章を自ら使用し，または当該標章が使用されている商品を譲渡等し，または当該標章を使用して役務を提供すること，②①の標章が外国紋章と同一もしくは類似であること，③その標章の使用の許可を行う権限を有する外国の官庁の許可を受けていないこと，である。

本号の罪のうち16条3項に関するものについての故意の対象は，①特定の標章を自らの商品または役務のために商標として使用し，または当該標章が商標として使用されている商品を譲渡等し，または当該標章を商標として使用して役務を提供していること，②①の標章が，①の標章が商標として使用されている商品または役務と同一または類似する商品または役務について使用されている特定の外国政府等記号と同一または類似していること，③外国政府等記号の使用の許可を行う権限を有する外国の官庁の許可を受けていないこと，である。

3.8.3.1.2 17条に違反する行為について

本号の罪のうち17条に関するものについての故意の対象は，①特定の標章

を自らの商品または役務のために商標として使用し，または当該標章が商標として使用されている商品を譲渡等し，または当該標章を商標として使用して役務を提供していること，②①の標章が，国際機関を表示する標章であって経済産業省令で定める特定のものと同一もしくは類似のものであること，③①の行為が，②の国際機関と関係があると誤認させるような方法でなされていること，④①の行為について，外国政府等記号の使用の許可を行う権限を有する外国の官庁の許可を受けていないこと，である。

4　4項

4.1　柱書

本項各号の不正競争行為等に関する罪を犯した者に対する法定刑を，10年以下の懲役もしくは3000万円の罰金またはその併科としたものである。

令和5年改正前の本条3項柱書は，

> 3　次の各号のいずれかに該当する者は，10年以下の懲役若しくは3000万円以下の罰金に処し，又はこれを併科する。

という文言であった。令和5年改正においては，これを本項柱書と5項柱書に移動した上で，本項柱書については，「該当する者は」を「該当する場合には，当該違反行為をした者は」に，「懲役」を「拘禁刑」へと改めた。

4.2　1号

4.2.1　趣旨

本号は，「日本国外において使用する目的で」，1項1号の罪を犯した場合に，法定刑を上記のとおり引き上げるものである。

令和5年改正前の本条3項1号は，

> 一　日本国外において使用する目的で，第1項第1号又は第3号の罪を犯した者

という文言であった。令和5年改正においては，これを1項1号の罪を犯した場合と1項3号を犯した場合とに分け，前者を本号に移動させ，後者を5項1号に移動させた。さらに「犯した者」を「犯したとき」と改めた。

4.2.2 客観的構成要件要素

本号の罪の客観的構成要件要素は，1項1号の罪と同じである（詳細は，1項1号の解説を参照）。

4.2.3 主観的構成要件要素

4.2.3.1 故意

本号の罪にかかる主観的構成要件要素のうち，故意については，1項1号の罪と同じである（詳細は，1項1号の解説を参照）。

4.2.3.2 超過的主観的構成要件要素

本号の罪が成立するためには，「日本国外において使用する目的」が必要である。

ここでの「使用」の主体は，1項1号の罪を犯した者自身である（ただし，複数の者が共同して上記罪を犯した場合，そのうちの一人が日本国外において使用することを目的としていれば足りる）。また，上記目的は確定的なものでなくとも足りる。また，専ら日本国外で使用することを目的としていることは必要ではなく，日本国内で使用する目的が併存していてもよい。

4.3 2号

4.3.1 趣旨

本号は，相手方に日本国外において1項2号から4号までの罪に当たる使用をする目的があることの情を知って，これらの罪に当たる開示をした場合に，法定刑を上記のとおり引き上げるものである。

令和5年改正前の3項2号は，

> 二　相手方に日本国外において第1項第2号又は第4号から第8号までの罪に当たる使用をする目的があることの情を知って，これらの罪に当たる開示をした者

という文言であった。令和5年改正においては，従前の3項2号のうち，1項2号および1項7号，8号に係る部分と，1項4号から6号までに係る部分とに分け，前者を本号に，後者を5項2号に移動させた。ただし，従前の1項7号および8号が1項3号および4号に移動したため，「第1項第2号

又は第7号から第8号まで」ではなく「第1項第2号から第4号までの罪」と表記されることとなった。

4.3.2 客観的構成要件要素

本号の罪の客観的構成要件要素は，1項2号から4号までの罪に当たる営業秘密の開示である（詳細は，1項2号から4号までの解説を参照）。

4.3.3 主観的構成要件要素

4.3.3.1 故意

本号の罪にかかる主観的構成要件要素のうち，故意については，1項2号から4号までの罪のうち開示罪と同じである（詳細は，1項2号から4号までの解説を参照）。

4.3.3.2 超過的主観的要素

本号の罪が成立するためには，開示の相手方において，開示を受けた営業秘密について，日本国外において1項2号から4号までの罪に当たる使用をする目的があることの情を知っていることが必要である。

ただし，1項2号の罪に当たる使用は，自らの詐欺等行為または管理侵害行為により取得した営業秘密を使用するものであるから，営業秘密の開示の相手方がそのような目的をもっているということ自体が通常考えがたい。

したがって，実際には，

① 日本国外において，1項3号の罪に当たる使用（1項2号もしくは2項2号から4号までの罪，本号の罪（1項2号の罪に当たる開示に係る部分に限る）または5項2号の罪に当たる開示によって取得した営業秘密の使用）をする目的

または，

② 日本国外において，1項4号の罪に当たる使用（1項2号または3号に当たる開示，2項2号，3号，4号の罪，本号の罪（1項2号または3号の開示に係る部分に限る）または5項2号の罪に当たる開示が介在したことを知って取得した営業秘密の使用）をする目的

を開示の相手方が持っていることの情を知っていることが必要とされている。

4.4 3号

4.4.1 趣旨

本号は，日本国内において事業を行う営業秘密保有者の営業秘密について，日本国外において1項2号から4号までの罪に当たる使用をした場合に，法定刑を上記のとおり引き上げるものである。

令和5年改正前の3項3号は，

> 三　日本国内において事業を行う営業秘密保有者の営業秘密について，日本国外において第1項第2号又は第4号から第8号までの罪に当たる使用をした者

という文言であった。令和5年改正においては，従前の3項3号を，1項2号および1項7号，8号に係る部分と，1項4号から6号までに係る部分とに分け，前者を本号に，後者を5項3号に移動させた。ただし，従前の1項7号および8号が1項3号および4号に移動したため，「第1項第2号又は第7号から第8号まで」ではなく「第1項第2号から第4号までの罪」と表記されることとなった。

4.4.2 客観的構成要件要素

4.4.2.1 客体

本号の罪の客体は，「日本国内において事業を行う営業秘密保有者の営業秘密」であることが必要である。

「日本国内において事業を行う」営業秘密保有者とは，当該営業秘密保有者が事業活動自体を日本国内で行っている場合をいう。並行して日本国外で事業活動を行っていてもよい。ただし，専ら日本国外の活動拠点から，日本国内の人や団体を相手にする取引活動を継続的に行っているに過ぎないものは含まれない（詳細は，8項および19条の2第1項の解説を参照）。

4.4.2.2 行為

本号の罪に当たる行為は，1項2号から4号までの罪に当たる使用である（詳細は，1項2号から4号までの解説を参照）。ただし，使用行為自体は，日本国外で行われることが必要である。

4.4.3 主観的構成要件要素

1項2号から4号までの使用罪にかかる主観的構成要件要素の外，開示する営業秘密の営業秘密保有者が日本国内において事業を行うものであることについての認識・認容が必要である。

4.4.4 罪数

「国外使用目的営業秘密記録媒体等不法領得[234]と同2の国外使用目的を有する相手方に対する営業秘密不正領得後開示[235]の間には手段結果の関係があるので，1罪として犯情の重い国外使用目的を有する相手方に対する営業秘密不正領得後開示罪の刑で処断」[236]される。

4.5 4号

4.5.1 趣旨

本号は，18条1項の規定に違反する行為を，犯罪行為と位置付けるものである。

令和5年改正前の2項7号は，

> 七 第16条，第17条又は第18条第1項の規定に違反した者

という文言であった。令和5年改正においては，従前の2項7号を，16条，17条の規定に違反した場合と18条1項の規定に違反した場合とに分け，前者を3項7号に，後者を本号に移動させるとともに，「違反した者」を「違反したとき」と改めた。

4.5.2 客観的構成要件要素

18条1項に違反する行為とは，外国公務員等に対し，金銭その他の利益を供与し，またはその申込みもしくは約束をする行為をいう（詳細は，18条の解説を参照）。

4.5.3 主観的構成要件要素
4.5.3.1 故意

本号の罪についての故意の対象は，金銭その他の利益を供与し，またはその申込み若しくは約束をする相手が，18条2項1号から5号までの「外国公

968 第5章 罰則

務員等」であること，である。

4.5.3.2 超過的主観的要素

本号の罪については，「国際的な商取引に関して営業上の不正の利益を得るために，その外国公務員等に，その職務に関する行為をさせ若しくはさせないこと，又はその地位を利用して他の外国公務員等にその職務に関する行為をさせ若しくはさせないようにあっせんをさせること」を目的としてなされることが必要とされる（その詳細については，18条の解説を参照）。

5　5項

5.1　柱書

本項各号の不正競争行為等に関する罪を犯した者に対する法定刑を，10年以下の懲役もしくは3000万円の罰金またはその併科としたものである。

令和5年改正前の3項柱書は，

> 3　次の各号のいずれかに該当する者は，10年以下の懲役若しくは3000万円以下の罰金に処し，又はこれを併科する。

という文言であった。令和5年改正においては，これを4項柱書と本項柱書に移動した上で，本項柱書については，「懲役」を「拘禁刑」へと改めた。

5.2　1号

5.2.1　趣旨

本号は，「日本国外において使用する目的で」，2項1号の罪を犯した場合に，法定刑を上記のとおり引き上げるものである。

令和5年改正前の3項1号は，

> 一　日本国外において使用する目的で，第1項第1号又は第3号の罪を犯した者

という文言であった。令和5年改正においては，これを1項1号の罪を犯した場合と1項3号を犯した場合とに分け，前者を4項1号に移動させ，後者を本号に移動させた。ただし，令和5年改正において，従前の1項3号は2

項1号に移動したので,「第2項第1号の罪を犯した」との文言になった。

5.2.2　客観的構成要件要素

本号の罪の客観的構成要件要素は,2項1号と同じである(詳細は,2項1号の解説を参照)。

5.2.3　主観的構成要件要素

5.2.3.1　故意

本号の罪の故意の対象は,2項1号と同じである(詳細は,2項1号の解説を参照)。

5.2.3.2　超過的主観的要素

本号の罪が成立するためには,2項1号の行為を「日本国外において使用する目的で」行うことが必要である。

ここでいう使用の主体は,本号の罪を犯した者自身である(ただし,複数の者が共同して上記罪を犯した場合,そのうちの一人が日本国外において使用することを目的としていれば足りる)。また,上記目的は確定的なものでなくとも足りる。また,専ら日本国外で使用することを目的としていることは必要ではなく,日本国内で使用する目的が併存していてもよい。

5.3　2号

5.3.1　趣旨

本号は,相手方に日本国外において2項2号から4号までの罪に当たる使用をする目的があることの情を知って,2項2号から4号までの罪に当たる開示をした場合に,法定刑を上記のとおり引き上げるものである。

令和5年改正前の3項2号は,

> 二　相手方に日本国外において第1項第2号又は第4号から第8号までの罪に当たる使用をする目的があることの情を知って,これらの罪に当たる開示をした者

という文言であった。令和5年改正においては,従前の3項2号のうち,1項2号および7号,8号に係る部分と,1項4号から6号までに係る部分と

970　第5章　罰則

に分け，前者を4項2号に，後者を本号に移動させた。ただし，従前の1項
4号および6号が2項2号から4号までに移動したため，「第1項第4号か
ら第6号までの罪」ではなく「第2項第2号から第4号までの罪」と表記さ
れることとなった。

5.3.2　客観的構成要件要素

本号の罪の客観的構成要件要素は，2項2号から4号までの開示罪と同じ
である（詳細は，2項2号から4号までの解説を参照）。

5.3.3　主観的構成要件要素

5.3.3.1　故意

本号の罪の主観的構成要件要素のうち故意については，2項2号から4号
までの開示罪と同じである（詳細は，2項2号から4号までの解説を参照）。

5.3.3.2　超過的主観的要素

本号の罪が成立するためには，2項2号から4号までの行為を「相手方に
日本国外において第2項第2号から第4号までの罪に当たる使用をする目的
があることの情を知って」行うことが必要である。

ただし，2項2号から4号までの罪に当たる使用はいずれも，営業秘密保
有者から営業秘密を示された者による，営業秘密の管理に係る任務に背いて
行われるものであるから，営業秘密保有者から営業秘密を示された者によ
る，営業秘密の管理に係る任務に背いて行われる営業秘密の開示の相手方が
そのような使用を行うことは通常考えがたい。

5.3.4　罪数

本項1号の罪と本号の罪とは，前者が後者の手段となっているのが通例と
なっていると解され，牽連犯の関係に立つ[237]。

5.4　3号

5.4.1　趣旨

本号は，日本国内において事業を行う営業秘密保有者の営業秘密につい
て，日本国外において2項2号から4号までの使用をした場合に，法定刑を

上記のとおり引き上げるものである。

令和5年改正前の3項3号は,

> 三 日本国内において事業を行う営業秘密保有者の営業秘密について, 日本国外において第1項第2号又は第4号から第8号までの罪に当たる使用をした者

という文言であった。令和5年改正においては, 従前の3項3号を, 1項2号および7号, 8号に係る部分と, 1項4号から6号までに係る部分とに分け, 前者を4項3号に, 後者を本号に移動させた。ただし, 従前の1項4号および6号が2項2号から4号までに移動したため, 「第1項第4号から第6号までの罪」ではなく「第2項第2号から第4号までの罪」と表記されることとなった。

5.4.2 客観的構成要件要素
5.4.2.1 客体

本号の罪の客体は, 日本国内において事業を行う営業秘密保有者の営業秘密である (「日本国内において事業を行う営業秘密保有者の営業秘密」についての詳細は, 8項および19条の2第1項の解説を参照)。

5.4.2.2 行為

本号の罪の行為は, 2項2号から4号までの罪に当たる使用である (詳細は, 2項2号から4号までの解説を参照)。

5.4.3 主観的構成要件要素
5.4.3.1 故意

2項2号から4号までの使用罪にかかる主観的構成要件要素の外, 開示する営業秘密の営業秘密保有者が日本国内において事業を行うものであることについての認識・認容が必要である。

972 第5章 罰則

6 6項

6.1 趣旨

　本項は，1項各号の罪のほか，2項各号の罪については1号の罪に関する部分を除き，4項各号の罪については4号の罪に関する部分を除き，5項各号の罪については1号の罪に関する部分を除き，未遂犯を処罰することにしたものである[238]。

　令和5年改正前の4項は，

> 4　第1項（第3号を除く。）並びに前項第1号（第1項第3号に係る部分を除く。），第2号及び第3号の罪の未遂は，罰する。

という文言であった。従前の1項および3項の規定は，令和5年改正においては，下記のとおり移動している。

従前の1項1号→○1項1号

従前の1項2号→○1項2号

従前の1項3号→×2項1号

従前の1項4号→○2項2号

従前の1項5号→○2項3号

従前の1項6号→○2項4号

従前の1項7号→○1項3号

従前の1項8号→○1項4号

従前の1項9号→○1項5号

従前の3項1号→○従前の1項1号の罪を犯した場合は4項1号

　　　　　　　×従前の1項3号の罪を犯した場合は5項1号

従前の3項2号→○従前の1項2号および1項7号，8号の罪を犯した場合は4項2号

　　　　　　　○従前の1項3号から6号までの罪を犯した場合は5項2号

従前の3項3号→○従前の1項2号および1項7号，8号の罪を犯した場合は4項3項

　　　　　　　○従前の1項4号から6号までの罪を犯した場合は5項3

号

令和5年改正法は，従前の4項を本項に移動させるとともに，未遂犯を処罰する場合を「第1項，第2項（第1号を除く。），第4項（第4号を除く。）及び前項（第1号を除く。）の罪」と表記することで従前の「第1項（第3号を除く。）並びに前項第1号（第1項第3号に係る部分を除く。），第2号及び第3号の罪」と平仄を合わせたものである。

6.2 実行の着手時期

6.2.1 1項1号の罪について

詐欺等行為については，人を欺罔しまたは脅迫する言動を発したときまたは有形力の行使を開始したときに，実行の着手が認められる。

管理侵害行為については，営業秘密保有者による管理を排除して当該営業秘密を知得するための行為に取りかかったときに，実行の着手が認められる。例えば，営業秘密が記載された文書が保管されているキャビネットの開錠作業に取りかかったり，営業秘密が記録されたデータファイルが蔵置されているサーバコンピュータないしその当該データファイルが蔵置されているフォルダに不正にアクセスすべくクラッキング行為を開始したりしたときがこれに当たる[239]。

6.2.2 1項2号の罪について

営業秘密の「使用」行為の着手時期は，当該営業秘密を用いる事業活動に着手したときである。例えば，同業他社の秘密情報である顧客名簿を用いて自社製品に関するダイレクトメールを上記同業他社の顧客に郵送する場合であれば，上記ダイレクトメール上への上記顧客の氏名・住所の印刷等を開始したときである。

営業秘密の「開示」行為の着手時期は，営業秘密を開示の相手方に向けて伝え示す行為を開始したときである。営業秘密が記載された文書や記録された記録媒体を相手方に送付する手続に着手したり，営業秘密が記録されたデータファイルを電子メールに添付した上で「送信する」コマンドを実行したり，営業秘密が記録されたデータファイルをサーバコンピュータ上の特定の領域にアップロードして特定人または不特定人がダウンロードできる状態に置いたりしたときがこれに当たる[240]。営業秘密が記載等された文書等を

974   第5章　罰則

手交する方法により開示する場合は，その相手方に近接し，当該文書等を差
し出す動作を開始したときに，実行の着手を認めることができよう。

6.2.3　1項3号の罪について

　不正開示により取得した営業秘密の使用・開示罪についても，営業秘密を
取得する行為に着手したときを以て実行の着手時期とするべきか，取得した
営業秘密の使用・開示に着手したときをもって実行の着手時期とするべき
か，争いがありうる。不正開示行為による営業秘密の取得から取得した営業
秘密の開示・使用までの一連の行為全体で1つの実行行為として位置付けら
れている以上，不正開示行為による営業秘密の取得に着手したときをもって
実行の着手時期と解するべきである。

6.2.4　1項4号の罪について

　不正開示が介在していることを知って取得した営業秘密の使用・開示罪に
ついても，営業秘密を取得する行為に着手したときをもって実行の着手時期
とするべきか，取得した営業秘密の使用・開示に着手したときを以て実行の
着手時期とするべきか，争いがありうる。不正開示行為による営業秘密の取
得から取得した営業秘密の開示・使用までの一連の行為全体で1つの実行行
為として位置付けられている以上，不正開示が介在していることを知っての
営業秘密の取得に着手したときをもって実行の着手時期と解するべきであ
る。

6.2.5　1項5号の罪について

　違法使用行為により生じた物の譲渡等の罪についての実行の着手時期は，
譲渡等の各行為に着手したときである。例えば，譲渡罪であれば，違法使用
行為により生じた物について売買契約ないし贈与契約を第三者と締結したと
きに実行の着手があったというべきである[241]。引渡罪であれば上記物の所
持の移転に密接な行為を行ったときに着手があったというべきである。輸入
罪，輸出罪については，それぞれ陸揚行為に客観的に密接する行為に着手し
当該目的物が陸揚げされる客観的な危険性が発生した時に実行の着手が認め
られる[242]。

6.2.6 2項2号の罪について

領得した営業秘密の開示罪については1項2号の開示罪の実行の着手時期に関する議論が，領得した営業秘密の使用罪については1項2号の開示罪の実行の着手時期に関する議論が，そのまま当てはまる。

6.2.7 2項3号の罪について

営業秘密を営業秘密保有者から示されたその役員・従業者等による当該営業秘密の開示罪については1項2号の開示罪の実行の着手時期に関する議論が，営業秘密の使用罪については1項2号の開示罪の実行の着手時期に関する議論が，そのまま当てはまる。

6.2.8 2項4号の罪について

営業秘密を営業秘密保有者から示されたその役員または従業者であった者による退職後の営業秘密の使用・開示罪については，その営業秘密の開示の申込みの意思表示を発しまたは営業秘密の使用もしくは開示について請託を受託する旨の意思表示を発したときに実行の着手ありとするか，退職後営業秘密の使用・開示に着手したときに実行の着手ありとするべきかは争いがあり得る。在職中の開示の申込み・請託の受託から退職後の開示・使用までの一連の行為全体で1つの実行行為として位置付けられている以上，開示の申込み・請託の受託の意思表示を発したときをもって実行の着手時期と解するべきである。

6.2.9 2項5号の罪について

従業者等違法使用行為により生じた物の譲渡等の罪についての実行の着手時期は，違法使用行為により生じた物の譲渡等の罪についての実行の着手時期と同様，譲渡等の各行為に着手したときである。

6.2.10 4項1号の罪について

1項1号の罪とは超過的主観要素が異なるだけであるから，実行の着手時期は，1項1号の罪と同様である。

976　第5章　罰則

6.2.11　4項2号の罪について

1項2号から4号までの罪とは超過的主観要素が異なるだけであるから，実行の着手時期は，1項2号から4号までの罪と同様である。

6.2.12　4項3号の罪について

1項2号から4号までの罪とは客体と犯行場所が異なるだけであるから，実行の着手時期は，1項2号から4号までの罪と同様である。

6.2.13　5項2号の罪について

2項2号から4号までの罪とは超過的主観要素が異なるだけであるから，実行の着手時期は，2項2号から4号までの罪と同様である。

6.2.14　5項3号の罪について

2項2号から4号までの罪とは客体と犯行場所が異なるだけであるから，実行の着手時期は，2項2号から4号までの罪と同様である。

7　7項

7.1　趣旨

本項は，3項6号の罪に限り，親告罪とするものである。

平成27年改正以前は，令和5年改正前の1項各号の罪についても親告罪としていたが，平成23年改正にて刑事訴訟における営業秘密保護手続が整備された（第6章・23条〜31条）ことから，平成27年改正において，令和5年改正前の1項各号の罪については非親告罪化された[243]。

令和5年改正前の5項は，

> 5　第2項第6号の罪は，告訴がなければ公訴を提起することができない。

という文言であった。令和5年改正においては，これを本項に移動した。ただし，令和5年改正において，従前の2項6号が3項6号に移動したため，「第2項第6号の罪」との部分は，「第3項第6号の罪」に改められた。

7.2 告訴権者

告訴は、「犯罪により害を被つた者」(刑訴法230条)やその法定代理人等が行うことができる (刑訴法231条から234条まで)。したがって、秘密保持命令違反の罪により「害を被った者」やその法定代理人等が告訴権者となる。

3項6号の趣旨が「秘密保持命令の実効性を刑事罰で担保することにより、司法秩序を維持するとともに、当該営業秘密の財産的価値を保護する」[244]点にあるとされる以上、司法秩序の維持という国家的法益に加えて、営業秘密の財産的価値という個人的法益も保護法益となると解することができる。したがって、秘密保持命令違反の罪に当たる行為によってその有する「営業秘密の財産的価値」を犯された者、すなわち上記命令に違反して使用または開示された営業秘密の保有者が「犯罪により害を被つた者」として告訴権を有するものというべきである。

8 8項

8.1 趣旨

本項は、1項各号、2項各号、4項各号、5項各号および6項の罪のうち、日本国外で犯した場合にも適用できる場合を示したものである。

令和5年改正前の6項は、

> 6　第1項各号 (第9号を除く。)、第3項第1号若しくは第2号又は第4項 (第1項第9号に係る部分を除く。) の罪は、日本国内において事業を行う営業秘密保有者の営業秘密について、日本国外においてこれらの罪を犯した者にも適用する。

という文言であった。令和5年改正においては、これを本項に移動した。ただし、令和5年改正においては、従前の1項3号から6号までが2項1号から4号までに、従前の1項7号から9号までが1項3号から5号までに、従前の4項が6項に移動した。また、従前の3項各号については、1項2号および1項7号、8号に係る部分と、1項4号から6号までに係る部分とに分かれ、前者については4項各号に、後者については5項各号に移動すること

978　第5章　罰則

となった。このため，従前の「第1項各号（第9号を除く。），第3項第1号
若しくは第2号又は第4項（第1項第9号に係る部分を除く。）の罪」との
部分は，「第1項各号（第5号を除く。），第2項各号（第5号を除く。），第
4項第1号若しくは第2号，第5項第1号若しくは第2号又は第6項（第1
項第5号又は第2項第5号に係る部分を除く。）の罪」と表記されることと
なった。

8.2　「日本国内において事業を行う営業秘密保有者の営業秘密」

　本項の適用を受ける国外犯の客体は，「日本国内において事業を行う営業
秘密保有者の営業秘密」である。当該営業秘密保有者が日本国内において事
業を行っていれば足り，専ら日本国内でのみ事業を行う者である必要はな
い。また，当該営業秘密保有者の日本国内における事業に関するものである
必要もない。

　事業を「日本国内において……行う」といえるためには，事業活動自体が
日本国内で行われていることを要するか，日本国外において，日本国内にい
る人や企業等と継続的取引活動をしている場合も含まれるのかは争いとなり
得る。民訴法3条の3第5号は，「日本において事業を行う者（日本におい
て取引を継続してする外国会社……を含む。）に対する訴え」と規定し，こ
れを受けて，日本に居住している利用者に対しても，自社が管理および運営
しているサービスを提供している会社について下級審裁判所は民訴法3条の
3第5号に基づく国際裁判管轄を認めてきたからである[245]。結局，民訴法
3条の3第5号かっこ書を注意的なものと見るのか，創設的なものと見るか
に帰着する。活動拠点が日本国内にないが日本国内の人や団体と取引を継続
してする外国会社について，日本国内にいてそれらの取引に関連して当該外
国会社との間に実体法上の権利義務を生じた者が日本の裁判所に訴訟を提起
できるようにすることは，自国民保護の立場から必要性が高いので，そのよ
うな外国会社を「日本において事業を行う者」に含める必要性は高いが，こ
のような外国会社を「日本において事業を行う者」に含めなければならない
場合がそれほど多いわけではない。本条1項，2項，または4項各号の罪に
関していえば，日本国内に拠点を置いていない外国企業について，日本国内
の人や団体と取引を継続しているからといって，その営業秘密の不正取得・
使用・開示等について，日本法を適用して刑事法的な保護を図る合理的な理

由はない。したがって，上記民訴法3条の3第5号のようなかっこ書を持たない本項の「日本において事業を行う者」は，事業活動自体を日本国内で行っている者に限定されるというべきである。

8.3 「第1項各号（第5号を除く。），第2項各号（第5号を除く。），第4項第1号若しくは第2号，第5項第1号若しくは第2号又は第6項（第1項第5号又は第2項第5号に係る部分を除く。）の罪」

本号により日本国外で行っても日本の不正競争防止法により処罰されるのは，

① 1項1号から4号まで[246]
② 2項1項から4号まで
③ 4項1号または2号
④ 5項1号または2号
⑤ 1項1号から4号までの未遂
⑥ 2項2号から4号までの未遂
⑦ 4項1号または2号の未遂
⑧ 5項2号の未遂

8.4 日本国外においてこれらの罪を犯した者にも適用する。

日本国内において事業を行う営業秘密保有者の営業秘密について，日本国外で上記罪がなされた場合であっても，上記規定が適用され，日本の裁判所が所定の刑罰を科すことができる。

9 9項

9.1 趣旨

本項は，3項6号の罪（秘密保持命令違反罪）については，日本国外で犯した場合にも適用できる場合を示したものである。

令和5年改正前は，7項は，

> 7 第2項第6号の罪は，日本国外において同号の罪を犯した者にも適用する。

980 第5章 罰則

という文言であった。令和5年改正において、これが本項に移動した。ただし、令和5年改正において、従前の2項6号が3項6号に移動したため、「第2項第6号の罪」との部分は、「第3項第6号の罪」に改められた。

9.2 「第3項第6号の罪」

3項6号の罪の詳細については、同号の解説を参照。

3項6号の罪は、あくまで日本の裁判所が日本の不正競争防止法に基づき下した秘密保護命令に違反して営業秘密の使用・開示を行うことに限定される。国外の裁判所が外国の不正競争防止法ないしこれに相当する法律に準拠して下したのはもちろん、国外の裁判所が日本の不正競争防止法に準拠して下した命令や、日本の裁判所が外国の不正競争防止法ないしこれに相当する法律に準拠して下した命令に違反して営業秘密の使用・開示を行うことを含まない。

本項の場合、本条8項とは異なり、日本において事業活動を行う営業秘密保有者の営業秘密に対象が限定されない。3条6項の罪は、司法秩序の維持を保護法益の1つとするからである。

10　10項

10.1　趣旨

本項は、4条4項の罪は、刑法3条の例に従う、すなわち、日本国外において罪を犯した日本国民に適用されることとしたものである。

令和5年改正前は、8項は、

> 8　第2項第7号（第18条第1項に係る部分に限る。）の罪は、刑法（明治40年法律第45号）第3条の例に従う。

という文言であった。令和5年改正において、これが本項に移動した。ただし、令和5年改正において、従前の2項7号のうち18条1項に係る部分は4項4号に移動したため、「第2項第7号（第18条第1項に係る部分に限る。）」との部分は、「第4項第4号の罪」に改められた。

10.2 「第4項第4号の罪」

4項4号の罪とは，「第18条第1項の規定に違反」する罪，すなわち，「外国公務員等に対し，国際的な商取引に関して営業上の不正の利益を得るために，その外国公務員等に，その職務に関する行為をさせ若しくはさせないこと，又はその地位を利用して他の外国公務員等にその職務に関する行為をさせ若しくはさせないようにあっせんをさせることを目的として，金銭その他の利益を供与し，又はその申込み若しくは約束」する罪をいう（その詳細については，18条1項の解説を参照）。

10.3 「刑法（明治40年法律第45号）第3条の例に従う」

刑法3条は，柱書において，「この法律は，日本国外において次に掲げる罪を犯した日本国民に適用する」とするものである。したがって，本項は，4項4号の規定に違反する罪については，日本国外においてこれを犯した日本国民にも適用することとしたものといえる。

11 11項

11.1 趣旨

本項は，日本国内に主たる事務所を有する法人の代表者，代理人，使用人その他の従業者が，その法人の業務に関して，日本国外において4項4号の罪を行った場合には，その従業者等が日本国民でなかったとしても，4項4号の罪が適用されることとしたものである。

本項は，令和5年改正で新設された規定である。

11.2 「日本国内に主たる事務所を有する法人」

本項により国外犯が処罰されるのは，「日本国内に主たる事務所を有する法人」の従業者等である。

11.2.1 「事務所を有する法人」

一般的には，「事務所」とは非営利法人がその業務を行う場所を意味し，営業所とは営利法人がその業務を行う場所を意味するが[247]，本項において

982 第5章 罰則

「主たる事務所又は営業所」ではなく「主たる事務所」という文言を用いることとした趣旨が営利法人の従業者等への本項の適用を排除する趣旨であったとは思われない。このため，本項の「事務所」については，営業所等を含まない（その結果，「日本国内に主たる事務所を有する法人」には営利法人は含まない）と文理解釈をする見解と，立法趣旨に鑑みて本項の「事務所」には営利法人の「営業所」も含まれるとする（その結果，「日本国内に主たる事務所を有する法人」には営利法人は含まない）見解とがありうる。

裁判所は後者の見解を採用するものと予測されるが，本項が刑事罰に関する規定であり，罪刑法定主義の適用を受けることを考えると，前者の見解が支持されるべきとする見解もありえよう。

11.2.2 「主たる事務所」

「主たる事務所」とは，法人の一般的統帥を行う最高首脳部の存在する場所[248]をいう。

通常は，法人登記上の本店所在地を指すことになるが，例えば，タックスヘイブン国で法人登記がなされているが実質的には日本国内で業務が行われているような場合，日本国内にある，一般的統帥を行う最高首脳部の存在する場所が主たる事務所となる。

本項が適用されるのは，主たる事務所が日本国内にある場合に限られる。

法的には日本国内であるが日本政府の実効支配が及んでいない地域（いわゆる北方領土および竹島）に主たる事務所がある場合については問題となりうるが，本項により刑事罰を科されるのは法人自体ではなくその従業員等であり，彼らは日本政府の実効支配が及んでいる地域を往来する可能性もあるので，これを排除する合理的な理由はない。

11.3 「代表者，代理人，使用人その他の従業者」

本項が適用されるのは，上記法人の代表者，代理人，使用人その他の従業者である。

法人の「代表者，代理人，使用人その他の従業者」の意義については，22条1項の解説を参照。

11.4 「第4項第4号の罪は,……適用する。」

これらの者が,「外国公務員等に対し,国際的な商取引に関して営業上の不正の利益を得るために,その外国公務員等に,その職務に関する行為をさせ若しくはさせないこと,又はその地位を利用して他の外国公務員等にその職務に関する行為をさせ若しくはさせないようにあっせんをさせることを目的として,金銭その他の利益を供与し,又はその申込み若しくは約束」するという行為を日本国外で行った場合,その者が日本国民でなかったとしても,4項4号が適用されることになる。

12 12項

12.1 趣旨

本条1項から6項までの規定は,刑法その他の罰則規定と重なる場合が少なくないが,本項は,それらが一般法と特別法の関係に立たないことを示したものである。

令和5年改正前は,9項は,

> 9 第1項から第4項までの規定は,刑法その他の罰則の適用を妨げない。

という文言であった。令和5年改正において,これが本項に移動した。ただし,令和5年改正において従前の1項が1項と2項とに分かれ,従前の3項が4項と5項とに分かれた関係で,未遂犯処罰規定を含む罰則規定が,従前の「第1項から第4項まで」から「第1項から第6項まで」に拡張してしまった。このため,令和5年改正においては,従前「第1項から第4項までの規定」とあったのを,「第1項から第6項までの規定」と改めることとなった。

12.2 「刑法その他の罰則の適用を妨げない。」

本条1項から6項までの規定が「刑法その他の罰則の適用を妨げない」以上,1つの行為が本条1項から6項までに規定される罪と刑法その他の刑罰法規に規定される罪の双方に当たる場合,双方の罪の成立を認めたうえで,罪数処理を行うこととなる。

984　第5章　罰則

例えば，営業秘密が記録された携帯型端末を詐取した場合，詐欺罪（刑法246条1項）と本条1項1号（詐欺等行為）の罪が成立し，観念的競合として科刑上一罪として処理されることとなる。

13　13項

13.1　趣旨

本項は，1項から4項までの罪に関連する財産のうち，没収できるものについて定めるものである。

そもそも，
①　犯罪行為を組成した物，
②　犯罪行為の用に供し，または供しようとした物，
③　犯罪行為によって生じ，もしくはこれによって得た物または犯罪行為の報酬として得た物
④　前号に掲げる物の対価として得た物
については，裁判所は，付加刑として，これを没収することができる（刑法19条）。本項は，没収できる範囲を拡張したものである[249]。

令和5年改正前の10項は，

> 10　次に掲げる財産は，これを没収することができる。
> 　一　第1項，第3項及び第4項の罪の犯罪行為により生じ，若しくは当該犯罪行為により得た財産又は当該犯罪行為の報酬として得た財産
> 　二　前号に掲げる財産の果実として得た財産，同号に掲げる財産の対価として得た財産，これらの財産の対価として得た財産その他同号に掲げる財産の保有又は処分に基づき得た財産

という文言であった。令和5年改正においては，これを本項に移動させた。ただし，令和5年改正においては，従前の1項，3項，4項の営業秘密に関する各処罰規定が，1項，2項，4項，5項，6項に移動したので，従前の「第1項，第3項及び第4項の罪」との部分が「第1項，第2項，第4項（第4号を除く。），第5項及び第6項の罪」と改められた（4項4号が除かれているのは，同号が営業秘密に関する処罰規定ではないからである）。

13.2 柱書

　裁判所は，本項１号ないし２号の要件を満たすときは，所定の財産を「没収」することができる。

　没収する「ことができる」とされており，没収を科すかどうかは裁判所の裁量に委ねられている[250]。

　刑法上の「没収」とは，「犯人の所有または占有するものにつき，その所有権を剥奪して国庫に帰属せしめる処分」をいい，「被告人以外の第三者が所有者である場合においても，被告人に対する附加刑としての没収の言渡により，当該第三者の所有権剥奪の効果を生ずる」ものとされている[251]。

　刑法19条による没収の対象が「物」に限定されているに対し，本項による没収の対象は「財産」となっている。したがって，本項による没収の対象は，「物」（＝有体物）のみならず，債権や知的財産権等を含む。債権や知的財産権[252]等が没収の対象となる場合，没収は，犯人に帰属する権利につき，その権利を剥奪して，国に帰属させる処分ということになる[253]。

　本項に基づく没収の対象たる「財産」は，犯人以外の者に帰属しない場合に限るのが原則であり，例外的に，犯人以外の者が，犯罪の後情を知って当該不法財産又は混和財産を取得した場合は，法令上の義務の履行として提供されたものを収受した場合または契約（債権者において相当の財産上の利益を提供すべきものに限る。）の時に当該契約に係る債務の履行が不法財産によって行われることの情を知らないでした当該契約に係る債務の履行として提供されたものを収受した場合を除き，権利が被告人以外の第三者に帰属するものであっても没収の対象となる（14項により準用される組織的犯罪処罰法15条１項）[254]。

13.3　１号

13.3.1　「第１項，第２項，第４項（第４号を除く。），第５項及び第６項の罪の犯罪行為」

　没収の対象となるのは，本条１項，２項，４項（４号を除く），５項および６項の罪の犯罪行為に関するものに限られる（それぞれの項の罪の犯罪行為の内容については，各項の解説を参照）。

986　第5章　罰則

13.3.2 「により生じた財産」

上記犯罪行為「により生じた財産」は没収の対象となる。

犯罪行為「により生じた財産」とは，犯罪行為により存在するに至った財産[255]をいう。例えば，不正に入手した営業秘密を使用する行為が犯罪行為である場合に，当該使用行為により生産された製品などがこれに当たる。不正に入手した営業秘密を研究の過程で使用することによって新たな発明・考案がなされた場合，当該発明・考案について生じた「特許・実用新案を受ける権利」が犯罪行為「により生じた財産」と言いうるかは問題となりうる。

不正に入手した営業秘密を使用して製品を生産した場合と区別する合理的な理由がないので肯定すべきであろう。

13.3.3 「により得た財産」

上記犯罪行為「により得た財産」もまた，没収の対象となる。

犯罪行為「により得た財産」とは，犯罪行為により犯人が取得した財産[256]をいう。例えば，不正に営業秘密を取得する行為が犯罪行為である場合に，営業秘密を取得するに際して得た記録媒体等がこれに当たる。

なお，当該財産を得るに当たって犯人が費用等を支出したとしても，没収対象財産から上記費用等を控除するべきではない[257]。

13.3.4 「の報酬として得た財産」

上記犯罪行為「の報酬として得た財産」も没収の対象となる。

犯罪行為「の報酬として得た財産」とは，犯人が犯罪行為をしたことの対価として取得した財産[258]をいう。正犯の行為に対する報酬の外，教唆，幇助行為に対する報酬も含まれるとされる[259][260]。例えば，不正に取得した営業秘密を第三者に開示する行為が犯罪行為である場合に，当該営業秘密を開示することの報酬として得た金員等がこれに当たる。報酬として得た「財産」は金員である必要はない。財産的価値のある有体物であってもよいし，株式や債券，特許権等の知的所有権あるいは金銭債権等でもよい。ただし，「財産」である以上あくまで市場での交換価値を有するものであることを要するから，営業秘密開示の報酬として異性との性交機会の提供を受けたとしても，犯罪行為の報酬として「財産」を取得したとみるべきではない[261]。当初開示を約束した営業秘密の一部の開示に着手したに留まり，その余の営

業秘密については未だ開示に着手していない場合であっても，全体について報酬を前金として受領している場合は，報酬全体が上記犯罪行為「の報酬として得た財産」として没収に対象となる[262]。

　元の勤務先の営業秘密を不正に持ち出してこれをその競業事業者に開示して当該競業事業者に就職した場合，何をもって営業秘密開示行為「の報酬として得た財産」とするかは問題である。論理的には，①当該競業事業者との雇用契約上の地位，②当該競業事業者から支払われた賃金，③当該競業事業者から支払われた賃金のうち，当該営業秘密開示行為の報酬として上積みされた分等が考えられる。不正に営業秘密を開示したことにより有罪となったものとはいえ，当該営業秘密の開示と直接の関係のない労働によって得た賃金まで没収の対象とすることはやり過ぎの感も否めず，したがって筋論としては③を採用すべきようにも思われるが，当該不正開示があったからこそ当該競業事業者に再就職できたという場合に，何をもって「上積み分」と認定できるのかという問題も生じかねない。

13.4　2号

13.4.1　「前号に掲げる財産の果実として得た財産」

「前号に掲げる財産の果実として得た財産」もまた没収の対象に含まれる[263]。「前号に掲げる財産」とは，上記犯罪行為により生じ，得，またはその報酬として得た財産である。「果実」には，物の用法に従い収取する産出物（天然果実）と，物の使用の対価として受けるべき金銭その他の物である法定果実が含まれる（民法88条）。犯罪行為の報酬として得た金員を銀行等に預け入れた場合の金利等が典型であり，犯罪行為の報酬として不動産を取得し，これを第三者に賃貸した場合の賃料などが含まれる。本号は「財産の果実」とあるから，有体物の使用の対価として受けるべき金銭だけでなく，（犯罪行為により生じた）知的財産権の使用の対価として受けるべき金銭も「果実」に含まれる。また，「前号に掲げる財産」が株式であった場合に，株式配当として得た金銭も「果実として得た財産」に含まれる。

13.4.2　「同号に掲げる財産の対価として得た財産」

「同号に掲げる財産の対価として得た財産」も没収の対象となる。

「同号に掲げる財産の対価として得た財産」とは，1号に掲げる財産を有

988　第5章　罰則

償譲渡した際に反対給付として得た財産のことをいう。売買に限定されず，交換でもよい。1号に掲げる財産を取得するのに要した費用やこれを更に有償譲渡するのに要した費用は控除されるべきではない[264]が，消費税相当額について「同号に掲げる財産の対価として得た財産」に含めることには躊躇を感じざるをえない。

13.4.3 「これらの財産の対価として得た財産」

「これらの財産の対価として得た財産」についても没収の対象となる。「これらの財産」とは，1号に掲げる財産の果実として得た財産および1号に掲げる財産の対価として得た財産をいう。これらの財産をさらに有償譲渡した際に反対給付として得た財産についても没収の対象とした。

　1号に掲げる財産の果実として得た財産および1号に掲げる財産の対価として得た財産が金銭だった場合に，当該金銭を用いて購入した財産が「これらの財産の対価として得た財産」に当たるかは問題となりうる。財産を有償で購入した場合に「金銭の対価として当該財産を得た」と表現することには違和感があるし，特定の財産の代金として売主に交付した金銭が「前号に掲げる財産の果実として得」または「前号に掲げる財産の対価として得」たものかどうかで当該財産が没収の対象となるか否かが異なるのは，貨幣の抽象性を蔑ろにするものであるように思われるので，否定的に解するべきであろう。

13.4.4 「その他同号に掲げる財産の保有又は処分に基づき得た財産」

「その他同号に掲げる財産の保有又は処分に基づき得た財産」についても，没収の対象となる。ただし，「その他同号に掲げる財産の保有又は処分に基づき得た財産」としてどのようなものを想定しているのかは，定かではない。

　営業秘密の不正開示行為の報酬として新株引受権付き社債を取得した場合に新株引受権を行使することにより取得した株式や，営業秘密の不正開示行為の報酬として株式を取得した場合に株式分割や株式無償割当により取得した株式などはこれに当たるように思われる。

14　14項

14.1　趣旨

　平成27年改正においては，刑法19条の特別法として21条10項を新設し，広範な没収処分を可能とすることとした。しかし，第三者が正当に権利を有している財産についてこれを没収することは当該第三者の財産権を不当に制限することとなる。本項は，既に没収に関する特別規定を制定している組織的犯罪処罰法の該当条文を準用することにより，没収の範囲を限定しようとしたものである。

　令和5年改正前の11項は，

> 11　組織的な犯罪の処罰及び犯罪収益の規制等に関する法律（平成11年法律第136号。以下「組織的犯罪処罰法」という。）第14条及び第15条の規定は，前項の規定による没収について準用する。この場合において，組織的犯罪処罰法第14条中「前条第1項各号又は第4項各号」とあるのは，「不正競争防止法第21条第10項各号」と読み替えるものとする。

という文言であった。令和5年改正においては，これを本項に移動させた。ただし，令和5年改正により従前の10項は13項に移動したので，従前の「不正競争防止法第21条第10項各号」との部分は「不正競争防止法第21条第13項各号」と改められた。

14.2　「前項の規定による没収について準用する」

　本項によって組織的犯罪処罰法14条および15条が準用されるのは，前項すなわち13項に定める没収についてである。

14.3　「組織的犯罪処罰法第14条……の規定」

14.3.1　読み替え

　組織的犯罪処罰法14条については，「前条第1項各号又は第4項各号」を「不正競争防止法第21条第13項各号」と読み替えたうえで，準用される。すなわち，「不正競争防止法第21条第13項各号」と読み替えるものとされている。すなわち，以下のような規定が適用されることになる。

990　第5章　罰則

　「不正競争防止法第21条第13項各号に掲げる財産（以下「不法財産」という）が不法財産以外の財産と混和した場合において，当該不法財産を没収すべきときは，当該混和により生じた財産（次条第1項において「混和財産」という）のうち当該不法財産（当該混和に係る部分に限る）の額又は数量に相当する部分を没収することができる」。

14.3.2　不法財産と不法財産以外の財産との混和

　不法財産とそれ以外の財産とが混和した場合の没収の対象についての定めである。

　不法財産とは本条13項各号に掲げる財産，すなわち，①21条1項，3項および4項の罪の犯罪行為により生じ，もしくは当該犯罪行為により得た財産または当該犯罪行為の報酬として得た財産，ならびに，②1号に掲げる財産の果実として得た財産，同号に掲げる財産の対価として得た財産，これらの財産の対価として得た財産その他同号に掲げる財産の保有または処分に基づき得た財産をいう。

　混和とは，「穀物・金銭などのような固形物の混合すること，および，酒・醬油などのような流動物の融和することの併称」[265] である。混じり合った結果，不法財産部分を特定することができず，当該部分のみを没収することができなくなっていた場合に，本項が適用される[266]。不法財産たる金銭とそれ以外の金銭とが同一の預金口座に預け入れられた場合[267] などがその典型である。不法財産が振り込まれた銀行口座についてその後預金の出入りがあったとしても，没収保全がなされた時に残存していた金額は，当該不法財産が送金されたことにより維持されたものと考えられるので，本項による没収の対象となる[268]。

　不法財産と混和する「それ以外の財産」は，不法財産の所有者と別人に帰属するものである必要はない。不法財産の所有者といえども，不法財産以外の財産に当たる部分まで没収されるいわれはないからである。

14.3.3　混和財産のうち当該不法財産の額または数量に相当する部分

　混和により不法財産とそれ以外の財産とを識別することができなくなった場合には，不法財産のみを没収することは物理的に困難であるから，代わりに，混和財産の一部を没収の対象とすることとした。すなわち，混和財産の

うち不法財産の額または数量に相当する部分を没収の対象とすることとしたのである。ただし，本項により没収が可能となるのは混じり合った不法財産の額または数量が判明している場合に限られる[269]。

なお，不法財産（評価額：α円）と不法財産以外の財産（評価額：β円）とが混和し，混和財産（評価財産：γ円）が生じた場合，$\dfrac{\alpha\,\gamma}{\alpha+\beta}$ 円相当の混和財産が，不法財産の額に相当する部分として，没収の対象となる。

判決主文としては，

「被告人が○○銀行に対して有する被告人名義の普通預金債権（同銀行○○支店，○○預金，口座番号○○○○）残高のうち金○○円に相当する部分を没収する。」[270]

「被告人が株式会社ゆうちょ銀行○○センターに対して有する○○名義の通常貯金債権（記号番号○○）のうち○○円に相当する部分及びこれに対する令和○年○月○日からの利息債権を没収する。」[271]

「被告人両名から，○○株式会社○○営業部に開設された被告人○○株式会社名義の証券口座（口座番号〈省略〉）にある○○株式会社の株式○○株を没収する。」[272]

というような文章となる。

14.4　組織的犯罪処罰法15条の規定の準用

14.4.1　組織的犯罪処罰法15条の読み替え

本項は，「前項」すなわち本条13項各号に掲げる財産の没収に関する規律を定めるものであるから，組織的犯罪処罰法15条のうち，「第13条の規定」とある部分は，準用に当たって「不正競争防止法第21条第13項各号の規定」と読み替えられる。したがって，組織的犯罪処罰法15条を準用した本項の内容は下記のとおりとなる。

> 　不正競争防止法第21条第13項各号の規定による没収は，不法財産又は混和財産が犯人以外の者に帰属しない場合に限る。ただし，犯人以外の者が，犯罪の後情を知って当該不法財産又は混和財産を取得した場合（法令上の義務の履行として提供されたものを収受した場合又は契約（債権者において相当の財産上の利益を提供すべきものに限る。）の時に当該契約に係る債務の履行が不法財産若しくは混和財産によって行われるこ

992 第5章 罰則

との情を知らないでした当該契約に係る債務の履行として提供されたものを収受した場合を除く。）は，当該不法財産又は混和財産が犯人以外の者に帰属する場合であっても，これを没収することができる。

2　地上権，抵当権その他の権利がその上に存在する財産を不正競争防止法第21条第13項各号の規定により没収する場合において，犯人以外の者が犯罪の前に当該権利を取得したとき，又は犯人以外の者が犯罪の後情を知らないで当該権利を取得したときは，これを存続させるものとする。

14.4.2　組織的犯罪処罰法15条1項の準用

14.4.2.1　原則

13項の規定による没収は，原則として，不法財産または混和財産が犯人以外の者に帰属しない場合に限る。

「犯人」には，共犯者が含まれる[273]。

「犯人以外の者に帰属しない」とは，犯人以外の者が当該財産を有しないことをいい，犯人以外の者が当該財産上に地上権その他の権利を有していてもよい[274]。「犯人以外の者に帰属」するかどうかは，裁判時を基準とする[275]。

民法上，混和が生じた時は，混和した動産に主従の関係があるときは主たる動産の所有者が混和財産の所有権を取得する（民法245条が準用する同243条）。したがって，犯人以外の者が主たる動産の所有者である場合には，特段の合意がない限り，混和財産は犯人以外の者に帰属することとなるから，原則として混和財産を没収することができない。

混和した動産に主従の関係がない場合，混和した動産の各所有者は，混和の当時における各所有動産の価格の割合に応じて混和物を共有することとなる（244条）。この場合，混和財産のうち不法財産の額に相当する部分の割合と，不法財産を混和させた者の混和財産にかかる共有割合は通常等しくなることから，犯人が所有していた不法財産について混和がなされたときには，その共有持分を没収してよいか否かが問題となる。没収により犯人の共有持分が国庫に帰属するということは共有持分の譲渡と同視しうるところ，動産等の共有においては，他の共有者の同意等を得ずとも持分権を譲渡することができる以上，犯人の共有持分の範囲内であれば，混和財産のうち不法財産の額に相当する部分の割合の限度において，これを没収することができるというべきであろう。

14.4.2.2　例外

当該不法財産または混和財産が犯人以外の者に帰属する場合であっても，犯人以外の者が犯罪の後情を知って当該不法財産または混和財産を取得したときは，例外的に，当該不法財産または混和財産を没収することができる。

ただし，法令上の義務[276]の履行として提供されたものを収受した場合は，例外の例外として，没収の対象から除外される。

また，契約の時に当該契約に係る債務の履行が不法財産もしくは混和財産によって行われることの情を知らないでした当該契約に係る債務の履行として提供されたものを収受した場合も，例外の例外として，没収の対象から除外される。これは取引の安全を優先させたものである。ただし，ここでいうところの「契約」は，「債権者において相当の財産上の利益を提供すべきもの」に限られる。「相当の財産上の利益」とは，給付の対象となる不法財産または混和財産の価値と同程度以上の価値を有する財産（金銭を含む）または役務を指すというべきであろう。

犯人以外の者に帰属する財産を没収する場合，不動産および動産については第三者没収応急措置法の定める手続により，その他の財産については，32条4項の定める手続による（詳細は，32条4項の解説を参照）。

14.4.3　組織的犯罪処罰法15条2項の準用

14.4.3.1　趣旨

本項により準用される組織的犯罪処罰法15条2項は，没収の時点で，没収の対象となる財産の上に地上権，抵当権その他の権利が設定されている場合についての規定である。

これらの権利は，原則として，没収とともに消滅する。ただし，

①　犯人以外の者が犯罪の前に当該権利を取得したとき，または

②　犯人以外の者が犯罪の後情を知らないで当該権利を取得したときは，例外的に，没収後の上記財産上にこれらの権利が存続することとなる。

14.4.3.2　「地上権，抵当権その他の権利」

本項が適用されるのは，没収の対象となる財産に「地上権，抵当権その他の権利」がその上に存在している場合に限られる。

本項では，地上権および抵当権という制限物権が例示されているが，それ

994 第5章 罰則

以外の権利であっても，憲法29条により保障されるべき性質を有しているものである限り，本項の適用対象となる。ただし，「権利がその上に存在する財産」である以上，当該財産の帰属主体が変更しても権利が存続するものに限定されるというべきであろう。

　動産または不動産についていえば，地上権のみならず，地役権，永小作権などの用益物権，抵当権のみならず質権や先取特権等の担保物権，借地・借家権等，特定の「物」に関する対抗力のある債権がこれに当たる。また，通常の金銭債権についていえば，債権質がこれに当たる。知的財産権についていえば，専用実施権および通常実施権（特許），利用許諾者たる地位（著作権）等がこれに当たる。

15　15項

15.1　趣旨

　本項は，13項各号に掲げる財産について実際には没収できない場合や，没収することが相当ではない場合に，没収すべき財産の価額に相当する金額を，犯人から追徴できることとしたものである。

　令和5年改正前の12項は，

> 12　第10項各号に掲げる財産を没収することができないとき，又は当該財産の性質，その使用の状況，当該財産に関する犯人以外の者の権利の有無その他の事情からこれを没収することが相当でないと認められるときは，その価額を犯人から追徴することができる。

という文言であった。令和5年改正においては，これが本項に移動した。ただし，令和5年改正により従前の10項は13項に移動したので，従前の「第10項各号」との部分は「第13項各号」と改められた。

15.2　「第13項各号に掲げる財産を没収することができないとき」

　追徴を行うことができる場合の1つは，13項各号に基づき財産の没収を行うべきときであって，かつ，同号に掲げる財産を没収することができない場合である。

　「財産を没収することができない場合」とは，その財産が没収の要件を備

えているのに事実上または法律上の障害により没収することができない場合をいう[277]。目的財産が費消，毀損，加工，紛失等によってその存在または同一性を失い，あるいは，目的財産が第三者に帰属しかつ14項により準用される組織的犯罪処罰法15条1項ただし書が適用されないために，没収することができない場合をいう。なお，13項の没収は，刑法19条の没収とは異なり，目的財産が他の財産と混同しただけでは「財産を没収することができない」ときには当たらない[278]。ただし，混同により生じた財産が第三者に帰属し，かつ，14項により準用される組織的犯罪処罰法15条1項ただし書が適用されない場合には，当該財産を没収することができなくなる。

目的財産を譲渡した対価については，13項2号に基づき没収をすれば足りるのであって，当該対価が犯人の元に残っている限り，本項前段に基づく追徴を行うことができない（対価の一部が費消された場合には，犯人の元に残っている対価について没収を行い，費消された分について本項前段の追徴を行うこととなる）。

15.3 「当該財産の性質，その使用の状況，当該財産に関する犯人以外の者の権利の有無その他の事情からこれを没収することが相当でないと認められるとき」

追徴を行うことができる場合の1つは，13項各号に基づき財産の没収を行うことができるが，当該財産の性質，その使用の状況，当該財産に関する犯人以外の者の権利の有無その他の事情からこれを没収することが相当でないと認められるときである。

13項の没収は任意的なものであるところ，一定の場合には，裁判所の裁量により没収から追徴への切り替えることを認めたものである[279]。

「当該財産の性質」とは，当該財産の客観的性質をいう[280]。

「使用の状況」とは，当該財産の現在の使用状況をいう[281]。

「当該財産に関する犯人以外の者の権利の有無」とは，抵当権等没収対象財産に対する犯人以外の第三者の権利の有無[282]をいう。

15.4 「その価額を犯人から追徴することができる。」

上記の要件のいずれかを満たす場合，裁判所は，没収の目的たる財産の価額を犯人から追徴することができる。

996 第5章 罰則

追徴とは，目的財産の没収に代えて，これと等価値の金員の納付を命じる
処分であり，没収の換刑処分としての意義を有する[283]。

追徴することができるのは，当該目的財産の「価額」である。

ここでいう「価額」とは，当該財産の現実の取引価格ではなく，その財産
の客観的に適正な価額をいう[284]。したがって，目的財産がその財産の客観
的に適正な価額よりも安価に第三者に譲渡された場合，その対価（のうち費
消されずに被告人の元に残っている分）と上記客観的適正価額との差額を追
徴することができる。なお，目的財産がその財産の客観的に適正な価額より
も高価に第三者に譲渡された場合，その対価全体が没収の対象となり，すで
に費消された分について追徴の対象となる。なお，没収の対象となるべき財
産を取得するに対して対価その他の費用を支出していたとしても，当該費用
分は，追徴額を算定する際に考慮しない[285]。

上記客観的適正価額の算定時期については，目的財産取得時説，没収不能
時説，裁判時説等があり得る[286]が，刑法上の追徴について判例は犯行時＝
収受時説を採用している[287]ことに鑑みれば，本項の追徴についても目的財
産取得時説を採用するものと思われる[288]。

追徴の名宛人は「犯人」である。追徴は，共同正犯，教唆犯，幇助犯等の
共犯を含む犯人全員に対し，それぞれ独立して行うことができるが，その場
合，共犯者の一人がその全部または一部を納付したときは，その部分につき
他の者から重ねてこれを追徴することはできない[289]。ただし，没収の目的
たる財産を取得しなかった犯人に対しては，追徴をすることができない[290]。

なお，「没収は……特定財産を対象としているのに対し，追徴は被告人
……の一般財産を対象とするのであり，没収に代えて追徴をすることは，利
益はく奪の対象が特定の個別財産から一般財産全体に広がることになるので
あるから，たとえ，没収の対象となる金額と追徴額が同額であるとしても，
特段の事情のない限り，被告人の不利益になるというべきである」として，
特定の財産につき没収刑を科した第一審に対し検察官控訴がなされなかった
場合に控訴審で没収に代えて追徴刑を科すことは許されないとした裁判例が
ある[291]。

追徴の裁判については，検察官の命令によってこれを執行する。この命令
は，執行力のある債務名義と同一の効力を有する（刑訴法490条１項）。そし
て，その執行は，民事執行法その他強制執行の手続に関する法令の規定に

従ってなされる（刑訴法490条2項本文）。ただし，執行前に裁判の送達をすることを要しない（同項ただし書）。

【注】
1）　刑法246条の「人を欺」くについて，大塚仁ほか編『大コンメンタール刑法〔第3版〕第13巻』（青林書院，2018）30頁〔髙橋省吾〕。
2）　情報保有主体のお客さまコールセンターに電話をかけ，特定の居室の世帯主になりすまして，「ガス料金お支払いしているのに何か請求書が届いたらしいんですけど見て下さい。」，「名前もさっき言ったじゃないですか，最初に。」，「ちょっと見て，そっちでも。」などとうそを言い，その旨誤信した担当者に当該居室の契約者氏名を回答させて，営業秘密である契約者氏名を取得した行為について本号を適用したものとして，名古屋地判平27・1・20公刊物未登載（平成25年（わ）2321号／平成25年（わ）2587号／平成26年（わ）224号）〔28230549〕がある。
3）　例えば，部下に対して虚偽情報が提供された結果上司が欺罔に陥った場合や，同行者に対し暴行がなされた結果畏怖が生じた場合等。
4）　営業秘密保有者とは，営業秘密を保有する事業者をいう（2条1項7号）。
5）　これに対し，施設自体は施錠されているが営業秘密を記録した媒体が施設内に無造作に置かれている場合は当該施設に侵入すること自体が管理侵害行為となる可能性がある。
6）　西貝吉晃「営業秘密侵害罪の研究・序説」佐伯仁志＝大澤裕＝髙山佳奈子＝橋爪隆編『山口厚先生古稀祝賀論文集』595頁（有斐閣，2023）。これに対し，小野＝松村・新・概説第3版下巻349頁は，少なくとも「財物の窃取」，「施設への侵入」，「不正アクセス行為」に準じるような違法性の高い「管理侵害」の類型に限定すべきとする。しかし，営業秘密保有者の管理を侵害して営業秘密が取得されたケースで，いかなる基準で違法性の高低を論ずるのかが不明である。
7）　東京地判令4・1・20最高裁HP（令和2年（特わ）1001号）〔28300725〕
8）　大阪地判平27・11・13公刊物未登載（平成27年（わ）280号／平成27年（わ）865号）
9）　経産省・逐条解説（平成21年改正版）180頁は，「不正競争防止法における営業秘密の『取得』とは，自己又は第三者が，営業秘密を知得すること（再現可能な状態で記憶すること）又は営業秘密が化体された有体物（営業秘密記録媒体等若しくは営業秘密が化体された物件）を占有することをいう」とし，前段については，営業秘密を知覚するだけではたりず，「知得すること（再現可能な状態で記憶すること）」まで要求する。しかし，「取得」という言葉から継続性まで読み込む必要はないように思われる。ただし，経産省・逐条解説（令和5年改正版）281頁では，「本法における営業秘密の『取得』とは，営業秘密を自己の管理下に置く行為をいい，営業秘密が記録されている媒体等を介して自己又は第三者が営業秘密自体を手に入れる行為，及び営業秘密自体を頭の中に入

998　第5章　罰則

れる等，営業秘密が記録されている媒体等の移動を伴わない形で営業秘密を自
己又 は第三者のものとする行為が該当する」と説明が変更され，「再現可能な
状態で記憶すること」までは要求されなくなった。また，佐久間修『体系経済
刑法：経済活動における罪と罰』92頁（中央経済社，2022）は，本項の「取得」
を「営業秘密を自己の管理下に置く行為一般」と定義するが，これだと営業秘
密を口頭で伝えてもらったり，その場で見せてもらったりということが「取得」
に含まれなくなり，立法者意思にも反するように思われる。

10)　「火事だ」と叫んであたかも近所で火災が発生したかのような虚偽情報を提供
して他人を建物外に脱出させた上で，当該建物内に収蔵されている媒体を持ち
出した場合等。

11)　経産省・逐条解説（平成21年改正版）180頁

12)　大判大5・9・28刑録22輯1467頁〔27942966〕

13)　経産省・逐条解説（令和5年改正版）277頁

14)　経産省・逐条解説（平成21年改正版）175頁

15)　これに対し，西貝・前掲注6）587頁は，「客体が営業秘密であることの認識，
つまり有用性，非公知性，及び秘密管理性の認識が必要である」とした上で，
「秘密管理性を充たすためには，管理指針基準の範囲内の者にとって認識可能に
なるような客観的措置の存在と，それが形骸化していないことが必要である」
から，「そうした秘密管理措置が施されていること」についての認識が必要であ
るとする。しかし，客体が営業秘密であることの認識は，営業秘密を輾転取得
した者等についても必要とされるところ，そのような輾転取得者等において，
未必的なものであれ，「秘密管理措置が施されていること」の認識は通常ないの
で，故意が認められない例が多発してしまうように思われる。

16)　経産省・逐条解説（令和5年改正版）277頁。佐久間・前掲注9）93頁も，基
本的にこれを踏襲して，「不正の利益を得る目的」を「公序良俗や信義則に反す
る形で，保有者の営業秘密を不正に使用することで，自分自身や第三者に不当
な利益を得させる意図」と定義する。

17)　最決平30・12・3刑集72巻6号569頁〔28265193〕。ただし，上嶌一高「判批」
論究ジュリスト37号225頁（2021）は，その他の正当な目的の存在をうかがわせ
る事情もない「など」とされていることに注目して，「正当な目的」ではない
が，「不正の利益を得る目的」以外の目的がある場合には，「不正の利益を得る
目的」の存在を否定する事情として考慮されているとみることができるとする。

18)　本来は，「罪となるべき事実」において，被告人がどのような利益を得る目的
で当該行為を行ったのかを具体的に特定し，それがなにゆえに「不正」なもの
なのかを示すべきだと思われるが，裁判所はそのような運用をしていない。

19)　佐藤結美「判批」上智法學論集64巻3・4号320頁（2021）「営業秘密が法的
保護に値する根拠は高い財産的価値と機密性にあるといえる」ということから
「法的保護に値する正当な目的なく営業秘密を取得，使用・開示，領得する行為
には，営業秘密を侵害する高い危険性が認められると解するのが法の趣旨であ

るといえるのではないか」とするが，法文が「正当な目的なくして」等の文言を採用していない以上，法の趣旨をそのように理解することは困難である。

20) 経産省・逐条解説（令和5年改正版）277頁。この立案担当者の解説について，上嶌・前掲注17）225頁は，「同時に，そのような自己の満足を図る目的があれば，直ちに図利加害目的が肯定されるわけではないことも意味しているといえよう」とした上で，「行為者が営業秘密であるデータファイルを自身の手元に保存し，その内容を個人として閲覧するにとどまるなど，精神的な満足を得ることにすぎない場合」や，記念写真を回収するために，直接的には回収の目的ではないデータファイルを自身の手元に一旦は保存したが，その目的とするところは記念写真の回収から精神的な満足を得ることのみにあった場合には，「『不正の利益を得る』ことには当たらないと解していると説明することが可能であろう」とする。結局のところ，営業秘密であるデータファイルの内容を個人として閲覧したり，記念写真を回収したりすることにより精神的な満足を得るという利益が正当なものと言えるかどうかに帰着する（営業秘密であるデータファイルの内容を個人として閲覧することにより精神的な満足を得ることを正当なものだと評価するのはかなり難しいように思われる）。

21) 帖佐隆「判批」パテント857号130頁（2020）

22) 帖佐隆「営業秘密侵害罪の主観的要件を考える：NHK事件を題材として」久留米大学法学87号40頁（2023）。この見解は，「営業秘密侵害は，他人の成果を冒用する行為である」（帖佐・前掲注21）129頁）ということを前提とするが，取得や開示も構成要件的行為としている営業秘密侵害罪についてそこまで言えるかは疑問である。

23) 本田稔「判批」法学セミナー776号125頁（2019）

24) 平野恵稔「営業秘密の刑事上の保護といくつかの問題について」日本工業所有権法学会年報43号211頁（2019）

25) なお，「目的要件における利益・損害を営業上のそれと限定することによって，一時的な外部持出しの際には，利益取得・加害目的が認められないとして営業秘密侵害罪の成立を否定することも検討するべきではないだろうか」（内田幸隆「営業秘密侵害罪の基本的性格とその課題について」伊東研祐＝小島秀夫＝中空壽雅＝松原芳博編『市民的自由のための市民的熟議と刑事法：増田豊先生古稀祝賀論文集』（勁草書房，2018）376頁）とする見解がある。ただし，一時的な外部持ち出しは種々の目的でなされうるものであり，その目的次第では，「不正の利益を得る目的」が認められうるように思われる。

26) 玉井克哉「営業秘密侵害罪における図利加害の目的」警察学論集68巻12号9頁（2015）。しかし，前段については，権利侵害の故意があっても特定の内心の動機を欠くとき には犯罪としないとする目的犯の意義を理解しない批判であり，後段については，事実認定の問題と法解釈の問題を混同する批判のように思われる。証拠調べの結果行為者の目的が「思い出作り」でしかないとの心証を得た場合には，その旨の事実認定をした上で，そのような精神的な満足が本

1000 第5章 罰則

条にいう「利益」にあたるのか，そしてその利益は「不正」なものなのかを吟味すべきであろう。

27) 経産省・逐条解説（令和5年改正版）277頁

28) 経産省・逐条解説（令和5年改正版）277頁

29) 経産省・逐条解説（令和5年改正版）278頁

30) ただし，営業秘密を記録した媒体等にかかる財産犯については，不正の利益を得る目的や第三者を害する目的等が必要とされていないので，行為態様次第で成立しうる（正当業務行為（刑法35条）として違法性が阻却されるかの問題である。この点，玉井・前掲注26）61頁は，保有者が営業秘密を示された者かどうかで検討内容を区別するが，新聞記者等が企業の不正を暴くために情を知らない従業員を騙して秘密情報が記録された媒体の詐取等することもありうるので，無意味な区別である。

31) ただし，NHKの放送受信契約や受信料の徴収等に関する問題に対し，種々の方法でこれを批判する活動をしていた者が，NHKおよび業務委託先の情報管理に問題がある旨批判することを可能とするために，NHKの集金人を務める者と共同して受信契約者の個人情報等の営業秘密を領得したことに関して，「例えばC協会の不正を公表するためにその不正行為を示す情報自体を取得したような場合とは異なり，C協会と受信契約を締結している者等の具体的な情報という，いわば無関係な一般国民の個人情報を取得していることやその取得経緯からすれば，上記のとおり，被告人は，具体的な利用場面はともかく，このような一般国民の個人情報を，後にC協会を批判するなどの自身の活動の際に悪用するために取得したものといえ，このような取得行為に図利加害目的があることは明らかであり，図利加害目的を認定した原判決の判断に誤りはないというべきである」とした裁判例がある（東京高判令4・10・24最高裁HP（令和4年（う）276号）〔28302852〕）。しかし，企業における不正を暴こうという過程で入手する必要がある営業秘密の中に顧客等一般国民の個人情報が含まれているという事態はしばしばありうるのであるから，取得した情報の中に一般国民の個人情報が含まれていることを理由に図利加害目的を認定するのは，企業における不正を暴く報道を行う目的でその営業秘密を取得する行為を適法な行為としようとする立法者意思に反するものと言える。

32) 前掲注7）東京地判令4・1・20

33) 根津洸希「判批」法学新報130巻1・2号256頁（2023）は，「このような表現によれば仮に被告人がF（ないしD協会）内部の『本当のスキャンダル』を共犯者から得たことにより，結果的に営業秘密を領得した場合であっても，図利目的を肯定することになりかねないからである」として，前掲注7）東京地判令4・1・20を批判する。もっとも，特定の公的組織のスキャンダルを把握するためには，結果的にではなく，意図的に当該組織の営業秘密を取得することも少なくないが，その場合にも，「不当な利益を得る目的」は否定されるべきである。

34) 玉井・前掲注26) 40頁

35) 所定内労働時間での事務処理だけでは所定の業務が所定の日までに完了しない場合に，所定の日までに上記業務を完成させるために，自宅で上記業務を行うのに必要な資料を自宅に持ち帰ることは，所定の日までに上記業務が完了しないことにより生ずる営業秘密保有者の損失を回避し，もって組織内における自己の評価の低下を回避する目的があったといい得るが，だからといって「不正の利益を図る目的」ありとすることが適切とは思われない。

36) 玉井・前掲注26) 47頁。玉井教授は「通勤途上や自宅での紛失や盗難の危険を考えれば，直接に使用者の業務に供するのでない勉強のための持帰りというのは，一般に，営業秘密管理任務への違背となるであろう。同時に，加害についての認識もあるといえる。そして，残業のための持帰りとは異なり，研鑽や勉強というのは従業者自身の能力開発にほかならないから，常に自己図利目的も併存する。」（同47頁）とするが，本項各号の罪を目的犯とした趣旨に鑑みれば，法益侵害の危険を認識・認容することと図利加害目的を有することとは別物と考えるべきである。

37) 平野・前掲注24) 214頁。ただし，営業秘密が使用・開示される危険が増加するかどうかと，「不正の利益を得る目的」があるかどうかは，直接的には結びつかないように思われる。むしろ，隠匿目的の記録媒体の持ち帰りが「領得」に当たるかどうかの問題ではなかろうか。

38) 経産省・逐条解説（令和5年改正版）277頁。これに対し，「営業秘密の財産的価値の毀損により保有者に損害を加えるという認識」が必要とするものとして，帖佐・前掲注22) 41頁がある。

39) 当該種類の個人情報が外部に流出すれば，情報保有主体の「社会的な評価・信用が損なわれ，業務に様々な支障が生ずることは明白であ」る場合に当該「情報をすすんで領得し流出させた」ものについて「損害を加える目的」を認めたものとして，前掲注7) 東京地判令4・1・20がある。

40) 玉井・前掲注26) 39頁

41) 玉井・前掲注26) 41頁

42) 玉井・前掲注26) 47頁

43) 加藤左千夫「刑事罰による営業秘密の保護と不正競争防止法の変遷」中京法学44巻3・4号283頁（2010）。内部告発目的も加害目的に含めるものとして，一原亜貴子「営業秘密侵害罪に係る不正競争防止法の平成21年改正について」岡山大学法学会雑誌60巻3号51頁（2011）がある。ただし，内部告発目的が図利加害目的に含まれるとしても，一定の内部告発については，違法性が阻却されるとして処罰対象から除外することも可能である（例えば，林尚儒「営業秘密侵害罪について」99頁（博士論文，2020）は，「報道機関の場合は刑法35条の正当行為を根拠に，従業者の場合は違法性阻却に関する実質原理を根拠に，当該行為が正当な目的のための相当な手段といえるかという，目的の価値と手段の侵害性との比較衡量を通じて，正当な内部告発行為の違法性を排除すべきで

1002 第5章 罰則

あると思われる」とする。もっとも,「違法性阻却に関する実質原理」というものが違法性阻却の根拠として裁判所に採用される可能性がどの程度あるのか,「目的の価値と手段の侵害性との比較衡量」というものがいかにしてなされうるのかということを考えると,内部告発目的については図利加害目的なしとする従前の多数説の方が優れているように思われる)。

44) 佐久間・前掲注9)93頁。なお,前掲注7)東京地判令4・1・20も,「Fにとって,本件情報のような個人情報が外部に流出すれば,社会的な評価・信用が損なわれ,業務に様々な支障が生ずることは明白であり,本件情報をすすんで領得し流出させた被告人には,Fに『損害を加える目的』があったことも問題なく認められる」と判示する。

45) 前掲注2)名古屋地判平27・1・20。この場合,1号の不正取得罪について告訴があれば,2号の不正開示罪については告訴がなくても処断できるとされる。

46) この場合,構成員Aが当該法人等の構成員に当該営業秘密を開示した時点で構成員Aについて本号の罪が成立し,構成員Bについては7号または8号の罪が成立し,当該法人等については22条の罪が成立しうるにとどまる。

47) 前掲注2)名古屋地判平27・1・20は,罪となるべき事実として,「前記1の犯行により不正に取得した営業秘密である前記契約者氏名」と記載しているが,正しくは「前記1の詐欺等行為により取得した営業秘密である前記契約者氏名」と記載すべきであった。

48) 経産省・逐条解説(令和5年改正版)282頁

49) 山口厚編著『経済刑法』63頁(商事法務,2012)も「営業秘密の使用とは,それを製造,販売等の事業活動に活用すること,経済的用途に用いることをいう」とする。

50) 経産省・逐条解説(令和5年改正版)282頁

51) 他社の営業秘密である設計図面を元に特定の商品に関する設計図面を下請に作成し,同図面に基づいて製品を下請に製造させる行為を営業秘密の「使用」としたものとして,横浜地判令3・7・7公刊物未登載(平成30年(わ)1931号/平成31年(わ)57号)〔28292782〕がある。

52) 東京地判令5・5・31公刊物未登載(令和4年(特わ)2148号)〔28312041〕,東京地判令6・2・26最高裁HP(令和4年(特わ)2148号)〔28321063〕。なお,原価比較表を商品開発等に活用することまでは必要ない(前掲東京地判令6・2・26)。

53) 佐久間・前掲注9)92頁は,「自らの事業活動の参考とする場合」も「使用」に含める。

54) 経産省・逐条解説(令和5年改正版)282頁は「開示」を「営業秘密を第三者に知られる状態に置くこと」と定義し,佐久間・前掲注9)92頁は,「開示」を「営業秘密を第三者に知られる状態にすること」と定義し,第三者に伝わることを要しないとしているが,本条の開示罪は未遂処罰規定の対象となっており

（本条 6 項），本条の「開示」は，営業秘密が第三者に伝わることが前提となっているように思われる。

55) 大阪地堺支判平26・3・27公刊物未登載（平成25年（わ）190号）

56) 東京地判平27・3・9判時2276号143頁〔28231190〕

57) 名古屋地判平28・7・19公刊物未登載（平成28年（わ）489号／平成28年（わ）686号）〔28242944〕，福岡地判平29・10・16公刊物未登載（平成28年（わ）1434号／平成28年（わ）1726号／平成29年（わ）136号／平成29年（わ）478号／平成29年（わ）875号）〔28253936〕，名古屋地判令2・3・27最高裁HP（平成28年（わ）471号／平成28年（わ）662号）〔28281678〕，高松地判令2・7・21公刊物未登載（令和2年（わ）86号／令和2年（わ）161号）〔28282768〕，高松地判令3・2・8公刊物未登載（令和元年（わ）334号／令和2年（わ）87号／令和2年（わ）162号）〔28290901〕

58) 不正に取得した営業秘密である契約者氏名を，インターネットの電子メールを使用して探偵業者に送信したことは本号の開示に当たるとしたものとして，前掲注2）名古屋地判平27・1・20がある。その他，営業秘密を含む電子ファイルを添付した電子メールを送信する行為を本条の「開示」に当たるとしたものとして，前掲注56）東京地判平27・3・9，前掲注57）名古屋地判令2・3・27，前掲注51）横浜地判令3・7・7，鹿児島地判令3・7・8公刊物未登載（令和3年（わ）62号／令和3年（わ）78号）〔28292621〕，大阪地判令3・8・18最高裁HP（令和3年（わ）1139号）〔28293042〕，前掲注52）東京地判令5・5・31，前掲注52）東京地判令6・2・26がある。

59) 前掲注57）高松地判令2・7・21

60) 東京地立川支判平28・3・29判タ1433号231頁〔28250128〕

61) 2条1項4号かっこ書は「秘密を保持しつつ特定の者に示すことを含む」とする。経産省・逐条解説（令和5年改正版）282頁は，「営業秘密を非公知性を失わないまま特定の者に知られる状態に置くことも含む」とする。

62) 経産省・逐条解説（令和5年改正版）282頁は，「ホームページに営業秘密を掲載したりすること」も開示に当たるとするが，ホームページに掲載した段階ではいまだ実行に着手したにとどまり，第三者が当該ページを閲覧する（当該第三者の送信要求に応じてウェブサーバが当該情報を当該第三者の端末に宛てて送信し，当該端末がこれを受信すること）で「開示」行為が既遂に達するというべきである。

63) これに対し，経産省・逐条解説（令和5年改正版）284頁は，1項2号の罪に当たる開示を，「不正に取得した営業秘密を図利加害目的で開示する行為」と抽象化して捉えている。

64) ただし，1項2号の使用は自ら詐欺的行為または管理侵害行為によって営業秘密を取得した者が行うものであって，1項2号の罪に当たる開示の相手方が行うものではない。経済産業省知的財産政策室は，「自らの開示が営業秘密侵害罪に該当する場合，その相手方が，その営業秘密を不正使用する行為は，転得

1004 第5章 罰則

者処罰の規定（第21条第1項第3号，4号）に該当することが多いと考えられ
るが，営業秘密侵害の態様は様々であり，転得者処罰以外の規定が適用される
可能性も否定できないことから，処罰のすきまが生じないよう，『第1項第2号
から第4号までの罪に当たる使用をする目的』と，使用行為が規定されている
類型を全て引用することとして」（経産省・逐条解説（令和5年改正版）308頁）
いるとのことであり，開示の相手方が国内で1項2号の使用を行うことはそも
そも具体的に想定されていない。このように，日本国外で1項2号の罪に当た
る使用を相手方が行うとの情を知って1項2号に当たる開示を行うという事態
が想定できない以上，「第4項第2号の罪（前号の罪に当たる開示に係る部分に
限る。）」に当たる開示とは，事実上，開示の相手方が日本国外において1項3
号または4号の罪に当たる使用をする目的を有することの情を知って，1項2
号の罪に当たる開示をすることをいうことになる。

65) ただし，2項2号から4号までの罪に当たる使用はいずれも，営業秘密保有
者から営業秘密を示された者が行う当該営業秘密の使用に限定されているので，
営業秘密保有者から営業秘密を示された者がその任務に違背して行った当該営
業秘密の開示の相手方が2項2号から4号までの罪に当たる使用を行うという
ことは，通常考えがたい。

66) 開示を受けた営業秘密たる商品原価データを用いて営業秘密保有者が提供す
る商品の原価と被告会社が提供する商品の原価とを比較したデータファイルを
作成した行為を営業秘密の「使用」としたものとして，前掲注52）東京地判令
6・2・26がある。当該原価比較表が商品開発等に活用されたかどうかは関係
ないとされる。

67) 営業秘密が記録された電子ファイルを添付した電子メールを特定人宛てに送
信した時点で，当該営業秘密を第三者に知られる状態に置いており，これを
「開示」したと認められるとしたものとして，前掲注52）東京地判令6・2・26
がある。

68) 本号の客体たる営業秘密の営業秘密保有者と本号の行為者との関係は通常希
薄なので，上記営業秘密保有者が当該情報をどのように管理していたのかを本
号の行為者は通常知りえない。このため，当該情報の内容に照らして，当該情
報の保有主体がこれを秘密として取り扱うことを本号の行為者が容易に推知可
能であると認められるとして，営業秘密に該当するとの認識があったものとし
た裁判例がある（前掲注52）東京地判令6・2・26）。容易に推知可能であると
いうだけでは未必の故意は本来認められない点をどう考えるのかと言う問題は
残る。営業秘密保有者の情報管理体制がどうなっているかを知らなくとも「図
面は，うちのを出すので（秘扱い）それに合わせてフェルールの外周寸法を確
認して設計されるとよいのではないかと思います。少々，お待ちください。今，
図面を出すと人が多いのでまずく！ご理解ください。」と記載したメールを送受
信している等の事情がある場合には当該情報が秘密として管理されているもの
であると認識したことが十分に推認できると判示したものとして，東京高判令

4・2・17公刊物未登載（令和3年（う）1407号）がある。

69) 本号の行為者は，通常，本号の客体たる営業秘密の開示者がその営業秘密をどのように入手したのかの詳細を知らない。このため，21条1項3号（現：21条2項1号）イからハまでの方法により領得された営業秘密を取得して第三者に送信した者について，当該情報の内容に照らして，開示者が営業秘密の管理に係る任務に背き，不正の利益を得る目的を有していたことは容易に想起できるところであるとして，故意を認めた裁判例がある（前掲注68）東京高判令4・2・17）。この場合，同号イからハまでのどの方法で領得されたものだったのか等の認識は不要とされている。

70) 前掲注68）東京高判令4・2・17

71) 経産省・逐条解説（令和5年改正版）283頁

72) 経産省・逐条解説（令和5年改正版）283頁

73) 前掲注58）鹿児島地判令3・7・8

74) したがって，実際には不正開示は介在していないのに介在していると誤認して取得した営業秘密を使用または開示する行為は本号の罪には当たらない。

75) 経産省・逐条解説（令和5年改正版）285頁-286頁

76) 経産省・逐条解説（令和5年改正版）285頁-286頁

77) 以下，これらの行為を便宜上「譲渡等」ということがある。

78) 経済産業省経済産業政策室知的財産政策室「法令解説　営業秘密の保護強化　営業秘密侵害罪における処罰対象範囲の拡大等」時の法令1845号28頁（2009）

79) 経済産業省経済産業政策室知的財産政策室・前掲注78）28頁

80) 前掲注60）東京地立川支判平28・3・29は，「保有者とは，営業秘密を正当な権原に基づいて取得して保持している者をいうと解される」とする。

81) なお，A→B→C→Dというような多重下請け関係がある場合に，Aが保有する営業秘密について，一次請負業者であるBも営業秘密保有者としたものとして東京高判平29・3・21判タ1443号80頁〔28253079〕があり，このような解釈に反対するものとして，濱口桂一郎「判批」ジュリ1528号121頁（2019）がある。

82) 経産省・逐条解説（令和5年改正版）289頁は，「その営業秘密を不正取得以外の態様で営業秘密保有者から取得した場合であることを意味している」とするが，「示す」という言葉は情報を保有している側の動作を示すものであり，情報を受け取る側の動作を示す「取得」とは異なるので，説明としての適切さを欠いている。これに対し，西貝・前掲注6）593頁は，「示された」は，「取得権限が与えられたことにより同権限を有する……状態」だと解すべきだとする。しかし，「示す」というのは事実行為であって，権限云々の問題ではないように思われる。

83) 名古屋地判平26・8・20公刊物未登載（平成24年（わ）843号）〔28223811〕，前掲注60）東京地立川支判平28・3・29，横浜地判平28・10・31刑集72巻6号618頁〔28250768〕。東京地判令2・7・9公刊物未登載（令和2年（特わ）278

1006 第5章 罰則

号)〔28282272〕は,会社が管理する営業秘密が記録され,同社が管理する営業秘密記録媒体として構築されたサーバコンピュータにアクセスするための識別符号であるIDを付与されたことと,同サーバコンピュータ内に電磁的記録として蔵置された同社の営業秘密を閲覧等する権限を付与されたことをもって営業秘密を示されたとする。神戸地判令5・1・24公刊物未登載(令和4年(わ)836号)〔28310845〕も,営業秘密保有者たる会社が管理する営業秘密が記録されたサーバコンピュータへのアクセス権および同サーバコンピュータ内に電磁的記録として蔵置された同社の営業秘密の閲覧やダウンロードの権限等を付与されていたことをもって営業秘密を示されたとする。

84) 名古屋地豊橋支判平30・5・11最高裁HP(平成29年(わ)289号)〔28262413〕,名古屋高判令3・4・13公刊物未登載(令和2年(う)162号)〔28292014〕

85) この場合,孫請け企業の担当者は,発注者,下請会社,孫請け会社等から営業秘密の開示を受けたこととなる。複数の保有者との関係で上記任務を負っていたことが認定された例として,前掲注60)東京地立川支判平28・3・29がある。

86) この問題は,従前,2条1項7号の「営業秘密を保有する事業者(以下「営業秘密保有者」という。)からその営業秘密を示された場合において」との文言を巡って裁判例や学説が積み重なってきた。この点については,2条1項7号の解説を参照。

87) 通商産業省『営業秘密―逐条解説改正不正競争防止法』87頁(有斐閣,1990)

88) 山根崇邦「不正競争防止法2条1項7号の『その営業秘密を示された場合』の再構成―投資用マンション事件を契機として」L&T61号57頁-58頁(2013)

89) 特定のウェブサイトへのアクセス権の付与を申請するに当たって,当該ウェブサイトで得られる情報はその運営主体の秘密情報であって,その情報にアクセスした者には法令および情報管理規定に基づいてその情報を秘密として管理する義務が生じる旨の同意を求めるボタンをクリックした場合にも,秘密保持契約の成立を認めたものとして,前掲注57)名古屋地判令2・3・27がある。

90) なお,小野=松村・新・概説3版下巻352頁は,「製品の開発委託又は製造委託契約や製品の供給契約又は使用許諾契約に関連して営業秘密が開示される」「場合には,被開示者が,当然それが保有者(開示者)の営業秘密であることを知っているか知りうべかりし場合を除き,契約中に開示される情報について守秘義務(秘密保持義務)条項を設けるが,開示の際に特にそれが開示者の『営業秘密』であることを示さない限り,被開示者が当然に守秘義務を負うことはない」とする。しかし,上記契約当事者間の契約に秘密保持条項が組み入れられている場合,保持義務を負う秘密の特定方法は当該条項によって定まるものと思料される。

91) 前掲注83)名古屋地判平26・8・20は,「秘密を管理する任務に背くとは,情報の保有者との間の契約等による秘密保持義務に違背することである」とする。また,前掲注60)東京地立川支判平28・3・29は,「営業秘密の管理に係る任務

とは，営業秘密を保有者から示された者が，保有者との間の契約等によって課
せられた秘密を保持すべき任務をいう」とする。

92) 経産省・逐条解説（令和5年改正版）290頁は，営業秘密の「領得」とは，
「営業秘密を保有者から示された者が，その営業秘密を管理する任務に背いて，
権限なく営業秘密を営業秘密保有者の管理支配外に置く意思の発現行為をい」
うものとする。これは，横領罪における不法領得の意思を「権限なく他人の財
物をその管理支配外に置く意思」と解する見解を前提とするものであるが，判
例通説における位置づけとは乖離しているように思われる。経産省・逐条解説
（令和5年改正版）290頁では，本号の「横領」とは「営業秘密保有者から預
かった営業秘密が記録された媒体又は営業秘密が化体した物件を自己の物のよ
うに利用・処分する（ことができる状態に置く）ことをいう」とされるが，「自
己の物のように」という比喩表現では，その限界を画することが困難である。
また，山口編著・前掲注49）64頁は，「営業秘密の領得とは，営業秘密につい
て，その価値を享受しまたはその機会を確保するため，保有者でなければでき
ない処分を権限なく行うことをいうと解される」とする。ただ，不消去が処分
と言えるのかには躊躇を覚える。また，西貝・前掲注6）599頁は，「21条2項
1号に書かれている領得とは，管理可能な者を増やすことなく，権限なく，営
業秘密を保有者の管理支配外に置くことと解することが可能である」とする。
しかし，「領得」という言葉の本来の意味からかけ離れており，また，同号イか
らハまでしか処罰の対象としない本号において毀棄まで含むものとして「領得」
の範囲を拡張する意味が理解できない。

93) 横領罪（刑法252条）の領得行為は，その財物の経済的用法に従いこれを利用
し処分することまで要しないとするのが最高裁判例（最判昭24・3・8刑集3
巻3号276頁〔24000522〕等）なので，本号の「領得」についても，その営業秘
密の経済的用法に従いこれを利用し処分することまで要しないというべきであ
る。

94) 経済産業省「営業秘密管理指針」（最終改訂平成31年1月23日）12頁は，物件
に営業秘密情報が化体しているものの例として，「製造機械や金型，高機能微生
物，新製品の試作品など」を掲げる。

95) 自己の占有する他人の財物について，不法に領得する意思を実現する一切の
行為を指すとする領得行為説と，自己の占有する他人の財物について委託の趣
旨に反する行為を指すとする越権行為説に大別される。

96) 刑法上の横領について，大判昭10・7・4刑集14巻753頁〔27922367〕

97) ただし，林・前掲注43）は，「営業秘密侵害罪における財産的損害」とは「営
業秘密の利用権の希少価値にある」とし，「営業秘密侵害行為を含む成果冒用行
為が不正競争行為とされるのは，成果競争を歪める行為を規制し，これを禁止
することによって成果実現者を保護し，もって成果の実現を促し競争秩序の発
展を期するためである」とした上で，「公正な競争秩序を法益として認める以
上，それを害する危険が生じていなければ，営業秘密侵害罪の成立を認めるべ

1008 第5章 罰則

きではないように思われる」として，その例として，「営業秘密を持ち出したと
しても，単に自宅に放置しているだけであって，当該営業秘密が競合他社に伝
わることがない場合には，営業秘密侵害罪の成立を否定すべきであろう」とす
る（以上，91頁-95頁）。内田・前掲注25）375頁-376頁）もまた，「残業や自ら
の知識・技術向上のために，企業の従業者などが営業上・技術上の情報を外部
に持ち出す事例について」「当該情報が営業秘密として認められ，外部持出しが
管理任務に反するといえる場合であっても，一時的に自宅に持ち帰ったに過ぎ
ない事例では，公正な競争秩序を害する危険が生じていないとして，あるいは
そもそも保有者の営業上の利益を侵害・危殆化したとはいえないとして，営業
秘密侵害罪の成立を否定すべきであろう」とする。これらの見解に立った場合，
営業秘密をその保有者から示された者が当該営業秘密が記録された記録媒体等
を自宅等に持ち帰った場合，当該営業秘密を競合他社に伝える等して公正な競
争秩序を害するという結果を認識・認容していれば本号の罪の未遂となり，そ
のような結果を認識・認容していない場合は犯罪として不成立ということにな
るのだろうか。

98） 刑法上の横領について，大判明44・6・8刑録17輯1113頁〔27918452〕

99） 刑法上の横領について，大判明44・5・22刑録17輯897頁〔27918440〕

100） 玉井・前掲注26）46頁

101） 平野・前掲注24）213頁も，この従業員は，「この営業秘密について自らが保
有者（管理支配する者）となる意思を有して行為していないのであるから……
営業秘密を領得したものではな」く，「その後も何ら領得行為となる行為をして
いないので……営業秘密侵害罪に問われることはない」としている。

102） 山口編著・前掲注49）64頁は，本号の「複製」を「客体と同一性をそなえた
物を作成すること」をいうと定義するが，秘密情報さえ複製先に記録されてい
れば，それ以上の同一性は求められていないように思われる。

103） 会社から貸与されていた業務用PCを操作して前記サーバコンピュータにア
クセスし，同サーバコンピュータ内に記録されていた同社の営業秘密が記録さ
れているファイルデータを，前記PCに接続した自己所有のUSBメモリに記録さ
せて複製した行為について本号ロの成立を認めたものとして，前掲注58）大阪
地判令3・8・18。

104） 前掲注83）東京地判令2・7・9。業務用携帯端末に記録された秘密情報を
同携帯端末の画面に表示させ，これをビデオカメラで撮影し，その複製を作成
したものとして，前掲注7）東京地判令4・1・20があり，同画面表示をス
マートフォンで写真撮影したものとして，前掲注58）鹿児島地判令3・7・8，
鹿児島地判令3・7・13公刊物未登載（令和3年（わ）62号／令和3年（わ）
78号）〔28292616〕がある。ただし，営業秘密を営業秘密保有者から示された者
が第三者と共同して，当該第三者に当該営業秘密を示し，当該第三者にこれを
撮影等させた場合には，本号の罪の共同正犯ではなく，本条2項3号の開示罪
の共同正犯が成立するとする見解として，帖佐・前掲注22）25頁-26頁がある。

105)　事務室に設置された複合機を操作して，営業秘密である設計図面の記載を
ファイルデータ３件に変換し，これを自己が使用するUSBメモリに記録させた
ものとして，前掲注51）横浜地判令３・７・７がある。

106)　前掲注57）高松地判令２・７・21，前掲注57）高松地判令３・２・８

107)　西貝・前掲注６）603頁

108)　法人の業務を円滑に行うためにそのようなダウンロード行為を行っている場
合には，「不正の利益を得る目的」がないと認められることも多いであろう。

109)　「行為者が持ち込むなど行為者に所有権のある媒体に営業秘密に複製し，こ
れを管理区域外に持ち出した場合」にはじめて本号ロの領得が成立するとする
見解もある（帖佐隆「不正競争防止法21条１項３号と任務違背・図利加害目的」
久留米大学法学74号53頁（2016））。しかし，会社のコピー機を使用してあらか
じめセットされていたコピー用紙に営業秘密をコピーした場合や，営業秘密が
記録されているデータファイルをファイル転送サービス事業者が提供している
サーバコンピュータにアップロードする行為が領得行為に含まれないとするこ
とには違和感がある。

110)　横浜地判平28・１・29公刊物未登載（平成27年（わ）547号）〔28240690〕
は，会社から貸与されていたPCを操作して同社のサーバにアクセスし，同社の
営業秘密が記録されたデータファイルを電子メールに添付して第三者に送信し
た行為について，３号ロの成立を認めていない。なお，上記裁判例においては，
上記PCにダウンロードしたデータファイルを上記PCに接続された外付けハード
ディスクに保存する行為については，本号ロの成立を認めている。また，前掲
注60）東京地立川支判平28・３・29は，会社のサーバから顧客情報ファイルを
会社支給のPCにダウンロードしたことではなく，そこからさらに自己所有のス
マートフォンの内蔵メモリに転送したことをもって本号ロの領得行為の成立を
認めている。前掲注57）名古屋地判平28・７・19は，会社内に設置された複写
機を使用し，顧客情報が記載された文書を複写したり，会社内に設置されてい
た業務用PCを操作し，あらかじめエクセルデータで作成していた表様式に顧客
情報を入力して紙面に印刷したことについて本号ロの領得を認めているが，上
記PC上で顧客情報を入力したこと自体は領得行為としていない。前掲注84）名
古屋地豊橋判平30・５・11も，会社から貸与されていた業務用パソコンを操
作して，あらかじめサーバコンピュータ内のデータベースにアクセスして営業
秘密が記録されているデータをダウンロードして同業務用パソコンに保存する
行為も，同データを同社内のサーバコンピュータのフォルダ内に記録する行為
も本号ロの領得行為に含めていない。

111)　営業秘密の記載または記録を複製した後保有者が保有する営業秘密をすべて
消去してはじめて「営業秘密の領得」に該当するとする見解がある（帖佐・前
掲注109）54頁）。しかし，不正競争防止法における営業秘密に関する罪は，営
業秘密保有者以外の者が営業秘密を自由に使用できてしまうことを防止するこ
とに究極的な目的があるのであって，営業秘密保有者が営業秘密を使用できな

1010 第5章 罰則

くなることを防止することに究極的な目的があるわけではないので，営業秘密保有者が当該営業秘密を使用できないようにすることは「領得」の要件には含まれないというべきである。

112)　営業秘密記録媒体等を返還する義務を負っているのに，既に返還した旨を主張してその返還を拒絶することは，本号イの領得行為に当たる可能性がある。

113)　以上，引用部分は，一般社団法人電子情報技術産業協会（JEITA）情報・産業システム部会PC・タブレットユーザサポート専門委員会「パソコンの廃棄・譲渡時におけるハーディスク上のデータ消去に関する留意事項」10頁（https://home.jeita.or.jp/page_file/20181025154114_OcyNEMuIAs.pdf〔2018年10月改訂〕）

114)　一般社団法人電子情報技術産業協会（JEITA）情報・産業システム部会PC・タブレットユーザサポート専門委員会・前掲注113）11頁

115)　例えば，FRONTLINE社の「サイファーワークス4」については，「Finderと同様のダイアログから，ファイルを1つずつ選択して完全に消去することができます。また，同じく，複数の項目を一度に選択して，消去することもできます。情報漏洩防止のために，暗号化したファイルの元ファイルを消去するだけでなく，ハードウェアの廃棄や譲渡のために，不要なファイルだけを選んで消去するために使用することもできます。消去方式は，『0』の上書き，もしくは『パターン』による上書きから選択できます。また消去する際の上書き回数は，既定の3回以外に，1回から50回まで自由に設定できます」と謳われている（http://www.fli.co.jp/product/cw4/feature.html）。

116)　経産省経済産業政策室知的財産政策室・前掲注78）32頁は，「単に保有者に対し消去した旨を言明しないと言うことのみでは足りず，保有者に向けた何らかの作為が必要である」とする。

117)　「残業や自らの知識・技術向上のために，企業の従業者などが営業上・技術上の情報を外部に持ち出す事例について」「当該情報が営業秘密として認められ，外部持出しが管理任務に反するといえる場合であっても，一時的に自宅に持ち帰ったに過ぎない事例では」「営業秘密性や任務違背性につき錯誤に基づく故意ないしは責任の阻却が考えられる」（内田・前掲注25）375頁-376頁）とする。

118)　営業秘密が記録されている旨の説明を受けて交付を受けた記録媒体を，その中身を見ないで第三者に売却してこれを領得した場合にも，本号イの故意が認められる。

119)　東京地判令4・12・9公刊物未登載（令和3年（特わ）129号）〔28310415〕は，「本件ファイル〈1〉にはCの全ての基地局情報が，本件ファイル〈2〉には伝送装置が設置されたK局舎及び新たな構成方法を採ることを検討している局舎の情報が含まれていることを認識していたと供述しており，これらのファイルについて営業秘密該当性を基礎付ける事実を認識していたと認められる。また，本件ファイル〈3〉についてもネットワーク構成に関する情報であることは認識していたというのであるから，その内容の詳細を把握していなかったとしても，その中に営業秘密に該当しうるCのネットワーク構成に関する情報

が入っている可能性は認識していたものといえ，営業秘密該当性を基礎付ける事実を認識していたと認められる」として複製した電子ファイルに含まれていた内容を知っていたことから当該情報が営業秘密であることを認識していたとしている。札幌地判令5・3・17労経速報2529号13頁〔28312483〕は，複製した情報の性質，パーツマンへのアクセス制限状況，出力時の警告画面を認識していたことから，当該情報が外部者への本件情報の漏洩が禁止されていると認識していたはずであるとして，営業秘密であることについての認識があったとしている。

120)　当該記録の複製を作成することが秘密保持義務違反になることの認識が必要だとしたものとして，前掲注83) 名古屋地判平26・8・20がある。これに対し，株式会社に就業規則が存在するのは公知の事実であり，ｂ社の就業規則に規定されている義務は一般的なものであって，通常人であれば業務上知り得た秘密を保持する義務があることは当然認識しているはずであるとして，被告人には任務違背の認識があったと認められるとしたものとして，前掲注84) 名古屋高判令3・4・13がある。

121)　前掲注83) 名古屋地判平26・8・20

122)　前掲注110) 横浜地判平28・1・29

123)　前掲注17) 最決平30・12・3

124)　前掲注84) 名古屋高判令3・4・13

125)　前掲注57) 名古屋地判平28・7・19

126)　前掲注7) 東京地判令4・1・20。ただし，公法人の運営に問題があることを広く知らしめるための活動の一環であることから，これを「不正の利益を得る目的」に含めることが立法意思に合致するかは疑問である。

127)　東京高判平30・3・20刑集72巻6号652頁〔28262016〕

128)　前掲注17) 最決平30・12・3

129)　その後の下級審裁判例は，「不正の利益を得る目的」を緩やかに認めている。例えば，前掲注84) 名古屋高判令3・4・13は，「被告人において，既に退職を決意していた平成25年1月頃，Ｂの業務を遂行するため本件情報を本件USBに保存する必要性が何ら認められない……上，パワーポイントで作成した電子データであれば，コンサルタント業務等で提供する資料の作成が効率化されるなどの利便性があることにも鑑みると，本件情報の領得は被告人自身又はコンサルタント業務の顧客等の第三者のために退職後に利用することを目的としたものであったことが合理的に推認できる」として「不正の利益を得る目的」を認めた。また，前掲注119) 東京地判令4・12・9は，被告人が同業他社への転職を目前に控えた時期に本件各ファイルを持ち出しており，しかも，上記同業他社に転職後，本件各ファイルを当該同業他社で使用している自身のメールアドレスに転送していることが認められるとの点から，被告人は，本件各ファイルを，上記同業他社に転職した後の自己の職務等に直接または間接的に役立てようとしていたものと認められるとして「不正の利益を得る目的」を認めた。

1012 第5章 罰則

130) 本田前掲注23) 125頁（2019）

131) 前掲注104) 東京地判令2・12・7公刊物未登載（令和2年（特わ）1001号）〔28290038〕

132) 前掲注60) 東京地立川支判平28・3・29, 前掲注57) 名古屋地判平28・7・19, 前掲注57) 名古屋地判令2・3・27, 前掲注57) 高松地判令2・7・21, 前掲注58) 鹿児島地判令3・7・8。

133) 前掲注51) 横浜地判令3・7・7

134) 前掲注110) 横浜地判平28・1・29

135) 前掲注57) 名古屋地判平28・7・19, 前掲注57) 高松地判令2・7・21, 前掲注57) 高松地判令3・2・8。

136) 電子メールに添付して送信したものとして, 名古屋地判平24・12・26公刊物未登載（平成24年（わ）2106号）〔28210109〕, 前掲注57) 名古屋地判令2・3・27, スマートフォンのアプリのメッセージ機能を用いて送信したものとして前掲注58) 鹿児島地判令3・7・8がある。前掲注58) 大阪地判令3・8・18は送信方法が特定されていない。

137) 前掲注110) 横浜地判平28・1・29

138) 前掲注60) 東京地立川支判平28・3・29

139) 前掲注57) 名古屋地判令2・3・27

140) 前掲注57) 高松地判令3・2・8は,「C銀行を含む銀行において, 顧客の預金残高等は, 一般に, 行員以外の者に開示されるなどしてはならないものであり, 機密情報として扱われ, 厳格に管理されている。そして, これらのことは, 事業等を行っている被告人であれば, 当然に分かっていたといえる」とした上で,「当該情報が営業秘密に当たるためには, C銀行の秘密管理意思が, 秘密管理措置によって従業員等に明確に示され, 当該秘密管理意思に対する従業員等の認識可能性が確保されている必要があるところ, 従業員でない被告人については, C銀行の秘密管理意思が示されていないことから, 故意がない」との弁護人の主張に対し,「被告人は, 顧客の預金残高等が, 銀行において, 機密情報として扱われ, 厳格に管理されていること, そのことは従業員にも示されていることなどを, 少なくとも未必的には認識していたと認められる」と判示している。

141) 前掲注84) 名古屋高判令3・4・13

142) 和田俊憲「営業秘密侵害罪と必要的共犯論」山口厚＝井田良＝佐伯仁志＝松原芳博＝仲道祐樹編『高橋則夫先生古稀祝賀論文集［上巻］』880頁（成文堂, 2022）

143) 山口ほか編・前掲注142) 881頁〔和田俊憲〕

144) 前掲注51) 横浜地判令3・7・7は,「『営業秘密使用』をした者がそれに先立って当然に『営業秘密領得』又は『営業秘密開示』の教唆をするとはいえないし（本件がまさにそれに当てはまる）,『営業秘密領得』又は『営業秘密開示』の教唆をした者がその後に当然に『営業秘密使用』をするとはいえないから,

『営業秘密領得』又は『営業秘密開示』と『営業秘密使用』とが対向犯としての必要的共犯の関係にあるとはいえ」ないとする。

145) 経産省・逐条解説（令和5年改正版）293頁

146) 経産省・逐条解説（令和5年改正版）294頁

147) したがって，退職後においても秘密保持義務を負う旨の規定が就業規則にあったり，退職後においても秘密保持義務を負う旨の合意を退職時にしたりした場合であっても，退職後になされた営業秘密の使用または開示については本号の適用はない。

148) 清算会社における清算人，株式会社における会計参与，会計監査人など。

149) 経産省・逐条解説（令和5年改正版）294頁-295頁。佐久間・前掲注9）91頁も同旨。

150) 金融商品取引法においては，21条1項1号において「役員」を「取締役，会計参与，監査役若しくは執行役又はこれらに準ずる者をいう」と規定した後，29条の4第1項2号において，「役員（相談役，顧問その他いかなる名称を有する者であるかを問わず，当該法人に対し取締役，執行役又はこれらに準ずる者と同等以上の支配力を有するものと認められる者を含む。以下この号，第52条第2項，第52条の2第2項，第57条の20第1項第1号及び第3項，第63条第7項第1号ハ，第66条の53第5号イ並びに第66条の63第2項において同じ。）」という文言を採用している。このことからすると，21条1項1号の「これらに準ずる者」には相談役・顧問等は含まれないと考えるのが素直である。

151) 東京地判平21・5・21判タ1306号124頁〔28151413〕，東京地判平21・6・18判タ1310号198頁〔28153158〕は，旧証券取引法上の「取締役に準ずる者」について，「会社の全般についての業務執行決定及び業務執行の監督を行う取締役会の一員である取締役とほぼ同等の地位や権限が与えられていることを要する」とする。東京地判平27・8・28公刊物未登載（平成23年（ワ）37937号）〔29013240〕は，金融商品取引法上21条1項の「役員」について，「役員に準ずる者についても，役員ではないがそのような義務〔筆者注：虚偽記載のない有価証券報告書を作成する義務を負うとともに，万が一提出会社内でそれが行われようとしている場合には，相当な注意を用いてそれを防止する義務〕を負う立場にある者をいうと解するべきであり，単に，提出会社の大株主であるとか，大株主のオーナーまたは代表者であるというだけでは役員に準ずる者にあたるとはいえない」とする。

152) 経産省・逐条解説（令和5年改正版）295頁

153) 前掲注110）横浜地判平28・1・29，前掲注58）大阪地判令3・8・18

154) 前掲注57）高松地判令2・7・21，前掲注57）高松地判令3・2・8。メッセージ機能を用いるに当たって秘密情報を入力した後，保存する前に送信したのであれば，2号は適用されないので，本号が適用されることになる。

155) 東京高判昭55・2・18労民集31巻1号49頁〔27612949〕

156) 前掲注81）東京高判平29・3・21は，「被告人は，Dに対し，機密情報を会

1014 第5章 罰則

社の許可なく外部に持ち出さない旨の誓約書を提出していたこと，Dの就業規則（56条）上，従業員が職務上知り得た機密情報について，秘密保持義務を負っていたこと，前記の各社間で取り交わされた業務委託契約には，機密情報に関する秘密保持条項が含まれていたことに照らすと，被告人がDに対して負っていた秘密保持義務の対象としては，被告人がBの業務上取り扱っていた機密情報も含まれると解される。しかし，このことから，当然に，被告人が契約当事者としてBに対して本件顧客情報に関する秘密保持義務を負うことにはならないというべきである。」と判示している。

157) 佐久間・前掲注9）91頁，山口編著・前掲注49）66頁。

158) なお，前掲注81）東京高判平29・3・21は，被告人と営業秘密保有者との関係は偽装請負であったから労働者派遣法40条の6第1項1号の類推適用により，直接雇用契約が成立したものとみなされるとした上で「同法24条の4により，業務上取り扱ったことについて知り得た秘密を他に漏らしてはならない義務を負うことになる」と判示しており，理解が困難である（当時未施行であった労働者派遣法40条の6第1項1号の類推適用という技法を用いたこと，みなし申込みに対する労働者側の受諾の意思表示がないのに派遣契約の成立を認めたことについての批判について，濱口・前掲注81）112頁および田山聡美「判批」刑事法ジャーナル56号119頁（2018））。

159) 一般社団法人労務行政研究所編著『労働者派遣法』〔改訂2版〕378頁（労務行政，2021）は，「本条は，派遣元事業主及びその代理人，使用人その他の従業者は，正当な理由がある場合でなければ，その業務上取り扱ったことについて知り得た秘密を他に漏らしてはならない……ことを規定したものである」とし，「本条にいう『秘密』とは，個々の派遣労働者（雇用することを予定するものを含む。）及び派遣先に関する個人情報をいい，私生活に関するものに限られない」とするが，この条文が，派遣労働者の派遣先に対する守秘義務の根拠規定となる旨の説明はなされていない）。

160) 田山・前掲注158）160頁

161) 前掲注81）東京高判平29・3・21では，派遣労働者（偽装請負人）が派遣先事業主（偽装注文主）に対して「個人情報及び秘密情報の保秘を誓約する内容の同意書」を提出していたが，それだけでは派遣労働者について派遣先事業主に対する秘密保持義務を認めていない。なお，上村哲史＝高谷知佐子「秘密保持・競業避止・引抜きの法律相談」85頁〔上村哲史〕（青林書院，2015）は，「派遣先企業が派遣労働者から秘密保持の誓約書を取得するなど派遣労働者との間で直接秘密保持契約を締結することも可能であるものと考えられます」としているが，そこでの秘密保持契約が，営業秘密の管理について何らかの作為義務を伴う合意をも含むかは明らかではない。

162) 帖佐・前掲注109）58頁

163) 「対象者が問題ないと考えて行った行為」であれば，任務違背の故意を欠くことになるので，帖佐・前掲注109）59頁が心配するような問題は防ぎようがあ

る。他方，厚生労働省が作成・公表するモデル就業規則においても，営業秘密の複製禁止等が明示的に謳われていない状況下で，明示的に営業秘密の複製禁止等が就業規則等で謳われていない場合には労働者が自由にこれを複製して目的外使用したり第三者に向けて開示したりしてよいとすることには躊躇を感じざるを得ない。

164）　本号の「不正の利益を得る目的」について，「近い将来予定される使用または開示により，不正の利益を得る目的」と解釈されるべきとする見解がある（帖佐・前掲注109）69頁，同・前掲21）132頁）。しかし，使用・開示予定時期が近い将来か遠い将来かで区別をする理由が理解できない。

165）　「営業秘密を保有する事業者からその営業秘密にアクセスする権限を与えられていない者に対して，営業秘密を開示するという一方的意思を表示することを意味する。」とする見解もある（経産省・逐条解説（令和5年改正版）297頁。山口編著・前掲注49）66頁もほぼ同旨）。しかし，相手方の承諾を予定しない一方的な意思表示は「申込み」とはいわない。

166）　「役員や従業員が退職後開示をする相手方は，上記『申込み』や『請託』の相手方と実質的に同一人とみなされるような関係にあること（例えば，開示の相手方がA社である場合に，A社の発起人や役員又は従業員から申込みや請託を受けたような場合は，実質的に同一人といえよう）」とする見解（小野＝松村・新・概説3版下巻355頁）や，「開示の申込みをする相手方と，実際に営業秘密を開示する相手方とが同一人である必要はないが，両者が全く無関係の場合は，一連の行為とはみなされない」とする見解もある（経産省・逐条解説（令和5年改正版）297頁）。しかし，本号の罪は「その営業秘密保有者に損害を加える目的」でも行いうる以上，営業秘密保有者の競合事業者から対価を得るのと引き換えに不特定人宛てに営業秘密の開示を行うことすらありうるのであるから，上記見解は適切ではない。

167）　経産省・逐条解説（令和5年改正版）297頁は，「『請託』とは，営業秘密保有者から営業秘密を示された役員又は従業者に対し，営業秘密保有者からその営業秘密にアクセスする権限を与えられていない第三者が，秘密保持義務のある営業秘密を使用又は開示するよう依頼することである。」とする。しかし，「刑法197条後段の請託とは公務員に対して一定の職務行為を行うことを依頼することであつて，その依頼が不正職務行為の依頼であると，正当な職務行為の依頼であるとに関係な」いとされていること（最判昭27・7・22刑集6巻7号927頁〔24001564〕）とされていることに鑑みると，その営業秘密にアクセスする権限を与えられている第三者からの依頼であっても，本号の「請託」たりうるというべきである。

168）　経産省・逐条解説（令和5年改正版）297頁

169）　小野＝松村・新・概説3版下巻354頁-355頁

170）　西川喜裕「従業員が自ら作出した情報を利用する行為の営業秘密侵害該当性──オープン・クローズ戦略時代の職務発明の取り扱いに焦点を当てて」慶應

1016　第5章　罰則

法学35号162頁（2016）は，職務発明に関する定めのない会社の従業員であった者が在職中に開発した発明について，会社としては特許出願せず営業秘密として管理していたところ，当該従業員が転職先で特許出願をするのは，「不正な利益」を得るとは言えないとする。

171)　経産省・逐条解説（令和5年改正版）297頁

172)　経産省・逐条解説（令和5年改正版）297頁

173)　以下，これらの行為を便宜上「譲渡等」ということがある。

174)　神戸地判平13・12・27最高裁HP（平成13年（わ）244号）〔28075285〕

175)　名古屋地判令4・12・16最高裁HP（令和3年（わ）1558号）〔28310446〕。
なお，同判決においては，「商品の形態が『商品等表示』として保護の対象となるためには，(1)商品の形態が客観的に他の同種商品とは異なる顕著な特徴を有しており（特別顕著性），かつ，(2)その形態が特定の事業者によって長期間独占的に使用され，又は極めて強力な宣伝広告や爆発的な販売実績等により，需要者においてその形態を有する商品が特定の事業者の出所を表示するものとして周知になっていること（周知性）を要すると解するのが相当である」とし，「模様の特別顕著性を判断するに当たっては，模様を構成する単純な色彩や形状について，他者が使用する自由を阻害することにならないかどうかの点も含めて慎重に検討する必要がある」とした上で，「本件模様AないしCについて検討すると，これらの各模様単体では，色の選択も単一色又は2色を選択するにとどまり，その配色も，市松模様，麻の葉模様，鱗文様（鱗文）といった伝統的柄模様ないし一般的に使用される装飾的図柄の上に配色されているにとどまり，特別顕著性を有するということはできない」としたが，本件模様DないしFについては，「いずれも3色の色を選択している上，本件模様Dについては，それ自体が亀甲柄と無地とを組み合わせた模様であり，亀甲柄と無地それぞれに特定の2色と1色が配色されている特徴がある。本件模様Eについては，特定の3色のグラデーションとなっており，グラデーション内の色の特定の順序や，白色の配色部分が多いことも特徴として挙げられる。本件模様Fについては，3色の特定の順序及び黄色部分と小豆色部分の境界部分の形状によって炎の模様が表現されているという特徴がある。これらの特徴に加え，伝統的な日本の文様や着物の文様についての調査によっても本件模様DないしFに類似する模様が認められなかったこと（証人庚），これらの模様単体で商標登録がされていることを併せ考えれば，本件模様DないしFについては，各模様単体でも特別顕著性を有すると認められる」と判示した。さらに，鬼滅の刃シリーズのグッズ展開に当たって，「本件模様AないしDを組み合わせる場合」「これらに本件模様E及びFを加えた6種類」を組み合わせる場合には，特別顕著性が認められるとした。

176)　札幌地判平20・3・19最高裁HP（平成19年（わ）1454号）〔28145273〕。なお，「罰条」として「包括して，刑法60条，不正競争防止法22条1項，21条2項1号，2条1項13号」との表示がなされているが，その理由は不明である。

21条　罰則　1017

177)　仙台地判平21・2・25最高裁HP（平成20年（わ）707号）〔28155904〕

178)　神戸地判平21・4・27最高裁HP（平成20年（わ）1239号／平成20年（わ）1316号）〔28155871〕

179)　静岡地判平26・5・15最高裁HP（平成26年（わ）40号）〔28223417〕，静岡地判平26・5・15最高裁HP（平成26年（わ）40号）〔28223418〕

180)　大分地判平27・3・25公刊物未登載（平成27年（わ）15号）〔28231495〕

181)　静岡地判平28・5・30公刊物未登載（平成27年（わ）501号／平成28年（わ）4号）

182)　松江地判平28・6・20公刊物未登載（平成28年（わ）8号）〔28243042〕

183)　千葉地判平29・2・15公刊物未登載（平成28年（わ）1833号）

184)　徳島地判平29・6・9公刊物未登載（平成29年（わ）88号）

185)　秋田地判令2・1・16公刊物未登載（令和元年（わ）116号）〔28280718〕

186)　神戸地判令2・7・15公刊物未登載（令和2年（わ）73号）〔28282314〕

187)　神戸地判令3・3・26公刊物未登載（令和2年（わ）827号／令和2年（わ）960号）〔28291470〕

188)　静岡地判令4・6・14公刊物未登載（令和4年（わ）92号）〔28301793〕

189)　さいたま地判平14・12・4最高裁HP（平成14年（わ）1119号）〔28085282〕

190)　昭和25年改正で

第5条　左ノ各号ノ1ニ該当スル者ハ3年以下ノ懲役又ハ20万円以下ノ罰金ニ処ス
（中略）
　二　不正ノ競争ノ目的ヲ以テ第1条第1号又ハ第2号ニ該当スル行為ヲ為シタル
　　者

という規定が新設された。同時に，1条1号も

　一　本法施行ノ地域内ニ於テ広ク認識セラルル他人ノ氏名，商号，商標，商品ノ
　　容器包装其ノ他他人ノ商品タルコトヲ示ス表示ト同一若ハ類似ノモノヲ使用シ
　　又ハ之ヲ使用シタル商品ヲ販売，拡布若ハ輸出シテ他人ノ商品ト混同ヲ生ゼシ
　　ムル行為」

と改められた。その後，昭和40年改正で，5項2号は，

　二　「不正ノ競争ノ目的ヲ以テ第1条第1項第1号又ハ第2号ニ該当スル行為ヲ為
　　シタル者

と改められた。

191)　福島地判昭32・10・8刑集14巻5号533頁〔24003812〕

192)　京都地判昭50・11・21刑裁月報7巻11・12号960頁〔27486074〕

193)　東京地判昭62・10・22判時1258号143頁〔27802296〕

194)　昭和25年改正で

1018 第5章 罰則

> 第5条 左ノ各号ノ1ニ該当スル者ハ3年以下ノ懲役又ハ20万円以下ノ罰金ニ処ス
> (中略)
> 三 不正ノ競争ノ目的ヲ以テ第1条第3号乃至第5号ノ1ニ該当スル行為ヲ為シ
> タル者

という規定が新設された。同時に，1条4号も

> 四 商品若ハ其ノ広告ニ其ノ商品ガ産出，製造若ハ加工セラレタル国以外ノ地ニ
> 於テ産出，製造若ハ加工セラレタル旨ノ誤認ヲ生ゼシムル表示ヲ為シ又ハ之ヲ
> 表示シタル商品ヲ販売，拡布若ハ輸出スル行為

と改められた。その後，昭和40年改正で，5項3号は，

> 三 不正ノ競争ノ目的ヲ以テ第1条第1項第3号乃至第5号ノ1ニ該当スル行為
> ヲ為シタル者

と改められた。

195) 東京高判昭49・7・29刑裁月報6巻7号814頁〔27486069〕

196) 盛岡地判令5・1・13公刊物未登載（令和元年（わ）140号）〔28310536〕

197) 19条1項各号は，定型性の高いものばかりであるから，違法性阻却事由ではなく，構成要件該当性阻却事由（消極的構成要件要素）と理解するべきである。なお，著作権法における権利制限規定は著作権侵害罪において消極的構成要件要素となるか違法性阻却事由となるかの議論については，桑野雄一郎「著作権侵害の罪の客観的構成要件」島大法学54巻1・2号123頁以下（2010）で整理がなされているが，同様の議論は不正競争防止法の適用除外規定の法的性質については特段なされていない。

198) 本号において「不正の目的をもって」とあるのは，「故意」を特に明らかにするもの以外に実質的な意味はないとする見解もある（金沢良雄「不正競争防止法5条2号と憲法22条等」民商43巻5号165頁（1961）），故意がなければ処罰できないのは当然のことであり，あえて「不正の目的」という文言が用いられている以上，無理のある解釈である。

199) 前掲注174) 神戸地判平13・12・27，前掲注188) 静岡地判令4・6・14。

200) 前掲注72) 仙台地判平21・2・25

201) 石原知「不正競争防止法違反と詐欺罪の関係性」捜査研究862号34頁（2022）

202) 経産省・逐条解説（令和5年改正版）301頁

203) 令和5年改正において「商品」の定義規定を新設することが見送られたため，2条1項3号の「他人の商品」および「模倣した商品」に無体物が含まれるかは争いがありうる。「模倣した商品」に無体物が含まれると解した場合，「模倣した商品」を電気通信回線を通じて提供するといえるためには，他人の商品の形態が写った画像を電気通信回線を介して送信しただけでは足りず，当該画像を独立した商品として取引する一環として送信することを要するというべ

きであろう。

204）　経産省・逐条解説（令和5年改正版）301頁-302頁

205）　イについては，模倣元の商品が日本国内において最初に販売された日から起算して3年を経過していないこと，ロについては，当該模倣商品の譲受を受けたときに当該商品が他人の商品の形態を模倣した商品であることを知らずかつ知らないことにつき重大な過失がなかったことが，故意の対象となる。

206）　本号については，「行為者がことさら他人の商品形態を模倣することによって商品化に必要な資金や労力を節減し，開発リスクを負担しないまま先行者よりも競争上の利益を得ようと意図したというような主観的要素が行為の外形からも明確に認められる場合に『不正の利益を得る目的』があったといえよう」とする見解がある（小野＝松村・新・概説3版下巻328頁）。しかし，本号の「不正の利益を得る目的」だけそのように厳格に解することは難しいように思われる。

207）　神戸地判平27・9・8最高裁HP（平成27年（わ）161号／平成27年（わ）218号／平成27年（わ）467号）〔28243509〕

208）　岡山地判平28・2・29最高裁HP（平成27年（わ）448号）〔28241208〕

209）　岡山地判平29・4・17公刊物未登載（平成29年（わ）48号）

210）　最決令3・3・1刑集75巻3号273頁〔28290662〕

211）　福井簡判平26・10・15公刊物未登載，宇都宮地判平26・12・5公刊物未登載，神戸地判平27・9・8最高裁HP（平成27年（わ）161号／平成27年（わ）218号／平成27年（わ）467号）〔28243509〕，長崎地判平28・1・12公刊物未登載が産業構造審議会知的財産分科会不正競争防止小委員会『技術的な制限手段による保護について』（平成29年9月26日）（https://www.meti.go.jp/shingikai/sankoshin/chiteki_zaisan/fusei_kyoso/pdf/004_03_01.pdf）にて紹介されている。

212）　大阪高判平26・5・22最高裁HP（平成26年（う）121号）〔28230198〕は，Dpaの承諾がなければ地デジ難視対策衛星放送を受信することができないことを知りながら，これを受信し視聴することを可能とするために，自らB-CASカードに記録された電磁的記録を改変する行為を，不正作出私電磁的記録作出罪に当たるとしている。

213）　経産省・逐条解説（令和5年改正版）302頁-303頁

214）　譲渡等の客体が「当該装置の部品一式」である場合には，容易に組み立てることができるものであることも故意の前提たる認識の対象となる。

215）　経産省・逐条解説（令和5年改正版）126頁

216）　前掲注207）神戸地判平27・9・8

217）　経産省・逐条解説（令和5年改正版）303頁

218）　枚方簡裁平29・12・12公刊物未登載（平成29年（ろ）3号）〔28254998〕

219）　東京簡判平31・2・8最高裁HP（平成30年（ろ）838号）〔28271190〕

220）　東京簡判平31・2・6最高裁HP（平成30年（ろ）836号）〔28271187〕

221）　東京簡判平31・2・5最高裁HP（平成30年（ろ）837号）〔28271188〕

222）　昭和25年改正で

1020　第5章　罰則

> 第5条　左ノ各号ノ1ニ該当スル者ハ3年以下ノ懲役又ハ20万円以下ノ罰金ニ処ス
> （中略）
> 　三　不正ノ競争ノ目的ヲ以テ第1条第3号乃至第5号ノ1ニ該当スル行為ヲ為シ
> 　　タル者

という規定が新設された。同時に，1条3号も

> 　三　商品若ハ其ノ広告ニ虚偽ノ原産地ノ表示ヲ為シ又ハ之ヲ表示シタル商品ヲ販
> 　　売，拡布若ハ輸出シテ原産地ノ誤認ヲ生ゼシムル行為

と改められた。その後，昭和40年改正で，5項3号は，

> 　三　不正ノ競争ノ目的ヲ以テ第1条第1項第3号乃至第5号ノ1ニ該当スル行為
> 　　ヲ為シタル者

と改められた。

223)　最決昭53・3・22刑集32巻2号316頁〔27486091〕

224)　なお，ここには「価格」は含まれていないが，「チラシの中で展示商品とし
　　て写真及び名称を付して示された指環等の商品について，その『展示会価格』
　　が一般市価より低廉なものではなく，その『販売価格』が明らかに一般市価に
　　比較して高額なものであるのに，前記のような『販売価格』及び『展示会価格』
　　を表示（以下，これを二重価格表示という）して，一般読者にその『販売価格』
　　が適正な一般市場価額に相当するものであり，宣伝即売の当日に限りこれをそ
　　の約半額の低廉な価額で即売するかのように，かつ，かような即売ができるの
　　は原石をベルギーから直輸入しているからであるかのように，それぞれ錯覚誤
　　信を生ぜしめるような表示をした」場合には，右表示は，「商品がその『販売価
　　格』に相当する内容，品質のものでないのにそうであるかのように誤信せしめ
　　る虚偽の表示にほかなら」ないとして，その商品の内容・品質に関する虚偽の
　　表示に当たるとした裁判例（東京高判昭53・5・23刑月10巻4＝5号857頁
　　〔27486092〕）がある。

225)　仙台地判平9・3・27判タ954号295頁〔28035002〕

226)　旧不正競争防止法5条1号（「商品又ハ其ノ広告ニ其ノ商品ノ原産地，品質，
　　内容，製造方法，用途又ハ数量ニ付誤認ヲ生ゼシムル虚偽ノ表示ヲ為シタル
　　者」）に関して，東京高判昭50・4・28高裁刑集28巻2号200頁〔27486071〕は，
　　当該表示に値する品質等を級別の認定を受けていない清酒を詰めたびんに清酒
　　特級の表示証を貼布することは，たとえそれが優良酒であるとしても，右級別
　　制度上本来二級酒であるべきものを特級酒と偽るもので，商品の内容につき誤
　　認を生ぜしめるものであり，また品質については，もともと公式の酒類審議会
　　の審査を受け，品質が優良なものとして特級の認定を受けたものでない清酒を，
　　正式に特級の認定を受けた品質優良な清酒であると誤認せしめるものであると
　　し，その上告審である最決昭53・3・22刑集32巻2号316頁〔27486091〕も「級

別の審査・認定を受けなかつたため酒税法上清酒二級とされた商品であるびん詰の清酒に清酒特級の表示証を貼付する行為は，たとえその清酒の品質が実質的に清酒特級に劣らない優良のものであつても，不正競争防止法5条1号違反の罪を構成すると解すべき」とした。

227)　旧不正競争防止法5条1号に関して，豊崎ほか・コンメンタール9頁〔渋谷達紀〕(1982)。

228)　経産省・逐条解説（令和5年改正版）305頁

229)　前掲注224）東京高判昭53・5・23

230)　経産省・逐条解説（令和5年改正版）305頁

231)　ただし，実際の裁判例を見る限り，「不正の目的」を有していないとは言えなさそうな事案についても，本号が適用されているようにみえる。

232)　経産省・逐条解説（令和5年改正版）305頁-306頁

233)　小野＝松村・新・概説3版下巻339頁は，「紋章等の外形的観察による類似のみを考察すればよい」とし，さらに同40頁は，「外観の考察を紋章学的に行うということになろう」とする。類似性を判断するのに観念や称呼を斟酌しないのはよいとして，パリ条約6条との関係はともかく，消費者からの誤認の危険を問題とするのであれば，「外観の考察を紋章学的に行えばよいとすることに躊躇を感じざるを得ない。

234)　3項1号の罪をいう。

235)　本号の罪をいう。

236)　前掲注58）大阪地判令3・8・18

237)　前掲注58）大阪地判令3・8・18

238)　2項各号の罪のうち1号に係る部分について未遂犯を処罰しないこととしたのは，「営業秘密を領得する行為については，その他の営業秘密侵害行為（不正取得，使用，開示等）に比べて，未遂と評価できる範囲が狭いと考えられることや，主に従業者に適用可能性のある行為類型であることから，従業者の日々の業務活動に無用な萎縮効果が生じないよう細心の注意を払う必要があるといった事情を総合的に考慮して，未遂犯処罰規定の対象外とした」ことによるとされている（経産省・逐条解説（令和5年改正版）291頁）。

239)　経済産業省知的財産政策室「平成27年不正競争防止法の改正概要（営業秘密の保護強化）」(https://www.meti.go.jp/policy/economy/chizai/chiteki/pdf/27kaiseigaiyou.pdf) は，取得未遂の例として「不正アクセス行為は確認されたが，証拠の隠滅等により営業秘密たる情報の持ち出しは確認できなかった場合」と「社内メールシステムの管理者の地位を利用し，社内幹部宛のメールが自動で自らにも転送されるようなプログラムを組み込んでいたが，実際に営業秘密情報が転送される前に明るみに出た場合」(6頁) を掲げる。また津田麻紀子＝伊万里全生＝長井謙「平成27年改正不正競争防止法の概要」CISTEC Journal159号45頁 (2015) は，「営業秘密を狙って不正アクセス行為を行ったが，セキュリティに阻まれて不正取得に至らなかった場合」を掲げる。

1022　第 5 章　罰則

240)　経済産業省知的財産政策室「平成27年不正競争防止法の改正概要（営業秘密の保護強化)」 6 頁は,「営業秘密を電話で売り込み, その後メールで営業秘密を不正に開示するべく, 送信しようとしたが, メールソフトの不都合により転職先に到達しなかった場合」を開示未遂の例として掲げるが, そのようなレアケースのみを対象とした立法ではなかろう。

241)　これに対し, 津田＝伊万里＝長井・前掲注239) 45頁は「不正に領得した営業秘密たる製品設計図を使用して生産した製品について配達業者等に完成した商品の発送を依頼したが, 配達がなされる前に発覚したため, 受取人のもとに届かなかった場合」を例に掲げる。これは, 譲渡罪においては, 占有移転に向けた具体的行為を行ったときにはじめて実行の着手ありとする見解に立つものと思われる。しかし, 覚醒剤取締法等とは異なり, 譲渡罪とは別に引き渡し罪が設けられている不正競争防止法においては,「譲渡」とは「当該商品の所有権を他人に移転する行為をいい, その有償, 無償を問わない」と理解されているから（ 2 条 1 項 1 号の「譲渡」について, 経産省・逐条解説（令和 5 年改正版) 80頁), 契約が成立した段階で発覚した場合に未遂が成立しないとすることには違和感がある。

242)　覚醒剤取締法の輸入罪について, 最判平20・ 3 ・ 4 刑集62巻 3 号123頁〔28145234〕。

243)　経産省・逐条解説（令和 5 年改正版) 315頁

244)　経産省・逐条解説（令和 5 年改正版) 305頁-306頁

245)　東京地判令 4 ・ 4 ・13公刊物未登載（令和 3 年（ワ) 19417号)〔29070478〕

246)　経産省・逐条解説（令和 5 年改正版) 317頁は, 1 項 9 号の罪について国外犯処罰の対象から除外した理由として,「国外での譲渡や輸出入行為を刑事罰の対象とすることの必要性及び日本国内を経由しない外国間での流通を刑事罰の対象とすることの許容性等を慎重に検討する必要がある」との点を掲げている。

247)　秋山幹男・高田裕成・伊藤眞・福田剛久・加藤新太郎・山本和彦『コンメンタール民事訴訟法 I 』〔第 3 版〕103頁（日本評論社, 2021)

248)　我妻栄『新訂民法総則』181頁（岩波書店, 1965)

249)　本項の適用は受けないが, 刑法19条の適用を受ける物（不正競争防止法違反の罪に該当する犯罪行為を組成した物, 同犯罪行為の用に供し, または供しようとした物）は, 同条による没収の対象となる。例えば, 営業秘密の不正複製先である外付けハードディスクを犯行供用物として刑法19条に基づき没収した事例として前掲注83) 名古屋地判平26・ 8 ・20, 前掲注56) 東京地判平27・ 3 ・ 9 , 前掲注84) 名古屋地判豊橋支判平30・ 5 ・11があり, 営業秘密の不正領得行為に用いたノートパソコンを刑法19条により没収した事例として前掲注83) 東京地判令 2 ・ 7 ・ 9 がある。

250)　刑法19条の「没収することができる」について, 大判明42・ 3 ・ 8 刑録15輯195頁〔27918061〕

251)　最大判昭37・11・28刑集16巻11号1577頁〔21016691〕

252) 令和4年改正（令和4年12月9日法律第97号）前の，組織的犯罪処罰法13条1項本文が没収の対象を「不動産若しくは動産又は金銭債権」に限定しているのに対し，不正競争防止法にはそのように没収の対象を限定する規定がないから，知的財産権等も没収の対象となる。

253) 没収された財産については，33条により準用される組織的犯罪処罰法19条および20条に従って処分される（詳細は，33条の解説を参照）。

254) 例外的に第三者に権利が帰属する財産を没収する場合，没収は，当該第三者に帰属する財産権を剥奪して国庫に帰属させる処分ということになる。このような処分を行うに当たっては，刑事事件における第三者所有物の没収手続に関する応急措置法に準じて当該第三者に当該被告事件の手続への参加の機会が与えられ，当該第三者が係る手続への参加を許されなかった場合には当該財産を没収する旨の裁判を行うことができない（32条1項，2項，4項。詳細は32条の解説を参照）。

255) 刑法19条の「犯罪行為により生じた物」について，大塚仁ほか編『大コンメンタール刑法〔第3版〕第1巻』427頁〔出田孝一〕（青林書院，2015）

256) 刑法19条の「犯罪行為により得た物」について，大塚ほか編・前掲注255）428頁〔出田孝一〕。

257) 最決平17・7・22刑集59巻6号646頁〔28105291〕

258) 刑法19条の「犯罪行為の報酬として得た物」について，大塚ほか編・前掲注255）431頁〔出田孝一〕。

259) 刑法19条の「犯罪行為の報酬として得た物」について，大塚ほか編・前掲注255）431頁〔出田孝一〕。

260) ただし，幇助犯から没収できるのは，幇助犯自身が1項，2項，4項（4号を除く），5項および6項の罪の犯罪行為を幇助することにより得た財産等に限られ，上記行為の正犯が正犯としての犯罪行為により得た財産等を没収することはできない（麻薬特例法について，最判平20・4・22刑集62巻5号1528頁〔28145281〕）。

261) 対価を支払うことによってそのような機会を得ること自体が公序良俗に反する以上，そのような対価の支払いを免れたことをもって「財産」を得たことにするのは不適切であるし，裁判所にそのような機会に対する相当の対価額を認定させることも回避すべきであろう。

262) 麻薬特例法2条3項の「薬物犯罪の犯罪行為により得た財産」について，最判令元・12・20日刑集73巻5号174頁〔28274793〕。

263) 刑法19条の解釈としては，犯罪行為によって得た物から生じた果実を「犯罪行為によって得た物」として没収の対象となし得るかについて議論があった（例えば，大判昭15・6・3刑集19巻337頁〔27915998〕）が，営業秘密侵害罪の犯罪行為によって得た財産の果実については，没収の対象に含まれることを明示することとした。

264) 刑法19条につき，大塚ほか編・前掲注255）433頁〔出田孝一〕。

1024 第5章 罰則

265) 我妻栄（有泉亨補訂）『新訂物権法（民法講義Ⅱ）』311頁（岩波書店, 1983）

266) 加藤俊治編著『組織的犯罪処罰法ハンドブック』116頁（立花書房, 2019）

267) 岡山地判平29・4・17公刊物未登載（平成29年（わ）48号）

268) 加藤編著・前掲注266）116頁

269) 加藤編著・前掲注266）116頁

270) 前掲注264）岡山地判平29・4・17

271) 高松地判令5・8・7公刊物未登載（令和4年（わ）65号／令和4年（わ）115号／令和4年（わ）137号／令和4年（わ）281号／令和4年（わ）299号／令和4年（わ）372号／令和5年（わ）4号／令和5年（わ）49号）

272) 函館地判令5・6・13公刊物未登載（令和4年（わ）91号）〔28312205〕

273) 加藤編著・前掲注266）118頁

274) 加藤編著・前掲注266）118頁-119頁

275) 大判昭7・3・14刑集11巻174頁〔27931536〕

276) 経産省・逐条解説（令和5年改正版）323頁は，その例として，「公租公課の支払，民法上の扶養義務に基づく養育費の支払等」を掲げる。

277) 刑法19条の2の追徴について，大塚ほか編・前掲注255）459頁〔出田孝一〕。

278) 21条11項により準用される組織的犯罪処罰法14条により，当該混同により生じた財産のうち当該不法財産（当該混和に係る部分に限る）の額または数量に相当する部分を没収することができる。

279) ほぼ同文言の組織的犯罪処罰法13条4項（平成18年6月21日号外法律第86号により5号へと移項）につき，八沢健三郎＝加藤俊治『Ｑ＆Ａ組織的犯罪対策三法』74頁（立花書房, 2001），現行5項について，加藤編著・前掲注266）114頁以下。

280) 組織的犯罪処罰法13条4項（平成18年6月21日号外法律第86号により5号へと移項）について八沢＝加藤・前掲注279）75頁，現行5項について，加藤編著・前掲注266）115頁。麻薬特例法17条2項について古田佑紀＝本田守弘＝野々上尚＝三浦守『麻薬特例法及び薬物4法改正法の解説』66頁（法曹会, 1993）。八沢＝加藤・前掲注279）75頁および古田ほか・前掲66頁は，その具体例として，「特許権等の無体財産権あるいは賃借権などについては，これを没収しても国による管理が困難ですから，没収が相当でないとされることが多いと考えられ」るとしている。

281) 組織的犯罪処罰法13条4項（平成18年6月21日号外法律第86号により5号へと移項）について八沢＝加藤・前掲注279）75頁，現行5項について，加藤編著・前掲注266）115頁。麻薬特例法17条2項について古田ほか・前掲注280）66頁。八沢＝加藤・前掲注279）75頁，古田ほか・前掲注280）66頁は，その具体例として，「没収対象財産が不動産であり，当該不動産が賃貸され，第三者がそれを占有しているような場合において，犯人に他に資産があり，追徴によって犯罪の収益を剥奪できるような場合には，当該不動産の没収が相当でないとされることもあ」ろうとする。

21条　罰則　1025

282)　組織的犯罪処罰法13条4項（平成18年6月21日号外法律第86号により5号へ
　　と移項）について八沢＝加藤・前掲注279）75頁，現行5項について，加藤編
　　著・前掲注266）115頁。麻薬特例法17条2項について古田ほか・前掲注280）66
　　頁。八沢＝加藤・前掲注279）75頁，古田ほか・前掲注280）66頁は，その具体
　　例として，「善意の第三者の抵当権が付着しており，これが実行された場合に剰
　　余金が見込まれない場合においては，通常は，没収は相当でない」と解される
　　とする。

283)　刑法上の追徴につき，大塚ほか編・前掲注255）456頁〔出田孝一〕。

284)　旧たばこ専売法75条2項の追徴について，最判昭31・12・28刑集10巻12号
　　1811頁〔27680800〕

285)　金融商品取引法198条の2第1項本文および2項の追徴につき，東京地判令
　　5・7・7最高裁HP（令和4年（特わ）2543号／令和4年（特わ）2714号
　　〔28312613〕）。ただし，本条13項は，金融商品取引法198条の2第1項ただし書
　　のような規定を持たないので，例外的に取得費用を考慮することもない。

286)　刑法または他の特別法上の追徴の価額算定時期について判例および学説を整
　　理したものとして，今井猛嘉「追徴価額の算定時期」町野朔＝林幹人編『現代
　　社会における没収・追徴』98頁以下（信山社，1996）がある。

287)　最判昭43・9・25刑集22巻9号871頁〔24004814〕

288)　麻薬特例法17条の追徴について取得時説を採用するものとして，古田ほか・
　　前掲注280）75頁。

289)　大判昭3・2・3刑集7巻67頁〔20000503〕，宮崎地延岡支判平18・6・30
　　判タ1227号350頁〔28130295〕

290)　最判平20・4・22刑集62巻5号1528頁〔28145281〕。井上弘通＝西田時弘
　　『没収保全及び追徴保全に関する実務上の諸問題』185頁（司法研修所，2004）
　　もまた，「最終的に利益の分配を受けたか否かはともかく，当該物件の所有権を
　　（一時的にでも）得たと評価できる者でなければ」没収刑を言い渡されるべき者
　　に当たらず，没収に代わる追徴を言い渡されるべき者にもあたらないとする。
　　なお，共同正犯については，没収の目的物たる財産を取得しなかったとしても
　　追徴できるとする見解として加藤編著・前掲注266）124頁，共同正犯について
　　は「各共同正犯者が民法上の所有権を取得したかどうか，現実的な経済的利益
　　を享受したかどうかにはかかわらず，刑事的な法的評価としては個々の共同正
　　犯者もこれを得たことになるといえる」のに対し，「正犯行為によって得られた
　　収益等を幇助犯自らがこれを得たということはできないという説明は可能であ
　　ると思われる」として上記最判平20・4・22後も没収対象財産を取得していな
　　い共同正犯者への追徴はなお可能とも考えられるとするものとして，鹿野伸二
　　「判批」最判解刑事平成22年度版341頁がある。ただし，民事上の財産権の帰属
　　を離れて，刑事的な法的評価として財産権が帰属したかを論ずることがなぜ許
　　されるのかは不明である。

291)　東京高判平29・9・8高刑速報（平29）号156頁〔28265296〕

〔小倉　秀夫〕

1026　第5章　罰則

> **22条**　法人の代表者又は法人若しくは人の代理人、使用人その他の従業者が、その法人又は人の業務に関し、次の各号に掲げる規定の違反行為をしたときは、行為者を罰するほか、その法人に対して当該各号に定める罰金刑を、その人に対して各本条の罰金刑を科する。
> 　　一　前条第4項又は第6項（同条第4項に係る部分に限る。）　10億円以下の罰金刑
> 　　二　前条第1項又は第6項（同条第1項に係る部分に限る。）　5億円以下の罰金刑
> 　　三　前条第3項　3億円以下の罰金刑
> 2　前項の場合において、当該行為者に対してした前条第3項第6号の罪に係る同条第7項の告訴は、その法人又は人に対しても効力を生じ、その法人又は人に対してした告訴は、当該行為者に対しても効力を生ずるものとする。
> 3　第1項の規定により前条第1項、第3項、第4項又は第6項（同条第1項又は第4項に係る部分に限る。）の違反行為につき法人又は人に罰金刑を科する場合における時効の期間は、これらの規定の罪についての時効の期間による。

趣　旨

　本条1項は，法人の代表者又は法人もしくは個人たる業務主の使用人，代理人などが，21条が規定する違反行為のうち，本条1項1号から3号までが限定的に列挙する違反行為をした場合には，行為者を罰するほか，その者の使用者又は授権者である者も処罰される旨を規定した，いわゆる両罰規定である[1]。

　法人に対する罰金刑の上限は，本条1項1号の違反行為は10億円以下，2号は5億円以下，3号は3億円以下，である。本条は，不正競争行為の防止を目的として旧法（昭和9年法律14号）時点での昭和25年改正（昭和25年法律90号）により導入された規定であるが，上記改正で導入された両罰規定は，平成2年改正（平成2年法律66号）前まで以下のとおり規定していた。

> 　5条の2　法人ノ代表者又ハ法人若ハ人ノ代理人，使用人其ノ他ノ従業者ガ其ノ法人又ハ人ノ業務ニ関シ前条ノ違反行為ヲ為シタルトキハ行為者ヲ罰スルノ外其ノ法人又ハ人ニ対シ同条ノ罰金刑ヲ科ス

　この規定は，行為者である自然人の罰金額に連動したものであったが，法人の業務活動に関連して惹起される不法行為等は多様化するとともに増加

し，両罰規定が必ずしも十分な抑止効果を果たしているとはいえない状況で
あった。そこで，平成3年12月に法制審議会刑事法部会において，行為者で
ある自然人に対する罰金額と法人に対するそれとを切り離して考えることが
可能であるとの見解が示されたことも踏まえ，平成5年の全面改正時（平成
5年法律47号）に，法人重課の規定が導入された[2]。同改正では，法人に対
する罰金額の上限を1億円としていたが，平成10年改正（平成10年法律111
号）においては，これを3億円に増額した。これは，平成9年末の証券取引
法（現行の金融商品取引法。平成18年法律65号で改題）や金融先物取引法
（昭和63年法律77号。平成18年法律66号で廃止（一部有効））等の改正におい
て，法人に対する罰金額の多額を，個人に対する罰金額の多額の100倍に引
き上げる改正が行われたことを踏まえ，不正競争防止法においても同様の趣
旨により，個人に対する罰金額「300万円」の100倍である「3億円」と改正
したものである[3]。さらに，平成27年改正（平成27年法律54号）により，罰
金額の上限は，営業秘密侵害罪（その未遂罪も含む（21条4項））について
は，5億円に，海外重罰規定（同条3項各号）が適用される場合（その未遂
罪も含む（同条4項））には，10億円に引き上げられている。またこの改正
に伴い，本条1項に「号」を追加し，「1号」は，海外重罰規定が適用され
る営業秘密侵害罪について，「2号」は，通常の営業秘密侵害罪について，
「3号」は，それ以外の罪についての罰則を定めている。

　本条2項は，営業秘密侵害罪等の場合に両罰規定によって法人処罰を行う
に当たり，行為者に対する告訴の効力が法人に対しても不可分的に及ぶこと
を規定したものである[4]。

　本条3項は，両罰規定によって法人処罰を行うにあたり，その公訴時効期
間の取扱いを明確にするために新設したものである。

解　　説

1　1項

1.1　「法人の代表者又は法人若しくは人の代理人，使用人その他の従業者」

本項が適用されるのは、

1028　第5章　罰則

①　法人の代表者
②　法人の代理人，使用人その他の従業者
③　人の代理人，使用人その他の従業者

が、本項1号から3号までに掲げる規定の違反行為を行った場合である。

1.1.1 「法人」

ここにいう「法人」は，狭義の意味のもの、すなわち法令（外国法を含む）に基づき法人格が与えられているものに限られる。法人格を有する組合には適用があるが，民法上の組合には適用がない[5]。戦後，法人格なき団体の処罰を規定する法律が現われており（取引高税法（昭和23年法律108号。昭和24年法律285号にて廃止）4条，事業者団体法（昭和23年法律191号。昭和28年法律259号にて廃止）14条3項および4項など），これらのうち，独占禁止法は95条1項および3項に本条とまったく同じ規定を設けるとともに，さらにその2項に「法人でない団体」に対する両罰規定を，5項に法人でない団体に対する刑事訴訟法の特則を設けている。著作権法においても，2条6項，124条1項で，法人格を有しない社団または財団で代表者または管理人の定めがあるものを法人に含めており，これらにも両罰規定が及ぶ旨規定しているが、本条にはそのような規定はない。このような規定のない場合においても業務主処罰規定の趣旨より，法人格のない社団・組合も「法人又は人」に含まれるという説もあるが[6]，多数は消極説である[7][8]。

1.1.2 「人」

ここにいう「人」は，従業者による違反行為に関する業務を実質的に自己の責任の下で行う自然人（業務主）をいう。事業を営んでいるかどうかとは関係がない。この業務主は，実質的にその責任において業務を行う者をいい，単なる名義人はこれに当たらない[9]。本項の「人」は，自己の計算において，その業務を行っている者であることが必要である[10]。行政庁の営業名義上業務主になっていても現実において業務を行っていない者は，ここにいう「人」ではない[11]。

1.1.3 「法人の代表者」

「法人の代表者」とは，例えば株式会社の代表取締役（会社法349条1項）

や代表執行役（同法420条1項）など法律によってその法人の代表権を認められている者をいう。

1.1.4 「法人……の代理人，使用人その他の従業者」

「法人……の代理人，使用人その他の従業者」とは，法人たる業務主の労働指揮に服し，労務を提供する者をいう。たとえば，株式会社の従業員をいう。

代理人については，従来，法人等の従業者たる身分を有している人間のみが該当し，対向的に委任を受けた代理人は含まれないという解釈が有力であった[12]。しかしながら，最決平9・10・7刑集51巻9号716頁〔28025307〕は，主婦である被告人が，自己の所得税の確定申告の手続一切を代行するように夫に委託したところ，夫が情を知らない税理士に売却に係る譲渡収入の一部を除外した虚偽の内容の確定申告書を作成，提出させた事案において，「（夫は）所得税法244条1項（当時）にいう『代理人』に当たり，被告人は事業主でなくても，『代理人』である（夫）に対し，選任，監督等において……過失がないことの証明がされない限り，（夫）の行った……違反行為について……刑責を負う」とした。

同様に，最決平27・12・14刑集69巻8号832頁〔28234413〕は，補助金交付申請に係る業務につき，Ａ社の代表取締役Ｂから一括して委任を受けた外部の会社担当者（被告人）が，内容虚偽の実績報告書を環境大臣に提出して不正の手段により補助金の交付を受けた事案について，「被告人は，自らが経営する会社の従業員を用いつつ，前記委任を受けて，各種書類をＡ社名義で作成，提出し，Ａ社の担当者として環境省担当者との折衝・連絡を行うとともに，これらの事務の遂行状況をＢに報告し，提出書類には原則としてＢの押印を受けていた」とし，「以上の事実関係によれば，被告人は，本件……業務……に関し，Ａ社の統制監督を現に受け，又は受けるべき関係の下でＡ社の業務を代理したといえる」とした。

このように，最高裁は，対向的な委任関係にあることのみを理由に「代理人」に該当しないとは認めないことが明らかとなった[13]。

「その他の従業者」は，必ずしも事業主自身が自ら直接にその事業に従事せしめている者であることを要しない。事業の経営という集団において，直接または間接に事業主の統制監督の下にその事業に従事する者は，いずれも

本条にいわゆる「従業者」に該当する[14]。また，判例は，物価統制令40条にいう「其ノ他ノ従業者」の意義について，「代理人，使用人等（事業主との）特定の関係に基づいて事実上その業務に従事している者を指称」するとし[15]，事業主との間に雇用関係のあることを要しない。一時的に特定の業務の遂行のために労働している者も従業者であり，事業者が自ら雇用した者ではなく，事業者の雇人がさらに自分の補助として使用している者も従業者である[16]。事業者の事業に属する業務の請負人の使用する従業員も従業者に該当し[17]，事業主との契約による雇人であることを要せず，その監督の下にその事業に使用される者も従業者である[18]。ただ，「従業者」は業務主の労働指揮に服する地位にあることを必要とするから，ある製品の製造を委託されたような者は含まれない[19][20]。

　なお，実質的に経理担当の取締役に相当する権限を与えられていた者が法人税法（平成19年法律6号による改正前のもの）164条1項にいう「その他の従業者」に当たるとされた判例として，最決平23・1・26刑集65巻1号1頁〔28175054〕がある。この判例は，実質的経営者のみならず経理統括者についても従前の判例と同様の考え方が妥当するとしたものである[21]。

　また，最高裁は，法人の代表者でない実質的な経営者も，法人税法159条1項および164条（現163条）1項にいう「その他の従業者」に当たるとする[22]。この問題は，形式的には代表権限がない事実上の業務統括者が，両罰規定にいう「代表者」に当たるかそれとも「その他の従業者」に当たるかというものである[23]。もっとも，現在の両罰規定は，一般的に個人行為者たる違反行為者の処罰に縛られる発想に基づき立法されているため，本来過失責任たる監督責任と行為責任における故意責任を混在的に含んでおり，「行為責任」か「監督責任」かという区分けではなく，個人行為者が誰かによって区分けして規定している[24]。このような両罰規定の下にあっては，「代表者」に当たるか「その他の従業者」に当たるかは，法文上は区別されていないが，判例上は下記のように無過失の反証を認める余地があるかという点に影響するであろう[25]。

1.1.5 「人の代理人，使用人その他の従業者」

人の「代理人，使用人その他の従業者」とは，上記自然人（法人化していない個人商店など）の従業員などをいう。なお，「人」の妻その他の家族ま

たは同居人がその「人」の業務に関して違反行為をなした場合，それだけで
はその「人」に責任を負わせるに足らず，それらの者が，その事業の組織の
中に編入せられていることを要する[26]。「代理人」に関しては，前記1.1.4で
述べたとおり，従業員などの身分に限定されず，対向的に委任を受けた代理
人も含まれる。例えば，実父の代理人として，確定申告手続を一任されてい
た被告人が，脱税の請負を業とする相被告人らと共謀して，虚偽の所得税確
定申告書を提出して脱税した事案において，実父につき所得税法244条1項
（当時）にいう「人」に該当するとして，両罰規定を適用した事例がある[27]。
なお，実兄の代理人として同人の相続財産にかかる相続税を免れさせるべ
く，虚偽の申告書を提出した行為について，実兄が特に事業を営んでいなく
とも，相続税法71条1項にいう「人」に該当するとして実兄に両罰規定を適
用した事例がある[28]。

　次に，銃砲火薬類取締法違反に関して，「人」が，火薬を使用する業務に
関し他人に工事を請負わせ，その他人の従業者の違反行為について，「人の
従業者」として両罰規定の適用を受けた事例がある[29]。この事例は，請負人
とはいえ火薬使用については専門知識がなく，発注者である「人」の指揮命
令関係が認められた点が重要と思われる。また，廃業した人も，営業中に従
業者のなした違反行為について責任を負う[30][31]。

1.2 「その法人又は人の業務に関し」

　代表者または従業者がその法人または人の「業務に関し」違反行為をした
ことが要件となる。ここで「業務」とは，一般には，人が社会生活上の地位
に基づき反復継続して行う行為（仕事）をいう[32]。したがって，単に1回的
行事のようなものは含まれない。また，その事務が主要な事務であると付随
的な事務であると[33]，また自らの権限において独立に行う事務であると他人
を補助して行う事務であるとを問わない[34]。もっとも，両罰規定における
「業務に関し」というのは，従業者が違反行為をしたことについて事業主に
対し注意監督義務懈怠の責任を問う前提として，事業主が負うべき注意監督
義務の範囲を従業者の行為の面から画するという意味合いが強い。したがっ
て，事業主の適切な注意監督義務が及ぶ限り，従業者が通常の職務分担の範
囲を超えるような場合であっても，なお「業務」の範囲内というべき場合も
多いと考えられる。

1032 第5章 罰則

　また法人の業務については，定款または商業登記簿などに明示された目的を基準としてその目的の範囲内と考えられるものは，最も明瞭に業務行為と認められる。しかし，その行為が定款に定められた目的の範囲内のものであることは必要としない[35)36)]。ちなみに業務であるかどうかは行為者の主観で決まるものではなく，あくまでもその行為の客観的性質で決定されるべきものである。例えば，行為者としては単に自己の利益を図るための行為であったと思っていたとしても，それが客観的に法人の業務と評価することができるものであれば，法人の業務として行われたものと解してよい[37)]。

　次に，行為者の行為は上記業務に「関して」なされることが必要である。業務に関する行為であるためには，当該行為が業務に関連して具体的に行われ，その経済上の影響が当然業務主に及ぶものであることを必要とする[38)]。したがって，行為者が主観的にも客観的にも自己個人の利益のために行った場合は，「業務に関して」なされたものとはいえない。なお，廃棄物処理法29条（現行法では同法32条）に関して，当該廃棄物の受入れが代表者個人の研究目的であったとしても，会社名義で受入れている以上，被告会社としては，廃棄物を保管，利用し処分する義務を負うのであるから，「業務に関しとは，従業者の違反行為が事業主の業務活動の一環として行われたことをいい，その行為が性質上事業主の本来の業務内容の一部をなすと認められる場合のほか，違反行為がなされた経過，状況，違反行為のもたらす効果，従業者の意思，地位などの諸事情に照らしその行為が事業主の業務活動の一環としてなされたと認められる場合を包含する」旨判示した判例がある[39)]。事業主が負うべき注意監督義務の範囲をいかに画すかという考慮との関係で，上記のような判示内容にて業務の範囲を規定したものと考えられる。

　次に，代理人の場合，「業務に関し」とは，代理の目的遂行上必要な行為で，本人の業務に関連していればよく，あえて代理権の範囲がどうであるかは，標準とならない[40)]。

1.3　「次の各号に掲げる規定の違反行為」

　本条により，両罰規定の対象となりうる違反行為は，本項1号から3号までに列挙する行為に限られる。

【第1号】　10億円以下の罰金刑

　①　営業秘密侵害罪につき，海外重罰規定が適用される場合（21条4項1

号（同条1項1号），2号（同条1項2号〜4号），3号（同条1項2号
〜4号））。

② 外国公務員等に対する不正利益供与罪（同条4項4号）。

③ 営業秘密侵害罪につき，海外重罰規定が適用される場合のうち，未遂
処罰規定が適用される場合（同条6項（同条4項1号〜3号））。

本号は，営業秘密侵害罪のうち海外重罰規定が適用される行為及び外国公
務員等に対する不正利益供与罪について，両罰規定による10億円の罰金刑を
定める。海外重罰の類型は，21条4項1号から3号までが規定している（対
象となる営業秘密については，「日本国内において事業を行う営業秘密保有
者の営業秘密」（21条8項）に拡大されたため，例えば，海外のサーバにて
管理されている営業秘密を海外において不正取得されるケースも対象とな
る）。なお，営業秘密侵害罪に関しては，平成15年改正（平成15年法律46号）
によって罰則の対象となった，営業秘密に係る「正当に示された秘密の不正
使用等」行為（21条2項1号〜4号）については，両罰規定の適用はない。
その理由は，両罰規定を適用することにより，従業者等のみならず，その法
人等も処罰されることから営業秘密の保護に資する反面，両罰規定は，従業
者等の選任監督上の過失を推定するものと解されており[41]，上記過失推定規
定で処罰してしまうことによる取引関係や情報の自由な流通に萎縮効果をも
たらすおそれ，転職者の受入れ企業を処罰することによる雇用流動化の阻
害，不正行為を行った従業員とととともに被害者である企業を処罰しかねない
という法技術上の不都合，両罰規定がなくとも営業秘密の不正競争行為を指
図した背後者は共犯として処罰される等相当程度の抑止効果を発揮すること
が想定されること等，両罰規定を導入することによる弊害が考えられるため
とされている[42]。

そして，この理は，上記の海外重罰規定が適用される場合および未遂処罰
規定（本項1号，2号）が適用される場合も同様であり，正当に示された秘
密の不正使用等には両罰規定の適用はない。

他方，平成17年改正（平成17年法律75号）までは，不正取得や領得は一般
に日本国内において行われることが想定されていたため，国外犯処罰は，不
正使用・開示行為のみとされていた。しかし，その後の情報通信技術の高度
化に伴い，従前の国外犯処罰規定では不十分とされ，平成27年改正により，
国外犯の処罰対象を不正取得・領得行為まで拡大し，また，対象者も日本人

1034 第5章 罰則

に限定せず，「海外重罰」規定とされた。

　結局，平成27年改正により，本号で海外重罰規定が置かれた理由は，営業秘密が国外に流出する場合は，国内にとどまる場合に比して，我が国の雇用やイノベーションに与える悪影響が大きく，さらに，司法救済も困難になることを踏まえて，より強い抑止力を働かせる必要があるためとされる。

【第2号】　5億円以下の罰金刑

　①　図利加害目的・詐欺等による営業秘密取得（21条1項1号）

　②　詐欺等による営業秘密取得後の図利加害目的使用・開示（同項2号）

　③　図利加害目的・詐欺等による営業秘密取得後の使用・開示（同項3号）

　④　二次的取得者等図利加害目的営業秘密使用・開示（同項3号）

　⑤　国外使用目的及び図利加害目的ある相手方への営業秘密開示（同項3号）

　⑥　国外使用目的及び図利加害目的ある二次的取得者等への営業秘密開示（同項3号）

　⑦　同項2号，3号の開示罪により取得した営業秘密の図利加害目的使用・開示（同項4号）

　⑧　二次的取得者等による違法開示知悉後の図利加害目的営業秘密使用・開示（同項4号）

　⑨　国外使用目的ある相手方への同項2号，3号の営業秘密開示による取得後の図利加害目的使用・開示（同項4号）

　⑩　二次的取得者等の国外使用目的を知り開示した営業秘密を、その二次的取得者等が図利加害目的使用・開示（同項4号）

　⑪　図利加害目的営業秘密侵害品の譲渡・輸出入等（21条1項5号（同項2号から4号まで又は4項3号の罪に当たる行為（以下この号において「違法使用行為」という。）により生じた物の譲渡・輸出入等（情を知らない場合を除く。）

　⑫　上記①から⑪までの未遂罪（同条6項）

本号は，1号が適用されない通常の営業秘密侵害罪について，両罰規定が適用される場合を規定する。

　まず，①の図利加害目的営業秘密取得から⑩の二次的取得者等図利加害目的使用・開示は，海外重罰規定が適用される場合は，1号により，両罰規定

は10億円以下の罰金刑であるが，そうでない場合の両罰規定は5億円以下の罰金刑である。

次に，⑪の営業秘密侵害品の譲渡・輸出入等については，平成27年改正により創設された規定であるが，「正当に示された秘密の不正使用等」行為（21条2項1号〜4号）については，両罰規定は適用されない。この理は，⑫の営業秘密侵害罪の未遂処罰においても同様である。これは，譲受時点で善意だった場合であるため，製品の流通に萎縮効果を与えてしまうことを懸念したものである。

【第3号】　3億円以下の罰金刑
①　不正目的周知表示混同惹起行為（21条3項1号，2条1項1号）
②　不正目的原産地等誤認惹起行為（21条3項1号，2条1項20号）
③　図利又は加害目的著名表示冒用行為（21条3項2号，2条1項2号）
④　図利目的商品形態模倣行為（21条3項3号，2条1項3号）
⑤　図利又は加害目的限定提供データ不正取得・使用行為（21条3項4号，2条1項17号）
⑥　図利又は加害目的技術的制限手段を妨げる装置等の譲渡等行為（21条3項4号，2条1項18号）
⑦　原産地等誤認表示行為（21条3項1号の場合を除く。21条3項5号，2条1項20号）
⑧　秘密保持命令違反行為（21条3項6号，10条）
⑨　外国国旗等商業使用行為（21条3項7号，16条）
⑩　国際機関標章商業使用行為（21条3項7号，17条）

本号は，営業秘密侵害罪以外の罪については，21条3項各号のすべてについて，両罰規定が適用される旨を規定する。同項は，1号から5号までは，2条1項が規定する各違法行為のうちから，1号，2号，3号，17号，18号，20号（の一部）を引用する形式で規定されており，6号および7号は，16条，17条が定める禁止行為につき，罰則を設けている[43]。ただし，21条3項1号から4号までは，単に2条1項の上記各号を引用するのではなく，「不正目的」，「図利又は加害目的」などの要件を付加している。

すなわち，21条3項1号の各行為については，「不正目的」が本号の両罰規定の要件である。次に，21条3項2号の各行為については，「図利又は加害目的」が，同項3号の各行為については，「図利目的」が，同項4号の各

行為については，「図利又は加害目的」が，同様に本号の両罰規定の要件となっている。

1.4 「違反行為をしたとき」

本項が適用されるのは、法人の代表者等が上記規定のいずれかの「違反行為をしたとき」である。

法人の代表者等の行為者が「違反行為をした」といえるためには、構成要件該当性，違法性，責任のすべてを充足している必要があるかだろうか。構成要件該当行為が存在するが，違法性がなく（違法性阻却事由が存在する場合），犯罪性が否定される場合，その者の事業主について本条の適用があるかという問題がある。両罰規定は，実務担当者の業務主体のためにする行為が事実として違法行為に該当するのが前提と考えるのが妥当であろう[44]。そうすると，「違反行為をしたとき」とは，行為者が構成要件に該当し，違法な行為をしたときという趣旨であり，行為者の行為について違法性が阻却されるなど違法性がない場合は，業務主たる法人又は人も処罰しない趣旨と解される[45]。次に，構成要件該当行為，違法性が存在するが，責任がない場合はどうか。例えば，責任能力がないとか（例えば，14歳未満の者（刑法41条）の行為），その他期待可能性，違法性認識の可能性の欠如等の責任阻却原因などが行為者にあり，犯罪性が否定される場合はどうか。判例は，飲食物防腐剤取締規則（明治36年内務省令10号。昭和3年内務省令22号で廃止）違反の事件において，（同）「規則において，特に犯罪の成立につき故意を必要とせざる旨の規定を存するか若しくはその法規の条文上故意を要せざるの趣旨明瞭なる場合にあらざる限りは，刑法一般の原則に従い犯意なき行為はこれを処罰せざるの趣旨なりと解すべ」きである旨判示し[46]，違反行為が成立するためには，故意犯においては故意の存在を要するとした。そうすると，不正競争防止法においても，過失犯を処罰する特段の規定はないから，法人を処罰する前提としての行為者の違反行為には故意を要するが，責任阻却原因の存在により行為者について犯罪性が否定されても法人の処罰には影響しないというべきである[47]。

1.5 「行為者を罰するほか」

1.5.1 「行為者を罰するほか」の趣旨

「行為者を罰するほか」とは、いわゆる行為者処罰文言であり、「両罰」規定に特有の文言（業務主を処罰するためには、行為者の違反行為が要件となるという意味で）といえる。

「行為者」とは、本条1項1号の場合は、21条4項1号から4号までまたは21条6項のうち4項にかかる部分の各違反行為をした者であり、本条1項2号の場合は、21条1項1号から5号までまたは21条6項のうち1項にかかる部分の各違法使用行為をした者であり、本条1項3号の場合は、21条3項の各違反行為をした者であり、上記行為者は、本条の処罰規定により処罰される。本条では、上記のとおり、1項各号が規定する各違反行為等が業務主処罰の成立要件であるから、行為者は、具体的には、上記21条の各該当法条により処罰されることになる。なお、上記法条を見ると、「何人も……」（16条、17条、18条1項）、「……に該当する場合」（21条3項7号、4項4号）と規定しており、法文上、これらの義務が課せられる名宛人は業務主には限らない。したがって、行為者は、上記各本条の罰則を充足することができるのであるから、本条の両罰規定における行為者処罰文言は、確認的な意味をもつに過ぎない[48]。

1.5.2 行為者を罰する場合に両罰規定の適用を必要とするか

このように、一般に、両罰規定が存在する場合、行為者を処罰するに当たり両罰規定の適用を必要とするか、という問題がある。これについては、当該両罰規定が存在する法律中の行為者罰則規定（各本条）を吟味し、その規定が、①名宛人を特定の身分のある者に限定している義務規定（以下「名宛人限定型義務規定」という。例えば、水質汚濁防止法12条1項（「排出水を排水する者は……」）、独占禁止法3条（「事業者は……」）など）、②名宛人を特定の身分のある者に限定していないもの（以下「名宛人非限定型義務規定」という）のいずれかを区別したうえで、異なる取扱いをすべきであると考えられている[49]。すなわち、前者の場合には、各本条の規定は業務主に対する義務規定であるから、これをもって行為者を処罰することはできないとされる。このため、行為者を処罰するには、各本条と両罰規定の双方を適用

1038 第5章 罰則

すべきであるとする。これに対し，後者（不正競争防止法など）の場合に
は，両罰規定を待つまでもなく，各本条により直接処罰されるとする。後者
の名宛人非限定型義務規定にあっては，両罰規定中の「行為者を罰するほ
か」という文言は，注意規定ないしは解釈規定としての意味をもつにすぎな
いのに対し，名宛人限定型義務規定では，同文言により行為者も処罰するこ
とを明らかにし，各本条および両罰規定の双方を適用することにより，各本
条の構成要件を修正して特別の構成要件を設定したものということになる[50]。

1.5.3　法人を処罰するためには行為者を処罰することが必要か

　次に，行為者が処罰されるためには法人が処罰されなければならないわけ
ではなく，また法人の処罰は行為者の処罰をその要件とするものではな
い[51]。また，法人を処罰するには，その代表者または従業者がその法人の業
務に関し，所定の違反行為をしたことが証明されれば足り，行為者が処罰さ
れることを要件とするものではない，とされている[52]。したがって，「行為
者を罰するほか」という文言は，行為者が処罰されることを必ず前提として
いることを意味するものではない。なお，従業者の違反行為が業務主たる自
然人の指示で行われ，共犯関係が成立するときには，刑法総則の共犯規定が
適用される[53]。また，行為者の処罰法条と法人のそれとは，罪数関係を含め
て同一とすべきとして，行為者につき連続一罪（包括一罪），法人につき併
合罪を適用した原判決を破棄して，法人にも連続一罪を適用した判例があ
る[54]。

　行為者処罰との関連での法人処罰について，さらに進んで検討する。本条
の構成によれば，業務主法人処罰のためには，まず，自然人である従業者等
の違反行為が前提として存在しなければならず，違反行為者たる従業者等を
特定しなければならない[55]。このため，法人の業務に関し，明らかに法人の
従業者等がその業務の過程で違反行為をしたと認められる場合でも，その業
務活動の担当者が時の経過とともに交替し，歴代の各責任者の行為と各被害
との個別の因果関係が判明しないとか，同一企業体に属する別個の事業場の
各責任者の行為があり，そのいずれか1つの行為だけでは当該被害結果が発
生しえないなどのため，結局，違法な行為をした者を特定しえないことによ
り，法人に対して業務主としての責任を問いえないことが生ずるという規定
の欠陥が問題となる。他方，この欠陥を克服するため，「企業組織体責任論」

を提唱し，どのような末端の従業者の行為であっても，それが企業組織体活動の一環である以上，行為者から独立した法人の活動・責任を認めるべきであるとし，業務主法人の責任を問うためには違反行為者の特定は不要であるとする見解がある[56]。この見解については，法人の犯罪能力に関する伝統的理解を批判的に検討し，かつ，犯罪論としての因果関係論にも一定の寄与をするものとの指摘がなされるほか，現実問題として，明確に組織としての政策ないし意思に基づく活動と認められない場合の末端従業者のすべての行為についてまで，法人の行為責任を認め，これによって違反行為者に対する処罰から切り離した重い責任を認める契機を求めようとするのは，均衡を失する懸念があるとの指摘がある[57]。

1.6 法人に対して当該各号に定める罰金刑

1.6.1 法人重課の趣旨

本条は，行為者の行為刑とは切り離された法人重課を規定する。両罰規定の伝統的な規定方式としては，資本逃避防止法（昭和7年法律17号。翌年の改正により外国為替管理法（昭和8年法律28号。昭和16年法律83号で全改，昭和24年法律228号で廃止）となった）中の，「……行為者ヲ罰スルノ外其ノ法人又ハ人ニ対シ亦前条ノ罰金刑ヲ科ス」をはじめとして，行為者の行為刑に従属する形態が一般的とされてきた[58]。しかしながら，両罰規定の制定目的を，「行為者を処罰するのが罰則の通則であるとして行為者処罰を規定する他，行為者処罰のみでは当初から犠牲者を予期して法人の利益を図る虞があって法人による犯罪を防止するのに十分でないとして法人処罰」を行うものとするならば，必ずしも行為者の刑に法人の刑を従属させる必然性はない。むしろ，法人による犯罪防止を抑止する効果に鑑みて，法人への罰則を行為者への罰則に従属させずに，独自に規定することが合目的的といえる。法人の業務活動による違反行為になじみやすい構成要件（罪）につき，法人による犯罪の組織的活動性やこれによって通常得られる大きな利益，および，法人の一般的資力を考慮し，一般予防および特別予防の観点から，法人に対しては，他の犯罪行為者の場合と区別して，一定の高額の罰金を法定刑として定めることは，理論上問題もなく，極めて合理性があるといえる[59]。

1040 第5章 罰則

1.6.2 無過失責任か否か

本条は，無過失責任かまたは無過失免責を認める趣旨か，法文上は明確でない。この問題は業務主法人だけでなく個人たる業務主にも関係する問題である。

業務主処罰の性質について戦前は無過失責任と解する見解が通説・判例であった[60]。その理由は，無過失の場合をも処罰することにより達成される行政取締りの実効性，一般予防的効果に求められた。これに対して，刑法における責任主義の見地から過失責任説を主張したのが美濃部達吉博士であった[61]。すなわち，事業の統制者としての「事業主は，総ての従業員をして犯則行為なからしむるやう，万全の注意を為すべき義務を負担してゐる」のであり，両罰規定は，このような業務主の監督義務違反の過失を推定するものであり，業務主は従業者の違反行為が不可抗力によるものであることを立証しない限り自己の過失責任により処罰されることになると主張したのである[62]。この過失推定説は，行政取締りの必要と責任主義との調和を図る妥当な見解としてその後有力となり，戦後に立法された両罰規定には「但し，法人又は人の代理人，使用人その他の従業者の当該違反行為を防止するため，当該業務に対し相当の注意義務及び監督が尽くされたことの証明があつたときは，その法人又は人については，この限りではない」とのただし書も付加されるようになった[63]。そして，ついに最高裁も判例を変更して，自然人たる業務主について，この過失推定説を承認した。すなわち，キャバレーの支配人等による入場税の逋脱に関し，上記ただし書をもたない当時の入場税法（昭和15年法律44号。昭和23年法律110号で廃止）17条の3の両罰規定により自然人の経営者が起訴された事案に関し，「同条は……事業主として右行為者らの選任，監督その他違反行為を防止するために必要な注意を尽くさなかつた過失の存在を推定した規定と解すべく，したがつて事業主において右に関する注意を尽したことの証明がなされない限り，事業主もまた刑責を免れ得ないとする法意と解するを相当とする」と判示した（最大判昭32・11・27刑集11巻12号3113頁〔21009402〕）。この大法廷判決により，明文のただし書を有しない両罰規定であっても，業務主の無過失免責が解釈上認められることとなったのである[64]。

さらに，最高裁は，この過失推定説を法人が業務主である場合にも適用するとした（最判昭40・3・26刑集19巻2号83頁〔27661096〕）。すなわち，法

人の平取締役等が当時の外国為替及び外国貿易管理法（現行の外国為替及び外国貿易法。平成9年法律59号で改題。以下，「外為法」という）に違反したとして，当該法人が73（現行法では72条）条の両罰規定により起訴された。当時の73条は「法人の代表者又は法人若しくは人の代理人，使用人その他の従業者が，その法人又は人の業務又は財産に関し，……条の違反行為をしたときは，行為者を罰する外，その法人又は人に対して各本条の罰金刑を科する」と規定していた。被告人は，第一審・控訴審とも有罪となったため上告したが，その上告趣意の中で，外為法73条の両罰規定は，従業者の違反行為に関する事業主の過失を推定したもので，事業主において従業者の選任，監督につき過失がなかったことを立証すれば罪責を免れるものであるとされているが，この過失の推定自体刑法における責任主義に反する。また，無過失の立証は事実上不可能であって，結局事業主の無過失責任を認めるに帰するから，この規定は憲法31条に違反すると主張した。最高裁は，上告を棄却したが，「事業主が人である場合の両罰規定については，その代理人，使用人その他の従業者の違反行為に対し，事業主に右行為者らの選任，監督その他の違反行為を防止するために必要な注意を尽さなかつた過失の存在を推定したものであつて，事業主において右に関する注意を尽したことの証明がなされない限り，事業主もまた刑責を免れ得ないとする法意と解するを相当とすることは，すでに当裁判所屢次の判例……の説示するところであり，右法意は，本件のように事業主が法人（株式会社）で，行為者が，その代表者でない，従業者である場合にも，当然推及されるべきであるから，この点の論旨は，違憲の主張としての前提を欠き理由がない。」旨判示した[65]。このように，過失推定規定を持たない両罰規定であっても，その趣旨は過失推定により自らの過失行為を処罰するものであり，業務主に無過失免責を認めたものであるとされている[66]。前掲最判昭40・3・26の意義については，2つの説が考えられるとするのが，上記宇津呂英雄氏の論文である。すなわち，第1は，いわば「転嫁条件説」というべきもので，従業者が各本条の違反行為をした場合に，その責任を業務主法人に転嫁し法人を処罰するためには，法人の代表者に上記行為者の選任・監督その他の違反行為を防止するために必要な注意を尽くさなかった過失があったことを条件とする，と解する見解である。この見解は法人に犯罪能力がないことを前提にして，法人の過失犯も理論上ありえないものの，法技術的な転嫁責任論の立場から，たとえ

転嫁罰でも代表者の過失をその要件とするものである[67]。これに対し，第2はいわゆる過失責任説であり，率直に業務主法人の過失犯を認めたものであるとする立場である。この立場は，前掲最判昭40・3・26が前掲最大判昭32・11・27の法意は法人処罰の場合にも推及されるべきであるとしたのは，法人自身の過失行為が処罰の対象であり，これに過失推定を及ぼしたものと解する立場である。その前提には，前掲最大判昭32・11・27は，業務主が自然人である場合につき，両罰規定による処罰は業務主自身の行為（過失行為）を処罰するものであるとした点を重視し，法人にもこれを推及したとする考えがある。過失推定説では，前掲最判昭40・3・26は法人の犯罪能力を肯定したものということになり，画期的な判決ということになる[68]。

さて，行為者が代表者等法人の業務執行について直接に責任を負う者（法人の機関と評価される者）である場合，いかに考えるべきか。前掲最判昭40・3・26が，過失推定説は，「行為者が，その代表者でない，従業者である場合にも，当然推及されるべき」であるとしているところから判断すれば，違反行為者が従業者等である場合には，自然人である代表者等の法人の機関の監督義務違反が法人の過失として監督責任が認められ，それゆえ，無過失免責の可能性が認められるが，違反行為者が法人の代表者等の機関である場合には，機関の故意・過失責任がそのまま法人の行為責任となり，免責の余地はないとするものであろう[69]。実際に，その後の判例では，廃棄物処理法違反に関する事案で，「本件当時，△△は有限会社○○の代表者で，その業務に関して，行為者として前記の犯行に及んでいるのであるから，同人の行為はそのまま同社の行為とみるべきであり，同社が法人として刑事責任を負うものであることは明らかである」旨判示したものがある（東京高判平11・11・18東高刑時報50巻1＝12号130頁〔28065036〕）。代表者の行為につき，「そのまま同社の行為とみるべきであ」ると判示した点は，法人の犯罪能力を率直に肯定する契機を含むものであり注目に値する。法人は，機関および従業者という自然人による組織的な精神的・肉体的活動により活動する。この組織的活動を，法が法人の活動と認めるのである以上，法人の活動もまた精神的・肉体的な実存在であることに変わりはない。すなわち，刑法が前提とする精神的・倫理的非難可能性は，機関による集団的な意思形成およびこれに基づく活動に対して加えうるのである[70]。したがって，法人の犯罪能力を肯定する考え方は，理論的にも十分な合理性があるといえる。

いずれにせよ，従業者の各本条の違反行為に関して，従業者に対する全幅的な「選任・監督の責任」という「修正された構成要件」の設定こそ，業務主処罰規定たる両罰規定の意義である。業務主と従業者は，同一の構成要件につき罪責を負うものではなく，同一の法目的ではあるがそれぞれ異なった犯罪構成要件につき罪責を負うものである。このことを前提とすれば，それぞれの構成要件に応じ，「過失」の内容も自ずから異なってくるわけであり，両罰規定にあっては，従業者が違反行為を行うかもしれないことについてその積極的な防止義務に関わる過失であるといえる。したがって，高度な注意義務を内容とする判例の立場はそれなりに合理性があるというべきである[71]。

1.6.3　代表者が従業者の違反行為を「知っていた」場合

代表者が従業者の違反行為を「知っていた」場合，どのように考えるべきか。知っていた場合は選任監督上の「過失」とはいえないし，かつ，知っていただけでは当該従業者と共同正犯ということもできないから，両罰規定は適用がないとするのか。この場合，両罰規定がなくても常に各本条によって処罰しうるとでも解しない限り，まったくの不可罰となってしまうが，各本条の立法趣旨は，歴史的にも人とは自然人を指すことを前提としている[72]。よって，法人を罰するためには，両罰規定などの実定法の根拠を要するというべきである。したがって，代表者が違反行為を知っていた場合は，監督不行届の最も極端な場合として，現行法上は「選任監督上の過失」の中に当然に含まれるものと解すべきである[73]。

1.6.4　事物管轄

法人は，本条により，行為者の刑事責任とは別個独立の刑事責任を負い，その法定刑は罰金刑とされているのであるから，その事物管轄は，特別の規定がない限り，簡易裁判所の専属管轄に属する[74]。最決昭43・12・17刑集22巻13号1476頁〔27661380〕以前は，下級審は業務主の事物管轄について地裁と簡裁の競合管轄を認めていたが，同判例は「被告会社に適用された外国為替及び外国貿易管理法73条の規定は，……いわゆる両罰規定であつて，事業主たる法人または人に対しては，右73条の規定が根拠となつて，前記70条ないし72条の規定のうち罰金刑に関する部分が適用されることとなるわけであ

1044　第5章　罰則

る。すなわち，事業主たる法人または人は，右73条によつて，行為者の刑事
責任とは別個の刑事責任を負うものとされ，その法定刑は罰金刑とされてい
るのである。そうすると，事業主たる法人または人に対する事件は，行為者
が共に起訴されて，刑訴法9条1項2号，3条1項により関連事件の管轄を
生ずる場合は別として，裁判所法33条1項2号により，簡易裁判所の専属管
轄に属するものと解すべきである。」旨判示した[75]。

1.7 「その人に対して各本条の罰金刑」

1.7.1 自然人無重課の趣旨

　法人以外の自然人業務主に対する両罰規定である。自然人業務主の場合
は，法人とは異なり，10億円，5億円，3億円の重課規定は適用されず，行
為者が服する各本条が規定する罰金刑が科される（21条によれば，3千万円
以下，2千万円以下または500万円以下の罰金である）。これについては，独
占禁止法上の私的独占や不当な取引制限という「強者にしかできない」行為
と異なり（独占禁止法95条を参照），不正競争防止法違反行為は「弱者にも
できる行為」であるので，自然人業務主に関しては特別扱いとすることにも
合理性はあるとの指摘がある[76]。

　さらに，次の指摘がある[77]。法人重罰規定を定めた法律の先駆けとなっ
た，例えば独占禁止法，金融商品取引法（導入当時は証券取引法），不正競
争防止法の3法律を見ると，自然人業務主に対する重罰規定の取扱いに差異
が見受けられる。すなわち，独占禁止法は自然人業務主に対しても重罰を科
すこととしているが，逆に不正競争防止法と金融商品取引法は自然人業務主
については従来どおりの罰金額にとどめている。これは，各法律の性格の差
と刑事政策的配慮によるものである。すなわち，独占禁止法の場合，例えば
違法カルテル行為の実態を見ると，とりわけ特定の業種では法人に限らず自
然人業務主がカルテルの中枢を形成し，かつ，それによって巨額の利得を得
ていることが多いことに鑑み，これをも重罰の対象としなければ不公平であ
ると考えられたことによるものである。これに対して金融商品取引法の場合
は違法行為の主体としては，法人以外にはありえないことから，自然人業務
主を対象とするには及ばないものと考えられた。ところで，不正競争防止法
違反の実態を見ると，自然人業務主も相当程度の割合を占めるのは事実であ
るが，自然人業務主の場合は違法行為の規模も比較的小さく，しかもこれに

よる利得もおおむね少額にとどまっている。したがって，これに億円単位の重罰を科すのは，それが経済秩序に対する重大な違反行為であるとはいえ，いかにも酷であると思われた。もちろん，自然人業務主自身が実行行為を直接分担しなくとも，共謀することにより共同実行の意思と事実が認められる場合には，共謀共同正犯が成立するとされ，当然のことながら自らが共同正犯として自由刑の対象となる。こうした理由から，不正競争防止法の場合には自然人業務主は重罰対象にされなかったものである。

1.7.2 過失推定

上記のとおり，本規定は過失を推定したものと解すべきであるから，自然人業務主は，自己の無過失を立証しない限り，刑責を免れない[78]。また，未成年者飲酒禁止法4条2項（現行法では4条）により営業者を処罰する場合，その有罪判決中に，営業者に過失がある旨を判示することは必要でないとした判例がある[79]。両罰規定においては，過失は推定されるのであるから，業務主たる被告人が過失の推定を覆さない限り刑責は免れないため，上記判例は妥当である。不競法においても同様と解される。

1.7.3 その他

なお，法人処罰規定を設けるに当たっては，本条のような両罰規定のほかに，当該違反行為防止の責にある代表者等法人上層部役員を処罰する規定（いわゆる三罰規定）を設けることが立法政策として論ぜられることがある。これは，特に，法人に対する罰金額が違反行為から生ずる不法利益に比べて小さいため企業において必要な出費としか考えられていないとして，法人に対する刑罰の効果に疑問を呈し，むしろ，役員に対する刑罰の威嚇力を強調する立場から主張される。例えば，独占禁止法95条の2が，「……条の違反があつた場合においては，その違反の計画を知り，その防止に必要な措置を講ぜず，又はその違反行為を知り，その是正に必要な措置を講じなかつた当該法人……の代表者に対しても，各本条の罰金刑を科する。」と規定するのは，両罰規定による法人処罰を招いた代表者を広く三罰するのではなく，違反を知っていたなど一定の場合に厳格に限定しているが，三罰規定の一例と解されている（このほか，労働基準法121条など）[80]。

1046 第5章 罰則

2 2項

2.1 親告罪の取扱い

　本項前段は，両罰規定のもととなる罪（21条3項6号）について，その自
然人である行為者（法人の機関または従業者）に対する告訴の効力が，事業
主である当該法人等に対しても不可分的に及ぶことを規定したものである。
また，本項後段は，それとは逆に，事業者である法人等に対する告訴につい
ても，当該行為者（自然人）に対して効力を生ずることを規定する[81]。

　行為者個人に対する親告罪の規定は，既に平成15年改正（平成15年法律46
号）において導入されていた（旧21条3項）。他方，両罰規定は旧法時点で
昭和25年改正（昭和25年法律90号）により導入され，平成5年の全面改正
（平成5年法律47号）において法人重課規定に改正されたが，平成15年改正
においても「もととなる罪」が親告罪だった場合と両罰規定との関係につい
ては規定が設けられなかった。このため，平成18年改正（平成18年法律55
号）において本項が規定され，一方に対する告訴は他方にも不可分的に及ぶ
旨を明記したものである。さらに，平成27年改正（平成27年法律54号）で
は，21条1項の罪が非親告罪とされたため，告訴の効力を定める必要がなく
なり，本項の規定も整理された。

　なお，上記1.4.2において，「『行為者を罰するほか』という文言は，行為
者が処罰されることを必ず前提としていることを意味するものではない」と
述べたが，両罰規定が存在する罪のうち親告罪であるもの（上記1.3に列挙
した類型のうち，秘密保持命令違反。21条3項6号）については，告訴を前
提とした上での処罰の許否の問題となる。告訴がない限り，行為者と事業者
のいずれかを処罰することはできない。

2.2 「前項の場合において」

　「前項の場合」とは，両罰規定である22条1項の場合である。具体的には，
（21条4項（国外犯及び外国公務員等不正利益供与罪）およびその未遂罪，
21条1項（営業秘密侵害罪）およびその未遂罪，21条3項（混同惹起罪，著
名表示冒用罪，模倣品譲渡等罪，技術的制限手段妨害罪，虚偽表示罪，秘密
保持命令違反罪，外国国旗等使用罪，国際機関標章使用罪）である。

2.3 「当該行為者に対してした前条第3項第6号の罪に係る同条第7項の告訴」

「21条3項6号の罪」とは，秘密保持命令違反の罪をいう。また，「21条7項の告訴」とは，親告罪である秘密保持命令違反罪に関する公訴提起条件である告訴をいう。

2.4 「その法人又は人に対しても効力を生……ずるものとする」

当該従業者に対して行った告訴の効果が，業務主である法人または人に対しても当然に及び，業務主に対しても公訴提起が可能になるのである。

2.5 「その法人又は人に対してした告訴」

前記とは異なり，従業者に対する告訴ではなく，業務主である法人または人に対してした告訴のことである。

2.6 「当該行為者に対しても効力を生ずるものとする。」

業務主に対する告訴が，当然に従業者にも及ぶという意味である。つまり，従業者または業務主のいずれかに対してした告訴は，当然に他方にも及び，双方に対して公訴提起が許されるのである。

3　3項

3.1　公訴時効期間の取扱い

3.1.1　改正の経緯

本項は，両罰規定によって法人または人に罰金刑を科す場合の公訴時効期間は，罰金刑のそれではなく，両罰のもととなった罪の時効期間によると定めるものである。

公訴時効期間の原則規定は刑事訴訟法250条である。これによれば，両罰規定による罰金刑の公訴時効期間は3年（刑訴法250条2項6号）であるのに対し，そのもととなった罪の公訴時効期間は，10年以下の懲役を規定する営業秘密侵害罪（不競法21条1項1号，2号）および秘密保持命令違反罪（不競法21条2項6号）については7年（刑訴法250条2項4号），5年以下

1048 　第5章　罰則

の懲役を規定するそれ以外の罪（不競法21条2項）については5年（刑訴法250条2項5号）である。しかし，本項は刑訴法の上記原則に対し，両罰規定の場合の例外的措置を規定するものであり，平成18年改正により新設された。その理由は，不正競争防止法の犯罪は，類型的には，個人の利得よりも法人の業務を利する意図で犯されることを想定しており，実務的には，企業のために行為した従業者に対する公訴時効期間が，企業主体に対するそれより長いことは実質的に不公平であるとの感が強いことからである[82]。

　なお，平成27年改正により両罰規定の対象を拡大することになったので，本項の例外的措置も適用範囲が拡張されている。

3.1.2　罪刑法定主義との関係

　本項は，刑事訴訟法の例外規定であり，かつ，法人処罰の公訴時効期間を伸長するものであるから，いわゆる「犯罪化」の方向での改正といえる。かつての判例は，以下のとおり，罪刑法定主義の立場から刑訴法の原則を優先させてきた。すなわち，公訴時効の期間は，業務主処罰規定によって業務主に刑を科すときは業務主に対する法定刑が基準となる[83]。最大判昭35・12・21刑集14巻14号2162頁〔21014061〕以前は，事業主の公訴時効期間は，行為者の公訴時効期間と同一であるとしていたが，同判例は，「右被告会社に適用された取引高税法48条1項の規定の趣旨は，……いわゆる両罰規定であつて，事業主たる法人または人に対しては，右48条1項の規定が根拠となつて前記41条ないし44条の規定のうち罰金刑に関する部分が適用されることとなるものであることは，右48条1項の明文により明らかである。すなわち，事業主たる法人または人は，右48条1項により行為者の刑事責任とは別個の刑事責任を負うものとされ，その法定刑は罰金刑とされているのである。しからば，これに対する公訴の時効については，刑訴法250条5号により時効期間は3年であり，その起算点は，同法253条1項により，取引高税法48条1項にいわゆる同法41条ないし44条の違反行為が終わつた時と解するのが正当とであるといわなければならない。……また，そのように解することが，憲法の採用した罪刑法定主義の要請にも適合する」旨判示した。以来これが判例理論となっていたという経緯がある[84]。本項は、これと異なるルールを明文で規定したものである。

3.1.3 「第一項の規定により……の違反行為につき法人又は人に罰金刑を科する場合における時効の期間」

本条１項の両罰規定により，業務主である法人または人に罰金刑を課す場合の時効期間という意味である。ここで「時効」とは，公訴時効のことである。

3.1.4 「これらの規定の罪についての時効の期間による。」

「これらの規定の罪」とは，行為者（従業者）が犯した本条１項各号に規定する違反行為をいう。前記のとおり，両罰規定を字義通り罰金刑と捉えると時効期間は３年となる。しかし，本項によって両罰規定の時効期間は，そのもととなった罪の時効期間によるとされるため，違反行為の種別によって時効期間は，10年，７年，５年などとなり，行為者と同レベルの時効に服することとなる。

なお，法人の場合，国外滞在や逃亡などによる時効の停止（刑訴法255条）は適用されない。

すなわち、法人の代表者等が下記の違反行為をしたときの法人等の時効期間は下記のとおりである。

21条１項１号〜５号　　　　　　　　７年
21条３項１号〜７号　　　　　　　　５年
21条４項１号〜４号　　　　　　　　７年
21条６項（ただし，１項の未遂罪に限る）　７年
21条６項（ただし，４項の未遂罪に限る）　７年

【注】
1) 小野・新・注解３版下巻1372頁〔佐久間修〕
2) 旧証券取引法（現在の金融商品取引法）においては平成４年７月に，また独占禁止法においては平成４年12月に，それぞれ法人重課の規定を盛り込んだ改正法が成立していた。なお，右のほか，著作権法124条１項１号，特許法201条，実用新案法61条，意匠法74条，商標法82条など。
3) 経産省・逐条解説（令和５年改正版）324頁-325頁。ちなみに，同325頁によれば，罰則の水準に関する条約上の義務として，「国際商取引における外国公務員に対する贈賄の防止に関する条約」（我が国は，1997年に署名）３条３に「締約国は，賄賂及び外国公務員に対する贈賄を通じて得た収益（又は収益に相当する価値を有する財産）を押収し若しくは没収し又は同等な効果を有する金銭

1050 第5章 罰則

的制裁を適用するために必要な措置をとる。」こととされており，当該条約に的確に対応するため，平成10年改正法においては，法人について，1億円以下の罰金を，当時において刑事法制の中でも最も重い部類に属する3億円以下の罰金に引き上げた，とされる。

4) 山本・要説4版420頁

5) 大判昭18・3・29刑集22巻61頁〔27922599〕

6) 国家総動員法48条の「法人又ハ人」の解釈について，刑事判例研究会編『刑事判例評釈集第6巻昭和18年度』27頁〔小野清一郎〕（有斐閣，1950），八木胖『業務主体処罰規定の研究』149頁以下（酒井書店，1955）。

7) 特許法201条の「法人又は人」につき，兼子一＝染野義信『工業所有権法』〔初版〕433頁（日本評論新社，1960），福田平『法律学全集42－Ⅱ行政刑法』84頁（有斐閣，1978）。

8) 以上につき，小野・新・注解3版下巻1382頁〔佐久間修〕。

9) 最判昭44・10・3刑集23巻10号1222頁〔21031491〕は，業務主たる経営者または主催者とは，実質的経営者を指し，単なる名義人はこれに該当しないとする。

10) 大判昭17・9・16刑集21巻417頁〔27922593〕

11) 大判昭5・10・16法律新聞3198号15頁〔27540238〕など

12) 大塚仁ほか編『大コンメンタール刑法第1巻』〔第3版〕114頁（青林書院，2015）

13) 以上につき，岡本裕明「デジタルプラットフォーム提供者に対する両罰規定の適用について」学習院法務研究16号1頁（2022）。

14) 小野・新・注解3版下巻1376頁〔佐久間修〕

15) 例えば，物価統制令40条の両罰規定にいう「其ノ他ノ従業者」の解釈につき，最判昭26・9・4刑集5巻10号1860頁〔27660229〕

16) 大判大7・4・24刑録24輯392頁〔27537167〕

17) 大判大13・4・23刑集3巻353頁〔27980392〕

18) 大判昭9・4・26刑集13巻527頁〔27915973〕

19) 兼子＝染野・前掲注7）433頁

20) 以上，小野・新・注解3版下巻1376頁〔佐久間修〕。

21) 増田啓祐「判解」『平成23年度最高裁判例解説刑事篇』〔1〕1頁（法曹会，2015）

22) 最決昭58・3・11刑集37巻2号54頁〔21077831〕（判決当時は164条1項であった）。また，代表取締役を退任した後も内部的には会長と呼ばれていた者が，会社の業務を統括する従業者であるとされた事例として，東京高判昭52・3・30税務訴訟資料100号1474頁〔21057500〕がある。

23) 宇津呂英雄「法人処罰のあり方」石原一彦ほか編『現代刑罰法体系第1巻現代における刑罰の理論』214頁（日本評論社，1984）

24) 宇津呂・前掲注23）213頁

25) 東京高判平11・11・18東高刑時報50巻1＝12号130頁〔28065036〕

26) 小野・新・注解 3 版下巻1376頁〔佐久間修〕。刑事判例研究会編『刑事判例評釈集第 5 巻昭和17年度』267頁〔団藤重光〕（有斐閣，1949）。団藤教授は，従来の多くの営業取締令の「代理人，戸主，家族，同居者，雇人其ノ他ノ従業者」の解釈につき，代理人以下は単に従業者を具体的に例示したに過ぎず，従業者でない代理人等はこの規定に該当しないとする。

27) 名古屋地判平 9 ・10・14税務訴訟資料226号2659頁〔28055124〕

28) 京都地判昭61・ 3 ・ 6 税務訴訟資料161号425頁〔22002640〕

29) 大判大13・ 4 ・23刑集 3 巻353頁〔27980392〕

30) 大判昭18・ 3 ・24法律新聞4845号 5 頁〔27931940〕

31) 以上につき，小野・新・注解 3 版下巻1381頁-1382頁〔佐久間修〕

32) 大判大12・ 8 ・ 1 刑集 2 巻673頁〔27931190〕，大判昭15・ 2 ・15刑集19巻31頁〔27980574〕

33) 前掲注32）大判大12・ 8 ・ 1 ，最判昭33・ 4 ・18刑集12巻 6 号1090頁〔24003266〕

34) 東京高判昭27・ 6 ・11東高刑時報 2 巻 8 号201頁〔27942357〕など。

35) 最判昭25・10・ 6 刑集 4 巻10号1936頁〔27660170〕，前掲注32）大判昭15・ 2 ・15

36) 小野・新・注解 3 版下巻1376頁-1378頁〔佐久間修〕

37) 山本・要説 4 版418頁

38) 東京高判昭25・ 4 ・21高刑 3 巻 1 号107頁〔27660151〕。なお，東京高判平14・ 6 ・11高刑速報（平14）68頁〔28095359〕は，「業務に関し」の意義を，「当該行為が一般的，外形的に事業主の業務に属することが必要でありかつそれで十分である」として，いわゆる「会社ぐるみ」の行為に限定する必要はないとする。

39) 東京高判昭60・ 1 ・22高刑38巻 1 号39頁〔27803815〕。下線は執筆者による。

40) 小野・新・注解 3 版下巻1377頁-1378頁〔佐久間修〕

41) 最大判昭32・11・27刑集11巻12号3113頁〔21009402〕

42) 経産省・逐条解説（令和 5 年改正版）327頁。紋谷崇俊＝山下隆也「平成15年不正競争防止法改正の解説」L & T 20号20頁（2003）。

43) 小野・新・注解 3 版下巻1379頁〔佐久間修〕。なお，東京簡判平31・ 2 ・ 6 最高裁HP（平成30年（ろ）836号）〔28271187〕，東京簡判平31・ 2 ・ 8 最高裁HP（平成30年（ろ）838号）〔28271190〕は，長年にわたる品質虚偽表示行為の事案につき，会社に 3 千万円の罰金刑を科している。このほか，枚方簡裁平29・12・12公刊物未登載（平成29年（ろ） 3 号）〔28254998〕，神戸地判令 3 ・ 3 ・26最高裁HP（令和 2 年（わ）827号／令和 2 年（わ）960号）〔28291470〕など。

44) 藤木英雄『刑法講義総論』（弘文堂，1975）111頁

45) 中山＝小泉・新注解（下巻）2726頁〔佐々木英人〕

46) 大判大 5 ・ 6 ・15刑録22輯977頁〔27942932〕

47) 土本武司『企業犯罪』51頁（令文社，1988）は，「けだし，行為者の有責性は

1052　第5章　罰則

その要件が充足することが行為者自身を処罰するうえで必要でありこそすれ，行為者とは別人格の業務主を処罰するうえにおいては必要でないからである。」とする。なお，小野・新・注解3版下巻1381頁〔佐久間修〕など。

48)　宇津呂・前掲注23)191頁

49)　法曹会『最高裁判所判例解説〔刑事篇〕昭和55年度』229頁〔佐藤文哉〕（法曹会，1985)

50)　佐藤・前掲注49)229頁。行為者が従業者の事例につき，最決昭30・2・2刑集9巻2号157頁〔27660408〕など。行為者が代表者の事例につき，最決昭55・10・31刑集34巻5号367頁〔21071451〕。

51)　物品税法（昭和15年法律40号。昭和37年法律48号で全部改正，昭和63年法律108号で廃止。）に関する事案として，東京高判昭35・12・12刑集16巻2号196頁〔21013983〕。

52)　最決昭31・12・22刑集10巻12号1683頁〔21008289〕。なお，従業者が既に死亡してこれに対する公訴権が消滅したとしても業務主に対しては独立に公訴を提起しうると判示したものとして，大判昭17・8・5刑集21巻344頁。

53)　小野・新・注解3版下巻1381頁〔佐久間修〕

54)　最判昭27・8・5刑集6号8巻957頁〔27660287〕

55)　違反行為に対する従属性を明示した判例として，最判昭28・1・27刑集7巻1号64頁〔21005230〕（失業保険法（昭和22年法律146号。昭和49年法律116号で廃止）55条の法人の責任は，行為者の責任に従属するものであり，行為者が違えば公訴事実は別個であるとした）がある。

56)　板倉宏「企業組織体責任論と法人処罰」刑法雑誌23巻1・2合併号108頁（1979)。伊東研祐「組織体刑事責任論」廣瀬健二＝多田辰也編『田宮裕博士追悼論集』上巻399頁（信山社，2001)。

57)　以上につき，例えば，西田典之教授は，今後は法人の犯罪能力を当然の前提としつつ，その刑事責任の構造をいかに合理的に構成してゆくかが理論的課題であるとし，企業組織体責任論に一定の理解を示している（西田典之「判批」芝原邦爾＝西田典之＝山口厚編『刑法判例百選(1)総論』〔第5版〕別冊ジュリスト166号8頁（有斐閣，2003))。さらに，田中利幸教授は，「解釈論としては，両罰規定は元来担当者の行為を離れた法人独自の行為に基づく法人の犯罪能力を認めたものではないから，客観的な違反行為が特定の担当者によって行なわれたことは明らかであるが，違法・責任までは証明しえなかった場合まではまかなえるとしても，違反行為が重層にわたる担当者によって行なわれた場合や，どの違反行為から被害や危険が生じたかを確定できない場合には，救済は困難であるように思われる」とする（田中利幸「法人犯罪と両罰規定」中山研一＝西原春夫＝藤木英雄＝宮澤浩一編『現代刑法講座第1巻　刑法の基礎理論』292頁（成文堂，1977))。なお，土本・前掲注47)54頁，宇津呂・前掲注23)186頁，212頁など）。

58)　宇津呂・前掲注23)183頁。なお，わが国における両罰規定成立の沿革に関し

ては，田中教授の前掲注57）論文に詳細に分析されている。これによれば，わが国最初の法人処罰規定は，明治33年法律52号（法人ニ於テ租税及葉煙草専売ニ関シ事犯アリタル場合ニ関スル法律）であり，これは法人のみを処罰する法人代罰規定であった。その後，代表者代罰規定を経た後，上記のような両罰規定へと移行していったとされる。

59）　引用部も含め，宇津呂・前掲23）226頁。

60）　例えば，国家総動員法（昭和13年法律55号。昭和20年法律44号で廃止）48条の両罰規定に関する前掲注10）大判昭17・9・16。泉二新熊『改正日本刑法論』586頁以下（有斐閣書房，1908）など。

61）　西田・前掲注57）9頁

62）　美濃部達吉『行政刑法概論』23頁以下（岩波書店，1939）。西田・前掲注57）9頁。

63）　例えば，鉱業法152条（平成23年改正前の194条）。西田・前掲注57）9頁。

64）　西田・前掲57）9頁

65）　以上につき，西田・前掲57）8頁。

66）　宇津呂・前掲23）9頁

67）　大判明36・7・3刑録9輯1202頁〔27942713〕は，法人は無形人であって，ただその目的の範囲内において人格を享有するにすぎず，犯罪の主体である能力を有しないとする。

68）　宇津呂・前掲注23）195頁以下

69）　西田・前掲注57）9頁

70）　宇津呂・前掲注23）207頁

71）　宇津呂・前掲注23）198頁

72）　法人は，一般の罰則にいう「者」には含まれない点につき，例えば，山口厚『刑法総論』〔第2版〕39頁（有斐閣，2007）

73）　小野・新・注解新版下巻1280頁〔佐久間修〕

74）　京都地判昭38・8・5下刑5巻7＝8号786頁〔27660981〕（建築基準法101条。現行法では同法104条），最決昭43・12・17刑集22巻13号1476頁〔27661380〕（外為法73条。現行法では72条）。裁判所法33条1項2号，刑訴法第1章3条以下を参照。

75）　小野・新・注解3版下巻1383頁〔佐久間修〕

76）　白石忠志「『独禁法と不競法』問題の現状と課題」ジュリスト1018号50頁注31（1993）。以上につき，田村・概説2版215頁。

77）　山本・要説3版439頁

78）　入場税法17条の3につき，前掲注41）最大判昭32・11・27。売春防止法14条につき，最判昭38・2・26刑集17巻1号15頁〔27660942〕。

79）　大阪高判昭41・6・27判タ198号151頁〔27661202〕

80）　以上につき，宇津呂・前掲注23）192頁以下。

81）　小野・新・注解3版下巻1380頁〔佐久間修〕

1054　第5章　罰則

82）　経産省・逐条解説（令和5年改正版）329頁-330頁
83）　最大判昭35・12・21刑集14巻14号2162頁〔21014061〕，最判昭42・7・14刑集21巻6号825頁〔21026091〕。
84）　小野・新・注解新版下巻1281頁-1282頁〔佐久間修〕

【参考文献】
1　経済産業省知的財産政策室『逐条解説・不正競争防止法』〔第3版〕（商事法務，2024）
2　小倉秀夫『不正競争防止法——平成27年改正の全容』（レクシスネクシス・ジャパン，2015）
3　津田麻紀子＝伊万里全生＝長井謙「平成27年改正不正競争防止法の概要」L＆T69号67頁（2015）
4　津田麻紀子＝伊万里全生＝長井謙「営業秘密の保護強化」時の法令1992号（2015）
5　中谷雄二郎「共犯と両罰規定」刑事法ジャーナル60巻73頁以下（2019）

〔石井　藤次郎〕

第6章

刑事訴訟手続の特例

1056　第6章　刑事訴訟手続の特例

（営業秘密の秘匿決定等）
23条1項・23条2項

　　裁判所は，第21条第1項，第2項，第4項（第4号を除く。），第5項若しくは第6項の罪又は前条第1項（第3号を除く。）の罪に係る事件を取り扱う場合において，当該事件の被害者若しくは当該被害者の法定代理人又はこれらの者から委託を受けた弁護士から，当該事件に係る営業秘密を構成する情報の全部又は一部を特定させることとなる事項を公開の法廷で明らかにされたくない旨の申出があるときは，被告人又は弁護人の意見を聴き，相当と認めるときは，その範囲を定めて，当該事項を公開の法廷で明らかにしない旨の決定をすることができる。
2　前項の申出は，あらかじめ，検察官にしなければならない。この場合において，検察官は，意見を付して，これを裁判所に通知するものとする。

趣　　旨

　営業秘密にかかる不正競争防止法違反の罪を理由として起訴された場合，対象となった営業秘密を構成する情報に関する証拠の証拠調べがなされるなど，公判期日においてその内容が明らかにされることになる。そして，刑事裁判手続は原則として公開されることになっており（憲法82条1項，2項），公開停止の手続（裁判所法70条）がとられない限り傍聴人による傍聴が認められ，また事件終結後は原則として裁判記録の閲覧が認められている（刑訴法53条1項）ため，営業秘密の内容も公開されることとなる。

　しかし，営業秘密については「公然と知られていないこと」，すなわち一般的には知られておらず，または容易に知ることができないこと（非公知性）が要件とされているので（2条6項），公開された刑事裁判手続に付された場合には営業秘密としての要件を欠くことになる。

　営業秘密の侵害に対する刑事罰は平成15年改正（平成15年法律46号）によって導入され，その後罰則の適用範囲の拡大や法定刑の引き上げ等の営業秘密の保護の強化を目的とした法改正がなされたものの，平成21年法改正の国会における付帯決議等において，営業秘密侵害罪にかかる刑事訴訟手続において営業秘密の内容が公になることをおそれて被害企業が告訴を躊躇する事態が生じているとの指摘もなされていた[1]。また，政府の知的財産戦略本部が2010年（平成22年）に示した「知的財産推進計画2010」においても，「裁判公開の原則，被告人の防御権の行使に対する制約のおそれや円滑な訴訟手続の確保に配慮しつつ，刑事訴訟手続において営業秘密の内容を保護す

23条1項　営業秘密の秘匿決定等　　1057

るための適切な法的措置の在り方について成案を得る」必要性があるとの指
摘がなされていた[2]。

　これらの指摘を受けて，平成23年改正（平成23年法律62号）により導入さ
れた，被害者の申出により，営業秘密の保護のために，公開の法廷でそれを
推知できる事項を明らかにしないこと，およびそれに伴う手続について定め
たのが本規定である。

　なお，本条と類似する制度として，犯罪被害者保護のために被害者を特定
することとなる情報（被害者特定事項）を公開しないこととしている制度
（刑訴法290条の2等）があり，本条の定める手続もこれに倣ったものとなっ
ている[3]。

解　　説

1　1項

1.1　「裁判所は」

　本項に基づく，営業秘密を構成する情報の全部または一部を特定させるこ
ととなる事項を公開の法廷で明らかにしない旨の決定（秘匿決定（本条4
項））は，裁判所，すなわち当該刑事事件を審理する受訴裁判所が行うこと
とされている。

1.2　「第21条第1項，第3項若しくは第4項の罪又は前条第1項（第3号 を除く。）の罪に係る事件」

　「第21条第1項」は営業秘密に係る不正競争行為に対する罰則を，同条
「第3項」はその国外犯に対する罰則を，「第4項」は同条1項（3号を除
く）ならびに3項1号（同条1項3号に係る部分を除く），2号および3号
の未遂に対する罰則を，「前条第1項（第3号を除く。）」はこれらの両罰規
定をそれぞれ定めたものである（以下，これらを包括して「営業秘密侵害
罪」という）。その内容については各条項の解説を参照されたい。

　これらの「罪に係る事件」とは，要するに当該事件の起訴状に罪名ととも
に記載される罰条（刑訴法256条2項3号，4項）にこれらの条項が記載さ
れているものを指すものと考えられる[4]。

1058　第6章　刑事訴訟手続の特例

1.3 「当該事件の被害者若しくは当該被害者の法定代理人又はこれらの者から委託を受けた弁護士」

　営業秘密の秘匿決定は，事件の被害者もしくは当該被害者の法定代理人またはこれらの者から委託を受けた弁護士からの申出により行うこととされている。営業秘密の秘匿決定は営業秘密の保護を希望する被害者等の利益を保護するためになされるものである以上，その被害者等が希望しない場合に職権で行う必要性はないからである[5]。

　なお，申出に際しては申出人の氏名または名称および住所とともに，申出人が本項の申出をすることができる者，すなわち「当該事件の被害者若しくは当該被害者の法定代理人又はこれらの者から委託を受けた弁護士」のいずれかに該当することの基礎となるべき事実を明らかにしなければならない（不正競争防止法第23条第1項に規定する事件に係る刑事訴訟手続の特例に関する規則（平成23年最高裁判所規則4号。以下，本条の解説において「平成23年最高裁規則」という）2条1項1号，2号，3号）。

1.4 「当該事件に係る営業秘密を構成する情報の全部又は一部を特定させることとなる事項」

　本項に基づく，公開の法廷で明らかにされたくない旨の申出に際しては，その対象となる，当該事件に係る営業秘密を構成する情報の全部または一部を特定させることとなる事項（以下「対象営業秘密構成情報特定事項」という[6]）を示すことが求められる。

　「『当該事件に係る営業秘密』とは，当該事件の公訴事実に係る営業秘密，すなわち，当該事件における営業秘密侵害罪の訴因で特定された営業秘密」のことであり[7]，「営業秘密」とは「秘密として管理されている生産方法，販売方法その他の事業活動に有用な技術上又は営業上の情報であって，公然と知られていないもの」である（2条6項）。その意味については同項の解説を参照されたい。

　立案担当者は，対象営業秘密構成情報特定事項の具体例として，「営業秘密を構成する情報」が「ある薬品を使用すること」であるケースを掲げ，当該薬品の名称が秘匿すべき事項の典型となるが，その他にも，当該薬品の性質・属性や仕入れ先などそれらが明らかにされることによって当該薬品が特

定されてしまう事項が含まれる，と説明されている[8]。この具体例だと，「当該薬品の性質・属性や仕入れ先など」は営業秘密を構成する情報そのものではないが，これが明らかにされることにより，営業秘密の一部を構成する「ある薬品」という情報が特定されてしまうということである。つまり，「ある薬品」が営業秘密を構成する情報（の一部），「当該薬品の性質・属性や仕入れ先など」が対象営業秘密構成情報特定事項ということになる。そして，本項に基づき申出に際して明らかにすることが求められているのは申出人が公開の法廷で明らかにされたくない対象営業秘密構成情報特定事項であるから，この例でいえば「当該薬品の性質・属性や仕入れ先など」ということになる。他方，平成23年最高裁規則では，申出に際して明らかにしなければならない事項は「営業秘密を構成する情報のうち，法第23条第1項の決定の対象とすべき事項に係るもの」とされている（同規則2条1項4号）。この規定によると，申出に際して明らかにすることが求められるのは，「当該薬品の性質・属性や仕入れ先など」という対象営業秘密構成情報特定事項に係る営業秘密，すなわち「ある薬品を使用すること」というになる。

実務上は両者の区別はそれほど厳格には行われないものと考えられるが，本項と平成23年最高裁規則の関係については整理が必要ではないだろうか。

1.5 「公開の法廷で明らかにされたくない旨の申出」

申出に際しては，対象営業秘密構成情報特定事項について公開の法廷で明らかにされたくない旨を申し出ることになる。

申出についてはあらかじめ検察官にしなければならないとされている（本条2項）。申出に関する平成23年最高裁規則の規定も含めた詳細については同項の解説を参照されたい。

1.6 「被告人又は弁護人の意見を聴き」

申出を受けた裁判所は秘匿決定をするかどうかの判断に際し，被告人または弁護人の意見を聴くことが要求されている。秘匿決定がなされることに伴う被告人の防御上の不利益に対する配慮からである。

1.7 「相当と認めるときは」

秘匿決定は，申出を受けた裁判所が，被告人または弁護人の意見を聴き相

当と認めるときになされることになっている（相当性）。

相当性は，申出に係る対象営業秘密構成情報特定事項を秘匿する必要性，秘匿により保護される利益の内容・程度と，これを公開の法廷で明らかにすることにより得られる利益等を総合的に考慮して判断されることとなる。

1.8 「その範囲を定めて」

秘匿決定に際しては，裁判所が「その範囲」を定めることとされている。「その範囲」とは，公開の法廷で明らかにしないこととされた営業秘密を構成する情報の全部または一部を特定させることとなる事項，すなわち営業秘密構成情報特定事項の範囲である（本条4項）。

なお，立案担当者は，例えば，A，BおよびCのうち，AおよびBについてのみ公開の法廷で明らかにされたくない旨の申出がなされた場合であっても，裁判所が，Cも含めて秘匿決定をしなければ当該営業秘密を実効的に保護できないと判断したときには，申出をした者に対して，Cの具体的な内容やCを秘匿することに関する意見等を確認するなどしたうえで，Cも含めて秘匿決定をすることもできるものと解されるとしている[9]。

この見解には，「営業秘密を構成する情報」と秘匿決定の対象となる営業秘密構成情報特定事項（営業秘密を構成する情報の全部または一部を特定させることとなる事項）とが区別されていないという問題がある。さらに，この見解に従ってCを秘匿決定の対象とした場合，申出人に対する裁判所による意見等の確認の結果Cについては秘匿を希望しない旨の意向が示されていたときには本項の「申出」がないという問題が生じ，他方，Cについて秘匿を希望する旨の意向が示されたときには「申出」があったと認められたとしてもそれがあらかじめ検察官に対してなされていない（本条4項）という問題が生ずる。さらに，Cについて秘匿決定をする際に被告人または弁護人に対する意見聴取がなされていないという手続的な問題がある[10]。

1.9 「当該事項を公開の法廷で明らかにしない旨の決定をすることができる」

「当該事項」とは，公開の法廷で明らかにしないこととした，当該事件に係る営業秘密を構成する情報の全部または一部を特定させることとなる事項，すなわち営業秘密構成情報特定事項（本条4項）のことである。

23条1項　営業秘密の秘匿決定等　　1061

営業秘密構成情報特定事項を「公開の法廷で明らかにしない旨の決定」すなわち秘匿決定がなされた場合，裁判所は，公判期日においてこれをした場合を除き，速やかにその旨を訴訟関係人に通知をしなければならない（平成23年最高裁規則6条1項）。また申出人に対しても通知をしなければならない（同条2項）。

裁判所による秘匿決定は，「訴訟手続に関し判決前にした決定」に該当するので，刑訴法420条1項により，検察官，被告人または弁護人がこれに対して不服申立（抗告）をすることはできないと解されている[11]。

秘匿決定に対する不服申立を認めない理由として，立案担当者は以下の点をあげている[12]。

①　秘匿決定の結果，訴訟関係人のする尋問等が制限される場合も考えられるが，こうした場合には，尋問等を制限する裁判長の処分が異議申立の対象となることから，決定自体を不服申立ての対象とする必要性が低いと考えられること。

②　裁判所は，秘匿決定をするに当たり，検察官および被告人または弁護人の意見を聴くことにしており，不服申立をする必要性が低いと考えられること。

③　秘匿決定の結果，起訴状の朗読等は営業秘密構成情報特定事項を明らかにしない方法により行うこととなるが，こうした方法で行うとしても，被告人の防御等への影響はそれほど大きくはないと考えられること。

「することができる」と定められているとおり，秘匿決定はあくまで裁判所の訴訟指揮権の行使として行われるものであり，申出人の申出もかかる職権発動を促す趣旨のものでしかなく，そもそも申出人は刑事訴訟手続の当事者ではないので，秘匿決定をしないこととした場合には却下決定等はなされない。ただし，秘匿決定をしないこととした場合には，秘匿決定をした場合と同様に，申出人に対して通知をすることになっている（平成23年最高裁規則6条2項後段）。秘匿決定をしないこと自体が決定等の裁判としてなされるわけではないので，申出人としては通知を受けてもこれに対して不服申立をすることはできないが，営業秘密や営業秘密構成情報特定事項の内容を修正する等の対応をした上で再度の申出をすることは可能である。

1062 第6章 刑事訴訟手続の特例

2 2項

2.1 「前項の申出」

本条1項に基づき，被害者もしくは当該被害者の法定代理人またはこれらの者から委託を受けた弁護士が行う，当該事件に係る営業秘密を構成する情報の全部または一部を特定させることとなる事項を公開の法廷で明らかにされたくない旨の申出のことである。その意味については同項の解説を参照されたい。

2.2 「あらかじめ，検察官にしなければならない」

被害者等による申出は，裁判所に対して行うのではなく検察官に対して行うことになっている。そして後述するとおり，被害者等による申出を受けた検察官は，申出を受けた旨と申出の内容を裁判所に対して通知することになっている。被害者特定事項に関する刑訴法290条の2第2項も同様の規定を定めている。

立案担当者は，被害者等にとっては，裁判所に対して直接申出をするよりも，捜査段階から通常接触があると考えられる検察官を通じて行う方が，その負担も少なく，秘匿決定に係る手続が円滑に進められると考えられるとの説明をしているが[13]，それに加えて訴訟当事者でもない被害者等が特に第1回公判期日前に直接裁判所に申出をすることは予断排除の原則に違反する可能性があることもあると考えられる。また，秘匿決定がなされた場合には検察官側の立証計画にも影響があると考えられることからも，検察官を経由することが合理的と考えられるところである。

申出に際しては，申出人の氏名または名称および住所，当該申出に係る事件を特定するに足る事項，申出資格を基礎づける事実（平成23年最高裁規則2条1項1号〜3号）に加えて，「事件に係る営業秘密を構成する情報のうち，法第23条第1項の決定の対象とすべき事項に係るもの」（同項4号），「法第23条第1項の決定を必要とする事情」（同項5号）を明らかにし，原則として書面で，やむをえない事情があるときは口頭で行うこととされている（同規則2条2項）。

検察官に対する申出について時期的な制限はないが，起訴状の公訴事実

（刑訴法256条 2 項 2 号）に当該事件に係る営業秘密を構成する情報の全部または一部を特定させることとなる事項が記載されてしまうと，それが公判廷で朗読（同法291条 1 項）され，公開されてしまう危険性がある。したがって，24条によりかかる事項を明らかにしない方法での朗読がなされるようにするため，実務上は起訴後遅くとも第 1 回公判期日までに行われることが多いと考えられる。

2.3 「検察官は，意見を付して，これを裁判所に通知する」

　申出人からの申出を受けた検察官は，これを裁判所に通知する際に意見を付することになっている。「意見」とは秘匿決定がなされることの当否や秘匿決定の対象となる営業秘密構成情報特定事項の範囲等についての意見ということになると考えられる。

　検察官から裁判所への通知については，申出人の検察官からの申出と同様に，申出人の氏名または名称および住所，当該申出に係る事件を特定するに足る事項，申出資格を基礎づける事実（平成23年最高裁規則 2 条 1 項 1 号～ 3 号）に加えて，「事件に係る営業秘密を構成する情報のうち，法第23条第 1 項の決定の対象とすべき事項に係るもの」（同項 4 号），「法第23条第 1 項の決定を必要とする事情」（同項 5 号）を明らかにしなければならず（同規則 2 条 3 項），原則として書面で，やむをえない事情があるときは口頭で行うこととされている（同条 4 項）。実務上は書面で行われることが大半と考えられる。なお，申出人の検察官に対する申出が書面でなされた場合には，検察官の検察官に対する通知に際しては当該書面を提出しなければならいとされている（同条 5 項）。

【注】
1 ）　平成21年法律21号改正時の衆議院経済産業委員会の附帯決議（平成21年 4 月17日），参議院経済産業委員会の附帯決議（平成21年 4 月 9 日）。
2 ）　知的財産戦略本部「知的財産推進計画2010」（平成22年 5 月21日）31頁
3 ）　なお，不正競争防止法は公判手続について定めているが，営業秘密の保護の必要性は捜査段階でも配慮される必要がある。特に，捜索差押令状（刑訴法218条 1 項， 2 項）は被疑者以外の者に対して行われる可能性がある。同令状には逮捕状（同法200条 1 項）などと異なり被疑事実の要旨は記載されないが，罪名，そして差し押えるべき物，記録させもしくは印刷させるべき電磁的記録等が記載されるため（同法219条 1 項），そこに営業秘密を構成する情報の全部ま

1064　第6章　刑事訴訟手続の特例

たは一部を特定させることとなる事項が記載される可能性も否定できない。そして，捜索差押許可状は処分を受ける者にこれを示さなければならいので（同法220条1項，110条），この場合には捜索差押許可状を目にした被処分者が当該事項について知る結果となる。令状の「差し押えるべき物」や被処分者に交付される目録（同法220条1項，120条）の記載について実務上の配慮が望まれるところである。

4）　罰条の記載については，被告人の防御に実質的な不利益を生ずるおそれがない限り公訴提起の効力に影響を及ばさないとされているが（刑訴法256条4項ただし書），実務上は罰条を記載しないことはまずない。特に不正競争防止法違反のような特別刑法違反の罪における起訴状には罪名としては該当する法令，すなわち不正競争防止法についていえば「不正競争防止法違反」としか記載されないのが一般的であるから，罰条まで記載されなければ被告人の防御に実質的な不利益を生じることになると考えられる。

5）　経産省・逐条解説（令和5年改正版）333頁

6）　法律上は「営業秘密構成情報特定事項」とは申出を受けた裁判所の秘匿決定により公開の法廷で明らかにしないこととされた営業秘密を構成する情報の全部または一部を意味する「営業秘密構成情報特定事項」のことであるが（23条4項）本項の解説では便宜上申出の対象とされたかかる情報も含めて「営業秘密構成情報特定事項」と称することとする。

7）　経産省・逐条解説（令和5年改正版）333頁

8）　経産省・逐条解説（令和5年改正版）334頁

9）　経産省・逐条解説（令和5年改正版）335頁（注）

10）　本項の規定が憲法上の原則である公開裁判の例外であること，不正競争防止法も職権による秘匿決定を認めているわけではないことからすれば，裁判所がCについても秘匿決定の対象とすべきだと考えるのであれば，実務上はまず検察官を通じて被害者等に対し申出をするよう促し，これを受けた申出がなされてから意見聴取等の手続を経るべきではないかと考えられる。

11）　経産省・逐条解説（令和5年改正版）336頁。ただし，訴訟手続の法令違反（刑訴法379条）や憲法違反（同法405条1号）を理由として判決に対する控訴理由，上告理由に該当する可能性はあると考えられる。

12）　経産省・逐条解説（令和5年改正版）336頁（注3）。ただし，①については，裁判長の処分に対する異議は，法令の違反があることを理由にする場合にのみ認められる（刑訴法309条2項，刑訴規則205条2項）こと，秘匿決定がなされている以上これに反する尋問等を制限する処分が法令に違反するとは認められがたいことからすると，秘匿決定に対する不服申立（抗告）を認めない理由としては十分ではないと考えられる。むしろ，②および③で述べられているように，秘匿決定に際しては意見聴取等の機会を付与していること，呼称等の決定を含め検察官の犯罪事実の立証の必要性ならびに被告人および弁護人の防御権に対する配慮をした制度があることから，秘匿決定への不服申立を認める必要

23条 3 項　営業秘密の秘匿決定等　　1065

性はないという点が強調されるべきであろう。

13)　経産省・逐条解説（令和 5 年改正版）333頁

〔桑野　雄一郎〕

（営業秘密の秘匿決定等）

23条 3 項　裁判所は，第 1 項に規定する事件を取り扱う場合において，検察官又は被告人若しくは弁護人から，被告人その他の者の保有する営業秘密を構成する情報の全部又は一部を特定させることとなる事項を公開の法廷で明らかにされたくない旨の申出があるときは，相手方の意見を聴き，当該事項が犯罪の証明又は被告人の防御のために不可欠であり，かつ，当該事項が公開の法廷で明らかにされることにより当該営業秘密に基づく被告人その他の者の事業活動に著しい支障を生ずるおそれがあると認める場合であって，相当と認めるときは，その範囲を定めて，当該事項を公開の法廷で明らかにしない旨の決定をすることができる。

趣　　旨

　本条 1 項および 2 項により被害者の営業秘密の保護を図ることとの均衡を図る見地からは，被害者以外の者の営業秘密についても，被告人の防御のためこれを法廷で明らかにすることが必要な場合には，同様にこれを保護する必要が認められると考えられる。さらに，被告人の防御のためにかかる営業秘密を保護するのであれば，検察官による犯罪事実の立証のために法廷で明らかにすることが必要な第三者の営業秘密についても，これを手続的に保護する必要があると認められる。そこで，検察官または被告人もしくは弁護人からの申出により被告人等の有する営業秘密の保護のために，公開の法廷でそれを推知できる事項を明らかにしないこと，およびそれに伴う手続について定めたのが本規定である。

解　　説

1　「裁判所は，第 1 項に規定する事件を取り扱う場合において」

　「裁判所」の意味，「第 1 項に規定する事件」の意味については本条 1 項の

1066　第6章　刑事訴訟手続の特例

解説を参照されたい。

2　「検察官又は被告人若しくは弁護人から……の申出」

　営業秘密の秘匿決定は，検察官または被告人もしくは弁護人からの申出により行うこととされている。営業秘密の秘匿決定は営業秘密の保護を希望する者の利益を保護するためになされるものである以上，希望する者がいない場合に職権で行う必要性はないからである。

3　「被告人その他の者の保有する営業秘密を構成する情報の全部又は一部を特定させることとなる事項」

　本項に基づく秘匿決定の対象となるのは，被告人その他の者の保有する営業秘密を構成する情報の全部または一部を特定させることとなる事項である。

　立案担当者は，「その他の者」の例として被告人の勤務先企業の場合の場合が考えられるとして，被告人がその勤務先企業から秘密を保持しつつ示された営業秘密について，手続的保護がないと被告人や被告人側の承認等がその具体的な内容について供述をすることができないという防御上の不利益をあげている。また，被害者が「その他の者」に含まれる場合も考えられるとして，本条1項の秘匿決定の対象とならない「当該事件に係る営業秘密」以外の営業秘密，すなわち当該事件における営業秘密侵害罪の訴因で特定された営業秘密以外の営業秘密について申出がなされる場合をあげている[1]。このような被害者の営業秘密について申出がなされるのは検察官からの場合が多いものと考えられる。

　「営業秘密を構成する情報」，「全部又は一部を特定することとなる事項」の意味については本条1項と同様なので，同項の解説を参照されたい。

4　「公開の法廷で明らかにされたくない旨の申出」

　申出に際しては，営業秘密構成情報特定事項について公開の法廷で明らかにされたくない旨を申し出ることになる。その際には，

　①　当該申出に係る営業秘密およびこれが営業秘密であることの基礎となるべき事実，

　②　当該申出に係る営業秘密を保有する者を特定するに足りる事項，

③ 当該申出に係る営業秘密を構成する情報のうち，本項の秘匿決定の対象とすべき事項に係るもの，

④ 本項の秘匿決定を必要とする事情

を明らかにする必要がある（平成23年最高裁規則3条1項）。

申出は，原則として書面で，やむをえない事情があるときは口頭で行うこととされている（同条2項）。

5 「相手方の意見を聴き」

裁判所が本項の秘匿決定をする際には，申出をした者の「相手方」，すなわち検察官による申出の場合は被告人または弁護人，被告人または弁護人による申出の場合は検察官の意見を聴かなければならない。

検察官の犯罪事実の立証の必要性，そして被告人および弁護人の防御権への配慮が必要だからである。

6 「当該事項が犯罪の証明又は被告人の防御のために不可欠であり」

本項の秘匿決定をするためには，その対象となる営業秘密構成情報特定事項が，犯罪の証明または被告人の防御のために「不可欠」であること（不可欠性）が要件とされている。

本条1項の秘匿決定の対象の営業秘密構成情報特定事項は，「当該事件に係る営業秘密」，すなわち当該事件における営業秘密侵害罪の訴因で特定された営業秘密に関するものであることから，犯罪事実の立証上の必要性は定型的に認められるものと考えられる。それに対して本項の秘匿決定の対象の営業秘密構成情報特定事項の営業秘密についてはそのような限定がないため，裁判の公開の原則の例外を認めるだけの必要性として，営業秘密構成情報特定事項を法廷で明らかにすることが犯罪の証明または被告人の防御に不可欠であることを要件としたものである。

「犯罪事実の証明」の定義を定めた規定はないが，証拠能力を有し公判廷における適式な証拠調べ手続を経た証拠によるいわゆる厳格な証明による立証の対象となる事実の証明と解されるであろう。「被告人の防御」とは憲法上認められた証人審問権（憲法37条2項）等の，検察官による犯罪事実の証明という攻撃に対する防御を意味すると考えられる。

「不可欠」とは，その文言からも，被害者特定事項についての秘匿決定に

1068　第6章　刑事訴訟手続の特例

おける「重大な支障を生ずるおそれ」（刑訴法295条3項）よりも厳格な要件を設けた趣旨と考えられる。すなわち，例えば対象となる営業秘密構成情報特定事項を含む立証方法・防御方法によらなければ犯罪事実の立証や被告人の防御が不可能になる場合を意味すると考えられる。

7　「当該事項が公開の法廷で明らかにされることにより当該営業秘密に基づく被告人その他の者の事業活動に著しい支障を生ずるおそれがあると認める場合」

　本項の秘匿決定をするためには，不可欠性に加えて，その対象となる営業秘密構成情報特定事項が公開の法廷で明らかにされることにより，当該営業秘密に基づく被告人その他の者の事業活動に著しい支障を生ずるおそれがあると認められる場合であること（要保護性）が要件となる。

　本条1項の秘匿決定の対象の営業秘密構成情報特定事項は，「当該事件に係る営業秘密」，すなわち当該事件における営業秘密侵害罪の訴因で特定された営業秘密に関するものであり，当該営業秘密に対する侵害行為が刑事罰に値するとの理由で起訴されるに至ったのであるから，それが公開の法廷で明らかにされた場合に被害者の事業活動に著しい支障を生じる可能性は定型的に認められるものと考えられる。それに対して本項の秘匿決定の対象の営業秘密構成情報特定事項の営業秘密についてはそのような限定がないため，裁判の公開の原則の例外を認めるだけの必要性として，当該営業秘密に基づく被告人そのものの事業活動に著しい支障を生ずるおそれがあると認められることを要件としたものである。

8　「相当と認めるときは，その範囲を定めて，当該事項を公開の法廷で明らかにしない旨の決定をすることができる。」

　本条1項と同様の規定である。その意味については同項の解説を参照されたい。

【注】
　1）　経産省・逐条解説（令和5年改正版）337頁-338頁

〔桑野　雄一郎〕

23条4項　営業秘密の秘匿決定等　　1069

（営業秘密の秘匿決定等）
23条4項　裁判所は，第1項又は前項の決定（以下「秘匿決定」という。）をした場合において，必要があると認めるときは，検察官及び被告人又は弁護人の意見を聴き，決定で，営業秘密構成情報特定事項（秘匿決定により公開の法廷で明らかにしないこととされた営業秘密を構成する情報の全部又は一部を特定させることとなる事項をいう。以下同じ。）に係る名称その他の表現に代わる呼称その他の表現を定めることができる。

趣　　旨

　秘匿決定がなされた場合，法廷での訴訟手続は秘匿決定の対象となった営業秘密構成情報特定事項を明らかにすることなく行うことになるが，法廷での尋問や陳述において営業秘密構成情報特定事項に言及することは不可避であることから，営業秘密を保護しつつ円滑かつ適切に訴訟手続を進めるために訴訟関係人全員による統一的な理解が可能な別の表現に置き換える等の措置が必要となる。本規定はかかる必要性に対処するために設けられたものである。

解　　説

1　「裁判所は，第1項又は前項の……秘匿決定……をした場合」

　本項の決定は本条1項または3項の秘匿決定をした裁判所が，当該決定をした場合に行う決定（以下「呼称等の決定」（本条5項）という）について定めたものである。秘匿決定の意味については本条1項および3項の解説を参照されたい。

2　「必要があると認めるときは」

　裁判の公開の原則からも，呼称等の決定は必要がない場合にまで行われるべきではないので，その必要性，すなわち営業秘密構成情報特定事項に係る名称その他の表現に代わる呼称その他の表現を定める必要性について裁判所が判断することとされている。

1070 第6章 刑事訴訟手続の特例

3 「検察官及び被告人又は弁護人の意見を聴き」

　裁判所が呼称等決定をするためには検察官および被告人または弁護人の意見を聴くことが必要とされている。

　実際に決定に従って呼称その他の表現を使用する訴訟関係人に攻撃防御上の不利益がないかを判断するためである。

4 「決定で」

　呼称等の決定も「訴訟手続に関し判決前にした決定」（刑訴法420条1項）に該当すること，よってこれに対する不服申立（抗告）はできないと解されることは本条1項および3項の秘匿決定と同様である。

5 「営業秘密構成情報特定事項……に係る名称その他の表現に代わる呼称　その他の表現を定めることができる」

　「営業秘密構成情報特定事項」は「秘匿決定により公開の法廷で明らかにしないこととされた営業秘密を構成する情報の全部又は一部を特定させることとなる事項」と定義されているが，この定義は本条1項の文言と同一なので，その意味については同項の解説を参照されたい。

　「営業秘密構成情報特定事項……に係る名称その他の表現」とは，「営業秘密構成情報特定事項の内容に含まれる事物の名称（事物を示す表現）の他，その属性，性質等を示す形容表現等」のことである[1]。また，営業秘密構成情報特定事項に係る名称その他の表現「に代わる呼称その他の表現」とは，これらに代えて，すなわち言い換える形で公開の法廷で用いられる名称や形容表現ということになる。

　立案担当者は，営業秘密に係る製造方法を「本件製造方法」と，当該製造方法において用いる金属を「金属A」（ただし，金属であるということ自体が営業秘密構成情報特定事項に該当する場合には「金属」という呼称を用いることも不適切なので「物質A」）と，当該金属の有する性質について「特性Bを有する」と，当該金属または物質を専門的に取扱業者について「C社」といった表現をそれぞれ定める例をあげている[2]。

　なお，裁判所は，呼称等の決定をする際には，それが本条1項の秘匿決定に伴う場合には検察官に対し，本条3項の秘匿決定に伴う場合は同項の申出

人に対し，①呼称等の決定の対象とすべき営業秘密構成情報特定事項に係る名称その他の表現，②①の名称その他の表現に代わるべき呼称その他の表現，③その他呼称等の決定をするに当たり参考となるべき事項を記載した書面の提出を求めることができるとされている（平成23年最高裁規則 5 条）[3]。

「ことができる」とあるとおり，本項の決定はあくまで必要性があると認められる場合になされるものであるから，義務的とはされていない。

【注】
1 ）　経産省・逐条解説（令和 5 年改正版）341頁
2 ）　経産省・逐条解説（令和 5 年改正版）342頁
3 ）　実務上はこの書面提出の際に本項の手続的要件である訴訟関係人に対する意見聴取もなされるものと考えられる。

〔桑野　雄一郎〕

（営業秘密の秘匿決定等）
23条 5 項　裁判所は，秘匿決定をした事件について，営業秘密構成情報特定事項を公開の法廷で明らかにしないことが相当でないと認めるに至ったとき，又は刑事訴訟法（昭和23年法律第131号）第132条の規定により罰条が撤回若しくは変更されたため第 1 項に規定する事件に該当しなくなったときは，決定で，秘匿決定の全部又は一部及び当該秘匿決定に係る前項の決定（以下「呼称等の決定」という。）の全部又は一部を取り消さなければならない。

趣　　旨

本条 1 項または 3 項の秘匿決定がなされた場合であっても，それはあくまで裁判の公開の原則の例外的措置であることからすれば，裁判所において営業秘密構成情報特定事項を秘匿することが相当でないと認めるに至った場合や，訴因変更等により当該事件がそもそも営業秘密侵害罪に係る事件に該当しなくなった場合には，秘匿決定を維持する必要性はなくなることになる。よって，本項はかかる場合において裁判所が秘匿決定およびこれに伴う呼称等の決定を取り消さなければならない旨を定めたものである。

1072 第6章 刑事訴訟手続の特例

解　説

1 「裁判所は，秘匿決定をした事件について」

　本項の決定は秘匿決定をした裁判所による，秘匿決定およびこれに伴う呼称等の決定を行った場合に当該決定の取消しについて定めたものである。秘匿決定については本条1項および3項の解説を参照されたい。

2 「営業秘密構成情報特定事項を公開の法廷で明らかにしないことが相当でないと認めるに至ったとき」

　本項に基づき秘匿決定およびこれに伴う呼称等の決定が取り消される場合の1つは，秘匿決定の対象となった営業秘密構成情報特定事項を公開の法廷で明らかにしないことが相当でないと認められるに至ったときである。

　もともと秘匿決定はこれを行うことが相当であるとの裁判所の判断によりなされるものであるから（本条1項，3項），事情変更によりその要件を欠くに至った場合には当該秘匿決定，そしてこれに伴う呼称等の決定が取り消されるべきことは当然である。

3 「刑訴法（昭和23年法律第131号）第312条の規定により罰条が撤回若しくは変更されたため第1項に規定する事件に該当しなくなったときは」

　「刑訴法……第312条」は訴因または罰条の追加，撤回または変更について定めた規定であり，本項の定める罰条が撤回または変更された場合は，その前提として対応する訴因も撤回または変更されることになる。

　「第1項に規定する事件」とは本条1項の定める「第21条第1項，第3項若しくは第4項の罪又は前条第1項（第3号を除く。）の罪に係る事件」すなわち営業秘密侵害罪である。その意味については同項の解説を参照されたい。

　秘匿決定がなされるのは営業秘密侵害罪に係る事件であることが要件となっているのであるから，検察官による訴因変更に伴う罰条の撤回または変更により営業秘密侵害罪に該当しなくなった場合に，当該秘匿決定，そしてこれに伴う呼称等の決定が取り消されるべきことは当然であり，本項はかかる場合に当該決定が取り消されるべき旨を定めたものである。

23条5項　営業秘密の秘匿決定等　1073

4 「秘匿決定の全部又は一部及び当該秘匿決定に係る前項の決定（以下
　「呼称等の決定」という。）の全部又は一部を取り消さなければならな
　い。」

　「秘匿決定」の意味については本条1項および3項の解説を，「呼称等の決定」の意味については本条4項の解説をそれぞれ参照されたい。

　「取り消さなければならない」と定めているとおり，本項に基づく取消しは必要的とされている。ただし，「営業秘密構成情報特定事項を公開の法廷で明らかにしないことが相当でないと認めるに至ったとき」の取消決定はあくまで裁判所において「相当でないと認めるに至った」ことが要件とされているので，実際に取り消すかについては裁判所の裁量の余地があると考えられる[1]。

　なお，裁判所が本項により秘匿決定や呼称等の決定を取り消した場合には，公判期日にこれを行った場合を除き，速やかにその旨を訴訟関係人に通知しなければならない（平成23年最高裁規則6条1項）。また，本条1項の秘匿決定を取消した場合には，申出人にも通知しなければならない（本条2項）。

【注】
　1 ）　訴因変更に伴い営業秘密侵害罪についての罰条の撤回（刑訴法312条1項）がなされたとしても，審判対象である訴因との関係で犯情事実として営業秘密構成情報特定事項に言及する可能性があるような場合を考えると，秘匿決定および呼称等の決定の取消を必要的とすることにはやや疑問は残るところではある。もちろん当初から営業秘密侵害罪が罰条として掲げられていなければ秘匿決定がなされることもなかった以上，そのようなこととなってもやむをえないという見解もありうるが，秘匿決定および呼称等の決定を前提として審理が進められてきた以上，かかる事件については検察官において訴因変更を行う際には予備的訴因の追加等の，訴因変更に伴う罰条の撤回，それに伴う秘匿決定および呼称等の決定の取消しを回避する等の実務的な運用が望ましいと考えられる。

〔桑野　雄一郎〕

1074　第6章　刑事訴訟手続の特例

（起訴状の朗読方法の特例）[1]

24条　秘匿決定があったときは，刑事訴訟法第291条第1項の起訴状の朗読は，営業秘密構成情報特定事項を明らかにしない方法でこれを行うものとする。この場合においては，検察官は，被告人に起訴状を示さなければならない。

2　刑事訴訟法第271条の2第4項の規定による措置がとられた場合（当該措置に係る個人特定事項（同法第201条の2第1項に規定する個人特定事項をいう。以下この項において同じ。）の全部について同法第271条の5第1項の決定があった場合を除く。）における前項後段の規定の適用については，同項後段中「起訴状」とあるのは，当該措置に係る個人特定事項の一部について同法第271条の5第1項の決定があった場合にあっては「起訴状抄本等（同法第271条の2第2項に規定する起訴状抄本等をいう。）及び同法第271条の5第4項に規定する書面」と，それ以外の場合にあっては「起訴状抄本等（同法第271条の2第2項に規定する起訴状抄本等をいう。）」とする。

趣　旨

　刑事訴訟手続において，起訴状は朗読されることになっているが（刑訴法291条1項），起訴状には公訴事実が記載され（同法256条2項2号），公訴事実は訴因を明示すること，訴因の明示に際してはできる限り日時，場所および方法をもって罪となるべき事実を特定しなければならないとされている（同条3項）。そのため，営業秘密侵害罪における起訴状記載の公訴事実に侵害された営業秘密に係る営業秘密構成情報特定事項が含まれていると，朗読されることによりそれが公開の法廷で明らかにされてしまい，秘匿決定に反する結果となってしまう。

　そこで，秘匿決定があった場合に，営業秘密構成情報特定事項を明らかにしない方法により起訴状朗読を行うことを認めたのが本規定である[2]。

　ただし，被害者等の保護のために起訴状謄本に代えて個人特定事項の全部または一部の記載のない起訴状抄本等を送達する措置がとられた場合，本条1項の規定に基づいて起訴状が提示されてしまうと，営業秘密の保護という点からは問題はないが，被害者等の保護のために起訴状抄本等を送達した趣旨が没却されてしまう。そこで，かかる場合には起訴状に代えて起訴状抄本等を提示するものとしたのが2項の規定である。

24条1項　起訴状の朗読方法の特例　1075

解　　説

1　1項

1.1　「秘匿決定があったとき」

本条が適用されるのは秘匿決定，すなわち23条1項または3項の定める決定がなされた場合である。その意味については同条各項の解説を参照されたい。

1.2　「刑事訴訟法第291条第1項の起訴状の朗読」

「検察官は，まず，起訴状を朗読しなければならない。」と定めた刑訴法291条1項に基づき行われる検察官による起訴状の朗読のことである。

1.3　「営業秘密構成情報特定事項を明らかにしない方法でこれを行うものとする。」

「営業秘密構成情報特定事項」については23条4項および1項の解説を参照されたい。

営業秘密構成情報特定事項「を明らかにしない方法」としては，呼称等の決定（23条4項）により裁判所が定めた呼称を用いて朗読する方法などが考えられる。

1.4　「検察官は，被告人に起訴状を示さなければならない。」

本条により営業秘密構成情報特定事項を明らかにしない方法で朗読がなされるとしても，審理の対象となるのは起訴状記載の公訴事実であるから，被告人の防御権を保障する見地からも起訴状の全文を被告人に伝える必要があるため，起訴状を示すことを必要としている。起訴状はあらかじめ謄本が被告人に送達されるので（刑訴法271条1項），かかる手続をとらなくても実務上は被告人にとっての防御上の不利益は乏しいが，起訴状朗読という口頭主義に基づく重要な手続の例外であることから慎重を期したものと考えられる。

1076 第6章 刑事訴訟手続の特例

2 2項

2.1 「刑事訴訟法第271条の2第4項の規定による措置」

　刑訴法271条の2第4項は、「裁判所は、第2項の規定による起訴状抄本等の提出があつたときは、前条第1項の規定にかかわらず、遅滞なく起訴状抄本等を被告人に送達しなければならない。この場合において、第255条及び前条第2項中『起訴状の謄本』とあるのは、『起訴状抄本等』とする。」と定めている。すなわち、公訴提起に際して、犯罪の被害者等を保護するために、起訴状と共にその個人を特定できる個人特定事項の記載のない起訴状の抄本その他の起訴状の謄本に代わるもの（以下「起訴状抄本等」という）が提出された場合には、前条、すなわち刑訴法271条1項の定める起訴状謄本の送達に代えて起訴状抄本等を送達するという措置がとられることになっている。「刑事訴訟法第271条の2第4項の規定による措置」とはかかる起訴状抄本等の送達という措置のことを意味する。

　被告人の防御のために認められている起訴状謄本の送達に代わる措置として起訴状抄本等の送達を要求した刑訴法271条の2第4項と同趣旨の規定である。

2.2 「（当該措置に係る個人特定事項（同法第201条の2第1項に規定する個人特定事項をいう。以下この項において同じ。）の全部について同法第271条の5第1項の決定があった場合を除く。）」

　「当該措置」とは2.1で述べた刑訴法271条の2第4項の規定による措置のことである。

　「個人特定事項」とは刑訴法201条の2第1項の規定する個人特定事項、すなわち同項の定めている「氏名及び住所その他の個人を特定させることとなる事項」のこととされている。

　「同法第271条の5第1項の決定」とは、起訴状謄本に代えて起訴状抄本等を送達するという措置（刑訴法271条の2第4項）をとった場合に、裁判所が被告人または弁護人の請求により、当該措置にかかる個人特定事項の全部または一部を被告人に通知する旨の同項の定めている決定である。送達する起訴状抄本には記載しないこととしつつ、被告人の防御のために、一定の場

合に記載しないこととした個人特定事項を通知するという決定である。当該
決定において、個人特定事項の全部について被告人に通知する旨の決定がな
された場合には、本条１項に基づいて被告人に起訴状を提示しても被害者等
の保護には欠けることはないことから、本項の適用除外とし、本条１項によ
るものとしたものである。

2.3 「当該措置に係る個人特定事項の一部について同法第271条の５第１項の決定があった場合にあっては「起訴状抄本等（同法第271条の２第２項に規定する起訴状抄本等をいう。）」及び同法第271条の５第４項に規定する書面」

「当該措置」とは2.1で述べた刑訴法271条の２第４項の規定による措置の、
「個人特定事項」とは本項において定義されているとおり同法201条の２第１
項に規定する個人特定事項のことである。

「同法271条の５第１項の決定」については2.2において上述したとおりで
ある。つまり、送達する起訴状謄本には記載しないこととした個人特定事項
の一部について、被告人に通知する旨の決定をした場合ということになる。

「起訴状抄本等」については、刑訴法271条の２第２項に規定する起訴状抄
本等、すなわち検察官が、公訴の提起に際して、起訴状の謄本の送達により
個人特定事項が被告人に知られないようにするための措置を求める際に、裁
判所に対して被告人に送達するものとして提出をする、当該求めにかかる個
人特定事項の記載がない起訴状の抄本その他の起訴状の謄本に代わるものの
ことである。

「同法第271条の５第４項に規定する書面」とは、刑訴法271条の５第１項
または第２項により裁判所が送達する起状謄本には記載しないこととした個
人特定事項の一部について、被告人に通知する旨の決定をした場合に、当該
決定により通知することとした個人特定事項を記載した書面のことである。

以上により、本条１項後段の規定の適用については、同項後段中「起訴
状」とあるのは、「起訴状抄本等……及び同法第271条の５第４項に規定する
書面」とされることになる。つまり、送達する起訴状謄本には記載しないこ
ととした個人特定事項の一部について、被告人に通知する旨の決定をした場
合には、本条１項後段に基づいて被告人に提示される書面は「起訴状」では
なく、起訴状に代えて被告人に送達するものとされた個人特定事項の一部が

1078   第6章　刑事訴訟手続の特例

記載されていない「起訴状抄本等」と、当該起訴状抄本等に記載しないこととした個人特定事項の一部で、被告人に通知する旨の決定がなされた事項が記載された書面ということになる。

2.4　それ以外の場合にあっては「起訴状抄本等（同法第271条の２第２項に規定する起訴状抄本等をいう。）

「それ以外の場合」とは、2.1で述べた刑訴法271条の２第４項の規定による措置に係る個人特定事項の一部について同法271条の５第１項の決定があった場合以外の場合ということになる。2.2で述べたとおり、当該個人特定事項の全部について刑訴法271条の５第１項の決定があった場合はそもそも本項の適用がないのであるから、「それ以外の場合」とは起訴状抄本等に記載されていない個人特定事項等について被告人に通知する旨の決定がなされなかった場合を意味する。

「起訴状抄本等（同法第271条の２第２項に規定する起訴状抄本等をいう。）」の意味については2.3において述べたとおりである。

以上により、本条１項後段の規定の適用については、同項後段中「起訴状」とあるのは、「起訴状抄本等」とされることになる。つまり、送達する起訴状謄本には記載しないこととした個人特定事項について、被告人に通知する旨の決定がなされなかった場合には、本条１項後段に基づいて被告人に提示される書面は「起訴状」ではなく、起訴状に代えて被告人に送達するものとされた個人特定事項の一部が記載されていない「起訴状抄本等」ということになる。

【注】
1）　経産省・逐条解説（令和５年改正版）344頁
2）　なお，秘匿決定がなされた場合は，本条に定める起訴状朗読のほか，①刑訴規則217条の31第１項または２項の規定による公判前整理手続調書，期日間整理手続調書または刑訴法316条の２第３項（同法316条の28第２項において準用する場合を含む）に規定する書面の朗読または要旨の告知，②刑訴規則209条４項の規定による訴因または罰条を追加，撤回または変更する書面の朗読，③刑訴規則35条２項の規定による判決の宣告も，営業秘密構成情報特定事項を明らかにしない方法で行うこととされている（不正競争防止法第23条第１項に規定する事件に係る刑事訴訟手続の特例に関する規則７条１項）。また，このうち②については本条の手続と同様に朗読すべき書面を被告人に示さなければならない

とされている（不正競争防止法第23条第1項に規定する事件に係る刑事訴訟手続の特例に関する規則7条2項)。

〔桑野　雄一郎〕

1080 第6章 刑事訴訟手続の特例

（尋問等の制限）
25条 裁判長は，秘匿決定があった場合において，訴訟関係人のする尋問又は陳述が営業秘密構成情報特定事項にわたるときは，これを制限することにより，犯罪の証明に重大な支障を生ずるおそれがある場合又は被告人の防御に実質的な不利益を生ずるおそれがある場合を除き，当該尋問又は陳述を制限することができる。訴訟関係人の被告人に対する供述を求める行為についても，同様とする。
2 刑事訴訟法第295条第5項及び第6項の規定は，前項の規定による命令を受けた検察官又は弁護士である弁護人がこれに従わなかった場合について準用する。

趣 旨

　刑事訴訟手続では訴訟関係人による尋問（刑訴法304条等）および陳述（同法293条等）また被告人質問（同法311条等）が行われるが，その際に営業秘密構成情報特定事項に言及された場合，当該事項が公開の法廷で明らかにされてしまい，秘匿決定に反する結果となってしまう。

　そこで，秘匿決定があった場合に，かかる尋問等を制限できる旨を定めるとともに，かかる制限の実効性を担保するための制度を定めたものである。

　刑訴法上，裁判長は，訴訟関係人のする尋問等が相当でないときは、訴訟関係人の本質的な権利を害しない限り、これを制限することができるとされており（刑訴法295条1項），営業秘密構成情報特定事項にわたる尋問等は当該権限に基づいて制限することも可能であるが，営業秘密を保護するという見地から特別に規定を設けたものと考えられる。

解 説

1 1項

1.1 「裁判長は」

本条による制限等は裁判長のものとされている。

1.2 「秘匿決定があった場合」

本条が適用されるのは秘匿決定，すなわち23条1項または3項の定める決定がなされた場合である。その意味については同条各項の解説を参照された

い。

1.3 「訴訟関係人のする尋問又は陳述が営業秘密構成情報特定事項にわたるときは、」

「訴訟関係人」とは，検察官，被告人，弁護人，補佐人，特別代理人，被告人が法人である場合の代表者など，公判手続に当事者として関与する者をいう[1]。

「尋問」とは被告人を除く人証（証人，鑑定人，通訳人または翻訳人）についての証拠調べの方式であり（刑訴法304条），これらの者に対して問いを発することを意味する。つまり，本条により訴訟関係人が証人等に対して営業秘密構成情報特定事項にわたる問いを発することが制限されることとなる[2]。

「陳述」は意見を述べることであるが（刑訴法293条等），主張（すなわち事実または法律に関する意見を述べることと）と供述を合わせた意味で用いられることもある（同法22条，291条4項等）。具体的には，被告人・証人・鑑定人・通訳人・翻訳人の供述のほか，被告人または弁護人による冒頭手続における被告事件についてのいわゆる罪状認否（同法291条5項），検察官による冒頭陳述（刑訴法296条）および論告（同法293条1項），被告人および弁護人による弁論（同条2項），被告人または弁護人による最終陳述（刑訴規則211条）などがある。ただし，本項は上述した裁判長の権限（刑訴法295条1項）を確認的に定めたものにすぎないと解されるので，当該権限と同様，訴訟法上の申立てや請求はここにいう「陳述」には含まれないと解すべきである[3]。これらについては不適切等と判断する場合は本条による制限ではなく，却下等の対応をすべきことになる。

「営業秘密構成情報特定事項」については23条4項および同条1項の解説を参照されたい。

1.4 「犯罪の証明に重大な支障を生ずるおそれがある場合又は被告人の防御に実質的な不利益を生ずるおそれがある場合」

本条による制限ができないとされているのは，検察官にとって，営業秘密構成情報特定事項にわたる尋問等を行わなければ犯罪の証明に重大な支障を生ずるおそれがある場合，または被告人の防御に実質的な不利益を生ずるお

1082　第6章　刑事訴訟手続の特例

それがある場合である。検察官の犯罪事実の立証の必要性ならびに被告人および弁護人の防御権の双方に配慮した趣旨ではあるが，営業秘密を保護するという本制度の趣旨からすれば，立案担当者も指摘するとおり，かかる事態を未然に防ぐため，訴訟当事者に対して尋問すべき事項等の要領を記載した書面の提出を命じる（27条）などしたうえで，必要に応じて呼称等の決定（23条4項）や公判期日外の証人尋問（26条）等といった措置を講じるべきである[4]。また，想定外の事情によりかかる事態となった場合には，一旦手続を中断し，呼称等の決定をしてから再開するなどの訴訟指揮が望まれるところである。

1.5　「尋問又は陳述を制限することができる」

本項により裁判長が制限をした場合は，営業秘密構成情報特定事項にわたる尋問または陳述ができなくなる。尋問についてはその結果質問を変えない限り証人等の供述も得られないこととなる。

本項の裁判長の制限は裁判長の訴訟指揮権の一つとして定められた刑訴法295条1項と同じ性質のものであるから，これに対しては裁判長の処分に対する異議申立て（刑訴法309条2項），または当該制限が証拠調べに関して行われた場合には証拠調べに関する異議申立て（同条1項）が可能である。

裁判長による制限にもかかわらず尋問または陳述が行われた場合，それが公判調書の必要的記載事項（刑訴規則44条1項[5]）でなければ調書に記載されず，またそれが証拠調べに関するものである場合は裁判所において職権で（同規則207条），または申立てにより（同規則205条の6）証拠排除決定がなされることになる。調書に記載された場合は閲覧制限等により公開を阻止することとなろう。

1.6　「訴訟関係人の被告人に対する供述を求める行為についても、同様とする」

「訴訟関係人」の意味については上述のとおりである。

刑訴法上，裁判長は，被告人が任意に供述をする場合には，いつでも必要とする事項につき被告人の供述を求めることができ（刑訴法311条2項），陪席の裁判官，検察官，弁護人，共同被告人またはその弁護人は，裁判長に告げて，かかる供述を求めることができるとされている（同条3項）。「被告人

に対する供述を求める行為」とは，これらの規定に基づいて被告人に対して任意の供述を求める行為のことである。つまり，営業秘密構成情報特定事項にわたる被告人の供述を求めることを裁判長が制限できることとしているものである。

2　2項

2.1　「刑事訴訟法第295条第5項及び第6項の規定」

　上述のとおり，刑訴法上，裁判長には，訴訟関係人のする尋問等が相当でないときは、訴訟関係人の本質的な権利を害しない限り、これを制限することができるとされている（刑訴法295条1項）。そして，かかる権限の実効性を担保するため，裁判所は、前各項の規定による命令を受けた検察官または弁護士である弁護人がこれに従わなかった場合には、検察官については当該検察官を指揮監督する権限を有する者に、弁護士である弁護人については当該弁護士の所属する弁護士会または日本弁護士連合会に通知し、適当な処置をとるべきことを請求することができ（同条5項），またかかる請求を受けた者は、そのとった処置を裁判所に通知しなければならないとされている（同条6項）。

　「適当な措置」とは，弁護士会または日本弁護士連合会については弁護士に対する指導監督（弁護士法31条1項，45条2項）や懲戒請求（同法56条2項，60条1項）を意味する。検察官については所属する検察庁の検事正等による指揮監督や任命権者による免官（検察庁法23条1項），検察官的適格審査会による審査（同条2項）等である。

2.2　「前項の規定による命令を受けた」

　「前項の規定による命令」とは本条1項に定める裁判長たる裁判官による尋問等の制限という裁判である。

2.3　「検察官又は弁護士である弁護人がこれに従わなかった場合について準用する。」

　尋問等の制限という命令は訴訟関係人に対してなされるが，訴訟関係人のうち，当該命令に従わなかったのが検察官または弁護士である弁護人である

1084　第6章　刑事訴訟手続の特例

場合に，上述の刑訴法の規定を準用することとしたものである。

【注】
1）　平場安治ほか『注解刑事訴訟法　上巻』〔改訂増補版〕148頁（青林書院新社，1977）
2）　立案担当者は，証人等の証言が「尋問又は陳述」に含まれる旨の説明をしているが（経産省・逐条解説（令和5年改正版）348頁），本条により制限されるのは訴訟関係人の行為であり，証人等が訴訟関係人に含まれない以上，証人等の証言は「尋問又は陳述」には含まれないであろう。本条により制限されるのは，訴訟関係人が証人等に対して供述を求めて行う尋問，すなわち問いを発する行為と考えるべきである。
3）　刑訴法295条1項について，河上和雄＝小林充＝植村立郎＝川村博編『注釈刑事訴訟法第4巻』〔第3版〕275頁〔木口信之〕（立花書房，2012）。
4）　経産省・逐条解説（令和5年改正版）348頁
5）　裁判長が尋問または陳述を制限した旨は裁判長が秩序維持のための処分をした旨として記載される可能性はあると考えられる（刑訴規則44条1項12号）。

〔桑野　雄一郎〕

26条 公判期日外の証人尋問等 1085

（公判期日外の証人尋問等）

26条 裁判所は，秘匿決定をした場合において，証人，鑑定人，通訳人若しくは翻訳人を尋問するとき，又は被告人が任意に供述をするときは，検察官及び被告人又は弁護人の意見を聴き，証人，鑑定人，通訳人若しくは翻訳人の尋問若しくは供述又は被告人に対する供述を求める行為若しくは被告人の供述が営業秘密構成情報特定事項にわたり，かつ，これが公開の法廷で明らかにされることにより当該営業秘密に基づく被害者，被告人その他の者の事業活動に著しい支障を生ずるおそれがあり，これを防止するためやむを得ないと認めるときは，公判期日外において当該尋問又は刑事訴訟法第311条第2項及び第3項に規定する被告人の供述を求める手続をすることができる。

2 刑事訴訟法第157条第1項及び第2項，第158条第2項及び第3項，第159条第1項，第273条第2項，第274条並びに第303条の規定は，前項の規定による被告人の供述を求める手続について準用する。この場合において，同法第157条第1項，第158条第3項及び第159条第1項中「被告人又は弁護人」とあるのは「弁護人，共同被告人又はその弁護人」と，同法第158条第2項中「被告人及び弁護人」とあるのは「弁護人，共同被告人及びその弁護人」と，同法第273条第2項中「公判期日」とあるのは「不正競争防止法第26条第1項の規定による被告人の供述を求める手続の期日」と，同法第274条中「公判期日」とあるのは「不正競争防止法第26条第1項の規定による被告人の供述を求める手続の日時及び場所」と，同法第303条中「証人その他の者の尋問，検証，押収及び捜索の結果を記載した書面並びに押収した物」とあるのは「不正競争防止法第26条第1項の規定による被告人の供述を求める手続の結果を記載した書面」と，「証拠書類又は証拠物」とあるのは「証拠書類」と読み替えるものとする。

趣　旨

　秘匿決定がなされた上で行われる刑事訴訟手続においても，証人、鑑定人、通訳人もしくは翻訳人に対する尋問（刑訴法304条）や被告人による任意の供述（同法311条）がなされることがあるが，そこで供述を求める側と供述する側の問答が営業秘密構成情報特定事項にわたった場合，その内容が公開の法廷で明らかにされてしまい，秘匿決定に反する結果となってしまう。かかる事態を予防するために，裁判所による呼称等の決定（23条4項）や，裁判長による尋問等の制限（25条1項）といった制度が設けられている。

　しかし，これらの手続の過程で証人等が営業秘密構成情報特定事項について想定外の供述をしてしまうなどにより，秘匿決定に反する結果となる事態

1086　第6章　刑事訴訟手続の特例

を予防できない場合も考えられる。

　そこで，秘匿決定をした場合において，裁判所が，公判期日外において証人の尋問または被告人質問を行うことを可能にしたのが本規定である。

　なお，公判期日外における証人の尋問については刑訴法158条および281条に規定があるが，これは証人の重要性，年齢，職業，健康状態その他の事情と事案の軽重等を考慮して，すなわち証人の事情により公判期日外に供述を得ることが必要と認められる場合の規定であり，本条とは趣旨を異にしている。また，被告人質問については，裁判長の訴訟指揮権を根拠にこれを公判期日外で行うことも認められると考えられており，実務上も行われているが，これを定めた明文規定が刑訴法にはないため，本規定が設けられたものである[1]。

解　説

1　1項

1.1　「裁判所は、秘匿決定をした場合において、」

　本項は秘匿決定をした裁判所による措置について定めたものである。秘匿決定については23条1項および3項の解説を参照されたい。

1.2　「証人、鑑定人、通訳人若しくは翻訳人を尋問するとき、又は被告人が任意に供述をするときは」

　「証人，鑑定人，通訳人若しくは翻訳人」は被告人を除く人証であり，尋問という方式で証拠調べがなされる者である（刑訴法304条）。

　被告人は刑訴法上，被告人が任意に供述をする場合には，裁判長は，いつでも必要とする事項につき被告人の供述を求めることができ（刑訴法311条2項），陪席の裁判官，検察官，弁護人，共同被告人またはその弁護人は，裁判長に告げて，かかる供述を求めることができるとされている（同条3項）。「被告人が任意に供述するとき」とはこれらの規定により被告人が任意に供述をする場合のことを意味している。

1.3 「検察官及び被告人又は弁護人の意見を聴き，」

本条の規定により証人尋問等を公判期日外において行うことについて，検察官の犯罪事実の立証の必要性ならびに被告人および弁護人の防御権に対する配慮から，その意見を聴取することを必要としたものである。

1.4 「証人、鑑定人、通訳人若しくは翻訳人の尋問若しくは供述」

「証人、鑑定人、通訳人若しくは翻訳人」は被告人を除く人証であり，「尋問」とはこれらの者に対する証拠調べの方式で（刑訴法304条），これらの者に対して問いを発することを，「供述」とはその問いに対して行われるこれら者の供述をそれぞれ意味している。つまり「尋問」という手続における，尋問を行う者と尋問を受ける者との問答のことである。

1.5 「被告人に対する供述を求める行為若しくは被告人の供述」

刑訴法上，被告人が任意に供述をする場合には，裁判長は，いつでも必要とする事項につき被告人の供述を求めることができ（刑訴法311条２項），陪席の裁判官，検察官，弁護人，共同被告人またはその弁護人は，裁判長に告げて，かかる供述を求めることができるとされている（同条３項）。「被告人に対する供述を求める行為」とは，これらの規定により，裁判長等が被告人に対して任意の供述を求める行為であり，「被告人の供述」とは任意の供述を求められた被告人による供述である。つまり，いわゆる被告人質問と呼ばれている手続における，被告人の任意の供述を求める者と被告人との問答のことである。

1.6 「営業秘密構成情報特定事項にわたり」

「営業秘密構成情報特定事項」については23条４項および同条１項の解説を参照されたい。

1.7 「公開の法廷で明らかにされることにより当該営業秘密に基づく被害者、被告人その他の者の事業活動に著しい支障を生ずるおそれ」

23条３項にも同一の要件（要保護性）が定められているので，その意味については同項の解説を参照されたい。23条３項の秘匿決定については要保護

1088　第6章　刑事訴訟手続の特例

性が秘匿決定自体の要件でもあることからすると，本項の要件を満たす場合も多いであろうが，23条1項の秘匿決定については，要保護性は要件となっていないので，本項の要件を満たさない場合もありうるものと考えられる。

1.8 「これを防止するためやむを得ないと認めるとき」

本条に基づく措置を行うためには，被害者，被告人その他の者の事業活動に生じるおそれがある著しい支障を防止するためにやむをえないと認められること（補充性）が要件とされている。

裁判所による呼称等の決定（23条4項）や，裁判長による尋問等の制限（25条1項）といった措置によっては防止することができないと認められる場合を意味している。

1.9 「公判期日外において当該尋問又は刑事訴訟法第311条第2項及び第3項に規定する被告人の供述を求める手続をすることができる」

「当該尋問」とは証人、鑑定人、通訳人もしくは翻訳人の尋問のことであり，「刑事訴訟法第311条第2項及び第3項に規定する被告人の供述を求める手続」とはこれらの規定に定められている，裁判長，陪席の裁判官，検察官，弁護人，共同被告人またはその弁護人による被告人の任意の供述を求める手続のことである。

公判期日外においてこれらの手続を行う場所として，刑訴法上は裁判所内で行う場合（同法281条）と裁判所外で行う場合（同法158条）が予定されているが，本条に基づく場合は裁判所内で行うことが多いと考えられる。公判期日ではないので非公開で行われ，その際に作成された尋問調書等が後日行われる公判期日において証拠として取り調べられることとなる。必要がある場合には公判手続での取調べに先立ち追加の証拠等の決定がなされることもあると考えられる。

2　2項

刑訴法には、公判期日外において被告人質問を行う場合に関する手続規定がないので、公判期日外における証人等に対する尋問手続に関する諸規定を適宜読替えを行って準用することとした。

本項により準用されているのは，以下の規定である。

(1) 公判期日外の証人尋問に関する以下の規定
　① 刑訴法157条１項および２項（当事者の立会権）
　② 同法158条２項および３項（当事者の権利）
　③ 同法159条１項（当事者の権利）
(2) 被告人の召喚に関する以下の規定
　① 同法273条２項（被告人の召喚）
　② 同法274条（召喚状の送達の擬制）
(3) 証人尋問の実施の結果の証拠調べ方法に関する同法303条[2]

　また，これらの規定は，公判期日外における証人等に対する尋問手続に関するもので，被告人に対して任意の供述を求める手続に関するものではないため，その場合にも準用されるよう適宜の文言の読替えを行ったものである。

　なお，公判期日外における被告人質問手続について，証人等に対する尋問手続に関する刑訴規則[3]についても本条と同様の読み替えを行ったうえで準用されている（不正競争防止法第23条第１項に規定する事件に係る刑事訴訟手続の特例に関する規則８条）。

　本項により準用される条文は以下のとおりである（読み替え済み）。

第157条　検察官、弁護人、共同被告人又はその弁護人は、証人の尋問に立ち会うことができる。
　2　証人尋問の日時及び場所は、あらかじめ、前項の規定により尋問に立ち会うことができる者にこれを通知しなければならない。但し、これらの者があらかじめ裁判所に立ち会わない意思を明示したときは、この限りでない。
第158条
　2　前項の場合には、裁判所は、あらかじめ、検察官、弁護人、共同被告人及びその弁護人に、尋問事項を知る機会を与えなければならない。
　3　検察官、弁護人、共同被告人又はその弁護人は、前項の尋問事項に附加して、必要な事項の尋問を請求することができる。
第159条　裁判所は、検察官、弁護人、共同被告人又はその弁護人が前条の証人尋問に立ち会わなかつたときは、立ち会わなかつた者に、証人の供述の内容を知る機会を与えなければならない。
第273条

1090　第6章　刑事訴訟手続の特例

　2　不正競争防止法第26条第1項の規定による被告人の供述を求める手続の期日には、被告人を召喚しなければならない。

第274条　裁判所の構内にいる被告人に対し不正競争防止法第26条第1項の規定による被告人の供述を求める手続の日時及び場所を通知したときは、召喚状の送達があつた場合と同一の効力を有する。

第303条　公判準備においてした不正競争防止法第26条第1項の規定による被告人の供述を求める手続の結果を記載した書面については、裁判所は、公判期日において証拠書類としてこれを取り調べなければならない。

【注】

1）　経産省・逐条解説（令和5年改正版）351頁

2）　刑訴法303条が準用される結果、公判期日外で行われた尋問や供述を録取した調書は公判期日において証拠書類として朗読されることになるが（同法305条1項および2項）、仮にそこに営業秘密構成情報特定事項が含まれていたとしても、朗読は営業秘密特定事項を明らかにしない方法で行われるので（不正競争防止法28条）、これらが公開法廷で明らかにされ、秘匿決定に反する結果となることはない。また、また、秘匿決定の対象とされていない営業秘密を構成する情報の全部または一部を特定させることとなる事項が含まれていた場合には、公判期日での取調べに先立って当該事項についての秘匿決定および呼称等の決定等を行い、朗読に際してはこれが明らかにならない方法で行うという対応になると考えられる。

3）　刑訴規則の以下の規定が準用される（読み替え済み）。

　　第38条　証人、鑑定人、通訳人又は翻訳人の尋問については、調書を作らなければならない。

　　2　調書には、次に掲げる事項を記載しなければならない。

　　　①　尋問に立ち会つた者の氏名

　　　③　証人、鑑定人、通訳人又は翻訳人の尋問及び供述並びにこれらの者を尋問する機会を尋問に立ち会つた者に与えたこと。

　　3　調書（法第157条の6第3項の規定により証人の尋問及び供述並びにその状況を記録した記録媒体を除く。次項及び第5項において同じ。）は、裁判所書記官をしてこれを供述者に読み聞かせ、又は供述者に閲覧させて、その記載が相違ないかどうかを問わなければならない。

　　4　供述者が増減変更を申し立てたときは、その供述を調書に記載しなければならない。

　　5　尋問に立ち会つた検察官、被告人、弁護人、共同被告人又はその弁護人が調書の記載の正確性について異議を申し立てたときは、申立の要旨を調書に記載しなければならない。この場合には、裁判長は、その申立についての意

見を調書に記載させることができる。

6　調書には、供述者に署名押印させなければならない。

第40条　証人、鑑定人、通訳人又は翻訳人の尋問及び供述並びに訴訟関係人の申立又は陳述については、裁判所速記官その他の速記者にこれを速記させ、又は録音装置を使用してこれを録取させることができる。

第42条　第38条、第39条及び前条の調書には、裁判所書記官が取調又は処分をした年月日及び場所を記載して署名押印し、裁判長が認印しなければならない。

第52条の2　公判準備において裁判所が証人、鑑定人、通訳人又は翻訳人を尋問する場合の調書については、弁護人及び共同被告人又はその弁護人が尋問に立ち会い、且つ立ち会つた訴訟関係人及び供述者が同意したときは、次の例によることができる。

①　証人その他の者の尋問及び供述の記載に代えて、これらの者の供述の要旨のみを記載すること。

②　第38条第3項から第6項までの規定による手続をしないこと。

2　前項各号の例によつたよった場合には、その調書に訴訟関係人及び供述者が同意した旨を記載しなければならない。

3　第1項第2号の例による調書が整理されていない場合において、検察官、被告人、弁護人、共同被告人又はその弁護人の請求があるときは、裁判所書記官は、裁判長の面前で、証人その他の者の供述の要旨を告げなければならない。

4　前項の場合において、検察官、被告人、弁護人、共同被告人又はその弁護人が供述の要旨の正確性について異議を申し立てたときは、申立の年月日及びその要旨を調書に記載しなければならない。この場合には、裁判所書記官がその申立についての裁判長の意見を調書に記載して署名押印し、裁判長、受命裁判官又は受託裁判官が認印しなければならない。

5　第1項第2号の例による調書を公判期日において取り調べた場合において、検察官、被告人、弁護人、共同被告人又はその弁護人が調書の記載の正確性について異議を申し立てたときは、前項の規定を準用する。

第52条の4　証人、鑑定人、通訳人又は翻訳人の尋問及び供述並びに訴訟関係人の申立又は陳述を裁判所速記官に速記させた場合には、速記録を調書に引用し、訴訟記録に添附して調書の一部とするものとする。ただし、裁判所が、尋問又は手続に立ち会つた検察官及び被告人、又は弁護人並びに共同被告人又はその弁護人の意見を聴き、速記録の引用を相当でないと認めるときは、この限りでない。

第52条の5　前条本文の規定により証人、鑑定人、通訳人又は翻訳人の尋問及び供述を速記した速記録を調書の一部とするについては、第38条第3項から第6項までの規定による手続をしない。

第52条の6　前条第1項及び不正競争防止法第23条第1項に規定する事件に係

1092　第6章　刑事訴訟手続の特例

る刑事訴訟手続の特例に関する規則（平成23年最高裁判所規則第4号。第4
項において「特例規則」という。）第8条第2項において準用する前条第2項
第1号及び第2号の例による調書が整理されていない場合において、検察官、
被告人、弁護人、共同被告人又はその弁護人の請求があるときは、裁判所書
記官は、裁判所速記官に求めて速記原本の訳読をさせなければならない。

2　前項の場合において、その速記原本が公判準備における尋問及び供述を速
記したものであるときは、検察官、被告人、弁護人、共同被告人又はその弁
護人は、速記原本の正確性について異議を申し立てることができる。

3　前項の異議の申立があつたときは、裁判所書記官が申立の年月日及びその
要旨を調書に記載し、かつ、その申立についての裁判長の意見を調書に記載
して署名押印し、裁判長が認印しなければならない。

4　前条第1項及び特例規則第8条第2項において準用する前条第2項第1号
及び第2号の例により公判準備における尋問及び供述を速記した速記録をそ
の一部とした調書を公判期日において取り調べた場合において、検察官、被
告人、弁護人、共同被告人又はその弁護人が調書の正確性について異議を申
し立てたときは、前項の規定を準用する。

第52条の14　証人、鑑定人、通訳人又は翻訳人の尋問及び供述並びに訴訟関係
人の申立て又は陳述を録音させた場合において、裁判所が相当と認めるとき
は、録音したもの（以下「録音体」という。）を反訳した調書を作成しなけれ
ばならない。

第52条の15　前条の規定により証人、鑑定人、通訳人又は翻訳人の尋問及び供
述を録音した録音体を反訳した調書を作成する場合においては、第38条第3
項から第6項までの規定による手続をしない。

第52条の16　前条第1項に規定する調書が整理されていない場合において、検
察官、被告人、弁護人、共同被告人又はその弁護人の請求があるときは、裁
判所書記官は、録音体を再生しなければならない。

2　前項に規定する場合において、その録音体が公判準備における尋問及び供
述を録音したものであるときは、検察官、被告人、弁護人、共同被告人又は
その弁護人は、録音体の正確性について異議を申し立てることができる。

3　前項に規定する異議の申立てがあつたときは、裁判所書記官が、申立ての
年月日及びその要旨を調書に記載し、かつ、その申立てについての裁判長の
意見を調書に記載して署名押印し、裁判長、受命裁判官又は受託裁判官が認
印しなければならない。

4　前条第1項に規定する調書を公判期日において取り調べた場合において、
検察官、被告人、弁護人、共同被告人又はその弁護人が調書の正確性につい
て異議を申し立てたときは、前項の規定を準用する。

第106条　公判期日外において被告人の供述を求める検察官、弁護人、共同被告
人又はその弁護人は、裁判官の尋問の参考に供するため、速やかに尋問事項
又は証人が証言すべき事項を記載した書面を差し出さなければならない。

3　前2項の書面に記載すべき事項は、証人の証言により立証しようとする事項のすべてにわたらなければならない。

5　公判期日外において証人の尋問をする場合には、速やかに検察官、弁護人、共同被告人及びその弁護人（これらの者のうち第1項の書面を差し出す者を除く。）の数に応ずる第1一項の書面の謄本を裁判所に差し出さなければならない。

第108条　裁判所は、公判期日外において検察官、弁護人、共同被告人又はその弁護人の請求にかかる証人を尋問する場合には、第106条第1項の書面を参考として尋問すべき事項を定め、検察官、弁護人、共同被告人及びその弁護人（これらの者のうち同項の書面を差し出した者を除く。）に）に知らせなければならない。

2　前項の規定による告知を受けた者は、書面で、前項の尋問事項に附加して、必要な事項の尋問を請求することができる。

第109条　裁判所は、裁判長又は陪席の裁判官が公判期日外において証人を尋問する場合には、あらかじめ、検察官、弁護人、共同被告人及びその弁護人に尋問事項を知らせなければならない。

2　検察官、弁護人、共同被告人又はその弁護人は、書面で、前項の尋問事項に附加して、必要な事項の尋問を請求することができる。

第114条　証人を尋問するときは、裁判所書記官を立ち会わせなければならない。

第126条　裁判所は、検察官、弁護人、共同被告人又はその弁護人が公判期日外における証人尋問に立ち会わなかつた場合において証人尋問調書が整理されたときは、速やかにその旨を立ち会わなかつた者に通知しなければならない。

2　共同被告人は、前項の尋問調書を閲覧することができる。

3　共同被告人は、読むことができないとき、又は目の見えないときは、第1項の尋問調書の朗読を求めることができる。

4　前2項の場合には、第50条の規定を準用する。

第178条の11　裁判所は、検察官がとつた法第299条の4第1項から第4項までの規定による措置に係る者若しくは裁判所がとつた法第299条の5第2項の規定による措置に係る者若しくはこれらの親族の身体若しくは財産に害を加え又はこれらの者を畏怖させ若しくは困惑させる行為がなされるおそれがあると認める場合において、検察官及び共同被告人又はその弁護人の意見を聴き、相当と認めるときは、共同被告人が第126条（第135条及び第136条において準用する場合を含む。以下この条において同じ。）第1項の尋問調書を第126条第2項の規定により閲覧し、又は同条第3項の規定により朗読を求めるについて、このうち当該措置に係る者の氏名若しくは住居が記載され若しくは記録されている部分の閲覧を禁じ、又は当該部分の朗読の求めを拒むことができる。ただし、当該措置に係る者の供述の証明力の判断に資するような共同被告人その他の関係者との利害関係の有無を確かめることができなくなると

1094　第6章　刑事訴訟手続の特例

きその他の共同被告人の防御に実質的な不利益を生ずるおそれがあるときは、
この限りでない。

2　裁判所は、前項の規定により、検察官がとつた法第299条の4第1項から第
4項までの規定による措置に係る者若しくは裁判所がとつた法第299条の5第
2項の規定による措置に係る者の氏名若しくは住居が記載され若しくは記録
されている部分の閲覧を禁じ、又は当該部分の朗読の求めを拒んだ場合にお
いて、共同被告人又はその弁護人の請求があるときは、共同被告人に対し、
氏名にあつてはこれに代わる呼称を、住居にあつてはこれに代わる連絡先を
知らせなければならない。

〔桑野　雄一郎〕

（尋問等に係る事項の要領を記載した書面の提示命令）

27条　裁判所は、呼称等の決定をし、又は前条第1項の規定により尋問若しくは
被告人の供述を求める手続を公判期日外においてする旨を定めるに当たり、必
要があると認めるときは、検察官及び被告人又は弁護人に対し、訴訟関係人の
すべき尋問若しくは陳述又は被告人に対する供述を求める行為に係る事項の要
領を記載した書面の提示を命ずることができる。

趣　旨

　秘匿決定がなされた事件において、裁判所が呼称等の決定を行い、また公
判期日外の尋問等の手続を行う決定をする際には、訴訟関係人による尋問等
が、営業秘密構成情報特定事項のうち、いかなる事項に、いかなる態様でわ
たり、その結果その内容が公開されるに至る可能性があるのかをあらかじめ
正確に把握する必要がある。そして、この点が不十分であったことにより、
必要な呼称等の決定がなされないまま公判期日において審理を行った結果、
公開法廷において営業秘密構成情報特定事項にわたる尋問や陳述がなされる
可能性が生じることがある。このような場合でも、裁判長による尋問または
陳述の制限（25条1項）、また同項の解説でも述べたように、そのような場
合は一旦手続を中断し、呼称等の決定をしてから再開するなどの訴訟指揮が
望まれるところであるが、かかる対応は円滑な審理の妨げとなるもので、で
きる限り予防すべきことである。

　そこで、裁判所において、これらの判断をする際に必要と判断した場合に
は、検察官および被告人または弁護人に対し、尋問すべき事項等の要領を記

載した書面の提出を命じ，これをその判断資料とすることができるようにしたものである。

1 「裁判所は、呼称等の決定をし、又は前条第1項の規定により尋問若しくは被告人の供述を求める手続を公判期日外においてする旨を定めるに当たり」

本条の命令の主体は呼称等の決定や公判期日外における尋問等を行う決定を行う裁判所とされている。これらはいずれも秘匿決定がなされていることが前提の手続であるから，秘匿決定を行った裁判所ということになる。

「呼称等の決定」は23条4項の解説を，「前条第1項の規定により尋問若しくは被告人の供述を求める手続を公判期日外においてする旨を定める」については26条1項の解説をそれぞれ参照されたい。

2 「必要があると認めるときは……命ずることができる」

本条の命令はあくまで裁判所の判断資料とするためのものであるから，裁判所が必要と認めない場合にまで命令をしなければならないとするのは不合理である。そこで，必要であるとの裁判所の裁量判断によって行われるものとしている。

3 「検察官及び被告人又は弁護人に対し」

本条による命令の対象は検察官および被告人または弁護人とされている。秘匿決定は，23条1項の場合は検察官による意見を付した通知（同条2項），同条3項の場合は検察官または被告人もしくは弁護人からの申出によりなされるものであることから，これらの訴訟当事者を対象にするのが適切と考えられるところである。

4 「訴訟関係人のすべき尋問若しくは陳述又は被告人に対する供述を求める行為に係る事項の要領を記載した書面」

「訴訟関係人」，「尋問」，「陳述」の意味については25条1項の，「被告人に対する供述を求める行為」については26条1項の解説をそれぞれ参照されたい。

証人尋問の場合は，尋問を請求した者により尋問事項または証人が証言す

1096　第6章　刑事訴訟手続の特例

べき事項を記載した書面，いわゆる尋問事項書（刑訴規則106条1項）が作成，提出され，相手方にも開示されることになっている。実務上は立証すべき事項とほぼ同様の記載がなされており，実際の問答の問いを網羅するような子細なものとはなっていない。

　本条がこれとは別に尋問等に係る「事項の要領」を記載した書面の提出を求めている趣旨は，裁判所において，訴訟関係人のする尋問等が，営業秘密構成情報特定事項のうち，いかなる事項に，いかなる態様でわたるおそれがあるのかをあらかじめ把握しておく必要があるという観点からである。したがって，本条における「事項の要領」としては，少なくともいかなる営業秘密構成情報特定事項について，尋問等の中でいかなる態様で言及される可能性があるのかを明らかにすることが望まれると考えられる。

〔桑野　雄一郎〕

（証拠書類の朗読方法の特例）
28条　秘匿決定があったときは，刑事訴訟法第305条第1項又は第2項の規定による証拠書類の朗読は，営業秘密構成情報特定事項を明らかにしない方法でこれを行うものとする。

趣　　旨

　刑事訴訟手続において，証拠書類は朗読されることになっているが（刑訴法306条1項，2項），そこに営業秘密構成情報特定事項が記載されていた場合，これが朗読されることによりその内容が公開され，秘匿決定に反する結果となってしまう。

　そこで，秘匿決定があった場合に，営業秘密構成情報特定事項を明らかにしない方法により証拠書類の朗読を行うことを認めたのが本規定である[1]。

解　　説

1　「秘匿決定があったとき」

　本条が適用されるのは秘匿決定，すなわち23条1項または3項の定める決

定がなされた場合である。その意味については同条各項の解説を参照された
い。

2 「刑事訴訟法第305条第1項又は第2項の規定による証拠書類の朗読」

刑訴法305条1項は，検察官、被告人または弁護人の請求により、証拠書
類の取調べをする場合に、裁判長がその取調べを請求した者にこれを朗読さ
せなければならない（ただし，裁判長が自らこれを朗読し、または陪席の裁
判官もしくは裁判所書記官にこれを朗読させることもできる）旨を，同条2
項は職権で証拠書類の取調べを行う場合に，裁判長は、自らその書類を朗読
し、または陪席の裁判官もしくは裁判所書記官にこれを朗読させなければな
らない旨を定めたものであり，本条の対象となるのはこれらの規定に基づく
証拠書類の朗読である。

3 「営業秘密構成情報特定事項を明らかにしない方法でこれを行う」

「営業秘密構成情報特定事項」については23条4項および同条1項の解説
を参照されたい。

営業秘密構成情報特定事項「を明らかにしない方法」としては，呼称等の
決定（23条4項）により裁判所が定めた呼称を用いて朗読する方法などが考
えられる[2]。また，朗読に代わる要旨の告知（刑訴規則203条の2）を，営
業秘密構成情報特定事項を明らかにしない態様で行うことも考えられる。

【注】
1) なお，実務上は朗読に代えて要旨を告げさせるという，いわゆる要旨の告知
による方法も行われているが（刑訴規則203条の2），これはあくまで朗読に代
えて行われるものであるから，秘匿決定がなされている以上，要旨の告知に際
しても営業秘密構成情報特定事項を明らかにしてはならないということになる。
2) 経産省・逐条解説（令和5年改正版）356頁

〔桑野　雄一郎〕

1098　第6章　刑事訴訟手続の特例

> **（公判前整理手続等における決定）**
> **29条**　次に掲げる事項は，公判前整理手続及び期日間整理手続において行うことができる。
> 　一　秘匿決定若しくは呼称等の決定又はこれらの決定を取り消す決定をすること。
> 　二　第26条第1項の規定により尋問又は被告人の供述を求める手続を公判期日外においてする旨を定めること。

趣　　旨

　裁判所による，秘匿決定および呼称等の決定ならびにこれらを取り消す旨の決定，また証人尋問等を公判期日外において行う旨を定める行為は公判期日において行うことも可能ではあるが，その議論の過程で秘匿決定等により保護されるべき，または既に秘匿決定等により保護されている営業秘密構成情報特定事項に言及することは避けられず，営業秘密の保護という点では問題があることは明らかである。また，これらは裁判手続に関する事項であって，必ずしもそれ自体を公開期日において行わなければならないものでもない。

　そこで，これらを公開の法廷で行うことを予定していない公判前整理手続および期日間整理手続において行うことを可能にしたのが本条の規定である[1]。

解　　説

1　「公判前整理手続及び期日間整理手続において行うことができる」

　「公判前整理手続」とは充実した公判の審理を継続的，計画的かつ迅速に行うため必要があると認めるときに，裁判所が，検察官，被告人もしくは弁護人の請求によりまたは職権で，第一回公判期日前に，決定で，事件の争点および証拠を整理するための公判準備として付する手続のことである（刑訴法316条の2）。

　秘匿決定の対象となる事件（23条1項）は裁判員裁判対象事件（裁判員の参加する刑事裁判に関する法律（平成16年法律63号。以下，「裁判員法」という。）2条）ではないため，公判前整理手続に付されることが必要的では

ない（同法49条）が，裁判所の判断により公判前整理手続に付することは可能である。実務上は被害者等の申出（23条1項）を受けた検察官からの通知（同条2項）や，検察官または被告人もしくは弁護人からの申出（同条3項）に伴い公判前整理手続に付することについての請求がなされる場合が多いと予想される。

「期日間整理手続」とは，裁判所が，審理の経過に鑑み必要と認めるときに，検察官，被告人もしくは弁護人の請求によりまたは職権で，第一回公判期日後に，決定で，事件の争点および証拠を整理するための公判準備として付する手続のことである（刑訴法316条の28）。

2　1号（秘匿決定若しくは呼称等の決定又はこれらの決定を取り消す決定）

「秘匿決定」は23条1項または3項の，「呼称等の決定」は同条4項の，「これらの決定を取り消す決定」は同条5項のそれぞれの裁判所による決定を意味する。その意味については各項の解説を参照されたい。

3　2号（第26条第1項の規定により尋問又は被告人の供述を求める手続を公判期日外においてする旨を定めること。）

26条1項により，秘匿決定を行った裁判所が行う同項に定める手続を行う旨を定めることである。その意味については同項の解説を参照されたい。

【注】
　1）　公判前整理手続は手続の性質は公判準備であり，公判期日における手続ではないことから公判廷で行う旨を定めた刑訴法282条の適用はなく，また勾留理由開示に関する同法83条1項のような特別な規定もないことから，公開の法廷で行うことを要しないと解されており，それに従って運用されている。
　　　期日間整理手続に関しても，公判前整理手続に関する規定が準用されており（刑訴法316条の28第2項前段，刑訴規則217条の29），同様の解釈・運用がなされている。

〔桑野　雄一郎〕

1100　第6章　刑事訴訟手続の特例

（証拠開示の際の営業秘密の秘匿要請）
30条　検察官又は弁護人は，第23条第1項に規定する事件について，刑事訴訟法
　　第299条第1項の規定により証拠書類又は証拠物を閲覧する機会を与えるに当た
　　り，第23条第1項又は第3項に規定する営業秘密を構成する情報の全部又は一
　　部を特定させることとなる事項が明らかにされることにより当該営業秘密に基
　　づく被害者，被告人その他の者の事業活動に著しい支障を生ずるおそれがある
　　と認めるときは，相手方に対し，その旨を告げ，当該事項が，犯罪の証明若し
　　くは犯罪の捜査又は被告人の防御に関し必要がある場合を除き，関係者（被告
　　人を含む。）に知られないようにすることを求めることができる。ただし，被告
　　人に知られないようにすることを求めることについては，当該事項のうち起訴
　　状に記載された事項以外のものに限る。
2　前項の規定は，検察官又は弁護人が刑事訴訟法第2編第3章第2節第1款第2
　　目（同法第316条の28第2項において準用する場合を含む。）の規定による証拠の
　　開示をする場合について準用する。

趣　旨

　検察官，被告人または弁護人が，証拠書類または証拠物の取調べを請求す
るについては，相手方に異議がない場合を除き，あらかじめ，相手方にこれ
を閲覧する機会を与えなければならないとされている（刑訴法299条1項）。
また，公判前整理手続および期日間整理手続に付された場合には，検察官，
被告人または弁護人が証拠書類または証拠物の取調べを請求した場合には，
相手方に閲覧，さらに相手方が弁護人・検察官の場合には謄写の機会を与え
なければならないとされている（同法316条の14第1項1号，316条の18第1
号）。いわゆる不意打ちを防止し，相手方に防御の機会を与えるためである。
　また，検察官については，被告人または弁護人から請求のあったいわゆる
類型証拠開示（刑訴法316条の15第1項）および主張関連証拠開示（同法316
条の20第1項）についても閲覧，さらに相手方が弁護人の場合には謄写の機
会を与えなければならず，また被告人または弁護人が取調べを請求した証拠
書類または証拠物については検察官に閲覧および謄写の機会を与えなければ
ならないとされている（同法316条の18）。
　しかし，これらの証拠書類または証拠物に営業秘密を構成する情報の全部
または一部を特定させることとなる事項が含まれていた場合には，その閲
覧・謄写をした相手方を通じて当該事項がみだりに他人に知られ，さらには
「公然と知られていないもの」という営業秘密の要件（2条6項）を欠くに

至ることも懸念される。

そこで，関係者に営業秘密を構成する情報の全部または一部を特定させることとなる事項を知られないようにすることを求めることができるようにしたものである。

解　　説

1　1項

1.1　「検察官又は弁護人」

本項による秘匿要請ができるのは検察官または弁護人とされている。後述するとおり秘匿の対象者には被告人も含まれる場合があるためである。

1.2　「第23条第1項に規定する事件」

21条1項、2項，4項（4号を除く），5項もしくは6項の罪または22条1項（3号を除く）の罪に係る事件のことである。その意味については23条1項および各条項の解説を参照されたい。

1.3　「刑事訴訟法299条第1項の規定により証拠書類又は証拠物を閲覧する機会を与えるに当たり」

刑訴法299条1項は，検察官，被告人または弁護人が，証拠書類または証拠物の取調べを請求するについては，相手方に異議がない場合を除き，あらかじめ，相手方にこれを閲覧する機会を与えなければならないと定めている。当該規定に基づき証拠書類または証拠物を閲覧する機会を与える場合のことである。

1.4　「第23条第1項又は第3項に規定する営業秘密を構成する情報の全部又は一部を特定させることとなる事項」

23条1項の定める「当該事件に係る営業秘密を構成する情報の全部又は一部を特定させることとなる事項」および同条3項の定める「被告人その他の者の保有する営業秘密を構成する情報の全部又は一部を特定させることとなる事項」のことである。その意味については各条項の解説を参照されたい。

1102　第6章　刑事訴訟手続の特例

なお,「営業秘密構成情報特定事項」という用語が使用されていないのは,本条が秘匿決定がなされる前の段階をも想定しているからである（23条4項参照）。

1.5 「明らかにされることにより当該営業秘密に基づく被害者、被告人その他の者の事業活動に著しい支障を生ずるおそれがあると認めるとき」

23条3項にも同一の要件（要保護性）が定められている。その意味については同項の解説を参照されたい。

1.6 「相手方に対し，その旨を告げ」

「相手方」とは，証拠物等を閲覧する機会を与えるのが検察官の場合は弁護人，弁護人の場合は検察官である。

「その旨」とは23条1項または3項に規定する営業秘密を構成する情報の全部または一部を特定させることとなる事項が明らかにされることにより当該営業秘密に基づく被害者、被告人その他の者の事業活動に著しい支障を生ずるおそれがあると認める旨ということになる。

1.7 「当該事項が、犯罪の証明若しくは犯罪の捜査又は被告人の防御に関し必要がある場合を除き」

本条による秘匿要請からは，当該事項が、犯罪の証明もしくは犯罪の捜査または被告人の防御に関し必要がある場合が除外されている。検察官の犯罪事実の立証の必要性ならびに被告人および弁護人の防御権に配慮した趣旨である。「犯罪の証明」および「被告人の防御」については23条の解説を参照されたい。「捜査」とは，司法警察職員が犯罪があると思量するとき（刑訴法189条2項），また検察官が必要と認めるとき（同法191条1項）に行う活動のことであり，「犯罪の捜査」とはこれらの捜査機関による，犯罪を犯した疑いのある者（被疑者）を探索して必要があればその身柄を確保し，その者に対する公訴の提起および維持に必要な証拠を集める活動のことである[1]。

1.8 「関係者（被告人を含む。）に知られないようにすることを求めることができる」

「関係者」とされているが，営業秘密の要保護性に鑑みれば，関係者以外の者に知られるようにする行為が正当化される理由はないのであるから，「関係者」とは特に秘匿要請の対象を限定する趣旨ではないものと考えるべきである。この秘匿の対象者には被告人も含められている。

なお，本項の秘匿要請がなされた場合，秘匿要請を受けた検察官または弁護人が，要請により対象事項が関係者に知られないように配慮すべき義務を負うとの解釈がなされている[2]。かかる義務を直接定めた明文規定があるわけではないが，被告人および弁護人は検察官から閲覧または謄写の機会を当たられた証拠については目的外の利用が禁止され（刑訴法281条の4，281条の5），また弁護人についてはかかる証拠について適正に管理する義務が定められている（281条の3）。さらに，検察官については国家公務員法の守秘義務が（同法100条1項），弁護士である弁護人については弁護士法上の守秘義務が（同法23条）それぞれ定められているところである。よって，本項の秘匿要請に反し，犯罪の証明もしくは犯罪の捜査または被告人の防御に関し必要がある場合に該当しないにもかかわらず，営業秘密を構成する情報の全部または一部を特定させることとなる事項を知られないようにすることを怠った場合には，これらの義務違反ということになるものと考えられる。なお，「知られないようにする」とは単なる目的外の利用をしないというような不作為のみならず，適切に管理するという作為も求められることとなる。

なお，被告人を含めて，本項の秘匿要請に違反した結果，被害者等の事業活動に支障が生じた場合は，民法上の不法行為（同法709条）や不正競争防止法の営業秘密に係る不正競争（2条1項4号～9号）に該当する場合があるほか，所定の要件を満たせば営業秘密侵害罪が成立する場合もあるとされている[3]。

1.9 「ただし、被告人に知られないようにすることを求めることについては、当該事項のうち起訴状に記載された事項以外のものに限る。」

被告人に対しては公訴の提起がなされた段階で裁判所から謄本が送達される（刑訴法271条1項）。したがって，起訴状に記載された事項については，

1104　第6章　刑事訴訟手続の特例

既に被告人の知るところとなっているので，本項の秘匿要請の対象外とした
ものである。

　立案担当者は，起訴状に営業秘密として「製品Xの製造方法」などと抽象
的に記載されているにすぎない場合には，当該製造方法に係る材料，加工湿
度，加工時間等といった「営業秘密を構成する情報」を特定させることとな
る事項は起訴状に記載されていないことになるため，「起訴状に記載された
事項以外のもの」に該当し，本項の秘匿要請の対象となると説明してい
る[4]。そのような起訴状（の公訴事実）の記載方法が訴因の特定として十分
かは疑問であることに加え，仮にかかる公訴事実の記載が許されるとして
も，そのような場合は「被告人の防御に関し必要がある場合」として秘匿要
請の対象外とされるべきではないかと考えられる。

2　2項

2.1　「前項の規定」

本条1項の解説を参照されたい。

2.2　「検察官又は弁護人が刑事訴訟法第2編第3章第2節第1款第2目 （同法第316条の28第2項において準用する場合を含む。）の規定による 証拠の開示をする場合について準用する」

　刑訴法「第2編第3章第2節第1款第2目」は公判前整理手続について定
めたものであり，「同法第316条の28第2項」は公判前整理手続に関する規定
を期日間整理手続に準用したものである。

　公判前整理手続において，検察官，被告人または弁護人が証拠書類または
証拠物の取調べを請求した場合には，相手方に閲覧，さらに相手方が弁護
人・検察官の場合には謄写の機会を与えなければならないとされている（刑
訴法316条の14第1項1号，316条の18第1号）。

　また，検察官については，被告人または弁護人から請求のあったいわゆる
類型証拠（刑訴法316条の15第1項）および主張関連証拠（同法316条の20第
1項）についても閲覧，さらに相手方が弁護人の場合には謄写の機会を与え
なければならないとされている。

　さらに被告人または弁護人が取調べを請求した証拠書類または証拠物につ

いては検察官に閲覧および謄写の機会を与えなければならないとされている（同法316条の18）。

これらの公判前整理手続に関する規定は期日間整理手続においても準用されている（同法316条の28第2項）。

これらの規定による証拠の開示をする場合に本条1項の規定を準用することとしたものである。

【注】
1） 裁判所職員総合研修書監修『刑事訴訟法講義案』〔4訂補訂版〕61頁（司法協会，2015）
2） 経産省・逐条解説（令和5年改正版）359頁，本書改訂版550頁〔関正晴〕。
3） 経産省・逐条解説（令和5年改正版）360頁。ただし，かかる結論自体は本項の規定の有無とは関係がないと考えられる。
4） 経産省・逐条解説（令和5年改正版）360頁（注）

〔桑野　雄一郎〕

（最高裁判所規則への委任）
31条　この法律に定めるもののほか，第23条から前条までの規定の実施に関し必要な事項は，最高裁判所規則で定める。

趣　　旨

23条から30条までの規定の実施に必要な事項について，裁判手続を行う最高裁判所規則に委任したものである。

解　　説

本条を受けて，平成23年最高裁規則，すなわち「不正競争防止法第23条第1項に規定する事件に係る刑事訴訟手続の特例に関する規則」（平成23年最高裁判所規則4号）が制定されている。23条から30条までの解説において適宜言及されているので，これらの解説を参照されたい。

〔桑野　雄一郎〕

第7章

没収に関する手続等の特例

1108　第7章　没収に関する手続等の特例

（第三者の財産の没収手続等）

32条　第21条第13項各号に掲げる財産である債権等（不動産及び動産以外の財産をいう。第34条において同じ。）が被告人以外の者（以下この条において「第三者」という。）に帰属する場合において、当該第三者が被告事件の手続への参加を許されていないときは、没収の裁判をすることができない。

2　第21条第13項の規定により、地上権、抵当権その他の第三者の権利がその上に存在する財産を没収しようとする場合において、当該第三者が被告事件の手続への参加を許されていないときも、前項と同様とする。

3　組織的犯罪処罰法第18条第3項から第5項までの規定は、地上権、抵当権その他の第三者の権利がその上に存在する財産を没収する場合において、第21条第14項において準用する組織的犯罪処罰法第15条第2項の規定により当該権利を存続させるべきときについて準用する。

4　第1項及び第2項に規定する財産の没収に関する手続については、この法律に特別の定めがあるもののほか、刑事事件における第三者所有物の没収手続に関する応急措置法（昭和38年法律第138号）の規定を準用する。

趣　　旨

　不正競争防止法は，21条13項において，同条1項，2項，4項（4号を除く），5項および6項の罪の犯罪行為により生じ，もしくは当該犯罪行為により得た財産または当該犯罪行為の報酬として得た財産ならびに財産の果実として得た財産，同条13項1号に掲げる財産の対価として得た財産，これらの財産の対価として得た財産その他同号に掲げる財産の保有または処分に基づき得た財産を新たに没収の対象とするとともに，同条14項において，それらの財産が被告人以外の者に帰属する場合になお没収できる場合，第三者の担保権等が設定されている財産が没収されてもなお担保権等が存続する場合（不競法21条14項が準用する組織犯罪処罰法15条2項）について定めている。

　このため，上記財産の帰属主体や上記財産上に存する権利の帰属主体は，当該刑事事件の被告人が有罪となるかどうか，有罪となった場合に上記財産に関する没収がどのようになるのかについて重要な利害関係を有することとなる。そこで，上記各権利の帰属主体に上記刑事事件に参加する機会を与えるとともに，その手続については刑事事件における第三者所有物の没収手続に関する応急措置法の規定を準用することとしたのが，本条である。

　なお，令和5年改正前は，

32条1項　第三者の財産の没収手続等　　1109

> 32条　第21条第10項各号に掲げる財産である債権等（不動産及び動産以外の財産をいう。第34条において同じ。）が被告人以外の者（以下この条において「第三者」という。）に帰属する場合において，当該第三者が被告事件の手続への参加を許されていないときは，没収の裁判をすることができない。
>
> 2　第21条第10項の規定により，地上権，抵当権その他の第三者の権利がその上に存在する財産を没収しようとする場合において，当該第三者が被告事件の手続への参加を許されていないときも，前項と同様とする。
>
> 3　組織的犯罪処罰法第18条第3項から第5項までの規定は，地上権，抵当権その他の第三者の権利がその上に存在する財産を没収する場合において，第21条第11項において準用する組織的犯罪処罰法第15条第2項の規定により当該権利を存続させるべきときについて準用する。
>
> 4　第1項及び第2項に規定する財産の没収に関する手続については，この法律に特別の定めがあるもののほか，刑事事件における第三者所有物の没収手続に関する応急措置法（昭和38年法律第138号）の規定を準用する。

との文言であったが，令和5年改正で21条10項が21条13項に，21条11項が21条14項に移設されたことに伴い，本条1項および2項の「第21条第10項」が「第21条第13項」に，3項の「第21条第11項」が「第21条第14項」に修正された。

解　説

1　1項

1.1　「第21条第13項各号に掲げる財産である債権等」

本項により没収の裁判を行いえなくなるのは，「第21条第13項に掲げる財産である債権等」である。

21条13項各号に掲げる財産とは，

① 1項，2項，4項（4号を除く），5項および6項の罪[1]の犯罪行為により生じ，もしくは当該犯罪行為により得た財産または当該犯罪行為

の報酬として得た財産（1号）

② 1号に掲げる財産の果実として得た財産，同号に掲げる財産の対価として得た財産，これらの財産の対価として得た財産その他同号に掲げる財産の保有または処分に基づき得た財産（2号）

をいう（詳細は，21条13項の解説を参照）。

本項により没収の裁判を行いえなくなるのは，これらの財産のうち「不動産及び動産以外の財産」に限られる[2]（これを「債権等」という）。

債権等には，民法上の債権のみならず，株式や債券，知的財産権等が含まれる。

1.2 「被告人以外の者……に帰属する場合」

本項が適用されるのは，没収の対象となる債権等が被告人以外の者に帰属する場合に限られる。債権等が被告人以外の者に帰属するとは，被告人以外の者が当該債権等の権利主体（債権であれば債権者，知的財産権であればその権利者）であることをいう。上記債権等が被告人と第三者との間で共有されている場合において，被告人の共有部分を超えて没収する場合にも，本項が適用されるというべきである。

債権等が第三者に信託的に譲渡されている場合，当該債権等は受託者側に帰属しているのであるから，寄託者側が被告人となっている場合には本項が適用される。逆に，受託者側が被告人となっている場合には，被告人以外の者に権利は帰属していないから，本項は適用されない（「属しない」ではなく「帰属しない」という文言を用いた場合には，第三者が制限物権を有しているか否かは問題とされない[3]のであるから，まして第三者が信託上の権利を有しているかは問題とされないと言うべきであろう）。

1.3 「当該第三者が被告事件の手続への参加を許されていないとき」

本項が適用されるのは，当該第三者，すなわち没収の対象となる債権等の帰属主体が，被告事件の手続への参加を許されていない場合に限られる。

手続への参加方法については，本条4項の解説を参照。手続への参加が許されていれば，実際に参加していなくとも，本項は適用されず，没収の裁判をすることができる。

1.4 「没収の裁判をすることができない。」

本項の要件をすべて満たす場合には，裁判所は当該債権等を没収する旨の裁判をすることができない。

没収の裁判は，被告人に対する刑の付加刑として行われるところ，本項の要件を満たしているにもかかわらず当該債権等を没収する旨の裁判がなされたときは，その裁判の取消しを求めて上訴することができる。

2　2項

2.1 「第21条第13項の規定により，……財産を没収しようとする場合において」

本項が適用されるのは，21条13項の規定により財産を没収しようとする場合に限られる。もっとも，第三者が制限物権を有している財産については，「犯人以外の者に属しない物」に当たらないと解されているので[4)]，刑法19条による没収を行うこともできない。

本項の「財産」は，本条1項と異なり，「債権等」に限定されておらず，不動産または動産であってもよい[5)]。

2.2 「地上権，抵当権その他の第三者の権利がその上に存在する財産」

本項が適用されるのは，没収の対象となる財産の上に「地上権，抵当権その他の第三者の権利」が存在している場合に限られる。

本項では，地上権および抵当権という制限物権が例示されているが，それ以外の権利であっても，憲法29条により保障されるべき性質を有しているものである限り，本項の適用対象となる。

動産または不動産についていえば，地上権のみならず，地役権，永小作権などの用益物権，抵当権のみならず質権や先取特権等の担保物権，賃借権や使用借権等の特定の「物」に関する債権がこれに当たる[6)]。譲渡担保における担保提供者の権利のように，所定の条件を満たした場合に当該目的物の所有権を取り戻す権利もここでいう「第三者の権利」に含まれるであろう。また，通常の金銭債権についていえば，債権質がこれに当たる[7)]。知的財産権についていえば，専用実施権および通常実施権（特許），利用許諾者たる地

1112 第7章 没収に関する手続等の特例

位（著作権）等がこれに当たる。また，没収の対象となる財産が被信託財産であった場合，信託契約上の受益者の地位もまた，これに当たるといえよう。

没収により権利が消失するかどうかは対抗問題ではないので，登記・登録が対抗要件となっているにすぎない権利については，対抗要件を具備していなくとも，本項が適用されるというべきである[8]。

2.3 「当該第三者が被告事件の手続への参加を許されていないとき」

本項が適用されるのは，当該第三者，すなわち没収の対象となる財産上に権利を有する者が，被告事件の手続への参加を許されていない場合に限られる。

手続への参加方法については，本条4項の解説を参照。手続への参加が許されていれば，実際に参加していなくとも，本項は適用されない。

2.4 「前項と同様とする。」

以上の要件を満たす場合には，「前項と同様」すなわち裁判所は当該財産を没収する旨の裁判を行うことができない。

3　3項

3.1 「地上権，抵当権その他の第三者の権利がその上に存在する財産を没収する場合において」

本項が適用されるのは，「地上権，抵当権その他の第三者の権利がその上に存在する財産を没収する場合」に限られる。ここでいう「第三者の権利」の範囲については，本条2項の解説を参照。

3.2 「第21条第14項において準用する組織的犯罪処罰法第15条第2項の規定により当該権利を存続させるべきとき」

本項が適用されるのは，21条14項において準用する組織的犯罪処罰法15条2項の規定により当該権利を存続させるべきときに限られる。すなわち，

　①　犯人以外の者が犯罪の前に当該権利を取得したとき，または

　②　犯人以外の者が犯罪の後情を知らないで当該権利を取得したとき

ある。この場合，当該財産は没収されるが，没収された財産の上に，上記第三者の権利が存続することになる。

3.3　「組織的犯罪処罰法第18条第3項から第5項までの規定は，……準用する。」

3.3.1　組織的犯罪処罰法18条3項から5項までの規定の準用

上記場合については，組織的犯罪処罰法18条3項から5項までの規定が準用される。ただし，「第15条第2項の規定により」とあるのは「第21条第14項の規定において準用される組織的犯罪処罰法第15条第2項の規定により」と読み替えられる。

すなわち，

① 地上権，抵当権その他の第三者の権利がその上に存在する財産を没収する場合において，21条14項の規定において準用される組織的犯罪処罰法15条2項の規定により当該権利を存続させるときは，裁判所は，没収の言渡しと同時に，その旨を宣告しなければならない（同法18条3項）。

② 21条14項の規定において準用される組織的犯罪処罰法15条2項の規定により存続させるべき権利について同法18条3項の宣告がない没収の裁判が確定したときは，当該権利を有する者で自己の責めに帰することのできない理由により被告事件の手続において権利を主張することができなかったものは，当該権利について，これを存続させるべき場合に該当する旨の裁判を請求することができる（同条4項）。

③ 組織的犯罪処罰法18条4項の裁判があったときは，刑事補償法（昭和25年法律1号）に定める処分された没収物に係る補償の例により，補償を行う（組織的犯罪処罰法18条5項）。

との規定が適用されることとなる。詳細は下記のとおりである。

3.3.2　組織的犯罪処罰法18条3項の準用

第三者の権利がその上に存在する財産を没収する場合において，「第21条第14項の規定において準用する組織的犯罪処罰法第15条第2項の規定により当該権利を存続させるとき」とは，犯人以外の者が犯罪の前に当該権利を取得したとき，または犯人以外の者が犯罪の後情を知らないで当該権利を取得

1114　第7章　没収に関する手続等の特例

したときをいう。なお，本項にいう「第三者の権利」の範囲については，本条2項の解説を参照。

　裁判所は，没収の対象となる財産について，第三者が上記のような事情のもとで権利を取得したとの事実を認定したときは，没収の言渡しと同時に，その旨（当該第三者の権利を存続させる旨）の宣告をしなければならない。

3.3.3　組織的犯罪処罰法18条4項の準用

　没収の言渡しと同時に，組織的犯罪処罰法18条3項の宣告，すなわち没収対象財産上の権利についてこれを存続させる旨の宣告がないまま没収の裁判が確定した場合，当該財産の没収とともに当該権利は消滅する[9]。

　しかし，当該権利の保有者が，自己の責めに帰することができない理由により被告事件の手続において権利を主張することができなかった場合[10]に，没収対象財産上の権利の喪失という不利益を課するのは適正とはいえず，憲法29条および31条に反するおそれがある。このため，このような権利者には，当該権利について，これを存続させるべき場合に該当する旨の裁判を請求する権利を付与することとした。

　上記裁判においては，①当該権利の保有者が，自己の責めに帰することができない理由により被告事件の手続において権利を主張することができなかったこと，②被告事件は，当該権利を存続させるべき場合に該当すること（すなわち，当該権利の保有者が被告事件において認定された犯罪の前に当該権利を取得し，または当該犯罪の後情を知らないで当該権利を取得したこと）が審理の対象となる。

　もっとも，上記裁判については，当該第三者はどの裁判所に[11]どのような書面を提出すればよいのか，当該裁判はどの裁判所が管轄し，どのような手続が行われるのか，当該裁判について上訴は認められるのか，いつまでに請求をすればよいのか等については，特段の規定が置かれていない。刑事事件における第三者所有物の没収手続に関する応急措置法13条を準用すべきとの見解もある[12]。しかし，同条は「没収の裁判の取消し」を請求する場合についての手続を定めたものなので，没収の対象となった財産上の権利について存続させる場合に当たる旨の裁判を得てその権利の時価に等しい額の補償金の交付を受けるための手続については，特段の規定を置いていないので，疑問の余地なしとはしない。

3.3.4 組織的犯罪処罰法18条5項の準用

前項（本項の規定により準用される組織的犯罪処罰法18条4項）の裁判（存続させる旨の宣告がなされないまま没収の言渡しが確定したことによって消滅した没収対象財産上の権利について，被告事件はこれを存続させるべき場合に当たる旨の裁判）があったときは，刑事補償法に定める処分された没収物に係る補償の例により，補償を行う。

刑事補償法においては，4条において執行された刑の種類に応じて補償額の算定方法を定めているところ，本項の補償は，本来没収により消滅させられるべきでないものが消滅させられたことに対応するものであるから，没収の執行による補償について定めた刑事補償法4条6項によるべきである。同項においては，「没収の執行による補償においては，……すでに処分されているときは，その物の時価に等しい額の補償金を交付し」と定めている。もっとも，上記権利者は，没収対象たる財産の価値全体を把握していたわけではないので，没収対象たる財産上の当該第三者の権利の時価に等しい額の補償金を交付すべきということになろう。

同項においては「没収の執行による補償においては，没収物がまだ処分されていないときは，その物を返付し」とあることから，没収物がまだ処分されていない場合には，消滅させられた第三者の権利を復活させることができるのではないかとの疑問も生じうるところではある。ただし，刑事補償法自体は物の返付までしか規定していないところ，「刑事補償法に定める処分された没収物に係る補償の例により，補償を行う」という規定から「消滅した権利の復活」まで読み込んでしまうことには躊躇を覚えざるをえない。

「刑事補償法……に定める処分された没収物に係る補償の例により，補償を行う」とあるので，補償に関する手続も，刑事補償法の例に従うこととなる（ただし，同法中「無罪の裁判」とある部分は，「当該権利についてこれを存続させるべき場合に該当する旨の裁判」と読み替えることとなる。したがって，補償の請求は，当該権利についてこれを存続させるべき場合に該当する旨の裁判をした裁判所に対してしなければならず（同法6条），当該権利についてこれを存続させるべき場合に該当する旨の裁判が確定した日から3年以内にしなければならない（同法7条）。

1116 第7章 没収に関する手続等の特例

4 4項

4.1 「第1項及び第2項に規定する財産の没収に関する手続については」

　本項は，1項および2項の財産の没収に関する手続に関するものである。ただし，「財産の没収に関する手続」には，手続が適切に行われなかった場合の手続も含まれるから，本来存続させるべき権利について存続させる旨の宣言を被告事件の裁判官が行わなかったゆえに没収の目的たる財産上の権利が消滅してしまった場合の措置に関する本条3項の手続についても，刑法上の没収等に関する手続法である刑事事件における第三者所有物の没収手続に関する応急措置法が準用されるというべきである。

4.2 「刑事事件における第三者所有物の没収手続に関する応急措置法（昭和38年法律第138号）の規定を準用する。」

　1項および2項の財産の没収に関する手続については，刑事事件における第三者所有物の没収手続に関する応急措置法の規定が準用される。ただし，同法は第三者の所有「物」に関する規定であるが，本条1項は「物」以外の財産の没収に関する規定であり，3項は「財産」一般に関する没収に関する規定であるから，刑事事件における第三者所有物の没収手続に関する応急措置法において「物」とある部分は「財産」と読み替え，「第三者の所有に属する物」とある部分は「被告人以外の者に帰属しまたは第三者の権利がその上に存在する財産」と読み替えることとなる。

　具体的には，以下のとおりとなる。

（告知）

2条　検察官は，公訴を提起した場合において，被告人以外の者（以下「第三者」という。）に帰属する財産または第三者の権利がその上に存在する財産（被告人に帰属するか第三者に帰属するかが明らかでない財産及び第三者の権利がその上に存在するか否かが明らかでない財産を含む。以下同じ。）の没収を必要と認めるときは，すみやかに，その第三者に対し，書面により，次の事項を告知しなければならない。

一　被告事件の係属する裁判所

二　被告事件名及び被告人の氏名

三　没収すべき財産の品名，数量その他その財産を特定するに足りる事項

四　没収の理由となるべき事実の要旨

五　被告事件の係属する裁判所に対し，被告事件の手続への参加を申し立てることができる旨

六　参加の申立てをすることができる期間

七　被告事件について公判期日が定められているときは，公判期日

2　第三者の所在が分からないため，又はその他の理由によつて，前項の告知をすることができないときは，検察官は，同項に掲げる事項を政令で定める方法によつて公告しなければならない。

3　検察官は，前二項の規定による告知又は公告をしたときは，これを証明する書面を裁判所に提出しなければならない。

(参加の手続)

3条　没収されるおそれのある財産が帰属する第三者または没収されるおそれがある財産の上に権利を有する第三者は，第一審の裁判があるまで(略式手続又は交通事件即決裁判手続による裁判があつたときは，正式裁判の請求をすることのできる期間が経過するまでとし，この場合において，正式裁判の請求があつたときは，さらに通常の規定による第一審の裁判があるまでとする。以下同じ。)，被告事件の係属する裁判所に対し，書面により，被告事件の手続への参加を申し立てることができる。ただし，前条第1項又は第2項の規定による告知又は公告があつたときは，告知又は公告があつた日から14日以内に限る。

2　検察官が前条第1項又は第2項の規定により告知し又は公告した裁判所が被告事件を移送した場合において，その裁判所に参加の申立てがあつたときは，申立てを受けた裁判所は，被告事件の移送を受けた裁判所にその申立ての書面を送付しなければならない。この場合において，その書面が送付されたときは，参加の申立ては，はじめから，被告事件の移送を受けた裁判所に対してされたものとみなす。

3　裁判所は，参加の申立てが法令上の方式に違反し，若しくは第1項に規定する期間の経過後にされたとき，又は没収すべき財産が申立人の所

有に属しないこと及び没収すべき財産の上に申立人が権利を有していないことが明らかであるときは，参加の申立てを棄却しなければならない。ただし，第1項ただし書に規定する期間内に参加の申立てをしなかつたことが，申立人の責めに帰することのできない理由によると認めるときは，第一審の裁判があるまで参加を許すことができる。

4　前項の場合を除き，裁判所は，申立人の参加を許さなければならない。ただし，没収をすることができないか又はこれを必要としない旨の検察官の意見を相当と認めるときは，参加の申立てを棄却することができる。

5　裁判所は，参加を許した場合において，没収すべき財産が参加を許された者（以下「参加人」という。）に帰属しないこと及びその上に参加人が権利を有しないことが明らかになつたときは，参加を許す裁判を取り消さなければならない。没収をすることができないか又はこれを必要としない旨の検察官の意見を相当と認めるときは，参加を許す裁判を取り消すことができる。

6　参加に関する裁判は，申立人又は参加人，検察官及び被告人又は弁護人の意見をきき，決定でしなければならない。検察官又は申立人若しくは参加人は，参加の申立てを棄却する決定又は参加を許す裁判を取り消す決定（第4項ただし書又は前項後段の規定による決定を除く。）に対し，即時抗告をすることができる。

7　参加の取下げは，書面でしなければならない。ただし，公判期日においては，口頭ですることができる。

（参加人の権利）

4条　参加人は，この法律に特別の規定がある場合のほか，没収に関し，被告人と同一の訴訟上の権利を有する。

2　前項の規定は，参加人を証人として取り調べることを妨げるものではない。

（参加人の出頭等）

5条　参加人は，公判期日に出頭することを要しない。

2　裁判所は，参加人の所在がわからないときは，公判期日の通知その他書類の送達をすることを要しない。

3 裁判所は，公判期日に出頭した参加人に対し，没収の理由となるべき事実の要旨，その参加前の公判期日における審理に関する重要な事項その他参加人の権利を保護するために必要と認める事項を告げたうえ，没収について陳述する機会を与えなければならない。

（証拠）

6条 参加人の参加は，刑事訴訟法（昭和23年法律第131号）第320条から第328条までの規定の適用に影響を及ぼさない。

2 裁判所は，刑事訴訟法第320条第2項本文，第326条又は第327条の規定により証拠とすることができる書面又は供述を取り調べた場合において，参加人がその書面又は供述の内容となつた供述をした者を証人として取り調べることを請求したときは，その権利の保護に必要と認める限り，これを取り調べなければならない。参加人の参加前に取り調べた証人について，参加人がさらにその取調べを請求したときも，同様とする。

（没収の裁判の制限）

7条 第三者に帰属する財産及びその上に第三者が権利を有する財産については，その第三者が参加を許されていないときは，没収の裁判をすることができない。ただし，次の各号のいずれかに該当する場合は，この限りでない。

一 第2条第1項又は第2項の規定による告知又は公告があつた場合において，第3条第1項ただし書に規定する期間が経過したとき（没収すべき財産が申立人若しくは参加人の所有に属しないことが明らかであることを理由とし，又は没収をすることができないか若しくはこれを必要としない旨の検察官の意見に基づいて，参加の申立てが棄却され，又は参加を許す裁判が取り消された場合を除く。）。

二 参加の申立てが法令上の方式に違反したため棄却されたとき。

三 参加の取下げがあつたとき。

（上訴）

8条 原審における参加人は，上訴審においても，参加人としての地位を失わない。

1120　第7章　没収に関する手続等の特例

2　参加人が上訴をしたときは，検察官及び被告人が上訴をせず，又は上訴の放棄若しくは取下げをした場合においても，原審の裁判中没収に関する部分は，確定しない。

3　前項の場合において，被告人は，上訴審及びその後の審級における公判期日に出頭することを要しない。刑事訴訟法第36条，第37条，第289条及び第290条の規定は，適用しない。

4　前二項の規定は，略式手続又は交通事件即決裁判手続による裁判に対して参加人が正式裁判の請求をした場合に準用する。

（訴訟能力）

9条　第三者が法人であるときは，その代表者が，法人でない社団又は財団で代表者又は管理人の定めがあるものであるときは，その代表者又は管理人が，訴訟行為についてこれを代表する。

2　第三者が意思能力を有しないときは，その法定代理人（2人以上あるときは，各自）が，訴訟行為についてこれを代理する。

3　刑事訴訟法第27条第2項並びに第29条第1項及び第3項の規定は，この法律の規定により被告事件の手続に関与する第三者に準用する。この場合において，同法第29条第1項中「前二条」とあるのは，「刑事事件における第三者所有物の没収手続に関する応急措置法第9条第1項又は第2項」と読み替えるものとする。

（代理人）

10条　この法律の規定により被告事件の手続に関与する第三者は，弁護士の中から代理人を選任し，これに訴訟行為を代理させることができる。

2　代理人の選任は，審級ごとに，代理人と連署した書面を差し出してしなければならない。

3　代理人は，参加人の書面による同意がなければ，参加の取下げ，正式裁判の請求の取下げ又は上訴の放棄若しくは取下げをすることができない。

4　刑事訴訟法第33条から第35条まで及び第40条の規定は，代理人に準用する。

（訴訟費用）

11条　没収の裁判をしたときは，被告人に負担させるものを除き，参加によつて生じた訴訟費用を参加人に負担させることができる。参加を許す裁判を取り消したとき，又は参加の取下げがあつたときも，同様とする。

2　前項前段の規定により参加人に訴訟費用を負担させるときは，没収の裁判と同時に，職権でその裁判をしなければならない。この裁判に対しては，没収の裁判について上訴があつたときに限り，不服を申し立てることができる。

3　刑事訴訟法第181条第3項及び第368条から第371条までの規定は，参加人又は参加人であつた者に準用する。この場合において，同法第369条中「弁護人であつた者」とあるのは，「代理人であつた者」と読み替えるものとする。

（刑事訴訟法との関係）

12条　第三者に帰属する財産及びその上に第三者が権利を有する財産を没収する手続については，この法律に特別の規定があるもののほか，刑事訴訟法による。

（没収の裁判の取消し）

13条　法律上没収することのできない財産について没収の裁判が確定したときは，その財産が帰属する第三者またはその財産の上に権利を有する第三者で，自己の責めに帰することのできない理由により被告事件の手続において権利を主張することができなかつたものは，没収の確定裁判を知つた日から14日以内に限り，没収の裁判をした裁判所に対し，その裁判の取消しを請求することができる。ただし，没収の裁判が確定した日から五年を経過したときは，その請求をすることができない。

2　前項の請求は，その理由となる事実を明示した趣意書を差し出してしなければならない。

3　第1項の規定による請求が法令上の方式に違反し，若しくは同項に規定する期間の経過後にされたとき，請求人がその責めに帰することのできない理由により被告事件の手続において権利を主張することができなかつたと認められないとき，又は没収された財産が請求人に帰属せずか

1122 第7章 没収に関する手続等の特例

つその上に請求人が権利を有しないものであつたことが明らかであると
きは，請求人及び検察官の意見をきき，決定で請求を棄却しなければな
らない。請求人は，この決定に対し，即時抗告をすることができる。

4 前項の場合を除き，請求が理由がないときは，判決でこれを棄却し，
理由があるときは，判決で没収の裁判を取り消さなければならない。請
求人又は検察官は，この判決に対し，上訴をすることができる。

5 裁判所は，趣意書に包含された事項について，請求人及び検察官に陳
述をさせ，並びに請求人若しくは検察官の申立てにより又は職権で，必
要と認める証拠の取調べをしなければならない。請求人が公判期日に出
頭しない場合においても，その不出頭について正当な理由がないと認め
るときは，その期日の公判手続を行ない，又は判決の宣告をすることが
できる。

6 請求を棄却したときは，訴訟費用を請求人に負担させることができる。
請求の取下げがあつたときも，同様とする。

7 請求に関する裁判手続については，第3条第7項，第5条第2項，第
9条，第10条並びに第11条第2項及び第3項の規定を準用するほか，刑
事訴訟の例による。

8 前項の規定にかかわらず，請求に関する裁判手続においては，請求人
を証人として取り調べ，又は公判期日における供述に代えて書面を証拠
とし，若しくは公判期日外における他の者の供述を内容とする供述を証
拠とすることができる。

9 没収の裁判が取り消されたときは，刑事補償法（昭和25年法律第1号）
に定める没収の執行による補償の例により，補償を行なう。

4.3 「この法律に特別の定めがあるもののほか」

不正競争防止法中に，刑事事件における第三者所有物の没収手続に関する
応急措置法と抵触する「特別の定め」があれば，そちらが優先的に適用され
る。ただし，現時点では，これといった抵触規定はない。

【注】
1） 令和5年改正前の21条10号1号は，「第1項，第3項及び第4項の罪の犯罪行
為により生じ，若しくは当該犯罪行為により得た財産又は当該犯罪行為の報酬

として得た財産」との文言であったが，令和5年改正により，従前の21条1項各号が21条1項各号と2号各号に分割され，それに伴い従前の21条2項が21条3項となり，また，従前の21条3項が2分割されそれぞれ21条4項および5項となり，これに伴い従前の21条4項が21条6項となった。また，従前は18条違反の罪は21条2項7号に置かれていたが，令和5年改正で21条4項4号に置かれることになった。このことから，上記のように文言が修正されたが，内容は変わっていない。

2） 不動産および動産については，第三者の所有に属する物については，その第三者が参加を許されていないときは，原則として，没収の裁判をすることができない（刑事事件における第三者所有物の没収手続に関する応急措置法7条本文）。

3） 白木豊「没収・追徴と第三者保護を巡る諸問題」町野朔・林幹人編『現代社会における没収・追徴』86頁（信山社，1996）

4） 大判明36・6・30民録9輯1187頁〔27942712〕，白木・前掲注3）63頁-64頁

5） 「第三者の権利」として例示されている地上権も抵当権も，不動産の上に設定されるものである。

6） 古田佑紀＝本田守弘＝野々上尚＝三浦守『麻薬特例法及び薬物四法改正法の解説』72頁（法曹会，1993）は，麻薬特例法16条の「地上権，抵当権その他の権利」に含まれるものとして「対抗力のある賃借権」を挙げ，加藤俊治編著『組織的犯罪処罰法ハンドブック』119頁（立花書房，2019）は，組織的犯罪処罰法15条2項，18条2項の「地上権，抵当権その他の権利」に「対抗力のある賃借権」が含まれるとする。ただし，対抗力がない賃借権ならば国家が適正手続を保障せずに一方的に取り上げてよいものかは疑問である。

7） 古田ほか・前掲注6）72頁，加藤編著・前掲注6）119頁は，「当該財産が債権である場合において第三者が当該債権に対する相殺権」も「その他の権利」に含まれるとする。

8） 加藤編著・前掲注6）119頁は，「不動産登記法105条等の定めるところにより仮登記された権利」も組織的犯罪処罰法15条2項，18条2項の「地上権，抵当権その他の権利」に含める。すると，始期付きまたは停止条件付きで設定等される権利であって未だ始期が到来せずまたは条件が成就しないものについても仮登記さえ付されていれば本項により手続への参加が保障されることになるが，例えば売買予約契約を原因とする不動産移転仮登記などを例とした場合には，当該不動産に対する債権的権利を有する者を保護することになってしまうように思われる。

9） 三浦守＝松並孝二＝八澤健三郎＝加藤俊治『組織的犯罪対策関連三法の解説』164頁（法曹会，2001），加藤編著・前掲注6）131頁

10） 告知または抗告の手続がまったくとられなかった場合の他，「告知と公告のいずれの手続がとられたか，権利者と被告人その他の関係者との関係，権利者の当該権利の管理状況等，あらゆる事情を考慮して正義・衡平の観点から判断さ

1124 第7章 没収に関する手続等の特例

れることになる」とされる（三浦ほか・前掲注9）166頁，加藤編著・前掲注
6）132頁）。例えば，「権利者が外国にいて，公告があったことを知らず，か
つ，疎遠で，没収保全がなされていることを知り得なかったような場合や，重
大な心身の故障により申立てをすることができなかったような場合」には，「自
己の責めに帰することができない理由により被告事件の手続きにおいて権利を
主張することができなかった場合」に当たるとされうる（同132頁）。

11) ただし，この点については，組織的犯罪処罰法18条4項の「裁判所」は，同
条3項に基づき宣言を行うべき裁判所であり，それは，同条6項により準用さ
れる刑事事件における第三者所有物の没収手続に関する応急措置法3条により
被告事件の係属した裁判所であるとして，上記裁判所の請求を行うべき裁判所
については被告事件の係属した裁判所であると解することはできなくはない。

12) 筆者が電話で問い合わせたところ，所管官庁である法務省はこの準用説に立
つとのことである。この場合，①没収の確定裁判を知った日から14日以内（た
だし，没収の裁判が確定した日から5年以内）に限り（刑事事件における第三
者所有物の没収手続に関する応急措置法13条1項），没収の裁判をした裁判所に
対し（同項）請求することができ，②請求に際しては「その理由となる事実を
明示した趣意書を差し出」す必要がある（同条2項）。③裁判所は，請求に理由
がないことが明らかな場合は，請求人および検索間の意見を聞いて，決定でこ
れを棄却し（同条3項），④そうでない場合は，趣意書に包含された事項につい
て，請求人および検察官に陳述をさせ，ならびに請求人もしくは検察官の申立
てによりまたは職権で，必要と認める証拠の取調べをした上で（同条5項），⑤
請求が理由がないときは判決でこれを棄却し（同条4項参照），⑥理由があると
きは，当該権利について，これを存続させるべき場合に該当する旨の判決をす
る（同条4項参照）。

〔小倉　秀夫〕

33条　没収された債権等の処分等　1125

（没収された債権等の処分等）

33条　組織的犯罪処罰法第19条の規定は第21条第13項の規定による没収について、組織的犯罪処罰法第20条の規定は権利の移転について登記又は登録を要する財産を没収する裁判に基づき権利の移転の登記又は登録を関係機関に嘱託する場合について準用する。この場合において、同条中「次章第1節」とあるのは、「不正競争防止法第8章」と読み替えるものとする。

趣　旨

　不正競争防止法は，21条13項において，刑法19条の特別法として，債権や知的財産権等を含む広範な財産を没収の対象となしうる規定を置いている。これらの財産をいつまでも国庫が保有していることは適切ではないので，没収対象財産が債権等である場合には，検察官にこれを処分する義務を負わせることとした。

　また，没収の対象となる財産の中には，譲渡等の権利の移転にあたってはその旨の登記または登録が効力要件ないし対抗要件となっているものが少なからずあり，没収された財産を没収の確定裁判の執行として国に帰属させるに際しては，検察官が嘱託でその旨の登記・登録を行う必要が生ずる。他方，没収の執行により消滅する差押えや物権等については，没収対象財産を処分する前にこれらの登記を抹消する必要がある。そこで，検察官が，国への権利移転登記を嘱託する際に，併せて，上記消滅する権利等の抹消登記も嘱託することとした。そして，これらについては，先行的な立法例である組織的な犯罪の処罰及び犯罪収益の規制等に関する法律（組織的犯罪処罰法）の規定を準用することとした。

解　説

1　組織的犯罪処罰法19条の規定の準用

　21条13項の規定による没収については，下記の組織的犯罪処罰法19条の規定が準用される。

1126 第7章 没収に関する手続等の特例

> 19条
> 　没収された債権等は，検察官がこれを処分しなければならない。
> 2　債権の没収の裁判が確定したときは，検察官は，当該債権の債務者に
> 　対し没収の裁判の裁判書の抄本を送付してその旨を通知するものとする。

　21条13項の規定による没収とは，21条１項，２項，４項（４号を除く），
５項，６項の罪の犯罪行為により生じ，もしくは当該犯罪行為により得た財
産または当該犯罪行為の報酬として得た財産，ならびに，上記財産の果実と
して得た財産，上記財産の対価として得た財産，これらの財産の対価として
得た財産その他上記財産の保有または処分に基づき得た財産について行われ
る没収のことをいう（詳細は21条13項の解説を参照）。

1.1　没収された債権等の処分

　21条13項の規定により没収された債権等（動産または不動産以外の財
産[1]）は，検察官がこれを処分しなければならない（本条により準用される
組織的犯罪処罰法19条１項）。
　処分の方法としては，以下のような方法がありうる。
① 　売却（公売等を含む）
② 　（債権について）取立て
③ 　（債権について）歳入徴収官への引継ぎ
④ 　財務局長への引継ぎ[2]
⑤ 　破棄・放棄等
　なお，麻薬特例法21条に関して，古田佑紀＝本田守弘＝野々上尚＝三浦守
『麻薬特例法及び薬物四法改正法の解説』93頁（法曹会，1993）は，特許権，
著作権等については，所管の財務局長に引き継ぐことが考えられるとする
が，これらの知的財産権につき国が適切な許諾ビジネスを行うことは期待薄
であるから，引継ぎ後は速やかに売却（公売を含む）するのが適切であろ
う。

1.2　債権の没収の裁判が確定したことの通知

　債権について，21条13項の規定による没収の裁判が確定したときは，検察
官は，その旨を当該債権の債務者に通知しなければならない。債権以外の財

産（例えば，知的財産権）においては，債権における債務者のような強固な利害関係を有する者がいないので，これを没収する旨の裁判が確定したときに通知義務を検察官に負わせる旨の規定をあえて置かなかった。

上記通知は，没収の裁判の裁判書の抄本を送付することによって行うものとした。

抄本の送付に限定した趣旨は「判決には，当該債権の没収に関係しない部分も多数含まれており，債務者に対しては，当該債権が没収されたことだけを通知すれば足りることによる」と説明されている[3]。債務者としては，誰が債権者となるのかが重要なのであって，その結論に至る事実認定等は重要ではないので，立法技術としては合理的である。なお，ここでいう「抄本」には何が記載されている必要があるかについては法文上は明らかにされていないが，被告人の氏名等，事件番号，事件名，判決年月日，判決主文のうち特定の債権を没収する旨の裁判の部分は記載されることが必要となろう[4]。

この通知は，民法467条2項に規定する確定日付のある証書による通知と同一の効力を有することになるとされ[5]，この通知がなされなければ，国は，原則として，当該債権の取得について第三者に対抗することができない[6]。

2　組織的犯罪処罰法20条の規定の準用

権利の移転について登記または登録を要する財産を没収する裁判に基づき権利の移転の登記または登録を関係機関に嘱託する場合について，下記組織的犯罪処罰法20条の規定を準用する。

20条

　権利の移転について登記又は登録（以下「登記等」という。）を要する財産を没収する裁判に基づき権利の移転の登記等を関係機関に嘱託する場合において，没収により効力を失った処分の制限に係る登記等若しくは没収により消滅した権利の取得に係る登記等があり，又は当該没収に関して次章第1節の規定による没収保全命令若しくは附帯保全命令に係る登記等があるときは，併せてその抹消を嘱託するものとする。

1128　第7章　没収に関する手続等の特例

2.1 「権利の移転について登記又は登録……を要する財産を没収する裁判に基づき権利の移転の登記又は登録を関係機関に嘱託する場合について」

　上記組織的犯罪処罰法の規定が準用されるのは，「権利の移転について登記又は登録を要する財産を没収する裁判に基づき権利の移転の登記又は登録を関係機関に嘱託する場合」に限られる。

　「権利の移転について登記又は登録を要する財産」に，登記または登録が権利移転の効力要件となっている財産（特許権等）が含まれることは明らかであるが，さらに登記または登録が対抗要件となっているにすぎない場合（不動産に関する所有権等や著作権等）も含むかは争いとなりうる[7]。

　「権利の移転について登記又は登録を要する財産」について没収の裁判を執行する場合，当該財産を国に移転させることになるが，この場合，被没収者から国への権利移転の効力要件（ないし対抗要件）としての登記または登録は，検察官が関係機関[8]，に嘱託して行うこととなる。そのような場合に，上記規定が準用されることとなるのである。

3　組織的犯罪処罰法20条の規定を準用する

　上記場合に組織的犯罪処罰法20条の規定を準用することにより，「没収により効力を失った処分の制限に係る登記等若しくは没収により消滅した権利の取得に係る登記等があり，又は当該没収に関して不正競争防止法第8章の規定による没収保全命令若しくは附帯保全命令に係る登記等があるとき」は，「併せてその抹消を嘱託するものとする」ということになる。

　本条が適用されるのは，「財産を没収する裁判に基づき権利の移転の登記等を関係機関に嘱託する場合」である。例えば，没収対象財産が不動産である場合，その所有者たる犯人等から国への没収を原因とする所有権移転を行う場合がこれに当たる。

　このとき，抹消の登記が併せて嘱託されるのは，

① 没収により効力を失った処分の制限に係る登記等

② 没収により消滅した権利の取得に係る登記等

③ 当該没収に関して不正競争防止法第8章の規定による没収保全命令もしくは附帯保全命令に係る登記等

である。

　①の例としては，滞納処分に係る差押え，仮差押え[9]，没収保全に係る登記がなされた後になされた強制執行に係る差押え，処分禁止仮処分等の登記等があげられる。没収保全に係る登記の前になされた強制執行に係る差押えまたは仮差押えの登記等であって，差押等債権者の債権が仮装のものであるとき，差押等債権者が没収対象財産であることの情を知りながら強制執行等の申立てをしたものであるとき，または差押等債権者が犯人であるときのいずれかに該当するものも，①の例に含まれる。

　②の例としては，没収保全処分に係る登記がなされた後になされた所有権移転登記，地上権，抵当権等の設定登記があげられる[10]。

【注】
1）　組織的犯罪処罰法18条1項
2）　没収等財産引継事務取扱要領（平成13年3月30日理財第1272号，改正平成27年4月28日財理第2116号）は，国有財産法2条に掲げる財産について，組織的犯罪処罰法に基づき，検察官が没収された債権等を処分する方法の一態様として財務局長に引き継ぐべき旨の処分命令を行い，検察庁の長にその旨の通知を行った場合，国有財産法8条により財務大臣に引き継がれるものとされる。
3）　三浦守＝松並孝二＝八澤健三郎＝加藤俊治『組織的犯罪対策関連三法の解説』173頁（法曹会，2001）および加藤俊治編著『組織的犯罪処罰法ハンドブック』139頁（立花書房，2019）
4）　三浦ほか・前掲注3）173頁は，「検察官は，当該債権の没収に係る主文，裁判の日，裁判所の表示，裁判官の署名押印等関係部分の抄本を送付することになろう」とする。
5）　三浦ほか・前掲注3）173頁，加藤編著・前掲注3）139頁
6）　加藤編著・前掲注3）139頁
7）　三浦ほか・前掲注3）174頁および加藤編著・前掲注3）140頁は，登記等が権利の移転の対抗要件となる財産も，組織的犯罪処罰法20条の「権利の移転について登記又は登録を要する財産」に含める。
8）　被没収財産が土地，建物である場合には登記官（法務局等），自動車であれば国土交通大臣（陸運支局長），特許権，実用新案権，意匠権および商標権であれば特許庁長官，著作権であれば原則として文化庁長官がこれに当たる（三浦ほか・前掲注3）174頁-175頁，加藤編著・前掲注3）140頁）。
9）　三浦ほか・前掲注3）175頁
10）　加藤編著・前掲注3）141頁

〔小倉　秀夫〕

1130　第7章　没収に関する手続等の特例

（刑事補償の特例）
34条　債権等の没収の執行に対する刑事補償法（昭和25年法律第1号）による補償の内容については、同法第4条第6項の規定を準用する。

趣　　旨

　上訴権回復による上訴，再審または非常上告の手続において無罪の裁判を受けた者が原判決によってすでに刑の執行を受けた場合には，その者は，国に対して，刑の執行または拘置による補償を請求することができる（刑事補償法1条2項）。没収の対象が有体物である場合には，上記補償は，「没収物がまだ処分されていないときは，その物を返付し，すでに処分されているときは，その物の時価に等しい額の補償金を交付」することによることとなされている（同法4条6項）が，没収の対象が有体物以外の場合の補償については特段の規定を置いていない。

　21条13項に基づく没収は，その対象を財産一般に拡張しており，有体物に限定していない。このため，有体物以外の財産が没収された後に無罪判決を受けた場合の補償に関する定めが必要となった。そこでこれを定めたのが本条である。

解　　説

1　「債権等の没収の執行に対する刑事補償法（昭和25年法律第1号）による補償の内容」

　本条は，「債権等の没収の執行に対する補償の内容」に関するものである。「債権等」とは，「不動産及び動産以外の財産」をいう（32条1項）。

　本条の「補償」は，刑事補償法による補償に限定されている。すなわち，上訴権回復による上訴，再審または非常上告の手続において無罪の裁判を受けた者が原判決によってすでに刑の執行を受けていた場合に（刑事補償法1条2項），国がこの者に対して行う刑の執行による補償をいう。

2　「同法第4条第6項の規定を準用する」

　上記補償の内容については，刑事補償法4条6項の規定が準用される。

　同項は，以下のような規定である。

> 　没収の執行による補償においては，没収物がまだ処分されていないとき
> は，その物を返付し，既に処分されているときは，その物の時価に等しい
> 額の補償金を交付し，また，徴収した追徴金についてはその額にこれに対
> する徴収の日の翌日から補償の決定の日までの期間に応じ徴収の日の翌日
> の法定利率による金額を加算した額に等しい補償金を交付する。

　同項は，没収の対象が有体物であった場合に，没収物がまだ処分されていないときは，その物を返付し，すでに処分されているときは，その物の時価に等しい額の補償金を交付するものとしている。没収の対象が債権等であった場合にはこれに準ずるとされているのであるから，没収された債権等について未だ売却や弁済の受領等の処分がなされていない場合には当該財産権の帰属を元の帰属主体に移転させ，既に処分が行われていた場合は，その財産権の時価に等しい額の補償金を元の帰属主体に交付する。なお，没収された債権について，弁済の受領等がなされないまま消滅時効期間が経過した場合等は，処分がなされたものとして，没収時の当該債権の時価相当額の補償金を交付すべきであろう。

　没収の対象たる財産権がその移転等について登記・登録を効力要件[1]としている場合には，未処分の財産権の帰属を元の帰属主体に移転させるに当たって，当該権利移転について，検察官が職権で登記・登録を然るべき関係機関に請求する義務を負うこととなろう。

【注】
1）　33条が準用する組織的犯罪処罰法20条の「権利の移転について登記又は登録（以下「登記等」という。）を要する財産」に，登記・登録等が第三者対抗要件となっている財産を含まれるとする見解に立つ場合には，没収の対象たる財産ののうち登記・登録等が第三者対抗要件となっているものの帰属を元の帰属主体に移転させる際にも，検察官が職権で登記・登録を然るべき関係機関に請求する義務を負うこととなろう。

〔小倉　秀夫〕

第8章

保全手続

1134　第8章　保全手続

（没収保全命令）

35条　裁判所は、第21条第1項、第2項、第4項（第4号を除く。）、第5項及び第6項の罪に係る被告事件に関し、同条第13項の規定により没収することができる財産に当たると思料するに足りる相当な理由があり、かつ、当該財産を没収するため必要があると認めるときは、検察官の請求により、又は職権で、没収保全命令を発して、当該財産につき、その処分を禁止することができる。

2　裁判所は、地上権、抵当権その他の権利がその上に存在する財産について没収保全命令を発した場合又は発しようとする場合において、当該権利が没収により消滅すると思料するに足りる相当な理由がある場合であって当該財産を没収するため必要があると認めるとき、又は当該権利が仮装のものであると思料するに足りる相当の理由があると認めるときは、検察官の請求により、又は職権で、附帯保全命令を別に発して、当該権利の処分を禁止することができる。

3　裁判官は、前2項に規定する理由及び必要があると認めるときは、公訴が提起される前であっても、検察官又は司法警察員（警察官たる司法警察員については、国家公安委員会又は都道府県公安委員会が指定する警部以上の者に限る。）の請求により、前二項に規定する処分をすることができる。

4　前3項に定めるもののほか、これらの規定による処分については、組織的犯罪処罰法第4章第1節及び第3節の規定による没収保全命令及び附帯保全命令による処分の禁止の例による。

趣　旨

　21条13項に基づく没収の対象は，財産一般であり，有体物に限られていない。没収の対象が動産である場合には，捜査機関が捜査の過程でこれを差し押さえて爾後検察においてこれを保管することで，第三者が対抗要件を具備した譲渡を受けることが事実上困難となるが，債権等については，捜査の一環としての差押え等においてその第三者への譲渡等の処分の可能性を事実上封じることが困難である。しかし，そうなると，被告事件が開始されてから没収の裁判が確定するまでの間に，没収の対象となる財産権が第三者に譲渡される等の処分が行われて，没収が事実上行いえなくなる危険が生じてしまう。そこで，被告事件において没収の裁判が確定するまでの間，没収保全命令を行う権限を裁判所に付与したものである。

　なお，令和5年改正前は，

35条　裁判所は，第21条第1項，第3項及び第4項の罪に係る被告事件に

関し，同条第10項の規定により没収することができる財産（以下「没収対象財産」という。）に当たると思料するに足りる相当な理由があり，かつ，当該財産を没収するため必要があると認めるときは，検察官の請求により，又は職権で，没収保全命令を発して，当該財産につき，その処分を禁止することができる。

2　裁判所は，地上権，抵当権その他の権利がその上に存在する財産について没収保全命令を発した場合又は発しようとする場合において，当該権利が没収により消滅すると思料するに足りる相当な理由がある場合であって当該財産を没収するため必要があると認めるとき，又は当該権利が仮装のものであると思料するに足りる相当の理由があると認めるときは，検察官の請求により，又は職権で，附帯保全命令を別に発して，当該権利の処分を禁止することができる。

3　裁判官は，前二項に規定する理由及び必要があると認めるときは，公訴が提起される前であっても，検察官又は司法警察員（警察官たる司法警察員については，国家公安委員会又は都道府県公安委員会が指定する警部以上の者に限る。）の請求により，前二項に規定する処分をすることができる。

4　前三項に定めるもののほか，これらの規定による処分については，組織的犯罪処罰法第4章第1節及び第3節の規定による没収保全命令及び附帯保全命令による処分の禁止の例による。

との文言であったが，令和5年改正により，従前の21条1項各号が21条1項各号と2項各号に分割され，それに伴い従前の21条2項が21条3項となり，また，従前の21条3項が2分割されそれぞれ21条4項および5項となり，これに伴い従前の21条4項が21条6項となった。また，従前は18条違反の罪は21条2項7号に置かれていたが，令和5年改正で21条4項4号に置かれることになった。また，21条10項は21条13項に移設された。これに伴い，1項については，従前の「第21条第1項，第3項及び第4項の罪に係る被告事件」との文言が，「第21条第1項，第2項，第4項（第4号を除く。），第5項及び第6項の罪に係る被告事件」と，「同条第10項」が「同条第13項」と修正された。また，「第21条第1項，第3項及び第4項の罪に係る被告事件に関し，同条第13項の規定により没収することができる財産」に「没収対象財

1136　第8章　保全手続

産」という名前を付すことを止めた。

解　　説

1　1項

1.1　「第21条第1項，第2項，第4項（第4号を除く。）第5項及び第6項の罪に係る被告事件に関し」

　没収保全命令を下すことができるのは，21条1項，2項，4項（4号を除く。）5項および6項の罪に係る被告事件に限られる。もっとも，同条13項の没収自体が同条1項，2項，4項（4号を除く）5項および6項の罪に係る被告事件に限定されているので，特段の意味があるわけではない。

1.2　「同条第13項の規定により没収することができる財産に当たると思料するに足りる相当な理由があり」

　没収保全命令を下すことができるのは，「同条第13項の規定により没収することができる財産に当たると思料するに足りる相当な理由」がある場合，すなわち，21条1項，2項，4項（4号を除く）5項および6項の罪の犯罪行為により生じ，もしくは当該犯罪行為により得た財産または当該犯罪行為の報酬として得た財産（21条13項1号）または上記財産の果実として得た財産，同号に掲げる財産の対価として得た財産，これらの財産の対価として得た財産その他同号に掲げる財産の保有または処分に基づき得た財産（同項2号）のいずれかに当たると思料するに足りる相当な理由がある場合に限られる。

　21条13項の規定により没収することができる財産とは，

①　21条1項，2項，4項（4号を除く），5項，6項の罪の犯罪行為により生じ，もしくは当該犯罪行為により得た財産または当該犯罪行為の報酬として得た財産

または，

②　①に掲げる財産の果実として得た財産，①に掲げる財産の対価として得た財産，これらの財産の対価として得た財産その他①に掲げる財産の

保有または処分に基づき得た財産
をいう（詳細は，21条13号の解説を参照）。

本項の「相当な理由」とは，「没収対象財産に当たると思料するに足りる客観的，合理的な根拠」[1] をいい，刑事訴訟法60条の「相当の理由」と同程度[2] だと解されている[3]。

1.3 「当該財産を没収するため必要があると認めるとき」

没収保全命令を下すことができるのは，当該財産を没収するため必要がある場合である。「当該財産を没収するため必要があると認めるとき」とは，「当該財産が処分される可能性[4] があって，その処分の結果，これを没収することができなくなったり，被告事件に参加させるべきものの範囲が拡大して審理が遅延する等の事情があるため，その処分を禁止する必要があること」[5] を意味する。

なお，井上弘通判事及び西田時弘判事は，「保全しなければ処分されることがあり得るからといって，それだけで必要性を認めるのでは，実際上この要件を検討することは不要であるというに等しいと思われる」[6] としたうえで，「どの程度の疎明があればよいかはもとより事案によるが，全くの一般的・抽象的な疎明のみでは不十分であり，財産の種類，性質，権利者の属性などの具体的な事情に裏付けられた必要性の疎明が必要と解される」[7] とする。

1.4 「裁判所は，……検察官の請求により，又は職権で，」

没収保全命令を下す主体は「裁判所」である。これは，被告事件を担当する裁判所である[8]。裁判所は，検察官の請求または職権で，没収保全命令を下すことができる。

1.5 「没収保全命令を発して，当該財産につき，その処分を禁止することができる」

没収保全命令は，具体的には，特定の財産につきその処分を禁止する命令である。処分禁止命令が下された後に当該財産の権利者により行われた処分行為は，没収の執行との関係では効力を有しないということになる。ただし，処分行為の当事者間の効力を否定する必要まではないから，当該財産が

結局没収の対象とならず，没収保全命令が取り消された場合には，没収保全命令後になされた処分行為に基づく法律関係が形成されることとなろう。

没収保全命令により禁止される「処分」とは，「権利の変動をもたらす法律上の処分（権利の変動の外形を有する処分を含む。）」を意味し[9]，当該財産権の譲渡の他，担保権の設定や，債務者からの弁済の受領，特許等における通常実施権・独占的実施権等の設定等が含まれる。

没収保全の執行方法については，本条4項により準用される組織的犯罪処罰法27条から31条までに定めがある。

不動産について没収保全命令が下された場合，検察官は，没収保全の登記を嘱託する（本条4項により準用される組織的犯罪処罰法27条3項）。没収保全命令の効力は上記登記がなされた時に生ずる（同条5項）。もっとも，不動産の没収保全の効力が生じたときは，検察官は，当該不動産の所在する場所に公示書を掲示する方法その他相当の方法により，その旨を公示する措置を執らなければならない（同条6項）。

動産[10] についての没収保全命令については，裁判所が没収保全命令の謄本および更新の裁判の謄本を動産の所有者（名義人が異なる場合は，名義人を含む）に送達することによって，効力が生ずる（本条4項により準用される組織的犯罪処罰法29条2項ないし3項）。刑事訴訟法の規定による押収がされていない動産等について，没収保全の効力が生じたときは，検察官は，公示書を貼り付ける方法その他相当の方法により，その旨を公示する措置を執らなければならない（組織的犯罪処罰法29条4項）。

債権については，債権者（名義人が異なる場合は，名義人を含む。以下この条において同じ）に対し債権の取立てその他の処分[11]を禁止し，および債務者に対し債権者への弁済を禁止する旨の没収保全命令を発する（本条4項により準用される組織的犯罪処罰法30条1項）。この場合，上記没収保全命令の謄本および更新の裁判の謄本は，債権者および債務者に送達されることとなるが，債権の没収保全の効力は，没収保全命令の謄本が債務者に送達された時に生ずる（同条2項ないし3項）。

その他の財産権については，原則として債権に対する没収財産保全の例に従う（本条4項により準用される組織的犯罪処罰法31条1項）。ただし，債務者ないしこれに準ずる者がいないタイプの財産については，没収保全の効力は，没収保全命令の謄本が権利者に送達された時に生ずる（同条2項）

もっとも，その他の財産権で権利の移転について登記等を要するものについては，検察官が嘱託でその旨の登記等を行うこととし，没収保全の効力は，没収保全の登記がされた時に生ずる（本条4項により準用される組織的犯罪処罰法31条3項により準用される同法27条3項ないし5項）。

2　2項

2.1　「地上権，抵当権その他の権利がその上に存在する財産について没収保全命令を発した場合又は発しようとする場合において」

本項が適用されるのは，以下の場合である。
①　地上権，抵当権その他の権利がその上に存在する財産について没収保全命令を発した場合
②　地上権，抵当権その他の権利がその上に存在する財産について没収保全命令を発しようとする場合

ここでいう「地上権，抵当権その他の権利」とは，21条14項において準用される組織的犯罪処罰法15条2項にいう「地上権，抵当権その他の権利」を指している（その範囲については，21条14項の解説を参照）。

2.2　「当該権利が没収により消滅すると思料するに足りる相当な理由がある場合であって当該財産を没収するため必要があると認めるとき」

裁判所が附帯保全命令を下すことができる場合の1つは「当該権利が没収により消滅すると思料するに足りる相当な理由がある場合であって当該財産を没収するため必要があると認めるとき」である。

21条14項により準用される組織的犯罪処罰法15条2項は，「地上権，抵当権その他の権利がその上に存在する財産を第13条の規定により没収する場合において，犯人以外の者が犯罪の前に当該権利を取得したとき，又は犯人以外の者が犯罪の後情を知らないで当該権利を取得したときは，これを存続させるものとする」と規定している。したがって，「当該権利が没収により消滅すると思料するに足りる相当な理由がある場合」とは，犯人が当該権利を取得したか，または，「犯人以外の者が，犯罪の後に，情を知って当該権利を取得した」と思料するに足りる相当な理由がある場合をいう[12]。

「当該財産を没収するため必要がある」とは，「当該財産の上に存在する権

1140   第8章   保全手続

利が処分される可能性があって，その処分の結果」，「被告事件に参加させる
べき者の範囲が拡大して審理が遅延する等の事情があるため，当該処分を禁
止する必要があること」を意味する[13]。

2.3 「又は当該権利が仮装のものであると思料するに足りる相当の理由が あると認めるとき」

裁判所が附帯保全命令を下すことができる場合の1つは「当該権利が仮装
のものであると思料するに足りる相当の理由があると認めるとき」である。
当該権利が仮装のものであるとは，そのような実態がないにもかかわら
ず，当該没収目的財産上に当該権利が設定されたかのような外形が作られた
場合をいう。このような権利については，その処分の機会を制限することに
躊躇する理由はないから，裁判所が附帯保全命令を下すに当たって「当該財
産を没収するため必要」かどうかを斟酌する必要はない。

2.4 「裁判所は，……検察官の請求により，又は職権で，附帯保全命令を 別に発して，当該権利の処分を禁止することができる」

附帯保全命令を発することができるのは「裁判所」である。これは，被告
事件を担当する裁判所のことである。裁判所は，検察官の請求により，また
は職権で，本条1項の没収保全命令とは別に，附帯保全命令を発することが
できる。
附帯保全命令においては，没収対象財産上の権利の処分を禁止することが
できる。

3   3項

3.1 「公訴が提起される前であっても」

本項の没収保全命令および附帯保全命令は，公訴の提起前に行われるもの
である。

3.2 「前2項に規定する理由及び必要があると認めるときは」

公訴提起前の没収保全命令を行いうるのは，前2項に規定する理由および
必要がある場合である。その詳細については本条1項および2項についての

解説を参照。

3.3 「検察官又は司法警察員……の請求により」

公訴提起前の没収保全命令等は検察官のみならず，司法警察員[14]の請求によっても行うことができる。ただし，裁判官が職権で行うことはできない。

3.4 「裁判官は，……前2項に規定する処分をすることができる。」

公訴提起前の没収保全処分等については，被告事件を担当する裁判所ではなく，裁判官がこれを行うことができる。公訴提起前である以上，被告事件を担当する裁判所が決まっていないからである。具体的には，上記請求者の所属する官公署の所在地を管轄する地方裁判所の裁判官に対し没収保全命令の請求が行われる（本条4項により準用される組織的犯罪処罰法23条5項）。

本項の没収保全は，没収保全命令が発せられた日から30日以内に当該保全がされた事件につき公訴が提起されないときは，その効力を失う（本条4項により準用される組織的犯罪処罰法23条3項本文）。ただし，共犯に対して公訴が提起された場合において，その共犯に関し，当該財産につき34条1項に規定する理由があるときは，この限りでない（本条4項により準用される組織的犯罪処罰法23条3項ただし書）。また，裁判官は，やむをえない事由があると認めるときは，検察官の請求により，30日ごとに，上記期間を更新することができる（本条4項により準用される組織的犯罪処罰法23条4項前段）。この場合において，更新の裁判は，検察官に告知された時にその効力を生ずる（本条4項により準用される組織的犯罪処罰法23条4項後段）。

4　4項

これらの規定による処分，すなわち，没収保全処分および附帯保全処分については，本条1項から3項までに定めるもののほか，「組織的犯罪処罰法第4章第1節及び第3節の規定による没収保全命令及び附帯保全命令による処分の禁止の例による」とされた。「例による」とは，「ある事項に関する法令上の制度を他の事項について包括的に借りてきて，これらについても同様の扱いとしようとする場合に用いられる」法律用語であり，「例による」とされた事項に適用されるあらゆる法令（政令や規則等を含む）が借用され

る。すなわち，本項により，本条１項の没収保全命令および２項の附帯保全命令については，組織的犯罪処罰法第４章第１節および第３節における，没収保全処分および附帯保全処分に関する規定が借用される。

「前３項に定めるもののほか」とあることから，本条１項から３項までの規定と組織的犯罪処罰法第４章第１節および第３節の規定との間に齟齬がある場合，前者が適用される[15]。本条１項から３項までに規定がない部分についてのみ，補充的に組織的犯罪処罰法第４章第１節および第３節の規定が適用されることとなる。ただし，その範囲は広い。すでに本条１項から３項までの解説に盛り込んだもののほか，例えば，以下のような規定が適用される。

① 没収保全命令または附帯保全命令には，被告人の氏名，罪名，公訴事実の要旨，没収の根拠となるべき法令の条項，処分を禁止すべき財産または権利の表示，これらの財産または権利を有する者（名義人が異なる場合は，名義人を含む）の氏名，発付の年月日その他最高裁判所規則で定める事項[16]を記載し，裁判長または受命裁判官が，これに記名押印しなければならない（組織的犯罪処罰法22条３項）。

② 裁判長は，急速を要する場合には，没収保全処分ないし附帯保全処分をし，または合議体の構成員にこれをさせることができる（組織的犯罪処罰法22条４項）。

③ 没収保全がされた不動産又は動産については，刑事訴訟法の規定により押収することを妨げない（組織的犯罪処罰法22条６項）。

④ 司法警察員は，その請求により公訴提起前に没収保全命令または附帯保全命令が発せられたときは，速やかに，関係書類を検察官に送付しなければならない（組織的犯罪処罰法23条２項）。

⑤ 公訴提起前の没収保全は，没収保全命令が発せられた日から30日以内に当該保全がされた事件につき公訴が提起されないときは，その効力を失う。ただし，共犯に対して公訴が提起された場合において，その共犯に関し，当該財産につき組織的犯罪処罰法22条１項に規定する理由があるときは，この限りでない（組織的犯罪処罰法23条３項）。

⑥ 裁判官は，やむをえない事由があると認めるときは，検察官の請求により，30日ごとに，組織的犯罪処罰法23条３項の期間を更新することができる。この場合において，更新の裁判は，検察官に告知された時にそ

の効力を生ずる（組織的犯罪処罰法23条4項）。

⑦　公訴提起前の没収保全処分等の請求および保全期間の延長請求は，請求する者の所属する官公署の所在地を管轄する地方裁判所の裁判官にしなければならない（組織的犯罪処罰法23条5項）。

⑧　検察官は，公訴提起前の没収保全が，公訴の提起があったためその効力を失うことがなくなるに至ったときは，その旨を没収保全命令を受けた者（被告人を除く）に通知しなければならない。この場合において，その者の所在が分からないため，またはその他の理由によって，通知をすることができないときは，通知に代えて，その旨を検察庁の掲示場に7日間掲示して公告しなければならない（組織的犯罪処罰法23条7項）。

⑨　裁判所は，没収保全財産を有する者の請求により，適当と認めるときは，決定をもって，当該没収保全財産に代わるものとして，その財産の価額に相当する金銭（以下「代替金」という）の額を定め，その納付を許すことができる（組織的犯罪処罰法26条1項）。

⑩　没収保全の理由もしくは必要がなくなったとき，または没収保全の期間が不当に長くなったときは，裁判所は，検察官もしくは没収保全財産を有する者（その者が被告人であるときは，その弁護人を含む）の請求により，または職権で，決定をもって，没収保全命令を取り消さなければならない（組織的犯罪処罰法32条1項）。

⑪　没収保全命令は，無罪，免訴もしくは公訴棄却（刑事訴訟法338条4号および339条1項1号の規定による場合を除く）の裁判の告知があったとき，または有罪の裁判の告知があった場合において没収の言渡しがなかったときは，その効力を失う（組織的犯罪処罰法33条1項）。

⑫　没収保全が効力を失ったとき，または代替金が納付されたときは，検察官は，速やかに，検察事務官に当該没収保全の登記等の抹消の嘱託をさせ，および公示書の除去その他の必要な措置を執らなければならない。この場合において，没収保全の登記等の抹消の嘱託は，検察官がその嘱託を指揮する書面に基づいて，これを行う（組織的犯罪処罰法34条）。

⑬　没収保全がされた後に，当該保全に係る不動産，船舶（民事執行法112条に規定する船舶[17]をいう），航空機，自動車，建設機械もしくは小型船舶に対し強制競売の開始決定がされたときまたは当該保全に係る

動産（同法122条1項に規定する動産[18]をいう）に対し強制執行による差押えがされたときは、強制執行による売却のための手続は、没収保全が効力を失った後または代替金が納付された後でなければ、することができない（組織的犯罪処罰法35条1項）。

⑭　没収保全がされている債権（民事執行法143条に規定する債権[19]をいう）に対し強制執行による差押命令または差押処分が発せられたときは、当該差押えをした債権者は、差押えに係る債権のうち没収保全がされた部分については、没収保全が効力を失った後または代替金が納付された後でなければ、取立てまたは同法163条1項[20]の規定による請求をすることができない（組織的犯罪処罰法35条2項）。

⑮　金銭債権の債務者（以下「第三債務者」という）は、没収保全がされた後に当該保全に係る債権について強制執行による差押命令または差押処分の送達を受けたときは、その債権の全額に相当する金銭を債務の履行地の供託所に供託することができる（組織的犯罪処罰法36条1項）。

⑯　第三債務者は、⑮の供託をしたときは、その事情を没収保全命令を発した裁判所に届け出なければならない（組織的犯罪処罰法36条2項）。

⑰　没収保全がされる前に強制競売の開始決定または強制執行による差押えがされている財産については、没収の裁判をすることができない。ただし、差押債権者の債権が仮装のものであるとき、差押債権者が没収対象財産であることの情を知りながら強制執行の申立てをしたものであるとき、または差押債権者が犯人であるときは、この限りでない（組織的犯罪処罰法37条1項）。

⑱　没収対象財産の上に存在する地上権その他の権利であって附帯保全命令による処分の禁止がされたものについて、当該処分の禁止がされる前に強制競売の開始決定または強制執行による差押えがされていた場合において、当該財産を没収するときは、その権利を存続させるものとし、没収の言渡しと同時に、その旨の宣告をしなければならない。ただし、差押債権者の債権が仮装のものであるとき、差押債権者が没収により当該権利が消滅することの情を知りながら強制執行の申立てをしたものであるとき、または差押債権者が犯人であるときは、この限りでない（組織的犯罪処罰法37条2項）。

⑲　強制競売の開始決定または強制執行による差押えがされている財産に

ついて没収保全命令が発せられた場合における当該財産については，差押債権者（被告人である差押債権者を除く）が被告事件の手続への参加を許されていないときは，没収の裁判をすることができない（組織的犯罪処罰法37条3項）。

⑳　裁判所は，強制競売の開始決定または強制執行による差押えがされている財産について没収保全命令を発した場合または発しようとする場合において，組織的犯罪処罰法37条1項ただし書に規定する事由があると思料するに足りる相当な理由があると認めるときは，検察官の請求により，または職権で，決定をもって，強制執行の停止を命ずることができる（組織的犯罪処罰法38条1項）。

㉑　没収保全財産の上に存在する担保権で，当該保全がされた後に生じたものまたは附帯保全命令による処分の禁止がされたものの実行（差押えを除く）は，没収保全もしくは附帯保全命令による処分の禁止が効力を失った後または代替金が納付された後でなければ，することができない（組織的犯罪処罰法39条1項）。

㉒　担保権の実行としての競売の手続が開始された後に当該担保権について附帯保全命令が発せられた場合において，検察官が当該命令の謄本を提出したときは，執行裁判所は，その手続を停止しなければならない。この場合における民事執行法の規定の適用[21]については，同法183条1項7号[22]（同法189条，192条または193条2項において準用する場合[23]を含む）の文書の提出があったものとみなす（組織的犯罪処罰法39条2項）。

㉓　没収保全がされている財産に対し滞納処分による差押えがされた場合又は没収保全がされている財産を有する者について破産手続開始の決定，再生手続開始の決定もしくは承認援助手続における外国倒産処理手続の承認援助に関する法律128条1項の規定による禁止の命令がされた場合もしくは没収保全がされている財産を有する会社その他の法人について更生手続開始の決定もしくは特別清算開始の命令がされた場合，これらの手続に基づく当該財産売却のための手続は，没収保全が効力を失った後又は代替金が納付された後でなければ，することができない（組織的犯罪処罰法40条1項）

㉔　没収保全がされている金銭債権に対し滞納処分による差押えがされた

1146　第8章　保全手続

場合または滞納処分による差押えがされている金銭債権について没収保
全がされた場合，没収保全がされた後に当該保全に係る債権について強
制執行による差押命令または差押処分の送達を受けたときは，その債権
の全額に相当する金銭を債務の履行地の供託所に供託することができる
（没収保全がされた後に当該保全に係る債権について強制執行による差
押命令又は差押処分の送達を受けたときは，その債権の全額に相当する
金銭を債務の履行地の供託所に供託することができる（組織的犯罪処罰
法40条2項）。

㉕　没収保全がされる前に当該保全に係る財産に対し仮差押えの執行がさ
れていた場合又は没収対象財産の上に存在する地上権その他の権利で
あって附帯保全命令による処分の禁止がされたものについて当該処分の
禁止がされる前に仮差押えの執行がされていた場合，差押債権者の債権
が仮装のものであるとき，差押債権者が没収対象財産であることの情を
知りながら強制執行の申立てをしたものであるとき，または差押債権者
が犯人であるときを除き，没収の裁判をすることができない（組織的犯
罪処罰法40条3項）。

㉖　没収保全がされる前に当該保全に係る財産に対し滞納処分による差押
えがされていた場合または没収保全がされる前に当該保全に係る財産を
有する者について破産手続開始決定等がされていた場合もしくは没収保
全がされる前に当該保全に係る財産を有する会社その他の法人について
更生手続開始決定等がされていた場合，没収の裁判をすることができな
い（組織的犯罪処罰法40条3項）。

㉗　没収対象財産の上に存在する地上権その他の権利であって附帯保全命
令による処分の禁止がされたものについて当該処分の禁止がされる前に
滞納処分による差押えがされていた場合または没収対象財産の上に存在
する地上権その他の権利であって附帯保全命令による処分の禁止がされ
たものを有する者について当該処分の禁止がされる前に破産手続開始決
定等がされていた場合もしくは没収対象財産の上に存在する地上権その
他の権利であって附帯保全命令による処分の禁止がされたものを有する
会社その他の法人について当該処分の禁止がされる前に更生手続開始決
定等がされていた場合，差押債権者の債権が仮装のものであるとき，差
押債権者が没収により当該権利が消滅することの情を知りながら強制執

行の申立てをしたものであるとき，または差押債権者が犯人であるとき
を除き，当該財産を没収するときは，その権利を存続させるものとし，
没収の言渡しと同時に，その旨の宣告をしなければならない（組織的犯
罪処罰法40条3項）。

㉘　仮差押えの執行がされている財産について没収保全命令を発した場合
または発しようとする場合，差押債権者の債権が仮装のものであると
き，差押債権者が没収対象財産であることの情を知りながら強制執行の
申立てをしたものであるとき，または差押債権者が犯人であるときとい
う事由があると思料するに足りる相当な理由があると認めるときは，検
察官の請求により，または職権で，決定をもって，強制執行の停止を命
ずることができる。

㉙　附帯保全命令は，当該命令に係る没収保全が効力を有する間，その効
力を有する。ただし，代替金が納付されたときは，この限りでない（組
織的犯罪処罰法41条1項）。

【注】
1）　加藤俊治編著『組織的犯罪処罰法ハンドブック』146頁（立花書房，2019）
2）　大阪高判昭50・12・2判タ335号232頁〔27661912〕によれば，「勾留に際して
は証拠資料の収集の機会と可能性が逮捕状請求時より多い筈であるから勾留理
由としての嫌疑のほうが，逮捕理由としてのそれよりもやや高度のものを要求
されていると解するのが相当である」とされる。
3）　組織犯罪処罰法22条1項の没収保全について，三浦守＝松並孝二＝八澤健三
郎＝加藤俊治『組織的犯罪対策関連三法の解説』184頁（法曹会，2001）。
4）　当該財産が処分される論理的な可能性があればいいのか，現実的・具体的な
危険があることまで要するのかは問題となりうるが，不正競争防止法21条10号
により没収の対象とされる財産に関しては，21条1項，3項または4項の罪を
犯したとして起訴された後においては処分される危険性が定型的に高いとはい
いうるので，民事保全の際に求められるような処分の危険性までは必要がない
といいうるであろう。
5）　組織的犯罪処罰法22条1項の没収保全について，三浦ほか・前掲注3）184
頁。三浦ほかは，「当該財産を没収することが相当」であることまで必要性判断
の考慮要素に加えるが，同法13条4項の没収と異なり，不正競争防止法21条13
項の要件を満たす財産について没収するかどうかは裁判所の裁量的判断に委ね
られており，没収することが相当である場合にのみ没収することができるとい
う構成になっていない以上，本条の没収保全については，「当該財産を没収する
ことが相当」であることまで必要性判断の考慮要素に加えるべきではない。

1148　第8章　保全手続

6）　井上弘通＝西田時弘『没収保全及び追徴保全に関する実務上の諸問題』125頁（司法研修所，2004）

7）　井上＝西田・前掲注6）127頁

8）　組織的犯罪処罰法22条1項の没収保全について，三浦ほか・前掲注3）182頁。ただし，「公訴の提起があった日から第一回の公判期日までは，公訴を受けた裁判所（地方裁判所の支部にあっては，その支部。）の裁判官がしなければならず」（犯罪収益に係る保全手続等に関する規則6条本文）。「ただし，公訴に係る事件の審判に関与すべき裁判官は，急速を要する場合及び当該公訴を受けた裁判所に処分をすべき他の裁判官がない場合を除き，することができない」（同条ただし書）。

9）　組織的犯罪処罰法22条1項について，三浦ほか・前掲注3）186頁

10）　ただし，登記される船舶，航空法の規定により登録を受けた飛行機もしくは回転翼航空機，道路運送車両法の規定により登録を受けた自動車，建設機械抵当法の規定により登記を受けた建設機械または小型船舶の登録等に関する法律の規定により登録を受けた小型船舶については，不動産の例に従う（本条4項により準用される組織的犯罪処罰法28条）。

11）　預金債権を対象とする没収保全命令においては，「譲渡，質権の設定その他一切の処分」を禁止することが多いとされる（井上＝西田・前掲注6）135頁

12）　組織的犯罪処罰法22条1項について，加藤編著・前掲注1）149頁-150頁

13）　組織的犯罪処罰法22条1項について，三浦ほか・前掲注3）189頁。なお，当該財産の上に第三者の権利が存在していても没収自体はできるので，「その処分の結果，これを没収することができていくな」るという事情が存在する場面は考えにくい。

14）　ただし，警察官たる司法警察員については，国家公安委員会または都道府県公安委員会が指定する警部以上の者に限る（本条4項にて準用される組織的犯罪処罰法23条1項）。

15）　したがって，公訴提起後第1回公判期日前に裁判官がこれらの処分を行うことはできない。

16）　債権の没収保全にあっては，債務者の氏名および住所または居所（4号），没収対象財産に当たると思料するに足りる相当の理由および没収の必要性（5号），起訴前の没収保全に関して請求者が警察官たる司法警察員であるときは，国家公安委員会または都道府県公安委員会が指定する警部以上の者である旨（6号）がこれに当たる（犯罪収益に係る保全手続等に関する規則3条）。

17）　総トン数20トン以上の船舶（端舟その他ろかいまたは主としてろかいをもつて運転する舟を除く）

18）　動産（登記することができない土地の定着物，土地から分離する前の天然果実で1月以内に収穫することが確実であるものおよび裏書の禁止されている有価証券以外の有価証券を含む）

19）　金銭の支払または船舶もしくは動産の引渡しを目的とする債権（動産執行の

目的となる有価証券が発行されている債権を除く）

20）　動産の引渡請求権に係る差押債権者による，第三債務者に対する，当該動産を執行官への引渡請求

21）　不動産担保権の実行の手続は，民事執行法183条１項１号から７号までの文書のいずれかの提出があったときは，停止しなければならず（同項ただし書），同項１号から５項までの文書のいずれかの提出があった場合には，執行裁判所は，既にした執行処分をも取り消さなければならない（同条２項）。

22）　担保権の実行を一時禁止する裁判の謄本

23）　民事執行法183条１項７号が同法189条により準用される場合とは，船舶を目的とする担保権の実行としての競売が開始された後に当該船舶について没収保全命令が下された場合を指し，同法192条により準用される場合とは動産競売開始後に当該動産につき没収保全名命令が下された場合を指し，同法193条２項により準用される場合とは，その他の財産権（金銭の支払または船舶もしくは動産の引渡しを目的とする債権（動産執行の目的となる有価証券が発行されている債権を除く）および不動産，船舶，動産ならびに債権以外の財産権）について競売手続の開始後に没収保全命令が下された場合を指す。

〔小倉　秀夫〕

（追徴保全命令）

36条　裁判所は、第21条第１項、第２項、第４項（第４号を除く。）、第５項及び第６項の罪に係る被告事件に関し、同条第15項の規定により追徴すべき場合に当たると思料するに足りる相当な理由がある場合において、追徴の裁判の執行をすることができなくなるおそれがあり、又はその執行をするのに著しい困難を生ずるおそれがあると認めるときは、検察官の請求により、又は職権で、追徴保全命令を発して、被告人に対し、その財産の処分を禁止することができる。

2　裁判官は、前項に規定する理由及び必要があると認めるときは、公訴が提起される前であっても、検察官の請求により、同項に規定する処分をすることができる。

3　前２項に定めるもののほか、これらの規定による処分については、組織的犯罪処罰法第４章第２節及び第３節の規定による追徴保全命令による処分の禁止の例による。

趣　旨

　21条15項は，没収の対象たるべき財産を没収することができない場合または没収することが相当ではない場合には，追徴を行うことができるとしてい

1150 第8章 保全手続

る。追徴を行うためには，追徴に対処できるだけの資力が被告人にあること
が必要であるが，追徴を命ずる裁判が確定するおそれがあると被告人が判断
したときは，かかる裁判が確定する前に，被告がその財産を処分して，追徴
を空振りに終わらせることが十分に想定される。そこで，そのような事態を
回避するために，追徴を行うことが想定できる場合には，一定の要件の下，
被告人による特定の財産の処分を禁止する権限を裁判所に与えて，追徴の裁
判の執行が空振りに終わることを回避できるようにした。それが，本条であ
る。

なお，令和5年改正前は，

> 36条　裁判所は，第21条第1項，第3項及び第4項の罪に係る被告事件に
> 関し，同条第12項の規定により追徴すべき場合に当たると思料するに足
> りる相当な理由がある場合において，追徴の裁判の執行をすることがで
> きなくなるおそれがあり，又はその執行をするのに著しい困難を生ずる
> おそれがあると認めるときは，検察官の請求により，又は職権で，追徴
> 保全命令を発して，被告人に対し，その財産の処分を禁止することがで
> きる。
> 2　裁判官は，前項に規定する理由及び必要があると認めるときは，公訴
> が提起される前であっても，検察官の請求により，同項に規定する処分
> をすることができる。
> 3　前二項に定めるもののほか，これらの規定による処分については，組
> 織的犯罪処罰法第4章第2節及び第3節の規定による追徴保全命令によ
> る処分の禁止の例による。

との文言であったが，令和5年改正により，従前の21条1項各号が21条1項
各号と2項各号に分割され，それに伴い従前の21条2項が21条3項となり，
また，従前の21条3項が2分割されそれぞれ21条4項および5項となり，こ
れに伴い従前の21条4項が21条6項となった。また，従前は18条違反の罪は
21条2項7号に置かれていたが，令和5年改正で21条4項4号に置かれるこ
とになった。また，21条12号は21条15項に移設された。これに伴い，本条1
項については，従前の「第21条第1項，第3項及び第4項の罪に係る被告事
件」との文言が，「第21条第1項，第2項，第4項（第4号を除く。），第5
項及び第6項の罪に係る被告事件」と，「同条第12項」が「同条第15項」と

36条1項　追徴保全命令　1151

修正された。

解　　説

1　1項

1.1　「第21条第1項，第2項，第4項（第4号を除く。）第5項及び第6項の罪に係る被告事件に関し，」

追徴保全命令を下すことができるのは，21条1項，2項，4項（4号を除く）5項および6項の罪に係る被告事件に限られる。もっとも，21条15項の追徴自体が21条1項，2項，4項（4号を除く）5項および6項の罪に係る被告事件に限定されているので，特段の意味があるわけではない。

1.2　「同条第15項の規定により追徴すべき場合に当たると思料するに足りる相当な理由がある場合において，」

追徴保全命令を下すことができるのは，21条15項の規定により追徴すべき場合に当たると思料するに足りる相当な理由がある場合に限られる。

21条15項の規定により追徴すべき場合とは，①21条13項各号に基づき財産の没収を行うべきときであって，②21条13項各号に掲げる財産を没収することができないとき，または，③当該財産の性質，その使用の状況，当該財産に関する犯人以外の者の権利の有無その他の事情からこれを没収することが相当でないと認められるときをいう（詳細は，21条15項の解説を参照）。

「当たると思料するに足りる相当な理由がある場合」とは，刑事訴訟法60条の「疑うに足りる相当な理由がある場合」と同程度の蓋然性があればよいとされる[1]。

1.3　「追徴の裁判の執行をすることができなくなるおそれがあり，又はその執行をするのに著しい困難を生ずるおそれがあると認めるとき」

追徴保全命令を下すことができるのは，加えて，①追徴の裁判の執行をすることができなくなるおそれがあり，または，②その執行をするのに著しい困難を生ずるおそれがあると認めるときに限られる[2]（このようなおそれが

1152　第8章　保全手続

ある状態のことを,「追徴保全の必要性がある」と呼ぶことがある)。

　「執行をすることができなくなる」とは,追徴額に相当する資産を被告人が有しなくなることをいい,「その執行をするのに著しい困難を生ずる」とは,被告人の収入・資産状況が変化し[3],または被告人の資産が処分されもしくは隠蔽等されることにより実際に追徴判決を執行することが著しく困難となることをいう。おそれが認められる場合においても追徴保全命令を下しうるとされている。

　そのような「おそれがある」といえるためには,どの程度の蓋然性が必要とされるのかについては争いとなりうる。同様の文言が用いられている仮差押えの必要性(民事保全法20条1項)と同程度の蓋然性があれば足りるとするのが素直である[4]。これに対して,「犯罪収益が預金口座に振り込まれ,中間最低残高につき混和財産の没収をし,その余について追徴する」というような場合に,東京地裁保全部が債務者について行っているような,被告人が不動産を所有していないことの一応の疎明を求める(不動産を所有している場合には,不動産を追徴の対象として優先させる)という扱いをすべきではないとする見解もある[5]。

1.4　「検察官の請求により,又は職権で,」

　追徴保全命令は,検察官の請求により,または職権でこれを行う。

1.5　「裁判所は,……追徴保全命令を発して,被告人に対し,その財産の処分を禁止することができる。」

　追徴保全命令は,(被告事件を担当している)裁判所が発する。追徴保全命令により裁判所は,被告人に対し,その財産の処分を禁止することができる。

　ここでいう「財産の処分」には,財産の譲渡の他,利用権,実施権の設定や弁済の受領等が含まれる。

2　2項

　追徴保全命令は,公訴が提起される前であっても行うことができる。

　ただし,公訴提起前は,被告事件が係属していないので,追徴保全命令を行う主体は「裁判所」ではなく「裁判官」である。

公訴提起前の追徴保全命令は，検察官による請求があった場合にのみなしうる。没収保全命令とは異なり，司法警察員からは請求できない[6]し，裁判官が職権で行うこともできない。

公訴提起前の追徴保全命令は，本条1項に規定する追徴保全の理由と必要性が認められる場合に限り，発することができる。本条1項に規定する追徴保全の理由とは，「第21条第15項の規定により追徴すべき場合に当たると思料するに足りる相当な理由」をいう。35条に規定する追徴保全の必要性とは，「追徴の裁判の執行をすることができなくなるおそれがあり，又はその執行をするのに著しい困難を生ずるおそれがある」ことをいう。その詳細については，本条1項の解説を参照（ただし，「被告人」とある部分を「被疑者」と読み替えるものとする）。

3 3項

追徴保全処分については，前2項に定めがあるもののほかは，組織的犯罪処罰法第4章第2節および第3節の規定による追徴保全命令による処分の禁止の例によるとされた。「例による」とは，「ある事項に関する法令上の制度を他の事項について包括的に借りてきて，これらについても同様の扱いとしようとする場合に用いられる」[7]法律用語であり，「例による」とされた事項に適用されるあらゆる法令（政令や規則等を含む）が借用される。すなわち，本項により，本条の追徴保全命令による禁止処分については，組織的犯罪処罰法第4章第2節および3節の規定による追徴保全命令による処分の禁止に関する規定が包括的に借用されることとなる。

具体的には，以下のとおりである。

① 追徴保全命令は，追徴の裁判の執行のため保全することを相当と認める金額（追徴保全額）を定め[8]，特定の財産について発しなければならない[9]。ただし，動産については，目的物を特定しないで発することができる（組織的犯罪処罰法42条2項）。

② 追徴保全命令においては，処分を禁止すべき財産について，追徴保全命令の執行の停止を得るため，または追徴保全命令の執行としてされた処分の取消しを得るために被告人が納付すべき金銭（追徴保全解放金）の額を定めなければならない（組織的犯罪処罰法42条3項）。

③ 追徴保全命令には，被告人の氏名，罪名，公訴事実の要旨，追徴の根

拠となるべき法令の条項，追徴保全額，処分を禁止すべき財産の表示，
追徴保全解放金の額，発付の年月日その他最高裁判所規則で定める事項
を記載し，裁判長または受命裁判官が，これに記名押印しなければなら
ない（組織的犯罪処罰法42条4項）。

④ 裁判長は，急速を要する場合には，追徴保全処分をし，又は合議体の
構成員にこれをさせることができる（組織的犯罪処罰法42条5項により
準用される22条4項[10]）。

⑤ 公訴提起前の追徴保全は，追徴保全命令が発せられた日から30日以内
に当該保全がされた事件につき公訴が提起されないときは，その効力を
失う（組織的犯罪処罰法43条2項により準用される23条3項本文）。

⑥ 裁判官は，やむをえない事由があると認めるときは，検察官の請求に
より，30日ごとに，⑤の期間（そのときまでに公訴の提起をすれば追徴
保全命令の効力が失われない期間）を更新することができる。この場合
において，更新の裁判は，検察官に告知された時にその効力を生ずる
（組織的犯罪処罰法43条2項により準用される23条4項）。

⑦ 追徴保全命令は，検察官の命令によってこれを執行する。この命令
は，民事保全法の規定による仮差押命令と同一の効力を有する（組織的
犯罪処罰法44条1項[11]）。

⑧ 追徴保全命令の執行は，追徴保全命令の謄本が被告人または被疑者に
送達される前であっても，これをすることができる（組織的犯罪処罰法
44条2項）。

⑨ 追徴保全命令の執行は，この法律に特別の定めがあるもののほか，民
事保全法その他仮差押えの執行の手続に関する法令の規定に従ってす
る。この場合において，これらの法令の規定において仮差押命令を発し
た裁判所が保全執行裁判所として管轄することとされる仮差押えの執行
については，⑦の命令を発した検察官の所属する検察庁の対応する裁判
所が管轄する（組織的犯罪処罰法44条3項）。

⑩ 追徴保全命令に基づく仮差押えの執行がされた金銭債権の債務者が，
当該債権の額に相当する額の金銭を供託したときは，債権者の供託金の
還付請求権につき，当該仮差押えの執行がされたものとみなす（組織的
犯罪処罰法45条1項）。上記規定は，追徴保全解放金の額を超える部分
に係る供託金については，これを適用しない（同条2項）。

⑪　追徴保全解放金が納付された後に，追徴の裁判が確定したとき，または仮納付の裁判の言渡しがあったときは，納付された金額の限度において追徴または仮納付の裁判の執行があったものとみなす（組織的犯罪処罰法46条1項）。

⑫　追徴の言渡しがあった場合において，納付された追徴保全解放金が追徴の金額を超えるときは，その超過額は，被告人に還付しなければならない（組織的犯罪処罰法46条2項）。

⑬　裁判所は，追徴保全の理由もしくは必要がなくなったとき，または追徴保全の期間が不当に長くなったときは，検察官，被告人もしくはその弁護人の請求により，または職権で，決定をもって，追徴保全命令を取り消さなければならない（組織的犯罪処罰法47条）。

⑭　追徴保全命令は，無罪，免訴もしくは公訴棄却（公訴提起の手続がその規定に違反したため無効であるとして公訴が棄却され，または，公訴の提起があつた日から2箇月以内に起訴状の謄本が送達されなかったとして控訴が棄却された場合を除く）の裁判の告知があったとき，または有罪の裁判の告知があった場合において追徴の言渡しがなかったときは，その効力を失う（組織的犯罪処罰法48条1項）。

⑮　公訴提起の手続がその規定に違反したため無効であるとして公訴が棄却され，または，公訴の提起があった日から2ヶ月以内に起訴状の謄本が送達されなかったとして，公訴が棄却された場合公訴棄却の裁判が確定した日から30日以内に当該保全がされた事件につき公訴が提起されないときは，その効力を失う（組織的犯罪処罰法48条により適用される同法33条2項前段により準用される同法23条3項前段）。ただし，共犯に対して公訴が提起された場合[12]において，その共犯に関し，没収すべき財産につきを没収することができずまたは没収することが相当でないと認められる場合に当たると思料される相当な理由があるときは[13]，この限りでない（組織的犯罪処罰法48条により準用される同法33条2項前段により準用される同法23条3項ただし書）。裁判官は，やむをえない事由があると認めるときは，検察官の請求により，30日ごとに，当該保全がなされた事件につき公訴が提起されれば追徴保全が効力を失わない期間を更新することができる（組織的犯罪処罰法48条により準用される同法33条2項前段により準用される同法23条4項前段）。この場合にお

1156　第8章　保全手続

いて，更新の裁判は，検察官に告知された時にその効力を生ずる（組織
的犯罪処罰法48条により準用される同法33条2項前段により準用される
同法23条4項後段）。

⑯　追徴保全命令が効力を失ったとき，または追徴保全解放金が納付され
たときは，検察官は，速やかに，追徴保全の執行として行った検察官の
命令（組織的犯罪処罰法44条1項）を取り消し，かつ，追徴保全命令に
基づく仮差押えの執行の停止または既にした仮差押えの執行の取消しの
ため，必要な措置を執らなければならない（同法49条）[14]。

⑰　追徴保全（追徴保全命令に基づく仮差押えの執行を除く）に関する書
類の送達については，最高裁判所規則に特別の定めがある場合[15]を除
き，民事訴訟に関する法令の規定を準用する。この場合において，民事
訴訟法110条3項に規定する公示送達以外の公示送達については，その
経過により送達の効力が生ずる期間は，同法112条1項本文および2項
の規定にかかわらず，7日間とする（組織的犯罪処罰法50条後段）。

⑱　上訴の提起期間内の事件でまだ上訴の提起がないものまたは上訴中の
事件で訴訟記録が上訴裁判所に到達していないものについて，没収保全
または追徴保全に関する処分をすべき場合には，原裁判所がこれをしな
ければならない（組織的犯罪処罰法51条）。

⑲　追徴保全に関して裁判所のした決定に対しては，抗告をすることがで
きる。ただし，没収または追徴すべき場合に該当すると思料するに足り
る相当な理由がないことを理由としてすることはできない（組織的犯罪
処罰法52条1項ただし書）。

⑳　没収保全または追徴保全に関して裁判官のした裁判[16]に不服がある
者は，その裁判官の所属する裁判所（簡易裁判所の裁判官がした裁判に
対しては，当該簡易裁判所の所在地を管轄する地方裁判所）にその裁判
の取消しまたは変更を請求することができる（組織的犯罪処罰法52条2
項前段）。ただし，追徴すべき場合に該当すると思料するに足りる相当
な理由がないことを理由としてすることはできない（組織的犯罪処罰法
52条1項後段）

㉑　⑳の不服申立てに関する手続については，刑事訴訟法429条第1項に
規定する裁判官の裁判の取消しまたは変更の請求に係る手続の例による
（組織的犯罪処罰法52条3項）。具体的には，不服申立てを受けた地方裁

判所は，合議体で決定をしなければならない（刑事訴訟法429条4項）。

【注】
1） 組織的犯罪処罰法22条1項の没収保全について，三浦守＝松並孝二＝八澤健三郎＝加藤俊治『組織的犯罪対策関連三法の解説』184頁（法曹会，2001）。
2） 民事保全法における保全の必要性の要件に準じたものとされる（組織的犯罪処罰法42条の追徴命令について，三浦ほか・前掲注1）301頁）。
3） 加藤俊治編著『組織的犯罪処罰法ハンドブック』208頁（立花書房，2019）
4） 麻薬特例法上の追徴保全命令について古田佑紀＝本田守弘＝野々上尚＝三浦守『麻薬特例法及び薬物四法改正法の解説』236頁（法曹会，1993），組織的犯罪処罰法上の追徴保全命令について三浦ほか・前掲注1）301頁。
5） 井上弘通＝西田時弘『没収保全及び追徴保全に関する実務上の諸問題』195頁（司法研修所，2004）。もっとも，追徴保全命令が下される段階では，被疑者・被告人は一応無罪推定を受ける存在であるから，「刑罰としての追徴の性質上，被疑者・被告人に与える不利益」を軽視することは適切ではなく，他方，追徴の裁判の執行の対象たる資産について，「没収対象財産との結び付き」を重視すべきとする合理的な理由はないように思われる。
6） 井上＝西田・前掲注5）207頁
7） 田島信威『最新法令の読解法【改訂版】』262頁（ぎょうせい，2002）
8） 大阪地決平25・9・3訟務月報60巻7号1436頁〔28223882〕は，「追徴保全命令においても，追徴保全命令の制度上，すべての共犯者に対する仮差押目的物の価額の合計が最終的に追徴すべき額を超える超過仮差押えを行うことは，その必要性がなく許されない」とする。
9） このため，「民事保全事件と同様に，共犯者のうち1人の追徴保全命令において，ア　異なる金融機関を対象とする複数の預金債権を仮差押目的物とする場合は，第三債務者である金融機関には，対象となる預金債権全額の処分を禁止されているのか判別しないことからもちろんのこと，イ　一つの預金債権のみが仮差押目的物である場合であっても，共犯者間での超過仮差押えが禁止されることにより，当該共犯者の預金債権において全額の処分が禁止されているのか判別しないことから，それぞれの追徴保全命令において，処分を禁止する財産を特定するに当たり，預金債権毎に処分を禁止する額の記載が必要不可欠である」とされる（前掲注8）大阪地決平25・9・3）。
10） 組織的犯罪処罰法42条5項は22条5項も準用しているが，この点については法36条2項に別段の定めがあるため，ここでは準用されない。
11） 国が追徴保全命令の執行を求めるには，検察官の執行命令の正本に基づき，民事保全法等によって定められているところに従って，執行機関（保全執行裁判所または執行官）に対して追徴保全の執行の申立てを行うべきであり，かつ，それをもって足り，検察官の執行命令とは別に保全執行裁判所の仮差押執行命令を得る必要はない」とされる（組織的犯罪処罰法上の追徴保全について，大

1158　第8章　保全手続

阪地決平22・10・20訟務月報57巻6号1904頁〔28254408〕）。

12)　加藤・前掲注3）158頁は，組織的犯罪処罰法23条3項ただし書の「共犯に対して公訴が提起された場合」とは，「没収保全の基礎となった犯罪事実に関し，共犯者に対して公訴が提起された場合」をいうとする。同法33条2項前段により準用される同法23条3項ただし書を同法48条により準用する場合，「没収保全の基礎となった犯罪事実」が「追徴保全の基礎となった犯罪事実」と読み替えられることになる。

13)　加藤・前掲注3）156頁は，組織的犯罪処罰法23条3項ただし書の「その共犯に関し，当該財産につき前条第1項に規定する理由があるとき」とは「その共犯について，当該財産が没収対象財産に当たると思料するに足りる相当な理由があること」をいうとする。同法33条2項前段により準用される同法23条3項ただし書を同法48条が準用する場合，「前条第一項に規定する理由」をそのまま同法22条1項の「この法律その他の法令の規定により没収することができる財産（以下「没収対象財産」という。）に当たると思料するに足りる相当な理由」と読むか，同法42条1項の「この法律その他の法令の規定により不法財産の価額を追徴すべき場合に当たると思料するに足りる相当な理由」と読み替えるかは争いがありうる。ただ，没収対象財産について共犯者との関係で没収保全が果たされている場合には，そもそも追徴保全を行う必要性がないように思われる。

14)　具体的には，上記命令を取り消す旨を法務局等の長に通知して，仮差押えの執行の申立てを取り下げる手続等を求めることになる（加藤・前掲注3）225頁）。

15)　犯罪収益に係る保全手続等に関する規則23条により刑事訴訟規則第62条から65条までの規定が準用される。具体的には，「刑事施設に収容されている者」を除き（同規則62条3項。刑事施設に収容されている者に対する送達は，刑事施設の長にする（同規則50条前段により準用される民訴法102条3項）），「被告人，代理人，弁護人又は補佐人は，書類の送達を受けるため，書面でその住居又は事務所を裁判所に届け出なければなら」ず（同規則62条1項前段），「裁判所の所在地に住居又は事務所を有しないときは，その所在地に住居又は事務所を有する者を送達受取人に選任し，その者と連署した書面でこれを届け出なければならない（同項後段）。住居，事務所又は送達受取人を届け出なければならない者がその届出をしないときは，裁判所書記官は，書留郵便等に付してその送達をすることができ（同規則63条1項本文），書留郵便等に付した時に送達をしたものとみなされる（同規則63条2項）。書類の送達は，これを受けるべき者に異議がないときに限り，その者が雇用，委任その他の法律上の行為に基づき就業する他人の住居または事務所においてこれをすることができる（同規則63条の2）。検察官に対する送達は，書類を検察庁に送付してこれをしなければならない（同規則64条）。「裁判所書記官が本人に送達すべき書類を交付したときは，その送達があったものとみなされる」（同規則65条）。

16) 起訴前の追徴保全命令（同法43条1項）および追徴保全期間延長の裁判（同号43条2項により準用される同法23条4項）がこれに当たる。

〔小倉　秀夫〕

第9章

没収及び追徴の裁判の執行及び保全についての国際共助手続等

1162　　第9章　没収及び追徴の裁判の執行及び保全についての国際共助手続等

（共助の実施）

37条　外国の刑事事件（当該事件において犯されたとされている犯罪に係る行為が日本国内において行われたとした場合において、当該行為が第21条第1項、第2項、第4項（第4号を除く。）、第5項又は第6項の罪に当たる場合に限る。）に関して、当該外国から、没収若しくは追徴の確定裁判の執行又は没収若しくは追徴のための財産の保全の共助の要請があったときは、次の各号のいずれかに該当する場合を除き、当該要請に係る共助をすることができる。

　一　共助犯罪（共助の要請において犯されたとされている犯罪をいう。以下この項において同じ。）に係る行為が日本国内において行われたとした場合において、日本国の法令によればこれについて刑罰を科すことができないと認められるとき。

　二　共助犯罪に係る事件が日本国の裁判所に係属するとき、又はその事件について日本国の裁判所において確定判決を経たとき。

　三　没収の確定裁判の執行の共助又は没収のための保全の共助については、共助犯罪に係る行為が日本国内において行われたとした場合において、要請に係る財産が日本国の法令によれば共助犯罪について没収の裁判をし、又は没収保全をすることができる財産に当たるものでないとき。

　四　追徴の確定裁判の執行の共助又は追徴のための保全の共助については、共助犯罪に係る行為が日本国内において行われたとした場合において、日本国の法令によれば共助犯罪について追徴の裁判をし、又は追徴保全をすることができる場合に当たるものでないとき。

　五　没収の確定裁判の執行の共助については要請に係る財産を有し又はその財産の上に地上権、抵当権その他の権利を有すると思料するに足りる相当な理由のある者が、追徴の確定裁判の執行の共助については当該裁判を受けた者が、自己の責めに帰することのできない理由により、当該裁判に係る手続において自己の権利を主張することができなかったと認められるとき。

　六　没収又は追徴のための保全の共助については、要請国の裁判所若しくは裁判官のした没収若しくは追徴のための保全の裁判に基づく要請である場合又は没収若しくは追徴の裁判の確定後の要請である場合を除き、共助犯罪に係る行為が行われたと疑うに足りる相当な理由がないとき、又は当該行為が日本国内で行われたとした場合において第35条第1項又は前条第1項に規定する理由がないと認められるとき。

2　地上権、抵当権その他の権利がその上に存在する財産に係る没収の確定裁判の執行の共助をするに際し、日本国の法令により当該財産を没収するとすれば当該権利を存続させるべき場合に当たるときは、これを存続させるものとする。

趣　　旨

　今日，日本は，種々の国と刑事手続に関する共助にについての条約を締結しており，その多くで，犯罪の収益または道具の没収および保全ならびにこれらに関する手続に関する共助を行うことを条約上の義務としている（例えば，刑事に関する共助に関する日本国とアメリカ合衆国との間の条約1条2項7号）。

　そこで，日本国内で行われていたならば21条1項，3項または4項の罪に当たる行為についての外国の刑事事件に関して，当該外国から，没収もしくは追徴の確定裁判の執行または没収もしくは追徴のための財産の保全の共助の要請があったときは，原則，当該要請に係る共助をすることができる旨定めるとともに，例外的に共助できない場合について定めたのが本条である。

　なお，令和5年改正前の本条1項柱書は，

> 37条　外国の刑事事件（当該事件において犯されたとされている犯罪に係る行為が日本国内において行われたとした場合において，当該行為が第21条第1項，第3項又は第4項の罪に当たる場合に限る。）に関して，当該外国から，没収若しくは追徴の確定裁判の執行又は没収若しくは追徴のための財産の保全の共助の要請があったときは，次の各号のいずれかに該当する場合を除き，当該要請に係る共助をすることができる。

との文言であったが，令和5年改正により，従前の21条1項各号が21条1項各号と2項各号に分割され，それに伴い従前の21条2項が21条3項となり，また，従前の21条3項が2分割されそれぞれ21条4項および5項となり，これに伴い従前の21条4項が21条6項となった。また，従前は18条違反の罪は21条2項7号に置かれていたが，令和5年改正で21条4項4号に置かれることになった。また，21条12項は21条15項に移設された。これに伴い，従前の「第21条第1項，第3項及び第4項の罪に係る被告事件」との文言が，「第21条第1項，第2項，第4項（第4号を除く。），第5項及び第6項の罪に係る被告事件」と修正された。

1164 第9章 没収及び追徴の裁判の執行及び保全についての国際共助手続等

解　説

1　1項柱書

1.1 「外国の刑事事件……に関して」

　本条の「共助」は，あくまで外国の刑事事件に関する没収・追徴等についてなされる。本項の「外国」については，特段の限定はない[1]から，日本と特定の条約等を結んでいることは必要ではなく，また，当該外国が同様の共助規定を有していることも必要ではない。国家としての実質を有していれば，日本が国家承認をしていることまでは要しないと言うべきであろう[2]。日本が領有権を主張しているが，外国が実効支配をしている場所で行われた刑事事件について，本項にいう「外国の刑事事件」に当たるかについては争いとなりうる。日本の刑罰権が現実に及ばないこと，とはいえ，犯罪のやり得を許すべきではないことに鑑みれば，「外国の刑事事件」に当たるというべきであろう。

　本項の共助の対象となる「外国の刑事事件」は，当該事件において犯されたとする犯罪に係る行為が日本国内で行われた場合に，21条1項，3項または4項の罪に当たるものであることを要する。日本法で適法な行為をしたにすぎない者に対して，没収等の不利益を課すべきではなく，また，日本で行われた場合に他の法律に規定された罪に当たるものについては当該法律にて共助の可否および要件を定めるべきだからである。当該外国の刑事事件における適用法条の構成要件が21条1項，2項，4項（4号を除く），5項または6項と異なるものであったとしても，日本国内で行われた場合に，21条1項，2項，4項（4号を除く。），5項または6項の罪に当たるものであれば，共助の対象となる。なお，営業秘密関係でない刑罰規定を集めた21条2項の罪に当たるものは，本項の共助の対象とはならない。

　「刑事事件」とは，刑事手続により処理されることとされている事件をいい，民事手続または行政手続により没収する場合は含まれない[3]。

1.2 「当該外国から，没収若しくは追徴の確定裁判の執行又は没収若しくは追徴のための財産の保全の共助の要請があったとき」

本項の共助は「当該外国」すなわち当該刑事事件が行われた外国の政府から，「没収若しくは追徴の確定裁判の執行又は没収若しくは追徴のための財産の保全の共助の要請があったとき」に限り，行うことができる[4]。共助の要請は，原則外務大臣が受理を行い，緊急その他特別の事情がある場合において外務大臣が同意したときは，法務大臣が受理を行う（40条により準用される組織的犯罪処罰法61条1項）。

本項の共助の対象は，①没収の確定裁判の執行，②追徴の確定裁判の執行，③没収のための財産保全，④追徴のための財産保全である。これらについて，当該外国の政府からの要請があったときに，要請に応じた共助を行うのである。

1.3 「次の各号のいずれかに該当する場合を除き，当該要請に係る共助をすることができる。」

上記共助の要請を受けた場合，本項各号のいずれかに該当する場合を除き，当該要請に係る共助をすることができる。

没収または追徴の確定裁判の執行のための共助については，検察官が裁判所に対し，共助をすることができる場合に該当するかどうかについて審査請求をし[5]，裁判所は，その全部または一部について共助することができる場合に該当すると判断した場合には[6]その旨の決定をしなければならない（40条により準用される組織的犯罪処罰法62条1項および3項）[7]。この審査の請求は書面で行い，これに関係書類を添附しなければならない（40条により準用される組織的犯罪処罰法73条1項により準用される逃亡犯罪人引渡法8条2項。追徴の確定裁判の執行の共助について共助することができる場合に該当すると判断したときは，追徴すべき日本円の金額を同時に示さなければならない（40条により準用される組織的犯罪処罰法62条4項）。

共助をすることができる場合に該当する旨の決定が確定したときは，当該没収または追徴の確定裁判は，共助の実施に関しては，日本国の裁判所が言い渡した没収または追徴の確定裁判と見なされる（40条が準用する組織的犯罪処罰法64条）。

1166 第9章 没収及び追徴の裁判の執行及び保全についての国際共助手続等

没収のための保全に係る共助については，検察官は，裁判官[8]に，没収保全命令を発して要請に係る財産につきその処分を禁止することを請求しなければならず，この場合において，検察官は，必要と認めるときは，附帯保全命令を発して当該財産の上に存在する地上権，抵当権その他の権利の処分を禁止することを請求することができる（40条により準用される組織的犯罪処罰法66条1項）。したがって，没収の対象となる財産は日本国に帰属することとなり，追徴金については日本国に納付しなければならないこととなる。

追徴のための保全に係る共助については，検察官は，裁判官に，追徴保全命令を発して，追徴の裁判を受けるべき者に対しその財産の処分を禁止することを請求しなければならない（40条により準用される組織的犯罪処罰法67条1項）。

2 1号

当該要請に係る共助を行うことができない場合の1つが「共助犯罪……に係る行為が日本国内において行われたとした場合において，日本国の法令によればこれについて刑罰を科すことができないと認められるとき」である。これは，具体的双罰性を共助の要件としたものである[9]。

「日本国の法令によればこれについて刑罰を科すことができないと認められるとき」とは，犯罪構成要件該当性を欠く場合のみならず，違法性阻却事由，責任阻却事由がある場合，公訴時効が完成した場合，恩赦がなされた場合を含む[10]。ただし，刑の執行をすることができないにすぎない場合には本号は適用されないので，刑（没収や追徴を含む）の時効（刑法の第6章を参照）が完成した場合であっても共助をすることができる[11]。

なお，「日本国の法令によればこれについて刑罰を科すことができないと認められる」かどうかを判断する際には，当該外国の確定判決において共助犯罪に当てはめられた事実をそのまま日本国の法令に当てはめた場合に刑罰を科すことができるかどうかを判断するのではなく，当該確定判決において認定されている一連の社会的事実関係に含まれる行為が日本の法令によれば刑罰を科すことができないものと認められるかどうかを判断することになる[12]。

3 2号

当該要請に係る共助を行うことができない場合の1つが,「共助犯罪に係る事件が日本国の裁判所に係属するとき,又はその事件について日本国の裁判所において確定判決を経たとき」である。

共助犯罪に係る事件が現に日本国の裁判所に係属し,またはすでに日本国の裁判所における判決が確定している場合には,日本の刑事手続が優先されるべきだからである。

このような本号の趣旨に鑑みれば,共助犯罪に係る事件について,日本の刑罰法規が適用されないとして無罪判決が下されて確定した場合には,本号は適用されないというべきである。

4 3号

「没収の確定裁判の執行の共助又は没収のための保全の共助」については,「共助犯罪に係る行為が日本国内において行われたとした場合において,要請に係る財産が日本国の法令によれば共助犯罪について没収の裁判をし,又は没収保全をすることができる財産に当たるものでないとき」もまた,当該要請に係る共助を行うことができない。日本法における没収の要件と要請国における没収の要件とが食い違う場合に,日本法においては没収することができない財産について,共助手続によるとはいえ,これを没収または没収保全するのは適切ではないからである。日本国と要請国との間で没収の要件が食い違う場合としては,没収の対象となる財産を第三者が取得した場合などが考えられる。

5 4号

追徴の確定裁判の執行の共助または追徴のための保全の共助については,「共助犯罪に係る行為が日本国内において行われたとした場合において,日本国の法令によれば共助犯罪について追徴の裁判をし,又は追徴保全をすることができる場合に当たるものでないとき」には,当該要請に係る共助を行うことができない。日本法における追徴の要件と要請国における追徴の要件とが食い違う場合に,日本法においては追徴の裁判をなしえないときに,共助手続によるとはいえ,追徴の裁判をしまたは追徴保全をすることは適切で

1168 第9章　没収及び追徴の裁判の執行及び保全についての国際共助手続等

はないからである。

6　5号

　没収の確定裁判の執行の共助については，要請に係る財産を有しまたはその財産の上に地上権，抵当権その他の権利を有すると思料するに足りる相当な理由のある者が，「自己の責めに帰することのできない理由により，当該裁判に係る手続において自己の権利を主張することができなかったと認められるとき」には，当該要請に係る共助を行うことができない。同様に，追徴の確定裁判の執行の共助については，当該裁判を受けた者が，「自己の責めに帰することのできない理由により，当該裁判に係る手続において自己の権利を主張することができなかったと認められるとき」には，当該要請に係る共助を行うことができない。

　刑事手続，とりわけ没収のような付加刑については，日本法のような告知・聴聞の手続が保障されていない法制度を採用している国も少なからずあることが予想されるところ[13]，そのような法制度の下で，没収または追徴により不利益を受ける者に告知・聴聞の機会が与えられることなくなされた没収・追徴の確定裁判について共助をすることが適切ではないからである。

　具体的には，要請国の法制度および当該裁判における実際の運用の中で，没収については「要請に係る財産を有し又はその財産の上に地上権，抵当権その他の権利を有すると思料するに足りる相当な理由のある者」に，追徴については追徴の裁判を受けた者に，自己の権利を主張する機会が実質的に保障されていたといえるかどうかが問題となる。本号の趣旨からすれば，ここで要求される，自己の権利を主張する機会のレベルについては，日本法におけるのと同等またはそれ以上である必要があるように思われる[14]。

7　6号

　没収または追徴のための保全の共助については，共助犯罪に係る行為が行われたと疑うに足りる相当な理由がないときには，当該要請に係る共助を行うことができない。同様に，当該行為が日本国内で行われたとした場合において35条1項または36条1項に規定する理由[15]がないと認められるときも，当該要請に係る共助を行うことができない。外国政府からの要請に基づくものとはいえ，没収または追徴の実体的な要件を具備している蓋然性の低いも

のについて保全命令を下すことは適切ではないので，保全決定を下す裁判官に上記蓋然性についての判断をさせることとしたのである。

ただし，要請国の裁判所もしくは裁判官のした没収もしくは追徴のための保全の裁判に基づく要請である場合または没収もしくは追徴の裁判の確定後の要請である場合は，要請国の裁判所または裁判官が上記蓋然性について一応の判断をしているのであるから，これを尊重することが望ましい。したがって，このような場合は，上記蓋然性の高低を日本側で改めて判断することなく，没収保全または追徴保全命令を下すものとした。

「疑うに足りる相当な理由」との文言は刑事訴訟法199条1項と同様の文言が用いられていることから，「共助犯罪に係る行為が行われたと疑うに足りる相当な理由」があると認められるためには，日本国内であれば逮捕令状が発せられる程度の嫌疑が認められることを要するものというべきである。

8 2項

没収の対象となる財産の上に地上権，抵当権その他の権利が存在する場合，没収の確定裁判の執行に際してこれらの権利が存続するか消滅するかについては，様々な立法例がありうるところである。しかし，要請国における没収の確定裁判の執行について我が国が共助をするに際しては，目的財産上の権利を執行後も存続させるか否かは，日本国法に合わせることとした。すなわち，「日本国の法令により当該財産を没収するとすれば当該権利を存続させるべき場合に当たるとき」は，目的財産上の権利を存続させることとしたのである。

「日本国の法令により当該財産を没収するとすれば当該権利を存続させるべき場合に当たるとき」としては，

① 「地上権，抵当権その他の権利がその上に存在する財産を前項の規定により没収する場合において，犯人以外の者が犯罪の前に当該権利を取得したとき，又は犯人以外の者が犯罪の後情を知らないで当該権利を取得したとき」（21条14項において準用される組織的犯罪処罰法15条2項），

② 「没収対象財産の上に存在する地上権その他の権利であって附帯保全命令による処分の禁止がされたものについて，当該処分の禁止がされる前に強制競売の開始決定又は強制執行による差押えがされていた場

1170　第9章　没収及び追徴の裁判の執行及び保全についての国際共助手続等

合」[16]（35条4項により準用される組織的犯罪処罰法37条2項），

　③　「没収対象財産の上に存在する地上権その他の権利であって附帯保全
　　命令による処分の禁止がされたものについて当該処分の禁止がされる前
　　に滞納処分による差押えがされていた場合又は没収対象財産の上に存在
　　する地上権その他の権利であって附帯保全命令による処分の禁止がされ
　　たものを有する者について当該処分の禁止がされる前に破産手続開始決
　　定等がされていた場合若しくは没収対象財産の上に存在する地上権その
　　他の権利であって附帯保全命令による処分の禁止がされたものを有する
　　会社その他の法人について当該処分の禁止がされる前に更生手続開始決
　　定等がされていた場合」（35条4項により準用される組織的犯罪処罰法
　　40条3項）

などがある。

　これらの事由に該当するために没収の目的財産上の権利を存続させる場
合，裁判所は，没収の確定裁判の執行の共助の要請につき共助をすることが
できる場合に該当する旨の決定をする場合において，当該権利を存続させる
旨の決定を同時にしなければならない（40条により準用される組織的犯罪処
罰法62条3項）。

【注】

　1）　例えば麻薬特例法21条1項柱書には「条約に基づき」との文言があるが，本
　　条にはそのような文言は挿入されていない。
　2）　麻薬特例法21条1項の「外国」に未承認国を含むことについては，古田佑紀
　　＝本田守弘＝野々上尚＝三浦守『麻薬特例法及び薬物四法改正法の解説』279頁
　　（法曹会，1993）。三浦守＝松並孝二＝八澤健三郎＝加藤俊治『組織的犯罪対策
　　関連三法の解説』364頁（法曹會，2001）および加藤俊治編著『組織的犯罪処罰
　　法ハンドブック』236頁（立花書房，2019）は，組織的犯罪処罰法59条の「外
　　国」について未承認国を含むとしつつ，「外交関係がなければ国の意思の発動と
　　しての要請を受理することはあり得ないので，実際上は，外交関係のある国に
　　限られる」とする。ただし，日本は，香港政庁との間で「刑事に関する共助に
　　関する日本国と中華人民共和国香港特別行政区との間の協定」を締結しており，
　　香港政庁の意思の発動としての共助の要請を受けることができる。
　3）　麻薬特例法21条1項について古田ほか・前掲注2）281頁，組織的犯罪処罰法
　　59条について三浦ほか・前掲注2）364頁
　4）　「没収」については21条13号，「追徴」については21条15号，「没収のための財
　　産保全」については35条，「追徴のための財産保全」については36条の解説を参

照。

5） 要請に係る財産の帰属主体等の利害関係人に，当該審査請求事件の手続への参加を許し，その意見を聴かなければ，共助をすることができる場合に該当する旨の決定をすることができない（40条により準用される組織的犯罪処罰法62条6項および7項）。

6） ただし，その際，共助の要請に係る確定裁判の当否を審査することはできない（40条により準用される組織的犯罪処罰法62条5項）。

7） なお，上記審査の手続の詳細については，組織的犯罪処罰法62条ないし64条を参照。

8） ただし，没収または追徴の確定裁判の執行のための共助に係る審査請求がなされた後の没収保全に関する処分および追徴保全に関する処分は，審査請求を受けた裁判所が行う（40条により準用される組織的犯罪処罰法66条2項および67条2項）。

9） 麻薬特例法21条1項1号について古田ほか・前掲注2）281頁

10） 麻薬特例法21条1項1号について古田ほか・前掲注2）282頁，組織的犯罪処罰法59条につき三浦ほか・前掲注2）366頁。

11） 麻薬特例法21条1項1号について古田ほか・前掲注2）282頁，組織的犯罪処罰法59条1項2号につき三浦ほか・前掲注2）367頁。

12） 組織的犯罪処罰法59条1項2号につき三浦ほか・前掲注2）367頁。麻薬特例法21条1項1号について古田ほか・前掲注2）282頁もほぼ同趣旨。

13） 日本でも，最判昭37・11・28刑集16巻11号1593頁〔21016692〕により，第三者の所有物を没収するに際して当該第三者に告知・聴聞の機会を与える必要があるとされるようになった。

14） 麻薬特例法21条1項1号について古田ほか・前掲注2）282頁，組織的犯罪処罰法59条1項6号について三浦ほか・前掲注2）370頁，加藤編著・前掲注2）241頁は，「被告人が公判廷に出頭しないまま有罪の認定がされ，没収が言い渡された場合」や「第三者が自己の権利を主張する機会を全く与えられないまま没収の裁判が確定した場合」など，権利主張の機会が皆無であった場合のみを例示するが，わずかでも権利主張の機会があれば本号は適用されないとする趣旨か否かは明らかではない。

15） 35条1項に規定する理由とは，没収対象財産に当たると思料するに足りる相当な理由をいう。また，38条1項に規定する理由とは，追徴すべき場合に当たると思料するに足りる相当な理由をいう。

16） ただし，差押債権者の債権が仮装のものであるとき，差押債権者が没収により当該権利が消滅することの情を知りながら強制執行の申立てをしたものであるとき，または差押債権者が犯人であるときは，この限りでない。

〔小倉　秀夫〕

1172　第9章　没収及び追徴の裁判の執行及び保全についての国際共助手続等

（追徴とみなす没収）

38条　第21条第13項各号に掲げる財産に代えて、その価額が当該財産の価額に相当する財産であって当該裁判を受けた者が有するものを没収する確定裁判の執行に係る共助の要請にあっては、当該確定裁判は、この法律による共助の実施については、その者から当該財産の価額を追徴する確定裁判とみなす。

2　前項の規定は、第21条第13項各号に掲げる財産に代えて、その価額が当該財産の価額に相当する財産を没収するための保全に係る共助の要請について準用する。

趣　　旨

　21条15項の追徴は，没収すべき財産の価額に相当する金額の納付を命ずることができるにとどまるが，諸外国の中には，平成27年改正（法律第54号）における没収または追徴とは異なる犯罪利益剥奪制度を採用しているものがあり，このような制度について共助が要請された場合にどう対処すべきかが，立法政策的に問題となりうる。そのような日本にない制度のうち，没収対象となる財産に代えて，その財産の価値に相当する他の財産を没収する制度[1]については，当該財産の価額の追徴とみなすことにより，共助をなしうることとした。

　なお，令和5年改正前は，

> 38条　第21条第10項各号に掲げる財産に代えて，その価額が当該財産の価額に相当する財産であって当該裁判を受けた者が有するものを没収する確定裁判の執行に係る共助の要請にあっては，当該確定裁判は，この法律による共助の実施については，その者から当該財産の価額を追徴する確定裁判とみなす。
>
> 2　前項の規定は，第21条第10項各号に掲げる財産に代えて，その価額が当該財産の価額に相当する財産を没収するための保全に係る共助の要請について準用する。

との文言であったが，令和5年改正により，従前の21条10項が21条13項各号に移設されたことに伴い，1項，2項において，従前の「第21条第10項」との文言が，「第21条第13項」と修正された。

解　説

1　1項

1.1　「第21条第13項各号に掲げる財産」

本項が適用されるのは，本来没収すべき財産が21条13項各号に掲げる財産[2]に当たる場合に限られる。

1.2　「に代えて，その価額が当該財産の価額に相当する財産であって当該裁判を受けた者が有するものを没収する確定裁判」

本項が適用されるのは，上記没収すべき財産に代えて，「その価額が当該財産の価額に相当する財産であって当該裁判を受けた者が有するものを没収する確定裁判」に関する共助要請があった場合に限られる。

この確定裁判により没収されるのは，「当該裁判を受けた者」が有する財産に限られる。ここで「当該裁判を受けた者」とは，「当該財産」（21条13項各号に掲げる財産）について没収の裁判を受けた者である。

ここでいう「当該財産」とは，21条13項各号に掲げる財産すなわち本来没収すべき財産である。「当該裁判を受けた者」とは，この確定裁判によりその財産を没収する旨の裁判を受けた者をいう。

この確定裁判により没収される財産は，その価額が当該財産の価額に相当するものに限られる。ただし，「当該財産」の価額よりもその価額が下回る分には問題はない，複数の財産の価額の合計がなお「当該財産」の価額と同等またはそれ未満である場合にも問題はないと解するべきである[3]。

1.3　「の執行に係る共助の要請にあっては」

本項は，上記確定裁判に基づき，21条13項各号に掲げる財産ではない財産についての没収の裁判に係る共助の要請を受けた場合に関するものである。

1.4　「当該確定裁判は，この法律による共助の実施については，その者から当該財産の価額を追徴する確定裁判とみなす。」

執行に係る共助の要請がなされたのは（21条13項各号に掲げる財産ではな

い財産についての）没収の確定裁判であるが，日本国がこれについて共助を
するについては，「その者」すなわちその財産を没収する旨の裁判を受けた
者から，「当該財産」すなわち21条13項各号に掲げる財産の価額を追徴する
確定裁判とみなすこととした。

これにより，裁判所は，要請国において当該裁判を受けた者に対して，当
該財産の価額に相当する追徴金を納付するように命ずるとともに，当該裁判
を受けた者がその納付を怠ったときは，検察官が，当該共助の要請の対象と
なった財産を含む当該裁判を受けた者に帰属する財産に対して，民事執行法
等に基づく差押えや競売申立て等をすることとなる（刑事訴訟法490条2
項）。

2　2項

2.1　「第21条第13項各号に掲げる財産に代えて，その価額が当該財産の価額に相当する財産を没収するための保全に係る共助の要請について」

本項は，21条13項各号に掲げる財産に代えて，当該財産の価額にその価額
が相当する他の財産を没収する裁判がなされる場合に備えて，その裁判が確
定し執行されるまでの間善意の第三者等に譲渡されることを防ぐために，そ
の没収保全に係る共助の要請がなされた場合に関するものである。

2.2　「前項の規定は，……準用する。」

上記のような共助の要請がなされた場合は，本条1項の規定が準用され
る。すなわち，代替物についての没収は，共助の実施については，本来の没
収対象財産の価額の追徴とみなすことになる。すなわち，このような没収保
全に係る共助の要請を，追徴保全の共助の要請と読み替えたうえで，没収保
全に係る共助要請の目的となった財産について，追徴保全の執行としてその
処分を禁止することとなる。

【注】
1）　例えば，米国の「Forfeiture of substitute property」制度（USC§853（p））
がこれに当たるとされる（麻薬特例法22条1項について，古田佑紀＝本田守弘
＝野々上尚＝三浦守『麻薬特例法及び薬物四法改正法の解説』288頁（法曹会，
1993））。

39条　要請国への共助の実施に係る財産等の譲与　　1175

- 2）①21条1項，2項，4項（4号を除く），5項および6項の罪の犯罪行為により生じ，もしくは当該犯罪行為により得た財産または当該犯罪行為の報酬として得た財産，ならびに，②①の財産の果実として得た財産，①の財産の対価として得た財産，これらの財産の対価として得た財産その他①の財産の保有または処分に基づき得た財産
- 3）米国の「Forfeiture of substitute property」制度においても，所定の理由により没収ができなくなった財産の価額まで（up to the value of）没収を命ずることができるとしている（USC§853（p）(2)）。

〔小倉　秀夫〕

（要請国への共助の実施に係る財産等の譲与）

39条　第37条第1項に規定する没収又は追徴の確定裁判の執行の共助の要請をした外国から，当該共助の実施に係る財産又はその価額に相当する金銭の譲与の要請があったときは，その全部又は一部を譲与することができる。

趣　　旨

　外国政府からの要請に基づいて共助の実施として得た財産・金銭については，本来当該外国が収受すべきものである。このため，没収・追徴等の執行の共助に関する先行する立法例と平仄を合わせて，これらと同様の譲与制度を設けたものである。

解　　説

1　「第37条第1項に規定する没収又は追徴の確定裁判の執行の共助の要請をした外国から……要請があったとき」

　譲与の相手方は，37条1項に規定する没収または追徴の確定裁判の執行の共助の要請をした外国である。譲与は，そのような外国からの要請があった場合に初めて行われる。

　譲与の要請を行った国において，日本との関係で同様の譲与制度が設けられている必要はない。本条に基づき譲与を行うか否かは日本側の裁量に委ねられているのであるから，譲与の相手国について一律の条件を設ける必要が

ないからである。

譲与の要請の受理は，外務大臣が行うのが原則であるが，条約に基づき法務大臣が共助の要請の受理を行うこととされているとき，または緊急その他特別の事情がある場合において外務大臣が同意したときは，法務大臣が行う（40条により準用される組織的犯罪処罰法73条2項により準用される国際捜査共助等に関する法律3条1項）。外務大臣は，譲与の要請を受理したときは，次の各号のいずれかに該当する場合を除き，共助要請書または外務大臣の作成した譲与の要請があったことを証明する書面に関係書類を添付し，意見を付して，これを法務大臣に送付するものとする（40条により準用される組織的犯罪処罰法73条2項により準用される国際捜査共助等に関する法律4条）。

① 要請が条約に基づいて行われたものである場合において，その方式が条約に適合しないと認めるとき。

② 要請が条約に基づかないで行われたものである場合において，日本国が行う同種の要請に応ずる旨の要請国の保証がないとき。

2 「当該共助の実施に係る財産又はその価額に相当する金銭の譲与の要請」

譲与の目的物は，①当該共助の実施に係る財産，または，②その価額に相当する金銭である。

当該共助の実施に係る財産とは，没収の確定裁判の執行の共助により国が取得した没収対象財産，追徴の確定裁判の執行の共助により国が納付を受けた金銭，追徴の確定裁判の執行の共助として検察官が犯人の財産を強制競売するなどして得た金銭等をいう。

その価額に相当する金銭とは，没収の確定裁判の執行の共助により国が取得した没収対象財産の価額に相当する金銭をいう。

どちらの譲与を要請するかは要請国に委ねられている。ただし，日本国は，この要請に従う必要はないので，結局，両国間の交渉により，没収対象財産自体が譲与されるか，その価額に相当する金員が譲与されるかが定まることになる。

3 「その全部又は一部を譲与することができる。」

上記譲与の要請を受けた場合，日本国は，上記財産等の全部または一部を

要請国に譲与することができる。

　「譲与」とは，ある財産を，その同一性を保ったままで他者に無償で移転することをいい，公的機関が無償で譲渡する場合を指して用いられるのが通例である[1]。

　上記財産等の全部または一部を譲与する旨の決定を誰が行うのかについては明示的な規定は見当たらないが，40条が準用する組織的犯罪処罰法64条の2第2項に「法務大臣は，執行財産等の全部又は一部を譲与することが相当であると認めるときは」とあることなどに鑑みるならば，法務大臣に決定権限があるように思われる。

　検事正は，譲与に必要な執行財産等を保管するに至ったときは，速やかに，意見を付して，当該執行財産等を法務大臣に引き渡さなければならない（40条により準用される組織的犯罪処罰法73条2項により準用される国際捜査共助等に関する法律14条1項）。

　法務大臣は，国際捜査共助等に関する法律14条1項の規定による引渡しを受けた場合において，必要があると認めるときは，執行財産等の使用または処分に関し要請国が遵守しなければならない条件を定めるものとする（40条により準用される組織的犯罪処罰法73条2項により準用される国際捜査共助等に関する法律14条5項）。

　法務大臣は，国際捜査共助等に関する法律14条5項の条件を遵守する旨の要請国の保証がないときは，共助をしないものとする（40条により準用される組織的犯罪処罰法73条2項により準用される国際捜査共助等に関する法律14条6項）。

　要請国に対する執行財産の引渡しは，外務大臣が行うのが原則であるが，条約に基づき法務大臣が執行財産の引渡しを行うこととされているとき，または緊急その他特別の事情がある場合において外務大臣が同意したときは，法務大臣が行うものとする。（40条により準用される組織的犯罪処罰法73条2項により準用される国際捜査共助等に関する法律3条1項）。

【注】
　1）　佐藤幸治ほか編『コンサイス法律学用語辞典』843頁（三省堂，2003）なお，
　　　加藤俊治編著『組織的犯罪処罰法ハンドブック』257頁（立花書房，2019）は，
　　　「『譲与』とは，無償で財産権を移転することをいう。」とする。

〔小倉　秀夫〕

1178 第 9 章 没収及び追徴の裁判の執行及び保全についての国際共助手続等

（組織的犯罪処罰法による共助等の例）

40条 前 3 条に定めるもののほか、第37条の規定による共助及び前条の規定による譲与については、組織的犯罪処罰法第 6 章の規定による共助及び譲与の例による。

趣　　旨

　平成27年改正（平成27年法律54号）においては、外国における没収または追徴の確定判決の執行に係る共助および譲与の手続を創設することとなったが、このような共助および譲与については、組織的犯罪処罰法等の先行立法例があるので、その手続的な詳細については、同法の規定を準用することとした。

解　　説

1　「第37条の規定による共助及び前条の規定による譲与については」

　本条により組織的犯罪処罰法第 6 章の規定が準用されるのは、37条の規定による共助（没収、追徴およびこれらのための財産保全に関する共助）および39条の規定による譲与についての法律問題に限られる。

2　「前 3 条に定めるもののほか」

　37条の規定による共助および39条の規定による譲与については、37条ないし39条に所定の規定を置いている。そこに規定されている事項については、組織的犯罪処罰法第 6 章の規定による共助および譲与の例によらずに、これらの規定によることとした。

　具体的には、共助を実施するための要件については、組織的犯罪処罰法59条ではなく不正競争防止法37条によることとし、追徴とみなす没収については組織的犯罪処罰法60条ではなく不正競争防止法38条によることとし、要請国への執行財産等の譲与等については組織的犯罪処罰法64条の 2 第 1 項ではなく不正競争防止法39条によることとした。

3　「組織的犯罪処罰法第 6 章の規定による共助及び譲与の例による。」

　37条ないし39条に定めのない事項については、組織的犯罪処罰法第 6 章の

規定による共助および譲与の例によることとした。

「例による」とは，「ある事項に関する法令上の制度を他の事項について包括的に借りてきて，これらについても同様の扱いとしようとする場合に用いられる」[1]法律用語であり，「例による」とされた事項に適用されるあらゆる法令（政令や規則等を含む）が借用される。すなわち，本条においては，37条の規定による共助および39条の規定による譲与については，組織的犯罪処罰法第6章の規定による共助および譲与についてのあらゆる法令が借用されることとなる。

37条から39条までの解説にて言及したものを除くと，概ね以下のような規定が借用される。

① 共助の要請の受理は，外務大臣が行う。ただし，条約に基づき法務大臣が共助の要請の受理を行うこととされているとき，または緊急その他特別の事情がある場合において外務大臣が同意したときは，法務大臣が行う（組織的犯罪処罰法61条1項）。

② 共助の要請が没収または追徴の確定裁判の執行に係るものであるときは，検察官は，裁判所に対し，共助をすることができる場合に該当するかどうかについて審査の請求をしなければならない（組織的犯罪処罰法62条1項）。

③ 裁判所は，審査の結果，審査の請求が不適法であるときは，これを却下する決定をし，共助の要請に係る確定裁判の全部もしくは一部について共助をすることができる場合に該当するとき，またはその全部について共助をすることができない場合に該当するときは，それぞれその旨の決定をしなければならない（組織的犯罪処罰法62条2項）。

④ 裁判所は，没収の確定裁判の執行の共助の要請につき共助をすることができる場合に該当する旨の決定をする場合において，不正競争防止法37条2項の規定により存続させなければならない権利があるときは，当該権利を存続させる旨の決定を同時にしなければならない（組織的犯罪処罰法62条3項）。

⑤ 裁判所は，追徴の確定裁判の執行の共助の要請につき，共助をすることができる場合に該当する旨の決定をするときは，追徴すべき日本円の金額を同時に示さなければならない（組織的犯罪処罰法62条4項）。

⑥ ②の審査においては，共助の要請に係る確定裁判の当否を審査するこ

とができない（組織的犯罪処罰法62条5項）。

⑦　②の審査に関しては，次に掲げる者（以下「利害関係人」という。）が当該審査請求事件の手続への参加を許されていないときは，共助をすることができる場合に該当する旨の決定をすることができない（組織的犯罪処罰法62条6項）。

　　一　没収の確定裁判の執行の共助については，要請に係る財産を有し，もしくはその財産の上に地上権，抵当権その他の権利を有すると思料するに足りる相当な理由のある者またはこれらの財産もしくは権利について没収保全がされる前に強制競売の開始決定，強制執行による差押えもしくは仮差押えの執行がされている場合における差押債権者もしくは仮差押債権者

　　二　追徴の確定裁判の執行の共助については，当該裁判を受けた者

⑧　裁判所は，審査の請求について決定をするときは，検察官および審査請求事件の手続への参加を許された者（参加人）の意見を聴かなければならない（組織的犯罪処罰法62条7項）。

⑨　裁判所は，参加人が口頭で意見を述べたい旨を申し出たとき，または裁判所において証人もしくは鑑定人を尋問するときは，公開の法廷において審問期日を開き，参加人に当該期日に出頭する機会を与えなければならない（組織的犯罪処罰法62条8項前段）。

⑩　参加人に⑨の期日に出席する機会を与えたが，参加人が出頭することができないときは，審問期日に代理人を出頭させ，または書面により意見を述べる機会を与えたことをもって，参加人に出頭する機会を与えたものとみなす（組織的犯罪処罰法62条8項後段）。

⑪　検察官は，⑨の審問期日の手続に立ち会うことができる（組織的犯罪処罰法62条9項）。

⑫　検察官および参加人は，審査の請求に係る決定に対し，抗告をすることができる（組織的犯罪処罰法63条1項）。

⑬　抗告裁判所の決定に対しては，刑事訴訟法405条各号に定める事由（ⅰ憲法の違反があることまたは憲法の解釈に誤があること，ⅱ最高裁判所の判例と相反する判断をしたこと，ⅲ最高裁判所の判例がない場合に，大審院もしくは上告裁判所たる高等裁判所の判例またはこの法律施行後の控訴裁判所たる高等裁判所の判例と相反する判断をしたこと）が

あるときは，最高裁判所に特に抗告をすることができる（組織的犯罪処罰法63条2項）。

⑭　⑫および⑬の抗告の提起期間は，14日とする（組織的犯罪処罰法63条3項）

⑮　没収又は追徴の確定裁判の執行の共助の要請につき共助をすることができる場合に該当する旨の決定が確定したときは，当該没収または追徴の確定裁判は，共助の実施に関しては，日本国の裁判所が言い渡した没収または追徴の確定裁判とみなす（組織的犯罪処罰法64条）。

⑯　法務大臣は，執行財産等の全部または一部を譲与することが相当であると認めるときは，没収または追徴の確定裁判の執行の共助に必要な措置を命じた地方検察庁の検事正に対し，当該執行財産等の譲与のための保管を命ずるものとする（組織的犯罪処罰法64条の2第2項）。

⑰　法務大臣は，執行財産等について，次の各号のいずれかに該当する場合には，前項に規定する検事正に対し，当該執行財産等の全部または一部を仮に保管することを命ずることができる（組織的犯罪処罰法64条の2第3項）。

一　執行共助の要請国から執行財産等の譲与の要請があった場合において，これに応ずるか否かの判断をするために必要があると認めるとき。

二　執行共助の要請国から執行財産等の譲与の要請がされると思料する場合において，必要があると認めるとき。

⑱　没収または追徴の確定裁判の執行の共助の要請につき共助をすることができる場合に該当する旨の決定が確定した場合において，当該要請に係る確定裁判が取り消されたときその他その効力がなくなったときは，裁判所は，検察官または利害関係人の請求により，決定をもって，共助をすることができる場合に該当する旨の決定を取り消さなければならない（組織的犯罪処罰法65条1項）。上記取消しの決定が確定したときは，刑事補償法に定める没収または追徴の執行による補償の例により，補償を行う（同条2項）。上記取消しの決定に対しては抗告することができ，抗告裁判所の決定に対しては，刑事訴訟法405条各号に定める事由があるときは，最高裁判所に特に抗告をすることができるが，これらの抗告の提起期間は，14日とする（組織的犯罪処罰法3項）。

1182　第9章　没収及び追徴の裁判の執行及び保全についての国際共助手続等

⑲　⑱の取消しの決定が確定したときは，刑事補償法に定める没収または追徴の執行による補償の例により，補償を行う（組織的犯罪処罰法65条2項）。

⑳　⑱の取消しの決定に対しては抗告することができ，抗告裁判所の決定に対しては，刑事訴訟法405条各号に定める事由（①憲法の違反があること又は憲法の解釈に誤があること，②最高裁判所の判例と相反する判断をしたこと，③最高裁判所の判例がない場合に，大審院もしくは上告裁判所たる高等裁判所の判例またはこの法律施行後の控訴裁判所たる高等裁判所の判例と相反する判断をしたこと）があるときは，最高裁判所に特に抗告をすることができるが，これらの抗告の提起期間は，14日とする（組織的犯罪処罰法65条3項により準用される63条）。

㉑　没収または追徴のための保全の共助の要請が公訴の提起されていない事件に関してされた場合において，没収保全命令または追徴保全命令が発せられた日から45日以内に要請国から当該事件につき公訴が提起された旨の通知がないときは，当該没収保全または追徴保全命令は，その効力を失う（組織的犯罪処罰法68条1項）。要請国から，上記期間内に公訴を提起できないことについてやむをえない事由がある旨理由を付して通知があったときは，裁判官は，検察官の請求により，30日間を限り，保全の期間を更新することができる。更新された期間内に公訴を提起できないことについてやむをえない事由がある旨理由を付して通知があったときも，同様とする（同条2項）。

㉒　要請国から，上記期間内に公訴を提起できないことについてやむをえない事由がある旨理由を付して通知があったときは，裁判官は，検察官の請求により，30日間を限り，保全の期間を更新することができる（組織的犯罪処罰法68条2項前段）。更新された期間内に公訴を提起できないことについてやむを得ない事由がある旨理由を付して通知があったときも，同様とする（同項後段）。

㉓　共助の要請を撤回する旨の通知があったときは，検察官は，速やかに，審査，没収保全もしくは追徴保全の請求を取り消し，または没収保全命令もしくは追徴保全命令の取消しを請求しなければならない（組織的犯罪処罰法69条1項）。上記請求があったときは，裁判所または裁判官は，速やかに，没収保全命令または追徴保全命令を取り消さなければ

ならない（同条2項）。

㉔　㉓請求があったときは，裁判所または裁判官は，速やかに，没収保全命令または追徴保全命令を取り消さなければならない（組織的犯罪処罰法69条2項）。

㉕　裁判所または裁判官は，②の審査をし，または没収保全もしくは追徴保全に関する処分（不正競争防止法37条から39条までに定めるもの）をするため必要があるときは，事実の取調べをすることができる。この場合においては，証人を尋問し，検証を行い，または鑑定，通訳もしくは翻訳を命ずることができる（組織的犯罪処罰法70条）。

㉖　検察官は，上記没収保全もしくは追徴保全の請求または没収保全命令もしくは追徴保全命令の執行に関して必要があると認めるときは，次に掲げる処分をすることができる（組織的犯罪処罰法71条1項）。検察官は，検察事務官にこの処分をさせることができる（同条2項）。

一　関係人の出頭を求めてこれを取り調べること。

二　鑑定を嘱託すること。

三　実況見分をすること。

四　書類その他の物の所有者，所持者又は保管者にその物の提出を求めること。

五　公務所または公私の団体に照会して必要な事項の報告を求めること。

六　電気通信を行うための設備を他人の通信の用に供する事業を営む者または自己の業務のために不特定もしくは多数の者の通信を媒介することのできる電気通信を行うための設備を設置している者に対し，その業務上記録している電気通信の送信元，送信先，通信日時その他の通信履歴の電磁的記録のうち必要なものを特定し，30日を超えない期間（延長する場合には，通じて60日を超えない期間）を定めて，これを消去しないよう，書面で求めること。

七　裁判官の発する令状により，差押え，記録命令付差押え，捜索または検証をすること。

㉗　共助をすることができる場合に該当するかどうかについて審査請求や，共助に係る没収保全もしくは追徴保全命令の請求は，請求する検察官の所属する検察庁の所在地を管轄する地方裁判所またはその裁判官に

1184 第9章 没収及び追徴の裁判の執行及び保全についての国際共助手続等

しなければならない（組織的犯罪処罰法72条）。

㉘ この章に特別の定めがあるもののほか，裁判所もしくは裁判官のする審査，処分もしくは令状の発付，検察官もしくは検察事務官のする処分または裁判所の審査への利害関係人の参加については組織的犯罪処罰法第3章および第4章，刑事訴訟法（第1編第2章および第5章から第13章まで，第2編第1章，第3編第1章および第4章ならびに第7編に限る），刑事訴訟費用に関する法令ならびに刑事事件における第三者所有物の没収手続に関する応急措置法の規定を，共助の要請を受理した場合における措置については国際捜査共助等に関する法律4条，5条1項（1号に係る部分に限る）および3項ならびに7条1項ならびに逃亡犯罪人引渡法8条2項ならびに11条1項および2項の規定を，それぞれその性質に反しない限り，準用する（組織的犯罪処罰法73条1項）。

㉙ 上記譲与の要請の受理および当該要請を受理した場合における措置については，国際捜査共助等に関する法律3条，4条，14条1項前段，5項および6項ならびに16条1項の規定を準用する。この場合において，同法3条の見出し中「証拠の送付」とあるのは「執行財産等の引渡し」と，同条1項中「証拠の送付」とあるのは「執行財産等（組織的な犯罪の処罰及び犯罪収益の規制等に関する法律（平成11年法律第136号）第64条の2第1項に規定する執行財産等をいう。以下同じ。）の引渡し」と，同条2項中「証拠の送付」とあるのは「執行財産等の引渡し」と，同法4条中「共助要請書」とあるのは「譲与要請書」と，同法14条1項前段中「証拠の収集を終えた」とあるのは「執行財産等を保管するに至つた」と，「収集した証拠」とあるのは「当該執行財産等」と，「送付しなければ」とあるのは「引き渡さなければ」と，同条5項中「第1項，第3項又は前項の規定による送付」とあるのは「第1項の規定による引渡し」と，「証拠」とあるのは「執行財産等」と，「返還」とあるのは「処分」と読み替えるものとする（組織的犯罪処罰法73条2項）。

【注】
1) 田島信威「最新法令の読解法──やさしい法令の読み方【改訂版】」262頁（ぎょうせい，2002）

〔小倉　秀夫〕

国際商取引における外国公務員に対する贈賄の防止に関する条約

前文

締約国は、

贈賄が国際商取引（貿易及び投資を含む。）において広範にみられる現象であり、深刻な道義的及び政治的問題を引き起こし、良い統治及び経済発展を阻害し並びに国際的な競争条件を歪めていることを考慮し、

すべての国が国際商取引における贈賄を防止する責任を共有することを考慮し、

1997年5月23日に経済協力開発機構（OECD）の理事会において採択された「国際商取引における贈賄の防止に関する改訂勧告（C（97）123最終版）」において、国際商取引における外国公務員に対する贈賄を抑止し及び防止するための効果的な手段、特に、当該勧告に掲げる合意された共通の要素及び各国の基本的な法的原則（裁判権に関するものを含む。）に合致した方法により、かつ、効果的で協調された態様により、当該贈賄を速やかに犯罪とすることが求められていることを尊重し、

他の近年の進展（国際連合、世界銀行、国際通貨基金、世界貿易機関、米州機構、欧州評議会及び欧州連合の活動を含む。）により、公務員に対する贈賄の防止に関する国際的な理解及び協力が更に進められていることを歓迎し、

贈賄を防止するための企業、商業団体、労働組合及び他の非政府機関による努力を歓迎し、

国際商取引において個人又は企業に対し賄賂が要求されることを防止する上での政府の役割を認識し、

この分野において進展を図るためには、一国における努力のみならず、多数国間の協力、監視及び事後措置が必要であることを認識し、

締約国においてとられる措置の間の同等性を達成することがこの条約の不可欠の目的であり、このためそのような同等性から逸脱することなしに条約を批准することが必要であることを認識して、

次のとおり協定した。

第一条　外国公務員に対する贈賄

1．締約国は、ある者が故意に、国際商取引において商取引又は他の不当な利益を取得し又は維持するために、外国公務員に対し、当該外国公務員が公務の遂行に関して行動し又は行動を差し控えることを目的として、当該外国公務員又は第三者のために金銭上又はその他の不当な利益を直接に又は仲介者を通じて申し出、約束し又は供与することを、自国の法令の下で犯罪とするために必要な措置をとる。

2．締約国は、外国公務員に対する贈賄行為の共犯（教唆、ほう助又は承認を含む。）を犯罪とするために必要な措置をとる。外国公務員に対する贈賄の未遂及び共謀については、自国の公務員に対する贈賄の未遂及び共謀と同一の程度まで、犯罪とする。

3．1及び2に定める犯罪を、以下「外国公務員に対する贈賄」という。

4．この条約の適用上、

a　「外国公務員」とは、外国の立法、行政又は司法に属する職にある者（任命されたか選出されたかを問わない。）、外国のために公的な任務を遂行する者（当該外国の公的機関又は公的な企業のために任務を遂行する者を含む。）及び公的国際機関の職員又はその事務受託者をいう。

b　「外国」には、国から地方までのすべての段階又は区分の政府を含む。

c　「外国公務員が公務の遂行に関して行動し又は行動を差し控える」というときは、当該外国公務員に認められた権限の範囲内であるかないかを問わず、その地位を利用することを含む。

第二条　法人の責任

締約国は、自国の法的原則に従って、外国公務員に対する贈賄について法人の責任を確立するために必要な措置をとる。

第三条　制裁

1．外国公務員に対する贈賄には、効果的で、均衡がとれたかつ抑止力のある刑罰を科する。刑罰の範囲は、自国の公務員に対する贈賄に適用されるものと同等のものとし、また、自然人の場合には、効果的な法律上の相互援助及び引渡しを可能とするために十分な自由の剥奪を含

むものとする。

2．締約国は、その法制において刑事責任が法人に適用されない場合には、外国公務員に対する贈賄について、刑罰以外の制裁（金銭的制裁を含む。）であって、効果的で、均衡がとれたかつ抑止力のあるものが法人に科されることを確保する。

3．締約国は、賄賂及び外国公務員に対する贈賄を通じて得た収益（又は収益に相当する価値を有する財産）を押収し若しくは没取し又は同等な効果を有する金銭的制裁を適用するために必要な措置をとる。

4．締約国は、外国公務員に対する贈賄について制裁の対象となる者に対し、追加的な民事上又は行政上の制裁を科することについて考慮する。

第四条　裁判権

1．締約国は、自国の領域内において外国公務員に対する贈賄の全部又は一部が行われた場合においてこの犯罪についての自国の裁判権を設定するため、必要な措置をとる。

2．国外において自国の国民によって行われた犯罪について裁判権を設定している締約国は、そのような裁判権の設定に関する原則と同一の原則により、外国公務員に対する贈賄についても、国外において自国の国民によって行われた場合において自国の裁判権を設定するため、必要な措置をとる。

3．この条約に定める犯罪が行われたとされる場合に2以上の国が裁判権を有するときには、関係締約国はそのいずれかの要請により、訴追のために最も適した裁判権を有する国を決定するために協議を行う。

4．締約国は、裁判権の設定に関する現行の基準が、外国公務員に対する贈賄を防止する上で効果的であるかないかを見直し、効果的でない場合には、改善措置をとる。

第五条　執行

外国公務員に対する贈賄の捜査及び訴追は、締約国において適用される規則及び原則に従

う。外国公務員に対する贈賄の捜査及び訴追は、経済上の国家的利益に対する配慮、他国との関係に対する潜在的影響又は関係する自然人若しくは法人がいずれであるかに影響されてはならない。

第六条　出訴期限

外国公務員に対する贈賄に適用される出訴期限は、この犯罪の捜査及び訴追のために適切な期間を与えるものとする。

第七条　資金洗浄

資金洗浄に係る法制の適用において自国の公務員に関する贈賄又は収賄を前提犯罪としている締約国は、外国公務員に対する贈賄についても、その行われた場所にかかわらず、同一の条件で資金洗浄に係る法制を適用する。

第八条　会計

1．締約国は、外国公務員に対する贈賄を効果的に防止するために、帳簿及び記録の保持、財務諸表の開示並びに会計及び監査の基準に関する自国の法令の範囲内で、これらの法令に服する企業が、外国公務員に対して贈賄を行い又はそのような贈賄を隠蔽することを目的として、簿外勘定を設定し、帳簿外での取引若しくは不適切に識別された取引を実施し、架空の支出を記載し、目的が不正確に識別された負債を記入し又は虚偽の書類を使用することを禁止するために必要な措置をとる。

2．締約国は、1の企業の帳簿、記録、勘定又は財務諸表における1に規定する欠落又は虚偽の記載に関し、効果的で、均衡がとれたかつ抑止力のある民事上、行政上又は刑事上の罰則を定める。

第九条　法律上の相互援助

1．締約国は、国内法並びに関連する条約及び取決めに基づき最大限に可能な範囲で、この条約に定める犯罪について他の締約国によって行われる捜査若しくはとられる刑事手続又は法人に対して他の締約国によりこの条約の範囲内でとられる刑事手続以外の手続に関し、迅速かつ効果的な法律上の援助を当該他の締約国に与える。要請を受けた締約国は、要請を行った締約国に対し、当該要請に応じるために必要な追加の情報又は文書について遅滞なく通報し、ま

た、要求がある場合には、当該要請についての検討の状況又は結果を通報する。

2．締約国が双罰性を法律上の相互援助の条件とする場合には、この条件は、援助の要請に係る犯罪がこの条約に定める犯罪であるときは、満たされているものとする。

3．締約国は、銀行による秘密の保持を理由としては、この条約の範囲内の刑事問題について法律上の相互援助を行うことを拒否することができない。

第十条　犯罪人引渡し

1．外国公務員に対する贈賄は、締約国の国内法及び締約国間の犯罪人引渡条約における引渡犯罪とみなされる。

2．犯罪人引渡条約の存在を犯罪人引渡しの条件とする締約国は、自国との間に犯罪人引渡条約を締結していない他の締約国から犯罪人引渡しの請求を受けた場合には、この条約を外国公務員に対する贈賄に関する犯罪人引渡しのための法的根拠とみなすことができる。

3．締約国は、外国公務員に対する贈賄に関し、自国の国民であっても引き渡すことができるか又は訴追することができるよう確保するために必要な措置をとる。外国公務員に対する贈賄に関するある者の犯罪人引渡しの請求を当該者が自国の国民であることのみを理由として拒否した締約国は、訴追のため自国の権限のある当局に事件を付託する。

4．外国公務員に対する贈賄に関する犯罪人引渡しは、締約国の国内法並びに適用される条約及び取決めに定める条件に従う。締約国が双罰性を犯罪人引渡しの条件とする場合には、この条件は、犯罪人引渡しの請求に係る犯罪が第一条に定める犯罪であるときは、満たされているものとする。

第十一条　責任のある当局

協議に関する第四条3、法律上の相互援助に関する第九条及び犯罪人引渡しに関する第十条の規定の適用上、締約国は、当該締約国のためにこれらの事項について連絡経路となる当局であって、要請若しくは請求を行い又はこれらを

受ける責任を有するものを経済協力開発機構事務総長に通報する。もっとも、その通報は、締約国間の他の取決めの適用を妨げるものではない。

第十二条　監視及び事後措置

締約国は、この条約の完全な実施を監視し及び促進するため、組織的な事後措置の計画を実行することに協力する。当該計画は、締約国がコンセンサス方式により別段の決定を行わない限り、経済協力開発機構の国際商取引における贈賄に関する作業部会（又はその役割を継承するもの）の枠組みにおいて、その付託事項に基づき、実行する。締約国は、当該計画の費用を、この作業部会（又はその役割を継承するもの）に適用される規則に従って負担する。

第十三条　署名及び加入

1．この条約は、その効力発生の時まで、経済協力開発機構の加盟国による署名及び同機構の国際商取引における贈賄に関する作業部会の完全な参加国となるように招請された非加盟国による署名のために開放しておく。

2．この条約は、その効力発生の後、経済協力開発機構の加盟国である非署名国による加入及び国際商取引における贈賄に関する作業部会（又はその役割を継承するもの）の完全な参加国となった非署名国による加入のために開放しておく。これらの非署名国については、この条約は、その加入書の寄託の日の後60日目の日に効力を生ずる。

第十四条　批准及び寄託者

1．この条約は、署名国により、それぞれ自国の法令に従って受諾され、承認され又は批准されなければならない。

2．受諾書、承認書、批准書又は加入書は、この条約の寄託者を務める経済協力開発機構事務総長に寄託する。

第十五条　効力発生

1．この条約は、附属書に掲げる最大の輸出額を有する10の国のうちの5の国であって、その輸出額の総計がこれらの10の国の輸出額の総計の少なくとも60パーセントを占めるものが受諾書、承認書又は批准書を寄託した日の後60日目

の日に効力を生ずる。この条約は、その効力発生後に受諾書、承認書又は批准書を寄託する署名国については、これらの文書の寄託の後60日目の日に効力を生ずる。

2．1998年12月31日後、この条約が1の規定に従って効力を生じない場合には、受諾書、承認書又は批准書を寄託したいかなる署名国も、この2の規定に従ってこの条約が効力を生ずることを受け入れる用意がある旨を寄託者に対し書面によって宣言することができる。この条約は、少なくとも2の署名国がそのような宣言書を寄託した日の後60日目の日に当該署名国について効力を生ずる。この条約は、そのような効力発生の後に宣言書を寄託する署名国については、寄託の日の後60日目の日に効力を生ずる。

第十六条　改正
　いずれの締約国も、この条約の改正を提案することができる。改正案は、寄託者に提出するものとし、寄託者は、改正案をその審議のための締約国の会議の開催の少なくとも60日前までに他の締約国に送付する。締約国のコンセンサス方式により又は締約国がコンセンサス方式によって決定した他の方法により採択された改正案は、すべての締約国の批准書、受諾書又は承認書の寄託の後60日で、又は当該改正案の採択の際に締約国が特定した他の状況において、効力を生ずる。

第十七条　脱退
　締約国は、寄託者に対して書面による通告を行うことにより、この条約から脱退することができる。脱退は、その通告の受領の日の後1年で効力を生ずる。脱退の後、脱退の効力発生の日前に行われたすべての援助の要請又は犯罪人引渡しの請求については、締約国と脱退した締約国との間において協力を継続する。

　1997年12月17日にパリで、ひとしく正文である英語及びフランス語により本書を作成した。

（出典：外務省ウェブサイト
　https://www.mofa.go.jp/mofaj/gaiko/oecd/
jo_shotori_hon.html）

事 項 索 引
（五十音順）

アルファベット

B-CASカード················243
B-CAS方式··············248, 250
ccTLD··················524
CDS2000方式···············512
CGMS···················229
CSS····················229
Forfeiture of substitute property···1174
GATT···············383, 459, 461
gTLD···················524
ICANN··················252
IPアドレス················523
IPv4···················523
IPv6···················523
JPドメイン名紛争処理方針（JPDRP）
·····················252
MODチップ················513
passive holding············258
Property Information··········383
Proprietary Information········460
Residual·················475
Residual Information·········409
Residuals················475
SCMS···················229
Trade Secret······457, 460, 461, 462, 464
TRIPS交渉··········383, 384, 460, 461
UDRP···················252
Undisclosed Information········460

あ 行

悪意······139, 149, 180, 190, 205, 208, 211
悪意重過失················486

アクセス制限·····386, 395, 396, 400, 402,
　　　　　　　406, 466, 468, 469, 471, 472
アクティベーション方式·········514
悪魔の証明················420
頭の中の情報···············409
あっせん·················744
意匠···················105
逸失利益·················561
一般社団法人日本ネットワークイン
　フォメーションセンター（JPNIC）
·····················252
一般条項·················123
違法使用行為···············908
因果関係·················554
インカメラ手続·············640
印章···················725
インターネット·············522
ウェブサーバ用記録媒体·········627
打消表示············294, 719, 730
営業·············12, 228, 249, 532
営業上技術的制限手段を用いている
　者に損害を加える目的········955
営業上の不正の利益··········741
営業上の利益
　······440, 447, 471, 477, 488, 532, 569
　――を侵害される者··········9
営業上用いられている·········228
営業誹謗行為···············303
営業秘密··············383, 394
　――が化体された物件の複製····918
　――の開示···············899
　――の開示の申込み·········933
　――の帰属···············155
　――の取得···············890

1190 事項索引

──の使用······899
──の不消去等······918
──の領得······915
──を営業秘密保有者から示され
たその役員又は従業者······927
──を営業秘密保有者から示され
た者······913
──を示された······155
営業秘密記録媒体等······915
──の横領······916
──の記載······917
──の記載又は記録であって，
消去すべきもの······919
──の記録······917
──の複製······917
営業秘密構成情報特定事項····1069, 1070
営業秘密侵害罪···394, 402, 408, 426, 447,
456, 472, 474, 482, 489, 1027, 1032,
1033-1035, 1046, 1047, 1057
営業秘密侵害品······193
営業秘密保有者···391, 410, 420, 421, 439,
440, 447, 448, 473, 480, 486, 489
──に損害を加える目的······923
営業方法······20
影像······230, 510
──の視聴等······229
──の視聴等の制限······231, 511
役務······280, 570
──の質······290
──の数量······290
──の内容······290
──の用途······290
閲覧等制限
······422, 457, 482, 494, 691, 701, 703
──の申立て······422
応用美術······104
横領······916
音······230, 510
オープンデータ······841, 845

か 行

海外重罰······432
海外重罰規定······1027, 1032, 1033, 1034
外国公務員等······749
──に対し······740
外国国旗等······717
──の使用の許可······721
外国国旗等類似記章······718, 719, 961
外国政府等記号······724
外国政府等類似記号······725, 961
──の使用の許可······726
外国の国旗······717
外国紋章······722, 961
──の使用の許可······724
開示······132, 201
加害目的······213
過失······551
過失推定説······740, 1040, 1042
過剰差止め······451
貸渡し······114
間接的な使用······491
監督用若しくは証明用······725
慣用されている商品等表示······771
慣用表示······773
管理侵害行為······889, 898
記憶······244
期間の更新······1142
機器······233
記号······725
記載または記録······919
技術形態除外論······106
技術上の秘密······194
──を取得した後の悪意・重過失
······625
──を使用して評価し，または分
析する役務の提供······622
技術上又は営業上の情報······503
技術的形態除外説······16

事項索引　1191

技術的制限手段の試験又は研究のため
　　　　　　　　　　　　　　　　848
記述的標章・・・・・・・・・・・・・・・・・・・・・767
記章・・・・・・・・・・・・・・・・・・・・・・・・・717
寄生的広告・・・・・・・・・・・・・・・・・・・・295
機能提供型ASP・・・・・・・・・・・・・・・・195
客観的認識可能性・・・・・386, 387, 390, 393,
　　　　　　395, 403, 406, 468, 469, 472
狭義の差止請求権・・・・・・・・・・・・・・・531
競業避止義務契約・・・・・・・・・・・・・・169
競争関係・・・・・・・・・・・・・・・・・・・・・304
競争上似ざるをえない表示除外説・・・・・17
共同開発者・・・・・・・・・・・・・・・・・・・108
業として・・・・・・・・・・・・・・・・・・・・・496
供与・・・・・・・・・・・・・・・・・・・・・・・745
虚偽の事実・・・・・・・・・・・・・・・303, 307
許諾をし得たと認められない場合・・・・584
寄与率・・・・・・・・・・・・・・・・・580, 598
記録・・・・・・・・・・・・・・・・・・・・・・・244
記録媒体に記録し、若しくは送信す
　る方式・・・・・・・・・・・・・・・・・・・514
禁制品・・・・・・・・・・・・・・・・・・・・・・12
金銭その他の利益・・・・・・・・・・・・・・745
具体的双罰性・・・・・・・・・・・・・・・・1166
具体的態様の明示義務・・・・・・・・・・・637
グローバルIPアドレス・・・・・・・・・・・523
形骸化・・・・・・・・・・・・・404-406, 438
経過措置・・・・・・・・・・・・・・・878, 879
警告書・・・・・・・・・・・・・・・・・・・・・315
権益・・・・・・・・・・・・・・・・・・・・・・・751
限界利益・・・・・・・・・・・・・・・573, 592
研鑽や勉強を図る目的・・・・・・・・・・・896
「検知→可能」方式・・・・・・・・・237, 513
「検知→不可」方式・・・・・・・・・・・・・236
限定提供データ・・・・437, 438, 485, 487, 496
　　──に関する適用除外──オープン
　　　データ・・・・・・・・・・・・・・・・841
　　──に関する適用除外──事後的悪
　　　意者・・・・・・・・・・・・・・・・・・836

　　──の管理に係る任務・・・・・・・・・216
　　──を示された場合・・・・・・・・・・212
限定提供データ不正取得行為・・・・・・・205
故意・・・・・・・・・・・・・・・・・・・・・・・551
行為者処罰文言・・・・・・・・・・・・・・・1037
光学的方式・・・・・・・・・・・・・・243, 516
効果を妨げる・・・・・・・・・・・・・・・・232
広義の混同のおそれ・・・・・・・・・・・・・28
広義の差止請求権・・・・・・・・・・・・・・530
公共の利益に関する特定の事務を行
　うために外国の特別の法令により
　設立されたもの・・・・・・・・・・・・・750
広告・・・・・・・・・・・・・・・・・・・・・・・280
公然と知られていない・・・・・383, 419, 420,
　　　　　　　　430, 433, 435, 479-481
公知情報・・・・・・・・・・・424, 428-431, 438
公知性・・・・・・・・・・・・・・・・・・・・・390
購買後の混同・・・・・・・・・・・・・・・・・28
公務に従事する者・・・・・・・・・・749, 755
合理的
　　──な管理方法・・・・・・・・・395, 404
　　──な措置・・・・・・・・・・・・388, 416
　　──な努力・・・・・・・・・・・・385, 386
　　──な方法・・・・・・・・・・・・・・・394
国際機関・・・・・・・・・・・・・・・・・・・729
国際機関類似標章・・・・・719, 729, 731, 962
　　──の使用の許可・・・・・・・・・・・733
国際的な商取引・・・・・・・・・・・・・・・741
国際約束の的確な実施・・・・・・・・・・・・4
告知・・・・・・・・・・・・・・・・・・・・・・・309
呼称等の決定・・・・・・・・・1069, 1071, 1073
個人情報・・・・・・396, 404, 456, 471, 472, 493
国家承認・・・・・・・・・・・・・・・・・・・1164
誤認させる・・・・・・・・・・・・・・・・・・730
　　──ような虚偽の表示・・・・・・・・958
　　──ような表示・・・・・・・・・・・・292
　　──ような方法・・・・・・・・・・・・721
誤認惹起行為・・・・・・・・・・・・・・・・・280
コピーコントロール・・・・・・・・・・・・512

事項索引

顧問‥‥‥‥‥‥‥‥‥‥‥‥ 928, 1013
固有名称化‥‥‥‥‥‥‥‥‥‥‥ 770
これに準ずる者‥‥‥‥‥‥‥‥‥ 928
混合惹起行為‥‥‥‥‥‥‥‥ 780, 791
コンセント制度‥‥‥‥‥‥‥‥‥ 787
混同のおそれ‥‥‥‥‥‥‥‥‥‥ 27
混同防止表示‥‥‥‥‥‥‥‥‥‥ 851

さ 行

サードレベルドメイン‥‥‥‥‥‥ 524
債権等の没収の執行に対する補償‥ 1130
債権の没収の裁判が確定したことの
　通知‥‥‥‥‥‥‥‥‥‥‥‥‥ 1126
財産的情報‥‥‥‥ 383, 460, 463, 487, 488
財産を没収することができない場合
　‥‥‥‥‥‥‥‥‥‥‥‥‥‥‥ 994
サイバースクワッティング‥‥‥‥ 252
財物の窃取‥‥‥‥‥‥‥‥‥‥‥ 889
詐欺等行為‥‥‥‥‥‥‥‥‥ 888, 898
差止請求権‥‥‥‥‥‥‥‥‥‥‥ 530
サブドメイン‥‥‥‥‥‥‥‥‥‥ 524
参照的使用‥‥‥‥‥‥‥‥‥‥‥ 491
三罰規定‥‥‥‥‥‥‥‥‥‥‥‥ 1045
残留情報‥‥‥ 409, 410, 417, 418, 476, 477
残留情報条項‥‥‥‥‥ 409, 410, 475
色彩‥‥‥‥‥‥‥‥‥‥‥‥‥‥ 18
磁気的方式‥‥‥‥‥‥‥‥‥ 242, 516
事業活動
　‥‥‥‥ 439, 440, 446, 447, 457, 488, 489
　――に有用な技術上又は営業上
　　の情報‥‥‥‥‥‥‥‥‥‥ 383
事業者‥‥‥‥‥‥‥‥‥‥‥‥‥ 751
事業者間の公正な競争‥‥‥‥‥‥ 3
事後的悪意者‥‥‥‥‥‥ 210, 223, 836
施設への侵入‥‥‥‥‥‥‥‥‥‥ 889
視聴‥‥‥‥‥‥‥‥‥‥‥‥ 230, 510
視聴等機器‥‥‥‥‥‥‥‥‥‥‥ 511
実行の着手時期‥‥‥‥‥‥‥‥‥ 973
司法取引制度‥‥‥‥‥‥‥‥ 738, 759

事務に従事する者‥‥‥‥‥‥ 750, 751
謝罪広告‥‥‥‥‥‥‥‥‥‥‥‥ 706
重過失‥‥‥‥‥ 140, 150, 181, 191, 195
従業者‥‥‥‥‥‥‥‥‥‥‥‥‥ 928
従業者等違法使用行為‥‥‥‥‥‥ 937
周知商標の保護規則に関する共同勧告
　‥‥‥‥‥‥‥‥‥‥‥‥‥‥‥ 252
周知性‥‥‥‥‥‥‥‥‥‥‥ 20, 797
周知表示‥‥‥‥‥‥‥‥‥‥‥‥ 792
　――の競合‥‥‥‥‥‥‥‥‥‥ 805
取得‥‥‥‥‥‥‥‥‥ 127, 142, 200
需要者‥‥‥‥‥‥‥‥‥‥‥‥‥ 20
使用‥‥‥‥‥‥‥‥‥‥ 26, 131, 194
試用期間の経過‥‥‥‥‥‥‥‥‥ 515
消極損害‥‥‥‥‥‥‥‥‥‥‥‥ 553
使用者責任‥‥‥‥‥‥‥‥‥‥‥ 470
譲渡‥‥‥‥‥‥‥‥ 114, 194, 235, 570
譲渡等数量‥‥‥‥‥‥‥‥‥‥‥ 575
譲渡若しくは貸渡しのために展示‥‥ 114
商標的使用‥‥‥‥‥‥‥‥‥‥‥ 720
商標として使用‥‥‥‥‥‥‥ 719, 732
商品‥‥‥‥‥‥‥‥‥‥‥‥ 11, 280
　――の機能を確保するために不可
　　欠な形態‥‥‥‥‥‥‥‥‥‥ 109
　――の形態‥‥‥‥‥‥‥‥ 14, 109
　――の原産地‥‥‥‥‥‥‥ 282, 721
　――の製造方法‥‥‥‥‥‥‥‥ 287
　――の内容‥‥‥‥‥‥‥‥‥‥ 284
　――の品質‥‥‥‥‥‥‥‥‥‥ 284
　――の用途‥‥‥‥‥‥‥‥‥‥ 287
商品形態模倣行為‥‥‥‥‥‥ 809, 822
　――に対する適用除外‥‥‥‥ 809, 822
商品等表示‥‥‥‥‥‥‥‥‥‥‥ 11
商品若しくは役務若しくはその広告
　若しくは取引に用いる書類若しく
　は通信‥‥‥‥‥‥‥‥‥‥‥‥ 956
情報‥‥‥‥‥‥‥‥‥‥‥‥ 230, 510
　――の自由な流通‥‥‥‥‥‥ 419, 465
　――の自由な利用‥‥‥‥ 394, 419, 438

——の「処理」……………230, 510
——の同一性……411, 445, 446, 448
——の評価又は分析の方法……620
——を「記録」……………230, 510
——を変換して記録媒体に記録し，
　若しくは送信する方式………514
証明すべき事実…………………648
消滅時効………………………709
使用料相当額………………581, 604
職業選択・転職の自由……………408
職業選択の自由… 387, 407, 408, 410, 415
職務に関する行為…………………744
指令……………………………520
指令符号………………………234
侵害の行為
　　　——に供した設備…………542
　　　——により生じた物………541, 570
　　　——を組成した物………541, 569
信用回復措置……………………704
信用回復措置請求………………313
信用毀損行為……………………303
数量……………………………287
スクランブル処理………………250
スクランブル方式………………248
スモール・ファシリテーション・
　ペイメント……………………742
請求主体性……………………… 9
セカンドレベルドメイン………524
積極損害………………………554
先使用権………………………264
全体的観察……………………111
潜脱……………………………405
前段方式………………………511
相談役………………………928, 1013
装置……………………………233
相当実施料率………………581, 610
相当使用料率……………………608
相当蓄積性……………………499
相当な損害額の認定……………668

訴訟記録の閲覧等………………691
その営業秘密の管理に係る任務
　……………………………914, 929
その商品の原産地，品質，内容，製
　造方法，用途若しくは数量又はそ
　の役務の質，内容，用途若しくは
　数量………………………957
その職を退いた後………………933
損害……………………………553
　　　——を加える目的…………166
損害計算のための鑑定…………667

た　行

タイ公務員贈賄事件……………757
第三債務者………………………1144
対象営業秘密構成情報特定事項……1058
退職の記念………………………893
代替金…………………………1143
他人……………………………107
　　　——に損害を加える目的………257
　　　——の顧客吸引力を不正に利用
　　　して事業を行う目的…………255
　　　——の著名な商品等表示に係る
　　　信用若しくは名声を利用して
　　　不正の利益を得る目的………949
他人性………………………… 9
ダビング10………………………243
単位数量当たりの利益の額…………573
抽象的使用……………………490
著作物…………………………104
著名表示冒用行為………………780, 806
追徴……………………………996
通常有する形態…………………110
通信……………………………280
通信カラオケ機器………………249, 515
提供……………………………498
デッドコピー……………………822
テフロン調査……………………769
電気通信回線……………………195

1194 事項索引

――を通じて提供‥‥‥‥‥ 114, 115
――を通じて提供する行為‥‥‥ 195
展示‥‥‥‥‥‥‥‥‥‥ 194, 235
電子計算機‥‥‥‥‥‥‥ 520, 522
電磁的管理性‥‥‥‥‥‥‥‥ 500
電子的方式‥‥‥‥‥‥‥‥ 242, 516
電磁的方法‥‥‥‥‥‥‥‥‥ 509
転職活動の自由‥‥‥‥‥‥‥ 410
転職勧誘‥‥‥‥‥‥‥‥‥‥ 470
転職の自由‥‥‥‥‥‥‥ 384, 407
店舗外観‥‥‥‥‥‥‥‥‥ 20, 61
当該記載又は記録を消去したように
　仮装すること‥‥‥‥‥‥‥ 920
当該技術上の秘密を使用する行為に
　より生ずる物‥‥‥‥‥‥‥ 622
当該技術の制限手段の効果‥‥‥ 231
当該信用若しくは名声を害する目的
　‥‥‥‥‥‥‥‥‥‥‥‥ 949
当該ドメイン名を使用する「正当の
　利益」‥‥‥‥‥‥‥‥‥‥ 258
当事者尋問等の公開停止‥‥‥‥ 697
登録商標使用の抗弁‥‥‥‥‥ 543
独占的販売権者‥‥‥‥‥‥‥ 108
特定‥‥‥‥ 387, 392, 402, 410, 423,
　　437, 451-455, 456, 492
　――の反応をする信号‥‥‥‥ 512
特定商品等表示‥‥‥‥‥‥‥ 259
特定数量‥‥‥‥‥‥‥‥ 576, 585
特定性‥‥‥‥‥‥‥‥‥‥‥‥ 9
特定の者‥‥‥‥‥‥‥‥ 250, 497
時計機能‥‥‥‥‥‥‥‥‥‥ 515
トップレベルドメイン‥‥‥‥‥ 524
ドメイン紛争に関する裁判外紛争解
　決機関‥‥‥‥‥‥‥‥‥‥ 268
ドメイン名‥‥‥‥‥‥‥‥‥ 522
　――を使用する権利の取得‥‥ 261
　――を使用する権利の保有‥‥ 263
ドメイン名紛争統一処理方針（UDRP）
　‥‥‥‥‥‥‥‥‥‥‥‥ 252

図利加害目的‥‥‥‥ 213, 486, 490, 493
取引に用いる書類‥‥‥‥‥‥‥ 280
図利目的‥‥‥‥‥‥‥‥‥‥ 213
トレードシークレット‥‥‥‥ 461, 463

な 行

何人も‥‥‥‥‥‥‥‥‥ 655, 740
内部分裂‥‥‥‥‥‥‥‥‥‥‥ 10
二重価格表示‥‥‥‥‥‥‥‥ 296
二段階テスト‥‥‥‥‥‥ 449, 450, 451
日本国外での秘密保持命令違反‥‥ 979
日本国外においてこれらの罪を犯し
　た者‥‥‥‥‥‥‥‥‥‥‥ 979
日本国内において事業を行う営業秘
　密保有者‥‥‥‥‥‥‥‥‥ 966
　――の営業秘密‥‥‥‥‥ 970, 978
日本国外において使用する目的‥ 964, 968
日本語ドメイン‥‥‥‥‥‥‥ 524
任務に背く‥‥‥‥‥‥‥‥‥ 915
ネガティブ・インフォメーション
　‥‥‥‥‥‥‥‥‥‥‥ 440, 489
ネガティブ情報‥‥‥‥‥‥ 440, 489
ネームサーバ‥‥‥‥‥‥‥‥ 523
ノウハウ‥‥‥‥‥‥‥‥‥‥ 458
「のみ」要件‥‥‥‥‥‥‥‥ 235
廃棄等請求権‥‥‥‥‥‥‥ 530, 540

は 行

派遣労働者‥‥‥‥‥‥‥‥‥ 929
旗省令‥‥‥‥‥‥‥ 718, 722, 729, 731
パリ条約‥‥‥‥‥‥‥ 717, 718, 722, 728
パロディの一環としてのドメイン名
　の使用‥‥‥‥‥‥‥‥‥‥ 264
犯罪行為により得た財産‥‥‥‥ 986
犯罪行為により生じた財産‥‥‥ 986
犯罪行為により生じた財産等
　――の果実として得た財産‥‥‥ 987
　――の対価として得た財産‥‥‥ 987
　――の保有又は処分に基づき得た

事項索引　1195

財産·····························988
犯罪行為の報酬として得た財産·······986
販売等能力相応数量···············575
販売又は提供をすることができない
　とする事情·····················577
汎用的装置等を譲渡等する場合·······955
非開示情報······················460
引渡し·························194
非公知性········385, 408, 419-438, 443,
　　　444, 447, 452, 463, 480-490
秘匿決定···················1061, 1069
人に暴行を加える··················888
人を欺く·······················888
人を脅迫する····················888
秘密該当性······················390
秘密管理意思
　··········388, 392, 401, 403, 473, 474
秘密管理性····385-419, 421, 422, 426, 430,
　　　431, 438, 456-474, 477-479,
　　　485-487, 491, 494, 495
秘密管理措置······386-388, 401, 402-406,
　　　409, 418, 421, 472, 474, 475
　──の形骸化···············403, 473
　──の潜脱·····················403
秘密として管理されている
　·······················383, 385, 400
秘密保持契約·············168, 673, 682
秘密保持命令····640, 673, 691, 1046, 1047
　──に違反する行為··············959
　──の対象····················676
　──の取消し···················685
　──の名宛人···················678
　──の発令の要件················674
秘密保持命令取消しの申立て·········686
秘密漏示罪······················915
　──が適用される者··············915
不正アクセス行為·················889
不正アクティベート···············239
不正開示行為····················221

不正開示の介在··················905
不正取得行為····················197
不正の手段··················126, 197
不正の目的·············784, 800, 808
不正の利益を得る目的
　··············165, 213, 254, 893, 921
不正を暴く報道の目的··············897
普通に用いられる方法··············772
普通名詞の抗弁··················264
普通名称··················766, 767, 773
　──の認定の基準················768
普通名称化·····················770
物件··························916
不動産··························12
不当に高額な値段で転売する目的····254
不当利得·······················556
ぶどうを原料又は材料とする物·······771
部品一式·······················233
不法財産と不法財産以外の財産との
　混和························990
プライバシー···········394, 421, 427, 431,
　　　472, 481, 487, 488
フリーライド目的·················949
プログラムの実行·················510
プロテクト破り代行サービス·········239
分業体制························10
文書
　──の趣旨····················647
　──の所持者···················648
　──の表示····················645
文書提出義務の原因···············648
文書提出命令····················456
ベトナム公務員贈賄事件············756
法人重課···················1027, 1039
法人重課規定···················1046
法人重罰規定···················1044
保身目的での領得················896
没収することが相当でないと認められ
　るとき·······················995

1196 事項索引

没収できるもの……………………984
没収の裁判に基づく権利の移転の登記等
………………………………1127
没収保全命令…………………………1137
保有者に損害を加える目的………213, 896
保有する事業者………………………154
ポリューション目的…………………949
翻案的使用……………………………490

ま 行

マイクロプロセッサー………………520
マクロビジョン・キャンセラー………245
マクロビジョン方式…………………229
マドリッド協定………………………771
未遂犯…………………………………972
無罪……………404, 408, 425, 426, 474
　　──の裁判……………………1130
無反応機器……………………………246
明確な認識可能性………410, 411, 413, 414
申込み…………………………………746
目的規定………………………………2
目的要件………………………………235
モジュール……………………………521
模倣……………………………………114
模様……………………………………18
紋章……………………………………717
紋章学上………………………………718

や 行

役員又は従業員であった者…………932
約束……………………………………746
有体物性………………………………11
有用性………390, 394, 408, 421, 424-432,
　　　　　438-448, 452, 463, 478, 481,
　　　　　482, 484-490, 493-495
輸出………………………………114, 195
輸入………………………………114, 195
輸入差止………………………………107
容易……………………………………233
予見可能性………………385, 415, 465
予測可能性……………………………471
予防請求権……………………………530

ら 行

利益……………………………………532
理事等に準ずる者……………………928
リバースエンジニアリング
　………128, 432, 433, 434, 436, 437, 483
流通性…………………………………11
両罰規定
　………1026-1028, 1030-1043, 1045-1049
類似性…………………………………24
ルーチン………………………………521
流布……………………………………310
濾過テスト……………423, 424, 449, 491

判 例 索 引
（年月日順）
※判例情報データベース「D1-Law.com判例体系」の判例IDを〔　〕で記載

明治

大判明36・6・30民録9輯1187頁〔27942712〕‥‥‥‥‥‥‥‥‥‥‥‥‥ 1123
大判明36・7・3刑録9輯1202頁〔27942713〕‥‥‥‥‥‥‥‥‥‥‥‥‥ 1053
大判明36・7・6民録9輯870頁〔27980003〕（磯最中事件）‥‥‥‥‥‥ 778
大判明39・2・19民録12輯226頁〔27520938〕‥‥‥‥‥‥‥‥‥‥‥‥‥ 325
大判明42・3・8刑録15輯195頁〔27918061〕‥‥‥‥‥‥‥‥‥‥‥‥‥ 1022
大判明44・5・22刑録17輯897頁〔27918440〕‥‥‥‥‥‥‥‥‥‥‥‥‥ 1008
大判明44・6・8刑録17輯1113頁〔27918452〕‥‥‥‥‥‥‥‥‥‥‥‥‥ 1008

大正

大判大2・1・27刑録19輯85頁〔27922655〕‥‥‥‥‥‥‥‥‥‥‥‥‥‥ 321
大判大5・6・15刑録22輯977頁〔27942932〕‥‥‥‥‥‥‥‥‥‥‥‥‥ 1051
大判大5・9・28刑録22輯1467頁〔27942966〕‥‥‥‥‥‥‥‥‥‥‥‥‥ 998
大判大7・4・24刑録24輯392頁〔27537167〕‥‥‥‥‥‥‥‥‥‥‥‥‥ 1050
大判大9・12・10刑録26輯949頁〔27943247〕‥‥‥‥‥‥‥‥‥‥‥‥‥ 762
大判大12・8・1刑集2巻673頁〔27931190〕‥‥‥‥‥‥‥‥‥‥‥‥‥ 1051
大判大13・4・23刑集3巻353頁〔27980392〕‥‥‥‥‥‥‥‥‥‥‥‥ 1050, 1051
大判大14・11・28民集4巻670頁〔27510908〕（大学湯事件）‥‥‥‥‥‥ 458

昭和3年～10年

大判昭3・2・3刑集7巻67頁〔20000503〕‥‥‥‥‥‥‥‥‥‥‥‥‥‥ 1025
大判昭4・12・4刑集8巻609頁〔27911867〕‥‥‥‥‥‥‥‥‥‥‥‥‥ 762
大判昭5・10・16法律新聞3198号15頁〔27540238〕‥‥‥‥‥‥‥‥‥‥ 1050
大判昭6・8・6刑集10巻412頁〔27931501〕‥‥‥‥‥‥‥‥‥‥‥‥‥ 760
大判昭7・3・14刑集11巻174頁〔27931536〕‥‥‥‥‥‥‥‥‥‥‥‥‥ 1024
大判昭9・4・26刑集13巻527頁〔27915973〕‥‥‥‥‥‥‥‥‥‥‥‥‥ 1050
大判昭10・7・4刑集14巻753頁〔27922367〕‥‥‥‥‥‥‥‥‥‥‥‥‥ 1007

昭和11年～20年

大判昭15・2・15刑集19巻31頁〔27980574〕‥‥‥‥‥‥‥‥‥‥‥‥‥ 1051
大判昭15・6・3刑集19巻337頁〔27915998〕‥‥‥‥‥‥‥‥‥‥‥‥‥ 1023
大判昭17・8・5刑集21巻344頁‥‥‥‥‥‥‥‥‥‥‥‥‥‥‥‥‥‥‥ 1052
大判昭17・9・16刑集21巻417頁〔27922593〕‥‥‥‥‥‥‥‥‥‥‥ 1050, 1053

1198　判例索引

大判昭18・3・24法律新聞4845号5頁〔27931940〕‥‥‥‥‥‥‥‥‥‥‥‥ 1051
大判昭18・3・29刑集22巻61頁〔27922599〕‥‥‥‥‥‥‥‥‥‥‥‥‥‥‥ 1050

昭和21年～30年

最判昭24・3・8刑集3巻3号276頁〔24000522〕‥‥‥‥‥‥‥‥‥‥‥‥‥ 1007
東京高判昭25・4・21高刑3巻1号107頁〔27660151〕‥‥‥‥‥‥‥‥‥‥‥ 1051
最判昭25・10・6刑集4巻10号1936頁〔27660170〕‥‥‥‥‥‥‥‥‥‥‥‥ 1051
最判昭26・9・4刑集5巻10号1860頁〔27660229〕‥‥‥‥‥‥‥‥‥‥‥‥ 1050
大阪地判昭27・5・29下民3巻5号719頁〔27410063〕（製縄機事件）‥‥‥‥‥ 321
東京高判昭27・6・11東高刑時報2巻8号201頁〔27492357〕‥‥‥‥‥‥‥‥ 1051
最判昭27・7・22刑集6巻7号927頁〔24001564〕‥‥‥‥‥‥‥‥‥‥‥‥‥ 1015
最判昭27・8・5刑集6号8巻957頁〔27660287〕‥‥‥‥‥‥‥‥‥‥‥‥‥ 1052
最判昭28・1・27刑集7巻1号64頁〔21005230〕‥‥‥‥‥‥‥‥‥‥‥‥‥ 1052
東京地判昭28・10・20判時15号20頁〔27410134〕（赤木屋プレイガイド事件）
　　　‥‥‥‥‥‥‥‥‥‥‥‥‥‥‥‥‥‥‥‥‥‥‥‥‥‥‥‥‥‥‥‥ 773, 779
東京地判昭29・7・22判時146号6頁〔28224241〕（「チャタレー夫人の恋人」偽本
　　版事件第一審判決）‥‥‥‥‥‥‥‥‥‥‥‥‥‥‥‥‥‥‥‥‥‥‥‥‥‥ 35
静岡地浜松支判昭29・9・16判タ43号40頁〔27410188〕（山葉楽器事件）‥‥‥‥ 781
最決昭30・2・2刑集9巻2号157頁〔27660408〕‥‥‥‥‥‥‥‥‥‥‥‥‥ 1052
東京高判昭30・7・22判時146号6頁〔27486019〕（「チャタレー夫人の恋人」偽本
　　版事件控訴審判決）‥‥‥‥‥‥‥‥‥‥‥‥‥‥‥‥‥‥‥‥‥‥‥‥‥‥ 35
最決昭30・12・3刑集9巻13号2596頁〔27670101〕‥‥‥‥‥‥‥‥‥‥‥‥ 763

昭和31年～40年

最判昭31・7・4民集10巻7号785頁〔27002906〕‥‥‥‥‥‥‥‥‥‥‥‥‥ 706
東京高判昭31・7・14行集7巻7号1833頁〔27601377〕（羽二重餅事件）‥‥‥‥ 779
最判昭31・7・20民集10巻8号1059頁〔27002893〕‥‥‥‥‥‥‥‥‥‥‥‥ 322
最決昭31・12・22刑集10巻12号1683頁〔21008289〕‥‥‥‥‥‥‥‥‥‥‥‥ 1052
最判昭31・12・28刑集10巻12号1811頁〔27680800〕‥‥‥‥‥‥‥‥‥‥‥‥ 1025
福島地判昭32・10・8刑集14巻5号533頁〔24003812〕‥‥‥‥‥‥‥‥‥‥‥ 1017
最大判昭32・11・27刑集11巻12号3113頁〔21009402〕‥‥‥‥ 1040, 1042, 1051, 1053
最判昭33・3・27判時146号5頁〔28224240〕（「チャタレー夫人の恋人」偽本版事
　　件最高裁判決）‥‥‥‥‥‥‥‥‥‥‥‥‥‥‥‥‥‥‥‥‥‥‥‥‥‥‥‥ 35
最判昭33・4・18刑集12巻6号1090頁〔24003266〕‥‥‥‥‥‥‥‥‥‥‥‥ 1051
最大判昭33・5・28刑集12巻8号1718頁〔27760617〕‥‥‥‥‥‥‥‥‥‥‥ 762
最決昭34・5・20刑集13巻5号755頁〔27486021〕（アマモト事件）‥‥‥‥‥‥‥ 43
東京高判昭35・12・12刑集16巻2号196頁〔21013983〕‥‥‥‥‥‥‥‥‥‥‥ 1052
最大判昭35・12・21刑集14巻14号2162頁〔21014061〕‥‥‥‥‥‥‥‥ 1048, 1054
最判昭36・6・27民集15巻6号1730頁〔27002277〕（橘正宗事件）‥‥‥‥‥‥‥ 343

判例索引　　1199

東京地判昭36・6・30判時269号30頁〔21015032〕（ライナービヤー事件）・・・・・・・・・ 286
東京地判昭36・7・15判時268号4頁〔27486025〕（東京研数学館事件）・・・・・・・・・・・ 36
神戸地判昭36・7・24不競判434頁（チキン・ラーメン事件）・・・・・・・・・・・・・・・・・・・・・ 44
最判昭36・9・29民集15巻8号2256号〔27002253〕（東京瓦斯事件）・・・・・・・・・・・ 36
東京地判昭36・11・15判時289号34頁〔27410710〕（池袋明治屋事件）・・・・・・・・・ 47
最判昭37・4・13判タ138号94頁〔27670262〕・・・・・・・・・・・・・・・・・・・・・・・・・・・・・・・ 762
東京地判昭37・11・28判タ139号123頁〔27486029〕（京橋中央病院事件）
　・・ 36, 43, 322, 547
最大判昭37・11・28刑集16巻11号1577頁〔21016691〕・・・・・・・・・・・・・・・・・・・ 1022
最判昭37・11・28刑集16巻11号1593頁〔21016692〕・・・・・・・・・・・・・・・・・・・・・ 1171
最判昭38・2・26刑集17巻1号15頁〔27660942〕・・・・・・・・・・・・・・・・・・・・・・・・・ 1053
大阪高判昭38・2・28判時335号43頁〔27410828〕（松前屋事件）・・・・・・・・・・・・・ 43
最決昭38・5・21刑集17巻4号345頁〔27670293〕・・・・・・・・・・・・・・・・・・・・・・・・・ 762
東京高判昭38・5・23東高民時報14巻5号136頁〔27486031〕・・・・・・・・・・・・・・・ 773
東京高判昭38・5・29判タ146号93頁〔27486033〕（ライナービヤー事件控訴審判
　決）・・ 286
京都地判昭38・8・5下刑5巻7＝8号786頁〔27660981〕・・・・・・・・・・・・・・・・・・ 1053
大阪高判昭38・8・27判タ189号99頁〔27410861〕（本家田邊家事件）・・・・・・・・・ 346
大阪高判昭39・1・30判タ157号178頁〔27486034〕（三菱建設事件）・・・・・・・・・・ 89
東京地決昭39・9・25判タ165号181頁〔27421272〕（五輪マーク事件）・・・・・・・・・ 36
東京地判昭39・12・26判タ172号183頁〔27440859〕（強力シンセン事件）・・・・・・・ 47
最判昭40・3・26刑集19巻2号83頁〔27661096〕・・・・・・・・・・ 761, 1040-1042
最判昭40・6・4判時414号29頁〔27486038〕（ライナービヤー事件上告審判決）・・ 286
松山地判昭40・7・16不競判759頁（潮見観光ホテル事件）・・・・・・・・・・・・・・・・・・・ 48
名古屋地判昭40・8・6判時423号45頁〔27486040〕（つゆの素事件）
　・・・・・・・・・・・・・・・・・・・・・・・・・・・・・・・・・・・・・・ 768, 770, 772-774, 779
東京地判昭40・12・21不競集〔古関〕826頁（永大産業事件）・・・・・・・・・・・・・・・・・ 89
京都地判昭40・12・22判タ187号193頁〔27486042〕・・・・・・・・・・・・・・・・・・・・・・ 775

昭和41年～50年

長崎地佐世保支判昭41・2・21判例不競法843頁（山縣西部駐車場事件）・・・・・・・・ 43
大阪地判昭41・3・30判時468号57頁〔27486043〕・・・・・・・・・・・・・・・・・・・・・・・・ 773
大阪高判昭41・4・5判時451号41頁〔27486044〕（三菱建設事件）・・・・・・・・・ 32, 547
大阪高判昭41・6・27判タ198号151頁〔27661202〕・・・・・・・・・・・・・・・・・・・・・・ 1053
大阪地判昭41・6・29下民17巻5＝6号562頁〔27486045〕（オレンジ戸車事件）・・・・ 41
東京高決昭41・9・5判タ199号169頁〔27621912〕（ワウケシャ事件）・・・・・・・・・・ 383
東京地判昭41・10・11判タ198号142頁〔27421543〕・・・・・・・・・・・・・・・・・・・・・・ 558
東京地判昭41・11・22判時476号45頁〔27486046〕（組立式押入たんすセット事件）
　・・・ 16, 37

1200 **判例索引**

東京地判昭42・7・3判時505号51頁〔27421640〕（ジヒドロストレプトマイシンの製造法事件）‥‥‥‥‥‥‥‥‥‥‥‥‥‥‥‥‥‥‥‥‥‥‥‥‥‥‥ 559

最判昭42・7・14刑集21巻6号825頁〔21026091〕‥‥‥‥‥‥‥‥‥‥‥‥‥ 1054

東京地判昭42・9・27判タ218号236頁〔27486047〕（アマンド事件）‥‥‥‥‥‥ 44

東京高判昭42・11・9判タ216号258頁〔27411141〕‥‥‥‥‥‥‥‥‥‥‥‥‥ 775

最判昭43・2・1判タ219号78頁〔27622059〕‥‥‥‥‥‥‥‥‥‥‥‥‥‥‥ 652

最判昭43・2・1判例時報514号54頁〔27403137〕‥‥‥‥‥‥‥‥‥‥‥‥‥ 663

最判昭43・9・25刑集22巻9号871頁〔24004814〕‥‥‥‥‥‥‥‥‥‥‥‥‥ 1025

最決昭43・12・17刑集22巻13号1476頁〔27661380〕‥‥‥‥‥‥‥‥ 1043, 1053

最判昭44・2・27民集23巻2号441頁〔27000842〕‥‥‥‥‥‥‥‥‥‥‥‥‥ 558

東京地判昭44・3・19判タ235号273頁〔27486051〕（フシマンバルブ事件）‥‥ 794, 801

最判昭44・10・3刑集23巻10号1222頁〔21031491〕‥‥‥‥‥‥‥‥‥‥‥‥ 1050

東京高判昭45・4・28判タ254号299頁〔27486055〕（長崎タンメン事件）‥ 37, 346, 775

奈良地判昭45・10・23判時624号78頁〔27441334〕（フォセコ・ジャパン・リミティッド事件）‥‥‥‥‥‥‥‥‥‥‥‥‥‥‥‥‥‥‥‥‥‥‥‥‥‥‥‥ 476

名古屋地判昭46・1・26判時637号85頁〔27486057〕（モノフィラメント事件）
‥‥‥‥‥‥‥‥‥‥‥‥‥‥‥‥‥‥‥‥‥‥‥‥‥‥‥‥‥‥‥ 321, 325

大阪地判昭46・2・26判時621号8頁〔27486058〕（東阪急ホテル事件）‥‥‥‥‥ 47

大阪地判昭46・6・28無体集3巻1号245頁〔27486059〕（積水開発事件）‥‥‥ 32, 547

東京地判昭47・3・17判タ278号374頁〔27486060〕（フイゴ履事件）‥‥‥ 322, 324, 549

東京地判昭47・11・27判タ298号435頁〔27486062〕（札幌ラーメンどさん子事件）
‥‥‥‥‥‥‥‥‥‥‥‥‥‥‥‥‥‥‥‥‥‥‥‥‥‥‥‥‥ 32, 44, 547

東京地判昭48・3・9判タ295号361頁〔27486064〕（ナイロール眼鏡枠事件）
‥‥‥‥‥‥‥‥‥‥‥‥‥‥‥‥‥‥‥‥‥‥‥‥‥‥‥‥ 37, 38, 44

東京高判昭48・9・25判タ301号205頁〔27751567〕（フイゴ履事件控訴審判決）‥‥ 322

金沢地小松支判昭48・10・30判時734号91頁〔27411549〕（8番ラーメン事件）
‥‥‥‥‥‥‥‥‥‥‥‥‥‥‥‥‥‥‥‥‥‥‥‥‥‥‥‥‥‥‥ 32, 547

東京地判昭49・1・30判タ308号274頁〔27411560〕（ユアサ事件）‥‥‥‥‥ 44, 795

東京高判昭49・7・29刑月6巻7号814頁〔27486069〕（国産洋服英国地名表示事件）‥‥‥‥‥‥‥‥‥‥‥‥‥‥‥‥‥‥‥‥‥‥‥‥‥‥‥‥‥‥ 293

東京高判昭49・7・29刑裁月報6巻7号814頁〔27486069〕‥‥‥‥‥‥‥‥‥‥ 1018

大阪地判昭49・9・10無体集6巻2号217頁〔27486070〕（チャコピー事件）
‥‥‥‥‥‥‥‥‥‥‥‥‥‥‥‥‥‥‥‥‥‥‥‥‥‥‥‥‥ 320-322

東京地判昭49・12・23特企74号31頁（東武ストアー事件）‥‥‥‥‥‥‥‥‥‥ 800

東京高判昭50・4・28高刑28巻2号200頁〔27486071〕‥‥‥‥‥‥‥‥‥‥‥ 1020

京都地判昭50・11・21刑裁月報7巻11・12号960頁〔27486074〕‥‥‥‥‥‥‥ 1017

大阪高判昭50・12・2判タ335号232頁〔27661912〕‥‥‥‥‥‥‥‥‥‥‥‥ 1147

昭和51年～60年

東京地判昭51・1・28判時836号73頁〔27486075〕（アン事件）·················· 33

東京地判昭51・3・31判タ344号291頁〔27486076〕（勝烈庵事件）········· 43, 548, 775

名古屋地判昭51・4・27判タ344号304頁〔27411692〕（中部機械商事事件）··········· 44

東京地判昭51・4・28無体集8巻1号144頁〔27486077〕（仮面ライダー事件）·· 31, 32

大阪地判昭51・4・30無体集8巻1号161頁〔27486078〕（ピオビタンA事件）····· 43

札幌地判昭51・12・8判時865号79頁〔27486082〕（バター飴缶事件）·················· 36

広島地判昭51・12・23判時858号91頁〔27486083〕（寄生虫検査事件）················ 708

大阪地判昭52・3・4判タ353号293頁〔27486086〕（ミスターサンアイ事件）······· 798

東京高判昭52・3・30税務訴訟資料100号1474頁〔21057500〕·················· 1050

熊本地判昭52・4・26判タ368号214頁〔28172622〕（ニュー火の国ホテル事件）····· 48

東京地判昭52・12・23判タ364号292頁〔27486088〕（伝票会計用伝票事件）··········· 16

大阪高決昭53・3・6判タ359号194頁〔27650700〕····························· 662

最決昭53・3・22刑集32巻2号316頁〔27486091〕（清酒特級事件）············ 285, 1020

東京高判昭53・5・23刑月10巻4＝5号857頁〔27486092〕（原石ベルギーダイヤ
事件）····························· 282, 289, 296, 727, 1020, 1021

大阪地判昭53・6・20無体集10巻1号237頁〔27486094〕（公益社事件）········ 534, 775

最判昭53・9・7民集32巻6号1145頁〔27000229〕（ワン・レイニー・ナイト・
イン・トーキョー事件）····························· 365

東京地判昭53・10・30無体集10巻2号509頁〔27486098〕（投げ釣り用天秤事件）
····························· 38, 44, 321, 323, 327, 558

大阪地判昭53・12・19無体集10巻2号617頁〔27423194〕（戸車用レール（ビニケ
ンレール）事件）····························· 327, 558

大阪高決昭54・8・29判タ396号138頁〔27486105〕（都山流尺八協会事件）····· 36, 775

東京地判昭55・1・28無体集12巻1号1頁〔27486107〕（香りのタイプ事件第一
審判決）····························· 26, 49, 295

東京高判昭55・2・18労民集31巻1号49頁〔27612949〕····················· 1013

東京高判昭55・3・10無体集12巻1号47頁〔27486108〕（タイポス書体事件第一
審判決）····························· 31, 35

大阪地判昭55・3・18判時969号95頁〔27486109〕（少林寺拳法事件）
····························· 36, 775, 796, 805

大阪地判昭55・4・18判工2585の267頁〔27752479〕（香辛料缶事件）············· 36, 41

大阪地判昭55・5・30月刊特許と企業140号72頁（ミキプルーン事件）·············· 320

大阪地判昭55・7・15無体集12巻2号321頁〔27200021〕（フットボールシンボル
マーク事件第一審判決）····························· 44

大阪高判昭55・7・15判タ427号174頁〔27486110〕（階段辷り止め事件）
····························· 320, 322, 323, 326, 549, 558

最決昭55・10・31刑集34巻5号367頁〔21071451〕························· 1052

1202 　判例索引

大阪地判昭56・1・30無体集13巻1号22頁〔27486113〕（ロンシャン図柄事件）
　　……………………………………………………………… 31, 33, 41
札幌高決昭56・1・31判タ440号147頁〔27486114〕（バター飴容器事件）…… 534, 535
東京高判昭56・2・25無体集13巻1号134頁〔27486115〕（香りのタイプ事件控訴
　　審判決）……………………………………………………………… 49, 295
東京高判昭56・3・30判時1005号109頁〔27486117〕（日本印相協会事件）………… 48
大阪地決昭56・3・30判時1028号83頁〔27486118〕（花柳流名取事件）
　　………………………………………………………… 36, 780, 783, 784
大阪高決昭56・4・27無体集13巻1号454頁〔27486119〕（薬品瓶事件）………… 37
大阪高決昭56・6・26無体集13巻1号503頁〔27486120〕（花柳流事件）………… 547
最判昭56・10・13民集35巻7号1129頁〔27000121〕（マクドナルド事件）………… 547
神戸地判昭57・1・26判タ469号254頁〔27412093〕………………………………… 549
大阪地判昭57・2・26無体集14巻1号90頁〔27752939〕（カルティエ事件）……… 548
東京高判昭57・3・25無体集14巻1号158頁〔27200064〕（日本ウーマン・パワー
　　事件控訴審判決）…………………………………………………………… 36
京都地判昭57・4・23判タ499号210頁〔27486126〕（つきたて事件）…………… 346
東京高判昭57・4・28判タ499号161頁〔27423861〕（タイポス書体事件控訴審判
　　決）…………………………………………………………………… 31, 35
名古屋地判昭57・10・15判タ490号155頁〔27423941〕（ヤマハ特約店事件）
　　………………………………………………………… 287, 289, 322
大阪地判昭58・2・25判タ499号184頁〔27486132〕（紙なべ事件）………………… 43
大阪高判昭58・3・3判時1084号122頁〔27412184〕（通信販売カタログ事件控訴
　　審判決）……………………………………………………………………… 20
最決昭58・3・11刑集37巻2号54頁〔21077831〕………………………………… 1050
最決昭58・3・25刑集37巻2号170頁〔24005859〕………………………………… 762
東京地判昭58・6・3判タ499号203頁〔27753216〕（動物おもちゃ事件）………… 665
最判昭58・9・29刑集37巻7号1110頁〔21078671〕……………………………… 96
最判昭58・10・7民集37巻8号1082頁〔27000035〕（日本ウーマン・パワー事件
　　最高裁判決）…………………………………………… 24, 36, 56, 89
大阪地判昭58・10・14判タ514号272頁〔27424134〕（修理の時代事件）…………… 35
東京高判昭58・11・15判タ514号243頁〔27486140〕（伝票会計用伝票事件控訴審）‥ 16
大阪地判昭58・11・16判タ514号266頁〔27486141〕（バタフライバルブ事件）……… 548
横浜地判昭58・12・9判タ514号259頁〔27486142〕（勝烈庵Ⅱ事件）…………… 43
大阪地判昭58・12・9判タ514号295頁〔27651267〕（スノーボール事件）…… 647, 664
横浜地判昭58・12・9判タ514号259頁〔27486142〕…………………………… 775
東京高判昭58・12・22判時1115号121頁〔27753350〕（ケーサイト事件）………… 343
大阪地判昭58・12・23判タ536号273頁〔27490696〕（ウエットスーツの配色につき
　　トロピカルライン事件）………………………………………………… 41

福岡高宮崎支判昭59・1・30判タ530号225頁〔27490513〕（ほっかほか弁当事件）
…………………………………………………………………………………… 32, 547, 776

名古屋地判昭59・2・27判タ536号356頁〔27803137〕（ウォーキングビーム式加熱
炉事件）……………………………………………………………………………………… 323

大阪地判昭59・2・28判タ536号425頁〔27753394〕（千鳥屋事件）…………… 799, 803

札幌地判昭59・3・28判タ536号284頁〔27490783〕（コンピュータランド北海道
事件）……………………………………………………………………………………… 32, 44

最判昭59・5・29民集38巻7号920頁〔27000012〕（フットボールシンボルマーク
事件最高裁判決）……………………………… 9, 27, 28, 32, 56, 90, 91, 547

名古屋地判昭59・8・31無体集16巻2号568頁〔27486801〕（マグネット式筆入れ
事件）…………………………………………………………………………………… 321, 326

東京高判昭60・1・22高刑38巻1号39頁〔27803815〕………………………………… 1051

福岡地判昭60・3・15判タ566号299頁〔27486809〕（第二次会計用伝票事件）……… 39

大阪地判昭60・3・20判タ566号286頁〔27486810〕（梯形筒状体コードプロテク
ター事件）…………………………………………………………………………………… 46

最判昭60・4・9最新企業秘密・ノウハウ関係判例集45頁（通信販売カタログ事
件最高裁判決）……………………………………………………………………………… 43

大阪地判昭60・5・29判タ567号307頁〔27486814〕（アルバム台紙事件）………… 324

昭和61年〜63年

東京地判昭61・1・24判タ608号122頁〔27800813〕（伝票会計用伝票事件）………… 46

京都地判昭61・3・6税務訴訟資料161号425頁〔22002640〕……………………… 1051

鹿児島地判昭61・10・14判タ626号208頁〔27801631〕（黒酢事件）…………… 774, 778

福岡高判昭61・11・27判タ641号194頁〔27801633〕（メガネの松田事件）…… 776, 781

神戸地判昭61・12・22判例不競法874ノ136頁（完全チケット制事件）……………… 43

大阪地判昭61・12・25判タ630号202頁〔27754330〕（中納言事件）…………… 35, 44

神戸地判昭62・3・25判タ653号166頁〔27820931〕（ホテルシャネル事件）……… 56

東京地判昭62・4・27判時1229号138頁〔27801634〕（天一事件）………………… 44

大阪地判昭62・5・27判タ639号259頁〔27800025〕（かに看板事件）………… 44, 708

大阪地判昭62・10・7判例不競法494ノ118頁〔29013073〕（ハンドリベッター事
件）…………………………………………………………………………………………… 38

東京地判昭62・10・22判時1258号143頁〔27802296〕……………………………… 1017

最判昭63・1・26民集42巻1号1頁〔27100072〕………………………………… 317, 325

名古屋高判昭63・2・19判タ669号232頁〔27804262〕……………………………… 763

最判昭63・3・15民集42巻3号199頁〔27801652〕（クラブ・キャッツアイ事件）…… 97

最決昭63・4・11刑集42巻4号419頁〔24006123〕…………………………………… 762

東京地判昭63・7・1判時1281号129頁〔27802098〕（チェストロン事件）………… 170

最決昭63・7・18刑集42巻6号861頁〔27805214〕…………………………………… 762

1204　判例索引

最判昭63・7・19民集42巻6号489頁〔27802571〕（アースベルト事件）
……………………………………………………………… 31, 46, 486, 549, 805
大阪地判昭63・7・28判時1287号137頁〔27802412〕……………………… 776

平成元年～10年

東京高判平元・1・24無体集21巻1号1頁〔27808691〕（写植用文字盤事件）…… 548
大阪地判平元・3・8判タ700号229頁〔27804288〕（タイプフェイス事件）……… 116
最大判平元・3・8民集43巻2号89頁〔27803181〕（レペタ法廷メモ訴訟事件）… 698
東京地判平元・3・27判タ708号238頁〔27804130〕（ぺんたくん事件第一審判決）‥ 49
大阪地判平元・4・12判時1306号105頁〔27804164〕（若柳流事件）……………… 783
大阪地判平元・9・13無体集21巻3号677頁〔27809611〕（森田ゴルフ事件）……… 548
東京高判平元・12・25無体集21巻3号1066頁〔27808905〕（ぺんたくん事件控訴
　審判決）…………………………………………………………………………… 49
東京地判平2・2・19判タ723号127頁〔27806199〕（ポパイⅠ事件第一審判決）…… 32
福島地いわき支判平2・2・27判例不競法874ノ316ノ1頁（湯本スプリングスカ
　ントリークラブ事件）…………………………………………………………… 44
東京地判平2・2・28判タ724号252頁〔27806309〕（ミッキーマウスのキャラク
　ター事件）………………………………………………………………………… 32
名古屋地判平2・3・16判タ730号227頁〔27806802〕（アメ横事件）……………… 31
京都地判平2・4・25判時1375号127頁〔27808282〕（本みりんタイプ事件）‥ 285, 295
東京地判平2・8・31判例不競法220ノ578頁〔27813562〕（キーホルダー事件）…… 44
東京地判平2・8・31判タ743号222頁〔27807231〕（ラジオ日本事件）…………… 48
東京地判平2・12・19判例不競法1250ノ172ノ26頁〔27816099〕（教材ミスプリン
　ト事件）…………………………………………………………………………… 323
東京地判平3・2・27昭和62年（ワ）5237号公刊物未登載〔27816124〕…………… 774
最判平3・3・28平成2年（オ）706号公刊物未登載〔27815254〕（ニーチェア事
　件）………………………………………………………………………………… 117
東京地判平3・5・31判例不競法220ノ621頁〔27816195〕（にっくねえむキーホル
　ダー事件第一審判決）…………………………………………………………… 38
東京高判平3・7・4知的集23巻2号555頁〔27811235〕（ジェットスリム・クリ
　ニック事件）………………………………………………………………… 798, 806
東京地判平3・9・24判タ769号280頁〔27811694〕…………………………………… 273
大阪地判平3・9・30判時1417号115頁〔27811308〕（CDレンタル関連商品事件）
……………………………………………………………………………… 20, 39, 43
大阪地判平3・10・30知的集23巻3号775頁〔27813202〕（ミキハウス事件）……… 23, 36
東京高判平3・11・28判例不競法220ノ661頁〔27816316〕（キーホルダー事件）…… 31
東京高判平3・12・17判時1418号120頁〔27811375〕（木目化粧紙事件）
……………………………………………………………………… 116, 118, 816, 106
大阪地判平4・1・30判時1466号136頁〔27815143〕（籾袋事件）…………………… 10

判例索引　　1205

大阪地判平4・2・27判例不競法1250ノ172ノ38頁〔27824548〕（魚卵採取装置事件）……………………………………………………………………………… 324

東京高判平4・3・26判例不競法220ノ694頁〔27824569〕（にっくねえむキーホルダー事件控訴審判決）……………………………………………………………… 38

東京高決平4・3・31知的集24巻1号218頁〔27815146〕…………………………… 521

東京地判平4・4・27判タ819号178頁〔27815675〕（THE RITZ SHOP事件）……… 32

東京地判平4・4・27判タ793号251頁〔27812040〕（顕微鏡事件）……………… 49

東京高判平4・5・14判時1431号62頁〔27813299〕（ポパイⅠ事件控訴審判決）……………………………………………………………………………………… 32, 46

大阪地判平4・5・26判例不競法1500ノ4ノ12頁（総本家田辺屋幸春事件）……… 44

大阪地判平4・7・23判時1438号131頁〔27814142〕（無線操縦用模型飛行機部品事件）…………………………………………………………………… 38, 558, 708

東京地判平4・12・21平成元年（ワ）16879号公刊物未登載〔27824686〕………… 774

大阪地判平4・12・24判例不競法1038ノ36頁〔27824693〕（モリトジャパン事件）… 44

大阪地判平5・1・28判タ832号208頁〔27817086〕（アイデア料理の店事件）……… 48

東京地判平5・1・29判例不競法676ノ101頁〔28022324〕（トレンチャー事件）…… 33

名古屋地判平5・1・29判時1482号148頁〔25000035〕（ヤマハピアノおとり広告事件）…………………………………………………………………………… 324

名古屋地判平5・2・17判例不競法1250ノ172ノ142頁〔28022278〕（ペーパーコア事件）…………………………………………………………………………… 320

東京地判平5・2・24判タ808号242頁〔27814609〕（ワールドファイナンス事件第一審判決）………………………………………………………………………… 48

東京高判平5・2・25知的集25巻1号33頁〔27817732〕（配線カバー事件控訴審判決）………………………………………………………………………………… 46, 548

東京地判平5・3・24平成2年（ワ）16538号公刊物未登載〔28022300〕………… 776

東京地判平5・6・23判例不競法874ノ407頁〔28031965〕（POWER STATION事件）……………………………………………………………………………………… 44

東京地判平5・6・23判タ825号247頁〔27816026〕（つぼ八事件）………………… 800

東京地決平5・6・25判時1505号144頁〔27825810〕（リュウミンL-KL事件）……… 35

大阪高判平5・7・20知的集25巻2号249頁〔27825722〕（籾袋事件控訴審判決）…… 10

大阪地判平5・11・11判例不競法1038ノ72頁〔28021434〕（官公庁ブライダルセンター事件）…………………………………………………………………………… 48

最判平5・12・16集民170号775頁〔27816963〕（アメックス事件）……………… 77

東京地判平5・12・22平成4年（ワ）15115号公刊物未登載〔28021424〕（折りたたみコンテナⅠ事件）……………………………………………………………… 39

東京地判平5・12・22判タ846号262頁〔27818366〕（折りたたみコンテナⅡ事件）… 40

東京高決平5・12・24判時1505号136頁〔27825809〕（モリサワタイプフェイス事件）………………………………………………………………………………… 35, 298

1206 　判例索引

東京高判平6・3・23判時1507号156頁〔27825948〕（コイルマット事件控訴審判決）……………………………………………………………… 40

大阪地判平6・3・24平成3年（ワ）6924号公刊物未登載〔28022049〕（HAND BOXER事件第一審判決）…………………………………………………… 33

東京地判平6・4・8判例不競法220ノ785頁〔28021913〕（SEA LAND事件）…… 24

東京地判平6・5・13判タ868号257頁〔27826621〕（選穀機事件）………… 324, 325

大阪高判平6・6・29判例不競法720ノ134頁〔28021960〕（よつ葉事件）……… 28, 48

東京地判平6・9・21判タ874号273頁〔27826256〕（折りたたみコンテナⅢ事件）‥ 16

東京地判平6・10・17判タ879号254頁〔27826816〕（ポパイⅡ事件）…………… 32

東京地判平6・10・28判タ863号71頁〔27826232〕（泉岳寺事件第一審判決）…… 28, 48

東京地判平6・11・30判タ880号283頁〔27826973〕（京の柿茶事件）……… 283, 293

東京地判平6・11・30特許庁公報48号346頁〔28032422〕（PAOLO GUCCI事件）
…………………………………………………………………………… 782, 785

神戸地尼崎支決平6・12・6判例不競法680ノ1頁（ビューラック事件）…………… 25

神戸地決平6・12・8知的集26巻3号1323頁〔27828023〕…………………………… 361

神戸地決平6・12・8知的集26巻3号1323頁〔27828023〕（ハートカップ事件Ⅰ）・818

最決平6・12・9刑集48巻8号576頁〔22007473〕……………………………………… 762

東京地判平6・12・26判例不競法224ノ88ノ6頁〔28032447〕（ウォーターマシンガン事件）………………………………………………………………………… 38

大阪高判平6・12・26判時1553号133頁〔28010016〕（ポリエチレン二段発泡法事件）………………………………………………………………………… 170, 171

東京地判平6・12・6判例不競法1250ノ172ノ169頁〔28032444〕（選穀機事件Ⅱ）
………………………………………………………………………………… 324

広島地福山支判平7・1・18判工2037の20頁〔28031613〕（編手袋事件）………… 324

大阪地判平7・1・31知財協判例集（平7）819頁〔28031622〕（美容室ロイヤル事件）……………………………………………………………………………… 806

東京高判平7・2・22知的集27巻1号60頁〔27828973〕（ワールドファイナンス事件控訴審判決）…………………………………………………………… 48, 802

東京地判平7・2・27判タ890号240頁〔27827917〕（ローズ形チョコレート事件）
…………………………………………………………………………… 33, 38, 804

大阪地判平7・2・28判時1530号96頁〔27827428〕…………………………………… 285

大阪地判平7・5・30判時1545号84頁〔27828428〕（it's シリーズ事件）………… 41

京都地判平7・6・22判タ893号277頁〔27828848〕（アーバンホテル京都事件）…… 48

山形地決平7・6・27判例不競法810ノ252ノ1頁（メガネセンター事件）……… 47, 776

東京地判平7・7・24判例不競法1250ノ172ノ248頁〔28031932〕（自己啓発プログラム事件）……………………………………………………………………… 323

大阪地判平7・9・28判タ901号245頁〔28010298〕（BIRKIN 7事件）…………… 32

大阪地判平7・9・28判タ896号231頁〔27829071〕（音羽流事件第一審判決）
…………………………………………………………………………… 36, 549, 783

判例索引　　1207

東京地判平 7 ・10・30判タ908号69頁〔28010381〕・・・・・・・・・・・・・・・・・・・・・・・・・・・・・・ 573
大阪地判平 7 ・11・30平成 4 年（ワ）36号公刊物未登載〔28031903〕・・・・・・・・・・・ 774
大阪高判平 7 ・12・21判例不競法504ノ34ノ 8 頁〔28022432〕（HAND BOXER事
　件控訴審判決）・・・ 33
仙台地判平 7 ・12・22判タ929号237頁〔28020442〕（バイクハイ事件）・・・・・・・・ 176, 477
大阪地判平 8 ・ 2 ・29判時1573号113頁〔28011215〕・・・・・・・・・・・・・・・・・・・・・・・・・・・・・ 558
大阪地決平 8 ・ 3 ・29知的集28巻 1 号140頁〔28021466〕（ホーキンスサンダル事
　件）・・ 32, 351
大阪地判平 8 ・ 4 ・16判タ920号232頁〔28011467〕（男性かつら顧客名簿事件）
　・・・ 135, 136
東京高判平 8 ・ 7 ・24判時1597号129頁〔28031310〕（泉岳寺事件控訴審判決）
　・・・ 28, 48, 547
東京高判平 8 ・ 9 ・12判例不競法874ノ465頁〔28031359〕（リヴェール事件）・・・・・・・ 44
大阪地判平 8 ・ 9 ・26判時1604号129頁〔28021293〕（世界のヘアピンコレクショ
　ン事件）・・ 283
大阪地判平 8 ・ 9 ・26判時1604号129頁〔28021293〕（ヘアピン事件）・・・・・・・・・・ 293, 717
大阪地判平 8 ・11・28知的集28巻 4 号720頁〔28021548〕（ドレンホース事件）
　・・・ 102, 356, 357, 361
東京地判平 8 ・12・25判時1644号156頁〔28021550〕（ドラゴンソードキーホルダー
　事件第一審判決）・・ 363, 365
大阪地判平 9 ・ 1 ・30知的集29巻 1 号112頁〔28030675〕（粉末ミルクティーの缶
　事件）・・ 36, 44
東京地判平 9 ・ 2 ・21判時1617号120頁〔28022398〕（わんぱくシャベル事件）
　・・ 38, 52, 573
最判平 9 ・ 3 ・11民集51巻 3 号1055頁〔28020794〕（小僧寿し事件）・・・・・・・・・・ 604, 609
名古屋高金沢支判平 9 ・ 3 ・19判例不競法1160ノ334頁〔28051219〕（越乃立山控
　訴審事件）・・・ 44
東京地決平 9 ・ 3 ・19平成 6 年（モ）2623号公刊物未登載〔28172971〕・・・・・・・・・・・・ 663
新潟地三条支判平 9 ・ 3 ・21判例不競法504ノ41頁〔28032268〕（床下換気口事件）
　・・ 38
大阪高判平 9 ・ 3 ・25判時1626号133頁〔28030521〕（音羽流事件控訴審判決）・・・・ 783
大阪高判平 9 ・ 3 ・27知的集29巻 1 号368頁〔28030676〕（it's シリーズ事件控訴
　審）・・・ 41
仙台地判平 9 ・ 3 ・27判タ954号295頁〔28035002〕・・・・・・・・・・・・・・・・・・・・・・・・・・・・・・ 1020
東京地判平 9 ・ 3 ・31判タ949号207頁〔28021546〕（龍村美術織物事件）・・・・・・・・ 41, 44
東京高決平 9 ・ 5 ・20判時1601号143頁〔28021137〕（トラニスト製剤事件）
　・・・ 650, 662, 663
名古屋地判平 9 ・ 6 ・20平成 7 年（ワ）1295号公刊物未登載（ハートカップ事件
　Ⅱ）・・ 361, 818

1208 判例索引

大阪地判平9・6・26判例不競法810ノ287頁〔28032481〕（スマイル事件）……… 44
東京地判平9・6・27判タ950号227頁〔28021789〕…………………………… 361
最判平9・7・1民集51巻6号2299頁〔28021212〕（BBS事件）………………… 340
大阪地判平9・8・28平成6年（ワ）6722号／平成8年（ワ）5784号公刊物未登
　載〔28032623〕……………………………………………………………… 477
大阪地判平9・9・30判例不競法874ノ499頁〔28032679〕（ニッショー事件）……… 46
最決平9・10・7刑集51巻9号716頁〔28025307〕……………………………… 1029
名古屋地判平9・10・14税務訴訟資料226号2659頁〔28055124〕………………… 1051
大阪高判平9・10・21平成7年（ネ）2648号公刊物未登載〔28060038〕（ラチェッ
　トギア事件）………………………………………………………………… 37
大阪地判平9・11・27判例不競法224ノ467頁〔28032841〕（ローソク包装箱事件）‥ 41
大阪地判平成10・2・19平成8年（ワ）1984号／平成9年（ワ）4912号公刊物未
　登載〔28032929〕（ルイヴィトンエピ事件）………………………… 41, 51
東京地判平10・2・25判タ973号238頁〔28032175〕（ニュータマゴウォッチ事件）
　………………………………………………………………… 38, 51, 117
大阪地判平10・2・26平成8年（ワ）10947号公刊物未登載〔28032927〕（ひまわ
　り園事件）…………………………………………………………………… 36
東京高判平10・2・26判時1644号153頁〔28032825〕（ドラゴンソードキーホルダー
　事件控訴審判決）…………………………………………………… 366, 381
東京地判平10・2・27判タ974号215頁〔28032546〕（ギブソン・ギター事件）…… 16, 66
東京地判平10・2・27判例不競法1162ノ2ノ12頁〔28032928〕（MOSCHINO
　CAMERIO ITALY事件）…………………………………………………… 32, 76
東京地判平10・3・13判タ966号257頁〔28030882〕（高知東急事件）…………… 50
東京高判平10・3・31判時1649号159頁〔28032949〕（多摩信住宅販売事件）……… 25
東京地判平10・4・24平成9年（ワ）21840号公刊物未登載〔28033148〕（プルデン
　シャル事件）………………………………………………………………… 82
大阪高判平10・5・22判タ986号289頁〔28040130〕（SAKE CUP事件）………… 48, 49
東京地判平10・5・29判例不競法810ノ330頁〔28033401〕（のれん分けに関する重
　盛の人形焼事件）…………………………………………………………… 32
京都地判平10・7・16判例不競法874ノ560頁〔28041569〕（STUSSY事件）……… 32
最判平10・9・10判タ986号181頁〔28032719〕（スナックシャネル事件）……… 28, 57
大阪地判平10・9・10判時1659号105頁〔28040274〕（タオルセット事件）……… 350
東京地判平10・10・7判タ987号255頁〔28040248〕…………………………… 573
東京地判平10・11・27判タ992号267頁〔28040787〕（ELLECLUB事件）………… 548
大阪地判平10・12・22知的集30巻4号1000頁〔28050257〕（フッ素樹脂シートライ
　ニング溶接技術事件）………………………… 158, 161, 162, 176, 186, 493

平成11年～20年

東京地判平11・1・28判タ1001号236頁〔28041258〕（キャディバッグ事件）‥ 108, 536

判例索引　1209

東京地判平11・2・25判タ997号266頁〔28041001〕（エアソフトガン事件第一審判
　　決）…………………………………………………………………………………………… 362
大阪地判平11・3・11判タ1023号257頁〔28050907〕（セイロガン糖衣A事件第一
　　審判決）……………………………………………………………………………… 83, 776
大阪地判平11・3・16平成10年（ワ）1743号）公刊物未登載………………………… 774
東京高判平11・6・15判時1697号96頁〔28042120〕（蓄熱材事件）…………………… 614
東京地判平11・6・29判タ1008号250頁〔28041466〕（PLEATS PLEASE事件）
　　……………………………………………………………………………………………… 19, 51
東京地判平11・6・29判時1692号129頁〔28041464〕（シチズン腕時計事件）
　　……………………………………………………………………………… 108, 116, 119, 826
最判平11・7・16民集53巻6号957頁〔28041263〕（生理活性物質測定法事件）…… 548
東京地判平11・7・16判タ1017号245頁〔28041439〕（悪路脱出具事件）…………… 617
東京地判平11・7・23判タ1010号296頁〔28042668〕（美術工芸品顧客名簿事件）
　　……………………………………………………………………………………… 136, 141, 152
大阪地判平11・7・29平成8年（ワ）8215号最高裁HP〔28041597〕（ウレタン塗
　　料事件）…………………………………………………………………………………… 286
大阪地判平11・8・31平成9年（ワ）8711号最高裁HP〔28041964〕（ノップ事件）
　　……………………………………………………………………………………………… 320
大阪地判平11・9・16判タ1044号246頁〔28042190〕（アリナミンA25事件）……… 75
東京地決平11・9・20判タ1018号144頁〔28050385〕（iMac事件）……………… 38, 51
大阪高判平11・10・14平成11年（ネ）473号最高裁HP〔28042352〕（タヒボ茶事件
　　控訴審判決）……………………………………………………… 767, 769, 772-774
東京高判平11・10・28平成9年（ネ）2081号最高裁HP〔28042520〕（京王自動車
　　事件）…………………………………………………………………………… 548, 803
最決平11・11・12民集53巻8号1787頁〔28042656〕……………………………………… 653
大阪地判平11・11・18平成10年（ワ）1743号）最高裁HP〔28206231〕…………… 774
東京高判平11・11・18東高刑時報50巻1＝12号130頁〔28065036〕………… 1042, 1050
大阪高判平11・12・16判例不競法810ノ351頁〔28042871〕（ホテル・ゴーフル・
　　リッツ事件）……………………………………………………………………… 32, 44
大阪高判平11・12・16平成8年（ネ）3445号／平成10年（ネ）2842号最高裁HP
　　〔28042871〕……………………………………………………………………………… 776
東京地判平11・12・28平成10年（ワ）28675号最高裁HP〔28050007〕（アーゼオン
　　事件）………………………………………………………………………………………… 23
東京地判平12・1・28平成11年（ワ）23548号最高裁HP〔28050276〕（リズムハウ
　　ス事件）……………………………………………………………………………………… 44
大阪地判平12・2・8平成8年（ワ）9425号最高裁HP〔28050323〕（セラール300
　　CERAL事件）……………………………………………………………………………… 34
東京高判平12・2・17判時1718号120頁〔28050360〕（空調ユニットシステム事件）
　　……………………………………………………………………………………………… 820

1210 判例索引

東京高判平12・2・24判時1719号122頁〔28050426〕（ギブソン・ギター事件控訴
　審判決）･･ 39
最決平12・3・10民集54巻3号1073頁〔28050540〕･･･････････････････････ 653, 663
東京地判平12・6・28判タ1032号281頁〔28051467〕（LEVI'S弓形ステッチ事件）
　･･ 21, 23, 41, 70
東京地判平12・6・29判タ1044号234頁〔28051462〕（モデルガン事件）･･････････ 49
東京地判平12・7・18判タ1044号217頁〔28051624〕（リズシャルメル事件）･････ 33, 87
大阪地判平12・7・27平成7年（ワ）2692号最高裁HP〔28051671〕（結露水掻き
　取り具事件）･･･ 825, 826
大阪高判平12・8・25平成11年（ネ）2815号最高裁HP〔28051817〕･･････････････ 774
大阪地判平12・8・29平成12年（ワ）2435号最高裁HP〔28051898〕（SPARK-S
　事件）･･･ 44, 49
東京高判平12・9・28平成12年（ネ）646号最高裁HP〔28052098〕（アーゼオン事
　件控訴審判決）･･･ 23
東京地判平12・9・28判タ1079号289頁〔28052116〕（アコマ医科工業事件）
　･･ 387, 388, 467, 468
大阪高判平12・9・29平成11年（ネ）3070号最高裁HP〔28052104〕（現代仏壇事
　件）･･･ 816
大阪地判平12・10・24平成11年（ワ）3727号最高裁HP〔28052271〕（カレンダー
　事件）･･ 358
東京地判平12・10・31平成9年（ワ）12191号最高裁HP〔28052277〕（ルービック
　キューブ事件）･･･ 17
東京地判平12・10・31判タ1073号207頁〔28052276〕（麗姿事件第一審判決）･････ 33, 34
東京地判平12・10・31判タ1097号295頁〔28060263〕（放射線測定機械器具顧客名
　簿事件（第一審）･･ 136, 146
大阪地判平12・11・9平成12年（ワ）943号最高裁HP〔28052363〕（600Denier事
　件）･･･ 286
大阪地判平12・11・9判例不競法1178ノ226頁〔28052363〕（NEW YORK CITY
　事件）･･ 293
東京地判平12・11・13判タ1047号280頁〔28052360〕（墓石販売業者顧客名簿事件）
　･･ 136, 146
富山地判平12・12・6判タ1047号297頁〔28052556〕（JACCS事件）･････････････ 76, 86
大阪地判平12・12・14平成9年（ワ）11649号／平成9年（ワ）12381号／平成10
　年（ワ）8042号最高裁HP〔28052621〕（マイタケ事件第一審判決）
　････････････････････････ 321, 342, 343, 767, 769, 772, 779
東京地判平12・12・21平成11年（ワ）29234号最高裁HP〔28060064〕（虎屋事件）
　･･･ 69, 75, 320
東京地判平13・1・22判タ1053号261頁〔28060160〕（タカラ本みりん事件）･･･････ 49

判例索引　1211

東京地判平13・1・30判タ1061号255頁〔28060205〕（小型ショルダーバック事件
　第一審）・・・ 102, 356
大阪高判平13・2・8平成11年（ネ）2847号／平成11年（ネ）3293号等）最高裁
　HP〔28060296〕（ウレタン塗料事件控訴審判決）・・・・・・・・・・・・・・・・・・・・・・・・・・・ 286
東京地判平13・2・8判タ1092号266頁〔28060297〕・・・・・・・・・・・・・・・・・・・・・・・・・ 666
東京地判平13・2・26判例不競法874ノ688頁〔28072690〕（柏東口皮膚科・内科
　事件）・・ 48
大阪高判平13・2・27平成12年（ワ）8380号最高裁HP〔28060377〕・・・・・・・・・・ 299
東京地判平13・2・27平成12年（ワ）12901号最高裁HP〔28060372〕（予備校ビラ
　配布事件）・・ 321
大阪高判平13・2・27平成12年（ネ）3029号／平成12年（ネ）4157号最高裁HP
　〔28060370〕（結露水掻き取り具事件控訴審）・・・・・・・・・・・・・・・・・・・・・・・・・・・・・・・・・・ 825
東京地判平13・3・27判タ1083号269頁〔28060652〕（システム什器事件）・・・・・・・・・・ 40
東京地判平13・4・24判タ1066号290頁〔28060816〕（J-PHONE事件）
　・・・ 75, 97, 278, 776
最決平13・4・26判タ1061号70頁〔28060853〕・・・・・・・・・・・・・・・・・・・・・・・・・・・・・・・ 663
東京高判平13・5・15平成12年（ネ）5798号最高裁HP〔28061005〕（麗姿事件控
　訴審判決）・・・ 33, 34
東京地中間判平13・5・25判タ1081号267頁〔28061081〕（翼システム事件）・・ 106, 116
大阪地判平13・6・12平成11年（ワ）364号最高裁HP〔28061258〕（高麗貿易東京
　事件）・・ 47
東京地判平13・6・15判例不競法680ノ65頁〔28061255〕（ふりかけパッケージ事
　件）・・・ 47, 49
東京高判平13・6・20平成12年（ネ）5926号最高裁HP〔28061374〕（放射線測定
　機械器具顧客名簿事件（控訴審）・・・ 136, 146
最判平13・6・28民集55巻4号837頁〔28061406〕・・・・・・・・・・・・・・・・・・・・・・・・・・・・・・ 120
大阪高判平13・6・28平成9年（ネ）3089号最高裁HP〔28061471〕（三田屋事件）
　・・・ 796
東京地判平13・7・17平成11年（ワ）23013号最高裁HP〔28061454〕・・・・・・・・・・・・・・・ 615
東京地判平13・7・19判タ1123号271頁〔28061527〕（呉青山学院中学校事件）
　・・・・・・・・・・・・・・・・・・・・・・・・・・・・・・・・・・・・・・ 36, 69, 75, 94, 322, 547, 769, 776
東京地判平13・8・28判タ1095号246頁〔28061733〕（パチスロ機パテントプール
　事件第一審判決）・・・ 326
東京地判平13・9・6判タ1107号297頁〔28061877〕（宅配ずし事件）・・・・・・・・・・・・・・ 350
東京地判平13・9・20判タ1115号272頁〔28061959〕（磁気信号記録用金属粉末事
　件第一審判決）・・ 315-317, 327, 544, 551
東京高判平13・9・26判時1770号136頁〔28062014〕（小型ショルダーバッグ事件
　控訴審）・・ 117, 362

大阪高判平13・9・27平成13年（ネ）198号／平成13年（ネ）199号最高裁HP
〔28062016〕（マイタケ事件控訴審判決）・・・・・・・・・・・・・・・・・・・・・・・・・・・・・769, 774
大阪高判平13・9・27平成12年（ネ）3740号最高裁HP〔28062017〕（和田八事件）
・・・802
東京高決平13・11・8平成13年（ラ）711号公刊物未登載〔28072692〕（レスキュ
ラ営業秘密事件）・・・478
東京地判平13・11・28平成12年（ワ）19529号最高裁HP〔28062489〕（緑茶消臭成
分事件）・・286
東京地判平13・11・29平成13年（ワ）5603号最高裁HP〔28062488〕・・・・・・・・・・・・・277
名古屋高判平13・11・30平成12年（ネ）801号最高裁HP〔28071098〕（跳ね上げ式
アームレスト事件）・・40
東京高判平13・12・19判時1781号142頁〔28070010〕（ルービックキューブ事件控
訴審判決）・・・40
東京高判平13・12・26判時1788号103頁〔28070080〕（LEVI'S弓形ステッチ事件
控訴審判決）・・23, 38, 41
神戸地判平13・12・27平成13年（わ）244号最高裁HP〔28075285〕・・・・・・・・・1016, 1018
東京高判平14・1・24平成13年（ネ）3411号最高裁HP〔28070236〕（カートク
レーン設計図不正取得事件）・・・136
東京地判平14・1・24判タ1120号282頁〔28070244〕・・・・・・・・・・・・・・・・・・・・・・・776
東京高判平14・1・31判時1815号123頁〔28070287〕（エアソフトガン事件控訴審
判決）・・6, 355, 356, 362
東京地判平14・2・5判タ1114号279頁〔28070327〕（ダイコク原価セール事件）
・・160, 161, 162
東京地判平14・2・14平成12年（ワ）9499号最高裁HP〔28070351〕（公共工事単
価表営業秘密事件）・・・443, 488
東京地判平14・3・19判タ1119号222頁〔28070565〕（スロットマシン事件）・・・・・・・615
東京地判平14・3・28判タ1104号209頁〔28070547〕（翼システム事件）・・・・・・・・・118
大阪地判平14・4・9判時1826号132頁〔28070629〕（ワイヤーブラシセット事件）
・・108, 350, 355
東京地判平14・4・24平成11年（ワ）6249号最高裁HP〔28070854〕（ホーメック
ス事件）・・・325
東京地判平14・4・25平成14年（ワ）3764号最高裁HP〔28070850〕（三菱事件）
・・75, 76
東京地判平14・4・26平成13年（ワ）2887号最高裁HP〔28070848〕・・・・・・・・・・・・・277
東京地判平14・5・30平成13年（ワ）25515号最高裁HP〔28072000〕・・・・・・・・・・・・277
東京高判平14・5・31判時1819号121頁〔28071944〕（電路支持材パイラック控訴
審判決）・・・37, 46
東京高判平14・6・11高刑速報（平14）68頁〔28095359〕・・・・・・・・・・・・・・・・・・・・1051
東京高判平14・6・26判タ1108号280頁〔28072110〕（パテントプール方式事件）・・322

判例索引 1213

東京地判平14・7・15判タ1099号291頁〔28072158〕（mp3事件）…… 49, 272, 273, 277

東京地判平14・7・30平成13年（ワ）1057号最高裁HP〔28072409〕（携帯アンテナ事件）……………………………………………………………… 119

東京高判平14・8・29判時1807号128頁〔28072651〕（磁気信号記録用金属粉末事件控訴審判決）………………………………………… 315-317, 544, 551

東京地判平14・8・30労判838号32頁〔28080244〕（ダイオーズサービシーズ事件）……………………………………………………………………… 476

東京地判平14・10・1平成13年（ワ）7445号最高裁HP〔28072954〕（クレープミックス液事件）…………………………………………………… 484

東京地判平14・10・15判タ1124号262頁〔28073030〕（BUDWEISER BUDVAR事件第一審判決）…………………………………………………… 782, 785

東京地判平14・11・14平成13年（ワ）15594号最高裁HP〔28080274〕（ファイアーエムブレム事件第一審判決）………………………………… 33, 535

さいたま地判平14・12・4平成14年（わ）1119号最高裁HP〔28085282〕………… 1017

東京地判平14・12・12判タ1131号249頁〔28080499〕（無洗米特許事件）………… 327

大阪地判平14・12・19平成13年（ワ）1059号最高裁HP〔28080609〕（天津甘栗チョコレート事件）…………………………………………………… 31, 33

大阪地判平14・12・19平成13年（ワ）10905号最高裁HP〔28080608〕（マグライト事件）………………………………………………………………… 38, 51

東京地判平14・12・19判タ1133号257頁〔28080606〕（PCフレーム事件）……… 40, 774

福岡地判平14・12・24判タ1156号225頁〔28092480〕（半導体全自動封止機械装置設計図事件）…………………………………………………… 146, 493

東京地中間判平14・12・26平成12年（ワ）22457号最高裁HP〔28080660〕（人材派遣業顧客名簿東京事件中間判決）……………………………… 186

東京地判平14・12・27判タ1136号237頁〔28080659〕（ピーターラビット事件）……………………………………………………………… 32, 802, 808

東京地判平15・1・30平成13年（ワ）14488号最高裁HP〔28080927〕（チェンジリテーナー事件）………………………………………………… 33

東京高判平15・1・31平成14年（ネ）1292号最高裁HP〔28080918〕（パイプおよびジョイント事件）…………………………………………… 38

東京地判平15・2・20平成13年（ワ）2721号最高裁HP〔28081246〕（マイクロシルエット事件）…………………………………………………… 548

大阪地判平15・2・27平成13年（ワ）10308号／平成14年（ワ）2833号最高裁HP〔28081388〕（セラミックコンデンサー設計図不正取得事件）…… 136, 140, 146, 455

最判平15・2・27民集57巻2号125頁〔28080667〕（フレッドペリー事件）……… 340

東京地判平15・3・26判タ1135号262頁〔28081725〕………………………… 615

大阪地判平15・5・1平成12年（ワ）5120号最高裁HP〔28090901〕（アザレ化粧品Ⅰ事件第一審判決）……………………………………… 34, 547

1214 **判例索引**

東京高判平15・5・22平成15年（ネ）366号最高裁HP〔28090926〕（PCフレーム
　事件控訴審判決）……………………………………………………………… 46
東京地判平15・6・27判タ1143号293頁〔28082182〕（AFTO事件）……………… 535
大阪地平15・7・24平成14年（ワ）3162号最高裁HP〔28082325〕（昆布卸売業顧
　客情報事件）………………………………………………………………… 417
東京高判平15・7・30平成14年（ネ）5791号最高裁HP〔28082340〕……………… 786
東京地判平15・8・29判タ1196号255頁〔28082521〕（ENOTECA KIORA事件第
　一審判決）…………………………………………………………………… 48
広島高判平15・9・26平成15年（ネ）44号最高裁HP〔28090192〕……………… 774
東京地判平15・9・30判タ1144号276頁〔28082745〕（サイボウズ虚偽陳述流布事
　件）…………………………………………………………………………… 322
東京地判平15・10・16判タ1151号109頁〔28083012〕（サンゴ砂事件）………… 273, 327
名古屋地判平15・10・23平成15年（ワ）855号最高裁HP〔28083047〕（パーソナル
　ダイアリー事件）…………………………………………………………… 323
東京高判平15・10・29平成12年（ネ）3780号／平成12年（ネ）3781号／平成12年
　（ネ）3810号最高裁HP〔28090044〕（BERETTA事件）…………………… 50
東京地判平15・10・31判タ1145号240頁〔28090045〕（換気口用フィルタ事件）…… 112
東京地決平15・11・11平成14年（ヨ）22155号最高裁HP〔28090175〕（マクロスゼ
　ロ事件）……………………………………………………………………… 34
東京地判平15・11・13平成12年（ワ）22457号最高裁HP〔28090172〕（ハンドハン
　ズ派遣スタッフ情報事件）………………………………………………… 486
東京高判平15・12・25平成15年（ネ）1127号最高裁HP〔28090498〕……………… 774
東京地判平16・1・19判タ1155号281頁〔28090627〕（FWGPA事件地裁判決）…… 33
東京地判平16・1・28判タ1157号255頁〔28090701〕（常時接楽事件）…………… 328
大阪地判平16・2・19平成15年（ワ）7208号／平成15年（ワ）7993号最高裁HP
　〔28090828〕…………………………………………………………… 272, 275, 276
大阪地判平16・2・19平成15年（ワ）7208号／平成15年（ワ）7993号公刊物未登
　載〔28090828〕（自由軒事件）…………………………………………… 801
東京地判平16・2・24平成13年（ワ）26431号最高裁HP〔28090896〕（猫砂事件）
　……………………………………………………………………………… 119
東京地判平16・3・5判タ1160号259頁〔28090938〕（成城調剤薬局事件）…… 48, 768
東京地判平16・3・11平成13年（ワ）21187号最高裁HP〔28090983〕（アザレ化粧
　品II事件地裁判決）………………………………………………………… 34
東京高判平16・3・15平成15年（ネ）831号最高裁HP〔28090980〕（ピーターラ
　ビット事件）………………………………………………………………… 549
東京高判平16・3・18平成15年（ネ）4925号最高裁HP〔28091028〕（ENOTECA
　KIORA事件控訴審判決）………………………………………………… 48
東京地判平16・3・30判タ1162号276頁〔28091124〕……………………………… 7
東京地判平16・3・31判タ1153号266頁〔28091122〕（通学用背負い鞄事件）…324, 325

最決平16・4・8民集58巻4号825頁〔28091041〕（パイオニア貿易事件）⋯⋯⋯ 549

前橋地判平16・5・7判時1904号139頁〔28091621〕（ヤマダさんよりお安くして
ます事件第一審判決）⋯⋯⋯⋯⋯⋯⋯⋯⋯⋯ 291, 295, 300, 301, 302

東京地判平16・5・14判例不競法1250ノ240ノ31頁〔28091608〕（作務衣販売顧客
情報事件）⋯⋯⋯⋯⋯⋯⋯⋯⋯⋯⋯⋯⋯⋯ 186

東京地判平16・5・14平成15年（ワ）19005号最高裁HP〔28091610〕（建築士講習
機関事件）⋯⋯⋯⋯⋯⋯⋯⋯⋯⋯⋯⋯⋯⋯ 321

最決平16・5・25民集58巻5号1135頁〔28091521〕⋯⋯⋯⋯⋯⋯⋯⋯⋯ 652

東京高判平16・5・27平成16年（ネ）833号最高裁HP〔28091677〕（FWGPA事件
控訴審判決）⋯⋯⋯⋯⋯⋯⋯⋯⋯⋯⋯⋯⋯⋯ 34

東京地判平16・5・28判タ1173号300頁〔28091778〕（KITAMURA MACHINE
WORKS事件）⋯⋯⋯⋯⋯⋯⋯⋯⋯⋯⋯⋯⋯ 45

東京高判平16・5・31平成15年（ネ）6117号最高裁HP〔28091772〕（換気口用
フィルタ事件控訴審判決）⋯⋯⋯⋯⋯⋯⋯⋯⋯ 120

大阪地判平16・6・1平成14年（ワ）8337号最高裁HP〔28091779〕⋯⋯⋯⋯⋯ 285

東京地判平成16・7・1平成15年（ワ）19435号最高裁HP〔28091950〕⋯⋯⋯⋯ 34

東京地判平16・7・2判タ1177号304頁〔28091949〕（ラヴォーグ南青山事件）⋯35, 50

東京地判平16・7・14平成15年（ワ）28377号最高裁HP〔28092073〕（ポリプロ
ピレン製収納ケース事件第一審判決）⋯⋯⋯⋯⋯ 38

大阪地判平16・7・15平成15年（ワ）11512号最高裁HP〔28092074〕（マクセル
事件）⋯⋯⋯⋯⋯⋯⋯⋯⋯⋯ 74, 272, 274, 275, 278

最判平16・7・15民集58巻5号1615頁〔28092033〕（ゴーマニズム事件）⋯⋯⋯⋯ 544

大阪地判平16・7・15平成15年（ワ）11512号最高裁HP〔28092074〕（マクセル
事件）⋯⋯⋯⋯⋯⋯⋯⋯⋯⋯⋯⋯⋯⋯⋯⋯ 617

東京地判平16・7・28判タ1167号284頁〔28092139〕（パネライ腕時計事件）
⋯⋯⋯⋯⋯⋯⋯⋯⋯⋯⋯⋯⋯⋯ 19, 39, 51

大阪高判平16・7・30平成15年（ネ）3005号最高裁HP〔28092137〕（イオンブラ
シ事件）⋯⋯⋯⋯⋯⋯⋯⋯⋯⋯⋯⋯⋯ 825, 826

東京地判平16・8・23平成15年（ワ）16294号最高裁HP〔28092276〕（ミニプレイ・
イン事件）⋯⋯⋯⋯⋯⋯⋯⋯⋯⋯⋯⋯⋯⋯⋯ 38

東京地判平16・8・31判タ1183号320頁〔28092321〕（ジャストホーム2家計簿
パック事件）⋯⋯⋯⋯⋯⋯⋯⋯⋯⋯⋯⋯⋯⋯ 328

大阪地判平16・9・13判タ1168号267頁〔28092413〕（ヌーブラ事件第一訴訟）
⋯⋯⋯⋯⋯⋯⋯⋯⋯⋯⋯⋯ 108, 536, 537

東京地判平16・9・15平成14年（ワ）15939号最高裁HP〔28092462〕（新車の輝き
事件）⋯⋯⋯⋯⋯⋯⋯⋯⋯⋯⋯⋯⋯⋯⋯⋯ 302

東京高判平16・10・19判時1904号128頁〔28092710〕（ヤマダさんよりお安くして
ます事件控訴審判決）⋯⋯⋯⋯⋯⋯ 291, 295, 300-302

1216　判例索引

東京地判平16・10・20平成15年（ワ）15674号最高裁HP〔28092711〕（キシリトール事件）……………………………………………………………………………302

大阪地判平16・11・ 9判時1897号103頁〔28092865〕………………………………273

東京高判平16・11・22平成16年（ネ）3658号最高裁HP〔28100028〕（AEROBATICS MODE事件）………………………………………………………………………33

東京高判平16・11・24平成14年（ネ）6311号最高裁HP〔28100049〕（ファイアーエムブレム事件控訴審判決）………………………………………………33, 535

東京地判平16・11・24判タ1189号309頁〔28100030〕（女性ドール用素体事件）………………………………………………………………………………38, 325

東京地判平16・11・29平成16年（ワ）13859号最高裁HP〔28100053〕………………776

東京地判平16・12・10平成15年（ワ）24414号最高裁HP〔28100099〕（スーパーフレックス事件第一審判決）…………………………………………………………45

東京地判平16・12・15判タ1213号300頁〔28100127〕（撃事件第一審判決）…………33

東京高判平16・12・16判時1900号142頁〔28100123〕…………………………………7

大阪地判平16・12・16平成15年（ワ）6580号／平成16年（ワ）6175号最高裁HP〔28100129〕（香醋飲料事件）…………………………………………………351, 362

東京地判平17・ 1・20平成15年（ワ）25495号最高裁HP〔28100292〕（リクルート品質誤認・虚偽事実事件）………………………………………………300, 322

東京高判平17・ 1・31平成16年（ネ）4018号最高裁HP〔28100323〕（ポリプロピレン製収納ケース事件控訴審判決）………………………………………………38

東京地判平17・ 2・15判タ1199号269頁〔28100430〕（マンホール用ステップ事件）………………………………………………………………………………38, 40

東京地判平17・ 2・23判タ1182号337頁〔28100512〕………………………………477

東京高判平17・ 3・16平成16年（ネ）2000号最高裁HP〔28100631〕（アザレ化粧品Ⅱ事件控訴審判決）…………………………………………………………33, 547

東京地判平17・ 3・23平成16年（ワ）20488号公刊物未登載〔28100672〕（酒類五分利屋事件）………………………………………………………………23, 44

東京地判平17・ 3・30判タ1188号335頁〔28100762〕（カットソー事件）……………120

東京地判平17・ 3・31平成15年（ワ）21451号／平成15年（ワ）27464号最高裁HP〔28100761〕………………………………………………………………………275

大阪高判平17・ 4・28平成16年（ネ）2208号最高裁HP〔28100916〕……285, 669, 670

東京地判平17・ 5・24判タ1196号294頁〔28101056〕（マンホール用足掛具事件）………………………………………………………………………38, 352, 362

東京地判平17・ 6・15平成16年（ワ）24574号最高裁HP〔28101290〕（プロフェッショナルバンク事件）………………………………………………………………45

大阪高判平17・ 6・21平成16年（ネ）3846号最高裁HP〔28101317〕（エニイワイヤ事件）……………………………………………………………………………32

大阪高判平17・ 6・21平成15年（ネ）1823号最高裁HP〔28101319〕（アザレ化粧品Ⅰ事件控訴審判決）…………………………………………………………34, 547

知財高判平17・6・30平成17年（ネ）100061号最高裁HP〔28101371〕（スーパー
　　フレックス事件控訴審判決）‥‥‥‥‥‥‥‥‥‥‥‥‥‥‥‥‥‥‥‥‥‥‥‥ 45
大阪地判平17・7・12平成16年（ワ）5130号最高裁HP〔28101482〕（初動負荷ト
　　レーニング事件）‥‥‥‥‥‥‥‥‥‥‥‥‥‥‥‥‥‥‥‥‥‥‥‥‥‥‥‥ 49
知財高判平17・7・20平成17年（ネ）10041号公刊物未登載〔28101549〕‥‥‥‥ 774
最決平17・7・22刑集59巻6号646頁〔28105291〕‥‥‥‥‥‥‥‥‥‥‥‥‥‥ 1023
知財高判平17・8・10平成17年（ネ）10029号／平成17年（ネ）10034号最高裁HP
　　〔28101666〕（新車の輝き事件控訴審判決）‥‥‥‥‥‥‥‥‥‥‥‥‥‥‥‥ 297
大阪地判平17・9・8判時1927号134頁〔28101755〕（ヌーブラ事件第二訴訟）
　　‥‥‥‥‥‥‥‥‥‥‥‥‥‥‥‥‥‥‥‥‥‥‥‥‥‥‥‥ 39, 117, 118
知財高判平17・9・15平成17年（ネ）10022号最高裁HP〔28101828〕（撃事件控訴
　　審判決）‥‥‥‥‥‥‥‥‥‥‥‥‥‥‥‥‥‥‥‥‥‥‥‥‥‥‥‥‥‥‥‥ 33
大阪地判平17・9・26平成16年（ワ）12713号／平成17年（ワ）2470号最高裁HP
　　〔28101982〕（バイオセリシン美容石鹸事件）‥‥‥‥‥‥‥‥‥‥‥‥‥‥‥ 45
知財高判平17・9・29平成17年（ネ）10006号最高裁HP〔28102001〕（液体充填装
　　置におけるノズル事件）‥‥‥‥‥‥‥‥‥‥‥‥‥‥‥‥‥‥‥‥‥‥‥‥‥ 615
知財高判平17・10・6平成17年（ネ）10049号最高裁HP〔28102000〕（ヨミウリ・
　　オンライン事件）‥‥‥‥‥‥‥‥‥‥‥‥‥‥‥‥‥‥‥‥ 106, 116, 360
知財高判平17・10・13平成17年（ネ）10074号公刊物未登載〔28102079〕（酒類五
　　分利屋事件控訴審判決）‥‥‥‥‥‥‥‥‥‥‥‥‥‥‥‥‥‥‥‥‥‥‥‥ 23
最決平17・10・14民集59巻8号2265頁〔28102060〕‥‥‥‥‥‥‥‥‥‥‥‥‥ 653
大阪高判平17・10・27平成17年（ネ）675号最高裁HP〔28102273〕（白蟻防除用乳
　　剤事件）‥‥‥‥‥‥‥‥‥‥‥‥‥‥‥‥‥‥‥‥‥‥‥‥‥‥‥‥‥‥‥ 322
知財高判平17・12・5平成17年（ネ）10083号最高裁HP〔28110066〕（カットソー
　　事件控訴審判決）‥‥‥‥‥‥‥‥‥‥‥‥‥‥‥‥‥‥‥‥‥‥‥‥‥‥‥ 110
東京地判平17・12・13判タ1226号318頁〔28110101〕（動く手すり事件）‥‥‥ 328, 670
知財高決平17・12・27Lexis判例速報8号82頁（平成17年（ラ）10006号）
　　〔28110187〕‥‥‥‥‥‥‥‥‥‥‥‥‥‥‥‥‥‥‥‥‥‥‥‥‥‥‥‥‥ 273
名古屋地判平18・1・11平成17年（ワ）3957号最高裁HP〔28110744〕
　　‥‥‥‥‥‥‥‥‥‥‥‥‥‥‥‥‥‥‥‥‥‥‥ 272, 274, 275, 776
東京地判平18・1・13判タ1219号299頁〔28110275〕（PTP事件第一審判決）‥‥‥ 42
最判平18・1・20民集60巻1号137頁〔28110343〕（天理教豊文教会事件）
　　‥‥‥‥‥‥‥‥‥‥‥‥‥‥‥‥‥‥‥‥‥‥‥‥‥‥ 2, 6, 12, 547
大阪地判平18・1・23平成15年（ワ）13847号最高裁HP〔28110409〕（ヌーブラ
　　事件Ⅱ）‥‥‥‥‥‥‥‥‥‥‥‥‥‥‥‥‥‥‥‥‥‥ 547, 825, 826
知財高判平18・1・25平成17年（ネ）10060号／平成17年（ネ）10064号最高裁HP
　　〔28110331〕（女性ドール用素体事件控訴審判決）‥‥‥‥‥‥‥‥‥‥‥‥‥ 38
東京地判平18・3・24判タ1279号307頁〔28110806〕（液晶テレビ事件）‥‥‥ 323, 325

1218 **判例索引**

大阪高判平18・4・19平成17年（ネ）2866号最高裁HP〔28111014〕（ヌーブラ事件第二訴訟控訴審判決）⋯⋯⋯⋯⋯⋯⋯⋯⋯⋯⋯⋯⋯⋯⋯⋯⋯⋯⋯ 39, 111

東京地判平18・4・26判タ1246号311頁〔28111122〕（ウェストバッグ事件）⋯⋯ 118

知財高判平18・6・26平成18年（ネ）10005号最高裁HP〔28111405〕（アドレール事件控訴審）⋯⋯⋯⋯⋯⋯⋯⋯⋯⋯⋯⋯⋯⋯⋯⋯⋯⋯⋯⋯⋯⋯⋯⋯⋯ 322

宮崎地延岡支判平18・6・30判タ1227号350頁〔28130295〕⋯⋯⋯⋯⋯⋯⋯⋯ 1025

東京地判平18・7・6判タ1233号308頁〔28111510〕（養魚用飼料添加物事件）
⋯⋯⋯⋯⋯⋯⋯⋯⋯⋯⋯⋯⋯ 324, 325, 329, 330, 549, 669, 670

東京地判平18・7・26判タ1241号306頁〔28111646〕（ロレックス腕時計事件）
⋯⋯⋯⋯⋯⋯⋯⋯⋯⋯⋯⋯⋯⋯⋯⋯⋯⋯⋯⋯⋯⋯ 19, 37, 39, 51

大阪地判平18・7・27判タ1229号317頁〔28111655〕（正露丸事件第一審判決）⋯⋯ 770

神戸地判平18・8・4判タ1241号284頁〔28131093〕（ダニ捕獲器事件）⋯⋯ 40

東京地判平18・8・8判例不競法1250ノ172ノ1469頁〔28111745〕（ハンガークリップ事件）⋯⋯⋯⋯⋯⋯⋯⋯⋯⋯⋯⋯⋯⋯⋯⋯⋯⋯⋯⋯ 320, 321, 328

東京地決平18・9・15判タ1250号300頁〔28131991〕（パルナパリンナトリウム事件）⋯⋯⋯⋯⋯⋯⋯⋯⋯⋯⋯⋯⋯⋯⋯⋯⋯⋯⋯⋯⋯⋯⋯⋯⋯⋯⋯⋯ 684

東京地判平18・9・28判タ1226号311頁〔28112107〕（スパイラルヘッド耳かき事件）⋯⋯⋯⋯⋯⋯⋯⋯⋯⋯⋯⋯⋯⋯⋯⋯⋯⋯⋯⋯⋯⋯⋯⋯⋯⋯⋯⋯ 40

知財高判平18・9・28平成18年（ネ）10009号最高裁HP〔28112075〕（PTP事件控訴審判決）⋯⋯⋯⋯⋯⋯⋯⋯⋯⋯⋯⋯⋯⋯⋯⋯⋯⋯⋯⋯⋯⋯⋯⋯⋯ 42

最決平18・10・3民集60巻8号2647頁〔28112117〕（証言拒絶（NHK記者）事件許可抗告審決定）⋯⋯⋯⋯⋯⋯⋯⋯⋯⋯⋯⋯⋯⋯⋯⋯⋯⋯⋯⋯⋯⋯⋯ 703

東京地判平18・10・11判例不競法1250ノ172ノ1491頁〔28112274〕（地震感知器事件）⋯⋯⋯⋯⋯⋯⋯⋯⋯⋯⋯⋯⋯⋯⋯⋯⋯⋯⋯⋯⋯⋯⋯⋯⋯⋯⋯ 328

知財高判平18・10・18平成17年（ネ）10059号最高裁HP〔28112211〕（キシリトール事件控訴審判決）⋯⋯⋯⋯⋯⋯⋯⋯⋯⋯⋯⋯⋯⋯⋯⋯⋯⋯⋯⋯ 297

富山地高岡支判平18・11・10判時1955号137頁〔28130803〕（氷見うどん事件）⋯⋯ 283

大阪地判平18・11・16判タ1249号272頁〔28112506〕（リュック事件）⋯⋯ 366, 367, 381

東京地判平19・1・26判タ1240号320頁〔28130303〕（杏林ファルマ事件）⋯⋯ 36, 548

大阪地判平19・2・1判タ1271号238頁〔28141689〕（金属管継手事件）⋯⋯⋯⋯ 120

大阪地判平19・2・15平成18年（ワ）1080号最高裁HP〔28130530〕（イーグル事件）⋯⋯⋯⋯⋯⋯⋯⋯⋯⋯⋯⋯⋯⋯⋯⋯⋯⋯⋯⋯⋯⋯⋯⋯⋯⋯⋯⋯ 33, 34

東京地判平19・3・13平成19年（ワ）1300号最高裁HP〔28130875〕
⋯⋯⋯⋯⋯⋯⋯⋯⋯⋯⋯⋯ 272, 274, 275, 276, 279

東京地判平19・3・20平成18年（ワ）15425号／平成18年（ワ）18446号最高裁HP〔28130820〕（カトリス事件）⋯⋯⋯⋯⋯⋯⋯⋯⋯⋯⋯⋯⋯⋯⋯ 321, 326

大阪地判平19・3・22判タ1259号316頁〔28130823〕（みたらし団子事件第一審判決）⋯⋯⋯⋯⋯⋯⋯⋯⋯⋯⋯⋯⋯⋯⋯⋯⋯⋯⋯⋯⋯⋯⋯⋯⋯⋯⋯⋯ 289

大阪地判平19・4・26判時2006号118頁〔28131147〕（ファスナ保持体事件）⋯⋯⋯ 39

判例索引　1219

東京地判平19・5・16平成18年（ワ）4029号最高裁HP〔28131262〕（「ELLE」等
　事件）‥‥‥‥‥‥‥‥‥‥‥‥‥‥‥‥‥‥‥‥‥‥‥‥‥‥‥‥‥ 50, 74
東京地判平19・5・25判タ1283号281頁〔28131422〕（ローソク事件）
　‥‥‥‥‥‥‥‥‥‥‥‥‥‥‥‥‥‥‥‥‥‥‥ 325, 669, 670, 708
知財高判平19・5・29平成18年（ネ）10068号／平成18年（ネ）10073号最高裁HP
　〔28131369〕（養魚用飼料添加物事件控訴審判決）‥‥‥‥‥‥‥‥‥ 549
知財高判平19・6・28平成19年（ネ）10014号最高裁HP〔28131588〕（杏林ファル
　マ株式会社事件控訴審判決）‥‥‥‥‥‥‥‥‥‥‥‥‥‥‥‥‥‥‥ 36
東京地判平19・6・29平成18年（ワ）14527号の2／平成18年（ワ）15947号最高
　裁HP〔28131691〕（マニュアル使用差止請求事件）‥‥‥‥‥ 161, 175
大阪地判平19・7・3判時2003号130頁〔28131695〕（まいどおおきに食堂事件第
　一審判決）‥‥‥‥‥‥‥‥‥‥‥‥‥‥‥‥‥‥‥‥‥‥‥‥‥‥‥ 43
東京地判平19・7・17平成18年（ワ）3772号最高裁HP〔28131795〕‥‥‥ 376
東京地判平19・9・26平成19年（ワ）12863号最高裁HP〔28132122〕‥‥‥ 275
仙台地判平19・10・2判時2029号153頁〔28150379〕（福の神仙臺四郎事件）‥‥‥ 49
大阪高判平19・10・11判時1986号132頁〔28132226〕（正露丸事件控訴審判決）
　‥‥‥‥‥‥‥‥‥‥‥‥‥‥‥‥‥‥‥‥‥‥‥‥‥‥‥‥‥ 769, 774
名古屋高金沢支判平19・10・24判タ1259号327頁〔28140538〕（氷見うどん事件控
　訴審判決）‥‥‥‥‥‥‥‥‥‥‥‥‥‥‥‥‥‥‥‥‥‥‥‥ 283, 777
大阪高判平19・10・25判タ1259号311頁〔28132317〕（みたらし団子事件控訴審判
　決）‥‥‥‥‥‥‥‥‥‥‥‥‥‥‥‥‥‥‥‥‥‥‥‥‥‥‥‥‥ 289
大阪高判平19・12・4平成19年（ネ）2261号最高裁HP〔28140071〕（まいどおお
　きに食堂事件控訴審判決）‥‥‥‥‥‥‥‥‥‥‥‥‥‥‥‥‥‥‥‥ 43
東京地判平19・12・20判タ1288号256頁〔28140283〕（プラスチックシート事件）‥‥ 320
東京地判平成19・12・25判タ1286号303頁〔28140280〕‥‥‥‥‥‥‥‥‥ 666
東京地判平19・12・26平成18年（ワ）27454号最高裁HP〔28140278〕（家庭用医療
　機器事件）‥‥‥‥‥‥‥‥‥‥‥‥‥‥‥‥‥‥‥‥‥‥‥‥‥ 39, 51
知財高判平20・1・17平成19年（ネ）10063号／平成19年（ネ）10064号最高裁HP
　〔28140368〕（婦人服事件）‥‥‥‥‥‥‥‥‥‥‥‥‥‥‥‥‥‥ 120
大阪地判平20・1・24平成18年（ワ）11437号最高裁HP〔28140406〕（hummel事
　件）‥‥‥‥‥‥‥‥‥‥‥‥‥‥‥‥‥‥‥‥‥‥‥‥‥‥‥‥‥ 21
仙台地判平20・1・31判タ1299号283頁〔28152092〕（つつみ人形事件）‥‥ 49, 493, 775
大阪地判平20・2・7平成19年（ワ）3024号最高裁HP〔28140526〕‥‥‥‥‥ 670
最判平20・3・4刑集62巻3号123頁〔28145234〕‥‥‥‥‥‥‥‥‥‥ 1022
名古屋地判平20・3・13判タ1289号272頁〔28150569〕（産業用ロボットシステム
　事件）‥‥‥‥‥‥‥‥‥‥‥‥‥‥‥‥‥‥‥‥‥‥‥‥‥‥ 187, 493
知財高判平20・3・19判タ1269号288頁〔28140736〕（ELLEGARDEN事件控訴審
　判決）‥‥‥‥‥‥‥‥‥‥‥‥‥‥‥‥‥‥‥‥‥‥‥‥‥‥‥‥ 50

1220 　判例索引

札幌地判平20・3・19平成19年（わ）1454号最高裁HP〔28145273〕（ミートホープ事件）・・ 285, 1016

知財高判平20・3・27平成19年（ネ）10067号／平成19年（ネ）10093号最高裁HP〔28140768〕（NAKAYA事件）・・ 49

大阪地判平20・4・17平成19年（わ）3407号最高裁HP〔28145309〕（日本ライス事件）・・・ 285

大阪地決平20・4・18判タ1287号220頁〔28150315〕（青色LED事件）・・・・・・・・・・・・・ 689

最判平20・4・22刑集62巻5号1528頁〔28145281〕・・・・・・・・・・・・・・・・・・・・・・・・ 1023, 1025

東京地判平20・7・4平成19年（ワ）19275号最高裁HP〔28141650〕（小物入れ兼ぬいぐるみ事件）・・ 274, 825

大阪高判平20・7・18平成20年（ネ）245号最高裁HP〔28142001〕（袋物製造卸業者事件）・・ 187

知財高判平20・7・23平成20年（ネ）10018号最高裁HP〔28141742〕（ファスナー事件）・・ 284, 286

那覇地判平20・8・6平成19年（ワ）1032号最高裁HP〔28142123〕・・・・・・・・・・・・・・・ 775

知財高判平20・8・28判時2032号128頁〔28141918〕（モズライトギター事件）・・・・・ 293

知財高判平20・9・29平成19年（ネ）10098号／平成20年（ネ）10005号最高裁HP〔28142042〕（物品取出装置事件）・・ 616

大阪高判平20・10・8平成20年（ネ）1700号最高裁HP〔28142144〕（時効の管理事件）・・ 61

大阪地判平20・10・14判タ1317号253頁〔28142146〕（マスカラ事件）・・・・・・・ 27, 37, 42

大阪地決平20・12・25判タ1287号220頁〔28150316〕・・・・・・・・・・・・・・・・・・・・・・・ 684, 689

東京地判平20・12・26判タ1293号254頁〔28150738〕（黒烏龍茶事件）・・・・・・・・ 25, 37, 70

平成21年〜30年

最決平21・1・27民集63巻1号271頁〔28150209〕（液晶モニター事件）・・・・・・・・・・・・・ 675

東京地判平21・1・29判時2046号159頁〔28155733〕（ベトナム公務員贈賄事件）・・ 747, 763

仙台地判平21・2・25平成20年（わ）707号最高裁HP〔28155904〕・・・・・・・・・ 1016, 1018

東京地判平21・2・27平成20年（ワ）20886号／平成20年（ワ）35745号最高裁HP〔28153639〕・・・ 244, 245, 512

東京地判平21・3・24平成20年（刑わ）1615号／平成20年（刑わ）第1877号公刊物未登載（ベトナム公務員贈賄事件）・・・・・・・・・・・・・・・・・・・・・・・・・・・・・・・・・・・・・ 747, 763

大阪地判平21・4・23平成19年（ワ）8023号最高裁HP〔28153444〕・・・・・・・・・・・・・・ 7, 70

東京地判平21・4・27判タ1305号261頁〔28153363〕（アルゼ事件）・・・・・・・・・・・・・・・ 321

神戸地判平21・4・27平成20年（わ）1239号／平成20年（わ）1316号最高裁HP〔28155871〕・・・ 1017

東京地判平21・5・14平成20年（ワ）2305号最高裁HP〔28153411〕（シェピエール事件）・・ 44

判例索引　　1221

東京地判平21・5・21判タ1306号124頁〔28151413〕······················· 1013
大阪地判平21・6・4平成20年（ワ）15970号最高裁HP〔28153371〕（真空マグボ
　トル事件）··· 118, 381
大阪地判平21・6・9判タ1315号171頁〔28160615〕（化粧品事件）·· 351, 353, 358, 360
東京地判平21・6・18判タ1310号198頁〔28153158〕······················· 1013
大阪地判平21・7・23判タ1330号243頁〔28153290〕（わたなべ皮フ科・形成外科
　事件）··· 784, 786
知財高判平21・9・15平成21年（ネ）10042号最高裁HP〔28161268〕（黒澤明映画
　DVD事件）·· 617
大阪地判平21・9・17判タ1332号267頁〔28153180〕（スイブル・スイーパー事件）
　··· 772
大阪地判平21・9・17判タ1332号267頁〔28153180〕························· 777
東京地判平21・9・18平成20年（特わ）975号／平成20年（特わ）1348号公刊物未
　登載〔28167003〕（ベトナム公務員贈賄事件）··························· 763
東京地判平21・10・8平成19年（ワ）3493号最高裁HP〔28153538〕（経口投与用
　吸着剤事件）··· 588, 615
東京地判平21・11・12平成21年（ワ）657号最高裁HP〔28153605〕（朝バナナ事
　件）··· 61
東京地判平22・1・29平成21年（ワ）9129号最高裁HP〔28160696〕（三菱信販事
　件）··· 74
東京地判平22・3・26平成21年（ワ）1992号最高裁HP〔28160727〕（クリスタル
　キング事件）··· 322
知財高判平22・4・13平成21年（ネ）10059号最高裁HP〔28160944〕············· 775
東京地判平22・4・23平成21年（ワ）16809号最高裁HP〔28161093〕（元気健康本
　舗genki21事件）·· 34
東京地判平22・4・23平成21年（ワ）16809号／平成21年（ワ）33956号最高裁HP
　〔28161093〕（元気健康本舗genki21事件）······························ 45
東京地判平22・4・28判タ1396号331頁〔28161217〕（コエンザイム事件）········· 136
知財高決平22・5・26判タ1338号147頁〔28170266〕（包装機械取引先・納入機械
　情報事件）··· 477
大阪地判平22・6・17平成21年（ワ）2948号最高裁HP〔28161772〕（全日本拳法
　連盟事件第一審判決）··· 48
東京地判平22・7・16判タ1344号204頁〔28161970〕······················· 777
東京地判平22・9・17平成20年（ワ）25956号最高裁HP〔28162588〕（角質除去具
　事件第一審判決）··· 39, 51
大阪地決平22・10・20訟務月報57巻6号1904頁〔28254408〕················· 1157
大阪地判平22・10・21平成20年（ワ）8763号最高裁HP〔28163318〕（不動産売買
　業者顧客情報事件）··· 414

1222 　判例索引

東京地判平22・11・18平成21年（ワ）1193号最高裁HP〔28163415〕（TRIPP
　TRAPPⅠ事件）‥‥‥‥‥‥‥‥‥‥‥‥‥‥‥‥‥‥‥‥‥‥‥‥‥‥‥‥ 39, 51
大阪地判平22・12・16判時2118号120頁〔28170010〕（商品陳列デザイン事件）
　‥‥‥‥‥‥‥‥‥‥‥‥‥‥‥‥‥‥‥‥‥‥‥‥‥‥‥‥‥ 20, 43, 61, 63
最判平23・ 1・20民集65巻 1号399頁〔28170101〕（ロクラクⅡ事件）‥‥‥‥‥ 97
最決平23・ 1・26刑集65巻 1号 1頁〔28175054〕‥‥‥‥‥‥‥‥‥‥‥‥‥ 1030
知財高判平23・ 1・31平成21年（行ケ）10138号／平成21年（行ケ）10264号最高
　裁HP〔28170167〕（アグロナチュラ事件）‥‥‥‥‥‥‥‥‥‥‥‥‥‥‥ 343
東京地判平23・ 2・ 3平成20年（ワ）34931号最高裁HP〔28170247〕（光通風雨戸
　事件第一審）‥‥‥‥‥‥‥‥‥‥‥‥‥‥‥‥‥‥‥‥‥‥‥‥‥‥ 433, 493
大阪高判平23・ 2・17平成22年（ネ）2247号最高裁HP〔28170510〕（全日本拳法
　連盟事件控訴審判決）‥‥‥‥‥‥‥‥‥‥‥‥‥‥‥‥‥‥‥‥‥‥‥ 10, 48
知財高判平23・ 2・24判タ1382号335頁〔28170336〕（雄ねじ部品事件判決）
　‥‥‥‥‥‥‥‥‥‥‥‥‥‥‥‥‥‥‥‥‥‥‥‥‥‥‥‥ 317, 328, 330
知財高判平23・ 3・24平成22年（ネ）10077号最高裁HP〔28170712〕（角質除去具
　事件控訴審判決）‥‥‥‥‥‥‥‥‥‥‥‥‥‥‥‥‥‥‥‥‥‥‥‥‥ 39, 51
大阪地判平23・ 3・24平成21年（ワ）2310号最高裁HP〔28171411〕（回転歯ブラ
　シの製造方法及び製造装置事件）‥‥‥‥‥‥‥‥‥‥‥‥‥‥‥‥‥‥‥ 329
知財高判平23・ 3・28判時2120号103頁〔28170706〕（ドーナックッション事件）
　‥‥‥‥‥‥‥‥‥‥‥‥‥‥‥‥‥‥‥‥‥‥‥‥‥‥‥‥‥‥‥‥ 49, 96
那覇地判平23・ 3・30平成18年（ワ）1165号公刊物未登載〔28320595〕（ミンサー
　織事件第一審判決）‥‥‥‥‥‥‥‥‥‥‥‥‥‥‥‥‥‥‥‥‥‥‥ 283, 299
東京地判平23・ 3・31判タ1399号335頁〔28171229〕（婦人服事件）‥‥‥‥‥ 119
東京地判平23・ 4・26判タ1360号220頁〔28172207〕‥‥‥‥‥‥‥‥‥‥‥ 670
大阪地判平23・ 4・28平成21年（ワ）7781号最高裁HP〔28171935〕（エース神戸
　事件）‥‥‥‥‥‥‥‥‥‥‥‥‥‥‥‥‥‥‥‥‥‥‥‥‥‥ 411, 413, 414
大阪地判平23・ 7・14判タ1378号224頁〔28173803〕（ミニバスケット事件）‥ 382, 820
東京地判平23・ 7・20平成21年（ワ）40693号最高裁HP〔28174700〕（常温快冷枕
　事件）‥‥‥‥‥‥‥‥‥‥‥‥‥‥‥‥‥‥‥‥‥‥‥ 34, 108, 109, 535
東京地判平23・ 7・21平成22年（ワ）46918号最高裁HP〔28173823〕（araisara事
　件）‥‥‥‥‥‥‥‥‥‥‥‥‥‥‥‥‥‥‥‥‥‥‥‥‥‥‥‥‥‥‥ 36
知財高判平23・ 7・21判タ1383号366頁〔28173825〕（光通風雨戸事件）‥‥‥ 433, 493
大阪地判平23・ 8・25判タ1379号227頁〔28173927〕（包丁研ぎ器事件）‥‥‥ 120, 826
知財高判平23・ 9・27平成22年（ネ）10039号／平成22年（ネ）10056号最高裁HP
　〔28174109〕（ポリカーボネート樹脂製造プラント事件）‥‥‥‥‥‥‥‥‥ 186
東京地判平23・ 9・29平成20年（ワ）35836号最高裁HP〔28174347〕（健康器具販
　売顧客名簿事件）‥‥‥‥‥‥‥‥‥‥‥‥‥‥‥‥‥‥‥‥‥‥‥‥‥ 168
大阪地判平23・10・ 3判タ1380号212頁〔28174346〕（水切りざる事件）
　‥‥‥‥‥‥‥‥‥‥‥‥‥‥‥‥‥‥‥ 40, 108, 112, 120, 354, 547

判例索引　1223

東京地判平23・10・11平成21年（ワ）45807号最高裁HP〔28174365〕（Michael
　　Jackson事件）‥‥‥‥‥‥‥‥‥‥‥‥‥‥‥‥‥‥‥‥‥‥‥‥‥‥‥‥‥ 291
福岡高那覇支判平23・11・29平成23年（ネ）88号／平成23年（ネ）136号公刊物
　　未登載〔28320596〕（ミンサー織事件控訴審判決）‥‥‥‥‥‥‥‥‥ 283, 299, 777
最判平23・12・8民集65巻9号3275頁〔28175901〕（北朝鮮映画事件最高裁判決）
　　‥‥‥‥‥‥‥‥‥‥‥‥‥‥‥‥‥‥‥‥‥‥‥‥‥‥‥‥‥‥‥‥‥ 88, 106
最判平23・12・8民集65巻9号3275頁〔28175901〕（北朝鮮映画事件）‥‥‥ 123, 334, 820
大阪地判平23・12・15平成19年（ワ）11489号／平成19年（ワ）15110号／平成22年
　　（ワ）7740号最高裁HP〔28180083〕（GOLD Glitter事件）‥‥‥‥‥‥‥ 34, 285
知財高判平23・12・22判タ1399号181頁〔28180826〕（ピペラジン事件）‥‥‥‥‥ 614
東京地判平23・12・27平成20年（ワ）12409号最高裁HP〔28180082〕‥‥‥‥‥‥ 690
知財高判平24・1・19判時2148号121頁〔28180185〕（Chromax事件）‥‥‥ 334, 342, 343
東京地判平24・2・6平成23年（ワ）5864号最高裁HP〔28180998〕（地産エコ断
　　熱協会事件）‥‥‥‥‥‥‥‥‥‥‥‥‥‥‥‥‥‥‥‥‥‥‥‥‥‥‥‥‥ 321
東京地判平24・3・13労経速2144号23頁〔28181617〕（関東工業事件）‥‥‥‥‥‥ 494
東京地判平24・3・21平成22年（ワ）145号／平成22年（ワ）16414号最高裁HP
　　〔28180714〕（車種別専用ハーネス事件）‥‥‥‥‥‥‥‥‥‥‥‥‥‥‥‥ 324
大阪地判平24・4・19平成23年（ワ）10113号最高裁HP〔28181186〕（郵便受け
　　事件第一審判決）‥‥‥‥‥‥‥‥‥‥‥‥‥‥‥‥‥‥‥‥‥‥‥‥‥‥‥ 45
大阪地判平24・6・7平成23年（ワ）9404号最高裁HP〔28181296〕‥‥‥‥‥‥‥ 374
東京地判平24・6・11判タ1404号323頁〔28181337〕（印刷用紙流用事件）‥‥‥ 412, 414
東京地決平24・6・22（サーバー利用装置事件）‥‥‥‥‥‥‥‥‥‥‥‥‥‥‥ 689
知財高判平24・7・4平成23年（ネ）10084号／平成24年（ネ）10025号最高裁HP
　　〔28181545〕（投資用マンション顧客名簿事件）‥‥‥‥‥‥‥‥‥ 159, 161, 162
大阪地判平24・9・13判タ1392号30頁〔28182618〕‥‥‥‥‥‥‥‥‥‥‥‥‥‥ 286
大阪地判平24・9・20判タ1394号330頁〔28182047〕（正露丸糖衣S事件）‥‥‥‥ 95, 775
最決平24・10・15刑集66巻10号990頁〔28182186〕‥‥‥‥‥‥‥‥‥‥‥‥‥‥ 762
大阪地判平24・10・23平成21年（ワ）15343号最高裁HP〔28182286〕（カラーコン
　　タクト事件）‥‥‥‥‥‥‥‥‥‥‥‥‥‥‥‥‥‥‥‥‥‥‥‥‥‥‥‥‥ 370
大阪地判平24・11・8平成23年（ワ）5742号最高裁HP〔28182417〕（巻き爪矯正
　　具事件）‥‥‥‥‥‥‥‥‥‥‥‥‥‥‥‥‥‥‥‥‥‥‥‥‥‥‥‥‥‥‥ 286
東京地判平24・11・29平成23年（ワ）6621号最高裁HP〔28182570〕‥‥‥‥‥‥‥ 380
知財高判平24・11・29判タ1410号158頁〔28182559〕‥‥‥‥‥‥‥‥‥‥‥‥ 684, 690
大阪高判平24・12・7平成24年（ネ）1719号最高裁HP〔28210061〕（郵便受け事
　　件控訴審判決）‥‥‥‥‥‥‥‥‥‥‥‥‥‥‥‥‥‥‥‥‥‥‥‥‥‥‥‥ 45
大阪地判平24・12・20平成24年（ワ）3604号最高裁HP〔28182704〕‥‥‥‥‥‥‥ 380
東京地判平24・12・25判タ1407号308頁〔28210063〕（タッチペン事件）
　　‥‥‥‥‥‥‥‥‥‥‥‥‥‥‥‥‥‥‥‥‥‥‥‥‥‥‥‥ 110, 120, 364, 373
知財高判平24・12・26判タ1408号235頁〔28210049〕（ルーペ事件）‥‥‥‥‥‥‥ 38

1224 　判例索引

名古屋地判24・12・26平成24年（わ）2106号公刊物未登載〔28210109〕‥‥‥‥ 1012
知財高判大合議平25・2・1判タ1388号77頁〔28210702〕（ごみ貯蔵機器事件）
　‥‥‥‥‥‥‥‥‥‥‥‥‥‥‥‥ 306, 321, 329, 562, 586-589, 598, 599
知財高決平25・2・7 （レーザー加工装置事件）‥‥‥‥‥‥‥‥‥‥‥‥‥ 689
東京地判平25・2・13平成21年（ワ）32104号最高裁HP〔28211830〕（コピーガー
　ド事件）‥‥‥‥‥‥‥‥‥‥‥‥‥‥‥‥‥‥‥‥‥‥‥‥‥‥‥‥‥‥ 172
知財高判平25・2・28平成24年（ネ）10064号最高裁HP〔28210778〕（花柳流花柳
　会事件）‥‥‥‥‥‥‥‥‥‥‥‥‥‥‥‥‥‥‥‥‥‥‥‥‥‥‥‥ 783, 784
知財高判平25・3・25平成24年（ネ）10059号最高裁HP〔28211422〕（有機EL素子
　事件（控訴審）‥‥‥‥‥‥‥‥‥‥‥‥‥‥‥‥‥‥‥‥‥‥‥‥‥‥‥ 321
東京地判平25・3・27平成23年（ワ）30566号最高裁HP〔28211162〕（空気清浄加
　湿器事件）‥‥‥‥‥‥‥‥‥‥‥‥‥‥‥‥‥‥‥‥‥‥‥‥‥‥‥‥‥ 38
知財高判平25・3・28平成24年（ネ）10067号最高裁HP〔28211169〕（日本車両リ
　サイクル事件控訴審判決）‥‥‥‥‥‥‥‥‥‥‥‥‥‥‥‥‥‥ 23, 36, 548
知財高判平25・3・28平成24年（ネ）10096号最高裁HP〔28211009〕‥‥‥‥‥ 286
大阪地判25・4・11判時2210号94頁〔28211423〕（中古車顧客名簿事件）‥‥‥ 617
東京地判平25・4・12平成23年（ワ）29260号最高裁HP〔28211622〕（MST-30XL
　事件）‥‥‥‥‥‥‥‥‥‥‥‥‥‥‥‥‥‥‥‥‥‥‥‥‥‥‥‥‥‥‥ 34
東京地判平25・4・12平成23年（ワ）8046号／平成23年（ワ）12978号最高裁HP
　〔28211624〕（キャディバッグ事件）‥‥‥‥‥‥‥‥‥‥‥‥‥‥‥‥‥ 352
大阪高判25・4・18平成23年（ネ）2651号最高裁HP〔28211436〕（包丁研ぎ器
　事件控訴審）‥‥‥‥‥‥‥‥‥‥‥‥‥‥‥‥‥‥‥‥‥‥‥‥‥‥‥‥ 120
大阪地判25・5・30平成24年（ワ）8972号最高裁HP〔28211984〕（ショルダー
　バッグ事件）‥‥‥‥‥‥‥‥‥‥‥‥‥‥‥‥‥‥‥‥‥‥ 120, 357, 371
東京地判平25・7・3平成23年（ワ）40532号公刊物未登載〔28320819〕‥‥‥‥ 718
東京地判平25・7・9平成21年（ワ）40515号／平成22年（ワ）12105号／平成22年
　（ワ）17265号最高裁HP〔28212481〕‥‥‥‥‥‥‥‥‥‥‥ 242, 246, 512
東京地判平25・7・10平成24年（ワ）7616号最高裁HP〔28212470〕
　‥‥‥‥‥‥‥‥‥‥‥‥‥‥‥‥‥‥‥‥‥‥‥ 272, 275, 276, 278
大阪地判平25・7・16判時2264号94頁〔28212469〕（パッケージソフトウェア事
　件）‥‥‥‥‥‥‥‥‥‥‥‥‥‥‥‥‥‥‥‥‥‥‥‥‥‥‥‥ 450, 477
東京地判平25・7・19平成23年（ワ）28857号最高裁HP〔28212471〕‥‥‥‥‥ 120
東京地判平25・7・31平成25（ワ）11826号公刊物未登載〔28321838〕‥‥‥‥ 250
知財高判平25・8・28平成25年（ネ）10018号最高裁HP〔28212669〕（繰り出し容
　器事件）‥‥‥‥‥‥‥‥‥‥‥‥‥‥‥‥‥‥‥‥‥‥‥‥‥‥‥‥‥ 329
大阪地決平25・9・3訟務月報60巻7号1436頁〔28223882〕‥‥‥‥‥‥‥‥ 1157
知財高判平25・9・10判時2207号76頁〔28213088〕（ヒューマントラスト事件）‥‥ 323
東京地判平25・9・25判タ1418号336頁〔28213087〕‥‥‥‥‥‥‥‥‥‥‥ 666

判例索引　1225

大阪高判平25・9・26平成24年（ネ）2928号最高裁HP〔28213121〕（セイロガン糖衣Ａ事件控訴審判決）……………………………………………… 74, 79, 80, 88

大阪地判平25・10・31平成25年（ワ）2464号最高裁HP〔28213537〕（エジソンのお箸Ⅰ事件第一審判決）………………………………………………………… 33

東京地判平25・11・13平成24年（ワ）22013号／平成24年（ワ）36288号最高裁HP〔28220457〕（ストッキング事件）…………………………………………… 354

東京地判平25・12・6平成24年（ワ）14492号最高裁HP〔28220445〕（平凡な大学生のボクがネット株で3億円稼いだ秘術教えます！事件第一審判決）……… 290, 302

東京地判平25・12・19平成23年（ワ）30214号最高裁HP〔28220007〕（センサ付き省エネルギーランプ事件）…………………………………………………… 320

知財高判平25・12・26平成25年（ネ）10062号／平成25年（ネ）10083号最高裁HP〔28220180〕（ペンダントランプ事件）……………………………… 116, 826

東京地判平26・1・20平成25年（ワ）3832号最高裁HP〔28220582〕（FUKI事件）……………………………………………………………………… 34, 535, 547

東京地判平26・1・24平成25年（ワ）1062号最高裁HP〔28220755〕（全国共通お食事券事件第一審判決）…………………………………………………… 289

福岡高判平26・1・29判時2273号116頁〔28234512〕（博多帯事件）……… 773, 775

東京地判平26・1・30平成21年（ワ）32515号最高裁HP〔28220576〕（電話番号情報自動作成装置事件）…………………………………………………………… 616

大阪地判平26・3・18平成25年（ワ）7391号最高裁HP〔28221226〕……… 477

大阪地堺支判平26・3・27平成25年（わ）190号公刊物未登載…………… 1003

東京地判平26・4・17平成25年（ワ）18665号最高裁HP〔28221985〕（100円グッズ事件）……………………………………………………………… 117, 379

東京地判平26・4・17平成24年（ワ）35742号最高裁HP〔28222079〕（登録モデル情報事件）…………………………………………………………… 405, 429

大阪地判平26・4・22平成25年（ワ）6750号最高裁HP〔28222090〕………… 377

知財高判平26・4・24平成25年（ネ）10110号最高裁HP〔28221980〕（エジソンのお箸Ⅰ事件控訴審判決）………………………………………………………… 33

静岡地判平26・5・15平成26年（わ）40号最高裁HP〔28223417〕………… 1017

静岡地判平26・5・15平成26年（わ）40号最高裁HP〔28223418〕………… 1017

知財高決大合議平26・5・16判タ1402号166頁〔28222303〕（アップル対サムスン事件）……………………………………………………………………… 330

東京地判平26・5・21平成25年（ワ）31446号最高裁HP〔28222307〕（バーキン立体商標事件）…………………………………………………… 25, 39, 51

東京地判平26・5・21平成25年（ワ）31446号最高裁HP〔28222307〕（バーキン立体商標事件）……………………………………………………………… 74

大阪高判平26・5・22平成26年（う）121号最高裁HP〔28230198〕………… 1019

東京地判平26・5・23平成24年（ワ）19272号最高裁HP〔28224428〕………… 273

1226 判例索引

知財高判平26・5・29平成26年（ネ）10006号最高裁HP〔28222407〕（平凡な大学
　生のボクがネット株で3億円稼いだ秘術教えます！事件控訴審判決）‥‥‥‥ 290, 302
知財高判平26・6・12平成25年（ネ）10067号最高裁HP〔28222974〕
　‥‥‥‥‥‥‥‥‥‥‥‥‥‥‥‥‥‥‥‥‥‥‥‥‥ 237, 242, 245, 513, 517
東京地判平26・7・18平成26年（ワ）4967号公刊物未登載〔29041787〕‥‥‥‥‥ 273
名古屋地判平26・8・20平成24年（わ）843号公刊物未登載〔28223811〕
　‥‥‥‥‥‥‥‥‥‥‥‥‥‥‥‥‥‥‥‥‥‥ 1005, 1006, 1011, 1022
大阪地判平26・8・21平成25年（ワ）7604号最高裁HP〔28223617〕‥‥‥‥‥‥ 377
東京地判平26・8・29平成25年（ワ）28860号最高裁HP〔28223786〕（巻くだけダ
　イエット事件）‥‥‥‥‥‥‥‥‥‥‥‥‥‥‥‥‥‥‥‥‥‥‥‥‥‥‥‥ 60
札幌地判平26・9・4平成25年（ワ）886号最高裁HP〔28223772〕‥‥‥‥‥‥‥ 96
福井簡判平26・10・15公刊物未登載‥‥‥‥‥‥‥‥‥‥‥‥‥‥‥‥‥‥‥ 1019
東京地判平26・10・17平成25年（ワ）22468号最高裁HP〔28231575〕（フランク
　フェイスⅠ事件）‥‥‥‥‥‥‥‥‥‥‥‥‥‥‥‥‥‥‥‥‥‥ 35, 38, 91
大阪地判平26・10・23平成25年（ワ）3058号最高裁HP〔28224389〕‥‥‥‥‥ 493
知財高判平26・10・30平成26年（ネ）10024号最高裁HP〔28224379〕（全国共通お
　食事券事件控訴審判決）‥‥‥‥‥‥‥‥‥‥‥‥‥‥‥‥‥‥‥‥‥‥ 290
知財高判平26・12・4判時2276号90頁〔28225036〕‥‥‥‥‥‥‥‥‥‥‥‥ 666
宇都宮地判平26・12・5公刊物未登載‥‥‥‥‥‥‥‥‥‥‥‥‥‥‥‥‥‥ 1019
東京地判平26・12・18平成26年（ワ）18199号最高裁HP〔28230081〕‥‥ 272, 274, 275
東京地判平26・12・26平成25年（ワ）23579号最高裁HP〔28230070〕（バケツ事
　件）‥‥‥‥‥‥‥‥‥‥‥‥‥‥‥‥‥‥‥‥‥‥‥‥‥‥‥‥‥‥‥‥ 38
名古屋地判平27・1・20平成25年（わ）2321号／平成25年（わ）2587号／平成26年
　（わ）224号公刊物未登載〔28230549〕‥‥‥‥‥‥‥‥‥‥‥ 997, 1002, 1003
東京地判平27・2・4平成26年（特わ）970号／平成26年（特わ）1092号公刊物
　未登載〔28230680〕（ベトナム，インドネシアおよびウズベキスタン公務員贈
　賄事件）‥‥‥‥‥‥‥‥‥‥‥‥‥‥‥‥‥‥‥‥‥‥‥‥‥‥‥ 757, 764
東京地判平27・2・18判タ1412号265頁〔28230892〕（ブルーレイディスクパテン
　トプール事件）‥‥‥‥‥‥‥‥‥‥‥‥‥‥‥‥‥‥‥‥‥‥‥‥‥‥ 330
知財高判平27・2・19平成25年（ネ）10095号最高裁HP〔28230877〕（東和レジス
　ター顧客情報事件）‥‥‥‥‥‥‥‥‥‥‥‥‥‥‥‥‥‥ 193, 490, 833
東京地判平27・3・9判時2276号143頁〔28231190〕‥‥‥‥‥‥‥‥‥ 1003, 1022
大分地判平27・3・25平成27年（わ）15号公刊物未登載〔28231495〕‥‥‥‥‥ 1017
東京地判平27・3・26平成26年（ワ）21163号公刊物未登載〔28262932〕（ヘルシー
　ロースター事件第一審判決）‥‥‥‥‥‥‥‥‥‥‥‥‥‥‥‥‥‥ 44, 45
東京地判平27・3・27労経速2246号3頁〔28232658〕（レガシィ事件）‥‥‥‥‥ 494
知財高判平27・4・14判時2267号91頁〔28231431〕（TRIPP TRAPPⅡ事件）‥ 38, 104
知財高判平27・4・28平成25年（ネ）10097号最高裁HP〔28231629〕（蓋体を備え
　る容器事件）‥‥‥‥‥‥‥‥‥‥‥‥‥‥‥‥‥‥‥‥‥‥‥‥‥‥ 616

判例索引　1227

札幌高判平27・6・23平成26年（ネ）365号公刊物未登載〔28232603〕（食べログ
　　事件）‥‥‥‥‥‥‥‥‥‥‥‥‥‥‥‥‥‥‥‥‥‥‥‥‥‥‥‥‥‥‥‥‥‥ 85
東京地判平27・7・16平成25年（ワ）28365号最高裁HP〔28232786〕‥‥‥‥‥‥ 116
東京地決平27・7・27判タ1419号367頁〔28240462〕（新日鉄ポスコ事件）‥‥ 493, 662
名古屋高判平27・7・29高刑速報（平27）号225頁〔28232903〕‥‥‥‥‥‥‥‥‥ 490
東京地判平27・8・27平成26年（ワ）19616号最高裁HP〔28233535〕（二重打刻
　　鍵事件）‥‥‥‥‥‥‥‥‥‥‥‥‥‥‥‥‥‥‥‥‥‥ 422, 443, 482
東京地判平27・8・28平成23年（ワ）37937号公刊物未登載〔29013240〕‥‥‥‥‥ 1013
神戸地判平27・9・8平成27年（わ）161号／平成27年（わ）218号／平成27年
　　（わ）467号最高裁HP〔28243509〕‥‥‥‥‥‥‥‥‥‥‥‥‥‥‥ 518, 1019
東京高決平27・9・14判時2320号43頁〔28251073〕‥‥‥‥‥‥‥‥‥‥‥‥‥‥ 494
東京地判平27・9・29平成25年（ワ）30386号／平成26年（ワ）12202号最高裁HP
　　〔28233919〕（タタミ染めQ事件）‥‥‥‥‥‥‥‥‥‥‥‥‥‥‥‥‥ 320, 324
大阪地判平27・9・29平成26年（ワ）8869号最高裁HP〔28233534〕‥‥‥‥‥‥‥ 777
東京地判平27・9・30平成26年（ワ）24118号最高裁HP〔28233538〕‥‥‥‥‥ 250, 518
東京地判平27・9・30平成26年（ワ）17832号最高裁HP〔28233566〕（デザイン
　　画事件）‥‥‥‥‥‥‥‥‥‥‥‥‥‥‥‥‥‥‥‥‥‥‥ 361, 818, 819
大阪地判平27・10・1平成25年（ワ）10039号最高裁HP〔28233893〕（発砲合成
　　樹脂容器事件）‥‥‥‥‥‥‥‥‥‥‥‥‥‥‥‥‥‥‥‥‥‥‥‥‥‥‥‥‥ 616
東京地判平27・10・15平成26年（ワ）27617号最高裁HP〔28253676〕‥‥‥‥‥‥ 250
東京地判平27・10・22平成26年（ワ）6372号最高裁HP〔28233704〕（名刺帳事件）
　　‥‥‥‥‥‥‥‥‥‥‥‥‥‥‥‥‥‥‥‥‥‥‥‥‥‥‥‥ 398, 430, 444
大阪地判平27・10・29平成25年（ワ）11486号最高裁HP〔28233902〕（草刈機保
　　護カバー事件）‥‥‥‥‥‥‥‥‥‥‥‥‥‥‥‥‥‥‥‥‥‥‥‥‥‥‥‥‥ 120
東京地判平27・10・29平成26年（ワ）16526号最高裁HP〔28234659〕‥‥‥‥‥‥ 177
東京地判平27・11・11平成26年（ワ）25645号最高裁HP〔28234662〕（防災用キャ
　　リーバッグ事件）‥‥‥‥‥‥‥‥‥‥‥‥‥‥‥‥‥‥‥‥‥‥‥‥‥‥‥‥ 38
東京地判平27・11・13判時2313号100頁〔28234170〕（DHC事件）‥‥‥‥‥‥‥‥ 79
大阪地判平27・11・13平成27年（わ）280号／平成27年（わ）865号公刊物未登載
　　‥‥‥‥‥‥‥‥‥‥‥‥‥‥‥‥‥‥‥‥‥‥‥‥‥‥‥‥‥‥‥‥‥‥‥‥ 997
知財高判平27・11・19判タ1425号179頁〔28242867〕（オフセット輪転機版胴事
　　件）‥‥‥‥‥‥‥‥‥‥‥‥‥‥‥‥‥‥‥‥‥‥‥‥‥‥‥‥‥‥‥‥‥‥ 614
知財高判平27・12・8平成27年（ネ）10070号最高裁HP〔28234379〕（ヘルシー
　　ロースター事件控訴審判決）‥‥‥‥‥‥‥‥‥‥‥‥‥‥‥‥‥‥‥‥‥‥‥ 45
東京地判平27・12・10平成27年（ワ）2587号／平成27年（ワ）7096号最高裁HP
　　〔28234469〕（吸水パイプ事件）‥‥‥‥‥‥‥‥‥‥‥‥‥‥‥‥‥‥‥‥ 15
最決平27・12・14刑集69巻8号832頁〔28234413〕‥‥‥‥‥‥‥‥‥‥‥‥‥‥ 1029
大阪地判平27・12・17平成26年（ワ）6406号公刊物未登載（在宅療養支援診療所
　　事件）‥‥‥‥‥‥‥‥‥‥‥‥‥‥‥‥‥‥‥‥‥‥‥‥‥‥‥‥ 416, 479

1228　判例索引

知財高判平27・12・24平成27年（ネ）10046号最高裁HP〔28243292〕（インタ
　ビュー取材メモ事件）‥‥‥‥‥‥‥‥‥‥‥‥‥‥‥‥‥‥‥‥‥ 430, 485

長崎地判平28・1・12公刊物未登載‥‥‥‥‥‥‥‥‥‥‥‥‥‥‥‥‥‥ 1019

東京地判平28・1・14判時2307号111頁〔28240327〕（加湿器事件第一審判決）‥‥ 812

東京地判平28・1・29平成27年（ワ）27735号最高裁HP〔28240512〕（トラステ
　イル事件）‥‥‥‥‥‥‥‥‥‥‥‥‥‥‥‥‥‥‥‥‥‥‥‥‥‥‥‥ 36

横浜地判平28・1・29平成27年（わ）547号公刊物未登載〔28240690〕
　‥‥‥‥‥‥‥‥‥‥‥‥‥‥‥‥‥‥‥‥‥‥‥‥‥ 1009, 1011-1013

東京地判平28・2・5判時2320号117頁〔28240670〕（エジソンのお箸Ⅱ事件第一
　審判決）‥‥‥‥‥‥‥‥‥‥‥‥‥‥‥‥‥‥‥‥‥‥‥ 33, 34, 38

東京地判平28・2・15平成27年（ワ）17362号最高裁HP〔28240822〕‥‥‥‥‥ 472

岡山地判平28・2・29平成27年（わ）448号最高裁HP〔28241208〕‥‥‥ 250, 518, 1019

知財高判平28・3・8平成27年（ネ）10118号最高裁HP〔28240964〕（インター
　プライズ・コンサルティング事件）‥‥‥‥‥‥‥‥‥‥‥‥‥‥‥‥‥ 399

大阪地判平28・3・15平成27年（ワ）7540号最高裁HP〔28241206〕‥‥‥ 274, 275, 525

知財高判平28・3・28判タ1428号53頁〔28243412〕（NTTドコモ債務不存在確認
　事件）‥‥‥‥‥‥‥‥‥‥‥‥‥‥‥‥‥‥‥‥‥‥‥‥‥‥‥‥ 663

東京地立川支判平28・3・29判タ1433号231頁〔28250128〕（ベネッセ顧客名簿刑
　事事件第一審判決）‥‥‥‥‥‥‥‥‥ 394, 471, 1003, 1005, 1006, 1009, 1012

東京地判平28・4・21平成27年（ワ）31898号最高裁HP〔28241325〕（リスティン
　グ広告事件）‥‥‥‥‥‥‥‥‥‥‥‥‥‥‥‥‥‥‥‥‥‥‥‥‥‥ 43

東京地判平28・4・27平成25年（ワ）30447号最高裁HP〔28241422〕（オート
　フォーカス顕微鏡の組立図事件）‥‥‥‥‥‥‥‥‥‥‥‥ 136, 389, 440

知財高判平28・4・27判時2321号85頁〔28243400〕（接触角計算（液滴法）プログ
　ラム事件控訴審判決）‥‥‥‥‥‥‥‥‥‥ 176, 187, 389, 422, 558

東京地判平28・4・27平成26年（ワ）9920号最高裁HP〔28241682〕（ワークの加
　工装置事件）‥‥‥‥‥‥‥‥‥‥‥‥‥‥‥‥‥‥‥‥‥‥‥ 399, 400

東京地判平28・4・28平成27年（ワ）28027号最高裁HP〔28241544〕（お酒に合
　うアンチョビポテト事件第一審判決）‥‥‥‥‥‥‥‥‥‥‥‥‥‥‥‥ 49

大阪地判平28・5・24判タ1437号216頁〔28243391〕（スーツケース事件）‥‥‥ 19, 20

静岡地判平28・5・30平成27年（わ）501号・平成28年（わ）4号公刊物未登載
　‥‥‥‥‥‥‥‥‥‥‥‥‥‥‥‥‥‥‥‥‥‥‥‥‥‥‥‥‥‥‥‥ 1017

東京地判平28・5・31平成25年（ワ）15928号最高裁HP〔28241879〕‥‥‥‥‥ 493

知財高判平28・6・13平成27年（ネ）10137号最高裁HP〔28242053〕（DNA会員
　名簿事件）‥‥‥‥‥‥‥‥‥‥‥‥‥‥‥‥‥‥‥‥‥‥‥‥‥‥ 444

松江地判平28・6・20平成28年（わ）8号公刊物未登載〔28243042〕‥‥‥‥‥ 1017

大阪地判平28・6・23平成25年（ワ）12149号最高裁HP〔28243387〕（臨床検査会
　社事件）‥‥‥‥‥‥‥‥‥‥‥‥ 176, 187, 405, 421, 441, 477

判例索引　1229

東京地判平28・6・30平成26年（ワ）22423号最高裁HP〔28242580〕（印鑑自動製作販売装置事件）……………………………………………………………… 452

東京地判平28・7・19判時2319号106頁〔28242836〕（フェイスマスク事件）
……………………………………………………………………… 119, 361, 381

名古屋地判平28・7・19平成28年（わ）489号／平成28年（わ）686号公刊物未登載〔28242944〕……………………………………… 1003, 1009, 1011, 1012

大阪地判平28・7・21平成27年（ワ）2505号／平成27年（ワ）6189号最高裁HP〔28242916〕（ゼンシングループ事件第一審判決）…………………… 34

大阪地判平28・7・21平成26年（ワ）11151号／平成25年（ワ）13167号最高裁HP〔28243384〕（錫合金組成事件）…………………………………… 433

知財高判平28・7・27判タ1432号126頁〔28242833〕（エジソンのお箸Ⅱ事件控訴審判決）………………………………………………… 33, 38, 40, 90

東京地判平28・7・27平成26年（ワ）17021号／平成26年（ワ）32223号最高裁HP〔28251002〕……………………………………………………… 486

東京地判平28・9・8平成27年（ワ）2690号最高裁HP〔28243557〕………… 136, 146

大阪地判平28・9・29平成25年（ワ）10425号／平成25年（ワ）10428号最高裁HP〔28253677〕（支払督促異議申立事件）…………………… 137, 431

大阪地判平28・10・27平成27年（ワ）10522号／平成28年（ワ）636号最高裁HP〔28250976〕（リサイクルインクカートリッジ包装事件）……… 326, 329

知財高判平28・10・27平成28年（ネ）10053号最高裁HP〔28243897〕（ワークの加工装置事件控訴審判決）………………………………………… 400

東京地判平28・10・27平成27年（ワ）24340号最高裁HP〔28243913〕………… 493

知財高判平28・10・31平成28年（ネ）10058号最高裁HP〔28243918〕（お酒に合うアンチョビポテト事件控訴審判決）…………………………… 49

知財高判平28・10・31平成28年（ネ）10051号最高裁HP〔28243920〕（青汁事件）
……………………………………………………………………………… 358

横浜地判平28・10・31刑集72巻6号618頁〔28250768〕（日産自動車刑事事件第一審判決）…………………………………………………… 403, 422, 445

最決平28・10・31平成27年（あ）1351号公刊物未登載〔28260740〕………………… 490

横浜地判平28・10・31刑集72巻6号618頁〔28250768〕（日産自動車刑事事件第一審判決）………………………………………………………… 1005

大阪地判平28・11・22平成25年（ワ）11642号最高裁HP〔28250972〕………… 136, 474

東京地判平28・11・24平成27年（ワ）36973号最高裁HP〔28244530〕（全国遺体保全協会事件）……………………………………………………… 48

東京地判平28・11・28平成28年（ワ）2363号最高裁HP〔28261243〕………… 273-275

知財高判平28・11・30判時2338号96頁〔28244450〕（加湿器事件控訴審判決）
…………………………………… 6, 99, 104, 117, 348, 812, 813, 818

平成28年11月30日判時2338号96頁〔28244450〕（加湿器事件控訴審判決）………… 819

東京地決平28・12・19平成27年（ヨ）22042号最高裁HP〔28253553〕（コメダ珈
　琲事件）‥‥‥‥‥‥‥‥‥‥‥‥‥‥‥‥‥‥‥‥‥‥‥‥‥‥‥‥‥‥‥ 20, 62, 63, 91
知財高判平28・12・21平成28年（ネ）10079号最高裁HP〔28244589〕（互助会会
　員情報事件）‥‥‥‥‥‥‥‥‥‥‥‥‥‥‥‥‥‥‥‥‥‥‥‥‥‥‥‥‥‥‥‥ 404
知財高判平28・12・22平成28年（ネ）10084号最高裁HP〔28250129〕（フェイス
　マスク事件）‥‥‥‥‥‥‥‥‥‥‥‥‥‥‥‥‥‥‥‥‥‥‥‥‥ 120, 362, 382
大阪地判平28・12・26平成28年（ワ）10425号最高裁HP〔28253702〕‥‥‥‥‥ 244, 518
大阪地判平29・1・12平成27年（ワ）7288号最高裁HP〔28253114〕（介護保険
　サービス利用者情報事件）‥‥‥‥‥‥‥‥‥‥‥‥‥‥‥‥ 393, 427, 441, 477
知財高判平29・1・18平成26年（ネ）10032号最高裁HP〔28250612〕（発光ダイ
　オード事件）‥‥‥‥‥‥‥‥‥‥‥‥‥‥‥‥‥‥‥‥‥‥‥‥‥‥‥‥‥‥‥‥ 325
大阪地判平29・1・19平成27年（ワ）9648号／平成27年（ワ）10930号等）最高
　裁HP〔28253637〕‥‥‥‥‥‥‥‥‥‥‥‥‥‥‥‥‥‥‥‥‥‥‥‥‥‥‥ 116, 378
大阪地判平29・1・19平成27年（ワ）9648号／平成27年（ワ）10930号最高裁HP
　〔28253637〕（Chamois事件）‥‥‥‥‥‥‥‥‥‥‥‥‥‥‥‥‥‥‥‥‥‥‥ 821
大阪高判平29・1・26平成28年（ネ）2241号最高裁HP〔28250409〕（ゼンシング
　ループ事件控訴審判決）‥‥‥‥‥‥‥‥‥‥‥‥‥‥‥‥‥‥‥‥‥‥‥‥‥‥‥ 34
東京地判平29・1・26平成27年（ワ）17716号最高裁HP〔28250418〕‥‥‥‥‥‥ 474
大阪地判平29・1・31判時2351号56頁〔28253693〕（シテイノトナーガソウチャク
　サレテイマス事件）‥‥‥‥‥‥‥‥‥‥‥‥‥‥‥‥‥‥‥ 285, 289, 302, 616
東京地判平29・2・9平成26年（ワ）1397号／平成27年（ワ）34879号最高裁HP
　〔28250692〕（プラスチック木型事件第一審判決）
　　‥‥‥‥‥‥‥‥‥‥‥‥‥ 135, 136, 177, 186, 187, 218, 414, 415, 418, 434, 479
千葉地判平29・2・15平成28年（わ）1833号公刊物未登載‥‥‥‥‥‥‥‥‥‥‥‥ 1017
東京地判平29・2・17平成26年（ワ）8922号最高裁HP〔28250883〕（歯列矯正ブ
　ラケット事件）‥‥‥‥‥‥‥‥‥‥‥‥‥‥‥‥‥‥‥‥‥‥‥‥‥‥‥‥‥‥‥ 322
知財高判平29・2・23平成28年（ネ）10009号／平成28年（ネ）10033号最高裁HP
　〔28250742〕（吸水パイプ事件控訴審判決）‥‥‥‥‥‥‥‥‥‥‥‥‥‥ 15, 330
最判平29・2・28民集71巻2号221頁〔28250741〕（エマックス事件）‥‥‥‥‥‥ 21
大阪地判平29・3・14平成28年（ワ）5614号公刊物未登載〔28322000〕‥‥‥‥‥‥ 476
大阪地判平29・3・16判時2392号71頁〔28253419〕（松右衛門帆事件）‥‥‥‥ 290, 302
大阪地判平29・3・21平成28年（ワ）7393号最高裁HP〔28251024〕‥‥‥ 273, 275, 278
東京高判平29・3・21判タ1443号80頁〔28253079〕（ベネッセ顧客名簿刑事事件
　控訴審判決）‥‥‥‥‥‥‥‥‥‥‥‥‥‥‥‥‥‥‥‥‥‥‥‥ 394, 456, 473
大阪地判平29・3・21平成28年（ワ）7393号最高裁HP〔28251024〕‥‥‥‥‥‥‥ 525
東京高判平29・3・21判タ1443号80頁〔28253079〕‥‥‥‥‥‥‥ 1005, 1013, 1014
知財高判平29・3・22平成28年（ネ）10094号最高裁HP〔28250979〕（経皮吸収
　製剤事件）‥‥‥‥‥‥‥‥‥‥‥‥‥‥‥‥‥‥‥‥‥‥‥‥‥‥‥‥‥‥‥‥‥ 325

東京地判平29・3・30平成28年（ワ）12829号最高裁HP〔28251177〕（セラコート事件）・・・ 320

岡山地判平29・4・17平成29年（わ）48号公刊物未登載・・・・・・・・・・・・・・・・・・・・・・・ 1019, 1024

大阪地判平29・4・20平成28年（ワ）298号／平成28年（ワ）2610号最高裁HP〔28251388〕（ドラム式洗濯機用使い捨てフィルタ事件）・・・・・・・・・・・・・・・・・・・・・・・ 616

東京地判平29・4・27平成27年（ワ）556号／平成27年（ワ）20109号最高裁HP〔28251368〕・・ 97

徳山地判平29・6・9平成29年（わ）88号公刊物未登載・・・・・・・・・・・・・・・・・・・・・・・・・・ 1017

知財高決平29・6・12平成29年（ラ）10002号最高裁HP〔28252065〕・・・・・・・・・ 645, 646

大阪地判平29・6・15平成28年（ワ）5104号最高裁HP〔28251858〕（手洗器付トイレタンクのボウル用シート事件）・・・・・・・・・・・・・・・・・・・・・・・・・・・ 318, 329, 549

東京地判平29・6・22平成28年（ワ）37209号最高裁HP〔28252199〕（GrandRaffine事件）・・・ 44

東京地判平29・6・28平成27年（ワ）24688号最高裁HP〔28252224〕（不規則充填物事件）・・ 38-40, 46, 77

東京地判平29・7・12平成28年（ワ）35978号最高裁HP〔28252430〕（光配向用偏光光照射装置事件第一審判決）・・ 187

大阪高判平29・7・20平成29年（ネ）442号最高裁HP〔28253115〕（介護保険サービス利用者情報事件控訴審判決）・・・・・・・・・・・・・・・・・・・・・・・・・・・・・・・・・ 177, 471

東京地判平29・7・27判時2359号84頁〔28252602〕（マキサカルシトール事件）・・・・ 615

大阪地判平29・8・24平成27年（ワ）10870号最高裁HP〔28254046〕・・・・ 136, 137, 477

東京地判平29・8・31平成28年（ワ）25472号最高裁HP〔28253106〕（ユニットシェルフ事件第一審判決）・・・・・・・・・・・・・・・・・・・・・・・・・・・・・・・・・・・・・・ 15, 39, 51

東京高判平29・9・8高刑速報（平29）号156頁〔28265296〕・・・・・・・・・・・・・・・・・・・・ 1025

知財高判平29・9・13平成29年（ネ）10020号／平成29年（ネ）10036号最高裁HP〔28253634〕（パチンコ・スロット用ソフトウェア事件）・・・・・・・・・・・・・・・・・・ 476

知財高判平29・9・27平成29年（ネ）10032号最高裁HP〔28253800〕（うどん店の営業方法事件）・・ 43

知財高判平29・9・27平成29年（ネ）10051号最高裁HP〔28253537〕・・・・・・・・・・・・・ 273

福岡地判平29・10・16平成28年（わ）1434号／平成28年（わ）1726号／平成29年（わ）136号／平成29年（わ）478号／平成29年（わ）875号公刊物未登載〔28253936〕・・ 1003

大阪地判平29・10・19平成27年（ワ）4169号最高裁HP〔28254955〕（アルミナ繊維事件）・・・ 434, 442, 444, 452

最判平29・10・23判タ1442号46頁〔28253819〕・・・・・・・・・・・・・・・・・・・・・・・・・・・・・・・・・ 472

東京地判平29・10・25平成28年（ワ）7143号最高裁HP〔28254072〕（エイシン・フーズ事件）・・・ 137, 494

大阪高判平29・12・8判タ1451号154頁〔28261252〕・・・・・・・・・・・・・・・・・・・・・・・・・・・・ 250

枚方簡裁平29・12・12平成29年（ろ）3号公刊物未登載〔28254998〕・・・・・・・・ 1019, 1051

1232 判例索引

知財高判平30・1・15判タ1454号91頁〔28260211〕（杭事件）……………… 46

知財高判平30・1・15判タ1452号80頁〔28260455〕（光配向用偏光光照射装置事件
控訴審判決）…………………………………… 183, 186, 187, 494, 636

東京地判平30・1・19平成28年（ワ）6672号公刊物未登載〔29048755〕………… 473

知財高判平30・1・24平成29年（ネ）10031号最高裁HP〔28260530〕（プラスチッ
ク木型事件控訴審判決）………………………………… 218, 415

東京地判平30・1・30平成29年（ワ）31837号最高裁HP〔28260807〕…………… 518

東京地判平30・2・27平成28年（ワ）10736号最高裁HP〔28261062〕（折り畳み傘
事件）…………………………………………………… 38, 39, 51

知財高判平30・2・28平成29年（ネ）10068号／平成29年（ネ）10084号最高裁HP
〔28262445〕（不規則充填物事件控訴審判決）………… 17, 39, 46, 95

大阪地判平30・3・5平成28年（ワ）648号最高裁HP〔28262621〕（医薬品配置販
売業顧客名簿事件）………… 135, 140, 182, 395, 418, 442, 479, 668

東京地判平30・3・13平成28年（ワ）43757号最高裁HP〔28261306〕（フォクシー
事件）………………………………………… 26, 92, 97, 320

大阪地判平30・3・15平成27年（ワ）11753号最高裁HP〔28262597〕（採尿器具販
売事件）…………………………………… 177, 397, 418, 421, 477

東京地判平30・3・19判時2425号106頁〔28261319〕（サックス用ストラップ事件
第一審判決）……………………………………… 369, 814, 820

東京高判平30・3・20高刑集71巻1号3頁〔28262016〕（日産自動車刑事事件控訴
審判決）…………………………………………………… 490, 1011

東京地判平30・3・26平成29年（ワ）5423号最高裁HP〔28262111〕…………… 74

知財高判平30・3・26平成29年（ネ）10007号最高裁HP〔28261326〕（エスティー
ネットワーク事件）……………… 187, 390, 406, 470, 615

知財高判平成30・3・29平成29年（ネ）10083号最高裁HP〔28261677〕（ユニット
シェルフ事件控訴審判決）…………………………… 15, 39, 45, 51

東京地判平30・3・29平成26年（ワ）29490号最高裁HP〔28262623〕（高性能ALPS
事件第一審判決）…………………………………… 423, 482

福井地判平30・4・11平成26年（ワ）140号／平成29年（ワ）15号公刊物未登載
〔28323077〕（クロス下地コーナー材事件第一審判決）………… 134, 176, 428

福井地判平30・4・11平成26年（ワ）140号公刊物未登載〔28323077〕（クロス下
地コーナー材事件第一審判決）……………………………… 493

大阪地判平30・4・17平成28年（ワ）6074号最高裁HP〔28262096〕（堂島ロール
事件）…………………………………………………… 74

大阪地判平30・4・24平成29年（ワ）1443号最高裁HP〔28262127〕…………… 470

東京地判平30・4・26平成27年（ワ）36405号最高裁HP〔28263730〕（婦人服事
件）………………………………………… 354, 359, 382

東京地判平30・5・11平成28年（ワ）30183号最高裁HP〔28262159〕（SAPIX事
件第一審判決）…………………………………………… 26

大阪高判平30・5・11平成29年（ネ）2772号最高裁HP〔28263513〕（アルミナ繊
　維事件控訴審判決）・・・ 484
名古屋地豊橋支判平30・5・11平成29年（わ）289号最高裁HP〔28262413〕
　・・ 1006, 1009, 1022
東京地判平30・6・1平成26年（ワ）25640号／平成27年（ワ）10995号最高裁HP
　〔28263269〕（個性心理学事件）・・ 330
知財高判平30・6・7平成30年（ネ）10009号最高裁HP〔28262627〕（半田フィー
　ダ事件）・・ 436
徳島地判平30・6・20判タ1457号232頁〔28263032〕・・・・・・・・・・・・・・・・・・・・・・・・・ 96
知財高判平30・7・3平成30年（ネ）10013号最高裁HP〔28263165〕（サイレン
　サー事件）・・・ 427, 436
大阪地判平30・7・19平成29年（ワ）9989号最高裁HP〔28264991〕（マタニティ
　ベルト事件）・・・ 769, 775
東京地判平30・7・26平成29年（ワ）14637号最高裁HP〔28263807〕（タカギ浄水
　器事件第一審判決）・・ 26, 28
東京地判平30・7・30平成29年（ワ）30499号最高裁HP〔28263649〕・・・・・・・・・・・・・ 116
東京地判平30・8・17平成29年（ワ）21145号最高裁HP〔28265454〕（教育用教材
　ソフト事件）・・・ 353, 361
東京地判平30・8・30平成28年（ワ）35026号最高裁HP〔28265111〕（ZARA事件）
　・・ 826
東京地判平30・9・12平成29年（ワ）43698号最高裁HP〔28264175〕（JAL事件）
　・・・ 73, 81
名古屋地判平30・9・13判時2407号53頁〔28264428〕（寿司居酒屋事件）・・・・・・・・・・ 20
東京地判平30・9・27平成29年（ワ）6293号最高裁HP〔28264575〕（マリカー事
　件）・・・ 26, 50
東京地判平30・9・27平成28年（ワ）26919号／平成28年（ワ）39345号最高裁HP
　〔28265550〕（まつ毛サロン事件）・・・ 415
知財高判平30・10・11平成30年（ネ）10028号最高裁HP〔28264388〕（FOXEY事
　件控訴審判決）・・ 26
知財高判平30・10・23平成30年（ネ）10042号最高裁HP〔28264782〕（LOUIS
　VUITTON事件）・・ 54, 73, 79, 81
大阪高判平30・11・2平成30年（ネ）1317号最高裁HP〔28265468〕・・・・・・・・・・・ 137, 470
東京地判平30・11・29金商1580号43頁〔28270567〕（字幕制作ソフトウエア事件
　第一審判決）・・・ 187, 482
最決平30・12・3刑集72巻6号569頁〔28265193〕・・・・・・・・・・・・・・・・・・・・ 998, 1011
知財高判平30・12・6平成30年（ネ）10050号最高裁HP〔28265294〕（SAPIX事
　件控訴審判決）・・ 26
大阪地判平30・12・6平成28年（ワ）5649号最高裁HP〔28272132〕（ボイラ等図
　面データ事件）・・ 392, 418, 479

1234　判例索引

東京地判平30・12・20平成29年（ワ）40178号最高裁HP〔28265557〕（レッグ
　ウォーマー事件第一審判決）…………………………………………………… 20
東京地判平30・12・26平成30年（ワ）13381号最高裁HP〔28270267〕（携帯用
　ディスポーザブル低圧持続吸引器事件）……………………………………… 29, 40
東京地判平30・12・26平成30年（ワ）13381号最高裁HP〔28270267〕………… 89
東京高決平30・12・26平成30年（ラ）1754号公刊物未登載〔28323510〕……… 646, 662

平成31年

東京地判平31・1・18平成29年（ワ）1630号最高裁HP〔28271226〕………… 495
知財高判平31・1・24判時2425号88頁〔28270363〕（サックス用ストラップ事件
　控訴審判決）…………………………………… 368, 375, 382, 814, 820
東京簡判平31・2・5平成30年（ろ）837号最高裁HP〔28271188〕…………… 1019
東京簡裁平31・2・6平成30年（ろ）836号最高裁HP〔28271187〕………… 1019, 1051
東京簡裁平31・2・8平成30年（ろ）838号最高裁HP〔28271190〕………… 1019, 1051
知財高判平31・2・14平成30年（ネ）10058号最高裁HP〔28271276〕……… 116
大阪高判平31・2・14平成30年（ネ）960号最高裁HP〔28270702〕（ゴミ貯蔵機
　事件）…………………………………………………………………………… 392
大阪地判平31・2・21平成28年（ワ）5544号最高裁HP〔28272143〕………… 472
青森地判平31・2・25判時2415号54頁〔28273827〕（ピアノ調律師顧客名簿事件）
　……………………………………………………………… 401, 418, 479
東京地判平31・3・1平成30年（特わ）1884号公刊物未登載〔28271026〕（タイ
　公務員贈賄事件）……………………………………… 738, 748, 757, 764
大阪地判平31・4・11判時2441号45頁〔28271659〕（口コミランキング事件）…… 291
東京地判平31・4・24平成29年（ワ）29604号最高裁HP〔28273457〕………… 176

令和元年〜6年

最決令元・5・24平成31年（許）4号公刊物未登載………………………………… 646
大阪地判令元・5・27平成29年（ワ）1897号／平成29年（ワ）6434号最高裁HP
　〔28273459〕（殺菌量製剤事件）……………………………………………… 616
知財高中間判令元・5・30平成30年（ネ）10081号／平成30年（ネ）10091号最高
　裁HP〔28272451〕（マリカー事件）………… 62, 73, 77, 83, 86, 89, 272, 274, 275, 549
知財高判大合議令元・6・7判時2430号34頁〔28272300〕（炭酸パック事件）
　………………… 562, 578, 580, 592-595, 597, 598, 600, 601, 603, 604, 610, 612, 613
東京地判令元・6・18平成29年（ワ）31572号最高裁HP〔28273424〕（BAO BAO
　事件）…………………………………………………………… 19, 25, 39, 51
知財高判令元・6・27平成31年（ネ）10004号最高裁HP〔28272975〕（レッグウォー
　マー事件控訴審判決）………………………………………………………… 20
知財高判令元・8・7平成31年（ネ）10029号最高裁HP〔28273483〕（包装フィル
　ムデザイン事件）……………………………………………………………… 320

判例索引　　1235

知財高判令元・8・7金商1579号40頁〔28273404〕……………………………… 495
知財高判令元・8・7平成31年（行ケ）10037号最高裁HP〔28273515〕
　（「KENKIKUCHI」事件）……………………………………………………… 781
知財高判令元・8・21金商1580号24頁〔28273455〕（字幕制作ソフトウェア事件控
　訴審判決）…………………………………………………………… 177, 424, 449
知財高判令元・8・29平成31年（ネ）10002号最高裁HP〔28273562〕（低圧持続吸
　引器事件控訴審判決）…………………………………………………… 46, 89, 548
東京地判令元・9・5平成29年（ワ）9335号最高裁HP〔28274629〕（空調服事
　件）……………………………………………………………… 34, 109, 119
東京地判令元・9・13金商1581号42頁〔28273949〕（タイ公務員贈賄事件）
　……………………………………………………………… 738, 757, 764
知財高判令元・9・20平成30年（ネ）10049号最高裁HP〔28274614〕（高性能
　ALPS事件控訴審判決）……………………………………… 7, 134, 423, 482
大阪地判令元・10・3判時2470号62頁〔28274635〕……………………………… 484
知財高判令和元・10・9令和元年（ネ）10037号最高裁HP〔28274101〕………… 471
知財高判令元・10・10平成30年（ネ）10064号／平成31年（ネ）10025号最高裁HP
　〔28274696〕（タカギ浄水器事件控訴審判決）…………………………… 27, 28
大阪高判令元・11・20判時2448号28頁〔28274794〕……………………………… 472
東京地判令元・12・18平成30年（ワ）8414号最高裁HP〔28280737〕（LEDペンラ
　イト事件）……………………………………………………………… 39, 51
最判令元・12・20日刑集73巻5号174頁〔28274793〕……………………………… 1023
東京地判令元・12・24平成29年（ワ）3428号最高裁HP〔28281084〕（2ちゃんね
　る事件第一審判決）…………………………………………………… 91, 93, 276
東京地判令2・1・15平成28年（ワ）35760号／平成29年（ワ）7234号公刊物未
　登載〔29058888〕……………………………………………………………… 473
秋田地判令2・1・16令和元年（わ）116号公刊物未登載〔28280718〕………… 1017
知財高判令2・1・29平成30年（ネ）10081号／平成30年（ネ）10091号最高裁HP
　〔28280870〕（マリカー事件控訴審判決）……………………… 279, 548, 558, 608
知財高判令2・1・31令和元年（ネ）10044号最高裁HP〔28281269〕（日本製鉄事
　件（日本製鉄と元従業員との間の民事訴訟）……………………………… 428
知財高判大合議令2・2・28判時2462号61頁〔28280833〕（美容器事件）
　………………… 562, 563, 571, 572, 574, 576, 577, 579, 580, 585, 595, 598-603, 613, 614
東京地判令2・3・6平成30年（ワ）18874号最高裁HP〔28281286〕（プレハブ式
　階段事件）……………………………………………………………… 616
東京地判令2・3・18令和元年（ワ）19889号最高裁HP〔28282760〕（SHIPS事件）
　……………………………………………………………………………… 43
東京地判令2・3・19平成31年（ワ）1580号最高裁HP〔28282073〕（ゲームコン
　テンツ事件）…………………………………………………………… 320

東京地判令2・3・19平成30年（ワ）23860号最高裁HP〔28281290〕（皮膚バリア
粘着プレート事件）·· 425
知財高判令2・3・24令和元年（ネ）10072号最高裁HP〔28281691〕（鮮度保持方
法事件）··· 427
名古屋地判令2・3・27平成28年（わ）471号／平成28年（わ）662号最高裁HP
〔28281678〕··· 1003, 1006, 1012
名古屋高金沢支判令2・5・20平成30年（ネ）81号／平成30年（ネ）168号公刊
物未登載〔28323080〕（クロス下地コーナー材事件控訴審判決）·········· 428, 493
東京地判令2・6・3平成31年（ワ）9997号最高裁HP〔28282753〕·············· 73, 90
京都地判令2・6・10判タ1491号246頁〔28282539〕（八ッ橋事件第一審判決）···· 289
東京地判令2・6・11平成30年（ワ）20111号最高裁HP〔28300843〕（保険契約者
顧客情報事件）··· 135, 137, 479
東京地判令2・7・9令和2年（特わ）278号公刊物未登載〔28282272〕
··· 1005, 1008, 1022
東京地判令2・7・10平成30年（ワ）22428号最高裁HP〔28282387〕（Comax事
件）·· 615, 616
神戸地判令2・7・15令和2年（わ）73号公刊物未登載〔28282314〕·············· 1017
東京高判令2・7・21金商1658号25頁〔28282491〕（タイ公務員贈賄事件）········· 764
高松地判令2・7・21令和2年（わ）86号／令和2年（わ）161号公刊物未登載
〔28282768〕·· 1003, 1009, 1012, 1013
大阪地判令2・8・27判時2521号99頁〔28282663〕（京都芸術大学事件）
··· 36, 48, 67, 69, 70, 89, 91
大阪地判令2・10・1平成28年（ワ）4029号最高裁HP〔28283762〕（エディオン
事件）················· 135, 187, 397, 450, 454, 455, 491, 558, 615, 616, 617
大阪地判令2・11・10判時2569号85頁〔28283668〕（アフィリエイトサイト事件）
·· 320
東京地判令2・11・11平成30年（ワ）29036号最高裁HP〔28291060〕（化粧水外箱
事件）·· 37, 563, 614
東京地判令2・11・30平成30年（ワ）26166号最高裁HP〔28291065〕（フランク
フェイスⅡ事件）·· 35, 615, 617
大阪地判令2・12・3令和元年（ワ）5462号最高裁HP〔28284308〕（婦人用トレ
ンチコート事件）··· 109, 116, 118
東京地判令2・12・7令和2年（特わ）1001号公刊物未登載〔28290038〕·········· 1012
知財高判令2・12・17令和2年（ネ）10040号最高裁HP〔28284244〕（エルメスバー
キン事件控訴審判決）·· 51, 59, 60, 72
大阪地判令3・1・12平成30年（ワ）11672号最高裁HP〔28290362〕················· 279
高松地判令3・2・8令和元年（わ）334号／令和2年（わ）87号／令和2年（わ）
162号公刊物未登載〔28290901〕··························· 1003, 1009, 1012, 1013
東京地判令3・2・9平成30年（ワ）3789号最高裁HP〔28291137〕················· 284

東京地判令3・2・26令和元年（ワ）25455号最高裁HP〔28302102〕…………… 473
最決令3・3・1刑集75巻3号273頁〔28290662〕……… 231, 232, 243, 244, 518, 1019
大阪高判令3・3・11判時2491号69頁〔28291121〕（八ッ橋事件控訴審判決）
　………………………………………………………………………………… 289, 301
神戸地判令3・3・26令和2年（わ）827号等）公刊物未登載〔28291470〕……… 1017
神戸地判令3・3・26令和2年（わ）827号／令和2年（わ）960号最高裁HP
　〔28291470〕…………………………………………………………………… 1051
東京地判令3・3・29平成31年（ワ）2219号最高裁HP〔28293279〕（浄水カート
　リッジ事件）……………………………………………………………………… 284
知財高判令3・3・30平成31年（ネ）10008号最高裁HP〔28302252〕………… 284, 661
名古屋高判令3・4・13令和2年（う）162号公刊物未登載〔28292014〕（日本ペ
　イント塗料製造情報事件）……………………… 402, 437, 446, 450, 1006, 1011, 1012
さいたま地判令3・4・28平成30年（ワ）2327号／平成31年（ワ）175号公刊物
　未登載〔28321300〕……………………………………………………………… 558
東京地判令3・6・4平成27年（ワ）30656号最高裁HP〔28302174〕（ラベラー
　事件）……………………………………………………… 135, 137, 390, 406, 455
横浜地判令3・7・7平成30年（わ）1931号／平成31年（わ）57号公刊物未登載
　〔28292782〕………………………………………………… 1002, 1003, 1009, 1012
鹿児島地判令3・7・8令和3年（わ）62号／令和3年（わ）78号公刊物未登載
　〔28292621〕………………………………………………… 1003, 1005, 1008, 1012
鹿児島地判令3・7・13令和3年（わ）62号／令和3年（わ）78号公刊物未登載
　〔28292616〕……………………………………………………………………… 1008
大阪地判令3・8・18令和3年（わ）1139号最高裁HP〔28293042〕
　……………………………………………………… 1003, 1008, 1012, 1013, 1021
東京地判令3・8・31平成30年（ワ）1130号最高裁HP〔28312521〕…………… 666
東京地判令3・9・17平成30年（ワ）28215号最高裁HP〔28300695〕（Book
　Answer 3事件第一審判決）……………………………………………………… 35
東京地判令3・10・29令和元年（ワ）15716号／令和2年（ワ）4369号最高裁HP
　〔28293734〕……………………………………………………… 273, 275, 276
知財高判令3・12・8知財ぷりずむ233号47頁（タコの滑り台事件）…………… 104
知財高判令3・12・15令和2年（行ケ）10100号最高裁HP〔28312369〕
　（Reprogenetics事件）……………………………………………………………… 336
東京地判令3・12・23令和元年（ワ）18374号最高裁HP〔28300059〕（リングピ
　ン事件）……………………………………………………………… 108, 119
東京地判令3・12・24判タ1500号231頁〔28300055〕…………………… 272, 273
大阪地判令4・1・20令和2年（ワ）3481号最高裁HP〔28300404〕…………… 473
東京地判令4・1・20令和2年（特わ）1001号最高裁HP〔28300725〕
　……………………………………… 493, 997, 1000-1002, 1008, 1011

1238　判例索引

知財高判令4・1・27令和3年（ネ）10018号最高裁HP〔28300217〕（オリゴ糖
　　類食品事件）……………………………………………………………… 284, 324, 616
東京地判令4・1・28平成30年（ワ）33583号最高裁HP〔28312242〕…………… 391
東京高判令4・2・17令和3年（う）1407号公刊物未登載（光ファイバ測定治具
　　図面事件）………………………………………………………………………… 432, 1004
東京高判令4・2・17令和3年（う）1407号最高裁HP………………………………… 1005
東京地判令4・3・4令和3年（ワ）3824号最高裁HP〔28312198〕（WiMAX事
　　件）………………………………………………………………………………………… 321
東京地判令4・3・11判タ1505号231頁〔28300662〕（ルブタンレッドソール事件）
　　………………………………………………………………………………… 19, 42, 91
知財高判令4・3・14平成30年（ネ）10034号最高裁HP〔28301006〕（ソレノイド
　　事件）……………………………………………………………………………… 584, 585
名古屋地判令4・3・18平成29年（わ）427号公刊物未登載〔28300945〕（愛知製
　　鋼磁気センサ無罪事件）………………………………… 425, 448, 474, 482, 491
知財高判令4・3・23令和3年（ネ）10083号最高裁HP〔28300693〕（Book
　　Answer 3事件控訴審判決）…………………………………………………………… 35
津地判令4・3・23令和2年（わ）282号公刊物未登載〔28301246〕（バナナ卸売
　　業顧客情報無罪事件）………………………………………… 408, 426, 444, 474
東京地判令4・4・13令和3年（ワ）19417号公刊物未登載〔29070478〕………… 1022
最判令4・5・20刑集76巻4号452頁〔28301285〕（タイ公務員贈賄事件）………… 764
大阪地判令4・6・13令和3年（ワ）4467号最高裁HP〔28312624〕……………… 116
静岡地判令4・6・14令和4年（わ）92号公刊物未登載〔28301793〕……… 1017, 1018
大阪地判令4・6・23令和4年（ワ）2064号最高裁HP〔28301721〕（マスク事件）
　　……………………………………………………………………………………………… 707
知財高判令4・7・6令和2年（ネ）10042号最高裁HP〔28301689〕（車両誘導シ
　　ステム事件）……………………………………………………………………………… 617
知財高判令4・7・20令和2年（ネ）10032号最高裁HP〔28312527〕（医療品相互
　　作用チェック装置事件）………………………………………………………………… 616
知財高判令4・8・8判時2564号57頁〔28312502〕（プログラマブル・コントロー
　　ラ事件）………………………………………………………… 566, 585, 599, 603
知財高判令4・9・12令和元年（行ケ）10157号最高裁HP〔28302215〕（NUDE
　　NAIL事件）……………………………………………………………………………… 336
大阪地判令4・9・15平成29年（ワ）7384号最高裁HP〔28312355〕（マッサージ
　　機事件）…………………………………………………………………………………… 559
東京地判令4・9・22令和2年（ワ）15955号最高裁HP〔28312333〕…………… 559
知財高判令4・9・27令和4年（ネ）10011号最高裁HP〔28302488〕………… 272, 273
東京地判令4・10・5令和2年（ワ）21047号最高裁HP〔28302538〕（顔料ビジネ
　　ス事件）…………………………………………………………………………… 397, 407

知財高判大合議令 4 ・10・20判時2588号26頁〔28302695〕（椅子式マッサージ機
　事件）……………………… 562, 588, 589, 594-596, 598-603, 613
東京高判令 4 ・10・24令和 4 年（う）276号最高裁HP〔28302852〕（NHK事件）
　………………………………………………………………………… 456, 1000
東京地判令 4 ・10・25令和 2 年（ワ）32931号最高裁HP〔28312248〕……………… 284
東京地判令 4 ・10・28判タ1512号234頁〔28302592〕（結ばない靴紐事件）………… 549
東京地判令 4 ・11・ 4 令和 4 年（特わ）1074号公刊物未登載〔28310075〕（ベトナ
　ム・バクニン省税関局公務員贈賄事件）……………………………………… 759, 764
東京地判令 4 ・12・ 9 令和 3 年（特わ）129号公刊物未登載〔28310415〕… 1010, 1011
名古屋地判令 4 ・12・16令和 3 年（わ）1558号最高裁HP〔28310446〕…………… 1016
東京地判令 4 ・12・20令和 2 年（ワ）19198号最高裁HP〔28312186〕……………… 52
東京地判令 4 ・12・23判タ1511号231頁〔28312183〕……………………………… 52
知財高判令 4 ・12・26令和 4 年（ネ）10051号最高裁HP〔28312172〕（ルブタン
　レッドソール事件控訴審判決）…………………………………………… 29, 42, 52
盛岡地判令 5 ・ 1 ・13令和元年（わ）140号公刊物未登載〔28310536〕（岩手県八
　幡平市産事件）……………………………………………………………………… 293
盛岡地判令 5 ・ 1 ・13令和元年（わ）140号公刊物未登載〔28310536〕……………… 1018
神戸地判令 5 ・ 1 ・24令和 4 年（わ）836号公刊物未登載〔28310845〕……………… 1006
知財高判令 5 ・ 1 ・26令和 2 年（ネ）10009号／令和 2 年（ネ）10037号最高裁HP
　〔28310338〕（ 2 ちゃんねる事件）……………………………………… 64, 69, 275
大阪地判令 5 ・ 1 ・26令和 2 年（ワ）8168号最高裁HP〔28312079〕……………… 471
東京地判令 5 ・ 1 ・27金商1680号42頁〔28313810〕……………………………… 273, 275
大阪地判令 5 ・ 3 ・16令和 3 年（ワ）11152号最高裁HP〔28310787〕（SEO対策
　事件）……………………………………………………………………………… 320
札幌地判令 5 ・ 3 ・17労経速2529号13頁〔28312483〕……………………………… 1011
知財高判令 5 ・ 3 ・23令和 4 年（ネ）10098号最高裁HP〔28310870〕（シーリング
　ライト事件）………………………………………………………………………… 99
東京地判令 5 ・ 3 ・24判時2583号34頁〔28310958〕（ドクターマーチン事件第一
　審判決）…………………………………………………………………………… 42
東京地判令 5 ・ 4 ・27令和 3 年（ワ）13895号最高裁HP〔28320695〕……………… 719
東京地判令 5 ・ 5 ・31令和 4 年（特わ）2148号公刊物未登載〔28312041〕‥1002, 1003
函館地判令 5 ・ 6 ・13令和 4 年（わ）91号公刊物未登載〔28312205〕…………… 1024
東京地判令 5 ・ 7 ・ 7 令和 4 年（特わ）2543号／令和 4 年（特わ）2714号最高裁
　HP〔28312613〕………………………………………………………………… 1025
東京地判令 5 ・ 7 ・13令和 2 年（ワ）13317号公刊物未登載（接触操作型入力装置
　事件）……………………………………………………………………………… 611
高松地判令 5 ・ 8 ・ 7 令和 4 年（わ）65号／令和 4 年（わ）115号／令和 4 年（わ）
　137号／令和 4 年（わ）281号／令和 4 年（わ）299号／令和 4 年（わ）372号／
　令和 5 年（わ） 4 号／令和 5 年（わ）49号公刊物未登載…………………… 1024

知財高判令5・9・13令和5年（ネ）10014号最高裁HP〔28312874〕（シーメンス
　事件控訴審判決）···30, 52
東京地判令5・9・28令和3年（ワ）31529号最高裁HP〔28313104〕（TRIPP
　TRAPPⅢ事件）···19, 26
知財高判令5・10・4令和5年（ネ）10012号最高裁HP〔28321783〕（アストラゼ
　ネカ事件控訴審判決）···46, 52
大阪地判令5・10・31令和4年（ワ）6582号最高裁HP〔28313402〕（婦人服事件）
　···116, 120, 359
知財高判令5・11・9令和5年（ネ）10048号最高裁HP〔28313442〕（ドクター
　マーチン事件控訴審判決）···42
東京地判令5・11・10令和4年（ワ）2551号最高裁HP〔28313459〕（生ごみ処理
　機事件）··284, 616
知財高判令5・12・20令和5年（ネ）10070号最高裁HP〔28320696〕·················719
東京地判令6・2・26令和4年（特わ）2148号最高裁HP〔28321063〕
　···1002, 1003, 1004
東京地判令6・7・5令和2年（ワ）28384号最高裁HP〔28323469〕（ペグ事件）
　···228, 384
知財高判令6・9・25令和5年（ネ）10111号最高裁HP〔28323101〕（TRIPP
　TRAPPⅢ事件控訴審判決）···26

編著者略歴

【五十音順】

1 氏名　2 所属組織（大学名／事務所名／裁判所名／企業名等）　3 肩書（教授／弁護士／判事／部長等）　4 生年（西暦表記）　5 出身大学学部／出身法科大学院並びに卒業年　6 2024年10月の時点での主要著書・論文

1 **小倉　秀夫**（おぐら　ひでお）
2 東京平河法律事務所
3 弁護士，明治大学法学部兼任講師
4 1968年
5 早稲田大学法学部
6 『著作権法コンメンタール I〜III〈改訂版〉』（第一法規　2020年　編著），『不正競争防止法―平成27年改正の全容』（レクシスネクシス・ジャパン　2015年），「初音ミクを縛るのは誰？　―ヴォーカロイドを巡る法律問題」（「S-Fマガジン」2011年 8 月号　2011年）

1 **金井　重彦**（かない　しげひこ）
2 金井法律事務所
3 弁護士，元・琉球大学及び筑波大学法科大学院非常勤講師、元・日本大学大学院知的財産研究科教授，元・高岡法科大学院客員教授
4 1952年
5 立教大学法学部，同大学院法学研究科博士課程前期課程（法学修士），成城大学大学院法学研究科博士課程後期課程修了
6 『著作権法コンメンタール I〜III〈改訂版〉』（第一法規　2020年　編著），『エンターテインメント法』（学陽書房　2011年　共編著），『デジタル・コンテンツ著作権の基礎知識』（ぎょうせい　2007年　単著），『著作権法コンメンタール（上／下巻）』（東京布井出版　2000年／2002年　編著）ほか

1 **高瀬　亜富**（たかせ　あとむ）
2 弁護士法人内田・鮫島法律事務所
3 弁護士，デジタルハリウッド大学特任准教授
4 1981年
5 北海道大学法科大学院 2 年課程（2007年）
6 『ITビジネスの契約実務』（商事法務　第 2 版　2021年　共著），『プラクティス知的財産法 II 著作権法』（信山社　2020年　共著），『改訂版　不正競争防止の法実務』（三協法規出版　2013年　共著）ほか多数

1 **山口　三惠子**（やまぐち　みえこ）
2 山口国際法律事務所
3 弁護士，元・東洋大学法科大学院客員教授（知的財産権法，実務英文契約の法理）
4 1947年
5 東京大学法学部（1970年）

編著者略歴

6 『著作権法コンメンタール』(勁草書房　2009年　共著),『企業法務判例ケーススタ
　ディ300　企業取引・知的財産権編』(㈳金融財政事情研究会　2007年　共著),『著
　作権法コンメンタール(上巻)』(東京布井出版　2000年　共著)

著者略歴

【五十音順】

1 氏名　2 所属組織（大学名／事務所名／裁判所名／企業名等）　3 肩書（教授／弁護士／判事／部長等）　4 生年（西暦表記）　5 出身大学学部／出身法科大学院並びに卒業年　6 2022年10月の時点での主要著書・論文

1 **阿久津　匡美**（あくつ　まさみ）
2 弁護士法人内田・鮫島法律事務所
3 弁護士（第二東京弁護士会）
6 「オープンイノベーション促進のためのガバナンスおよび内部統制」（『オープンイノベーションの現場から〔下〕─スタートアップとの連携を円滑に進めるための留意点を探る』商事法務　2024年），「営業秘密管理及び営業秘密侵害について」（『公正取引～競争の法と政策～』公正取引協会　2023年），『業種別にわかるデータ保護・活用の法務Ｑ＆Ａ』（中央経済社　2021年　共著）

1 **石井　藤次郎**（いしい　とうじろう）
2 弁護士法人松尾綜合法律事務所
3 弁護士
4 1958年
5 立教大学大学院法学研究科中退，ニューヨーク大学ロースクール修士課程修了
6 『著作権法コンメンタール〈改訂版〉』（第一法規　2020年　共著），『著作権法コンメンタール』（レクシスネクシス・ジャパン　2013年　共著），『企業法務判例ケーススタディ300』（企業取引・知的財産権編）（社団法人金融財政事情研究会　2007年　共著）『いちばんやさしい商法入門』（日本実業出版社　1994年）

1 **伊藤　真**（いとう　まこと）
2 ライツ法律特許事務所
3 弁護士，弁理士
4 1956年
5 一橋大学法学部（1984年）
6 メタバース空間における知的財産権問題（著作権を中心に）（「月刊コピライト」2023年3月号　2023年），「具体的事例から見る日本におけるパロディ問題」（「パテント」66巻6号　2013年），「パブリシティの権利の譲渡・相続」「パブリシティの権利を巡る諸問題」（「著作権研究所研究叢書」No18　2009年）

1 **岩谷　敏昭**（いわたに　としあき）
2 アスカ法律事務所
3 弁護士，大阪大学知的基盤総合センター特任教授，大阪大学大学院高等司法研究科客員教授
4 1962年
5 大阪大学法学部（1986年）
6 『会社訴訟の要件事実』（新日本法規　2022年），『特許・実用新案の法律相談Ⅱ（最

新青林法律相談22)』（青林書院　2017年　共著），『知財相談ハンドブック〈改訂版〉』（大阪弁護士会協同組合　2010年），『知的財産契約の理論と実務』（商事法務　2007年　共著）

1 **上沼　紫野**（うえぬま　しの）
2 LM虎ノ門南法律事務所
3 弁護士，ニューヨーク州弁護士
5 東京大学法学部（1991年），Washington University in St. Louis（LL. M.）（2004年）
6 『著作権法コンメンタール〈改訂版〉』（第一法規　2020年　共著），『資金決済法の理論と実務』（勁草書房　2019年　共著），『AIビジネスの法律実務』（日本加除出版　2017年　共著），『著作権法実践問題』（日本加除出版　2015年　共著）

1 **内山　美穂子**（うちやま　みほこ）
2 うちやま法律事務所
3 弁護士
5 東京大学文学部（1989年），一橋大学大学院（経営法修士，2009年）
6 『会社役員の法的責任とコーポレート・ガバナンス』（同文舘出版　小林秀之／高橋均編著　2010年　共著）

1 **桑野　雄一郎**（くわの　ゆういちろう）
2 鶴巻町法律事務所
3 弁護士
4 1966年
5 早稲田大学法学部
6 「罰則から読む著作権法〜これも・あれも・たぶん・きっと故意」（「月刊コピライト2024年2月号」　2024年），「著作権の譲渡契約及びライセンス契約と当然対抗制度（上）／（下）」（「特許ニュース」15274号・15275号　2020年）

1 **杉山　一郎**（すぎやま　いちろう）
2 篠崎・進士法律事務所
3 弁護士
4 1973年
5 東京大学法学部（1997年）
6 『特許・商標・不正競争関係訴訟の実務入門』（商事法務　2012年　共著），『実務知的財産法講義』（民事法研究会　2012年　共著），『社長になる人のための知財活用の本・日本編』（日本経済新聞出版社　2007年　共著）

1 **髙橋　淳**（たかはし　じゅん）
2 弁護士法人みやび坂総合法律事務所
3 弁護士，弁理士
4 1969年
5 東京大学経済学部中退（1993年）
6 「進歩性の判断Ⅱ」（「知財ぷりずむ」105号　2001年）「職務発明制度改正論」（同121

号　2012年）「クレーム解釈の再構成」（同117号　2012年）

1　**辻　淳子**（つじ　じゅんこ）
2　辻法律特許事務所
3　弁護士，弁理士
5　京都大学理学部／ワシントン大学ロースクール（シアトル）知的財産法修士課程修了LL. M.（2002年）
6　『知的財産契約の実務　理論と書式（先端技術・情報編）』（商事法務　2022年　共著），「『種苗法の一部を改正する法律案』の検討―植物新品種の保護に向けて」（「Law&Technology別冊　知的財産紛争の最前線No. 6」2020年），「Myriad米国連邦最高裁判所判決（2013.6.13）～遺伝子特許の特許保護対象としての適格性～」（「知財ぷりずむ」131号　2013年）

1　**永島　太郎**（ながしま　たろう）
2　弁護士法人内田・鮫島法律事務所
3　弁護士，獣医師，鳥取大学客員教授
4　1980年
5　北海道大学獣医学部（2006年），京都大学法科大学院（2011年）
6　「医薬品ライセンスにおける契約交渉のポイント」（「PHARM STAGE」　2024年），「自社商品のデザインを100年保護するために」（「特許ニュース」16060号　2024年），「信託が拓く新しい実務第2講電子出版のための著作権信託モデル契約条項と解説」（「別冊NBL」156号　2016年　共著）

1　**西川　喜裕**（にしかわ　よしひろ）
2　三浦法律事務所
3　弁護士，弁理士
4　1984年
5　早稲田大学法学部（2007年），名古屋大学大学院法学研究科実務法曹養成専攻（2009年）
6　「従業者が自ら作出した情報を利用する行為の営業秘密侵害該当性：オープン・クローズ戦略時代の職務発明の取り扱いに焦点を当てて」（「慶應法学」35号　2016年），「知的財産戦略における権利化と秘匿化の選択」（「特許研究」59号　2015年），「営業秘密の保護強化に関する平成27年改正不正競争防止法の解説―営業秘密侵害品の流通規制と生産方法の推定規定の導入」（「年報知的財産法2015-2016」　2015年）

1　**平井　佑希**（ひらい　ゆうき）
2　桜坂法律事務所
3　弁護士，弁理士
4　1978年
5　北海道大学大学院農学研究科（2003年），横浜国立大学法科大学院（2007年）
6　『事例に学ぶ　著作権事件入門』（民事法研究会　2023年　共著），『ビジネスのためのメタバース入門』（商事法務　2023年　共編著），『トラブルを防ぐ　著作権侵害の判断と法的対応』（日本法令　2021年　共著）

著者略歴

1 **松井　保仁**（まつい　やすひと）
2 弁護士法人錦橋法律事務所
3 弁護士，弁理士，ニューヨーク州弁護士
5 京都大学法学部（1998年），ミシガン大学ロースクールLL. M.（2004年）
6 『知的財産契約の実務理論と書式』（商事法務　2022年　共著），「数値限定発明」（『特許権侵害紛争の実務—裁判例を踏まえた解決手段とその展望　小松陽一郎先生古稀記念論文集』　青林書院　2018年），『商標の法律相談Ⅰ・Ⅱ（最新青林法律相談16・17）』（青林書院　2017年　共著）

1 **町田　健一**（まちだ　けんいち）
2 町田法律事務所
3 弁護士
4 1968年
5 東京大学法学部（1992年）
6 『商標法コンメンタール〔新版〕』（勁草書房　2022年　共著），『紛争解決のための合意・和解条項作成の弁護士実務』（青林書院　2017年　共著），『商標の法律相談（最新青林法律相談16）』（青林書院　2017年　共著），『新・注解商標法（上／下巻）』（青林書院　2016年　共著）

1 **宮川　利彰**（みやかわ　としあき）
2 法律事務所アルシエン
3 弁護士，弁理士
4 1992年
5 中央大学法学部法律学科（2015年），一橋大学法科大学院（2017年）
6 『意匠法コンメンタール〔新版〕』（勁草書房　2022年　共著），「『総本家駿河屋』事件題材とした結合商標についての考察」（「パテント」74巻2号　2021年　共著），『DX時代におけるデジタル・コンテンツ著作権』（ぎょうせい　2021年　共著），「技術常識と進歩性判断・記載要件」（「知財ぷりずむ」212号・213号，2020年　共著），「損害論再考　近時の2つの大合議判決を踏まえて」（「知財ぷりずむ」214号・215号　2020年　共著）

1 **山本　真祐子**（やまもと　まゆこ）
2 群馬大学情報学部，弁護士法人内田・鮫島法律事務所
3 講師，弁護士
4 1986年
5 中央大学総合政策学部（2009年），北海道大学大学院法学研究科法律実務専攻（2021年），東京大学大学院法学政治学研究科総合法政専攻博士課程（2024年）
6 「商品に付した単一色で構成される表示につき，混同のおそれと著名性を否定することにより不正競争防止法2条1項1号・2号の保護を否定した事例　知財高判令和4・12・26令4（ネ）10051［ルブタンレッドソール］」（「特許研究」75号　2023年）」，「シリーズ商品に共通するデザインの商品等表示としての保護—商品等表示の特定方法に関する一試論—」（『知的財産法政策学の旅　田村善之先生還暦記念論文集』　弘文堂　2023年），「デッドコピー規制における実質的同一性判断：衣服デザインに関する事例分析を通じて」（「知的財産法政策学研究」58号　2021年）

サービス・インフォメーション

――――通話無料――――

①商品に関するご照会・お申込みのご依頼
　　　　　TEL 0120 (203) 694／FAX 0120 (302) 640
②ご住所・ご名義等各種変更のご連絡
　　　　　TEL 0120 (203) 696／FAX 0120 (202) 974
③請求・お支払いに関するご照会・ご要望
　　　　　TEL 0120 (203) 695／FAX 0120 (202) 973

●フリーダイヤル（TEL）の受付時間は、土・日・祝日を除く
　9：00〜17：30です。
●FAXは24時間受け付けておりますので、あわせてご利用ください。

新版　不正競争防止法コンメンタール

2025年1月20日　初版発行

編　著　　小　倉　秀　夫

　　　　　高　瀬　亜　富

　　　　　金　井　重　彦

　　　　　山　口　三惠子

発行者　　田　中　英　弥

発行所　　第一法規株式会社
　　　　　〒107-8560　東京都港区南青山2-11-17
　　　　　ホームページ　https://www.daiichihoki.co.jp/

装　丁　　篠　隆二

新版不競法コメ　ISBN978-4-474-07958-8　C3032 (2)